DUDEN-Abiturhilfen

Eine hervorragende Hilfe für die Vorbereitung auf die Abiturprüfung und auf Klausuren. Der Stoff wird klar gegliedert und ermöglicht eine methodische Vorbereitung auf die Prüfung. Von besonderem Nutzen sind dabei die vielen Übungsaufgaben aus der schulischen Praxis sowie die zahlreichen Abbildungen.

Analysis I: Folgen und Funktionen
11. Schuljahr. 96 Seiten.

Analysis II: Ableitung und Kurvendiskussion
11./12. Schuljahr. 96 Seiten.

Analysis III: Integralrechnung
Ab 12. Schuljahr. 96 Seiten.

Lineare Algebra und analytische Geometrie
Grundkurs 12./13. Schuljahr. 96 Seiten.

Lineare Algebra und analytische Geometrie I
Leistungskurs 12./13. Schuljahr. 96 Seiten.

Lineare Algebra und analytische Geometrie II
Leistungskurs 12./13. Schuljahr. 96 Seiten.

Stochastik I
Leistungskurs 12./13. Schuljahr. 96 Seiten.

Stochastik II
Leistungskurs 12./13. Schuljahr. 96 Seiten.

Basiswissen Mathematik zur Physik
11.–13. Schuljahr. 96 Seiten.

Elektrizitätslehre I – Felder
12./13. Schuljahr. 96 Seiten.

Mechanik I: Bewegungslehre
11. Schuljahr. 96 Seiten.

Mechanik II: Erhaltungssätze
11. Schuljahr. 96 Seiten.

Grundlagen der allgemeinen Chemie
12./13. Schuljahr. 96 Seiten.

Grundlagen der organischen Chemie
12./13. Schuljahr. 95 Seiten.

Kunststoffe, Farbstoffe, Waschmittel
12./13. Schuljahr. 96 Seiten.

Stoffwechsel und Energieumsatz
12./13. Schuljahr. 80 Seiten.

Nervensystem und Sinnesorgane
12./13. Schuljahr. 96 Seiten.

Genetik
12./13. Schuljahr. 96 Seiten.

Zellbiologie
12./13. Schuljahr. 96 Seiten.

Der deutsche Aufsatz
12./13. Schuljahr. 96 Seiten.

Entwicklungsländer
12./13. Schuljahr. 96 Seiten.

USA-UdSSR
12./13. Schuljahr. 79 Seiten.

Die Landwirtschaft
12./13. Schuljahr. 96 Seiten.

Geschichte I
12./13. Schuljahr. 86 Seiten.

Geschichte II
12./13. Schuljahr. 96 Seiten.

Kunstgeschichte I
Von den Anfängen bis zum 18. Jahrhundert
12./13. Schuljahr. 96 Seiten.

Kunstgeschichte II
19. und 20. Jahrh...
12./13. Sch...

D...

D...
Au...
Üb...
meh... ...ng,
Silbe... ...mmatik.
448 S...

Fremdw...
Über 15000 Fremdwörter mit mehr als 90000 Angaben zu Bedeutung, Aussprache und Grammatik. 448 Seiten.

Deutsche Grammatik
Eine Sprachlehre für Beruf, Fortbildung und Alltag
Dieser Band behandelt die Grundlagen von Aussprache und Schreibung, die Wortarten, Formenlehre, Wortbildung und den Satzbau. Er stellt Unsicherheiten im Sprachgebrauch dar und macht auf häufige sprachliche Fehler aufmerksam. 399 Seiten.

Sprachtips
Hilfe für den sprachlichen Alltag
Eine Sammlung nützlicher Hinweise für die Klärung immer wiederkehrender rechtschreiblicher, grammatischer und stilistischer Zweifelsfragen. 412 Seiten.

Der passende Ausdruck
Ein Synonymwörterbuch für die Wortwahl
7500 Gruppen mit sinnverwandten Wörtern helfen, in jeder Situation den treffenden Ausdruck zu finden. 416 Seiten.

Mathematik
Ein Lexikon mathematischer Begriffe und Formeln
Behandelt werden Begriffe aus Arithmetik und Algebra, aus dem kaufmännischen Rechnen, aus Analysis, Wahrscheinlichkeitsrechnung und Statistik. Über 3000 Begriffe, Formeln, Beispiele, über 500 meist zweifarbige Abbildungen. 480 Seiten.

DUDENVERLAG
Mannheim · Leipzig · Wien · Zürich

SCHÜLER DUDEN

Die Psychologie

Rechtschreibung und Wortkunde
Vom 4. Schuljahr an

Grammatik
Vom Aktiv bis zum zweiten Futur

Wortgeschichte
Sprachgeschichte und Etymologie für den modernen Sprachunterricht

Bedeutungswörterbuch
Weil viele Wörter mehrdeutig sind

Fremdwörterbuch
Von relaxed bis marginal

Die richtige Wortwahl
Auf einen Schlag den inhaltlich und stilistisch treffenden Ausdruck

Lateinisch-Deutsch
Die Neufassung des »Taschen-Heinichen«

Die Kunst
Von der Farbenlehre bis zur Aktionskunst

Die Musik
Bach und Bebop, Farbenhören und farbiges Rauschen

Die Literatur
Absurdes Theater, Naturalismus, Hinkjambus: die Literatur in ihrer Vielseitigkeit

Die Chemie
Von der ersten Chemiestunde bis zum Abiturwissen

Die Ökologie
Klassische Ökologie und moderne Umweltproblematik

Die Pflanzen
Vom Ganseblümchen bis zum Mammutbaum: Antwort auf Fragen, die im Unterricht offen bleiben

Die Biologie
Auf dem neuesten Stand der Forschung

Die Tiere
Rötelfalken und Rötelmäuse. Für kleine und große Biologen

Die Physik
Die wichtigsten Begriffe und Methoden der Physik

Die Astronomie
Von hellen Sternen und schwarzen Löchern. Stern-Stunden verständlich gemacht

Die Geographie
Von der Geomorphologie bis zur Sozialgeographie

Die Geschichte
Die wichtigsten historischen Begriffe aus der gesamten Geschichte

Die Wirtschaft
Vom Break-even-point bis zur Schattenwirtschaft

Politik und Gesellschaft
Vom Bruttosozialprodukt bis zur Pressefreiheit

Die Religionen
Aberglaube, Christentum, Zwölfgöttersystem: die Welt der Religion auf einen Blick

Die Philosophie
»Logik des Herzens« und kategorischer Imperativ: die wichtigsten Modelle und Schulen

Die Psychologie
Das Grundwissen der Psychologie unter Berücksichtigung aktueller Themen

Die Pädagogik
Alles zum Thema Schule, Ausbildung und Erziehung

Die Informatik
Algorithmen und Zufallsgenerator: das Informationszentrum für Anfänger und Fortgeschrittene

Die Mathematik I
5.–10. Schuljahr

Die Mathematik II
11.–13. Schuljahr

DUDEN-Schülerlexikon
Ein Lexikon nicht nur für die Schule

17.12.96
von Canan

SCHÜLER DUDEN

Die Psychologie

2., neu bearbeitete Auflage
Herausgegeben von
Meyers Lexikonredaktion

Bearbeitet von
Dipl-Psych. Axel Hillig

DUDENVERLAG
Mannheim · Leipzig · Wien · Zürich

Redaktion:
Dr. Dieter Geiß,
Dr. Uschi Schling-Brodersen,
Birgit Strackenbrock

Typografische Beratung:
Manfred Neussl, München
unter Mitwirkung von Raphaela Mäntele,
Heidelberg

Die Abbildung auf dem Einband zeigt den
Psychoanalytiker Sigmund Freud.

Die Deutsche Bibliothek – CIP-Einheitsaufnahme
Schüler-Duden, Die Psychologie/
hrsg. von Meyers Lexikonredaktion.
Bearbeitet von Alex Hillig. –
2., neu bearb. Auflage –
Mannheim; Leipzig; Wien; Zürich: Dudenverl., 1996
ISBN 3-411-05252-X
NE: Hillig, Axel [Bearb.]; Die Psychologie

Satz: Bibliographisches Institut & F. A. Brockhaus AG,
Mannheim (PageOne Siemens Nixdorf)
Druck: Klambt-Druck GmbH, Speyer
Bindearbeit: Graphische Betriebe Langenscheidt KG,
Berchtesgaden
Printed in Germany
ISBN 3-411-05252-X

Vorwort

Der Schülerduden »Die Psychologie« liegt in einer vollständig überarbeiteten Neuauflage vor. Wie schon in der ersten Auflage gibt dieser Band einen umfassenden Überblick über alle Bereiche der Psychologie und stellt ihre vielen Strömungen und neuesten Entwicklungen vor. Darüber hinaus werden auch viele Begriffe der Nachbardisziplinen wie Neurophysiologie, Soziologie und Pädagogik dargestellt. Es werden außerdem aktuelle Themen wie »neue Medien«, »Alkoholabhängigkeit«, »Freizeit« oder »AIDS« mit ihren Auswirkungen auf den Einzelnen und die Gesellschaft behandelt.

Der Schülerduden »Die Psychologie« wurde für die neue Auflage völlig neu gestaltet. Über 3000 Stichwörter werden von etwa 200 meist vierfarbigen Photos und Grafiken sowie zahlreichen Karikaturen begleitet. Begriffe, die mit dem Stichwort in enger inhaltlicher Verbindung stehen, sind als Unterstichwörter **halbfett** hervorgehoben. Viele Stichwörter sind durch Verweise (↑) miteinander verbunden. Besitzt ein Stichwort verschiedene Bedeutungen, so wird dies durch das Symbol ♦ angezeigt. Im Anhang des Bandes sind Kurzbiographien vieler im Buch genannter Psychologen und Wissenschaftler, eine umfangreiche Liste weiterführender Literatur sowie ein Adressenverzeichnis von Verbänden und Beratungsstellen zu finden.

Das vorliegende Buch wendet sich insbesondere an Schüler weiterführender Schulen und an Studenten der Fachschulen für Sozialpädagogik, aber auch an alle anderen, die sich für die Psychologie und die ständig fortschreitenden Entwicklungen in dieser Disziplin interessieren. Der Verlag hofft, mit diesem Buch das Interesse der Leserinnen und Leser für die Psychologie vertiefen zu können.

Mannheim, im September 1996 — Meyers Lexikonredaktion

A

AA: Abk. für ↑**A**nonyme **A**lkoholiker.

AAM: Abk. für **a**ngeborener ↑**A**uslöse**m**echanismus.

Abasie: Bez. für meist seelisch bedingte Unfähigkeit zu gehen, im allg. kombiniert mit ↑Astasie. Eine psychogene A. kann Ausdruck einer hysterischen Neurose sein.

Abbrecher (Drop-out): Sammelbez. für Personen, die eine Bildungsmaßnahme (z.B. weiterführende Schule, Studium, Fortbildungskurs) nicht ordnungsgemäß abschließen.

abhängige Variablen: diejenigen Variablen, deren Ausprägungsgrad sich in Abhängigkeit von unabhängigen Variablen vermutlich oder tatsächlich ändert. Im einfachsten Fall liegen nur jeweils *eine* unabhängige und abhängige Variable vor. Beispielsweise geht die Frustrations-Aggressions-Hypothese (↑Aggression) davon aus, daß Aggression eine von der Frustration abhängige Variable ist.

Abhängigkeit: teilweises oder völliges Angewiesensein auf eine oder mehrere Personen (z.B. die Eltern bei noch unmündigen oder sich in der Ausbildung befindenden Kindern und Jugendlichen), auf bestimmte Dinge (z.B. Gehalt, Wohnung) oder bestimmte Gefühls- bzw. Stimmungszustände etwa bei Gewöhnung an Genußmittel, insbes. an Rauschgifte; im letzteren Fall spricht man von ↑Drogenabhängigkeit.

Ability: Sammelbez. für Begabung, Eignung, Talent, mithin die Fähigkeit, bestimmte Tätigkeiten ohne gezielte Unterweisung ausüben zu können.

Abklingen: die trotz plötzlichen Wegfalls eines Sinnesreizes nur allmähliche Abschwächung seiner Wirkung. Bekannte Beispiele sind das Nachbild (↑Nacheffekt) oder das langsame Nachlassen einer Blendung. Auch Affekte oder Gefühlszustände klingen in der Regel erst nach einer gewissen Zeit ab.

Ablenkung: Schwanken bzw. Nachlassen der Aufmerksamkeit bei anhaltender Konzentration (etwa durch Geräusche oder andere Reize).

Ablösung:

◆ Lockerung bzw. Aufhebung einer seelischen ↑Bindung oder ↑Abhängigkeit zwischen Menschen, insbes. des Kindes oder Jugendlichen von der Autorität der Eltern im Verlauf der individuellen Entwicklung (v.a. zur Zeit der Pubertät).

◆ Abbruch der Affektbeziehung zwischen dem Analysanden und dem Analytiker gegen Ende einer Psychotherapie.

Ablutomanie svw. ↑Waschzwang.

Abneigung ↑Antipathie. – ↑auch Aversion.

abnorme Persönlichkeit: Sammelbezeichnung für Persönlichkeiten, die von ihrer Struktur und ihrem Auftreten her relativ stark von einer zumeist in der jeweiligen Kultur gültigen Verhaltensnorm abweichen. Als abnorme Persönlichkeiten werden oft psychotisch, neurotisch oder psychosomatisch Erkrankte sowie geistig behinderte Menschen, aber auch gewalttätige, alkoholabhängige oder wiederholt straffällig gewordene Personen angesehen. – ↑auch Devianz.

Abschlußtest: einen systematisch geplanten Lernvorgang abschließender Test, mit dem geprüft werden soll, ob das vorgegebene Lernziel erreicht worden ist.

Abschweifung ↑Konzentration.

Absence (Absenz): kurzzeitige, oft nur Sekunden dauernde anfallsartige Bewußtseinstrübung (sog. **Geistesabwesenheit**), bei der eine ↑Amnesie besteht.

Abstammungslehre svw. ↑Deszendenztheorie.

Abstinenzerscheinungen svw. ↑Entzugserscheinungen.

Abstinenzregel: von S. FREUD (↑Psychoanalyse) aufgestellter Grundsatz, daß man Bedürfnis und Sehnsucht als zur Arbeit und Veränderung treibende Kräfte

A

bei Kranken bestehen lassen und sie nicht durch Surrogate (Gebote, Verbote, Ratschläge, Belehrungen, Beruhigungen, Tröstungen, Bagatellisierungen usw.) befriedigen soll.

abstraktes Denken: Denkvorgang, bei dem neben den direkten Sinneswahrnehmungen und konkreten Vorstellungen Symbole (Begriffe, Formelzeichen u.a.) benutzt werden. Dadurch wird das Denken beschleunigt (ökonomisch und effektiv) und von der konkreten Situation gelöst. – ↑Denkentwicklung.

Abstumpfung: das Nachlassen emotionaler (auch affektiver) Reaktionen aufgrund von Ermüdung, Erschöpfung, Gewöhnung oder Übersättigung. Als A. werden manchmal auch alters- und erkrankungsbedingte Wesensveränderungen bei einigen psychischen Erkrankungen bezeichnet.

Abulie ↑Antriebsstörungen.

Abusus: einmaliger oder fortgesetzter Mißbrauch von Medikamenten, Drogen oder Genußmitteln (z.B., um bestimmte psychische Belastungen zu mildern). – ↑auch Drogenabhängigkeit.

Abwehrmechanismen: Begriff aus der Psychoanalyse zur Bez. von sowohl relativ konstanten psychischen Strukturen als auch von einzelnen Abwehrreaktionen, mit denen sich das ↑Ich vor seelischen Konflikten zu schützen sucht, die v.a. aus der Diskrepanz zwischen den Triebwünschen des ↑Es und den Forderungen des ↑Über-Ich, aber auch aus den Forderungen des Ich selbst entstehen können. A. werden – auch innerhalb der normalen psychischen Entwicklung – zumeist unbewußt eingesetzt und führen der psychoanalytischen Theorie zufolge erst nach längerer intensiver Handhabung zu seelischen Störungen. – ↑Neurosen.

Abwehrneurose ↑Neurosen.

abweichendes Verhalten svw. ↑Devianz.

Abweichung:

◆ *allg.* Bez. für qualitative wie auch quantitative Unterschiede zwischen dem Verhalten eines Individuums oder einer Gruppe von Individuen (z.B. von Kindern, Jugendlichen, Eltern) und einer Norm (↑Normen), die durch ein Bezugssystem vorgegeben ist. – ↑auch Devianz.

◆ in der *Statistik* werden mit Hilfe verschiedener *Abweichungs-* oder *Streuungsmaße* A.en vom Mittelwert einer Meßwertreihe bestimmt. Häufig wird dabei die ↑Standardabweichung verwendet.

Acetylcholin (ACh): ein wichtiger Botenstoff (Neurotransmitter) in den Synapsen des zentralen und des parasympathischen Nervensystems sowie in wenigen Bereichen des sympathischen Nervensystems und in den motorischen Endplatten. – ↑auch Erregungsleitung.

Acid (svw. Säure): aus dem Englischen in den Drogenjargon übernommene Bez. für ↑Lysergsäurediäthylamid.

Acting out: engl. Bez. für ↑Agieren.

Action Research svw. ↑Handlungsforschung.

Adaptation svw. ↑Anpassung.

Adaptationsniveau (Anpassungsniveau): ein von H. HELSON erstmals 1947 (für Farben, die verschiedenen Lichtreizen entsprechen) beschriebenes Reizbezugsniveau. HELSON fand in seinen Untersuchungen, daß die Versuchspersonen nach Vorgabe einer Reizserie recht genau die Reize von mittlerer Ausprägung anzugeben vermochten, während die übrigen Reize als über- bzw. unterdurchschnittlich ausgeprägt beurteilt wurden. Das A. stellt also das *neutrale Niveau* oder *Nullniveau* dar, das dann als Bezugsniveau für die abgegebenen Urteile fungiert. – Die Forschungen zum A. bilden den Ausgangspunkt für die Formulierung von Theorien über die Entstehung und Wirkweise subjektiver Bezugssysteme. – ↑Bezugssystem.

adaptive Programmierung: im computerunterstützten Unterricht die Programmierung von Lehr-lern-Systemen, die dem individuellen Lernverhalten angepaßt (»adaptiert«) werden. Solche interaktiven Programme »führen« den Lernenden am Lösungsweg entlang und geben ihm bei eventuellen Fehlern Hilfen, wobei sie die Art der Fehler berücksichtigen.

adäquater Reiz (homologer Reiz, spezifischer Reiz): Reiz, für dessen Aufnahme die Organisation eines Sinnesorgans eigens geschaffen ist und der demnach (bei jeweils geringstem Energieaufwand) in einem Sinnesorgan die spezifische Erregung auslöst (z. B. das Licht bestimmter Wellenlängen in der Netzhaut des Auges, ein Duftstoff für die Riechzellen). Ggs. ↑inadäquater Reiz.

Adoleszenz: die Phase des Jugendalters nach Eintritt der (biologischen) Geschlechtsreife, in der eine gewisse »psychische Pubertät« zwar noch andauert, ihre Erscheinungen jedoch allmählich einer Persönlichkeitsfestigung weichen. In der A. wird der Jugendliche mit der Aufgabe konfrontiert, seinen Platz in der Erwachsenenwelt möglichst eigenverantwortlich und realitätsgerecht zu finden. Kennzeichnend für diese Lebensperiode ist ein wachsender Freiheitsdrang, verbunden mit zunehmendem Selbstbewußtsein und personaler Selbstverantwortung. – ↑auch Jugendalter.

Adrenalin: Dieses im Nebennierenmark produzierte Hormon, ein Gegenspieler des Insulins, mobilisiert den Stoffwechsel in Gefahren- und Streßsituationen; es stellt also den Körper auf eine aktive Bewältigung dieser Situationen ein (u. a. durch Steigerung der Durchblutung der Bewegungsmuskulatur und der Herzkranzgefäße sowie durch Steigerung der Leistung des Herzens selbst). A. ist, wie auch Noradrenalin, ein wichtiger Neurotransmitter des sympathischen Nervensystems. – ↑auch Streß.

Aerophagie: unwillkürliches Schlukken großer Luftmengen, das mit Völlegefühl und Herzbeschwerden einhergehen kann. In der psychoanalytischen Theorie ist z. T. die These vertreten worden, die A. repräsentiere unbewußte kannibalistische Neigungen oder Schwangerschaftswünsche.

Affekt: intensiver, reaktiv entstandener und relativ kurzzeitiger Erregungszustand, bei dem alle psychischen Funktionen, die Motorik und Teile des vegetativen Nervensystem beteiligt sind (Veränderung von Atmung, Kreislauf, Stoffwechsel).
Im A.zustand sind Urteilskraft, Kritikfähigkeit und Einsicht herabgesetzt, mitunter fehlen sie ganz; das Handeln wird durch die Art des – positiven wie negativen – Gefühlserlebnisses bestimmt. – Das Strafrecht kennt den Tatbestand der häufiger strafmildernd berücksichtigten **Affekthandlung.**

Affektambivalenz: rasch wechselndes Auftreten unvereinbarer Affekte, z. B. Liebe und Haß. – ↑Ambivalenz.

Affekthandlung ↑Affekt.

Affektinkontinenz ↑affektive Störungen.

affektiv: besonders gefühlsbetont, auf einen ↑Affekt bezogen.

affektive Hemmung ↑Gedächtnishemmungen.

affektive Psychosen: ältere Sammelbez. für die Formen der ↑manisch-depressiven Erkrankung, die heute – zur Abgrenzung gegenüber der ↑Schizophrenie und den organischen Psychosen (↑Psychosen) – meist den *affektiven Störungen* zugerechnet wird.

affektive Störungen: vorrangig in der amerikanischen Psychiatrie gebräuchliche Sammelbez. für gravierendere, eindeutig vom Üblichen abweichende Störungen der ↑Affekte, insbesondere deren Intensivierung oder Reduzierung sowie beim »auseinanderfallen« der Affekte (Affektdissoziation), d. h. eine Reaktion in einer Situation ist anders als sie erwartet wird.

Affektivität: *Gefühlsansprechbarkeit* als Neigung einer Person, emotional (↑Affekt) auf Umweltreize zu reagieren. In individuell unterschiedlicher Ausprägung kann A. alle Vorstellungs- und Denkabläufe sowie Verhaltensweisen zur Mit- und Umwelt wesentlich beeinflussen.

Affektstau: Anstauung nicht geäußerter Affekte.

A

afferent: Als a. werden diejenigen Nervenbahnen bezeichnet, welche die Erregungen von den Sinnesorganen zum Zentralnervensystem leiten. – Ggs. ↑efferent.

Afferenz: die Gesamtheit der Nervenerregungen, die von den Sinnesorganen (einschließlich der ↑Propriorezeptoren) zum Zentralnervensystem führen.

Affinität:

◆ in der *Sozialpsychologie* von W. HELLPACH die Anziehung, die Menschen aufeinander ausüben. Eine affine Beziehung kann durch die leiblich-seelische Gesamterscheinung oder aber durch Einzelmerkmale des Mitmenschen (z.B. ein gewinnendes Lächeln) ausgelöst werden; im ersten Fall spricht man von *holotroper*, im zweiten Fall von *monotroper Affinität.*

◆ in der *Charakterologie* von P. LERSCH die Verwandtschaft von Charaktereigenschaften. Nach LERSCH sind beispielsweise Strebertum und Hartherzigkeit wesensverwandt oder »affin«.

Aggression: Unter A. wird ein manifestes Verhalten verstanden, dessen Ziel die körperliche oder bloß symbolische Schädigung oder Verletzung einer anderen Person, eines Tiers oder auch einer Sache ist. Die überdauernde Bereitschaft zu aggressiven Verhaltensweisen wird als **Aggressivität** bezeichnet.

Mit der A. und der Aggressivität befassen sich zahlreiche, teilweise sehr unterschiedliche *theoretische Ansätze:* A. ADLER, der Begründer der ↑Individualpsychologie, nahm einen A.strieb an, den er als etwas ansah, was alle Triebe verbindet. Darin sollen all jene unerledigten Erregungen einfließen, die vorhanden bleiben, sobald einem anderen Trieb die Befriedigung verwehrt wird. Diese Funktionsweise des A.striebs beruht nach ADLER auf einer angeborenen organischen Grundlage.

S. FREUD (↑Psychoanalyse) hat im Laufe seiner Theoriebildung unterschiedliche Vorstellungen zur A. entwickelt. Faßte er sie zunächst als spezielle Ausdrucksform der Libido auf, so begriff er sie etwa ab 1915 als eine Reaktion auf Versagungen und die dadurch auftretenden Unlustempfindungen. Ab etwa 1920 vertrat er schließlich eine *dualistische Trieblehre.* Neben dem Eros, dem er die libidinösen und die Ich-Triebe zurechnete, nahm er nun einen eigenständigen Todestrieb (Thanatos) an, dessen Ziel er in der Herbeiführung eines spannungslosen Zustandes, in letzter Konsequenz also des Todes, sah. Seine Auffassung, daß A. als Folge von Versagungen zu begreifen sei, hat die **Frustrations-Aggressions-Hypothese** nachhaltig beeinflußt. Dieses vor allem von J. DOLLARD und N. E. MILLER sowie deren Mitarbeitern propagierte Konzept ging ursprünglich davon aus, daß Frustration stets A. zur Folge habe. Später hingegen zogen die Forscher auch andere Konsequenzen in Betracht und sehen A.en nicht nur als Folge von Frustrationen. In den Weiterentwicklungen der Frustrations-Aggressions-Theorie wurde insbesondere die Bedeutung der Lernprozesse betont, die aggressivem Verhalten zugrunde liegen. Erheblichen Aufschwung erfuhr die *lerntheoretische Deutung* der A. durch die Arbeiten von M. BANDURA und dessen Mitarbeitern, die auf die Bedeutung des Imitationslernens für den Aufbau aggressiver Verhaltensweisen hinwiesen und damit zugleich die in jüngerer Zeit verstärkte Diskussion über die Frage entfachten, ob und inwieweit Gewaltdarstellungen in Massenmedien Aggressionsbereitschaft steigern und Nachahmungseffekte haben. Eine namentlich von K. LORENZ vertretene Konzeption zur Erklärung aggressiven Verhaltens legt Ergebnisse der ↑Verhaltensforschung zugrunde. Demzufolge werden durch sog. endogene (innere) Reizproduktion ständig aggressive, nach Entladung drängende Impulse erzeugt. Fehlen angemessene Auslöserreize, könne sich die angestaute aggressive Triebenergie auch spontan entladen **(Dampfkesseltheorie)**. Folglich soll das (reale oder durch bloße Beobachtung stattfindende) Ausleben von A.en die aggressi-

ven Tendenzen vermindern *(Katharsishypothese)*, wozu therapeutisch Gelegenheit gegeben werden muß.
Etwa seit einem Jahrzehnt werden in der A.sforschung vermehrt *kognitive Theorieansätze* diskutiert, deren pädagogische Bedeutung sich u.a. im Zusammenhang zwischen A. und moralischen Überzeugungen zeigt. In komplexen kognitiven Prozessen, so die Annahme, bewertet das Individuum die Berechtigung der von ihm empfundenen Frustration, ehe es handelt. Dabei kann es die einem Angreifer zuzuschreibende Absicht in seine Überlegungen einbeziehen und so das Stadium der einfachen Reaktion verlassen.
Eine wichtige Grundhaltung für den Umgang mit A.en von Kindern und Jugendlichen besteht darin, diesen nicht einseitig und pauschal mit mehr oder minder sublimen Strafen (Schläge, Liebesentzug, Zensuren) zu begegnen, sondern eher die aggressiven Tendenzen der Erzieher wie der zu Erziehenden auf ihre Ursachen hin zu untersuchen.

Aggressionstrieb: Stimmungslage oder innere Bereitschaft zum Angriff; wird sowohl von der vergleichenden Verhaltensforschung (K. LORENZ u.a.) als auch von der frühen psychoanalytischen Theorie für eine einheitliche Antriebsquelle bzw. die Ursache von ↑Aggressionen gehalten. Nach S. FREUD ist der A. ein ins Biologische hinabreichender Trieb, nach A. ADLER eine Manifestation des Willens zur Macht. – ↑auch Antrieb.

Aggressivität: die mehr oder minder überdauernde Tendenz, sich aggressiv zu verhalten. – ↑Aggression.

Agieren:
- das gefühlsbetonte Wiedererleben früherer, nicht mehr bewußter Verhaltensweisen in der Psychotherapie. – ↑Übertragung.
- (Ausagieren, Acting-out) das unbewußte, meist lebhafte Ausleben verdrängter Gefühle und Phantasien außerhalb einer Therapie (z.B. ein Schüler läßt seine Wut an einem Lehrer aus, die eigentlich in feindlichen Gefühlen zum Vater begründet ist).

Aggression: Während der sog. Chaostage im August 1994 in Hannover kam es zwischen ca. 800 Punks und der Polizei zu schweren Ausschreitungen und Verletzungen.

Agitiertheit: motorische Unruhe, bei der sich Affekte – z.T. unkontrollierbar – in Bewegungen umsetzen. Sie tritt häufig als Begleiterscheinung bestimmter psychischer Erkrankungen (z.B. beim Delirium tremens und bei sog. *agitierten* Depressionen) auf.

AGM: Abk. für ↑**a**ngeborener **g**estaltbildender **M**echanismus.

Agnosie: z.T. durch lokale Schädigungen der Großhirnrinde bedingtes Unvermögen, trotz erhaltener Funktion des jeweiligen Sinnesorgans die entsprechenden Wahrnehmungen zu erkennen. Wichtigste Formen: *akustische A.* (Seelentaubheit; auf Gehörtes bezogen); *litterale A.* (Wortblindheit; auf Gelesenes bezogen); *optische A.* (Seelenblindheit; auf Gesehenes bezogen); *taktile A.* (Tastblindheit; auf Ertastetes bezogen).

Agoraphobie (Platzangst): häufig mit körperlichen Erscheinungen (Schwindelgefühle, Schweißausbrüche, Herzrasen) verbundene neurotische Angst, große freie Flächen, Plätze oder Straßen betreten bzw. überschreiten zu müssen. – ↑auch Phobien.

A

Agrammatismus: Sprachstörung, die sich in der Unfähigkeit zur grammatikalisch richtigen Satzbildung äußert; tritt gelegentlich im Rückbildungsstadium einer ↑Aphasie auf.

Agraphie: Schreibunfähigkeit trotz normaler Intelligenz und erhaltener Bewegungsfähigkeit der Hand infolge Erkrankung oder Verletzung zentraler Hirnregionen; häufig Teilerscheinung einer ↑Apraxie.

Aha-Erlebnis: auf K. BÜHLER zurückgehende Bezeichnung für ein plötzliches eintretendes Erlebnis, durch das Zusammenhänge oder die Lösung eines Problems unvermittelt verstanden oder erkannt werden; dieser vermeintlich »schlagartigen« Einsicht gehen jedoch häufig unbewußt ablaufende Denkprozesse voraus. Beispiel: Man soll mit sechs Streichhölzern vier gleichseitige Dreiecke bilden. Das A.-E. tritt ein, wenn man sich bei der Lösung nicht mehr auf eine Ebene beschränkt.

Ähnlichkeit: die Übereinstimmung von Dingen (im weitesten Sinne) in einigen, aber nicht allen Merkmalen. Der Begriff Ä. wurde in der Psychologie vielfach für die Beschreibung und Erklärung von Erlebens- und Verhaltensweisen benutzt. So gibt es z.B. in der *Assoziationspsychologie* ein Gesetz, demzufolge einem auftauchenden Bewußtseinsinhalt häufig ein anderer, ähnlicher folgt, oder in der *Gestaltpsychologie* die Feststellung, daß einander ähnliche Elemente einer Reizsituation aus ihrer Umgebung wahrnehmungsmäßig hervortreten und sich unter Umständen zu einem Wahrnehmungsganzen, einer Gestalt, zusammenschließen. In *Farbtüchtigkeitstests* entdeckt der Proband aus einer Vielzahl regellos verstreuter Farbpunkte die (eine Zahl oder ein anderes Symbol) formierenden ähnlichfarbigen Punkte.
Die Ä. von Reizen und Reaktionen spielt vor allem in den *Lerntheorien* bei Phänomenen wie Generalisierung und positiver bzw. negativer Transfer eine besondere Rolle.

Ähnlichkeitshemmung ↑Gedächtnishemmungen.

Ahnung:

◆ unbestimmtes, aber doch intensives Gewahrwerden (intuitives Schauen) von rational nicht klar erkannten Sachzusammenhängen. Hierzu gehört insbes. die scheinbar unbegründete Erwartung eines zukünftigen Ereignisses, für dessen Eintreten man in der Gegenwart eigentlich keine zureichenden Gründe erkennen kann. Bei A.en, die durch den Eintritt des vorausgesehenen bzw. erwarteten Ereignisses bestätigt werden, kann der Eindruck der Vorwegnahme des Geschehnisses dadurch zustande gekommen sein,

Ähnlichkeit

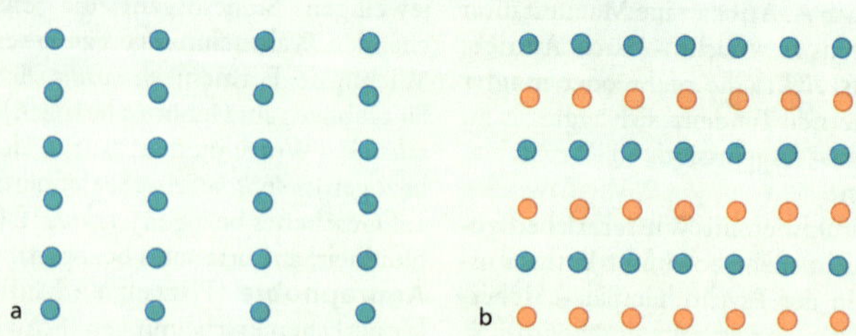

In der linken Abbildung werden die Punkte als senkrechte Reihen gesehen, weil sie in der vertikalen Richtung näher beisammen sind als in der horizontalen.

In der rechten Abbildung werden die Reihen als horizontal wahrgenommen, weil sie nach Ähnlichkeit gruppiert sind.

daß zuvor schon Gründe für dessen Eintreten vorgelegen haben, diese jedoch von der betreffenden Person nicht klar und bewußt zur Kenntnis genommen wurden. Hierbei kann die Angst, sich etwas Unangenehmes eingestehen zu müssen, eine wichtige Rolle spielen.
◆ als eine Form der sog. außersinnlichen Wahrnehmung die Vorausschau eines zukünftigen Ereignisses.

AI: Abk. für **a**rtificial **i**ntelligence (↑künstliche Intelligenz).

AIDS (Abk. für **A**cquired **I**mmune **D**eficiency **S**yndrome, engl. »erworbene Immunschwäche«): erstmals 1981 beschriebene, sich weltweit ausbreitende Virusinfektionskrankheit, die zu einer schweren Störung oder zum Zusammenbruch der körpereigenen Abwehrkräfte (zelluläre Immunabwehr) führt. Da das Abwehrsystem ausgeschaltet ist, führen selbst harmlose Infektionen, deren Keime überall verbreitet sind, oder Tumore zu schweren, in 80 bis 90 Prozent der Fälle tödlichen Erkrankungen.

Erreger sind v.a. das die T-Lymphozyten befallende **HIV-1-Virus** sowie verwandte Retroviren (u.a. das erstmals 1986 isolierte **HIV-2-Virus**). Das HIV-1-Virus wurde Mitte der siebziger Jahre in Zentralafrika entdeckt, wenige Jahre später dann über die Karibik nach Nordamerika und von dort nach Europa verschleppt. Eine Ansteckung führt in maximal 20 Prozent der Fälle zu sichtbaren Krankheitserscheinungen, wobei die Inkubationszeit durchschnittlich 6 Monate bis 8 Jahre, in Einzelfällen möglicherweise wesentlich länger, betragen kann.

Das HIV-Virus wurde v.a. in Körperflüssigkeiten (Blut, Sperma, Vaginalsekret, Speichel, Tränen, Muttermilch) nachgewiesen; außerhalb des Körpers soll es nicht lebensfähig sein. Gesichert ist bisher nur die Übertragung durch virushaltige Körperflüssigkeiten, Blut bzw. Blutbestandteile, insbesondere beim Geschlechtsverkehr durch Schleimhautverletzungen und durch Injektionen oder Transfusionen. Wegen dieser Besonderheit glaubte man ursprünglich, die Infektionsgefährdung sei auf »Risikogruppen« beschränkt: Homo- und Bisexuelle, Promiskuitive mit aggressiven Sexualpraktiken, Drogenabhängige (Fixer), Bluterkranke und Empfänger von Bluttransfusionen. Tatsächlich ist der betroffene Personenkreis größer, selbst Neugeborene können durch die Mutter infiziert sein. Allerdings ist das Infektionsrisiko nach wie vor für bestimmte Gruppen höher, wie die nachfolgende Tabelle zeigt. Auch in der Verteilung des Infektionsrisikos ist kurzfristig nicht mit großen Änderungen zu rechnen.

Ausgeschlossen sind aber Ansteckungen durch andere als Intimkontakte: Eine Übertragung durch Staub- oder Tröpfcheninfektion (Anhusten), gemeinsamen Gebrauch von Eßgeschirr oder Kleidungsstücken oder soziale Kontakte aller Art mit AIDS-Kranken ist nicht möglich. Ferner besteht keine Ansteckungsgefahr bei Arzt- oder Zahnarztbesuchen, Krankenhausaufenthalten, in Schwimmbädern, Saunen, Friseur- und Kosmetiksalons, Toiletten u.ä., sofern die einfachsten hygienischen Grundsätze beachtet werden. Eine kausale *Therapie* des Grundleidens ist bis heute nicht möglich, die Behandlung zielt auf eine Linderung der Symptome oder richtet sich gegen die Folgeerkrankungen. Ein Impfstoff ist bis heute nicht entdeckt worden. Wirksame Vorbeugung ist nur durch die bestmögliche Vermeidung des Kontakts mit Blut und Blutprodukten bzw. Sperma und anderen erregerhaltigen Körperflüssigkeiten infizierter Personen gegeben.

Die Erkrankung hat sich in den letzten zehn Jahren weltweit außerordentlich rasch ausgebreitet, mit einer geschätzten Verdoppelung der Fälle innerhalb von 13 Monaten. Bis Ende 1995 waren der Weltgesundheitsorganisation (WHO) insgesamt 1291810 Fälle von AIDS-Erkrankungen mitgeteilt worden. Experten gehen aber von 6 Mill. AIDS-Kranken aus, da die Dunkelziffer nicht registrier-

A

AIDS

Aufschlüsselung der in Deutschland im letzten Jahr diagnostizierten AIDS-Fälle nach dem Infektionsrisiko (Mitteilung des AIDS-Zentrums im Bundesgesundheitsministerium)

Infektionswege

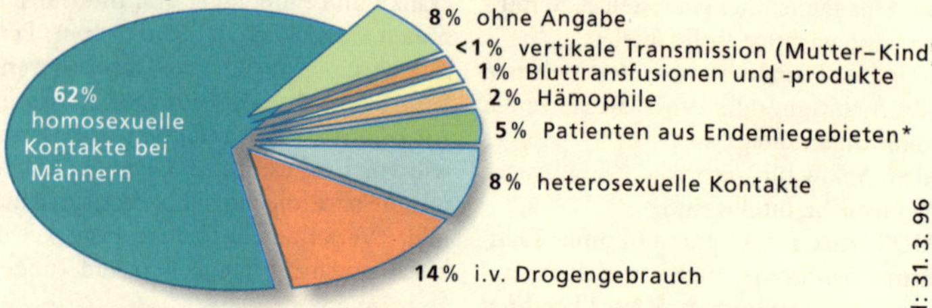

Stand: 31. 3. 96

* (durch heterosexuelle Kontakte Infizierte aus Staaten südlich der Sahara, der Karibik und teilweise SO-Asien)

Trends:
Die Zahl der jährlich neu diagnostizierten AIDS-Fälle wird sich voraussichtlich in den nächsten Jahren nicht wesentlich verändern. In der Verteilung der Fälle nach dem Infektionsrisiko ist kurzfristig nicht mit größeren Änderungen zu rechnen. Durch verbesserte therapeutische Möglichkeiten sind Verschiebungen im Spektrum der Erstmanifestationen der Immunschwäche und zunehmende Überlebenszeiten zu erwarten.

ter Fälle wegen häufig unzureichenden Diagnosemöglichkeiten sehr hoch ist, insbesondere in Afrika, wo die Zahl der Kranken 20- bis 50fach höher eingeschätzt wird. Daher leben wohl z.Z. etwa 75% aller AIDS-Kranken in Afrika. Die Zahl der mit dem HIV-Virus infizierter Erwachsenen wird mit 16899950 weltweit angegeben; rechnet man die Kinder dazu, ist von über 20Mill. infizierten Menschen auszugehen. Die USA meldete Ende 1995 394862 AIDS-Kranke, in Deutschland sind es 14078 Fälle. Frankreich meldete 39989 Fälle, Spanien 36315, Italien 31819, Kenia 56573, Tansania 53247, Uganda 46120, Simbabwe 41298, Malawi 39755, Brasilien 71111 und Thailand 22135.

Die weltweit rapide Ausbreitung der Krankheit hat für beträchtliche Unruhe unter der Bevölkerung gesorgt. Ausschlaggebende Momente waren (angesichts der langen Zeitspanne zwischen Infektion und Ausbruch der Krankheit) die Ungewißheit bezüglich der eventuellen Heilbarkeit, die therapeutische Hilflosigkeit gegenüber einer Infektionskrankheit der »neuen Generation«, die ihrer Neuartigkeit wegen kaum auf Abwehrkräfte stößt, ihrerseits aber Immunkräfte zerstört sowie die anfängliche Unklarheit darüber, welche Gefahr von sozialen Kontakten mit AIDS-Erkrankten oder -Verdächtigen ausgeht. In den letzten Jahren haben hier jedoch v.a. die Bundeszentrale für gesundheitliche Aufklärung und die *Deutsche AIDS-Hilfe* sowie zahlreiche AIDS- und Drogenberatungsstellen massive Aufklärungsarbeit geleistet und konkrete Wege zur Vermeidung einer Infektion, zur Durchführung eines HIV-Tests und zur Bewältigung einer AIDS-Erkrankung gewiesen; darüber hinaus hat die Aufklärung über AIDS-Risiken Aufnahme in die sexualpädagogischen Lehrpläne aller Bundesländer gefunden.

Akinese (Akinesie, Akinesia): Bewegungshemmung im Bereich v.a. der Rumpf-, Gliedmaßen- und Gesichtsmuskeln; häufig Anzeichen einer Mittelhirnerkrankung. Bes. Formen sind die *Akine-*

sia algera (schmerzhafte A.) als Bewegungsunfähigkeit infolge von nicht organisch bedingten Schmerzen (↑Schmerz) bei Bewegungen und die *Akinesia amnestica* als Bewegungsunfähigkeit eines Körperteils infolge Nichtgebrauchs über einen längeren Zeitraum.

Akkommodation:

◆ *allg.* svw. Anpassung, Angleichung, Einstellung auf eine zu erfüllende Aufgabe und die damit verbundenen situativen Bedingungen.

◆ in der *entwicklungspsychologischen Theorie* J. PIAGETS (↑Denkentwicklung) die Anpassung vorhandener Denkstrukturen an die Umweltgegebenheiten (Ggs. ↑Assimilation).

◆ in der *Physiologie* die Einstellung des Auges auf die Entfernung der wahrzunehmenden Objekte, im wesentlichen durch die Veränderung der Brennweite seiner Linse.

Akkulturation:

◆ Prozeß der Angleichung einzelner an eine fremde Kultur (z.B. nach Einwanderung oder Asylgewährung).

◆ Bez. für den Vorgang der Aneignung von Inhalten eines anderen Kulturkreises durch wechselseitige Beeinflussung (z.B. »Jeanskultur«).

Akrophobie: Angst vor großen Höhenunterschieden, häufig von Schwindelgefühlen begleitet.

Akt:

◆ *allg.* Bez. für Vorgang, Handlung oder Vollzug.

◆ in der *Psychologie* (besonders der Aktpsychologie) Bez. für einen einzelnen, vom Bewußtsein gesteuerten, zeitlich begrenzbaren, zielgerichteten Teilvorgang im Erleben und Verhalten (z.B. Wahrnehmungs-, Vorstellungs-, Denk- oder Willensakt).

◆ in der *Verhaltensforschung* Bez. für die Instinktaktivität am Ende einer Folge von Verhaltensweisen; sie dient als Anzeichen für die Beendigung des die Aktivität lenkenden Handlungsimpulses (z.B. sind Fressen oder Begattung Kriterien für das Ende von Verhaltensabfolgen, die durch Beutefang- oder Geschlechtstrieb gesteuert werden).

Aktionsforschung svw. ↑Handlungsforschung.

Aktionspotential: kurzzeitiges bioelektrisches Spannungsgefälle zwischen innerer und äußerer Seite der Zellmembran von Nerven- und Muskelfaserzellen. Das A. ist Voraussetzung für das Auftreten des **Aktionsstroms**, des erregungsleitenden, Nerven- oder Muskelfasern durchlaufenden bioelektrischen Stroms.

Aktionspotential

Zeitlich stark gedehnte Darstellung eines einzelnen Nervenaktionspotentials

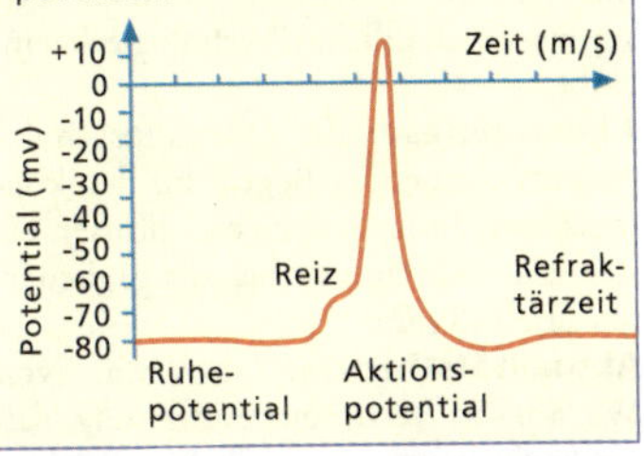

aktionsspezifische Energie: Begriff aus der Verhaltensforschung, für eine bestimmte Instinkthandlung endogener, im Zentralnervensystem erzeugter (summativ speicherbaren und nach einem gewissen Zeitraum zur Entladung drängenden) Antriebsimpulse.

Aktionsstrom ↑Aktionspotential.

Aktivität: Gesamtheit aller äußeren und inneren Vorgänge eines Organismus bzw. die (unmittelbar durch innere Bedingungen ausgelöste) *Tätigkeit* einer Person, insbes. jegliches beobachtbare Verhalten einschließlich aller körperlichen Prozesse, soweit diese *psychisch* bedingt sind. Die Mobilisierung der für jede A. erforderlichen individuellen Energie kann z.B. durch Außenreize, Zustandsänderungen des Organismus oder geistige Vorwegnahme erwünschter A.swirkungen erfolgen.

Aktivitätsrhythmus: Menschen wie Tiere zeigen in ihrer Aktivität rhythmi-

A

sche, von der Tages- oder Jahreszeit abhängige Schwankungen, die sowohl durch innere (z.B. nervale) oder äußere Faktoren (z.B. Temperatur oder Licht) bedingt sein können. – ↑auch zirkadiane Rhythmik.

Aktpsychologie: von F. BRENTANO und dessen Schüler C. STUMPF vertretene psychologische Richtung, die im Gerichtetsein oder im Sichbeziehen auf einen Gegenstand das zentrale und grundlegende Merkmal aller geistigen und emotionalen Prozesse sieht. Die Gerichtetheit wird hierbei als *Intention,* der Vorgang des Sichrichtens als *Intentionalität* bezeichnet. – Die A. hat v.a. die phänomenologische Psychologie und die geisteswissenschaftliche Psychologie beeinflußt.

Aktualgenese: der ↑Gestaltpsychologie entstammender Begriff für den konstruktiven Prozeß, der vom diffusen ersten Eindruck zum vollständig gegliederten Erlebnis führt.

Aktualitätstheorie: die v.a. von W. WUNDT vertretene Auffassung, daß die Seele keine den seelischen Erscheinungen zugrundeliegende Substanz ist (↑Substantialitätstheorie), sondern allein in den aktuellen seelischen Vorgängen (den seelischen Funktionsabläufen und Akten) gegeben ist.

Aktualneurose: eine die ↑Neurasthenie sowie die Angst- und Schreckneurose umfassende Gruppe von Neurosen, die nicht als tiefenpsychologisch bedingt galten, sondern von S. FREUD (↑Psychoanalyse) als Auswirkung aktueller heftiger Affektreize und psychovegetativer Belastungen den Abwehrneurosen bzw. Psychoneurosen gegenübergestellt wurden. Aktualneurosen können zweckbetont auftreten, beispielsweise um Beachtung zu finden, Mitleid zu erregen, Schonung oder (etwa berufliche) Vorteile zu erlangen.

akustischer Typ (auditiver Typ): Bez. für einen Menschentyp, der sich Gehörtes (akustisch Wahrgenommenes) besser merkt als Geschehenes und der auch für das Wachrufen von Erinnerungen das Akustische (besonders die gesprochene Sprache) bevorzugt. – ↑auch akustomotorischer Typ.

akustomotorischer Typ: Bez. für einen Menschentyp, der sich mit akustischen Wahrnehmungen und mit Bewegungen gekoppelte Abläufe gleichermaßen gut merkt. – ↑auch akustischer Typ, ↑auch motorischer Typ.

Akzeleration:

◆ Entwicklungsbeschleunigung einer gesamten Generation im Vergleich zu früheren Generationen.

◆ (individuelle A.): Beschleunigung und zeitliche Vorverlegung der individuellen körperlichen (insbes. der geschlechtlichen) und der psychischen Entwicklung bei Jugendlichen gegenüber Gleichaltrigen aus früheren Generationen. Als Ursachen werden gehaltvollere Ernährung (v.a. für das erheblich gestiegene Längenwachstum), Reizüberflutung, vermehrte Anforderungen und andere Umwelteinflüsse diskutiert. Es fehlt jedoch bislang ein zwingendes psychophysisches Modell.

Alalie: die Unfähigkeit, artikuliert zu sprechen, verursacht durch organische Schädigungen oder mangelnde Koordination der Sprechwerkzeuge. Als Formen gibt es die *idiopathische A.* (»Hörstummheit«), die Stummheit trotz erhaltenen Hörvermögens und unbeeinträchtigten Sprachverständnisses und die *mentale A.* (»Sprachscheu«), die Scheinstummheit von Kleinkindern, die durch Stottern von der Spracherlernung abgeschreckt werden.

Alexie: Unfähigkeit zum sinnentnehmenden Lesen trotz intakten Sehvermögens. Man unterscheidet eine *litterale A.* (für einzelne Buchstaben), eine *verbale A.* (für ganze Wörter) sowie eine **Asyllabie** (für einzelne Silben).

Alexithymie: Unvermögen, bei sich und anderen Gefühle wahrzunehmen und angemessen zu beschreiben.

alghedonisch: die Dimension Lust – Unlust betreffend.

Algolagnie: Sammelbez. für sexuelles Lustempfinden durch Zufügen (↑Sadismus) wie Erleiden (↑Masochismus) von Schmerzen.

Algomanie: krankhaftes Verlangen, sich Schmerzreizen auszusetzen.

Algorithmus: eindeutig festgelegtes Verfahren, formalisierte (Rechen)anweisung. Algorithmen gewinnen z.B. im Rahmen von ↑Klassifikationssystemen psychischer Störungen (Zuordnung bestimmter Syndrome zu verschiedenen Diagnosesystemen bzw. -kategorien) zunehmend an Bedeutung.

Alkoholdemenz ↑Demenz.

Alkoholembryopathie: Schädigung des Embryos durch Alkoholmißbrauch der Mutter in der Schwangerschaft. Zwischen dem 18. und 55. Tag nach der Empfängnis, dem Zeitraum der Organentwicklung, ist der Embryo besonders anfällig gegen den etwaigen schädlichen Einfluß von Medikamenten oder Genußgiften wie Alkohol. Die niedrigste schädliche Dosis ist nicht sicher bekannt, die Empfindlichkeit wahrscheinlich individuell verschieden. Die Kinder werden meist mit typischen Gesichtsmerkmalen geboren: verkürzte Lidspalte, hängendes Oberlid, relativ unterentwickelter Oberkiefer, kleiner Gehirnschädel. Geistige und psychomotorische Entwicklungsstörungen sowie angeborene Herzfehler und Nierenfehlbildungen kommen ebenfalls vor. – ↑auch Alkoholkrankheit.

Alkoholismus: heute meist durch den Begriff ↑Alkoholkrankheit ersetzte Bez. für die fortgesetzte Aufnahme übermäßiger Alkoholmengen und deren körperliche, psychische sowie soziale Folgen.

Alkoholkrankheit: früher meist als Alkoholismus bezeichnete Sucht und im Sinne der in Deutschland gültigen Reichsversicherungsordnung vom Alkoholgenuß verursachte Krankheit, die nach der Definition der Weltgesundheitsorganisation (WHO) gekennzeichnet ist durch einen länger als ein Jahr anhaltenden Alkoholmißbrauch, den Verlust der Trinkkontrolle (der Kranke, besonders der rückfällige Trinker, vermag seinem Trinkverlangen bis zum Stadium des Vollrausches nicht Einhalt zu gebieten) und die dadurch bedingten körperlichen, psychischen und sozialen Schädigungen. Das klinische Bild der A. zeigt v.a. Leberzirrhosen (80 g Alkohol täglich über einen Zeitraum von 25 Jahren gelten als sog. zirrhogene Dosis) und Polyneuropathien (↑Neuropathie) (v.a. durch Vitamin-B_1-Mangel), chronische Magen-, Darm- und Bauchspeicheldrüsenentzündungen, Herzmuskelschäden, Impotenz sowie hirnorganische (↑Enzephalitis) und psychotische Veränderun-

A

gen (↑Korsakow-Syndrom). Akute Erscheinungen der Trunkenheit sind u.a. Rauschzustand, Einschränkung der Muskelkoordination und Gleichgewichtsfunktion durch die narkotisierende Wirkung des Alkohols auf das Zentralnervensystem (unsicherer Gang), verminderte Sprachkoordination und Trugwahrnehmungen (»weiße Mäuse«).

Zahlreiche Zwischenstufen vermitteln zwischen den gesellschaftlich tolerierten Formen des Alkoholgenusses und den latenten oder offenen, sehr oft auch verheimlichten Erscheinungsformen der A., die auch nach längeren Perioden der Abstinenz zwanghaft und anfallsartig auftreten können (»Quartalssäufer«).

Nach Angaben der Deutschen Hauptstelle gegen die Suchtgefahren (DHS) wird die Zahl der alkoholkranken bzw. alkoholabhängigen Deutschen, die unterhalb eines bestimmten Promillewertes an körperlichen Entzugserscheinungen leiden, auf 2,5 Millionen geschätzt. Dabei ist der Pro-Kopf-Verbrauch an reinem Alkohol von fünf Litern (1950) auf zwölf Liter (1994) gestiegen, womit Deutschland weltweit auf Platz 1 rangiert. Jährlich sterben etwa 40000 Menschen an den Folgen des Alkohols, davon ca. 16000 an Leberzirrhose, weitere 7000 an bösartigen, meist durch eine Kombination von stetigem Alkoholgenuß und starkem Rauchen hervorgerufenen Mund-, Rachen- oder Kehlkopftumoren. Frauen scheinen besonders gefährdet, bekommen sie doch einer 1993/94 im Rhein-Main-Gebiet durchgeführten Studie zufolge – im Vergleich zu Männern – schon ab regelmäßig 30 Gramm Alkohol täglich 30mal so oft Karzinome im Hals- und Kopfbereich.

Die *Behandlung* Alkoholkranker beginnt mit der Entgiftung, die oft schwere körperliche und seelische Probleme mit sich bringt. Sie muß in der Regel stationär durchgeführt werden, weil der Kranke wegen der Entzugssymptome sonst sofort wieder zum Alkohol greifen würde. Die größten Schwierigkeiten bereitet die Entwöhnungsbehandlung, da völlige Abstinenz erforderlich ist. Kontrolliertes Trinken ist Alkoholkranken meist nicht mehr möglich.

Die *psychologische Betreuung*, die auch die Angehörigen einschließen muß, ist die Basis für jede andere Therapie. Bei manchen Konflikttrinkern hat sich die Psychotherapie (Verhaltenstherapie) in Kombination mit psychoanalytischen Elementen als sinnvoll erwiesen, doch gibt es auch erfolgreiche Versuche des autogenen Trainings, der Hypnose oder der Aversionstherapie, mit deren Hilfe eine Abneigung gegenüber Alkohol geweckt werden soll. Die wirksamste Methode stellt jedoch die Gruppentherapie dar, die zur Ich-Entlastung und Ich-Stärkung, der Festigung oder Bildung einer Gewissensinstanz und damit zur Selbstkontrolle mit verbesserten zwischenmenschlichen Begegnungen führen soll. Nach diesem Prinzip arbeiten v.a. Selbsthilfegruppen wie die »Anonymen Alkoholiker«, die sich aus »trockenen« (früheren, nunmehr abstinenten) Alkoholkranken zusammensetzen, die den Alkoholabhängigen aufgrund ihrer eigenen Erfahrungen oft am besten helfen können.

Aus *sozialwissenschaftlicher Perspektive* kann die A. als »Endprodukt« des fördernden Zusammenwirkens verschiedenartiger Einflußfaktoren betrachtet werden. Dazu zählen die *Alkoholproduktion* (wirtschaftlicher Aspekt), die gesellschaftlich bestimmten *Trinksitten* (soziokultureller Aspekt), die allgemeinmenschliche *Drogenneigung* (anthropologischer Aspekt), die persönliche *Konsumbereitschaft* (biographischer Aspekt) und die individuelle *Suchtanfälligkeit* (biopsychologischer Aspekt) sowie der Aspekt der *sozialen Kontrolle*, also die staatlichen und sonstigen öffentlichen Maßnahmen zur Bekämpfung der A. bzw. des Alkoholmißbrauchs.

Als *Ursachen* der A. lassen sich rein empirisch gewisse Risikofaktoren feststellen, die einzeln oder sich überschneidend auftreten können und immer mit dem individuellen Lebensweg des Alkoholkranken verbunden sind: einseitig ausgerichtete Erziehung, Überforderung (z.B. durch Prestigestreben), alkoholabhängige Bezugs- und Kontaktpersonen, einseitiges Genußverhalten, Schwierigkeiten im persönlichen Bereich (Scheidungen oder Trennungen) und Zukunftsängste (z.B. Arbeitslosigkeit); Erb- bzw. genetische Faktoren werden diskutiert und untersucht, können bislang aber noch nicht als gesichert gelten.

Besonders gefährlich ist der Alkoholkonsum in der Schwangerschaft, stehen doch alkoholbedingte Schäden inzwischen an erster Stelle aller Ursachen für geistige Entwicklungsstörungen und vor allen anderen Schwangerschaftsrisiken. Nach Angaben der »Aktion Sorgenkind« kommen allein in den westlichen Bundesländern jedes Jahr etwa 2200 Babys mit alkoholbedingten Fehlbildungen zur Welt. Dabei werden schwere Mißbildungen insbesondere bei Kindern alkoholkranker Frauen beobachtet, die regelmäßig mehr als 50 Gramm reinen Alkohol (etwa zwei bis drei Viertel Wein oder einen Liter Bier) pro Tag getrunken haben. (↑auch Alkoholembryopathie).

Besonderes Augenmerk verdient der Alkoholkonsum bei *Jugendlichen.* Befragungen haben ergeben, daß Jugendliche von Haschisch wieder zum Alkohol »zurückkehren«. In Deutschland hat jeder zweite Jugendliche im Alter zwischen 12 und 14 Jahren Erfahrungen mit Alkohol, jedes 20. Kind und jeder dritte Heranwachsende trinken regelmäßig. Die Gründe hierfür werden häufig in der Konfrontation des Jugendlichen mit den Problemen seiner personalen und sozialen Existenz gesucht: Arbeitslosigkeit, innere Leere durch Infragestellung und fehlende Vermittlung ethischer Werte und die Bedrohung des Individuums durch die zunehmend anonyme Massengesellschaft.

Alkoholpsychose ↑Delir.

Alleinkind svw. ↑Einzelkind.

Allergie: von C. PIRQUET 1906 eingeführte Bez., die sich ursprünglich nur auf die Serumkrankheit (Überempfindlichkeitsreaktion gegenüber artfremden Proteinen, Arzneimitteln u.a. antigenen Substanzen) bezog, dann zunächst auf alle Formen einer von der Norm abweichenden Reaktion des Organismus auf von außen wirkende Stoffe *(Allergene)* ausgedehnt wurde. Hierzu rechneten Überempfindlichkeit **(Hyperergie),** aber auch abgeschwächte **(Hypergie)** oder fehlende **(Anergie)** Empfindlichkeit. Heute wird unter A. die erworbene Überempfindlichkeit gegenüber Stoffen des natürlichen und beruflichen Lebensraums verstanden, die sich nach deren wiederholter Einwirkung entwickelt.

Je nach Herkunft der ihrer Anzahl nach kaum überschaubaren Allergene, die organischen und nichtorganischen Ursprungs sein können, wird zwischen *tierischer, pflanzlicher* und *chemischer A.* unterschieden. Nach dem unterschiedlichen Aufnahmeweg in den Organismus ist folgende Einteilung üblich: a) *Inhalations-A.,* die durch Einatmung von Stäuben verschiedener Herkunft entsteht (z.B. Pollen, Pilzsporen, Hausstaub, Hausstaubmilben, Baumwollstaub, Kosmetika); b) *Nahrungsmittel-A.,* die durch den Genuß bestimmter Speisen (v.a. Hühnerei, Meerestiere, Fische, Milch, Nüsse, Gewürze, Erdbeeren) hervorgerufen wird; c) *Arzneimittel-A.* als Reaktion auf bestimmte Medikamente (z.B. Penicillin, Barbiturate, artfremdes Serum); d) *Insektengift-A.* nach Insektenstichen (z.B. Bienen, Wespen); e) *mikrobielle* oder *parasitäre A.* durch Infektionen (Bakterien, Viren) oder Parasitenbefall (z.B. Darmwürmer); f) *Kontakt-A.* durch Berührung mit Stoffen (z.B. Wolle, Pelze, Haarfärbemittel, Kosmetika, Verbindungen wie Teer und Teerprodukte, Chrom- und Nickelverbindungen).

Das Wesen der Allergie besteht vermutlich in einer überschießenden Abwehrreaktion und Fehlregulation des Immunsystems, deren biologischer Sinn in der Erhaltung der Integrität des Organismus zu sehen ist. Bei der Auseinandersetzung des Organismus mit Bakterien und Viren kommt es im Verlauf einer Infektionskrankheit (z.B. Masern) aufgrund der Bildung von Gegenstoffen (Antikörpern) zur Entwicklung einer Immunität, d.h., eine spätere erneute Infektion mit dem gleichen Erreger wird klinisch reaktionslos vertragen. Bei der Entwicklung einer A., d.h. durch Kontakt mit Allergenen, kommt es ebenfalls zur Bildung allergenspezifisch ausgerichteter Antikörper oder allergenspezifisch ausgerichteter Abwehrzellen. Diese klinisch noch »stumme« Sensibilisierungsphase endet nach etwa 9–12 Tagen. Bei erneutem Kontakt kommt es durch die wiederholte Verbindung von Allergen und spezifisch gebildetem Antikörper oder Allergen zur klinisch sichtbaren Auslösung allergischer Reaktionen *(Allergose).*

Bei A. können erbliche Dispositionen eine Rolle spielen; grundsätzlich kann jedoch jeder Mensch zum Allergiker werden, wenn er einem Allergen ausgesetzt ist. Von Bedeutung hierfür sind a) Menge, Intensität und Konzentration des einwirkenden Allergens sowie der Zufuhrweg, auf dem es in den Organismus gelangt, b) das unterschiedliche Sensibilisierungsvermögen des jeweiligen Stoffes (starkes oder schwaches Allergen). Als starke Allergene gelten viele Stäube und Kontaktallergene, denen der Mensch bei seiner beruflichen Tätigkeit ausgesetzt ist. Oft werden Allergosen erst nach jahrelanger, meist intensiver Einwirkung ausgelöst. Solche Berufsallergosen zählen zu den entschädigungspflichtigen Berufskrankheiten (Beispiel: »Mehlstauballergie« bei Bäckern).

Je nach Primärkontakt treten die allergischen Erscheinungen als allgemeine oder als organbegrenzte örtliche Reaktionen auf. Sie können an den Schleimhäuten der Atemwege in Form von Niesen, Fließschnupfen, Bindehautkatarrh, Atemnot (Bronchialasthma), Entzündung der Lungenbläschen, als Mundschleimhautentzündung, Erbrechen, krampfartige Leibschmerzen und Durchfälle oder an der Haut in Gestalt von Nesselsucht sowie unterschiedlichen Hautausschlägen und -entzündungen auftreten.

Alle allergischen Erscheinungsformen sind unabhängig von der Art der auslösenden Allergene; gleichartige Krankheitsbilder können zudem auch durch viele andere, nichtallergische Ursachen hervorgerufen werden, was die Diagnose erschwert.

Bei der *Behandlung* von A.n haben vorbeugende Maßnahmen wesentliche Bedeutung. An erster Stelle steht die Vermeidung des Allergens, die jedoch oft schwierig ist, entweder weil das Allergen seiner Häufigkeit wegen schlecht gemieden werden kann oder weil bei hochempfindlichen Personen schon Spuren desselben die Beschwerden auslösen. Für Pollenallergiker z.B. ist ein Aufenthalt in pollenarmer Luft (Hochgebirge, Inseln) zum Zeitpunkt des stärksten Pollenflugs an seinem Heimatort empfehlenswert. Des weiteren sind staubfreies Schlafen, Vermeidung organischen Bettfüllmaterials, Verzicht auf Haustierhaltung, Auswahl einer von Zusatzstoffen freien Nahrung und Meidung von aktivem und passivem Rauchen zu empfehlen. Zu den weiteren Möglichkeiten der Behandlung gehört die Immuntherapie mit dem krankmachenden Allergen, die jedoch nur für einen ausgewählten Patientenkreis (v.a. Pollen- und Insektengiftallergiker) geeignet ist.

Allergische Reaktionen und Erkrankungen haben in den letzten Jahrzehnten von der Häufigkeit her wie auch im öffentlichen Bewußtsein erheblich an Bedeutung gewonnen. So werden nach neuesten Studien am Berliner Robert-Koch-Institut in Deutschland heute 20 bis 25 Prozent aller Kinder mit einer Anlage zu A.n geboren, von denen dann etwa 10 Prozent später tatsächlich an einer A. erkranken. Anderen Studien zufolge haben sich die Fälle von Heuschnupfen in den letzten 60 Jahren verzehnfacht. Die Ursachen hierfür werden teils in der allgemein gestiegenen Schadstoffbelastung

der Umwelt gesehen, in einer ständig wachsenden Anzahl chemischer Substanzen, mit denen der Organismus in Berührung kommt, teils mit veränderten Lebens- und Ernährungsgewohnheiten (»denaturierte« Nahrung, Genußmittelkonsum, gesteigerter Medikamentenverbrauch). Wenngleich für Schätzungen, denen zufolge zwischen 10 und 20 Prozent der Bevölkerung an A.n leiden, noch exakte Belege fehlen, deuten beispielsweise neuere, durch Labortests gestützte Studien darauf hin, daß allergische Atemwegserkrankungen wie Asthma und Heuschnupfen in den neuen Bundesländern nur etwa halb so oft wie in den alten Bundesländern auftreten. Diese Unterschiede waren umso häufiger, je jünger (bis maximal vierzig Jahre) die untersuchten Personen waren, was im wesentlichen auf Unterschiede in den Lebens- und Umweltbedingungen (u.a. deutlich weniger Passivrauchen und Autoabgase) zurückgeführt wird.
Rein *psychische* Verursachungen von A.n werden von Wissenschaftlern heute weitgehend ausgeschlossen, zumal psychisch Kranke nicht öfter von A.n betroffen sind als der Durchschnitt der Bevölkerung. Da seelische Belastungen jedoch auch unser Immunsystem beeinflussen, wie Untersuchungen von Abwehrzellen bei Studenten im Examen und bei Frauen, die den Tod ihres Partners betrauern, zeigen, werden A.n zunehmend als »multifaktorielles Geschehen« bezeichnet.

Alles-oder-nichts-Gesetz (ANG): auch in der Psychologie angewandte physiologische Regel, derzufolge Reize nach Überschreiten eines bestimmten Wertes (Reizschwelle) unabhängig von einer weiteren Zunahme der Reizstärke die volle Reaktion (»alles«) auslösen, während unterschwellige Reize hingegen keine Reaktion (»nichts«) bewirken.

Allgemeine Psychologie: Teilbereich der Psychologie, der sich mit der Erforschung allgemeiner Gesetzmäßigkeiten des Verhaltens und Erlebens befaßt und dabei – im Ggs. zur ↑Differentiellen Psychologie – individuelle Unterschiede nicht berücksichtigt.

Alloerotik: im Unterschied zum Autoerotismus die Ausrichtung der ↑Libido auf andere Personen.

Allomnesie: Erinnerungstäuschung. – ↑Gedächtnisstörungen.

Allophasie: heute nicht mehr gebräuchliche Bez. für inkohärente Sprache. – ↑Inkohärenz.

Alphafehler: ein ↑Fehler bei statistischen Entscheidungen. – ↑auch Statistik.

Alphawellen ↑Elektroenzephalogramm.

Alptraum: im Schlaf bzw. Traum auftretende Angsterlebnisse, die häufig zu schreckhaftem, meist mit beschleunigtem Puls oder auch Schweißausbrüchen, verbundenem Erwachen führen. Alpträume können durch organische Faktoren (etwa Atemnot) ausgelöst werden, doch gelten sie heute v.a. als Ausdruck seelischer Konflikte.

Alter ↑Alternsforschung.

Alteration: Bez. für die Veränderung des Gefühlszustands, in der Psychiatrie meist zur Kennzeichnung der Verschlechterung einer psychischen Krankheit gebraucht.

Alter ego:
◆ in der *Psychoanalyse* S. Freuds Bez. für das Triebhafte des Seelenlebens (↑Es).
◆ in der *Analytischen Psychologie* C. G. Jungs Bez. für die im Unbewußten vorhandenen Züge des anderen Geschlechts. – ↑Anima.

altern ↑Alternsforschung.

Alternativhypothese ↑Hypothese.

Alternsforschung (Gerontologie): Ziel der A. ist es, Erkenntnisse über die Grundvorgänge des Alterns hinsichtlich seiner biologischen, medizinischen, psychologischen und sozialen Aspekte zu gewinnen. – **Alter** bezeichnet einen statisch bestimmten Zustand, der sich auf die jeweilige körperlich-biologische und psychologische wie auch auf die geistig-seelische Struktur des Individuums bezieht. **Altern** als Urphänomen des Lebens stellt hingegen einen dynamischen Prozeß dar,

Alternsforschung

Abnahme der Körperfunktion beim Mann
1 Grundstoffwechsel ; **2** Gesamtmuskelleistung; **3** Herzausstoß (in Ruhe); **4** normales Fassungsvermögen der Lunge; **5** größte Atmungsgeschwindigkeit

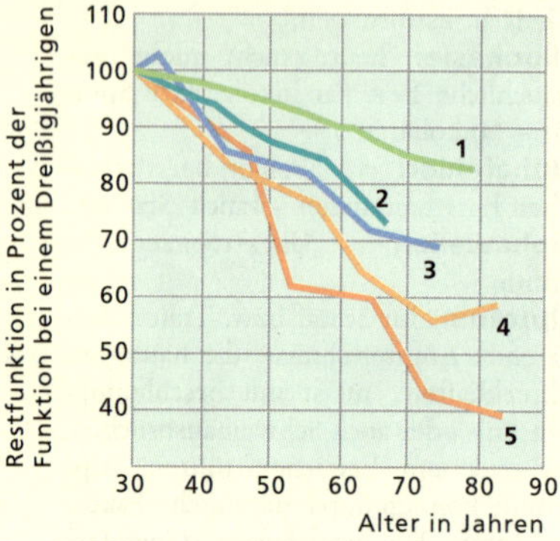

der als Wandel der lebenden Materie und der körperlichen wie seelischen Funktionen des Organismus zu verstehen ist.

Die **Alterspsychologie** (Gerontopsychologie) sucht die allgemeine Problematik des alternden Menschen und seine spezifische Situation zu analysieren; dabei bedient sie sich eines breiten Spektrums diagnostischer Verfahren, die sowohl differenzierte Funktionsprüfungen als auch Einblicke in die Art der seelischen Begleiterscheinungen des Alterns ermöglichen. Wurde das psychologische Altern zunächst grundsätzlich als pathologische Normvariante menschlichen Verhaltens bezeichnet, so machten sog. gerontologische Langzeitstudien eine wesentliche Korrektur dieser Auffassung der Alternsveränderungen im psychisch-kognitiven Bereich (Altern als Abbauprozeß, als zunehmende Vereinsamung) erforderlich. Diese Studien belegen, daß die Phänomene der biologischen Alterung, die Einschränkung der Anpassungsfähigkeit des Organismus als Folge der an Geweben und Organen einsetzenden Alterungsprozesse und selbst die Auswirkungen von Alterskrankheiten über einen langen Zeitraum hinweg durch geistig-seelische Leistungen des Individuums kompensiert und in die Gesamtperson integriert werden können.

Die **Alterssoziologie** (Gerontosoziologie) versucht, Einblicke in die Abhängigkeit des alternden Menschen von seiner sozialen Umwelt und von seiner Einordnung in diese zu gewinnen und weiterzuvermitteln. Erhebungen und Befragungen spezieller Bevölkerungsgruppen dienen dazu, die Bedürfnisse alter bzw. alternder Menschen besser zu erkennen und in politische wie soziale Handlungspläne einzuflechten.

Altersdemenz ↑Demenz.

Altersnorm: Vergleich einer Verhaltensweise bzw. Leistung eines Kindes mit dem üblichen Verhalten oder Leistungsvermögen seiner Altersgenossen. – ↑Normen.

Alterspsychologie ↑Alternsforschung.

Alterssoziologie ↑Alternsforschung.

Altersstufen: Bez. für diejenigen Abschnitte, die Kinder, Jugendliche und Erwachsene in ihrer körperlichen und seelischen Entwicklung durchlaufen.

A. sind auch *rechtlich* bedeutsam, z.B. tritt die Religionsmündigkeit mit vollendetem 14., die Volljährigkeit mit vollendetem 18. Lebensjahr ein.

Altruismus: uneigennütziges, »selbstloses« Verhalten, das stets auf das Wohl des Mitmenschen ausgerichtet ist. – Ggs. ↑Egoismus.

Alzheimersche Krankheit: nach dem deutschen Neurologen A. ALZHEIMER benannte Gehirnkrankheit, bei der meist ab dem 5. oder 6. Lebensjahrzehnt ein allmählicher, unaufhaltsamer Schwund der Großhirnrinde einsetzt. Erste Anzeichen sind zunehmende Vergeßlichkeit und ↑Aphasie, während die anderen seelischen Vorgänge, besonders das Gemütsleben, zunächst verschont bleiben. Im fortgeschrittenen Stadium ist das Gedächtnis, v.a. das Kurzzeitgedächtnis, fast völlig erloschen, die Patienten sind in hohem Grad pflegebedürftig und verwirrt, so daß Heimunterbringungen meist unvermeidlich sind. Die Ursachen der Krankheit sind noch weitgehend ungeklärt. Es gibt jedoch Hinweise, daß Veränderungen in einigen Genen die Entstehung der Krankheit begünstigen. Eine Heilung der A. ist bis heute nicht möglich, jedoch verzögern die Hirndurchblutung fördernde Medikamente *(Nootropika)* den Verlauf. – ↑auch Demenz.

AM: Abk. für ↑**A**uslöse**m**echanismus.

Ambidextrie: die (äußerst seltene) Fähigkeit, beide Hände gleichermaßen geschickt einzusetzen. – ↑auch Seitigkeit.

Ambiguitätstoleranz: die Fähigkeit, widersprüchliche Bedürfnisse auszuhalten.

Ambitendenz: Besonders bei ↑Schizophrenien auftretende Willensstörung, bei der ein in eine bestimmte Richtung tendierender psychischer Antrieb durch einen gegensätzlichen Antrieb stark gehemmt oder sogar aufgehoben wird, so daß Handlungen abgebrochen bzw. gar nicht erst ausgeführt werden.

Ambivalenz:

◆ in der *Verhaltensphysiologie* ein Konfliktverhalten, das sich aus zwei unterschiedlichen, nebeneinander oder im kurzen Wechsel nacheinander auftretenden (meist unvollständigen) Reaktionen zusammensetzt. Es zeigt sich, wenn verschiedene – diesen Reaktionen zugrundeliegende – ↑Schlüsselreize gleichzeitig auftreten, etwa Angriffs- und Fluchttrieb (↑Antrieb). Nicht selten kommt es dann aber auch zu ↑Übersprunghandlungen.

◆ in der *Psychologie* nach E. BLEULER eine Erlebnisbeziehung, die zugleich positiv und negativ gerichtet ist, z.B. Zuneigung–Abneigung oder Liebe–Haß. Ambivalente Gefühle treten häufig in der Beziehung von Kindern zu ihren Eltern auf, die sie zwar einerseits lieben, andererseits aber auch (wegen bestimmter »Erziehungsmaßnahmen«) ablehnen.

Amnesie (Erinnerungslücke): meist nach Bewußtseinsstörungen (schwere Hirnverletzung, Gehirnerschütterung, epileptischer Anfall) entstehende, zeitlich oder inhaltlich begrenzte Gedächtnislücke, in schweren Fällen auch Ausfall des gesamten Erinnerungsvermögens.
Die Grenzen zwischen A. und normalem »Vergessen« sind in der Forschung umstritten. – ↑auch Gedächtnis.

amnestisches Syndrom ↑Korsakow-Syndrom.

Amphetamine: zu den ↑Weckaminen zählendes Aufputschmittel.

Amplifikation: von C. G. JUNG im Rahmen der von ihm begründeten ↑Analytischen Psychologie eingeführte Methode der Traumdeutung.
Die A. bezeichnet eine »Erweiterung« des Trauminhalts durch gerichtete Assoziationen oder durch Vergleich der Traumbilder mit Bildern der Religion, Mystik, Mythologie oder auch des Volksglaubens, die sich von ihrem Sinn her mit dem Trauminhalt verknüpfen lassen. Im Unterschied zu der von S. FREUD (↑Psychoanalyse) vertretenen reproduktiven Methode der »freien« Assoziation sollte die A. dazu beitragen, die Triebquelle der Traumbilder freizulegen.

anale Phase (analsadistische Phase): psychoanalytische Bez. für den Zeitraum der frühkindlichen Entwicklung zwischen der oralen und der phallischen Phase, d.h. etwa zwischen dem zweiten und vierten Lebensjahr. In dieser Phase gewinnt nach S. FREUD das Kind an seinen Ausscheidungsorganen Lustgewinn, und zwar zunächst am Vorgang der Darmentleerung und später an der willkürlichen Beherrschung der Aftermuskulatur. In der sog. frühen a.n Ph. gerät es aber oft in Konflikt mit der ↑Sauberkeitserziehung, deren Maßnahmen nach der psychoanalytischen Theorie die spontanen Bedürfnisse verkümmern lassen können. Hierdurch kann nach FREUD ein »analer Charakter« geprägt werden, der durch Geiz, übertriebene Genauigkeit und übermäßigen Ordnungssinn gekennzeichnet sein soll; mitunter soll eine Steigerung bis zur Zwangsneurose auftreten.

Analerotik: Bez. für die Erscheinung, sinnliches Verlangen bevorzugt auf die Aftergegend als erogene Zone zu richten.

A

Nach S. Freud ist sie normaler Bestandteil frühkindlicher Sexualitätsentwicklung zwischen dem 2. und 4. Lebensjahr (↑anale Phase). Als Form eventuell später auftretender sexueller Perversionen (z. B. analer Geschlechtsverkehr) soll sie das Ergebnis libidinöser Fixierung auf diese Phase sein.

Analgetika svw. schmerzstillende Mittel. – ↑Drogen.

analog/digital: grundsätzlich verschiedene Denk- oder Betrachtungsweisen. *Analogen* Abläufen liegen stetige Größen zugrunde, die keine sprunghaften Veränderungen erfahren. *Digitale* Abläufe beruhen hingegen auf diskreten (d. h. nicht stetig veränderliche Werte annehmenden), sich in wahrnehmbaren Einheiten verändernden Größen.
Beispiele: Der Rechenschieber arbeitet analog, während die modernen Computer digitale Rechenanlagen sind, mit intern durch Binärzeichen verschlüsselten Daten und Programmen.

Analogie: Anpassungsähnlichkeit (im Körperbau wie im ↑Verhalten).

Analogieschluß: Schluß von einem Gegenstand, Sachverhalt oder Verlauf auf einen ähnlichen. Beispiel: »Was dem Vogel der Flügel ist, ist für den Fisch die Flosse« (Aristoteles).

Analogieschlußlehre: Auffassung in der Ausdruckskunde, wonach alle beobachteten »fremdseelischen« Ausdruckserscheinungen nur in Analogie zu beobachteten eigenen Ausdruckserscheinungen richtig verstanden werden können.

Analogietest: Bei einem A. werden der Testperson zwei in einem bestimmten Verhältnis stehende Dinge, Figuren oder Begriffe (z. B. Pferd – Tier) vorgegeben. Die Testperson soll dann zu einem dritten Element (z. B. Rose) ein viertes angeben, das zu dem dritten in vergleichbarer Beziehung steht wie das zweite zum ersten (etwa Rose – Pflanze), wobei diese Zuordnung durch Benennen, Zeigen oder Zeichnen erfolgen kann. Eine spezielle Form der A.s stellt das Fortsetzen von Zahlenreihen dar (z. B. 1 4 9 16 25 ...). Analogietests sind hauptsächlich Bestandteil von Intelligenztests.

Analogrechner: Rechenanlage, die im Unterschied zum Digitalrechner v. a. stetige physikalische Größen verarbeitet; einfaches Beispiel: Rechenschieber.

analsadistische Phase ↑anale Phase.

Analysand: die Person, welche sich – entweder aufgrund einer neurotischen Erkrankung oder im Rahmen der Weiterbildung (↑Lehranalyse) – einer ↑Psychoanalyse unterzieht.

Analyse:
- (z. T. undifferenziert gebrauchte) Bez. für die der ↑Tiefenpsychologie zugerechneten Schulen bzw. Richtungen, aber auch für den individuellen Prozeß, sich mit Hilfe eines Psychoanalytikers einer (meist mehrjährigen) psychotherapeutischen Selbsterfahrung zu unterziehen. – ↑auch Psychoanalyse, ↑auch Lehranalyse.
- Verfahrensweisen bei der *statistischen Auswertung* empirischer Untersuchungen, z. B. Faktorenanalyse, Korrelationsanalyse, Varianzanalyse.
- Verfahrensweise bei der Modellierung *kognitiver* Prozesse (sogenannte *Komponentenanalyse*).

Analytiker: die Person, die (in seinem Fachgebiet, bes. in der ↑Psychoanalyse) nach der analytischen Methode vorgeht.

Analytische Psychologie:
- (als analytische Psychologie) Sammelbezeichnung für alle psychologischen Richtungen, die analog der naturwissenschaftlich-analytischen Methode zergliedernd verfahren und vornehmlich versuchen, Elemente, Teilstrukturen und Teilfunktionen seelischer Vorgänge freizulegen (etwa im Gegensatz zur ↑Ganzheitspsychologie).
- die auf C. G. Jung zurückgehende, auch als **Komplexe Psychologie** bezeichnete Richtung der Tiefenpsychologie, bei der im Unterschied zur ↑Psychoanalyse die übermäßige Bedeutung sexueller Triebregungen für die Persönlichkeitsentwicklung in Frage gestellt und die ↑Libido mehr als allgemeine psychische

A

Energie gefaßt wird. Der a.n P. zufolge ist für das menschliche Bewußtsein und Verhalten neben dem persönlichen vor allem das ↑kollektive Unbewußte wirksam, dessen Struktur- bzw. Prägungselementen JUNG wegweisende Bedeutung im Prozeß der Selbstverwirklichung (↑Individuation) zuschrieb.

Anamnese: vom Psychotherapeuten bzw. behandelnden Arzt erhobene Vorgeschichte einer seelischen oder körperlichen Störung oder Erkrankung, mit dem Ziel, durch eine möglichst sichere Diagnose geeignete therapeutische Maßnahmen einzuleiten. Im psychotherapeutischen Bereich werden dabei v.a. Daten zur Lebensgeschichte (*biographische A.*; Herkunft, frühkindliche Entwicklung, familiäre Dispositionen und Belastungen) sowie zu aktuellen Auffälligkeiten und Umweltbedingungen erfaßt.

Die Formen der A. umfassen das freie Gespräch, sog. halbstrukturierte Interviews, genau festgelegte Befragungen (u.a. mit Hilfe von Tests und Fragebögen), Verhaltens- bzw. Spielbeobachtungen (bei Kindern), Rollenspiele sowie Aktenstudium und gegebenenfalls die Hinzuziehung wichtiger Bezugspersonen (Ehepartner, Eltern, Geschwister, Kinder, aber auch Pfleger oder Betreuer), z.B. bei psychotisch Erkrankten, geistig behinderten oder verwirrten älteren Menschen, die keine zuverlässigen Informationen zu geben vermögen.

Anankasmus: krankhafter Zwang, bestimmte Vorstellungen nicht unterdrücken zu können oder bestimmte Handlungen ausführen zu müssen, obwohl sie als widersinnig oder unnötig erkannt werden (z.B. sich immer wieder die Hände zu waschen, Gegenstände zu zählen o.ä.). A. kann im Rahmen neurotischer wie psychotischer Entwicklungen auftreten; von Psychiatrie und Psychoanalyse sind Menschen, die an A. leiden (sog. *Anankasten*) häufig charakterliche Eigentümlichkeiten (übertriebene Gewissenhaftigkeit, Überängstlichkeit) zugeschrieben worden.

Anarthrie: schwere Störung der Lautbildung trotz intakter Sprechwerkzeuge (z.B. ein unverständliches Lallen oder Grunzen).

Androgene: im Hoden und in der Nebennierenrinde gebildete *Sexualhormone*, die die Entwicklung der männlichen Geschlechtsorgane beim frühen Embryo und die Entwicklung der sekundären männlichen ↑Geschlechtsmerkmale beeinflussen.

androgyn: männliche und weibliche Merkmale aufweisend, vereinigend.

Andromanie svw. ↑Nymphomanie.

Aneignungstheorie: eine von sowjetischen Psychologen der sog. kulturhistorischen Schule (v.a. von A. N. LEONTJEW) marxistisch begründete Theorie menschlicher Entwicklung. In der A. ist v.a. die Einsicht von Bedeutung, daß sich die kognitive Entwicklung eines Menschen wesentlich durch die aktive – also durch Handeln erfolgende – Auseinandersetzung mit dem Lerngegenstand vollzieht. Unter Aneignung ist dabei jene Tätigkeit zu verstehen, durch welche ein Lernender Wissen von den Eigenheiten und Zwecken der im historisch-gesellschaftlichen Prozeß geschaffenen Gegenstände erwirbt. Über dieses Wissen hinaus erwirbt ein Individuum mit der Ausführung der gegenstandangemessenen Tätigkeiten jene Fertigkeiten, die sich in der durch menschliche Arbeit realisierten Produktion des Gegenstandes niedergeschlagen haben. Aneignung stellt somit auch eine der Bedingungen für die Übernahme der von früheren Generationen gesammelten Erfahrungen dar.

In den westlichen Ländern hat die A. allenfalls punktuelle Aufnahme erfahren; mit den in der früheren Sowjetunion erfolgten tiefgreifenden politischen Veränderungen ist sie fast völlig in den Hintergrund gerückt.

Anergie:
- ↑Allergie.
- ↑Antriebsstörungen.

ANG: Abk. für **A**lles-oder-**n**ichts-**G**esetz.

A

angeboren (kongenital, konnatal): von Geburt an bestehend. Im Unterschied zu Ererbtem (genetisch Bedingtem) kann Angeborenes auch auf Einwirkungen während der Embryonalzeit zurückzuführen (also erworben) sein. – ↑auch ererbt.

angeborene Ideen: von R. DESCARTES in die neuzeitliche philosophische Diskussion eingeführte Bez. für Begriffe und Kategorien, die angeblich nicht durch sinnliche Erfahrung erworben werden können, z.B. Ideen wie Unendlichkeit, Gott und dergleichen.
Die Vertreter des ↑Empirismus behaupten dagegen, daß der menschliche Geist bei Geburt eine *Tabula rasa* (also ohne jeglichen Inhalt, gewissermaßen unbeschrieben) sei.

angeborener Auslösemechanismus (Abk. AAM): ↑Auslösemechanismus.

angeborener gestaltbildender Mechanismus (Abk.: AGM): in der Verhaltensforschung ein Mechanismus im Nervensystem, der aus verschiedenen Sinneseindrücken jeweils bestimmte Reize herausfiltert und aus ihnen eine »Gestalt« bildet, die als ↑Schlüsselreiz den Auslösemechanismus einer Verhaltensweise (Instinkthandlung) in Gang setzt. Die Arbeitsweise des AGM und seine Zuordnung zu einer Instinkthandlung gelten dabei als angeboren; sein Inhalt, die »Gestalt«, muß dagegen erst erlernt werden. Dieses Lernen ist oft unwiderruflich (↑Prägung) und lebensnotwendig; beispielsweise lernen nestflüchtende Vögel während der Aufzucht die »Gestalt« ihrer Eltern oder Artgenossen für die spätere Paarung.

Angewandte Psychologie: Sammelbez. für jene Teilbereiche der Psychologie, deren Gegenstand die Lösung praktischer Fragestellungen mittels wissenschaftlich begründbarer Methodik ist. Beispiele sind Arbeits-, Betriebs- und Wirtschafts-, aber auch Klinische und Pädagogische Psychologie.

Angst: mit Beklemmung, Bedrückung, Erregung, oft auch mit quälender Verzweiflung einhergehender Gefühlszustand bzw. Affekt. A. ist existentiell, d.h., sie entsteht reaktiv auf jede real erlebte oder auch bloß vorgestellte, häufig nicht einmal voll bewußte Lebensbeeinträchtigung oder -bedrohung. Im Unterschied dazu steht die **Furcht**, die objektbezogen ist und sich auf eine bestimmte Bedrohung bezieht, der insbesondere durch Flucht oder Aggression bzw. Gegenwehr begegnet werden kann. Wie jeder ausgeprägte Gefühlszustand oder Affekt ist A. von auffallenden körperlichen Symptomen (u.a. erhöhte Pulsfrequenz, Atemnot, Schweißausbruch, Zittern, gesteigerte Blasen- und Darmtätigkeit) begleitet, verbunden mit einer Minderung oder Aufhebung der willens- und verstandesmäßigen Kontrolle der Person über sich selbst.

Angst: Edvard Munch, Angstgefühle, Holzschnitt von 1896

Die *Entwicklungs-* und *Reifungsangst* des Kindes (als *Ängstlichkeit* der noch unreifen, d.h. starken seelischen Belastungen noch nicht gewachsenen Psyche) hat reine Abwehrfunktionen und kann als natürliche Begleiterscheinung im Prozeß des Heranwachsens und des Zusichselbstkommens in späteren Entwicklungsphasen leicht überwunden werden; lediglich in Fällen gravierenden Geborgenheits- oder Vertrauensverlustes, z.B. bei Familienzerrüttung, Überforderung, Frustration, erzieherischer Härte oder Strafandrohung, kann sie sich zu extremen Formen steigern.

Die *Schulangst* des Kindes ist häufig auf Fehlverhalten der Eltern zurückzuführen: Beschützen und behüten sie das Kind zu stark vor der Umwelt entsteht eine (dabei beteiligte) *Trennungsangst*; andere Faktoren können sein: die Wahl einer falschen Schulart (Überforderung) oder Ablehnung durch die Mitschüler wegen individuellen Verhaltens.

Die *Psychoanalyse* sieht im frühen, unbewußten Erlebnis der Geburts- oder Trennungsangst des Säuglings, der sich vor dem Mutterverlust und vor Liebesentzug ängstigt, die ursächliche Quelle aller Angstzustände (Realangst vor den Gefahren der Außenwelt, Gewissensangst vor dem ↑Über-Ich und Triebangst vor der Stärke der Leidenschaft im ↑Es). ↑Realangst erscheint dabei als normaler menschlicher Vorgang, Gewissensangst und Triebangst dagegen sind Krankheitserscheinungen, u.a. bei Neurosen, die sich hauptsächlich aufgrund von Angstzuständen bilden. Auch Erscheinungen des Zwangs (Zwangsdenken, Zwangshandlungen) können aus A. entstehen. – ↑auch Phobien.

Ängstlichkeit: überdauernde Bereitschaft, Situationen als angstauslösend zu erleben und entsprechend zu reagieren.

Angsttraum svw. ↑Alptraum.

Anhedonie:

◆ *allg.* Unvermögen, sich über etwas zu freuen und selbst an einfachen Dingen Spaß zu haben.

◆ Fehlen sexueller Lustgefühle.

◆ fehlende Freude in ansonsten mit Lustgefühlen verbundenen Situationen (v.a. bei Schizophrenie).

Anhormie ↑Antriebsstörungen.

Anima: in der ↑Analytischen Psychologie C. G. JUNGS das »Seelenbild« der Frau im Unbewußten des Mannes. JUNG glaubte, daß dem Menschen das jeweils gegengeschlechtliche Urbild (↑Archetypus) innewohne, das zu seinem Selbstbild mehr oder weniger im Gegensatz stehe und sein Verhalten mitbestimme. So kann die A. dem Mann als Elfe, Hexe oder sonstige Traum- bzw. Phantasiegestalt erscheinen oder auch und v.a. als gefühlsbeladene Realität (Mutter, Frau, Geliebte) begegnen. – Entsprechendes ist vom *Animus,* dem »Seelenbild« des Mannes im Unbewußten der Frau, zu sagen.

Animismus: der Glaube v.a. jüngerer Kinder, daß alles in der Natur mit Leben und Absicht erfüllt ist (»Der Wind bläst, weil er dem Kind in der Hitze Kühlung zukommen lassen will«.). – ↑Anthropomorphismus, ↑Egozentrismus.

Animus:

◆ *allg.* svw. »Ahnung«, die einer Aussage oder Entscheidung zugrunde gelegen hat und durch die Tatsachen bestätigt und damit als eine Art »Eingebung« angesehen wird.

◆ in C. G. JUNGS Analytischer Psychologie ↑Anima.

Anlagen: Bereitschaft, bestimmte Fähigkeiten und Fertigkeiten, Erlebnis-, Verhaltens- und Handlungsweisen bei entsprechenden Umweltbedingungen aufgrund erblicher Gegebenheiten zu entwickeln. – ↑auch Anlage-Umwelt-Problematik.

Anlage-Umwelt-Problematik (Erbe-Umwelt-Problematik): Kontroverse um die Frage, ob die Fähigkeiten und Fertigkeiten eines Menschen stärker (oder sogar ausschließlich) durch seine Anlagen (die genetische Ausstattung) oder durch Umwelteinflüsse (Milieu) bestimmt werden.

In vielen Fällen steht dabei die *Intelligenzentwicklung* im Vordergrund, wobei die A.-U.-P. dann wie folgt formuliert wird: Welcher Anteil der Intelligenz eines Individuums wird durch die Anlagen, welcher durch die Umwelt bestimmt? Als

A

Anlage-Umwelt-Problematik

Dieses Diagramm macht deutlich, wie Erbe *und* Umwelt zu den IQ-Werten beitragen. Die IQs von Vätern und Söhnen sind sich ähnlich (Erbe), aber sie sind auch abhängig von der sozialen Schicht (Umwelt).

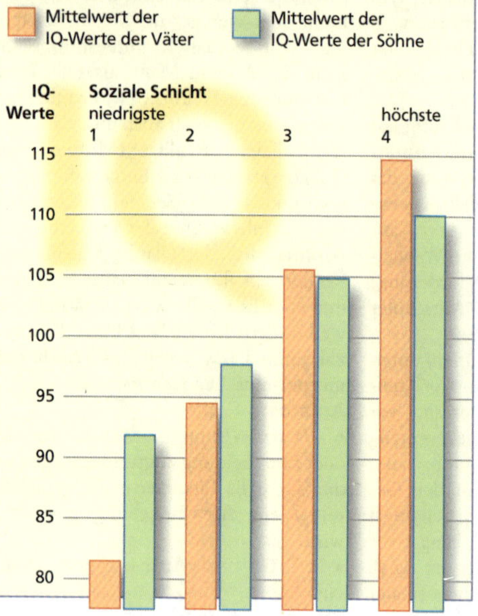

Antwort hierauf wird häufig das Zahlenverhältnis 80:20 angegeben. Kritiker halten bereits die Fragestellung für unsinnig (etwa D. O. HEBB mit seiner Bemerkung »Die Frage, wie groß der Beitrag der Vererbung zur Intelligenz sei, ist ebenso unsinnig wie die Frage nach dem Beitrag der Breite zur Fläche eines Feldes«) und meinen, es sei vernünftiger zu fragen, inwieweit die *Variation der Intelligenz* durch Anlagen respektive Umwelt bestimmt werde. Diese Frage ermögliche auch die Berücksichtigung anderer, die Entwicklung eines Menschen beeinflussender Faktoren, wie z.B. die bewußte Selbststeuerung.

Im Zentrum der so veränderten Fragestellung steht die Erfassung von Merkmalsunterschieden in einer gegebenen Population, wobei man als Maß für die Erblichkeit ↑Heritabilitätskoeffizienten zu ermitteln sucht. Für das Merkmal »Intelligenz« deuten in westlichen Ländern durchgeführte Untersuchungen auf eine Erblichkeit von ca. 80% hin, was wiederholt zu dem fatalen Mißverständnis geführt hat, es sei wissenschaftlich erwiesen, daß die Intelligenz im wesentlichen durch die genetische Ausstattung eines Menschen bedingt sei und durch Umwelteinflüsse (etwa frühes geistiges Training) nur geringfügig beeinflußt werden könne.

Heute wird in der Diskussion um Anlage und Umwelt weitgehend das von W. STERN angenommene ↑Konvergenzprinzip akzeptiert, demzufolge die Entwicklung – insbes. jene der Intelligenz – eine *Wechselwirkung* von Anlage- und Umweltfaktoren darstellt. Die Erkenntnis, daß unterschiedliche ↑Genotypen sowohl auf *gleiche* Umwelteinflüsse *unterschiedlich* als auch auf *unterschiedliche* Einflüsse *gleich* reagieren, wird schon durch Tierexperimente erhärtet.

Anmutungserlebnis: in der *Charakterologie* von P. LERSCH diejenige Gefühlsregung, welche durch die Wirkung von äußeren Objekten auf den Wahrnehmenden ausgelöst wird. Die den Objekten zugeschriebenen Eigenschaften, die für die Auslösung bestimmter Emotionen ursächlich sein sollen, heißen *Anmutungsqualitäten.* Bei manchen psychologischen Tests hat man anhand der Reaktion einer Person auf bestimmte vorgegebene Zeichen festzustellen versucht, ob sie diese gut oder schlecht »erfühlt«, und daraus diagnostische Schlüsse gezogen; da diese Vorgehensweise aber umstritten ist, ist man inzwischen jedoch weitgehend von ihr abgerückt.

Anomalie: psychische wie körperliche Abweichung von entsprechenden (Entwicklungs-)Normen, übergreifend auch von sozialen (Verhaltens-)Normen.

Anomie:

◆ durch Hirnerkrankungen bedingte oder als Form der ↑Aphasie auftretende Beeinträchtigung der Fähigkeit, sich Namen zu merken.

◆ von E. DURKHEIM eingeführter soziologischer Begriff für zunehmende soziale Desintegration, die u.a. ↑Devianz zur Folge haben soll.

Anonyme Alkoholiker (Abk.: AA): zuerst in den USA gegründete, heute weltweit verbreitete Selbsthilfeorganisation von ehemals Alkoholabhängigen. Mitglied darf nur werden, wer seine Abhängigkeit eingesteht; der einzelne bleibt jedoch anonym. Die häufig erfolgreiche Hilfe umfaßt v.a. sozialtherapeutische Maßnahmen (Aussprache in der Gruppe, Schaffung neuer Bezugskreise, Einbeziehung der Angehörigen). ↑auch Alkoholkrankheit.

Anorexie (Magersucht): Die Hauptform der A., die **Pubertätsmagersucht** (Anorexia nervosa) ist gekennzeichnet durch eine gravierende, zu bedrohlichem Abmagern, nach neueren klinischen Untersuchungen bei bis zu 10% der Erkrankten sogar bis zum Tode führende Ablehnung der Nahrungsaufnahme, häufig auch durch absichtlich herbeigeführtes Erbrechen. Sie tritt in 90–95% der Fälle bei (insbes. intelligenten und ehrgeizigen) Mädchen oder jungen Frauen auf und wird heute überwiegend als psychische Reifungskrise gewertet. Man nimmt an, daß die Betroffenen unbewußt die Entwicklung zur Frau ablehnen und mit der Nahrungsverweigerung die Beibehaltung kindlicher Körperformen erzwingen wollen.

Die meist tiefenpsychologisch oder verhaltenstherapeutisch orientierte Therapie der Pubertätsmagersucht kann – bei lebensbedrohlichem Gewichtsverlust ohnehin – anfangs oft nur stationär eingeleitet werden; häufig widersetzen sich Patientin und Angehörige zunächst auch einer Therapie oder brechen diese ab, da sie die Gefahr der Aufdeckung einer konfliktgeladenen familiären Struktur birgt.

Anosognosie:

◆ im weiteren Sinne die Unfähigkeit, Erkrankungen oder Störungen der eigenen Person wahrzunehmen, häufig aber auch deren Nichtwahrhabenwollen.

◆ im engeren Sinne die Unfähigkeit, eine eigene halbseitige Lähmung zu erkennen.

Anpassung:

◆ *allgemeine* Bez. für physiologische oder psychische Angleichungsvorgänge des Organismus an veränderte Reizverhältnisse (z.B. Hell-Dunkel-Adaptation des Auges).

◆ in der *Sozialpsychologie* und *Soziologie* werden unter A. Prozesse der Eingliederung eines Individuums oder einer Gruppe in die Umwelt und die Angleichung an deren Normen verstanden. – ↑Sozialisation.

Anpassungsniveau svw. ↑Adaptationsniveau.

Anschauung: im engeren ursprünglichen Sinn die direkte Wahrnehmung eines Gegenstandes oder eines gestalthaften Ganzen durch den Gesichtssinn, d.h. mit Hilfe der Augen (*optische* oder *visuelle A.*; ↑Sehen) oder unter Beteiligung aller anderen Sinne *(sensuelle A.)*. Übertragen meint A. das unmittelbare, direkte Erfassen von Gegenständen und Sachverhalten durch ↑Intuition, im Unterschied zum mittelbaren, indirekten Erfassen durch intellektuelle Schlußfolgerungen. – Je nach der beim Menschen vorherrschenden Art der A. lassen sich nach E. R. JAENSCH beschreibende, beobachtend-zusammenfassende und gefühlsbetonte *Anschauungstypen* unterscheiden.

Ansprechbarkeit: die Bereitschaft eines Organismus, auf Umweltreize zu reagieren. Mit *emotionaler A.* bezeichnet man im engeren Sinne die gefühlsmäßige Erregbarkeit eines Menschen, die individuellen Schwankungen unterliegt und insbes. bei körperlicher oder seelischer Erkrankung deutlich reduziert sein kann.

Anspruchsniveau: umfassende Bez. für die Gesamtheit der Erwartungen, Zielsetzungen und Ansprüche an die eigene zukünftige Leistung. Das A. hängt wesentlich von den vorangegangenen Erfolgs- oder Mißerfolgserfahrungen ab und kann als eine Art selbstgesetzter Standard zur Bewertung der persönlichen Leistungen verstanden werden. Bei fortgesetzten Mißerfolgen wird das A. vom Individuum meistens reduziert, u. U. aber auch unangemessen erhöht, bei konstant über dem selbstdefinierten Niveau liegenden Erfolgen dagegen heraufgesetzt. Ein Versagen bei Aufgaben, deren Schwierigkeitsgrad das A. erheblich übersteigt, wird nicht als Mißerfolg gewertet. – ↑Leistungsmotivation.

Ansteckung ↑psychische Infektion.

Anstrengungsbereitschaft ↑Leistungsmotivation.

Anthropogenetik ↑Humangenetik.

Anthropologie: Wissenschaft, die sich mit dem ↑Menschen beschäftigt. – Der Begriff A. geht auf den griechischen Philosophen ARISTOTELES zurück, der darunter offenbar eine Art Naturgeschichte des Menschen verstand. Auch bei vielen anderen Philosophen und Ärzten im antiken Griechenland sind Ansätze zur menschenkundlichen Forschung festzustellen. So haben sich z.B. PLATON und HIPPOKRATES bereits mit Fragen der Vererbung beim Menschen, der *Humangenetik,* auseinandergesetzt, ARISTOTELES sogar schon mit Fragen der Mensch-Tier-Verwandtschaft. Der griechische Geschichtsschreiber HERODOT versuchte, die von ihm auf seinen Reisen festgestellten körperlichen und kulturellen Unterschiede zwischen den Völkern dadurch zu erklären, daß er Klima und äußere Lebensumstände als differenzierende Ursachen annahm. Die erste Menschenrassentheorie stellte der griechische Philosoph POSEIDONIOS auf. Nach ihm herrschen z.B. bei den Kelten und Germanen der Thymos (Mut, Leidenschaft, Zorn), bei den Mittelmeervölkern dagegen der Logos (Verstand) vor; die unterschiedlichen körperlichen Rassenmerkmale schrieb er dem Einfluß der Gestirne zu.

Anthropomorphismus: Der vermeintlich »lachende« Schimpanse zeigt seine Zähne als Drohgebärde

Im Mittelalter war das Interesse an der A. und an der Völkerkunde relativ gering. Erst mit den Entdeckungsreisen im 16. Jh. wurde der Mensch wieder zum Objekt naturwissenschaftlicher Forschung. Eines der bedeutendsten wissenschaftlichen Ereignisse war im 18. Jh. die systematische Einbeziehung des Menschen in das Tierreich durch den schwedischen Naturforscher C. VON LINNÉ, der 1766 den Menschen neben den Schimpansen in die Reihe der Primaten (»Herrentiere«) stellte. 1808 erörterte dann der frz. Naturforscher J.-B. DE LAMARCK den Gedanken einer stammesgeschichtlichen Verwandtschaft zwischen Menschen und Affen. Mit der 1859 begründeten Abstammungslehre (↑Deszendenztheorie) durch C. DARWIN (↑Darwinismus) setzte sich diese »Anschauung« schließlich durch. Sie wird heute kaum noch bezweifelt. Vielmehr wissen wir, daß der Schlüssel zum Verständnis menschlichen Verhaltens, einem Grundproblem der Psychologie, in der phylogenetischen Entwicklung des Menschen, also seiner Stammesgeschichte, zu suchen ist.

Anthropometrie: Sammelbez. für Methoden zur Erfassung bzw. Messung *körperlicher* Merkmale des Menschen. – ↑auch Psychometrie.

A

Anthropomorphismus (Vermenschlichung):
- Übertragung menschlicher Eigenschaften auf Nichtmenschliches, bes. in der Vorstellung, die man sich von Gott macht.
- Das »Unterlegen« tierischen Verhaltens mit typisch menschlichen Deutungen, wodurch das Tier z.B. als eine Art primitiver Mensch gesehen wird. Ein vermeintlich »lachender« Schimpanse zeigt seine Zähne jedoch als Drohgebärde und nicht als Ausdruck der Freude.

Anthropopsychologie svw. ↑Humanpsychologie.

Anthropotechnik: umfassende Bez. für Bestrebungen, technische Gegebenheiten und Funktionen (insbes. Arbeitsvorgänge, Arbeitsmittel und Arbeitsplätze) an die Tätigkeiten und Eigenarten des menschlichen Organismus anzupassen. Die Bemühungen richten sich einerseits auf die optimale Gestaltung der technischen Elemente hinsichtlich ihrer Anordnung und Formgebung *(statische Anpassung),* andererseits auf die Abstimmung des als Regelkreis zu verstehenden Verhältnisses von Mensch und Maschine mit den spezifischen menschlichen Bedürfnissen und Verhaltensweisen *(dynamische Anpassung).*

antiautoritär: autoritäre Normen, (mißbrauchte) ↑Autorität ablehnend.

antiautoritäre Erziehung: eine ausgangs der sechziger Jahre im Zuge der damaligen Studentenbewegung entstandene Erziehungskonzeption. *Theoretisch* orientierten sich die Verfechter a.r E. an den gesellschaftskritischen Positionen der *Frankfurter Schule* (z.B. T. W. ADORNO) und an *tiefenpsychologisch* begründeten Erziehungsvorstellungen, etwa an den Ansätzen von S. BERNFELD, E. FROMM, A. NEILL und W. REICH.

Im wesentlichen bestand das Anliegen der a.n E. darin, den traditionellen Erziehungs- und Sozialisationsinstanzen eine Erziehung gegenüberzustellen, bei der die Kinder weitgehend frei von Zwängen sein, ihre Bedürfnisse – auch die sexuellen – nicht unterdrücken und so frühzeitig Ich-Stärke, Solidarität und politisches Bewußtsein entwickeln sollten. Von den Eltern wurde gefordert, eigene (auch unbewußte) Ansprüche an die Kinder zu erkennen und zu revidieren, was vielfach in speziellen Elterngruppen angestrebt wurde.

Nach dem Versuch, der a.n E. in den traditionellen Erziehungs- und Sozialisationsinstitutionen Geltung zu verschaffen, wurde diese Konzeption im Rahmen alternativer Lebensformen (z.B. in Kommunen) oder in eigenen alternativen Einrichtungen (z.B. Kinderläden) prak-

Anthropotechnik: Das Cockpit eines Airbus A-310

A

tiziert. Insgesamt erwies es sich aber als schwierig, die Rolle der Erwachsenen schlechthin zu definieren und die Kinder nicht nur gewähren zu lassen, sondern sie bei der Befriedigung ihrer Bedürfnisse auch aktiv zu unterstützen.

Heute ist die Bewegung für eine a.E. abgeklungen, manche ihrer Forderungen aber haben mittlerweile Eingang in die Gestaltung pädagogisch-psychologischer Institutionen gefunden.

Antidepressiva: Arzneimittel mit vorwiegend stimmungshebender und antriebssteigernder Wirkung zur Behandlung von Depressionen und körperlich-seelischen Erschöpfungszuständen. – ↑auch Psychopharmaka.

Antipathie: die unbewußte wie bewußte *Abneigung* eines Menschen gegenüber anderen Menschen, anderen Lebewesen oder auch gegenüber bestimmten Objekten oder Sichtweisen. Eine A. kann sozusagen instinktiv (beim bloßen Erblicken) geweckt werden, durch persönliche negative Erfahrungen erworben oder auch im Verlauf der ↑Sozialisation vermittelt worden sein.

Antipsychiatrie: Um 1960 von den britischen Psychiatern R. LAING und D. COOPER begründete psychiatrische Richtung, die sich scharf gegen die Anstaltsverwahrung psychisch Kranker und gegen die traditionellen Lehren der Psychiatrie über Psychosen wendet. Nach Auffassung der A. sind psychotische Patienten nicht Kranke mit abnormen, nicht nachvollziehbaren Verhaltensweisen, sondern Menschen, die infolge unkritisch akzeptierter gesellschaftlicher Normen zu »Kranken« gemacht (stigmatisiert), aus der Gesellschaft ausgeschlossen und einer Behandlung unterworfen werden, die einen Großteil ihrer Verhaltensänderungen erst bedingt. Ziel der A. ist es daher, die herkömmlichen Anstalten aufzulösen, den Betroffenen zu stärkerer persönlicher Entfaltung zu verhelfen und dadurch dem Ideal einer grundsätzlich neuen Gesellschaftsordnung näherzukommen.

Antipsychotika: Sammelbez. für Psychopharmaka, deren Hauptwirkung in einer Verminderung der Wahn- und Halluzinationsanfälligkeit (mitunter auch psychotischer Erregungszustände) des Patienten besteht. Zu den A. zählen die ↑Neuroleptika und bestimmte ↑Antidepressiva.

antisozial: Bez. für ein gemeinschaftsfeindliches Verhalten, das in aggressiver Mißachtung gesellschaftlicher Normen, Ordnungen oder Rechte zum Ausdruck kommt. Beispiele: Wohnraumvernichtung, Wucherei, Kriminalität. – ↑auch asozial.

Antizipation: die Vorwegnahme oder Erwartung eines bestimmten Ziels oder künftiger Ereignisse in der Vorstellung bzw. im Denken, z.B. bei der Wahl der zur Befriedigung eines Bedürfnisses führenden Mittel. Die A. als gedanklicher Vorgriff in die Zukunft wird zu den kennzeichnenden Merkmalen menschlichen Bewußtseins gezählt.

Von O. SELZ wurde der Begriff A. in die *Denkpsychologie* eingeführt. Nach SELZ schafft jedes Problem eine Art Zielvorstellung, welche die Problemlösung in Form einer »Leerstelle« enthält, wobei diese ↑Aufforderungscharakter besitzt.

In der *Sportpsychologie* versteht man unter A. die Fähigkeit, Bewegungsabläufe anderer Sportler vorwegzunehmen; bei den Spielsportarten kommt der Entwicklung des A.svermögens deshalb große Bedeutung zu.

Als **antizipierende Reaktion** bezeichnet man das Einsetzen einer Handlung vor Eintritt eines funktional vertrauten Vorgangs, etwa das Hören eines Signals, auf das hin reagiert werden soll; bekanntes Beispiel ist der Frühstart von Sportlern.

Antrieb: Bez. für die als Kräfte der Seele gedeuteten Impulse, die zielgerichtet das Handeln dynamisieren und motivieren: Instinkte, Triebe, Strebungen, Motive, Drang und Wollen. Die A.e gelten nach herrschender Auffassung als wichtigste Grundlage des Verhaltens. Individuell von unterschiedlicher Stärke, treten sie meist in Begleitung von Emotionen (Affekte, Gefühle, Stimmungen) auf. So ist z.B. Angst mit dem A. zur Flucht vor der die Angst erzeugenden Situation gekoppelt. Doch kann ein A. außer durch Situationsreize auch durch Fremdeinflüsse, z.B. durch Autorität, Suggestion, Erziehungsmaßnahmen u.a., ausgelöst werden. Die Vielfalt der A.e hat man immer wieder auf eine einzige Grundquelle zurückzuführen versucht: F. NIETZSCHE auf einen Willen zur Macht, S. FREUD auf die Libido, A. ADLER auf den Geltungsdrang; L. KLAGES sah im A. die Triebfeder aller Selbstbehauptung.

Gelegentlich werden unter dem Begriff A. zusammenfassend auch Geschwindigkeit und Ausdauer menschlicher Leistungen verstanden, so z.B. beim Lösen von Testaufgaben und beim Lerntempo. Kinder verfügen in der Regel über einen *A.süberschuß* und können sich deshalb kaum längere Zeit still verhalten. Überhaupt scheint A.süberschuß eine spezifisch menschliche Eigentümlichkeit zu sein, so daß man in der Regel über mehr A.senergie verfügt als in Handlungen umgesetzt werden kann. – *A.sverminderung* heißt die Schwächung vorhandener A.e, u.a. als Folge von Krankheit, z.B. bei organischen Hirnschädigungen und bestimmten Geisteskrankheiten; *A.svermehrung* ist die Steigerung der A.e bei affektiver Erregung oder, in krankhafter Form, bei einer Manie.

Antriebsstörungen (Dyshormie): Sammelbez. für Abweichungen vom normalen Antriebsverlauf, insbesondere die *Antriebsarmut* **(Hypohormie)** als Folge einer konstitutionsbedingten vitalen oder krankheitsbedingten Schwäche des Antriebs (z.B. bei organischen Hirnschädigungen) oder die *Antriebshemmung* bzw. *-blockierung* (**Anhormie, Anergie, Abulie;** etwa bei Depressionen) sowie die *Antriebssteigerung* **(Hyperhormie)** bei affektiver Erregung oder in krankhafter Form (etwa bei Manien).

Anweisungseinheit: Programmschritt im programmierten Unterricht, bei dem auf im Programm selbst nicht enthaltene Lehr- oder Hilfsmittel hingewiesen wird.

Apathie (Teilnahmslosigkeit): bis zu völliger Unansprechbarkeit reichender Zustand der Gleichgültigkeit gegenüber eigenen Belangen und der Umwelt, der infolge eines psychischen Schocks (↑Nervenschock) oder als Begleiterscheinung bei schweren Depressionen, bei Schizophrenie und (selten) bei manchen Formen geistiger Behinderung auftreten kann.

Aphasie: Sammelbez. für Störungen des Sprachverständnisses *(sensorische A.)* und des Sprechens *(motorische A.)* infolge Erkrankung des zentralen Sprachapparates trotz erhaltener Intelligenz und intakter Sprechwerkzeuge.

Aphonie: Fehlen des Stimmklangs, Stimmlosigkeit, Flüsterstimme infolge organischer Stimmbandveränderungen oder aus neurotischer Ursache.

Aphrasie: das Unvermögen, korrekte Sätze zu bilden.

Aphrodisie: meist als Folge einer Enthemmung auftretende extrem gesteigerte sexuelle Erregbarkeit.

Apnoe: Atemstillstand, Nicht-Atmen.

apopathetisch: heute kaum noch gebräuchliche Bezeichnung für ein Verhalten, das erst durch die Gegenwart anderer Personen befördert wird, z.B. das »Sichaufspielen« in einer Gruppe.

Aporie (Ratlosigkeit): Situation, in der es unmöglich ist, die richtige Entscheidung zu treffen, ein Problem zu lösen oder auch eine philosophische Frage zu beantworten.

Apparat ↑psychischer Apparat.

Appersonation: bei ↑Psychosen auftretende Überzeugung, gewisse oder sämtliche Eigenschaften eines anderen Menschen zu besitzen.

Apperzeption:

◆ *allg.* (nach G. W. LEIBNIZ) das bewußte Erfassen von Wahrnehmungs-, Denk- und Erlebnisinhalten im Unterschied zur nichtbewußten Perzeption.

A

◆ in der *Apperzeptionspsychologie* von W. WUNDT jener »Vorgang, durch den irgendein psychischer Inhalt zu klarer Auffassung gebracht wird«.
◆ nach J. F. HERBART die geistig aktive Aneignung und Verarbeitung neuen Wissens mit Hilfe alter Vorstellungsmasse (»apperzeptive Masse«).

Appetenzlernen: den Theorien des ↑Behaviorismus entstammende Bez. für Lernprozesse, die durch positive ↑Verstärkung zustande kommen.

Appetenzverhalten: Hat ein Tier bestimmte Instinkthandlungen eine Zeitlang nicht ausgeführt, wächst seine Bereitschaft zu diesen Handlungen. Dabei sucht das Tier nach dem passenden »Schlüsselreiz«, der über den zugehörigen ↑Auslösemechanismus die ↑Instinkthandlung in Gang setzt. Dieses *Suchverhalten* endet mit Beginn der erstrebten Handlung. Wird der Schlüsselreiz, trotz bestehenden A.s, nicht gefunden, kommt es häufig zu sog. Leerlaufhandlungen.
Von der Psychologie wird, im Unterschied zur Verhaltensforschung, darüber hinaus jede direkt oder indirekt auf die Befriedigung eines Bedürfnisses zielende Handlung als A. bezeichnet, etwa schon die bloße Kontaktsuche eines Menschen.

Appetit: Im Unterschied zum ↑Hunger ist A. das Verlangen nach bestimmten Nahrungsmitteln, die durch ihr bes. Aussehen, ihren Geruch und Geschmack bei entsprechender Stimmung zur Nahrungsaufnahme reizen, auch wenn kein Hungergefühl vorhanden ist.

Apraxie: Unfähigkeit, trotz intakten Bewegungsapparats sinnvolle bzw. zielgerichtete Bewegungen auszuführen. Ursache der A. sind meist Erkrankungen oder Verletzungen des Zentralnervensystems.

AQ: Abk. für engl. **a**chievement **q**uotient (=Leistungsquotient); Fachbez. für verschiedene Arten von Leistungsquotienten. – ↑Leistung.

Äquilibration ↑Denkentwicklung.

Äquivalenztests svw. ↑Paralleltests.

ARAS: Abk. für ↑**a**ufsteigendes **R**etikuläres **A**ktivierungs**s**ystem.

Arbeitsbündnis:
◆ zu Beginn einer psychoanalytischen Behandlung zwischen Patient und Psychoanalytiker getroffene Vereinbarung, der zufolge der Patient bereit ist, sich bei der Aufdeckung und Bewältigung seiner psychischen Konflikte helfen zu lassen, die beschwerliche analytische Arbeit zu leisten und die psychoanalytische Grundregel der freien Assoziation einzuhalten. Vom Therapeuten wird neben Hilfsbereitschaft auch das langfristige Engagement für die Konflikte des Patienten erwartet.
◆ im weiteren Sinne jede Vereinbarung, die Patient und Psychotherapeut treffen, um ein bestimmtes Therapieziel zu erreichen.

Arbeitsgedächtnis ↑Gedächtnis.

Appetit: Georg Flegel, Großes Stilleben mit Fisch, Huhn und Zitronenscheiben, (Prag, Narodni-Galerie)

Arbeitskurve: Bez. für die graphische Darstellung des Leistungsverlaufs bei manuellen oder geistigen Tätigkeiten in einem bestimmten Zeitraum. Die A. geht auf den Psychiater E. KRAEPELIN zurück, der mit ihrer Hilfe beim fortlaufenden Addieren verhältnismäßig einfacher Zahlen auftretende Ermüdungsprozesse diagnostisch erfassen wollte (↑Ermüdung). Dem Prinzip nach ähnliche Verfahren finden auch heute noch Verwendung (etwa im *Pauli-Test*).

Arbeitsmotivation: im Unterschied zur ↑Leistungsmotivation die Gesamtheit der Beweggründe, die einen Menschen zur Ausübung *entgeltlicher* Tätigkeiten veranlassen.

Arbeitspsychologie: Teilgebiet der ↑Angewandten Psychologie, das sich in Kooperation mit der Arbeitsmedizin und der Soziologie sowie den Ingenieur- und Wirtschaftswissenschaften mit der optimalen Gestaltung von Arbeitsbedingungen unter psychologischen Aspekten befaßt.

Arbeitstherapie: zweckgebundene Beschäftigung psychisch kranker oder behinderter Menschen z.B. in psychiatrischen Krankenhäusern oder in speziellen Werkstätten für Behinderte. Ziel der A. ist der Aufbau von Selbstvertrauen durch sinnvolle, heute auch besser entlohnte und sozialrechtlich abgesicherte Arbeit, teilweise in Form betriebsähnlicher Organisation.

archaisches Denken: das urtümliche, von der Abstraktion noch weitgehend unberührte, bildhafte, auch magische Denken.

Archetypus: Nach Auffassung C. G. JUNGS (↑Analytische Psychologie) gibt es im ↑kollektiven Unterbewußten bestimmte angeborene »Urbilder« *(Archetypen),* die in Mythen und Wunschbildern von Kulturen und auch Einzelmenschen immer wieder auftreten. Bekannte Archetypen sind die Urbilder von Mann und Frau (↑Anima), der alte Weise, der Zauberer oder »Medizinmann«, die Hexe und der Teufel.

Arithmomanie svw. ↑Zählzwang.

Arrangement: aus der *Individualpsychologie* A. ADLERS stammende, in die Neurosenlehre aufgenommene Bezeichnung für einen unbewußt tätigen, gleichwohl sinnvoll erscheinenden Abwehrmechanismus, durch den das Ich, z.B. durch Umgehen oder Umdeuten eines Konflikts, seine eigene Geltung abzusichern sucht.

artificial intelligence (Abk.: AI): engl. Bez. für ↑künstliche Intelligenz.

Artikulation:

- Sammelbez. für sämtliche Stellungen und Bewegungen der stimmbildenden Organe zur Laut- und Sprachbildung.
- das Ausdrücken von Bewußtseinsinhalten durch Sprache (A. im weiteren Sinn), speziell durch die gesprochene Sprache (A. im engeren Sinn).

Askese: Streben nach ethischer, geistiger oder religiöser Vervollkommnung durch Unterdrückung egoistischer und sinnlicher Bedürfnisse sowie durch Einschränkung von Essen (z.B. Fasten), Trinken und Schlaf.

Im Zusammenhang mit der modernen Konsumgesellschaft hat die Forderung nach zumindest vorübergehender A., beispielsweise ein mehrwöchiger Verzicht auf Fernsehen, wieder an Aktualität gewonnen.

asozial:

- abwertende Bez. für Personen und Gruppen, die – absichtlich oder unabsichtlich – gesellschaftliche oder soziale Verhaltensnormen mißachten.
- Bez. für den nichtaggressiven – des öfteren durch Ängste bedingten – Rückzug aus sozialen Gemeinschaften.

Assertivitätstraining ↑Selbstsicherheitstraining.

Assessment-Center: in den sechziger Jahren in Großunternehmen der USA entstandene Einrichtung zur Personalauslese. Dabei werden mehrere Bewerber mit Hilfe unterschiedlicher Verfahren 2–3 Tage lang begutachtet, ob bzw. wie weit sie die mit der ausgeschriebenen Stelle verbundenen Anforderungen er-

A

füllen, wobei ihre Leistungen und Verhaltensweisen von erfahrenen (in der Regel betriebsinternen) Beobachtern bewertet werden.

Assimilation:

◆ In der *Theorie von* J. PIAGET (↑Denkentwicklung) bedeutet A. die Einordnung von Umwelterfahrungen mit Hilfe bereits entwickelter kognitiver Strukturen. Beispiel: Ein kleines Kind, das weiß, was ein Hund ist, ordnet vielleicht einen Löwen ebenfalls als Hund ein. – Ggs.: ↑Akkommodation.

◆ Bez. für den *Prozeß der Angleichung von Menschen,* der einsetzen kann, wenn diese für lange Zeit oder auf Dauer inmitten einer menschlichen Gruppe mit anderer kultureller Eigenart leben. Im Unterschied zum Vorgang der ↑Akkulturation, bei dem nur kulturelle Werte übernommen werden, ist es ein wesentliches Merkmal des A.sprozesses, daß die sich assimilierende Gruppe das Bewußtsein ihrer Gruppeneigenart verliert.

Der Prozeß der A. geht in der Regel nicht schlagartig vor sich, sondern ist meist ein stetiger Prozeß, der sich über viele Generationen hinziehen kann. Nicht selten entsteht dabei ein Bruch zwischen den Generationen.

Es gibt auch die Situation, daß sich Angehörige der nachwachsenden Generationen einerseits nicht mehr der alten Gruppe zugehörig fühlen, aber andererseits sich auch noch nicht als Glieder der neuen Gruppe erleben. Solche labilen Zwischenlagen können zu Identitätsproblemen führen, die den Pädagogen vor große Schwierigkeiten stellen.

◆ Die **Assimilation-Kontrast-Theorie** macht Voraussagen über die Art der Verarbeitung von Informationen. Nach ihr werden Informationen, die mit den eigenen Überzeugungen übereinstimmen, durch eine A. in das eigene Weltbild eingeordnet. Informationen, die von den eigenen Überzeugungen abweichen, werden entweder überhaupt nicht aufgesucht oder aber nicht selten verworfen; eine A. findet dann nicht statt.

Diese Theorie ist nicht unumstritten, wirkt aber durchaus anregend, um affektive Lehr- und Erziehungsziele zu erreichen.

Assoziation: Schon der griechische Philosoph ARISTOTELES ging in seiner Schrift »Gedächtnis und Erinnerung« auf Probleme ein, die sich bei der Erforschung des unwillkürlichen Erinnerns und des absichtlichen Sicherinnerns stellen. Nach ARISTOTELES werden im Gedächtnis aufbewahrte Erlebnisinhalte begünstigt wiedererinnert, wenn sich der Ablauf des Erlebens vergegenwärtigen läßt oder Eindrücke ins Gedächtnis rufen lassen, die dem gesuchten Erlebnisinhalt ähnlich sind, zu diesem im Gegensatz stehen oder aber eine räumliche bzw. zeitliche Nähe *(Kontiguität)* zu diesem aufweisen. Die von ARISTOTELES beschriebenen Zusammenhänge aufgrund von Ähnlichkeit, Kontrast und räumlicher bzw. zeitlicher Kontiguität werden vom schottischen Philosophen T. BROWN als *primäre Assoziationsgesetze* bezeichnet. BROWN selbst fügt diesen weitere sog. *sekundäre Assoziationsgesetze* hinzu.

Die von Vertretern des engl. Empirismus, wie z.B. J. LOCKE, D. HUME, J. MILL und dessen Sohn J. S. MILL, begründete **Assoziationspsychologie** entwickelte sich im 19. Jh. zur führenden theoretischen Richtung der Psychologie. Hauptvertreter auf dt. Seite waren J. F. HERBART, H. EBBINGHAUS, G. E. MÜLLER und z.T. auch W. WUNDT. Das psychische Geschehen läßt sich nach den Vorstellungen der Assoziationspsychologen auf elementare Einheiten (z.B. Empfindungen) zurückführen, die aufgrund von Assoziationen verknüpft sind.

Die ↑Gestaltpsychologie konnte diese Grundannahme der Assoziationspsychologie widerlegen und damit die aus ihrer Sicht »atomistische« Denkweise der Assoziationspsychologie anzweifeln. Unbeschadet dessen ist das Assoziationsprinzip als Grundlage zur Erklärung von Lern- und Gedächtnisvorgängen auch heute noch brauchbar. Insofern hat die Assozia-

A

tionspsychologie einen nachhaltigen Einfluß auch auf die moderne psychologische Forschung. – ↑Lernen.

In der *Psychoanalyse* bediente sich S. FREUD v.a. bei der Deutung von ↑Träumen seiner Patienten der sog. freien A., d.h. der unmittelbaren Äußerung nicht gelenkter, unwillkürlicher Gedankeneinfälle des Patienten. Diese Methode ist noch heute ein wesentlicher Bestandteil der psychoanalytischen Behandlung. Sie soll zur Aufdeckung verdrängter frühkindlicher Erlebnisse und unbewußter Regungen führen.

C. G. JUNG stützte sich – in Abhebung von S. FREUD – mehr auf *gerichtete* (kontrollierte) *Assoziationen,* d.h. auf die Äußerungen unwillkürlicher Einfälle des Patienten beim Hören von Reizwörtern im Sinne des **Assoziationsexperiments.** Dies ist ein Verfahren zur wissenschaftlichen Untersuchung z.B. der Gesetzmäßigkeiten des Denkens oder zur Aufdeckung verdrängter Komplexe, bei dem der Versuchsperson bzw. dem Patienten sog. Reizwörter aus verschiedenen Bereichen genannt werden, auf die möglichst schnell mit dem zuerst dazu einfallenden Wort zu antworten ist. Wortinhalt und Reaktions- bzw. Assoziationszeit der so hervorgerufenen *Assoziationsreaktionen* werden dann ausgewertet.

Assoziationsexperiment ↑Assoziation.

Assoziationsgedächtnis ↑Gedächtnis.

Assoziationspsychologie ↑Assoziation.

assoziative Hemmung ↑Gedächtnishemmungen.

Astasie: Bez. für meist seelisch bedingte Unfähigkeit zu stehen, im allg. kombiniert mit ↑Abasie.

asthenische Reaktion ↑Neurasthenie.

asthenischer Typ ↑Konstitution.

Asyllabie: Form der ↑Alexie.

Ataxie: Störung der Bewegungskoordination, also des gezielten Zusammenwirkens von Muskelgruppen.

athletischer Typ ↑Konstitution.

atomistische Psychologie: Richtung innerhalb der älteren empirisch orientierten Psychologie, die das psychische Geschehen auf eine Summe mosaikartig zusammengefügter Elemente (Reaktionen, Empfindungen, Assoziationen) zurückzuführen suchte.

attitude svw. ↑Einstellung.

Attitüde: durch Erfahrung erworbene und zugleich dauernde Bereitschaft, sich in bezug auf eine gegebene Klasse oder Kategorie von Objekten bzw. Situationen in spezifischer Weise zu verhalten. Die Wirkung von A.n auf das Verhalten ist im Vergleich zu ↑Einstellungen umfassender; sie erstreckt sich sowohl auf die Art der Wahrnehmung und der gefühlsmäßigen Bewertung eines Objekts als auch auf mögliche Handlungen diesem Objekt gegenüber.

Attrappenversuche: in der Verhaltensforschung Versuche mit Hilfe von

Attrappenversuche

Während der Paarungszeit greift das Stichlingsmännchen alle Attrappen an, deren Unterseite rot ist.

Nachbildungen natürlicher Reizquellen ↑Schlüsselreize und ↑Auslöser für ein bestimmtes Verhalten zu erforschen. Als *Attrappen* dienen künstliche, auf wenige Merkmale vereinfachte Reizquellen wie Modelle, Lichtflecke, Abbildungen, Schallquellen, Geruchsstoffe und dergleichen. Beispiel: Stichlingsmännchen bekämpfen während der Paarungszeit alle Attrappen mit roter Unterseite, auch wenn sie kaum noch Ähnlichkeit mit einem Fisch besitzen. – ↑auch übernormaler Schlüsselreiz.

Attribuierung: subjektive Deutungen, mit deren Hilfe Menschen im Alltag versuchen, sich das Zustandekommen von Handlungen und Ereignissen zu erklären. Die A. ist also eine Ursachenzuschreibung.

Für Psychologie und Pädagogik gleichermaßen bedeutsam ist die Erkenntnis, daß Kausal-A.en einen *Einfluß auf das Verhalten und Handeln* von Menschen haben. Diese Einsicht führte u.a. auch zu einer Erweiterung der Theorie der ↑Leistungsmotivation: Die Erklärung der Ursachen von Erfolg und Mißerfolg ist nämlich nicht nur eine wichtige Bedingung beim Festsetzen des ↑Anspruchsniveaus und der Leistungsmotivation, sondern übt darüber hinaus auch eine *selbstbekräftigende* Wirkung aus. So hat es den Anschein, daß erfolgsmotivierte Kinder und Jugendliche die Ursachen von Erfolgen sich meist selbst zuschreiben, Mißerfolge dagegen entweder auf äußere (z.B. Glück oder Zufall) oder auf innere variable Faktoren (z.B. mangelnde Anstrengung) zurückführen. Für mißerfolgsorientierte Personen hingegen deutet sich ein umgekehrtes A.smuster an; Erfolge schreiben diese eher äußeren Faktoren (z.B. der Leichtigkeit der Aufgaben, dem Glück oder dem Zufall) zu. Haben sie Mißerfolg, attribuieren sie dagegen überwiegend auf innere Faktoren, die als stabil gelten (z.B. auf die eigene Fähigkeit oder Begabung).

Viele Untersuchungen deuten darauf hin, daß die Kausal-A. von Schülern nachhaltig von der Art und Weise beeinflußt wird, wie sich der Lehrer ihnen gegenüber verhält und umgekehrt. So scheinen u.a. die Erwartungen des Lehrers unter bestimmten Umständen das Schülerverhalten zu verändern. Wenn ein Kind z.B. bislang in der Schule schlecht abgeschnitten hat und es (fälschlicherweise) diesen Mißerfolg auf seine eigene mangelnde Begabung zurückführte, können andere A.en des Lehrers dazu führen, daß bei dem Schüler tatsächlich eine spürbare Leistungsverbesserung eintritt. Attribuiert der Lehrer nämlich nicht mangelnde Begabung, sondern beispielsweise mangelnde Anstrengung des Schülers, verändert dieser u.U. sein Selbstbild (↑Selbstkonzept). Da der Lehrer ihm höhere Leistungen zutraut, ändert der Schüler selbst seine eigene A.sstrategie **(Pygmalioneffekt):** Er wird erfolgszuversichtlicher und anstrengungsbereiter. Die größere Anstrengungsbereitschaft führt dann ihrerseits dazu, daß sich die Leistungen des Kindes faktisch verbessern und darüber hinaus auch sein neues Selbstbild und die Erwartungen des Lehrers darin eine Bestätigung finden.

Solche »sich selbst erfüllenden Prophezeiungen« können sich natürlich auch im negativen Sinn auswirken, so z.B. wenn der Lehrer bei einem Kind, das in der Schule Lernschwierigkeiten hat, fälschlich mangelnde Begabung attribuiert. – ↑Self-fulfilling-prophecy.

audition colorée svw. ↑Farbenhören.

auditiv: zum Gehörorgan gehörend, das Hören betreffend.

auditiver Typ ↑akustischer Typ.

Aufforderungscharakter (Valenz): Bez. für die Eigentümlichkeit, daß von bestimmten wahrgenommenen Dingen und Situationen der Umwelt eine Anreizwirkung ausgeht, die Instinkte, Stimmungen und Strebungen eines Individuums anzusprechen vermag und damit in Richtung einer Handlungsauslösung wirksam werden kann. Hierbei muß es allerdings nicht unbedingt zur tatsächlichen Auslösung einer Handlung kom-

Aufgabe

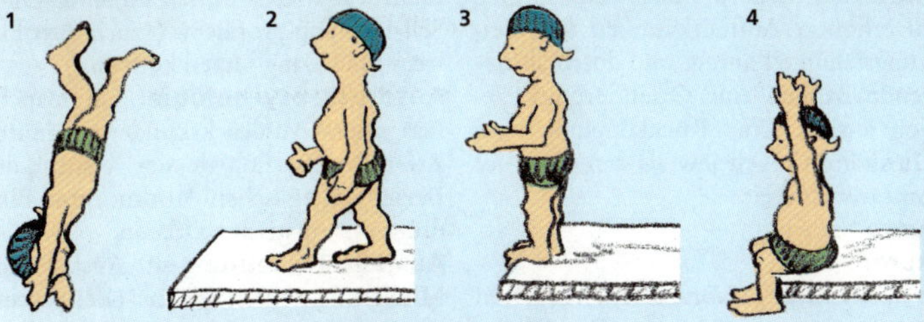

Ordne die Bilder zu einer sinnvollen Geschichte!

men, z.B. wenn die Person einer Verlokkung widersteht. Vielmehr ergibt sich die »Stärke« des jeweiligen A.s aus der Wechselwirkung zwischen motiviertem Subjekt und objektiven Reizbedingungen, die nach K. LEWIN ein *gespanntes System* bilden.

Eine wichtige Rolle spielt der A. in der modernen Werbung; so versucht man z.B., einem Werbetext durch ein entsprechendes Bild oder eine Verbildlichung (etwa in Film und Fernsehen) A. zu verleihen.

Aufgabe: Bez. für die Aufforderung oder Verpflichtung zur Bewältigung einer Anforderung, etwa im sensomotorischen, kognitiven oder affektiven Bereich. Manchmal wird der Begriff A. in recht engem Sinn verwendet und vom Begriff ↑Problem abgegrenzt.

Aufgabenanalyse svw. ↑Itemanalyse.

Aufgabenformen: Für Testverfahren innerhalb der *psychologischen Diagnostik* existieren z.T. sehr unterschiedliche Aufgabentypen, die zum einen durch die verschiedenen Erfassungsabsichten bedingt sind, zum anderen aber auch die Gütekriterien (↑Tests) eines solchen Verfahrens beeinflussen.

Beispielsweise gibt es sog. *offene Aufgaben*, die gerade wegen der nicht vorhersehbaren Subjektivität und Spontaneität der sie bearbeitenden Person in Tests Verwendung finden, hinsichtlich der ↑Objektivität und ↑Reliabilität allerdings erhebliche methodische Probleme aufwerfen, denen man mit sog. *geschlossenen Aufgaben* zu begegnen sucht. Gegen diese wird indes manchmal der Einwand erhoben, sie erlaubten lediglich die Erfassung abfragbaren Wissens (z.B. in ↑Multiple-choice-Verfahren).

Aufmerksamkeit: der selektiven Orientierung beim Wahrnehmen, Denken und Handeln zugrundeliegender Zustand gesteigerter Wachheit und Aktivität. Ist die A. eher eine passive, von der Attraktivität der jeweiligen Situation abhängige, spricht man von *unwillkürlicher,* bei einer bewußt ausgerichteten und aufrechterhaltenen A. hingegen von *willkürlicher Aufmerksamkeit.*

Aufmunterung: in der Regel nur begrenzt wirksames Verhalten gegenüber einer Person, das leichtere Hemmungen, eine unangebrachte Zurückhaltung, eine Ermüdung oder eine ↑Sättigung überwinden helfen soll.

Aufputschmittel svw. ↑Weckamine.

aufsteigendes retikuläres Aktivierungssystem (Abk.: ARAS): Nervenzellengeflecht zwischen dem verlängerten Mark (Medulla oblongata) und dem Thalamus des Zwischenhirns als Teil der ↑Formatio reticularis. Vom ARAS steigen Nervenfasern bis zu den sensiblen Feldern der Großhirnrinde auf, während andere als absteigende Bahnen zum vegetativen Nervensystem ziehen oder den Bewegungsapparat beeinflussen. Die verschiedenen Sinnesreize erregen entsprechende Rindenfelder des Großhirns

A

und gleichzeitig über den Hirnstamm das ARAS, das wiederum die Großhirnrinde zu erhöhter Aufmerksamkeit und Leistungsfähigkeit anregt und durch absteigende Bahnen eine Orientierungsreaktion auslöst. Eine Rückkopplung zum Hirnstamm regelt jeweils den Grad der Aufmerksamkeit.

Auge ↑Sehen.

Aura:

◆ in der *Medizin* Vorzeichen, Vorgefühl von nur wenigen Sekunden Dauer beim Herannahen eines Anfalls, insbes. eines epileptischen Anfalls. Die Vorzeichen treten beim einzelnen Kranken sehr unterschiedlich auf: meist als Angst- und Beklemmungsgefühle, als abnormale visuelle und akustische Wahrnehmungen, auch als Geruchs- und Geschmackshalluzinationen u.a.

◆ im *Okkultismus* Ausstrahlung (Fluidum) einer Person, die von psychisch sensitiven Menschen angeblich als Farbspektrum, das den Körper wolken- oder lichtkranzartig umgibt, wahrgenommen wird.

Ausblenden (Fading-out): gezieltes schrittweises Absetzen künstlicher Hilfsmaßnahmen (z.B. Anweisungen, Verstärkungen) durch den Psychotherapeuten, um das erwünschte Verhalten von diesen Maßnahmen allmählich unabhängig zu machen und es zu stabilisieren.

Ausdruck: Nach dem Psychologen H. ROHRACHER lassen sich die menschlichen Ausdruckserscheinungen in fünf Kategorien einteilen. Zur *Physiognomik* gehören die A.smerkmale von Gestalt und Gesicht, zur *Mimik* die A.sbewegungen im Gesicht, zur *Motorik* und *Gestik* die A.smerkmale der Bewegungen des Körpers und insbes. der Hände. Weitere A.smittel sind die *Stimme* und die *Sprechweise* sowie die *Schrift.*

Der A. eines Menschen erlaubt wichtige Rückschlüsse auf seine Psyche. Vorwissenschaftliche Methoden der *Menschenkenntnis* gehen oft von solchen – meist subjektiv behaupteten – vermeintlichen Zusammenhängen aus, die bei fehlender Bereitschaft zur Korrektur des ersten Eindrucks Mechanismen im Sinne einer Self-fulfilling-prophecy (↑auch Attribuierung) in Gang setzen können.

Ausdruckspsychologie: ein manchmal auch Ausdruckskunde genannter Zweig der Psychologie, der versucht, die Beziehung zwischen Ausdruck und Eindruck systematisch zu klären.

Ausfallserscheinungen: Ausfall oder Minderung physiologischer oder psychischer Leistungen infolge bestimmter Schädigungen oder Erkrankungen, v.a. des Gehirns oder des Nervensystems.

ausflippen:

◆ die Nerven verlieren, durchdrehen.

◆ vor Freude, Begeisterung o.ä. ganz außer sich sein.

◆ sich einer als bedrückend empfundenen äußeren oder inneren Situation durch den gewohnheitsmäßigen Genuß von Drogen entziehen.

◆ sich bewußt außerhalb der gesellschaftlichen Norm stellen, die Gesellschaft verlassen, weil man ihre Wertmaßstäbe nicht akzeptiert.

Auslese (Selektion): Begriff mit fundamentaler Bedeutung in der *biologischen Evolutionstheorie.* C. DARWIN begriff die Differenzierung der Arten als Resultat einer sog. natürlichen Auslese, durch welche die an die jeweiligen Umweltbedingungen angepaßten Lebewesen eher überleben als die nicht angepaßten.

Als **Sozialdarwinismus** verfälscht, diente diese Konzeption immer wieder zur ideologischen Rechtfertigung sozialen Geschehens, das als »natürlich«, unvermeidbar, letztlich als zwingend und somit auch als ethisch gegeben deklariert wurde. Diese Auffassung hat in der nationalsozialistischen Rassentheorie zu barbarischen Auswüchsen geführt: So wurden zunächst Hilfsschüler sterilisiert, später geistig behinderte und psychisch kranke Menschen in großer Zahl ermordet.

Heute bezeichnet in der Pädagogik A. die während der gesamten Bildungslaufbahn wirksamen Vorgänge der Gewährung und Versagung knapper, zeitlich und inhaltlich privilegierter Lernchancen, wobei weniger *informelle* A.prozesse (die Beschäftigung mit einzelnen Personen oder Personengruppen) als vielmehr *formalisierte* A.prozesse, die den Zugang zu weiterführenden Bildungseinrichtungen erschweren oder verwehren, thematisiert werden. – ↑auch Chancengleichheit.

Auslösemechanismus (Abk.: AM): in seiner Wirkungsweise noch weitgehend unaufgeklärter neurosensorischer Mechanismus, der die passenden Reize (↑Auslöser, ↑Schlüsselreize) herausfiltert,

Auslösemechanismus

Wassertankmodell nach K. Lorenz zur Erläuterung des Zusammenspiels von außen einwirkender Reize und innerer Handlungsbereitschaft.

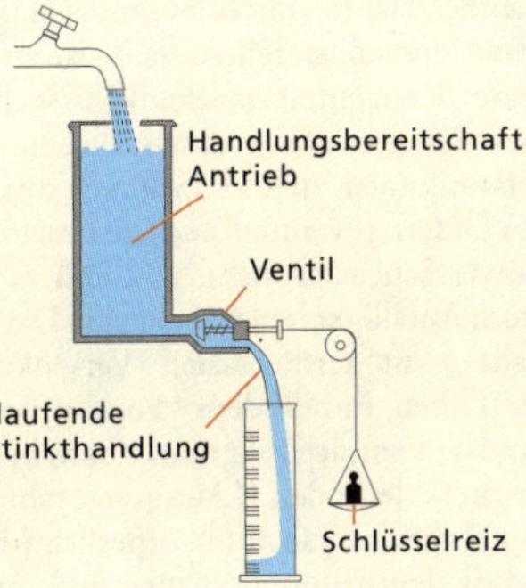

um bei Tieren bestimmte angeborene Verhaltensprogramme in Gang zu setzen, so daß diese nicht bei unpassender Gelegenheit ablaufen. Der **angeborene A.** (Abk.: AAM) wurde im Verlauf der stammesgeschichtlichen Entwicklung der Art erworben und ist im Erbgut fixiert. Die Eigenschaften des **erworbenen A.** (Abk.: EAM) müssen dagegen erst erlernt werden. Ein zwar ererbter, im Verlauf der Ontogenese jedoch erst durch Lernen vervollständigter A. wird schließlich als **ergänzter angeborener A.** bezeichnet.

Auslöser (Auslöseschema): jedes wahrnehmbare Merkmal (z.B. eine Ausdrucksbewegung, Lautäußerung, körperliche Besonderheit), das als Signal einen ↑Auslösemechanismus in Gang setzt und – im Unterschied zum ↑Schlüsselreiz – sowohl im Interesse des Senders als auch des Empfängers dieses Informationsreizes liegt; Sender und Empfänger sind z.B. Eltern- und Jungtiere, Geschlechtspartner, Gruppenangehörige.

Aussagepsychologie: Teilgebiet der ↑Forensischen Psychologie, das mit wissenschaftlichen Methoden die Bedingungen für richtige bzw. falsche Wiedergaben von Tatbeständen untersucht. Ziel der A. ist es, Kriterien zu gewinnen, die es ermöglichen, den Wahrheitsgehalt von Aussagen zu beurteilen, insbes. der Zeugen vor Gericht. Einen wichtigen Anwendungsbereich der A. stellen z.B. Prozesse über die Mißhandlung oder den sexuellen Mißbrauch von Kindern und Jugendlichen dar, bei denen die *Glaubhaftigkeit* der Opfer entscheidende Bedeutung für das Strafmaß sowie ihren künftigen persönlichen Schutz haben kann. Aufgrund empirischer Untersuchungen wurden zwar »positive Beurteilungskriterien« zur Analyse von Zeugenaussagen formuliert, denen jedoch die Auffassung gegenübersteht, daß diese Analyse nicht unabhängig von der persönlichkeitsbezogenen Glaubwürdigkeit eines Zeugen betrachtet werden dürfe.

außersinnliche Wahrnehmung: Sammelbez. für Wahrnehmungen, die ohne eine erkennbare Reizung der natürlichen Sinnesorgane zustande kommen sollen. Dabei handelt es sich weniger um Wahrnehmungen im streng psychologischen Sinn als vielmehr um Erlebnisse, für deren Entstehung eine besondere, außernatürliche Fähigkeit angenommen wird (↑Psifunktion). Zu den a.n W.en zählen u.a. ↑Hellsehen und ↑Telepathie. Mit ihnen beschäftigt sich die ↑Parapsychologie.

Auswahlverfahren:

- Auswahlaufgaben im Rahmen des ↑Multiple-choice-Verfahrens.
- *Lernprogramme* kann man so gestalten, daß der Lernende zur Kontrolle seiner

Lernfortschritte jeweils unter mehreren angebotenen Lösungsmöglichkeiten die ihm richtig erscheinende Antwort auswählen kann.

◆ in der sozial-, verhaltens- und erziehungswissenschaftlichen Forschung Vorgehensweisen bei der *Gewinnung von Stichproben*. – ↑Stichprobe.

◆ svw. ↑Auslese.

Autismus:

◆ frühkindliche Entwicklungs- und Verhaltensstörung bislang ungeklärter Ursache mit völligem oder weitgehendem Fehlen des Bedürfnisses, emotionale und soziale Kontakte zu anderen Menschen aufzunehmen.

Kinder mit **autistischem Syndrom** weisen neben der Sprechverweigerung häufig eine extreme Verschlossenheit und ein zwanghaftes Wiederholen bestimmter Bewegungen oder Handlungen auf (z.B. An- und Ausschalten des Lichtes). Wahrnehmungs-, Denk- und Sprachvermögen scheinen meist unzureichend entwickelt, sind aufgrund der Verschlossenheit der Kinder jedoch kaum zuverlässig zu ermitteln; vereinzelt kommt es allerdings zu beeindruckenden Gedächtnisleistungen.

Als Ursachen des A. werden frühkindliche Hirnschädigungen, gefühls- und zuwendungsarme Mutter-Kind-Beziehungen sowie traumatische Erlebnisse des Kindes diskutiert.

Therapeutisch wird seit Anfang der achtziger Jahre bei bestimmten Formen des A. zunehmend die (allerdings umstrittene) sog. **Festhaltetherapie** angewandt: Dabei hält die Mutter oder die Bezugsperson das Kind mit autistischem Syndrom so lange in ihren Armen und zwingt ihm Zärtlichkeiten und Blickkontakte auf, bis es allmählich emotionale und soziale Kontakte eingeht.

◆ ursprünglich von E. Bleuler als Kernsymptom der Schizophrenie beschriebene »Loslösung (der Patienten) von der Wirklichkeit zusammen mit dem relativen oder absoluten Überwiegen des Binnenlebens«, in der Folge eher im Sinne einer »Selbstbezogenheit« gebrauchter Begriff.

autodidaktisches Lernen svw. ↑Selbstunterricht.

Autoerotismus:

◆ im weiteren Sinne die Ausrichtung der ↑Libido auf den eigenen Körper, d.h., die Erlangung sexueller Befriedigung ohne andere Personen oder Objekte. So stellt etwa die Masturbation ein autoerotisches Verhalten dar.

◆ im engeren Sinne (nach psychoanalytischer Auffassung) ein frühkindliches Sexualverhalten, bei dem ein ↑Partialtrieb direkte Befriedigung findet, ohne äußeres Objekt und ohne Beziehung zu einem komplexen Körperbild.

Autogenes Training: Das von dem Berliner Nervenarzt und Psychotherapeuten J. H. Schultz um 1930 entwickelte Verfahren der *Selbstentspannung* soll dazu dienen, durch stufenweise erlernbare Konzentrationsübungen seelische Spannungszustände auszugleichen, Verkrampfungen zu lösen, Schmerzzustände zu lindern (eventuell auch zu beseitigen) sowie Schlafstörungen und andere nervöse Anfälligkeiten zu beheben. Das Verfahren ist fernöstlichen Versenkungspraktiken, insbes. dem ↑Yoga, verwandt und bedient sich suggestiver bzw. hypnotischer Methoden (↑Autosuggestion). Es wird versucht, sowohl körperlich (durch Muskelentspannung, Puls- und Atemkontrolle) als auch seelisch (durch Selbstruhigstellung, Affektdämpfung, Selbstanalyse) eine Veränderung der sonst willkürlich nicht beeinflußbaren Körperfunktionen und -empfindungen (z.B. Herzschlagfolge, Körperwärmeempfindung) im positiven Sinn zu bewirken und eine geregelte Funktion des vegetativen Nervensystems zu erreichen.

Autohypnose ↑Hypnose.

autokinetisches Phänomen: Scheinbewegung ohne objektive Reizgrundlage. Sie tritt auf, wenn man in einem dunklen Raum einen aufleuchtenden unbewegten Lichtpunkt fixierend betrachtet. Dabei entsteht nach kurzer Zeit der Eindruck einer Bewegung aufgrund der unwillkürlichen Augenbewegungen des Beobachters. In der Sozialpsychologie wurde diese Erscheinung zur Untersuchung der Suggestibilität (d.h. des individuellen Grades der Beeinflußbarkeit durch Suggestion) herangezogen.

automatisieren: eine Tätigkeit durch praktische und/oder gedankliche Übung so oft wiederholen, bis sie weitgehend ohne Bewußtseinsbeteiligung fehlerfrei verrichtet wird, z.B. Fahrradfahren.

Automatismen:

◆ selbsttätig, d.h. ohne Bewußtseinskontrolle ablaufende, meist rhythmische Vorgänge.

Endogene A. (etwa Herzschlag oder Atmung) werden von z.T. einander untergeordneten *Automatiezentren* gesteuert und durch Rückkopplung zusätzlich beeinflußt; beispielsweise erhöht körperliche Tätigkeit die Atemfrequenz.

Exogene A. wie Gehen oder Radfahren entlasten das Gehirn zugunsten differenzierter Leistungen.

◆ unbewußtes Handeln, das z.B. als Tic oder als Bewegungsstereotypie bei bestimmten Formen psychischer Beeinträchtigung vorkommt.

autonomes Nervensystem: ältere Bez. für vegetatives ↑Nervensystem.

Autonomie:

◆ *allg.* die Möglichkeit von Individuen oder Gruppen, ihr Verhalten in weitgehender Selbstbestimmung zu regeln.

◆ (funktionale A. der Motive): Prinzip des psychischen Geschehens, wonach instrumentelle Verhaltensweisen (z.B. die Jagd), die ursprünglich als Mittel eingesetzt wurden, um ein bestimmtes Ziel (z.B. Nahrungserwerb) zu erreichen, weiterhin Anwendung finden, auch wenn das erstrebte Ziel längst erreicht ist. Die zum Selbstzweck geratenen Verhaltensweisen haben dann den Charakter eines eigenständigen Motivs angenommen.

autoritäre Persönlichkeit: ein Mensch, dessen Einstellung durch eine Gruppe von Eigenschaften geprägt ist, u.a. vorurteilsbehaftetes Denken, Schwarz-Weiß-Denken, Unfähigkeit nachzugeben, Tendenz zur Akzeptierung klischeehafter Lösungen, Intoleranz gegenüber Mehrdeutigkeit sowie konformistisches, unkritisches Verhalten.

autoritärer Erziehungsstil ↑Erziehungsstil.

Autorität: A. begründet ein Verhältnis der Über- und Unterordnung zwischen Menschen sowie zwischen Menschen und Institutionen. Kennzeichnend für A. als Befehls- oder Einflußverhältnis (im Gegensatz zur reinen ↑Macht) ist ihre sinnvolle Bejahung durch alle Beteiligten. Man unterscheidet »persönliche«, d.h. in Kleingruppen erworbene A., die auf die Vorbildhaftigkeit oder das bes. Leistungsvermögen einer Person (z.B. Intelligenz und Überzeugungskraft, Fachwissen, Bildung) zurückgeht, von »unpersönlicher« oder »formaler«, d.h. in größeren Sozialzusammenhängen bzw. Organisationen auftretender A., die sich auf Tradition, Recht, Eigentum oder bestimmte (z.B. religiöse oder magische) Vorstellungen gründet. Der Rang eines A.strägers kann sich aber auch aus einem Amt herleiten; in diesem Fall spricht man von »delegierter« Autorität. Aufgrund der unterschiedlichen Basis von A. kann v.a. in Organisationen, in denen der Arbeit von Experten entscheidende Bedeutung zukommt (z.B. in Krankenhäusern und Universitäten), eine doppelte A.sstruktur entstehen, die sich aus administrativ bedingter (hierarchisch aufgebauter) »Amts-A.« und durch die Berufsgruppen bedingter (kollegial bestimmter) »Fach-A.« zusammensetzt.

Grundsätzlich muß auch zwischen autoritärer Forderung nach Unterordnung (bzw. ↑Gehorsam) und einem pädagogischen Führungswillen, der Hilfestellung zur unumgänglichen Einordnung und Selbstentwicklung gibt, unterschieden werden. Die ↑antiautoritäre Erziehung betont demgegenüber die grundsätzliche Möglichkeit, daß man alle Ordnungen, an die man sich anpassen soll, in Frage stellen kann.

A

Autostereotyp ↑Heterostereotyp.

Autosuggestion: Steuerung des eigenen Verhaltens mit den Mitteln der ↑Suggestion.

Aversion: gefühlsmäßige Abneigung (»Widerwille«) eines Menschen gegenüber bestimmten Reizen, die von Personen oder Sachen (z.B. elektrische Schocks) ausgehen können. A. ist nicht selten mit dem Antrieb verbunden, sich abzuwenden. Die aversiven Reize werden als widrige Ereignisse erlebt, die gemieden werden bzw. Vermeidungsreaktionen auslösen.

Aversionstherapie: Form der ↑Verhaltenstherapie, bei der unangenehme Reize eingesetzt werden, um unerwünschtes Verhalten zu verringern oder zu beseitigen. Nach der *klassischen Konditionierung* (stimuluskontingente Konditionierung) werden Reize, deren verführerische Wirkung abgebaut werden soll (z.B. die einer Zigarette), unmittelbar mit einem unangenehmen Reiz verbunden, etwa Elektroschocks, Übelkeit erregenden Drogen, aber auch unangenehmen Vorstellungen, die der Patient sich einprägt. Nach der *operanten Konditionierung* (reaktionskontingente Konditionierung) wird unerwünschtes Verhalten (z.B. aggressives Verhalten eines Kindes) entweder durch unmittelbares Zufügen von unangenehmen Folgen (Bestrafung) oder den umgehenden Entzug positiver Verstärker (z.B. zeitweise Absonderung des Kindes aus der Schulklasse) beseitigt. Die A. wird u.a. bei der Behandlung von Süchten, sexuellen Störungen, Bettnässen und selbstzerstörerischem Verhalten angewendet.

aversiver Reiz ↑Reiz und Reaktion.

Axon ↑Nervenzelle.

B

Backfischalter ↑Flegeljahre.

Bahnung (präsynaptische Verstärkung): Vorgang zwischen Nervenzellen. Besteht eine synaptische Verbindung zwischen einer Nervenzelle zum Axon einer zweiten Nervenzelle, so kann erstere die Freisetzung von Neurotransmittern durch die Synapse der zweiten Nervenzelle zu einer dritten Zelle durch Ausschüttung von Ionen *verstärken* oder *bahnen.*

Balint-Gruppe: von dem ungarischen Arzt und Psychoanalytiker M. Balint ins Leben gerufene, organisierte Arbeitsgruppe von Ärzten, in der sie unter Leitung eines Psychotherapeuten über ihre Beziehungen zu den Patienten, die Behandlung sowie persönliche Schwierigkeiten sprechen.

Bande (Gang): nach hierarchischem Muster organisierte Gruppe von Jugendlichen (zum Teil auch Kindern; sog. *Kinderbanden*), die entweder einer kriminellen (meist auf Diebstähle spezialisierten) bzw. sich aggressiv widersetzenden Subkultur entstammen oder spezifische Formen des Äußeren oder sozialer Interaktionen praktizieren, die über individuelle Verhaltensauffälligkeiten hinausgehen.

Barbiturate: Diese Abkömmlinge (Derivate) der Barbitursäure hemmen die Funktion des Zentralnervensystems. In niedriger Dosierung vermindern sie die Krampfneigung und erhöhen die Schlafbereitschaft *(Schlafmittel).* Bei einer Überdosis tritt Tod durch Lähmung des Atemzentrums ein. Die Wirkung der B. (wie auch anderer Medikamente) wird durch Alkohol unkontrollierbar verstärkt und in der Wirkungsdauer verändert. Werden B. regelmäßig eingenommen, setzt Gewöhnung ein; es kann zur Abhängigkeit kommen.

BASIC: Kunstwort (aus engl. **b**eginner's **a**ll purpose **s**ymbolic **i**nstru**c**tion) zur Bezeichnung einer in der Datenverarbeitung angewandten einfachen Programmiersprache.

Bathophobie ↑Höhenangst.

Baukastensystem (Modularität): in *Informatik* und *Bildungstechnologie* angewandte Erstellung und Nutzung von Programmen, die aus einfacheren, standardisierten und vielfältig einsetzbaren Elementen bestehen.

bedingte Reaktion

Die Entstehung der bedingten Reaktion nach I. Pawlow

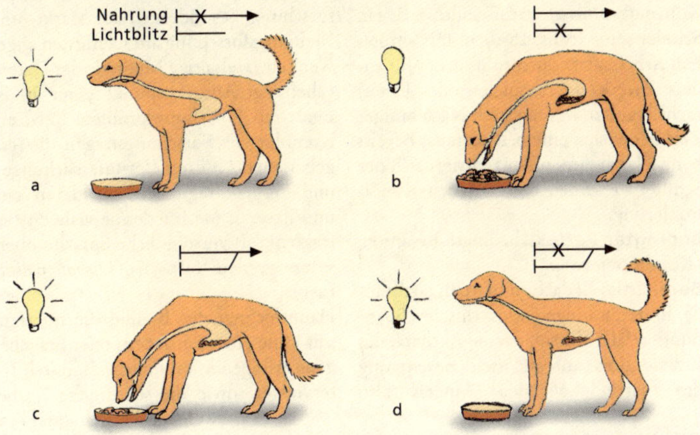

Baumtest: zu den ↑projektiven Tests gehöriges Verfahren, bei dem die Testperson aufgefordert wird, ohne besondere Vorgaben einen Obstbaum zu zeichnen und dabei Phantasie und Ausdruck freien Lauf zu lassen.

Beanspruchung: Als B. wird der Vorgang des Belastetwerdens durch innere oder äußere Einflüsse (z.B. ererbte organische und psychopathologische Dispositionen, Infektionen, Verletzungen, extreme Klima- und Arbeitsbedingungen) bezeichnet. Nach H. BARTENWERFER ist B. ein »biologischer Vorgang der allmählichen Schwächung der psychophysischen Struktur des Individuums infolge anhaltender psychischer Aktivität«, wobei die Schwächung sowohl in der Verschlechterung bestimmter Leistungen als auch in der Vergrößerung der notwendigen psychischen Anstrengung je Leistungseinheit bestehen kann.

Die Frage der **Belastbarkeit** hat v.a. im Hinblick auf die Sozio- und Psychohygiene sowie auf die Eignungsuntersuchung praktische Bedeutung. Biologische Systeme neigen dazu, im Sinne optimaler Anpassung länger andauernde Über- wie auch Unterbeanspruchung zu vermeiden. – ↑auch Streß.

Bearbeitungs-Speed-Test ↑Niveautest.

Beard-Syndrom svw. ↑Neurasthenie.

bedingte Reaktion (bedingter oder konditionierter Reflex): Der russische Physiologe I. P. PAWLOW (↑Reflexologie) setzte Hunden einen Schlauch ein, mit dessen Hilfe er die abgesonderte Magensaftmenge messen konnte. Schon beim Anblick von Futter sonderten die Versuchstiere Magensaft ab. Diese Reaktion ist angeboren und erfolgt deshalb unbedingt (unbedingter Reflex, Reflex im eigentlichen Sinn). PAWLOW gab nun mit dem Futter mehrmals einen künstlichen Reiz (z.B. einen Glockenton oder ein Lichtsignal). Die Hunde verbanden den unbdingten Reflex mit dem (durch PAWLOW) bedingten Reiz und sonderten nach einiger Zeit auch dann Magensaft ab, wenn der bedingte Reiz allein gegeben wurde: Es war zu einer b.n R. gekommen. – Wird die b. R. nicht immer wieder durch gleichzeitige Darbietung von bedingtem Reiz (Glockenton) und unbedingtem Reiz (Futter) verstärkt,

klingt ihre Wirkung allmählich ab (Extinktion).
B. R.n lassen sich bewußt anerziehen: Bei Konzentrationsschwäche sollte z.B. ein Schüler seine Hausaufgaben stets am selben Arbeitsplatz durchführen, der für andere Zwecke (z.B. Spielen oder Essen) nicht benutzt werden darf. Nach einiger Zeit bildet sich eine b. R. heraus: Bereits beim Platznehmen konzentriert sich der Schüler auf seine Arbeit. – ↑auch Konditionierung.

bedingter Reflex ↑bedingte Reaktion, ↑Konditionierung.

Bedürfnis: Bedarfs- und Mangelzustände, in deren Folge ein psychisches Spannungsgefälle auftritt, das die Aktivität des Individuums anregt, nach Beseitigung des zugrundeliegenden Mangels (also nach *B.befriedigung*) zu streben. Bedürfnisse, die durch biophysische Mangelzustände des einzelnen bedingt sind, werden als *primäre* (sog. angeborene) *Bedürfnisse* bzw. auch als Trieb- oder Vital-B.se (z.B. Hunger, Durst, Schutz vor Gefahr) von den durch soziale Vermittlungsprozesse erlernten oder »anerzogenen« *sekundären* (erworbenen) *Bedürfnissen* unterschieden (z.B. geistig-kulturelle und zivilisatorische Interessenbestrebungen, wobei der Gelderwerb ein bes. typisches B. ist). Je nach Einteilungsgesichtspunkt unterscheidet man u.a. auch primitive und (kulturell) wertvolle natürliche und künstliche, soziale, religiöse, künstlerische, kollektive Bedürfnisse.

Bedürfnis

Hierarchisches Stufenmodell der Bedürfnisse:
Die grundlegenden Bedürfnisse müssen befriedigt sein, bevor die Bedürfnisse der nächsthöheren Stufe in den Vordergrund treten.

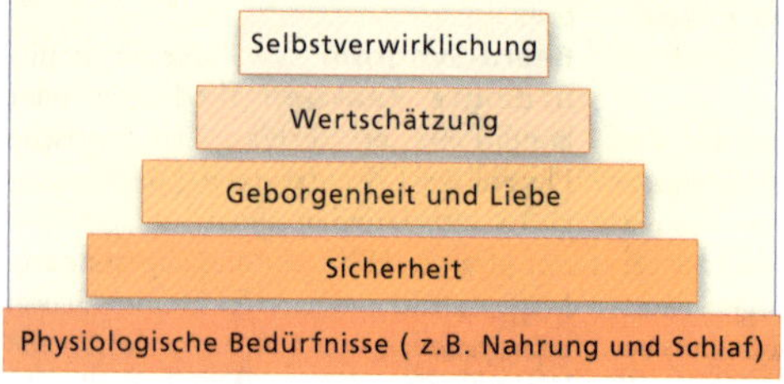

Befragung: in der empirischen Sozialforschung, besonders in der Markt- und Meinungsforschung am häufigsten angewendete, vielfältige Methode der Datenerhebung. Ausgangspunkt einer B. ist meist ein Forschungsproblem bzw. ein Komplex von Forschungsfragen, die (gegebenenfalls mittels Voruntersuchungen und Probebefragungen) zu klären sind und dann in die für den jeweiligen Befragtenkreis verständliche Sprache übersetzt werden müssen *(Operationalisierung).*
Hauptformen der B. sind die meistens mit Hilfe eines Leitfadens oder Fragebogens erfolgende mündliche B. durch Interviewer sowie die schriftliche B., bei welcher die Befragten Fragebögen ausfüllen bzw. bestimmte Antworten ankreuzen. Ermittelt werden sowohl objektive als auch subjektive Daten. *Tatsachenfragen* beziehen sich auf Wissen, Erlebnisse und Erfahrungen, *Meinungsfragen* auf Werthaltungen, Einstellungen, Vorurteile, Gefühle, Motive, Wünsche, Interessen, Ansprüche und Zukunftserwartungen.
Problematisch sind Interviewereinflüsse, der Grad der Aufrichtigkeit des Befragten (Tendenz zu vermeintlich rationalen, sozial erwünschten Antworten) und Ausfälle von Fragebögen. Durch Standardisierung der B. mittels Fragebogen und Interviewerschulung werden ein hohes Maß an Kontrolle der künstlichen B.-Situation, bessere Vergleichbarkeit und eine rationelle Auswertung der erhobenen Daten angestrebt. B.-Ergebnisse dienen der erfahrungswissenschaftlichen Problemanalyse, der Erstellung von Prognosen und der Absicherung von Planungs- und Entscheidungsprozessen. – ↑auch Meinungsforschung.

Befriedigung: Handlung, welche die Lösung einer durch ein ↑Bedürfnis hervorgerufenen Spannung bewirkt.

Begabung: Bezeichnung für den Komplex der angeborenen und entwicklungsfähigen Möglichkeiten eines Menschen zu qualifizierten Leistungsvollzügen. Hierzu gehören Leistungen im wissenschaftlichen, technischen, künstlerischen, wirtschaftlichen oder politischen Bereich ebenso wie Leistungen auf handwerklichem Sektor.

Die meisten *theoretischen Ansätze* gehen von der Vorstellung aus, daß die B. aufgrund ererbter Anlagen individuell verschieden sei. Diese Anlagen stellen aber nur eine *Disposition* zu Leistungen dar, weil *Umweltbedingungen* die Entfaltung der Anlagen fördern oder auch hemmen können (↑Anlage-Umwelt-Problematik). Durch günstige Entwicklungsbedingungen (bestimmte pädagogische Maßnahmen, systematische Schulung), die zugleich die persönlichen Neigungen und Interessen eines Kindes zu beeinflussen vermögen, kann B. nach diesem Verständnis bis zu einer individuell unterschiedlichen oberen Leistungsgrenze hin gefördert werden. Fehlende positive (oder negativ wirkende) Umweltbedingungen führen dagegen in der Regel zur Verkümmerung einer vorhandenen Begabung.

In der *Geschichte* hat es allerdings wiederholt Persönlichkeiten gegeben (so den Politiker A. BEBEL oder den Mathematiker C. F. GAUSS), denen es gelang, trotz widriger oder höchst bescheidener Umweltanregungen später hervorragende Leistungen zu erbringen. Verglichen mit der Entwicklung anderer herausragender Persönlichkeiten (etwa den Angehörigen der Musikerfamilie BACH), bei denen neben den vermuteten erblichen Anlagen auch eine besonders geeignete Umwelt für die Ausbildung ihrer exzellenten Fähigkeiten spricht, liegt bei den zuvor genannten Beispielen der Schluß nahe, daß die *Veranlagung die wesentliche Komponente* sei und sich eine genetisch vorgegebene B. letztlich doch durchsetze.

Die wissenschaftliche Untersuchung der B. ist Gegenstand der ↑Begabungsforschung.

Begabungsformen: bestimmte Ausformungen der ↑Begabung. Der dt. Psychologe W. STERN unterschied innerhalb der geistigen Begabung eine eher theoretisch ausgerichtete *(gnostische Begabung)* und eine mehr praktisch orientierte Variante *(mechanisch-technische Begabung),* während andere Ansätze z.B. zwischen *musischer, mathematisch-logischer* sowie *sprachlicher Begabung* trennen.

Begabungsforschung: Forschungszweig, der alle die Begabung betreffenden Faktoren untersucht. Neben der meist im Vordergrund stehenden *intellektuellen Begabung* befaßt sich die neuere B. verstärkt mit speziellen psychischen und sozialen Problemen bes. begabter Kinder und Jugendlicher sowie mit Grundsatzfragen der entsprechenden Diagnostik.

Begabungsstruktur: Im Bereich der *intellektuellen Begabung* versteht man hierunter ein Gefüge angenommener Größen oder *Begabungsfaktoren,* die das intelligente Verhalten eines Menschen bestimmen sollen; diese Faktoren werden mit Hilfe der Faktorenanalyse gewonnen. – ↑auch Intelligenz.

Darüber hinaus wird der Begriff B. für einen über die Intelligenz hinausgehenden, in die *Gesamtpersönlichkeit* eingebetteten Komplex gebraucht, der von dieser wiederum mitbestimmt sein soll.

Begierde: heftiges Bestreben, ein durch mangelnde ↑Befriedigung entstandenes Gefühl der Unlust zu beseitigen.

Begriff: Gesamtheit aller wesentlichen Merkmale einer Vorstellung bzw. Vorstellungsreihe. B.e sind für das Denken unerläßlich, ermöglichen sie doch erst die das Denken charakterisierende Verallgemeinerbarkeit. Mit der Aneignung *(B.slernen),* Entwicklung und Vertiefung geeigneter B.e beschäftigen sich v.a. die kognitive Psychologie, die Pädagogik sowie die Erkenntnis- und Wissenschaftstheorie, letztere unter philosophischen und logischen Gesichtspunkten.

B

Behaviorismus: eine von dem amerikan. Psychologen J. B. WATSON begründete Richtung der Psychologie. Ausgangspunkt für den B. ist die Forderung, Psychologie solle sich zur Gewährleistung einer möglichst objektiven Betrachtungsweise und Analyse ihres Forschungsgegenstandes auf die Untersuchung des tatsächlichen Verhaltens beschränken. Konsequent werden deshalb die Analyse innerseelischer Vorgänge oder die Methode der Selbsterforschung (Introspektion) als unwissenschaftlich abgelehnt und Begriffe wie Bewußtsein, Denken, Fühlen und Wollen aus der psychologischen Forschung ausgegrenzt.

Besonders intensiv hat sich der B. mit *lernpsychologischen Fragen* beschäftigt, weil sich seine an den klassischen Naturwissenschaften orientierte Methodik, in deren Zentrum das Experiment steht, auf diesem Sektor gut verwirklichen läßt. Während die meisten (frühen) Behavioristen ihre Versuche hauptsächlich mit Tieren anstellten, experimentierte WATSON auch im Humanbereich. Seine Versuche mit dem kaum einjährigen Albert, dem er – zusammen mit seiner Ehefrau – nach dem Prinzip des bedingten Reflexes (↑Konditionierung) eine intensive Furcht vor weißen Ratten beibrachte, sind heute noch berüchtigt. WATSON wollte damit nachweisen, daß solche – vor allem in frühester Kindheit – antrainierten Ängste ein Leben lang erhalten bleiben. Er nannte sie *bedingte Ängste* und vertrat die Ansicht, daß man nach seiner Methode jedes Lebewesen bzw. jeden Gegenstand zur Ursache von Angstreaktionen machen könne.

Der extreme B. wurde später auch als **klassischer B.** bezeichnet. Er wurde in dieser Form v.a. von WATSON vertreten und ist eine reine Reiz-Reaktions-Psychologie, deren Wurzeln in die ↑Reflexologie hineinreichen.

Spätere Vertreter des B. **(Neobehaviorismus)** haben im Gegensatz zu WATSON versucht, in ihre theoretischen Ansätze auch nicht direkt beobachtbare organismische Vorgänge einzubeziehen. Mit ihrem Konzept der intervenierenden (dazwischentretenden) Variablen geben sie allerdings nicht den behavioristischen Grundsatz auf, daß nur direkt beobachtbares Geschehen Gegenstand einer wissenschaftlich zu nennenden Psychologie sein dürfe, da sie die fraglichen Variablen durch die Versuchsbedingungen, unter denen sie erschlossen werden, *operational* definieren (↑Operationalisierung). Der **deskriptive B.** von B. F. SKINNER konzentriert sich im wesentlichen auf die *Feststellung von Beziehungen* zwischen dem Verhalten eines (tierischen) Organismus, den vorausgehenden Bedingungen und den aus einem bestimmten Verhalten resultierenden Effekten.

Typische und weitverbreitete Anwendungen behavioristischer Lehren sind die ↑Verhaltensmodifikation und der ↑programmierte Unterricht.

behavior pattern svw. ↑Verhaltensmuster.

Behinderung: im Unterschied zu gegebenenfalls vorübergehenden *Störungen,* längerfristige bzw. bleibende körperliche, geistige und/oder psychische Beeinträchtigungen eines Menschen, die seine Entwicklungsmöglichkeiten und seine Lebensumstände erheblich erschweren oder einschränken.

Von B. ist dann zu sprechen, wenn bestimmte Grade der Auffälligkeit überschritten werden (etwa bei Blindheit, Gehörlosigkeit oder einer Körperbehinderung), die Defizite stark ausgeprägt sind, im allgemeinen erwartbare Leistungen nicht erbracht werden können oder als deutlich abweichend bzw. behandlungsbedürftig empfundene psychische Auffälligkeiten vorliegen.

Des öfteren wird zwischen *absoluter* und *relativer* B. unterschieden. Demnach liegt eine *absolute* B. vor, wenn die Beeinträchtigung so ausgeprägt oder beschaffen ist, daß der Betreffende in *jeder* Gesellschaft als auffällig gälte; bei einer *relativen* B. fiele er hingegen nur in bestimmten Gesellschaften (bzw. Gesellschaftsordnungen) auf. Als Beispiel hierfür sei auf sog. lernbehinderte Kinder und Jugendliche verwiesen, die den von unserer hochzivilisierten Gesellschaft gesetzten hohen Anforderungen nicht gerecht zu werden vermögen und daher schon in der Grundschule scheitern.

Bekräftigung svw. ↑Verstärkung.

Belastbarkeit ↑Beanspruchung.

Belohnung ↑Lohn und Strafe.

Benommenheit ↑Bewußtseinstrübung.

Beobachtung: Die B. gehört zu den wichtigsten methodischen Ansätzen der Psychologie. Im Gegensatz zur gelegentlichen Alltagsbeobachtung versteht man unter *wissenschaftlicher B.* die aufmerksame und planmäßige oder systematische Wahrnehmung bestimmter Sachverhalte, Ereignisse oder Verhaltensweisen, die mit der Zielvorstellung verbunden ist, den jeweiligen Untersuchungsgegenstand möglichst genau zu erfassen, des öfteren unter Einsatz technischer Hilfsmittel (Video-Aufzeichnungen, Einwegscheiben u.a.). Die Ergebnisse der B. werden mit entsprechenden Methoden dokumentiert und ausgewertet.

In der Psychologie werden *Selbstbeobachtung* (Introspektion) und *Fremdbeobachtung* unterschieden.

In der Selbstbeobachtung wird meist ein direkter Zugang zu psychischen Vorgängen gesehen, obwohl sich schon die B.sabsicht als solche verändernd auf die zu beobachtenden psychischen Sachverhalte auswirken kann (z.B., wenn jemand versucht, den eigenen Einschlafprozeß durch Introspektion genauer zu erforschen).

Aber auch die Fremdbeobachtung erschließt Psychisches nur mittelbar, ist ihr Gegenstand doch nur der *wahrnehmbare,* obendrein durch die Persönlichkeit des Beobachters »gefilterte« Ausdruck fremden Seelenlebens. Dennoch wird die Fremdbeobachtung bei der wissenschaftlichen Analyse bevorzugt, weil die Zuverlässigkeit und Genauigkeit der B.sergebnisse durch den Einsatz mehrerer Beobachter und durch einen Vergleich der Befunde besser überprüfbar seien.

Bei B.en ist stets mit ↑Beurteilungsfehlern zu rechnen, etwa beim Ablesen eines Meßinstrumentes oder bei der Entscheidung darüber, ob bestimmte Verhaltensweisen als aggressiv zu werten sind.

Beobachtungsfehler: Fehler, die in Beobachtungssituationen auftreten können. Hierzu gehören Verzerrungen der *Wahrnehmung,* die in der mangelnden Objektivität und damit in der Person des Beobachters begründet sind. Beispiele: die von Sympathie oder Abneigung geleitete spezifische Wahrnehmung des Beobachters; die Vermengung von Beobachtung und deren Interpretation oder auch der ↑Hofeffekt. Weitere Verzerrungen können auch durch ein aufgrund der Anwesenheit des Beobachters erheblich verändertes *Verhalten* der beobachteten Person auftreten. Der Beobachter registriert dieses Verhalten dann zwar weitgehend objektiv, erfaßt aber etwas völlig Untypisches. Des weiteren können B. auch durch methodisch unzureichende Kategoriensysteme entstehen, die es im Hinblick auf eine spezielle Fragestellung an ↑Reliabilität oder ↑Validität fehlen lassen.

Beobachtungslernen svw. ↑Imitationslernen.

beratende Psychologie: wichtiger Teilbereich in denjenigen Gebieten der Psychologie, die sich mit Anwendungsfragen von wissenschaftlichen Methoden und Ergebnissen im Hinblick auf praktische Probleme befassen. Die b. P. hat u.a. folgende Aufgabenbereiche: Erziehungs-, Schul-, Jugend-, Bildungs-, Berufs-, Ehe-, Lebens- und Studienberatung sowie auch psychotherapeutische Beratung.

Beratung: eine Hilfeleistung, bei der (im Gegensatz zu den meist verhältnismäßig einfachen gelegentlichen Ratschlägen im Alltag) der umfassende Versuch gemacht wird, einem oder mehreren Menschen (etwa einer ganzen Familie) bei der Bewältigung von gesundheit-

B

lichen, erzieherischen, seelischen oder schulischen Problemen zu helfen.
Je nach Art der jeweiligen Schwierigkeiten spricht man von ↑Erziehungsberatung, Bildungsberatung, Frühberatung, ↑Drogenberatung und dergleichen. Bei der B. ist der jeweilige Fachspezialist ein kompetenter Gesprächspartner. Dennoch soll dem Ratsuchenden für seine Entscheidungen ein großer Freiraum gelassen werden.
Es gibt eine Vielzahl von *B.sstellen,* die – wiewohl vielfach personell unterbesetzt – Ratsuchenden ihre Hilfe anbieten, so z. B. Erziehungs- und Bildungsberatungsstellen. Auch die Berufs-B. ist in diesem Zusammenhang zu nennen.

Berliner Schule: eine von dem österreichisch-amerikanischen Psychologen M. WERTHEIMER im Anschluß an Untersuchungen über die Wahrnehmung von Scheinbewegungen begründete gestaltpsychologische Richtung (↑Gestaltpsychologie), deren Ursprung ungefähr auf das Jahr 1912 datiert werden kann. Zur B. S. gehören u.a. W. KÖHLER, K. KOFFKA und K. LEWIN.

berufliche Eignung ↑Eignung.

Berufspsychologie: Zweig der Psychologie, der hinsichtlich seines Forschungsgegenstandes und seines Anwendungsbereiches auf das engste mit der ↑Arbeitspsychologie verbunden ist. Wie diese hebt die B. mit den auf wissenschaftlicher Basis in verschiedenen Betrieben vorgenommenen Arbeitsanalysen und mit der Beschreibung der Arbeitsplatzbedingungen die Tätigkeitsmerkmale von Berufsarbeiten heraus. Sie prüft weiterhin, ob diese Merkmale als Einzelmerkmale oder als Merkmalsbündel ein spezifisches Berufsbild ergeben. Aus einem so gewonnenen Berufsbild kann jedoch nicht ohne weiteres geschlossen werden, ob eine Einzelperson für einen bestimmten Beruf oder für mehrere Berufe geeignet ist. Deshalb untersucht die B. darüber hinaus die jeweiligen körperlichen und geistigen Leistungsanforderungen, die mit dem Berufsbild verknüpft sind. Auf dem Hintergrund dieser Erkenntnisse werden dann nach entsprechenden ↑Eignungsuntersuchungen Entscheidungen über die individuelle Qualifikation für die Ausübung eines bestimmten Berufs möglich.

Beruhigungsmittel: Sammelbez. für Medikamente mit »beruhigenden«, »angstlösenden« und/oder »schlaffördernden« Eigenschaften die sich von der stofflichen Zusammensetzung wie auch von der Wirkung her stark unterscheiden können. Zu den B.n im engeren Sinn werden neben rein pflanzlichen (meist Baldrian-, Hopfen- oder Johanniskraut-Extrakte enthaltenden) Präparaten chemisch synthetisierte Psychopharmaka und bestimmte Drogen sowie sog. Kombinationspräparate, mit pflanzlichen *und* chemischen Wirkstoffen, gerechnet. – ↑Barbiturate, ↑Drogen.

Beschäftigungstherapie: besonders in psychiatrischen Krankenhäusern und in Rehabilitationseinrichtungen durchgeführte gezielte Beschäftigung zur Unterstützung medizinischer und psychotherapeutischer Bemühungen und zur Förderung der Wahrnehmung wie motorischer Funktionen. Mit Hilfe von Form-, Farbgestaltungs- und Bastelarbeiten sollen (im Unterschied zur zweckgebundenen ↑Arbeitstherapie) Kreativität und Eigeninitiative tätigkeitsbezogen geweckt und dadurch mehr Selbstbewußtsein vermittelt werden.

beschreibende Psychologie (deskriptive Psychologie): psychologische Richtung, die auf die 1894 veröffentlichte programmatische Schrift »Ideen über eine beschreibende und zergliedernde Psychologie« des dt. Philosophen W. DILTHEY zurückgeht. Im Gegensatz zur analytisch ausgerichteten ↑Experimentellen Psychologie sieht die b. P. ihre Methode im vom nacherlebenden Individuum vollzogenen Verstehen fremdseelischen Erlebens und Verhaltens sowie in dessen phänomenologisch durchgeführter Beschreibung. – ↑auch erklärende Psychologie.

beschützende Werkstätten svw. ↑Werkstätten für Behinderte.

Besessenheit: Als B. wird nicht selten die Erscheinung eingeschränkter oder gestörter psychischer Funktionen eines Menschen bezeichnet, die in religiösen Vorstellungen als »Ergriffensein« von einem Dämon oder Teufel bzw. einer dämonischen Macht verstanden wird. Es handelt sich dabei jedoch um seelische Erkrankungen (besonders um sog. Anfallserkrankungen wie ↑Epilepsie), die medikamentös und/oder psychotherapeutisch zu behandeln sind, keinesfalls aber durch Exorzismus (»Austreibung« des Dämons durch rituelle Beschwörungen) und andere obskure Methoden »geheilt« werden können.

Besetzung (Kathexis): in der psychoanalytischen Literatur häufig gebrauchte Bezeichnung für die Konzentration oder Einengung aller psychischen Energie auf eine bestimmte Vorstellung bzw. Vorstellungsgruppe, einen bestimmten Gedächtnis- oder Denkinhalt, ein bestimmtes Verhalten, ein Handlungsgeschehen, eine Tätigkeit, eine bestimmte Person (als *Ego-Kathexis* auch auf sich selbst) bzw. einen Personenkreis, auf einen Teil des Körpers oder sonst ein Objekt.

Bestrafung ↑Lohn und Strafe.

Betafehler: ein ↑Fehler bei statistischen Entscheidungen. – ↑auch Statistik.

Betawellen ↑Elektroenzephalogramm.

Betriebspsychologie: Die B. ist ein Teilgebiet der Angewandten Psychologie. Sie beschäftigt sich mit psychologischen Problemen, die sich in Betrieben stellen. Hierzu gehört u.a. die Auslese und Plazierung von Arbeitskräften, die Schulung von Führungskräften, die Anpassung von Arbeitsmitteln und -bedingungen an die Arbeitenden (↑Anthropotechnik), die Beobachtung und Verbesserung des Arbeits- und Sozialklimas sowie der Gruppenbildung (↑Human Relations) und die psychologische Beratung einzelner Betriebsangehöriger.

Die B. entwickelte sich zu Beginn des 20. Jh. aus dem Bedürfnis einer wissenschaftlich orientierten Betriebsführung in den USA. Entsprechend ihrer Aufgabenstellung steht sie in engem Zusammenhang mit der Arbeits- und Wirtschaftspsychologie. Sie bedient sich der Methoden und Ergebnisse nahezu aller theoretischer Disziplinen der Psychologie, insbes. der Sozialpsychologie und der Persönlichkeitspsychologie.

Bettnässen ↑Einnässen.

Beurteilungsfehler: Häufige Fehler, die sich bei Beurteilungen nachweisen lassen, sind u.a. der **Hof-** oder **Haloeffekt,** bei dem eine Übertragung des Gesamteindrucks oder einer herausragenden Eigenschaft auf eine andere Persönlichkeitseigenschaft erfolgt (z.B. im Volksmund: »Wer lügt, der stiehlt«), oder der **Milde-** bzw. **Strengeeffekt,** womit persönliche Urteilstendenzen bestimmter Beurteiler bezeichnet werden, die mit erhöhter Wahrscheinlichkeit zu verhältnismäßig milden bzw. strengen Urteilen neigen.

Eine Abhängigkeit der jeweiligen Beurteilung von bestimmten Annahmen des Beurteilers über Zusammenhänge zwischen Eigenschaften kennzeichnet den *logischen Fehler.* Ein weiterer Fehler besteht in der Tendenz des Beurteilers, Extremwerte zu vermeiden (Fehler der zentralen Tendenz; sog. **Extremscheu-Effekt**). Durch Berücksichtigung mehrerer Urteile und durch ein gezieltes Beurteiler-Training läßt sich die Objektivität von Beurteilungen erhöhen.

B. können Zufallsfehler sein, die sich im Mittel ausgleichen, oder aber als systematische Fehler zu mehr oder minder großen Urteilsverzerrungen führen.

Bewegungshemmung svw. ↑Akinese.

Bewegungskoordination: die Hauptleistung des Kleinhirns, Einzelwirkungen der Muskulatur derart aufeinander abzustimmen, daß eine geordnete, »fließende« Bewegung erfolgt.

Bewegungskrankheit svw. ↑Kinetose.

Bewegungstäuschung: optische Täuschung, bei der sich ein tatsächlich unbe-

B

Bewegungstäuschung. Die konzentrischen Kreise scheinen zu rotieren

wegter Gegenstand zu bewegen scheint. Beispiele: Die »Durchmesser« einer Figur aus konzentrischen Kreisen scheinen zu rotieren (noch stärker bei Drehung der Figur). In einem dunklen Raum scheint sich ein längere Zeit fixierter Lichtpunkt wegen der unwillkürlichen Augenbewegungen zu bewegen **(autokinetisches Phänomen).** Zwei feste, in nicht zu großem Abstand abwechselnd aufleuchtende Punkte scheinen hin und her zu springen **(Phi-Phänomen).** Werden dem Auge dabei mehr als 16 Einzelbilder je Sekunde geboten, verschmelzen sie zu einem Bewegungseindruck. Erst durch diese B. sind Film und Fernsehen überhaupt erst möglich (↑Flimmerverschmelzungsfrequenz). Beleuchtung durch Lichtblitze bis etwa 15 Hertz läßt fließende Bewegungen abgehackt erscheinen **(Stroboskopeffekt),** wie z.B. in Diskotheken.

Bewegungstherapie: heute eigentlich nur noch im engeren Sinne der ↑konzentrativen Bewegungstherapie verwendete, meist durch den Begriff der ↑Körpertherapie ersetzte Bezeichnung für bestimmte therapeutische Verfahren, die – unter Annahme einer engen Wechselwirkung zwischen körperlichen und seelischen Vorgängen – psychische Belastungen oder Störungen durch spezielle Übungen und Selbsterfahrungen aufzulösen versuchen.

Bewußtsein: bislang nicht eindeutig definierter, in verschiedenen wissenschaftlichen Bereichen unterschiedlich gebrauchter Begriff.

In der *Psychologie* wird unter B. hauptsächlich die bewußte (im Gegensatz zur unbewußten oder nicht-bewußten) Verhaltenssteuerung verstanden. Die *Psychoanalyse* siedelt das B. bei den sog. Ich-Funktionen an, die dem Individuum die Orientierung in der (äußeren) Realität und die Anpassung an seine konkrete Lebensumwelt ermöglichen sollen. Die *Physiologie,* insbesondere die Neurophysiologie, begreift B. hingegen eher als Wachheit, die von verschiedenen zentralnervösen Prozessen gesteuert wird, vorrangig von der Zufuhr nervöser Impulse aus dem Zwischenhirn und dem Hirnstamm zur Großhirnrinde, wobei Aktivitäten der ↑Formatio reticularis erhebliche Bedeutung zugemessen wird. Neuere (meist neurobiologische und neuropsychologische) Theorien rücken von den herkömmlichen philosophisch-psychologischen Definitionsversuchen ab und suchen über Wahrnehmungs- und Gedächtnisexperimente, z.T. mit Hilfe sog. bildgebender Verfahren, ein *visuelles B.* nachzuweisen, während neuere Gefühlstheorien über die Zuordnung zu verschiedenen neuronalen Subsystemen ein *vereinigendes* von einem *zergliedernden B.* abgrenzen wollen.

Bewußtseinsstörung: Einengung oder Ausschaltung des Bewußtseins, die unter dem Druck starker Affekte oder als Teilerscheinung zahlreicher Erkrankungen wie allgemeinen Stoffwechselstörungen und Vergiftungen, Durchblutungsstörungen, Verletzungen, Tumoren oder epilepsieartiger Erregung des Gehirns auftreten kann. Je nach der Stärke der B. unterscheidet man: 1. die ↑Bewußtseinstrübung; 2. als krankhaft schläfrige Benommenheit die Somnolenz (Schläfrigkeit, Schlafsucht), aus der sich der Kranke noch leicht erwecken läßt; 3. den ↑Sopor als starke Bewußtseinsbeeinträchtigung bis zu leichter Bewußtlosigkeit (↑Ohnmacht); 4. das ↑Koma als Zustand tiefer Bewußtlosigkeit. Eine Sonderform der B. ist der ↑Dämmerzustand.

Bewußtseinstrübung: leichtere, die *Benommenheit* als schwächsten Grad mit einschließende Form der ↑Bewußtseinsstörung, bei der das Auffassungsvermögen vermindert, die Reaktionsfähigkeit verlangsamt, räumliche und zeitliche Orientierung, Denken und Erinnerung eines Menschen beeinträchtigt sind. B. kann als Begleiterscheinung von Erkrankungen und Verletzungen, aber auch unter dem Druck starker Affekte (psychogene B.) bzw. in lebensbedrohlichen Situationen auftreten. Eine jeweils nur wenige Sekunden dauernde anfallsartige B., wie sie zumeist im Kindesalter als schwacher, krämpfefreier epileptischer Anfall (Petit mal) vorkommen kann, wird ↑Absence genannt. – ↑auch psychomotorische Anfälle.

Beziehung:

◆ Bez. für die wechselseitigen Einwirkungen und Verhaltensformen zwischen Personen, Organisationen und Institutionen in einer Gesellschaft oder zwischen Gesellschaften. Die um die Wende vom 19. zum 20. Jh. entwickelte *B.slehre* beschäftigt sich mit der wechselseitigen Abhängigkeit des Verhaltens und des psychischen Zustandes sowohl beim einzelnen als auch mit der Wechselbeziehung (Interdependenz) zwischen Verhalten und psychischen Gegebenheiten in einer Gesellschaft.

◆ (soziale Beziehung) svw. ↑Interaktion.

Beziehungskiste: besonders in der Jugendsprache verwendete Bez. für alles, was mit der Partnerbeziehung zusammenhängt bzw. daraus resultiert.

Beziehungswahn: Wahn, in dem (objektiv) belanglose Umweltvorgänge ohne Anlaß als auf die eigene Person bezogen erlebt werden. B. tritt meist im Rahmen von Psychosen, aber auch bei schweren neurotischen oder als Folge von organischen Erkrankungen auf.

Als *sensitiven B.* bezeichnete E. KRETSCHMER eine vermeintlich von einem Beschämungs- oder Versagenserlebnis ausgehende wahnhafte Erlebnisverarbeitung bei überempfindlichen (»sensitiven«) und zugleich eher stolzen Personen.

Bezugsgruppe (Referenzgruppe): eine soziale ↑Gruppe, mit deren Normen, Einstellungen und Verhaltensweisen sich der einzelne identifiziert und an denen er sein Verhalten orientiert. Dabei können für das Individuum jeweils mehrere B.n bestehen, die seine Einstellungen mitbestimmen.

Bezugsperson: eine Person, deren Handlungs- und Verhaltensweisen, Urteile und Meinungen aufgrund eines intensiven sozialen Kontakts Orientierungsgrundlage für einen anderen Menschen sind. Für Kinder und Jugendliche sind im Hinblick auf die Entwicklung stabiler Beziehungen und des Selbstwertgefühls konstante B.en (wie Eltern, Lehrer, Freunde) besonders wichtig. Bei fehlender B. kann es zu sozialer Isolierung und emotionaler Verarmung kommen, im Säuglings- und Kleinkindalter zu schweren psychischen und physischen Entwicklungsverzögerungen. – ↑auch Deprivation, ↑Hospitalismus. Abb. S. 54

Bezugssystem: Bez. für die Struktureigentümlichkeit von Erkennen, Erleben und Verhalten, die zu Urteilen oder zu Bewertungen führt. Bezugsgröße ist ein Normensystem, das durch individuelle Erfahrung während der Entwicklung herausgebildet und differenziert wird. So ist beispielsweise ein Ort nur erfaßbar in einem als B. dienenden Gebiet oder die objektive Stärke einer erlebbaren Qualität (z. B. warm, spät, windig) im Rahmen einer Skala. Alle Eigenschaften, die sich aus der Stellung eines Erlebnisinhaltes im B. ergeben, heißen *Systemeigenschaften.*

Man unterscheidet ein individuelles bzw. soziales B., ein begriffliches B. und in der ↑Faktorenanalyse ein faktorielles B.; letzteres stellt die Beziehungen von Faktoren und Korrelationen zwischen den analysierten Verfahren dar.

Bildung: Unter B. versteht man sowohl den Prozeß, in dem der Mensch seine

B

Bezugsperson

seelisch-geistige Gestalt gewinnt, als auch diese Gestalt selbst (»innere B.«). Darüber hinaus wird auch das Wissen, insbes. das Allgemeinwissen auf traditionell geisteswissenschaftlichem Gebiet, und mittlerweile auch die berufliche B. (mit der Auffassung, daß diese mit ihren Kenntnissen v.a. naturwissenschaftlich-technischer Art einen gleichberechtigten Rang neben der allgemeinen B. einnimmt) als B. bezeichnet. Gleichwohl wird nach wie vor zwischen *Bildung* schlechthin, bei der die Freiheit zu Urteil und Kritik im Vordergrund steht, und *Ausbildung*, der gewissermaßen als »Makel« die Anpassung an vorgegebene Verhältnisse anhaftet, unterschieden.

Der Begriff B. wurde Mitte des 18. Jh. in die pädagogische Fachsprache übernommen und von der Pädagogik der Aufklärung zu einem Schlüsselwort für den Bereich der Erziehung und des Unterrichts gemacht, wobei aus der Antike und aus der jüdisch-christlichen Tradition stammende Gedanken von großem Einfluß waren. Im Anschluß an die Philosophie von G. W. LEIBNIZ wurde B. als *Entfaltung der der Seele von Natur aus innewohnenden Kräfte* aufgefaßt, eine Vorstellung, die mit anderen damaligen Strömungen, etwa der Kulturkritik J.-J. ROUSSEAUS, eine enge Verbindung einging. B. wurde also zu dem Versuch, jene Zwänge, die das Menschsein beeinträchtigen, zu erfassen, über diese aufzuklären und so ihre Abschaffung zu gewährleisten.

Der dt. Humanismus faßte mit W. VON HUMBOLDT die Ausformung der individuellen Möglichkeiten eines Menschen als »höchste und proportionierlichste Bildung seiner Kräfte zu einem Ganzen« auf. B. wird dabei als Freisetzung des Individuums zu sich selbst, also als Selbstbestimmung, verstanden und letztlich nur als *Selbst-B.* für möglich gehalten. Die Behinderung der B. des einzelnen wird deshalb in humanistischen Ansätzen auch zur Verletzung eines die Menschwerdung des Menschen verbürgenden Grundrechts. B. hat sich dabei in einer Welt zu vollziehen, die den Menschen nicht von vornherein auf bestimmte Zwecke festlegt: sie soll *rein* und *allgemein* sein.

Im Laufe des 19. Jh. trat ein Verfall dieses humanistischen B.sideals ein, der in der Verdrängung HUMBOLDTscher Vorstellungen durch einen stofflich-lexikalischen B.sbegriff im Sinne einer Vielwisserei bei den preußischen Gymnasien sichtbar wurde. Erschwerend kam hinzu, daß durch das bestehende B.swesen das B.sprivileg der höheren Stände faktisch abgesichert wurde, womit die B.sideen des Neuhumanismus letztlich zur Tarnideologie verfälscht wurden. Zusammen mit der Abtrennung der bloßen Ausbildung von der eigentlichen B., in der die stürmisch sich entwickelnden Naturwissenschaften und die Technik keinen Platz fanden, lösten diese Sachverhalte eine bis in die heutige Zeit andauernde vielfältige Kultur- und B.skritik aus.

Von K. MARX wurde dem humanistischen B.skonzept, das er als praxisfern und unpolitisch bezeichnete, die Idee einer *polytechnischen B.* entgegengesetzt, die er sich als Verbindung von produktiver Arbeit mit Unterricht und Gymnastik dachte. Auf dieser Grundlage entwickelte sich eine Theorie der *sozialistischen Allgemeinbildung,* die den Menschen zu einer allseitig gebildeten Persönlichkeit mit produktiv-praktischen, politisch-revolutionären und auch kulturschöpferischen Fähigkeiten werden läßt. Nach 1945 hat im deutschsprachigen Raum dieser Ansatz v.a. in der früheren DDR für die Gestaltung des B.swesens eine fundamentale Rolle gespielt.

In der BR Deutschland setzte sich die Diskussion um einen angemessenen B.sbegriff nach dem Zweiten Weltkrieg gleichfalls von den humanistischen Konzeptionen ab, wobei u.a. versucht wurde, bislang vernachlässigte Aspekte wie Arbeit, Beruf, Technik und Politik zu integrieren. In der Mitte der sechziger Jahre wurde der B.sbegriff von der empirisch-analytischen Erziehungswissenschaft entweder aufgegeben oder auf die Behandlung möglichst empirisch untersuchbarer Teilaspekte beschränkt.

Ungeachtet dessen wird in manchen Konzeptionen versucht, die Umrisse eines neuen B.sverständnisses zu skizzieren, vielfach in Anknüpfung an die *emanzipatorische Kraft des B.sbegriffs,* was die Gegner einer solchen Auffassung jedoch oft für unzureichend halten, weil sich ein erneuertes B.sverständnis auf das reale Leben der Gegenwart beziehen und sogar noch darüber hinausweisen müsse. In diesem Zusammenhang werden fünf *Merkmale* genannt, die als Bedingungen dafür anzusehen seien, die B. als Selbst-B. ermöglichten: *Gestaltbarkeit* (historisch-politische Zusammenhänge aufzeigen); *Durchschaubarkeit* (Wissenschaftsorientierung und Erkenntniskritik fördern); *Sinnlichkeit* (zu Eigentätigkeit anregen und Erfahren mit Erleben verbinden); *Ganzheitlichkeit* (den lebenspraktischen Zusammenhang verständlich machen); *Solidarität* (Beschränkungen abbauen und die Schüler stärken).

Bildungsforschung: Der Begriff B. wurde 1961 im Rahmen von Vorarbeiten für ein Max-Planck-Institut mit vor allem erfahrungswissenschaftlich orientierten Forschungsaufgaben auf dem Gebiet des Bildungswesens geprägt. Das Wort B. umschreibt einen Gegenstandsbereich, zu dessen Erschließung verschiedene Wissenschaften, v.a. Pädagogik, Psychologie, Ökonomie, Jurisprudenz, Soziologie, aber auch Geschichte, interdisziplinär zusammenwirken, wodurch eine Erforschung des *gesamten Bildungswesens* einschließlich seiner Voraussetzungen und Wirkungen möglich werden soll.

Die zentralen Forschungsfelder der B. werden zum Teil durch die Aufgabenstellung (z.B. Curriculumforschung), zum Teil durch Methodenprobleme (Testforschung, wissenschaftliche Begleitforschung) und schließlich durch die vorgegebenen Teilsysteme des Bildungswesens bestimmt. – ↑auch Bildungswesen.

Bildungswesen: Gesamtheit der Institutionen und Veranstaltungen, die in einzelnen Kulturen, Staaten oder Teilgruppen einer Gesellschaft dem Bildungserwerb dienen. So spricht man vom B. des Abendlandes, der BR Deutschland oder vom kirchlichen Bildungswesen. Im gleichen Sinne wird auch der Begriff *Bildungssystem* verwandt.

Beide Bezeichnungen eröffnen mit ihrer umfassenden Bedeutung die Perspektive, sonst nur mehr oder weniger isoliert wahrgenommene und behandelte Bildungs- und Erziehungsmaßnahmen sowie deren Träger als eigenständige Einheit zu begreifen, die einen *fundamentalen Sektor* jeder Gesellschaft darstellt. Aus

Bildungswesen

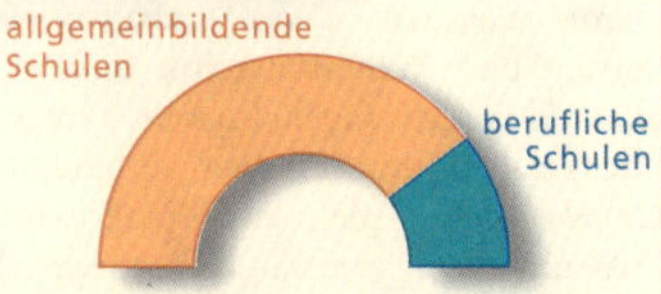

allgemeinbildende Schulen: 39.194
berufliche Schulen: 9.069

Anteil der allgemeinbildenden und der berufsbildenden Schulen 1993 in Deutschland.

diesem Anspruch resultieren aber auch verschiedene, durchaus noch ungelöste Probleme wie die Frage des Verhältnisses zwischen *Bildungs- und Beschäftigungssystem.* Zu den eher traditionellen Fragestellungen gehören hingegen Probleme wie die Beziehung zwischen Allgemeinbildung und Berufsausbildung.

Binärsystem (binäres Zahlensystem): Das B. kommt mit zwei Zahlenzeichen (geschrieben 0 und 1) aus, die das Vorhandensein oder Nichtvorhandensein einer bestimmten Potenz von 2 in einer darzustellenden Zahl zum Ausdruck bringen. Jede natürliche Zahl läßt sich eindeutig im B. schreiben, beispielsweise: $58 = 1 \times 2^5 + 1 \times 2^4 + 1 \times 2^3 + 0 \times 2^2 + 1 \times 2^1 + 0 \times 2^0$; also hat die Zahl 58 in der Schreibweise des B.s die Form 111010. Große praktische Bedeutung erlangte das B. für die Entwicklung der modernen Computer, da sich die Alternative »Vorhandensein« oder »Nichtvorhandensein« technisch besonders leicht realisieren läßt (im einfachsten Fall durch Ein- oder Ausschalten eines Schalters).

binary digit (Abk.: bit): kleinste Informationseinheit, darstellbar durch eine Ja-Nein-Entscheidung bzw. 0-1-Entscheidung im ↑Binärsystem. Die Anzahl der Bits einer Information gibt die Anzahl der Binärstellen an, in denen diese Information verschlüsselt ist.

Bindung: der anhaltende emotionale Kontakt eines Menschen zum Mitmenschen und das innere Verhaftetsein eines Individuums an Ordnungen, Symbole oder Werte bzw. an deren Träger. Die *B.sfähigkeit* ist eine der Voraussetzungen der Gemüts- und Persönlichkeitsentfaltung. Zu starke Mutter- oder Vaterbindung (↑Eltern-Kind-Beziehung) z.B. sind negative Verhältnisse wechselseitiger Abhängigkeit durch den Verlust der persönlichen Entscheidungsfreiheit. – Die sich während einer Psychotherapie ergebende (positive oder negative) *Affektbindung* an den behandelnden Therapeuten oder Arzt wird als ↑Übertragung bezeichnet, die gegen Ende der Behandlung wieder gelöst werden muß. – ↑Ablösung.

Binet-Simon-Test: der erste als brauchbar erachtete ↑Intelligenztest in der Geschichte der Intelligenzmessung. Er wurde 1905 im Auftrag des frz. Unterrichtsministeriums von A. BINET und T. SIMON zum Zweck der Überweisung sog. schwachbegabter Kinder in Sonderschulen entwickelt. Weitere Versionen wurden 1908 und 1911 veröffentlicht. In der entscheidenden Revision von 1908 wurde das *Staffelprinzip* eingeführt. Die Aufgaben eines Tests, die zu $^2/_3$ bis $^3/_4$ von Kindern eines bestimmten Lebensalters richtig, von jüngeren Kindern dagegen meist falsch und von älteren Kindern fast immer richtig gelöst werden, wurden jetzt zu alterstypischen *Teststaffeln* gruppiert. Als Maß für die Intelligenz wurde aufgrund der Anzahl der richtig gelösten Aufgaben zunächst das Intelligenzalter (IA) eines Kindes, später dann, auf Vorschlag von W. STERN, ein ↑Intelligenzquotient in Form der Division des ↑Intelligenzalters durch das Lebensalter (LA) berechnet. Dieses Vorgehen erwies sich jedoch als testtheoretisch problematisch (↑Testtheorie). – Der B.-S.-T. ist in zahlreiche Sprachen übersetzt worden. In vielen Ländern ist er in entsprechenden Revisionen noch heute in Gebrauch.

Bioenergetik: Körpertherapie zur Befreiung unterdrückten Selbstausdrucks und unterdrückter Emotionen mit Hilfe von Aktivitätsübungen (Atem, Haltung, Bewegung). Auf der Grundlage der »Orgontherapie« von W. REICH entwickelte A. LOWEN ein stufenförmiges Verfahren, das mit Entspannungsübungen muskuläre Verkrampfungen im Körper des Klienten lösen soll, weiterführend zu einer gebesserten Form des emotionalen Selbstausdrucks anleitet und damit dem Klienten ermöglicht, sich angstfrei mit seiner Vergangenheit, seinem Alltag und seiner Zukunft auseinanderzusetzen. Basis ist die Auffassung der individuellen Charakterstruktur als psychosomatisches Reaktionsmuster; demnach prägen sich traumatisierende Erfahrungen und unterdrückte Emotionen auch in Körper, Haltung und Gewohnheiten des Klienten aus. Diese Strukturen können gelöst werden, wenn sie zunächst bewußt gemacht werden, um sie dann bewußt zu verändern.

Biofeedback-Methode (Feedbacktherapie): Unter dieser vergleichsweise neuen psychotherapeutischen Variante (↑auch Psychobiologie) versteht man suggestive Verfahren zur Kontrolle autonomer Körperfunktionen. Es handelt sich dabei um die Rückmeldung von Körperfunktionen, die der Mensch sonst kaum wahrnimmt, z.B. Blutdruck, Herzfrequenz, Hirnwellen. Die Rückmeldung geschieht über Apparate, an denen der Patient seine Funktionen ablesen und entsprechend beeinflussen kann; akustische oder optische Signale zeigen den Erfolg an.

Klinische Bedeutung haben bislang das *muskuläre* und das *respiratorische Biofeedback* erlangt. Muskelfeedback ist z.B. wirksam bei Migräne, bei neurogenen Lähmungen oder bei der Beherrschung des Schließmuskels des Dickdarms.

biogenetisches Grundgesetz: von dem dt. Zoologen und Philosophen E. HAECKEL vertretene, heute nur noch für bedingt gültig gehaltene Theorie, nach der die Individualentwicklung eines Lebewesens (↑Ontogenese) eine Wiederholung der Stammesentwicklung (↑Phylogenese) darstellt.

biographische Methode: psychodiagnostisches Verfahren, das darauf abzielt, die gegenwärtige Lebenssituation eines Menschen zu erhellen und von der Erklärung *gegenwärtiger* eventuell zur Vorhersage *künftiger* Erlebens- und Verhaltensweisen zu gelangen, und zwar aufgrund der Kenntnis zeitlich zurückliegender Verhaltensweisen. Die b.M. bedient sich v.a. explorativer Techniken (↑Exploration) und der aus ↑Tests gewonnenen Informationen. – ↑auch Anamnese.

Bioklimatologie: Wissenschaft, die die Wirkung von Klima- bzw. Wetterveränderungen auf den Menschen (z.T. auch auf Tiere und Pflanzen) untersucht. – ↑auch Wetterfühligkeit.

Biologische Psychiatrie ↑Psychiatrie.

Biologische Psychologie svw. ↑Psychobiologie.

biologische Uhr ↑zirkadiane Rhythmik.

Bionik: angewandte Wissenschaft, die technische (v.a. elektronische) Probleme nach dem Vorbild biologischer Funktionen zu lösen versucht.

Biorhythmus ↑zirkadiane Rhythmik.

Bisexualität: das Nebeneinanderbestehen von hetero- und homosexuellen Neigungen und Beziehungen, d.h. von sexuellen Antrieben und Handlungen, zu bzw. mit Frauen *und* Männern, ohne deutliche Bevorzugung eines Geschlechts. Die klassische Psychoanalyse nimmt eine sog. prinzipielle B. des Menschen an; bis etwa Ende der Pubertät stellt sie die Regel dar, bei Erwachsenen ist sie, verglichen mit der Zahl vorwiegend heterosexuell bzw. homosexuell Orientierter, hingegen deutlich seltener.

bit: Abk. für ↑binary digit.

Black box: in *Kybernetik* und *Regelungstechnik* ein abgrenzbarer, seiner Funktionsweise nach unbekannter Teil eines

B

Systems, den man auf den Zusammenhang von Eingangs- (Input) und Ausgangsinformationen (Output) hin untersucht.

Der von J. B. WATSON begründete ↑Behaviorismus verstand die *menschliche Psyche* als B. b. und war lange Zeit hindurch nur an den Inputs (den »Reizen«) und den Outputs (den »Reaktionen«), nicht aber an den eigentlichen seelischen Prozessen interessiert.

Blackout:

◆ in der *Medizin* zeitweiliger Ausfall des Sehvermögens unter der Einwirkung starker Beschleunigung oder bei Kreislaufstörungen.

◆ in der *Medizin* plötzlich auftretender, kurzzeitiger Verlust des Bewußtseins und/oder des Erinnerungsvermögens.

Blickfeld: Raum, der bei unbewegtem Kopf (d.h. bei alleiniger Bewegung der Augen) gerade noch scharf wahrgenommen werden kann.

Blickfeld

Im gemeinsamen Blickfeld von rechtem und linkem Auge befindet sich der Fixationspunkt beider Augen (+).

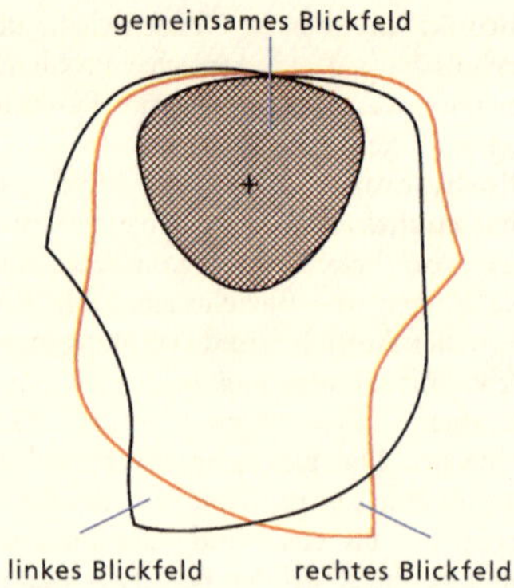

Blindenpsychologie: Anwendungsbereich der Psychologie, der sich mit der Wahrnehmungswelt Blinder und den durch die Blindheit bedingten psychologischen Besonderheiten befaßt. Die B. klärt auch Fragestellungen ab, die sich auf die Interaktion von Sehenden und Blinden beziehen. Für Blinde charakteristisch sind die stark ausgeprägten und besonders empfindlichen übrigen Sinnesqualitäten.

Das Intelligenzniveau blindgeborener Menschen scheint trotz reduzierter Erfahrensmöglichkeiten nicht wesentlich von dem der sehenden Menschen abzuweichen. Die Intelligenzstruktur der Blinden ist jedoch möglicherweise eine andere als die der Sehenden.

Blindversuch:

◆ in der *Psychologie* ein Begutachtungsverfahren, bei dem der Beurteiler keinen Kontakt zur Untersuchungsperson hat. Er stützt sich vielmehr ausschließlich auf ihm zugänglich gemachte Tests, Verhaltensprotokolle, Zeichnungen und desgleichen.

◆ Experiment, bei dem im Hinblick auf eine eventuelle Verfälschung der Ergebnisse entweder die Versuchspersonen oder der Versuchsleiter über den Untersuchungsgegenstand im unklaren gelassen werden. So erhält bei der Erprobung neuer Psychopharmaka eine Gruppe von Patienten das betreffende (wirksame) Medikament, während der Kontrollgruppe ein in Form, Größe und Farbe gleiches, jedoch *unwirksames* Präparat *(Placebo)* verabreicht wird. Beiden Gruppen ist unbekannt, welche Substanz sie nun einnehmen; beim **Doppelblindversuch** weiß dies auch der behandelnde Arzt oder Psychologe nicht.

Blockierung: die Sperre bzw. ↑Hemmung des Wahrnehmens, Denkens, Fühlens, Wollens oder Verhaltens.

Blutschande ↑Inzest.

Borderline-Störungen ↑Psychosen.

Bradylalie: schleppende, buchstabierende Sprechweise, deren Ursache eine Störung der Sprechmechanik ist.

Brainstorming: Vorgehen, bei dem die beste Lösung für ein Problem durch Sammeln spontaner Einfälle von Mitgliedern einer Gruppe (z.B. Mitarbeiter) gesucht wird.

Brainwashing ↑Gehirnwäsche.

Broca-Zentrum: von dem französischen Arzt und Anthropologen P. Broca bei Patienten mit motorischer Aphasie entdecktes motorisches ↑Sprachzentrum im Stirnlappen des Großhirn.

Bulimarexie ↑Bulimia nervosa.

Bulimia nervosa (Bulimarexie): umgangssprachlich auch als Eß-Brech-Sucht oder Freß-Kotz-Sucht bezeichnete psychogene Eßstörung, die in den letzten Jahren von der Anorexia nervosa (↑Anorexie) abgegrenzt wird. Die B.n. ist gekennzeichnet durch regelrechte Eßanfälle, bei denen binnen kürzester Zeit gewaltige (meist kalorienreiche) Nahrungsmengen aufgenommen und anschließend durch selbst herbeigeführtes Erbrechen, in deutlich selteneren Fällen auch durch Mißbrauch von Stuhl oder Harn abführenden Mitteln, wieder ausgeschieden werden. Die B.n., der häufig extremes Übergewicht oder eine Anorexia nervosa vorausgehen, tritt überwiegend bei jungen Frauen auf, neueren Schätzungen zufolge bei 2 bis 4% aller Frauen zwischen dem 18. und 35. Lebensjahr.

Als *Ursachen* werden Persönlichkeitsfaktoren, familiäre sowie genetisch-konstitutionelle Einflüsse in Betracht gezogen; für letztere spricht das gehäufte Auftreten affektiver Erkrankungen in den betroffenen Familien.

Die *Behandlung* der B.n. erfolgt (wie bei der Anorexia nervosa) im wesentlichen mit psychotherapeutischen Mitteln, wobei die Patient(inn)en die Behandlung in noch stärkerem Maße unterlaufen (etwa durch Mißbrauch von Abführmitteln oder unbeobachtetes Erbrechen). Die *Prognose* ist insgesamt eher schlecht, oft besteht die Symptomatik trotz Therapie jahrelang fort oder verlagert sich auf andere psychosomatische Erkrankungen.

Bulimie (Heißhunger, Eßsucht, Freßsucht): Symptom organischer oder psychischer Ursache (z.B. als Leitsymptom der ↑Bulimia nervosa). – ↑auch psychogene Eßstörungen.

C

Carpenter-Effekt: eine nach dem britischen Physiologen und Zoologen W. B. Carpenter benannte Erscheinung, wonach durch die Wahrnehmung (oder auch schon durch die bloße Vorstellung) irgendwelcher Bewegungen sog. Tonusverlagerungen in der Muskulatur des jeweiligen Individuums ausgelöst werden, die zum (wenigstens ansatzweisen) Mitvollzug der gleichen Bewegungen führen, ohne daß dieser bewußt gewollt wird. Im ↑Ideorealgesetz fand der C.-E. seine Erweiterung.

Case-study ↑Fallstudie.

Casework (Einzelfallhilfe): Der Begriff C., eine der klassischen Methoden in der Sozialpädagogik und Sozialarbeit, kennzeichnet jene Prinzipien, nach denen eine Person oder Familie nach vorausgegangener Diagnose bestimmte Hilfen (etwa Beratung oder Betreuung) zur Bewältigung ihrer spezifischen Probleme erhält.

Cerebrum svw. ↑Gehirn.

Chancengleichheit: politischer Begriff, der das Recht auf gleiche Ausgangsbedingungen für die einzelnen Glieder von Staat und Gesellschaft bei der Entfaltung ihrer unterschiedlichen Fähigkeiten und Interessen bezeichnet. Neben der Gleichstellung aller Bürger vor dem Gesetz fordert C. für alle Mitglieder der Gesellschaft gleiche Startbedingungen bei der Entfaltung ihrer Persönlichkeitsrechte und der Wahrnehmung ihrer Lebenschancen. Das Gebot der C. gilt nicht allein der individuellen Emanzipation und der sozialen Gerechtigkeit für den einzelnen, sondern auch für die Entfaltungsmöglichkeiten von Gruppen und Organisationen. Im Sinne der modernen Verfassungsidee sind Verstöße gegen die C., z.B. die Diskriminierung einzelner Menschen oder/und Menschengruppen (etwa nach Geschlecht, Rasse oder Religion), verboten. *Gradmesser* (»Indikatoren«) für den tatsächlichen Stand der C.

C

Chancengleichheit

v.a. in einer hochentwickelten Industriegesellschaft sind u.a. die allgemeine Wirksamkeit der Bürgerrechte (z.B. die Realisierung der Gleichberechtigung von Mann und Frau), der Zugang zu den Bildungseinrichtungen für alle (z.B. für Angehörige wirtschaftlich schlechter gestellter Gruppen, etwa »Arbeiterkinder«), der allgemeine Zustand der menschlichen Arbeits- und Wohnbedingungen sowie die Umweltqualität.

Die Forderung nach Verwirklichung des im Grundgesetz festgeschriebenen Gebots der C. im Bildungswesen wurde in der BR Deutschland Mitte der sechziger Jahre formuliert: Soziale Herkunft und – hiermit häufig verbunden – unterschiedliche finanzielle Ausstattung dürften nicht über den Bildungsweg und damit über berufliche und soziale Lebenschancen entscheiden. Aus dem statistisch erfaßten Bildungsgefälle und der (unbestrittenen) im Schnitt unterschiedlichen schulischen Leistungsfähigkeit von Kindern verschiedener sozialer Herkunft wurde abgelesen, daß sich »unterprivilegierte« und »privilegierte« Gruppen der Gesellschaft gegenüberstehen. Daher erhob sich die Forderung, die benachteiligten Gruppen müßten durch geeignete Fördermaßnahmen gleichgestellt werden. Während die einen unter C. »gleichen Zugang zu Bildungsinstitutionen jenseits der Schulpflichtgrenze für alle Kinder mit gleichen gemessenen Fähigkeiten, unabhängig von Geschlecht, Rasse, Wohnort, sozialer Herkunft« und weiteren Kriterien verstanden, sahen andere die C. erst dann erreicht, wenn in allen Bildungsgängen der prozentual gleiche Anteil der verschiedenen sozialen Gruppen entsprechend ihrem Anteil an der Bevölkerung vertreten sei.

Als wesentlich für die Annahme von Bildungsangeboten gilt in erster Linie die Bereitschaft zur Nutzung der angebotenen Sozialchancen, die nach bildungssoziologischen Untersuchungen im Zusammenhang mit bestimmten sozialen Faktoren unterdurchschnittlich gering ist: Herkunft aus der Arbeiterschicht oder aus ländlichen, stark konfessionell geprägten Kreisen oder traditionelles weibliches Rollenbild. Außerdem wurden als weitere »Bildungsbarrieren« besonders das geringere Sprachvermögen und Verhaltensprägungen von Unterschichtgruppen untersucht. – Bildungs-

politische und schulreformatorische Maßnahmen zum Chancenausgleich wurden geplant und vielfach auch durchgeführt, u.a.: Ausbau der Vorschule, kompensatorische Erziehung, Ganztagsschulen, Curriculum- und Lehrplanrevision, Gesamtschulen und -hochschulen, Ausbildungsförderung (»BAföG«), zweiter Bildungsweg und Begabtenförderung.
Die planerischen Maßnahmen im Sinne der C. werden insbesondere kritisiert unter Hinweis auf die in der Intelligenzforschung (C. Jencks, H. J. Eysenck) gegenüber Umwelteinflüssen wieder verstärkt hervorgehobene Bedeutung von Intelligenz und Begabung, oft verbunden mit der traditionellen Forderung nach Eliteschulen (Gymnasien). Zusätzlich wird auf den begrenzten volkswirtschaftlichen Bedarf an Akademikern und die geringen Ausbildungskapazitäten der Hochschulen hingewiesen. Die zugrundeliegende Frage nach dem Verhältnis von Anlage und Umwelt (↑Anlage-Umwelt-Problematik) muß als wissenschaftlich unbeantwortet oder unbeantwortbar gelten.
Die seit den achtziger Jahren durch wirtschaftliche Faktoren und auch durch die in den Schulen nachrückenden geburtenschwachen Jahrgänge bedingte zunehmende Arbeitslosigkeit von Lehrern (wie auch in einigen anderen akademischen Berufen) hat Auswirkungen auf die Art und Weise der Ausbildung von Abiturienten, die entweder statt des Hochschulstudiums kürzere qualifizierende Ausbildungsgänge im Bereich von Handel und Wirtschaft wählen oder erst eine solche »sichere« Ausbildung anstreben und danach doch noch studieren. Dadurch haben sich die beruflichen Chancen der Realschulabgänger vermindert. Gesellschaftspolitischen Forderungen folgend, wurden z.T. vielfach über den eigenen Bedarf der Betriebe hinaus Ausbildungsplätze bereitgestellt. Viele Ausgebildete können dann jedoch keinen oder keinen angemessenen Arbeitsplatz finden. In diesem Zusammenhang wie auch in einer veränderten politischen Landschaft ist die Forderung der C. zugunsten zweier anderer Forderungen in der öffentlichen Diskussion und in der Bildungs- und Gesellschaftspolitik in den Hintergrund getreten: Als vorrangig gelten nun der Abbau der Jugendarbeitslosigkeit und die wirkungsvolle Förderung der Hochbegabten.

Charakter: die Struktur ererbter Anlagen sowie erworbener Einstellungen und Strebungen, die nach außen als relative Stetigkeit von Verhaltensmustern die individuelle Eigenart eines Menschen im Unterschied zu anderen Menschen bestimmt. – In *normativer* oder *ethischer* Bedeutung meint Ch. die Spezifität eines Menschen in bezug auf sein sittliches Wollen und Handeln, wie sie in einem konstanten, allen Umwelteinflüssen widerstehenden Grundzug einheitlichen, konsequenten, selbständigen und verantwortungsbewußten Verhaltens zum Ausdruck kommt.

Charaktererziehung (Charakterbildung, Persönlichkeitserziehung, Persönlichkeitsbildung): Sie bezieht sich nicht auf intellektuelle Fähigkeiten oder professionelle Tätigkeiten, sondern auf das zwischenmenschliche sittliche (moralische) oder auch gesellschaftliche (soziale bzw. politische) Verhalten. Ch. muß der jeweiligen Entwicklungsreife angepaßt sein. Mögliche Formen der Ch. sind: 1. die Setzung bestimmter Normen, die das Kind bzw. der Schüler in absolutem Gehorsam zu erfüllen hat, wobei ihm der Erzieher als Vorbild dient; 2. Bewahrung und Entwicklung der kindlich-jugendlichen individuellen Eigenart durch Vermittlung von Einsicht in bestimmte Erfordernisse; 3. selbständiges Lernen und Beachten von bestimmten Verhaltensweisen durch eigenverantwortlichen Umgang Heranwachsender bzw. Jugendlicher miteinander (wird besonders durch soziale Unterrichtsformen gefördert).

Charakterkunde (Charakterologie): Die Ch. stellt sich die Aufgabe, Erscheinungsformen des Charakters als einzel-

C

menschliche und gruppenmäßige Ausprägung zu beschreiben, charakterliche Einzelfunktionen zu erfassen, den Zusammenhang zwischen Körperbau und Charakter (↑Konstitution) aufzuzeigen, Konstanz und Entwicklung von Charakterzügen nachzuzeichnen, einen strukturellen Aufbau des Charakters zu entwerfen, die Grundzüge einer sog. Charakterdiagnostik zu erarbeiten, Charakterstörungen auf ihre ursächliche Herkunft hin zu untersuchen und Wege zu deren Verhütung aufzuzeigen. Den zeitlichen Anfang der dt. Ch. bestimmte die Erforschung des Charakteraufbaus. Der dt. Philosoph und Psychologe L. KLAGES gliederte den Charakter nach sog. stofflichen Eigenschaften (z.B. Fähigkeiten wie Intelligenz, Gedächtnis, Wille), nach Artungseigenschaften, die die Richtung von menschlichen Strebungen anzeigen (z.B. Güte, Mitleid, Ehrgeiz), und Gefügeeigenschaften, in denen sich ein Mehr oder Weniger an Antrieb oder Hemmung manifestiert (z.B. Ablenkbarkeit, Wortkargheit, Temperament, Gehemmtheit). Die jeweilige Eigenschaftsausstattung eines Menschen bestimmt somit das Gesamtbild des Charakters (harmonisch, widerspruchsvoll, reif, labil u.a.) und die Charakterhaltung (höflich, frech, derb, schüchtern u.a.). Unberücksichtigt blieb jedoch hierbei die von der ursprünglichen Anlage und den Umwelteinflüssen bestimmte *Charakterentwicklung.* Sie wurde erst später thematisiert (Person als Prozeß), wodurch auch die Frage nach dem Verhältnis von Anlage (↑Anlagen) und Umwelt gestellt war, die zu empirischen Untersuchungen über den Einfluß der Anlage- und Umweltfaktoren auf den Charakter anregte.

Zunächst suchte jedoch die wissenschaftliche Psychologie, das Vorfeld des individuellen Charakters durch die Herausarbeitung von Typen (↑Typus, ↑Typologie) abzusichern. Erneute Aktualität gewann die Frage nach dem Aufbau des Charakters durch die ↑Schichtenlehre. Inzwischen haben jedoch die angloamerikan. ↑Persönlichkeitsforschung und die bereits um 1900 von W. STERN konzipierte ↑Differentielle Psychologie weitgehend die Nachfolge der Ch. angetreten. Für die empirische Psychologie ist die Ch. nur noch von historischer Bedeutung.

Charakterneurose (Kernneurose): psychoanalytische Bez. für eine Form der Persönlichkeitsstörung, die sich im Sinne einer Reaktion auf unbewußte infantile Wünsche herausbildet, wobei weniger neurotische Symptome als vielmehr eine Veränderung der gesamten Persönlichkeitsstruktur im Vordergrund stehen.

Charakterologie ↑Charakterkunde.

Charisma: die besondere Eigenschaft, die Personen aufgrund vermeintlich nichtalltäglicher bzw. anderen Menschen unzugänglicher Fähigkeiten bzw. Kräfte oder aufgrund angenommener Verbindungen mit übernatürlichen, eventuell sogar schicksalsbestimmenden Gewalten zugesprochen wird und sie dadurch bei ihren Mitmenschen als sozusagen begnadet und v.a. für Führungsrollen prädestiniert erscheinen läßt. Die Forschungsergebnisse der modernen Sozialpsychologie vermögen jedoch nicht zu belegen, daß es »geborene Führer« gibt, die unabhängig von einer vorgegebenen Gruppenstruktur und von den Erwartungen der Geführten ihre Stellung in der Gruppe, Sippe oder in einem Volk einnehmen könnten.

Cheirologie ↑Chirologie.

chemische Sinne: Der Mensch und die meisten Tiere sind in der Lage, chemische Reize (v.a. Geruchs- oder Geschmacksreize) mit Hilfe spezialisierter Sinneszellen, der Chemorezeptoren, aufzunehmen. Die durch die chemischen Reize veranlaßte Erregung wird zum Gehirn weitergeleitet; dort wird die entsprechende Sinnesempfindung bewirkt. Die in Sinnesknospen oder Sinnesepithelien gruppenweise zusammengefaßten chemischen Sinne bilden besondere Organe. – ↑Riechen, ↑Schmecken.

Chemorezeptoren: Sinneszellen oder molekulare Strukturen, die Geruchs-,

Geschmacks- u.a. chemische Reize wahrnehmen. – Die Erregung des Rezeptors erfolgt nach der Bindung eines »passenden« Moleküls an eine bestimmte Molekülstruktur der Rezeptorzelle. Die Gestaltsänderung des Rezeptormoleküls löst einen Verstärkungsmechanismus aus, der zur Entstehung eines *Rezeptorpotentials* führt.

Child guidance: in Großbritannien und den USA entwickeltes interdisziplinäres Vorgehen zur Diagnostik und Therapie kindlicher Verhaltens-, Leistungs- und psychosomatisch bedingter Störungen sowie zur begleitenden Beratung der Eltern.

Child guidance clinic: v.a. in Großbritannien (dort schon vor 1945) und in den USA entstandene schulische und außerschulische Einrichtungen in öffentlicher oder privater Trägerschaft, die der Erziehungsberatung und der Behebung von Lernstörungen oder Erziehungsschwierigkeiten bei Kindern dienen. Kennzeichnend für eine Ch.g.c. ist die Teamarbeit von Ärzten, Psychologen bzw. Psychotherapeuten, anderen Therapeuten, Sozialarbeitern und Betreuungspersonal.

Chi-Quadrat-Test: ein häufig angewandtes statistisches Verfahren (↑Statistik), mit dessen Hilfe z.B. Häufigkeitsunterschiede bei mehrklassigen qualitativen Merkmalen auf Signifikanz geprüft werden können. Mit dem Ch.-Qu.-T. läßt sich auch prüfen, ob eine gegebene empirische Verteilung mit einer erwarteten theoretischen Verteilung hinreichend genau beschrieben werden kann.

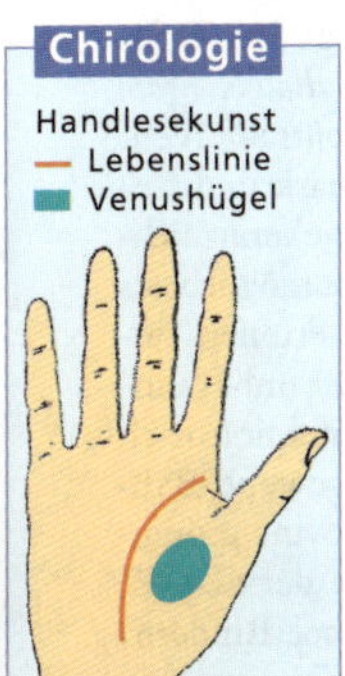

Chirognomie ↑Chirologie.

Chirologie (Cheirologie):

◆ auch als Chirognomie, Chiromantie oder Handlesekunst bezeichnete, umstrittene Lehre von der Deutung der Handlinien, die Ausdruck innerer Wesensmerkmale sein sollen. Der Daumen gilt als Verkörperung des Ich, der kleine Finger als Entsprechung der Umweltbeziehungen, der Venusberg als Symbol der Triebsphäre, die Lebenslinie als Zeichen der Vitalität und ihrer Entwicklungsphasen.

◆ svw. ↑Fingerzeichensprache.

Chiromantie ↑Chirologie.

Choleriker ↑Temperament.

Chronobiologie ↑zirkadiane Rhythmik.

Chunking ↑Gedächtnis.

Clairvoyance ↑Hellsehen.

clean: aus dem Englischen übernommene Bezeichnung für die Tatsache, nach einem Entzug und/oder einer Therapie nicht mehr von Drogen abhängig zu sein. – ↑Drogenabhängigkeit.

Client-centered therapy svw. ↑Gesprächspsychotherapie.

Clusteranalyse: Bei der C. werden einzelne Meßwertkombinationen schrittweise so zu Gruppen zusammengefaßt, daß sich diese »Cluster« einerseits gut voneinander unterscheiden lassen und andererseits eine im Sinne der jeweiligen Fragestellung befriedigende Reduktion der umfangreichen Ausgangsdaten ergeben. Die Meßwerte werden so zusammengefaßt, daß eine als **Fehlerwert** bezeichnete Beurteilungsgröße bei jeder Zusammenfassung möglichst niedrig bleibt. Umgekehrt erlaubt der Verlauf des Fehlerwertes die Identifizierung sinnvoller Gruppierungen.

Als ein der ↑Faktorenanalyse – zumindest hinsichtlich beider Zielsetzung – verwandtes Verfahren stellt die C. aufgrund ihrer geringeren Voraussetzungen gegenüber jener eine wichtige methodische Alternative dar.

CMI: Abk. für ↑**c**omputer **m**anaged **in**struction.

Code ↑Information.

Codierung (Kodierung, Verschlüsselung): die Umwandlung einer Nachricht (↑Information) in ein Signal nach vorher festgelegten Regeln; z.B. wird die Stärke eines auf ein Sinnesorgan einwirkenden

Reizes in die Frequenz der ablaufenden Aktionspotentiale verschlüsselt. – Der umgekehrte Vorgang einer C. wird **Decodierung** (Dekodierung, Entschlüsselung) genannt.

Compliance: die Bereitschaft eines Patienten, bei erforderlichen diagnostischen oder therapeutischen Maßnahmen zur möglichst effektiven Untersuchung bzw. Behandlung (etwa durch gewissenhafte Einnahme verordneter Medikamente oder die zuverlässige Befolgung entsprechender Anweisungen) beizutragen. Die C. ist von individuellen Faktoren (Persönlichkeit, Leidensdruck, eventuelle Vorerfahrungen) des Patienten, aber auch von der Arzt-Patient-Beziehung sowie den therapeutischen Erfordernissen abhängig und insbesondere bei geistig verwirrten Patienten (etwa auf unverzichtbare Medikation angewiesenen alten Menschen mit einer im fortgeschrittenen Stadium befindlichen ↑Demenz) oft nur schwer herstellbar.

computer aided instruction: englische Bezeichnung für ↑computerunterstützter Unterricht.

Computerbildung (engl.: computer literacy): Bezeichnung für ein Bildungsniveau oder -ziel, das Kenntnisse über Computer und deren Einsatzmöglichkeiten ebenso umfaßt wie die Fähigkeit, Computer im beruflichen oder privaten Bereich zu nutzen. Zur C. gehört ferner Wissen über die Auswirkungen der Informationstechnologien auf den Einzelnen wie auf die Gesellschaft.

Computerdiagnostik: die Verarbeitung von Informationen zum Zwecke der Diagnosefindung mittels Computern aufgrund bestimmter Diagnosemodelle.

computer literacy: englische Bezeichnung für ↑Computerbildung.

computer managed instruction (Abk.: CMI): eine Form des computerunterstützten Unterrichts. CMI kann im Deutschen etwa mit »Informationstechnik für die Unterrichtsorganisation« wiedergegeben werden und meint die Verwaltung von Lernergebnissen und -materialien der einzelnen Schüler bzw. Probanden, insbesondere beim Einsatz von Trainingssoftware, aber auch von reinen Testprogrammen.

computerunterstützter Unterricht (engl.: computer aided instruction): Unterrichtsform, bei der die Lehr- und Lernprozesse von Computern gesteuert werden. – ↑auch programmierter Unterricht.

Coping: Verhalten organisch kranker, behinderter oder auch psychisch kranker bzw. stark belasteter Menschen, um ihre jeweilige Beeinträchtigung zu bewältigen. Erfolgreichem, z.B. von Selbsthilfe- oder Angehörigengruppen gestütztem C. kommt bei vielen (insbes. chronischen) Erkrankungen entscheidende Bedeutung im Hinblick auf die Wiederherstellung bzw. Aufrechterhaltung der psychischen Stabilität der Betroffenen zu.

Cortex cerebri: lat. Bezeichnung für die Großhirnrinde (↑Gehirn).

Corti-Organ ↑Hören.

Covert-behavior: Mit diesem Begriff aus der Theorie des Behaviorismus werden alle Reizreaktionen bezeichnet, die nicht direkt beobachtbar sind bzw. erst mit Hilfe von Geräten festgestellt werden können (z.B. Blutdruckschwankungen, Pulsfrequenz, Drüsensekretion). – Ggs. ↑Overt-behavior.

Crack: ein Kokain enthaltendes synthetisches Rauschgift. – ↑auch Drogen.

Creutzfeldt-Jakob-Krankheit: nach den dt. Neurologen H. G. CREUTZFELDT und A. JAKOB benannte Krankheit, die durch degenerative Vorgänge im Großhirn, Kleinhirn, in der *Medulla oblongata* (einem Abschnitt des Zentralnervensystems zwischen Rückenmark und Gehirn) und im Rückenmark gekennzeichnet ist. Eine Vererbbarkeit ist möglich; als Krankheitserreger werden Prionen (infektiöse Proteine) oder bisher unbekannte Viren diskutiert. Eine Infektion nach dem Verzehr von Nervengewebe BSE-infizierter Rinder (BSE= bovine spongiforme Enzephalopathie, die der C.-J.-K. entsprechende Krankheit bei Rindern) erscheint möglich. – ↑auch Demenz.

Crowder-System: eine auf den Amerikaner N. A. Crowder zurückgehende Konzeption für den Aufbau von Lernprogrammen. Crowder nahm an, daß auch Fehler im Lernprozeß einen positiven Stellenwert haben können, wozu Verzweigungen (auch Schleifen genannt) anregen sollen, die den Lernenden bei falschen Antworten mit Zusatzinformationen bedienen, welche die aufgetretenen Lernschwierigkeiten überwinden helfen sollen. – ↑auch programmierter Unterricht.

Culture- fair-Intelligenztests: Gruppe psychodiagnostischer Verfahren zur Messung der ↑Intelligenz, die den Anspruch erheben, intellektuelle Fähigkeiten weitgehend unabhängig von spezifischen kulturellen Gegebenheiten zu erfassen und deshalb Personen mit unterschiedlicher Schichtzugehörigkeit »fair« zu testen.

Culture-fair-Intelligenztest

(nach J.C. Raven). Eines der unten dargestellten Felder fehlt oben und muß dort eingesetzt werden.
Es handelt sich um Feld Nummer 5.

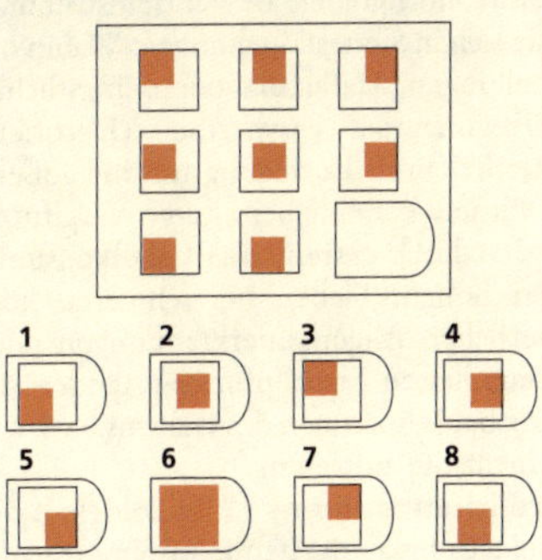

Curriculum: mit Hilfe psychologischer Methoden entwickeltes Lernprogramm, um festgelegte, möglichst konkret beschriebene und in eine sinnvolle Reihung gebrachte Lernziele zu erreichen, deren Beherrschung anhand von Tests überprüft werden kann. Zu einem vollständigen C. gehören auch die von der Sache wie vom Lernprozeß her erforderlichen Materialien (Lehr- und Lernmittel).

Man unterscheidet je nach Bedeutung und Schwierigkeit der Lernziele: *Basiscurricula* (für alle Schüler) und *Differenzierungscurricula* (für bestimmte Schülergruppen, zu deren Ausbildung die ihrer Qualifikation gemäßen Lerninhalte zusammengestellt werden).

Cyberspace ↑virtuelle Realität.

D

Daktylologie: Finger- und Gebärdensprache der Taubstummen und Gehörlosen.

Dämmerungssehen: das Sehen mit den dunkeladaptierten Augen (↑Hell-Dunkel-Adaptation).– ↑auch Sehen.

Dämmerzustand: traumähnlich herabgesetztes Bewußtseinsniveau von unterschiedlicher Dauer (Stunden oder Tage, selten länger anhaltend), bei welchem für den jeweils Betroffenen die bewußte Wahrnehmung der Außenwelt zwar nicht direkt aufgehoben, doch sehr eingeengt und getrübt ist. Die freie Entscheidungsfähigkeit muß hierbei als ausgeschaltet angesehen werden. Es ist möglich, daß der Zustand nach außen hin weitgehend unerkennbar bleibt; nicht selten zeigt er sich aber in emotionaler Erregtheit und Verwirrtheit, in ängstlicher Grundstimmung und in aggressivem Verhalten. Auch sinnlose triebhafte Handlungen, z.B. sexuelle Entgleisungen, Gewalttätigkeiten, Brandstiftung u.ä., kommen vor. Ihnen folgt meist Erinnerungslosigkeit (Amnesie). Ein D. kann u.a. durch Epilepsie oder durch einen Gehirntumor ausgelöst werden.

Der *hysterische D.* stellt eine Art Ausweichreaktion aus einer Konfliktsituation in eine Phantasiewelt dar.

Dampfkesseltheorie ↑Aggression.

Darstellungsfunktion: nach K. Bühler (↑Würzburger Schule) eine der drei grundlegenden Sprachfunktionen. Bühler unterschied zwischen Darstellungs-,

D

Ausdrucks- und Appellfunktion der Sprache. Die D. beruht auf der Zuordnung sprachlicher Zeichen zu den damit bezeichneten Objekten *(sigmatischer Aspekt)* und auf der Bedeutung, welche diese Zeichen besitzen *(semantischer Aspekt)*. Die D. soll v.a. begriffliches Denken ermöglichen. Sie fehlt in keiner sprachlichen Äußerung, dominiert aber in den wissenschaftlichen Sprachregelungen. Insgesamt stellt die D. für die menschliche Sprache den wichtigsten Aspekt dar.

Darwinismus: Bezeichnung für die von dem britischen Naturforscher C. DARWIN zur wissenschaftlichen Fundierung der ↑Deszendenztheorie entwickelte Theorie, nach der durch ↑Auslese (Selektion) diejenigen Individuen überleben, die am besten an die Umwelt angepaßt sind.

Daseinsanalytische Psychologie: die an der sog. Daseinsanalyse (in der Fundamentalontologie des Philosophen M. HEIDEGGER) orientierten Richtungen der Psychotherapie, die seelische Störungen als existentielle Störungen des menschlichen Daseinsvollzugs (Verstiegenheit, Verschrobenheit, Manieriertheit u.a., hinter denen die Angst lauert, mit dem Dasein nicht fertig zu werden) aufzuhellen und zu heilen versuchen. Eine D.P. wird speziell in V.E. FRANKLS ↑Existenzanalyse vertreten.

Daten: Sammelbezeichnung für alle Informationen mit charakteristischer Bedeutung. Durch die Anwendung statistischer Methoden können – heute meist mit Computerunterstützung – D. ausgewertet und in Merkmalszusammenhänge gebracht werden.

Daumenlutschen ↑Fingerlutschen.

Debilität ↑geistige Behinderung.

Decodierung ↑Codierung.

deduktives Denken: logisches Ableiten des Besonderen oder Einzelnen, z.B. eines konkreten Ereignisses, vom Allgemeinen, z.B. einem Gesetz. – Ggs. ↑induktives Denken.

Defekt: Ausfall körperlicher oder psychischer Funktionen mit der Folge von Störungen im Bereich des Bewußtseins, des Denkens oder des Handlungsvollzugs.

Defektologie: in den früheren sozialistischen Ländern (v.a. in der Sowjetunion, aber auch in Bulgarien, Jugoslawien, Rumänien und der Tschechoslowakei) praktizierte Disziplin, die sich mit den Besonderheiten der Entwicklung von Kindern mit physischen und psychischen Beeinträchtigungen (»Defekten«) und den Gesetzmäßigkeiten der Erziehung, Bildung und Förderung dieser Kinder beschäftigt(e).

deferred gratification pattern: in der sozialen Mittel- und Oberschicht häufiger als in der Unterschicht auftretendes Verhaltensmuster, bei dem die betreffende Person auf momentane Vorteile verzichtet, weil mit diesem Aufschieben die Chance auf später um so größere Belohnungen verbunden ist.

Déja-vu-Erlebnis: Erinnerungstäuschung aus der Gruppe der Paramnesien: Man meint, etwas früher schon einmal in genau derselben Weise wahrgenommen zu haben, wie man es gerade erlebt.

Delir: hochgradige Bewußtseinstrübung, die sich in Sinnestäuschungen, Wahnvorstellungen, Halluzinationen, ängstlicher Erregung und Verwirrtheit (Desorientiertheit) mit Bewegungsunruhe äußert. Delirien können bei akuter Vergiftung (z.B. durch extremen Alkoholkonsum), bei hohem Fieber, bei schweren körperlichen Allgemeinerkrankungen oder krankhaften Erschöpfungszuständen sowie bei Infektionen des Gehirns bzw. der Hirnhäute auftreten.

Delirium tremens (Alkoholdelir): die bei chronischem Alkoholmißbrauch auftretende, aber auch durch erzwungene Alkoholabstinenz *(Entziehungsdelir)* ausgelöste akute Alkoholpsychose. – ↑auch Delir.

Deltawellen ↑Elektroenzephalogramm.

Demenz: durch Hirnschädigung erworbene, meist irreparable und oft chronisch fortschreitende Minderung von Intelligenz, Gedächtnis und Auffassungsgabe,

Demenz

Anteile der vermutlichen Ursachen bei seniler Demenz in %
(Studie der Harvard-Universität, USA)

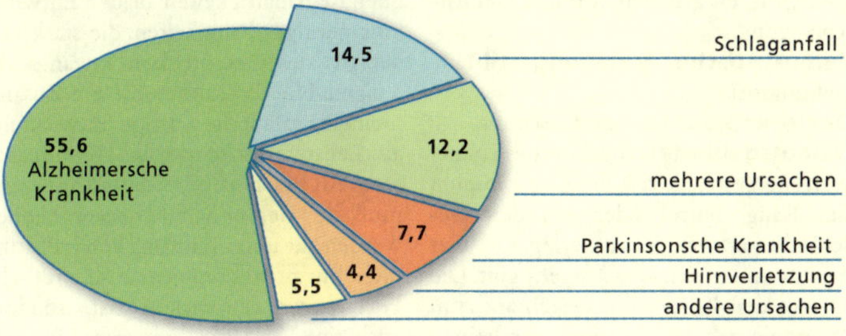

auch mit Persönlichkeitsveränderungen. Kennzeichen sind anfangs v.a. das Nachlassen des logischen Denkens, von Kritik- und Urteilsvermögen, Merkfähigkeit und Kurzzeitgedächtnis sowie der zeitlichen Orientierung. Im fortgeschrittenen Stadium sind auch das Langzeitgedächtnis und das räumliche Orientierungsvermögen sowie die Erkennung von Personen vermindert oder aufgehoben, teils kommt es zu Verwirrtheitszuständen; hinzutreten können allgemeine Antriebsverminderung, Störungen des Sozialverhaltens und Abstumpfung der Persönlichkeit.

Ursachen der D. sind v.a. chronische Vergiftungen (Alkoholdemenz), Stoffwechselstörungen, Ernährungsmängel, Infektionen (z.B. auch AIDS; sog. AIDS-D.), Hirnarteriosklerose, Hirngefäßerkrankungen und -gewebsveränderungen im Alter (senile D.). Die jeweilige Ausprägung der Symptome hängt von der Art und dem Grad der Hirnschädigung ab. Die Erforschung der D. sowie ihre Behandlung ist Gegenstand der Medizin allgemein sowie der Neurologie, Psychiatrie und Psychologie und hat mit dem Anwachsen des älteren Bevölkerungsanteils in den Industrieländern in den letzten Jahren zunehmend an Bedeutung gewonnen. Dabei ist die Ursache der zur senilen D. führenden Hirnschädigung noch nicht geklärt.

Einteilung der D. nach dem *Lebensalter: Dementia infantilis* und *Dementia praecocissima:* frühkindliche D., setzt um das 4. Lebensjahr ein, äußert sich in Sprachstörungen, auch Verlust des Sprachverständnisses, Bewegungsstereotypien, Charakterveränderungen; Ursache: Stoffwechselstörungen, Hirnerkrankungen; *präsenile D.:* vor dem Senium einsetzende D., umfaßt mehrere Krankheiten unterschiedlicher Ursache (↑Alzheimersche Krankheit, ↑Creutzfeldt-Jakob-Krankheit, ↑Picksche Krankheit); *Dementia senilis (senile D.):* ab dem 7. Lebensjahrzehnt eine besonders häufige Form der D. unterschiedlicher Ursache, oft verbunden mit schlechtem gesundheitlichen Allgemeinzustand. – Der von E. KRAEPELIN geprägte Begriff *Dementia praecox* bezeichnete ursprünglich eine Gruppe von ↑Psychosen, die vorwiegend im Jugendalter auftreten und rasch zur D. führen. Er wurde auch auf andere Psychosen (Hebephrenie, Katatonie, Paranoia) ausgedehnt und von E. BLEULER durch den Begriff ↑Schizophrenie ersetzt.

Einteilung der D. nach den *Ursachen: Dementia alcoholica (Alkohol-D.):* bleibende Hirnschädigung, bedingt durch chronische Alkoholabhängigkeit (↑Korsakow-Syndrom); *Dementia arteriosclerotica:* Persönlichkeitsabbau bei Hirnarteriosklerose; *Dementia epileptica:* D. infolge von Epilepsie; *Dementia paralytica:* Persönlichkeits- und intellektueller Abbau bei Paralyse; *Dementia polysclerotica:* D. bei multipler Sklerose; *Dementia pugilistica (Boxer-D.):* Intelligenzdefekt durch Gehirnschädigung.

demokratischer Erziehungsstil ↑Erziehungsstil.

Demoskopie ↑Meinungsforschung.

Demutsgebärde: angeborene Unterwerfungsgeste, die z.B. bei Zweikämpfen um Rang, Futter oder um den Geschlechtspartner das unterlegene Tier zeigt, wenn es sich »geschlagen« gibt. Die D. läßt den Körper, im Gegensatz zum ↑Imponiergehabe, kleiner erscheinen und führt oft zur Darbietung leicht verwundbarer Stellen, wodurch bei wehrhaften Tieren (derselben Art) meist eine sog. Tötungshemmung ausgelöst wird; die D. hindert also den Sieger daran, den Besiegten zu töten, und wirkt somit auch arterhaltend.

Dendriten: die kurzen, stark verzweigten Fortsätze der ↑Nervenzelle.

Denken: Bezeichnung für die Fähigkeit von Individuen, durch inneres Probehandeln reale Erfahrungen vorwegzunehmen. Das D. dient somit einer vor dem offenen Handeln sich vollziehenden Orientierung und Anpassung an eben diese realen Sachverhalte, insbes. der Lösung von ↑Problemen. – ↑auch Denkentwicklung, ↑Denkerziehung.

Denkentwicklung: Kognitive Fähigkeiten entstehen auf der Grundlage einer individuell unterschiedlichen Anlage im Prozeß der Tätigkeit des Menschen, seiner Wechselbeziehung mit der Umwelt und stellen ihrerseits wesentliche subjektive Bedingungen dieser Tätigkeit dar. Mit dieser Festlegung sind extrem milieuoptimistische Positionen ebenso ausgeschlossen wie extrem milieupessimistische Perspektiven (↑Anlage-Umwelt-Problematik).

Kognitive Fähigkeiten, wie z.B. die Fähigkeit, Begriffe zu bilden oder Probleme zu lösen, äußern sich in geistigen Tätigkeiten, die bei Kindern und Jugendlichen unterschiedlichen Alters hinsichtlich ihrer *Qualität,* ihres *Niveaus* und ihres *Tempos* variieren. Analysen dieser geistigen Tätigkeiten führen zu Vorstellungen über Regelhaftigkeiten in der Entwicklung geistiger Fähigkeiten, die stark von der Art des theoretischen Zugangs abhängen. Eine Position in diesem Zusammenhang erfaßt die geistige Entwicklung als Leistungsfortschritt in ↑Intelligenztests. Als bes. einflußreich und anregend muß die ↑Genfer Schule hervorgehoben werden, die unter Führung von J. PIAGET nicht nur prozeßorientierte theoretische Perspektiven entwickelt hat, sondern auch eine Vielzahl empirischer Untersuchungen vorgelegt und veranlaßt hat.

Ein wesentlicher Teil der Arbeit PIAGETS kann als Strukturanalyse verstanden werden, die Verhalten beschreibt und Charakteristika angibt, die es gestatten, verschiedene *Entwicklungsstufen* voneinander zu unterscheiden. Diese Entwicklungsstufen sind das Stadium der sensomotorischen Intelligenz, die präoperative Stufe, das Stadium der konkreten Operationen und die Stufe der formalen Operationen. Der kennzeichnende Erkenntnismodus in der **sensomotorischen Stufe** der Intelligenz ist im wesentlichen an den Inhalt spezifischer Sinnesdaten oder motorischer Akte gebunden. Spätestens in der Mitte des zweiten Lebensjahres gelingt es den Kindern aber zunehmend, Handlungen zu verinnerlichen. Dies stellt den Übergang zum eigentlichen Denken und damit zu einem neuen Entwicklungsabschnitt dar.

Im **präoperativen Stadium** bildet sich zunächst die Fähigkeit zum symbolischen Denken nachhaltig aus. Handlungen und Gegenstände können jetzt durch Zeichen (Wort, Bild, Symbol) ersetzt werden. So wird Denken als Probehandeln immer besser möglich. Allerdings ist dieses Denken durch die Beschränkung des Handlungsfeldes (Zentrierung auf nur einen oder wenige Aspekte) und durch seine geringe Flexibilität, verbunden mit einem ausgeprägten Egozentrismus, noch nachhaltig limitiert.

Im Alter von 6–7 Jahren werden diese Beschränkungen überwunden. Das Denken der Kinder wird nun *operativ.* Die verinnerlichten Handlungsmöglichkeiten schließen sich zu Systemen zusammen. Diese zeichnen sich durch eine größere Flexibilität aus, weil sie zu jeder Handlung auch deren Umkehrhandlung enthalten *(Reversibilität).* Der Egozentrismus tritt ebenso zurück wie die Beschränkung der Handlungsfelder. Den Kindern fällt in diesem **Stadium der konkreten Operationen** die Bewältigung abstrakter Anforderungen noch schwer. Verbunden mit einem weiteren Anwachsen der Komplexität ihrer operativen Strukturen, gelingt dann ab etwa dem 11. Lebensjahr der Übergang in das **Stadium der formalen Operationen.**

PIAGET hat in inhaltlicher Hinsicht über diese Stadien hinweg die Entwicklung einer Vielzahl von Begriffen und Denkweisen der Kinder und Jugendlichen untersucht, so z.B. die Entwicklung des Zahlbegriffs, des Funktionsbegriffs, des Geschwindigkeitsbegriffs, der Vorstellungen über Raum, Zeit und Kausalität sowie die Invarianz des Volumens, die Entwicklung des moralischen Urteils. Während sich die *Struktur der Intelligenz* mit dem Alter der Kinder ändert, bleibt ihre *Funktion* gleich: Sie dient der Anpassung an die Bedingungen der Umwelt. Der Begriff Anpassung (Adaptation) meint dabei sowohl Anpassung des Organismus an die Umwelt als auch Anpassung der Umwelt an die Voraussetzungen des Organismus. Der erste Sachverhalt heißt bei PIAGET **Akkommodation**, der letztere **Assimilation.**

Eine Weiterentwicklung der schon ausgebildeten kognitiven Struktur tritt dann ein, wenn mit ihr die Anforderungen der Umwelt durch Assimilation nicht mehr bewältigt werden können und deshalb eine Akkommodation unausweichlich wird. Das vorher bestehende Gleichgewicht wurde gestört; es setzt ein **Äquilibrationsprozeß** ein, der zu einem neuen Gleichgewicht führt.

Neuere, an der Vorstellung des Denkens als *Informationsverarbeitung* orientierte Konzeptionen untersuchen die Entwicklung der ↑epistemischen Struktur und der ↑heuristischen Struktur (↑Denkpsychologie).

Denkerziehung: Es gibt grundsätzlich zwei Möglichkeiten zur Verbesserung der Problemlösefähigkeit beim Menschen. Die eine liegt darin, sein *Wissen* über bestimmte Bereiche der Realität zu *verbessern,* vorrangig durch Beeinflussung seiner ↑epistemischen Struktur, wobei der Schwerpunkt auf der Aneignung spezifischer Verfahren zur standardisierten Bewältigung von Problemsituationen liegt. Die andere Möglichkeit besteht in dem Versuch, die ↑heuristische Struktur positiv zu beeinflussen, d.h. in der *Vermittlung von Vorgehensweisen,* mit deren Hilfe in Problemsituationen geeignete Lösungen gesucht und gefunden werden können. Zur Verbesserung der heuristischen Struktur gibt es, ausgehend von neueren Erkenntnissen zur ↑Denkentwicklung, im wesentlichen drei Ansatzpunkte: das Übungstraining, das Taktiktraining und das Strategietraining.

Das **Übungstraining** besteht darin, die betreffende Person mit bestimmten Problemen zu konfrontieren und diese lösen zu lassen, in der Hoffnung, daß sich hierdurch die allgemeine Problemlösefähigkeit verbessert.

Unter **Taktiktraining (taktischem Training)** sind solche Vorgehensweisen zu verstehen, bei denen Teilprozesse komplexer Denkvollzüge erlernt oder geübt werden. Im Unterschied zum globalen, ungerichteten Übungstraining gilt das Taktiktraining also Informationsverarbeitungsprozessen, von denen man weiß oder zu wissen glaubt, daß sie wichtige Teile des Problemlösens darstellen.

Unter **Strategietraining (strategischem Training)** werden schließlich solche Beeinflussungen der heuristischen Struktur verstanden, bei denen in gezielter Form versucht wird, auf das gesamte Denken einzuwirken.

D

Denkpsychologie: Teildisziplin der Psychologie, die sich mit der Erforschung von Denkvorgängen befaßt. Denkpsychologische Forschungsergebnisse sind für die Pädagogik von großer Bedeutung, weil sie u. U. dazu beitragen, Probleme der ↑Denkerziehung besser bewältigen zu helfen.
Ein zentrales Anliegen der D. besteht darin, angemessene Modellvorstellungen über die Struktur des Intellekts zu entwickeln. In diesem Zusammenhang sind insbes. die Vorstellungen von J. P. GUILFORD bekannt geworden, dessen *Strukturmodell* drei Aspekte des Denkens berücksichtigt: Operationen, Inhalte und Produkte. Zu den ersteren zählen Prozesse beim konvergenten und beim divergenten Denken. Zum *konvergenten Denken* gehören Vorgänge, bei denen logische Schlußfolgerungen aus gegebenen Informationen gezogen werden, wobei diese, wie z.B. in der Mathematik, das Resultat vollständig vorherbestimmen. Unter *divergentem Denken* hingegen werden solche Produktionen verstanden, bei denen unterschiedliche und vielfältige Alternativen bei der Lösung von Problemen hervorgebracht werden. Insofern ist das divergente Denken weitgehend gleichbedeutend mit ↑Kreativität.
Beim *Inhaltsaspekt des Denkens* unterscheidet GUILFORD zwischen *figuralen* (konkreten, wahrgenommenen), *symbolischen* (Zeichen, Codeelemente wie Zahlen oder Buchstaben), *semantischen* (z.B. Begriffe) und *verhaltensmäßigen* (Informationen, die z.B. bei menschlichen Interaktionen anfallen, etwa Stimmungen, Absichten) Inhalten. Produkte des Denkens sind diejenigen Resultate, die die Ausgangsinformationen durch die Aktivitäten des Organismus bei der Verarbeitung annehmen.
Neuere Vorstellungen in der D. orientieren sich an der Vorstellung, daß Denken **Informationsverarbeitung** sei und es deshalb möglich sein müsse, die einzelnen Schritte beim Ablauf geistiger Operationen so genau zu beschreiben, daß man sie auch in einem anderen Medium als im Gehirn ablaufen lassen könnte. Dabei ist in erster Linie an Computersimulationen geistiger Prozesse zu denken, wie sie in der Kognitionspsychologie eine gewisse Rolle spielen.
In der Konzeption D. DÖRNERS spielt die *Theorie der zwei Ebenen* als Grundannahme über die Struktur des ↑kognitiven Apparates eine zentrale Rolle.

Denkstörungen: Störungen des Denkens, die sowohl bei schweren psychischen Erkrankungen (v.a. bei ↑Psychosen, dort insbesondere bei ↑Schizophrenie, sowie bei ↑Depression) als auch bei anderen Erkrankungen (z.B. beim ↑organischen Psychosyndrom oder nach Vergiftungen) auftreten können.
Man unterscheidet *formale D.* (Beschleunigung oder Verlangsamung der Denktätigkeit, Denkhemmung, Weitschweifigkeit, Zerfahrenheit, Ideenflucht, Konzentrationsstörungen) und *inhaltliche D.* (Vorherrschen fixer Ideen, Urteilsstörungen bezüglich der Realität, die bis zu wahnhaftem Denken reichen können).

Dependenzanalyse: Bezeichnung für empirische Untersuchungen zur Prüfung gesetzmäßiger oder quasi-gesetzmäßiger Zusammenhangsbehauptungen. Dabei werden die Variation einer oder mehrerer ↑abhängiger Variablen auf die Variation einer oder mehrerer ↑unabhängiger Variablen zurückgeführt. – Ggs. ↑Interdependenzanalyse.

Depersonalisation (Entpersönlichung): Zustand der Entfremdung einer Person gegenüber ihrem eigenen Ich und ihrer Umwelt. Die Handlungen und Erlebnisse des Betroffenen haben für diesen einen traumhaft-unwirklichen Charakter und werden nicht mehr auf die eigene Person bezogen, sondern wie aus einer Zuschauerrolle heraus beobachtet. Depersonalisationsphänomene treten bei psychischer Erschöpfung und in psychischen Krisen auf; in krankhafter Form sind sie auch bei bestimmten Neurosen und bei beginnender Schizophrenie feststellbar.

D

Depolarisation: Abnahme des Membranpotentials (↑Erregungsleitung) unter den Ruhewert *(Ruhepotential).* Erreicht die D. einen bestimmten Spannungswert *(Schwellenwert),* so wird ein ↑Aktionspotential ausgelöst.

Depression: ein Zustand von Traurigkeit, Hoffnungslosigkeit und Erregung oder Passivität, der Tage bis viele Wochen anhalten kann. Die Ausprägung dieses Zustandes reicht von depressiver Verstimmtheit bis zum depressiven Stupor (einer dumpfen Regungslosigkeit). Die möglichen *Ursachen* sind vielfältig. Häufig ist D. eine verständliche Reaktion auf schwere Verluste (Todesfälle, Trennungen), Mißerfolge oder Konflikte, deren Bedeutung nicht erkannt wird. In vielen Fällen gelingt eine Anpassung an die Veränderung aus eigener Kraft und mit Hilfe der sozialen Umwelt oder durch Psychotherapie.

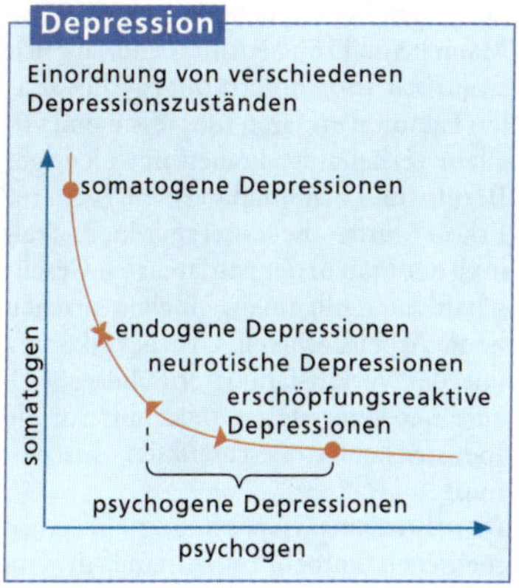

D. im *psychiatrischen* und *klinisch-psychologischen Sinne* ist ein anhaltender (auch zeitlich mit schwerer, jedoch normaler Trauerreaktion oder depressiven Phasen nicht gleichzusetzender) Zustand, der emotional, kognitiv, im Verhalten und körperlich erlebt wird. Kennzeichen sind extreme Niedergeschlagenheit, Reizbarkeit, z.T. mit Ängsten, Panikanfällen oder sogar der Unfähigkeit zu jeglicher Gefühlsreaktion, Konzentrations-, Aufmerksamkeits- und Gedächtnisstörungen. Das Denken ist verlangsamt; es kreist um die eigene Wertlosigkeit, häufig mit Schuldgefühlen und Selbstvorwürfen verbunden. Das Negative wird von der betroffenen Person überbewertet und auf sich selbst bezogen, das Positive wird unterbewertet und für vorübergehend, zufällig und untypisch gehalten. Läßt sich angesichts solcher und anderer Symptome nicht zwischen D. und ↑Schizophrenie entscheiden, wird eine »schizoaffektive Störung« diagnostiziert.

Körperlich und im Verhalten kann sich D. in Appetit- und Schlafstörungen sowie psychomotorischer Erregung oder Hemmung äußern; häufig treten andere Beschwerden (z.B. Kopfschmerzen, Verstopfung) hinzu. Bei schwerer D. kommt es zu Selbstmordgedanken und -versuchen, die in manchen Fällen zur Selbsttötung führen. Nebenmerkmale sind bei Kindern in der Vorpubertät starke Trennungsängste, bei Jugendlichen negativistisches Verhalten und sozialer Rückzug. Bei älteren Menschen mit depressiver Symptomatik muß besonders zwischen depressionsbedingter »Pseudo-Demenz« und organisch bedingter (echter) ↑Demenz unterschieden werden. – Die *»larvierte D.«* bezeichnet eine aus körperlichen Beschwerden bestehende D., die emotional nicht als solche empfunden wird und daher schwerer als D. zu erkennen ist.

In der Klassifizierung der D. nach ihren *Ursachen* unterscheidet die dt. Psychiatrie die *nichtpsychotische D.* und die *psychotische D.,* bei der es sich um eine primär körperlich bedingte Störung handelt, deren konkrete Ursache aber (noch) nicht bekannt ist. Depressive Psychosen gelten als *endogen,* wenn sie körperlich nicht begründbar sind (genetische und hormonelle Faktoren könnten eine Rolle spielen), als *exogen,* wenn sie hirnorganisch begründet sind. Die *reaktive D.* ist dagegen durch schwerwiegende Lebensereignisse verursacht, die *neurotische D.* steht in

D

Zusammenhang mit Lebensereignissen *und* verdrängten Konflikten. Im angelsächsischen Sprachraum werden die psychotische und die neurotische D. häufig als ein Kontinuum aufgefaßt; psychotisch beschreibt gegenüber nichtpsychotisch die Schwere der Symptomatik oder (qualitativ) die Störung des Realitätsbezugs des Patienten. Als endogen wird hier alles verstanden, was seine Ursache im Individuum hat: organische Faktoren und vermutete Erbfaktoren; eine exogene D. wird durch außerhalb des Körpers liegende Faktoren verursacht.

Manche früher übliche Kategorie findet sich nur noch in der Umgangssprache: Die **»Involutionsdepression«** (Rückentwicklungs-D.) ist eine angeblich organische und durch hormonelle Umstellungen bedingte D. in der Zeit der »Lebensmitte« und der Menopause, einer Zeit, in der D. jedoch erklärbar scheint als Reaktion auf soziale und familiäre Lebensveränderungen und (neue) körperliche Beschwerden.

Die Theorien suchen im wesentlichen nach psychologischen oder biochemischen Zusammenhängen. – Nach psychoanalytischer Auffassung ist eine D. gegen sich selbst gerichtete Wut. Der Verlust eines Liebesobjekts wird vom Depressiven dadurch ausgeglichen, daß er das Verlorene seinem Ich einverleibt. Gleichzeitig erfolgt eine Regression der gesamten ↑Libido, wobei die dem Liebesobjekt gegenüber auch empfundenen negativen Gefühle gegen das Einverleibte, also einen Teil des Ich, gerichtet werden. Im manischen Stadium wird das Liebesobjekt wieder ausgestoßen, die Libido nach außen gewendet. Da diese Prozesse unbewußt ablaufen, ist ihre Existenz allerdings kaum nachprüfbar.

Biochemische Theorien und Therapien gehen davon aus, daß sich bei vielen Depressiven zwei Arten von Neurotransmittern (Noradrenalin und Serotonin) in zu kleinen Mengen in bestimmten Nervenzellen finden. Dadurch ist die Nervenübertragung v.a. zwischen solchen neuroanatomischen Zentren beeinträchtigt, die mit emotionalen und motivationalen Prozessen in Zusammenhang gebracht werden. Durch medikamentöse Erhöhung oder Verringerung der Anzahl der Neurotransmitter kann die D. beeinflußt werden. Eine Kategorisierung der D., die die richtige Behandlung zuverlässig vorgibt, steht jedoch noch aus. – Die Behandlung der psychischen Ursachen der D. darf durch die Gabe depressionsmildernder Medikamente oder durch einen Klinikaufenthalt (der vor allem die Suizidgefahr verringert) nicht überflüssig und aufschiebbar erscheinen. Therapeutisch werden gelegentlich Schlafentzug sowie (heutzutage höchst selten) die ↑Elektrokrampftherapie eingesetzt.

Soziokulturell wird D. oft dem allgemeinen Verlust traditioneller Werte und zunehmenden Gefühlen der Sinnlosigkeit zugeschrieben, die angeblich die gesamte westliche Kultur durchdringen. Die Tatsache, daß Frauen doppelt so häufig wie Männer von D.en betroffen sind, läßt sich empirisch vornehmlich mit psychosozialen Faktoren erklären (depressiv sind vor allem verheiratete Frauen mit niedriger Berufs- und Schulbildung); ein weiterer Faktor dürfte die untergeordnete Stellung der Frau in der patriarchalen Gesellschaft sein. Allgemein gesehen machen heute Arbeitslosigkeit, Überbevölkerung und der Verlust familiärer Solidarität D. zu einer verbreiteten, nicht nur auf die Industrieländer beschränkten Erscheinung.

Deprivation: Bezeichnung für einen seelischen Entbehrungszustand, in dem triebgesteuerte oder erlernte Bedürfnisse infolge Mangel-, Verlust- oder Entzugssituationen nicht oder nur unzulänglich befriedigt werden können. Das Individuum versucht zunächst, diesen Zustand durch eigene Aktivität zu beenden, reagiert bei längerdauernder (z.B. bei Nahrungs-)D. jedoch mit zunehmend depressivem Verhalten.

Beobachtungen an Säuglingen, insbes. an Heimkindern und stationären Langzeitpatienten, belegen, daß es beim Fehlen einer frühen *Vertrauensbeziehung* zu festen Bezugspersonen (im allg. den Eltern) je nach Ausmaß und Dauer der fehlenden Zuwendung zu ähnlichen Störungen kommen kann: Die Kinder werden apathisch, neigen zu stereotypen Bewegungsabläufen (z.B. zu exzessivem Schaukeln), ziehen sich von ihrer Umwelt zurück (↑Autismus), weisen Verzögerungen bzw. Störungen der Sprachentwicklung auf, differenzieren nicht bei Kontaktaufnahmen und/oder können neurotische bzw. Persönlichkeitsstörungen ausbilden. – ↑auch Hospitalismus.

Desensibilisierung (systematische D.): Technik der ↑Verhaltenstherapie, die sich zum Abbau von unrealistischen Ängsten (Phobien), Ärger, Ekel, Hemmungen und Vermeidungsverhalten eignet. Im Wechsel mit Entspannungsübungen werden die Angst, Ekel usw. auslösenden Reize mit zunehmender Intensität dargeboten, wobei der Klient nach und nach immer weniger Ängste, Ekel usw. empfindet.

Designer-Drogen ↑Drogen.

Desintegration: von E. R. JAENSCH in die *Charakterkunde* eingeführte Bez. zur Typisierung eines Menschen, bei dem die seelisch-geistigen Funktionen nur wenig koordiniert und aufeinander abgestimmt sind *(D-Typus);* im Gegensatz zum integrierten Typus *(I-Typus),* der ein harmonisches und ausgeglichenes Wesen besitzt.

deskriptive Psychologie svw. ↑beschreibende Psychologie.

deskriptiver Behaviorismus ↑Behaviorismus.

deskriptives Konstrukt ↑Konstrukt.

deskriptive Statistik ↑Statistik.

Desorientierung: Unfähigkeit, sich räumlich, zeitlich sowie bezogen auf die eigene Person zurechtzufinden; Begleitsymptom v.a. bei Bewußtseinsstörungen, Demenz und Psychosen.

Desoxyribonukleinsäure (Abk.: DNS): Die DNS ist ein aus zwei Nukleinsäuresträngen bestehendes, spiralig gewundenes Riesenmolekül mit der Fähigkeit zur identischen Verdoppelung *(DNS-Replikation).* Sie ist der in allen Lebewesen vorhandene Träger der ↑genetischen Information.

Destruktionstrieb: nach S. FREUD (↑Psychoanalyse) Bestandteil des lebensfeindlichen seelischen Antriebs, der sich als Aggression oder Lust am Zerstören

Desensibilisierung

Schemadarstellung des Verlaufs und der Durchführung der systematischen Desensibilisierung

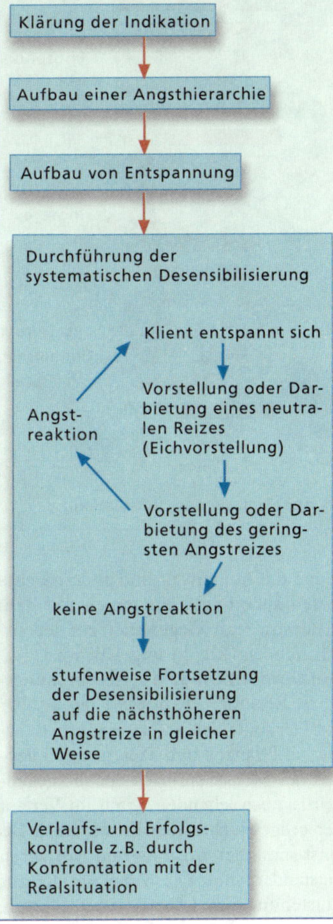

Desoxyribonukleinsäure

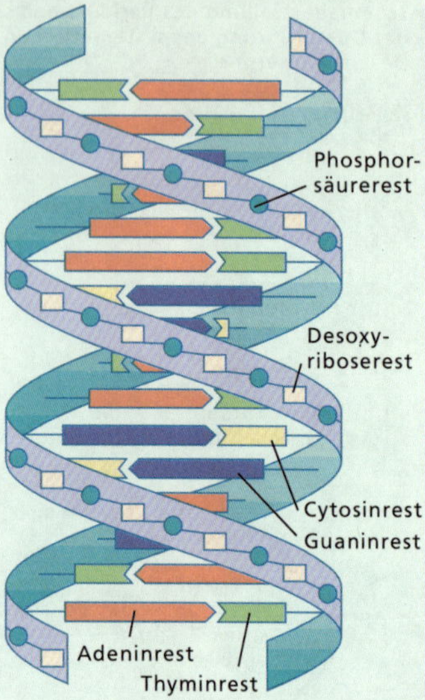

Doppelspirale des DNS-Moleküls

gegen die Außenwelt und andere Lebewesen äußert und zusammen mit dem ↑Todestrieb als Gegenkraft zur lebenserhaltenden ↑Libido aufgefaßt wird.

Deszendenztheorie (Abstammungslehre, Evolutionstheorie): Theorie über die Herkunft der unterschiedlichen Arten bei Pflanzen und Tieren, einschließlich des Menschen, nach der die gegenwärtig noch lebenden Arten im Verlauf der erdgeschichtlichen Entwicklung aus einst einfacher organisierten Vorfahren entstanden sind. Die Vorgänge die zur Entstehung des Lebens selbst führten, sind z.T. noch unklar. In einer *chemischen Evolution* bildeten sich wohl die wichtigsten Bausteine des Lebens, aus denen schließlich erste Zellen entstanden. Von ihnen leiten sich alle Lebewesen ab. Die D. wendet sich gegen die Vorstellung, daß die Arten in unveränderlicher Form durch einen göttlichen Schöpfungsakt »erschaffen« wurden.

Die Theorie einer kontinuierlichen Entwicklung der Organismen ist alt. Bei primitiven Völkern wird in Mythen und Sagen viel von der Verwandtschaft der Tiere untereinander erzählt. Auch in den Lehren der ionischen Naturphilosophen (ANAXIMANDER VON MILET, EMPEDOKLES, DEMOKRIT u.a.) und danach (z.B. bei ARISTOTELES, LUKREZ) sind Ansätze zu einem Abstammungsdenken vorhanden. Im christlichen Abendland dagegen war der biblische Schöpfungsglaube so fest verankert, daß der Gedanke an eine Deszendenz jahrhundertelang nicht ausgesprochen werden konnte. Dies änderte sich mit der Aufklärung.

Nachdem bereits bei F. BACON und R. DESCARTES Andeutungen über eine Evolution zu finden sind und J. RAY, allerdings noch sehr spekulativ, darüber schrieb, veröffentlichte B. DE MAILLET als erster eine Entwicklungslehre, nach der alle Lebewesen unserer Zeit durch Umbildungen entstandene Nachkommen einfacherer, aus dem Meer stammender Vorfahren sind. Von der 12. Auflage (1766) seines Hauptwerks »Systema naturae« an bezog dann C. VON LINNÉ erstmals auch den Menschen in seine Klassifikation mit ein und stellte ihn unter der Bez. *Homo sapiens* (vernünftiger, einsichtiger Mensch) in die Ordnung der Primaten – neben den Schimpansen, den Gorilla und den Orang-Utan. Eine ausführlich begründete Abstammungslehre verfaßte später E. DARWIN, der Großvater von C. DARWIN. Im Hinblick auf die Evolutionsfaktoren hat er einiges von dem vorweggenommen, was J.-B. DE LAMARCK in seiner »Philosophie zoologique« (1809) vorlegte (↑Lamarckismus). Noch entschiedener als LAMARCK vertrat É. G. SAINT-HILAIRE die Ideen der Evolution. Zur weitgehenden Anerkennung der D. führten allerdings erst die Forschungen und Publikationen C. DARWINS, bes. sein Buch »On the origin of species...« (1859), in dem er die Prinzipien der D. niedergelegt hat. Zuvor bezeichnete I. KANT die reale Evolution der

Organismen noch als »ein gewagtes Abenteuer der Vernunft«. Durch DARWIN wurde der Weg zu einem kausalen Verständnis des Evolutionsgeschehens bereitet und die Stammesgeschichte von teleologischer Interpretation befreit. Durch mannigfache Forschungsergebnisse aus Erdgeschichte, vergleichender Anatomie, Embryonalentwicklung, Genetik und Physiologie wird die D. heute nicht mehr in Frage gestellt. – ↑auch Anthropologie.

Determination: das Bedingtsein aller psychischen Phänomene durch genetische Faktoren, physiologische Einflüsse oder innerpsychische (z.B. motivationale) und soziale (z.B. milieubedingte) Gegebenheiten. – Als **Determinismus** werden jene wissenschaftlichen Positionen bezeichnet, die mehr oder minder doktrinär eine D. der genannten Art behaupten.

Determinationskoeffizient: Der D. bringt jenen Varianzanteil zum Ausdruck, der durch den Zusammenhang zwischen zwei Variablen begrenzt ist.

Über die rein statistische ↑Signifikanz von Untersuchungsergebnissen hinaus informieren D.en auch über die praktische Wichtigkeit der festgestellten Zusammenhänge. So beträgt im Mittel die Korrelation zwischen Intelligenztestleistungen und Maßen für die Schulleistung ungefähr 0,50. Dies bedeutet, daß ungefähr 25% der Schulleistungsvarianz durch die Varianz in den Intelligenztestleistungen erklärt werden können.

determinierende Tendenz: von N. K. ACH (↑Würzburger Schule) geprägter Begriff der Denk- und Willenspsychologie, wonach Denk- und Handlungsabläufe bewußt oder unbewußt von Zielvorstellungen mitbestimmt werden. – ↑auch Einstellung.

Determinismus ↑Determination.

Detumeszenztrieb: nach dem deutschen Psychiater und Sexualforscher A. MOLL Bez. für den als Teilkomponente des Sexualtriebs angenommenen Drang zur geschlechtlichen Befriedigung, der auf dem Höhepunkt des Geschlechtsaktes zu den Erscheinungen des Orgasmus führt.

Deutetests svw. ↑Formdeutetests.

Deutsche Hauptstelle gegen die Suchtgefahren (Abk.: DHS) ↑Drogenabhängigkeit.

Deutung: geistiger Prozeß, bei dem physische oder psychische Gegebenheiten in Beziehung zu einem begrifflichen Modell gesetzt werden. So spielt in der Psychologie die D. z.B. in der *Persönlichkeitsdiagnostik* eine Rolle, insbesondere wenn Urteile auf der Basis von Ausdruckserscheinungen (Schrift, Mimik) und Gesprächen gefällt werden.

In der *Psychoanalyse* gelten D.en ferner als verbale Stellungnahmen des Therapeuten, die darauf abzielen, einen beim Patienten als vorhanden angenommenen unbewußten Zusammenhang bewußt zu machen. Die D. stellt hier eine Verbindung zwischen der psychologischen Theorie und dem vom Patienten gelieferten »Material« her. Oft lösen D.en in diesem Zusammenhang charakteristische Widerstände aus.

Manche therapeutischen Richtungen lehnen D.en wegen ihrer möglichen beunruhigenden Wirkungen und wegen der Gefahr des irrigen Hineininterpretierens ab.

Devianz (abweichendes Verhalten): zusammenfassende Bez. für alle Formen individuellen Verhaltens, die qualitativ oder quantitativ von einer allg. als gültig empfundenen Norm abweichen. Hierbei spielen soziale bzw. gesellschaftliche Bezugssysteme eine wesentliche Rolle, da deren Normen die Definition bzw. Ausprägung von D. zum Teil entscheidend mitbestimmen. Als *deviant* kann ein Verhalten erst bei einem erheblichen und konstanten Mißverhältnis zwischen Umweltansprüchen und individuellem Beitrag gegenüber diesen Ansprüchen eingestuft werden.

Dezeleration: Verzögerung der körperlichen oder seelischen Entwicklung eines Individuums im Vergleich zur Altersnorm. – Ggs. ↑Akzeleration.

D

DHS: Abk. für **D**eutsche **H**auptstelle gegen die **S**uchtgefahren (↑Drogenabhängigkeit).

Diagnose: in der Psychologie das Feststellen und Prüfen von Eigenschaften, Eignungen, emotionalen Zuständen, Verhaltensmöglichkeiten und -defiziten sowie Art und Ausmaß von Symptomen mit dem Zweck der Prognose von Entwicklungen und Leistungen, der Auswahl geeigneter Therapiemaßnahmen und der Messung ihrer Auswirkungen. – ↑auch Psychodiagnostik.

Diagnostic and Statistical Manual of Mental Disorders ↑Klassifikationssysteme psychischer Störungen.

Diagnostik: Lehre von der sachgemäßen Durchführung einer psychologischen Diagnose (↑Psychodiagnostik).

Diagnostische Psychologie svw. ↑Psychodiagnostik.

Differentielle Psychologie: von dem amerikan. Psychologen und Philosophen W. STERN eingeführte Bez. für den Bereich der Psychologie, der das Erleben und Verhalten des Individuums vorwiegend unter dem Aspekt der individuellen Unterschiede (persönliche Eigenheiten, soziale Herkunft und andere spezifische Merkmale) betrachtet. Eine bedeutende Rolle spielt dabei die vergleichende Betrachtung verschiedener sozialer Gruppen (Alter, Geschlecht, soziale Schicht usw.). STERN unterschied vier Methoden der D.n P.: die Untersuchung eines Merkmals an vielen Individuen *(Variationsforschung);* die Feststellung des Zusammenhangs zwischen zwei oder mehreren Merkmalen bei vielen Individuen *(Korrelationsforschung);* die Beschreibung einer Person in bezug auf den Ausprägungsgrad vieler Merkmale *(Psychographie);* der Vergleich verschiedener Personen in bezug auf viele Merkmale *(Komparationsforschung).* Darüber hinaus untersucht die D. P. die Entwicklung des Verhaltens in der Zeit und das individual-spezifische Verhalten in verschiedenen Situationen. Die differentialpsychologische Forschung hat, um zuverlässige Datenerhebungsmethoden zur Verfügung zu haben, die Entwicklung zahlreicher standardisierter diagnostischer Verfahren (↑Tests) und entsprechender statistischer Methoden zur individual-psychologischen Anwendbarkeit dieser Tests angeregt. Die Ergebnisse der differentialpsychologischen Forschung finden in der Praxis überall dort Verwendung, wo eine möglichst präzise Kategorisierung bzw. Beschreibung der Fähigkeiten und Verhaltensweisen einzelner Individuen erwünscht ist. – ↑Eignungsuntersuchung, ↑Betriebspsychologie, ↑Schulpsychologie.

Differenzierung:

- in der *Entwicklungspsychologie* Bez. für den die Entwicklung kennzeichnenden Vorgang einer zunehmenden Ausgestaltung psychischer Merkmale aus einem »einfachen« Anfangszustand. So differenziert sich z.B. das Lust-Unlust-Erleben des Säuglings bis hin zu der vielschichtigen Gefühlswelt des Erwachsenen.
- in der *Lernpsychologie* häufig verwendeter Begriff zur Bez. unterschiedlicher Leistungen.

Differenzierungshypothese ↑Intelligenzentwicklung.

Diffugität:

- in der *Sozialpsychologie* von W. HELLPACH das Gefühl des Abgestoßenseins, das Menschen aufeinander ausüben.
- in der *Charakterologie* von P. LERSCH die Gegensätzlichkeit von Charaktereigenschaften. Nach LERSCH sind z.B. Strebertum und Mitleidsfähigkeit wesensgegensätzlich oder »diffug«.

Dimensionsanalyse svw. ↑Faktorenanalyse.

Diplom-Psychologe / Diplom-Psychologin (Abk. für beides: Dipl.-Psych.): diplomierter Absolvent bzw. diplomierte Absolventin eines Hochschulstudiums der Psychologie. Dipl.-Psych. sind qualifiziert zur quantitativen und qualitativen Beschreibung von Individuen in ihrer funktionalen Abhängigkeit von (und ihrer Interaktion mit) ihrer sozialen und dinglichen Umwelt sowie zur

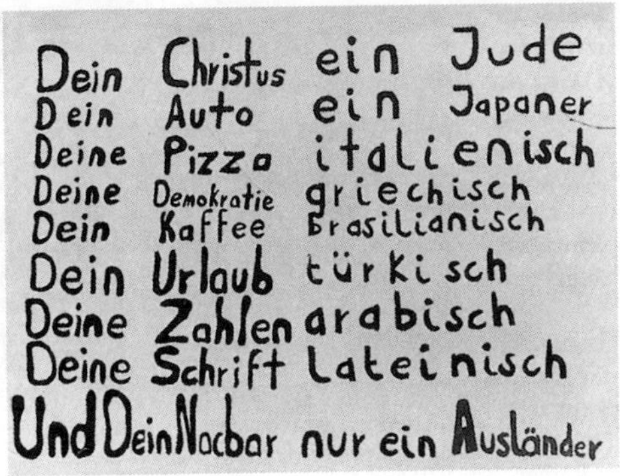

Diskriminierung: Mit diesen Sätzen auf einer freien Werbefläche regt ein anonymer Sprüher zum Nachdenken über die Diskriminierung von Ausländern in unserer Gesellschaft an.

Planung, Durchführung, Analyse und Bewertung (Evaluierung) von Veränderungsprogrammen.

Zu den Berufsfeldern der Dipl.-Psych. gehören Kliniken, Beratungsstellen, Wirtschaft (Personalwesen und -führung, Arbeitsplatzgestaltung und -sicherheit, Werbung) oder eine eigene Praxis. Zur Ausübung der *Psychotherapie* berechtigt das Diplom *nicht;* bis zur Regelung in einem (angestrebten) Psychotherapeutengesetz müssen Dipl.-Psych. daher eine (zeitlich wie finanziell aufwendige) psychoanalytische bzw. verhaltens- oder gesprächspsychotherapeutische Weiterbildung absolvieren oder aber sich als Heilpraktiker anerkennen lassen.

Die Belange der in Forschung und Lehre tätigen deutschsprachigen Dipl.-Psych. vertritt die *Deutschen Gesellschaft für Psychologie* (Abk.: DGPs); die Belange des Berufsstandes und die Berufsinteressen vertreten der *Berufsverband Deutscher Psychologen* (BDP), in Österreich der *Berufsverband Österreichischer Psychologinnen und Psychologen* (B.Ö.P.) und in der Schweiz die *Schweizerische Gesellschaft für Psychologie.*

Diskriminanzanalyse: statistische Methode, mit der die Zuordnung (Klassifikation) eines oder mehrerer Individuen zu bestimmten, bereits bekannten Gruppen vorgenommen werden kann.

Diskriminierung: Ungleichbehandlung, Benachteiligung, v.a. von sozialen ↑Minderheiten **(soziale D.)** aufgrund von Merkmalen wie rassische oder ethnische Zugehörigkeit, Geschlecht, religiöse oder politisch-weltanschauliche Überzeugungen oder die Zugehörigkeit zu einer bestimmten sozialen Gruppe. Oft werden den Betroffenen, unabhängig von ihrem *tatsächlichen* Verhalten, aufgrund von Vorurteilen bestimmte Eigenschaften zugeschrieben.

Disposition: relativ überdauernde Neigung eines Individuums, sich in bestimmten Situationen auf spezifische Art und Weise zu verhalten. D.en können vererbt oder erworben sein.

Dissimulation: bewußtes Verheimlichen von körperlichen oder psychischen Erkrankungen bzw. Symptomen, aus unterschiedlichen Motiven, etwa um peinlichen Fragen (z.B. bei Vorliegen einer Geschlechtskrankheit) auszuweichen oder um bestimmte Vorteile zu erlangen (z.B. Versicherungsschutz, Vermeidung einer Entmündigung u.a.).

Dissozialität: veraltete Sammelbez. für alle Formen sozial abweichenden Verhaltens. – ↑auch Verwahrlosung.

Disstreß: langandauernder starker ↑Streß.

Distanz:

◆ (unbewußt) eingehaltener Abstand zu nicht vertrauten Objekten oder fremden Individuen. Diejenige D., bis auf die sich ein möglicher Feind (bzw. der Mensch) einem Tier nähern kann, wird als *Toleranz-D.* bezeichnet. Bei Annäherung erfolgt entweder (meist zunächst) Flucht *(Flucht-D.)* oder Angriff *(Angriffs-D.).* Besonders innerhalb der Art halten Tiere in der Regel einen ganz bestimmten Ab-

D

stand zueinander *(Individual-D.)* ein. Auch Menschen fordern diesen Individualabstand. Unterschreitung wird nur bestimmten Personen, z.B. Sexualpartnern, Familienmitgliedern, oder gewissen Berufsgruppen, z.B. Ärzten, gestattet. Nahverkehrsmittel sind nicht zuletzt auch deshalb unbeliebt, weil darin der Individualabstand nicht immer eingehalten werden kann.

◆ In der amerikan. Psychologie bezeichnet D. *(soziale D.)* den Grad der sozialen Einstellung: Die *horizontale D.* kennzeichnet dabei das Verhältnis zweier Gruppen zueinander, die *vertikale D.* die Rangordnung innerhalb einer Gruppe. – Mit Hilfe bestimmter Methoden (Soziometrie) wird die soziale D. einer Gruppe erforscht und u.a. in Soziogrammen dargestellt.

◆ in übertragener Bedeutung Bez. für eine in Gefühlen und geistigen Einstellungen gezeigte *Unnahbarkeit,* die Anzeichen für neurotische Störungen sein kann (sog. Unansprechbarkeit).

divergentes Denken ↑Denkpsychologie.

Divergenzhypothese ↑Intelligenzentwicklung.

DNS: Abk. für ↑**D**esoxyribo**n**ukleinsäure.

Doppelbewußtsein: zweifaches Erleben der Wirklichkeit, u.a. bei zu Hysterie und Somnambulismus neigenden Personen, die neben ihrem realen Dasein noch ein zweites, traumhaft-imaginäres Dasein führen; in krankhafter Form ein Zeichen von Spaltung der eigenen Person in zwei neben- oder auch gegeneinander agierende Subjekte, wobei die in bestimmten endogenen Psychosen wahnhaft erlebte Wirklichkeit *(Doppelgängerwahn)* nichtsdestoweniger als Realität erfahren wird.

Doppelblindversuch ↑Blindversuch.

Doppelgängerphänomen (Heautoskopie): die halluzinatorische oder visionäre Wahrnehmung der eigenen Person in der Außenwelt. Dabei ist sich die erlebende Person entweder nur unbestimmt der Anwesenheit eines Doppelgängers bewußt oder sieht diesen wie im Spiegel vor sich (Spiegelhalluzination). Das D. tritt v.a. bei extremer Ermüdung, im Rahmen epileptischer Anfälle, aber auch beim ↑Delir, der ↑Schizophrenie und bei organischen Hirnerkrankungen auf.

Distanz: Distanzverhalten beim Menschen – Einhalten eines Mindestabstandes zum Nachbarn

Double-bind-Theorie: psychologische Theorie zur Rolle der Familie bei der Entstehung von Schizophrenie. Dieser 1956 von G. BATESON erstmalig formulierten Theorie zufolge sind in sog. schizophrenogenen Familien ständige Brüche bzw. Widersprüchlichkeiten in der Kommunikation zu beobachten, mit der vermuteten Folge einer schon früh einsetzenden psychischen Verwirrung des Kindes, das den widersprüchlichen Botschaften nicht gewachsen ist. Beispiel: Die Mutter verlangt vom Kind, sie in Ruhe zu lassen, fordert es aber jeden Abend auf: »Willst du wohl deiner Mutter einen Gutenachtkuß geben!?«

Downers: in der Drogenszene Deckname für Schmerz- und Beruhigungsmittel. – ↑Drogen.

Down-Syndrom: Bez. für einen meist noch heute (mit Bezug auf die damit einhergehende mongolenähnliche Kopf- und Gesichtsbildung) eher diskriminierend auch als »Mongolismus« charakterisierten Symptomkomplex, der durch eine Verdreifachung des 21. Chromosoms (**Trisomie 21**) verursacht wird. Bei dieser v.a. bei Kindern vierzigjähriger und älterer Mütter bis zu vierzehnmal häufiger auftretenden, von dem engl. Arzt LANGDON-DOWN 1866 erstmalig beschriebenen und nach ihm als *Down-Syndrom* benannten Störung haben die betroffenen Kinder regelhaft mehr oder weniger gravierende Formen geistiger Behinderung, eine (oft typische) »mongolische« Augenstellung sowie häufig weitere äußere Kennzeichen (plattes Gesicht, breite Nase, grobe und gefurchte Zunge) und innere Fehlbildungen (Herzfehler, Magen-Darm-Anomalien).

Bei Kindern mit D.-S. sind sowohl die intellektuelle als auch die motorische und psychische Entwicklung verzögert und überschreiten selten den Entwicklungsstand unbeeinträchtigter Sechs- oder Siebenjähriger. Nicht selten jedoch verfügen Kinder mit D.-S. entweder über spezielle Fähigkeiten (z.B. über ein beeindruckendes Zahlengedächtnis) oder aber über (geistig nicht fundierte) praktische Begabungen und Imitationsfähigkeiten.

Eine *ursächliche* Therapie des D.-S.s ist bis heute nicht möglich. Während sich die medizinische Behandlung meist auf diagnostische, später auf (vorrangig von den Eltern gewünschte) kosmetisch-operative Maßnahmen und die umstrittene Frischzellentherapie beschränkt, sind die sonderpädagogisch-therapeutische Frühförderung wie die schulische Förderung insgesamt und die familiäre wie berufliche (↑Werkstätten für Behinderte) Integration der vom D.-S. betroffenen Kinder, Jugendlichen und Erwachsenen während der letzten zwei Jahrzehnte in Deutschland erheblich ausgeweitet worden, insbesondere durch die ebenso engagierte wie kontinuierliche integrative und bildungspolitische Arbeit der 1958 gegründeten *Bundesvereinigung Lebenshilfe für geistig Behinderte.*

Drang: starker und längere Zeit andauernder (bewußter oder unbewußter) Antrieb zum Erleben *(Erlebnis-D.)* bzw. Handeln *(Tätigkeits-D.).* Oft wird als D. auch nur die erlebte Komponente des Trieb- bzw. Instinktgeschehens bezeichnet. Darüber hinaus wird mitunter zwischen D. und *Trieb* unterschieden, wobei als Trieb der latente (»ruhende«), als D. dagegen der bereits aktivierte (»angeregte«) Motivationszustand bezeichnet wird. – ↑Motiv.

Dreikomponententheorie ↑Farbensehen.

Drogen: sowohl auf natürliche Weise (aus Pflanzen) gewonnene als auch synthetisch hergestellte Substanzen, die früher als Heil- oder Anregungsmittel sowie als Gewürze verwendet wurden. Zu den D. werden heute insbes. jene Rausch-, Genuß- und Arzneimittel gezählt, deren Einnahme zu ↑Drogenabhängigkeit führt. Je nach enthaltenem Wirkstoff haben D. Stoffwechselveränderungen und individuell unterschiedliche körperliche wie seelische Reaktionen zur Folge. Sie werden im allg. konsumiert, um einen angenehmen psychischen Zustand zu erzielen bzw. einem unangenehmen zu entgehen. Im Handel (v.a. in Apotheken) werden frei verkäufliche und rezeptpflichtige *legale D.* sowie *illegale D.* unterschieden, deren Herstellung, Vertrieb, Erwerb und Besitz (soweit über den »Eigenbedarf« Drogenabhängiger hinausgehend) gegen das Betäubungsmittelgesetz verstößt und mit Freiheitsstrafen bis zu zehn Jahren geahndet werden kann. D. werden ferner unterteilt in solche, deren Konsum physisch und/oder psychisch abhängig macht. Zu den *legalen D.* werden neben Genußmitteln (z.B. Alkohol, Nikotin oder Koffein) unterschiedlich starke Schmerz- und Beruhigungsmittel (»Downers«), Anregungs- bzw. Aufputschmittel (»Speeds«) sowie **Schlafmittel** gerechnet. Zu den *illegalen D.* zählt man die **Halluzinogene,** die geraucht oder in Kaffee bzw. Tee (Haschisch, Marihuana) getrunken oder (z.B. LSD, Meskalin) geschluckt werden, außerdem die sonst als reine Schmerzmittel (Analgetika) verordneten **Opiate** (Heroin, Morphium), die überwiegend intravenös gespritzt, seltener auch geschnupft werden, sowie das **Kokain,** das meist geschnupft oder (in aufgelöster Form) ebenfalls gespritzt wird. Ferner werden

D

sog. **Schnüffelstoffe** (in Farben, Lacken und Klebstoffen enthaltene Lösungs- und Verdünnungsmittel wie Äther oder Aceton) als Rauschmittel eingeatmet.
Seit Mitte der achtziger Jahre werden neue D. wie *Crack* (ein Gemisch aus Kokain, Backpulver und Wasser), synthetische D., sog. **Designer-D.,** wie etwa Fentanyl und Ecstasy, konsumiert. Diese werden überwiegend durch Veränderung der Molekülstruktur bekannter Substanzen (z.B. Arzneimittel) hergestellt und wegen ihrer (im chemischen Sinne) bis zu 7500 mal stärkeren Wirkung bei niedrigerem »Marktpreis« von Drogenabhängigen zur Zeit bevorzugt.
Drogenabhängigkeit: das körperliche und/oder seelische Angewiesensein auf den Konsum von ↑Drogen. Der Definition der Weltgesundheitsorganisation (WHO) zufolge ist zwischen physischer (körperlicher) und psychischer (seelischer) D. zu unterscheiden.
Physische D. ist durch eine eintretende physische Toleranz gegenüber der Wirkung der Droge nach wiederholtem Konsum gekennzeichnet. Die Dosis wird immer mehr gesteigert und beim Absetzen der Droge kommt es zu ↑Entzugserscheinungen.
Merkmale einer *psychischen D.* sind ein starkes seelisches Bedürfnis nach fortgesetztem Drogenkonsum, ein wachsender Stellenwert der Droge in Wahrnehmung, Denken und Erleben des/der Abhängigen und eine Tendenz zu selbstschädigendem Verhalten (Interessenverlust, Vernachlässigung sozialer Kontakte bis hin zur tödlichen Drogeninjektion, im Jargon als »goldener Schuß« bezeichnet) sowie zu kriminellen, der Beschaffung des »Stoffes« dienenden Handlungen.

Physische Abhängigkeit beinhaltet immer auch psychische Abhängigkeit, während letztere auch ohne körperliche Symptome auftreten kann.
Diese Definition der WHO berücksichtigt nur sog. stoffgebundene Abhängigkeiten, nicht jedoch die Gefahr der D. durch Drogen wie prinzipiell mißbrauchbare Medikamente (insbesondere Schlaf-, Beruhigungs- und Schmerzmittel), Nikotin oder Schnüffelstoffe (z.B. Lösungsmittel). Dabei wird die Zahl der Medikamentenabhängigen in Deutschland nach Angaben der Deutschen Hauptstelle gegen die Suchtgefahren (DHS) auf 1,4 Mill. geschätzt. Wesentliches Kriterium einer eng gefaßten D. scheint daher auch das Ausmaß der Selbstschädigung zu sein, das (allerdings nicht nur bei D., sondern z.B. auch bei exzessiven Formen der Video-Unterhaltung oder der »Spielautomatensucht«) in der Beschneidung eigener Entwicklungsmöglichkeiten zum Ausdruck kommt.
Vermeintlich harmlose (»weiche«) Drogen wie Haschisch oder Marihuana bilden neben Nikotinmißbrauch oft (wenngleich nicht zwangsläufig) den Einstieg in »Drogenkarrieren«, die dann sozusagen schrittweise zur Abhängigkeit von »harten« Drogen (Heroin, Kokain) führen können.
In der BR Deutschland hat sich das Drogenproblem, wie in nahezu allen westlichen Ländern, seit den achtziger Jahren zunehmend verschärft. Die Drogenszene wird in wachsendem Maße durch organisierten Vertrieb und Beschaffungskriminalität bestimmt. Zwar ist einerseits die Zahl der Drogentoten (1991: 2125; 1992: 2099; 1993: 1738; 1994: 1624) in den letzten Jahren kontinuierlich gesunken, andererseits ist die Zahl der (zunehmend jüngeren) »Erstkonsumenten« harter Drogen ebenso wie die Menge des sichergestellten Rauschgifts (bei Heroin z.B. im Vergleich 1994 zu 1993 um etwa 50%) gestiegen. Neuesten Berichten der Bundesregierung zufolge ist eine Verlagerung vom Heroinkonsum auf synthetische Drogen zu verzeichnen, deren Konsumenten eher sozial unauffällig und angepaßt seien, was gerade hier eine hohe Dunkelziffer vermuten lasse.
R. THOMASIUS (1991) nennt im Rahmen einer Übersicht zahlreicher bedeutender dt. wie internationaler Studien zum Drogenkonsum von Kindern und Jugendlichen zusammenfassend folgende Risikofaktoren für den *ernsthaften* Drogenmißbrauch im Jugendalter: Drogenmißbrauch der Eltern; physischer, psychischer oder sexueller Mißbrauch in der Kindheit und Jugend; früher Abbruch der Schullaufbahn; Schwangerschaft im Jugendalter; ökonomische Benachteiligung; Delinquenz; psychiatrische Erkrankungen; suizidale Handlungen und Behinderung. An *präventiven* Maßnahmen empfiehlt er produktive Strategien der Problembewältigung, Beschränkung und Reflexion des Konsums von Alkohol, Tabak und Medikamenten innerhalb der Familie, Bewußtwerdung der elterlichen Vorbildfunktion sowie – von seiten der Schule – größtmögliche Förderung der persönlichen Selbstentfaltung und Persönlichkeitsdifferenzierung.
Unter Wissenschaftlern wie in der öffentlichen Diskussion ist nach wie vor die legale, erstmals bereits 1964 in den USA praktizierte Verabreichung von Ersatzdrogen *(Methadon)* umstritten. Diese sollen Drogenabhängige zumindest vom regelmäßigen Heroinkonsum wegbringen und sie beruflich wie sozial integrieren, in der Hoffnung eines späteren völligen Verzichts auch auf die Ersatzdroge. Während die Befürworter der Methadon-Therapie darauf verweisen, daß sie – im Rahmen einer auf langfristige Hilfe ausgerichteten Therapie – den Gebrauch von Heroin und anderen Drogensubstanzen drastisch vermindere, die Beschaffungskriminalität senke, die soziale Rehabilitation fördere und zudem die Gefahr einer HIV-(AIDS-)Infektion verringere, machen die Gegner der Methadon-Therapie geltend, sie verlängere nur die Abhängigkeit, befördere die Erzeugung

D

und »Vermarktung« noch stärkerer Designerdrogen und bedeute aus Sicht des Staates keine wirksame Strategie im Kampf gegen die Drogen, sondern letztlich eine Kapitulation. – ↑auch Alkoholkrankheit, ↑Drogen.

Drogenberatung: Die starke Zunahme der ↑Drogenabhängigkeit auch in Deutschland hat im letzten Jahrzehnt zur Entwicklung gezielter vorbeugender und therapeutischer (insbes. sozialpsychiatrischer) Konzepte und zur Einrichtung spezieller Präventions-, Beratungs-, Rehabilitations- und Nachsorgeangebote geführt. Besonderer Stellenwert kommt dabei der Prävention und Beratung im Schul- und Jugendbereich zu, da Drogenabhängigkeit verstärkt auch bei Schülern und Jugendlichen auftritt. Neueren Untersuchungen zufolge beginnen Schüler in zunehmendem Maße bereits zwischen 9 und 11 Jahren mit dem Drogenkonsum, so daß schon bei Zwölf- bis Vierzehnjährigen latente oder gar offenkundige Abhängigkeit von Nikotin oder Drogen festzustellen ist.

Eine erfolgreiche Drogenprävention sollte nach übereinstimmender Auffassung von Experten bei Kindern und Jugendlichen die physische und psychische Gesundheit erhalten und verbessern, ihnen die Festigung ihrer Persönlichkeit erleichtern, sie zu selbstverantwortlichen sozialen Kontakten befähigen und so die Drogengefährdung weitgehend ausschließen. Seit Ende der siebziger Jahre haben die (alten) dt. Bundesländer Programme bzw. Erlasse zu Maßnahmen der Suchtprophylaxe und der Verringerung des Drogenkonsums bei Kindern und Jugendlichen herausgegeben. Die Konzepte sehen durchgängig die Beauftragung zusätzlich (meist in Fortbildungslehrgängen) qualifizierter Lehrkräfte (sog. *Drogenberatungs-* und *Drogenkontaktlehrer*) mit Aufgaben der drogenbezogenen Information, Beratung und Intervention sowie der Zusammenarbeit mit Eltern und außerschulischen Einrichtungen wie Beratungsstellen, Gesundheits- und Jugendämtern sowie der Kriminalpolizei vor. In etlichen Bundesländern bestehen darüber hinaus spezielle Schulen bzw. kombinierte Therapie-Schul-Einrichtungen für Jugendliche (und junge Erwachsene), die wegen ihrer Drogenabhängigkeit keinen Abschluß an einer Regelschule erreichen konnten oder können.

Drop-out svw. ↑Abbrecher.

DSM: Abk. für **D**iagnostic and **S**tatistical **M**anual of Mental Disorders. – ↑Klassifikationssysteme psychischer Störungen.

Dunkeladaptation: Anpassung des Auges an die Dunkelheit. – ↑Hell-Dunkel-Adaptation.

Durst: eine mit dem Verlangen verbundene Empfindung, etwas zu trinken. Dies tritt normalerweise aufgrund nachlassender Sekretion der Speichel- und Mundschleimhautdrüsen und daher trockenem Mund- und Rachenraum nach Wasserverlusten (z.B. Schwitzen, Durchfall) oder der Erhöhung des osmotischen Drucks des Blutes (z.B. durch reichliche Kochsalzaufnahme) auf. Das übergeordnete Zentrum, das den Wasserbedarf des Körpers kontrolliert, ist das *Durstzentrum* im Hypothalamus, dessen Osmorezeptoren auf Änderungen des osmotischen Drucks des Blutes ansprechen.

dyadische Interaktion ↑Eltern-Kind-Beziehung.

dynamische Anpassung ↑Anthropotechnik.

Dynamische Psychologie: Sammelbez. für psychologische Theorien, die den Prozeßcharakter des seelischen Geschehens betonen und diesen in seiner Verlaufseigentümlichkeit unter besonderer Berücksichtigung von Entwicklungsaspekten und der Motivation untersuchen. Als Beispiele können die Psychoanalyse, die Gestaltpsychologie und die Feldtheorie gelten.

Dysarthrie: Störung der Lautgebung aufgrund eingeschränkter Koordination der Sprechwerkzeuge als Folge einer Schädigung des Nervensystems.

Dysästhesie: verfälschte Wahrnehmung von Empfindungen (v.a. von

Schmerz-, Temperatur- und Druckempfindungen).

Dysfunktion: Störung der normalen Abläufe im körperlichen und seelischen Geschehen. Hierzu gehören u.a. die *Dysarthrie* (Störung der Lautbildung infolge mangelhafter Koordination der Sprechwerkzeuge), die *Dyslexie* (Störung der Lesefähigkeit), die *Dysphasie* (auf eine Verletzung des Gehirns zurückgehende Sprachstörung), die *Dysphorie* (eine durch Angst, Niedergeschlagenheit, Unwohlsein u.a. gekennzeichnete Form der Depression) und die *Dysästhesie* (unangepaßte, d.h. erhöhte oder herabgesetzte Schmerzempfindlichkeit).

Dysgrammatismus: abgeschwächte Form des ↑Agrammatismus.

Dyshormie ↑Antriebsstörungen.

Dyskalkulie svw. ↑Rechenschwäche.

Dyskinesie: Bez. für schmerzhafte bis krampfartige Empfindungen im geordneten, d.h. wohlkoordinierten Bewegungsablauf, besonders im Bereich von Hohlorganen (Gallenwege) und nach Verabreichung von Psychopharmaka.

Dyslalie svw. ↑Stammeln.

Dyslexie: Störung der Fähigkeit, Wörter zu buchstabieren bzw. Texte zu lesen.

Dyslogie: Sammelbez. für mangel- oder fehlerhafte Sprachbenutzung infolge geistiger Beeinträchtigung.

Dysmnesie svw. ↑Gedächtnisstörungen.

Dysphasie: erschwertes Sprechen aufgrund einer Hirnschädigung.

Dysphonie: Stimmstörung, bei der die Stimme heiser, rauh, belegt klingt. – ↑auch Sprachstörungen.

Dysphorie: krankhafte Verstimmung allgemeiner Art, Übellaunigkeit, Gereiztheit. – Ggs. ↑Euphorie. – ↑auch Dysfunktion.

E

EA: Abk. für ↑**E**ntwicklungs**a**lter.

EAAM: Abk. für **e**rgänzter **a**ngeborener **A**uslöse**m**echanismus. – ↑Auslösemechanismus.

EAM: Abk. für **e**rworbener **A**uslöse**m**echanismus. – ↑Auslösemechanismus.

Ebbinghaus-Kurve ↑Ersparnismethode.

Ebbinghaus-Test svw. ↑Lückentest.

Echokinesie ↑Echopraxie.

Echolalie (Echophrasie): wörtliches oder leicht abgewandeltes, meist mechanisches Nachsprechen von Gehörtem. E. tritt sowohl als normale Phase in der kindlichen Sprachentwicklung (meist im zweiten Lebensjahr) als auch (in krankhafter Form) bei manchen Arten geistiger Behinderung, bei ↑Aphasie bzw. ↑Dysphasie sowie bei psychiatrischen Erkrankungen auf. – ↑auch Echopraxie.

Echomimie ↑Echopraxie.

Echophrasie ↑Echolalie.

Echopraxie (Echokinesie): im Rahmen bestimmter Psychosen (z.B. Schizophrenien) auftretende zwanghafte Nachahmung von Bewegungen anderer Menschen. Ist diese Nachahmung auf Gebärden und/oder die Haltung beschränkt, spricht man von **Echomimie.** – ↑auch Automatismen.

Echtheit: Echte Gefühle, Handlungsabsichten und Gedanken ergeben sich aus der seelisch-geistigen Situation einer Person. Ihnen entspricht ein spontanes Ausdrucksverhalten, das diese inneren Vorgänge erkennbar macht. Im Ggs. dazu führen mehr oder minder bewußt angestrebte unechte seelische Zustände zu Ausdruckserscheinungen, die meist nicht überzeugend wirken. Ebenso führen unechte Willensakte zu unentschlossenen, richtungsunsicheren Handlungsansätzen und unechte Denkakte zu pseudologischen Schlüssen. – Die *unechte Ausdruckserscheinung* wird häufig unabhängig von entsprechenden inneren Vorgängen bewußt angestrebt (Heuchelei, konventionell-höfliches Ausdrucksgebaren, Schauspielerei).

Die E. oder Unechtheit sowohl der inneren Vorgänge als auch der Ausdruckserscheinung kann mit wissenschaftlichen Methoden kaum festgestellt werden. Lediglich für den Bereich der Glaubwürdig-

E

Egozentrismus

Drei-Berge-Versuch nach J. Piaget. Erst Schulkinder sind in der Lage, diesen Perspektivenwechsel vorzunehmen und die Landschaft aus Position 2 oder 3 zu beschreiben.

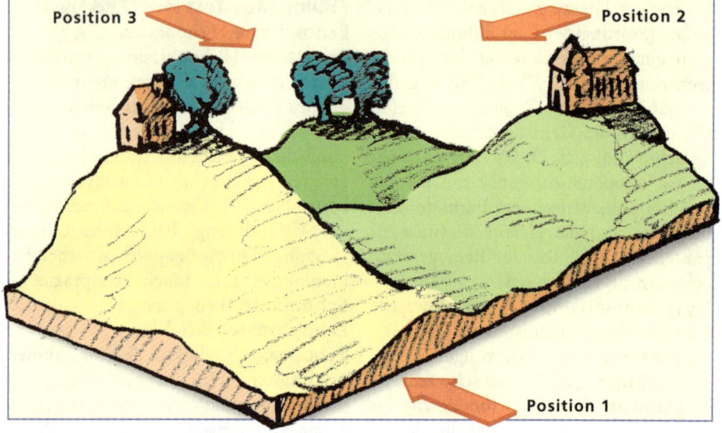

keitsuntersuchung von Aussagen und Selbstdarstellungen (sog. Lügenskalen) und der Schriftvergleichung (Schriftfälschungsunterlagen) wurden in nennenswertem Umfang quantitative Methoden zur Erfassung der E. entwickelt. Ein hohes Maß an E., d.h. der Verzicht auf eine höflich-professionelle Fassade, gilt v.a. in der Gesprächstherapie als wesentliches Therapeutenmerkmal. E. kann durch Selbsterfahrung verbessert werden.

Ecstasy ↑Drogen, ↑Drogenabhängigkeit.

Education software: Sammelbez. für solche Lehr- und Lernprogramme, die neben dem spielerischen Umgang mit dem Computer sowohl der prinzipiellen Erweiterung des Wissens als auch dem Training bestimmter geistiger Funktionen (z.B. der Aufmerksamkeit oder der kognitiven Kompetenz) dienen.

EEG: Abk. für ↑**E**lektro**e**nzephalo**g**ramm.

Effektgesetz: auf den amerikan. Psychologen E. L. THORNDIKE zurückgehendes lernpsychologisches Gesetz, demzufolge Handlungen, die von Konsequenzen begleitet sind, die ein Lebewesen aufrechterhalten oder immer wieder herbeiführen will, gegenüber anderen Verhaltensweisen bevorzugt werden.

Effektivitätskontrolle: im Rahmen der *Testentwicklung* die Kontrolle der in jeder Phase der ↑Testkonstruktion getroffenen Maßnahmen im Hinblick auf das Konstruktionsziel; im Rahmen *psychotherapeutischer* oder *pädagogischer Interventionen* die Kontrolle der Wirksamkeit (»Effektivität«) der getroffenen Maßnahmen im Hinblick auf das Therapie- bzw. Erziehungs- oder Lernziel.

efferent: Nervenbahnen, die die Erregungsleitung vom Zentralnervensystem zu den Erfolgsorganen (Muskeln, Sinnesorgane) leiten. – Ggs. ↑afferent.

Efferenzkopie: kurzfristig im Gedächtnis gespeicherte »Kopie« eines Handlungsbefehls. Das tatsächliche Handlungsergebnis wird mit diesem Soll-Wert ständig verglichen und die Handlung notfalls solange korrigiert, bis Ergebnis und Zielvorstellung übereinstimmen.

Ego: in der Psychologie häufig verwendete Bez. für das ↑Ich.

Ego-Involvement: aus der amerikan. Sozialpsychologie übernommene Bez.

für alle Einstellungen (↑Einstellung), die den Status eines Menschen bestimmen bzw. ihm eine ↑Rolle in bezug auf andere Personen, Gruppen oder Institutionen zuordnen. Im dt. Sprachraum wird die Bez. als *Ich-Beteiligung* auch für das Engagement einer Person an einem Objekt verwendet.

Der Begriff E.-I. kennzeichnet insbes. Konflikte, die sich aus der Konfrontation der im Verlauf der Persönlichkeitsentwicklung erworbenen Einstellungen gegenüber dem eigenen Ich ergeben, vorwiegend aus dem Bild vom eigenen sozialen Status und den verschiedenen Rollenerwartungen in den unterschiedlichen sozialen Gruppen.

Egoismus: Bez. für Einstellungen und Verhaltensweisen, bei denen in der Verfolgung eigener vor anderen (insbes. gemeinsamen) Zielen das zentrale Handlungsmotiv gesehen wird **(Ichsucht).** Neben natürlichen, der Selbsterhaltung und -behauptung dienenden Egoismen unterscheidet man gelegentlich einen Züge der Gier und Brutalität tragenden *krankhaften E.* **(Selbstsucht).** – Ggs. ↑Altruismus.

Ego-Kathexis ↑Besetzung.

Egozentrismus: Bez. für typische Einstellungen, Denk- und Verhaltensweisen bei Kindern im Vorschulalter, aufgrund deren sie sich nicht oder nur schwer in die Situation eines anderen hineinversetzen können (sog. *Ichbezogenheit*).

In der ↑Denkentwicklung wird nach J. Piaget der E. mit dem Übergang vom präoperativen Denken zur Stufe der konkreten Operation allmählich überwunden. – E. darf nicht mit Egoismus verwechselt werden.

Eheberatung: die psychologische Beratung von Ehepartnern. – ↑auch Partnertherapie.

Ehrgeiz: das Bestreben, durch eigene Leistungen andere zu übertreffen.

Eichung: ein Arbeitsschritt bei der ↑Testkonstruktion.

Eidetik: von dem dt. Psychologen E. R. Jaensch geprägte Bezeichnung für das Vorkommen sog. subjektiver Anschauungsbilder; ein Phänomen, das besonders bei Kindern und Jugendlichen auftreten soll. *Eidetikern* wird nachgesagt, daß sie in der Lage seien, sich Objekte und Situationen derart anschaulich vorzustellen, als ob sie realen Wahrnehmungscharakter hätten; dies nennt man **Eidese.** Heute wird allerdings die Existenz einer *eidetischen Anlage* als eines eigenständigen psychischen Phänomens bezweifelt.

Eifersucht: qualvoll erlebtes Gefühl vermeintlichen (↑Eifersuchtswahn)

Eheberatung

E

oder tatsächlichen Liebesentzugs. Der Eifersüchtige reagiert auf das wahrgenommene Nachlassen der Zuwendung mit Versuchen, das Liebesobjekt an sich zu binden; erscheint dies aussichtslos, erwägt oder begeht er mitunter Racheakte. Im engeren Sinn bedeutet E. das Verlangen nach absoluter Ausschließlichkeit der Beziehungen zum Partner, das z.T. mit Affekthandlungen gegenüber Dritten einhergeht, die diese Ausschließlichkeit zu bedrohen scheinen.

Eifersuchtswahn: im Unterschied zur normalen Eifersucht die von konstantem Mißtrauen und ständigen Verdächtigungen begleitete wahnhafte Überzeugung, trotz dessen objektiver Treue vom Partner betrogen zu werden.

Eigenreflex ↑Reflex.

Eigenschaft: Bezeichnung für relativ überdauernde und allgemeine Verhaltensdispositionen. Seelische Eigenschaften sind nicht direkt beobachtbar, sondern allenfalls aus dem Verhalten zu erschließen, was erhebliche Probleme mit sich bringen kann. Wird nämlich einer Person fälschlicherweise eine bestimmte E. (z.B. Dummheit) zugeschrieben, so übernimmt der/die Betreffende womöglich dieses Urteil und verhält sich künftig entsprechend den damit verbundenen Erwartungen, was dann der zuschreibenden Instanz (etwa dem Lehrer) wiederum als Bestätigung der getroffenen Einschätzung dient. – ↑auch self-fulfilling prophecy.

Eigenschaftsangst (trait anxiety): die latente (unterschwellige) Angstneigung eines Individuums, im Unterschied zur aktuell empfundenen Angst.

Eignung: Bez. für den Grad der Möglichkeit eines Individuums, in einem bestimmten Bereich aufgrund schon ausgebildeter Fertigkeiten oder aufgrund noch auszubildender Fähigkeiten ein bestimmtes Leistungsniveau zu erreichen. Entsprechende Eignungsuntersuchungen (↑Eignungsuntersuchung), bei denen häufig sog. ↑Eignungstests verwendet werden, sollen in diesem Zusammenhang bei einschlägigen Fragestellungen Entscheidungshilfen erbringen.

Eignungstests: Bez. für solche Testverfahren (↑Tests), die die Messung des gegenwärtigen Leistungsniveaus eines Individuums in einem bestimmten Leistungsbereich erlauben sollen oder die darauf abzielen, diejenigen Eigenschaften zu erfassen, welche die in Rede stehende Leistung bestimmen. In diesem Fall werden Prognosen künftiger spezieller Leistungen möglich, die dann erbracht werden können, wenn die vorgefundenen Fähigkeiten entsprechend ausgebildet werden. Der Grad, in dem eine solche Vorhersage gelingt, hängt von der Validität des betreffenden Verfahrens ab. – ↑Testkonstruktion.

Heute werden bei ↑Eignungsuntersuchungen in der Regel Kombinationen verschiedenartiger Testverfahren angewandt. Neben der Prüfung einzelner spezifischer Fertigkeiten oder Funktionen berücksichtigt man auch allgemeinere intellektuelle und persönlichkeitsspezifische Eigenschaften (z.B. Anpassungsvermögen, Leistungsmotivation, soziale Kontaktbereitschaft).

Eignungsuntersuchung: die Feststellung und Beurteilung der ↑Eignung eines Individuums zur Ausübung bestimmter Tätigkeiten bzw. Berufe. Die Eignung ist sowohl abhängig von den Eigenschaften, Interessen und Fähigkeiten der betreffenden Person als auch von den spezifischen Anforderungen der Tätigkeiten (oder des Berufs), die der Untersuchte ausüben will oder soll. Die bei der E. herangezogenen Testverfahren basieren daher auf einer zuvor durchgeführten Arbeits- und Berufsanalyse. – ↑Eignungstests.

Einbildungskraft svw. ↑Phantasie.

Eindruck: Gesamtbild von einem Objekt der Wahrnehmung, z.B. von einer Person oder einer Landschaft. Hierbei verbinden sich emotionale und kognitive Faktoren zu einer Wertung des Wahrgenommenen. Forschungsergebnisse der Ethologie legen nahe, daß beim Zustandekommen von Eindrücken zumindest Reste angeborener auslösender Mechanismen eine Rolle spielen. Mögliche angeborene Grundlagen von Eindrücken werden allerdings schon früh durch Lernprozesse nachhaltig beeinflußt. Es kann als gesichert gelten, daß der ↑erste Eindruck, den man von einem Menschen gewinnt, ein sehr unzuverlässiges Mittel zu dessen Beurteilung darstellt.

Einfühlung: der Versuch, fremdes Erleben nachzuvollziehen, um eine andere Person zu verstehen. Das Sichhineinversetzen in eine andere Person wird auch oft als **Empathie** bezeichnet.

Eingangsverhalten: in den verhaltensorientierten ↑Lerntheorien gebräuchliche Sammelbez. für die Voraussetzungen (Vorkenntnisse, Motive, Einstellung, Verhalten) eines Lernenden vor Beginn eines gesteuerten Lernprozesses.

Einkoten (Enkopresis): unwillkürliche, nach Abschluß der Sauberkeitserziehung nur in seltenen Fällen durch eine organische Störung bedingte Stuhlentleerung. Das E. beruht häufig auf ähnlichen Ursachen wie das ↑Einnässen, tritt gegenüber jenem jedoch deutlich seltener auf.

Einnässen (Enuresis, Bettnässen): allg. Bez. für nachts (Enuresis nocturna) oder tagsüber (Enuresis diurna) erfolgenden unwillkürlichen Harnabgang über das 3. und 4. Lebensjahr hinaus, wenn die Reinlichkeitserziehung im allg. bereits abgeschlossen ist. Das Einnässen tritt weit häufiger nachts als am Tage auf.

Ursachen für das Einnässen wie für das ↑Einkoten sind meist psychische Störungen. Beim Kind kommen z.B. Ängste, Eifersuchtsgefühle gegenüber jüngeren Geschwistern, häufiger Wechsel der Bezugspersonen oder verfrühte bzw. unrichtige Reinlichkeitsgewöhnung in Betracht; nur in etwa 5% der Fälle lassen sich organische Ursachen nachweisen.

Bei beiden Störungen besteht die Therapie daher im wesentlichen in einer Aufdeckung und Verbesserung des Verhältnisses zwischen dem Kind und seiner Umgebung, gelegentlich unterstützt durch die flankierende Gabe von Medikamenten.

Einprägung: die Informationsspeicherung im ↑Gedächtnis.

Einschulungstest: Form der ↑Schultests.

Einsicht: das oft plötzliche Verstehen eines zuvor als problematisch empfundenen Sachverhalts oder Zusammenhangs. E. ist durch folgende Aspekte gekennzeichnet: 1. die *E.sgewinnung*, die sich als plötzlicher Einfall (»Aha-Erlebnis«) einstellt; 2. eine *Verhaltens-* und *Ausdrucksänderung*, die das Aha-Erlebnis begleitet; 3. ein glatter, ohne Versuch und Irrtum vonstatten gehender *Vollzug der zur Problemlösung führenden Handlungskette;* 4. die *subjektive Neuartigkeit* des Problemlösungsverfahrens.

Das Lernen durch E., mit dem sich bes. Vertreter der ↑Gestaltpsychologie eingehender befaßt haben, wird oft im Gegensatz zum Versuch-und-Irrtums-Lernen (↑Lerntheorien) gesehen. Versteht man Denken als Probehandeln, dann ist es vorstellbar, daß beim Lernen durch E. das Versuch-Irrtum-Verhalten als verdeckte geistige Aktivität abläuft.

Einstellung (Mental set, attitude): Bez. der Sozialpsychologie für relativ überdauernde Verhaltensbereitschaften gegenüber bestimmten Objekten, Personen oder Ideen. E.en beeinflussen (bewußt oder unbewußt) die Auswahl und Wertung von Wahrnehmungsinhalten sowie die Art der Reaktion auf diese Inhalte. Zur Erfassung der auf sozial bewertete Gegenstände, z.B. auf Personen, Personengruppen, Bräuche oder Objekte der öffentlichen Meinung bezogenen E.en, werden *E.sskalen* als Meßverfahren angewandt. Die *E.sforschung* hat v.a. die Aufgabe, Entstehungsbedingungen und Wirkungen von E.en, Vorurteilen, Stereotypen, Gesellschaftsbildern u.ä. zu untersuchen.

Einstiegsdrogen: bestimmte ↑Drogen (z.B. Haschisch), die u. U. die Bereitschaft zur Einnahme körperlich abhängig machender »harter« Drogen (Heroin,

E

Kokain) erhöhen. – ↑auch Drogenabhängigkeit.

Einwegprogramm: Form des ↑programmierten Unterrichts.

Einwortsätze: in der Sprachentwicklung des Kleinkindes etwa ab dem 2. Lebensjahr erfolgende Äußerungen einzelner Wörter, in denen die Aussage eines ganzen Satzes situationsabhängig zum Ausdruck kommt. So bedeutet »Hund!«: »Da läuft ein Hund!«. Dem Stadium der E. folgt im Regelfall die Bildung von Zweiwortsätzen.

Einzelfalldiagnostik ↑Kasuistik.

Einzelfallhilfe svw. ↑Casework.

Einzelfallstudie ↑Fallstudie.

Einzelkind (Alleinkind): das mit dem Trend zur Kleinfamilie heute vermehrt anzutreffende einzige Kind in einer Familie, innerhalb derer es häufig verwöhnt wird (↑auch Überbehütung). Aufgrund ihrer sich dadurch entwickelnden ausgeprägten Ichbezogenheit erfahren oder verursachen E.er beim Eintritt in Kindergarten oder Schule des öfteren Schwierigkeiten in Wettbewerbs- oder sozialen Anpassungssituationen.

Einzeltest (Individualtest): Testverfahren, das im Gegensatz zum ↑Gruppentest so konstruiert ist, daß es mit nur einem Teilnehmer durchgeführt wird. – ↑auch Tests.

Ejakulation (Samenerguß): durch Reizsummation ausgelöstes und durch Reflexe gesteuertes Ausspritzen der Samenflüssigkeit (Sperma) auf der Höhe des männlichen ↑Orgasmus. Die *vorzeitige E.* (Ejaculatio praecox), bei der die E. noch vor oder unmittelbar nach Einführen des Penis in die Scheide erfolgt, hat weit häufiger psychische als organische Ursachen; Gleiches gilt für die ungewöhnlich *verzögerte E.* (Ejaculatio retarda).

Ekphorie: das bewußte Wiederauflebenlassen einer Erinnerung.

Ekstase: E. ist das »Außersichsein« als (religiöses) Erlebnis individueller Entpersönlichung. Zu unterscheiden ist eine spontan den Menschen überkommende E. von einer künstlichen, etwa durch Askese, Musik, Tanz oder Drogen herbeigeführten Ekstase. Im rauschartigen Zustand einer E. treten oft optische oder akustische Halluzinationen auf; die Ansprechbarkeit für Sinneseindrücke ist reduziert. E. wird vielfach im Gefolge starker nervlicher Erregung, z. B. nach Affekterlebnissen wie Wut, Sexualakten u. a., beobachtet. Eine gesteigerte Neigung zu E. findet sich bei Psychosen.

Einzelkind

EKT: Abk. für ↑**E**lektro**k**rampf**t**herapie.

ektomorpher Typ ↑Konstitution.

Elektrakomplex: nach C. G. Jung (↑Analytische Psychologie) der in Entsprechung zum ↑Ödipuskomplex verdrängte Wunsch der Tochter, mit ihrem Vater eine enge, u. U. sexuelle Beziehung einzugehen.

Elektroenzephalogramm (Abk.: EEG): Die schwachen elektrischen Ströme, die die Gehirntätigkeit begleiten, werden an 8–25 Punkten der Kopfhaut mittels Elektroden abgeleitet. Die Spannungsschwankungen zwischen jeweils zwei dieser Elektroden werden verstärkt und von einem Mehrkanalschreiber als Funktion der Zeit aufgezeichnet. Das so entstehende EEG *(Hirnstrombild)* läßt Rückschlüsse auf Gehirnerkrankungen zu.

Das EEG zeigt vier deutlich abgrenzbare Kurvenformen: *Alphawellen* (α-Wellen) treten im inaktiven Wachzustand bei Ruhe und Entspannung auf; sie zeigen 8–12 Schwankungen je Sekunde und ein Potential von 50 bis 100 μV. *Betawellen* (β-Wellen) zeigen den Zustand aktiven, aufmerksamen Wachseins an (offene Augen, Aufnehmen neuartiger Reize) und haben 14–30 Schwankungen je Sekunde bei 10 μV. *Thetawellen* (θ-Wellen) besitzen 4–8 Schwankungen je Sekunde (bis 100 μV) und werden beim Übergang zwischen Schlafen und Wachen beobachtet. *Deltawellen* (δ-Wellen) kennzeichnen den Tiefschlaf oder tiefe Bewußtlosigkeit und haben weniger als 4 Schwankungen je Sekunde und ein Potential bis zu 200 μV.

Zwar ist es möglich, im EEG krankhafte Veränderungen (z.B. Krampfimpulse) zu erkennen, doch ist bis heute nicht sicher bekannt, welche elementaren bioelektrischen Vorgänge dem EEG zugrunde liegen. Mit dem EEG Gedanken zu lesen, ist unmöglich.

Elektrokrampftherapie (Abk.: EKT, Elektroschocktherapie): künstliche Auslösung eines kurzdauernden Krampfanfalls durch elektrischen Strom, der dem Behandelten über zwei am Schädel angesetzte Elektroden zugeführt wird. Sie wird heute, wenn überhaupt, nur noch zur Behandlung von schweren Depressionen und akuter Schizophrenie mit Katatonie (Körperstarre) eingesetzt.

Elektroschocktherapie: veraltete Bez. für ↑Elektrokrampftherapie.

Elektroenzephalogramm

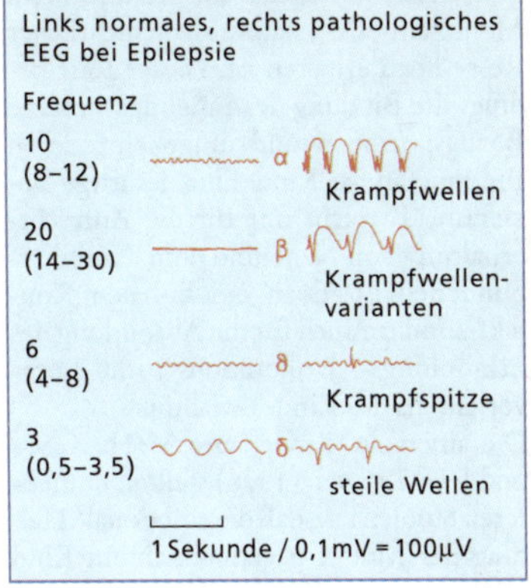

Elementenpsychologie: theoretische Richtung innerhalb der Psychologie, die nach dem Vorbild der Naturwissenschaften das psychische Geschehen durch Reduktion auf elementare Bausteine, z.B. Empfindungen, Reflexe, ↑bedingte Reaktionen, Assoziationen, zu erklären versucht. Die E. hatte mit der Assoziationspsychologie (↑Assoziation) in der zweiten Hälfte des 19. Jh. ihre Blütezeit. In direktem theoretischen Gegensatz zur E. stehen die ↑Ganzheitspsychologie und die ↑Gestaltpsychologie.

Eltern-Kind-Beziehung: Die Bindung zwischen dem Kind und seinen Eltern festigt sich zahlreichen Untersuchungen zufolge auf der Basis der ↑Prägung vermutlich bereits im 4.–6. Lebensmonat. Insbesondere R. Spitz (1945) hat auf die negativen physischen, psychischen und sozialen Folgen einer frühen Trennung des Kindes von einem oder beiden Elternteilen (↑Hospitalismus) hingewiesen. Weitere Studien belegen die Wichtigkeit einer frühkindlichen Vertrauensbeziehung zu den Eltern oder zu konstanten Bezugspersonen (↑Deprivation). An der Verhaltensforschung orientierte Ansätze wie die vor allem von J. Bowlby (1983) vertretene *Bindungstheorie* sehen in der Bindung an die Eltern ein lebens-

E

notwendiges System, das in der Entwicklung vieler Tierarten auftritt und beim Menschen als »stammesgeschichtlicher Rest« noch erhalten ist. Dieser Rest bedingt die Bindung des Säuglings an seine Bezugspersonen und umgekehrt deren Bindung an das Kind. Eine derartige Beziehung ist nicht nur für die Aufrechterhaltung von Nähe und dem damit verbundenen positiven emotionalen Kontakt, sondern auch für die Ausbildung des Erkundungs- (Explorations-) und Lernverhaltens des Kindes wichtig.

Die amerikan. Kinderärzte M. H. Klaus und J. H. Kennel (1976) stellten in mehreren Studien fest, daß die emotionale Haltung der Mutter gegenüber ihrem Kind offenbar entscheidend von dem Kontakt zwischen Mutter und Kind in den ersten Tagen nach der Geburt bestimmt wird. Mütter, die während des Klinikaufenthaltes ihre Kinder häufiger als andere Mütter bei sich hatten, entwickelten eine stärkere Bindung, zumal, wenn sie kurz vor, während und nach der Geburt eine zusätzliche Betreuung erfahren hatten.

Neuere Forschungsbestrebungen stellen die Bedeutung **dyadischer Interaktionen** heraus. Die *Dyade* ist die kleinste, aus zwei Personen (in diesem Fall Mutter-Kind- bzw. Vater-Kind-Paar) bestehende soziale Einheit. Die positive Entwicklung des Säuglings ist offenbar hauptsächlich von der *Qualität* der Eltern-Kind-Interaktionen abhängig. Wie v. a. die in jüngerer Zeit verstärkt betriebene Säuglingsforschung aufgezeigt hat, scheint es von entscheidender Bedeutung, inwieweit die Eltern in der Lage sind, die Signale des Kindes richtig zu erkennen, sie sinnvoll zuzuordnen (bzw. zu deuten) und durch angemessenes, zeitlich und inhaltlich konstantes Verhalten zu beantworten. So vermag das Kind nicht nur die Beziehung mitzustrukturieren, sondern auch die Kausalität des elterlichen Verhaltens sowie die damit verbundenen, für die Entstehung des sog. Selbstkonzepts relevanten Zuordnungs- und Reaktionsprinzipien zu erfahren.

Elterntraining: in der Erziehungsberatung unter fachlicher Leitung praktizierte, entweder über einen längeren Zeitraum ein- oder zweimal wöchentlich oder (in Blockform) im Rahmen einwöchiger Kurse stattfindende Zusammenkunft von Eltern, die ihnen eine bessere Wahrnehmung und Äußerung eigener Bedürfnisse und Wünsche ermöglichen und dazu beitragen soll, daß sich die Beziehung zu ihrem Kind und/oder Partner entspannt. E. wirkt sich – auch ohne deren direkte Einbeziehung – oft positiv auf das tatsächlich auffällige Verhalten der Kinder oder dessen Bewertung durch die Eltern aus.

Emanzipation: die Befreiung aus einem Zustand der Abhängigkeit, Entrechtung oder Unterdrückung, bes. die rechtliche und gesellschaftliche Gleichstellung benachteiligter Gruppen.

Die Forderungen nach E. bestimmter Gruppen stützen sich auf die Ideen der Aufklärung. Der Naturrechtstradition entstammt die Überzeugung, daß allen Menschen ursprünglich die gleichen Rechte zukommen. Eine Gesellschaft, die ganzen Gruppen eben diese Rechte vorenthält, kann keine gerechte Gesellschaft sein. Getragen vom Menschenbild der Aufklärung, das bes. in der Verkündung von Menschen- und Bürgerrechten in der zweiten Hälfte des 18. Jh. zutage trat, setzte der Liberalismus, der sich als E.sbewegung verstand, im 19. Jh. seine Forderungen nach Rechtsgleichheit, Entfaltung der Persönlichkeit, Staatskontrolle durch das Volk und Marktfähigkeit aller Güter durch. Dabei nahm die Forderung nach dem »Recht auf Bildung« für alle einen wichtigen Rang ein. In diesem Sinne stellt die zu Autonomie und Mündigkeit führende umfassende Bildung des Individuums eine wichtige Vorbedingung seiner E. dar: Das kritikfähige Individuum kann sich im Idealfall allen manipulativen und ideologisierenden Einflüssen widersetzen. So betrachtet, wird Bildung als Mittel zum »Ausgang des Menschen aus seiner selbstverschuldeten Un-

mündigkeit« (I. KANT) zu einem wichtigen Instrument der Emanzipation.
Mit der Formierung der Arbeiterbewegung gewann der E.sbegriff v.a. im Sozialismus zunehmend soziale und politische Dimensionen. Sozialistische Theoretiker sahen in der Abschaffung des Privateigentums an den Produktionsmitteln nicht nur die rechtliche Befreiung des Menschen aus gesellschaftlich auferlegten Zwängen, sondern zugleich auch die Voraussetzung für die »Befreiung der Arbeit« als einen wesentlichen Ausdruck der Selbstverwirklichung des Menschen; die E. der Arbeit ist demnach also auch die E. des Menschen, der so aus dem Zustand der Entfremdung zu seinem wahren Wesen findet. Alle anderen E.sbestrebungen, wie etwa die E. der Frauen, müssen sich der E. der Arbeit unterordnen (A. BEBEL). Der E.sbegriff gewinnt damit geschichtsphilosophische Dimensionen.
Im 19. Jh. kam auch die Forderung nach der E. der Schule auf, d.h. nach der Lösung der Schule aus ihren kirchlichen Bindungen, der mit Einführung der staatlichen Schulen weitgehend Rechnung getragen wurde.
In dem Maße, wie die »wahre Natur des Menschen« der Philosophie des 20. Jh. zweifelhaft wird, erscheint auch die E. als Verwirklichung des wahren menschlichen Wesens problematisch. Zugleich wird die Vorstellung in Frage gestellt, E. könne nur gegen bestimmte gesellschaftliche Gruppen durchgesetzt werden. Vor dem Hintergrund psychoanalytischer Erkenntnisse gewinnt die Vorstellung Gestalt, die unterdrückenden Mechanismen könnten teilweise oder vielleicht ganz im Individuum selbst in »verinnerlichter Form« wirksam sein, weshalb die Manipulation der menschlichen Natur und damit der E. zunehmend Beachtung findet. So erlangt der E.sgedanke eine psychologische Dimension, die in jüngster Zeit im Zusammenhang mit feministischen Bewegungen in den Vordergrund tritt.
In der zweiten Hälfte des 20. Jh. weiteten sich die E.sbestrebungen (besonders in

Emanzipation: Das Plakat aus der Zeit um 1900 weist auf die alle Kontinente miteinander verbindende Solidarität der Arbeiter hin. Für alle sollen die bereits in der Französischen Revolution erhobenen Forderungen nach Freiheit, Gleichheit und Brüderlichkeit gelten.

den parlamentarischen Demokratien Europas und Nordamerikas) aus, zunehmend unterstützt durch Sozial-, Kultur- und Geisteswissenschaften sowie durch einen engagierten Journalismus. In den späten sechziger Jahren entwickelte sich darüber hinaus die Forderung nach E. zu einem Schlagwort antibürgerlicher Kräfte. Ziele der E. waren vor allem die Demokratisierung der Gesellschaft in all ihren Bereichen (Familie, Schule, Universität, Betriebe), die allgemeine Chancengleichheit (z.B. der Frau am Arbeitsplatz und in der Familie, des Behinderten oder des ausländischen Arbeitnehmers im Berufsleben, allgemein aller, die benachteiligt werden oder sich als benachteiligt betrachten) und die Mitbestimmung Abhängiger (z.B. des Arbeitnehmers im Betrieb, des Schülers in der Schule, des

Studenten in der Hochschule oder des Auszubildenden in seinem Lehrbetrieb). – ↑auch Chancengleichheit, ↑Frauenbewegung.

emergency function svw. ↑Notfallfunktion.

Emotion:

◆ *bildungssprachlich* für: seelische Erregung, Gemütsbewegung; Gefühl, Gefühlsregung.

◆ in der *Psychologie:* Teil der dem Menschen eigenen mannigfachen Gemütsbewegungen; die nach Lebhaftigkeit und Intensität individuell unterschiedlich ausgeprägte Anteilnahme und Erregbarkeit auch als Ausdruck eines unspezifischen Ab- oder Hinwendungsverhaltens; zusammen mit den spezifischen Gedanken und Phantasien eines Menschen sind die E.en bestimmend für die jeweilige Qualität des Gefühls. Für die Gesamtheit des Gefühlslebens (Gemüt, Stimmung, Triebhaftigkeit) wurde von E. BLEULER die Bez. **Emotionalität** geprägt. Mangelhafte Emotionalität mit dem Fehlen oder Versagen gefühlsbetonter Zuwendung hat vornehmlich in der Eltern-Kind-Beziehung massive Folgen für die seelische Entwicklung des Kindes und kann psychische Störungen bzw. Verhaltensauffälligkeiten bewirken.

emotionale Ansprechbarkeit ↑Ansprechbarkeit.

Emotionstheorien ↑Gefühlstheorien.

Empathie ↑Einfühlung.

Empfindung: Als E. wird die als Folge einer Reizeinwirkung durch nervliche Erregungsleitung vermittelte Sinneswahrnehmung bezeichnet. Hierbei sind allerdings vermutlich auch Aktivitäten des Großhirns beteiligt. Entsprechend den verschiedenen Sinnesfunktionen unterscheidet man Gesichts-, Gehör-, Geruchs-, Geschmacks-, Tast-, Temperatur-, Schmerz-, Bewegungs-, Gleichgewichts- und sog. Organempfindungen. E.en werden sowohl durch Reize außerhalb als auch durch Reize innerhalb des Körpers ausgelöst. Die ältere Psychologie (↑Elementenpsychologie) betrachtete E.en als die grundlegenden Bausteine des Psychischen. Dieser Auffassung wurde von der Gestalt- und der Ganzheitspsychologie entschieden widersprochen.

Die Gesetzmäßigkeiten zwischen der Intensität von Reizen und der Stärke der dadurch ausgelösten E. und im Zusammenhang damit auch die verschiedenen Reizschwellen werden speziell von der ↑Psychophysiologie untersucht.

Empirie:

◆ Methode, die sich auf Erfahrung stützt, um (wissenschaftliche) Erkenntnisse zu gewinnen.

◆ aus der Erfahrung gewonnene Kenntnisse, Erfahrungswissen.

empirische Sozialforschung: die systematische, methodenorientierte Erhebung und Interpretation von Daten über Gegebenheiten und Vorgänge im soziokulturellen Bereich. Die Forschungsergebnisse dienen dazu, Hypothesen und Theorien zu überprüfen, neue Erkenntnisse und Hypothesen zu gewinnen, rationale Planungs- und Entscheidungsprozesse zu fundieren sowie praktische Probleme zu bewältigen. Erforschte Sachverhalte sind: 1. *objektive Gegebenheiten* (Einkommensverteilung, Herrschaftsbefugnisse, Familiengröße u. a.), 2. *subjektive Faktoren* (Wertvorstellungen, Meinungen, Motive u. a.), 3. *reale Verhaltensweisen.* Der e.n S. liegt die moderne Wissenschaftstheorie zugrunde, insbesondere der kritische Rationalismus von K. R. POPPER und H. ALBERT. Die Forschung soll grundsätzlich unabhängig von der Subjektivität des Forschers erfolgen *(Prinzip der Intersubjektivität).* Die angewandten Methoden, Verfahren, Instrumente oder Techniken der e.n S. (↑Befragung, ↑Beobachtung, ↑Experiment) sollten an einer Theorie oder an geeigneten Forschungshypothesen orientiert sein.

Methoden der e. S. werden zunehmend auch in anderen Sozialwissenschaften (Psychologie, Ethnologie) sowie v. a. in der kommerziellen Markt- und Meinungsforschung eingesetzt.

Die e. S. entwickelte sich aus der Bevölkerungs- und Sozialstatistik des 17. und 18. Jh., aus den Sozialerhebungen des 19. Jh., aus empirischen Forschungsansätzen der Ethnologie, Kulturanthropologie und Sozialpsychologie sowie aus den Anfängen der Markt- und Meinungsforschung. Eigentliche methodische Überlegungen und deren Umsetzung in exemplarische Untersuchungen leistete erstmals E. DURKHEIM. Nach dem Ersten Weltkrieg wurden die Verfahren v. a. in den USA im Zusammenhang mit der Wahl-, Propaganda-, Medien-, Minderheiten- und Vorurteilsforschung im Rahmen stadt-, gemeinde-, industrie- und militärsoziologischer Studien weiterentwickelt.

Empirismus:

◆ Sammelbez. für Theorien, die nur das sinnlich Erfaßbare als Grundlage für den Erwerb von (wissenschaftlichen) Erkenntnissen gelten lassen.

◆ Sammelbez. für psychologische Theorien, die Verhaltens- oder Erlebensweisen allein auf Lernprozesse zurückführen (Ggs.: Nativismus). Das Psychische wird hierbei gleichsam als *Tabula rasa* angesehen, die nur durch Sinneseindrücke mit Inhalt gefüllt werden kann. Solche Auffassungen lassen das Vorhandensein phylogenetisch angesammelter und im Erbgut gespeicherter Informationen außer acht.

Encephalon svw. ↑Gehirn.

Encountergruppe (Trainingsgruppe, T-group): Bez. für den Kreis von fünf bis sechs, bei Mitarbeit von zwei Therapeuten bzw. Trainern auch acht bis zwölf Teilnehmern eines ↑Sensitivitätstrainings, das sich über mehrere Tage erstreckt. Durch bestimmte Übungen und Techniken, v. a. aus der Gesprächs- oder Gestalttherapie, und mit Hilfe des ↑Psychodramas wird versucht, neue Gefühlserfahrungen zu machen, die Fremd- und Selbstwahrnehmung zu erhöhen und durch intensive menschliche Begegnung auch ungezwungene Formen des Miteinanderlebens zu entwickeln. Meist werden die Gruppenmitglieder von ihren Trainern oder Therapeuten angehalten, spontan und ungehemmt Aggressionen, Sympathien und Antipathien zu äußern, wobei allerdings im Abbau der für das seelische Gleichgewicht notwendigen Abwehrmechanismen eine gewisse Gefahr zu sehen ist.

endemischer Kretinismus ↑Kretinismus.

Endhandlung ↑Instinkthandlung.

endogen: anlagebedingt oder vererbt, nicht durch äußere Einflüsse entstanden. – Ggs. ↑exogen.

endogene Psychosen ↑Psychosen.

endokrine Drüsen: Zellgruppen, die ihr Sekret direkt ins Blut oder in die Gewebsflüssigkeit abgeben. Ihre Sekrete nennt man **Hormone.** Auch besondere Nervenzellen sondern Hormone *(Neurohormone)* ab, die vorrangig auf die Hypophyse (Hirnanhangsdrüse) wirken, die ihrerseits die anderen Hormondrüsen steuert.

endomorpher Typ ↑Konstitution.

endothymer Grund: von P. LERSCH im Rahmen seines Schichtenmodells der Persönlichkeit eingeführter Begriff zur Bez. tragender Funktionen des Seelenlebens (Affekte, Emotionen, Stimmungen, Antriebe usw.), die in enger Verbindung zur biophysischen Konstitution des Menschen stehen.

Energetika ↑Psychoanaleptika.

Engramm (Gedächtnisspur): auf den dt. Zoologen R. SERMON zurückgehende Bez. für einen unbewußten, durch Reize in einen Organismus »eingeschriebenen« Gedächtnisinhalt. Die Gesamtheit der E.e bezeichnete SERMON als **Mneme.**

Enkopresis svw. ↑Einkoten.

Enkulturation: Prozeß, bei dem sich ein Individuum an die Kultur seiner Umgebung durch Übernahme der in dieser Kultur gültigen Regeln, Einstellungen und Verhaltensmuster anpaßt. – ↑auch Assimilation.

entdeckendes Lernen: Form des Lernens, bei welcher der Lernende sein Wissen v. a. durch eigene Aktivitäten erwer-

E

ben, Fakten und Zusammenhänge selbständig suchen und bereits vorhandene Kenntnisse produktiv einsetzen soll.

Enthemmung: E. ist der Wegfall einer bewußten Steuerung von Affekten und Trieben. Dabei kann es zu Kurzschlußhandlungen und sog. Primitivreaktionen kommen. Enthemmend wirken v.a. Alkohol und Drogen sowie bestimmte psychische Erkrankungen.

Entmutigung ↑Ermutigung.

Entpersönlichung ↑Depersonalisation.

Entspannung: Außer den Erholungsphasen während des Schlafs (↑Schlaf) (*trophotrope Schaltung* des autonomen Nervensystems) gibt es auch Zustände gedämpfter Reaktionsbereitschaft während des Wachseins. Letztere sind mit Verlangsamung der Atmung, Absinken der Herzschlagfrequenz und Muskelspannung, bei oft gleichzeitiger hoher geistiger Konzentration, verbunden. E. in diesem Sinn wird durch verschiedene **E.stechniken** wie Meditations- und Biofeedbackverfahren, Autogenes Training u.a. herbeigeführt. Wegen ihrer streßabbauenden Wirkung finden diese Techniken breite Anwendung in der Psychotherapie und Schmerzbekämpfung.

Entspannungstherapie ↑Desensibilisierung, ↑Verhaltenstherapie.

Enttäuschung: Nichterfüllung einer Hoffnung oder Erwartung, die den Betreffenden unzufrieden o.ä. stimmt. – ↑auch Frustration.

Entwicklung: Unter E. werden Veränderungen im psychophysischen Bereich verstanden, die sinnvollerweise auf das Lebensalter bezogen werden können. Dabei wird es möglich, Sequenzen von E.sabschnitten zu unterscheiden, bei denen ein nachfolgender Abschnitt im Regelfall (zumindest im Kindes- und Jugendalter) in *qualitativer* oder *quantitativer Hinsicht* als über den vorausgegangenen hinausführend bewertet werden kann. E. ist also ein *gerichteter Prozeß*. Gemessen am E.sstand zu einem früheren Zeitpunkt, ist der E.sstand eines Kindes oder Jugendlichen normalerweise durch einen E.sfortschritt gekennzeichnet, doch muß auch mit einem E.sstillstand oder mit einem E.srückschritt gerechnet werden.

Aussagen über die steuernden und regulierenden Faktoren des E.sprozesses versuchen die verschiedenen *E.stheorien* zu machen. Dabei werden manchmal Extrempositionen vertreten, die als milieutheoretischer Optimismus oder ↑Empirismus bzw. als milieutheoretischer Pessimismus oder ↑Nativismus bekannt sind. Beide Auffassungen gelten als wenig geeignet, mit ihrer einseitigen Perspektive das komplexe E.sgeschehen zu erklären. Vielmehr ist davon auszugehen, daß die E. immer auf einer *Wechselwirkung* von Anlage- und Umweltfaktoren (↑Anlage-Umwelt-Problematik), Reifungs- und Lernprozessen bzw. inneren und äußeren E.sbedingungen beruht. Dies ist die Kernaussage des ↑Konvergenzprinzips. Zu den inneren Faktoren ist neben den Anlagen auch die bewußte Selbststeuerung zu rechnen. Als äußere E.sbedingungen können auch angebotene oder unterlassene pädagogische Maßnahmen gelten.

Die menschliche E. ist kein Prozeß, der sich von selbst vollzieht; sie ist nicht nur aktive Auseinandersetzung des Individuums mit seiner Umwelt, sondern resultiert auch aus den ständigen Anforderungen der Gesellschaft an das Individuum. Die *soziohistorische Theorie* der E. (L. S. WYGOTSKIJ) sieht deshalb nicht das, was ein Kind aktuell vermag, als wesentlich an, sondern das, was es mit Hilfe der Erwachsenen leisten könnte. Die Förderung eines Kindes soll, ausgehend von der *Zone der aktuellen E.*, innerhalb der *Zone der nächsten E.* ansetzen. Dabei hilft der kompetentere Partner dem Kind auf dem nächsthöheren E.sniveau zu Leistungen, zu denen es allein noch nicht fähig ist. Nach einiger Zeit wird dann das Kind selbständig in der Lage sein, die Anforderungen der neuen Stufe zu bewältigen. Unter **E.sniveau** oder **E.sstufe** versteht man einen zeitlich begrenzten Abschnitt des Lebenslaufs, der durch einen charakteristischen, von anderen E.sstufen abweichenden E.sstand gekennzeichnet ist. Weit verbreitet sind grobe Einteilungen des Lebenslaufs in die Stufen *Kindheit, Jugend, Erwachsenen-* und *Greisenalter*, wobei vielfach noch Teilstadien angegeben werden.

Für eine gezielte E.sförderung reicht eine solche Grobeinteilung allerdings nicht aus. Mit eigens konstruierten *diagnostischen Verfahren* wird dort deshalb versucht, E.ssequenzen mit einem weit höheren Auflösungsgrad zu erfassen.

Im Verlauf der E. können auch Ereignisse eintreten, die ein Stehenbleiben der E. *(Fixierung)* auf einer E.sstufe oder eine *Regression*, d.h. ein Zurückfallen auf eine frühere E.sstufe, zur Folge haben. In beiden Fällen spricht man von **E.sstörungen.** Dagegen stellen **E.sbeschleunigungen** (Akzelerationen) oder **E.sverzögerungen** (Retardierungen) nicht unbedingt Störungen der E. dar, sondern sind zumeist im Bereich des Normalen liegende Varianten des E.stempos. Aufgrund solcher Schwankungen des E.stempos entspricht der E.sstand nicht immer der ↑Altersnorm. Mit Hilfe von **E.stests** lassen sich E.sbeschleunigungen und -verzögerungen erfassen und durch einen ↑Entwicklungsquotienten auch in Zahlen ausdrücken.

Anders als bei diesen am Durchschnitt der betreffenden Altersgruppe orientierten Verfahren sind **E.sskalen** konzipiert, bei denen im Rahmen einer ↑Entwicklungsdiagnose der E.sstand eines Individuums relativ zu den einzelnen Stufen einer oft als natürlich begriffenen **E.ssequenz** erfaßt wird. Die Stadien der ↑Denkentwicklung nach PIAGET mit ihren Teilstadien und Zwischenstufen können als eine solche natürliche Abfolge von E.sschritten interpretiert werden. E.sskalen der genannten Art haben den Vorteil, daß sie bei Bemühungen zur E.sförderung (etwa bei geistig- oder lernbehinderten Kindern) sowohl Informationen über die Zone der aktuellen E. als auch über die Zone der nächsten E. liefern.

Entwicklung

Entwicklung des motorischen Verhaltens (Durchschnittswerte)

Entwicklungsalter (Abk.: EA): mit Hilfe eines Entwicklungstests ermittelter Zahlenwert zur Kennzeichnung des Entwicklungsstandes eines Kindes, bezogen auf den durchschnittlichen Entwicklungsstand gleichaltriger Kinder.

Entwicklungsbeschleunigung svw. ↑Akzeleration.

Entwicklungsdiagnose: die Erfassung des gegenwärtigen Standes der ↑Entwicklung eines Kindes. – ↑auch Zone der aktuellen Entwicklung, ↑Zone der nächsten Entwicklung.

Entwicklungsniveau ↑Entwicklung.

Entwicklungspsychologie: Teilgebiet der Psychologie, das vorwiegend die ontogenetische Entwicklung des Verhaltens von Individuen und Gruppen beschreibt und erforscht. Ende des 19. Jh. durch den Einfluß der Evolutionstheorie C. DARWINS als selbständige Teildisziplin der Psychologie konstituiert, beschränkte sich die E. zunächst auf eine chronologisch möglichst getreue Beschreibung individueller Entwicklungsverläufe. Mit Beginn des 20. Jh. wurde dieses nicht repräsentative Verfahren aufgegeben. Seither versucht die E., an großen Gruppen gleichaltriger Individuen Durchschnittsnormen des Entwicklungsstandes (↑Entwicklung) in den verschiedenen Bereichen der Verhaltensentwicklung festzustellen (↑Querschnittuntersuchung) oder den Entwicklungsverlauf in bestimmten Funktionsbereichen durch langfristige Beobachtung kleiner Gruppen gleichaltriger Individuen (↑Längsschnittuntersuchung) zu untersuchen. Daneben beschäftigt sich die E. heute in zunehmendem Maße mit Fragen der Entwicklungstheorie und versucht im Labor- und Feldexperiment zu klären, durch welche Bedingungen und über welche Lernprozesse der Entwicklungsprozeß beeinflußt wird bzw. gesteuert werden kann.

Entwicklungsquotient (Abk.: EQ): Zur Berechnung des E.en bestimmt man zunächst anhand geeigneter Tests das ↑Entwicklungsalter (Abk.: EA) eines Kindes und setzt dieses dann mittels der folgenden Formel in Beziehung zum Lebensalter (Abk.: LA): EQ=EA/LA×100.

Entwicklungssequenz ↑Entwicklung.

Entwicklungsskalen: diagnostische Verfahren zur Erfassung des Entwicklungsstandes von Kindern und/oder Jugendlichen (↑Entwicklung).

Entwicklungsstörung ↑Entwicklung.

Entwicklungstests: Testverfahren zur Erfassung des Entwicklungsstandes von Kindern und/oder Jugendlichen. – ↑Entwicklung.

Entwicklungsverzögerungen ↑Entwicklung.

Entwöhnung:

◆ Beendigung des Stillens eines Kindes.

◆ (mehrmonatige) stationäre Behandlung Alkohol- oder Drogenabhängiger mit dem Ziel, sie von ihrer physischen und psychischen Abhängigkeit (↑Alkoholkrankheit, ↑Drogenabhängigkeit) zu befreien.

Entzugserscheinungen (Abstinenzerscheinungen, Entziehungserscheinungen): schwerwiegende körperliche und psychische Veränderungen nach dem plötzlichen Absetzen einer Droge, wenn zuvor eine körperliche Abhängigkeit bestanden hat. Die E. äußern sich in Gleichgewichts- und Kreislaufstörungen, schmerzhaften Magenkrämpfen, Schweißausbrüchen, Übelkeit, Erbrechen sowie Durchfällen. Dazu kommen starke seelische Verstimmungen, Auftreten von Halluzinationen, Ängsten, Unruhe. Die E. dauern nur wenige Tage und klingen allmählich ab, bis der Stoffwechsel des Körpers wieder normal funktioniert. Nach dem Entzug der Droge bedürfen die Patienten der psychotherapeutischen Betreuung, da das Verlangen nach dem Rauschgift zunächst fortbesteht und überwunden werden muß. – ↑Drogenabhängigkeit.

Enuresis svw. ↑Einnässen.

Enzephalisation ↑Zerebralisation.

Enzephalitis (Gehirnentzündung): Sammelbez. für meist infektiös-toxische oder infektiöse Erkrankungen des Hirngewebes, die bleibende kognitive Beeinträchtigungen oder Persönlichkeitsveränderungen bewirken können.

Epidemie ↑psychische Epidemien.

Epidemiologie:

◆ in der *Psychologie* Forschungsrichtung, die die Verbreitung psychischer Störungen und deren Zusammenhang mit bestimmten Merkmalen wie Kultur-, Schicht- oder Geschlechtszugehörigkeit untersucht.

◆ in der *Medizin* Lehre von der statistischen Häufigkeit und Verteilung ansteckender Krankheiten in der Bevölkerung, im weiteren Sinne auch von nichtinfektiösen Erkrankungen wie Diabetes (»Zukker«), Herzinfarkt oder Krebs. Wesentliche Aspekte sind die Erforschung der Risikofaktoren innerhalb bestimmter Bevölkerungsgruppen, der Ursachen, Übertragungswege, klimatischer und geomedizinischer Voraussetzungen sowie der sozialen und volkswirtschaftlichen Folgen.

Epilepsie: Anfallskrankheit, die meist mit Bewußtseinsstörungen einhergeht und von abnormen Bewegungsabläufen begleitet ist. Die Anfälle entstehen durch ungehemmte und diffuse Ausbreitung einer Nervenerregung, die normalerweise wenige isolierte Bahnen durchläuft. Als äußere Ursachen der *symptomatischen E.* kommen Verletzungen mit nachfolgender Narbenbildung, Entzündungen des Gehirns und der Hirnhäute sowie Vergiftungen und Tumoren im Schädelinneren in Betracht. Bei der familiär gehäuft auftretenden *genuinen E.* läßt sich keine Grundkrankheit bzw. eigentliche Ursache nachweisen.

Epilepsie

Elektroenzephalogramm beim großen (links) und kleinen (rechts) Krampfanfall

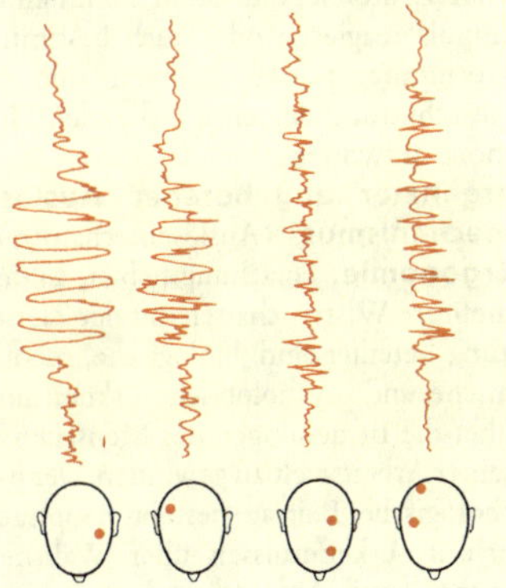

Der große Krampfanfall **(Grand mal)** setzt meist mit einer plötzlichen Bewußtlosigkeit ein. Dann folgt ein schwerer Krampfzustand der gesamten Körpermuskulatur. Durch die verkrampften Brustkorbmuskeln wird die Luft ausgepreßt und durch die gleichfalls krampfenden Stimmbänder getrieben, wodurch es zum »epileptischen Schrei« kommt. Die Krampfphase wird von Zuckungen abgelöst, wobei es zum Auftreten von Schaum vor dem Mund, zum Zungenbiß und zum Abgang von Urin und Stuhl kommen kann. Nach 2–3 Minuten werden die Krampfstöße seltener, und der Kranke fällt in einen kurzen Schlaf mit völliger Entspannung aller Gliedmaßen. Nach einiger Zeit kehrt das Bewußtsein zurück. Der kleine Anfall **(Petit mal)** ist uneinheitlich.

Bei Kleinkindern sind die *Blitz-Nick-Salaam-Krämpfe* typisch, bei denen der Kopf aus der Ruhelage nach vorn gerissen oder langsam vorgebeugt wird. Gleichzeitig werden die Beine angezogen und die Arme abgespreizt *(Salaamkrämpfe).* Bei *Blitzkrämpfen* laufen sekundenlange Zukkungen durch den ganzen Körper. Die *Absencen* von 5–30 Sekunden, bei denen nur die Geistesabwesenheit bei starrem Gesichtsausdruck und verschwommenem Blick auffällt, treten v.a. im Schulkindalter auf. Die *Herdanfälle* (Jackson-Anfälle) beginnen meist mit dem Zucken einer Gesichts- und Körperhälfte und entwickeln sich unter Bewußtseinsverlust manchmal zu allgemeinen Anfällen. Bei der symptomatischen E. läßt sich die Anfallsursache manchmal durch Behandlung des Grundleidens beseitigen. Sonst kann die Behandlung meist nur darauf gerichtet sein, die Anfälle und damit den geistigen Verfall zu verhindern. Die modernen *Antiepileptika* sind bei 80–85% der Epileptiker wirksam, doch wirken nicht alle Präparate auf alle Anfallsformen und alle Kranken gleich gut.

In frühen Hochkulturen wie auch in der Antike galt E. als »heilige Krankheit«, als Ergriffen- bzw. Besessensein von einer göttlichen oder dämonischen Macht (↑Besessenheit). Die griechischen Ärzte Aretaios und Galen beschrieben die epileptische Aura und gaben bereits genaue vorbeugende und therapeutische Anweisungen.

epistemische Struktur: Nach gewissen denkpsychologischen Modellen bildet die e.St. zusammen mit der ↑heuristischen Struktur die kognitive Ausstattung des Menschen. Sie enthält das *Wissen* eines Individuums über einen bestimmten Bereich der Wirklichkeit, wozu auch die *Routineverfahren* zur Lösung regelmäßig

E

wiederkehrender Aufgaben gezählt werden.

EQ: Abk. für ↑Entwicklungsquotient.

Erbe-Umwelt-Problematik svw. ↑Anlage-Umwelt-Problematik.

Erbkoordination: angeborene, arttypische Bewegungsmuster, die von bestimmten Reizen veranlaßt werden, dann aber formkonstant, d.h. in immer gleicher Weise, ablaufen, auch wenn das Verhalten in einer unnatürlichen Situation sinnlos ist. So drehen sich z.B. Hunde, bevor sie sich irgendwo niederlegen, einige Male im Kreis herum, um »das Gras niederzutreten«. E.en werden gewöhnlich durch bestimmte Orientierungsreaktionen, also richtende Bewegungen (Taxien), zum Instinktverhalten ergänzt.

Erblichkeitskoeffizient svw. ↑Heritabilitätskoeffizient.

Erbpsychologie: Teilgebiet der Psychologie, in dem die Erblehre auf Verhaltensmerkmale, d.h. psychische Eigenschaften, Anwendung findet. Man könnte dieses Forschungsgebiet mit gleichem Recht auch der Genetik zurechnen. Die Methoden der Datengewinnung, z.B. die verwendeten Testverfahren, entstammen allerdings der Psychologie. Ebenso sind die meisten inhaltlichen Gesichtspunkte gleichfalls spezifisch psychologisch, so z.B. die viel diskutierte Frage nach der Erblichkeit von Intelligenzleistungen (↑Anlage-Umwelt-Problematik). Die verwendeten Modellvorstellungen gehören zum Inventar der Genetik, werden aber in der Psychologie ebenfalls verwendet.

ererbt (hereditär): allein durch genetische Faktoren bestimmt; im Unterschied zu ↑angeboren.

erethisches Verhalten: (des öfteren bei bestimmten psychischen Störungen auftretende) motorische Unruhe, leichte Erregbarkeit.

Erfahrung: Sammelbez. für die im Laufe des Lebens durch Anschauung, Wahrnehmung, Empfindung und praktische Erprobung gewonnenen Kenntnisse, Verhaltensweisen und Einsichten. Die Verarbeitung von Erlebnissen zu E.en ist Gegenstand verschiedener Teildisziplinen der Psychologie.

Erfolg: Das *E.serlebnis* hängt weniger von der absoluten Höhe der Leistung als vielmehr von ihrer Übereinstimmung mit den selbstgesetzten Erwartungen (↑Anspruchsniveau) ab. Liegt die Leistung unter dem erwarteten Niveau, so wird dies als **Mißerfolg,** liegt sie darüber, als *E.* gewertet. Bei zu einfachen und zu schwierigen Aufgaben treten E.s- bzw. Mißerfolgserlebnisse nicht auf. E.e bei der Bewältigung von Aufgaben begünstigen die Leistungsmotivation und den Lernfortschritt.

Erfolgskontrolle ↑Evaluation.

Erfolgsorgane: Bez. für Organe (Muskeln, Gewebe, Drüsen), die auf einen vom Zentralnervensystem kommenden Impuls reagieren oder auch bestimmte Hormonrezeptoren besitzen und bei Ausschüttung der entsprechenden Hormone antworten.

ergänzter angeborener Auslösemechanismus ↑Auslösemechanismus.

Ergonomie: Forschungsgebiet, an dem mehrere Wissenschaften mit der Zielsetzung beteiligt sind, biologische, medizinische und psychologische Erkenntnisse über die Beziehungen des Menschen zu seiner Arbeitswelt zu gewinnen. Der psychologische Beitrag besteht hauptsächlich in Erkenntnissen über Wahrnehmungs- und Aufmerksamkeitsprozesse, über Signalverarbeitung, über Einflüsse von Belastung, Ermüdung, Einförmigkeit (Monotonie) und Wachheit (Vigilanz) auf die Arbeitsleistung sowie über das Zusammenwirken von Mensch und Maschine in sog. Mensch-Maschine-Systemen.

Ergotherapie: zusammenfassende Bezeichnung für ↑Beschäftigungstherapie und ↑Arbeitstherapie.

Erholung: Wiederherstellung der normalen Leistungsfähigkeit nach Ermüdung oder Krankheit, bezogen auf den gesamten Organismus oder auf Teile davon. Der E. dient z.B. der *Urlaub.* Er sollte möglichst aus der gewohnten Umgebung herausführen (»Tapetenwechsel«) und ohne Unterbrechung möglichst länger als drei Wochen dauern, weil dann der E.seffekt am größten ist.

Ohne Gesundheitsschädigung ist es keinem Menschen möglich, ununterbrochen beispielsweise acht Stunden zu arbeiten. Daher sind *Pausen* zur E. notwendig. Arbeitsphysiologische Untersuchungen haben ergeben, daß mehrere Fünfminutenpausen mehr E. bringen als nur eine lange Pause am Arbeitstag. Der E.seffekt ist in den ersten fünf Minuten am größten und nimmt dann rasch ab.

Auch bei geistiger Arbeit läßt die Leistungsfähigkeit (und v.a. die Aufmerksamkeit) individuell verschieden bei ununterbrochener Tätigkeit nach. Pausen zur E. sind auch hier notwendig. Eine Pause zu machen empfiehlt sich bes. dann, wenn z.B. ein Problem unlösbar erscheint.

Erinnerung: Als E. bezeichnet man einen Gedächtnisinhalt, eine gespeicherte Information, die absichtlich aus dem ↑Gedächtnis abgerufen wird oder unbeabsichtigt ins Bewußtsein dringt.

Erinnerungslücke ↑Amnesie. – ↑auch Gedächtnisstörungen.

Erinnerungstäuschung: Die Erinnerung an ein Ereignis stimmt oft mit dem tatsächlichen Ablauf nicht überein, weil z.B. während der Wahrnehmung die Aufmerksamkeit auf anderes gerichtet war oder subjektive Einstellungen, bestimmte Erwartungen oder Vorurteile die Wahrnehmung oder Erinnerung beeinträchtigen. Zeugenaussagen vor Gericht können deshalb unbeabsichtigt ein falsches Bild des Geschehens ergeben. – ↑auch Gedächtnisstörungen.

Erkenntnis:

◆ durch geistige Verarbeitung von Eindrücken und Erfahrungen gewonnene Einsicht.

◆ Fähigkeit des Erkennens, des Erfassens der Außenwelt.

erklärende Psychologie: aus dem von W. Dilthey (↑beschreibende Psychologie) postulierten Unterschied zwischen der erklärenden und der verstehenden Vorgehensweise entstandener Begriff für diejenigen psychologischen Richtungen, welche sich in ihrer Forschungsmethode an den Naturwissenschaften orientieren. Die Bemühungen gehen dahin, gesetzmäßige Beziehungen zwischen psychischen Sachverhalten zu erklären und Prognosen bei theoretischen und praktischen Fragen zu stellen. Die Unterscheidung Diltheys hat sich in der modernen Psychologie allerdings nicht durchgesetzt.

Ermüdung: nach längerer Tätigkeit auftretende Abnahme der körperlichen und geistigen Leistungsfähigkeit und -bereitschaft. Psychologische Indikatoren sind Reizbarkeit, Unlustgefühle, Verminderung der Konzentrations- und Denkfähigkeit sowie ein allgemeines »Müdigkeitsgefühl«. Die E. kann rein körperliche Ursachen haben (Beeinträchtigung der physiologischen Funktionen durch zu starke Beanspruchung) oder auch vorwiegend psychisch bedingt sein. Dabei spielt die Einstellung zu der durchzuführenden Tätigkeit eine wichtige Rolle. Insbesondere führen monotone Arbeiten (↑Monotonie) zu einer raschen psychischen Sättigung, die als E. empfunden wird.

In der Arbeits- und Betriebspsychologie versucht man Methoden zu entwickeln, um die Ermüdbarkeit einzelner Personen (E.sdiagnose) zu erfassen und den E.seffekt von Arbeitsvorgängen festzustellen.

Ermutigung: Form der psychotherapeutischen Einflußnahme, die insbesondere in der Individualpsychologie empfohlen wird, da hier das Minderwertigkeitsgefühl bzw. die daraus resultierende **Entmutigung** als Auslöser psychischer Störungen gilt. Wie die neuere Motivationsforschung zeigt, begünstigen Mißerfolgserwartungen tatsächlich Handlungsunsicherheiten, damit eine weitere Entmutigung und letztlich die Verstärkung bereits bestehender psychischer Beeinträchtigungen.

E

erogene Zonen: Stellen der Körperoberfläche (z.B. Geschlechtsteile und deren Umgebung, Brustwarzen, Mund, Hals), deren Berührung oder Reizung besondere Empfindungen (vor allem sexueller Art) auslöst; im Grunde können jedoch sämtliche Körperstellen als erogen gelten.

Erotik: im weitesten Sinne alle körperlichen und geistig-seelischen Formen der Liebe, einschließlich der gleichgeschlechtlichen Beziehungen **(Homoerotik)** oder der Selbstliebe **(Autoerotik).** Im engeren Sinne meint E. ausschließlich die körperlichen Beziehungen zwischen Sexualpartnern. Der Begriff wird jedoch meist gebraucht, um die sublimierten, d.h. die geistig-seelischen Bereiche des sexuellen Kontaktes zu beschreiben. Hierzu gehören Gestaltungen der Kunst sowie weite Bereiche der menschlichen Kommunikation (Publizistik, Werbung, Mode). Die Erscheinungsformen reichen von der versteckten Anspielung oder Symbolisierung bis zu unverhüllten Darstellungen sexueller (genitaler) Kontakte, bei der die Grenze zur ↑Pornographie sehr schwer zu ziehen ist.

Erotophobie: krankhafte Abneigung, sexuelle Beziehungen einzugehen.

Erregbarkeit:

◆ (Irritabilität, Reizbarkeit) die Fähigkeit von Sinnes- und Nervenzellen, durch ihnen angemessene (adäquate) Reize erregt zu werden.

◆ die z.T. recht unterschiedliche Ansprechbarkeit eines Individuums auf affektive bzw. emotionale, also gefühlsmäßige Reize.

◆ die einer Situation nicht angemessene (zu heftige) emotionale Reaktion eines Individuums.

Erregung:

◆ Zustand einer Nervenzelle oder ihrer Fortsätze bei der Erregungsleitung oder eines Muskels bei der Kontraktion. Beide E.szustände sind gekennzeichnet durch Änderungen der elektrischen Spannung (Potentialänderungen; ↑Aktionspotential). Die Bahnung von E.en ist neben der ↑Hemmung ein grundlegender Vorgang der E.sleitung und -verarbeitung in Organismen.

◆ Aktivierung der Großhirnrinde, die die Aufmerksamkeit steigert. Diese E. wird durch Impulse ausgelöst, die auf unspezifischen Bahnen von den Sinnesorganen über die Formatio reticularis des Hirnstamms zum Großhirn gelangen.

◆ Die Bez. E. wird nicht selten auch im Sinne von Affekt oder Emotion verwendet (↑Erregbarkeit).

Erregungsleitung (Reizleitung): Ausbreitung einer Erregung entlang einer erregbaren Struktur (Nerv, Muskel). Meist erfolgt sie von einem Rezeptor über afferente und efferente Bahnen über eine oder mehrere Schaltstellen auf einen Effektor. – ↑Erfolgsorgane.

Die Erregung kann durch einen Reiz oder selbsttätig (autonom, z.B. im Sinusknoten des Herzens) entstehen. Da Erregung gleichbedeutend ist mit der Auslösung eines ↑Aktionspotentials, »wandert« bei der E. das Aktionspotential an der elektrisch leitenden Nerven- oder Muskelfaser entlang.

An Muskel- und marklosen Nervenfasern erfolgt eine **kontinuierliche E.** (0,5 bis 15 m/s). An markhaltigen Nervenfasern treten die Aktionspotentiale nur an den Ranvier-Schnürringen auf; die dazwischenliegende Strecke wird durch Stromschleifen überwunden: **saltatorische Erregungsleitung.** Die Leitungsgeschwindigkeit beträgt dann bei Wirbeltieren 70–120 m/s.

An der Synapse, der Kontaktstelle zwischen zwei Nervenzellen bzw. zwischen einer Sinnes- und einer Nervenzelle, geht die elektrische in eine chemische E. über. Die Erregung verursacht in den Endaufzweigungen der zuleitenden Nervenzelle eine Ausschüttung von Überträgerstoffen (↑Neurotransmitter), wie z.B. ↑Acetylcholin (parasympathische und präganglionäre sympathische Synapsen, motorische Endplatte) oder ↑Adrenalin (postganglionäre sympathische Synapsen). Acetylcholin oder Adrenalin über-

brücken den synaptischen Spalt zwischen der präsynaptischen Membran der einen Zelle und der postsynaptischen Membran der nachfolgenden Zelle und binden an bestimmte Rezeptormoleküle in der postsynaptischen Membran. Dadurch erhöht sich die elektrische Leitfähigkeit der postsynaptischen Membran im Spaltenbereich für alle Ionen und ruft somit eine lokale ↑Depolarisation hervor. Erreichen die lokalen Depolarisationen im postsynaptischen Bereich durch zeitliche Summation (d.h. viele Signale treffen in kurzer Zeit ein) oder räumliche Summation (d.h. schwache Impulse mehrerer Synapsen treffen ein) einen gewissen Schwellenwert, erfolgt in der postsynaptischen Zelle ein fortgeleitetes Aktionspotential, d.h., die Erregung läuft weiter. Der Übertragungsvorgang in der zentralnervalen Synapse benötigt 0,5 ms, in vegetativen Synapsen 2–5 ms.
Durch ↑Bahnung oder ↑Hemmung können die Signale vor oder nach der Synapse verändert werden. Jede Nerven- oder Muskelzelle ist einige Zeit nach der Auslösung eines Aktionspotentials unfähig zur E.; sie ist in ihrer ↑Refraktärzeit.

Ersatzhandlung: Kann eine intensiv gewünschte Handlung wegen Verbotes, Versagung oder eigener Entscheidung nicht ausgeführt werden, tritt an die Stelle dieser Handlung oft eine E., die sich auf ein gänzlich anderes Objekt beziehen kann.

Ersatzobjekt: Kann psychische Energie nicht am eigentlichen Objekt entladen werden, wird sie oft auf ein E. umgelenkt, beispielsweise Ärger mit Vorgesetzten an anderen, häufig für schwächer gehaltenen Personen (den Kindern oder dem Ehepartner) oder auch an Gegenständen abreagiert.

Erscheinungsbild ↑Phänotyp.

Erschöpfung ↑Exhaustion.

Erschöpfungsreaktion ↑Neurasthenie.

Ersparnismethode: Verfahren zur Prüfung des Gedächtnisses. Zuerst wird festgestellt, wie viele Wiederholungen zur vollständigen Wiedergabe eines Lernstoffs nötig sind. Nach genau bestimmter Zeit (z.B. 30 Min., 1 Std., 24 Std., 2 Tage) wird der Versuch mit demselben Lernstoff wiederholt. Die Differenz der nötigen Wiederholungen zwischen den beiden Versuchen, d.h. die beim zweiten Versuch eingesparten Wiederholungen, gilt dann als »Gedächtnismaß«. Selbstversuche dieser Art von H. Ebbinghaus, der dabei feststellte, daß das Gelernte zunächst rasch, dann aber zunehmend langsamer vergessen wird, führten zur Aufstellung einer sog. **Vergessenskurve (Ebbinghaus-Kurve).**

Ersparnismethode

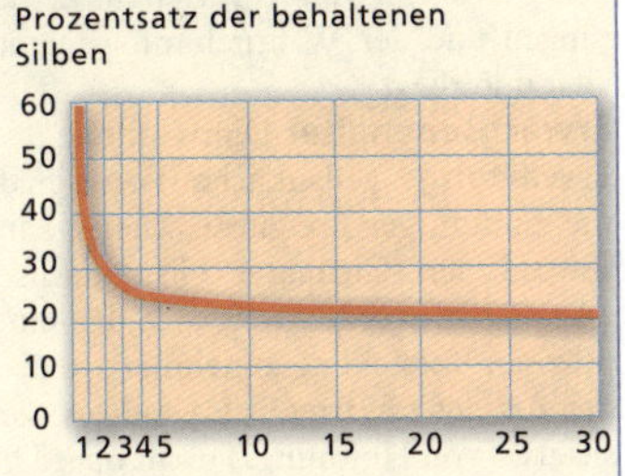

Vergessenskurve nach H. Ebbinghaus

erster Eindruck: das globale, undifferenzierte Gesamtbild, das man nach einem ersten Kontakt von einer Person hat. Der erste E., für den die besonders markanten Ausdrucksmerkmale der unbekannten Person, aber auch kulturell bedingte Normen und Werthaltungen des Wahrnehmenden ausschlaggebend sind, liefert in der Regel ein in sich stimmiges Menschenbild, das relativ resistent gegenüber Veränderungen durch zusätzliche spätere Informationen ist. Schilderungen des ersten E.s enthalten Aussagen über das Äußere des Fremden und v.a. psychologische Urteile (z.B. »sympathisch«, »freundlich«, »oberflächlich«, »schüchtern«), die zur Erkennung der Person Wesentliches beitragen können. Der Wert des ersten E.s als diagnostisches Mittel ist jedoch begrenzt, da er in beson-

E

ders hohem Maße auch den entstellenden Einflüssen von Vorurteilen, Erwartungen und der Wahrnehmungsselektivität unterliegt.

Erwachsenenalter ↑Entwicklung.

Erwartung: gedankliche Vorwegnahme zukünftiger Ereignisse. Die E. kann sowohl den Charakter eines diffusen »Angemutetwerdens« als auch den einer präzisen Vorstellung annehmen. Je nach der Art des erwarteten Ereignisses wird sie etwa von Hoffnung, Furcht oder Ungewißheit begleitet.

In der Zeichen-Gestalt-Theorie E. C. TOLMANS bezeichnet E. eine sich allmählich bildende Neigung, auf bestimmte Reize so zu reagieren, als seien diese Reize Zeichen für das spätere Auftreten anderer Reize. So lernt z.B. ein Haustier nach einiger Erfahrung, die Vorbereitung für die Futtergabe als Anzeichen für die bevorstehende Fütterung anzusehen.

In der Lerntheorie ist die E. ein wichtiger Faktor der Leistungsmotivation; Erfolgserwartung stärkt die Leistungsmotivation, Mißerfolgserwartung schwächt sie und führt u. U. zu Fehlleistungen; im Extremfall läßt sie keine leistungsbezogenen Handlungen mehr zustande kommen.

erworbener Auslösemechanismus ↑Auslösemechanismus.

Erythrophobie:
- krankhafte Angst zu erröten.
- krankhafte Angst vor roten Gegenständen.

Erziehung: Trotz zahlreicher Versuche, den Begriff E. zwingend zu definieren, mangelt es bis heute an einer allgemein anerkannten Übereinkunft, was unter E. zu verstehen sei.

Als *Kennzeichen* von E. werden u.a. genannt: 1. E. versucht, die seelische Struktur des zu Erziehenden (Kind, Jugendliche/r, Schüler/in) mit Hilfe bestimmter Handlungen und Erziehungsmittel zu verändern; 2. dieser Veränderungsprozeß soll bereits vorhandene, als positiv eingestufte Dispositionen und Verhaltensweisen des zu Erziehenden möglichst unangetastet lassen; 3. E. sucht die Entwicklung vermeintlich negativer bzw. gesellschaftlich unerwünschter Dispositionen oder Verhaltensweisen zu verhindern; 4. im E.sprozeß verändert sich auch der Erzieher; 5. die das erzieherische Handeln bestimmenden Vorstellungen und Wünsche sind geschichtlich, gesellschaftlich und schichtspezifisch bedingt, weshalb die Annahme absoluter, »zeitloser« erzieherischer Normen fragwürdig erscheint.

Da E. zwischen prinzipiell gleichberechtigten Individuen erfolgen sollte, ist sie nicht auf eine bloße Mittel-Zweck-Beziehung zu reduzieren, in welcher dem Erziehenden die Mittel zur Erreichung der von ihm festgesetzten Ziele (weitgehend) überlassen bleiben; vielmehr sollte der zu Erziehende die jeweiligen pädagogischen Mittel bzw. Verfahren zumindest grundsätzlich akzeptieren können.

Erziehungsberatung: diagnostische, beratende und gegebenenfalls therapeutische Hilfestellung für Kinder, Jugendliche und ihre Erziehungs- bzw. Sorgeberechtigten in pädagogischen, psychologischen und sozialen (gelegentlich auch medizinischen) Fragen der Erziehung und der persönlichen Beziehungen im häuslichen wie außerhäuslichen Umfeld. Hauptbereiche der E. sind Beziehungs- und (schulische) Leistungsstörungen, Verhaltensauffälligkeiten sowie mit ↑Drogenabhängigkeit verbundene Probleme.

In Deutschland wird die institutionalisierte E. auf der Grundlage des 1990 in Kraft getretenen, zuletzt am 13. 6. 1994 geänderten Kinder- und Jugendhilfegesetzes von E.sstellen wahrgenommen, die meist von den Kommunen, Kirchen und Wohlfahrtsverbänden, z.T. auch von Universitäten getragen werden und im Dachverband der Bundeskonferenz für E. zusammengeschlossen sind.

Nach neuesten Angaben (Stand 1993) gibt es in Deutschland 1084 E.sstellen, davon 253 in den neuen Bundesländern.

Somit hat jede E.sstelle ca. 73000 Einwohner zu versorgen. Dieses Zahlenverhältnis liegt weit über der von der Weltgesundheitsorganisation (WHO) geforderten Richtziffer von einer E.sstelle auf 45–50000 Einwohner, u.a. aufgrund erheblicher Mittelkürzungen der öffentlichen Hand.

Die E.sstellen werden in der Regel von Diplom-Psychologen/-Psychologinnen und/oder Ärzten/Ärztinnen geleitet. Das Personal umfaßt im allg. mindestens je einen Psychologen und Sozialarbeiter sowie einen (des öfteren im Rahmen einer bestimmten Stundenzahl tätigen) Arzt; je nach finanzieller Ausstattung und Aufgaben- bzw. Versorgungsbereich kommen Psychotherapeuten, Logopäden, Heil-, Sozial- und/oder Sonderpädagogen, mitunter auch Beschäftigungstherapeuten dazu.

Die inhaltliche Arbeit variiert mit der theoretischen Ausrichtung der Mitarbeiter, sie ist jedoch nur interdisziplinär (als Teamarbeit) realisierbar und erfolgt kind-, problem- oder familienorientiert. Die angewandten Methoden reichen von Informationen, Aufklärung, Verweisungen an andere Stellen bzw. Fachkräfte und reinen Rechtshilfen über spiel- und psychotherapeutische Verfahren der Einzelhilfe bis hin zur sozialen Gruppenarbeit und Formen der Gruppentherapie einschließlich Familientherapie.

E. wird deutlich häufiger von Angehörigen der Mittelschicht als von sog. Arbeiterfamilien und Randgruppen in Anspruch genommen, die (bes. in letzterem Fall) eher durch spezialisierte Einrichtungen (etwa Drogen- oder AIDS-Beratungsstellen) oder Methoden der Gemeinwesenarbeit (z.B. ↑Streetwork) zu erreichen sind.

Erziehungspsychologie svw. ↑Pädagogische Psychologie.

Erziehungsstil: Der Begriff E. meint einen verhältnismäßig stabilen Typ erzieherischen Verhaltens. Es existieren *unterschiedliche Typisierungsversuche;* so wird beispielsweise ein autoritärer von einem demokratischen und einem Laissez-faire-Erziehungsstil unterschieden:

Ein **autoritärer E.** ist durch häufiges Anordnen, unterbrechendes Befehlen, nichtkonstruktive Kritik, häufiges Zurechtweisen und Tadeln sowie durch seltenes Gewähren von Entscheidungsmöglichkeiten gekennzeichnet.

Im Unterschied zum **Laissez-faire-E.**, bei dem der Erzieher, ohne konstruktiv zu sein, ein Kind im wesentlichen sich selbst überläßt, ist ein **demokratischer** und **sozial-integrativer E.** durch folgende Charakteristika geprägt: Spontane Aktivitäten der Kinder werden gebilligt; Selbständigkeit und Eigenaktivitäten werden nicht nur toleriert, sondern darüber hinaus auch angeregt; Sympathie, Beifall und Lob werden deutlich und häufig – wenn angebracht – geäußert; Hilfen bei Problemen – auch bei der Formulierung eigener Gedanken der Kinder – werden häufig angeboten.

Von bes. theoretischem sowie praktischem Interesse ist die Frage, welche Erziehungseffekte sich aufgrund unterschiedlicher E.e ergeben; zum anderen versucht man aufzuklären, welche Faktoren für die Ausbildung unterschiedlicher E.e ursächlich sind. Beispielsweise scheint ein demokratischer E. zu großer Flexibilität und Spontaneität der Schüler, zu geringeren Spannungen in der Gruppe und zu weniger Unzufriedenheit insgesamt zu führen. Er trägt anscheinend zu einer angemesseneren pädagogischen Atmosphäre mit größerer gegenseitiger Anerkennung und einem geringeren Wunsch nach Dominanz über andere sowie zu einem herabgesetzten Widerstand gegen die Bestrebungen des Erziehers bei.

Das Erziehungsverhalten seinerseits scheint u.a. von der Persönlichkeit des Erziehers und von den jeweils gültigen soziokulturellen Normen sowie von situativen Bedingungen abhängig zu sein. Derzeit wird versucht, *Methoden für das Training* erzieherischen Verhaltens zu entwickeln und einzusetzen. Hierbei

E

reicht allerdings die bloße Bereitstellung von Bedingungswissen nicht aus.

Erziehungswissenschaft: ein Begriff, der vielfach synonym mit ↑Pädagogik gebraucht wird. Da der Begriff in der deutschen Sprache mehrdeutig ist (er bedeutet einerseits die *erzieherische Praxis,* meint andererseits aber auch die *wissenschaftliche Theorie* dieser Praxis), hat es immer wieder Versuche gegeben, beide Aspekte durch unterschiedliche Bezeichnungen voneinander abzuheben. So ordnete J. Göttler (1915) der pädagogischen Praxis das Etikett *Pädagogie* zu und bezeichnet die pädagogische Theorie als Pädagogik. In neuerer Zeit unterscheidet W. Brezinka zwischen E., zu der er als historische Teildisziplin die *Historiographie* der Erziehung rechnet, sowie zwischen **praktischer Pädagogik** und **Philosophie der Erziehung.** Der Aufgabenbereich der E. besteht nach Brezinka darin, auf der Grundlage des verfügbaren Wissens über den Realitätsbereich Erziehung Theorien zu entwickeln, die dann hinsichtlich ihrer Übereinstimmung mit den Tatsachen empirisch geprüft und auf ihre logische Stimmigkeit hin analysiert werden.

Es: von S. FREUD (↑Psychoanalyse) geprägte Bezeichnung für das Unbewußte, die Gesamtheit der Triebe und Impulse, die das Individuum nicht bewußt zu kontrollieren vermag; eine der drei angenommenen Schichten des ↑psychischen Apparates.

Esoterik ↑New Age.

Eßstörungen ↑psychogene Eßstörungen.

Eßsucht ↑Bulimie.

Establishment: ursprünglich Bez. für eine Körperschaft oder einen Verband bzw. die jeweilige Standesordnung; etwa seit Mitte der sechziger Jahre allg. Bez. für die bürgerliche Gesellschaft und deren Repräsentanten.

Ethik: Lehre von den der gesellschaftlichen Praxis zugrundeliegenden, als verbindlich akzeptierten sittlichen Normen bzw. Normensystemen, deren Einhaltung »richtiges« (verantwortungsbewußtes) Handeln gewährleisten soll.

Ethnographie ↑Kulturanthropologie.

Ethnologie ↑Kulturanthropologie.

Ethnopsychologie ↑Völkerpsychologie.

Ethologie svw. ↑Verhaltensforschung.

Eugenik: die Erbgesundheitsforschung, -lehre, -pflege mit dem Ziel, erbschädigende Einflüsse und die Verbreitung von Erbkrankheiten zu verhüten.

Euphorie:

◆ zeitweilige übersteigert heitere und zuversichtliche Gemütsstimmung, ein Zustand optimistischer Begeisterung, (rauschhaft) gesteigerten Hochgefühls.

◆ in der *Psychiatrie* und *Psychologie* dem objektiven Zustand nicht entsprechende gesteigerte Gemütsstimmung oder Zustand übersteigerter Heiterkeit nach Genuß von Rauschmitteln und bei bestimmten psychischen Erkrankungen.

Eurhythmie:

◆ (Eurhythmik): eine von dem Anthroposophen R. STEINER entwickelte Theorie, nach der Wörter oder Melodien in rhythmische Bewegungen umgesetzt werden sollen. Als *Bewegungstherapie* findet die E. in der Psychotherapie Anwendung *(Heileurhythmie).*

◆ die normale, regelmäßige Herzschlag- und Pulsfolge.

Eustreß: anregender, stimulierender ↑Streß.

Evaluation:

◆ in der *Psychotherapie* die Bewertung der Wirksamkeit des therapeutischen Vorgehens.

◆ in der *Pädagogischen Psychologie* die Beurteilung des Erfolgs einer Übungsstrategie, eines Lehrprogramms oder eines unterrichtlichen Vorgehens *(Erfolgskontrolle).*

◆ in der *Taxonomie kognitiver Lernziele* nach B. S. BLOOM die nach dem Wissen, der Anwendung, Analyse sowie Synthese als intellektuell bes. anspruchsvoll rangierende letzte Kategorie. In Strukturmodellen des Intellekts, wie z.B. bei J. P. GUILFORD und R. HORPFNER (↑Denkpsychologie), wird unter E. eine intellektuelle Aktivität verstanden, bei der Informationen dahingehend verglichen werden, ob ein bestimmtes Kriterium erfüllt oder eine bestimmte Problemlösungsregel angemessen ist.

Evolutionstheorie svw. ↑Deszendenztheorie.

Exaltation: Überspanntheit; eine krankhaft gehobene Allgemeinstimmung mit Selbstüberschätzung und hochgradiger Erregbarkeit.

Examensangst ↑Prüfungsangst.

Exhaustion (Erschöpfung): Erschöpfungszustand, der mit einer Erhöhung der Reizschwellen bzw. einer Reaktionsverminderung einhergeht.

Exhibitionismus: die Entblößung und Zurschaustellung der Geschlechtsteile in Gegenwart anderer Personen. Die Handlung kommt besonders häufig bei Männern vor und ist auf sexuellen Lust-

E

gewinn (Selbstbefriedigung mit oder ohne Masturbation) ausgerichtet. Nach psychologischem Verständnis stellt der E. einen Rückfall in das Stadium der kindlichen Zeigelust dar. Zu unterscheiden sind Täter, denen der exhibitionistische Akt den Koitus »ersetzt«, und Täter, die ihn als Ersatz für eine sadistische Handlung vornehmen, das heißt andere Menschen (insbesondere Kinder und Jugendliche) schockieren und psychisch verletzen wollen. E. wird strafrechtlich verfolgt.

Existenzanalyse: von dem österreichischen Psychotherapeuten V. E. FRANKL begründete psychoanalytische Methode, bei der die Geschichte eines Individuums unter dem Gesichtspunkt von Sinn- und Wertbezügen durchforscht wird. Dabei liegt der Gedanke zugrunde, daß neben einem Willen zur Lust (S. FREUD) und einem Willen zur Macht (A. ADLER) ein Wille zum Sinn das Verhalten des einzelnen weitgehend beeinflußt. Wenn dieses Sinngebungsbedürfnis unerfüllt bleibt *(existentielle Frustration)*, entstehen nach dieser Theorie Neurosen. Deshalb soll die Sinntherapie (↑Logotherapie) dem Patienten bei der Suche nach jenem Sinn behilflich sein, der seiner individuellen Wertgeschichte jeweils entspricht. – ↑auch Wiener Schule.

Exner-Spirale: auf einer weißen Scheibe schwarz aufgezeichnete (archimedische) Spirale, die bei Rotation je nach Drehrichtung den Eindruck des Auseinander- oder Zusammenlaufens erzeugt (Bewegungstäuschung). Bei Stillstand der Scheibe nach einer Rotation wird ein gegenläufiges Nachbild wahrgenommen (Bewegungsnachbild). Die E.-Sp. ermöglicht die Demonstration des negativen Nachbildes, das nach längerer Beanspruchung der Netzhaut durch eine Reizkonfiguration auftritt und vermutlich durch notwendige Regenerationsprozesse in den Netzhautzellen hervorgerufen wird. – Die E.-Sp. ist nach dem österreichischen Physiologen S. RITTER EXNER VON EWARTEN benannt.

exogen: durch äußere Einflüsse entstanden, nicht anlagebedingt oder vererbt. – Ggs. ↑endogen.

exogene Psychosen ↑Psychosen.

Experiencing: Bez. für das Erleben eines Menschen, wenn er sich mit einer für ihn persönlich bedeutsamen Sache beschäftigt. Alle erlebnisorientierten Therapien, etwa die ↑Gestalttherapie oder die ↑Gesprächspsychotherapie, messen einem hohen Grad an E. entscheidenden Stellenwert für die Überwindung psychischer Schwierigkeiten bei.

Experiment: ein vom Forscher absichtlich in Gang gesetztes Geschehen, das nach einem bestimmten Versuchsplan (↑Versuchsplanung) abläuft, prinzipiell wiederholbar ist und bei dem gezielt und kontrolliert bestimmte Bedingungen variiert werden, deren Einfluß als unabhängige Variable auf interessierende abhängige Variable (↑Variable) geklärt werden soll; hierbei sind mögliche Störfaktoren auszuschalten.

Da E.e in der Zeit ablaufende Prozesse sind, eignen sie sich zur (psychologischen wie pädagogischen) ↑Dependenzanalyse. E.e sind aber dort nicht möglich, wo aus moralischen, rechtlichen oder sonstigen Gründen die zu prüfenden Bedingungen nicht systematisch variiert werden können. Läßt sich z.B. bei der Zusammenstellung (Ziehung) der Stichprobe, mit der man arbeiten will, keine Zufallszuteilung durchführen, muß mit systematischen Verzerrungen der Ergebnisse des E.s gerechnet werden.

Experimentelle Psychologie: Forschungseinrichtung in der Psychologie, bei der das Experiment im Vordergrund steht. Die von G. T. FECHNER (1860) begründete E. P. wurde von W. WUNDT, der ab 1879 das erste psychologische Laboratorium leitete, weitergeführt. Gegenwärtig ist das Experiment eine bevorzugte Erkenntnismethode der Psychologie, da experimentell ermittelte Resultate gegenüber den mit anderen Methoden gewonnenen Ergebnissen den Vorteil der leichteren Überprüfbarkeit, der klareren

Definition der spezifischen Umstände sowie der größeren Genauigkeit haben. Im angewandten Bereich werden Experimente v.a. in der Arbeitspsychologie, der betrieblichen Sozialpsychologie, der Verkehrspsychologie sowie in der Markt- und Werbeforschung durchgeführt. In der Psychologie (wie in der Medizin) sind dem Experiment jedoch ethische Grenzen gesetzt.

experimentelle Psychosen ↑Psychosen.

Expertensystem: v.a. in der Informatik gebräuchliche Bez. für ein Computer- und Programmsystem aus dem Bereich der ↑künstlichen Intelligenz, das Expertenwissen über ein spezielles Fachgebiet speichert, aus diesem Wissen Schlußfolgerungen zieht und zu konkreten Problemen des Gebiets Lösungen vorschlägt, d.h. Aufgaben übernehmen kann, die bisher von Experten gelöst werden mußten. Die häufig auch als *»Computersystem der fünften Generation«* bezeichneten E.e können große Mengen selbst diffusen, vagen und unformalisierten Wissens in problembezogener Weise darstellen, aus diesem auf logische und/oder heuristische Weise neues Wissen gewinnen sowie Anfragen zu präzisen und vollständigen Problemstellungen umformulieren, im Dialog mit dem Benutzer Lösungen erarbeiten und deren Zustandekommen erläutern, wobei die Verläßlichkeit der Lösung überprüfbar sein muß. Zur Bewältigung der genannten Aufgaben besitzen E.e eine aus Wissensbasis, Wissensveränderungskomponente, Dialogkomponente sowie Problemlösungs- und Erklärungskomponente bestehende Struktur. Zunehmende Bedeutung haben E.e in den letzten Jahren v.a. im Bereich der ↑Klassifikationssysteme psychischer Störungen gewonnen.

explikatives Konstrukt ↑Konstrukt.

Exploration:

◆ die Befragung eines Patienten/einer Patientin zur Erstellung einer ↑Anamnese.

◆ in der *Psychotherapie* die eingehende, meist im Anschluß an eine ↑Diagnose durchgeführte psychoanalytische Befragung eines Patienten/einer Patientin als integrativer Teil der Behandlung, wobei der Psychotherapeut die betreffende Person zu freien, »assoziativen« Äußerungen zu bewegen sucht.

Explorations-Spiel ↑Spiel.

exploratives Verhalten ↑Neugierverhalten.

Ex-post-facto-Experiment: Vorgehensweise, bei der – im Ggs. zum ↑Experiment – die interessierenden Daten erst im nachhinein erhoben werden, nachdem also gewisse Bedingungen ohne Zutun des Versuchsleiters geändert worden sind oder sich geändert haben. Man spricht deshalb auch gelegentlich von einem *natürlichen Experiment.*

Externalisation ↑Projektion.

externe Validität: ein Gütekriterium für empirische Untersuchungen. – ↑auch Validität.

Extinktion svw. ↑Löschung.

Extraversion: von C. G. JUNG (↑Analytische Psychologie) eingeführte Bezeichnung für die Grundeinstellung von Personen, die sich stärker als andere an ihrer *Umwelt* orientieren. Der **extrovertierte Typ** ist ein aufgeschlossener, kontaktfreudiger, vertrauensvoller, die äußere Realität akzeptierender und sich mit ihr auseinandersetzender Mensch. – Ggs. ↑Introversion.

Extremismus: negativ besetzter Begriff zur Bez. einer Haltung, die Unbedingtheit und Ausschließlichkeit in den politischen und gesellschaftlichen Zielsetzungen immer mit der Infragestellung oder gar Ausschaltung des Rechtsstaatsprinzips und des gesellschaftlichen Pluralismus verbindet und die Gewalt als Mittel der Politik prinzipiell nicht ausschließt (z.B. die Anwendung von Terror). Der E. steht im Ggs. zu den Werten der Demokratie und äußert sich, im Besitz der staatlichen Macht, als Diktatur (Ausschaltung der Opposition). Es gibt verschiedene Formen des E., besonders den Rechts- und den Links-Extremismus. Der **Rechts-E.** kommt in einer autoritären, nationalistischen oder rassistischen Gesinnung zum Ausdruck; meist sind alle genannten Aspekte gegeben. Der **Links-E.** zeigt sich hingegen v.a. in einer sozialrevolutionären und zugleich doktrinär verengten Gesellschaftsauffassung. Die Gewalt rechtsextremistischer Gruppen in Deutschland, die zu Beginn der 1990er Jahre besorgniserregend zugenommen hatte, ist wieder zurückgegangen. So kam es 1995 zu 837 rechtsextremistischen Gewalttaten (davon 540 mit fremdenfeindlichem Hintergrund) gegenüber 1489 im Jahre 1994. Rechtsextreme Gruppierungen hatten 1995 46100 Mitglieder. Im gleichen Jahr kam es zu 565 Gewalttaten linksextremistischer Gruppen gegenüber 666 im Jahre 1994. Etwa 35000 Menschen sind in linksextremistischen Gruppierungen organisiert.

An *Gründen* für die Zunahme vor allem rechtsextremistischer Aktivitäten werden u.a. eine allg. erhöhte Gewaltakzeptanz und -bereitschaft, steigende Jugendarbeitslosigkeit und familiäre Entwurzelung diskutiert.

Extremscheu-Effekt ↑Beurteilungsfehler.

F

FACT: Abk. für ↑**F**lanagan **A**ptitude **C**lassification **T**ests.

Fading-out ↑Ausblenden.

Fähigkeit: bei einem Individuum das Vorhandensein der Kompetenz, auf einem bestimmten Gebiet eine Leistung bestimmten Grades erbringen zu können. So spricht man z.B. von der erstaunlichen musikalischen F. eines Vorschulkindes oder der beeindruckenden F. eines Gymnasiasten. F.en werden Menschen aufgrund *beobachtbaren Verhaltens* zugeschrieben; hierbei fließen oft auch Vorstellungen mit ein, wodurch die fragliche F. im wesentlichen bedingt sein könnte (Anlage, Übung, Erziehung).

Eine wichtige Technik zur Isolierung grundlegender F.sdimensionen aus einer Fülle von Daten ist die ↑Faktorenanalyse.

Faktorenanalyse (Dimensionsanalyse): statistische Forschungsmethode zur Ermittlung etwaiger *gemeinsamer* Faktoren (Dimensionen), die zahlreichen Verhaltensäußerungen zugrunde liegen. Die F. basiert auf der mathematischen Analyse der zwischen den Verhaltensäußerungen bestehenden ↑Korrelation.

Beispielsweise ist man bei der Untersuchung von Intelligenztestleistungen oft daran interessiert, gewisse grundlegende Fähigkeiten (etwa Sprachverständnis oder räumliches Denken) herauszuheben, die man dann als *Faktoren* der Intelligenz und letztere somit als Kombination dieser teilweise unterschiedlich stark ausgeprägten Faktoren bezeichnet. L. L. THURSTONE glaubte, mit Hilfe der F. sieben *Primärfaktoren* der Intelligenz bestimmen zu können.

faktorielle Validität ↑Validität.

Fallstudie (Case-study, Einzelfallstudie): ein Vorgehen, das bei der Erhebung, Sammlung und Bewertung diagnostisch-therapeutischer Daten und Prozesse durch eine vorwiegend subjektive Herangehensweise charakterisiert ist, sich auf Einzelfälle (Personen, Ereignisse) konzentriert und auf die Erklärung und Verallgemeinerung komplexer Sachverhalte weitgehend verzichtet.

Familie: Die F. stellt in allen Staaten der Welt eine anerkannte gesellschaftliche Institution dar, obwohl der Begriff F. ökonomischen, politischen, sozialen, kulturellen und ethnischen Veränderungen unterliegt. Im weiteren Sinne meint F. die *Gruppe miteinander verwandter oder verschwägerter Menschen;* z.T. bezeichnen sich heute auch Wohn- und Lebensgemeinschaften von unverheirateten oder verwandtschaftlich nicht verbundenen Menschen als Familie. Im engeren Sinne ist F. die *Lebensgemeinschaft der Eltern mit ihren ledigen* (leiblichen und/oder adoptierten) *Kindern.*

Wie in allen europäischen Ländern hat sich in den letzten Jahren auch in

Familie

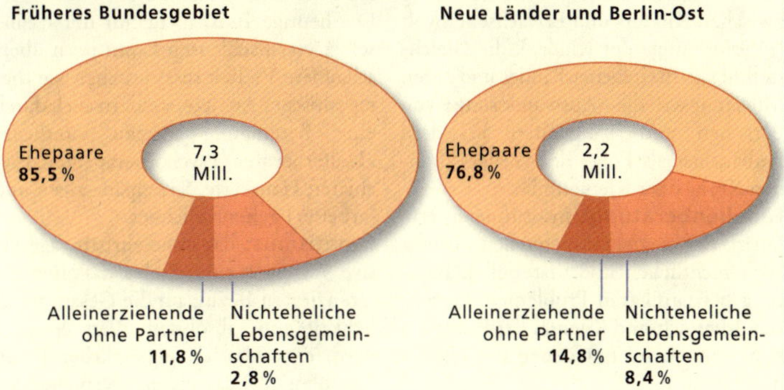

Eltern-Kind-Gemeinschaften mit Kindern unter 18 Jahren
(Ergebnis des Mikrozensus April 1993)

Deutschland die Zahl der F.n wie die der Geburten (1985: 950816 gesamt in der BR Deutschland und der DDR; 1993: 798447) erheblich verringert, wobei immer häufiger **Ein-Kind-F.n** anzutreffen sind, in denen 1993 bereits knapp über 50% aller Kinder unter 18 Jahren aufwuchsen, während (meist einkommensstarke) F.n mit drei oder mehr Kindern unter 18 Jahren mit ca. 10% Anteil schon eher die Ausnahme bildeten. In Deutschland gab es 1993 rund 7,9 Mill. vollständige F.n mit etwa 13,38 Mill. Kindern unter 18 Jahren und 1,6 Mill. meist durch Scheidung oder Getrenntleben der Eltern unvollständige F.n mit etwa 2,18 Mill. Kindern unter 18 Jahren (alle Angaben: Statistisches Jahrbuch 1995). In den letzten Jahren hat der Anteil unverheiratet (und meist kinderlos) zusammenlebender eheähnlicher Gemeinschaften stark zugenommen; nach Angaben des Bundesministeriums für Familie und Senioren lag er 1991 für die Gruppe der 20- bis 34jährigen bei 17,5%.

Trotz der Ausweitung alternativer Lebensformen (beispielsweise Wohngemeinschaften von Jugendlichen oder Studenten) wachsen noch immer beinahe alle Kinder in einem F.nhaushalt auf. In Deutschland lebten 1993 ca. 81% der minderjährigen Kinder mit beiden Eltern und ca. 13,3% mit einem Elternteil (in der Regel der Mutter) zusammen, während eine im Vergleich sehr geringe Zahl von Kindern in Pflege-F.n oder in Heimen untergebracht ist.

In den Industrienationen ist die **Klein-** oder auch **Kern-F.** zur dominierenden F.nstruktur geworden, während die auch als **Mehrgenerationen-F.n** bezeichneten **Groß-F.n** sehr in den Hintergrund getreten und meist nur noch in agrarisch strukturierten Regionen zu finden sind. Im Unterschied zu institutionalisierten Erziehungsumwelten wie Kindergarten, Schule oder Heim zeichnet sich die F. durch geringe Größe, Konstanz der (verschiedengeschlechtlichen erwachsenen) Bezugspersonen sowie alltagsbezogene Handlungen und Kommunikationsprozesse im Rahmen individueller wie gemeinsamer Bedürfnisbefriedigung aus. Eine besondere Bedeutung für den Erwerb sozialer Kompetenzen kommt dabei der ↑Eltern-Kind-Beziehung zu, die dem sozialen Wandel jedoch ebenso unterliegt wie die F. selbst.

Zentrale Aspekte bzw. *Probleme heutiger F.nstrukturen und -politik* sind die Berufs-

F

tätigkeit der Mütter, allg. nachlassender Kinderwunsch, die verstärkte Trennung zwischen Kinder- und Erwachsenenwelt (»Verinselung« der Kinder), die Gleichstellung nichtehelicher Kinder und deren Mütter sowie die »Auswanderung« von Personen und Tätigkeiten aus dem F.nhaushalt als Folge der vorherrschenden Kern- oder Kleinfamilie.

Familienberatung: institutionalisierte Form der sozialpädagogischen, häufig auch rechtlichen und materiellen Beratung bei familiären Problemen. Gegenstandsbereich und Klientel der F. decken sich weitgehend mit denen der ↑Erziehungsberatung.

Im Vordergrund der F. steht meist die *praktische Hilfe* im Hinblick auf die *Struktur des Familiensystems* und die *wechselseitigen Abhängigkeiten* der Familienangehörigen. F. sollte nur von solchen Personen durchgeführt werden, die über fundierte Kenntnisse familientherapeutischer Konzepte und gezielter Handlungs- bzw. Interventionsstrategien verfügen und zwischen der Notwendigkeit unmittelbarer Hilfestellung und derjenigen einer langfristigen Familientherapie zu unterscheiden vermögen. – ↑auch Familientherapie.

Familienhilfe: Kurzbezeichnung für ↑sozialpädagogische Familienhilfe.

Familientherapie: mehrdeutiger Begriff für gruppentherapeutische Verfahren mit allen bzw. allen kooperationswilligen und -fähigen Familienmitgliedern. Alle familientherapeutischen Ansätze gehen von der Annahme aus, daß psychische Beeinträchtigungen eines Familienmitglieds (des »Symptomträgers«) durch eine starre Familienstruktur und bestimmte unausgetragene Konflikte mitbedingt sein können und daß eine Veränderung der familiären Kommunikation und Beziehungsstruktur Erlebnis- wie Verhaltensänderungen bei den einzelnen Familienmitgliedern bewirkt und damit einer Beseitigung der emotionalen Störungen förderlich ist. Diagnostik und Therapie richten sich mithin nicht ausschließlich auf den einzelnen, sondern auf den »Patient Familie«.

Die heutige F. ist nicht nur durch eine selbst von Fachleuten kaum noch überschaubare Vielfalt theoretischer wie therapeutischer Ansätze, sondern auch durch eine Beteiligung nahezu sämtlicher »Helferberufe« (Psychotherapeuten, Psychiater, Hausärzte, Sozialpädagogen und -arbeiter) gekennzeichnet.

Fanatismus: das unbelehrbare, aggressive Verfolgen eines Zieles, das ohne differenzierten Bezug auf die Gesamtwirklichkeit zum absoluten Wert erhoben wird, entweder als persönlicher F. im Kämpfen für das eigene vermeintliche Recht oder als fanatisches Eintreten für eine Idee. Der F. schaltet Selbstkritik und äußere Einwände aus und ist fremden Anschauungen gegenüber blind und/oder intolerant. Er kann sich zu Massenbewegungen ausweiten (Hexenprozesse, Inquisition, politische Massenpsychosen, Rassenwahn). F. darf nicht mit dem Phänomen des (verabsolutierenden) religiösen Glaubens gleichgesetzt werden, tritt aber häufig als gesellschaftliche Begleiterscheinung von Glaubensbewegungen auf.

Farbenblindheit: umgangssprachlich-Bezeichnung für ↑Farbenfehlsichtigkeit.

Farbenfehlsichtigkeit (Farbenblindheit): Störung des Vermögens, Farben zu unterscheiden oder bestimmte Farben zu sehen, bzw. das Unvermögen, Farben überhaupt zu erkennen. Die F. beruht auf dem teilweisen oder vollständigen Ausfall der für die Farben Rot, Grün oder Blau empfindlichen Zapfen in der Netzhaut des Auges. Zur Feststellung der F. werden Farbprüftafeln, optische Instrumente (z.B. Anomaloskop), zu sortierende Farbproben (z.B. Wollfäden) u.a. verwendet. Die F. scheint weitgehend geschlechtsgebunden, da etwa 8% aller Männer, jedoch nur etwa 0,5% aller Frauen von ihr betroffen sind.

Farbenhören (Audition colorée): bei manchen Menschen in Verbindung mit akustischen Reizen auftretende Farb-

F

empfindungen, wobei die Vorstellungen in individuell unterschiedlicher Ausprägung von einfachen Farben bis zu komplexen Farbmustern reichen können. Das F. ist zu trennen von dem immer wieder unternommenen Versuch, Farben und Töne einander zuzuordnen.

Farbensehen: Nach der Theorie von T. YOUNG und H. VON HELMHOLTZ besitzt das menschliche Auge drei verschiedene Rezeptoren, die jeweils auf einen spektralen Wellenlängenbereich (Blau, Grün, Rot) reagieren (Trichromasie); die übrigen Farbreizqualitäten entstehen dieser Theorie zufolge durch additive Mischung dieser Farbreize **(Dreikomponententheorie).**

Farbentests: im wissenschaftlichen Sinne problematische Gruppe psychologischer Testverfahren, bei denen Sympathien und Abneigungen gegenüber Farbvorlagen mit dem Ziel ausgewertet werden, persönlichkeitsdiagnostische Aussagen zu machen.

Farbklima: Bez. für die Beeinflussung des psychischen Befindens durch die Farben der Umgebung. So wirken »kalte« Farben (Grün, Blau, Violett) beruhigend, »warme« Farben (Rot, Orange, Gelb) anregend. Deshalb wählt man bestimmte Farben und Farbkombinationen für Arbeits-, Wohn- und andere Räume sowie zu therapeutischen Zwecken.

Farbkonstanz ↑Konstanzphänomene.

Fechner-Gesetz: die von dem Physiker und Psychologen G. T. FECHNER 1860 vorgenommene mathematische Formulierung der physiologischen Gesetzmäßigkeit des Zusammenhangs von Reiz und menschlicher Sinnesempfindung, die außerdem eine Erweiterung des von E. H. WEBER 1834 aufgestellten Gesetzes (↑Weber-Gesetz) darstellt. Es besagt, daß die Änderung ΔE der Empfindungsstärke dem Logarithmus des Verhältnisses der verglichenen Reizstärken I_1 und I_2 proportional ist: $\Delta E \sim \log (I_2/I_1)$. Eine strenge Gültigkeit besitzt diese vielfach umstrittene Gesetzmäßigkeit nicht.

Feedback (Reafferenz, Rückkopplung, Rückmeldung): aus Nachrichtentechnik und Kybernetik stammender Begriff, der svw. »Rückmeldung zum Zwecke der Beeinflussung des weiteren Verlaufs« bedeutet. Die Bez. F. wird heute für jegliche

Fechner-Gesetz

Die Hörempfindung wächst in Abhängigkeit von der Beschallung durch mehrere Blasinstrumente.

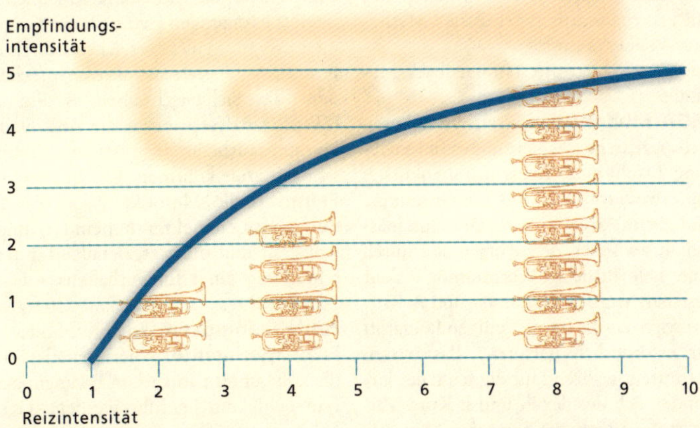

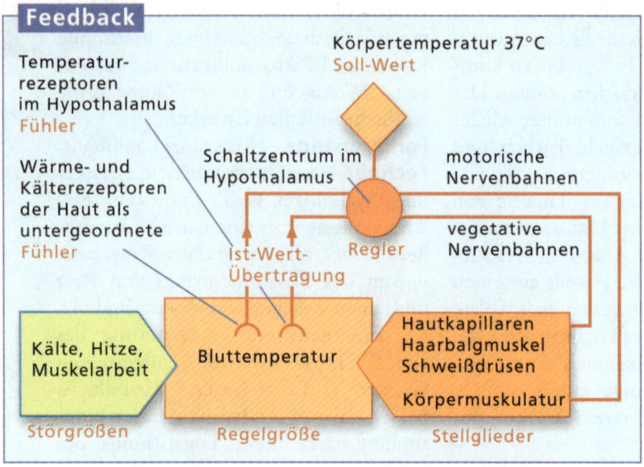

Fleedback: Regelkreis der Temperaturregulation beim Menschen

Rückmeldungssysteme benutzt, die von einem Organismus oder einem technischen System registrierbare Umwelt- oder Systemveränderungen anzeigen und diese an die registrierende Instanz mit dem Ziel nachfolgender Verhaltens- bzw. Systemsteuerung zurückmelden. Einfache Formen sog. *positiven* bzw. *negativen* F.s sind Lob und Tadel. F. spielt bei Lehrer-Schüler-Interaktionen eine wichtige Rolle für die Bereitstellung von Lehr- und Lernhilfen sowie für die bewußte Korrektur (»soziales Lernen«) von Lehrer- und Schülerverhalten mit Hilfe verhaltenstherapeutischer Methoden. – ↑Verstärkung.

Feedbacktherapie ↑Biofeedback-Methode.

FEGA-Modell: eine Form der äußeren fachspezifischen Leistungsdifferenzierung. *F* steht für Fortgeschrittenenkurs, *E* für erweiterter Kurs, *G* für Grundkurs und *A* für Anschlußkurs. Die Durchlässigkeit zwischen den Kursen soll durch eine halbjährliche Wechselmöglichkeit gesichert werden. In den G- und A-Kursen wird das für den jeweiligen Lehrstoff für erforderlich gehaltene Basiswissen vermittelt, während für die schneller lernenden Schüler der F- und E-Kurse Zusatzstoffe angeboten werden.

Fehler:
- F. im engeren (psychischen) Sinne entstehen durch den Ausfall oder die Schwächung einer oder mehrerer der drei Leistungsfunktionen *Aufmerksamkeit, Gedächtnis* und *Denken.*
- In der ↑Statistik treten F. auf, wenn die Nullhypothese entweder fälschlicherweise verworfen *(Alphafehler* oder *Fehler erster Art)* oder zu Unrecht akzeptiert wird *(Betafehler* oder *Fehler zweiter Art).*

Fehlleistungen: Die Handlungen oder Verhaltensweisen, bei denen das angestrebte Ziel aufgrund unterschiedlicher Beeinträchtigungen (wie z.B. Ermüdung oder Erregung) nicht erreicht wird. Als F. bekannt sind etwa das Sichversprechen oder das Sichverschreiben. S. Freud (↑Psychoanalyse) vertrat die Ansicht, F. könnten auch durch unbewußte Wünsche zustande kommen.

Feinmotorik ↑Motorik.

Feinziel: Lehrziel mit hohem Genauigkeitsgrad und präziser, detaillierter Beschreibung eines Endverhaltens. – Ggs. ↑Grobziel.

Feldabhängigkeit ↑kognitive Stile.

Feldexperimente: experimentelle Studien, die unter natürlichen Bedingungen (»im Feld«) durchgeführt werden. – Ggs.: Laborexperimente.

Feldstudien: umfassende Bezeichnung für solche Untersuchungen in sozialwissenschaftliche und verwandten Disziplinen, die nicht im Labor oder in laborähnlichen Situationen, sondern weitgehend in natürlichen Situationen durchgeführt werden.

In einem engeren Sinne werden F. zusätzlich gegen die ↑Feldexperimente abgegrenzt: Während F. auf einer schon *bestehenden Variation* der ↑unabhängigen Variablen beruhen, interessiert bei den Feldexperimenten die Variation der ↑abhängigen Variablen in bezug auf eine vom Experimentator *erzeugte Veränderung* der unabhängigen Variablen. – ↑auch Experiment.

Feldtheorie: die historisch auf die Gestaltpsychologie (v.a. auf M. WERTHEIMER und K. LEWIN) zurückgehende Auffassung, nach der das Verhalten eines Lebewesens durch die Bedingung des Feldes oder Lebensraums, in dem es erfolgt, bestimmt wird. Die entscheidende Annahme ist hierbei, daß dieses Feld einem autonomen Gestaltungsprozeß unterliegt, der aus der Gesamtheit der strukturellen Bedingungen des Feldes bzw. den von den Feldstrukturen erzeugten anziehenden oder abstoßenden Kräften resultiert. Diesem physikalischen Kraftfeld entsprechen physikalische Erregungen auf subjektiver Seite (↑Isomorphie). Heute bestehen aufgrund empirischer Untersuchungen wesentliche Bedenken gegenüber den Anschauungen der Feldtheorie.

Fernraum: jener räumliche Bereich, den sich ein Säugling etwa ab dem 6.–7. Lebensmonat über die eigene Fortbewegung (zunächst über das Krabbeln, dann über das Gehen) und die gleichzeitige Ausweitung seines Wahrnehmungsfeldes sowie die zunehmende Differenzierung der Fernsinne Hören und Sehen erschließt. Die Vorstufe des F.s ist der ↑Greifraum.

Fernseherziehung: Angesichts des erheblichen Fernseh- und Videokonsums von Kindern und Jugendlichen und des oftmals schon regelmäßigen Fernsehens von Kleinkindern müssen die bisherigen Bemühungen, Kinder vom Bildschirm fernzuhalten, im wesentlichen als gescheitert betrachtet werden.

Im Sinne einer kritischen F. werden v.a. *kognitiv-rezeptive Verfahren* sowie *handlungsorientierte Ansätze* vorgeschlagen. *Kognitiv-rezeptive Verfahren* zielen auf den distanziert-kritischen Zuschauer. Methodisch wird bei diesem Zugang schon seit den fünfziger Jahren versucht, durch die Vermittlung von Kenntnissen über Techniken von Aufnahme-, Schnitt- und Wiedergabeverfahren zur Desillusionierung der Authentizität des Mediums Fernsehen beizutragen. Andere Verfahren orientieren sich stärker am Inhalt, an der Sprache oder am gesellschaftlich-normativen Hintergrund einer Sendung.

Handlungsorientierte Ansätze suchen neben analytisch gewonnenen Einsichten den Kindern und Jugendlichen durch eigenes

Fernseherziehung

F

Handeln auch individuelle Erfahrungen mit dem Medium zu vermitteln, da ein rein kognitiv-rezeptives Vorgehen für die Veränderung von Einstellungen, die Entwicklung von Handlungsperspektiven und den Aufbau neuer Verhaltensweisen nicht ausreicht.
Geht man davon aus, daß durch den ausgiebigen Fernsehkonsum *Wirklichkeit* oft nur noch *vermittelt* erfahren, d.h. nicht mehr zuerst *selbst erlebt* wird, müssen psychologische wie pädagogische Bemühungen darauf abzielen, in erster Linie wieder Primärerfahrungen zu ermöglichen.

Fernsinne: Bezeichnung für die Sinnesorgane zur Wahrnehmung von Reizen aus entfernten Reizquellen (z.B. Augen und Gehör), im Unterschied zu den ↑Nahsinnen.

Fertigkeit: durch Übung und »Formung« erworbenes Können bzw. eine gesteigerte Fähigkeit. F.en sind als relativ verfestigte und automatisierte Tätigkeitskomponenten, die häufig nicht mehr durch das Bewußtsein gesteuert zu werden brauchen, aufzufassen, die meist im Rahmen anderer Lernprozesse miterworben werden, z.B. beim Lesen, Schreiben oder Kopfrechnen. Bei bestimmten (beruflichen) Anlernverfahren erfolgt im allg. eine bes. *F.sschulung* (geregeltes Üben der verlangten Tätigkeiten).

Fertilität: Aus psychologischem Blickwinkel geht es bei der Fertilitätsproblematik um die *psychischen,* auf der Basis des Sexualverhaltens wirksam werdenden Bedingungen der *Fruchtbarkeit.* Der früher häufig vermutete Zusammenhang zwischen geringer Intelligenz und zahlreicher Nachkommenschaft konnte in entsprechenden Studien nicht bestätigt werden. Im Hinblick auf bessere Beratung und Familienplanung wird in neuerer Zeit vorrangig die Motivation untersucht, Kinder zu haben oder Schwangerschaften zu verhüten bzw. abzubrechen.

Festhaltetherapie ↑Autismus.

Fetisch: ein (beliebiger) Gegenstand, der – im Ggs. zum Amulett – nicht aus sich heraus, sondern erst durch einen in ihn »hineingelegten« Bedeutungsinhalt oder »Zauber« schützend oder helfend wirken soll.

Fetischismus: sexuelle Fehlhaltung, bei der Gegenstände, die dem vom Fetischisten verehrten oder begehrten (oder auch einer unbekannten bzw. imaginierten) Person gehören, als einzige oder bevorzugte Objekte sexueller Erregung oder Befriedigung dienen. Bei den verwendeten Fetischen handelt es sich meist um Kleidungsstücke (Dessous, Strümpfe, Büstenhalter, Schuhe), aber auch um Haarlocken oder bestimmte Gebrauchsgegenstände. Unabhängig vom Partner bzw. der Partnerin gewinnen diese Gegenstände eine abnorme Reizqualität, die Voraussetzung für die Ausübung der sexuellen Tätigkeit (meist Masturbation mit Hilfe oder unter Vorstellung des betreffenden Objektes) wird.

Fieberdelir (Fieberwahn): meist harmlose, insbes. bei Kindern im Zusammenhang mit Infektionskrankheiten auftretende, im allg. aber rasch wieder abklingende delirähnliche psychische Störung.

Fieberwahn svw. ↑Fieberdelir.

Figur-Grund-Verhältnis: Bei optischen Wahrnehmungsakten hebt sich ein Teil des Wahrnehmungsfeldes als *Figur* von einem *Grund* (Hintergrund) ab; damit ist eine erste grundlegende Gliederung des Sehfeldes gegeben. Diese Beziehung ist nicht notwendigerweise statisch. Da in der Regel derjenige Teil des Wahrnehmungsfeldes Figur ist, dem die besondere Aufmerksamkeit des Wahrnehmenden gilt, kann ein Aufmerksamkeitswechsel auch eine Änderung der Figur-Grund-Organisation zur Folge haben, so daß der Grund plötzlich als Figur hervortritt (Kippfiguren, Vexierbilder, Inversionsfiguren).

Figur-Grund-Verhältnis

Fiktions-Spiel ↑Spiel.

Fingerlutschen: F. ist die v.a. bei Kleinkindern zu beobachtende Angewohn-

F

heit, an den eigenen Fingern, insbes. am Daumen **(Daumenlutschen),** zu saugen. Wird das F. über das Kleinkindalter hinweg beibehalten, sind hierfür psychische Konflikte nicht auszuschließen. Psychoanalytisch wird das F. dann meist als Symptom einer ↑Fixierung oder auch der ↑Regression auf die ↑orale Phase gedeutet.

Flagellation: Flagellantenzug 1349; zeitgenössische Miniatur (Ausschnitt)

Fingerzeichensprache: Kommunikationsform zwischen und gegenüber gehörlosen Menschen. Dabei werden Wörter und Symbole mit Hilfe bestimmter Finger- und Handstellungen ausgedrückt, die dann im Telegrammstil zu Sätzen zusammengefügt werden.

Fitneß: gute körperliche Verfassung, Leistungsfähigkeit, oft aufgrund gezielter sportlicher Aktivitäten.

fixe Idee (überwertige Idee): Vorstellung oder Meinung, die das Bewußtsein und Verhalten einer Person völlig beherrscht. Die f. I. ist in der Regel ohne reale Grundlage und durch rationale Argumente kaum zu beeinflussen. Sie tritt als Zwangsvorstellung (z. B. Waschzwang) oder als Wahnidee (z. B. Eifersuchtswahn) auf.

fixen: intravenöse Injektion verflüssigter Drogen (insbesondere Heroin).

Fixierung:

◆ in der *Psychologie* das mit einem Verlust an Flexibilität des Denkens, Fühlens und Handelns verbundene Festhalten an bestimmten Einstellungen, Denkstilen und Verhaltensweisen.

◆ in der *Psychoanalyse* nach S. FREUD das Stehenbleiben auf bestimmten frühkindlichen psychischen Entwicklungsstufen (Phasen), einschließlich des Festhaltens an entsprechenden Verhaltensweisen zur Triebbefriedigung.

Flagellantismus ↑Flagellation.

Flagellation: Geißelung oder Auspeitschung des menschlichen Körpers. Im Mittelalter war die F. eine weitverbreitete Form der religiösen Buße, die sich in Europa vom 13. bis 15. Jh. bis zur psychischen Epidemie, dem **Flagellantismus,** steigerte. Die F. dient auch in aktiver wie passiver Form der sexuellen Erregung.

Flanagan Aptitude Classification Tests (Abk.: FACT): von E. J. FLANAGAN im Auftrag der amerikan. Luftwaffe im Zweiten Weltkrieg entwickelte psychologische Tests, die aufgrund der Analyse von Berufstätigkeiten 19 »kritische Arbeitselemente« erfaßten und anhand dieser die Eignung für bestimmte Berufe ermitteln sollten.

Flegeljahre: veraltende Bez. für einen Entwicklungsabschnitt, in welchem ein junger Mensch zu flegelhaftem Benehmen neigt.

Flimmerverschmelzungsfrequenz (Verschmelzungsfrequenz): Werden einem Sinnesorgan (speziell dem Auge oder Ohr) einzelne Signale in immer schnellerer Folge angeboten, so sind sie ab einer bestimmten Frequenz, der F., nicht mehr als einzelne Reize, sondern als stetiger Reiz wahrnehmbar. Die F. hängt aber auch von anderen Faktoren (z.B. Ermüdung) ab. Für das menschliche Ohr liegt die unterste Grenze bei 16 (tiefster hörbarer Ton), für das Auge bzw. für das Tagessehen (Zapfensehen) bei 60, für das Nachtsehen (Stäbchensehen) bei 15–25 Reizen pro Sekunde. Bei der Filmprojektion in verdunkelten Räumen (Projektionsleuchtdichte etwa 30 cd/m^2) sind 48 Hell-Dunkel-Wechsel pro Sekunde erforderlich.

Flooding: svw. ↑Reizüberflutung.

Flußdiagramm: graphische Darstellung zur Veranschaulichung inhaltlicher Zusammenhänge, insbes. der logischen Abfolge und Verzweigung von Denk- bzw. Lösungs- oder Arbeitsschritten.

Fokalanalyse ↑Psychoanalyse.

Folie à deux (induziertes Irresein): von C. Lasègue erstmals 1873 gebrauchte Bez. für die kritiklose Übernahme bestimmter wahnhafter Symptome (z.B. Halluzinationen oder Wahnideen) eines Patienten mit gravierender psychiatrischer Erkrankung durch eine andere Person (meist den Ehepartner oder eine/n enge/n Verwandte/n).

Forensische Psychologie (Gerichtspsychologie): Teilbereich der Angewandten Psychologie, der sich mit psychologischen Problemen, die im Zusammenhang mit der Gerichtspraxis auftreten, befaßt. Die theoretischen Grundlagen der F.n P. basieren auf verschiedenen Forschungsbereichen der Psychologie, insbes. auf der Entwicklungs-, Sozial-, Persönlichkeits- und Klinischen Psychologie. Die wichtigsten Aufgaben der F.n P. sind Zeugenbegutachtung (allg. Glaubwürdigkeit und Glaubwürdigkeit der Aussage in der konkreten Situation), Feststellungen über die Verantwortlichkeit eines Rechtsbrechers im strafrechtlichen Sinn (Entwicklungsstand, Zurechnungsfähigkeit zur Tatzeit), Probleme des Strafvollzugs (Resozialisierung, Psychotherapie, Entlassungsprognosen, Schulung des Aufsichtspersonals) und die Untersuchung von Fragen nach den Ursachen des kriminellen Verhaltens.

Formatio reticularis: anatomische Bez. für maschenförmig angeordnete Zellverbände des Zentralnervensystems im Thalamus, Hirnstamm und oberen Rückenmark, die sich im Schnittpräparat als netzartig von weißer Substanz (Nervenfasern) durchbrochene Fläche grauer Gehirnsubstanz (Nervenzellen) darstellen. Die F.r. empfängt nervale Erregungszuflüsse von den verschiedensten Sinnesorganen und Hirnzentren und beeinflußt ihrerseits das Erregungsniveau vieler Zellen und Zentren des Zentralnervensystems. Sie ist die eigentliche Schaltzentrale des extrapyramidalen motorischen Systems und übt über die Bahnen bestimmter markhaltiger Nervenfasern (Gammafasern) in Zusammenarbeit mit dem Gleichgewichtsorgan und dem Kleinhirn wesentliche Einflüsse auf den Tonus der Skelettmuskulatur aus. Sie steuert durch Impulse zur Großhirnrinde deren Aufnahmefähigkeit für periphere Erregungen aus den Sinnesorganen und ist damit für den jeweiligen Grad der Aufmerksamkeit und des Bewußtseins verantwortlich (sog. Weckreaktion). Durch diese beiden Funktionen und durch Einflüsse auf das vegetative Nervensystem steuert die F.r. den Schlaf-Wach-Rhythmus des Organismus. Sie ist auch Angriffspunkt verschiedener Schlaf- und Narkosemittel. Die Tätigkeit (Weckreaktion) der F.r. ist im Elektroenzephalogramm zu erkennen.

Formdeutetest (nach H. Rorschach)

Formdeutetest (Deutetests, Interpretationstests): zu den ↑projektiven Tests gehörige Verfahren, bei denen aus individuellen Deutungen, welche die Testperson auf ihr vorgelegtes vieldeutiges Reizmaterial gibt, Rückschlüsse auf Persönlichkeitsmerkmale oder neurotische Störungen des Probanden gezogen werden. Einer der bekanntesten F. ist der von H. RORSCHACH entwickelte und nach ihm benannte **Rorschach-Test,** der aus zehn Tafeln mit symmetrisch angeordneten Klecksbildern (ursprünglich Tintenklecksbilder) besteht. Wie alle projektiven Tests gelten auch die F. hinsichtlich ↑Objektivität, ↑Reliabilität und ↑Validität als problematisch.

formelle Tests ↑Tests.

Formkonstanz ↑Konstanzphänomene.

Fragealter: Das sog. *erste F.* des Kindes liegt um das 2. Lebensjahr herum und wird von zahlreichen Fragen nach den Namen der Dinge bestimmt, während das *zweite* (eigentliche) *F.* (etwa von der Mitte des 3. Lebensjahres an) von Fragen nach dem Warum (Gründe, Ursachen, Beziehungen) der Dinge gekennzeichnet ist.

Fragebogen:

◆ Liste von Fragen, die der Erhebung von Informationen im Rahmen einer psychologischen Fragestellung dienen.

◆ nach den Regeln der ↑Testtheorie und ↑Testkonstruktion erstellte Liste von Feststellungen bzw. Behauptungen, die je nach dem Grad der Zustimmung oder Ablehnung in einer bestimmten Weise beantwortet werden sollen, etwa durch das Ankreuzen einer Zahl. So konstruierte Fragebögen sollen die Intensität von Einstellungen oder die Ausprägung von Persönlichkeitsmerkmalen ermitteln helfen.

Frau: In psychischer Hinsicht sind Unterschiede zwischen Mann und F. angesichts der Veränderlichkeit gerade der menschlichen Psyche und angesichts der biologisch bisexuellen Veranlagung mit Zurückhaltung zu betrachten. Wechselbeziehungen zwischen den psychischen und den physischen (primären und sekundären) weiblichen Geschlechtsmerkmalen sind nach bisherigen Untersuchungen nur in geringem Maße vorhanden. Die F. scheint jedoch eher zu emotionalem Verhalten zu neigen als der Mann. Sie zeigt häufig mehr Personeninteresse, der Mann mehr Sachinteresse. Für Begabungen scheinen gewisse Unterschiede zu bestehen, mit geringerer mathematischer und größerer sprachlicher Begabung im weiblichen Geschlecht. Hinsichtlich der Intelligenz bestehen keine Geschlechtsunterschiede. Die biologischen Merkmale der F. werden in verschiedenen Gesellschaften unterschiedlich sozial überformt. Nahezu alle zugeschriebenen Merkmale, die als weiblich bezeichnet werden, leiten sich aus den in den verschiedenen Gesellschaftsformen vorherrschenden oder vorgeschriebenen Rollen der F. und deren Überlieferung mit Hilfe spezifischer Erziehungspraktiken her. Die vorhandenen biologischen Unterschiede zwischen den Geschlechtern sind demgegenüber verhältnismäßig belanglos und mehr Anstoß als Ursache für die sozial verschiedenartige Formung der Rolle von Mann und F. im sozialen und kulturellen Leben. Jede Kultur standardisiert und verankert in irgendeiner Weise die Rolle der F.; darum sind die Verhaltensformen und Eigenschaften der F. kulturell sehr unterschiedlich und bestimmen weitgehend das soziale und kulturelle Leben der jeweiligen Gesellschaften. Faktoren, die die Rollenfestlegung beeinflussen, sind neben dem Stand der kulturellen Entwicklung unterschiedliche wirtschaftliche Produktionsweisen. – ↑auch Geschlechtsunterschiede.

Frauenbewegung: politische und soziale Bewegung, die alle Versuche und Initiativen von Frauen umfaßt, ihre spezifischen Interessen organisiert zu vertreten und ihrer Benachteiligung auf politischem, sozialem und wirtschaftlichem Gebiet entgegenzuwirken. Der Kampf um die Teilhabe an politischen und gesellschaftlichen Entscheidungsbefugnissen verbindet sich häufig mit dem Ziel, die geschlechtsspezifische Rollenzuweisung und Arbeitsteilung aufzuheben. Die F. kann auf eine Reform wie auch auf

F

eine grundlegende Veränderung des Gesellschaftssystems hinarbeiten. Der Zusammenhang der F. mit den bürgerlichen und sozialistischen Befreiungsbewegungen ist im Verlauf der Geschichte immer wieder erkennbar.

Das Persönlichkeitsideal der europäischen Aufklärung vom freien, selbstbestimmten Individuum und Bürger und die politischen Leitprinzipien der Französischen Revolution (Freiheit, Gleichheit, Brüderlichkeit) bildeten den programmatischen Bezugspunkt der ersten F., die im Übergang vom 18. zum 19. Jh. fast gleichzeitig in den westeuropäischen Nationen und in den USA entstand. Vor allem die französischen Revolutionärinnen mußten jedoch bald erkennen, daß mit Menschenrechten »Männerrechte« gemeint waren.

Frauenbewegung: Eine der Verhaftungen von E. Pankhurst, der wohl bekanntesten Vorkämpferin für das Frauenwahlrecht

In den frühen dreißiger Jahren des 19. Jh. entstand dann in Frankreich eine radikalfeministische F., die aus den utopischen Gesellschaftsformen des Frühsozialismus die Idee der Selbstbefreiung der Frau ableitete.

Seit der Mitte des 19. Jh. gewann die F. über Frankreich hinaus Bedeutung. Als Geburtsstunde der organisierten F. in den USA gilt die 1848 nach dem Vorbild der amerikan. Unabhängigkeitserklärung verabschiedete »Declaration of Sentiments and Resolutions«, in der die Forderung nach dem Frauenstimmrecht mit einer scharfen Kritik am patriarchalischen Despotismus verbunden wurde. Seit 1848 gehörte die Forderung nach gleichberechtigter Teilhabe an Bildungs- und Berufsmöglichkeiten, nach dem Scheidungsrecht, der rechtlichen Gleichstellung der Frau und dem Frauenstimmrecht zum unumstrittenen Konsens der amerikan. F., während hinsichtlich der Sexualmoral kontroverse Positionen bezogen wurden. Erst 1920 erhielten Frauen in den USA das aktive und passive Wahlrecht.

In Großbritannien setzte die organisierte F. um 1865 ein. 1867 beantragte J. S. MILL als erster Abgeordneter im britischen Parlament das aktive und passive Wahlrecht für Frauen. Im gleichen Jahr entstand die »National Society for Women's Suffrage« (lat. suffragium = Stimmrecht). Einen Höhepunkt frauenkämpferischer Aktivitäten bildete die um die Jahrhundertwende von den weiblichen Mitgliedern der PANKHURST-Familie ins Leben gerufene *Suffragettenbewegung,* die zur Durchsetzung ihrer Ziele auf spektakuläre, öffentliche Aktionen setzte (Großdemonstrationen mit mehreren 100 000 Teilnehmern zwischen 1908 und 1913, Hungerstreik, Steuerboykott, Selbstankettung, Sprengung politischer Versammlungen).

Trotz vereinzelter Stimmen, die sich in Deutschland für das Recht der Frau auf Bildung und Gleichbehandlung aussprachen, bildete erst die Revolution von 1848 den Auftakt für die Entstehung einer dt. Frauenbewegung. Die Ansätze dieser ersten, in lokalen Vereinen organisierten und durch ein überregionales Publikationsorgan »Die Frauen-Zeitschrift« verbundenen F. sind eng mit der Person von L. Otto verbunden, die erkannte, daß Frauen in die Forderungen der Republikaner nach politischer und sozialer Gleichheit nicht einbezogen wurden und es eine gesonderte »Frauenfrage« gab.

Mit der Gründung des »Allgemeinen Deutschen Frauenvereins« (ADF) im Jahr 1865 setzte die kontinuierliche Entwicklung der deutschen F. ein. Das eigentliche Kampfziel des ADF wie des einflußreichen, 1890 von H. Lange gegründeten »Allgemeinen Deutschen Lehrerinnen-Vereins« war der Ausbau der höheren Bildung für Frauen, ihre Zulassung zum Universitätsstudium und zu den akademischen Berufen. Mit dem Zusammenschluß dieser beiden Gruppierungen zum »Bund Deutscher Frauenvereine« (BDF) im Jahr 1894 trat die deutsche F. in eine neue Phase ein. In der Folge verlagerte sich die Diskussion auf neue Themen wie die »Sittlichkeitsfrage« (Prostitution, Stellung der ledigen Mütter), die »neue Ethik« (Rehabilitierung der Sexualität, frei gewählte Mutterschaft, Empfängnisverhütung, Abschaffung der §§218ff. StGB) und das Frauenstimmrecht. Die Auseinandersetzungen um diese Zielvorstellungen prägten bis zum Ersten Weltkrieg das Bild der deutschen F. in der Öffentlichkeit.

In den 1890er Jahren kam es innerhalb der deutschen F. zu einer Abspaltung der sozialistisch-proletarischen von der bürgerlichen Frauenbewegung. Die Diskussion um die Frage der industriellen Frauenarbeit bestimmte auch in Deutschland den Anfang der proletarischen F., deren Führerin und Theoretikerin die Sozialdemokratin C. Zetkin wurde. 1914 war die sozialdemokratische F. Deutschlands, die in erster Linie für die Befreiung der proletarischen Frau von ökonomischer Unterdrückung im Kapitalismus kämpfte, mit 175000 Mitgliedern die größte sozialistisch-proletarische F. der Welt.

Eine wesentliche Ursache für den Niedergang der deutschen F. zur Zeit des Ersten Weltkriegs waren die unterschiedlichen Haltungen zum Kriegseintritt, die die gesamte F. in zwei unversöhnliche Lager spalteten: das der Kriegsgegnerinnen, die sich für internationale Verständigung einsetzten, und das der nationalistisch eingestellten Kriegsbefürworterinnen. In dieser Zeit bildete sich jedoch eine internationale Frauen-Antikriegsbewegung, deren wichtigstes Organ die 1915 in den USA gegründete »Women's Peace Party« war. Die Erlangung des Frauenwahlrechts in fast allen demokratischen Staaten nach dem Ersten Weltkrieg, mit der eine zentrale Forderung erfüllt war, schwächte die internationale Frauenbewegung. In Deutschland bedeutete die nationalsozialistische Machtergreifung das vorläufige Ende der dortigen Frauenbewegung.

Nach dem Zweiten Weltkrieg mußte die F. neue Ziele formulieren, da Frauen mittlerweile zumindest deutlich bessere Erwerbsmöglichkeiten offenstanden und die formale Gleichberechtigung weitgehend erreicht war. Vor diesem Hintergrund sind Zielsetzung und Selbstverständnis der »Neuen F.« zu sehen, die Ende der sechziger Jahre im Zusammenhang mit der amerikanischen Bürgerrechts- und der westeuropäischen Studentenbewegung entstand. Im Unterschied zu ihrer historischen Vorläuferin versteht sich die »Neue F.« als feministische Frauenbefreiungsbewegung. Ihr radikal-oppositionelles Selbstverständnis gründet auf der Überzeugung, daß nur durch eine tiefgreifende Veränderung der Bewußtseins- und Verhaltensweisen, der Lebens- und Arbeitsformen der Widerspruch zwischen formalrechtlicher Gleichstellung und fortdauernder gesellschaftlicher Diskriminierung und Unterdrückung der Frau zu lösen sei.

Den historischen Ausgangspunkt der F. in der BR Deutschland bildeten die v.a. von A. Schwarzer initiierten Aktionen für die Legalisierung des Schwangerschaftsabbruchs (§218), bei denen sich erstmals Frauen verschiedenster Alters-,

F

Sozial- und Berufsgruppen zusammenfanden und so ihre gemeinsame, geschlechtsspezifische Betroffenheit und Interessengleichheit demonstrierten. Die durch Einführung der Indikationsregelung (1976) zurückgedrängten Reformbestrebungen führten in der Folgezeit zu unterschiedlichen Zielvorstellungen und Strategien innerhalb der Frauenbewegung. Die autonomen Frauengruppen betrieben aktiv den Ausbau eines eigenen Kommunikationssystems (z.B. Frauenzentren, -verlage) und schufen ein weitgespanntes Netz von Selbsthilfeprojekten (z.B. Frauenhäuser, Selbsterfahrungsgruppen). Als Teil der Alternativbewegung engagierten sich Frauen aus der autonomen F. in der Ökologie-, der Antiatomkraft-, der Friedensbewegung und bei den Grünen. Auch die in Parteien und Gewerkschaften organisierten Frauen begannen nach 1975 intensiver, Frauenanliegen zu vertreten. Trotz unterschiedlicher Motive und Zielsetzungen arbeiten die verschiedenen Flügel der F. seit 1979 auf nationaler und internationaler Ebene in den verschiedenen Initiativen der Frauenfriedensbewegung zusammen.

Frauenhaß: umgangssprachlich Bezeichnung für ↑Misogynie.

Freak:

◆ jemand, der sich in übertriebener, fanatischer Weise für etwas begeistert, z.B. ein Motorradfreak.

◆ jemand, der sich nicht ins normale bürgerliche Leben einfügt.

Freitod svw. ↑Selbsttötung.

Freizeitforschung: Freizeit bezeichnet jenen Teil der menschlichen Lebenszeit, der weder direkt den Anforderungen gesellschaftlich strukturierter Arbeit unterliegt noch der unmittelbar notwendigen Wiederherstellung der menschlichen Arbeitsfähigkeit (Schlaf/Essen) dient, sondern als Teil der arbeitsfreien Zeit stärker einer selbstbestimmten, selbstgestalteten individuellen Praxis zur Verfügung steht, gleichwohl aber seine Grenze und gegebenenfalls auch Inhalt und Struktur aus dem Bezugsverhältnis zur gesellschaftlichen Form der Arbeit gewinnt. Freizeit ist also mehr als lediglich »freie«, nicht im Rahmen der gesellschaftlich organisierten Tätigkeiten zur Befriedigung materieller und ideeller Bedürfnisse verbrauchte Zeit, und sie ist weniger als »Muße«, die eine dem Individuum zur Selbstentfaltung zur Verfügung stehende Zeiteinheit darstellt. In diesem Sinne beschäftigt sich die F. mit Motivationen, Einstellungen sowie Verhaltens- und Erlebnisweisen, soweit diese als freizeitspezifisch aufzufassen sind bzw. in direktem Zusammenhang mit der Freizeitgestaltung stehen.

Eine rein zahlenmäßige Betrachtung der Freizeit bzw. eine bloße Bestandsaufnahme verschiedener Freizeitaktivitäten vernachlässigt, wie sie in die jeweilige Arbeitsorganisation eingebunden sind; sinnvoller erscheint es, von Grundfunktionen der Freizeit auszugehen. War die Freizeit in der frühen Industriegesellschaft fast ausschließlich mit der Wahrnehmung der wiederherstellenden Funktion ausgefüllt, so ist die Freizeit in modernen Industriegesellschaften durch die »suspensive« und »kompensatorische« Funktion (J. HABERMAS) charakterisiert, deren Bedeutung seit der Jahrhundertwende und bes. nach dem Zweiten Weltkrieg zugenommen hat (so standen den Bundesbürgern 1952 pro Tag 2 Stunden und 33 Minuten, 1980 dagegen 4 Stunden und 6 Minuten zur wirklich freien Verfügung, neben Arbeit, Schlafen, Essen, Anziehen u.a.). Während die *suspensive* Funktion der Freizeit darin besteht, Arbeitsvorgänge in »eigener Regie« fortzusetzen (Gartenarbeit, Weiterbildung, soziales Engagement), bezeichnet die *kompensatorische* Funktion der Freizeit die Organisation von Erfahrungsräumen, die nichts mehr mit Arbeit zu tun haben, sondern für deren Zwänge entschädigen sollen (Rückzug in Freundeskreis und Familie, Konsum aller Arten von Unterhaltung, Sport).

Stand bei den Bürgern nach dem Zweiten Weltkrieg noch die Orientierung an der

Familie im Zentrum der Freizeit, so stehen seit den siebziger Jahren Medienkonsum und schließlich Reisen an der Spitze der Freizeitaktivitäten. Damit verbunden sind eine veränderte Bewertung einzelner Aktivitäten und eine offensichtliche Umstrukturierung der für die Persönlichkeit kennzeichnenden Idealvorstellungen. Parallel dazu scheint sich im Selbstbild eine Wandlung vom »Arbeitsethos« zur »Freizeitpersönlichkeit« (H. W. OPASCHOWSKI) niederzuschlagen; v.a. diejenigen Tätigkeiten treten stärker in Erscheinung, die auf eigene Aktivität setzen (Sport, Tanzen, Hand- und Heimwerker-Arbeiten). Mit der Zunahme der Freizeit wachsen Interesse und Bedarf an Freizeitorganisation, sowohl auf seiten der »Verbraucher« als auch auf seiten von Anbietern und sozialen Institutionen. Trotz der Zunahme der Freizeitaktivitäten fühlt sich jeder dritte Bundesbürger in seiner Freizeit vereinsamt; die Klagen über »Langeweile« in der Freizeit nehmen zu, um so mehr, als die Zahl Nichterwerbstätiger steigt.

Mit dem Anwachsen der ökonomisch-sozialen wie auch der ökologischen Bedeutung der Freizeit wächst der Bedarf an politischer und psychologisch-pädagogischer Gestaltung des Freizeitbereichs, die in manchen Gesellschaftssystemen zur politischen Indienstnahme der gesamten Freizeit geführt hat. Jedoch besteht auch in den Demokratien westlicher Prägung die Möglichkeit, Freizeitpolitik als Prestigeobjekt, als ökonomische Strategie und als ideologisierende Komponente bei der Wählerbeeinflussung einzusetzen. In vielen Ländern der »dritten Welt« versuchen die Regierungen, Land und Leute als Kulisse für die Freizeitaktivitäten zahlungskräftiger Touristen zur Verfügung zu stellen. In den Industrieländern hat die zunehmende Freizeit zu einem Bedarf an entsprechenden Fachkräften und zur Entwicklung einer allgemeinen Freizeitpädagogik geführt.

Wissenschaftstheoretisch lassen sich drei Hauptrichtungen der F. unterscheiden: 1. die strukturfunktionalistische Theorie untersucht die Bedeutung der Freizeit für die Funktionsfähigkeit des zugehörigen sozialen Systems sowie die Rolle entsprechender Institutionen; 2. die konflikttheoretisch orientierte F. untersucht den Zusammenhang von Freizeit und sozialem Konfliktpotential (»Entfremdung«); 3. der interpretative Ansatz befaßt sich mit der Sinnorientierung der Akteure im Freizeitbereich. Im Rahmen der empirischen Soziologie nehmen Forschungen zum Wandel des Freizeitverhaltens, zu bestimmten sozialen Gruppierungen (Industriearbeiter, ausländische Arbeitnehmer, Jugendliche, Landbevölkerung) vergleichsweise breiten Raum ein. In Verkehrung der Fronten aus dem Kampf um den »Normalarbeitstag« seit der Jahrhundertwende stehen heute kritische Sozialforscher den Entwicklungen der Freizeit eher skeptisch gegenüber, während konservative Freizeitforscher eher die mit der Zunahme der Freizeit gewachsenen individuellen Entfaltungsmöglichkeiten betonen.

Fremdbeobachtung ↑Beobachtung.

Fremd-Image ↑Image.

Fremdstereotyp ↑Heterostereotyp.

Freßsucht ↑Bulimie, ↑Bulimia nervosa.

Friedensforschung: Die F. widmet sich der wissenschaftlichen Erforschung der Beziehungen zwischen sozialen »Einheiten«, die durch Androhung oder Anwendung von Gewalt erhalten oder verändert werden sollen. Sie analysiert die Ursachen verdeckter wie offener Konflikte und versucht u.a. mit Hilfe von Ideologiekritik, Kritik der politischen Ökonomie, der Herrschaftsverhältnisse und der Sozialisationsbedingungen gesellschaftspolitische sowie sozialpsychologische und pädagogische Möglichkeiten der praktischen Überwindung von Gewalt- und Aggressionspotentialen zu erschließen. Sie untersucht zunächst die psychischen und sozialen Abläufe, die Konflikt und Integration in sozialen oder politischen Gruppen und Organisationen bestimmen, da diese innergesellschaft-

F

lichen Ordnungsverhältnisse und Unstimmigkeiten nach außen wirksame Kräfte wie »Rüstungswettlauf«, Militarismus und Imperialismus hervorrufen.

Die F. geht von zwei Hypothesen aus: Es gibt Übergangslösungen, die keine Ausweitung der Gewalt mit sich bringen und der angestrebte »optimale Friede« ohne Anwendung persönlicher Gewalt kann herbeigeführt werden. Unter »optimalem Frieden« werden Lebensbedingungen verstanden, die, über den »negativen Frieden« (Abwesenheit von Krieg) und den »positiven Frieden« (Abwesenheit von persönlicher und struktureller Gewalt, soziale Gerechtigkeit) hinausweisend, dem Individuum in der Gesellschaft wie auch der menschlichen Gemeinschaft insgesamt die Grundbedürfnisse nach Existenzerhaltung und -entfaltung sichern. Ein internationaler Zusammenschluß der Friedensforscher ist die *International Peace Research Association (IPRA).* Die Friedensforscher der BR Deutschland sind in der 1968 gegründeten *Arbeitsgemeinschaft für Friedens- und Konfliktforschung (AFK)* organisatorisch zusammengeschlossen. Aufgabe der 1970 gegründeten *Deutschen Gesellschaft für Friedens- und Konfliktforschung e. V. (DGFK)* ist es, F.sprojekte finanziell zu fördern und zur Verbreitung des Friedensgedankens beizutragen. Mitglieder der DGFK sind Bund und Länder (von denen das Saarland 1975 ausschied und Bayern aus forschungspolitischen Gründen austrat) sowie kirchliche, gesellschaftliche und wirtschaftliche Spitzenverbände.

Schwerpunktprogramme sind »Friedenswahrung und Übergangsstrategien in Europa« und »Konflikte zwischen westeuropäischen Industriestaaten und Entwicklungsländern und deren friedliche Entwicklung«; daneben ist v.a. die friedenspädagogische Forschung und Vermittlungsarbeit von Bedeutung.

Ansätze einer *Friedenserziehung* im schulischen Bereich wurden im Rahmen des bestehenden Fächerkanons (Gesellschaftslehre, Geschichte, Geographie, Religion) praktiziert; hier sollen die verschiedenen Formen der Gewalt und Friedlosigkeit im internationalen Bereich, z.B. Krieg und Besetzung, sowie im innergesellschaftlichen Bereich, z.B. Not, Ausbeutung, Unterdrückung, Aggression, thematisiert und ihre Ursachen analysiert werden, um die Zusammenhänge sowie die ökonomischen, soziokulturellen, technologischen und ideologischen Voraussetzungen von Gewalt und Unfrieden und deren Wirkungen auf die eigene Lebenswelt zu erkennen.

Frigidität: veralteter Begriff für eine abwertend als »Geschlechtskälte« oder »Gefühlskälte« bezeichnete, heute (korrekter) den Orgasmusstörungen zugeordnete sexuelle Funktionsstörung der Frau, die oft psychogen bedingt oder/und dem Partnerverhalten zuzuschreiben ist.

fruchtbarer Moment: Mit dem Begriff f. M. soll betont werden, daß sich wichtige Einsichten und Erkenntnisse in der Regel weder durch bloße Selbstentwicklung einstellen noch durch rein technisches Vorgehen beliebig herbeiführen lassen, sondern vielmehr oftmals plötzlich eintreten (↑Aha-Erlebnis).

frühkindliche Entwicklung: Entwicklungsstadium in der ↑Eltern-Kind-Beziehung.

Frühreife (Maturitas praecox): Bez. für die im Ggs. zur *allg.* Akzeleration auf inneren oder äußeren Ursachen beruhende Beschleunigung einer *individuellen* körperlichen und/oder seelischen Entwicklung, die sich häufig nur auf einzelne Merkmale bezieht.

Frustration: Erlebnis der Enttäuschung, das meist durch das Nichteintreten eines sicher erwarteten Ereignisses (z.B. Verabredung, gute Schulnote) oder durch eine (vermeintliche) Zurücksetzung, Nichtbeachtung, ungerechte Behandlung oder eine versagte Befriedigung ausgelöst wird.

Insbesondere amerikanische Psychologen haben sich mit dem Problem der F. eingehend beschäftigt und die Annahme vertreten, daß der F. unter bestimmten Umständen regelmäßig ein aggressives Verhalten folgt, dessen Intensität umgekehrt proportional zur Intensität der F. sein soll. – ↑auch Aggression. Eine F. kann jedoch auch depressive Reaktionen auslösen.

Frustrations-Aggressions-Hypothese ↑Aggression.

Frustrationstoleranz: die trainierbare Fähigkeit, Frustrationen zumindest längere Zeit ertragen zu können, ohne daß sich Aggressionen oder Depressionen einstellen. – ↑auch Frustration.

Fühlen ↑Gefühl.

Führer: Inhaber derjenigen Position einer Gruppe, die mit der Organisation und Kontrolle von Gruppenaktivitäten sowie der Aufrechterhaltung des Zusammenhalts unter den Mitgliedern und der Vertretung der Gruppe nach außen verbunden ist. F. müssen in der Regel über ein Mindestmaß an Initiative, Intelligenz, Organisations-, Kontakt- und Durchsetzungsfähigkeit verfügen. Die *F.rolle* variiert sowohl zwischen verschiedenen Gruppen als auch innerhalb einer Gruppe in Abhängigkeit von den bes. Charakteristika und Ansprüchen der Geführten, ihren Zielen und den von außen auf sie wirkenden Einflüssen. Im allg. wird diejenige Person zur *F.persönlichkeit,* der es gelingt, den Zielen und Normen der betreffenden Gruppe am besten zu entsprechen. – ↑auch Charisma.

Führung: Wahrnehmung der durch die Rolle eines Führers (↑Führer) umschriebenen Aufgaben bzw. Funktionen. Bei *demokratischer F.* werden die Gruppenmitglieder an der Entscheidung über Gruppenziele oder an der Organisation von Gruppenaktivitäten beteiligt. *Autoritäre (autokratische) F.* dagegen verlangt widerspruchs- und bedingungslose Unterwerfung unter einen (kritiklos anerkannten) Autoritäts- oder vielmehr Machtanspruch der führenden Person.

Funktionalismus: zu Beginn des 20. Jh. in den USA als Gegenrichtung zum ↑Strukturalismus entstandene psychologische Theorie, bei der bes. Gewicht auf Vorgänge und weniger auf Zustände bzw. Inhalte gelegt wird. Der F. kann als Vorläufer des ↑Behaviorismus gelten, hat aber auch die ↑Genfer Schule beeinflußt. Der F. untersucht insbes., welche Bedeutung den psychischen Funktionen in biologischer Hinsicht zukommt. So werden z. B. Wahrnehmungs- und Denkleistungen als Folge eines Anpassungsprozesses erklärt und aufgrund ihrer Leistung im Dienst der Arterhaltung beurteilt.

funktionelle Störungen (Funktionsstörungen): Bez. für körperlich-seelische Störungen, bei denen im Unterschied zu rein organischen Störungen keine organischen Schädigungen nachweisbar sind.

Funktionskreis: Nach der Umweltlehre J. VON UEXKÜLLS (↑Umwelt) steht jeder Organismus mit einem oder mehreren Objekten seiner Umwelt in einer Wechselbeziehung. Die Sinneszellen (Rezeptoren) seiner Sinnesorgane nehmen aber immer nur einige Merkmale

Funktionskreis

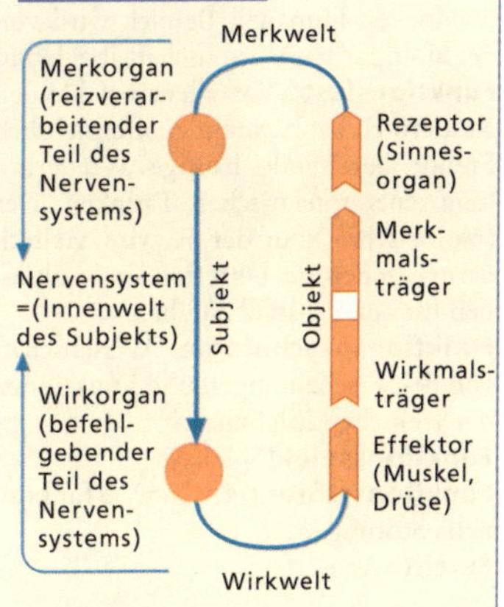

Modell nach J. von Uexküll, 1921

dieser Objekte auf; der begrenzte Ausschnitt bildet seine **Merkwelt.** In ihr liegen diejenigen Eigenschaften *(Merkmale),* die für seine Lebensbewältigung wesentlich sind. Rückgekoppelt bestimmen sie als *Wirkmale* sein (phylogenetisch vorprogrammiertes) Verhalten zu bzw. in

F

seiner **Wirkwelt.** Ein Teil des Nervensystems *(Merkorgan)* verarbeitet dabei die aufgenommenen Reize, während ein anderer Teil *(Wirkorgan)* diese in Reaktionsbefehle umsetzt. Dadurch schließt sich ein F. (etwa der Ernährung, Fortpflanzung, Feindbeziehung). – Die Lehre von den F.en wurde von der vergleichenden Verhaltensforschung mit gewissen Einschränkungen übernommen und neueren Beobachtungen angepaßt.
Auch eine *Dehnung der F.e* durch Zwischenglieder, Spezialisierungen und Arbeitsteilungen ist bei manchen Tierarten, z.B. bei Honigbienen, Hamstern, Eichhörnchen, üblich. Beim Menschen schließlich erfolgt noch eine immense Steigerung des Dehnungsfaktors, v.a. durch Einschaltung von kulturellen Zwischengliedern, so daß bei diesem kaum noch ein direkter Kontakt zwischen Organismus und Naturumwelt besteht. – Eine darüber hinausgehende Anwendung der Lehre von den F.en auf den individuellen humanen Bereich wird von der biologischen Wissenschaft abgelehnt.

Funktionslust: Vor allem bei kleinen Kindern zu beobachtende, offensichtlich Freude bereitende häufige Wiederholung einer spielerischen Tätigkeit. Der (biologische) Sinn der F. wird vielfach darin gesehen, die betreffenden Funktionen für den Ernstfall zu üben.

Funktionspsychologie: Wissenschaft von den Erscheinungen und Funktionen der seelischen Erlebnisse.

Funktionsspiel ↑Spiel.

Funktionsstörungen svw. ↑funktionelle Störungen.

Furcht ↑Angst.

G

galvanische Hautreaktion (Abk.: GHR): ↑psychogalvanische Reaktion.

Gang svw. ↑Bande.

Ganglienzelle ↑Nervenzelle.

Ganzheitspsychologie: Die G. wurde von F. KRUEGER zu Beginn des 20. Jh. begründet. Sie verstand sich als Gegenströmung zur ↑Elementenpsychologie. Betont wurde, daß psychische Vorgänge einer ganzheitlichen Betrachtungsweise unterzogen werden müßten, weil die Eigenschaften eines Ganzen nicht aus der Summierung der Eigenschaften von dessen Teilen begriffen werden könnten. Vielmehr hätten die Eigenschaften des Ganzen »übersummative« Qualitäten. Der Versuch, alle psychischen Erscheinungen auf dieses Prinzip der *Ganzheit* zurückzuführen und durch dieses zu erklären, führte zu einem Verlust an experimenteller Exaktheit und war darüber hinaus Nährboden für mystische Spekulationen. Ein bleibendes Verdienst der G. besteht aber sicher darin, auf schwerwiegende Unzulänglichkeiten der Elementenpsychologie hingewiesen zu haben.

Gauß-Verteilung: nach dem Mathematiker C. G. GAUSS benannte Wahrscheinlichkeitsverteilung, auf die bei der Analyse empirischer Gegebenheiten oftmals zurückgegriffen wird, z.B. in der ↑Statistik sowie bei der Konstruktion und der Anwendung von Tests (↑Testtheorie). Die G.-V. wird häufig auch als *Normalverteilung* oder als *Glockenkurve* (nach ihrer typischen graphischen Gestalt) bezeichnet.

Gebärde: Verhaltensausdruck einer bestimmten psychischen Verfassung bei Tieren oder Menschen. Charakteristisch ist die Signalisierung, d.h. das Übermitteln einer Information. Angeboren sind die **Instinktgebärden** sowie artspezifische Körperbewegungen und -haltungen, die der innerartlichen Kommunikation dienen und instinktiv auch von den Artgenossen verstanden werden; ein bekanntes Beispiel hierfür ist das ↑Imponiergehabe.
Menschliche Gebärden (↑Geste) werden – bei bewußtem, zielgerichtetem Einsatz – als **gerichtete Gebärden** bezeichnet. Oft jedoch sind in den menschlichen Gebärden unterschwellig Erbkoordinationen wirksam, die von kulturbedingten Ausdrucksweisen nur überlagert sind. Hu-

manethologische Untersuchungen von I. Eibl-Eibesfeldt und H. Hass zeigten, daß selbst manche vermeintlich komplizierteren menschlichen Ausdrucksweisen auf Instinktelemente reduzierbar sind. In Filmen, die sie mit einer speziellen Aufnahmetechnik und im Zeitrafferverfahren gedreht hatten, dokumentierten diese beiden Forscher, daß (etwa bei der Begrüßung, beim Flirt oder beim Mutter-Kind-Verhalten) in den verschiedensten Kulturen deutliche, sogar oft bis ins Detail reichende Übereinstimmungen der Gebärden festzustellen sind. Menschliche Gebärden sind demnach häufig noch phylogenetisch verwurzelt, doch sind sie meistens ontogenetisch überformt und letztlich durch Konventionen festgeschrieben. Viele Gebärden bestehen darüber hinaus aus formalisierten und stilisierten Handlungen (etwa darstellende Nachahmungen von Bewegungsabläufen und dergleichen).
Rein künstliche bzw. konventionelle Gebärden basieren lediglich auf einer Übereinkunft über deren Sinn innerhalb bestimmter Gruppen oder Berufe (z.B. bei Kraftfahrern, Jägern, Seeleuten oder Soldaten) und werden von diesen v.a. dann benutzt, wenn der Verzicht auf Worte vorteilhaft oder gar unumgänglich ist (z.B. auf See oder beim Einwinken von Flugzeugen).

Gebärdensprache: Verständigungsmittel durch bestimmte Ausdrucksbewegungen (v.a. des Mundes und der Hände) als Ersatz für die gesprochene Sprache, besonders bei Taubstummen (**Taubstummensprache**). Die Gebärdensprache bedient sich sowohl instinktiv natürlicher als auch einsichtig symbolisierender, d.h. künstlicher Ausdrucksbewegungen; sie weicht in ihrer Syntax oft erheblich von der Lautsprache ab.

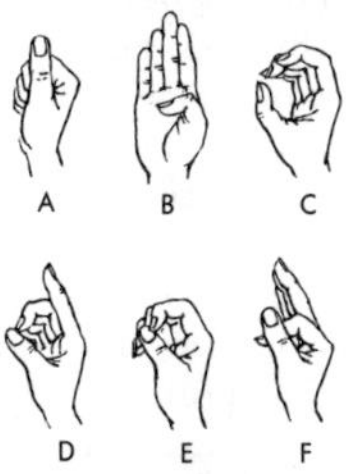

Gebärdensprache: (Einhandsystem)

Gebaren: (auffälliges) durch bestimmte Bewegungen, Handlungen gekennzeichnetes Verhalten, Benehmen.

Gedächtnis: Unter G. wird die Fähigkeit verstanden, Informationen abrufbar zu speichern *(Informationsspeicherung).* Die Speicherung von Wahrnehmungen, Erfahrungen und Lern- bzw. Wissensinhalten wird als *Merkfähigkeit* oder *Einprägungsvermögen,* deren Abrufen als *Erinnern* bezeichnet. Die Grundlage des G.ses sind die Nervenzellen im Gehirn.
Nach weitverbreiteter, nicht unumstrittener Auffassung sind beim menschlichen G. drei Einheiten zu unterscheiden: das oft auch als *Ultrakurzzeitgedächtnis* bezeichnete **sensorische Register (SR)**, das **Kurzzeitgedächtnis (KZG)** und das **Langzeitgedächtnis (LZG)**.
Das SR speichert von außen kommende Informationen nur ganz kurze Zeit; so wurde z.B. für das optische SR eine Halbwertszeit von ca. 0,5 Sekunden errechnet.
Weniger eindeutig sind die Forschungen zum KZG, jener G.komponente, auf der das unmittelbare Behalten beruht und die, im Unterschied etwa zum SR, nur eine *begrenzte Kapazität* von ungefähr sieben Einheiten hat. Dies bedeütet, daß bei kurzzeitiger Darbietung vieler verschiedener Informationen nur etwa sieben Einheiten gemerkt werden können, es sei denn, die dargebotenen bzw. erhaltenen Informationen (z.B. Zahlen, Gebrauchsgegenstände) können zu *Klassen* oder *Gestalten* zusammengefaßt werden (**Chunking**). Die Inhalte des KZG gehen sehr schnell nach etwa 20 Sekunden verloren, wenn sie nicht ständig wiederholt und so im Bewußtsein gehalten werden.
Das LZG, die zentrale und zugleich umfangreichste G.komponente, ist die Gesamtmenge der überdauernden, aber nicht unbedingt abrufbaren Informationen. Die Inhalte des LZG bilden jedoch keine bloße Anhäufung von Informationen, vielmehr muß man sich das LZG als ein *Netzwerk* denken, in dem die Inhalte nach bestimmten Regeln miteinander verknüpft sind *(Assoziationsgedächtnis).*

Gedächtnis	Geschwindigkeit der Informations-aufnahme	Speicher-kapazität	Speicher-dauer
Sinnesorgane	10^9 - 10^{11} bit/s		
Ultrakurzzeitgedächtnis	15 - 20 bit/s	180 - 200 bit	10 - 20 s
Kurzzeitgedächtnis	0,5 - 0,7 bit/s	10^3 - 10^4 bit	Stunden/Tage
Langzeitgedächtnis	0,05 bit/s	10^{10} bit	Jahre

Die verschiedenen Gedächtnisstufen können Informationen zunehmend länger speichern, während die Geschwindigkeit bei der Informationsaufnahme bzw. -verarbeitung deutlich abnimmt.

Während noch bis in die 1970er Jahre die Annahme vertreten wurde, das G. stelle eine Ganzheit dar und lasse sich einer einzelnen Struktur oder einem einzelnen Ort im Gehirn zuordnen, gehen heute v.a. Neurobiologen zunehmend davon aus, daß das G. aus zahlreichen Teilkomponenten besteht, die sich um ein komplexes Nervennetz herum aufbauen. So wird u.a. das LZG als **Assoziationsgedächtnis** begriffen, das Fakten und Vorstellungen aufnimmt und in einem Langzeitspeicher festhält. Ein weiterer, von Neurobiologen wie P. S. GOLDMAN-RAKIC postulierter und an Menschenaffen experimentell untersuchter Teil des G.ses ist das **Arbeitsgedächtnis**, das – dem Assoziationsgedächtnis wie dem Gehirn zuarbeitend – *symbolische* Inhalte rasch speichern oder bereitstellen soll (Beispiel: Kopfrechnen mit kurzzeitigem Behalten von Zwischensummen während der Bildung neuer Zwischensummen). Die Aktivitäten des Arbeitsgedächtnisses sind, u.a. aufgrund der Auswirkungen, die Verletzungen und Erkrankungen in diesem Gewebe bei Patienten auf die Bewältigung alltäglicher Situationen haben, in dem vorderen Stirnlappen der Großhirnrinde lokalisierbar.

Des weiteren untersuchen heute Neurowissenschaftlern und Biochemikern wie chemische Signalsysteme, insbes. spezielle Botenstoffe (Neurotransmitter), nicht nur G.-, sondern auch bestimmte andere Hirnprozesse steuern. Nach ersten Ergebnissen könnten Störungen des Arbeitsgedächtnisses, eventuell im Verbund mit Beeinträchtigungen des Neurotransmitters Dopamin, bei der Entstehung der Schizophrenie beteiligt sein.

Ohne G. ist Lernen nicht möglich. Besonders bekannt geworden ist in diesem Zusammenhang die von H. EBBINGHAUS ermittelte Vergessenskurve. – ↑Vergessen.

Nach gegenwärtigem Kenntnisstand beeinflussen folgende Faktoren das *Behalten:* Jeder gelernte Inhalt benötigt eine Konsolidierungsphase von ungefähr 10 bis 30 Minuten, um im LZG inventarisiert zu werden. Weiter gilt, daß ein Lerngegenstand um so besser behalten wird, je öfter er während des Lernens wiederholt wird. Verteiltes Lernen, also die Wiederholung des Lernprozesses nach eingeschobenen Abschnitten mit anderen Aktivitäten, ist effektiver als massiertes Lernen. Die Art der zwischenzeitlich ausgeübten Aktivitäten kann allerdings das Ausmaß des Behaltens stark beeinflussen.

Ferner spielen für das Behalten emotionale Faktoren eine außerordentlich wichtige Rolle: Emotional positive Inhalte werden meist länger behalten als emotional negative, die wiederum länger behalten werden als emotional neutrale *(Peters-Prinzip)*. Außerdem bleiben unerledigte Aufgaben oft wesentlich länger im G. als erledigte *(Zeigarnik-Effekt)*.

Gedächtnisentwicklung: Die neuere Gedächtnisforschung geht davon aus, daß die Gedächtnis*kapazität* des Kurzzeitspeichers und des Langzeitspeichers (↑Gedächtnis) zeitlebens gleichbleibt. Dagegen sind die *Verfügbarkeit* und *Verbesserung* von ↑Gedächtnisstrategien im Laufe der menschlichen Entwicklung einem beträchtlichen Wandel unterworfen: Mit Hilfe dieser Strategien werden auf dem Weg über den Kurzzeitspeicher Gedächtnisinhalte im Langzeitspeicher festgehalten. Ebenfalls mit Hilfe solcher Strategien werden sie wiedergefunden und von dort abgerufen. In unserem Kulturkreis beeinflußt vor allem die Schule den Aufbau und die Verfügbarkeit von Gedächtnisstrategien.

Schon im Vorschulalter sind Kinder in der Lage, sich zu merken, wann, wo und wie Strategien aufgabenspezifisch angewandt werden können (z.B. wissen jüngere Kinder durchaus, daß sie sich eine Telefonnummer durch mehrfaches Wiederholen wesentlich besser einprägen können). Ein solches **Metagedächtnis** repräsentiert das Wissen über Gedächtnisprozesse und deren bewußt-willkürliche Kontrolle. Ungeachtet der schon im Vorschulalter vorhandenen Kompetenzen, verbessern sich während der Schulzeit die dem Metagedächtnis zugeordneten Fähigkeiten.

Gedächtnishemmungen: Im Unterschied zu den meist organisch bedingten ↑Gedächtnisstörungen beruhen G. in der Regel auf Interferenzerscheinungen zwischen zwei aufeinanderfolgenden Lernprozessen.

Der österreichische Psychologe H. ROHRACHER unterscheidet folgende Formen der G.: *proaktive Hemmung,* wenn ein vorausgegangener Lernakt das Einprägen eines unmittelbar nachfolgenden Lernstoffs beeinträchtigt; *retroaktive Hemmung,* wenn ein nachfolgender Lernprozeß das Behalten unmittelbar vorausgegangener Lerneindrücke beeinträchtigt; *Ähnlichkeitshemmung,* wenn die Lernstoffe zweier aufeinanderfolgender Lernprozesse inhaltlich ähnlich sind; *assoziative oder reproduktive Hemmung,* wenn ein Gedächtnisinhalt, der bereits mit einem anderen assoziiert ist, mit einem neuen verbunden werden soll; *ekphorische Hemmung,* wenn die Reproduktion eines alten Lernstoffs durch einen der Reproduktion vorausgehenden neuen Lernprozeß beeinträchtigt wird; *affektive Hemmung,* wenn die Reproduktion neuer Lerninhalte durch eine zwischen Einprägung und Reproduktion vorkommende starke affektive Erregung beeinträchtigt wird.

Gedächtniskunst svw. ↑Mnemotechnik.

Gedächtnismethoden: Mit den von Vertretern der sog. klassischen Gedächtnisforschung (H. EBBINGHAUS, G. E. MÜLLER, A. PILZECKER) um die Jahrhundertwende entwickelten und in der Regel auf dem Erlernen sinnloser Silben basierenden experimentellen Verfahren sollen die Gedächtnisleistungen untersucht werden (Beispiel ↑Ersparnismethode).

Gedächtnisspur ↑Engramm.

Gedächtnisstörungen (mnestische Störungen, Dysmnesie): vorübergehende oder anhaltende Veränderungen oder Beeinträchtigungen der Erinnerungs- oder Merkfähigkeit. G. können im Rahmen einer organisch oder psychisch bedingten Erkrankung auftreten.

Am häufigsten ist die völlige oder teilweise (auch partielle) Erinnerungslücke (↑Amnesie), z.B. nach einer schweren Gehirnerschütterung. Zu einer Steigerung der Gedächtnisleistung **(Hypermnesie)** kann es u.a. bei hypnotischen Zuständen kommen. In den meisten Fällen psychogen bedingt ist die mangelhafte Erinnerung an Vorgänge, die unter starker Gefühlserregung bei Bewußtseinseinschränkung erlebt werden **(Hypomnesie)**. Hochgradige Störungen der Merkfähigkeit *(Gedächtnisschwäche)* treten u.a. bei Verkalkung der Hirnarterien, bei der ↑Demenz sowie der ↑progressiven Paralyse auf; außerdem gelten sie als Hauptsymptom des ↑Korsakow-Syndroms sowie des hirnorganischen Psychosyndroms (↑Psychosen), für die zusätzliche **Konfabulationen** (Ausfüllen von Erinnerungslücken mit erstbesten Einfällen) typisch sind.

Eine Erinnerungstäuschung **(Paramnesie, Allomnesie)** kann auch bei Gesunden auftreten; als abnorme Neigung zur Erinnerungsfälschung findet sie sich jedoch vorwiegend bei Gewohnheitslügnern (↑Pseudologie), als Halluzination im Rahmen einer Schizophrenie sowie als ↑Déjà-vu-Erlebnis bei bestimmten Anfallsleiden.

Gedächtnisstrategien: Experimentelle Untersuchungen deuten darauf hin, daß bestimmte Strategien des Einprägens und Abrufens die Wirksamkeit von Gedächtnisleistungen günstig beeinflussen können. Hier ist zunächst das *Wiederholen* (lautes oder leises Wiederholen der Elemente, die man sich einprägen will) zu nennen. Diese Strategie ist dann besonders hilfreich, wenn es sich um wenige einzuprägende Gedächtniseinheiten handelt. Eine weitere wichtige Methode besteht in der *Umgruppierung* des zu lernenden Materials nach logischen oder anderen Prinzipien der Zusammengehörigkeit. Als besonders vorteilhaft gilt eine hierarchische Gliederung, wenn es sich um sehr viele einzuprägende Elemente handelt. Mit diesem Aspekt verwandt ist die Nutzung schon bekannter Ordnungsprinzipien beim Einprägen der zu speichernden Materialien.

Für das Behalten von Texten und für das Merken erzählter Informationen gilt das *Herausfiltern* und *Speichern der Hauptidee* als besonders effizient. In all den genannten Fällen kann auch die Um- und Weiterverarbeitung der Informationen das Einprägen unterstützen. Das *Chunking* (die Bildung von Superzeichen) ist eine weitere Hilfe. – ↑Gedächtnis.

Gedächtnistyp: Mensch mit der speziellen Begabung, über ein bestimmtes Sinnesorgan aufgenommene Informationen bes. gut zu behalten. Unterschieden wird v.a. zwischen einem *optischen Typ* (Typ des Visuellen), der gut das Gesehene behält, einem *akustischen Typ* (Typ des Auditiven), der sich mehr das Gehörte merkt, und einem *kinästhetischen Typ* (Typ des Motorikers), der sich besser an Bewegungserlebnisse erinnern kann. Daneben gibt es besondere Veranlagungen für das Behalten von Namen, Zahlen, logischen Zusammenhängen oder bestimmten Gedächtnisinhalten.

Gedankenübertragung ↑Telepathie.

Gefühl: psychophysisches Grundphänomen des subjektiven, individuellen Erlebens einer Erregung (Spannung) oder Beruhigung (Entspannung), jeweils mehr oder minder deutlich von Lust und Unlust begleitet. Das G. hängt eng mit der Tätigkeit des vegetativen Nervensystems zusammen. Die physiologischen Begleiterscheinungen sind z.B. Änderung der Puls- und Atemfrequenz oder des Volumens einzelner Organbereiche. Die Funktion der G.e besteht v.a. in der Enthemmung bzw. Aktivierung eines Individuums, bes. zum ↑Appetenzverhalten oder zur ↑Aversion. – ↑auch Gefühlstheorien.

Gefühlsansprechbarkeit ↑Affektivität.

Gefühlstheorien (Emotionstheorien): Erklärungsversuche über Wesen und Entstehung der Gefühle sind nicht nur von subjektiven Anschauungen stark geprägt. Die verschiedenen Auffassungen darüber (Gefühl als Erkenntnis, Emotion, Befindlichkeit, Empfindung u.a.) hängen nicht zuletzt auch damit zusammen, daß G. sowohl von philosophischer und psychologischer als auch von ethologischer und physiologischer Seite entwikkelt wurden. In neueren G. werden unter dem Gesichtspunkt der physiopsychischen Einheit bes. die neurophysiologischen Grundlagen der Gefühlsentstehung beachtet. Beispielsweise nimmt die Theorie von M. B. ARNOLD an, daß die von den Sinnesorganen kommenden Impulse über den Thalamus, einen Teil des Zwischenhirns, zur Großhirnrinde gelangen und dort »bewertet« (emotional beurteilt) werden. Diese gefühlsmäßige Stellungnahme löst im Thalamus gespeicherte Verhaltensmuster aus und sorgt für deren Übertragung auf Ausführungsorgane. Ihr Erfolg wird zurückgemeldet und wiederum im Großhirn bewertet. Der Vorgang wirkt wie eine Kettenreaktion. Man steigert sich also gewissermaßen in die Emotion hinein.

Gegenkonditionierung: Die G. ist ein therapeutisches Vorgehen, bei dem der Therapeut wiederholt einen angenehmen Reiz (z.B. Zuwendung oder Lob) auf eine Situation folgen läßt, auf die der Klient gelernt hat, mit unangenehmen Gefühlen zu reagieren, etwa mit unangemessener Furcht vor irgend etwas, z.B. einem bestimmten Tier. – ↑Desensibilisierung.

Gegenübertragung ↑Psychoanalyse.

Gehemmtheit ↑Hemmung.

Gehirn (Cerebrum, Encephalon): Das G. des Menschen, Zentralorgan der geistigen Funktionen wie Speichern (↑Gedächtnis) und Verarbeiten (↑Denken) von Informationen, wurde phylogenetisch durch stetige Massenzunahme und fortschreitende Differenzierung besonders des kortikalen Vorderhirnbereichs (↑auch Zerebralisation) zum entscheidenden Faktor der Kulturentwicklung. – ↑Mensch.

Erstmals schriftlich erwähnt wird das G. im ägyptischen Papyrus EDVIN SMITH. Von Zusammenhängen zwischen G. und seelischen bzw. geistigen Vorgängen ist darin überhaupt nicht die Rede. Aus der Tatsache, daß bei Mumifizierungen die G.e weitgehend entfernt wurden, darf man schließen, daß im alten Ägypten die Bedeutung des G.s unbekannt war.

Der Grieche ALKMÄON VON KROTON erkannte bereits um 500 v. Chr. bei Tiersektionen, daß von den Sinnesorganen Nervenbahnen zum G. ziehen. Er nahm daraufhin an, daß im G. das Zentrum für die Sinneswahrnehmung und auch für das Denken liege. Allerdings hielt er das G. für eine Drüse, die Gedanken absondere wie eine Tränendrüse Tränen. Für HIPPOKRATES, der keine derartigen Untersuchungen vornahm, war das G. eine Art Dolmetscher des Bewußtseins und für alle Gefühle verantwortlich. Als Sitz der »rationalen Seele« sah PLATON nur den gesamten Kopf des Menschen an. Dagegen faßte ARISTOTELES, der – wie die alten Ägypter – Seelisches allein auf das ↑Herz beschränkt wissen wollte, das G. als eine Art Kühlvorrichtung gegen körperliche Überhitzung auf. Anatomisch untersucht und beschrieben wurden G. und Nerven erstmals genauer von HEROPHILOS (Groß- und Kleinhirn, Hirnhäute und -höhlen) und ERASISTRATOS; letzterer unterschied schon zwischen Empfindungs- und Bewegungsnerven und folgerte beim Vergleich von Tier- und Menschenhirnen, daß der Mensch nur deswegen alle Tiere an Intelligenz übertreffe, weil sein G. reicher an Windungen sei.

Erste experimentelle Untersuchungen des G.s stellte der römische Arzt GALEN an. Er entfernte bei verschiedenen Tieren systematisch bestimmte G.teile, durchschnitt Rückenmark und Nerven und registrierte die darauf eintretenden Lähmungen. Die Nerven hielt GALEN allerdings für ein Röhrensystem, in welches das G. den »Seelengeist« (»pneuma psychikon« oder »spiritus animalis«) aus den Hirnhöhlen pumpe wie das Herz das Blut in die Adern. Diese Ansicht blieb über Jahrhunderte vorherrschend. Der flämische Arzt A. VESAL bezweifelte nur die Bedeutung der Hirnhöhlen und nahm aufgrund eigener Untersuchungen an, daß der »Seelengeist« in der Hirnrinde entstehe.

Erst der schweizerische Universalgelehrte A. VON HALLER entdeckte die Irritabilität (↑Erregbarkeit) und Sensibilität der Ner-

G

venfasern und widerlegte damit die Lehre vom fließenden »Seelengeist«. F. J. GALL, der HALLERS Untersuchungen weiterführte, konnte schließlich zeigen, daß Nerven und Empfindungen zur »grauen Masse« an der G.oberfläche führen. Durch seine extreme Ansicht, bestimmte Teile des G.s würden jeweils bestimmte Teile des Gesamtorganismus kontrollieren, andere wiederum nähmen nur bestimmte Empfindungen auf und wieder andere wären für bestimmte Charaktereigenschaften zuständig (ähnliche Gedanken äußerten schon ALBERTUS MAGNUS und HALLER selbst), wurde GALL zum Begründer der ↑Lokalisationslehre und der ↑Phrenologie. Daß es im G. tatsächlich spezialisierte Teile gibt, wurde 1861 von P. BROCA mit der Entdeckung des ↑Sprachzentrums bewiesen. Etwa ein Jahrzehnt später stellten G. FRITSCH und E. HITZIG fest, daß die rechte bzw. linke G.seite die jeweils gegenüberliegende Körperhälfte kontrolliert.

Gehirn: Schnitt durch die Mittelachse des menschlichen Gehirns (oben) und Grundfläche des menschlichen Gehirns (unten)

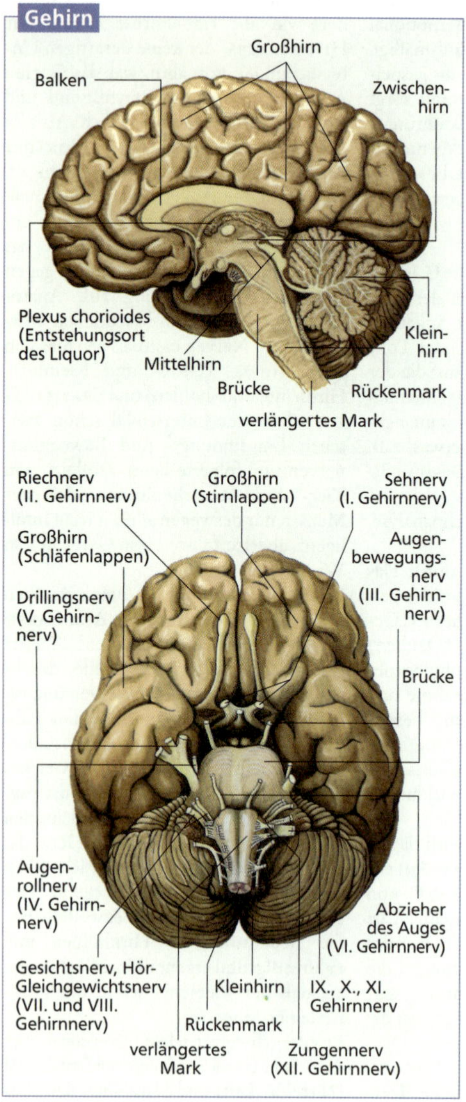

Die eigentliche G.forschung begann aber erst 1837, als der tschechische Physiologe J. E. VON PURKINJE feine G.schnitte mikroskopisch untersuchte und entdeckte, daß »Nervenkugeln«, die er als Ganglienkörper bezeichnete, Kerne besitzen und Fortsätze tragen. Zwei Jahre später erkannte der deutsche Anatom und Physiologe T. SCHWANN, daß diese »Kugeln« Nervenzellen sind. 1891 stellte der Anatom W. VON WALDEYER-

HARTZ die **Neuronentheorie** auf, die in unserem Jahrhundert dann durch experimentelle neurobiologische Forschungsergebnisse bestätigt wurde. Nach dieser Theorie besteht das gesamte Nervensystem aus Neuronen (Nervenzellen), die als funktionelle Grundeinheiten alleinige Träger nervaler Erregungen sind und sich über Synapsen in gegenseitigem Kontakt befinden.

Neuronen sind hochgradig erregbar und insofern darauf spezialisiert, Informationen aufzunehmen und zu verarbeiten. Je komplizierter Organismen aufgebaut sind, desto wichtiger ist es für sie, die (über ihre Sinnesorgane vermittelten) Informationen zentral auszuwerten und ebenfalls zentral ihre Körpertätigkeiten zu steuern. Hierzu wurden im Lauf der stammesgeschichtlichen Entwicklung am vorderen Ende der Körper, dort also, wo auch die Sinnesorgane (speziell die für die Informationsaufnahme durch Sehen, Hören oder Riechen so wichtigen Fernsinne) konzentriert sind, Nervenzellen angehäuft. Sie bilden bei den Wirbeltieren jeweils das von der Schädelkapsel umgebene Gehirn.

Das G. des Menschen gliedert sich im wesentlichen in das entwicklungsgeschichtlich ältere Stammhirn, das jüngere Großhirn und das Kleinhirn. Das **Stammhirn (Hirnstamm)** besteht aus dem *Zwischenhirn*, dem *Mittelhirn* und dem *verlängerten Mark*. Teile des Zwischenhirns sind der ↑Thalamus und der ↑Hypothalamus; an der Unterseite des Zwischenhirns liegt die ↑Hypophyse, an der Oberseite die ↑Zirbeldrüse (Epiphyse). Durch das Mittelhirn laufen viele auf- und absteigende Nervenbahnen, im verlängerten Mark befinden sich Zentren zur Steuerung und Regulation wichtiger Stoffwechselvorgänge und Reflexe. Dem Stammhirn entspringen auch die zwölf *Gehirnnerven*. Das **Kleinhirn** ist das zentrale Organ für die Bewegungskoordination, für die Erhaltung des Muskeltonus (Grundspannung eines nicht willkürlich innervierten Muskels) sowie des körperlichen Gleichgewichts.

Der für Säugetiere und insbes. den Menschen funktionell wichtigste Teil des G.s ist das aus zwei stark gefurchten Halbkugeln (Hemisphären) bestehende **Großhirn**. Bei höheren Säugetieren und dem Menschen überdecken die Großhirnhemisphären durch ihre gewaltige Ausdehnung völlig die darunterliegenden Gehirnabschnitte bis zum Kleinhirn. Das Großhirn ist das oberste Zentrum für die Verarbeitung von Informationen und den Entwurf motorischer Programme. Außerdem sind in ihm Gedächtnis und Assoziationsleistungen, Bewußtsein und Intellekt lokalisiert.

Die Auffassung, daß jede spezielle Gehirnleistung in einem genau umschriebenen Zentrum angesiedelt sei, hat sich als nicht haltbar erwiesen. Häufig werden Funktionen nach Ausfall bestimmter Hirnregionen von anderen Gebieten übernommen. Darüber hinaus sind an hohen intellektuellen Leistungen vermutlich viele Assoziationsfelder beteiligt; entsprechend können Verletzungen (Läsionen) in den verschiedensten Regionen des G.s zu gleichförmigen Beeinträchtigungen dieser Leistungen führen. Die beiden Hemisphären sind nicht gleichwertig, sondern üben unterschiedliche Funktionen aus (Hemisphärenspezialisierung); dabei dominiert meist eine Hirnhälfte **(Hemisphärendominanz)**, z.B. bei Rechtshändern die linke.

Die *Großhirnrinde* (graue Substanz, Kortex, Cortex cerebri) enthält etwa 14 Mrd. Nervenzellen, von denen jede einzelne mit 1000 bis 10000 anderen über Synapsen in Verbindung treten kann. Die dazu notwendige gewaltige Menge an Verbindungsleitungen (Schaltbahnen) findet sich im *Großhirnmark* (weiße Substanz). Kommissurenbahnen laufen durch den sog. *Balken* und verbinden gleichartige Teile der Großhirnhälften miteinander. *Assoziationsbahnen* verlaufen zwischen verschiedenen Hirnbereichen einer oder beider Hirnhälften, *Projektionsbahnen* laufen vom Großhirn zu anderen Bereichen des Zentralnervensystems.

G

Gehirnentzündung svw. ↑Enzephalitis.

Gehirnwäsche (Brainwashing, Mentizid): gewaltsame geistige Desorganisation und Umstrukturierung einer Person, etwa zur Erzwingung von Geheimnisverrat, (falschen) Geständnissen, Selbstbezichtigung u.a. Die Methode der G. besteht vorwiegend in endlosen Verhören, Folterungen, suggestiven Einwirkungen (verbunden mit Drohungen im Wechsel mit Versprechungen) und einer fortwährenden Überreizung des Nervensystems (grelles Licht, Schlaf- und Nahrungsentzug, Isolation usw.). Die physiopsychische Belastung führt nicht selten zur gewünschten »Änderung« der politischen und moralischen Einstellungen, verschiedentlich jedoch auch zum völligen Persönlichkeitszusammenbruch (bis hin zu Halluzinationen oder Wahnvorstellungen).

Gehör ↑Hören.

Gehörlosigkeit ↑Taubheit.

Gehorsam: Unter G. wird die Übernahme des Willensziels eines anderen in den eigenen Willen verstanden. Zu unterscheiden ist zwischen erzwungenem (»unbedingtem«), ↑Macht voraussetzendem und freiwilligem (»bedingtem«) G., dessen Voraussetzung ↑Autorität ist.

Auch der vermeintlich freiwillige G. beruht vermutlich zum größten Teil auf einer stammesgeschichtlich erworbenen Verhaltensdisposition, die sozusagen das »Gegenstück« zum ↑Rangstreben darstellt. Offensichtlich nämlich fällt es vielen Menschen schwer, sich den Anweisungen einer Autorität zu widersetzen. Diese *Unterordnungsbereitschaft* wurde zu Beginn der 1960er Jahre von dem amerikan. Sozialpsychologen S. MILGRAM experimentell untersucht *(Milgram-Experiment)*. MILGRAM befahl z.B. den zuvor zu absolutem Gehorsam verpflichteten Versuchspersonen, mit Hilfe eines angeblich funktionstüchtigen Gerätes anderen Testpersonen Elektroschocks von zunehmender Intensität zu verabfolgen, ohne sich von deren »Schmerzreaktionen« beeinflussen zu lassen. Diese Versuche haben eine erschreckend weitreichende menschliche Bereitschaft zu bedenkenlosem G. aufgezeigt, selbst wenn er äußerst aggressives, ja destruktives Verhalten erfordert.

G. kann außerdem in der Kindheit durch operante Konditionierung (↑Konditionierung) erlernt werden, da Autoritäten (z.B. Eltern) Ungehorsam häufig (etwa durch Liebesentzug) »bestrafen«, während sie G. belohnen.

Gehörsinn ↑Hören.

Geist: Da der Begriff G. philosophisch (etwa zur Unterscheidung menschlicher Fähigkeiten und Tätigkeiten von sonstigen Gegebenheiten) bzw. metaphysisch und auch theologisch vorbelastet ist (Betrachtung des G.es als einen vom Körper unterschiedlichen Wesensteils des mit Vernunft und Willen begabten Menschen), empfiehlt es sich, in der *Psychologie* lediglich von den geistigen Funktionen zu sprechen. Es lassen sich vier *geistige Funktionen* unterscheiden: Aufnahme, Speicherung, Verarbeitung und Ausgabe von Information. Die Informationsaufnahme (Input) geschieht durch die ↑Sinnesorgane (Sensoren; v.a. Auge und Ohr). Gespeichert wird Information im ↑Gedächtnis. Die Informationsverarbeitung wird, soweit sie sich auf den Menschen (und hochentwickelte Tiere) bezieht, ↑Denken genannt. Der Ausgabe (Output) von Information dienen v.a. die (gesprochene und geschriebene) ↑Sprache und die ↑Zeichensprache.

Geistesabwesenheit ↑Absence.

Geisteskrankheiten:

◆ *gemeinsprachlich* Bez. für seelisch-geistige Störungen, die man an einem nach allg. Verständnis unnormalen Verhalten der betreffenden Person zu erkennen meint.

◆ im *medizinischen* (speziell im psychiatrischen) Sprachgebrauch Bez. für gravierende psychische Störungen im Sinne einer Psychose. – ↑Psychosen.

◆ im *juristischen* Sinne Bez. für jede erhebliche geistige Störung.

G

geisteswissenschaftliche Psychologie: eine von W. Dilthey (↑beschreibende Psychologie) geforderte Ausrichtung der Psychologie, die er sozusagen als beschreibend-verstehend (↑verstehende Psychologie) der ↑erklärenden Psychologie gegenübergestellt wissen wollte. Die g. P. blieb bis heute von untergeordneter Bedeutung.

geistige Behinderung: Als *geistig behindert* (früher auch als praktisch bildbar, bildungsschwach oder schwachsinnig) werden, in Anlehnung an die 1974 getroffene Definition des Deutschen Bildungsrates, in Deutschland heute jene Personen bezeichnet, die in ihrer psychischen Gesamtentwicklung und ihrem Lernvermögen so stark beeinträchtigt sind, daß sie voraussichtlich *lebenslang soziale* und *pädagogische Hilfen* benötigen werden. Neben den kognitiven Beeinträchtigungen bestehen zudem meist sprachliche, soziale, motorische und emotionale Entwicklungsverzögerungen bzw. bleibende Entwicklungsrückstände, so daß geistig behinderte Menschen eigentlich stets *Mehrfachbehinderte* sind.

Im kognitiven Leistungsbereich wird meist das Kriterium des Intelligenzquotienten (IQ) zur Abgrenzung g.r B. (v.a. gegenüber ↑Lernbehinderung) herangezogen. Als geistig behindert werden danach Personen eingestuft, die einen IQ von maximal 49 erzielen; andere Autoren ziehen die (methodisch unscharfe) Obergrenze bei einem IQ von 55, mitunter auch von 70.

Von **Idiotie** wird bei einem – im Grunde gar nicht meßbaren – IQ unter 20, von **Imbezillität** bei einem IQ zwischen 20 und 49, von **Debilität** oder **Oligophrenie** (einem nur noch in der Medizin gebräuchlichen Ausdruck) bei einem IQ zwischen 50 und 70 gesprochen.

Jüngeren Schätzungen zufolge liegt der Anteil geistig Behinderter (zumindest im Schulbereich) in Deutschland bei ca. 0,5 bis 0,6% eines Geburtsjahrgangs, wobei männliche Behinderte etwa im Verhältnis 3:2 überwiegen. Rund ein Drittel dieses Personenkreises muß als schwer geistig behindert angesehen werden.

G. B. kann eine Reihe verschiedener *Ursachen* haben: 1. vorgeburtliche (pränatale) Schädigungen wie Chromosomenabweichungen (↑Down-Syndrom), Embryopathien (Virusinfektionen, Stoffwechselerkrankungen, chemische und physikalische Schädigungen); 2. während der Geburt erlittene (perinatale) Schädigungen wie Hirnblutungen, Sauerstoffmangel oder mechanische Einwirkungen; 3. nachgeburtliche (postnatale) Schädigungen wie Enzephalitis, Meningitis, Impfschäden, Anfallsleiden oder (heute jedoch kaum noch vorkommende) schwere Ernährungsstörungen. Diese im wesentlichen organischen Ursachen sind jedoch nur in etwa 40 bis 50% aller Fälle nachzuweisen, bei der anderen Hälfte der Betroffenen sind die Entstehungsbedingungen noch unbekannt.

In der BR Deutschland hat die 1958 gegründete *Bundesvereinigung Lebenshilfe für geistig Behinderte e. V.* ganz wesentlich zur besseren Versorgung, Förderung und Integration geistig behinderter Menschen aller Altersstufen wie auch zu einem positiven Wandel des öffentlichen Bildes beigetragen.

Gelbkörper: Restkörper des Eifollikels nach dem Eisprung; scheidet Progesteron (↑Gestagene) und ↑Östrogene aus.

gelernte Hilflosigkeit: Zustandsbild, das durch Passivität, Teilnahmslosigkeit, negativistische Erwartungen und psychosomatische Streßsymptome gekennzeichnet ist. Untersuchungen legen nahe, daß g. H. nach der wiederholten Erfahrung mangelhafter Umweltkontrolle auftritt. Die betreffende Person gewinnt dann die Überzeugung, daß ihre Schwierigkeiten mit den ihr zur Verfügung stehenden Denk- und Handlungsmöglichkeiten nicht zu bewältigen sind.

Geltungsbedürfnis: Unter G. wird das auf dem normalen, zur Selbstdurchsetzung erforderlichen **Geltungstrieb** beruhende Streben nach sozialer Anerkennung und Beachtung verstanden. Die

G

Geltungssucht stellt dagegen eine überzogene Form des G.ses dar und ist (v.a. bei unsicheren Menschen) häufiger ein Anzeichen für die ↑Überkompensation von Minderwertigkeitsgefühlen.

Gemeindepsychiatrie (Mental-health-Bewegung): psychiatrische Reformbewegung, die die Erkenntnisse und Ideen der ↑Sozialpsychiatrie in die Praxis umzusetzen versucht, besonders unter Berücksichtigung der Bedeutung sozialer Vorgänge für die Entstehung psychischer Störungen. Durch Vorsorge *(primäre Prävention),* Aufklärung der Bevölkerung, Wiedereingliederung ehemals Kranker (Rehabilitation), Einrichtung spezieller Notfalldienste (Kriseninterventionszentren), Beratungsdienste, bei denen neben Psychiatern auch Vertreter anderer assoziierter Berufe (Lehrer, Erzieher, Seelsorger) mitwirken, und andere Maßnahmen soll die seelische Gesundheit stabilisiert bzw. seelischen Erkrankungen vorgebeugt sowie die psychiatrische Behandlung insgesamt verbessert werden. Die hierfür geschaffenen bzw. zu schaffenden Einrichtungen sollen *gemeindenah* (für jeden leicht zugänglich) sein und umfassende dauerhafte Hilfe leisten können. Seit Ende der achtziger Jahre hat die G. auch in Deutschland zunehmend an Bedeutung gewonnen. – ↑auch Gemeindepsychologie.

Gemeindepsychologie: Im Vordergrund der G. steht die Erkenntnis, daß am Ausbruch seelischer Erkrankungen sehr häufig Umweltfaktoren beteiligt sind. Neben der Beseitigung krankmachender Umwelteinflüsse (primäre Prävention) wird v.a. auf die Vermittlung von Verhaltensweisen Wert gelegt, die geeignet sind, optimal den Lebensproblemen zu begegnen (soziale Kompetenzen). – ↑auch Gemeindepsychiatrie.

Gemeinschaft: Im weiteren Sinn ist G. jede Verbundenheit zwischen Menschen; im engeren Sinn ist sie die Bindung innerhalb einer Gruppe oder Vereinigung von Menschen, in der es hauptsächlich auf die gefühlsmäßigen Beziehungen der Mitglieder zueinander ankommt (z.B. in der Familie, Verwandtschaft, Nachbarschaft, in religiösen Gruppen). Eine G. unterscheidet sich von einer ↑Gesellschaft v.a. dadurch, daß letztere im wesentlichen eine zweckhafte (v.a. durch arbeitsteilige Interessenlagen hergestellte) soziale Verbindung mit mehr oder minder erzwungener Gleichrichtung darstellt.

Gemeinschaftsgefühl: *allg.* das Gefühl der Verbundenheit und Zusammengehörigkeit der in einer ↑Gemeinschaft lebenden Menschen. In der *Individualpsychologie* A. Adlers kennzeichnet G. die dem egoistischen Machtstreben entgegenwirkende Kraft, die die Bindung an die Gemeinschaft aufrechterhält.

Gemüt: G. ist ein sehr unscharf gefaßter Begriff zur Bez. der gefühlsbetonten, von bestimmten Werthaltungen geprägten, oft auch bestimmten Grundstimmungen unterworfenen *Erlebnisfähigkeit* des Menschen. Diese Fähigkeit wird oft auch als Kern des Charakters, manchmal sogar des Gewissens oder Ehrgefühls, der Scham oder des Mitleids aufgefaßt. G. wird überdies nicht selten dem »reinen Intellekt«, dem Verstand oder der Denkfähigkeit gegenübergestellt.

Genauigkeits-speed-Test: eine Art von Niveautest. – ↑Niveautests.

Gene (Erbanlagen): von W. L. Johannsen im Jahr 1909 eingeführter Name für die ursprünglich rein formale genetische Einheit der Vererbung eines Merkmals von einer Generation auf die nächste; später molekular definierte Einheit der Vererbung. Die Gesamtheit aller G. ist das **Genom.** Ein Gen bestimmt (neben Umwelteinflüssen) die Ausbildung eines Merkmals (Phän) im Erscheinungsbild (Erbanlage, Erbfaktor) und wird erkennbar durch das Vorkommen alternativer Formen (Allele) für dieses Merkmal. Die G. liegen in linearer Anordnung auf den Chromosomen, jedes Gen nimmt auf dem Chromosom oder den anderen G. tragenden Strukturen einen ganz bestimmten Platz ein *(Genort, Genlocus).*

Alle Zellen eines Individuums haben, von wenigen Ausnahmen abgesehen, denselben Genotyp. Die Veränderung eines Gens durch Mutation führt zu unterschiedlichen Allelen, die sich zueinander dominant oder rezessiv verhalten.

Beim Menschen wird die Anzahl der G. in einem Zellkern auf etwa 50000 geschätzt, von denen z. Z. weit mehr als 1000 bekannt sind.

Generalisierung: Zu unterscheiden ist zwischen Reiz-G. und Reaktions-G.

Mit dem Begriff *Reiz-G.* wird die Tatsache bezeichnet, daß Verhaltensweisen, die bei einem Lernprozeß mit einer bestimmten Reizsituation gekoppelt wurden, im folgenden nicht nur durch genau die gleichen Reize, sondern auch durch andere, diesen in irgendeiner Hinsicht ähnliche Reize hervorgerufen werden können. So wird sich beispielsweise ein Kind, das von einem Hund gebissen wurde, künftig mit großer Wahrscheinlichkeit nicht nur vor diesem einen Hund, sondern auch vor anderen Hunden fürchten. In manchen Fällen mag es sogar vorkommen, daß das Kind dann auch gegenüber anderen Tieren (z.B. Katzen) vorher nicht gekannte Furchtreaktionen zeigt. Denkbar ist schließlich auch, daß bei weiterer G. sogar Stofftiere u.ä. entsprechende Reaktionen auslösen.

Unter *Reaktions-G.* versteht man die Tatsache, daß nach dem Lernen einer Reaktion auf einen bestimmten Reiz hin auch andere Reaktionen auftreten, die der ursprünglichen Reaktion ähnlich sind.

Generationskonflikt: Dieses überwiegend zwischen Jugendlichen und Erwachsenen auftretende Spannungsverhältnis entsteht v.a. dort, wo ein einseitiges Abhängigkeitsverhältnis von Jugendlichen gegenüber Vertretern der Erwachsenengeneration besteht (z.B. im Verhältnis Sohn/Tochter–Eltern, Schüler–Lehrer, Auszubildender–Ausbilder). G.e äußern sich in vielen Formen des jugendlichen Protests. Eine besondere Form stellt der kollektive Protest Jugendlicher gegen politische Entscheidungen (etwa durch Demonstrationen) dar.

Im wesentlichen werden G.e durch Ablösungsprozesse der jeweils jüngeren Generationen von den Lebensstilen und Werten der älteren bestimmt. Sie können als *Autoritätskonflikte* interpretiert werden, bei denen eine vom Lebensalter und entsprechenden Erfahrungen hergeleitete Autorität von den nachdrängenden jüngeren Generationen nicht mehr kritiklos hingenommen wird.

Generationssequenzanalyse svw. ↑Kohortensequenzanalyse.

Genetik: Wissenschaft, die sich mit den Gesetzmäßigkeiten der Vererbung von Merkmalen und mit den grundlegenden Erscheinungsformen der Vererbung auf molekularer Ebene befaßt. – ↑auch Humangenetik.

genetische Information: Das Wesen der Vererbung besteht in der Weitergabe von Anlagen zu allen Merkmalen über Generationen. Diese »Anlagen« sind Informationen (Erbinformationen), d.h. Anweisungen zur Ausbildung des ↑Genotyps; hierzu zählt auch die psychische Veranlagung. – ↑Anlage-Umwelt-Problematik, ↑Begabung, ↑Information.

Genfer Schule: Als G. Sch. wird eine seit Beginn des 20.Jh. vom Genfer »Institut Jean-Jacques Rousseau« (seit 1970 »École de Psychologie et des Sciences de l'Éducation« an der Universität Genf) ausgegangene einflußreiche psychologische Strömung bezeichnet, zu deren Hauptvertretern E. Claparède sowie J. Piaget gehörten. Die wichtigsten Beiträge hat die G. Sch. auf dem Gebiet der Entwicklung des kindlichen Denkens und der psychologischen Grundlegung der Pädagogik geleistet. – ↑auch Denkentwicklung.

Genialität: G. ist eine Begabungskonstellation, die außerordentliche und einzigartige Leistungen ermöglicht. Neben einer überdurchschnittlichen Ausstattung an allg. intellektuellen Fähigkeiten gehören hierzu v.a. ↑Kreativität, Hochleistungsmotivation und Originalität. Die

Bezeichnung G. wird auch für hervorragende Intelligenz verwendet. Eine Psychologie der G. gibt es nur in Ansätzen. Die Lehre von der genialen Veranlagung, ihren Bedingungen und Formen wird **Geniologie** genannt. – ↑auch Genie.

Genie: Das G. ist ein Mensch, der eine bedeutende schöpferisch-originale Leistung auf künstlerischem, politischem, wissenschaftlichem oder ethisch-moralischem Gebiet vollbringt. Diese Leistung ist in seinem Metier in der Regel richtungsweisend. Das Urteil allerdings, ob einem Menschen das Prädikat G. zukommt, hängt sehr von den historischen bzw. zeitbedingten Maßstäben und Normen der beurteilenden Gruppe bzw. Gesellschaftsschicht ab.

Versuche, das G. mit psychopathologischen Kriterien zu erfassen, sind umstritten, ebenso Versuche, Genialität psychometrisch zu bestimmen (Personen, deren Intelligenzleistung einen ↑Intelligenzquotienten höher als 140 ergibt, werden mitunter bereits als G. oder »genial begabt« bezeichnet).

genitale Phase: Nach der psychoanalytischen Theorie ist die g. Ph. eine an die ↑phallische Phase und die Latenzphase anschließende und mit der Pubertät beginnende Stufe der geschlechtlichen Entwicklung. In dieser Phase werden nach S. FREUD die sog. Teilkomponenten (↑Partialtriebe) der frühkindlichen Sexualität zum Geschlechtstrieb vereinigt. Diese Synthese soll zur Ausprägung der für Erwachsene charakteristischen Sexualität führen, nachdem das bis dahin vorherrschende Interesse an den Genitalien durch ein Gesamtinteresse am anderen Geschlecht abgelöst wird.

Genitalzentren (Sexualzentren): im unteren Teil des Rückenmarks liegende nervöse Steuerungszentren für sexuelle Funktionen wie Erektion oder Ejakulation. – ↑auch Sexualreflexe, ↑sexueller Reaktionszyklus.

Genom: Gesamtheit der DNS (↑Desoxyribonukleinsäure) einer Zelle, die deren Erbmasse darstellt.

Genomotiv ↑Phänomotiv.

Genotyp (Genotypus): Der G. ist die Summe der genetischen Strukturen und Funktionen eines Organismus. Ein bestimmter G. legt gewissermaßen im Rahmen, nicht aber im Detail den ↑Phänotyp fest; je nach Umweltbedingungen kann er zu verschiedenen Ausprägungsmustern einzelner (physischer wie psychischer) Merkmale und damit zu unterschiedlich gestaltetem Phänotyp führen.

Gentechnologie: Teilgebiet der Molekularbiologie und Biotechnologie, das sowohl die theoretischen Aspekte als auch die praktischen Methoden (Gentechnik, Genchirurgie) umfaßt, durch die Gene und deren Regulatoren (Signalstrukturen) isoliert, analysiert, verändert und wieder in Organismen eingebaut werden. G. schließt auch Zellfusionen zur Herstellung von Hybriden mit ein, ist jedoch abzugrenzen von den sog. Reproduktionstechnologien, d.h. der Fusion von Samen- und Eizelle. Eine zielgerichtete Manipulation dieser Fusion hingegen ist Teil der Gentechnologie.

Die G. hat ihre rasche Entwicklung und heutige Bedeutung durch die Möglichkeit erlangt, die Erbinformation (DNS) eines Organismus gezielt zu verändern. Dies geschieht durch mehrere aufeinanderfolgende Schritte: 1. Isolierung des Gens nach Spaltung der DNS in bestimmte DNS-Fragmente; 2. Sequenzanalyse der Nukleinsäuren mit Strukturaufklärung des Gens; 3. Einschleusung des Gens in eine Zelle mit Hilfe von »Vektoren« (beispielsweise bakteriellen Plasmiden).

In der Humanbiologie sind neben der Befruchtungsbiologie die *Genomanalyse* und *Gentherapie* mögliche Einsatzgebiete der Gentechnologie. Durch Genomanalyse könnte die genetische Beratung und pränatale Diagnostik erheblich verbessert werden. Weiterhin könnte die Genomanalyse im Rahmen der Pharmakokinetik der Auswahl geeigneter Medikamente dienen und im Rahmen der Öko-

Gentechnologie

Das Prinzip der Gentechnologie

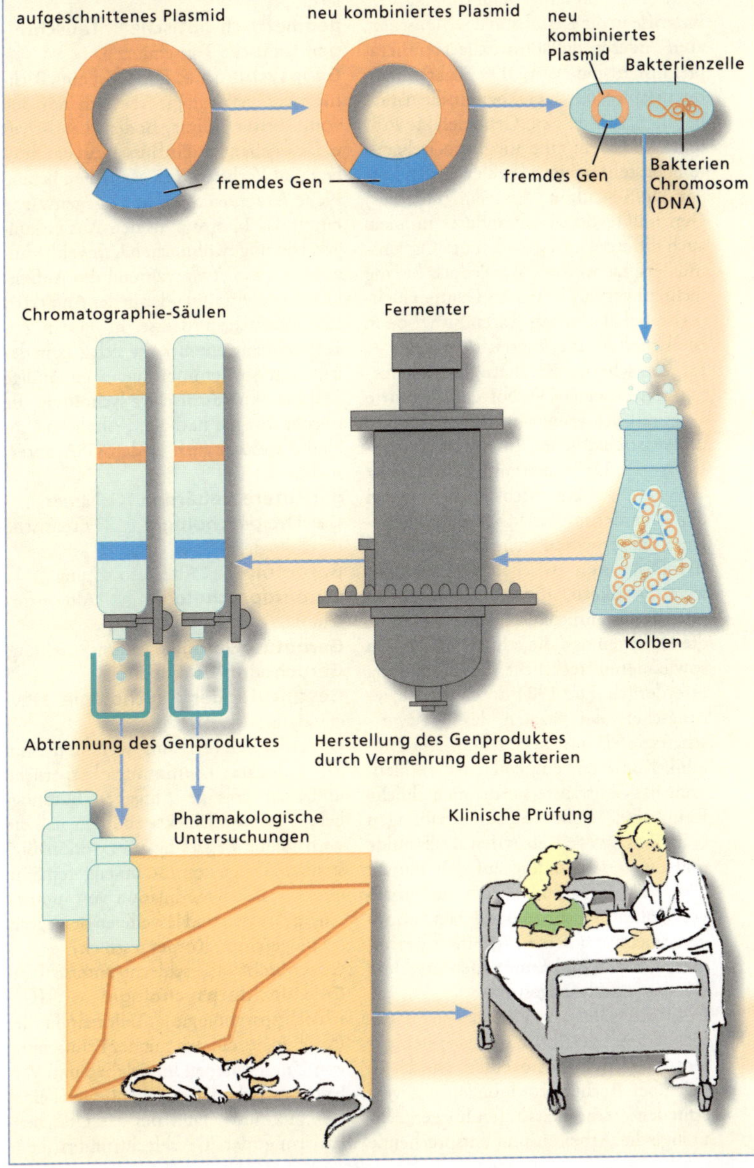

kinetik der Analyse genetisch bedingter Unverträglichkeiten bestimmter Umweltfaktoren. Unter Gentherapie versteht man zum einen gentechnologische Eingriffe in die Keimbahn des Menschen, zum anderen die somatische Gentherapie. Bisher sind etwa 2000 Erbkrankheiten bekannt, d.h. Krankheiten, die darauf beruhen, daß defekte Gene defekte Proteine kodieren; eine mögliche Behandlung besteht in einer (Fehler-)Korrektur der DNS-Struktur, d.h., ein (defektes) Gen müßte durch ein anderes in allen, auch differenzierten Zellen des Organismus ersetzt werden, was jedoch bislang nicht zu verwirklichen ist. Gentherapeutische Behandlungen waren bisher beim Menschen nicht erfolgreich.

Ein von scharfen Kritikern der G. gefordertes weltweites Verbot der G. dürfte aufgrund des großen wissenschaftlichen und wirtschaftlichen Interesses unrealistisch sein. Da jedoch mittelfristig keine Grenze des methodisch Machbaren bei der Veränderung des Erbguts aller Lebewesen zu erwarten steht, ist eine intensive Diskussion zwischen Wissenschaftlern, Politikern, Juristen, Philosophen und der Öffentlichkeit über den Einsatz, die Gefahren und die ethischen Grenzen sowie deren rechtliche Festschreibung erforderlich. Die 1984 durch die Regierungschefs der Staaten des Weltwirtschaftsgipfels ins Leben gerufene Bioethik-Konferenz empfahl u.a. die Ablehnung des Gentransfers in die menschliche Keimbahn, hohe Sicherheitsauflagen beim Einsatz von Retroviren als Plasmide und die Beschränkung auf den Einsatz von Mikroorganismen, die außerhalb von Kulturen nicht zu überleben vermögen; wichtige Themen wie Interspeziesinteraktionen und Embryonenforschung wurden jedoch ausgespart.

In Deutschland trat 1990 das sog. Gentechnikgesetz in Kraft, das nach heftiger Kritik schon 1993 novelliert wurde. Es legt über Rechtsverordnungen u.a. verschiedene Sicherheitsstufen für gentechnologische Arbeiten und entsprechende Sicherheitsmaßnahmen bezüglich der Arbeitsbedingungen und der Freisetzung gentechnisch veränderter Organismen fest.

geometrisch-optische Täuschungen ↑optische Täuschungen.

Geopsychologie: Die G. ist eine Richtung der Psychologie, die sich mit den vom Wetter, Klima, Boden, Landschaft u.a. ausgehenden Einflüssen auf das Erleben und Verhalten des Menschen befaßt. Neue Akzente erhält die G. gegenwärtig durch das Interesse an den Auswirkungen von ungewöhnlichen Umweltbedingungen (wie etwa während des Aufenthalts im Weltraum oder in der Antarktis) auf psychische Prozesse. In diesem Zusammenhang entwickelte sich z.B. in der früheren Sowjetunion die eigenständige Teildisziplin **kosmische Psychologie**, die solchen Fragen nachgeht. Ähnliche Probleme werden auch in den USA untersucht.

gerichtete Gebärden ↑Gebärde.

Gerichtspsychologie ↑Forensische Psychologie.

Gerontologie ↑Alternsforschung.

Gerontopsychologie ↑Alternsforschung.

Gerontosoziologie ↑Alternsforschung.

Geruchssinn ↑Riechen.

Geschichte der Psychologie ↑Psychologie.

Geschicklichkeit: im weitesten Sinn die Fähigkeit, bestimmte körperliche und/oder geistige Aufgaben bestmöglich, d.h. so »geschickt« zu lösen, daß die vorhandene Begabung am zweckmäßigsten zum Zuge kommt; im engeren Sinn die optimale Koordination von motorischem Antrieb und jeweiliger Bewegung (Handgeschick, Körpergeschick).

Geschlecht ↑Geschlechtsunterschiede.

Geschlechterpsychologie (Geschlechtspsychologie): Teildisziplin der Psychologie, die sich mit der Erforschung von Unterschieden im Erleben und Verhalten zwischen den Angehörigen beider Geschlechter befaßt. Bei der Ursachenerklärung der Geschlechtsunterschiede steht häufig die Frage im Vordergrund, inwieweit vorgefundene (bzw. ermittelte) Verschiedenheiten erblich bestimmt sind oder durch eine geschlechtsspezifische Sozialisation (↑Geschlechterrollen) erworben werden. – ↑auch Geschlechtsunterschiede, ↑Sexualität.

Geschlechterrollen: In jeder Gesellschaft gibt es bestimmte Normen und Erwartungen, an denen sich die männlichen und weiblichen Gesellschaftsmitglieder je nach ihrer Geschlechtszugehörigkeit orientieren oder zumindest orientieren sollen. Unterschiedliche G. werden häufig durch sog. »natürliche« Unterschiede zwischen Mann und Frau erklärt und auch gerechtfertigt. Viele oft für »natürlich« gehaltene Unterschiede im Erleben und Verhalten der Geschlechter können als sozialisationsbedingt gelten. – ↑Geschlechterpsychologie.

Geschlechtlichkeit ↑Sexualität.

Geschlechtserziehung ↑Sexualerziehung.

Geschlechtshormone ↑Sexualhormone.

Geschlechtsmerkmale: zu einem Geschlecht gehörenden speziellen Merkmale; man unterscheidet primäre, sekundäre und tertiäre Geschlechtsmerkmale. *Primäre G.* sind die (äußeren und inneren) **Geschlechtsorgane** und deren Anhangdrüsen (z.B. Penis, Hoden, Klitoris, Schamlippen, Prostata, Scheide, Bartholin-Drüsen); ihre Entwicklung beginnt schon vor der Geburt, d.h. während der Embryonalzeit.

Die *sekundären G.* des Menschen entwickeln sich erst (v.a. unter dem Einfluß von Hormonen der Hoden bzw. Eierstöcke und der Hypophyse) während der Pubertät. Sie betreffen besonders die Behaarung (Schamhaare, Bart), die Stimme (»Stimmbruch« bei Knaben) und die Ausbildung der Milchdrüsen (Entwicklung der weiblichen Brust).

Unterschiede in der Körperhöhe, im Knochenbau, in der Herz- und Atemtätigkeit sowie im Empfindungsbereich und im Verhalten werden als *tertiäre G.* bezeichnet.

Geschlechtsorgane ↑Geschlechtsmerkmale.

Geschlechtspsychologie ↑Geschlechterpsychologie.

Geschlechtsreife: Die G. ist das Stadium der ontogenetischen Entwicklung, in dem die Fortpflanzungsfähigkeit eintritt. Der Zeitpunkt ist bei den verschiedenen Lebewesen (häufig auch in Abhängigkeit vom Geschlecht) unterschiedlich und wird zusätzlich durch klimatische, physiologische (beispielsweise Ernährung und Krankheiten), soziologische und individuelle (z.B. Erbanlage) Faktoren beeinflußt. Beim Menschen tritt die G. im Verlauf der ↑Pubertät ein. Mädchen erreichen die G. mit dem ersten Eisprung (bis zu einem Jahr nach der ersten Menstruation), Jungen mit dem ersten Samenerguß.

Geschlechtstrieb (Sexualtrieb) ↑Sexualität.

Geschlechtsumwandlung: ärztliche Maßnahme zur Änderung der Geschlechtsmerkmale. Eine G. wird vorgenommen, wenn keine eindeutige Geschlechtszugehörigkeit besteht *(Intersexualität, Hermaphrodismus)* oder wenn eine starke Identifikation mit dem anderen Geschlecht mit hierdurch verursachten psychischen Konflikten vorliegt *(Transsexualität).*

Nach einer Vorbehandlung mit Sexualhormonen des angestrebten Geschlechts, die zu Bartwuchs (Androgene) oder Wachstum der Brüste (Östrogene) führt, werden durch plastisch-chirurgische Eingriffe die geschlechtsbestimmenden Merkmale geschaffen. Bei der Umwandlung zur Frau bestehen die Hauptmaßnahmen in der Entfernung der Hoden und des Penisschafts und die Ausbildung von Vulva und Vagina aus den Schwellkörpern sowie dem umgestülpten Penishautschlauch und der Skrotalhaut; bei der Umwandlung zum Mann in der Amputation der Brüste, Entfernung von Gebärmutter und Scheide und plastischer Schaffung von Penis und Skrotum mit Einsatz von Hodenprothesen. Die Penis-

G

Geschlechtsmerkmale

Primäre Geschlechtsmerkmerkmale von Frau (oben) und Mann (unten)

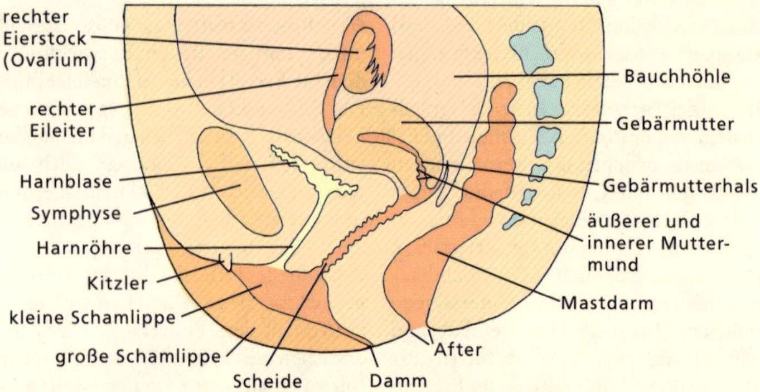

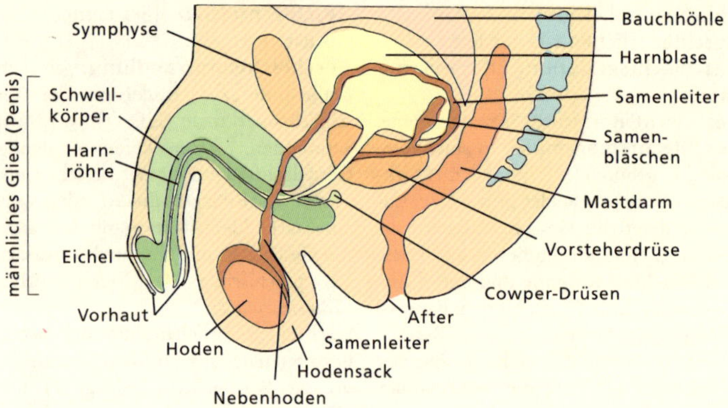

plastik wird mittels eines Unterarmlappens mit Knochen- und Nervenanteil und Einbeziehung der durch gegengeschlechtliche Hormonbehandlung vergrößerten Klitoris ausgeführt. Die G. zur Frau ist grundsätzlich mit besserem Erfolg möglich. Wesentlich für die Bewältigung der körperlichen Veränderungen, der neuen Geschlechtsrolle und eventueller sozialer, v.a. partnerschaftlicher Konflikte ist die anschließende intensive psychologische Betreuung.

Nach einem Urteil des Bundessozialgerichts vom August 1987 kann Transsexualität eine behandlungsbedürftige Krankheit im Sinne der Reichsversicherungsordnung sein und damit den gesetzlichen Krankenpflegeanspruch begründen.

Geschlechtsunterschiede: Neben den durch die körperlichen ↑Geschlechtsmerkmale bedingten G.n bestehen solche auch im psychischen Bereich, wenngleich es keine G. hinsichtlich der allgemeinen Intelligenz gibt. So nehmen Frauen beispielsweise bei psychologischen Tests oft Situationen schneller wahr, sind häufig sprachlich begabter, arbeiten in der Regel genauer und bewältigen eintönige Arbeiten etwas besser als Männer; sie scheinen andererseits eine geringere Neigung zu abstraktem und formalem Denken zu haben und sind für Gefühle zugänglicher. Männer dagegen sind für Arbeiten, die eine größere Körperkraft erfordern, besser geeignet, besitzen ein etwas ausgeprägteres räumliches Orientierungsvermögen und nicht selten ein höheres technisch-konstruktives Verständnis. Während der Pubertät entwickeln Jungen häufig ausgesprochenes Imponiergehabe und aggressive Verhaltensweisen, Mädchen dagegen unterliegen in dieser Zeit oftmals stärkeren Stimmungsschwankungen oder verfallen leicht in Träumerei.

Der Anteil von Vererbung und Umwelt an diesen G. ist kaum zu bestimmen. Ein Teil des geschlechtstypischen Rollenverhaltens (↑Geschlechterrollen) ist sicher anerzogen, ein anderer aber ererbt (z.B. die etwas unterschiedliche Empfindungsfähigkeit auf sexuellem Gebiet). Den Unterschieden zwischen Jungen und Mädchen bzw. zwischen ↑Mann und ↑Frau liegen also sowohl biologische bzw. genetische als auch psychologische und soziale Faktoren zugrunde. Aus der bisexuellen Potenz des biologischen Keims beider Geschlechter resultiert in der Individualentwicklung jeweils ein Überwiegen des einen Geschlechtertyps durch Hemmung der Anlagen des Gegentyps. Mann und Frau sind somit eindeutiger morphologisch, d.h. durch die primären Geschlechtsmerkmale, bei denen Zwischenstufen selten sind (↑Hermaphrodit), unterschieden als durch die sekundären und erst recht die tertiären Geschlechtsmerkmale, zu denen auch das geschlechtscharakteristische Fühlen und Verhalten zählt.

Neben den unterschiedlichen Fortpflanzungsaufgaben ist für die G. in erster Linie der frühere Wachstumsabschluß der Frau verantwortlich, die dadurch auf einer kindnäheren Stufe stehenbleibt. Davon leiten sich die körperlichen Proportions- und Robustheitsunterschiede der Geschlechter ab; beim Mann u.a. größere Körperhöhe, stärkere Körperbehaarung, derbere Knochen, kräftigere Muskeln, längerer Kopf und höheres Gesicht; bei der Frau entsprechend kindnähere Gegenmerkmale. Ein kindnahes weibliches Merkmal ist auch die viel ausgeprägtere Entwicklung des Unterhautfettgewebes, wodurch die runderen Formen der gesamten weiblichen Körperoberfläche bedingt sind. Erwachsene produzieren jeweils die Geschlechtshormone beider Typen, wenn auch die des Gegengeschlechtes in weitaus geringerer Menge.

Geschlechtsunterschiede: Unterschiedlicher Körperbau und unterschiedliche Körpergröße von Frau und Mann

Noch mehr als bei den physischen handelt es sich bei den psychischen G.n allein um das Überwiegen von Fähigkeiten und Einstellungen beim jeweils einen oder anderen Geschlechtertyp; die Übergänge sind fließend.

Geschlechtsverkehr (Geschlechtsakt, Begattung, sexueller Verkehr, Beischlaf): Der G. hat nach heutigem Sexualverständnis in erster Linie die Aufgabe, die

Partner durch das gemeinsam beim G. erlebte Glücksgefühl aneinander zu binden und den Geschlechtstrieb zu befriedigen. Um nicht bei jedem G. ein Kind zu zeugen, hat der Mensch verschiedene Methoden der Empfängnisverhütung entwickelt. Beim G. führt der Mann sein versteiftes Glied (Penis) in die Scheide (Vagina) der Frau ein. Durch Hin- und Herbewegungen sollten Mann und Frau gemeinsam (bzw. mit geringem zeitlichen Abstand) zum Höhepunkt (↑Orgasmus) kommen. Weil der Mann den Höhepunkt aber oft leichter und auch schneller als die Frau erreicht, ist eine Angleichung seiner Erregungskurve an die der Frau meist nur durch Übung mit derselben Partnerin möglich. Die beim G. von den Partnern bevorzugten Stellungen sollten sich nach ihren Wünschen und dem Grad der Befriedigung richten. Regeln lassen sich dafür ebensowenig aufstellen wie für die Häufigkeit des sexuellen Verkehrs. – ↑auch Sexualität.

Geschmackssinn ↑Schmecken.

Geschwindigkeitstest: dt. Bez. für Speed-power-Test. – ↑Niveautests.

Gesellschaft: Grundbegriff der Sozialwissenschaften, der seine alltags- und fachsprachliche Vielgestaltigkeit jedoch auch aus seiner Bedeutung für andere Wissenschaften bezieht.

Vom Etymologischen her bezeichnet G. das Zusammenleben, die auf zeitliche Dauer angelegte wechselseitige Abhängigkeit von Menschen (Lebewesen), die durch die gemeinsame Teilhabe an einem Raum begründet wird. Im modernen Verständnis wird G. allerdings zunehmend ein theoretischer, auf Beschreibung und Analyse zielender Begriff, der an der Aufgabe definiert wird, für die wechselseitige Abhängigkeit menschlichen Handelns und Verhaltens einen Bezugsrahmen bereitzustellen. Bis zum 17. Jh. galt die aristotelische Vorstellung, in der die Gesellschaftlichkeit des Menschen aus seiner »geselligen« Natur abgeleitet und in der G. mit dem Staat (der äußeren Organisationsform des Zusammenlebens) gleichgesetzt wurde. Hierauf fußte die antike Sozialphilosophie ebenso wie die theologisch begründete Ordovorstellung (Rangvorstellung) der mittelalterlichen Philosophie, die in der Ständeordnung die göttliche Sozialordnung ausgedrückt sah. Die moderne Auffassung von G. entstand aus dem Zerfall dieser Ordnung mit der Herausbildung der frühmodernen staatlichen Ordnungen, die von T. Hobbes zum ersten Mal formuliert und von der Schule der schottischen Moralphilosophie weiterentwickelt wurde. Schließlich gab die historische Differenzierung unterschiedlicher sozialer Lebenszusammenhänge, Gruppeninteressen und Weltbilder (K. Mannheim) im Zuge der Aufklärung den Blick für die Unterscheidung von Staat und G. frei. Am Ende stand die Vorstellung von G. als einem eigenständigen, eigenen Bewegungsnormen unterworfenen, von Menschen geschaffenen, innerweltlichen Rahmen und Handlungszusammenhang.

In *anthropologischer Sicht* erscheint G. als eine naturgegebene Organisationsform von Geselligkeit. Unabhängig davon, ob der Mensch als instinktarmes, physiologisch unzureichend ausgestattetes »Mangelwesen« (A. Gehlen) oder als weltoffenes, kreatives, spielfreudiges »Überschußwesen« (J. Huizinga, M. Scheler, H. Plessner) gesehen wird, steht die Bedeutung von G. für die Entwicklung des Menschen sowohl in individueller als auch in überindividueller, kultureller Hinsicht außer Frage. Insoweit G. das Organisationsfeld der zwischenmenschlichen Interaktion, der kollektiven Produktion und Reproduktion, der Naturaneignung, der Abgrenzung nach außen, aber auch die Basis für die Entfaltung kultureller Verhaltensmuster, die Ausbildung von Kommunikationssystemen, Weltdeutungen und Selbstbildern darstellt, bot sie die Voraussetzung für die Menschwerdung der Hominiden. Derselbe Sachverhalt gilt für die Sozialisation des Individuums, die so als zweite Geburt des Menschen (T. Parsons) verstanden werden kann.

Theorien der G. bewegen sich in einem Spannungsfeld zwischen metaphysisch, historisch oder anthropologisch fundierten Substanzaussagen und wissenschaftstheoretisch orientierten, formalisierten Modellen, die G. jeweils nur als Begriff innerhalb eines bestimmten Bezugssystems verstehen.

Phänomenologische, interaktionistische und ethnomethodologische G.s-Theorien betrachten in Anlehnung der Theorien von M. Weber G. als Teil der Lebenswelt sinnhaft handelnder Individuen, die sich über Symbolsysteme orientieren. Auf einer mittleren Ebene wird G. als überindividuelles Funktionsgefüge definiert, in dem Konkurrenz sowie Ausgleichs- und Differenzierungsbewegungen für eine soziale Dynamik sorgen und zugleich in individuell nur begrenzt verfügbaren Normen und Rollenzuschreibungen zum Ausdruck kommen, so daß G. als sich selbst steuerndes und stabilisierendes System von Handlungsmustern verstanden wird. Schließlich treten auf einer dritten Stufe globale G.s-Theorien in Erscheinung, die wie die in der Aufklärung und dem Liberalismus des 19. Jh. wurzelnde Theorie des G.s-Vertrags eine philosophisch-anthropologische, wertende Basis der Selbstauslegung westlicher G.en bieten (K. Popper). Fortgeschrittene Theorien stehen als G.s-Modelle unter dem Anspruch, die Betrachtungsweisen aller drei Ebenen integrieren zu können; hierzu zählen Theorien, wie sie N. Luhmann (funktionalistische Perspektive), J. Habermas (Erweiterung der auf einer Synthese marxistischer Theorie und Freudscher Sozialpsychologie beruhenden »Kritischen Theorie«), N. Elias (Interpretation von G. als Verflechtungsgefüge ungeplanter Handlungsimpulse) und P. Bourdieu (Verbindung phänomenologischer Alltagsanalyse mit erweiterten Begriffen der marxistischen Kritik der politischen Ökonomie) entwickelt haben.

Gesellschaftskritik: im weiteren Sinne jede unterscheidende, wertende oder auch anklagende Bezugnahme auf gesellschaftliche Erscheinungen oder eine Gesellschaft im ganzen. Sie äußert sich beispielsweise als wechselseitige Kritik von Jung und Alt, als Unmut an Herrschaftsstrukturen und Machtausübung, als teilweise Distanzierung bei der Ausbildung von Identität, schließlich im Streit der Verhaltensstile und Moden. Im engeren Sinne bezeichnet G. jene Form der kritischen Bezugnahme, die einen allgemein geltenden, historisch begründeten Maßstab voraussetzt. Dieser Maßstab kann in anthropologischen, religiösen, philosophisch-weltanschaulichen oder politischen Überzeugungen begründet sein; er verbindet sich mit dem Bewußtsein von der Existenz eines eigenständigen gesellschaftlichen Feldes und führt dazu, daß sich diese Art der G. auch programmatisch gegen Grundlagen, Bewegungsformen und Strukturen sowie gegen ganze Gesellschaftsformationen zu wenden vermag.

Von epochaler Bedeutung für die *Geschichte* der G. erwies sich die Emanzipation des Bürgertums seit dem 17. Jahrhundert. Mit der bürgerlichen G. wurde erstmals das Gesellschaftsmodell selbst im Namen eines neuen Maßstabes, des Menschen, Gegenstand der Kritik. Mit der Vorstellung einer »Öffentlichkeit« aller vernünftig Denkenden (I. Kant) wurde zudem für diese Kritik ein neues Feld erschlossen, das seinerseits geeignet schien, *Medium* und *Maßstab* der Kritik in einem zu sein. Utopische Staatsentwürfe bildeten hierzu ebenso eine Vorlage wie Erziehungsschriften und moralphilosophische Betrachtungen.

Konnte so die Französische Revolution als Ergebnis von G. aufgefaßt werden, war sie doch auch gleichzeitig – mit der »Entstehung der politischen Strömungen« – Grundlage der G. seit dem 19. Jahrhundert. Insbesondere die konservative G. des 19. und 20. Jh. wurde weitgehend durch das Trauma der politi-

G

schen Revolution bestimmt, als deren Ursachen neben Aufklärung, Rationalismus, Säkularisation und Industrialisierung die Auflösung der alten Ständeordnung sowie das Versagen der alteuropäischen Eliten ausgemacht wurden. Dieser antimodernistische Einschlag der G. wurde im Laufe des 19. Jh. zunehmend zur ideologischen Grundlage der oberen sozialen Schichten, die sich durch die Modernisierung und Differenzierung der Gesellschaft und unter der Doppelbelastung einer »Bedrohung« durch die Arbeiterbewegung einerseits und die Strukturwandlungen der Industriegesellschaft andererseits mit nationalistischen (speziell antisemitischen) Vorstellungen auflud. So konnte sich jenes Konglomerat aus Technikbegeisterung, Chauvinismus und Biologismus ausbilden, das in den Ersten Weltkrieg führte und in dessen Schatten die nationalsozialistische G. wuchern konnte.

Anders als die liberale G., die von der Position eines Verfassungsstaates aus bei weitestgehendem Individualismus ihren Blick nur auf die den einzelnen einschränkenden Phänomene moderner Gesellschaften richtete, nahm die marxistische und sozialistische G. für sich in Anspruch, die Grundlagen der bürgerlichen Gesellschaft ganz in Frage zu stellen. Im Verlauf des 19. Jh. entwickelte sich jedoch eine zunehmend eigenständigere Richtung sozialistischer, dann sozialdemokratischer G., die ebenfalls von den Widersprüchen kapitalistischer Gesellschaften ausging, dann aber unter deutlich moralistischer Argumentation auf die Weckung und Stärkung von Reformbereitschaft zielte (Gewerkschaftsbewegung). Diese Art der G. gewann durch den Aufstieg der sozialistischen Parteien und durch das Entstehen neuer marxistischer Bewegungen (Revisionismus E. BERNSTEINS sowie die austromarxistische Schule) an Boden und prägte nach 1945 die G. der sozialistischen, später auch der eurokommunistischen Parteien Westeuropas.

Nach dem Zweiten Weltkrieg entwickelte sich in Soziologie und Philosophie zunächst eine kultur-konservative G., die vor allem an den Erscheinungen der modernen Massengesellschaft Anstoß nahm. Dagegen wandte sich seit den sechziger Jahren eine zunächst eher sozialreformerische, dann eine sich schnell radikalisierende G., die zu neuen Möglichkeiten der G. führte (Selbsthilfeorganisationen, Bürgerinitiativen, alternative Medien). Zugleich zeigte sich jedoch, daß eine Durchsetzung radikaler gesellschaftskri-

Gesichtsfeld

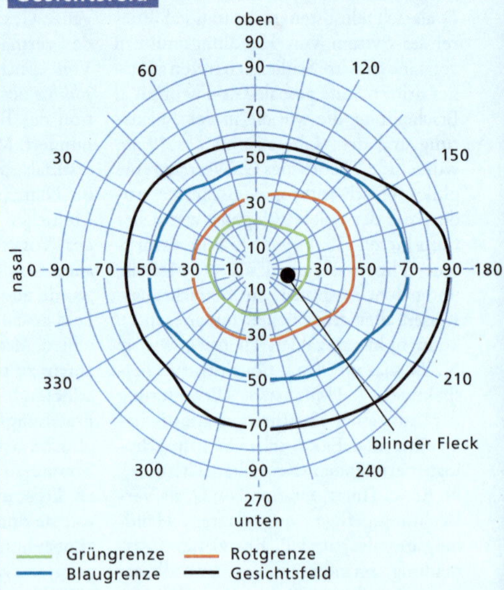

Gesichtsfeld des linken Auges
(nach R. F. Schmidt, G. Thews 1976)

Gesprächspsychotheraphie

Die Art und das Ausmaß psychischer Veränderungen beim Klienten sind eine Funktion der sich gegenseitig beeinflussenden Psychotherapeuten-, Klienten- und Situationsmerkmale

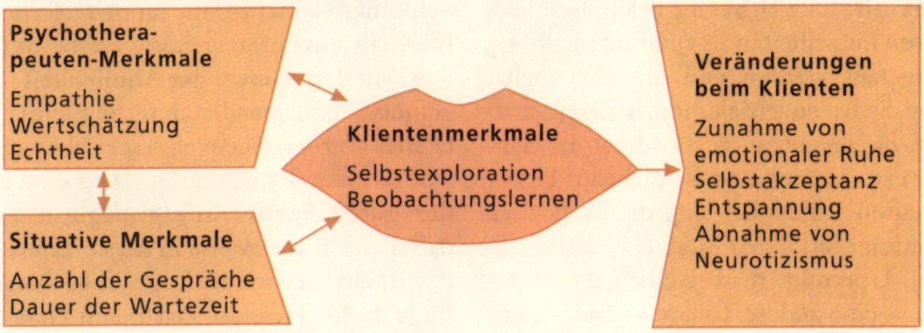

tischer Ideen angesichts der Aufnahme- (und auch Reform-)fähigkeit bürgerlicher Demokratien deutliche Grenzen gesetzt sind.

Gesetz der Ähnlichkeit ↑Gestaltgesetze.

Gesetz der Geschlossenheit ↑Gestaltgesetze.

Gesetz der guten Fortsetzung ↑Gestaltgesetze.

Gesetz der Nähe ↑Gestaltgesetze.

Gesetz des gemeinsamen Schicksals ↑Gestaltgesetze.

Gesichtsfeld (Sehfeld): Bereich, in dem man Gegenstände wahrnehmen kann, ohne die Augen oder den Kopf zu bewegen. Das G. verengt sich etwa bei der Fortbewegung (z.B. mit dem Auto) mit steigender Geschwindigkeit. Beträgt seine horizontale Ausdehnung bei einer Geschwindigkeit von 50 km/h noch 150°, so sind es bei 100 km/h nur mehr 50°. Das auf Dunkelheit eingestellte Auge besitzt ein engeres G. als ein hellangepaßtes. Auch für verschiedene Farben zeigen sich Unterschiede. Das G. für Rot ist im allgemeinen kleiner als das für Grün.

Gesichtssinn ↑Sehen.

gespanntes System ↑Aufforderungscharakter.

Gesprächspsychotherapie (client-centered therapy, Gesprächstherapie, klientenzentrierte Therapie, nichtdirektive Psychotherapie, personenzentrierte Therapie): Die G. ist eine von dem amerikanischen Psychologen C. ROGERS entwickelte Therapieform, deren Ziel darin besteht, durch Schaffung einer helfenden Beziehung den Klienten (Patienten) in die Lage zu versetzen, seine Probleme selbst zu lösen, sich insbesondere weitgehend angstfrei mit (bislang abgewehrten) Konflikten auseinanderzusetzen. Dabei soll sich der Therapeut soweit als möglich jeglicher Ratschläge, Einredungen, Kritik oder Interpretationen enthalten.

Zahlreiche empirische Untersuchungen haben zur Erweiterung der G. in wichtigen Therapiemerkmalen und zur Entwicklung eines für unterschiedliche Situationen und Klienten flexiblen therapeutischen Vorgehens geführt. Einige Richtungen der G. betonen z.B. die Rolle von Lernprozessen, andere eher das unmittelbare Erleben (Experiencing). Die Grundlagen der G. haben, über die eigentliche Psychotherapie hinaus, mittlerweile in verschiedene soziale Bereiche (Lehrer-, Elternbildung) Eingang gefunden, wo sie vorrangig die menschlichen Beziehungen verbessern helfen sollen.

Gesprächstherapie ↑Gesprächspsychotherapie.

Gestagene: hauptsächlich als *Progesteron* im ↑Gelbkörper und in den Nebennierenrinden gebildetes Sexualhormon. G. dienen der Vorbereitung und Erhal-

G

tung der Schwangerschaft und hemmen den Eisprung. Synthetisch hergestellte G. dienen als empfängnisverhütende Mittel (»Pille«).

Gestalt: Eine G. ist eine Erlebniseinheit, deren Einzelheiten als zusammengehörig aufgefaßt werden und die übertragbar sind. So hat eine Melodie z. B. Eigenschaften, die ihr nur insgesamt bzw. als Ganzem zukommen und die nicht aus Eigenschaften einer ihr zugrundeliegenden Tonfolge erklärbar sind (↑Gestaltqualität). Überträgt man nämlich die Melodie in eine andere Tonart, so ändern sich die Eigenschaften der einzelnen Töne völlig, die Melodie als solche aber bleibt erhalten.

Entsprechende Feststellungen kann man bei visuell wahrgenommenen Gebilden machen. In der ↑Gestaltpsychologie wendet man den Begriff G. auch auf Handlungen (Bewegungsgestalten), Gedächtnisinhalte und Denkvorgänge (Prinzip der Einsicht) an. Die Bedingungen, die zur Auffassung einer Reizkombination als Einheit im Sinne einer G. beitragen und nicht auf Erfahrung beruhen, heißen ↑Gestaltgesetze.

Gestaltgesetze: Aus Untersuchungen der ↑Gestaltpsychologie im Bereich der Wahrnehmung sind Prinzipien hervorgegangen, die erklären sollen, welche Phänomene auf welche Weise und aus welchem Grund als ↑Gestalt erlebt werden können. Es sind dies insbes. das Gesetz der Nähe, das Gesetz der Ähnlichkeit, das Gesetz der guten Fortsetzung, das Gesetz der Geschlossenheit und das Gesetz des gemeinsamen Schicksals.

Das **Gesetz der Nähe** besagt, daß Wahrnehmungselemente in raum-zeitlicher Nähe als zusammengehörig erlebt werden. Mit dem **Gesetz der Ähnlichkeit** ist gemeint, daß einander ähnliche Elemente eher als zusammengehörig erlebt werden als einander unähnliche. Das **Gesetz der guten Fortsetzung** ermöglicht es, daß man beispielsweise in einem Liniengewirr eine bestimmte Linie bis zu ihrem Ende verfolgen kann. Nach dem **Gesetz der Geschlossenheit** werden nicht vorhandene Teile einer Figur in der Wahrnehmung ergänzt (z. B. wird ein Kreis als solcher wahrgenommen, auch wenn er nicht ganz geschlossen ist). Das **Gesetz des gemeinsamen Schicksals** schließlich besagt, daß Elemente oder Gegenstände, die sich gleichmäßig bewegen oder verändern, als Einheiten gelten.

Es ist auch versucht worden, übergeordnete Prinzipien zu finden, die erlauben, allg. Gesetzmäßigkeiten zu erfassen, die das Zusammenwirken der einzelnen Gestaltgesetze steuern. Ein solches Gesetz ist das **Prägnanzprinzip.** Nach ihm erfolgt die Ausbildung gestalthafter Wahrnehmungseinheiten stets so, daß das Ergebnis eine möglichst einfache und möglichst einprägsame Gestalt darstellt. Informationstheoretische Versuche einer quantitativen Analyse der Wirkung von G.n knüpfen hier an. Die Wirkweise der

Gestaltgesetze

Die Figur in beiden Abbildungen sieht in Verbindung mit Antilopen (links) wie eine Antilope, in Verbindung mit Vögeln wie ein Vogel aus (nach F. L. Ruch, P. G. Zimbardo 1978).

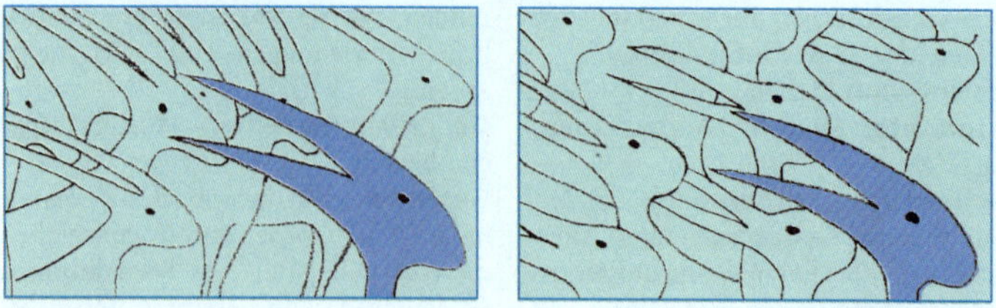

G. wird von der Gestaltpsychologie mit dem Isomorphieprinzip (↑Isomorphie) erklärt.

Gestaltkreis: von dem dt. Arzt V. von Weizsäcker in die Psychosomatik eingeführte Bez. für die Einheit physiologischer und psychologischer Gestaltungsprozesse aufgrund funktional geschlossener Wechselbeziehungen zwischen handelnden und wahrnehmenden Organen. Der G. ist dem Denkschema des ↑Funktionskreises verwandt.

Gestaltpsychologie: psychologische Schule, die sich in den zwanziger Jahren dieses Jahrhunderts unter Führung des amerikanischen Psychologen deutscher Herkunft W. Köhler in Berlin (↑Berliner Schule) konstituierte. Im Unterschied zur ↑Ganzheitspsychologie, mit der die G. den gemeinsamen Ausgangspunkt der Abhebung von der ↑Elementenpsychologie hat, beschränkt sich die mehr naturwissenschaftlich orientierte G. auf die Erforschung objektiver, gestalthafter Gegebenheiten wie die Eigenschaften, Bildungsgesetze und Gliederungsverhältnisse von Gestalten. – ↑Gestalt. – ↑auch Gestaltqualität.

Gestaltqualität: eine von dem österreichischen Philosophen und Psychologen C. Freiherr von Ehrenfels geprägte und 1890 in die Psychologie eingeführte Bez. für eine Eigenschaft, die nur am Gesamtkomplex einer jeweiligen ↑Gestalt (und nicht an deren einzelnen Teilen) erkannt werden kann. Bestimmend für die G. sind die – seither als **Ehrenfels-Kriterien** geltenden – Merkmale »Übersummativität« (Übersummenhaftigkeit; ↑Summativität) und »Transponierbarkeit« (↑Übertragbarkeit). Als Musterbeispiel gilt die Melodie. Sie bleibt als Verlaufsgestalt erhalten, selbst wenn sie von verschiedenen Instrumenten gespielt wird oder wenn ihre »Elemente«, die einzelnen Töne der Tonfolge, durch Übertragung (Transponieren) in eine andere Tonart völlig ausgewechselt werden. Die G. ist ein Grundbegriff der ↑Gestaltpsychologie.

Gestalttherapie: von dem Psychologen F. Perls entwickelte ganzheitliche Psychotherapie, die sowohl von der Psychoanalyse und der Gestaltpsychologie als auch von existentialistischen und fernöstlichen Philosophien beeinflußt ist. Gestörtes Verhalten entsteht nach der Theorie der G. durch Unterdrückung und Verleugnung der natürlichen Bedürfnisse eines Lebewesens, wobei die sich selbst regelnden physischen bzw. physiologischen und psychischen Vorgänge unterbrochen werden. Mit Hilfe bestimmter Techniken, durch die das gegenwärtige Erleben verstärkt wird (↑Experiencing), versucht der Therapeut, die Wahrnehmung der augenblicklichen Gefühle und Empfindungen zu fördern und eine gesunde ungehinderte Selbstregulierung wiederherzustellen (↑Selbstverwirklichung). Techniken der G. finden auch häufig Anwendung in ↑Selbsterfahrungsgruppen.

Gestaltungstests: Bez. für solche psychologischen Tests, bei denen die untersuchten Probanden zur spielerisch freien Gestaltung aufgefordert werden (z.B. Zeichnen, Kneten u.ä.). Dabei steht weniger die Überprüfung des gestalterischen Geschicks als vielmehr die Untersuchung der Persönlichkeit im Vordergrund. Solche Verfahren sind allerdings – u.a. wegen ihrer unbefriedigenden Objektivität – umstritten. – ↑auch Tests.

Gestaltwandel: G. ist ein Begriff, der typische Veränderungen körperlicher Proportionen und psychischer Funktionen beim Übergang vom Kleinkind zum Schulkind sowie im Pubertätsalter charakterisieren soll.

Der *erste G.* soll sich ungefähr zwischen dem 5. und 7. Lebensjahr vollziehen. War zuvor die Körperform des Kleinkindes gekennzeichnet durch einen relativ großen Kopf, einen rundlichen Rumpf, geringe Kurvung der Wirbelsäule, relativ kleine und weiche Extremitäten mit geringer Betonung der Gelenke sowie durch eine große und vorgewölbte Stirn bei verhältnismäßig kleinem Mittelge-

G

sicht, so geht diese jetzt in die sog. Körperform des Schulkindes über, bei der eine weit geringere Dominanz des Kopfes vorliegt, der Rumpf gestreckter ist, die Schultern stärker betont sind, die Extremitäten, an denen sich jetzt Muskeln und Gelenke abzeichnen, länger und schlanker sind und der Anteil des Gesichts am Gesamtkopf deutlich größer ist. Im übrigen wirken jetzt das Gesicht ebenso wie Rumpf und Gliedmaßen deshalb straffer und profilierter, weil auch eine Reduktion des Fettgewebes eintritt.

Der *zweite G.* soll bei Mädchen ungefähr im 12., bei Jungen etwa im 13. Lebensjahr eintreten. Hier ist der Übergang v.a. durch folgende Merkmale gekennzeichnet: Zunehmendes Längenwachstums gegenüber dem Breitenwachstum und beschleunigtes Extremitätenwachstum (während der Rumpf seine Größe beibehält). Insgesamt sind Proportionsverschiebungen von Kopfgröße, Armlänge und Beinlänge im Verhältnis zur Gesamtlänge des Körpers zu beachten. Die primären und sekundären Geschlechtsmerkmale prägen sich aus. Sowohl beim ersten als auch beim zweiten G. kommt es zu einem disharmonischen Verhältnis zwischen der jeweils erreichten Körperhöhe und der Leistungsfähigkeit der inneren Organe. Als mögliche Folgen werden u.a. eine zeitweilige Steigerung der vegetativen Labilität sowie eine nicht selten unzureichende motorische Steuerung genannt.

Wichtig ist zu betonen, daß schulärztliche und schulpsychologische Untersuchungen eine Revision dieser zuerst von dem Berliner Arzt W. Zeller gemachten Altersangaben nahelegen, da die beschriebenen proportionalen Veränderungen während der letzten Jahrzehnte zunehmend früher einzutreten scheinen und deshalb beispielsweise eine Übereinstimmung des kindlichen Entwicklungsstandes mit der von Zeller beschriebenen Schulkindform bereits am Ende des Vorschulalters festgestellt werden kann. So weist die Psychologin L. Schenk-Danzinger darauf hin, daß nur bei sehr stark retardierten Sechsjährigen heute noch die körpergestaltliche Kleinkindform im Sinne Zellers festzustellen ist. Dies ist u.a. ein Grund dafür, daß die Körpergestalttypen Zellers heute kaum mehr als diagnostisches Kriterium des psychischen (insbes. des kognitiven) Entwicklungsstandes beim Schuleintritt oder beim Beginn der Berufsausbildung gelten können.

Wie der Psychologe H. Nickel betont, muß aber auch aufgrund empirischer Untersuchungen davon ausgegangen werden, daß beispielsweise die Körpergestaltmerkmale im Sinne Zellers keinen hinreichend sicheren Schluß auf die Ausprägung von Merkmalen der psychischen Schulfähigkeit zulassen. Recht deutlich zeigt dies das Ergebnis zweier Erhebungen an den Schulanfängern der Stadt Bielefeld in den Jahren 1953 und 1954. Nach körperlichen Kriterien wurden alle untersuchten Kinder den *Körpergestalttypen* »Kleinkindform«, »Übergangsform« und »Schulkindform« zugeordnet. Gleichzeitig wurden die Kinder mit einem Schulfähigkeitstest untersucht und dann, entsprechend ihrem Abschneiden, gleichfalls in drei Gruppen eingeteilt. Die Übereinstimmung der Zuordnungen nach beiden Kriterien sollte dann ein Maß für die wechselseitige Abhängigkeit der beiden Merkmale *körperlicher Entwicklungsstand* und *psychische Schulfähigkeit* sein. Es zeigte sich jedoch, daß bei einem beträchtlichen Prozentsatz von Kindern keine übereinstimmende Zuordnung nach den beiden Gesichtspunkten möglich war.

Geste: zielgerichtete Ausdrucksbewegung des Körpers, besonders der Hände und des Kopfes, die vielfach zur Begleitung (Untermalung oder Unterstreichung) der sprachlichen Kommunikation benutzt werden. Die entsprechenden Ausdrucksbewegungen des Gesichts werden als ↑Miene bezeichnet. In bes. Fällen ersetzen G.n die gesprochene Sprache, etwa bei den berufstypischen

Geste: Boris Becker zeigt das britische V-Zeichen für *victory* nach seinem Sieg in Wimbledon 1993

oder konventionellen ↑Gebärden oder in der ↑Gebärdensprache.

Gewissen: Mit G. bezeichnet man ein für den einzelnen Menschen als verbindlich betrachtetes System von Werten, das ihn in die Lage versetzt, sich, unabhängig von äußeren Beeinflussungen oder Maßstäben, durch Zufriedenheit oder Mißbilligung (je nach Erfüllung der eigenen Standards) selbst zu »belohnen« bzw. zu »bestrafen«. Die als über verschiedene Situationen stabil angesehenen Haltungen (z.B. zur Ehrlichkeit) führen keineswegs immer zu entsprechenden moralischen Handlungen, da diese zusätzlich von der jeweiligen Situation und weiteren Persönlichkeitsmerkmalen abhängen, so daß sich etwa ein Mensch mit ehrlicher Gesinnung unter sozialem Druck oder bei unbewußten Selbstbestrafungstendenzen auch unehrlich verhalten kann.

Entwicklungspsychologisch wird das G. als Ergebnis von Prozessen der Verinnerlichung äußerer Werte und Einstellungen (bereits ab der frühen Kindheit) angesehen, wobei die ↑Denkentwicklung und die jeweiligen Sozialisationsbedingungen (Erziehungsziele und -stile der Eltern, affektives Familienklima, soziale Lebensbedingungen, gesellschaftliche Normen) eine große Rolle spielen. – ↑auch Über-Ich.

Gewohnheit ↑Gewöhnung.

Gewöhnung:

◆ in der *Verhaltensforschung* die Anpassung an Dauerreize oder immer wiederkehrende Reize, bis diese nicht mehr »ernstgenommen« werden bzw. die Bereitschaft, auf auslösende Reize zu reagieren, abnimmt. Mit fortschreitender Be- und Zersiedelung der Landschaft wurden z.B. die Lebensräume zahlreicher Tierarten stark eingeengt, die sich jedoch allmählich an die Nähe menschlicher Siedlungen gewöhnten, so daß der Anblick von Menschen nicht mehr sofortige Flucht auslöst und (weitgehend) »ungestörte« Futtersuche und Jungenaufzucht ermöglicht.

◆ in der *Psychologie* die durch häufige Wiederholung physischer und psychischer Reaktionsabläufe geschaffene, der ↑bedingten Reaktion vergleichbare Bereitschaft zu routinemäßigem, automatisiert erscheinendem Verhalten (z.B. Denk-, Verrichtungs-, Anschauungs-, Verhaltens-G.). Eine verfestigte G. **(Gewohnheit)** kann zum (sekundären) ↑Bedürfnis werden. Mit zunehmender Wiederholung laufen Gewohnheiten leichter ab und entlasten das Individuum, da es auf besondere Aufmerksamkeit und erneute Überlegungen verzichten kann; andererseits kann die individuelle Flexibilität durch solche schematisierten Reaktionsabläufe jedoch erst recht behindert werden.

◆ in der *Medizin* und *Pharmakologie* die fortschreitende Anpassung des menschlichen Körpers an immer höhere Dosen v.a. von Genuß- und Suchtmitteln. – ↑auch Drogenabhängigkeit.

g-Faktor (General factor, allgemeiner Intelligenzfaktor) ↑Intelligenz.

G

Gleichgewichtssinn

Gleichgewichtsorgan aus der Macula des Säugetierinnenohrs (Querschnittdarstellung)

C Cupula
N Nervenfasern
S Sinneszellen
Sk Statokonien

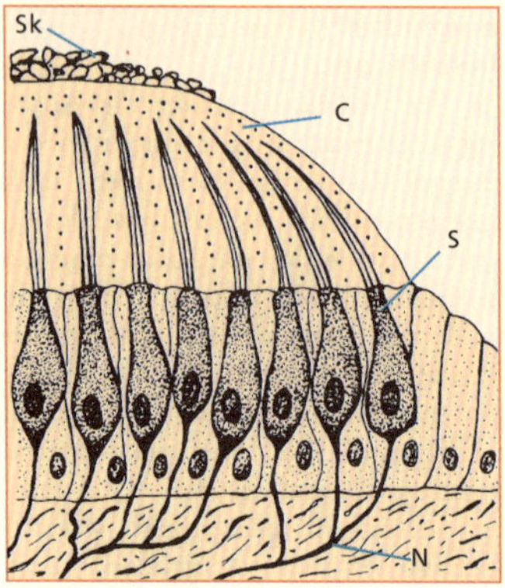

GHR: Abk. für **g**alvanische **H**aut**r**eaktion. – ↑psychogalvanische Reaktion.

Glaubhaftigkeit ↑Aussagepsychologie.

Gleichaltrigengruppe svw. ↑Peergroup.

gleichgeschlechtliche Liebe ↑Homosexualität.

Gleichgewicht:
- ↑seelisches Gleichgewicht.
- ↑Homöostase.

Gleichgewichtssinn (statischer Sinn, Lagesinn, Schweresinn): Der G. dient der Wahrnehmung der Körperlage und einer Lageänderung im Raum aufgrund der Schwerkraftwirkung. Dafür sind die Gleichgewichtsorgane mit **Statolithen** (sog. Schwerekörperchen) ausgestattet, die bes. Sinneszellen (in zwei bläschenartigen Erweiterungen des häutigen Labyrinths, Utriculus und Sacculus) im Innenohr reizen und damit dem Gehirn Auskunft über die Lage des Körpers erteilen. Bei Lageänderungen werden Korrekturbewegungen angeregt, damit die »Normallage« wiederhergestellt wird.

Grand mal ↑Epilepsie.

Graphologie: Bez. für eine diagnostische Methode, bei der aufgrund von Untersuchungen und Deutungen der ↑Handschrift Rückschlüsse auf die persönliche Eigenart des Schreibers gezogen werden sollen. Die G. ist allerdings als wissenschaftliche Methode höchst umstritten, weil das Verfahren große Mängel im Hinblick auf ↑Objektivität, ↑Reliabilität und ↑Validität aufweist. – ↑auch Graphometrie.

Graphometrie: Bez. für Untersuchungen der Handschrift mit Hilfe des Messens bestimmter Schriftmerkmale (z.B. des Schreibdrucks). Die G. ist im Unterschied zur ↑Graphologie als wissenschaftliche Methode weitgehend anerkannt. Die mit graphometrischen Methoden gewonnenen Daten lassen sich zur Abklärung wichtiger Fragestellungen bes. in der Praktischen Psychologie heranziehen. In der *Forensischen Psychologie* dienen sie etwa dazu, Fälschungen von Unterschriften nachzuweisen (z.B. bei Scheckfälschung) oder die Schreiber anonymer Briefe auszumachen (z.B. bei Erpressungsversuchen).

graue Substanz ↑Großhirnrinde.

Grazer Schule ↑Österreichische Schule.

Greifraum: Mit G. oder *Nahraum* wird nach K. BÜHLER jenes räumliche Orientierungsgebiet bezeichnet, innerhalb dessen der Säugling im Anschluß an die Entwicklungsphase des *Oralraums* nach Gegenständen in seiner Umgebung greift, sie in den Mund nimmt und dadurch lernt, diesen zunächst kleinen Bereich motorisch zu beherrschen. Der G. umfaßt alles mit den Händen und Füßen Erreichbare. – ↑auch Fernraum.

Greifreflex: während der ersten beiden Lebensmonate beim Säugling durch Berühren seiner Innenhand auftretendes reflektorisches Schließen der Finger zur Faust, so daß er daran hochgehoben werden kann; auch die Füße führen einen G. aus. Der G. ist angeboren und verschwindet normalerweise spätestens im 4. Lebensmonat.

Grenz-Kontrast ↑Kontrast.

Grenzmethode: Methode der Psychophysik zur Bestimmung von Reizschwellen und zur Herstellung eines Reizkontinuums. Die Intensität eines Reizes (z.B. der Schalldruck eines Tons) wird dabei so verändert (erhöht oder vermindert), bis er von der betreffenden Versuchsperson eben noch wahrgenommen oder als ebenso intensiv wie ein Vergleichsreiz empfunden wird.

Grobmotorik ↑Motorik.

Grobziel: Lehrziel mit (grober) struktureller Beschreibung. – ↑auch Feinziel.

Größenkonstanz ↑Konstanzphänomene.

Größenwahn (Megalomanie): pathologische, häufig als geschlossenes Wahnsystem (v.a. im Rahmen von ↑Psychosen) auftretende Selbstüberschätzung, bei der sich der Betroffene übertriebene (positive) Eigenschaften und soziales Prestige zuschreibt.

Großhirn ↑Gehirn.

Großhirnrinde (graue Substanz): Bez. für die oberflächliche und stark gefurchte Partie des Großhirns (↑Gehirn), die beim Menschen den jeweiligen Funktionen entsprechend in ↑Rindenfelder unterteilt wird.

Greifreflex

Der Säugling greift reflexhaft zuerst mit dem Mittelfinger, dann mit den anderen Fingern und zuletzt mit dem Daumen. Auch schon bei einer Frühgeburt (Siebenmonatskind) sind die Greifreflexe ausgebildet (nach I. Eibl-Eibesfeldt 1970).

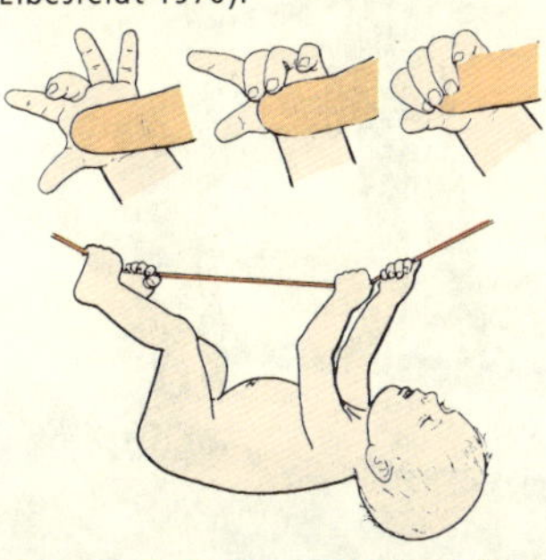

Grund-Figur-Verhältnis ↑Figur-Grund-Verhältnis.

Grundgesamtheit ↑Stichprobe.

Gruppe: Die Beziehungen zwischen den einer G. angehörenden Personen laufen verhältnismäßig regelmäßig und zeitlich überdauernd ab. Die Gruppenmitglieder haben ein gewisses Bewußtsein der Zusammengehörigkeit in der G. und auch der Abgrenzung gegenüber Nichtmitgliedern. Ihr Handeln ist an gemeinsamen Zielen und Interessen ausgerichtet, und in Verfolgung dieser Ziele halten die Gruppenmitglieder ein System differenzierter (arbeitsteiliger) Rollen (↑Rolle) ein bzw. streben einen ↑Status an.

Als *Primärgruppen* gelten die hauptsächlich auf spontanen oder engen persönlich-emotionalen Beziehungen beruhenden sozialen Gebilde wie Familie, Freundschaft, Nachbarschaft. Alle anderen G. bezeichnet man als *Sekundärgruppen,* ohne sie genauer zu charakterisieren. Im wesentlichen gibt es hier nur eine oberflächliche Übereinstimmung in den Interessen und keine direkten, relativ überdauernden Gemeinsamkeiten oder Kontakte. Es handelt sich bei den Sekundärgruppen meist um rational organisierte, mehr oder weniger große soziale Gebilde (z.B. Belegschaft eines Betriebs, Stadtbevölkerung, Volksgruppe, Staatsvolk).

Innerhalb von Organisationen unterscheidet man die aus zunehmender Arbeitsteilung, Rationalisierung und Normierung sich ergebenden, weitgehend durch Planung und Strukturierung gebildeten *formalen* oder *formellen Gruppen* und die auf die Anforderungen dieser G. und andere gesellschaftliche Anforderungen reagierenden *informalen* oder *informellen Gruppen* mit weitgehend unbestimmter oder wechselnder Struktur. Eine produktive, gemeinsame Arbeit leistende G. wird oft als **Team,** eine auf gemeinsame Unternehmungen gerichtete, lockere G. als **Clique** bezeichnet.

Gruppendynamik (Gruppenpsychologie): Als *gruppensoziologische Forschungsdisziplin* sucht die G. die Entstehungs-, Entwicklungs- und Strukturbedingungen gruppeninterner Prozesse und dynamischer Zusammenhänge zwischen einzelnen Gruppen zu analysieren. Dabei werden vor allem Homogenität, Stereotypen, Rollendifferenzierung innerhalb der Gruppe, Verhaltensnormen, Kommunikationsformen sowie der Verwaltungs- und Repräsentationsapparat untersucht. Mit dieser veränderten Akzentsetzung löst die G. in wesentlichen Teilen die ↑Massenpsychologie ab, wobei sie zunehmend auch tiefenpsychologische Erkenntnisse und informationstheoretische Modelle bzw. Annahmen einbezieht.

Als *gesellschaftspolitische Programmatik* beinhaltet die G. Vorstellungen über die Organisation und Behandlung von Gruppen, bei der die Bedeutung demokratischer Führungsprinzipien, die Mitwirkung der Gruppenmitglieder an Entscheidungen sowie die sich für die jeweilige Gesellschaftsordnung und für den einzelnen (bes. durch seine Kooperation innerhalb verschiedener Gruppen) ergebenden Vorteile betont werden.

Als *soziopsychologische* Methode bzw. Technik wird die G. in Trainingsprogrammen zur Verbesserung zwischenmenschlicher Fähigkeiten angewandt; darüber hinaus soll sie dem einzelnen zu stärkerer personaler Identität und zum Verständnis seiner sozialen Situation verhelfen. – ↑auch Gruppentherapie.

Gruppenpsychotherapie ↑Gruppentherapie.

Gruppentest: Testverfahren, das (oft aus ökonomischen Gründen) so gestaltet ist, daß es – im Unterschied zum ↑Einzeltest – mit mehreren Teilnehmern gleichzeitig durchgeführt werden kann. G.s stellen bei vielen Schulreife- und Schulleistungstests, aber auch bei Intelligenz- und Eignungstests für Erwachsene die Regelform dar. – ↑auch Tests.

Gruppentherapie (Gruppenpsychotherapie): psychotherapeutische Methode, bei der mehrere Personen gleichzeitig und gemeinsam in die therapeutische Behebung eigener psychischer Fehlentwicklungen und die Verbesserung der sozialen Beziehungen einbezogen werden. Optimale Bedingungen der G. scheinen in einer Gruppe von fünf bis sechs (höchstens jedoch acht bis zehn) Personen gegeben zu sein. In der Gruppe nimmt der (tiefen- oder verhaltenspsychologisch geschulte) Therapeut keine zentrale oder autoritäre Stellung ein, sondern hat vielmehr eine hinweisende und ausgleichende Funktion. Eine spontane, möglichst hemmungsfreie Aussprache soll dazu beitragen, die eigenen Probleme in Worte zu fassen, um über diese »Verbalisierung« psychische Spannungen abzubauen. Da die Gruppenmitglieder häufig

Gruß: Handgeben und Kuß als Grußformen

ähnlich geartete Schwierigkeiten haben, können sie versuchen, diese mit gegenseitiger Unterstützung zu erkennen, um sie dann durch bewußte Veränderung der eingeprägten Verhaltensmuster zu beheben.
Die G. hat in den letzten Jahren sowohl in der psychotherapeutischen Praxis als auch in der Psychiatrie an Bedeutung gewonnen; Kritiker weisen allerdings darauf hin, daß von der Gruppe nicht nur befreiende, therapeutisch positive, sondern auch für den einzelnen belastende, »verdrängende« Einflüsse ausgehen können.

Gruß: Handlungen und Wortformeln zur Regelung des sozialen Kontaktes in bestimmten Abständen, bes. bei Begegnung und Abschied. Nach psychologischer Deutung sind G. und Gegen-G. oft nur zeremonielle Maßnahmen zur Verhütung gegenseitiger Aggression. Dem entspricht, daß die Verweigerung des G.es oder Gegen-G.es (»Schneiden«) als relativ starke negative Sanktion (Beleidigung) aufgefaßt wird. Die Formen der Begrüßung sind als vielfältige Handlungsmuster von der sozialen Stellung der Grüßenden zueinander abhängig; sie werden aber auch vom Rahmen ihrer Begegnung innerhalb der Gemeinschaft, zu der sie gehören, und von überlieferten Regeln bestimmt. Mit zunehmender Bevölkerungsdichte haben sich die Grußsitten gewandelt. Während man heute noch auf dem Lande den G. als verbindliches »Gesetz« auch unter Fremden empfindet, ist er in den Großstädten nur noch dort üblich, wo man zueinander in unmittelbaren Kontakt tritt.
Typische Grußformeln sind das Bieten der Tageszeit (»Guten Morgen«), die Frage nach dem Wohlergehen (»Wie geht's?«) und das Ausbringen von Wünschen (»Komm' gut heim!«). Die Fülle der Abstufungen des G.es steht in unmittelbarem Zusammenhang mit der Art des jeweiligen Kontaktes: Größere Distanz der Partner führt zur Verwendung zeremonieller Formeln, geringere zur Benutzung von Kurzformeln (»Tag«, »Tschüs«, »adieu«).
Mitunter ist der G. auch strengen Regeln unterworfen, bes. bei Staatsbesuchen und innerhalb der Armeen (Reglement des militärischen G.es; z.B. Anlegung der rechten Hand an die Kopfbedeckung).

Gültigkeit svw. ↑Validität.

Gutachten: ein auf wissenschaftlichen Methoden (Testverfahren u.ä.) beruhendes, schriftlich festgehaltenes Sachverständigenurteil. In der *Psychologie* sind individualdiagnostische G. (z.B. in der Erziehungs- und Berufsberatung, in der ↑Forensischen Psychologie) und G. über die psychologische Bedeutsamkeit der Lebensumwelt (z.B. Arbeitsplatzgestaltung, Wohnformen) zu unterscheiden.

Gütekriterien ↑Tests.

Gynäkophobie: neurotische Abneigung gegen alles Weibliche.

H

Habit: v.a. in der amerikan. Psychologie und Pädagogik verwendete Bez. für das zur (ererbten) Anlage (↑Anlage-Umwelt-Problematik) Hinzuerworbene, Erlernte; auch Bez. für die kleinste Einheit in einem Lernprozeß.

habituell: verhaltenseigen; zur Gewohnheit geworden, zum Charakter gehörend.

Habitus: das Gesamterscheinungsbild (Aussehen und Verhalten) von Lebewesen einschließlich individueller Besonderheiten, die Rückschlüsse auf (medizinische und psychologische) Dispositionen (↑Disposition) zulassen. – ↑auch Konstitution.

Hackordnung: v.a. bei Vögeln beobachtbare Form der Rangordnung in Tiergemeinschaften, bei denen sich die festgelegte Rangordnung im Weghacken von Rangniederen durch Ranghöhere am Futterplatz zeigt. – Der Begriff H. wird manchmal auch auf menschliche Gemeinschaften übertragen, besonders dann, wenn ranghöhere durch unangebracht aggressives Verhalten ihren Machtvorteil demonstrieren.

Haftpsychose: Bez. für heftige, z.T. wahnhafte Erregungszustände, aber auch für schwere depressive Reaktionen, die sich bei Inhaftierten als Folge des Eingesperrtseins und der Isolierung entwickeln und bei extremen Bedingungen (beispielsweise Konzentrationslager-Haft) bleibende psychische Beeinträchtigungen bewirken können.

Halluzination (Trugwahrnehmung): Sinnestäuschung ohne reales Wahrnehmungsobjekt und ohne äußere Reizung eines Sinnesorgans. H.en treten bei bestimmten körperlichen Erkrankungen, bei endogenen Depressionen, im Delir und bei epileptischen Anfällen, meist jedoch im Rahmen von ↑Psychosen auf, für die sie allerdings nur *ein* Symptom darstellen, ohne sicheren Schluß auf das Vorliegen einer derartigen Erkrankung.
H.en lassen sich in *akustische* (die häufigste Form), *visuelle, olfaktorische* (Riechempfindungen betreffende), *haptische* (den Tastsinn betreffende) und *kinästhetische* (Körperbewegungen betreffende) H.en einteilen.

Halluzinogene ↑Drogen.

Haloeffekt svw. ↑Hofeffekt.

Haltung:

◆ Als Strukturmerkmal der Persönlichkeit wird mit H. die Gesamtheit der weitgehend beständigen Verhaltenselemente eines Menschen bezeichnet. H. ist somit

Hamburg-Wechsler-Intelligenztest

Beispiele aus dem HAWIK: Die Figuren müssen innerhalb von drei Minuten aus den Einzelteilen zusammengesetzt werden.

Schaffen die Kinder die Aufgaben in kürzerer Zeit (Zeitgrenzen siehe rechte Spalte), erhalten sie Zusatzpunkte.

Aufgabe	Lösung	Zeitgrenzen Richtige Lösung	Zusatzpunkt
Fisch		180''	30''
Haus	oder	180''	30''
Kreis		180''	60''
Auto		180''	90''
"U"		180''	90''

der Inbegriff charakterlicher Grundeinstellung. – ↑Einstellung.
◆ ↑Körperhaltung.

Hamburg-Wechsler-Intelligenztest (Abk.: HAWI): auf der 1930 von dem amerikan. Psychologen D. WECHSLER entwickelten *Bellevue Intelligence Scale* beruhender psychologischer Test, der 1956 vom Psychologischen Institut der Universität Hamburg zur Anwendung bei Erwachsenen (HAWIE) und bei sechs- bis fünfzehnjährigen Kindern bzw. Jugendlichen (HAWIK) für die deutschsprachige Bevölkerung standardisiert wurde.
Der HAWIE und der (1983 gründlich revidierte) HAWIK-R bestehen aus zehn Untertests, von denen je fünf zu einem **Verbalteil** und zu einem **Handlungsteil** zusammengefaßt sind. Im (sprachgebundenen) Verbalteil werden *Allgemeines Wissen, Allgemeines Verständnis, Rechnerisches Denken, Gemeinsamkeitenfinden* und *Wortschatz* sowie (gegebenenfalls) das Gedächtnis in Form des Nachsprechens von Zahlen geprüft. Im Handlungsteil *(Zahlen-Symbol-Test, Bilderergänzen, Bilderordnen, Mosaik-Test, Figurenlegen)* wird versucht, weniger sprachlich gebundene Intelligenzleistungen zu prüfen. Als Maß für die Intelligenz werden, je nach erreichter Punktzahl und in Abhängigkeit vom Lebensalter, ein Gesamt-, ein Verbal- und ein Handlungs-Intelligenzquotient ermittelt.

Hand: Der Handgebrauch ist eine der wesentlichsten Voraussetzungen der Menschwerdung und Kulturentwicklung. Die bes. Funktionsfähigkeit der menschlichen H. hängt hierbei weniger von ihrer speziellen Form und Konstruktion ab als vielmehr von der verfeinerten Steuerung durch das Gehirn, wodurch erst die vielfältigen Bewegungskombinationen aller ihrer Teile möglich sind.
Die in ihrer Fünffingrigkeit entwicklungsgeschichtlich ursprünglich gebliebene menschliche H. ist in der Evolution morphologisch im wesentlichen den entsprechenden Tendenzen der Primaten gefolgt. In der Primatenphylogenese

Hand: Ein Schimpanse benutzt seine Hände, um mit einem Werkzeug (Stab) Termiten aus deren Bau zu angeln.

wurde aus dem Bewegungs-, Halt- und Stützapparat der vormals vorderen Extremitäten v. a. ein Tast-, Greif-, Kampf- und Pflegeorgan, bei der Menschwerdung bes. auch ein Medium zur Herstellung von Werkzeugen, Waffen und Gütern, darüber hinaus auch ein Mittel des Ausdrucks (↑Gebärde, ↑Gebärdensprache). Daß der Handgebrauch aufs engste mit dem Sprachgebrauch bzw. letztlich auch mit der Intelligenz korreliert, ist aus der gleichzeitig erfolgenden Entwicklung von Werkzeugherstellung und -gebrauch sowie der damit verbundenen Bevorzugung der einen (meist der rechten) H. und der Entwicklung eines bes. Sprachzentrums (↑Sprachzentrum) ersichtlich.

Handeln: Sonderform des tierischen und menschlichen Verhaltens als Ausführung einer instinktiv und/oder intelligent gesteuerten, somit wohlkoordinierten und zielgerichteten Tätigkeit.
Von **sozialem H.** wird gesprochen, wenn das H. mehrerer Personen aufeinander bezogen wird, wobei vergleichsweise regelmäßige, in bestimmten Situationen

wiederkehrende (und von den Beteiligten deshalb abschätzbare) Handlungsfolgen feste Strukturen des H.s entstehen lassen. – ↑auch Handlung.

handelnder Unterricht: auf dem Menschenbild des historischen und dialektischen Materialismus gründende, spezifisch menschliche Tätigkeit, deren Umsetzung nach den Gesetzmäßigkeiten des allg. Lernens gestaltet wird. Als solche gelten v.a. die Forschungsergebnisse sowjetischer Psychologen der kulturhistorischen Schule, aber auch anderweitig gewonnene Einsichten in die Gestaltung und den Ablauf von Lernprozessen, soweit sie der Theorie des handelnden Unterrichts entsprechen, der Elemente wie den offenen Unterricht oder das entdeckende Lernen zu integrieren sucht.

Handgeschick ↑Geschicklichkeit.

Händigkeit ↑Seitigkeit.

Handlesekunst ↑Chirologie.

Handlung: auf die Verwirklichung eines Ziels gerichtete, verhältnismäßig geschlossene sowie zeitlich und logisch strukturierte Tätigkeit.

Bewußte H.en sind dem Menschen möglich, da er äußere H.en vor und während ihrer Ausführung durch deren innere Repräsentation kontrollieren kann. Den Sachverhalt, daß jede komplexe menschliche Tätigkeit durch psychische Vorgänge geregelt wird, bezeichnet man als *Handlungsregulation.* Die **H.stheorie** ist ein breites Feld interdisziplinärer Anstrengungen, in dem versucht wird, menschliches Handeln besser zu verstehen, seine Bedingungen zu klären und seine Wirkungen vorherzusagen.

Handlungsforschung: Die zu Beginn der siebziger Jahre in der BR Deutschland entstandene H. knüpft mit ihren Projekten (z.B. das Marburger Grundschulprojekt, der Modellversuch »Kollegstufe« in Nordrhein-Westfalen, das »Märkische-Viertel-Projekt« in Berlin) an das Konzept der herkömmlichen **Aktionsforschung** (Action-research) an, wie es in den vierziger und fünfziger Jahren in den USA und in England für die Lösung sozialpsychologischer Probleme entwickelt wurde.

Aktionsforschung beinhaltete zunächst die mit sozialpsychologischen Standardmethoden durchgeführte Erfolgskontrolle jener Maßnahmen, die u.a. von Erziehungsinstitutionen oder Strafvollzugsbehörden zur Verhaltens- oder Einstellungsänderung vorgenommen wurden. Den Ansätzen der Aktions- und H. gemeinsam ist die Herstellung eines sog. Praxisbezugs. Dies bedeutet, daß im Rahmen des Forschungsprozesses auch in soziale Prozesse praktische Eingriffe erfolgten. In der psychologischen und sozialpädagogischen Praxis (Gemeinwesenarbeit, Jugendarbeit, Arbeit im Heimbereich) gibt es neuerdings Projekte (z.B. die Entwicklung von Beratungsmodellen oder von therapeutischen Strategien), die einen starken Bezug zur H. aufweisen. In diesen Projekten, die von einem hohen Emanzipationsanspruch geleitet sind, wird in gemeinsamer Arbeit von Forschern und Untersuchten der Versuch unternommen, konkrete Lösungen (Sozialstrategien) für Praxisprobleme (z.B. gesellschaftliche Konflikte) zu suchen und zu erproben.

Während in der Aktionsforschung weitgehend staatliche und industrielle Auftraggeber die »Problemwahl« leiteten (sog. Auftragsforschung), versteht sich die neuere H. in Deutschland als ein Konzept emanzipatorischer Sozialforschung. Die Forscher sind ihre eigenen Auftraggeber. Ihr Ziel ist nicht mehr die Gewinnung situationsunabhängiger Daten, sondern die Herstellung und Veränderung einer bestimmten Situation sowie die Untersuchung der Wirkungen und Bedingungen dieser Veränderung.

Die Kritik an der H. verweist u.a. auf folgende Probleme: Der emanzipatorische Anspruch der H. (Entwicklung eines kritischen Bewußtseins und Förderung von Handlungsfähigkeit bei den Untersuchten) ist oft überhöht und kann bei weitem nicht eingelöst werden. Es gibt weder ein wissenschafts- noch ein gesellschaftstheoretisches Konzept, aus dem der Ansatz der H. als Forschungsmodell abgeleitet und entwickelt werden könnte. Die Methodik läßt in bezug auf Fortschritte zu wünschen übrig; an die Stelle der abgelehnten Kriterien empirischer Forschung wurde bisher noch wenig Neues gesetzt.

Handlungskette ↑Instinkthandlung.

Handlungstests: ↑Tests zur Erfassung verbaler Fähigkeiten, des abstrakten Denkens und anderen Dingen, die nur in einer Prüfung der allgemeinen Intelligenz bestehen, ergeben nach der Überzeugung D. WECHSLERS nur ein unvollständiges Bild der Befähigung eines Menschen zu wirkungsvoller Leistung. Außerdem umfaßt seiner Ansicht nach Intelligenz auch Fähigkeiten zur Bewältigung praktischer Situationen. Daher nahm er in die von ihm konstruierten Intelligenztests auch solche Untertests auf, bei denen die Aufgabenstellung ein praktisches Handeln und weniger verbale Leistungen verlangt. Im ↑Hamburg-Wechsler-Intelligenztest bilden sie jeweils den sog. Handlungsteil.

Handlungstheorie ↑Handlung.

Handschrift: Niederschlag der durch Gehirnimpulse gesteuerten Schreibbewegung. Die H. ist zwar durch die der jeweiligen Schrift eigentümliche Linienführung in ihren Einzelformen festgelegt; sie trägt jedoch schon von Beginn des Schreibenlernens an so individuell charakteristische Züge, daß handgeschriebene Zeichen, insbes. der handgeschriebene Eigenname (die Unterschrift), Rechtsverbindlichkeit erlangen konnten. Darüber hinaus ist die H. auch ein Phänomen des Ausdrucks. – ↑Graphologie.

Haptik: Lehre von den Tast- und Drucksinnen bzw. den ihnen zugeordneten Haut-Sinnesorganen.

haptische Täuschung: Täuschung im Bereich der Tast- und Drucksinnesorgane.

Hardware: im Unterschied zur ↑Software, alle technisch-physikalischen Teile einer Datenverarbeitungsanlage.

Haschisch: aus dem harzartigen Sekret einer indischen Hanfsorte gewonnenes Rauschgift. – ↑Drogen, ↑auch Drogenabhängigkeit.

Haß: das gegen Personen oder Personengruppen gerichtetes, außerordentlich starkes Gefühl der Abneigung, oft verbunden mit dem Wunsch zur Vernichtung des bzw. der Gehaßten. Es kann im Zusammenhang mit Kränkung des eigenen Wertgefühls entstehen (z.B. enttäuschte Liebe). H. wird oft als Gegenpol zur ↑Liebe verstanden.

Häufigkeitsverteilung ↑Verteilung.

Hauser ↑Kaspar-Hauser-Versuch.

Hautsinne: in der Haut liegende Sinneszellen für Druck **(Vater-Pacini-Körperchen),** feines Tasten **(Meißner-Körperchen),** Wärme und Kälte.

HAWIE: Abk. für **Ha**mburg-**W**echsler-**I**ntelligenztests für **E**rwachsene. – ↑Hamburg-Wechsler-Intelligenztest.

HAWIK: Abk. für **Ha**mburg-**W**echsler-**I**ntelligenztests für **K**inder. – ↑Hamburg-Wechsler-Intelligenztest.

Hawthorne-Untersuchung: als klassisch geltende sozial- und betriebspsychologische Studie, die zwischen 1927 und 1932 von einem Forscherteam unter Leitung des amerikan. Soziologen E. MAYO in den Hawthorne-Werken, Chicago, der Western Electric Co. durchgeführt wurde. Es gelang u.a. der Nachweis, daß für die Zusammenarbeit, die Arbeitszufriedenheit und die Arbeitsleistung der Mitarbeiter eines Betriebs die sozialen Faktoren (bes. die zwischenmenschlichen Beziehungen) eine sehr wichtige, ja entscheidende Rolle spielen können. Diese Erkenntnis leitete die Human-Relations-Bewegung ein. – ↑Human Relations.

Heautoskopie ↑Doppelgängerphänomen.

Hebephrenie ↑Schizophrenie.

Hedonismus: Sammelbez. für solche Theorien der Motivation, denen zufolge sich das Verhalten von Tieren oder Menschen vorwiegend am Gewinn von Lust und an der Vermeidung von Unlust orientiert.

H

Heilpädagoge: Berufsbez. für pädagogisch-therapeutisch ausgebildete Fachkräfte, die v.a. in heilpädagogischen Heimen und Tagesstätten, Sonderkindergärten, Erziehungsberatungsstellen und Werkstätten für Behinderte, aber auch in freier Praxis mit (geistig oder psychisch) behinderten oder verhaltensauffälligen Kindern, Jugendlichen und Erwachsenen arbeiten.

Die *Ausbildung* zum H.n kann in Deutschland entweder als zweijährige Zusatzausbildung an einer der rund 30 **Fachhochschulen** bzw. **Fachakademien für Heilpädagogik** (Voraussetzung: abgeschlossene sozialpädagogische Grundausbildung, z.B. als staatlich anerkannter Erzieher oder als Sozialarbeiter) oder als vierjähriges Fachhochschulstudium (Voraussetzung: Hochschulreife) erfolgen. An einigen Hochschulen besteht ferner die Möglichkeit zum Erwerb eines sonder- und heilpädagogisch akzentuierten Diploms.

Heilpädagogik: die Theorie und Praxis der Erziehung von Kindern, Jugendlichen und Erwachsenen, die durch physische, psychische oder soziale Faktoren in ihrer individuellen Entwicklung so beeinträchtigt sind, daß sie (z.T. schon von früher Kindheit an) den sozialen, schulischen und beruflichen Anforderungen nicht oder nur in solch begrenztem Maße gewachsen sind, daß sie zur Selbstverwirklichung bes. pädagogisch-therapeutischer Hilfen bedürfen.

H. unterscheidet sich von der v.a. funktionalen, auf berufliche Wiedereingliederung ausgerichteten ↑Rehabilitation. Der Begriff H. wird in jüngerer Zeit immer häufiger durch die Bez. ↑Sonderpädagogik (oder »Behindertenpädagogik«) ersetzt; dies soll – schon sprachlich – der Annahme entgegenwirken, die H. könne bleibende Beeinträchtigungen im medizinischen Sinne »heilen«.

Hinsichtlich der heilpädagogischen Förderung lassen sich folgende *Betreuungsgruppen* unterscheiden: 1. *Behinderte,* d.h. Personen mit schweren, bleibenden körperlichen, psychischen und/oder geistigen Behinderungen. Hierzu gehören insbes. Mehrfachbehinderte, die bezüglich lebenspraktischer Verrichtungen weitgehend auf die Hilfe anderer angewiesen sind; 2. *Personen mit leichteren, partiellen oder vorübergehenden Beeinträchtigungen,* etwa Verzögerungen der motorischen oder sprachlichen Entwicklung, Verhaltensauffälligkeiten, psychogenen Erkrankungen oder unfallbedingten zeitweiligen Ausfällen. Diese Personen benötigen häufig nur für einen bestimmten Zeitraum heilpädagogische Hilfen; 3. *Personen, bei denen der H. eine präventive,* eher sozialpädagogische *Funktion* zukommt. Dazu rechnen v.a. Kinder und Jugendliche, die in ihrer körperlichen (sensomotorischen) oder geistigen Entwicklung, in ökonomischer, sozialer oder kultureller Hinsicht benachteiligt oder gefährdet erscheinen.

Heilpädagogische Maßnahmen werden *ambulant* (in sonderpädagogischen, Frühförder-, Mütter-, Eltern- und Erziehungsberatungsstellen), *teilstationär* (in [Sonder]kindergärten, Kindertagesstätten, Horten, Sonderschulen, Berufsbildungseinrichtungen, Werkstätten für Behinderte), *stationär* (in allg. wie speziellen Heimen, veraltet auch als **Anstalten** bezeichnet, sowie in kinder- und jugendpsychiatrischen Kliniken) und *mobil* (in Form von Hausberatung, mobilen Frühförderdiensten oder als Betreuung von Wohngemeinschaften körperlich, geistig oder psychisch behinderter Menschen) durchgeführt.

Das *pädagogisch-therapeutische Spektrum* der H. umfaßt Einzelförderung als gezielte Therapie oder Übungsbehandlung bestimmter Störungen bzw. Funktionen, Gruppenförderung (Spiel-, Sport-, Projekt-, Gesprächs- und Therapiegruppen), Elternarbeit, sozialpädagogische Interventionen und erfordert eine enge Kooperation mit Medizinern, Psychologen, Psychotherapeuten, Krankengymnasten sowie Beschäftigungs- und Sprachtherapeuten.

Heimcomputer (Homecomputer, Mikrocomputer): kleine, oft tragbare, preisgünstige Datenverarbeitungsanlagen, die meist privaten Gebrauch finden. Spitzengeräte sind mittlerweile ähnlich leistungsstark wie Großcomputer der unteren Klasse und werden daher z.T. bereits in Kleinbetrieben auch professionell genutzt. H. finden in der Hauptsache Verwendung für (Lern)spiele, graphische Darstellungen, Kalkulationen, Textverarbeitung und eigenständiges Programmieren. Ihr Vorteil liegt im relativ niedrigen Grundpreis und den individuellen Ergänzungsmöglichkeiten.

Hell-Dunkel-Adaptation: Anpassung der Lichtempfindlichkeit des Auges an die jeweils herrschenden Lichtverhältnisse durch Verändern des Pupillendurchmessers, biochemische Vorgänge in der Netzhaut und bes. Schaltungen der Sinneszellen des Auges. Bei Dunkelheit übernehmen z.B. die im Vergleich zu den Zapfen 10000mal lichtempfindlicheren Stäbchen das Sehen (ausgenommen an der Stelle des schärfsten Sehens); außerdem können mehrere Stäbchen parallel geschaltet werden, wodurch die Lichtempfindlichkeit steigt, die Sehschärfe jedoch abnimmt.

Helligkeitskonstanz ↑Konstanzphänomene.

Hellsehen (Clairvoyance): Form der außersinnlichen Wahrnehmung, die charakterisiert ist durch das »Sehen« verborgener Ereignisse, Gegenstände oder Zeichen, von Dingen also, die nicht mehr durch Vermittlung der dafür normalerweise zur Verfügung stehenden Sinnesorgane (insbes. der Augen) wahrnehmbar sind.

Darüber hinaus wird als H. auch der »Blick« in die Vergangenheit oder Zukunft bezeichnet. Gewöhnlich handelt es sich jedoch bei (vermeintlich) hellseherisch begabten Menschen um Personen mit einem außergewöhnlichen Beobachtungs- und Auffassungsvermögen, die schon aus unmerklichen Reaktionen ihrer Mitmenschen Schlüsse ziehen und diese dann mit dem allg. zugänglichen Wissen kombinieren.

Hemisphäre: in der *Medizin* die rechte bzw. linke Hälfte des Groß- und Kleinhirns.

Hemisphärendominanz: Bez. für den Sachverhalt, daß bei bestimmten psychischen Prozessen (z.B. beim Sprechen oder Schreiben) *eine* Hirnhälfte die Führung übernimmt. – ↑auch Gehirn.

Hemmung (Inhibition): Für die Koordination der Tätigkeit des Nervensystems spielen Hemmungsvorgänge eine grundlegende Rolle. Schon bei einfachen Reflexen sind sie wesentlich. So wird z.B. beim Schluckreflex die Atmung gehemmt; beim ↑Patellarsehnenreflex (Kniesehnenreflex) geht die reflektorische Streckung des Unterschenkels mit einer Hemmung der antagonistischen Beugemuskeln parallel. Auch im Stoffwechselgeschehen, insbes. bei der Regulierung der Enzymaktivitäten, spielen Hemmungsvorgänge eine ausschlaggebende Rolle.

Allgemein versteht man in der *Physiologie* unter H. die Unterdrückung eines Zustandes oder die Verhinderung bzw. Verlangsamung oder Unterbrechung eines Vorgangs. So sind z.B. in der *Verhaltensphysiologie* gewisse Auslöser bekannt, die angeblich eine Aggressions- oder Tötungs-H. hervorrufen (z.B. die ↑Demutsgebärde). In der *Psychologie* bezeichnet man als H. v.a. eine Störung des Antriebs (↑Antrieb) durch psychischen Widerstand, der emotionaler Art sein kann (z.B. Affektverkrampfung) oder moralische bzw. ethische Gründe hat (z.B. Forderungen des ↑Über-Ich).

Die **bewußte H.** richtet sich bes. gegen Triebe bzw. Instinkte und Instinkthandlungen. Die **unbewußte H.** wird meist durch Verdrängung oder durch gleichzeitig einander entgegengesetzte Bewußtseinsimpulse oder durch Unstimmigkeiten im Zusammenspiel von endogen produzierter aktionsspezifischer Energie und Auslösern bzw. Schlüsselreizen (↑auch Konflikt) verursacht.

In der *Tiefenpsychologie* wird der Begriff H. von S. Freud schon in seinen Frühwerken für die Folge psychischer Konflikte verwendet.
Im Sprachgebrauch der *Psychiatrie* versteht man unter H. die Verzögerung der Antriebsfunktionen und damit aller assoziativen, sensorischen und motorischen Leistungen **(Gehemmtheit).** Oft ist H. mit gedrückter Stimmungslage bzw. Depression verknüpft und wird u.U. bis zur *Attonität* (Regungslosigkeit des Körpers bei erhaltenem Bewußtsein) gesteigert; dies wird auch als **Sperrung** bezeichnet. – ↑auch Gedächtnishemmungen.

hereditär svw. ↑ererbt.

Hering-Täuschung: nach dem dt. Physiologen E. Hering benannte optische Täuschung, bei der zwei Parallelen durch ein Strahlengitter konkav gekrümmt erscheinen *(Hering-Sternfigur).*

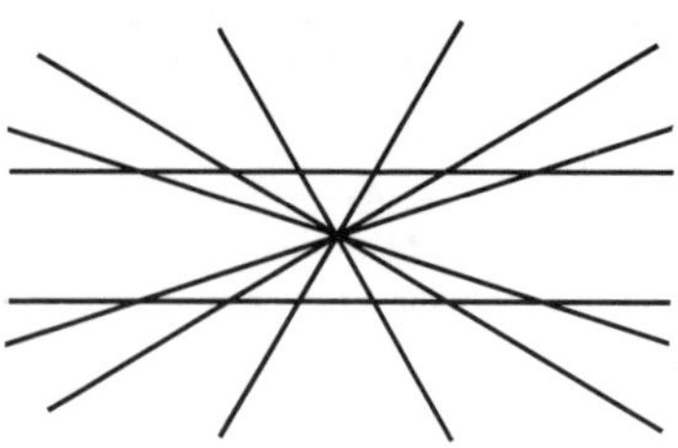

Hering-Täuschung

Heritabilität: Erblichkeit. – ↑auch Heritabilitätskoeffizient.

Heritabilitätskoeffizient (Erblichkeitskoeffizient): Der H. ist ein aus der Populationsgenetik stammendes Maß zur Schätzung der **Erblichkeit (Heritabilität)** eines Merkmals. Als Grad der Erblichkeit gilt der relative Anteil der genetischen Varianz an der phänotypischen Gesamtvarianz. Daten aus Untersuchungen an getrennt aufgewachsenen eineiigen Zwillingen und Adoptionsstudien wurden häufig zu Heritabilitätsberechnungen herangezogen.
Nicht nur in der Pädagogik werden H.en oft *falsch interpretiert.* Liegt z.B. der Heritabilitätskoeffizient für die Intelligenz bei 80, so bedeutet dies nicht, daß die Intelligenz zu 80% anlage- und zu 20% umweltbedingt ist, denn die Erblichkeit ist nur geschätzt, es spielen Störfaktoren eine Rolle. – ↑Anlage-Umwelt-Problematik.

Hermaphrodit (Zwitter): Der Hermaphrodit ist ein Mensch, bei dem männliche und weibliche Geschlechtsmerkmale zugleich vorkommen, wobei im allg. auch das Gesamtverhalten durch mehr oder weniger starke Verwischung der Geschlechtsunterschiede betroffen sein kann.

Hermeneutik: Unter H. wird die wissenschaftliche Auslegung und Erklärung bedeutungs- bzw. sinnhaltiger menschlicher Äußerungen verstanden, die aktuelle Vollzüge (z.B. alltägliche Interaktions- und Kommunikationsformen) oder Objektivierungen (z.B. von Texten, Kunstwerken, Bauten) sein können.

Heroin: aus einem weißen, pulverförmigen Morphinderivat bestehendes, sehr starkes, abhängig machendes Rauschgift, das früher auch als Medikament verwendet wurde. – ↑Drogen, ↑auch Drogenabhängigkeit.

Herz: Das zentrale Pumporgan im Blutkreislauf des Menschen (und der Tiere) galt und gilt in den verschiedensten Kulturen bis in die Gegenwart als Zentrum der Lebenskraft und Sitz der ↑Seele (↑auch Gehirn). In diesem Zusammenhang wird ihm oft auch magische Bedeutung zugeschrieben. Im alten Ägypten herrschte die Vorstellung, daß im H.en Vernunft, Gedächtnis und Gewissen lokalisiert seien. Seit dem griechisch-römischen Altertum ist das H. am stärksten mit dem Gefühlsleben, insbes. mit der Liebe verbunden; dies findet in der Symbolsprache lebhaften Ausdruck. Noch heute sagt man, daß man mit dem H.en dabei sei, wenn man das Gefühl (im Unterschied zum Verstand) meint.

Herzneurose (Phrenokardie, nervöses Herz): anfallsartige Empfindung von Herzbeschwerden ohne körperliche Grundkrankheit; verbunden meist mit innerer Unruhe, Ängstlichkeit, Furcht vor Herzversagen **(Herzphobie)** und v.a. niedergedrückter Stimmung und Selbstunsicherheit. Die H. wird meist ausgelöst durch eine schon akute oder drohende Situation des Alleinseins oder des Verlusts einer geliebten Person. Sie beruht nicht selten auf einem (unbewußten) neurotischen Trennungskonflikt, der sich aus dem Wunsch nach Trennung bei gleichzeitiger Angst davor und starkem Abhängigkeitsverhältnis ergibt.

Heterosexualität: Geschlechtsempfinden, das sich auf das andere Geschlecht richtet und, im Unterschied zur ↑Homosexualität und ↑Bisexualität, gesellschaftlich meist als einzig »normale« Form der menschlichen Sexualität angesehen wird.

Heterostereotyp: Bez. für ein relativ festgefügtes, u. U. objektiv unrichtiges Bild, das eine Person oder Personengruppe von einer anderen Person oder Personengruppe hat. Von solchen **Fremdstereotypen** zu unterscheiden sind die (objektiv eventuell gleichfalls unrichtigen) **Autostereotype,** die sich auf die eigene Person oder Personengruppe beziehen. Insbes. falsche Fremdstereotype können die Akzeptanz bzw. das Zusammenleben von Personen, Rassen und Völkern erschweren oder gar bis zu einer als »ethnische Säuberung« bezeichneten Auslöschung ganzer Völker oder Volksstämme reichen.

Heuristik: Die Lehre von den Verfahren, Probleme zu lösen. Unter **heuristischer Methode** wird ein Vorgehen verstanden, bei dem die Lernenden dazu angehalten werden, angesichts von ↑Problemen sog. **Heurismen (Findeverfahren)** einzusetzen (z.B. systematisches Probieren), um eine Problemlösung zu erreichen. Immer wenn zur Bewältigung einer kognitiven Anforderung kein Routineverfahren (Algorithmus) zur Verfügung steht, sondern ein Lösungsverfahren vom Problemlöser erst konstruiert werden muß, spricht man von einem **heuristischen Vorgehen.** Heurismen sind Bestandteile der ↑heuristischen Struktur. Ihre Ausbildung, Bewußtmachung und die Entwicklung von Strategien für ihren Einsatz sind wichtige Aufgaben der ↑Denkerziehung.

heuristische Methode ↑Heuristik.

heuristische Struktur: Die h.St. ist ein Teil des ↑kognitiven Apparats. Sie enthält mehr oder minder gut organisierte Denkprozeduren, die dazu dienen, das in der ↑epistemischen Struktur abgespeicherte Wissen für Problemlösungen einzusetzen. Innerhalb der ↑Denkerziehung spielt die Entfaltung der h.St. eine wichtige Rolle.

Hexenschaukel: Bez. für eine Bewegungstäuschung, die entsteht, wenn die Umgebung einer Person in schwingende Bewegung versetzt wird, die Person selbst sich jedoch auf einem unbewegten Platz befindet und dennoch den Eindruck einer schwingenden Bewegung des eigenen Körpers gewinnt. Das Phänomen H. ist ein Zeichen für die Dominanz des Gesichtssinns über andere Sinne bei der Bewegungswahrnehmung.

Hierarchie: Bez. für ein in der Regel pyramidenförmig aufgebautes Gefüge von Positionen, in dem die Herrschafts- und Entscheidungsbefugnisse bei der Spitze liegen und die Anweisungen von oben auf tiefer liegende Positionsebenen zur Durchführung weitergegeben werden. Die H. gilt als ideale Herrschaftsstruktur zur Durchsetzung eines einheitlichen obersten Willens innerhalb einer Organisation (z.B. der Kirche, des Militärs, in der öffentlichen Verwaltung, z.T. auch in der Wirtschaft) und im Verhältnis der betreffenden Organisation gegenüber der gesellschaftlichen Umwelt. Sie bewährt sich bei der Lösung langfristig gleichbleibender Herrschaftsaufgaben gegenüber einer konstant bleibenden (oder zu haltenden) Umwelt. Die Starrheit der internen Über- und Unterordnungsverhältnisse läßt allerdings die H. bei der Lösung von Anpassungsleistungen an eine dynamische und schnelle Reaktionen der Organisation herausfordernde Umwelt ihre Wirksamkeit weitgehend verlieren. So wird in hochentwickelten Industriegesellschaften bereits eine »Krise der H.« festgestellt. – ↑auch Rangordnung.

Hinweisreiz: Der H. ist ein nicht immer klar erkennbarer und nicht eindeutig auf eine bestimmte Reaktion bezogener Reiz, der in einer mehrdeutigen Situation das Wahrnehmen, Verhalten oder Denken in bestimmte Bahnen lenken kann.

Hirnanhangsdrüse svw. ↑Hypophyse.

Hirnstamm svw. Stammhirn. – ↑Gehirn.

Hirnstrombild ↑Elektroenzephalogramm.

Hochbegabtenförderung: Fragen, die mit der ↑Hochbegabung und der Förderung besonders Begabter zusammenhängen, werden gerade in Deutschland in der letzten Zeit wieder im bildungspolitischen Bereich kontrovers diskutiert. Dabei bedienen sich Befürworter und Gegner einer begabungsgemäßen Förderung auch des hochbegabten Kindes und Jugendlichen vielfach dramatisch zugespitzter Begründungen ihrer Standpunkte: Die Befürworter betonen, daß durch eine fehlende H. wertvolle *Begabungsreserven* verlorengehen. Dem hält die andere Seite entgegen, daß eine gezielte H. an den Grundfesten eines *demokratischen Bildungswesens* rüttele.

Im Rahmen eines Projektes, das der *Verein Bildung und Begabung* durchgeführt hat, wurden im Zusammenhang mit der H. *zehn Thesen* formuliert, deren Kerngedanken folgendes besagen: H. ist eine wichtige Aufgabe und eine notwendige Funktion des Bildungssystems. Sie steht nicht im Widerspruch zur Breitenbildung, sondern setzt diese voraus und baut auf dieser auf. Im Mittelpunkt der H. sollten anspruchsvolle (zusätzliche) Lernangebote und attraktive Lernanreize stehen. Neben dem verbindlichen Curriculum muß es in allen Schulen sowohl Programme des zielerreichenden Lernens (gezielte Nachhilfe für Schüler mit Leistungsschwierigkeiten) als auch differenzierte Angebote für Hochbegabte und leistungstüchtige Schüler geben. Um solche Angebote nutzbar zu machen, ist die Beratung von Eltern hochbegabter Kinder und der hochbegabten Jugendlichen selbst systematisch zu verbessern. Darüber hinaus ist es wichtig, Aspekte der H. in die Lehreraus- und Lehrerfortbildung aufzunehmen. Hochschulen und Fachhochschulen sind besonders wichtige Orte der H., weil dort besonders Fähigkeiten in herausragende wissenschaftliche Leistungsbereitschaften umgewandelt werden müssen.

Hochbegabung: Eine allgemein anerkannte Begriffsbestimmung dessen, was H. sei, existiert nicht. Ein wichtiger Grund für die Unterschiede zwischen den verschiedenen Definitionsversuchen liegt in der *Kulturgebundenheit* der Hochbegabung.

Für die *Industrieländer* existiert eine Reihe von Anhaltspunkten, wann bei Kindern und Jugendlichen von H. gesprochen werden kann. Hierher gehört die Feststellung, daß ein Kind schon von früh an konstant ein deutlich überlegenes Entwicklungsniveau im Vergleich zu seinen Altersgenossen aufweist. Ein solches Kind hat vielleicht Interessen, die normalerweise erst ältere Kinder entwickeln. Es verfolgt diese Interessen mit großer Ausdauer und starkem innerlichen Engagement. Als weiterer Indikator für H. kann gelten, daß in der Schule eine überragende Befähigung in einer breiten Palette von Fächern festgestellt wird, die durch einen Intelligenzquotienten von mindestens 130 bei einem individuell vorgegebenen zuverlässigen Intelligenztest bestätigt sein sollte.

Hodegetik: veraltete Bez. für die Anleitung zum Studium eines Arbeits- oder Wissensgebietes. Heute spricht man meist von ↑Heuristik.

Hofeffekt (Haloeffekt): Bez. für eine Fehlerquelle bei der Persönlichkeitsbeurteilung. So neigen z.B. Vorgesetzte oder Lehrer in der Regel dazu, sich bei der Beurteilung von einer herausragenden Eigenschaft oder vom Gesamteindruck der betreffenden Person leiten zu lassen. Beispiel: »Ein Schüler, der in Mathematik gut ist, muß auch in anderen Fächern gut sein«.

Höhenangst (Bathophobie, Hypsiphobie): die Empfindung eines gestörten Gleichgewichts und des Hinabgezogenwerdens beim Hinunterblicken von hohen, steil abfallenden Standpunkten (z.B. einem Turm, einer Aussichtsplattform oder Brücke), verbunden mit mehr oder weniger eingeschränkter Raumwahrnehmung, oft begleitet von Angstgefühlen und vegetativen Störungen (Schweißausbruch, Übelkeit, Erbrechen).

Homecomputer svw. ↑Heimcomputer.

Hominisation (Menschwerdung): Bez. für den körperlich-geistigen Entwicklungsgang von den äffischen Vorfahren bis zum heutigen Menschen. – ↑auch Mensch.

Homo: einzige Gattung der Hominiden mit den beiden Arten ↑Homo erectus und ↑Homo sapiens. – ↑auch Mensch.

Homo erectus: ausgestorbene Art der Gattung Homo, die vor rund 1,8 Mill. Jahren aufgetaucht ist. Fossile Funde hat es v.a. auf Java (*Javamensch,* H.e. erectus) und auf dem asiatischen Festland (*Chinamensch, Pekingmensch,* H.e. pekinensis) gegeben. Die morphologischen und kulturanthropologischen Merkmale des H.e. weisen diesen als Hominiden aus, der den Grenzbereich zwischen Tier und Mensch bereits überschritten hatte.

Die ursprüngliche Bez. *Pithecanthropus* geht auf die Vorstellung des dt. Zoologen und Philosophen E. Haeckel zurück, der annahm, daß ein Bindeglied zwischen den Affen (Pitheci) und den Menschen (Anthropi) existieren müsse. Da er diese Zwischenform (»missing link«) in der indonesischen Heimat des Gibbons vermutete, von dem der Mensch angeblich abstammen sollte (was, wie wir inzwischen wissen, allerdings nicht stimmt), ließ sich der niederländische Arzt E. Dubois, ein eifriger Leser der Schriften Haeckels und auch C. Darwins, nach Java versetzen und suchte dort systematisch nach dieser »Übergangsform«. Tatsächlich gelang ihm 1890/91 im Solotal bei *Trinil* die Entdeckung der ersten fossilen Reste (Schädeldach und Oberschenkel) des H.e., womit er zugleich eine neue Ära der Hominidenforschung einleitete. In den Trinilschichten fanden sich auch Werkzeuge (einfache Abschläge und Gebrauchsspuren), die dem H.e. zugeschrieben werden.

Besser bekannt als sein javanischer »Vetter« ist der in *Choukoutien* bei Peking entdeckte *Sinanthropus* oder Chinamensch. Dieser hatte ein Schädelvolumen von 900–1100 cm^3 gegenüber 775–950 cm^3 beim Javamenschen. Der gegenüber dem Javamensch wohl etwas höher entwickelte Chinamensch besaß ebenfalls zahlreiche einfache Steinwerkzeuge und kannte darüber hinaus den Gebrauch des Feuers. Die Funde von Schädeln mit aufgebrochenen Hinterhauptlöchern und gespaltene Langknochen lassen auf einen rituellen Kannibalismus schließen.

Homoerotik: Bez. für erotische Beziehungen zwischen gleichgeschlechtlichen Partnern, die nicht zwangsläufig Genitalkontakte einschließen. – ↑auch Erotik, ↑Homosexualität.

Homo faber: Diese typologische Charakterisierung des Menschen hebt den Umstand hervor, daß der ↑Mensch seine Existenz hauptsächlich in aktiver Auseinandersetzung mit der Natur sichert. Im Vergleich zum Tier weitgehend unspezialisiert, d.h. nicht an eine spezifische (Natur)umwelt gebunden, machte er – v.a. unter Zuhilfenahme von Werkzeugen – die ihn umgebende Natur zu seiner eigenen, selbstgeschaffenen (Kultur)umwelt. Dabei wird das entsprechende produktive, ausprobierende und sich am Erfolg orientierende Handeln nicht allein von äußeren Reizen veranlaßt, sondern auch vom eigenen Denken, vom »Stellungnehmen« gegenüber der Natur bestimmt. – ↑auch Umwelt.

homologer Reiz svw. ↑adäquater Reiz.

Homologie: Abstammungsähnlichkeit, im Körperbau wie im Verhalten. – Ggs. ↑Analogie.

H

Homöostase: Physiologische Kreisprozesse regeln die Konstanthaltung des inneren Milieus *(Gleichgewicht).* Ferner wird versucht, das Organismus-Umwelt-Gleichgewicht durch artspezifisches Instinkt- und Reflexverhalten, durch individuell erworbene Gewohnheiten sowie durch bewußte Entscheidungen für bestimmte Handlungen zu steuern. Organismen, die in der Lage sind, ein gestörtes Gleichgewicht, das mit angeborenen Regelmechanismen nicht wiederherstellbar ist, durch Umstellung auf andere Verhaltensweisen zu stabilisieren, verfügen über die Eigenschaft der sog. *Ultrastabilität.* Hierbei spielen Bedürfnisse eine große Rolle, weil sie ein gestörtes Gleichgewicht signalisieren und entsprechende Aktivitäten zur Wiederherstellung des Gleichgewichts in Gang bringen. Nicht jedem organischen Bedarf entspricht allerdings ein Bedürfnis, das präzis genug wäre, das Verhalten auf eine (an sich mögliche) Deckung des Bedarfs auszurichten. Neben genau ausgerichteten Bedürfnissen gibt es offenbar auch sog. ziel-blinde Bedürfnisse. Man weiß dann zwar, daß einem etwas fehlt, kann aber nicht angeben, was es ist.

Homo sapiens: eine Art der Gattung *Homo,* die in zwei Unterarten untergliedert ist: der heute noch lebende *Homo sapiens sapiens* und der ausgestorbene *Homo sapiens neanderthalensis.* – ↑Mensch.

Homosexualität (gleichgeschlechtliche Liebe, Homophilie, Homoerotik): sexuelle Anziehung durch Angehörige des eigenen Geschlechts sowie sexuelle Beziehungen mit gleichgeschlechtlichen Partnern. Im engeren Sinne wird der Begriff H. für die Beziehungen zwischen erwachsenen Männern verwendet. Die homosexuelle Beziehung zwischen Frauen wird ↑lesbische Liebe, zwischen erwachsenen Männern und männlichen Jugendlichen Päderastie genannt. Im Unterschied zur traditionellen Auffassung von der Gegensätzlichkeit zwischen H. und Heterosexualität setzt sich in neuerer Zeit die Ansicht durch, daß alle Menschen mit einem offenen sexuellen Potential ausgestattet sind, das hetero- *wie auch* homosexuelle Orientierungen einschließt (Bisexualität). H. als eine in der menschlichen Natur bereitliegende Möglichkeit ist aber nicht gleichzusetzen mit dem Selbstbild und Verhalten des Homosexuellen, dessen Identität wesentlich durch die (oft negativen) Erfahrungen geprägt ist, die er mit seiner Umwelt und ihren Reaktionen auf seine sexuellen Präferenzen macht. Schätzungen zufolge sollen etwa 4 % der erwachsenen Männer und 2 % der erwachsenen Frauen ausschließlich homosoexuell sein. Dagegen ist der Anteil derer, die gelegentlich homosexuelle Kontakte eingehen (Entwicklungs- und Gelegenheits-H.) oder sich von gleichgeschlechtlichen Partnern angezogen fühlen, ohne sexuelle Kontakte aufzunehmen, sehr viel größer. Nach empirischen Untersuchungen dürfte etwa ein Drittel aller Männer in Deutschland im Lauf ihres Lebens zumindest einmal homosexuellen Kontakt gehabt haben.

Über die *Ursachen* der H. gibt es unterschiedliche Theorien. Als bes. folgenreich erwies sich die im letzten Drittel des 19. Jh. entstandene medizinisch-psychiatrische Definition von H., wonach Homosexuelle als im strafrechtlichen Sinne nicht zurechnungsfähige Kranke zu betrachten seien. Berühmtester Vertreter dieser Lehrmeinung war der Psychiater R. KRAFFT-EBING, der H. als »funktionelles Degenerationszeichen« und als meist erblich bedingte neuropathologische Veranlagung bestimmte. Die Vorurteile gegenüber Homosexuellen fußten damit auf der Ansicht von der sozialen Schädlichkeit der H., die als Verbrechen am Allgemeinwohl und als Ausdruck zivilisatorischen Verfalls galt. Neben I. BLOCH gehörte M. HIRSCHFELD, der Gründer des »Instituts für Sexualwissenschaft« (1919), zu den schärfsten Gegnern dieser Auffassung. HIRSCHFELD war einer der ersten Verfechter der gesellschaftlichen Emanzipation und Anerkennung der Homosexuellen, die er als Angehörige des »dritten Geschlechts« definierte. Eine entscheidende Wende in der Theoriediskussion der H. wurde 1905 durch S. FREUDS »Drei Abhandlungen zur Sexualtheorie« eingeleitet. FREUD (↑Psychoanalyse) kritisierte nicht nur die Anwendung des Begriffs Degeneration und Perversion auf H., sondern qualifizierte diese als eine »anthropologische Anlage«, die auch Teil der psychosexuellen Entwicklung des heterosexuellen Individuums sei und erst durch bestimmte, in der frühen Kindheit verankerte Erfahrungen zu einer manifesten homosexuellen Identität führe.

Zu den derzeit diskutierten Erklärungsansätzen zählen: 1. konstitutionsbiologisch orientierte Theorien, denen zufolge H. auf angeborenen, biologischen (genetischen, anatomischen, endokrinen) »Anomalien« beruht; 2. sexualwissenschaftlich orientierte Theorien, die davon ausgehen, daß die Übergänge zwischen H. und Heterosexualität fließend sind und es im Grunde keine Homosexuellen gibt, sondern nur Menschen, die sich während bestimmter Phasen ihres Lebens mehr oder weniger homosexuell verhalten; 3. psychoanalytisch orientierte Theorien, denen zufolge die Veranlagung zur H. bereits in der frühen Kindheit erfolgt und mit dem Aufbau einer spezifischen Persönlichkeitsstruktur einhergeht, die Selbstentdeckung als Homosexueller (das »Coming-out«) jedoch erst nach der Pubertät erfolgt, wenn sich das Verlangen auf einen gleichgeschlechtlichen Sexualpartner richtet. Neuere Therapieformen wollen Homosexuellen dazu verhelfen, ihre (sexuelle) Identität zu akzeptieren, ohne dabei eine Umorientierung auf heterosexuelle Verhaltensweisen anzustreben.

Erst mit der Säkularisierung des Strafrechts in der Aufklärung wurde die theologisch-moralistische Begründung bei der Verfolgung Homosexueller fallengelassen. Trotz strafrechtlicher Liberalisierungstendenzen blieben Homosexuelle im 19. Jh. eine gesellschaftlich geächtete Minderheit, die gezwungen war, ihre sexuellen Neigungen geheimzuhalten. Durch die intensive publizistische und medizinische Diskussion über H. um die Jahrhundertwende traten Homosexuelle zunehmend aus der Anonymität heraus. In Deutschland wurden die sich in den zwanziger Jahren abzeichnenden liberalen Tendenzen durch die nationalsozialistische Machtergreifung zunichte gemacht. Nach dem Röhm-Putsch wurden rund 10000 Homosexuelle als »Rasseschänder« und »Staatsfeinde« abgeurteilt und in Konzentrationslager gebracht. Auf dieses Trauma reagierten viele Homosexuelle mit einer verstärkten Anpassung an die gängigen Normalitätsvorstellungen. Erst in den 1970er Jahren entstand, nicht zuletzt in Anlehnung an die amerikan. »Gay-Rights«-Bewegung, in der BR Deutschland eine homosexuelle Emanzipationsbewegung. Seitdem haben vor allem jüngere Homosexuelle ein neues Selbstbewußtsein entwickelt, bezeichnen sich offen als »Schwule« und kämpfen für den Abbau der Diskriminierung Homosexueller. Die vorwiegend in den Großstädten entstandenen Selbsthilfeorganisationen (»Gay Counselling«, »Rosa-Hilfe-Gruppe«) und Einrichtungen homosexueller Subkultur (Kneipen, Buchläden, Theater, Filmgruppen) bieten Homosexuellen die Möglichkeit, aus ihrer gesellschaftlichen Isolation herauszutreten. Die mit der sexuellen Liberalisierung gewachsene Bereitschaft der Gesellschaft, Homosexuelle zu akzeptieren, ist in bestimmten öffentlichen Institutionen wie Kirchen, Schulbehörden und Bundeswehr nur bedingt vorhanden. Die sich seit Anfang der achtziger Jahre weltweit ausbreitende Virusinfektionskrankheit AIDS hat die Situation der Homosexuellen gravierend verändert. Die Tatsache, daß sie zu einer besonders gefährdeten Risikogruppe zählen, hat nicht nur zu einer tiefen Verunsicherung der Homosexuellen selbst geführt, sondern auch

H

unterschwellig wirksame antihomosexuelle Vorurteile reaktiviert.

homothymer Typ ↑Konstitution.

Hören (Gehör, Gehörsinn): Das Sinnesorgan zur Wahrnehmung von Schallwellen ist bei höheren Tieren und dem Menschen das **Ohr.** Beim menschlichen Ohr gelangen die Schallwellen durch den Gehörgang zum *Trommelfell* und versetzen es in Schwingungen. Die *Gehörknöchelchen* (Hammer, Amboß und Steigbügel) leiten sie zum *ovalen Fenster* der *Schnecke* weiter, wo die Flüssigkeitssäule des oberen Schneckengangs (Vorhoftreppe) in Schwingung versetzt wird. Resonanzerscheinungen bewirken je nach Tonhöhe an bestimmten Stellen ein Mitschwingen der Flüssigkeitssäule im *Corti-Organ* und im unteren Schneckengang *(Paukentreppe).* Durch das runde Fenster verlassen die Schwingungen die Schnecke wieder. Im Corti-Organ sitzende Sinneszellen werden durch die Schwingungen erregt und leiten die Erregung zum Gehirn weiter, wo die Reizverarbeitung erfolgt.

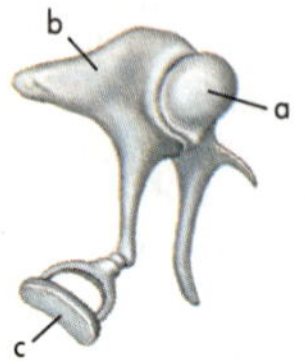

Hören: Die drei Gehörknöchelchen des Ohres: a Hammer, b Amboß, c Steigbügel

Hören

Querschnitt durch eine Schneckenwindung

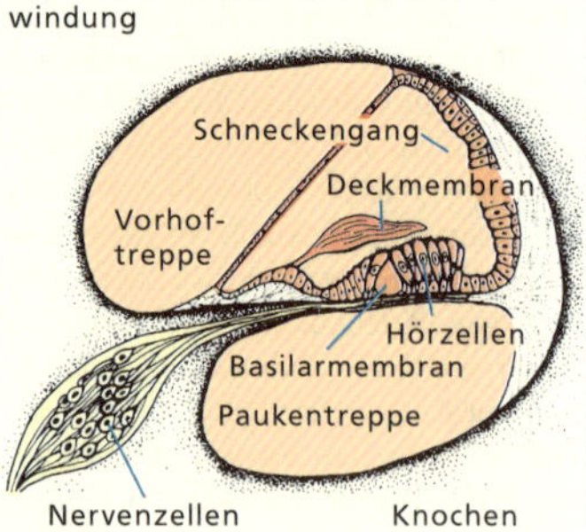

Das Gehör dient der Information über Lautvorgänge und hat wesentliche Bedeutung bei der innerartlichen Verständigung.

Hörgrenzen: H. werden durch die vom Gehörsinn gerade noch wahrnehmbaren Grenzfrequenzen der Schallwellen bestimmt. Bei jeder mit einem Gehörsinn ausgestatteten Tierart sind die H. unterschiedlich.

Beim *Menschen* kann eine Schallfrequenz von 16 Hz als tiefster und eine von 20 000 Hz als höchster »Ton« empfunden werden. Dabei wird die obere Hörgrenze von 20 kHz mit dem Alterungsprozeß nach unten gerückt (z.B. mit 35 Jahren auf etwa 15 kHz, mit 50 Jahren auf etwa 12 kHz und im Greisenalter auf etwa 5 kHz).

Die Empfindlichkeit des menschlichen Ohrs ist nicht über das gesamte Frequenzband gleich gut. Die größte Empfindlichkeit liegt bei 2 000 bis 2 300 Hz; dabei kann noch ein Schalldruck von $2 \cdot 10^{-9}$ N/cm² wahrgenommen werden.

Bei *anderen Säugetieren* sind die H. häufig in den Bereich höherer Frequenzen verschoben. Hunde, Fledermäuse und Delphine haben ihre obere Hörgrenze weit im Bereich des Ultraschalls (beim Delphin z.B. bei etwa 200 kHz).

Hörigkeit: die schrankenlose Unterwerfung des Willens einer Person unter den einer anderen, v.a. bei sexueller Abhängigkeit oder aus Angst um den Verlust des Partners. H.s-Verhältnisse sind meist in komplizierten Gefühlsbindungen begründet und des öfteren mit einer gewissen Labilität des Charakters verbunden; sie reichen mitunter bis zur Aufgabe der persönlichen Würde.

horizontaler Transfer ↑Transfer.

hormische Psychologie (hormische Theorie): psychologische Richtung, die den ↑Antrieb als Basis allen menschlichen Verhaltens herausstellt. Die h. P. wurde v.a. von dem britischen Psychologen W. McDougall vertreten, der die Antriebe des menschlichen Verhaltens in einem Katalog von Instinkten und daraus abgeleiteten Affekten und Emotionen zu systematisieren versuchte.

Hormon: körpereigener, von den Drüsen mit innerer Sekretion gebildeter und

Hörgrenzen

Hörflächen, -schwellen und Frequenzbereiche bei der Geräuschwahrnehmung

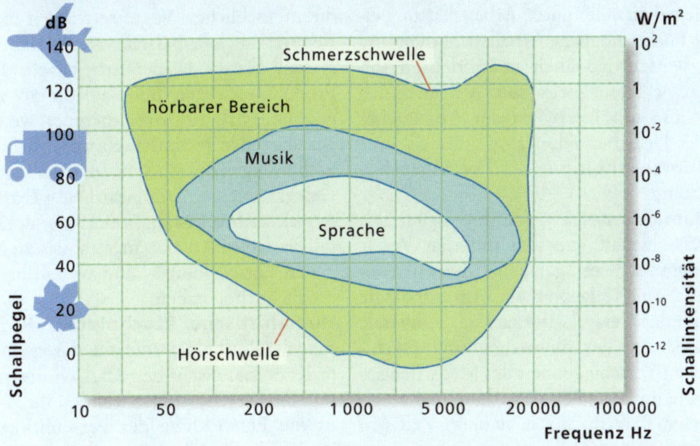

ins Blut abgegebener Wirkstoff, der biochemisch-physiologische Abläufe steuert und koordiniert.

Horrortrip: umgangssprachlich Bez. für einen meist durch eine Überdosis oder durch Verschnitt des »Stoffs« verursachten, mit z. T. extremen Angst- und Panikgefühlen verbundenen Drogenrausch.

Hörstummheit ↑Alalie.

Hospitalismus: auf R. Spitz (1945) zurückgehende und heute meist durch den Begriff der ↑Deprivation ersetzte Bez. für einen deutlichen physischen und psychischen Entwicklungsrückstand bei Kindern, die in den ersten Lebensjahren (neueren Untersuchungen zufolge insbes. zwischen dem 6. und 10. Lebensmonat) längere Zeit von ihrer Mutter oder anderen bedeutsamen Bezugspersonen getrennt in Institutionen wie Kliniken, Heimen oder Pflegestätten leben müssen. Aufgrund der *fehlenden affektiven Zuwendung* kommt es bei diesen Kindern zu Apathie, Weinerlichkeit, motorischer Unruhe, geringem Spielinteresse, Kontaktarmut und Aggressivität sowie zu Verzögerungen in der motorischen, der Sprach- und der Intelligenzentwicklung, häufig begleitet von Ernährungsstörungen und Infektanfälligkeit. Längerdauernde **Hospitalisierung** kann irreversible Schäden oder Persönlichkeitsstörungen wie bleibendes infantiles Verhalten (z. B. Daumenlutschen oder ↑Einnässen), konstantes Streben nach Beachtung durch Erwachsene, Neigung zu Trotzreaktionen oder mangelnde Gruppenfähigkeit zur Folge haben.

Um H. vorzubeugen oder entgegenzuwirken, sind zahlreiche Einrichtungen, v. a. Kinder- und Entbindungskliniken, zu speziellen Versorgungsformen (wie der gemeinsamen Aufnahme des erkrankten Kindes und seiner Mutter und dem Rooming-in nach der Geburt) übergegangen, um den Aufbau bzw. Fortbestand der emotionalen Beziehungen zwischen Mutter und Kind zu gewährleisten.

Human engineering (Ingenieurpsychologie): Teilgebiet der Wirtschafts- und Industriepsychologie, das sich mit der Anpassung der Arbeitsplatzbedingungen (z. B. maschinelle Einrichtungen, Zeiteinteilungen) an die psychophysischen Gegebenheiten (Fähigkeiten und Bedürfnisse) des arbeitenden Menschen

H

befaßt. H.e. tritt für Bedingungen ein (z.B. handgerechte Werkzeuge, optimale Lichtverhältnisse, ausreichende Pausen), die neben einer guten Arbeitsleistung eine höchstmögliche Arbeitssicherheit und Arbeitszufriedenheit gewährleisten sollen. Bei dieser Zielsetzung handelt es sich ebenso um Interessen der Arbeitgeber wie der Arbeitnehmer.

Humanethologie ↑Verhaltensforschung.

Humangenetik (Anthropogenetik): Wissenschaft, die sich mit den Vererbungserscheinungen beim Menschen befaßt, ein Teilgebiet der Anthropologie und der Genetik. Ihr Ziel ist die kausale Erklärung der physischen und psychischen Verschiedenheit des Menschen sowohl im normalen als auch im pathologischen Bereich und in neuerer Zeit (im Rahmen der Gentherapie) auch die kausale Therapie bestimmter Erbkrankheiten. Die Zahl der anwendbaren klassischen Methoden der Genetik ist im Vergleich zu Tieren oder Pflanzen eingeschränkt, da sich viele Experimente aus ethischen Gründen verbieten. Beim Menschen ist der Genetiker vor allem darauf angewiesen, anhand zahlreicher Fallstudien Rückschlüsse auf die Vererbung bestimmter Merkmale, die grundsätzlich nach den gleichen Gesetzmäßigkeiten vererbt werden wie bei Tieren und Pflanzen, zu ziehen. Für die Aufklärung der Erbstrukturen ganzer Bevölkerungen werden im Rahmen der **Populationsgenetik** insbes. statistische Verfahren angewendet. In der pränatalen (vorgeburtlichen) Diagnostik und genetischen Beratung, bei Vaterschaftsgutachten, Eineiigkeitsdiagnosen von Zwillingen und in der Erbpathologie, die sich mit der Ursache, Diagnose und Therapie genetisch festgelegter Krankheiten beschäftigt, spielen gentechnologische Methoden zunehmend eine Rolle. Alle gentherapeutischen Experimente waren bisher nicht erfolgreich.

Humanisierung: Ziel einer H. ist, die von Menschen geschaffene Umwelt, die Zivilisationsumwelt, speziell die technische und soziale Umwelt (Arbeits- und Wohnumwelt), so weit wie möglich an die menschlichen Voraussetzungen und Bedürfnisse anzupassen. Dies bedeutet speziell für die H. der Arbeitswelt, die Produktionsstätten und -abläufe so zu gestalten, daß alle Arbeitnehmer weniger stark den technisch-wirtschaftlichen Sachzwängen unterliegen, sondern mehr Gelegenheit zu Gruppenarbeit (Teamwork), Abwechslung, umfassenderen und variablen Arbeitsgängen sowie zu eigenen Entscheidungs- und Gestaltungsmöglichkeiten haben.

Humanistische Psychologie: Richtung der Psychologie, die sich als sog. dritte Kraft v.a. gegen den ↑Behaviorismus und die ↑Psychoanalyse wendet. Ihr Ziel ist die Entwicklung der Persönlichkeit in Richtung auf Selbstwahrnehmung, Selbstverwirklichung und -erfüllung, Erfahrung von Verantwortlichkeit und Sinnhaftigkeit. Etliche jüngere Psychotherapieverfahren (z.B. ↑Gesprächspsychotherapie, ↑Gestalttherapie, ↑Transaktionsanalyse) gründen in der H.n P. und haben wesentlich zu ihrer Verbreitung beigetragen.

Humanpsychologie (Anthropopsychologie): die Psychologie des Menschen (im Unterschied zur Tierpsychologie bzw. Verhaltensforschung).

Human Relations: Bez. für zwischenmenschliche Beziehungen in Arbeitsorganisationen. Die diesbezügliche Forschung wurde in den dreißiger Jahren nach Studien in den Hawthorne-Werken (↑Hawthorne-Untersuchung) begründet. Die **Human-Relations-Bewegung** versucht v.a. durch eine Verbesserung des Betriebsklimas die Produktivität eines Unternehmens zu steigern.

Hunger: H. ist ein triebhaftes Gefühl, das bei Nahrungsbedarf bzw. -mangel des Organismus entsteht. Er gehört zu den komplizierten Regulationsvorgängen, die für die ausreichende Energie-, Mineralstoff- und Vitaminversorgung des Organismus verantwortlich sind.

H. muß von Appetit getrennt werden: **Appetit** ist das Verlangen nach bestimmten Nahrungsmitteln, die auch ohne H.gefühl durch ihr bes. Aussehen, ihren Geruch und Geschmack bei entsprechender Stimmung zur Nahrungsaufnahme reizen. Richtiger H. dagegen ist relativ unabhängig vom Aussehen, Geruch und Geschmack der Nahrungsmittel.

Der H. wird im Zentralnervensystem durch zwei Faktoren ausgelöst: erstens durch reflektorische rhythmische Kontraktionen des leeren, schlaffen Magens, die auf nervösem Weg einem sog. *Appetitzentrum (Hungerzentrum)* im Hypothalamus gemeldet werden, zweitens durch Reizung von bestimmten Zellen (Glokostaten) im sog. *Sättigungszentrum* des Hypothalamus, die den (bei Nahrungsmangel) erniedrigten Blutzuckerspiegel registrieren.

Beim *freiwilligen Hungern,* z.B. um Übergewicht zu vermindern, sollte man stets für ausreichende Vitamin-, Mineralstoff- und Wasserzufuhr sorgen, um die Gesundheit nicht zu gefährden. Nicht zu verantworten ist es, den H. medikamentös durch sog. Appetitzügler (Anoretika z.B. Amphetamine) zu dämpfen oder Radikalkuren ohne ärztliche Aufsicht durchzuführen.

Hygiene: Die H. umfaßt alle privaten und öffentlichen Maßnahmen, die zur Erhaltung der Gesundheit oder zur Verhinderung von Krankheit (beides in körperlicher wie seelischer Hinsicht) beitragen. – ↑auch Psychohygiene.

Hypakusie: herabgesetzte Empfindlichkeit des Gehörs (infolge nervöser Störungen).

Hypalgesie: verminderte Schmerzempfindlichkeit.

Hypästhesie: verminderte Erregbarkeit der Gefühls- und Sinnesnerven, besonders bei Berührung.

Hyperakusie: krankhafte Überempfindlichkeit des Gehörs (infolge nervöser Störungen).

Hyperalgesie: (bei bestimmten Nervenkrankheiten auftretende) gesteigerte Schmerzempfindlichkeit.

Hyperästhesie: Überempfindlichkeit, gesteigerte Erregbarkeit der Gefühls- und Sinnesnerven, besonders gesteigerte Empfindlichkeit der Haut gegen Berührung.

Hyperergie ↑Allergie.

Hypergie ↑Allergie.

Hyperhormie ↑Antriebsstörungen.

Hyperkinese: mit Muskelzuckungen und unwillkürlichen Bewegungen des Körpers und der Gliedmaßen einherge-

Hunger

Schema zur Entstehung des Hungergefühls (nach R. F. Schmidt, G. Thews 1976)

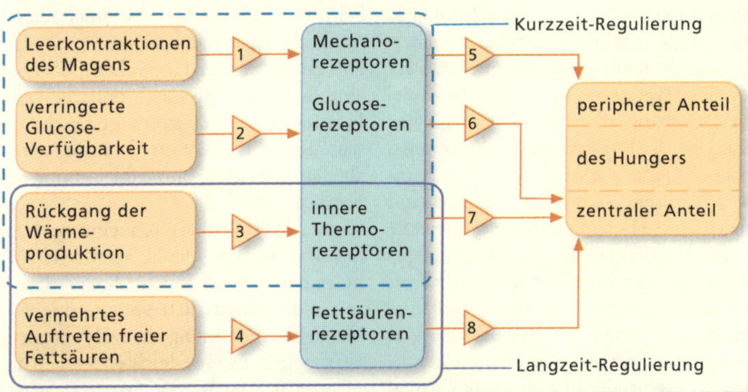

H

Hypnose:
Vorlesung von J. M. Charcot an der Pariser Salpêtrière mit einem hypnotisierten Medium

hende übermäßige Aktivität, Unruhe in den Bewegungen.

Hypermnesie ↑Gedächtnisstörungen.

Hypersomnien ↑Schlafstörungen.

hypnagog (hypnagogisch):
- zum Schlaf führend, einschläfernd.
- den Schlaf, das Schlafen betreffend.

Hypnopädie: Vermittlung von Lernstoffen an eine in hypnotisiertem Zustand befindliche Person. Die 1936 von A. M. Swajdostsch begründete, heute kaum noch vertretene H. geht von einer sog. *Wächterpunkttheorie* aus, derzufolge es möglich sein soll, die Aufnahmefähigkeit von Gehirnzellen durch Übung gegenüber spezifischen akustischen Reizen zu verbessern.

Hypnose: Die H. ist eine durch ↑Suggestion herbeigeführte, weitgehend auf den sozialen Kontakt *(Rapport)* mit der Person des Hypnotiseurs verengte Bewußtseinsänderung, die in physiologischer Hinsicht (Gehirnaktivität, Pulsfrequenz, Grundumsatz u. a.) mehr einem teilweisen Wachsein als einem Schlafzustand gleicht. Die Hypnotisierbarkeit sowie die erreichbare Intensität der H. hängt jeweils weniger vom Hypnotiseur ab als von der Charakter- bzw. Persönlichkeitsstruktur – speziell der Beeinflußbarkeit **(Suggestibilität)** – des zu Hypnotisierenden. Bezüglich der Intensität unterschied A. Forel drei Stufen der H.: *Somnolenz, Hypotaxie* und *Somnambulismus.* Heute spricht man meist nur noch von tiefer und oberflächlicher Hypnose.

Die genaue Natur der H. ist nicht bekannt. Vieles deutet darauf hin, daß im hypnotischen Zustand physiologische Gegebenheiten (besonders in stammesgeschichtlich alten Hirnteilen) mit psychologischen Bedingungen verzahnt sind. Auf diese Weise kommt es wahrscheinlich zu Blockierungen in der Großhirnrinde, wodurch sensorische wie motorische Umsteuerungen möglich sind. Methodisch findet die H. neuerdings als **Autohypnose** (Selbsthypnose) Anwendung; kaum noch eine Rolle spielt sie hingegen bei der kathartischen (»reinigenden«) Methode der Psychoanalyse.

Die Einleitung der H. geschieht oft über eine Beeinflussung durch optische (z. B. Fixieren einer Fingerspitze) oder chemische Reize (Schlafmittel), nicht selten aber auch lediglich durch die Stimme des Hypnotiseurs.

Gegen seinen Willen kann niemand hypnotisiert werden. Die H. setzt stets eine hohe Empfänglichkeit für Suggestionen sowie die Bereitschaft voraus, eine Abhängigkeitsbeziehung zum Hypnotiseur einzugehen. Die sog. leichten Stadien der H. erreichen noch die meisten Erwachsenen, die tieferen jedoch nur noch etwa 20 bis 30%. Mit zunehmender Tiefe der H. können körperliche und psychische Veränderungen eintreten, z.B. längere Muskelstarre, Aufhebung der Schmerzreaktionen, Auftreten trügerischer Wahrnehmungen und verstärktes Erinnerungsvermögen. Die Willensäußerungen des Hypnotiseurs werden weitgehend übernommen, wobei der Hypnotisierte die eigenen Reaktionen eher als »theaterhaft« erlebt. Nach dem »Aufwecken« aus der H. fehlt dem Hypnotisierten manchmal die Erinnerung an den vorgehenden Zustand. Während der H. können bestimmte Aufträge erteilt werden, die der Hypnotisierte auch später noch, im Wachzustand, unbewußt spontan ausführt, wobei das ↑Ich-Ideal allerdings Grenzen setzt, so daß der Hypnotisierte beispielsweise keine Verbrechen begeht, wenn er zu deren Begehung nicht auch *ohne* H. hätte bewogen werden können.

Die H. ist seit ältesten Zeiten bekannt; so wird schon in Keilschrifttexten der Babylonier von hypnotischen Zuständen berichtet. Wie bei vielen mystischen und geheimnisvollen Vorgängen lagen Kenntnis und Ausübung des Hypnotisierens in den Händen von Priestern. Durch das Mittelalter hielt sich die Vorstellung eines angeblich durch hypnotische Wirkung übertragenen mystischen Fluidums. Im 17. Jh. prägte A. Kircher für die H. den Begriff *Magnetismus*, den F. A. Mesmer durch seine Lehre vom tierischen Magnetismus *(Mesmerismus)* populär machte. J. Braid schließlich erkannte die physiologischen und psychischen Voraussetzungen des künstlich hervorzurufenden »Schlafzustandes«, dem er den Namen H. gab und den er bereits therapeutisch bei Nervenstörungen einsetzte. Die durch Braids Veröffentlichungen entfachte wissenschaftliche Diskussion über Theorien, Techniken und Erscheinungen der H. **(Hypnotismus)** war bes. in Frankreich, wo sich zwei in ihren Lehrmeinungen unterschiedliche Schulen bildeten, sehr lebhaft. Während die Schule von Nancy (H. Bernheim, A. A. Liébault) den rein suggestiven Charakter der H. betonte, d.h. allein das Psychische als dafür verantwortlich erklärte, führte die Pariser Schule unter J. M. Charcot die H. auf physiologische Sachverhalte zurück und deutete H. als eine Art künstliche Hysterie.

Hypnotherapie: Anwendung der ↑Hypnose zu Therapiezwecken.

Hypnotika: fachsprachliche Bezeichnung für Schlafmittel. – ↑Drogen.

Hypnotismus:
- Wissenschaft von der ↑Hypnose.
- (selten) starke Beeinflussung.

Hypochondrie: übertriebene Neigung, seinen eigenen Gesundheitszustand zu beobachten, Überbewertung von Beschwerden, zwanghafte Angst vor Erkrankungen und/oder häufig von Trübsinn oder Schwermut begleitete Einbildung des Erkranktseins.

Hypohormie ↑Antriebsstörungen.

Hypokinese: verminderte Bewegungsfähigkeit (bei bestimmten Krankheiten).

Hypomanie: leichter Grad der ↑Manie.

Hypomnesie ↑Gedächtnisstörungen.

Hypophyse (Hirnanhangsdrüse): wichtigste Hormondrüse des Körpers, die an

Hypophyse

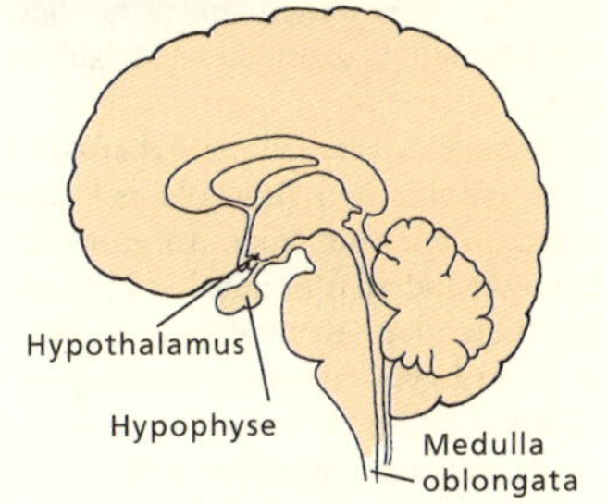

der Basis des Zwischenhirns liegt und mit dem Hypothalamus verbunden ist; sie ist beim Menschen etwa 14 mm lang. Die H. wird durch von Nervenzellen ausgeschüttete Hormone (↑Neurohormone), angeregt und steuert mit ihren Hormonen andere Hormondrüsen. – ↑endokrine Drüsen.

Hypothalamus: unterer Wandteil des Zwischenhirns; Teil des Thalamus. Im H. befinden sich verschiedene übergeordnete Zentren des vegetativen Nervensystems. Er reguliert die Erhaltung der normalen Körpertemperatur, die Kreislauf- und Atmungsanpassung (z.B. bei körperlicher Anstrengung) und steuert außerdem den Wärme-, Wasser-, Salz- und Energiehaushalt des Körpers. Über die ↑Hypophyse regelt der H. die Funktion verschiedener Hormondrüsen und wird selbst wieder durch deren Hormone beeinflußt. – Der H. ist auch für Hunger, Sättigungsgefühl und Durst verantwortlich.

Hypothese: vorläufige Annahme, aufgrund deren mehr oder minder komplexe Sachverhalte erklärt werden könnten. Die dabei vermuteten Zusammenhänge bedürfen aber noch der genaueren Analyse. Wird diese durchgeführt, kann sich die zunächst mit der H. getroffene Annahme *bestätigen* oder auch als *Irrtum erweisen.* So kann beispielsweise die H., daß das schulische Versagen eines Kindes durch mangelnde intellektuelle Fähigkeiten bedingt sei, durch einen Intelligenztest überprüft werden. Ergibt sich in diesem eine durchschnittliche oder hohe Begabung, so ist diese H. zu *verwerfen.*

Einen Sonderfall stellen die **Arbeits-H.n** in der empirischen psychologisch-pädagogischen Forschung dar. Aufgrund der schon vorhandenen Kenntnisse in einem interessierenden Realitätsbereich werden dabei **hypothetische Voraussagen** – oft formuliert als *Wenn-dann-Beziehung* – darüber gemacht, wie sich z.B. Intelligenztestmeßwerte im Mittel ändern, wenn die Prüfungsangst ansteigt. Lautet die H. etwa »Prüfungsangst vermindert die Intelligenzleistung«, so wird damit eine empirisch prüfbare Aussage (»Wenn die Prüfungsangst beseitigt wird, verbessern sich die Intelligenzleistungen«) darüber getroffen, in welcher Weise eine *unabhängige* Variable (Prüfungsangst) beeinflußt wird.

Geprüft wird eine Arbeits-H. durch eine mit Hilfe statistischer Verfahren (↑Statistik) analysierte empirische Untersuchung. Meist geht es darum herauszufinden, ob die Daten eher für die **Null-H.** oder **Alternativ-H.** sprechen. In der Regel ist die Alternativ-H. mit der Arbeits-H. identisch, während die Null-H. besagt, es läge kein systematischer Zusammenhang zwischen unabhängiger und abhängiger Variablen vor. Komplexere Arbeits-H.n beziehen sich auf mehr als eine unabhängige Variable und u. U. auch auf mehrere abhängige Variablen.

Hypothesentheorie der Wahrnehmung: theoretische Konzeption, derzufolge menschliches Wahrnehmen und Erkennen stets von bestimmten *Erwartungen* (»Hypothesen«) ausgeht, die dann durch Prüfprozesse entweder bestätigt oder widerlegt werden. Im letzteren Fall widersprechen Erwartung und Realität einander.

Hypsiphobie svw. ↑Höhenangst.

Hysterie: eine neurotische Störung, bei der neben psychischen Auffälligkeiten (Dämmerzustände, Wahnvorstellungen, Schrei- und Weinkrämpfe) körperliche Beschwerden (heftige Herz- oder Magenschmerzen, Zitteranfälle) ohne organische Ursachen auftreten können. Nach psychoanalytischer Auffassung entsteht eine H. auf der Grundlage bestimmter Persönlichkeitsmerkmale durch unbewußte Konflikte (v.a. durch Verdrängung sexueller Bedürfnisse) in der kindlichen Entwicklung und wird durch belastende Situationen ausgelöst. Neuere Theorien stellen die H. als neurotische Extraversion der *Dysthymie* (depressive Verstimmung) der neurotischen Introversion gegenüber.

Die Bezeichnung »Hysterie« für diese schon in der altägyptischen Medizin bekannte Erkrankung geht auf den griechischen Arzt HIPPOKRATES zurück. In der Antike galt die H. als typisches Frauenleiden, das man auf krankhafte Vorgänge im

Unterleib, in der Gebärmutter (griech. *hystéra*) zurückführte. Genaue Beschreibungen der H. lieferte J. M. CHARCOT um 1885. Eine Begrenzung der H. auf Frauen wird heute nicht mehr propagiert.

I

IA: Abk. für ↑Intelligenzalter.

iatrogen: durch einen Arzt bzw. Therapeuten bzw. durch dessen Einwirkung ausgelöst. Als **i.e Krankheiten** werden solche Krankheiten bezeichnet, die entweder unmittelbar durch überflüssige oder fehlerhafte Untersuchungs- und/oder Behandlungsmaßnahmen oder mittelbar durch unüberlegte Äußerungen oder auch durch negative psychische Einflüsse des Arztes bzw. Therapeuten bei einem Patienten hervorgerufen werden. Hierzu müssen auch Verhaltensauffälligkeiten oder psychische Leiden gerechnet werden, die auf »Kunstfehler« von Psychotherapeuten zurückzuführen sind.

ICD: Abk. für **I**nternational **C**lassification of **D**iseases. – ↑Klassifikationssysteme psychischer Störungen.

Ich: der Kern der Persönlichkeit, die bewußte Instanz, die Erlebnisse und Handlungen einer Person steuert.

In der ↑Psychoanalyse ist das I. jene Organisationsinstanz (Schicht) des ↑psychischen Apparats, die zwischen den Erfordernissen der Realität (Umwelt), den Triebwünschen des ↑Es und den moralischen Forderungen des ↑Über-Ich vermittelt.

Ich-Beteiligung ↑Ego-Involvement.

Ichbezogenheit ↑Egozentrismus.

Ich-Funktionen: bewußte und unbewußte Tätigkeiten, die dem ↑Ich zugeschrieben werden.

Ich-Ideal: die im Laufe der psychischen Entwicklung durch eigene Erfahrungen und Verinnerlichung der Erwartungen anderer (Identifizierung) sich herausbildende persönliche Vorstellung davon, wie man sich richtig verhalten, wie man richtig erleben und richtig handeln sollte. Ein Mißverhältnis zum tatsächlichen Ich kann entweder die Entwicklung anspornen oder, bei unrealistischen Ansprüchen, auch zu neurotischen Spannungen und zu Depressionen führen.

Ich-Identität: die Übereinstimmung von subjektiver Selbsteinschätzung und der Beurteilung der eigenen Person durch andere.

Ichsucht ↑Egoismus.

Ich-Triebe: von S. FREUD (↑Psychoanalyse) in seiner ersten, zwischen 1910 und 1915 aufgestellten Triebtheorie erwähnte Triebe. Nach FREUD soll das ↑Ich die Energie der I.-T. bei der Lösung von psychischen Abwehrkonflikten einsetzen.

ideagen: durch Vorstellungen ausgelöst. – Ggs. ↑thymogen.

Idealnorm ↑Normen.

Idealtyp ↑Typus.

Idee:
- plötzlicher Einfall oder Gedanke.
- ↑fixe Idee.

Ideenflucht: eine der formalen ↑Denkstörungen, z.B. beim Gespräch dauernd den Faden verlieren, vom Hundertsten ins Tausendste kommen.

Identifikation svw. ↑Identifizierung.

Identifizierung (Identifikation): bewußte oder unbewußte Übernahme von Eigenschaften, Denk- und Verhaltensweisen anderer Personen in das eigene Ich durch Verinnerlichung **(Introjektion)**; Sichgleichsetzen mit anderen Personen. Bewunderte, aber auch gehaßte oder gefürchtete Züge des anderen können übernommen werden, wie etwa bei der *I. mit dem Angreifer,* die dazu verhilft, die Angst vor einer gefürchteten Person zu vermindern.

Identität: mit unterschiedlicher Akzentuierung benutzte Bez. für die Erfahrung eines Individuums, eine einzigartige, kohärente und von inneren (psychischen) oder äußeren (Umgebungs-)Veränderungen unabhängige Einheit zu sein.

Die **I.sbildung** setzt ein, wenn das Kind zwischen sich selbst und anderen Personen sowie der Objektwelt zu unterscheiden und seine persönlichen Gedanken, Emotionen und Eindrücke bewußt wahrzunehmen beginnt. Die I.sformierung erfolgt in einem vielschichtigen Zusammenwirken von Reifungs- und Lernprozessen auf verschiedenen Entwicklungsebenen und -stufen, etwa im kognitiv-moralischen, sozial-emotionalen oder psychosexuellen Bereich.

Die *Theoriebildung* zum Begriff der I. ist im wesentlichen von der Psychoanalyse (u.a. E. H. ERIKSON), der kognitivistischen Entwicklungspsychologie (z.B. L. KOHLBERG) und vom symbolischen Interaktionismus (z.B. G. H. MEAD) bestimmt worden.

Nach ERIKSON stellt die Persönlichkeitsentwicklung eine Abfolge *übernommener* und *aufgelöster Identifikationen* mit primären Bezugspersonen (v.a. den Eltern) dar; erst durch die mit der Pubertät einhergehende »Adoleszenzkrise« kommt es zur **Ich-I.**, der Übereinstimmung von subjektiver Selbsteinstufung und der jeweiligen Gruppenidentität.

KOHLBERG zufolge bildet sich Ich-I. in Form des *moralischen Urteilsvermögens* gemäß einem von jedem Individuum in der gleichen Reihenfolge durchlaufenen sechsstufigen entwicklungslogischen Schema aus; dabei soll Ich-I. auf der sechsten Stufe erlangt sein, weil der Jugendliche erst dann in der Lage sei, zwischen Normen und deren Entstehungsprinzipien zu unterscheiden und grundsätzlich zu urteilen.

MEAD definiert I. als die reflexive Fähigkeit des Subjekts, sich zu sich selbst und anderen gegenüber zu verhalten; die Personwerdung wird dabei als Prozeß der *Internalisierung von Erwartungen* der Interaktionspartner aufgefaßt.

An E. GOFFMANS Studien zur Stigmatisierung und deren Auswirkungen auf die I.sbehauptung anschließend, unterscheidet J. HABERMAS zwischen persönlicher, sozialer und Ich-Identität.

Neuere Untersuchungen deuten darauf hin, daß der Entwicklung *kommunikativer* oder *interaktiver Kompetenz* beim Kind eine entscheidende Rolle für die Ausbildung seiner Ich-I. zukommt.

Identitätskrise: krisenhafte Verunsicherung der ↑Ich-Identität, Gefühl innerer Zerrissenheit, z.B. vor wichtigen persönlichen oder sozialen Veränderungen (Trennung vom Partner, Berufswechsel).

Ideologie: das an eine soziale Gruppe, eine Kultur oder dergleichen gebundene System von Weltanschauungen, Grundeinstellungen und Werthaltungen.

Ideomotorik: Bez. für Bewegungen und Handlungen, die nicht absichtlich, sondern unwillkürlich (z.B. aufgrund emotionaler oder affektgetönter Vorstellungen) zustande kommen. – ↑auch Carpenter-Effekt.

Ideorealgesetz: Erweiterung des ↑Carpenter-Effekts auf alle Erlebnis- und Vorstellungsinhalte insofern, als diese Inhalte auch den Antrieb zur Verwirklichung einschließen sollen. Das I. wird vielfach zur Erklärung von Phänomenen wie Nachahmung, Suggestion und Hypnose herangezogen.

Idiosynkrasie (Idiokrasie): hochgradige Abneigung oder Überempfindlichkeit eines Menschen gegenüber bestimmten Personen, Lebewesen, Gegenständen, Reizen, Anschauungen u.a. I. äußert sich in oft erheblichem Abweichen von durchschnittlichen Reaktionsweisen, etwa im erotischen Bereich als übersteigerte Form der Selbstliebe.

Idiotie ↑geistige Behinderung.

Idiot savant: Person, die trotz geistiger Behinderung auf einem Spezialgebiet (z.B. Gedächtnisleistungen) überdurchschnittliche Fähigkeiten besitzt.

Illusion: meist vom Gefühl her positiv beurteilte Täuschung durch Um- oder Falschdeutung von Sinnesmeldungen, hervorgerufen etwa durch äußerst starke Hoffnungen oder Affekte. Ein I.sverlust wird häufig als Enttäuschung erlebt und nicht als Erkenntnis von Realität verstanden.

Umgangssprachlich werden auch falsche Vorstellungen oder nicht erfüllbare Wünsche als I.en bezeichnet.

Illusions-Spiel ↑Spiel.

Image: aus der angloamerikan. Sozialforschung stammender, v.a. im Bereich der Werbepsychologie, Motiv- und Marktforschung verwendeter Begriff, der ein gefühlsbetontes, über den Bereich des Visuellen hinausgehendes Vorstellungsbild bezeichnet, das die Gesamtheit an Einstellungen, Erwartungen und Anmutungserlebnissen umfaßt, die subjektiv mit einem Meinungsgegenstand (z.B. einer Persönlichkeit, einem Markenartikel) verbunden sind. Das von einer Person oder einer Personengruppe über sich selbst entwickelte I. wird als **Selbst-I.**, das über andere Personen, Gruppen, soziale Gebilde als **Fremd-I.** bezeichnet.

Die I.bildung erleichtert einerseits die soziale Orientierung und die Einordnung von sich selbst und anderen in komplizierte soziale Zusammenhänge (Zuordnungsfunktion), sie führt andererseits zu selektiver Wahrnehmung, aber auch zu stereotyper ideologischer Bewertung von Tatsachen (Entlastungsfunktion).

imaginär: nur scheinbar, in der Einbildung, Vorstellung vorhanden; unwirklich.

Imagination: Einbildungskraft; die Fähigkeit, sich abwesende Gegenstände, Personen, Situationen in Form von Vorstellungen zu vergegenwärtigen. – ↑auch Phantasie.

Imago: tiefenpsychologische Bez. für ein idealisiertes Bild von Personen (bes. von Vater und Mutter), das v.a. in der frühen Kindheit unbewußt entsteht und später die Entscheidungen und Handlungen des Erwachsenen stark beeinflussen kann.

Imbezillität ↑geistige Behinderung.

Imitation svw. ↑Nachahmung.

Imitationslernen (Beobachtungslernen, Modellernen): Bez. für die bei Tier und Mensch feststellbare Tendenz, durch bloßes Beobachten oder auch Nachahmen von Verhaltensweisen anderer zu lernen. Die Theorie des I.s hat v.a. hinsichtlich der Frage des Erlernens aggressiven Verhaltens großen Einfluß ausgeübt. – ↑Aggression.

implizite Persönlichkeitstheorie: Von J. S. Bruner eingeführte Bez. für das (ungewollte) Zurückgreifen auf vorwissenschaftliche Überzeugungen und Meinungen über den Zusammenhang und die Bedeutung von Persönlichkeitsmerkmalen und -eigenschaften bei der Beurteilung anderer Menschen. – ↑auch Urteilsbildung.

Implosionstherapie: auf Lerntheorien und der Psychoanalyse fußende Therapieform zum Abbau von unrealistischen Ängsten, bei der in der Vorstellung des Klienten furchterregende Situationen (jedoch ohne deren Folgen) in einem solchen Ausmaß verursacht werden, daß seine Furchtgefühle abgebaut werden.

Imponiergehabe: im Tierreich verbreitete Erscheinung v.a. männlicher Tiere, andere Tiere (v.a. Weibchen) durch bestimmte »beeindruckende« Verhaltensweisen zu umwerben bzw. für sich zu gewinnen oder (v.a. die Rivalen)

Imponiergehabe des Blauen Pfaus

einzuschüchtern bzw. zum kampflosen Rückzug zu bewegen.

Primitives I. drückt sich z.B. darin aus, daß gewöhnliche Bewegungen mit unnötigem, auffallendem Kraftaufwand

I

durchgeführt werden. Andere bekannte Formen des I.s sind das Spreizen der Rükkenflosse bei Fischen, das Radschlagen bei Pfauen oder das Sträuben der Kopf- und Nackenhaare beim Gorilla.

Imponiergehabe von Bodybuildern

I. des Menschen äußert sich z.B. in betont aufrechtem Gang, grimmigem Gesicht oder künstlicher Betonung von Körpergröße und Schulterbreite. Auch das (unangebrachte) Tragen auffälliger Kleidung oder einer Uniform (mit Zierstreifen und Orden) kann als I. gelten.

Impotenz: die vorübergehende oder ständige Zeugungsunfähigkeit (infolge Sterilität) oder das Unvermögen des Mannes, den Geschlechtsverkehr auszuüben (v.a. wegen mangelnder Gliedsteife); im allg. Sprachgebrauch wird das Wort I. meist in der letztgenannten Bedeutung verwendet. Darüber hinaus gilt als I. auch die Unfähigkeit, zum Orgasmus zu gelangen, etwa durch eine vorzeitige oder eine gänzlich ausbleibende ↑Ejakulation.

Die Zeugungs-I. oder »Mannesschwäche«, die nach dem Eherecht vieler Länder als Scheidungsgrund gilt und die z.B. nach den Grundsätzen der katholischen Kirche eine rechtswirksame Ehe gar nicht erst zustande kommen läßt (während für die Frau schon »Beischlafsfähigkeit« genügt), kann die verschiedensten Ursachen und Gründe haben. In einigen Fällen ist sie angeboren, viel häufiger jedoch erworben. Sie kann sowohl physisch als auch psychisch bedingt sein. Physische Ursachen sind v.a. Penis- oder Hodenmißbildungen, allg. körperliche Schwäche, Rückenmarks- und Stoffwechselerkrankungen, chronische Vergiftungen (etwa durch Blei, Arsen, Opium). Auch Drogenmißbrauch oder starker Alkoholgenuß kann zu I. führen oder zumindest die Potenz beeinträchtigen.

Höher als der Anteil physischer ist derjenige psychischer Ursachen. Letztere sind v.a. in mangelndem Selbstvertrauen, Nervosität, Schüchternheit, Haß, Ekel, Angst oder Depression zu suchen. Häufig ist I. die Folge einer Erziehung, die die Sexualität ablehnt oder herabsetzt. Ebenso führen Überanstrengung und Streß nicht selten (zumindest zeitweise) zu Störungen der sexuellen Potenz. – ↑auch Frigidität.

Impression:

- in der *Psychologie* der auf den Betrachter wirkende, nicht zergliederte, ganzheitliche Eindruck einer Situation.
- in der *Sinnesphysiologie* der durch einen Reiz ausgelöste elementare Sinneseindruck, die Empfindung.

Impuls: aus dem Zentralnervensystem kommender Anreiz, Anstoß oder Antrieb zu einer (meist plötzlichen) Handlung.

Bei *impulsivem Handeln* werden Einfälle und Ideen ohne weitere Bewußtseinskontrolle sofort in die Tat umgesetzt.

impulsives Ich: nach dem dt. Psychologen H. THOMAE derjenige Teil der Tiefenperson, der zu Handlungen antreibt oder diese aufgrund von Bedürfnissen (wie Hunger, Durst, Liebe) veranlaßt.

Impulsivität: die individuell unterschiedlich ausgeprägte Tendenz zu spontaner Reaktion; Neigung zu Handlungen mit geringer Berücksichtigung der Konsequenzen.

inadäquater Reiz: Reiz, dessen physikalische Energie bei Einwirkung auf bestimmte Sinneszellen in der Regel nicht in sinnesspezifische Energie umgewandelt wird. So stellt z.B. ein Schlag auf das Auge, bei dem man Sterne sieht, einen inadäquaten Reiz dar.

I

Indeterminismus: die Lehre, daß das Wollen eines Menschen nicht kausal (d.h. durch Ursachen wie Antriebe, Instinkte, Motive usw.) bestimmt wird, sondern daß der Mensch frei darüber entscheiden kann, was er will. – ↑Willensfreiheit.

Indikation: mehr oder weniger zwingender Grund zur Durchführung eines bestimmten Heilverfahrens, nachdem die psychodiagnostischen Untersuchungen der betreffenden Person entsprechende Hinweise erbracht haben. Falls die Anwendung bestimmter Therapieverfahren bei bestimmten Personen die psychischen Störungen eher verschlechtern, spricht man von **Kontraindikation.**

Individualisierung: psychologische Betrachtungsweise, bei der v.a. die persönlichen Eigenarten, weniger die sozialen Zusammenhänge gesehen werden.

Individualismus: allgemeine Bez. für eine seelische Verhaltensweise, die (im Ggs. zum ↑Kollektivismus) die Eigenständigkeit, Selbständigkeit und Freiheit des einzelnen betont. – Als **methodischer I.** werden Forschungsrichtungen (v.a. in den Sozialwissenschaften) bezeichnet, die vom Individuum ihren Ausgang nehmen.

Individualität:

- Besonderheit, Eigenartigkeit, Einzigartigkeit (einer Person); auch Bez. für die in jedem Ding oder Organismus organisierte Gesamtheit aller Charakteristika, die sich von anderen unterscheiden.
- die einzelne Persönlichkeit.

Individualpsychologie:

- Sammelbez. für diejenigen Richtungen der Psychologie, die sich (beispielsweise im Unterschied zur Sozialpsychologie) mit individuellen Unterschieden befassen und teilweise auch der Differentiellen Psychologie zugerechnet werden.
- im engeren Sinne Bez. für die auf A. Adler zurückgehende Richtung der Tiefenpsychologie und Psychotherapie, die aufgrund ihres praxisbezogenen Ansatzes nicht nur die ↑Psychotherapie, sondern auch Pädagogik und Sozialarbeit in erheblichem Maße beeinflußt hat. So wurden in Österreich schon in den 1920er Jahren an Adlers Theorie orientierte Erziehungsberatungsstellen und Versuchsschulen eingerichtet, denen rasch ähnliche Gründungen in anderen europäischen Ländern folgten.

Nach der vom Nationalsozialismus erzwungenen Unterbrechung setzte nach 1945 eine weite Verbreitung des individualpsychologischen Ansatzes (v.a. durch R. Dreikurs) in Europa wie in den USA ein. In neuerer Zeit erfährt Adlers I. darüber hinaus wieder stärkere Berücksichtigung im Zusammenhang mit der »kognitiven Wende« in den Psychotherapien.

Individualtest svw. ↑Einzeltest.

Individualtherapie:

- im weiteren Sinne die Psychotherapie bei Einzelpersonen im Ggs. zur ↑Gruppentherapie.
- im engeren Sinne die auf A. Adler und seine ↑Individualpsychologie zurückgehende Psychotherapieform. Diese ist auf die Behebung der durch Überkompensation (↑Kompensation) des Minderwertigkeitsgefühls bedingten seelischen Fehlentwicklungen mit dem Ziel

Individualität: Die Zebrastute und ihr Fohlen haben beide ihre individuelle Fellstreifung

der Wiederherstellung des Selbstwertgefühls konzentriert. Die I. versucht dies durch Bewußtmachen des bis dahin unbewußten Lebensstils, durch die Übernahme von Selbstverantwortung des Patienten, ermutigende Zusprache und durch das Eintrainieren neuer Verhaltensweisen zu erreichen. Die I. umfaßt Einzel-, Kleingruppen- und Großgruppenverfahren.

Individuation: Prozeß der Selbstverwirklichung eines Menschen. Der Begriff hat besondere Bedeutung in der ↑Analytischen Psychologie C. G. JUNGS. Dort bezeichnet er den langdauernden innerseelischen Vorgang, bei dem im ↑kollektiven Unbewußten angelegten, allen Menschen gemeinsam zukommenden (überpersönlichen) Anteile der Seele (↑Archetypus) mit dem ↑persönlichen Unbewußten (verdrängte Triebe und Triebanteile) zur Übereinstimmung gelangen.

Individuum: der einzelne Mensch, verstanden als einzigartige, von anderen unterscheidbare Person (allgemein auch jede »unteilbare« biologische Lebenseinheit). Vom Einzelmenschen, seinen persönlichen Interessen und Rechten gehen der **Individualismus** und der Liberalismus aus, im Ggs. zum Kollektivismus, der die Unterordnung des I.s unter die Gemeinschaft fordert. In beiden Fällen jedoch wird übersehen, daß zwischen I. und Gesamtheit vermittelnd soziale Gruppen stehen, die das I. und seine Stellung in der Gesellschaft prägen. Weder geht das I. im Kollektiv auf, noch kann es isoliert als Ausgangspunkt einer Gesellschaft betrachtet werden. Es hat aber ein Recht auf Respektierung seiner eigenen Persönlichkeit.

Indoktrination: Bez. für alle Formen der psychischen Beeinflussung, um das Denken und Handeln von einzelnen Personen oder von Gruppen zu bestimmen. Zweck der I. ist meist die Durchsetzung einer spezifischen Ideologie und die (weitgehende) Ausschaltung freier Meinungsbildung.

induktives Denken: Denkvorgang, bei dem aus Einzelfällen deren Verallgemeinerbarkeit gefolgert wird. So könnte man von der Beobachtung fünf weißer Schwäne die Aussage »Alle Schwäne sind weiß« ableiten. – Ggs. ↑deduktives Denken.

Industriepsychologie: Zweig der Psychologie, der sich mit den Institutionen, Organisationen, Verhaltens- und Einstellungsmustern speziell in Industriegesellschaften befaßt, in enger Verbindung zur Arbeits-, Berufs-, Betriebs- und Wirtschaftspsychologie. Im Mittelpunkt der Forschung stehen die Folgen der verschiedenen Stadien der Industrialisierung für die verschiedenen Gruppen und Schichten der Gesellschaft.

induziertes Irresein ↑Folie à deux.

infantile Sexualität: frühkindliche Sexualität in Verhalten und Äußerung, deren Entwicklung S. FREUD (↑Psychoanalyse) zufolge in drei Phasen verläuft: ↑orale Phase, ↑anale Phase, ↑phallische Phase.

Infantilismus: Kindlichkeit; Stehenbleiben auf der rein körperlichen (bei schweren, chronischen Erkrankungen wie Herzfehler, Nierenschrumpfung) oder auf der körperlichen und geistigen Entwicklungsstufe eines Kindes (bei Minderwuchs aufgrund einer Hirnschädigung oder bei organischen Ursachen wie ↑geistiger Behinderung).

Gelegentlich wird auch (fälschlich) bei exogen bedingten kindlichen Entwicklungsverzögerungen (↑Retardation) von I. gesprochen.

Infektion ↑psychische Infektion.

Inferenzstatistik ↑Statistik.

Information: allg. Bez. für eine Mitteilung, Auskunft, Nachricht mit Neuigkeitsgehalt. Im strengen mathematischen Sinne bleibt der Inhalt einer I. unberücksichtigt, entscheidend ist der I.swert einer Nachricht.

I. beseitigt Ungewißheit bzw. Nichtwissen, ermöglicht Lernen und (sofortige, spätere oder/und dauerhafte) Verhaltensänderung. Als **Erbinformation** steuert sie die phylogenetische, als **Erwerb-I.**

die ontogenetische Entwicklung, und zwar sowohl in körperlich-seelischer als auch in geistiger Hinsicht.
Nach dem amerikan. Mathematiker N. Wiener, dem Begründer der Kybernetik, hat I. eine ähnlich grundlegende Bedeutung wie Materie und Energie. Wesentlich für eine I. ist, daß bestimmte Zeichen (Signale) von einem »Sender« zu einem »Empfänger« gelangen und von diesem dekodiert (entschlüsselt, entziffert, d.h. »verstanden«) werden. Die Mindestvoraussetzung dafür ist ein gemeinsamer, »Code« genannter Zeichenvorrat. Bei der *I.sübertragung* kann der (materielle) Träger bzw. (energetische) Überträger ohne weiteres gewechselt werden; so kann dieselbe I. z.B. einmal geschrieben und einmal gesprochen sein. Maßeinheit der I. ist das Bit. – ↑auch Informationstheorie.

Informationspsychologie ↑Informationstheorie.

Informationsspeicherung ↑Gedächtnis.

Informations-Spiel ↑Spiel.

Informationstheorie: von dem amerikan. Mathematiker C. E. Shannon 1948 begründete mathematische Theorie der Übertragung von Nachrichten. Erstes Ziel war es, viel Information unter Verwendung von wenigen Zeichen zu übertragen. Später untersuchte man den Informationsgehalt von Nachrichten und die Möglichkeit, Informationen fehlerfrei weiterzuleiten.

In der **Informationspsychologie** werden die Erkenntnisse der I. auf die Erforschung psychischer Vorgänge und zur Analyse von verschiedenen Leistungen des Gehirns, der Sinne und der Nerven sowie von Vorgängen der Informationsübertragung (Sprache, Bild) angewendet. So stellt der menschliche Erkenntnisprozeß aus der Sicht der I. bzw. der ↑Kybernetik eine spezielle Form der Informationsverarbeitung innerhalb eines hochkomplizierten Systems dar. Bei diesem System fungieren die menschlichen Rezeptoren (Sinnesorgane) als Eingang **(Input),** die Effektoren (z.B. beim Sprechen) als Ausgang **(Output).**
Die *Informationsmenge,* die von den menschlichen Rezeptoren aus der Umwelt aufgenommen werden kann (etwa das Gesamtstadtbild von Mannheim), liegt in der Größenordnung von 10^{10} Bits pro Sekunde. Bemerkenswerterweise verarbeitet der Mensch jedoch in der Regel höchstens eine Informationsmenge von 25 Bits pro Sekunde. Die Informationsmenge wird also während des menschlichen Erkennungsprozesses einschneidend reduziert. Insbes. werden die für die Beherrschung der menschlichen Umwelt unwesentlichen Informationen »herausgefiltert«.

Informationsverarbeitung: Auswertung von Informationen, die durch Rezeptoren (Sensoren) aufgenommen und an eine zentrale Speicher- und Verarbeitungseinrichtung (bei Lebewesen das Gehirn) weitergeleitet werden. Ein derartiger Vorgang mit technischen Hilfsmitteln ist die Datenverarbeitung; auf den Menschen bezogen, spricht man von ↑Denken.

Informationswissenschaft: humanwissenschaftlicher Teilbereich der ↑Kybernetik mit Nutzbarmachung kybernetischer Begriffe und Verfahrensweisen für ursprünglich geisteswissenschaftliche Gebiete bzw. Fragestellungen. Zur I. werden Informationsästhetik, ↑Informa-

I

tionstheorie, Informationspsychologie, kybernetische Pädagogik, mathematische Sprachtheorie und Organisationskybernetik gerechnet.

informelle Gruppe ↑Gruppe.

informelle Tests ↑Tests.

Ingenieurpsychologie ↑Human engineering.

Inhaltsanalyse: Sammelbez. für Verfahren zur systematischen Analyse von Kommunikationsinhalten. Im Vordergrund stehen dabei sprachliche Ausdrucksformen, jedoch können auch andere Ausdruckserscheinungen (z.B. Gesten) inhaltlich analysiert werden. In der Regel wird die I. der ↑Psycholinguistik zugerechnet.

Inhaltsvalidität: Kontentvalidität svw. ↑Validität.

Inhibition ↑Hemmung.

Inkohärenz: in der *Psychologie* Bez. für Gedankenverwirrung, verbunden mit Verlust der Konzentrationsfähigkeit und sprunghaftem Wechsel der Aufmerksamkeit; tritt z.B. bei Psychosen auf.

Innenwelt: auf die idealistische Trennung von Subjekt und Objekt zurückgehender Begriff für den von der physikalischen und sozialen Umwelt (die Außenwelt) getrennten und nur dem Ich zugehörigen Bereich des Psychischen (Erleben, Denken, Wollen usw.).

innere Uhr ↑zirkadiane Rhythmik.

Innervation: die Versorgung eines Körperorgans oder -gewebes durch Nerven. – ↑auch Nervensystem.

Input ↑Informationstheorie.

Insomnien ↑Schlafstörungen.

Inspiration: plötzliche Eingebung, beispielsweise spontanes Auftreten schöpferischer, künstlerischer oder wissenschaftlicher Einfälle nach intensiver Beschäftigung mit einem Thema, meist bei ausgeprägter persönlicher Vorstellungsfähigkeit. – ↑auch Intuition.

Instinkt: die angeborene Fähigkeit von Lebewesen, auf bestimmte innere Impulse (Triebe) oder bestimmte Umweltreize (Schlüsselreize) über ein im Zentralnervensystem festgelegtes Koordinatensystem als (angeborenen) Auslösemechanismus mit einem entsprechenden arttypischen Verhaltensablauf (↑Erbkoordination) zu antworten (↑Instinkthandlung). Beim Menschen wird der I. weitgehend durch die dominierende Rolle, die das Großhirn für bewußtes Handeln einnimmt, überlagert.

Instinkthandlung (Instinktverhalten): das auf dem ↑Instinkt beruhende artspezifische, in der Regel lebens- und arterhaltende Verhalten eines Lebewesens. Richtende Bewegungen (↑Orientierungsreaktion) ergänzen häufig die I.; durch Lernen kann sie außerdem abgewandelt und (v.a. beim Menschen) durch Einsicht überlagert werden. Mehrere I.en können zu **Handlungsketten** verknüpft sein, wobei oft ein Handlungsglied das nächste auslöst und eine *Endhandlung* die Kette abschließt (z.B. setzt sich das natürliche Jagdverhalten der Hauskatze zusammen aus »Anschleichen«, »Fangen«, »Töten« und »Fressen«). Ist eine solche Folge von I.en abgelaufen, kann sie erst nach einer Erholungsphase *(Refraktärzeit)* neu ausgelöst werden.

Soll durch die I. ein dringendes inneres Bedürfnis (z.B. Hunger) befriedigt werden, ohne daß ein auslösender Reiz vorhanden ist, setzt ein Suchen nach diesem Reiz, etwa nach der Beute bzw. dem Futter, ein (↑Appetenzverhalten). Wird der Reiz nicht gefunden, kommt es normalerweise zu einem Triebstau, der eine ziel- und sinnlose Instinkthandlung als **Leerlaufhandlung** ablaufen läßt, z.B. als »Paarungshandlung« an einem Ersatzobjekt. Zu einer ↑Übersprunghandlung kann es kommen, wenn der normale Ablauf einer I. gestört ist.

Instinktverhalten svw. ↑Instinkthandlung.

Institution: I.en dienen als Elemente der Ordnung dazu, das nicht mehr (wie weitgehend noch beim Tier) allein aus Instinkthandlungen abzuleitende Zusammenleben der Menschen zu ermöglichen, sich in der Umwelt zu behaupten und immer wiederkehrende Probleme

I

zu bewältigen. In diesem Sinn sind I.en generell alle dauerhaften menschlichen Beziehungen, die bestimmten Mustern folgen und eine beständige Form besitzen. Das so *institutionalisierte Verhalten* des Menschen erleichtert zwischenmenschliche Beziehungen und dient der Orientierung in der sozialen Umwelt, da sich jedermann auf bestimmte, aus einem Ordnungsbild fließende Verhaltensweisen verlassen kann. I.en können aber auch Herrschaftscharakter annehmen. Außerdem können sie sich dem Wandel der menschlichen Interessen und Bedürfnisse aufgrund ihrer relativen Selbständigkeit und Starrheit widersetzen. Sie wandeln sich freilich auch selbst in der historischen Entwicklung oder vergehen bzw. machen neuen I.en Platz.

institutionalisieren: in eine gesellschaftlich anerkannte, feste (auch: starre) Form bringen; zu einer ↑Institution machen.

Instruktion:

◆ *allg.:* Anweisung, die z.B. zu Beginn der Durchführung eines Tests oder Forschungsexperiments der Versuchsperson gegeben wird, um ihr die Aufgabenstellung zu übermitteln.

◆ in der *Pädagogischen Psychologie* der Vorgang des Lehrens bzw. die Art und Weise, wie Lerninhalte vermittelt werden.

Instruktionspsychologie: aus dem angelsächsischen Sprachraum (engl. psychology of instruction) entlehnte Bez., die mit Begriffen wie »Psychologie des Lehrens« oder »Unterrichtspsychologie« sinnverwandt ist.

instrumentelle Konditionierung ↑Konditionierung.

Insuffizienzgefühl ↑Minderwertigkeitsgefühl.

Integration:

◆ Bez. für das Zusammenwirken verschiedener psychischer Prozesse (z.B. Wahrnehmen, Denken, Fühlen, Wollen), darüber hinaus auch für solche Prozesse, in denen psychische, physische und soziale Komponenten zu einem Ganzen bzw. zu einer Gestalt oder einer übergreifenden Organisationsform (Typus) zusammengefaßt werden. Mangelnde I. gilt oft als Hinweis auf Erkrankungen, Defekte oder Auffälligkeiten, weshalb die Begriffe I., Desintegration und Dissoziation bes. in der Psychopathologie beschreibende Verwendung finden.

◆ Unter **sozialer I.** wird die Eingliederung von Mitgliedern einer bestimmten, meist als benachteiligt, gesellschaftlich randständig oder fremd empfundenen Gruppe (z.B. behinderte Kinder, Obdachlose, Asylbewerber) in ein größeres Gemeinwesen (Kindergarten, Arbeitswelt, Staat) verstanden. Die soziale I. greift im wesentlichen nur bei Anerkennung gemeinsamer Merkmale, Grundwerte und Ziele (sog. Minimalkonsens) sowie bei Übernahme allg. Handlungsorientierungen bzw. Regeln zur Konfliktlösung innerhalb einer Gruppe durch deren Mitglieder.

integrative Psychotherapie: Bez. für Ansätze, die versuchen, traditionelle Abgrenzungen unterschiedlicher Therapierichtungen (v.a. zwischen Gruppentherapie, Gesprächstherapie, Verhaltenstherapie und Psychoanalyse) zu überwinden und gemeinsame therapeutische Strategien und Methoden auszuarbeiten, um diese gezielt in Abhängigkeit von ver-

Integration: Integration eines Rollstuhlfahrers

schiedenen Bedingungen wie Zeit, Problemstellung und Persönlichkeit des Klienten einzusetzen.

Intellekt: Bez. für das menschliche Erkenntnisvermögen im Zusammenhang mit komplizierten Denkprozessen und Gedächtnisleistungen.

intelligente tutorielle Systeme: komplexe Computerprogramme, bei denen verschiedene *Komponenten* unterschieden werden können. Als wesentliche Komponenten gelten die *Wissensbasis,* die die Expertenkomponente darstellt und die das zu vermittelnde Wissen enthält, das *Lernermodell,* in dem Informationen über den jeweiligen Wissens- und Kenntnisstand des Lernenden repräsentiert sind, sowie die *tutorielle Komponente,* die aufzeigt, wie der Lernende von dem System unterrichtet werden soll.

Versuche, Computer zur Wissensvermittlung im Schul- und Bildungsbereich einzusetzen, wurden bereits in den 1960er und 1970er Jahren unternommen. Das Lernen mit dem Computer war dabei in der Regel auf wenig flexible Lehrstoffdarbietungen beschränkt, weil die verwendeten Programme wegen der verfügbaren Speicherkapazitäten nur über geringe anpassende Diagnose- und Rückmeldemöglichkeiten verfügten.

Mittlerweile hat sich die Ausgangslage für die Entwicklung computerisierter Lehrprogramme sehr stark verändert. So sind z.B. im Bereich der Entwicklung der Computer-Hardware in den zurückliegenden Jahren rasante Fortschritte im Hinblick auf *Rechenleistung* und *Speicherkapazität* gemacht worden, und dieser Trend dürfte sich vermutlich in der näheren Zukunft noch verstärkt fortsetzen. In der Forschung zur ↑künstlichen Intelligenz werden derzeit Entwicklungen vorangetrieben, die in effizienter Weise auch sehr komplexe Programmierprobleme, wie sie bei der Erstellung komplizierter Computerprogramme auftreten, besser handhabbar machen.

In der Kognitionsforschung richten sich darüber hinaus (anders als bei der am ↑Behaviorismus orientierten Forschung) die theoretischen Arbeiten auf die Analyse geistiger Prozesse sowie der Repräsentation des Erwerbs und der Veränderung von Wissen. Dabei verweisen neue Ansätze im Bereich der Theorie semantischer Netzwerke und mentaler Modelle auf Möglichkeiten, die geistigen Aspekte von Lernprozessen auf differenzierte Weise zu untersuchen. Alle diese Strömungen eröffnen der Konstruktion computerisierter Lernprogramme neue Perspektiven. Dabei zielen die Bemühungen verstärkt darauf ab, den Computer auch für den flexiblen und adaptiven tutoriellen Dialog einzusetzen.

Die Entwicklung i.r t.r S. steht noch am Anfang. Die Auseinandersetzung mit ihnen dient z. Z. noch stärker der Klärung von Forschungsfragen als der Realisierung konkreter unterrichtsrelevanter Einsatzmöglichkeiten auf breiterer Basis.

Intelligenz: Trotz enormer, von der empirischen Psychologie in den letzten 100 Jahren unternommener Anstrengungen liegt bis heute keine allg. anerkannte Definition der I. vor. Setzt man I.maße und Maße für Schulleistungen miteinander in Beziehung, so erhält man regelmäßig positive Korrelationskoeffizienten von zumeist mittlerer Größe. Bislang kann mit keinem anderen Merkmal *schulischer Lernerfolg* derart gut vorausgesagt werden wie mit Hilfe der Testintelligenz; I. ist daher auch schon als »schulische Lernfähigkeit« definiert worden. Nachdem A. BINET 1905 im Auftrag der frz. Schulverwaltung eine Untersuchungsmethode für die Plazierung schwachbegabter Kinder in speziellen Klassen entwickelt hatte, wurden I.tests häufig zur Vorhersage des Schulerfolgs konstruiert und entsprechend normiert. W. STERN definierte I. als *allg. geistige Anpassungsfähigkeit* an neue Aufgaben und Bedingungen des Lebens, während D. WECHSLER unter I. die *globale Befähigung* eines Individuums verstand, «zweckvoll zu handeln, vernünftig zu denken und sich erfolgreich mit seiner

Umwelt auseinanderzusetzen». P. R. Hofstätter definierte die I. dagegen informationstheoretisch, als Fähigkeit zum *Auffinden von Ordnungen und Regelhaftigkeiten* im überzufälligen Neben- und Nacheinander von Ereignissen.

Bei den zahlreichen Definitionsversuchen werden im wesentlichen vier Aspekte unterschieden: 1. I. ist eine *Begabung* (oder eine Gruppe von Begabungen), die Lebewesen in unterschiedlichem Maße besitzen können; 2. I. ist die *Fähigkeit* zur Lösung konkreter und abstrakter Probleme sowie zur Bewältigung neuartiger Situationen; 3. durch die I. *erübrigt sich* oft das *Lernen durch Versuch und Irrtum;* 4. I. ist die Fähigkeit zur Erfassung, Deutung und Herstellung von *Sinnzusammenhängen.*

Weite Bereiche der I.forschung befassen sich mit der *Struktur* und den unterscheidbaren *Komponenten* der Intelligenz. So führen Erklärungsversuche der regelmäßig feststellbaren Korrelationen zwischen bestimmten Untertests eines I.tests zu grundlegenden Strukturannahmen der I. **(Intelligenz-Struktur-Modelle),** wobei spezielle, aus empirischen Untersuchungen abgeleitete Faktormodelle eine zentrale Rolle spielen (↑Faktorenanalyse). Am bekanntesten geworden ist die von C. Spearman entwickelte sog. **Zweifaktorentheorie,** derzufolge sämtliche intellektuellen Leistungen auf einen gemeinsamen *allg. I.faktor* (General factor, g-Faktor) und auf einen für die jeweilige intellektuelle Leistung *spezifischen Faktor* (Specific factor, s-Faktor) zurückgehen.

Thurstone selbst isolierte und beschrieb sieben **Primärfähigkeiten** (Primary mental abilities): Sprachverständnis, Wortflüssigkeit, Rechengewandtheit, räumliches Denken, Auffassungsgeschwindigkeit, Merkfähigkeit und schlußfolgerndes Denken.

Diese unterschiedlichen Auffassungen veranlaßten die I.diagnostik, häufig auf die Angabe eines globalen I.maßes (etwa eines I.quotienten) zu verzichten und

»Dabei zeigt er andererseits oft eine erstaunliche Intelligenz: So kann er beispielsweise sämtliche TV-Werbespots auswendig.«

Intelligenz

statt dessen die Ermittlung mehrerer nahezu unabhängiger Meßwerte anzustreben, die sich jeweils nur auf eine I.dimension beziehen, zu einem **I.profil** verknüpft werden können und differenzierte Aussagen über die I.struktur und die **I.entwicklung** eines Kindes oder Jugendlichen ermöglicht.
Im Laufe der Zeit sind immer mehr Primärfaktoren (bis zu 120 bei J. P. GUILFORD) isoliert worden, wobei sich v.a. die Dimensionen *kulturbedingte* oder *kristallisierte I.* (Wortverständnis, Umgang mit Zahlen und allg. Wissen) sowie *biologische* oder *flüssige I.* (induktives Denken, assoziatives Gedächtnis) als psychologisch, aber auch pädagogisch bedeutsam erwiesen haben.
Im Unterschied zu den auf Korrelationskoeffizienten basierenden faktorenanalytischen Vorgehensweisen liefern in neuerer Zeit *Komponentenanalysen* wichtige Hinweise auf Struktur und Funktion des kognitiven Apparates wie auch auf individuelle intellektuelle Unterschiede. In den letzten Jahren rücken zudem die etwaige Eingebundenheit der I. in neurochemische Prozesse und eventuelle Veränderungen der I. im Alter in den Blickpunkt der I.forschung.

Intelligenzalter (Abk.: IA): Die Bez. I. wurde von A. BINET bei dem von ihm 1908 (überarbeitete Version des ursprünglichen Tests von 1905) nach dem Staffelprinzip konzipierten Intelligenztest (↑Tests) als Maß für den jeweiligen intellektuellen Entwicklungsstand eines Kindes eingeführt. Dieses Maß ist jedoch bald kritisiert worden und wird heute nur noch selten verwendet. Die Feststellung des I.s erfolgt bei den Staffeltests durch die Anrechnung von zwei Monaten für jede gelöste Testaufgabe. Löst nun ein Kind neben den Aufgaben seiner eigenen Altersgruppe auch noch einige aus einer höheren Altersstufe, so übersteigt das I. sein Lebensalter.

Intelligenzdiagnostik: die quantitative und/oder qualitative Erfassung intellektueller Fähigkeiten. Die quantitative Erfassung (also die *Messung*) der Intelligenz erfolgt mit Hilfe standardisierter ↑Intelligenztests. Qualitative Informationen werden dagegen eher von *prozeßorientierten Konzeptionen* wie etwa der Vorgehensweise J. PIAGETS (↑Denkentwicklung) erwartet.

Intelligenzentwicklung: An Kleinkindern wurden verschiedentlich über mehrere Jahre hinweg Untersuchungen über Verhaltensweisen durchgeführt, die von erwachsenen Beobachtern als »intelligent« eingestuft wurden. Mit Hilfe von Tests wurden diese Untersuchungen dann quantifiziert. Dabei ergab sich u.a., daß das im ersten und zweiten Lebensjahr festgestellte intellektuelle Niveau der Kinder fast gar nicht mit jenem im Alter von 14–18 Jahren korrelierte. Untersucht man entsprechende Daten mit Hilfe der ↑Faktorenanalyse, so resultieren drei Faktoren: Den ersten dieser Faktoren kann man in Anlehnung an J. PIAGET als *sensomotorische Wachheit* bezeichnen. Er dominiert in den ersten beiden Lebensjahren. Als *intelligent* erscheint in diesem Alter ein Kind, das beweglich ist und leicht auf Reize anspricht. Der zweite Faktor beherrscht zwischen zwei und vier Jahren das Bild. Er ist durch das *Festhalten* an einmal begonnenen Beschäftigungen, also durch *Ausdauer* und eventuell sogar durch trotzige Verhaltensweisen gekennzeichnet. Gegen Ende des vierten Lebensjahres gewinnt der dritte Faktor die Oberhand, von dem vermutet wird, daß er mit dem *Spearmanschen g-Faktor* (↑Intelligenz) identisch ist. Erst ab diesem Alter erlauben Intelligenztests eine Voraussage über die zu erwartende Intelligenz im Erwachsenenalter.
Für die begabungstheoretische Diskussion seit der zweiten Hälfte der 1960er Jahre war neben der ↑Anlage-Umwelt-Problematik vor allem dieser Aspekt der *relativen Konstanz von Intelligenz* über längere Zeiträume und damit wiederum das Problem ihrer *Beeinflußbarkeit durch Umweltfaktoren* (wie beispielsweise Kindergarten oder Schule) ein zentrales Thema.

Die folgenreichsten Befunde, die in der Frage der Verbesserung der Vorschulerziehung und einer Reform der Schule eine große Rolle spielten, hat B. S. Bloom geliefert. Seinen Aussagen, daß bei Vierjährigen bereits 50% und bei Achtjährigen schon 80% der späteren Erwachsenenintelligenz entwickelt seien, wurde großes Gewicht beigemessen. Hieraus wurde beispielsweise abgeleitet, daß eine durch soziokulturelle Benachteiligungen von Kindern während der Vorschulzeit entstandene kognitive Unterentwicklung durch spätere schulische Bemühungen in den meisten Fällen nicht mehr zu kompensieren sei.
Zusammen mit den fälschlich aus den Erblichkeitsschätzungen für die ↑Intelligenz gezogenen Folgerungen waren Blooms Feststellungen dazu geeignet, entscheidende Argumente für eine Position zu liefern, nach der die kognitive Förderung durch die Umwelt nur beschränkt oder nur während weniger Jahre möglich ist.
Ebenso wie die in der Pädagogik oder in der Bildungspolitik vielfach irrig interpretierten Erblichkeitsschätzungen für die Intelligenz beruht auch der von B. S. Bloom skizzierte Entwicklungsverlauf der menschlichen Intelligenz auf *nicht haltbaren Interpretationen* einschlägiger korrelativer Beziehungen. Darauf hat besonders D. Hopf aufmerksam gemacht. Mindestens bis zur Adoleszenz muß mit erheblichen IQ-Schwankungen gerechnet werden, weshalb *keine sicheren Voraussagen* möglich sind. Es wäre deshalb verfehlt, zu irgendeinem Zeitpunkt der Kindheit oder des Jugendalters die Ausprägung der Intelligenz für so weitgehend abgeschlossen zu erachten, daß auf der Grundlage von Testergebnissen unwiderrufliche Entscheidungen getroffen werden dürften.
Unter *strukturanalytischer* Perspektive ist festzustellen, daß die Korrelationen zwischen den Thurstoneschen Primärfaktoren der ↑Intelligenz mit ansteigendem Lebensalter abnehmen. Mit diesem Sachverhalt scheint die **Differenzierungshypothese** (H. E. Garrett) der Intelligenz bestätigt zu werden, derzufolge mit zunehmendem Alter die Zahl der unabhängigen Intelligenzfaktoren zunimmt. Die von K. H. Wewetzer und G. A. Lienert formulierte **Divergenzhypothese** der Intelligenz behauptet, daß zunehmende Intelligenz mit mehr Intelligenzfaktoren einhergeht.
Im Hinblick auf die pädagogische Förderung von Kindern und Jugendlichen im kognitiven Bereich sind die im wesentlichen korrelationsanalytisch gewonnenen Ergebnisse über die Entwicklung der Intelligenz weit weniger informativ als solche Konzeptionen, die *prozeßorientiert* die I. zu erfassen suchen. Besonders anregend in diesem Zusammenhang sind die Untersuchungen der Genfer Schule und die durch sie beeinflußten entwicklungspsychologischen Strömungen. Auch neuere *denkpsychologische* Ansätze, wie z.B. die Vorschläge von D. Dörner, können der pädagogischen Praxis wertvolle Impulse geben. – ↑auch Denkentwicklung.

Intelligenzgrade: Aufgrund ihres Abschneidens bei ↑Intelligenztests werden Probanden häufig bestimmten Kategorien zugeordnet. Besonders bekannt wurde im pädagogischen Bereich die Einteilung D. Wechslers für Kinder und Jugendliche im Alter von 6 bis 15 Jahren:

Intelligenzgrade

IQ	Bezeichnung	Häufigkeit
über 130	extrem hohe I.	2,2%
120-129	sehr hohe I.	6,7%
110-119	hohe Intelligenz	16,1%
90-109	durchschnittl. I.	50,0%
80-89	niedrige I.	16,1%
70-79	sehr niedrige I.	6,7%
unter 70	extrem niedrige I.	2,2%

Die skizzierte Einteilung liegt dem Hamburg-Wechsler-Intelligenztest für Kinder (↑Hamburg-Wechsler-Intelligenztest) zugrunde. Allerdings sollte ein Prüfer bei der Klassifizierung eines Kindes oder Jugendlichen immer dessen *Gesamtleistung* beim Test beachten. Auch andere Gesichtspunkte, die nicht mit Intelligenztests zu ermitteln sind, müssen berücksichtigt werden, soll ein Individuum etwa als »geistig retardiert« eingestuft werden.

Intelligenzmessung: Der Versuch, die intellektuelle Leistungsfähigkeit oder den intellektuellen Entwicklungsstand eines Menschen *quantitativ* zu erfassen, wird als I. bezeichnet. Als Instrumente hierfür werden insbesondere ↑Intelligenztests herangezogen. Üblicherweise geht man davon aus, daß dabei die Messungen auf einem sogenannten Intervallskalenniveau erfolgen (↑Skala). Obwohl es für Intelligenztests eine Vielfalt möglicher ↑Normen gibt, dominiert vor allem im öffentlichen Bewußtsein der ↑Intelligenzquotient.

Intelligenzquotient (Abk.: IQ): Der IQ als Maß für den intellektuellen Entwicklungsstand schlug 1912 W. STERN erstmals vor. Angeregt wurde STERN hierbei von den Arbeiten A. BINETS, der 1908 die überarbeitete Version eines zuerst 1905 vorgelegten Intelligenztests veröffentlichte und dabei als Maß für den intellektuellen Entwicklungsstand eines Kindes dessen Intelligenzalter (IA) verwendete. BINET setzte das Intelligenzalter durch eine Differenzbildung mit dem Lebensalter (LA) in Beziehung und berechnete so jeweils entweder einen Intelligenzrückstand, einen Intelligenzvorsprung oder eine altersentsprechende Intelligenzentwicklung.

STERN kritisierte dieses Vorgehen, da ein Intelligenzrückstand von zwei Jahren bei einem Kind mit einem Lebensalter von vier Jahren offenbar etwas viel Schwerwiegenderes bedeutet als der gleiche Intelligenzrückstand bei einem Kind von zwölf Jahren. Durch die Bildung eines *Quotienten* aus *Intelligenzalter* und *Lebensalter* meinte STERN diesem Sachverhalt Rechnung tragen zu können. Allgemein berechnet man den IQ nach der Formel $IQ = (IA/LA) \cdot 100$. Hierbei bedeutet ein Wert von 100 ein genau durchschnittliches Intelligenzniveau. Höhere oder niedrigere Werte weisen auf das Vorliegen einer über- oder unterdurchschnittlichen Intelligenz hin. Geringe Abweichungen vom Durchschnitt läßt man allerdings als durchaus »normal« gelten. Berechnet man z.B. nach der genannten Formel die I.en für das genannte vier- bzw. zwölfjährige Kind, erhält man Werte von 50 bzw. von ca. 85.

Der Vorschlag STERNS, den IQ als Maß für den intellektuellen Entwicklungsstand zu verwenden, setzte sich international rasch durch. Dabei wurde aber nicht immer genügend beachtet, daß IQs auf verschiedenen Altersstufen nur dann die gleiche Bedeutung haben, wenn die Streuung des IQ direkt proportional zum Lebensalter wächst. Empirische Untersuchungen haben bislang diese Annahme nicht bestätigt. Deshalb wurde der IQ weitgehend durch den Abweichungs-IQ verdrängt, der eine Standardnorm darstellt.

Intelligenzquotient als Standardnorm: Ein wesentlicher Einwand gegen den nach STERN gebildeten IQ besteht darin, daß die Meßwerte bei Kindern verschiedener Altersstufen praktisch nicht vergleichbar sind und u. U. auch Unterschiedliches aussagen. Hierdurch ergeben sich in der pädagogischen und psychologischen Praxis beträchtliche Interpretationsschwierigkeiten. Eine Möglichkeit, dies zu umgehen, besteht darin, beim Vorliegen normalverteilter Meßwerte (↑Verteilung) das relative Abschneiden eines Probanden in einem Intelligenztest dadurch zu bewerten, daß man von seiner erreichten Punktzahl den jeweiligen Altersdurchschnitt abzieht und diese Differenz im Hinblick auf die Streuung der Punktwerte, gemessen an der Standardabweichung, relativiert. Eine solche Transformation führt zu einer Skala mit dem *Mittelwert* 0 und der *Standardabweichung* 1; sowohl der Mittelwert als auch die Standardabweichung einer solchen Skala können aber ohne Informationsverlust mit-

tels linearer Transformation nach Belieben weiter verändert werden. D. WECHSLER hat deshalb vorgeschlagen, für den Mittelwert die Zahl 100 und für die Standardabweichung den Wert 15 zu wählen **(IQ-Skala).**

Bei Intelligenztests, die nach diesem Vorgehen die Feststellung eines IQ ermöglichen, sind die beschriebenen Transformationen über Tabellen möglich, so daß keine aufwendige Rechenarbeit anfällt. – ↑Normen.

Zu beachten ist, daß der im angloamerikan. Bereich weit verbreitete Stanford-Binet-Test von 1960 auf einer IQ-Skala mißt, die zwar auch den Mittelwert 100, aber eine Standardabweichung von 16 aufweist. – ↑auch Intelligenz; ↑auch Intelligenztests.

Intelligenz-Struktur-Modelle ↑Intelligenz. – ↑auch Intelligenzentwicklung.

Intelligenztests: Unter I. werden Meßinstrumente verstanden, mit deren Hilfe sich die ↑Intelligenz *quantitativ* erfassen läßt und die nach anerkannten testtheoretischen Regeln konstruiert sind (↑Testkonstruktion, ↑Testtheorie). Dabei können solche Tests auch in *qualititativer Hinsicht* wertvolle diagnostische Informationen liefern.

Die im Verlauf der Testkonstruktion aufgrund einer ↑Itemanalyse in einen Intelligenztest aufgenommenen Aufgaben (Items), die manchmal auch zu verschiedenen Aufgabengruppen oder Untertests (Subtests) zusammengestellt werden, stellen im Idealfall eine repräsentative Stichprobe von Anforderungen dar,

deren Bewältigung den Einsatz allgemeiner und/oder spezieller intellektueller Fähigkeiten erfordert.
I. sind im allg. so konstruiert, daß sich die Verteilung der erzielten Meßwerte gut mit der Gaußschen Glockenkurve (↑Verteilung) beschreiben läßt. Diesem gezielten Vorgehen liegt die Annahme zugrunde, daß sich Intelligenzgrade in der Bevölkerung ebenso verteilen wie bestimmte körperliche Merkmale (z.B. die Körpergröße).
Als Maß für die Intelligenz wurde aufgrund der Anzahl der richtig gelösten Aufgaben zunächst das Intelligenzalter (IA) eines Kindes, später dann auf Vorschlag von W. Stern ein Intelligenzquotient (IQ) verwendet. Dieses Vorgehen erwies sich jedoch als testtheoretisch problematisch (↑Intelligenzquotient), weshalb heute überwiegend sog. **Abweichungs-IQs** oder ähnliche Normwerte bei I. verwendet werden.
I. sind aus der *pädagogischen Diagnostik* nicht mehr wegzudenken. Allerdings sind gegen ihre Verwendung vielfach auch berechtigte Einwände vorgebracht worden, die sowohl vor einer Überschätzung dieser Verfahren als auch vor deren unkritischer Anwendung warnen. Einer dieser Kritikpunkte sieht I. als »unfair« an, da sie Kinder und Jugendliche aus unterschiedlichen sozialen Schichten bevorzugen oder auch benachteiligen können. Ein Versuch, diesem Einwand zu begegnen, ist die Konstruktion sog. ↑Culture-fair-Intelligenztests.
Ein weiterer Einwand gegen I. äußert sich in dem Argument, daß diese Verfahren im wesentlichen *konvergentes,* nicht aber *divergentes Denken* oder *Kreativität* erfaßten, weshalb sie nichts über die Intelligenz einer Person in ihrer vollen Breite aussagen würden. In letzter Zeit wurde der Vorwurf vor allem im Zusammenhang mit der Fähigkeit des Problemlösens erhoben. Weiter muß erwähnt werden, daß Intelligenztestwerte *keine Naturkonstanten* darstellen. Darum erscheint es gefährlich, bei Individualprognosen auf ihrer Basis unwiderrufliche pädagogische Entscheidungen zu treffen. – ↑Intelligenzentwicklung.

Intelligenztraining: Sammelbez. für gezielte Maßnahmen zur Förderung der intellektuellen Fähigkeiten.

Intention ↑Aktpsychologie.

Intentionalität ↑Aktpsychologie.

Interaktion:
◆ *allg.* und umfassende Bez. für die durch ↑Kommunikation vermittelte gegenseitige Beeinflussung von Individuen oder Gruppen im Hinblick auf ihr Verhalten und Handeln, ihre Einstellungen und dergleichen, z.B. in einer Schulklasse. Dabei orientieren sich die Beteiligten an den wechselseitigen *Erwartungen* (z.B. Rollenvorstellungen, Situationsdefinitionen), oder das Handeln der einen Person löst dasjenige der anderen aus. I. erfolgt demnach im Rahmen eines den Handlungspartnern vorgegebenen Gefüges aus stabilen Grundverhaltensmustern, Bedeutungssymbolen sowie Kommunikationstechniken.
◆ in der *Statistik* Bez. für jenen Varianzanteil (↑Varianzanalyse), der sich bei mehr als einer unabhängigen Variablen als Funktion von deren *gemeinsamer* Variation erklären läßt, also nicht auf die Wirkung nur *einer* der Bedingungen zurückgeführt werden kann.
◆ in der *Physiologie* Bez. für die gegenseitige Beeinflussung afferenter Nervenimpulse; auch *Prinzip der neuralen Erregung* genannt.

Interaktionsanalyse: I.n dienen der standardisierten Erfassung von Interaktionen innerhalb von und zwischen Kleingruppen. – ↑Interaktion.

Interdependenzanalyse: Im Ggs. zur ↑Dependenzanalyse prüft oder klärt man mit der I. Gesetzmäßigkeiten zwischen verschiedenen Variablen, von denen keine im Verhältnis zu anderen als abhängig oder unabhängig bezeichnet werden kann.

Interesse: individuell unterschiedliche und relativ konstante Bereitschaft, sich mit bestimmten Gegenständen, Zielen,

Tätigkeiten und Aufgaben zu beschäftigen, die subjektiv als bes. wichtig empfunden werden und die eigenen Bedürfnisse ergänzen. Welche I.n der einzelne entwickelt, hängt v.a. von der jeweiligen individuellen Entwicklung, von den Einflüssen der sozialen Umwelt und von den konkreten, gesellschaftlich vorgegebenen Bedingungen bzw. Möglichkeiten ab. So wird etwa ein musisch begabter Jugendlicher bestrebt sein, schon frühzeitig das Spielen eines Musikinstrumentes zu erlernen, und sich dann eventuell später für einen musischen Beruf entscheiden. Eltern, die sich andererseits z.B. viel mit Literatur beschäftigen, können auch die Neigungen der Kinder in diese Richtung lenken.

Die I.n sind erworben und als relativ konstant zu betrachten, wobei sich gewisse I.nverschiebungen in Abhängigkeit von den jeweiligen Altersstufen ergeben können. In faktorenanalytischen Untersuchungen der I.nstruktur wurden ungefähr 15 unabhängige *I.nrichtungen* ermittelt, z.B. für Musik, Politik, Wirtschaft, Kunst, Technik und Naturwissenschaften. Wenn es um das Problem der Berufswahl geht, ist die Feststellung der **Berufsinteressen** bes. wichtig. Dies geschieht durch spezielle berufspsychologische ↑Tests (Berufs-Interessen-Test, differentieller I.ntest), in denen die I.n als Persönlichkeitsmerkmale vorwiegend mit Fragebogen ermittelt werden.

Interessenkonflikt: Treffen unterschiedliche Interessen zwischen Einzelpersonen oder Gruppen aufgrund andersartiger Zielsetzungen aufeinander, kommt es in der Regel zu einem Interessenkonflikt. Davon zu unterscheiden ist ein psychologisch begründetes Aggressionsverhalten. – ↑Aggression.

Soziologen weisen darauf hin, daß man die gesamte gesellschaftliche Ordnung als ein System von Regeln für ein geordnetes Lösen von I.en ansehen kann. Politische, soziale und kulturelle Veränderungen und Entscheidungen berühren immer die Interessen der verschiedenen in der Gesamtgesellschaft vertretenen Gruppen, die sich durch gesellschaftliche Stellung, Bildung, politische Macht, Wertsetzung usw. unterscheiden. I.e sind daher unausweichlich und machen z.B. die Ausbildung einer Rechtsordnung notwendig, durch die eine friedliche Lösung von I.en in einer Gesellschaft ermöglicht werden soll.

Interferenz:

◆ *allg.* die Erscheinung, daß ein psychischer Vorgang einen anderen hemmt oder löscht.

◆ in der *Lernpsychologie* Bez. für die Beeinflussung (Hemmung, Löschung, Störung oder Förderung) des Lernens durch vorangegangene Lernprozesse.

intermittierende Verstärkung ↑Verstärkung.

Internalisierung svw. ↑Verinnerlichung.

International Classification of Diseases ↑Klassifikationssysteme psychischer Störungen.

interne Konsistenz: ein Aspekt der ↑Reliabilität eines Tests.

interne Validität: ein Gütekriterium für empirische Untersuchungen. – ↑Validität.

interpersonale Kommunikation ↑Kommunikation.

Interpretationstests svw. ↑Formdeutetests.

Intervallskala ↑Skala.

Intervention: psychologisches oder psychotherapeutisches Eingreifen, um der Entstehung bzw. Fortdauer psychischer Störungen entgegenzuwirken und diese gegebenenfalls abzubauen.

Intimsphäre: privater, gesellschaftlichen Einflüssen nur scheinbar entzogener Verhaltens- und Handlungsbereich, in den der einzelne nur wenigen Menschen, zu denen er eine intime (enge) Beziehung hat, Einblick gewährt. Zu diesem für die Umwelt tabuisierten (unantastbaren) Bereich gehört bei den meisten Gesellschaften v.a. das sexuelle Verhalten. Welche Inhalte im einzelnen unter die I. fallen (z.B. zwischenmenschliche Bezie-

hungen, religiöse Gefühle, finanzielle Angelegenheiten, politische Zielvorstellungen, Krankheiten, seelische und körperliche Merkmale), ist jeweils kulturell unterschiedlich und unterliegt dem sozialen Wandel.
Obwohl die I. psychisch durch Sicherungen wie Takt oder Scham und juristisch durch gesetzliche Verordnungen (Briefgeheimnis, ärztliche Schweigepflicht) geschützt ist, hat die Gegenwart starke Einbrüche in das Recht auf I. erzwungen.

intrapersonale Kommunikation ↑Kommunikation.

Introjektion: Übernahme fremder Anschauungen und Verhaltensweisen in die eigene Persönlichkeit; Grundvorgang der ↑Identifizierung. Die I. bildet einen Gegensatz zur ↑Projektion und ↑Verdrängung.

Introspektion (Selbstbeobachtung): die nach innen, d.h. auf das eigene Bewußtseinsgeschehen gerichtete Beobachtung; früher eine wichtige Methode der ↑beschreibenden Psychologie; wird heute v.a. ihrer mangelnden Objektivität wegen weitgehend abgelehnt.

Invarianz

Aufgabe zur Invarianz des Volumens

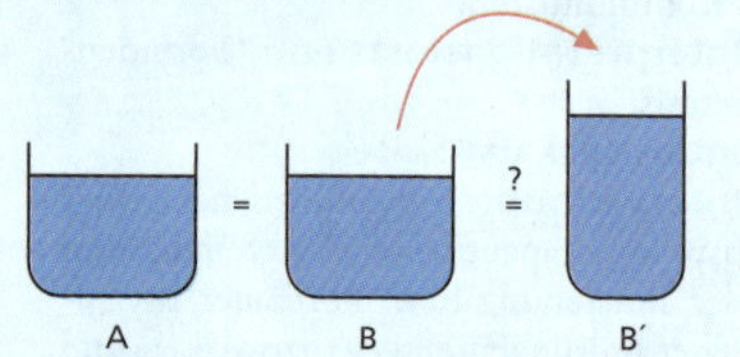

Introversion:

- von C. G. Jung geprägte Bez. für die Eigenart eines Persönlichkeitstypus, der u.a. durch eine gesteigerte Selbstbezogenheit, Kontaktarmut, Verschlossenheit, Reserviertheit, Entscheidungsunfreudigkeit und Mißtrauen gegenüber Mitmenschen gekennzeichnet sein soll. – Ggs. ↑Extraversion.
- eine Bez., die von H. J. Eysenck in kritischer Auseinandersetzung mit C. G. Jung für den der Extraversion gegenüberliegenden Pol einer faktorenanalytisch (↑Faktorenanalyse) gewonnenen Persönlichkeitsdimension verwendet wird. Die Persönlichkeitsdimension Extraversion – Introversion stellt ein Kontinuum dar, auf welchem sich unterschiedliche Personen (z.B. gemäß ihrem Abschneiden bei einem entsprechenden Persönlichkeitsfragebogen) lokalisieren lassen. In den Bereich der I. fallen dabei solche Probanden (Versuchspersonen im psychologischen Experiment, Patienten), die sich u.a. durch leichte Konditionierbarkeit und nur schwache reaktive Hemmungen auszeichnen.

Intuition: das unmittelbare und ganzheitliche Erkennen oder Erfahren von realen Sachverhalten, das Erkenntnisse einleiten oder begleiten kann. Im Gegensatz zu der durch Beweis, Erklärung und/oder Definition vermittelten *diskursiven* Erkenntnis ist das intuitive Denken einfalls- oder eingebungsartig, das schlagartig Sachverhalte klärt, Zusammenhänge aufdeckt oder Lösungswege zeigt (↑auch Denken). Die Resultate einer naiven I. sollten stets einer kritischen Kontrolle durch empirische oder logische Nachprüfungen unterzogen werden; dies gilt insbesondere für die oft irrende sogenannte Menschenkenntnis. – ↑auch erster Eindruck.

Invarianz: Aufrechterhaltung einer Wahrnehmungs- oder Denkstruktur trotz äußerer Veränderung bestimmter Aspekte. Nach der Theorie der Genfer Schule (↑Denkentwicklung) ist die Stabilität eines objektiven Merkmals *niemals einfach gegeben,* sondern muß vom Kind bzw. Jugendlichen *konstruiert* werden. Die Erhaltung setzt daher ein internes Regulationssystem voraus, das externe Veränderungen auszugleichen vermag. In der Konzeption J. Piagets ist z.B. die sich schon im Stadium der sensomotorischen Intelligenz entwickelnde *Objektkonstanz* eine erste bedeutsame Invariantenbildung. Beim Übergang zum Stadium der konkreten Operationen spielt

Inversion

Optische Inversion:
Wahlweise erscheint A vor bzw. hinter A´liegend.

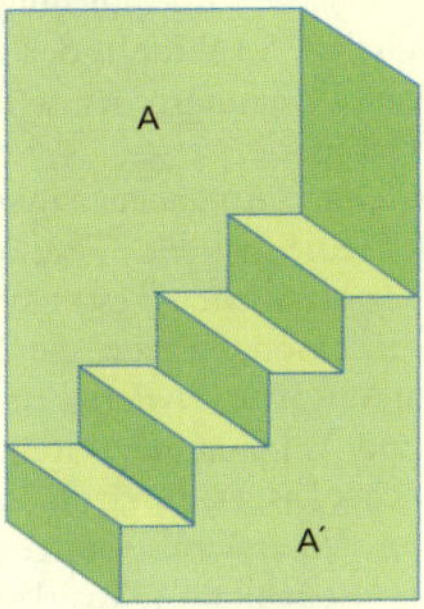

dann die Einsicht in die *I. der Substanz,* des *Gewichts* und des *Volumens* eine wichtige Rolle. – Versuche, I.einsichten zu trainieren, lassen bislang keine einheitlichen Ergebnisse erkennen.

Inversion:
◆ das spontane oder durch Verlagerung der perspektivischen Betrachtungsweise zustandekommende raumbildliche Umspringen (Kippen) wahrgenommener optischer Gestalten (Kippfiguren). Ein typisches Beispiel ist der ↑Necker-Würfel.
◆ v.a. von S. FREUD (↑Psychoanalyse) gebrauchte, heute veraltete Bez. für die Ausrichtung bzw. Verlagerung des Geschlechtstriebs auf gleichgeschlechtliche Partner. – ↑Homosexualität.

Involutionsdepression ↑Depression.

Inzest (Blutschande): durch Gesetz verbotener Geschlechtsverkehr zwischen Eltern und Kindern oder zwischen Geschwistern. – Nach Auffassung der *klassischen Psychoanalyse* haben Menschen im Laufe ihrer frühkindlichen Entwicklung das Verlangen nach solchen Beziehungen, dessen (unzureichende) Bewältigung zu frühen prägenden seelischen Konflikten führen kann. – ↑auch Ödipuskomplex, ↑Elektrakomplex.

IQ: Abk. für ↑Intelligenzquotient.

Irradiation:
◆ die Ausbreitung bzw. Ausstrahlung einer Nervenerregung oder besonders von Schmerzen über den normalen physiologischen Bereich hinaus.
◆ in der *Wahrnehmungspsychologie* und in der *physiologischen Optik* Bez. für alle Kontrasterscheinungen, welche auf Abweichungen von der punktförmigen Vereinigung der Lichtstrahlen auf der Netzhaut des Auges, auf mehrfacher Reflexion der Strahlen an innerokularen Flächen sowie ihrer Streuung im Glaskörper und in hornhautnahen Netzhautschichten beruhen. Darüber hinaus sind physiologische Ursachen wie Adaptationsvorgänge zur Erklärung dieser Phänomene mit heranzuziehen.
Die bekannteste I.serscheinung ist die optische Täuschung, daß helle Objekte auf dunklem Hintergrund größer erscheinen als objektiv gleich große dunkle Gegenstände auf hellem Hintergrund. Der Unterschied wird dabei um so deutlicher, je höher die Adaptationsleuchtdichte ist. Dies erklärt auch die scheinbare Vergrößerung hellglänzender Objekte (insbes. von Planeten und Fixsternen) über ihre wahre Größe hinaus, das sog. Überfließen des Lichts: Obgleich man

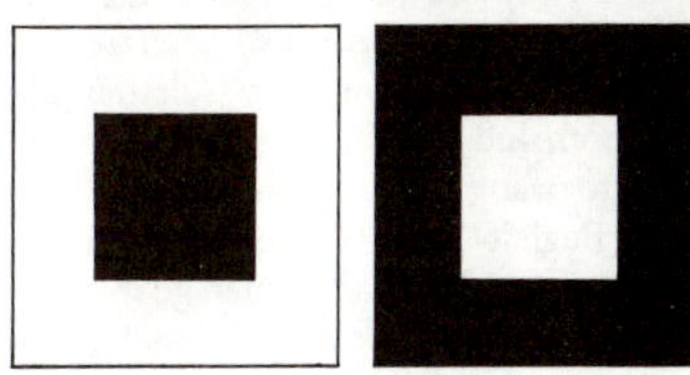

Irradiation: Das helle Quadrat auf dunklem Grund scheint größer zu sein als das gleich große Quadrat auf hellem Grund, da die unscharf abgebildeten Randgebiete der Felder dem helleren Feld zuaddiert werden.

alle Fixsterne wegen ihres Abstandes praktisch unter dem gleichen Sehwinkel sieht, erscheint dennoch ein Stern um so größer, je höher seine Leuchtdichte ist.

irrational: vernunftwidrig, unvernünftig; durch den Verstand nicht erfaßbar;

I

den Gesetzen der Logik nicht unterstehend. Als i. wird v.a. die nichtargumentative, nicht begründungsorientierte Haltung charakterisiert. Darüber hinaus wird die Bezeichnung i. häufig im Sinne von »emotional« oder »intuitiv« verwendet.

irreal: unwirklich, nicht der Wirklichkeit angehörend oder mit ihr in Zusammenhang stehend.

Irritabilität svw. ↑Erregbarkeit.

Irrtum:

◆ die nicht bewußte Unkenntnis über einen tatsächlichen Sachverhalt; dies kann u.a. auf mangelnde Urteilskraft, eine Gedächtnistäuschung bzw. -störung oder beeinträchtigte Konzentrationsfähigkeit zurückzuführen sein. Auch die darauf beruhende (für richtig gehaltene, doch unangemessene) Verhaltens- oder Handlungsweise wird häufig als I. bezeichnet.

◆ Versuch-und-Irrtum-Lernen (↑Lerntheorien).

Isolation: die Absonderung bzw. Abkapselung und Vereinzelung von Menschen. I. kann sich sowohl auf einzelne Individuen (Einzelgänger oder Außenseiter, physisch oder psychisch Kranke, Kriminelle) als auch auf ganze Gruppen (Angehörige bestimmter Rassen oder Religionen, Angehörige bestimmter politischer Überzeugungen) beziehen. Zu unterscheiden ist ferner zwischen frei gewählter und erzwungener Isolation. Zu letzterer sind Vertreibung, Internierung, Ghettozwang und Apartheid zu zählen. Die Begleit- und Folgeerscheinungen von I. sind vielfältig. Zu ihnen gehört Resignation ebenso wie Aggression. Letztere kann sich dabei in Form von Opposition, Aufstand oder sogar Revolution äußern.

Isolierung: von der ↑Psychoanalyse angenommener Abwehrmechanismus, bei dem unerfüllte, als bedrohlich erlebte Wünsche dadurch befriedigt werden, daß entsprechende Gedanken und Verhaltensweisen nicht mehr als zu einem selbst gehörig empfunden werden. Die I. gilt als insbesondere für ↑Zwangsneurosen typischer Abwehrmechanismus.

Isomorphie: in der *Gestaltpsychologie* eine von W. KÖHLER geprägte Bezeichnung für die Hypothese, nach der phänomenologische Wahrnehmungsstrukturen topologische Entsprechungen in physiologischen Strukturen der zugrundeliegenden Erregungsprozesse haben. – ↑auch Feldtheorie.

Itemanalyse (Aufgabenanalyse): ein wichtiger Schritt bei der ↑Testkonstruktion. In der klassischen Testtheorie geht es dabei insbesondere um die Bestimmung von Aufgabenschwierigkeit, Trennschärfe und Validität der ↑Items eines Tests. Ziel der I. ist es, durch die Eliminierung oder Veränderung ungeeigneter Aufgaben ↑Reliabilität (Zuverlässigkeit) wie ↑Validität (Gültigkeit) zu verbessern und zugleich die Verteilung der Testpunkte im Hinblick auf eine bessere Normierbarkeit zu überprüfen.

Itemkonstruktion: die Konstruktion konkreter Aufgaben für einen Test. Um z.B. die Kontentvalidität (↑Validität) eines lehrzielorientierten Tests zu gewährleisten, sollte die I. möglichst schon bei der Aufgabenzusammenstellung regelgeleitet sein.

Items: Bezeichnung für einzeln zu beantwortende Fragen bzw. zu lösende Aufgaben oder Schritte im Rahmen der Bearbeitung von Fragebögen, Tests, Lernprogrammen oder der Teilnahme an Experimenten.

Itemschwierigkeit svw. Aufgabenschwierigkeit. – ↑Testkonstruktion.

Itemselektion svw. Aufgabentrennschärfe. – ↑Testkonstruktion.

J

Joint: saloppe Bezeichnung für eine selbstgedrehte Zigarette, deren Tabak Haschisch oder Marihuana beigemengt ist (»einen J. nehmen«).

Jugendalter: umfassende Bez. für die zwischen ↑Kindheit und Erwachsenenalter liegenden Entwicklungsphasen ↑Pubertät und ↑Adoleszenz, in denen sich die

Fortpflanzungsfähigkeit entwickelt und zugleich persönliche, kulturelle und gesellschaftliche Orientierungen ausgebildet werden sollen.
Während des J.s vollziehen sich nicht nur einschneidende körperliche und intellektuelle Veränderungen, sondern auch kritische Auseinandersetzungen mit der eigenen Familie, Gleichaltrigen und kulturellen wie ethischen Wertmaßstäben sowie die schrittweise Selbstfindung, die Übernahme der Geschlechtsrolle, die Ablösung vom Elternhaus und im allg. auch eine (erste, oft vorläufige) Berufs- und Lebensorientierung.

Jugendberatung: Mitte der 1970er Jahre entstandener Sammelbegriff für ein breites Spektrum spezifischer Maßnahmen im Bereich der ↑Jugendhilfe. Zur J. werden neben Erziehungs- und Familienberatung psychosoziale und schulpsychologische Beratung gerechnet, aber auch Berufs-, Drogen- und Sexualberatung, in jüngerer Zeit zudem AIDS-Beratung sowie Beratung im Rahmen von Sozialarbeit (z.B. Unterbringungshilfen). J. versteht sich weitgehend als *aufsuchende, ambulante Beratung* (Streetwork), die oft stadtteilbezogen erfolgt, um den Jugendlichen in ihrer persönlichen, sozialen und schulischen oder beruflichen Umgebung gerecht zu werden. *Zielgruppen* sind dabei vor allem Haupt- und Sonderschulabgänger auf Lehr- oder Arbeitsstellensuche, Auszubildende, die ihre Lehre abbrechen, arbeitslose, erziehungsschwierige und verhaltensauffällige sowie durch Alkohol- und/oder Drogenkonsum, Nichtseßhaftigkeit und Kriminalität gefährdete Jugendliche.

Jugenddelinquenz: in Anlehnung an den angloamerikan. Sprachgebrauch mitunter übliche Bezeichnung für ↑Jugendkriminalität.

Jugendhilfe: Sammelbez. für alle Einrichtungen, Dienste, Maßnahmen und Aktivitäten, wie sie das **Kinder- und Jugendhilfegesetz (KJHG)** vom 26. 6. 1990 zur Förderung der Entwicklung und Erziehung junger Menschen zu eigenverantwortlichen, gemeinschaftsfähigen Persönlichkeiten vorsieht. Das KJHG hat das seit dem 1. 4. 1924 gültige, trotz zahlreicher Änderungen als nicht mehr zeitgemäß empfundene *Jugendwohlfahrtsgesetz (JWG)* abgelöst, dem gegenüber es ein gewandeltes Verständnis der J. sowie einen weit stärker an der individuellen Lebenssituation von Kindern, Jugendlichen und Eltern orientierten Leistungs- und Aufgabenkatalog festschreibt. So soll v.a. die Unterbringung von Kindern und Jugendlichen in Heimen und Pflegestellen zugunsten familienunterstützender bzw. -ergänzender Hilfen abgebaut und insgesamt ein breiteres ambulantes wie teilstationäres Angebot (Erziehungsberatung, sozialpädagogische Familienhilfe, Außenwohngruppen) vorgehalten werden. Anders als beim JWG sieht das KJHG keine überörtlichen Hilfen zur Erziehung (Freiwillige Erziehungshilfe, Fürsorgeerziehung) mehr vor, sondern bündelt die Einzelhilfen beim örtlichen Jugendamt.
Die Aufgaben der J. werden von *öffentlichen Trägern* (Bundesministerium für Familie, Senioren, Frauen und Jugend, oberste Jugendbehörden der Länder, Landesjugendämter, örtliche Jugendämter) sowie von *freien Trägern* (hauptsächlich Jugend- und Wohlfahrtsverbände) wahrgenommen, wobei die Gesamtverantwortung bei den Kommunen liegt, die auch für Koordination, Organisation, Planung und Förderung der öffentlichen und der freien J. zuständig sind.
Die Leistungen der J. nach §2 KJHG sind zum einen Angebote der Jugendarbeit, der Jugendsozialarbeit und des erzieherischen Kinder- und Jugendschutzes, Angebote zur Förderung der Erziehung in der Familie, zur Förderung von Kindern in Tageseinrichtungen und in Tagespflege, Hilfe zur Erziehung, Hilfe für seelisch behinderte Kinder und Jugendliche sowie Hilfen für junge Volljährige und Nachbetreuung; zum anderen regelt das KJHG (neben weiteren Aufgaben) die Inobhutnahme von Kindern und Jugend-

lichen (auch ohne Zustimmung des/der Personensorgeberechtigten), die Amtsvormundschaft, -pflegschaft und -beistandschaft, die Beratung und Belehrung in Verfahren zur Annahme als Kind (Adoption), die Mitwirkung in Verfahren nach dem Jugendgerichtsgesetz sowie die Erteilung bzw. den Widerruf der Erlaubnis für den Betrieb einer Einrichtung zur Wahrnehmung von Aufgaben der Jugendhilfe.

Jugendkriminalität: Sammelbez. für die der Polizei bekannt gewordenen und vom Bundeskriminalamt in Jahresstatistiken erfaßten Straftaten, die nachweislich von Jugendlichen und Heranwachsenden begangen wurden.

Im Gegensatz zu der häufig publizierten Behauptung, die kriminelle Betätigung Jugendlicher und Heranwachsender steige ständig, belegen die Angaben des Statistischen Jahrbuchs 1995 allerdings einen *Rückgang* der Zahl rechtskräftig Verurteilter aus den beiden Altersgruppen um rund 15% zwischen 1989 und 1991. Ebenso läßt sich der behauptete hohe Anteil der Jugendlichen und Heranwachsenden bei den Deliktgruppen Diebstahl und Gewaltkriminalität statistisch nicht nachweisen; die Gesamtzahl der Verurteilten ist in diesem Bereich zwischen 1989 und 1991 bei Jugendlichen um rund 10,8%, bei Heranwachsenden um rund 7,9% zurückgegangen. Der Anteil junger Mädchen und Frauen lag 1991 bei etwa 10% der gesamten Jugendkriminalität.

Bezüglich der *Ursachen* der J. besteht keine theoretische Übereinstimmung. Die früheren biologistischen Erklärungsansätze (körperlich begründete Abweichung, zu rasches Wachstum, »Pubertätskrise« oder mangelnder Einklang zwischen körperlich-intellektueller und sozial-emotionaler Entwicklung) haben sich nicht bestätigen lassen und müssen in ihrer eindimensionalen Zuschreibung als überholt gelten.

Aus der Fülle der neueren Ansätze seien herausgehoben: 1. Der *psychoanalytische Ansatz* wertet Kriminalität als Resultat einer pathologischen Charakterstruktur aufgrund gestörter Prozesse (bes. der Identifikation und Gewissensbildung) in der frühkindlichen psychosexuellen Entwicklung. 2. Der *sozialisationstheoretische Ansatz* führt Kriminalität auf schichtenspezifisch unterschiedliche Sozialisationsprozesse zurück. 3. Der *sozialstrukturelle Ansatz* sieht in der Kriminalität das Ergebnis pathologischer Sozialstrukturen der Industriegesellschaft, die bei den Jugendlichen Desorientierung zur Folge haben. 4. Der *interaktionistische Ansatz* faßt Kriminalität als Interaktionsvorgang zwischen Individuum und Gesellschaft auf, bei dem kriminelles Verhalten von den Trägern der öffentlichen sozialen Kontrolle als abweichend definiert, zugeschrieben und damit stigmatisiert wird. 5. Der *sozialpsychologische Ansatz* versteht Kriminalität als Kriterium gesellschaftlicher Wert-, Vergeltungs- und Ordnungsnormen. 6. Der *marxistische Ansatz* sieht in der Kriminalität den Ausdruck proletarischen Protests gegen die bürgerliche Gesellschaft.

Die heutige *J.sforschung* befaßt sich verstärkt mit den Zusammenhängen zwischen Jugendarbeitslosigkeit, ↑Drogenabhängigkeit, Ausbildungsproblemen, elterlichen Erziehungsstilen (↑Erziehungsstil), »Scheidungswaisentum«, wachsender materieller Orientierung sowie Perspektivlosigkeit und Jugendkriminalität. Dabei ist deutlich geworden, daß es sich bei den meisten ermittelten jugendlichen Straftätern um eine **Episoden-J.** handelt, diese also später nicht mehr straffällig werden. Andererseits nimmt die Mehrzahl »krimineller Karrieren« bereits in der Jugend, mitunter schon im Kindesalter, ihren Anfang.

Jugendlichen-Psychotherapie: Teilbereich der ↑Kinder-und-Jugendlichen-Psychotherapie.

Jugendmedienschutz: Aufgabe des J.es ist es, Kinder und Jugendliche unter 18 Jahren vor dem Einfluß *jugendgefährdender* Medien zu *schützen.* Zu diesem

Zweck unterzieht die 1954 errichtete, weisungsunabhängige *Bundesprüfstelle für jugendgefährdende Schriften* (BPS; Sitz: Bonn) aufgrund von Anträgen der Jugendminister und Jugendämter verrohend wirkende sowie sonstige sozialethisch desorientierende Medien einer gerichtsähnlichen Prüfung nach dem 1985 novellierten *Gesetz über die Verbreitung jugendgefährdender Schriften* (GjS) sowie nach dem gleichfalls 1985 neugefaßten *Gesetz zum Schutz der Jugend in der Öffentlichkeit* (JÖSchG). Bei Filmen liegt die Freigabeentscheidung bei der *Freiwilligen Selbstkontrolle der Filmwirtschaft* (FSK; Sitz: Wiesbaden).

Die von der BPS als jugendgefährdend eingestuften Medien werden auf einen Index gesetzt, öffentlich bekannt gemacht und entsprechenden Aufführungsbeschränkungen, Vertriebs- und Werbeverboten unterworfen. Sie sind dann Erwachsenen weiterhin zugänglich, dürfen aber Minderjährigen nicht zugänglich gemacht werden.

Neben den im GjS und im JÖSchG geregelten Aufführungs-, Vertriebs- und Werbeverboten für bestimmte gewaltverherrlichende sowie sämtliche rassenhetzerischen und pornographischen Medien bestehen für diese Medien auch Herstellungs- und Importverbote, Kinder- und Jugendverbote (mit Erlaubnisvorbehalt) für alle Kino- und Videofilme, Sendeverbote vor 21 Uhr bzw. 22 Uhr für alle kinder- und jugendbeeinträchtigenden Sendungen sowie Aufstellungsverbote für Bildschirm-Unterhaltungsspielgeräte.

Jugendpsychiatrie: Teilgebiet der ↑Kinder-und-Jugend-Psychiatrie.

Jugendpsychologie: Zweig der Entwicklungspsychologie, der sich speziell mit dem Erleben und Verhalten der Jugendlichen befaßt. Die moderne J. versucht in diesem Zusammenhang nicht nur die Auswirkungen der ablaufenden biologischen Reifeprozesse während der Pubertät abzuklären, sondern auch die psychische Situation der Jugendlichen aus ihrer spezifischen sozialen Situation heraus zu verstehen. Dabei spielt eine bes. Rolle, daß die Jugendlichen in der arbeitsteiligen Gesellschaft keinen voll anerkannten, ihrer biologischen Reife entsprechenden sozialen Status haben. Diese Diskrepanz ist eine Quelle möglicher und häufiger Konflikte. Nicht selten reagieren Jugendliche hierauf aus einer inneren Verunsicherung heraus, die sich z.B. auch in Form ernster Identitätskrisen äußern kann.

Jugendreligionen: 1974 erstmalig verwendete Bezeichnung für eine in den USA schon seit 1950, in der BR Deutschland etwa seit Beginn der siebziger Jahre entstandene Gruppe neuer religiöser Sondergemeinschaften v.a. junger Menschen.

Der Begriff J. ist heute umstritten, weil die unter diesem Begriff erfaßten Gruppierungen nicht nur junge Leute als Zielgruppe haben und der Begriff darüber hinaus den Unterschieden der einzelnen religiösen Gruppierungen (Inhalte, Zielsetzung, Art und Weise der Mitgliederwerbung etc.) nicht gerecht wird.

Die sogenannte J. entstammen dem Einfluß der »Blumenkinder«- und »Hippie«-Bewegung und werden auch als **Jugendsekten** bezeichnet, obwohl sie keine Sekten im klassischen Sinn (Abspaltungen von bestehenden Glaubensgemeinschaften) darstellen. Ihnen allen ist gemeinsam, daß sie Elemente verschiedener Weltreligionen entlehnen, mit philosophischen Leitsätzen zu einer »Rettungs«-Ideologie verknüpfen und diese als pragmatische Lebenshilfe, als »einzigen Heilsweg«, verkünden.

Die bekanntesten Gruppierungen sind die *Vereinigungskirche* (»Munsekte«), die *Kinder Gottes* (auch »Familie der Liebe«), die *Scientology-Organisation,* die *Internationale Gesellschaft für Krishna-Bewußtsein,* die *Ananda-Marga-Bewegung,* die *Divine Light Mission,* die *Transzendentale Meditation* sowie die *Bhagwan-Bewegung* (»Rajneeshismus«). Kennzeichnend für diese Gruppierungen sind die streng hier-

J

Jugendreligionen

archische und autoritäre Struktur, die bis zur völligen Ausbeutung der Mitglieder (einschließlich Bettelei und Prostitution) reicht, das Selbstverständnis als »gerettete Familie«, die internationalen Verzweigungen und die z.T. skrupellosen Anwerbe- und Reklamemethoden.

Die Entstehung der J. muß im Zusammenhang mit einer Abkehr von tradierten gesellschaftlichen Institutionen wie Familie und Kirche sowie der Erprobung alternativer Lebensformen und dem Wunsch vieler junger Menschen nach Selbstfindung gesehen werden. In der BR Deutschland haben die im Gefolge der Zugehörigkeit zu J. bzw. Jugendsekten aufgetretenen negativen Erfahrungen wie Aufgabe von Arbeitsstellen, Ausbildungsverhältnissen und sämtlichen privaten Eigentums, das Zerbrechen persönlicher Bindungen, psychische Veränderungen bis hin zu versuchten und vollendeten Selbsttötungen (bedingt durch die freiwillige »Seelenwäsche«) und Beschaffungskriminalität zugunsten der jeweiligen Gruppe starke Betroffenheit ausgelöst und die zuständigen Ministerien zu öffentlichen Warnungen vor den J. sowie zu Untersuchungen, Fachtagungen und aufklärenden Veröffentlichungen veranlaßt. Darüber hinaus bieten Familien- und Erziehungsberatungsstellen, z.T. in Zusammenarbeit mit der 1985 in München gegründeten *Elterninitiative zur Hilfe gegen seelische Abhängigkeit und religiösen Extremismus,* eine Reihe von Hilfsmaßnahmen für betroffene Eltern oder ehemalige Jugendsektenmitglieder an (z.B. durch Selbsthilfegruppen, Psychotherapien oder positives »Deprogramming«).

Jugendsekten ↑Jugendreligionen.

Jugendwohlfahrtsgesetz (JWG): ↑Jugendhilfe.

JWG: Abk. für **J**ugend**w**ohlfahrts**g**esetz. – ↑ auch Jugendhilfe.

K

Kanalisierung:

◆ in der *Sozialpsychologie* die Verfestigung bestimmter Verhaltensweisen durch Kultur und Gesellschaft (Formen des Benehmens, Brauchtum und Sitte, Tradition, Tabus usw.).

◆ in der *Gestaltpsychologie* (K. LEWIN u.a.) das Einfügen psychischer Antriebe in einen Handlungsentwurf.

◆ in der *Kybernetik* die Übertragung von Informationen in »Kanälen« (z.B. Nerven). – ↑auch Kanalkapazität.

Kanalkapazität: Begriff aus der ↑Informationstheorie zur Bez. der Informationsmenge, die durch einen sog. Informationskanal (z.B. einen Nerv) übertragen werden kann.

Kaspar-Hauser-Versuch: Die neuere Verhaltensforschung gebraucht den Begriff K.-H.-V. für Versuche, bei denen Tiere isoliert von ihrer natürlichen Umwelt aufgezogen werden. Hierdurch erhofft man sich Aufschlüsse über die

Transzendentale Meditation — Divine Light Mission

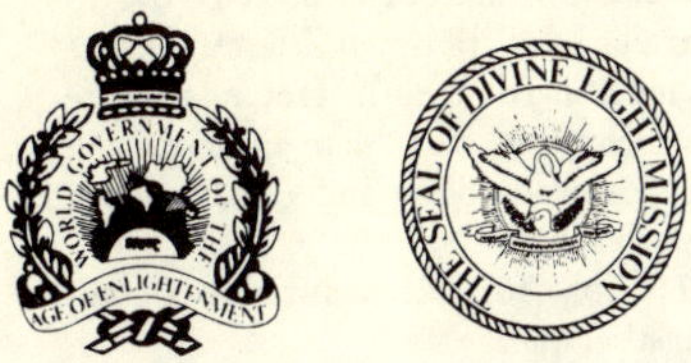

Frage, ob bestimmte Verhaltensweisen erlernt oder angeboren sind.
1828 tauchte in Nürnberg ein Findelkind auf, das seinen Namen mit KASPAR HAUSER angab und behauptete, in einem Kellerverlies gefangengehalten worden zu sein. Die bis heute nicht geklärten Berichte des Jungen erregten bes. bei Pädagogen lebhaftes Interesse. HAUSER wurde in kurzer Zeit mit dem Bildungsgut der Zeit bekannt gemacht und in gefühlsbetonende Salons eingeführt, wodurch er seelisch völlig aus dem Gleichgewicht geriet. Der Jurist P. J. A. RITTER VON FEUERBACH, Begründer der modernen Kriminalpsychologie in Deutschland, brandmarkte den Fall HAUSER als »Beispiel eines Verbrechens am Seelenleben des Menschen«. Als Obervormund verhalf er HAUSER zu einer Stelle als Aktenkopist. Am 17. Dezember 1833 starb HAUSER an den Folgen eines drei Tage zuvor verübten Mordanschlags.
Um sein Schicksal entspann sich eine lebhafte Kontroverse, zumal u.a. FEUERBACH die These vertrat, HAUSER sei vermutlich mit dem 1812 geborenen Sohn des badischen Großherzogs KARL LUDWIG FRIEDRICH identisch und von der rivalisierenden Linie Hochberg aus dem Weg geräumt worden. Letzte Klarheit darüber ist allerdings bis heute nicht gewonnen worden. – ↑auch wilde Kinder, ↑Anlage-Umwelt-Problematik.

Kastrationskomplex: in der psychoanalytischen Theorie Bez. für die neurotische Befürchtung, den Penis zu verlieren bzw. kastriert zu werden (bei Knaben) oder bereits verloren zu haben bzw. kastriert worden zu sein (bei Mädchen). – Der K. des Knaben entsteht danach häufig als Reaktion auf elterliche Drohungen (z.B. ihm nach der nächsten Selbstbefriedigung den Penis »abzuschneiden«) oder von der Beobachtung her, daß Mädchen keinen Penis besitzen, so daß sie von den Knaben für kastriert gehalten werden. Die Mädchen empfinden dieser Theorie zufolge ihre Penislosigkeit als erlittenen Nachteil (↑Penisneid), den sie verleugnen oder anderweitig auszugleichen suchen. Der K. steht in enger Beziehung zum ↑Ödipuskomplex.

Kasuistik: in der Fachliteratur auch als klinische Vorgehensweise bezeichnete Untersuchungsmethodik, die sich am Einzelfall orientiert.

Katamnese: abschließender Bericht des Arztes bzw. Psychotherapeuten nach der Behandlung einer körperlichen Krankheit bzw. eines psychischen Leidens; Gegenstück zur ↑Anamnese.

Kataplexie (Kataplegie, kataplektischer Anfall): anfallartig auftretender, kurzzeitiger Tonusverlust der Muskulatur im Anschluß an plötzliche starke Gemütsbewegungen; bezeichnend sind das »Weichwerden der Knie« und das »vor-Schreck-Gelähmtsein« **(Schrecklähmung).**

Katatonie ↑Schizophrenie.

Kategoriensysteme: Schemata, die den Vorgang der ↑Beobachtung sprachlich wie inhaltlich lenken und zudem die Registrierung des Beobachteten erleichtern sollen. Bei Einsatz von K.n spricht man von *strukturierter Beobachtung.* Zu den bekanntesten Verfahren gehört z.B. die ↑Interaktionsanalyse.

Katharsis: Unter K. versteht man die Bereinigung von verdrängten Konflikten oder Gefühlen, z.B. durch entsprechende verbale Äußerungen. – ↑kathartische Methode.

Katharsishypothese: aus der Verhaltensforschung in die Aggressionsforschung eingeflossene Annahme, daß Aggression durch einen Antriebsüberschuß verursacht wurde und deshalb durch entsprechendes Ausleben bewältigt werden könne. Dadurch sollten natürlich Mitmenschen keinen Schaden nehmen (beliebtes Beispiel: Sportveranstaltungen). Während es der K. zufolge also durchaus sinnvoll sein kann, z.B. Filme mit Gewaltszenen zu zeigen, wird dies von eher kognitiv orientierten Aggressionsforschern abgelehnt, weil ihrer Meinung nach aggressives Verhalten durch solche Filme überhaupt erst gelernt wird. – ↑auch Aggression.

kathartische Methode: ursprünglich von J. Breuer ab etwa 1880 angewandtes, von S. Freud dann als grundlegendes Verfahren in die ↑Psychoanalyse eingeführte Methode. Der Patient schildert all seine Einfälle, v.a. auch die Träume, damit er auf diesem Wege verdrängte Konflikte und Gefühle »abreagieren« und psychische Beeinträchtigungen bewältigen kann.

Kausalanalysen: Kausalhypothesen lassen sich in den Sozial- und Erziehungswissenschaften außer im Experiment auch durch Korrelationsstudien prüfen, wenn dabei eine angemessene Kausaltheorie zugrunde gelegt wird. Die hierfür geeigneten Prüfverfahren heißen K. oder **Pfadanalysen.**

Kausalattribuierung: subjektive Deutungen, mit deren Hilfe sich Personen im Alltag die Wirkungen von Handlungen und Ereignissen »kausal« (nach dem Ursache-Wirkungs-Prinzip) zu erklären suchen. Leistungsergebnisse wie Erfolg bzw. Mißerfolg werden hauptsächlich auf eigene Anstrengungen und Fähigkeiten *(internale Faktoren)* oder auf die Schwierigkeit der jeweiligen Aufgabe und glückliche oder unglückliche Faktoren *(externale Faktoren)* zurückgeführt, wobei Fähigkeit und Aufgabenschwierigkeit *stabile Faktoren,* Anstrengung und Zufall dagegen (von Fall zu Fall sich ändernde) *variable Faktoren* sind. Die für jeden Menschen spezifische Form der K. hat entscheidenden Einfluß auf seine Motivation und Selbstbewertung.

Kausalitätswahrnehmung: Wahrnehmungsvorgang, bei dem zugleich die *Notwendigkeit* der beobachteten Vorgänge erlebt wird (Beispiel: Zusammenstoß zweier Billardkugeln). Treten stärkere Abweichungen von den Erwartungen auf, so werden diese anderen Ursachen zugeschrieben.

KBT: Abk. für ↑**k**onzentrative **B**ewegungs**t**herapie.

Kenntnistests: psychologische Tests, bei denen Spezialkenntnisse in einem bestimmten Bereich geprüft werden.

Kephalisation svw. ↑Zerebralisation.

Kernneurose ↑Charakterneurose.

Kinästhesie: die Fähigkeit vieler Wirbeltiere und des Menschen, die über ↑Propriorezeptoren wahrgenommene Stellung der Körperteile zueinander sowie Lage und Bewegungsrichtung derselben im Raum (v.a. unbewußt reflektorisch) zu kontrollieren und zu steuern.

kinästhetischer Typ svw. ↑motorischer Typ.

Kind ↑Kindheit.

Kindchenschema: die Kombination verschiedener für das Kleinkind charakteristischer Körpermerkmale, die beim Menschen als Schlüsselreiz den elterlichen Pflegeinstinkt ansprechen und entsprechendes Verhalten auslösen. Zum K. gehören neben einer kleinen Körpergestalt v.a. rundliche, »weiche« Körperformen mit kurzen, dicken Gliedmaßen, Fingern und Zehen, ein im Verhältnis zum übrigen Körper großer Kopf, eine hohe, vorgewölbte Stirn über einem relativ kurzen Gesicht, relativ große Augen, rundliche, vorgewölbte Wangen (Pausbacken); hinzu kommen noch bestimmte Verhaltensweisen, die unter dem Begriff »Tolpatschigkeit« zusammengefaßt werden können.

Bei der Herstellung von Puppen und Plüschtieren spielt das K. eine große, verkaufsfördernde Rolle, wobei verschiedene Einzelmerkmale des K.s noch zusätzlich übersteigert werden. Merkmale des

Kindchenschema

K.s sind es auch, auf die Erwachsene wie Kinder ansprechen, wenn sie bei Tieren, speziell bei Jungtieren, vorhanden sind: u.a. Kurzschnäuzigkeit bei Hundewelpen, das flauschige Fell junger Katzen, die kleine zierliche Körpergestalt von Zwergformen der Tierzucht (z.B. Zwerghasen, Zwergponies).

Kinderanalyse: Kurzbez. für die analytische Kinder-und-Jugendlichen-Psychotherapie. – ↑Kinder-und-Jugendlichen-Psychotherapie.

Kinderpornographie ↑Pornographie.

Kinderprostitution ↑Prostitution.

Kinderpsychiatrie: Teilgebiet der ↑Kinder-und-Jugend-Psychiatrie.

Kinderpsychologie (Kindespsychologie): Teildisziplin der Psychologie, die sich mit der geistig-seelischen Entwicklung und dem Verhalten des Kindes beschäftigt.

Kinder-Psychotherapie: Teilbereich der ↑Kinder-und-Jugendlichen-Psychotherapie.

Kinder- und Jugendhilfegesetz ↑Jugendhilfe.

Kinder-und-Jugendlichen-Psychotherapie: Sammelbez. für die psychologische und psychotherapeutische Behandlung psychisch oder psychosomatisch beeinträchtigter Kinder und Jugendlicher.

Voraussetzung für die Entwicklung der K.-u.-J.-P. als eines eigenständigen Bereichs der Psychotherapie war die Erkenntnis, daß sich die bei Erwachsenen praktizierten Verfahren nicht oder nur sehr bedingt auf Kinder und Jugendliche übertragen lassen.

Ziel jeglicher K.-u.-J.-P. ist die Freisetzung natürlicher Selbstheilungs- und Entwicklungskräfte sowie die Beseitigung oder der Abbau von entwicklungshemmenden familiären, sozialen und Umwelteinflüssen. Dabei sollte die Therapie aufgrund der Abhängigkeit der Kinder und Jugendlichen von ihren Hauptbezugspersonen (in der Regel den Eltern) vorrangig *im sozialen Umfeld* und erst sekundär am Kind selbst ansetzen.

Wesentliche *Verfahren* in der K.-u.-J.-P. sind: 1. Die **analytische K.-u.-J.-P.** ist aus der ↑Psychoanalyse hervorgegangen; ihre Wegbereiter waren bis zum Zweiten Weltkrieg vor allem A. FREUD und M. KLEIN, nach 1945 in der BR Deutschland insbes. A. DÜHRSSEN. Bei diesem früher auch als **Psychagogik** bezeichneten Verfahren finden, meist über mehrere Monate oder auch Jahre hinweg, ein- bis dreimal pro Woche Einzel- oder Gruppensitzungen statt, in denen unbewußte Konflikte oder Probleme des Kindes oder Jugendlichen psychoanalytisch aufgearbeitet und die den Symptomen zugrundeliegenden Störungen bewußt gemacht (und damit beseitigt) werden sollen.

2. Bei der **Spieltherapie** wird durch altersgemäßes Spielmaterial unter Verwendung natürlicher Materialien (Wasser, Sand, Farben u.a.) das spontane und freie Spielen des Kindes angeregt; darin sollen verdrängte Affekte und Bedürfnisse zum Ausdruck kommen und als »heilende Kräfte« wirken. Die Spieltherapie nimmt auch in der analytischen K.-u.-J.-P. eine wichtige Rolle ein. Sie wurde darüber hinaus aber von H. ZULLIGER und von V. AXLINE zu einer eigenständigen Methode entwickelt, die Eingang in andere Therapieformen fand.

3. Die **Gesprächspsychotherapie** setzt bestimmte sprachliche Fähigkeiten voraus und findet daher eher bei Jugendlichen als bei Kindern Anwendung.
4. Die **Verhaltenstherapie** wird meist bei Störungen wie ↑Einnässen, ↑Einkoten oder ↑Anorexie eingesetzt.
5. Die Verfahren der **Familientherapie** streben vor allem Umstrukturierungen im familiären Gefüge an.

Ferner gehören in den Bereich der K.-u.-J.-P. Elternberatungen, -gruppen und -training, Übungs-, Funktions- und Bewegungstherapien (↑Heilpädagogik) sowie ↑Drogenberatung, Sexualberatung und Selbsterfahrungsgruppen.

Durchgeführt wird die K.-u.-J.-P. sowohl *stationär* (in kinder- und jugendpsychiatrischen Kliniken oder in heilpädagogischen Heimen) als auch *ambulant* (in Erziehungs- und Familienberatungsstellen, psychotherapeutischen Instituten, schulpsychologischen oder sonderpädagogischen Diensten und in privaten Praxen).

Kinder-und-Jugend-Psychiatrie: in der BR Deutschland erst seit 1968 *eigenständiges Fachgebiet* der *Psychiatrie,* das sich auf der Grundlage biologischer, psychologischer und soziologischer Erkenntnisse sowie der Zuhilfenahme medizinischer Diagnostik mit der Erkennung, nichtoperativen Behandlung, Prävention (Vorbeugung) und Rehabilitation bei psychischen, psychosomatischen und neurologischen Erkrankungen und Störungen sowie mit psychischen und sozialen Verhaltensauffälligkeiten im Kindes- und Jugendalter befaßt.

Die *Behandlung* psychisch beeinträchtigter Kinder und Jugendlicher erfolgt stationär, teilstationär oder ambulant, bezieht (oft in Kooperation mit Heil- und Sozialpädagogik sowie schulischen Einrichtungen) das soziale Milieu mit ein und reicht von der medikamentösen Therapie über funktionelle Übungsbehandlungen (z.B. Wahrnehmungs- oder Motoriktraining) bis zu altersgemäßen Formen der ↑Kinder-und-Jugendlichen-Psychotherapie.

Kinderzeichnung: Zeichnen hilft dem Kind ebenso wie z.B. das Rollenspiel, seine Umwelteindrücke zu verarbeiten, ist also nicht nur ein Ausdrucksmittel, sondern auch ein Spiegel der Wahrnehmung, des Denkens und der Emotionen des Kindes. Es ist deshalb nicht verwunderlich, daß die K. immer wieder auch in der psychologischen und pädagogischen Diagnostik sowie in der Kinderpsychotherapie eingesetzt wird.

Wie jede konstruktive Tätigkeit durchläuft auch das Zeichnen ein spezifisch *funktionales Stadium,* in dem das Kind aus reiner Freude an der Bewegung des Zeichenstiftes und an dessen Spuren kritzelt. Es folgt das *Symbolstadium,* in dem die gezeichneten Gebilde zu Symbolen für tatsächliche Gegenstände, Tiere oder auch Menschen werden. Auch der sog. »Kopffüßer«, ein Männchen, das lediglich aus einem Kopf und zwei Beinen besteht, gehört als Symbol für die menschliche Figur zu den typischen Produktionen dieses Stadiums. Fünfjährige Kinder erreichen dann in der Regel das *Stadium des werkschaffenden Zeichnens,* das durch eine vorgefaßte Darstellungsabsicht charakterisiert ist. Der in der Darstellungsabsicht enthaltene Plan kommt in diesem Stadium im kindlichen Gestalten voll zur Durchführung, wobei die beabsichtigte Darstellung an charakteristischen Merkmalen erkennbar wird, so z.B. in der Tatsache, daß Größenverhältnisse verschoben oder nacheinander verlaufende Ereignisse nebeneinander dargestellt sind.

Kindesmißhandlung: bewußte oder unbewußte körperliche oder seelische Gewalt gegenüber Kindern. K. kann sowohl in der Familie (durch Eltern oder Erziehungsberechtigte) als auch in Einrichtungen wie Kindergärten, Heimen oder Schulen geschehen. Sie kann Schädigungen, Entwicklungshemmungen oder sogar den Tod des Kindes zur Folge haben und wird strafrechtlich verfolgt (sofern Anzeige erstattet wird).

In *Deutschland* wurden nach Angaben des Bundeskriminalamtes Wiesbaden 1995 insgesamt 1675 Fälle von körperlichen Mißhandlungen, 16013 Fälle sexuellen Mißbrauchs und 29 Kindestötungen offiziell registriert; nach Expertenschätzungen liegt die tatsächliche Zahl verübter K.en jedoch bis zu zehnmal höher. Der Deutsche Kinderschutzbund geht davon aus, »daß über 10% aller Kinder in Deutschland schweren körperlichen Züchtigungen ausgesetzt sind« (d.h. ca. 1,2 Mill. aller Kinder bis zu 14 Jahren bzw. ca. 1,5 Mill. der Kinder bis zu 18 Jahren). Während der Begriff der K. früher global gebraucht wurde, unterscheidet man heute *körperliche, seelische* und *sexuelle K.* sowie *körperliche* und *seelische Vernachlässigung.*

Als Ursache von K.en werden neben psychopathologischen Modellen (»krankhafte Täterpersönlichkeit«) heute auch soziokulturelle Phänomene (Isolierung und Anonymität der Familie in der Gesellschaft, milieubedingte Einflüsse, allg. Kinderfeindlichkeit, repressive Erziehungsmethoden) und familienspezifische Dynamiken diskutiert. In Deutschland wurden in den letzten Jahren verstärkt *Beratungsstellen* eingerichtet, denen in den achtziger Jahren ein Anstieg der K. um das Zehn- bis Zwanzigfache bekannt wurde. Diese Beratungsstellen wahren strikte Neutralität gegenüber Behörden, sollen mißhandelnden Eltern helfen und Personen, die von K.en wissen, eine Meldung ermöglichen. Das Personal dieser Institutionen, die meist dem nichtbehördlichen **Deutschen Kinderschutzbund** angeschlossen sind, setzt sich aus Ärzten, Psychologen und Sozialpädagogen zusammen, die präventive, aufklärende, betreuende und therapeutische Arbeiten leisten.

Kindespsychologie svw. ↑Kinderpsychologie.

K

Kindheit: Lebensphase zwischen Geburt und Eintritt der Geschlechtsreife. Gewöhnlich wird zwischen **Neugeborenem** (von der Geburt bis zum 10. Lebenstag), **Säugling** (bis zur ersten Hälfte des zweiten Lebensjahres), **Kleinkind** (zweites bis sechstes Lebensjahr) und **Schulkind** (siebtes bis vierzehntes Lebensjahr) unterschieden. Nach dt. Recht endet die K. mit Vollendung des 14. Lebensjahres. Entwicklungspsychologisch folgt auf die K. die Phase des ↑Jugendalters.

Das *Verhalten* des Kindes ist in seinen ersten beiden Lebensmonaten ausschließlich von stammesgeschichtlich ererbten Mustern bestimmt. In phylogenetischer Hinsicht wird das Neugeborene wegen seines Verhaltensrepertoires (insbesonders des ausgeprägten ↑Greifreflexes) nach B. HASSENSTEIN auch als ehemaliger **Tragling** (Säugetierkind, dessen Überleben nur dann gesichert ist, wenn es nach seiner Geburt eine bestimmte Zeitlang ständig von seiner Mutter herumgetragen wird) bezeichnet.

In der *sensiblen Phase* (bis etwa zum 18. Lebensmonat) entwickelt sich die individuelle Bindung des Kindes an seine Hauptbezugspersonen (in der Regel die Eltern; die lange Zeit behauptete starke Bindung an die Mutter wird von manchen Autoren mittlerweile bezweifelt). Das Fehlen von (konstanten) Bezugspersonen oder deren häufiger Wechsel können schwere psychische Schäden beim Kind zur Folge haben (↑Hospitalismus). Auf die sensible Phase folgt die *Phase der Lernbereitschaft,* die von neugieriger Erkundung (»Umweltexploration«), von Spiel und Nachahmung gekennzeichnet ist. Dabei eignet sich das Kind nach und nach spezifisch menschliche Verhaltensweisen wie die ständige aufrechte Körperhaltung und artikulierte Sprache an (↑Spracherwerb). Die Grenzen zwischen den einzelnen Phasen sind dabei fließend.

Im zweiten Lebensjahr beginnen der allmähliche Wandel von situationsgebundenem Handeln zum *anschaulichen* und *vorstellenden Denken* und die Ausbildung sowohl allgemeinerer Kategorien oder Begriffe (»Klassifikationen«) als auch eines subjektiven Verhältnisses zur Umwelt durch erste persönliche Stellungnahmen.

Zwischen dem fünften und achten Lebensjahr kommt es zur Ausprägung *realistisch-objektiver* und *sozialer Verhaltensweisen,* die für strategische und Rollenspiele, aber auch für absichtliche Täuschungen und Lügen von Bedeutung sind.

Im letzten K.sabschnitt wird das kindliche Denken zunehmend *logisch-operatorisch,* ebenso wächst die Fähigkeit zur quantitativen Erfassung der Umwelt und zur optimalen Nutzung des Gedächtnisses. Ferner ist dieses vorpubertäre Stadium von der Entstehung eines überdauernden Selbstbildes, der Leistungsmotivation, moralischen Urteilsgrundlagen und einer erhöhten Selbständigkeit geprägt.

Kinetose (Bewegungskrankheit): Länger andauernde Fortbewegung in einem Gefährt reizt über die Sinneszellen des Gleichgewichtssinns (Einwirken kinetischer Energie) das Stammhirn so stark, daß Übelkeit, Schwindel, Schweißausbruch und Erbrechen auftreten können. Kann dem Gehirn über das Auge (z.B. Blick nach dem Horizont) vermittelt werden, daß sich die Umwelt selbst nicht bewegt, tritt keine K. auf oder sie wird gemildert. K.nanfällige Personen sollten in Fahrzeugen nicht lesen, sondern zum Fenster hinausschauen. Je nach Fahrzeugart unterscheidet man *Seekrankheit* (Schiff), *Autokrankheit, Eisenbahnkrankheit* und *Luftkrankheit* (Flugzeug).

Kippfiguren ↑Figur-Grund-Verhältnis, ↑Inversion.

KJHG: Abk. für **K**inder- und **J**ugend**h**ilfe**g**esetz. – ↑Jugendhilfe.

Klassifikationssysteme psychischer Störungen: überwiegend auf der Grundlage sog. multizentrischer Studien entwickelte Systeme, die der Vereinheitlichung diagnostischer Kriterien und damit einer besseren Abgrenzung psychischer Störungen dienen sollen. Die derzeit bekanntesten und wichtigsten K.p.S. sind die unter Federführung der Weltgesundheitsorganisation (WHO) entstandene, v.a. in West- und Mitteleuropa eingesetzte *International Classification of Diseases* (ICD) sowie das von der American Psychiatric Association (APA) geförderte, v.a. in den USA, aber auch im sonstigen angelsächsischen Sprachraum benutzte *Diagnostic and Statistical Manual of Mental Disorders* (DSM). Mit Hilfe zahlreicher Studien wurden für beide Systeme (z.T. recht unterschiedliche) diagnostische Kriterien festgelegt, die Ärzten wie Psychotherapeuten die Zuordnung von Symptomen zu einem bestimmten Störungsbild erleichtern und somit Fehldiagnosen möglichst ausschließen sollen. Die Klassifizierungen bilden einen Kompromiß zwischen den durch Sprache und Kultur bedingten verschiedenen Traditionen; so wurde etwa, im Hinblick auf eine theorie- bzw. schulunabhängige Kategorisierung, zur Eingrenzung der Schizophrenie im wesentlichen auf eine Ursachenbeschreibung verzichtet. In Deutschland hat die 10. Revision der ICD (ICD-10), dank vieler empirischer Feldstudien und einschlägiger Trainingskurse, mittlerweile verstärkt Eingang in die klinisch-therapeutische Diagnostik wie auch in Forschungsprojekte und die Gutachtenerstellung gefunden.

klassische Konditionierung ↑Konditionierung, ↑Lerntheorien.

klassischer Behaviorismus ↑Behaviorismus.

klassische Testtheorie ↑Testtheorie.

Klaustrophobie: (neurotische) Furcht vor dem Aufenthalt in geschlossenen Räumen.

Klecksbilder ↑Formdeutetests.

Kleinhirn: der v.a. für die Bewegungskoordination verantwortliche Teil des ↑Gehirns.

Kleinkind ↑Kindheit.

Kleinkindertests svw. ↑Entwicklungstests.

Kleptomanie (Stehltrieb): auf einer impulsgesteuerten psychischen Störung beruhende Unfähigkeit, dem Drang zum Stehlen zu widerstehen. In der Forensischen Psychologie und in der Kriminologie wird K. teilweise als triebhaftes Stehlen oder als Stehlen ohne eigentliche Zueignungsabsicht mit dem Schwerpunkt auf dem Vorgang des Stehlens (zur Befreiung aus einem Unruhe- oder Spannungszustand) in einer bestimmten Stehlsituation verstanden. Triebhaftes Stehlen tritt vereinzelt auf im Zusammenhang mit Reifungsstörungen Jugendlicher, neurotischen Fehlhaltungen bei Entwicklungsstörungen sowie bei hirnorganischen Erkrankungen und biologischen Phasen (Schwangerschaft, Klimakterium). Soweit die K. als Krankheit anzusehen ist und das Unrechtsbewußtsein der betroffenen Person entscheidend beeinträchtigt, kann sie strafausschließend oder strafmildernd berücksichtigt werden.

klientenzentrierte Therapie svw. ↑Gesprächspsychotherapie.

Klient/Klientin: zur Abhebung vom eher medizinisch-organisch orientierten Begriff »Patient/Patientin« geprägte Bez. für jene Person, die um psychotherapeutische Beratung oder Therapie nachsucht.

Klimakterium svw. ↑Wechseljahre.

Klinische Psychologie: Teilgebiet der Psychologie, das sich in Forschung und Praxis mit der Entstehung (Ätiologie), Beschreibung und Feststellung (Diagnostik), Beeinflussung und Heilung (Therapie bzw. Modifikation) und Vorbeugung (Prävention) von Störungen des Erlebens und Verhaltens befaßt. Psychische Störungen werden dabei nicht als Krankheiten im medizinischen Sinn verstanden, sondern vorwiegend als Fehlentwicklungen des sozialen Lernens (in Familie, Gesellschaft und Umwelt), die verändert werden können.

Für die Praxis bemüht sich die K.P. um die Erstellung wissenschaftlicher Klassifikationssysteme zur Erfassung solcher Störungen und die Entwicklung verbesserter diagnostischer (Tests, Interviews, Verhaltensbeobachtung) und therapeuti-

K

scher Verfahren (Gesprächs-, Verhaltens-, Kommunikationstherapie).
Klinische Psychologen sind in verschiedensten Bereichen tätig, z.B. in psychiatrischen Krankenhäusern, öffentlichen Beratungsstellen (Erziehungs-, Ehe- und Familien-, Drogenberatung, Selbstmordverhütung), Schulen, Gefängnissen, Rehabilitationseinrichtungen.

Knabenliebe: veraltende dt. Bez. für ↑Päderastie.

Kniesehnenreflex svw. ↑Patellarsehnenreflex.

Koan ↑Meditation.

Kode Code: – ↑Information.

Kognition: ungenaue Sammelbez. für alle Prozesse oder Strukturen (Inhalte), die mit dem Erkennen zusammenhängen, wie z.B. Vorstellung, Beurteilung, Gedächtnis, Erinnerung, Lernen, Denken. Die K. umfaßt alle Vorgänge des Wahrnehmens und Verarbeitens der Wirklichkeit einschließlich der ihnen zugrundeliegenden subjektiven und objektiven Bedingungen u.a. psychologischer, physiologischer, sprachlicher und genetischer Art. Die Ungenauigkeit des Begriffs bringt es mit sich, daß K. als *Prozeß des Erkennens* im Sinne eines Ordnungsbegriffs, der Erkenntnisprozesse von emotionalen Vorgängen abhebt, und andererseits auch als *Produkt des Erkennens* im Sinne von Erkenntnis und erlangtem Wissen gebraucht wird.

kognitiv: das Wahrnehmen, Deuten, Erkennen betreffend; erkenntnismäßig.

kognitive Entwicklung: Oberbegriff für Wahrnehmungs-, Gedächtnis- und Denkentwicklung. – ↑auch Intelligenzentwicklung.

kognitive Erwartungstheorie ↑Leistungsmotivation.

kognitiver Apparat: die Fähigkeit eines Menschen, Aufgaben und Probleme zu lösen. Der kognitive A. besteht aus der ↑epistemischen Struktur und der ↑heuristischen Struktur. Im Rahmen der ↑Denkerziehung gilt die Förderung beider Teilstrukturen als wichtiges psychologisch-pädagogisches Anliegen.

kognitiver Konflikt ↑Konflikt.

kognitive Stile: verhältnismäßig überdauernde Eigenarten der individuellen Informationsaufnahme, -verarbeitung und -nutzung. Als psychologisch besonders bedeutsam haben sich die k.n St. *Feldabhängigkeit* im Ggs. zur *Feldunabhängigkeit* und *Impulsivität* im Ggs. zur *Reflexivität* erwiesen. Von Feldabhängigkeit spricht man, wenn die Art und Weise der Informationsaufnahme und -verarbeitung sehr stark von den jeweils gegebenen Umfeldbedingungen mitbestimmt und u.U. auch beeinträchtigt wird. Feldabhängigkeit soll besonders für jüngere Kinder charakteristisch sein; interindividuelle Unterschiede scheinen jedoch eine gewisse Konstanz zu besitzen. Impulsive Kinder reagieren in Aufgabensituationen, in denen ein *bedächtiges* und *abwägendes* Vorgehen eher zum Ziel führt, überstürzt und unreflektiert. Dieser Umstand benachteiligt sie bei vielen schulischen und außerschulischen Anforderungen. Es gibt allerdings eine Reihe erfolgreicher Verfahren zum Training der Reflexivität, von denen impulsive Kinder profitieren können.

kognitive Verhaltenstherapie ↑Verhaltenstherapie.

Kohärenz: Bez. für die Beziehungen und Verbindungen, die das ↑Ich mit der Außenwelt unterhält.

Kohärenzkriterium: in der *Testpsychologie* Bez. für ein Merkmal, an dem der Versuchsleiter ablesen kann, ob eine Testperson die ihr gestellten Aufgaben begriffen hat.

Kohärenzprinzip: der philosophische Grundsatz vom Zusammenhang alles Seienden.

Kohorte: Generation; im engeren Sinne Sammelbez. für die im selben Jahr geborenen Personen.

Kohortensequenzanalyse: Die manchmal auch als *Generationssequenzanalyse* bezeichnete K. stellt eine Verallgemeinerung des Erhebungsplans einer ↑Längsschnittuntersuchung dar. Bei der K. werden mindestens zwei ↑Kohorten an zwei oder mehr aufeinanderfolgenden Altersstufen untersucht, wobei Messungen zu drei Testzeitpunkten notwendig sind.

Kokain ↑Drogen, ↑Drogenabhängigkeit.

Kollaps: plötzlicher allg. Schwächezustand infolge Kreislaufversagens.

kollektives Unbewußtes: die nach Auffassung der ↑Analytischen Psychologie C. G. JUNGS im Unterschied zum ↑persönlichen Unbewußten allen Menschen gemeinsame überpersönliche Schicht des Unbewußten, welche zeitlose vererbliche Strukturen *(Archetypen)* enthält, die das Verhalten und Erleben der Menschen beeinflussen. – ↑auch Individuation.

Kollektivismus: Lehre, die von der Unterordnung des einzelnen unter gemeinschaftliche Ziele ausgeht, meist mit dem Hinweis darauf, daß der einzelne seine Lebenschancen und Entfaltungsmöglichkeiten sowie die persönliche Kultur der Gemeinschaft verdanke. – ↑auch Individualismus.

Koller: umgangssprachlich Bez. für den anfallsartigen Ausbruch angestauter Gefühle, bes. nach längerer Einengung bzw. Isolation eines Menschen in Haftanstalten oder Lagern **(Haft-, Lagerkoller).**

Koma: tiefe, mit Ausnahme des Hornhautreflexes durch keine äußeren Reize zu unterbrechende Bewußtlosigkeit.

Kommunikation: allg. Sammelbez. für alle Vorgänge, in denen eine bestimmte Information gesendet (signalisiert) und empfangen wird, auch wenn es nicht wechselseitig geschieht; hierzu zählt z.B. jede Organismusreaktion auf Umweltreize oder die lineare Informationsübertragung zwischen Sender und Empfänger.

K. wird zur sozialen Interaktion (↑Interaktion), wenn sie mit Hilfe von Signalen und Symbolen einen Prozeß wechselseitiger Beeinflussung der K.spartner in Gang setzt. Der Informationsaustausch erfolgt über Zeichensysteme, die vorher verabredet werden müssen (z.B. eine bestimmte Sprache oder Schrift).

Man unterscheidet drei Formen der K.: 1. *intraper-*

K

sonale K. als Austausch, der innerhalb eines Individuums, z.B. bei der Aufnahme von Daten aus der Umwelt, abläuft; 2. *interpersonale K.* als Austausch zwischen mindestens zwei Einzelpersonen (Gesprächspartnern); 3. *mediengebundene K.* (Massenkommunikation) als Austausch zwischen den »Medienkonsumenten«. Bei der K. werden vier Komponenten bzw. Faktoren unterschieden: der *Sender* oder Kommunikator (die Informationsquelle), die *Information* (die zu übermittelnde Botschaft), das *Medium* oder der K.skanal (z.B. akustischer, optischer Reiz) und der *Empfänger* (Rezipient) der Information.

Jeder K.sprozeß verläuft in mindestens drei Phasen, wobei in jeder Phase Störungen auftreten können, die zu verfälschten Informationen führen: Verschlüsselung (Encodierung), Übermittlung (Signalisierung) und Entschlüsselung (Decodierung, Interpretation). Damit eine K. überhaupt zustande kommt, muß die Information so dargeboten werden, daß der Empfänger sie verstehen kann, d.h., die bei der K. benutzten Zeichensysteme müssen den Beteiligten bekannt und der Zeichenvorrat von Sender und Empfänger identisch sein. Die intrapersonale Ebene der K. wird vornehmlich von der Wahrnehmungs-, Denk- und Lernpsychologie erforscht. Auf der Basis intrapersonalen Austauschs bauen sich die Ebenen der sozialen (interpersonalen und mediengebundenen) K. auf, die ihrerseits untereinander in Wechselbeziehungen stehen. Interpersonale und mediengebundene K. sind Gegenstand der K.ssoziologie, der Psycho- und Soziolinguistik und der Publizistikwissenschaft.

Kommunikationstheorie: Nach der K. und der aus ihr entwickelten *Kommunikationstherapie* werden alle psychischen Störungen letztlich als Folge gestörter zwischenmenschlicher Beziehungen aufgefaßt. Zu solchen Störungen kann es kommen, wenn ein Kommunikationspartner ein mehrdeutiges, teils widersprüchliches Verhalten an den Tag legt, so daß keine zufriedenstellende Rückantwort möglich ist und die Kommunikation schließlich erstarrt. – ↑Double-bind-Theorie.

kommunikative Kompetenz: die Fähigkeit, sich selbst, die eigenen Absichten, Interessen und Bedürfnisse bei Interaktionen dem Kommunikationspartner nahezubringen.

Kompensation: Begriff aus der ↑Individualpsychologie A. ADLERS, der den psychischen Vorgang bezeichnet, bei dem die Minderwertigkeitsgefühle aufgrund empfundener körperlicher und/oder psychischer Mängel durch bes. Leistungen auf einem anderem, v.a. auf sozialem und geistigem Gebiet, ausgeglichen werden. So entsteht der für jeden Menschen charakteristische Lebensstil mit entsprechenden Erlebnis- und Verhaltensweisen.

Übersteigertes Streben nach Vollwertigkeit, Geltung und Macht *(Über-* bzw. *Fehlkompensation)* kann andererseits zu neurotischen Fehlentwicklungen führen **(Kompensationsneurose).** Diesen Fehlentwicklungen begegnet die ↑Individualtherapie mit verschiedenen Maßnahmen, die letztlich der Selbstverwirklichung des Menschen dienen sollen.

Kompensationsneurose ↑Kompensation.

kompensatorische Erziehung: Sammelbez. für (möglichst schon im Vorschulalter erfolgende) Maßnahmen, die Kinder aus einem sozial benachteiligenden Milieu in die Lage versetzen sollen, Entwicklungsrückstände (z.B. im sprachlichen oder intellektuellen Bereich) auszugleichen, womit der Forderung nach ↑Chancengleichheit entsprochen wird.

Kompetenz: Bez. für die Fähigkeit einer Person, Anforderungen in einem bestimmten Bereich gewachsen zu sein. So meint z.B. *kognitive K.* die Fähigkeit zur Bewältigung intellektueller Aufgaben, *soziale K.* die Fähigkeit, sozialen Anforderungen zu genügen oder mit anderen Menschen zu kommunizieren.

Komplex: die Verbindung einer Mehrheit von Sinneseindrücken oder Vorstellungen zu einem Ganzen im Sinne eines durchgehenden Bezugssystems. In der *Psychoanalyse* bedeutet K. nach S. FREUD einen »affektmächtigen Gedanken- und Interessenskreis«, der oft unbewußt (verdrängt) ist und dynamisch in Fehlleistungen, Träumen, Neurosen, Zwangsvorstellungen u.a. weiterwirkt, z.B. beim ↑Ödipuskomplex oder dem Minderwertigkeitskomplex (↑Minderwertigkeitsgefühl). In der *Analytischen Psychologie* C. G. JUNGS besteht jeder K. primär aus einem »Kernelement«, einem dem bewußten Willen entzogenen, unlenkbaren »Bedeutungsträger«, und sekundär aus einer Reihe damit verbundener Assoziationen, die teils von den Dispositionen, teils von den umweltbedingten Erlebnissen des Individuums stammen. K.e können alle Grade der Selbständigkeit im Seelenleben des Individuums aufweisen.

Komplexe Psychologie ↑Analytische Psychologie.

Kondensation svw. ↑Verdichtung.

Kondition: die zeitweilige, häufig vorübergehend von unterschiedlichen Faktoren wie Ernährung, Wetterlage, sozialen Konfliken u.a. beeinflußte körperlich-seelische Gesamtverfassung eines Menschen, im Unterschied zur ↑Konstitution.

konditionierter Reflex ↑ bedingte Reaktion.

Konditionierung: der experimentellen Psychologie entstammende Bezeichnung für Lernvorgänge, bei denen Reaktionen oder Verhaltensweisen mit bestimmten Reizen verknüpft werden, von denen sie nachfolgend mit hoher Wahrscheinlichkeit wieder ausgelöst werden können.

Bei K.sprozessen lassen sich folgende *Arten* unterscheiden:

1. Die **klassische K.,** von I. P. PAWLOW entdeckt und experimentell untersucht, erklärt *Lernen durch die Bildung bedingter Reflexe* oder *Reaktionen.* Ein ursprünglich neutraler Reiz wird mit einem unbedingten (natürlichen) Reiz gekoppelt und vermag nach erfolgter K. dieselben Reaktionen wie der unbedingte Reiz auszulösen. – ↑bedingte Reaktion, ↑Lerntheorien.

2. Die (oft auch mit der **operanten K.** gleichgesetzte) **instrumentelle K.** wurde von E. THORNDIKE beschrieben und experimentell überprüft. Sie faßt *Lernen* als *Verknüpfung* einer Reaktion mit einem *positiven Nacheffekt* auf, der die künftige Auftretenswahrscheinlichkeit dieser Reaktion erhöht, die dadurch zu einem »Instrument« für eine erwünschte Verhaltensfolge wird.

3. Die **operante K.** wurde von B. F. SKINNER (↑auch Behaviorismus) begründet. Im Unterschied zu den anderen K.stheorien geht sie davon aus, daß sich der Organismus nicht durch die Beantwortung von Reizen an die Umwelt anpaßt, sondern selbst aktiv **(operant)** auf diese einwirkt, indem er Reize, d.h. Verhaltensweisen, aussendet, auf die (positive oder negative) Reaktionen (↑Verstärkung) seitens der Umwelt erfolgen, welche die Wahrscheinlichkeit des Auftretens der auslösenden Verhaltensweisen erhöhen.

4. Bei der **semantischen K.** stellen *bestimmte Wörter* einen bedingten Reiz dar, der die zuvor klassisch konditionierte Reaktion hervorruft (z.B. Assoziationen sinnverwandter oder ähnlich klingender Wörter).

5. Die **verbale K.** ist eine kontinuierliche oder selektive *Verstärkung verbalen Verhaltens,* etwa durch Lob, Zustimmung oder Ermunterung, die hauptsächlich in der ↑Verhaltenstherapie Anwendung findet.

K.svorgänge sind grundlegende, auch für den Menschen gültige Lernprinzipien. Die von PAWLOW und SKINNER fast ausschließlich in Tierexperimenten gewonnenen Erkenntnisse werden heute nur noch zurückhaltend auf den Menschen übertragen. Computersimulationen von Lernvorgängen zeigten, daß *menschliches Lernen* in entscheidendem Maße durch *kognitive Prozesse* bestimmt wird; Lernexperimente an Tieren haben daher nur eine beschränkte Aussagekraft.

K

Konfabulation: durch Erinnerungstäuschung bedingte Darstellung vermeintlich erlebter Vorgänge. – ↑auch Gedächtnisstörung.

Konfidenzintervall svw. ↑Vertrauensintervalle.

Konflikt: allg. Bez. für einen Zustand, der dann auftritt, wenn zwei unvereinbare Bewußtseinsinhalte oder entgegengesetzte Handlungstendenzen zusammen auftreten. Dieses Erleben führt zu inneren Spannungen emotionaler Art, die oft als unangenehm empfunden werden und zu einer Lösung drängen. Nach der Theorie des **kognitiven K.s** bewirken neue, komplexe, widersprüchliche und nicht übereinstimmende Informationen Neugier und diese wiederum Informationssuche, um mit dem Neuen vertraut zu werden, die Komplexität zu reduzieren und Widersprüche aufzulösen. In Übereinstimmung auch mit J. PIAGETS Theorie der kognitiven Entwicklung (↑Denkentwicklung) gilt das Hervorrufen kognitiver K.e in Lehr-lern-Situationen als ausgezeichnetes Mittel, um Kinder und Jugendliche für eine Auseinandersetzung mit neuen Lerninhalten zu gewinnen und sie damit zum Erwerb neuen Wissens und neuer Fähigkeiten anzuregen.
Zum K. kommt es auch, wenn zwischen Tendenzen, die sich auf die Erreichung eines Ziels richten **(Appetenz),** und solchen, die der Vermeidung gefürchteter Ereignisse (z.B. Lächerlichkeit) dienen **(Aversion),** entschieden werden muß. Die dabei entstehenden Spannungen können durch die Bewältigung der K.situation entweder gelöst oder durch Verdrängung wenigstens scheinbar überwunden werden. Nicht selten kommt es auch zu einem lähmenden Fortbestehen der K.situation. Verdrängte Handlungstendenzen sind zwar nicht mehr bewußt, wirken aber unbewußt weiter und können zu Neurosen und/oder zunächst unerklärlichem Verhalten führen. Mit Hilfe *psychotherapeutischer Verfahren* wird versucht, psychische Störungen dadurch zu beheben, daß man verdrängte K.e aufdeckt **(K.analyse)** und in geeigneter Weise nachträglich bewältigt.
Vom **sozialen K.** wird gesprochen, wenn es zu Unvereinbarkeiten in den Erwartungen, Wünschen und Handlungstendenzen von Angehörigen einer Gruppe (z.B. Schulklasse) oder zwischen Gruppen kommt.
Wie schon am Beispiel kognitiver K.e erkennbar war, müssen K.e durchaus keine Funktionsstörungen sein, sondern können auch willkommene *Lernanlässe* darstellen. Die K.erziehung hat dazu beizutragen, daß Kinder und Jugendliche konfliktfähig werden und lernen, K.e mit angemessenen Mitteln zu bewältigen. – ↑Konfliktbewältigung.

Konfliktanalyse ↑Konflikt.

Konfliktbewältigung: Eine Reihe erarbeiteter Vorschläge zur Bewältigung von ↑Konflikten; sie unterscheiden sich in ihrer Eignung, psychische bzw. soziale Konflikte zu lösen. Für den sozialen Bereich muß zunächst anerkannt werden, daß Konflikte zum Zusammenleben gehören und sie für Gruppen durchaus *konstruktiv* sein können; es kommt allerdings darauf an, wie man mit ihnen umgeht. Dabei darf aber nicht bloß nach scheinbaren Lösungen gesucht werden. Wertvolle Hinweise zur K. in der Familie und in der Schule stammen von T. GORDON. Seine Vorschläge zielen darauf ab, partnerschaftliche Problemlösungen für Konflikte »ohne Niederlagen« zu finden. Dabei spielen folgende Stadien eine Rolle: 1. Definition des Problems; 2. Sammlung möglicher Lösungen; 3. Wertung der Lösungsvorschläge; 4. Entscheidung für die beste Lösung; 5. Richtlinien für die Realisierung der Entscheidung; 6. Bewertung der Effektivität der Lösung.
Eine wichtige Hilfe bei der Überwindung überwiegend individueller Konflikte sind *Selbstkontrolltechniken.*

Konfliktforschung: moderner, die Ergebnisse verschiedener Wissenschaften auswertender Forschungsansatz, der versucht, die Entstehung und den Ablauf von Konflikten zwischen Personen,

Gruppen, Organisationen, Gesellschaften und Staaten aufzuklären und Strategien zur Konfliktlösung zu erarbeiten. Es werden z.B. untersucht: die physiologisch bedingten triebhaften Aktivitäten des Menschen sowie der Anteil seiner Erziehung zur Aggression; die persönlichkeitsbildenden Folgen beim Zusammentreffen von Triebstrukturentwicklung und kulturellen Verhaltenszwängen; Konflikte begünstigende Herrschaftsverhältnisse; das Zusammenprallen von soziokulturellen Normen- und Wertesystemen; internationale Spannungen. – ↑auch Friedensforschung.

Konformismus svw. ↑Konformität.

Konformität (Konformismus): Bez. für Übereinstimmung, gegenseitige Anpassung, gleichartige Handlungs- und Reaktionsweise von Mitgliedern einer Gruppe, Organisation oder Gesellschaft in bestimmten Situationen. – Von einer solchen im Verhalten erkennbaren K. kann in der Regel auf gemeinsame Gewohnheiten, Meinungen, Einstellungen und auf übereinstimmendes Normenverständnis geschlossen werden.

In komplizierten Strukturen moderner Industriegesellschaften, die auf hohe Grade von Regelhaftigkeit, Voraussehbarkeit und Berechenbarkeit des Verhaltens angewiesen sind, bestehen enge Zusammenhänge zwischen K. und Statuserwerb. K. kommt nicht nur zustande, weil die Handelnden vom Sinn, Wert oder zielorientierten Nutzen ihrer Verhaltensweise überzeugt sind, sondern auch, weil angepaßtes Verhalten für sie selbst sozialen Nutzen hat.

Da verschiedene Individuen sich unterschiedlich stark am Verhalten einer Bezugsgruppe orientieren, stellt K. eine häufig untersuchte Persönlichkeitsvariable dar. Autoritäre Persönlichkeiten zeigen gewöhnlich erhöhte K. mit machthabenden Gruppen; zu beobachten ist jedoch auch K. bei eigentlich nonkonormistischen Gruppen, z.B. modische Einstellungen und Verhaltensweisen, Verhaltensvorschriften. Hoher K.sdruck schränkt die individuelle Freiheit ein; die K. wirft damit Probleme der Emanzipation, Selbstbestimmung und kritischen Haltung gegenüber gesellschaftlichen oder gruppenspezifischen Normen und Verhaltensansprüchen auf.

kongenital svw. ↑angeboren.

Konkretismus: die besonders im kindlichen Denken vorhandene Gebundenheit ans Anschauliche, Gegenständliche (Konkrete).

konnatal svw. ↑angeboren.

Konstanzphänomene: Das menschliche Gehirn ist aufgrund von Erfahrungen in der Lage, bestimmte Gegenstandseigenschaften oder Reizqualitäten durch Vergleich mit zusätzlichen Umgebungsfaktoren (Bezugsgrößen) auch dann als konstant gleich zu erkennen, wenn dies wegen der physikalischen Gegebenheiten subjektiv kaum möglich ist. Dies gilt z.B. für Formen bei Betrachtung aus verschiedenen Blickwinkeln **(Formkonstanz),** für Größen bei Betrachtung aus wechselnden Entfernungen **(Größenkonstanz),** für Farben bei unterschiedlicher Beleuchtung **(Farbkonstanz)** oder für Helligkeitswerte bei wechselnder Lichtintensität **(Helligkeitskonstanz).**

Konstitution: das Gesamterscheinungsbild (der Habitus) eines Menschen, bei dem körperlich-seelische und seelisch-geistige Merkmale miteinander in Wechselbeziehung stehen (korrelieren). Als *K.smerkmale* werden im allg. nur die relativ konstanten Züge dieses Erscheinungsbildes angesehen; flüchtige Modifikationen, bedingt etwa durch den vorübergehenden Gesundheits- oder Ernährungszustand, tages- bzw. jahreszeitliche Schwankungen oder seelisch-geistige Konflikte (↑Kondition), bleiben weitgehend außer Betracht.

Die meisten sog. **Körperbautypologien** unterscheiden zwischen einem schlanken **(leptosomen bzw. leptomorphen)** und einem rundlichen **(pyknischen bzw. pyknomorphen) Typ.** Der dt. Psychiater E. KRETSCHMER hat daneben noch einen

K

athletischen Typ (Athletiker) unterschieden, der u.a. durch Breitschultrigkeit, große Hände und Füße, kräftige Entwicklung des Skeletts und der Muskulatur sowie durch starke Rumpfbehaarung gekennzeichnet sein soll; nach neueren Untersuchungen wird die eigenständige Existenz eines Athletikertyps jedoch bestritten. Diesen Körperbautypen sollen gewisse Verhaltensmuster bzw. Temperamentseigentümlichkeiten auf psychischer Seite (↑auch Temperament, ↑Typologie) entsprechen.

Nach KRETSCHMER sind z.B. *Leptosome* von überwiegend schizothymer (»spaltsinniger«) Wesensart und weisen folgendes Verhaltensmuster auf: Überwiegen der Form- über die Farbbeachtung, mehr analytische Auffassungsweise sowie Beharrlichkeit und Zurückhaltung im Verhalten.

Pykniker wurden als vorwiegend zyklothym (»kreismütig«) beschrieben mit folgendem Verhaltensmuster: mehr Farb- als Formbeachtung, mehr komplex-ganzheitliche Auffassungsfähigkeit, Umweltaufgeschlossenheit, Gemütswärme, Geselligkeitsliebe.

Dem *Athletiker* wird ein visköses (zähflüssiges) Temperament zugeschrieben mit Begrenztheit der Phantasie, fehlender Wendigkeit, mäßig geistiger und sozialer Aktivität.

Zu einer ähnlichen Typologie kam der amerikan. Mediziner und Psychologe W. H. SHELDON. Er unterscheidet zwischen einem *endomorphen*, einem *mesomorphen* und einem *ektomorphen Typ*, die sich ebenfalls durch unterschiedliche Verhaltensmuster (viszeroton, somatoton, zerebroton) voneinander absetzen. Endo- und ektomorpher Typ entsprechen dabei (physisch wie psychisch) dem Pykniker und Leptosomen von KRETSCHMER; der mesomorphe Typ ist eine ausgewogene Mittelform zwischen den beiden.

Nach dem dt. Psychiater und Neurologen K. CONRAD, der ein »ontogenetisches Strukturprinzip der K.stypen« entwickelte, steht der Pyknomorphe in vielen Merkmalen dem Kleinkind näher als der Leptomorphe (als Ursache kommt nach CONRAD ein unterschiedliches Entwicklungstempo beider Wuchsformtendenzen in Betracht); beide sind gewissermaßen Pole einer Variationsreihe *(Primärvarianten)*, in die sich praktisch alle Individuen einordnen lassen. Kaum jemand entspricht jedoch einem »Idealtyp«; er tendiert nur jeweils mehr oder weniger deutlich zu einem dieser beiden Pole.

Konstitution

Die Körperbautypen nach W. H. Sheldon

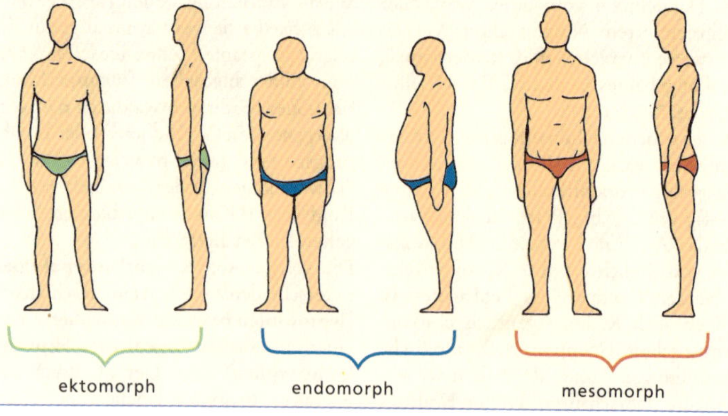

Diesen Primärvarianten werden als *Sekundärvarianten* der *asthenische* (Astheniker; dünner, schmächtiger, muskelschwacher und dünnknochiger K.styp) und der *athletische Typ* gegenübergestellt, ebenfalls als Pole einer Variationsreihe. Auch CONRAD hat für seine Körperbautypen zwei Grundverhaltensmuster aufgestellt: *homothym* (ausgeglichen; häufiger bei Pyknomorphen) und *schizothym* (häufiger bei Leptomorphen).

In der gegenwärtigen K.sforschung werden noch weitere Variationsreihen diskutiert, z. B. eine *androgynäkomorphe Reihe,* die geschlechtsbedingte Variationen berücksichtigt, und eine *makrosom-mikrosome Reihe,* die u. a. die Körperhöhe einbezieht. Andere körperbautypologische Versuche stammen von den Schweden B. LINDEGÅRD und W. G. E. NYMAN, die vier exakt meßbare, voneinander weitgehend unabhängige Faktoren unterscheiden: einen Längenfaktor, einen Derbheitsfaktor, einen Muskeldickenfaktor und einen Fettfaktor; jedes Individuum kann dabei durch seine Stellung im Variationsfeld dieser vier Faktoren gekennzeichnet werden. Sicher ist nach allem die Existenz *körperbaulicher Variationen;* ihre exakte Erfassung hängt jedoch weitgehend von der Art der angewandten Methodik ab. Weniger geklärt ist dagegen die Frage, ob den verschiedenen Körperbauformen tatsächlich auch *spezifische psychische Verhaltensmuster* zugeordnet werden können. Um das befriedigend zu klären, bedarf es noch intensiver Zusammenarbeit zwischen anthropologischer K.sforschung und Psychologie.

Konstrukt: Sachverhalt oder Prozeß, der im Rahmen einer Theorie zur Erklärung **(explikatives K.)** oder Beschreibung **(deskriptives K.)** von Gegebenheiten angenommen wird, direkter Beobachtung jedoch nicht zugänglich ist. In diesem Sinne sind beispielsweise »Intelligenz« oder »Ängstlichkeit« K.e, bei denen es sich um erschlossene Persönlichkeitsmerkmale handelt, deren eventuelle psychologische Bedeutsamkeit durch konkrete individuelle Verhaltensweisen nahegelegt wird. Diese Verhaltensweisen bilden ihrerseits *Indikatoren* für das jeweilige Konstrukt.

Konstruktions-Spiel ↑Spiel.

Konstruktvalidität ↑Validität.

Kontakt: das Miteinander-in-Beziehung-Treten zweier oder mehrerer Individuen. Der K. ist ein Grundphänomen der sozialen Verständigung und unerläßlicher Bestandteil einer normalen Individualentwicklung. Kontaktfördernde Eigenschaften sind z. B. Ausgeglichenheit, Güte, Heiterkeit, Humor, Toleranz und Wortgewandtheit; kontakthemmend wirken sich u. a. Abneigung, Haß, Hochmut, Neid und Mißgunst aus.

Als **K.schwäche** wird die meist auf Entwicklungsstörungen zurückzuführende, durch emotionale Hemmungen bedingte, zu geringe zwischenmenschliche K.fähigkeit bezeichnet. Unter **K.störung** ist die krankhafte Hemmung der K.fähigkeit bei Neurosen und Psychosen zu verstehen, z. B. durch Ich-Schwäche, Isolierung von der Eigen- oder Außengruppe durch Unterprivilegierung, Diskriminierung, Milieuverlust. Kennzeichen sind Kommunikationsunfähigkeit, engagementlose Distanzierung, Konventionalisierung des Verhaltens und Apathie. Kompensationsmöglichkeiten sind Konformität, Ritualismus, Originalitätszwang, Weltflucht, Kriminalität.

Im Säuglings- und Jugendalter führt **K.entzug** zu schweren Entwicklungsschäden (↑Hospitalismus). Weicht der einzelne K.en aus, die zu einer tieferen menschlichen Beziehung führen können, gerät er in Vereinzelung oder wird zum Außenseiter. Die Unfähigkeit K.e einzuleiten, kann zur Vereinsamung führen.

Kontentvalidität svw. Inhaltsvalidität. – ↑Validität.

Kontiguität: das zeitliche und räumliche Zusammentreffen zweier Reaktionen oder von Reiz und Reaktion. Die K. wird im **K.sgesetz** als letztlich ausreichend angesehen für das Zustandekommen von sämtlichen Verknüpfungen oder Reiz-Reaktions-Verbindungen, d.h. also für alles ↑Lernen.

Kontingenzmanagement: Methode der ↑Verhaltensmodifikation, bei der bestimmte Verhaltensweisen automatisch *(kontingent)* bekräftigt werden, wenn ihnen ein Verhalten mit höherer Wertigkeit unmittelbar folgt (»Wenn du deine Hausaufgaben gemacht hast, darfst du spielen gehen«). Beim K. werden kontingente Verstärkungen systematisch und unter festgelegten, einsichtigen Bedingungen (z.B. im Schulunterricht) eingesetzt, um die Häufigkeit erwünschter Verhaltensweisen (etwa verbessertes Arbeitsverhalten) zu erhöhen. – ↑auch Konditionierung.

kontinuierliche Verstärkung ↑Verstärkung.

Kontraindikation ↑Indikation.

Kontrast: in der Sinnespsychologie als Wahrnehmungs-K. (K.empfindung) das Sich-voneinander-Abheben zweier gleichartiger Wahrnehmungsinhalte, verbunden mit einer gegenseitigen Beeinflussung der Sinnesempfindungen bei

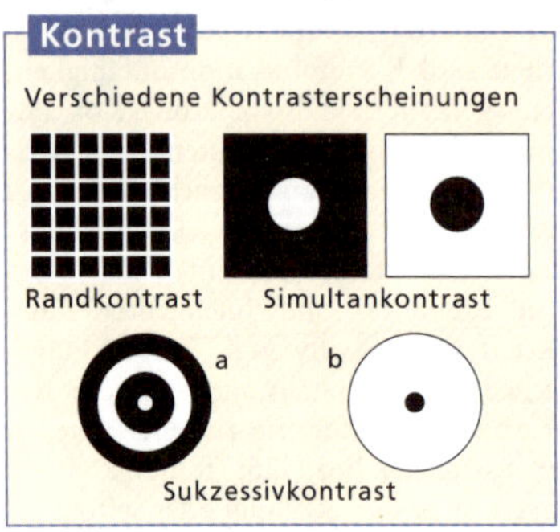

gleichzeitiger Reizung benachbarter Sinneszellen **(Simultan-K.)** oder bei kurz aufeinander folgender Reizung derselben Sinneszellen **(Sukzessiv-K.)** durch Reize unterschiedlicher Qualität oder Quantität (z.B. Lichtreiz unterschiedlicher Farbe bzw. Helligkeit), wobei die Beeinflussung zum Wahrnehmen oder Erleben von tatsächlich nicht vorhandenen Erscheinungen führen kann *(K.täuschungen).*

Die Beeinflussung verläuft stets in gegensinniger Weise zur beeinflussenden Empfindung, wobei größere Reizflächen ein Übergewicht über kleinere erlangen: Ein grauer Fleck erscheint in einer dunklen Umgebung heller, in einer hellen Umgebung dagegen dunkler, als es seiner tatsächlichen Helligkeit entspricht; in farbiger Umgebung nimmt er den Farbton der Gegenfarbe an. Ferner zeigen bes. die Grenzbereiche kontrastierender Flächen gegensinnige, als **Grenz- oder Rand-K.e** bezeichnete K.täuschungen.

Kontrollgruppe: Gruppe von Individuen in einem ↑Experiment, die nicht den experimentellen Bedingungen unterworfen wird, um die Ergebnisse der Experimentalgruppe kontrollieren zu können.

konventionelle Gebärde ↑Gebärde.

konvergentes Denken ↑Denkpsychologie.

Konvergenzprinzip: von W. Stern hervorgehobenes Prinzip, wonach die menschliche Individualentwicklung als *Zusammenspiel* von Anlage und Umwelt verstanden werden muß.

Konversion: von S. Freud (↑Psychoanalyse) eingeführte Bez. für die Umsetzung eines seelischen Konflikts in körperliche Krankheitsmerkmale (wie Lähmungserscheinungen, Schmerzen oder Funktionsausfälle von Sinnesorganen) ohne Vorliegen eines organischen Befunds. Durch die K. werden bestimmte Vorstellungen bzw. schwer erfüllbare oder unzulässige Wünsche (häufig sexueller Art) unterdrückt. So kann z.B. eine Frau konversionsbedingt vorübergehend erblinden *(psychogene Blindheit),* um auf diese Weise die Untreue ihres Mannes nicht »sehen« zu müssen. Die erfolgreiche psychotherapeutische Bearbeitung des zugrundeliegenden Konflikts läßt das körperliche Symptom meist rasch verschwinden.

Konzentration: bes. intensive, nur einem engen Umweltausschnitt geltende Form der ↑Aufmerksamkeit. Als mögliche Ursache der heute insbesondere bei Schülern oft beklagten **K.sschwäche** (Abschweifung) wird die v.a. durch die modernen Massenmedien erfolgende Reizüberflutung diskutiert.

Konzentrationsschwäche ↑Konzentration.

Konzentrationstests: psychologische Tests, die den Anspruch erheben, die Fähigkeit zur Konzentration (↑Aufmerksamkeit) zu erfassen. Dabei ist es wichtig, störende (ablenkende) Reize vom Probanden fernzuhalten.

konzentrative Bewegungstherapie (Abk.: KBT): eine an der Tiefenpsychologie orientierte, heute meist in Gruppen praktizierte Therapieform, die zu vertiefter Selbst- und Fremdwahrnehmung, zur Auseinandersetzung mit (momentanen) Körpererfahrungen und zu verstärkter Emotionalität führen soll.

kooperative Verhaltensmodifikation ↑Verhaltensmodifikation.

Koordination:

- das Abstimmen von verschiedenen Vorgängen oder Faktoren, etwa von Verhaltensweisen oder Befugnissen.
- ↑Bewegungskoordination.

Körperbautypen ↑Konstitution.

Körperfühlsphäre (psychästhetisches Zentrum): in der Großhirnrinde liegende Projektionsfelder für Sinnesempfindungen wie Druck, Wärme, Kälte und Schmerz.

Körperhaltung: Die im Laufe der phylogenetischen Entwicklung relativ spät erworbene *aufrechte Körperhaltung* bildet mit der Ermöglichung einer neuen, von der Fortbewegung gänzlich abgelösten Funktion der Hände (↑Hand) – im Zusammenhang mit der mächtigen Entwicklung des Großhirns (↑Gehirn) – ein Wesensmerkmal des ↑Menschen.

Körpersprache ↑nichtverbale Kommunikation.

Körpertherapien: des öfteren auch als **leiborientierte Therapien** bezeichnete psychotherapeutische Behandlungsformen, die von einer engen Wechselbeziehung zwischen Körper und Geist (↑Leib-Seele-Problem) ausgehen und sich vorwiegend mit körperlichen Verspannungen befassen. Zu den K. zählen u.a. das Autogene Training, die Bioenergetik, Atem- und Bewegungstherapien, die Gestalttherapie, das Psychodrama sowie Musik- und Tanztherapie. – ↑auch Psychotherapie.

Korrelation: in der *Psychologie* Bez. für das gehäufte gemeinsame Auftreten von variablen körperlichen oder psychischen Merkmalen bzw. Merkmalen des Verhaltens. Ein solcher Zusammenhang besteht z.B. zwischen den mit einem Intelligenztest ermittelten Intelligenzquotienten von Schülern und deren Schulerfolg. Wer einen überdurchschnittlichen Intelligenzquotienten erzielt, weist oftmals

Korrelation

Schematische Beispiele für Korrelationsdiagramme mit den zugehörigen linearen Korrelationskoeffizienten

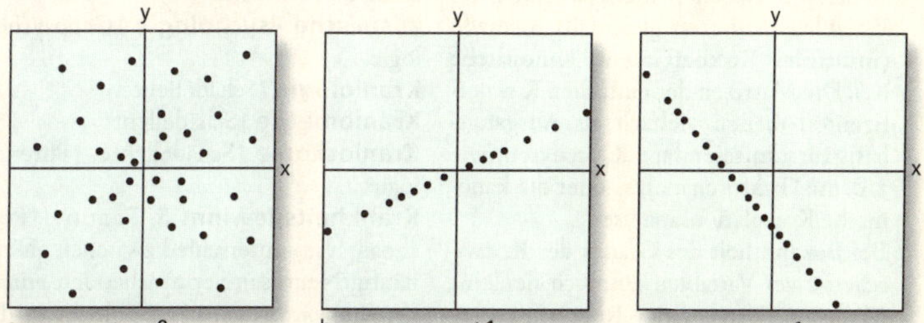

K

auch den besseren Schulerfolg auf und umgekehrt.
Aus einer *korrelativen Beziehung* darf man nicht ohne weiteres auf eine *kausale* schließen. Drei Fälle sind nämlich denkbar: Eine der beiden Größen beeinflußt die jeweils andere kausal, eine wechselseitige Beeinflussung liegt vor, oder beide Variablen hängen von einer dritten Größe ab, wodurch die K. zustande kommt.
Es gibt verschiedene Möglichkeiten, eine korrelative Beziehung quantitativ zu erfassen. Für die Bestimmung der Enge und der Richtung einer linearen Beziehung zwischen zwei Variablen ist der **Produkt-Moment-K.skoeffizient** ein geeignetes Maß, sofern die Meßwerte mindestens Intervallskalenniveau aufweisen. Dieser K.skoeffizient wird durch den Buchstaben r symbolisiert; r kann Werte zwischen +1 und −1 annehmen. Ein Wert von +1 bedeutet einen maximal engen und gleichsinnigen Zusammenhang zwischen den Meßwerten. Ein Wert von −1 zeigt einen maximal engen, aber gegenläufigen Zusammenhang an. Ein Wert von 0 bedeutet, daß kein linearer Zusammenhang zwischen den beiden Merkmalen festzustellen ist. Dies kann entweder heißen, daß überhaupt *keine korrelative Beziehung* zwischen den beiden Meßwertreihen existiert, oder aber, daß eine Beziehung besteht, diese aber *nicht linear* ist. Zur Bestimmung der Enge einer solchen Beziehung müssen dann andere Kennziffern herangezogen werden.
Zur *Quantifizierung* von korrelativen Beziehungen zwischen mehr als nur zwei Variablen existieren gleichfalls K.smaße **(multipler K.skoeffizient, kanonische K.).** Die Matrizen der einfachen K.skoeffizenten dienen vielfach als Ausgangsbasis für umfassendere K.sanalysen, wie z.B. die ↑Faktorenanalyse oder die kanonische Korrelationsanalyse.
Bei Bekanntheit des Grades der K. zwischen zwei Variablen läßt sich der eine Meßwert mittels einer Regressionsgleichung aufgrund der Kenntnis des jeweils anderen voraussagen. Auch in diesem Fall existieren *Analysetechniken* für den Fall, daß mehr als nur zwei Variablen vorliegen **(multiple Regression).**
Mit Hilfe von **Partial-K.en** läßt sich darüber hinaus der Einfluß einer dritten Variablen auf die Enge der Beziehung zweier anderer »herausrechnen«. Weiterhin lassen sich mit Hilfe von K.sstudien auch Kausalhypothesen kritisch prüfen. Als geeignete Prüfprozedur gelten die ↑Kausalanalysen.

Korrelationsstudien: empirische Untersuchungen, bei denen keine klare Trennung zwischen ↑abhängigen Variablen und ↑unabhängigen Variablen möglich ist, sondern lediglich ein Zusammenhang (↑Korrelation) festgestellt werden kann. Insofern sind K. ↑Interdependenzanalysen. Manche Autoren rechnen auch das ↑Ex-post-facto-Experiment zu den Korrelationsstudien.

Korsakow-Syndrom (amnestisches Syndrom): nach dem russischen Psychiater S. S. Korsakow benanntes Gesamtbild psychischer Störungen als Folge einer toxischen (Alkoholkrankheit, Delirium tremens), entzündlichen, tumorösen oder traumatischen Hirnschädigung; umfaßt v.a. Störungen der Merkfähigkeit, zeitliche und räumliche Desorientierung sowie Konfabulationen (Füllen von Gedächtnislücken) bei euphorischer oder gleichgültiger Stimmungslage.

Kortex: Kurzbez. für Cortex cerebri, die Großhirnrinde. – ↑Gehirn.

kortikale Zentren: Zentren in der Großhirnrinde (↑Gehirn); z.B. Sehzentrum, Hörzentrum.

kosmische Psychologie ↑Geopsychologie.

Kraniologie ↑Schädellehre.

Kraniometrie ↑Schädellehre.

Kranioskopie ↑Schädellehre, ↑Phrenologie.

Krankheitsgewinn: S. Freud (↑Psychoanalyse) unterschied zwischen einem häufig Neurosen verursachenden *primären Krankheitsgewinn* (z.B. Flucht in die Krankheit oder vorteilhafte veränderte

K

Kreativität

Umweltbeziehung durch eine Krankheit) und einem *sekundären Krankheitsgewinn,* bei welchem die betroffene Person durch den Eintritt der Erkrankung Vorteile erlangt, z.B. Zuwendung erhält oder von unangenehmen, belastenden Aufgaben freigestellt wird.

Kreativität: ein Aspekt des produktiven Denkens, der darin zum Ausdruck kommt, daß ein Individuum bei Problemlösevorgängen relativ flüssig und flexibel zu *neuartigen Einfällen* und *originellen Lösungen* gelangt. Die K. ist weitgehend unabhängig von Leistungen, wie sie in herkömmlichen Intelligenztests gefordert werden, da jene im wesentlichen *konvergentes Denken* zu erfassen suchen, kreative Prozesse hingegen durch *divergentes Denken* charakterisiert sind (↑Denken). Kreative Ergebnisse sind v.a. dann zu erwarten, wenn das Individuum über eine starke *intrinsische Motivation* (↑Motivation) verfügt.

Kreativitätstests: psychologische Tests, mit deren Hilfe versucht wird, die Kreativität einer Person objektiv (↑Objektivität), reliabel (↑Reliabilität) und valide (↑Validität) zu erfassen. Beispielsweise wird verlangt, unkonventionelle Vorschläge zur Lösung von Problemen zu machen. Ferner sollen relativ flüssig und flexibel neuartige Einfälle und originelle Ideen produziert werden. Gefordert ist also nicht konvergentes, sondern divergentes Denken. – ↑auch Kreativität.

Kreisprozesse: Vorgänge oder Verläufe von Funktionen, Handlungen, Lernprozessen u.a., an denen zu erkennen ist, daß die einzelnen Elemente nicht nur voneinander abhängig sind, sondern sich auch gegenseitig bedingen.

Kreisreaktion: Bez. für das häufige Wiederholen von Handlungen, das sich (v.a. in den ersten Lebensmonaten) im Verhalten des Kleinkindes zeigt, wenn die jeweilige Handlung zufällig zu einem

K

für das Kind offenbar angenehmen Ergebnis geführt hat. J. PIAGET und B. INHELDER unterscheiden eine **primäre K.** (übendes Wiederholen zufällig ausgelöster Handlungen, wie etwa das Greifen oder Fallenlassen von Gegenständen) und eine **sekundäre K.** (zwischen dem 3. und 9. Lebensjahr erfolgende Generalisierung der primären K.).

Kretin: ein an ↑Kretinismus leidender Mensch. Der Begriff K. wurde früher häufig zur abfälligen Kennzeichnung geistig behinderter Menschen benutzt.

Kretinismus: schwere bis schwerste, zu gravierenden Wachstumsstörungen des Organismus führende und meist auch mit ↑geistiger Behinderung verbundene Schilddrüsen-Unterfunktion, deren Ursache entweder ein (im allg. nur auf bestimmte Gegenden begrenzter) Jodmangel *(endemischer K.)* oder ein erblicher Enzymdefekt bzw. eine angeborene Fehlbildung der Schilddrüse *(sporadischer K.)* ist.

Kriegführung ↑psychologische Kriegführung.

Kriminalität: Verstoß gegen eine von der Gesellschaft festgesetzte Norm, der mit ebenfalls festgesetzten Sanktionen (strafrechtlichen Bestimmungen) geahndet wird. Unabhängig davon, daß in allen Gesellschaften und zu allen Zeiten Wertvorstellungen und Güter (z.B. Leben, Ehre, Wahrheit, Eigentum) durch Gesetze geschützt wurden und auch werden, ist jedoch nur das kriminell, was durch die Gesetze des jeweiligen Staatswesens als Rechtsbruch festgesetzt ist. So kann ein bestimmtes Verhalten (z.B. Prostitution, Homosexualität, Abtreibung, Rauschgiftkonsum, Glücksspiel) in der einen Gesellschaft strafbar sein und in der anderen nicht; insbes. gilt dies für das politische Strafrecht, das jeder Staat nach seiner politischen Ausrichtung festsetzt.

Die **Kriminologie** als Wissenschaft vom Verbrechen ist eine empirische, interdisziplinäre Wissenschaft, deren Gegenstand bis heute unterschiedlich definiert wird. Unstreitig gehört dazu die Betrachtung und Untersuchung des Verbrechens als eines sozialen und individuellen Problems und damit 1. die Lehre von den Erscheinungsformen des Verbrechens *(Kriminalphänomenologie),* 2. die Lehre von den Ursachen des Verbrechens *(Kriminalätiologie),* 3. die *Kriminalanthropologie* (Kriminalpsychologie und -biologie) und 4. die *Kriminalsoziologie* (ein Teil davon ist die *Kriminalstatistik*).

Nach früheren Annahmen ist das menschliche Verhalten durch vorgegebene Faktoren vollständig bestimmt und bestehen fundamentale Unterschiede zwischen den kriminellen und den gesetzestreuen Mitgliedern einer Gesellschaft. Aufgrund anthropologischer Studien glaubte man feststellen zu können, daß Verbrecher körperliche Anomalien zeigen und die Anlage zum Verbrechen erblich sei. Heute werden derartige Meinungen nicht mehr vertreten. Es wird sogar die Bedeutung von sozialen Faktoren wie Armut und Not in Frage gestellt, seitdem die Wohlstands-K. ständig zunimmt. Die Ursachen und Motive jüngerer Bereiche der K., wie z.B. der Wirtschafts- und Verkehrs-K. oder des Terrorismus, sind noch weitgehend unerforscht.

Krise: psychische Reaktion auf eine schwierige, bedrohlich erscheinende Situation, der man nicht ohne weiteres entfliehen kann. Um eine daraus resultierende psychische Störung zu vermeiden bzw. zu bewältigen, sollte eine psychologische Soforthilfe **(K.nintervention)** erfolgen.

Beispiele für K.n sind tiefgehende Trauer, das Gefühl der Ausweglosigkeit bis hin zu Selbstmordabsichten, Ehekrisen, plötzliche schwere Angstzustände, Lebens- und Entwicklungskrisen (z.B. während der Pubertät, bei schulischem Leistungsabfall oder in den Wechseljahren).

Krisenintervention ↑Krise.

kriteriumsorientierter Test: svw. lehrzielorientierter Test. – ↑Tests.

Kriteriumsvalidität: eine Form der ↑Validität.

Kritikfähigkeit: Teilfunktion der ↑Intelligenz, die v.a. in der kritischen Prüfung (komplexer) Sachverhalte und in daraus resultierender persönlicher Urteilsbildung besteht.

Kritische Psychologie: zu Beginn der siebziger Jahre im wesentlichen vom Psychologischen Institut der Freien Universität in Berlin (unter maßgeblichem Einfluß des Psychologen K. HOLZKAMP) ausgegangene psychologische Richtung, die sich als spezifische Konzeption materialistischer psychologischer Forschung und Praxis verstand, seit Mitte der achtziger Jahre jedoch stark an Bedeutung verloren hat.

Kultur: Bez. für das, was der Mensch geschaffen hat (im Gegensatz zu der von ihm nicht umgeschaffenen, sondern hingenommenen Umwelt, der *Natur*). K. entfaltet sich in den verschiedensten Bereichen: Technik, Wissenschaft, Kunst, Religion, Recht und Sitte, in sozialen Institutionen und anderem. Im engeren Sinne bezeichnet man besonders wertvolle Schöpfungen als K.leistungen, z.B. Erzeugnisse der Kunst und den Bereich der Erziehung, der den Menschen befähigen soll, an der K. teilzuhaben. Zuweilen unterscheidet man auch zwischen K. und **Zivilisation** als der mehr technisch-materiellen Seite der Lebensgestaltung. Die Umbildung der Natur – auch seiner selbst – zur K. *(Kultivierung)* ist ein wichtiges Kennzeichen des ↑Menschen, das ihn deutlich vom Tier abhebt.

K. bezieht sich ursprünglich auf die Bodenbewirtschaftung des seßhaften Bauerntums. Sie wird in den sog. *Hochkulturen* allmählich von städtisch-bürgerlichen Lebensweisen überlagert. – Bis ins 18.Jh. wurde unter K. vornehmlich die Ausbildung der leiblichen, seelischen und geistigen Fähigkeiten des Menschen, die Vervollkommnung seiner Natur verstanden *(Kulturoptimismus)*. Durch die Ereignisse des 19. und 20.Jh. ist jedoch der Glaube an die kulturelle Entwicklungsfähigkeit des Menschen erschüttert worden *(Kulturpessimismus)*.

Kulturanthropologie: humanwissenschaftliche Disziplin, die neben dem biologischen und philosophischen Aspekt der Forschung am Menschen insbes. den der ↑Kultur berücksichtigt. Sie befaßt sich v.a. mit den morphologischen und psychologischen Voraussetzungen und Bedingungen der Kulturentstehung und -entwicklung sowie den stammesgeschichtlich vorprogrammierten Anteilen der menschlichen Weltauffassung. Darüber hinaus ist es Aufgabe der K., aus dem biologisch-anthropologischen sowie dem verhaltens- und kulturwissenschaftlichen Stoff das für den Menschen Charakteristische herauszuarbeiten.

In den angelsächsischen Ländern wird als K. (Cultural anthropology) darüber hinaus die gesamte Völkerkunde bezeichnet. Diese behandelt neben den auch die K. interessierenden Kulturkonstanten v.a. die Kulturvarianten *(Ethnographie)* und vergleicht sie miteinander *(Ethnologie)*.

kulturhistorische Schule: Seit ungefähr 1930 ergaben sich mit der k.n Sch. in der Sowjetunion wesentliche neue Impulse für die Herausbildung einer marxistisch fundierten Psychologie und Pädagogik. Führender Kopf dieser Bewegung war L. S. WYGOTSKIJ, der seine Arbeiten ausdrücklich auf die MARXsche Auffassung über die Beziehung zwischen menschlicher Tätigkeit und menschlichem Bewußtsein gründete. WYGOTSKIJ nahm an, daß die individuelle Bewußtseinsentwicklung über die gegenständliche Tätigkeit des Menschen vermittelt sei.

Charakteristisch für die k.Sch. ist ein enger Bezug zu praktisch-pädagogischen Fragen, wobei ein starker ↑milieutheoretischer Optimismus vorherrscht, dessen theoretische Begründung von der großen Bedeutung herrührt, welche die k. Sch. dem Handeln beimaß.

Kulturpsychologie: Teilgebiet der Psychologie, das sich mit Verhaltensweisen befaßt, die für Angehörige eines bestimmten Kulturkreises charakteristisch sind (Bräuche, Konventionen, Normen) und sich in kulturellen Leistungen in den verschiedensten Bereichen (z.B. Architektur, Kunst, Religion, Sprache, Technik, Wissenschaft) niederschlagen.

künstliche Intelligenz (Abk.: KI; engl.: *artificial intelligence (ai);* auch *maschinelle Intelligenz*): Bez. für spezielle Methoden und Verfahren der praktischen Informatik (Wissensverarbeitung, wissensbasierte Systeme) und der Kognitionswissenschaften (kognitive Psychologie, kognitive Linguistik u.a.) mit unterschiedlichen Zielsetzungen, von denen die maschinelle bzw. computerisierte Nachbildung für den Menschen typischer Fähigkeiten, besonders solcher der menschlichen Intelligenz, aber auch der Aspekt einer völligen Ersetzung des Menschen durch die Maschine, am weitesten reichen.

Unabhängig von den unterschiedlichen Auffassungen und Zielsetzungen, werden im Rahmen der KI Methoden und Verfahren zur Systemkonstruktion entwickelt. KI-Systeme sind wissensbasierte Problemlöser, d.h., sie lösen Aufgaben auf der Grundlage verfügbarer Daten. Kernfragen des Entwurfs sind dementsprechend die formale Repräsentation der Problemobjekte bzw. des Wissens darüber, die Methode der Inferenz (die Bestimmung der elementaren Problemlösefaktoren) sowie die Festlegung der Suchstrategie. Zur Verwirklichung des Entwurfs müssen Methoden, Verfahren und Werkzeuge der Implementation ausgewählt werden.

KI-Systeme lassen sich traditionellen Teilgebieten zuordnen. In der *Spielprogrammierung,* speziell der Schachprogrammierung, sind die spektakulärsten Erfolge zu verzeichnen, obwohl hier meist das wenig »intelligente« Verfahren der Breitensuche angewendet wird. Die hieraus entwickelten Problemlösetechniken wurden auch von der kognitiven Psychologie aufgegriffen.

Die Rekonstruktion *sprachlicher Äußerungen* zählt zu den schwierigsten Problemen der KI. Im Unterschied zu den ersten, rein syntaktischen (den Satzbau betreffenden) Versuchen sind neuere natürlichsprachliche Systeme semantisch (d.h. die Bedeutung sprachlicher Zeichen betreffend) fundiert und berücksichtigen Weltwissen sowie formalisierbare pragmatische Informationen. Als Anwendungen werden neben der automatischen Übersetzung die automatische Zusammenfassung von Aufsätzen sowie die Mensch-Maschine-Kommunikation mit Daten- und Wissensbanken ins Auge gefaßt. Hier wird eine Verbindung mit Systemen der akustischen Spracherkennung versucht, deren grundlegende Methoden und Verfahren außerhalb der KI liegen. In diesem Bereich findet eine enge Zusammenarbeit mit der kognitiven Linguistik statt. Ähnlich liegen die Verhältnisse in der *Bildverarbeitung,* deren Anwendungsrelevanz im wesentlichen von den Methoden der Mustererkennung sowie der »niederen Bilddeutung« herrührt. Bei der Analyse natürlicher Szenen und Umgebungen spielen wissensbasierte Methoden jedoch eine wichtige Rolle. »Höhere Bilddeutung«, räumliches Sehen und Analyse von Bildfolgen sind auch eine Voraussetzung für die Entwicklung autonomer Roboter, also flexibel einsetzbarer Handhabungsautomaten. Diese enthalten meist Sensoren zur Kommunikation mit der Umgebung (Photozellen, Kameras, Temperaturfühler, Rauchfühler u.a.), Effektoren zur Durchführung von Tätigkeiten (Schalter, bewegliche Greifarme u.a.) und Prozessoren zur Informationsverarbeitung und zur Steuerung der Effektoren.

Den höchsten Grad an Anwendungsrelevanz besitzen auf absehbare Zeit *Expertensysteme,* d.h. automatische Problemlöser der KI für spezielle Wissensgebiete, z.B. chemische Analyse, Fehlerdiagnose technischer Aggregate, Finanzanalyse oder Gerätekonfiguration.

Eine alle KI-Systeme berührende Technik ist das *automatische Lernen* (automatischer Wissenserwerb). Nach einigen spektakulären Anfangserfolgen in Klassi-

K

Kybernetik

Einfaches Modell eines Regelkreises; x Istwert, x_K Sollwert, y Stellgröße

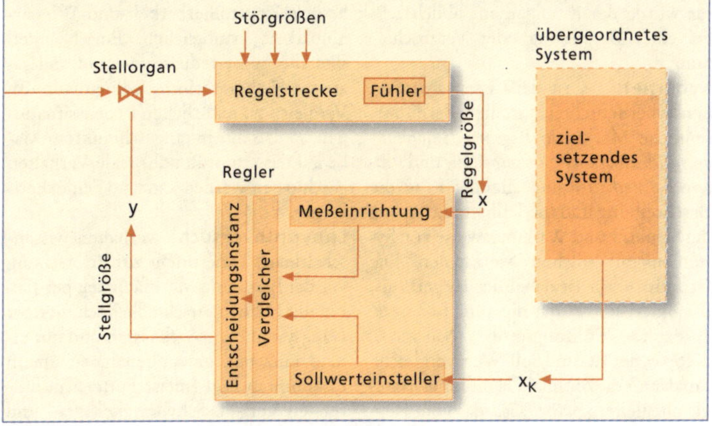

fikation und Konzeptbildung sind hier kaum noch Fortschritte zu verzeichnen, so daß wieder auf den Ansatz der ↑neuronalen Netze zurückgegriffen wird.

Die Idee der vollständigen oder weitgehenden Rekonstruierbarkeit des menschlichen Geistes wirkt ebenso faszinierend wie provozierend. Prominente Kritik kommt v.a. von Philosophen an den zugrundeliegenden philosophischen Annahmen sowie deren enthumanisierenden Folgen. Gegen die starke KI-These spricht, daß auch mit Sensoren ausgerüstete Automaten ihr »Verhalten« nur in einem vorgegebenen bzw. vorprogrammierten Rahmen ändern können, wogegen lebendige Intelligenzen mit ihrer natürlichen und sozialen Umwelt in einer offenen, evolutionär sich verändernden Beziehung stehen. KI-Systeme vermögen daher nur gewisse abstrakte Aspekte der menschlichen Intelligenz zu simulieren; sie sind nicht intelligent.

Kunstpsychologie: Teilgebiet der Psychologie, dessen Aufgabe die psychologische Analyse von Sachverhalten ist, die dem Bereich der Kunst zugeordnet werden, z.B. Psychologie des Künstlers oder des Kunstrezipienten. In der K. werden auch Fragen der Sinnespsychologie, der Farblehre und der Farbsymbolik behandelt. Unter entwicklungspsychologischer Perspektive interessieren ferner die künstlerischen Fähigkeiten von Kindern.

Kurzschlußhandlung: durch emotionale Impulse ausgelöste, der rationalen Kontrolle weitgehend entzogene Handlung.

Kurzzeitgedächtnis (Abk.: KZG): Teilbereich des Gedächtnisses. – ↑Gedächtnis.

Kuß: aktiver Kontakt des ↑Mundes (insbes. der Lippen), häufig unter Beteiligung der Zunge *(Zungenkuß)* mit einem Lebewesen (oder auch nur einem Gegenstand), speziell mit dem Mund eines Partners *(Mundkuß)*. Nach Ansicht der Verhaltensforschung leitet sich der K. möglicherweise von der Mund-zu-Mund-Fütterung ab (»K.fütterung«). Als K. gilt auch der bei einigen Naturvölkern verbreitete Nasengruß. Neben der Funktion des Bezeugens v.a. der Zuneigung oder Verehrung (z.B. durch einen *Handkuß*) bzw. Unterwerfung (z.B. durch einen *Fußkuß*) hat der K. heute hauptsächlich erotisch-sexuelle Bedeutung.

Bei einigen asiatischen Völkern gehörte der K. (und gehört weitgehend sogar

K

noch heute) zum tabuisierten Intimbereich. Erst im Einflußbereich der griechischen, römischen und jüdischen Kultur wurde der K. allgemein üblich z.B. bei einer Begrüßung oder Verabschiedung.

Kybernetik: K. ist die Wissenschaft von den kybernetischen Systemen, deren wesentliche Merkmale *Regelung, Informationsspeicherung* sowie *-verarbeitung* und *strategisches Verhalten* sind. Ziel der K. ist die Beschreibung und modellhafte Erfassung der Struktur und Wirkungsweise von Systemen mit solchen Merkmalen. Die Grundstruktur ist dabei der **Regelkreis,** charakterisiert durch die fünf *Instanzen:* 1. externe Führungsgröße *(Soll-Wert);* 2. *Regler,* der Ist- und Soll-Wert vergleicht, um daraus die optimale Handlungsstrategie abzuleiten; 3. *Stellglied,* das vom Regler Anweisungen erhält und die Steuerung durchführt; 4. *Regelgröße,* an der die Steuerung durchgeführt wird; 5. *Meßfühler* zur Erhebung des Ist-Wertes und Rückmeldung desselben an den Regler. Mit Hilfe dieser Rückkopplung (↑Feedback) kann die Einwirkung äußerer Störfaktoren kontrolliert und die Steuerungsstrategie optimiert werden. Abb. S. 219

KZG: Abk. für **K**urz**z**eit**g**edächtnis. – ↑Gedächtnis.

L

LA:

◆ Abk. für ↑**L**ebens**a**lter.

◆ Abk. für **L**eistungs**a**lter.

Labeling-approach ↑Verhaltensauffälligkeiten.

labil:

◆ in der *Psychologie:* leicht das seelische Gleichgewicht verlierend.

◆ in der *Medizin:* Anfälligkeit für gesundheitliche Störungen (»er hat eine labile Konstitution«).

Labilität: erhöhte Störbarkeit des seelischen Gleichgewichts, insbesondere eine Tendenz, anlagebedingten einzelnen Trieben nachzugeben.

Laborexperimente: unter den speziellen Bedingungen eines Laboratoriums durchgeführte Experimente, die v.a. eine bessere Kontrollierbarkeit und Wiederholbarkeit ermöglichen. Ein Nachteil sind die meist reduzierten und andersartigen Laboratoriumsbedingungen im Vergleich zu natürlichen Lebenssituationen, so daß nur in eingeschränktem Maße auf das (zu prüfende) reale Verhalten geschlossen werden kann. – ↑Feldexperimente.

Labyrinthversuch: verhaltenswissenschaftliches Experiment zur Erforschung v.a. der Lern- und Merkfähigkeit bei Tieren mit Hilfe unterschiedlich schwieriger Gangsysteme mit Sackgassen und nur einem einzigen, gewundenen, zu einem bestimmten Ziel (meist Futter) hinführenden Verlauf. Schwierigkeitsgrad und Ausdehnung des Labyrinths werden je nach Fragestellung verändert. Gemessen wird z.B., wie viele Fehler ein Tier (z.B. eine Maus) beim ersten, zweiten, dritten Durchlaufen usw. macht.

Lächeln: bestimmter, nur dem Menschen eigener angeborener Gesichtsausdruck, der einer anderen Person freundliches Wohlwollen übermittelt und spannungslösend, angriffshemmend wirkt. Das L. als Beschwichtigungsgebärde wird oft bewußt eingesetzt und erscheint dann unecht. – ↑auch Lachen.

Lachen: angeborenes Verhalten (Instinktverhalten), das sich beim Menschen in Form eines bestimmten Gesichtsausdrucks (einer bestimmten Mimik), zusammen mit rhythmisch ausgestoßenen Lauten (im Unterschied zum ↑Lächeln) äußert. L. ist eine Reaktion auf lustige oder besonders komische Ereignisse bzw. solche betreffende mündliche oder schriftliche Mitteilungen (z.B. ein Witz) und ist Ausdruck einer bestimmten Stimmungslage (z.B. kann man dann freudig, albern, ironisch, zynisch, auch verzweifelt sein). Da L. den Kontakt zwischen Menschen fördert, steht es v.a. im Dienst des Sozialverhaltens. Es ist nach K. LORENZ auf die Drohgebärde der Primaten

Labyrinthversuch: Die Schimpansin löst die Aufgabe, einen Eisenring mit Hilfe eines Magneten auf der durchgezogenen Bahn zum Ende des Brettes zu führen, allein durch Nachdenken innerhalb von 75 Sekunden.

zurückzuführen (Entblößen der Zähne) und kann eine aggressive Note haben (z.B. beim Auslachen eines anderen, bei der Schadenfreude). Daneben enthält es auch Elemente des Sichabwendens (ambivalentes Verhalten). So signalisiert das L. eines Kindes, wenn es hochgeworfen und wieder aufgefangen wird: Ich habe zwar Angst, fühle mich aber sicher. Das L. steht dem kindlichen Weinen nahe, aus dem sich das L. nach D. MORRIS herausentwickelt haben soll.

Lagesinn svw. ↑Gleichgewichtssinn.

Laientherapeuten: Sammelbez. für Personen, die ohne entsprechende berufliche (psychiatrische, psychotherapeutische, psychologische) Vorbildung ihre Klienten im Rahmen psychosozialer Einrichtungen (z.B. Telefonseelsorge) betreuen.

Laissez-faire-Erziehungsstil ↑Erziehungsstil.

Lallen: zwischen frühestens dem zweiten und dem zwölften Lebensmonat als Ausdruck von Lustgefühlen erfolgende Lautäußerungen des Kleinkindes, die aus fortgesetzten Wiederholungen phonetischer Elemente bestehen. Unterschieden werden das **primäre L.** (ab dem 2. Monat) und das **sekundäre L.** (ab dem 5. Monat), das bei gehörlosen Kindern nicht oder nur selten auftritt.

Lalopathie svw. ↑Sprachstörungen.

Lalophobie: Sprechangst beim ↑Stottern.

Lächeln: Mitglieder der Kelly Family und Nastassja Kinski

L

Lamarckismus: von dem frz. Naturforscher J.-B. DE LAMARCK begründete Hypothese, nach der sich bestimmte Merkmale von Lebewesen durch die Wirkung von Umwelteinflüssen verändern und diese Veränderungen auf die Nachkommen vererbt werden, wenn sie bei beiden Elternteilen auftreten. Solche Veränderungen kommen nach dieser Hypothese dadurch zustande, daß stark beanspruchte Organe kräftiger und leistungsfähiger werden, nicht gebrauchte Organe dagegen geschwächt werden, sich verkleinern und schließlich ganz verkümmern. Diese Veränderungen des Phänotyps übertragen sich nach LAMARCK auf den Genotyp, wodurch sie erbwirksam werden (direkte Anpassung). Die phylogenetisch damit wirksam gewordenen Veränderungen wurden nach LAMARCK jedoch nicht unmittelbar durch Umweltveränderungen hervorgerufen (wie oft fälschlich interpretiert wird), sondern als Reaktion der Organismen auf Umweltbedingungen bewirkt, wobei ein den Lebewesen innewohnender Vervollkommnungsdrang zu sinnvollen Änderungen (Anpassungen) führt.
Zahllose Versuche, den L. experimentell zu beweisen, sind gescheitert. Speziell durch die Ergebnisse der Molekulargenetik ist der L. widerlegt. Außerdem gilt er bereits durch die Vorstellung einer natürlichen Selektion (bei primär richtungsloser Veränderung durch Mutation) als überholt. Gleichzeitig muß er allerdings als wichtiger Vorläufer des ↑Darwinismus angesehen werden, der der ↑Deszendenztheorie einen wesentlichen Anstoß vermittelt hat.

Lambdazismus: Form des Stammelns, bei welcher der L-Laut überhaupt nicht oder nur fehlerhaft ausgesprochen werden kann.

Lampenfieber: starke nervöse Erregung, Angst und innere Angespanntheit unmittelbar vor einer Situation, in der man sich zu bewähren hat, besonders vor einer Prüfung, vor einem öffentlichen Auftreten oder ähnlichem.

Landoldt-Ringe

Landoldt-Ringe: nach dem schweizerischen Augenarzt E. LANDOLDT benannte Ringe zur Prüfung der Sehschärfe.

Langeweile: als unangenehm, lästig empfundenes Gefühl des Nichtausgefülltseins, der Eintönigkeit, Ödheit, das aus Mangel an Abwechslung, Anregung, Unterhaltung oder interessanter, reizvoller Beschäftigung entsteht.

Längsschnittuntersuchung: psychologische Forschungsmethode, bei der im Unterschied zur ↑Querschnittuntersuchung von einer Person (oder von mehreren Personen) zu *verschiedenen* Zeitpunkten nach demselben oder einem vergleichbaren Vorgehen (z.B. Tests) Merkmale erhoben werden, um die individuelle bzw. im Gruppenvergleich interessierende Entwicklung verfolgen zu können.

Längsschnittuntersuchung

Schema zur Untersuchung von Alterswirkungen anhand von Längsschnitt- und Querschnittuntersuchung; S Stichprobe, O Beobachtung

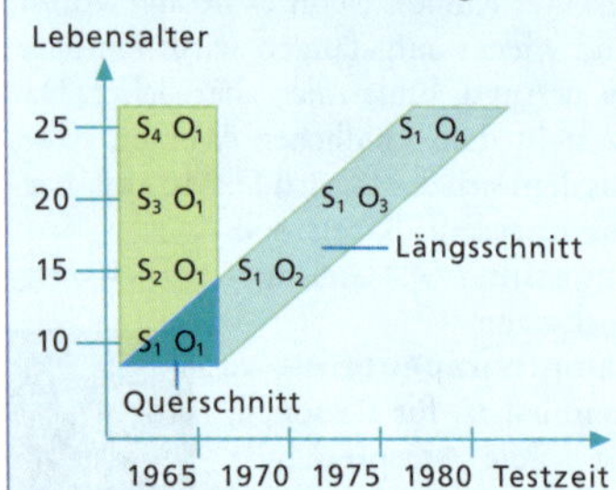

Langzeitgedächtnis (Abk.: LZG): ein Teil des ↑Gedächtnisses.

Lärm: jedes als störend bis unerträglich empfundene Geräusch, dessen Lästigkeit zum einen von der Lautstärke, der Einwirkungsdauer und dem Frequenzbereich, zum anderen von der Einstellung,

L

die man bestimmten Geräuschen gegenüber einnimmt (Diskofans z.B. lieben ihren Disko-L.), abhängt. Aber auch die subjektiv als nicht unangenehm empfundene Schalleinwirkung kann schädigen; so bewirkt eine Dauereinwirkung von Schall über 85 dB(A) Hörschäden. Konzentrationsstörungen können ab 25 dB(A) auftreten. Langandauernder L. kann psychische (Konzentrationsschwäche, Leistungsabnahme), über das vegetative Nervensystem auch physische Störungen hervorrufen (Herz- und Kreislaufbeschwerden, Gleichgewichtsstörungen, Kopfschmerzen) oder direkt Sinneszellen beeinträchtigen (zu Schwerhörigkeit führen). Schon kurzzeitige, aber äußerst hohe L.pegel können zum Tode führen. Besonders störend werden kurzzeitige Schallereignisse (z.B. Türzuschlagen, Schallmauerdurchbruch, Explosionsknall) empfunden, wenn sie den Grundpegel um mehr als 10 dB(A) überschreiten.

larvierte Depression ↑Depression.

latenter Trauminhalt: die unbewußten Vorstellungen, Wünsche und Ängste, die »hinter« dem bewußten, dem Träumer erinnerlichen ↑manifesten Trauminhalt stehen. Nach psychoanalytischer Auffassung sind dies nur jene Inhalte, die sich durch die Interpretation des Traumes aufdecken lassen.

Latenzphase:
- in der *Wahrnehmungsphysiologie* Bez. für den zwischen Reizbeginn und beobachteter Reaktion liegenden Zeitraum.
- nach S. Freud (↑Psychoanalyse) jener Zeitraum zwischen dem 5. und 12. Lebensjahr, welcher der phallischen Phase (↑Libido) und der Bewältigung des Ödipuskomplexes bis zum Beginn der Pubertät folgt. Kennzeichnend für die L. sind die Reduzierung unmittelbarer Triebbefriedigungen, die Ausbildung von Ich-Funktionen wie Wahrnehmung und Gedächtnis und eine zunehmende Verinnerlichung von Geboten und Verboten.

lateraler Transfer ↑Transfer.

Lateralität svw. ↑Seitigkeit.

Laune: umgangssprachlich Bez. für die augenblickliche Gemütsverfassung. – ↑auch Stimmung.

Lautbild: Bez. für den Laut als psychisch »abgebildete« Einheit in der Vorstellung des Sprechens.

Lärm:
Beispiele für verschiedene Geräuschpegel

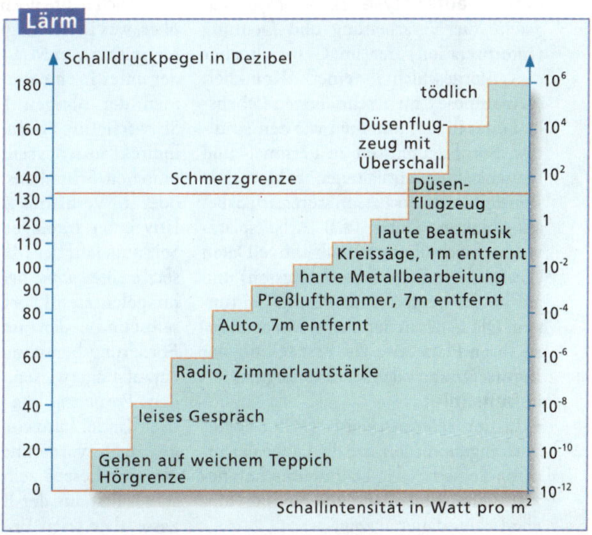

L

Learning by doing: am philosophischen Pragmatismus (v.a. an W. JAMES) orientierte Auffassung, derzufolge Lernen nur durch eigenes Handeln *(Learning by doing)* und nicht durch theoretische Vermittlung möglich sei.

Learning sets: Bez. für Fähigkeiten und Vorkenntnisse, die durch eine vorausgegangene Beschäftigung mit vergleichbaren Lerninhalten erworben wurden.

Lebensalter (Abk.: LA): Im Unterschied zum ↑Intelligenzalter bezeichnet der Begriff LA die Altersphase eines Menschen, in der er sich von seiner organischen bzw. körperlichen Entwicklung her befindet; das LA ist vom kalendarischen Alter abzugrenzen.

Lebensgefühl:

◆ (Vitalgefühl): *allg.* bewußtes Gefühl, am wirklichen Leben teilzuhaben, mitten im Leben zu stehen; Daseinsgefühl.

◆ nach P. LERSCH Bez. für die das Daseinserleben bestimmende Gefühlsgruppe des ↑endothymen Grundes; dazu gehören Grundstimmungen wie Heiterkeit, Traurigkeit, Wut, Angst, Hunger, Durst, Müdigkeit.

Lebenslaufanalyse: in der *Psychodiagnostik* die Verarbeitung und Deutung (Interpretation) der im Gespräch über die Vorgeschichte einer Krankheit (↑Anamnese), im geschriebenen Lebenslauf oder in Dokumenten wie den Schul- und Berufszeugnissen, in Personal- und Gerichtsakten enthaltenen Fakten. Die Beurteilung einer Person stützt sich dabei auf objektive Daten (z.B. Arbeitsplatzwechsel, Schulbesuch), subjektive Daten (geschilderte Erlebnisse, Interessen) und auf beides beinhaltende eigene Leistungen. Die L. hat in der diagnostischen Praxis ihren Platz etwa zur Feststellung der Berufseignung oder Strafmündigkeit.

Lebenslinie:

◆ In der *»Handlesekunst«* (↑Chirologie) wird angenommen, daß die Länge der anthropologisch als Daumenfurche bezeichneten Innenhandlinie die individuelle Lebensdauer anzeigt.

◆ In der *Individualpsychologie* A. ADLERS wird als L. die charakterlich bedingte zielgerichtete Verhaltensgrundtendenz bezeichnet.

Lebensraum: in der *Psychologie* K. LEWINS Sammelbez. für die psychisch wirksamen Außenfaktoren, soweit diese das Verhalten einer Person mit ihren augenblicklichen Bedürfnissen oder Antrieben beeinflussen. Der L. wird damit als ein Feld bzw. Kraftfeld angesehen, dessen Strukturelemente den jeweiligen seelischen Antriebskräften entsprechen. – ↑auch Feldtheorie.

Lebenstrieb: von S. FREUD (↑Psychoanalyse) in seiner letzten Theoriebildung dem Todestrieb gegenübergestellte große Triebkategorie. Der L. strebt nach der Schaffung und Aufrechterhaltung immer größerer (lebenserhaltender) Einheiten und umfaßt den Sexualtrieb (↑Libido) wie den Selbsterhaltungstrieb.

Leerlaufhandlung ↑Instinkthandlung.

Legasthenie (Lese-Rechtschreib-Schwäche; Abk.: LRS): Obwohl das wissenschaftliche Interesse an der Erforschung gestörter Lese-lern-Prozesse bereits über hundert Jahre zurückreicht, besteht auch heute noch keine Klarheit darüber, was L. ist. Wegweisend wurde eine Definition von M. LINDER (1951), nach der unter L. eine spezielle, aus dem Rahmen der übrigen Leistungen fallende Schwäche im Erlernen des Lesens (und indirekt auch des selbständigen orthographischen Schreibens) bei sonst intakter oder im Verhältnis zur Lesefähigkeit relativ guter Intelligenz zu verstehen ist. Seit ungefähr der Mitte der 1970er Jahre setzte eine *nachhaltige Kritik* an der bis dahin geleisteten L.forschung, am L.begriff selbst und an den bisher vorherrschenden Förderungsbemühungen ein. So wurde darauf hingewiesen, daß meist nur von den *Produkten* lese-rechtschreib-schwacher Kinder (also von ihren Fehlern) ausgegangen wurde und zu wenig der Prozeß des Lesens selbst im Vordergrund stand. Erst aus der Kenntnis dieser Prozesse aber seien Erklärungen und sinnvolle Behandlungsmethoden für die betroffenen Kinder ableitbar. Darüber hinaus wurde der Begriff L. als eine Leerformel kritisiert, mit der das Lesen und Schreiben als bloße *Fertigkeiten* und nicht (wie in Wahrheit) als Bestandteile eines *schriftsprachlichen Kommunikationsprozesses* aufgefaßt würden.

Als *Ursachen* der L. werden zahlreiche Faktoren genannt. Sie liegen teilweise in der kindlichen Persönlichkeit, teilweise aber auch in der familiären Sozialisation des Kindes. Bes. Beachtung verdient die Zurückführung der L. auf eine *Lehrschwäche.* Damit soll zum Ausdruck kommen, daß sich **legasthene Störungen** zumindest teilweise auf einen unqualifizierten Leseunterricht sowie auf die gesamte schulische Umwelt zurückführen lassen.

Bei der *Förderung* legasthenischer Kinder wird künftig bei den bislang schon üblichen unmittelbaren Lese- und Schreibübungen darauf zu achten sein, daß die Kommunikationsfunktion der Schriftsprache in angemessener Weise berücksichtigt wird. Da emotionale Faktoren sowohl als Ursachen als auch als Folgen für L. gelten können, muß auch dieser Aspekt in einen ganzheitlichen Förderungsansatz lese-rechtschreib-schwacher Kinder einbezogen sein.

Lehranalyse: Mehrjährige, je nach Schulrichtung und/oder Ausbildungsinstitut in der Regel 250 bis 600 Stunden umfassende psychotherapeutische Selbsterfahrung, der sich künftige Psychoanalytiker in der ersten Phase ihrer Ausbildung unterziehen müssen. Im Laufe der L. sollen sich die angehenden Psychotherapeuten mit Hilfe des Lehranalytikers ihre eigenen (ungelösten) Probleme bewußt machen und diese nach Möglichkeit durcharbeiten, um über diesen Prozeß ihren Klienten bzw. deren psychischen Störungen später weitgehend wertfrei begegnen zu können.

Lehrertest: svw. informeller Test. – ↑Tests.

Lehr-lern-Forschung: Instruktionspsychologische und kognitiv-lerntheoretische Erkenntnisse und Fragestellungen systematisch miteinander zu verknüpfen ist das Ziel dieses Forschungszweiges.

Die L.-l.-F. versteht sich nicht als unmittelbar anwendungsbezogen. Vielmehr bemüht sie sich gegenwärtig darum, *Unterricht* in seinen verschiedenen Aspekten möglichst präzise zu *beschreiben* und das *Verhalten* der daran Beteiligten zu *erklären.* Verbunden mit diesem Bemühen ist allerdings die Überzeugung, daß die Verbesserung dieses Beschreibungs- und Erklärungswissens, langfristig gesehen, geeigneter und wirksamer ist als die Verfolgung oberflächlicher und kurzfristiger Anwendungsbezüge.

Lehrmaschine (Lehrautomat): ein vom Schüler zu bedienendes technisches Gerät, das es diesem innerhalb eines Trainings- oder Lehrprogramms ermöglicht, sich relativ selbständig und in einem von ihm gewählten Tempo mit einem bestimmten Lehrstoff auseinanderzusetzen. Moderne Beispiele für L.n sind Computer, die als ↑intelligente tutorielle Systeme fungieren. – ↑auch programmierter Unterricht.

Lehrprogramm (Lernprogramm): L.e sind nach den Prinzipien der programmierten Unterweisung konzipierte Unterrichts- oder Ausbildungsmedien. Wie beim ↑programmierten Unterricht allgemein üblich, läuft der Lehrstoff dabei nach einem bestimmten Schema ab und ist in kleine Schritte aufgeteilt. Bei unzureichendem Lernerfolg bieten L.e über Programmverzweigungen meist zusätzliche Lernhilfen an. *Großer Vorteil* der L.e ist die Steuerung des Lernprozesses durch den Lernenden selbst. *Nachteile* gegenüber bisherigen Unterrichtsmethoden sind die weitgehend fehlenden Möglichkeiten zur sozialen Interaktion sowie die im Vergleich zum menschlichen Handeln geringe Flexibilität. – ↑auch intelligente tutorielle Systeme.

leiborientierte Therapien ↑Körpertherapien, ↑Psychotherapie.

Leib-Seele-Problem (psychophysisches Problem): Das L.-S. -P. spielt in der

Geschichte der Philosophie (zu der noch bis in die jüngere Zeit die ↑Psychologie als Disziplin gehört hat) eine wichtige Rolle. Die Frage war, in welcher Beziehung unsere Körperlichkeit zur anscheinend immateriellen seelischen Wirklichkeit steht; denn Leib und Seele gelten in der philosophischen Betrachtungsweise meist als einander wesensfremd und unvereinbar.

Zur Lösung des L.-S.-P.s wurden verschiedene Theorien entwickelt, u.a. die Theorie des psychophysischen ↑Parallelismus oder die der psychophysischen Wechselwirkung. Diese und zahlreiche andere Auffassungen scheinen sich jedoch der empirischen Überprüfung zu entziehen.

Leidenschaft:

◆ sich in emotionalem, vom Verstand nur schwer zu steuerndem Verhalten äußernder Gemütszustand, aus dem heraus etwas erstrebt, begehrt, ein Ziel verfolgt wird.

◆ Passion für etwas, was man sich immer wieder zu verschaffen, was man zu besitzen sucht, für eine bestimmte Tätigkeit, der man sich mit Hingabe widmet.

◆ sich in starkem Gefühl, in heftigem, ungestümen Besitzverlangen äußernde Zuneigung zu einem Menschen.

Leidensdruck (Leidensfaktor): Dieser psychotherapeutische Begriff bezeichnet die (emotionale) Einstellung eines Kranken oder Süchtigen zu seinem Leiden bzw. zu seiner Sucht. Die Stärke des L.s hängt nach psychotherapeutischer Ansicht weniger von der Art des Leidens bzw. der Sucht ab als vielmehr von der Persönlichkeitsstruktur des davon Betroffenen. Allgemein gilt: je höher der ↑Krankheitsgewinn, desto geringer der Leidensdruck. Dies wird als wichtiges Kriterium der Behandelbarkeit angesehen. Solange beispielsweise eine Sucht (↑Drogenabhängigkeit) nur Befriedigung bringt (und keinen – z.B. sozialen – L. erzeugt), sind die Chancen einer Heilung nach Auffassung vieler Therapeuten äußerst gering.

Leipziger Schule: Bezeichnung für die hauptsächlich von F. KRUEGER und seinen Schülern O. KLEMM, F. SANDER, H. VOLKELT sowie A. WELLEK vertretene Richtung der ↑Ganzheitspsychologie.

Leistung: Individuell gesehen, ist L. sowohl der Grad einer körperlichen und/oder psychischen Selbstbeanspruchung (innerhalb eines Erwartungshorizontes) als auch deren Ergebnis. Kollektiv gesehen, d.h. im Vergleich mit einer Gruppe, gilt als L. sowohl die Einsatzbereitschaft bzw. Belastbarkeit als auch deren Ergebnis; beides wird am (fiktiven) Durchschnitt der Gruppenleistung gemessen (z.T. mit hochspezifischen Tests).

Für den L.sstand sind nicht nur Befähigung (Begabung, Intelligenz und bestimmte Fähigkeiten, z.B. Schnelligkeit) und Ausbildungsstand entscheidend, sondern auch die Leistungsmotivation. Sie zeigt sich in dem Willen eines Menschen, die von ihm als wichtig bewerteten Aufgaben (↑Anspruchsniveau) mit Energie und Ausdauer bis zum erfolgreichen Abschluß durchzuführen.

L.sbereitschaft und L.sfähigkeit sind entwicklungsabhängig und variieren je nach Individuum und Zuständigkeit. Die inneren und äußeren Bedingungen der L.sfähigkeit werden v.a. von der Arbeitspsychologie untersucht. Zur L.smessung werden Arbeitsabschnitte oder der Gesamtverlauf einer Arbeit als *L.skurve* (Arbeitskurve) dargestellt. Die allg. L.shöhe ist in den Vormittagsstunden am größten, fällt dann ab (mittags ist sie am tiefsten) und erreicht am späten Nachmittag einen zweiten Höhepunkt. Von besonderer Bedeutung ist die L.skurve für die Bemessung des Arbeitspensums.

Sozialpsychologisch gilt L. als ein Unterscheidungsmerkmal der einzelnen, besonders in einer Industriegesellschaft (↑Leistungsgesellschaft). Erziehung und Ausbildung zielen auf L.ssteigerung (in den Grenzen der Veranlagung), doch hängt die L. in hohem Maße auch vom Anspruchsniveau der Institutionen (z.B. der Schule) ab.

Verfahren zur Schulleistungsmessung und -beurteilung sind sowohl die herkömmlichen mündlichen und schriftlichen Prüfungen als auch informelle und standardisierte Schulleistungstests. Positive L.sergebnisse (Erfolge) haben in der Regel positive Auswirkungen nicht nur auf die L.smotivation, sondern auch auf die Einstellung zur Schule, die Selbstwerteinschätzung, die Selbstsicherheit und auch die emotionale Stabilität. Negative L.sergebnisse (Mißerfolge) wirken sich meist nachteilig auf zukünftiges Lernen aus.

Leistungsalter ↑Tests.

Leistungsangst: Die Angst in Leistungssituationen wird L. genannt. Sie erstreckt sich v.a. auf die Prüfungsangst, u. U. auch auf die Schulangst.

Leistungsbeurteilung: Die Beurteilung von Leistungen z.B. im Sportverein oder in der Schule ist abhängig von der jeweils zugrunde gelegten Bezugsnorm (↑Normen). Diese kann *individuell* (z.B. »hat sich im 50-m-Lauf bei den Bundesjugendspielen gegenüber dem Vorjahr deutlich gesteigert«), *sachbezogen* (z.B. »hat die Lehrziele der gerade abgeschlossenen Unterrichtseinheit erreicht«) oder *sozial orientiert* (z.B. »hat überdurchschnittlich abgeschnitten«) sein.

L.en sollten in dem Sinne *objektiv* erfolgen, daß für ihr Zustandekommen willkürliche Einflußfaktoren keine Rolle spielen. Dies schließt in keiner Weise aus, dabei u. U. die besondere Situation des Beurteilten zu berücksichtigen. Eine bes. Form der L. ist die ↑Leistungsmessung. Jede Leistungsmessung führt zu einer L., aber nicht umgekehrt; denn Beurteilungen können auch in Form von Beschreibungen oder Berichten erfolgen.

Leistungsdifferenzierung: Differenzierung (z.B. von Schülern) nach dem Kriterium *Leistung.* Beispiele: ↑Streaming, ↑Setting.

Leistungsgesellschaft: häufig genutzter Begriff für moderne Industriegesellschaften. In einer L. werden die materiellen und sozialen Chancen jedes Individuums und jeder gesellschaftlichen Gruppe sowie die soziale Anerkennung und die Stellung im System der Über- und Unterordnung nach »Leistung« vergeben.

Gegen das in den Industriegesellschaften geltende Leistungsprinzip lassen sich v.a. folgende Einwände erheben: In einer Gesellschaft mit einseitig ökonomischen Wertvorstellungen werden die humanen Werte leicht verdrängt; auch erhebt sich die Frage nach gerechten Maßstäben für die Leistungsbemessung. Die Neigung zur individualistisch-konkurrenzbetonten Lebenseinstellung, verbunden mit individuellem Streß und sozialer Entfremdung, ist Anlaß zu weiterer Kritik.

Aufgabe auch in einer L. soll es unbedingt bleiben, leistungsschwache und nicht leistungsbetonte Randgruppen zu unterstützen, da diese ebenfalls innerhalb der Gesellschaft eine (wenn auch nicht in Leistung meßbare) Funktion haben.

Leistungsmessung: Leistungsbeurteilung mit Hilfe quantitativer Verfahren. Die übliche Zensurengebung ist eine einfache und angreifbare Form der Leistungsmessung. Neuere Ansätze in der L. orientieren sich an testtheoretischen Gütekriterien wie Objektivität, Reliabilität und Validität (↑Tests). Dazu gehört, daß nicht nur bestimmten Leistungen entsprechende Zahlen zugeordnet werden, sondern daß auch einsichtig gemacht wird, inwieweit die Unterschiede zwischen den Zahlen Unterschiede in den Leistungen wiedergeben.

Leistungsmotivation: Nach H. Heckhausen (1968) ist L. »das Bestreben, die eigene Tüchtigkeit in all jenen Tätigkeiten zu steigern oder möglichst hoch zu halten, in denen man einen Gütemaßstab für verbindlich hält und deren Ausführung daher gelingen oder mißlingen kann«. Entscheidende Kriterien sind dabei die Orientierung an einem als *verbindlich erachteten Gütemaßstab,* die Erwartung oder der Eintritt eines *Erfolgs-* oder *Mißerfolgserlebnisses,* die sich als die Verhaltenstendenzen »Hoffnung auf Erfolg«

oder »Furcht vor Mißerfolg« zeigen, sowie ein dauerhaftes, Energie und Tatkraft dokumentierendes *Bemühen.*
Die wohl bekannteste L.stheorie ist die von J. W. ATKINSON unter Zugrundelegung älterer Modelle entwickelte **kognitive Erwartungstheorie.** Danach ist L. das Resultat der beiden einander entgegengerichteten Verhaltenstendenzen *Erfolgssuche* und *Mißerfolgsmeidung.*

Leistungsmotivation

Neuere theoretische Ansätze zur L., etwa die von H. HECKHAUSEN, berücksichtigen auch *kognitive Prozesse,* insbes. Ursachenerklärungen (↑Kausalattribuierung), für frühere oder gedanklich vorweggenommene Erfolge und Mißerfolge sowie Einschätzungen eigener Begabungen. Nach H. HECKHAUSEN entwickelt sich L. in Situationen mit entsprechendem Aufforderungsgehalt (z.B. Schule oder Arbeitsplatz), und zwar als Ergebnis des personspezifischen Vergleichs des Anreizwertes vorweggenommener Handlungsfolgen mit der situationsspezifischen Anregung; die resultierende Motivation bestimmt letztlich das Handeln der jeweiligen Person.
Für die Pädagogik ist bedeutsam, daß nur *geringe oder keine Zusammenhänge* zwischen L. und Schulleistung gefunden wurden, wobei situative Bedingungen allerdings meist nicht einbezogen wurden. Studien mit entsprechendem Untersuchungsdesign ergeben jedoch bei Aufgaben mit mittlerer Erfolgswahrscheinlichkeit bessere Schulleistungen von Erfolgsals von Mißerfolgsmotivierten, den eigenen Begabungen besser angemessene Lernangebote und Berufe bei Erfolgsmotivierten sowie bessere Leistungen erfolgsmotivierter Schüler in fähigkeitshomogenen gegenüber -heterogenen Klassen.
Als *begünstigende Faktoren* für das Entstehen von L. können gelten: Erziehung zur Selbständigkeit, eigene Verursachungszuschreibung, Entwicklung eines realistischen Anspruchsniveaus und Setzung längerfristiger statt kurzfristiger Ziele.

Leistungstests ↑Tests.

Leitbild svw. ↑Vorbild.

leptosomer Typ ↑Konstitution.

Lernbehinderung: Nach den Empfehlungen der Kultusministerkonferenz gelten in Deutschland solche Kinder und Jugendliche als **lernbehindert,** die nicht vorrangig sinnesgeschädigt sind und, ohne geistig behindert zu sein, *umfänglich* und *langdauernd* in ihrem Lernvermögen beeinträchtigt sind, dadurch deutlich von der Altersnorm abweichende Leistungen (häufig auch Verhaltensformen) aufweisen und trotz bes. Hilfen in Grund- und Hauptschule nicht oder nicht hinreichend gefördert werden können.
»Lernbehinderte« Kinder und Jugendliche sind demnach v.a. durch eine *herabgesetzte schulische Lernleistung* gekennzeichnet, die – jedoch keineswegs immer – mit

einem meßbaren Intelligenzrückstand verbunden sein kann. L. ist allerdings nicht unbedingt mit einer umfassenden Lernbeeinträchtigung gleichzusetzen, sie kann auch in Form aufgabenspezifischer, sehr wohl ausgleichbarer Lernschwierigkeiten auftreten, bei »normalen« Lernerfolgen auf anderen Gebieten.
Mit der eigentlichen L. gehen oft (nicht immer abgrenzbare) **Lernstörungen** einher, die sich bei ungünstigen Voraussetzungen zu L.en verfestigen und z.B. durch neurologische Dysfunktionen, schwere psychische Belastungen und/oder soziokulturelle Benachteiligungen verursacht sein können. Auch für lernbehinderte Kinder und Jugendliche mit deutlichen Intelligenzrückständen und erheblichem allg. Lern- und Leistungsversagen werden als *Ursachen* neben Erbfaktoren frühkindliche Hirnschädigungen sowie ungünstige Umweltbedingungen angenommen.
Über die *Häufigkeit* lernbehinderter Kinder und Jugendlicher liegen keine genauen Zahlen vor, nicht zuletzt im Zusammenhang mit der problematischen Beschulung ausländischer Kinder, deren intellektuelle Fähigkeiten aufgrund der mangelnden Sprachbeherrschung oft unterschätzt werden. Nach einer Schätzung des Deutschen Bildungsrates seien 2,5% eines schulpflichtigen Jahrgangs als lernbehindert anzusehen; weitere 3–4% seien durch Lernschwächen und Lernstörungen von Behinderung bedroht; bei etwa 10% *aller* Kinder und Jugendlichen treten zeitlich begrenzte Lernschwierigkeiten auf.
Mit ihren Förderungsbemühungen sucht die *Schule für Lernbehinderte* ihre Schüler zu Selbständigkeit und Verantwortung zu führen und ihnen damit die Wahrnehmung persönlicher Belange wie auch eine bessere Teilnahme am öffentlichen Leben zu ermöglichen, indem sie an die Bedürfnisse und Interessen der Schüler anknüpft, die individuellen Lernvoraussetzungen berücksichtigt, die Anforderungen staffelt und geeignete Lernhilfen bereitstellt. Besonderes Augenmerk gilt der *Berufsvorbereitung* bzw. der *beruflichen Eingliederung* der Jugendlichen.
Ein weites Problemfeld bildet schließlich die Entwicklung und Erprobung etwaiger Hilfen im Früh- und Elementarbereich mit dem Ziel, dort schon von L. bedrohte Kinder frühestmöglich zu fördern.

Lernen: In der Alltagssprache bezeichnet man als L. den Erwerb von Wissen sowie von motorischen und sprachlichen Fertigkeiten. In der Psychologie versteht man unter L. die durch Erfahrung entstandenen, relativ überdauernden Verhaltensänderungen. L. kann somit als ein Prozeß verstanden werden, der bestimmte Organismen, jedoch auch technische Anlagen (z.B. Automaten) befähigt, aufgrund früherer Erfahrungen und durch organische Eingliederung weiterer Erfahrungen situationsangemessen zu reagieren. – ↑Lernprozeß.
Generell ist zu unterscheiden zwischen *einsichtigem L.,* das Bewußtsein voraussetzt, *L. durch Dressur* und *L. durch Versuch und Irrtum.*
Menschliches L. ist eine überwiegend einsichtige, aktive und sozialvermittelte Aneignung von Kenntnissen und Fertigkeiten, Überzeugungen und Verhaltensweisen. Die dabei auftretenden Lernvorgänge lassen sich in vier Lernphasen einteilen: die *Vorbereitungsphase,* in der Aufmerksamkeit, Wahrnehmung und Reizunterscheidung erfolgen, die *Aneignungsphase* mit der ↑Assoziation als Verknüpfungsprozeß und nachfolgenden inneren Verarbeitungsprozessen, die *Speicherungsphase* mit der Codierung (Verschlüsselung) der Erfahrung und deren Speicherung im Gedächtnis und die *Erinnerungsphase,* in der das gespeicherte Material abgerufen, decodiert (entschlüsselt) und in eine Reaktion umgesetzt wird.
In all diesen Phasen können Lern-, Gedächtnis- oder Erinnerungsstörungen auftreten. Zu den häufigsten **Lernstörungen** (Lernbehinderungen) als generellen oder teilweisen Minderleistungen,

L

die unter dem individuellen Begabungs- und Entwicklungsniveau liegen, zählen *totale Begabungsstörungen* (unzureichendes Intelligenzniveau, das nicht für die gewählte Schulart ausreicht), *teilweise Begabungsstörungen* (Legasthenie, Ausfälle in einzelnen Lernbereichen), *Entwicklungsstörungen* (Schulunreife, Pubertätskrisen), sonstige *Persönlichkeitsstörungen* (Antriebsschwäche, Angst, Konzentrationsschwäche) und sog. *Umweltstörungen* (Milieuschädigungen, elterliche Fehlerziehung, Vorurteile des Lehrers, mangelnder Kontakt zu Mitschülern).

Je nach Reiz- und Reaktionsmodalitäten werden hauptsächlich folgende *Lernarten* unterschieden: Beim *Wahrnehmungs-L.* wird besonders die visuelle, auditive und taktile Wahrnehmung verändert (z.B. bei der Gehörschulung). Beim *motorischen L.* erfolgt das Erlernen, Automatisieren oder Selbstregeln von Bewegungsabläufen (z.B. beim Sport oder Autofahren). Durch *verbales L.* wird Spracherwerb möglich (z.B. das L. von Vokabeln oder Texten). Durch *kognitives L.* werden Begriffe abgebildet, Ordnungen, Regeln und Systeme erlernt, erfolgen Problemlösungen. *Soziales L.* umfaßt L. im sozialen Zusammenhang, insbesondere L. von sozialen Verhaltensweisen.

Je nach Art der Darbietung und Übung teilt man die Lernarten ein in: *intentionales L.*, das absichtlich und zielgerichtet erfolgt (z.B. das schulische L.); *inzidentelles* oder *beiläufiges L.*, bei dem neben den einzuprägenden Inhalten auch noch andere Inhalte aufgefaßt und behalten werden, die nicht zu lernen waren; *programmiertes L.*, bei dem der in Lernschritten propor-

Lernen

Flußdiagramm des Lernprozesses

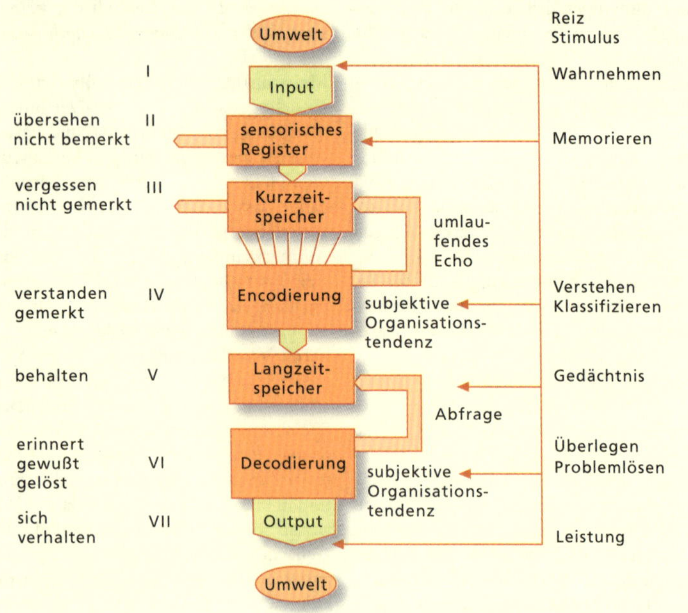

tionierte Lernstoff vom Lernenden in einem ihm gemäßen Lerntempo angeeignet werden kann (↑programmierter Unterricht).

Nach der Struktur des Lernprozesses dagegen ergeben sich unter anderem folgende Lernarten: *Signallernen:* klassische ↑Konditionierung; *Verstärkungs-* oder *instrumentelles L.:* sog. »operantes Bedingen« oder operante ↑Konditionierung; Äußerung eines bestimmten Verhaltens aufgrund eines angenehmen Reizes; *Nachahmungs-L.:* Übernahme neuer Verhaltensweisen aufgrund der Beobachtung erfolgreichen fremden Verhaltens; deshalb auch als »Imitations-L., Beobachtungs-L.« oder »L. am Modell« bezeichnet; *Begriffs- und Konzept-L.:* Verallgemeinerung von konkreten Inhalten auf Konzepte oder in Kategorien bei gleichzeitiger Unterscheidung benachbarter Konzepte; *Strukturierung:* Zerlegen und Ordnen von Sinneinheiten oder Inhalten; *Regel-L.:* Abstraktion von einzelnen Reizen oder Verhaltensweisen auf komplexe Beziehungen; *Problemlösen* oder *L. durch Einsicht:* Verhaltensänderung durch spontanes Erfassen der Aufgabenstruktur oder das Entdecken neuer Regeln durch Kombination früher erlernter Regeln.

Die einzelnen Lernarten stehen nicht völlig losgelöst nebeneinander, sondern bedingen und ermöglichen einander. So ist z.B. Wahrnehmungs-L., das ein invariantes Reagieren auf einzelne Reize ermöglicht, die Voraussetzung für alles weitere L., wie etwa für assoziatives L., das zu kognitiven oder emotional-motivationalen Prozessen (L. von Symbol- oder Wortbedeutungen bzw. von Angst-, Lust- und Neugierreaktionen auf ursprünglich »neutrale« Reize) sowie zu bestimmten Reflexreaktionen (Speichel- und Lidschlagreflex) führt und damit für ein planvolles Handeln selbst Voraussetzung ist. Auf der anderen Seite kann *instrumentelles L.* (L. am Erfolg) Problemlösungstechniken bereitstellen, die ihrerseits erst problemlösendes Denken bzw. L. durch Einsicht ermöglichen. Das Vermögen, Erfahrungen für künftiges Verhalten zu verwerten, wird als an das Gedächtnis gebundene **Lernfähigkeit** bezeichnet, die allen Organismen eigen ist, die ein Nervensystem bzw. ein Gehirn besitzen.

Lernfähigkeit wird aber auch bestimmten technischen Systemen mit Informationsverarbeitung zugeschrieben, den sog. *lernenden Automaten,* bei denen durch Programmierung die Arbeits- bzw. Verhaltensweise von früheren (gespeicherten) Arbeitsergebnissen (Erfahrungen) abhängig gemacht wird; Ziel ist dabei, einen beabsichtigten Arbeitsprozeß zu verbessern (zu optimieren) oder den Automaten zur Anpassung an neue Bedingungen zu befähigen. Waren die lernenden Automaten ursprünglich als Simulatoren für die Verhaltensweisen lebendiger Organismen gedacht, werden sie heute auf einen jeweils bestimmten Verwendungs- und Verwertungszweck hin konstruiert (z.B. als Schachcomputer, Diagnosecomputer, Wettervorhersagecomputer). Hauptziel ist die Entwicklung universeller Automaten, die ihre Arbeitsweise oder Struktur (bes. die selbstorganisierenden Systeme) dem jeweiligen Verwendungszweck anpassen.

Wesentliches Merkmal für *Lernreife* und von bes. Bedeutung für den *Lernerfolg* ist die *Lernbereitschaft,* d.h. die positive Einstellung des Menschen, während seiner Entwicklung Wissen oder Fertigkeiten zu erwerben, die Verhaltensänderungen speziell im Sinne von Leistung bewirken können, sowie die Motivation, in bestimmten Situationen etwas zu lernen; diese Lernbereitschaft wird auch als *Lernwille* oder *Lernmotivation* bezeichnet.

Besonders in Schule und Hochschule wird das angestrebte Endverhalten des Lernenden durch *Lernziele* zum Ausdruck gebracht, durch die erst ein sinnvolles ↑Curriculum ermöglicht wird. *Lernzielbeschreibungen* oder *-operationalisierungen* stellen das beobachtbare Verhalten dar, das der Lernende nach Abschluß des Lernprozesses zu zeigen hat, wie auch den Unterrichtsgegenstand (Lerninhalt) sowie die Bedingungen (z.B. Hilfsmittel, Zeit), unter denen dieses Verhalten zu zeigen ist. Darüber hinaus ist der Beurteilungsmaßstab für das als ausreichend geltende Verhalten anzugeben. L. ist der am intensivsten erforschte Gegenstand der **Lernpsychologie,** einer Teildisziplin der Psychologie, die sich mit den physischen, psychischen und kybernetischen Bedingungen des L.s befaßt und entsprechende Theorien entwickelt bzw. Gesetze formuliert. Bislang kann jedoch auf keine einheitliche Lerntheorie verwiesen werden, die ausschließlich auf die Erklärung und systematische Darstellung des Lernprozesses abzielt, indem sie die verschiedenen Lernphänomene auf möglichst wenige und einfache Grundprozesse zurückführt. – ↑Lerntheorien.

Lernmotivation ↑Motivation.

Lernprogramm svw. ↑Lehrprogramm.

Lernprozeß: Vorgang der hauptsächlich anpassenden Einstellung eines Menschen oder Tieres, auch eines Automaten, auf die Bedingungen der Umwelt. Beim **direkten L.** werden die einmal oder mehrmals gemachten Erfahrungen für künftiges Verhalten direkt verwertet; dies setzt die Aufnahme und Speicherung von Informationen über die Umwelt voraus. Als **indirekter L.** dagegen ist der Prozeß der phylogenetischen Anpassung zu verstehen, der instinktives Verhalten zur Folge hat, das aber wiederum mit ontogenetisch erlernten Anteilen verschränkt sein kann.

Lernpsychologie ↑Lernen.

Lernspiele: Als L. werden solche Spiele bezeichnet, die im Unterschied zum scheinbar zweckfreien, spontanen und natürlichen Spiel in *didaktischer Absicht* konzipiert wurden und einem bestimmten Zweck dienen sollen, z.B. der Übung von mathematischen Zusammenhängen oder der Lesefertigkeit.

Lernstörungen ↑Lernen, ↑Lernbehinderung.

Lerntheorien: Bei der Erforschung von Lernvorgängen werden verschiedene **Lernarten** unterschieden. Dabei liegen der Beschreibung und Erklärung der bei diesen Lernarten ablaufenden Lernprozesse meist sehr unterschiedliche L. zugrunde. So werden beispielsweise die Theorie des klassischen Konditionierens, des instrumentellen (oder operanten) Konditionierens als **verhaltensorientierte L.** von **kognitiven L.** unterschieden.

In der von I. P. PAWLOW ausgehenden Theorie der **klassischen Konditionierung** erhält ein ursprünglich neutraler Reiz Signalqualität, wenn er wiederholt zusammen mit dem eine Reflexreaktion auslösenden Reiz auftritt. Dabei bewirkt die wiederholte Kopplung der beiden Reize eine Bekräftigung (Verstärkung) der Verbindung: Eine ↑bedingte Reaktion kann nunmehr leichter ausgelöst werden.

E. L. THORNDIKES *Lernen durch Versuch und Irrtum* (**Versuch-Irrtum-Lernen**) liegt die Vorstellung zugrunde, daß sich Merkmale der Situation (Reize) auch unabhängig von ihren Beziehungen zu Reflexen mit Reaktionen verbinden, wenn der Reaktion Verstärkung folgt (↑Effektgesetz). Ebenso wie für PAWLOW und THORNDIKE sind auch für B. F. SKINNER wiederholte *Erfahrung* und *Verstärkung* entscheidende Voraussetzungen für das Lernen bei operanten Konditionierungsvorgängen.

Eine *kognitivistische* Tradition des Lernens begründete z.B. die ↑Gestaltpsychologie, für die Lernen sich durch *Einsicht* und nicht etwa, wie beim Lernen durch Versuch und Irrtum, durch aktives Probieren und Manipulieren vollzieht. Vertreter **kognitiver L.** wie D. P. AUSUBEL und J. S. BRUNER betonen die Wichtigkeit aktiver, symbolischer Rekonstruktionen der Wirklichkeit.

Besondere Bedeutung kommt in der letzten Zeit *Informationsverarbeitungsmodellen* des menschlichen Lernens zu, die einerseits mit den Kognitivisten die Überzeugung von der aktiv Informationen verarbeitenden Rolle des Lernenden teilen, andererseits aber mit erfolgreichen Computersimulationen prozeßorientiert versuchen, Lernvorgänge zu erforschen. Ansätze, die versuchen, unter Hintanstellung theoretischer Präferenzen das gesammelte Wissen über menschliches Lernen zu integrieren, sind bes. geeignet, den Anforderungen der Praxis zu genügen. Einer der einflußreichsten Integrationsversuche dieser Art stammt von R. M. GAGNÉ. Dieser hat *verschiedene Lernarten* (allerdings unter Außerachtlassung des ↑Imitationslernens) in eine Rangordnung gebracht, so das *Signallernen (klassisches Konditionieren),* das *Reiz-Reaktions-Lernen (instrumentelles Konditionieren),* die *Bildung motorischer und sprachlicher Ketten,* das *Diskriminationslernen,* das *Begriffslernen* und die *Begriffsbildung* sowie das *Regellernen* bzw. das *Problemlösen.*

lesbische Liebe (Sapphismus, Tribadie): Bez. für ausschließliche oder in einem bestimmten Lebensabschnitt praktizierte sexuelle Beziehungen zwischen Frauen. Schätzungen zufolge beträgt der Anteil ausschließlich lesbischer Frauen an der weiblichen Bevölkerung etwa 2%. Weibliche Homosexualität in ihrer psychogenetischen Dimension und sozialen Ausdrucksform ist noch ungenügend erforscht. Die weibliche wurde gegenüber der männlichen Homosexualität lange Zeit gering beachtet, da Frauen jahrhundertelang ein eigenständiges Sexualempfinden abgesprochen wurde und Anthropologie wie Sexualwissenschaft sich überwiegend mit den sexuellen Erlebens- und Verhaltensweisen der Männer befaßt haben. Wenig beachtet wurden schon um 1900 vertretene Theorien, die sämtliche nicht auf Sozialisation beruhenden seelischen und geistigen Unterschiede zwischen Männern und Frauen bestritten und von einer angeborenen Bisexualität beider Geschlechter ausgingen. Soziologische und anthropologische Untersuchungen des Lesbianismus als einer bes. Kultur, als Lebensstil und psychosoziale Identität erschienen verstärkt erst in den 1970er Jahren unter dem Einfluß der feministischen Bewegung.

Lesbische Frauen waren gesellschaftlicher Ächtung meist weniger ausgesetzt als männliche Homosexuelle. Ihre Existenz wurde und wird in vielen Gesellschaften nicht zur Kenntnis genommen oder als gesellschaftlich unerhebliche Erscheinung angesehen. Die relative Gleichgültigkeit gegenüber weiblicher Homosexualität hängt auch damit zusammen, daß körperliche Intimität und zärtliche Freundschaften zwischen Frauen in unserem Kulturkreis nicht als unweiblich gelten. Die gesellschaftliche Mißbilligung gilt daher weniger den Erscheinungsformen lesbischer Liebe, sondern dem Umstand, daß die damit verbundene Lebensweise im Widerspruch zur traditionellen Rolle der Frau als Gattin und Mutter steht.

Seit dem Reichsstrafgesetzbuch von 1871 war homosexuelles Verhalten von Frauen in Deutschland nicht mehr strafbar. Im 18. und 19. Jh. waren enge emotionale Bindungen zwischen Frauen weit verbreitet, wobei die Grenzen zwischen platonischer und sinnlicher Liebe fließend waren. Die Institution gefühlsintensiver, gesellschaftlich anerkannter Frauenfreundschaften bildete eine Voraussetzung für die Entstehung einer lesbischen Subkultur, wie sie sich zunächst in Künstlerinnenkreisen und nach dem Ersten Weltkrieg in städtischen Metropolen wie Berlin, Paris und London entwickelte. Die Werke vieler Schriftstellerinnen seit Beginn des 20. Jh. trugen dazu bei, die spezifische Existenzform lesbischer Frauen verstärkt bewußt zu machen. Gleichzeitig traten lesbische Frauen im Zusammenhang mit der Frauenbewegung erstmals an die Öffentlichkeit. In den 1920er Jahren wurde Berlin zu einem Anziehungs- und Fluchtpunkt lesbischer Frauen, die durch zahlreiche Organisationen, Schriften und Veranstaltungen gesellschaftlich aktiv wurden. Mit der nationalsozialistischen Machtergreifung verschwanden die Einrichtungen eines lesbischen Gegenmilieus aus dem öffentlichen Leben.

L

Im Zuge der homosexuellen Befreiungsbewegung in den siebziger Jahren entstand in der BR Deutschland die erste »Lesbenbewegung«. Der aus den USA entlehnte Begriff des »Coming-out«, der die Bejahung der eigenen homosexuellen Identität vor sich selbst und der Öffentlichkeit beinhaltete, wurde zur Perspektive einer ersten inneren Befreiung. Der Gründung der ersten »Lesbengruppe« in Westberlin Mitte der siebziger Jahre folgte der Aufbau ähnlicher Gruppen in vielen Städten der BR Deutschland. Aktivitätsschwerpunkte waren Öffentlichkeitsarbeit, Selbsterfahrungsgespräche sowie Gründung von Zeitschriften, Forschungszentren und Archiven. Die Verbindung von Lesbianismus und Feminismus in den USA hat auch die dt. Lesbenbewegung beeinflußt, die in der neuen Frauenbewegung ihre wichtigste Bündnispartnerin sieht. Die allg. Emanzipation der Frauen wird als eine Grundbedingung lesbischer Befreiung aufgefaßt. Umgekehrt befürworten Teile der Frauenbewegung lesbische und bisexuelle Lebensmodelle als lebbare Alternativen zu der traditionellen Partnerschaft. – ↑auch Frauenbewegung, ↑Homosexualität.

Lese-Rechtschreib-Schwäche (Abk.: LRS) svw. ↑Legasthenie.

Lethargie:

◆ Zustand körperlicher und seelischer Trägheit, in dem das Interesse ermüdet ist, so daß man sich zu nichts mehr aufrafft.

◆ in der *Medizin* starkes, mit erheblich verminderter seelischer Reaktionsfähigkeit verbundenes Schlafbedürfnis, das (etwa bei Hirntumoren oder bei der deswegen auch als »Encephalitis lethargica« bezeichneten epidemischen Gehirnentzündung) mit Bewußtseinsstörungen einhergehen kann.

Libido: Nach S. FREUD (↑Psychoanalyse) liegt die L. als sexuelle Triebkraft allen Lebensäußerungen zugrunde, die auf Lustgewinn gerichtet sind. Sie kann auf die eigene Person *(Ich-L.)* oder auf ein äußeres Objekt (*Objekt-L.*; ↑Objektbesetzung) bezogen sein. Die L. durchläuft in der Kindheit eine stufenförmige Entwicklung (orale, anale, phallische, genitale Phase), wobei sie sich auf immer neue erogene, d.h. sexuell erregbare und erregende Körperzonen bezieht (z.B. Mund, Mutterbrust, After, Geschlechtsteile). Störungen der L.entwicklung führen nach FREUD zu seelischen Beeinträchtigungen. Die L. kann aber auch in kulturell anerkannte, wertvolle Energie umgesetzt werden **(Sublimation)**.

Liebe: Gefühl starker Zuneigung zu einem Partner, seelische Bindung, im übertragenen Sinne auch zu Dingen, Handlungen oder bestimmten Vorstellungen (z.B. Heimat, Gott); wird als Gegensatz zum ↑Haß gesehen. L. überschreitet die Grenzen des Ich und ist auf das Andere, das Du gerichtet. Sie wird von freundschaftlichen, zärtlichen oder erotischen Gefühlen getragen. L. zwischen Geschlechtspartnern ist aus dem Geschlechtstrieb, die zu den Kindern aus dem elterlichen Pflegetrieb hervorgegangen.

limbisches System: entwicklungsgeschichtlich alte Teile des Großhirns mit angrenzenden Kerngebieten des Zwischen- und Mittelhirns (↑Gehirn). Das limbische S. beeinflußt und bestimmt das Angriffs-, Abwehr-, Angst- und Sexualverhalten.

Linksextremismus ↑Extremismus.

Linkshändigkeit ↑Seitigkeit.

literale Paragraphie ↑Paragraphie.

Lobotomie (Leukotomie): Durchtrennung von Nervenbahnen zwischen dem Stirnhirn und tiefer gelegenen Gehirnabschnitten bei schweren Zwangszuständen und bei Schizophrenie. Wegen des Operationsrisikos und der problematischen Nebenwirkungen (Wesensveränderung) wird der chirurgische Eingriff heute weitgehend durch Gabe von Psychopharmaka ersetzt.

Lob und Tadel: Die Wirkung von L.u. T. als soziale Bestätigung bzw. Nichtbestätigung eines Erfolgs oder Mißerfolgs sowie als Verstärkungsmittel eines auf Verhaltensänderung abzielenden

Lernprozesses hat schon früh das psychologische Forschungsinteresse angeregt (A. BINET).
Aufgrund vielfältiger, oft widersprüchlicher Untersuchungsergebnisse kann die Frage nach der Effizienz (Wirksamkeit) von L. u. T. nicht generell beantwortet werden; es lassen sich aber bestimmte Tendenzen feststellen: Lob übt einen starken Einfluß auf das Leistungsverhalten aus und ist somit ein eindeutiger Verstärker. Häufiger Tadel, z. B. von störendem Verhalten, hat auf lange Sicht meist ein Ansteigen des getadelten Verhaltens zur Folge. Introvertierte Menschen können mehr durch Lob als durch Tadel motiviert werden, während Extravertierte eher auf Tadel als auf Lob »ansprechen«. Tadel kann u. U. allerdings auch die von einem Schüler erwünschte Form der Zuwendung (Bestrafung als paradoxe Verstärkung) sein, etwa um die Aufmerksamkeit des Lehrers auf sich zu lenken oder sich der Anerkennung der Mitschüler zu versichern.
Erfolgt L. u. T. unmittelbar auf erwünschtes bzw. unerwünschtes Verhalten, ist dies ein relativ zuverlässiges Mittel, schulisches Verhalten und schulische Leistungen positiv zu verändern. Sie sollten jedoch nicht routinemäßig erfolgen, sondern anhand von sogenannten Verstärkungsplänen systematisch eingesetzt werden. Diese Verstärkungspläne müssen die individuellen Unterschiede zwischen den Schülern und u. U. auch die Vor- und Nachteile bestimmter Bestrafungsformen (etwa der Verabreichung sog. aversiver Reize, ↑Aversion) mitberücksichtigen. – ↑auch Lohn und Strafe.

logischer Fehler ↑Beurteilungsfehler.

Logopädie: Wissenschaft und Behandlung von Sprachstörungen (Stottern, Stammeln, Aphasie, Mutismus) durch verhaltenstherapeutische und tiefenpsychologische Methoden, Sprecherziehung mit apparativen Hilfen u. a. (in Zusammenarbeit mit dem Facharzt durch Logopäden in Kliniken, Rehabilitationszentren oder in freiberuflichen Praxen).

Logophobie svw. ↑Sprechangst.

Logotherapie (Sinntherapie): Von dem Psychotherapeuten V. E. FRANKL eingeführte, in engem Bezug zur ↑Existenzanalyse stehende therapeutische Methode zur Behandlung von aus geistigen Problemen entstandenen seelischen Störungen *(noogene Neurosen)*. Das Ziel der L. ist, daß der Klient seinen Daseinssinn selbst und in eigener Verantwortung findet. Dies geschieht u. a. durch die Ermutigung dazu, die eigenen Unvollkommenheiten und das Leiden anzunehmen *(Dereflexion)* und das anzustreben, was man gerade fürchtet *(paradoxe Intention)*.

Lohn und Strafe: allg. angewandtes Erziehungsmittel, das verschiedene Formen haben kann, z. B. eine materielle Gabe oder der Entzug von bisher zugestandenen Freiheiten, Vergünstigung oder Benachteiligung, Zu- oder Abwendung von Aufmerksamkeit, auch von ↑Lob und Tadel. In den Verhaltenswissenschaften spricht man bei solchen Reaktionen auch von ↑Verstärkung, und zwar in positivem *(Belohnung)* oder negativem Sinn *(Bestrafung)*. Eine konkrete Form der Bestrafung liegt vor, wenn z. B. ein Schüler wegen permanenten Störens vom Unterricht ausgeschlossen wird. Ein weiterer Typ von Bestrafung besteht in der Unterbrechung bzw. im Entzug einer (positiven) Verstärkung, etwa beim Verbot, ins Kino zu gehen oder ein bestimmtes Fernsehprogramm anzusehen. Bei dieser Bestrafungsart werden dem Individuum lediglich positive Reize (Ereignisse) entzogen. Die eigentliche Strafe aber, insbes. die in physischer Hinsicht (sog. Züchtigung durch Schläge), galt in der Vergangenheit (in anderen Kulturkreisen gilt sie noch heute) als unentbehrliches Erziehungsmittel und wurde bei uns erst in neuerer Zeit in Frage gestellt. Speziell wird diese Art der Bestrafung auf mögliche Grenzen ihrer unterstellten positiven Wirkung (Besserung) und hinsichtlich ihrer Gefahren untersucht. Verhaltensänderung durch Strafe erscheint nämlich unter ethischen Gesichtspunkten und auch wegen der möglichen Folge unerwünschter Nebenwirkungen problematisch (z.B. Haß oder Ablehnung, etwa in bezug auf ein bestimmtes Unterrichtsfach oder auf die ganze Schule) und dürfte dem heutigen Verständnis von schulischer Erziehung weitgehend zuwiderlaufen.

L. u. St. werden von Erziehenden noch immer unreflektiert oder spontan oder häufig auch aus reiner Bequemlichkeit angewandt. Die Erziehenden sollten aber zunächst prüfen, ob die Reaktionen eines Kindes oder Jugendlichen nicht v.a. auf sein eigenes, das der Erziehenden oder das Fehlverhalten anderer Menschen zurückzuführen sind und ob nicht die Bestrafung in einem speziellen Fall ein unangemessenes Verhalten darstellt. Erscheint der Einsatz von Strafen gerechtfertigt (z.B. bei bewußter Zerstörung von schulischem Eigentum), weisen zahlreiche Pädagogen aufgrund empirischer Untersuchungen hinsichtlich der »Effektivität« einer solchen Erziehungsmaßnahme auf folgende Bedingungen hin: 1. Die Bestrafung sollte unmittelbar auf das zu bestrafende Verhalten und unmißverständlich erfolgen; 2. Ausweich- und Fluchtmöglichkeiten sollten ausgeschlossen sein; 3. der Bestrafte sollte in Zukunft alternative Verhaltensweisen verfügbar haben; 4. er sollte die Gründe für seine Bestrafung kennen.

Grundsätzlich wirken dagegen Belohnung und Anerkennung leistungsfördernd; das Kind oder der Jugendliche wird aktiviert und ermutigt, wobei diese Verstärkung einer Tendenz nicht nur für die Lern- und Leistungsmotivation, sondern für jedes Verhalten gilt (bes. im sozialen Bereich).

Lokalisation: die materielle Beschränkung bestimmter psychischer Leistungen auf spezielle Felder des Großhirns, speziell der Großhirnrinde. – ↑Lokalisationslehre.

Lokalisationslehre (Zentrenlehre): Die L. ordnet bestimmte psychische Leistungen bestimmten Bereichen des Gehirns, insbes. der Großhirnrinde, zu. Die Gliederung der Großhirnrinde in rund 200 Rindenfelder wird heute zunehmend zugunsten einer ganzheitlichen Betrachtungsweise der Großhirnfunktionen aufgegeben.

Löschung (Extinktion): in der Lernpsychologie der Abbau einer Reiz-Reaktions-Verbindung durch Aufheben des Zusammenhangs zwischen Reaktion und Verstärkung. Eine mit der jeweiligen Reizsituation gekoppelte Reaktion wird unter diesen Umständen verlernt. – ↑auch Verhaltensmodifikation.

LRS: Abk. für **L**ese-**R**echtschreib-**S**chwäche. – ↑Legasthenie.

LSD: Abk. für **L**yserg**s**äure**d**iäthylamid. – ↑Drogen.

Lückentest (Ebbinghaus-Test): nach dem dt. Psychologen H. EBBINGHAUS benannter Test, mit dem über die Vervollständigung begonnener Sätze oder die Ergänzung ausgelassener Silben und Wörter zu einem ganzen Satz die Intelligenz geprüft werden soll.

Lüge: bewußt falsche Aussage oder unwahre Behauptung (im Ggs. zum ↑Irrtum). Für L.n gibt es unterschiedliche Beweggründe, etwa Angst, Geltungsbedürfnis, Berechnung und Höflichkeit bzw. Rücksichtnahme. Beim Kind kann man nicht von L. sprechen, wenn es zwischen der Realität und den Produkten seiner Phantasie noch nicht unterscheiden kann. In der *Forensischen Psychologie* spielt bei der Beurteilung der Glaubwürdigkeit von Zeugenaussagen u.a. die Diagnose der *Lügenhaftigkeit* eine Rolle. – ↑auch Lügendetektor.

Übermäßige Neigung zur L. ist Ausdruck einer psychischen Fehlentwicklung, die v.a. mit Erziehungsfehlern zusammenhängt. In pathologischer Form äußert sich die Neigung zur L. im Krankheitsbild der ↑Pseudologie.

Lügendetektor: in der Kriminalistik verwendetes Gerät, das kontinuierlich ablesbare Aufzeichnungen über den Verlauf der Herzströme, der Atemfrequenz, des Blutdrucks und der Hautfeuchtigkeit (↑psychogalvanische Reaktion) einer gleichzeitig befragten Person macht. Der L. soll die Erregung (charakterisiert durch Erhöhung von Blutdruck und Atemfrequenz, Erniedrigung des elektrischen Hautwiderstandes) anzeigen, die auftreten kann, wenn die befragte Person das Wissen um einen bestimmten Sachverhalt zu verbergen oder zu verfälschen sucht.

Die Sicherheit der mit dem L. erzielten Befunde ist umstritten, da die gemessenen Werte offenbar auch weitgehend von der angewandten Verhörtechnik abhängen.

In Deutschland wie in Österreich und der Schweiz ist der Einsatz eines L.s bei juristischen Ermittlungsverfahren *nicht* erlaubt, weil damit gegen den Willen des Befragten in dessen Persönlichkeitskern eingedrungen und somit gegen die Menschenwürde verstoßen wird; neuerdings wird jedoch diskutiert, ob der L. nicht zur Entlastung Beschuldigter auf deren Wunsch zugelassen werden sollte.

Lunatismus ↑Schlafwandeln.

Lust: auf Befriedigung eines stark empfundenen Bedürfnisses oder Mangels (insbes. sinnlicher und triebhafter Art) zielender Antrieb sowie die mit der Befriedigung verbundene positive Gefühlsqualität (heftiges, zeitlich begrenztes Glücksgefühl, Freude, Genuß). Der Gegensatz zur L. ist die **Unlust.** Als Begleiterscheinungen der menschlichen Gefühle kennzeichnen L. und Unlust die Stellungnahme des Einzelnen gegenüber seinem Erleben.

In der Psychoanalyse wird die *Libido* (die sexuelle L. bzw. die allgemeine Triebenergie) als zentrale Energie des Unbewußten angesehen. S. FREUD unterschied das auf die Vermeidung von Unlust und die unmittelbare L.befriedigung gerichtete »primäre« (ursprüngliche) **L.prinzip** und das die äußere Wirklichkeit berücksichtigende, den L.gewinn steuernde »sekundäre« (nachgeordnete) **Realitätsprinzip.**

In der philosophischen Tradition wurde meist zwischen höheren und niederen Formen der L. unterschieden (PLATON, ARISTOTELES, THOMAS VON AQUIN), wobei die »höheren« mit der Ausrichtung an geistig-sittlichen Idealen (Erkenntnis, »Geisteslust«, tugendhaftes Handeln) verbunden wurden, während die »niederen« in der Befriedigung sinnlicher Bedürfnisse ihr Ziel haben. Verschiedene Ansätze der Ethik, insbes. der von I. KANT vertretene, betonten die Gegensätzlichkeit der nach L. strebenden Neigungen und des durch die Pflicht bestimmten sittlichen Willens, mindestens aber die ethische Vieldeutigkeit der L., die sich mit wertvollen und wertlosen Zielen gleichermaßen verbinden könne. Als Antrieb und als Vollendung menschlichen Handelns und Erlebens kann L. als sittlich bedeutsam angesehen und mit dem Abbau ideologisch, politisch oder gesellschaftlich bedingter Unterdrükkung im Sinne einer Selbsterfüllung des Individuums verwirklicht werden.

In der christlichen Tradition wird die L. u.a. als »fleischlich« oder »weltlich« bezeichnet und als sündiges Begehren abgelehnt, im Unterschied zur Freude, einem religiösen Grundgefühl, zu dem das Wort Gottes und Jesu Christi Heilshandeln Anlaß geben.

Lustprinzip ↑Lust.

Lysergsäurediäthylamid (Abk.: LSD) ↑Drogen.

LZG: Abk. für **L**ang**z**eit**g**edächtnis. – ↑Gedächtnis.

M

Macht: Das Vermögen, seinen Willen auch gegen den Widerstand anderer durchzusetzen, ist in allen Bereichen des menschlichen Lebens, v.a. aber im staatlichen Bereich, festzustellen. Bei der Bestimmung des Begriffs M. sind folgende Grundgedanken zu berücksichtigen: 1. M. tritt nicht nur beim Menschen, sondern auch bei anderen Lebewesen auf (z.B. als M.demonstration durch ↑Imponiergehabe; ↑auch Machtstreben). 2. M.

Mandala: mit verschiedenen Schutzgottheiten des tibetischen Lamaismus (Museum für Völkerkunde, Hamburg)

ist auf individuelle physische und psychische Qualitäten einzelner Lebewesen (wie Alter, Körperkraft, Intelligenz usw.) und durch unterschiedliche Gruppen- und Gesellschaftsbeziehungen (z.B. Besitzunterschiede, Verfügung über Produktionsmittel) begründbar. 3. Die Attribute der M. (wie Über- und Unterordnung, Führung und ↑Gehorsam) sind, wie die M. selbst, weitgehend aus verhaltensphysiologischen und gruppendynamischen Prozessen erklärbar. 4. Jeder M.träger neigt zur Behauptung der einmal errungenen Stellung und, bes. bei ihrer Bedrohung, auch zur Anwendung zweckdienlicher Mittel bis hin zur Gewalt. Um M.mißbrauch zu verhindern, sind M.wechsel, Gewaltenteilung und Legitimation von M., überhaupt M.beschränkung und M.kontrolle für eine humane Gesellschaft charakteristisch. 5. Alle Momente, die innerhalb einer Gruppe zur Differenzierung führen, erzeugen eine jeder Gruppe eigene M.struktur, die einerseits die M.verhältnisse innerhalb der Gruppe widerspiegelt, andererseits aber auch den Sozialverband zusammenhält. 6. Nicht immer muß M. zur Herrschaft werden, stets aber liegt M. einer Herrschaft zugrunde, so daß v.a. dort Erscheinungsformen und Probleme der M. zu berücksichtigen sind.

Machtstreben: der auf die Beherrschung der Umwelt gerichtete psychische Antrieb. In der ↑Individualpsychologie gilt M. als Grundantrieb menschlichen Handelns. Nach F. NIETZSCHE ist M. der alleinige Trieb alles Lebendigen (sog. *Wille zur Macht*). Unter den persönlichkeitstypologischen »Lebensformen« E. SPRANGERS befindet sich der *Machtmensch,* als dessen Charakteristikum das M. gilt. – ↑auch Geltungsbedürfnis, ↑Gehorsam, ↑Hackordnung, ↑Rangordnung.

Magersucht svw. ↑Anorexie.

Magie: Sammelbez. für Praktiken, mit denen ein Mensch seinen Willen auf die Umwelt in einer Weise übertragen will, die nach naturwissenschaftlichen Gesichtspunkten als irrational erscheint (und der sog. Zauberei nahesteht). Bei magischen Praktiken kommt die beabsichtigte Wirkung vermeintlich dadurch zustande, daß zwischen dem Subjekt einer magischen Handlung und ihrem Objekt ein nicht erklärbarer Ursache-Wirkungs-Zusammenhang angenommen oder »hergestellt« wird.

magisches Denken: Bei dieser Form des bei Kindern und Naturvölkern anzutreffenden »prälogischen« Denkens werden kausale Vorgänge weitgehend noch als geheimnisvoll erlebt und so gedeutet, als seien sie durch Zauberpraktiken, Beschwörungshandlungen, Rituale usw. zu beeinflussen.

Magneteffekt (M-Effekt): verhaltensphysiologische Bez. für die beim Zusammenwirken zentralnervöser ↑Automatismen häufig auftretende Erscheinung, daß ein dominierender Rhythmus (etwa einer Extremität, z.B. die Gehbewegung der Beine) einem anderen Rhythmus (z.B. dem der Arme) seine Frequenz aufzwingt; dadurch wird eine Bewegungskoordination ermöglicht.

Magnetismus (Heilmagnetismus) ↑Mesmerismus.

Managerkrankheit: bes. bei Männern mittleren Alters infolge körperlicher und seelischer Überbeanspruchung auftretende Erkrankung mit Störungen des Kreislaufs. – ↑auch Streß.

Mandala: Schaubild aus den Religionen des indischen Kulturkreises zur Vorlage bei der Meditation, das die zeitlose Einheit aller Gegensätze und alles Seienden darstellt, die sich im Selbst des Menschen wiederfindet. C. G. JUNG hat ähnliche Malereien und Traumbilder seiner Patienten als M. bezeichnet, die symbolisch den Prozeß ihrer Selbstwerdung darstellen.

Manie: ursprünglich allg. Bez. für alles Außersichsein (Affektivität, Besessenheit, Ekstase, Entrückung, Raserei, Verrücktheit); heute v.a. psychologischer und psychiatrischer Begriff für den abnorm heiter-erregten affektiven Zustand einer ↑Psychose, die besonders durch Enthemmung bzw. Antriebssteigerung und Selbstüberschätzung (Extremform ↑Größenwahn) gekennzeichnet ist und oft in (unterschiedlich langen) Phasen auftritt bzw. mit dem psychotischen Zustand der ↑Depression wechselt. Nicht selten gilt eine M. nur einem einzigen Gegenstands- oder Vorstellungskomplex *(Monomanie).*

manifester Trauminhalt: im Traum auftretende Bilder und Szenen, wie sie der Träumer, im Unterschied zum (unbewußten) ↑latenten Trauminhalt, bewußt erinnert und/oder zu schildern vermag. Nach psychoanalytischer Auffassung setzt die Interpretation des Traumes (die Entschlüsselung des latenten Trauminhalts) beim manifesten T. an und kehrt damit die ursprüngliche Traumarbeit um.

Manipulation:

◆ (Informationsmanipulation): die absichtliche Verfälschung von Nachrichten durch Zusätze und/oder Auslassungen.

◆ (M. des Bewußtseins und des Willens): die Verhaltenssteuerung eines anderen Menschen etwa durch den Einsatz von Drogen oder durch elektrische Reizung bestimmter Gehirnregionen. Als M. sind auch verfrühte oder übertriebene Lernprogrammierungen bzw. Dressuren mit Hilfe von Apparaturen zu bezeichnen. Eine Extremform körperlich-geistiger M. ist die ↑Gehirnwäsche.

◆ Im *psychosozialen Bereich* ist M. die Beeinflussung des Menschen (als Einzelwesen oder in einer Gruppe) zum Zwecke einer systematisch zielgerichteten Lenkung und Prägung des Bewußtseins, der Denkgewohnheiten oder der Gefühlslagen. Die M.smittel reichen von der (politischen) Rhetorik, Propaganda und Agitation bis zum verstärkten Einsatz von Massenmedien mit gezielten Falschinformationen. M. verhindert weitgehend die selbständige Entscheidung bzw. gefährdet die personale und soziale Autonomie der Betroffenen.

manisch-depressive Erkrankung (affektive Psychose): Die m.-d. E. gilt als eigentliche Gemütskrankheit und ist weniger durch den Wechsel als vielmehr durch in unterschiedlicher Weise vorherrschende Phasen von ↑Depression (bzw. Melancholie) und ↑Manie charakterisiert.

Mann: Die geschlechtstypischen Merkmale des M.es sind nur im Vergleich mit denen der ↑Frau zu sehen. – Die dominierende Stellung des M.es in der Gesellschaft ist nicht in erster Linie von der Natur des Geschlechts bestimmt. Das Verhältnis der Geschlechter zueinander, die Beziehungen des M.es als Vater zu seinen Kindern, sein Status (im Beruf, in der Öffentlichkeit) werden, nach idealistischen Interpretationen, auch von den kulturellen Leitwerten oder, nach materialistischer Ansicht, auch vom Entwicklungsstand der Produktivkräfte beeinflußt.

In den Industriegesellschaften ist seit Beginn der Industrialisierung ein allmählicher, stetig fortschreitender Abbau des ↑Patriarchats zu beobachten. Er zeigt sich in einem Autoritätsverfall des M.es in der Familie und bei der Erziehung der Kinder, in gesellschaftlichen Funktionsverlusten der Familie und in der damit einhergehenden Tendenz zur Gleichberechtigung der Geschlechter (bes. auch der familiär Alleinstehenden), in den – wenngleich nur langsam – ansteigenden Frauenanteilen bei der Besetzung höherer Positionen im Beruf und im öffentlichen Leben, in der allmählich abnehmenden Bedeutung geschlechtsspezifischer Erziehungsunterschiede (und damit der spezifischen Mentalitäten von M. und Frau) und in den steigenden Anteilen weiblicher Berufstätigkeit überhaupt.

Der Verlust des Prestigewertes im Beruf, in der Rolle als Ernährer der Familie und bezüglich des Monopols auf Selbständigkeit, Erfahrung und Leistung im außerfamiliären Leben entzieht dem M. das, worauf sich seine Vorrangstellung in der Familie gründet. Da der Anteil der ihren Beruf selbständig Ausübenden in hoch arbeitsteiligen Gesellschaften immer geringer wird, ist der M. in der Regel nicht mehr »Herr«, sondern Arbeiter, Angestellter, Beauftragter, Funktionär usw. Er vollbringt nicht mehr das geschlossene »Werk«, sondern nur Teilfunktionen und ist außerdem vielfältigen technologischen und sozialen Zwängen unterworfen. Die moderne Technik läßt die physische Überlegenheit des M.es immer weniger wichtig werden; sie begünstigt andererseits sogar körperliche Funktionstüchtigkeiten der Frau.

Männerhaß: ursprünglich Bez. für ↑Misandrie.

männlicher Protest: von A. ADLER eingeführte Bez. für das vermeintliche Geltungsbedürfnis von Frauen, die weibliches Rollenverhalten ablehnen und als typisch männlich geltende Eigenschaften und Verhaltensweisen anstreben.

Mantra ↑Meditation.

Marasmus: fortschreitender Verfall der körperlichen und geistigen Kräfte (durch Alter oder Krankheit).

Marathongruppe: Form der ↑Encountergruppe, bei der die Teilnehmer ohne Unterbrechung bis zu 48 Stunden zusammen bleiben. Durch derartige körperliche, seelische und geistige Dauerbeanspruchung sollen die dadurch abgeschwächten individuellen Abwehrmechanismen den Erwerb neuer Erfahrungen erleichtern.

Marihuana: aus getrockneten, zerriebenen Blättern, Stengeln und Blüten des in Mexiko angebauten indischen Hanfs gewonnenes, im Aussehen einem feingeschnittenen Tabak ähnliches Rauschgift. – ↑auch Drogenabhängigkeit.

Markscheide: isolierende Umhüllung von Nervenfasern. – ↑Nervenzelle.

Marktforschung ↑Meinungsforschung.

Marktpsychologie: Die M. ist eine Disziplin der Wirtschaftspsychologie (und damit Teilgebiet der Angewandten Psychologie). Von ihr werden im wesentlichen die psychologischen Grundlagen, Beziehungen und Gesetzmäßigkeiten von Angebot und Nachfrage untersucht. Spezielle Untersuchungsobjekte der M. sind Entstehung, Stärke und Richtung der – weitgehend von ↑Bedürfnissen bestimmten – Nachfrage und die Stellung von Produkten auf dem Markt sowie die dahinterstehende Motivation.

Masochismus: nach dem österreichischen Schriftsteller L. VON SACHER-MASOCH benannte anormale Veranlagung, bei der sexuelle Erregung und Befriedigung nur durch Erleiden von Mißhandlungen durch den Geschlechtspartner erreicht wird. – In Loslösung vom rein sexuellen Aspekt spricht die Psychoanalyse dem M. wie auch dessen »Kehrseite«, dem ↑Sadismus, als gegensätzlichen Ausformungen des »Aggressionstriebs« z.T. eine bedeutende persönlichkeitsbildende Funktion zu.

Maße der zentralen Tendenz: Die zentralen Tendenzen von Häufigkeitsverteilungen lassen sich vorteilhaft durch Mittelwerte beschreiben. In der deskriptiven Statistik sind v.a. drei Arten von Mittelwerten von Bedeutung: das gewöhnliche arithmetische Mittel, der Median oder Zentralwert und der Modalwert oder Modus. Der **Modus** einer Häufigkeitsverteilung ist jener Wert, der am häufigsten vorkommt. Der **Median** ist durch jenen Punkt einer Verteilung gegeben, über und unter dem jeweils 50% der in eine Untersuchung einbezogenen Fälle liegen. Das **arithmetische Mittel** ist der Quotient aus der Summe der Meßwerte und ihrer Anzahl.

Massenpsychologie: eine im wesentlichen von dem frz. Soziologen G. LE BON (1895) begründete Richtung der ↑Sozialpsychologie, welche sich speziell mit den Verhaltensweisen des Menschen in der Masse befaßte. Sie sah das Individuum in der Masse durch Imitation und Suggestion homogenisiert, die Verantwortung des einzelnen durch Anonymität aufgehoben (Straffreiheit), die Rationalität von irrationalen Impulsen verdrängt, also insgesamt das Individuum in der M. auf eine barbarische Stufe der Menschheit herabgesunken und gemäß primitiven Instinkten (v.a. in Gewaltausbrüchen) handelnd. Diese populäre M. führte in einer Zeit gesellschaftlichen Umbruchs dem verschreckten Bürger das Zerrbild des verführbaren Individuums vor Augen; ihre Struktur und ihre Inhalte haben wissenschaftlicher Prüfung aber nicht standgehalten; ihre Themen wurden weitgehend von der Sozialpsychologie übernommen.

Massenpsychose ↑Massenverhalten.

Massenverhalten: Bez. für Verhaltensweisen von Menschen in der Massensituation, wenn dadurch eine Überlagerung der Vernunftsteuerung des einzelnen durch kollektive Instinktsteuerung bewirkt wird. In Notlage oder unter psychischem Druck kann es dabei zur völligen Auflösung des vernünftigen Ich-Verhaltens **(Massenpsychose)** oder zu wahnhaftem, suggestiv hervorgerufenem Fehlverhalten **(Massenwahn)** kommen. – ↑auch Massenpsychologie.

Massenwahn ↑Massenverhalten.

Mastery learning svw. ↑zielerreichendes Lernen.

Masturbation (Selbstbefriedigung, Onanie): sexuelle Handlung, bei der durch manuelle Selbstreizung oder gegenseitige Reizung der Geschlechtsorgane sexuelle Befriedigung erlangt wird. M. kann bei Menschen in allen Altersphasen vorkommen, am häufigsten wird sie jedoch von Jugendlichen praktiziert; eine nicht geringe Rolle spielt die gegenseitige M. bei der ↑Homosexualität.

Entgegen landläufigen Vorurteilen kommt M. nicht als Ursache körperlicher oder seelischer Schäden in Betracht. Eine positive Geschlechtserziehung verzichtet völlig auf ein Verbot der M., zumal heute auch von der Sexualforschung auf deren Erprobungs- und Entlastungsfunktion hingewiesen wird.

Materialisation: In der *Parapsychologie* die (angebliche) Bildung körperhafter Erscheinungen durch Vermittlung spiritistischer Medien.

Mathematische Psychologie: Teilgebiet der ↑Allgemeinen Psychologie. Im Rahmen der M.n P. wird versucht, empirische Sachverhalte (z.B. das Verhältnis Reiz-Empfindung, Gesetze zur Lern- oder Erinnerungsfähigkeit) durch mathematische Strukturen (z.B. Korrelationen) abzubilden und darzustellen. Überwiegend konzentriert sich die Anwendung mathematischer Methoden auf solche Sachverhalte, welche aufgrund von experimentellen Untersuchungen regelhafte Zusammenhänge aufzuweisen scheinen. Hierher gehören z.B. viele Probleme aus der Psychophysik, der Lernpsychologie, der Denkpsychologie und der Sozialpsychologie.

Matriarchat: Bez. für eine Gesellschaftsordnung, in der die Frau im allg. **(Gynäkokratie)** oder die Mutter im besonderen die Vorherrschaft innehat. Idealtypisch umfaßt das M. 1. Matrilinearität (die Geltung der weiblichen Linie in der Blutsverwandtschaft und in den Besitz- und Erbregelungen), 2. Matrilokalität (Residenz des Ehemannes in der Verwandtschaftsgruppe der Frau), 3. das Fehlen fester Eheformen und die Vertretung der sozialen Vaterrolle durch den Bruder der Mutter, 4. eine hervorragende Stellung der Frau in Kultur und Religion.

M

Die Annahme einer dem Patriarchat vorausgehenden matriarchalen Epoche gehört wissenschaftshistorisch zur Evolutionstheorie des 19. Jahrhunderts. Allgemein bekannt wurde die Theorie des M.s durch J. J. BACHOFEN und sein 1861 erschienenes Buch »Das Mutterrecht«. BACHOFEN schloß aus dem Vorhandensein mutterrechtlicher Züge bei Hoch- und Randkulturen des Alten Orients, daß dem späteren Vaterrecht eine mutterrechtliche Familienform vorausgegangen sein müsse. Seine Theorie eines gynäkokratischen Weltzeitalters fußte im wesentlichen auf der Deutung antiker Mythen und Dichtungen, die er als zuverlässige Geschichtsquellen ansah. Den Übergang vom M. zum Patriarchat interpretierte BACHOFEN als kulturelle Höherentwicklung menschlicher Daseinsform. BACHOFENS evolutionistische Mutterschaftstheorie wurde von dem amerikan. Ethnologen L. H. MORGAN in seinem Werk »Ancient society« (1877) aufgegriffen und weitergeführt. MORGAN verknüpfte die matriarchale Familienform mit der Existenz einer herrschaftsfreien, egalitären Gentilgesellschaft, die durch eine auf Privateigentum gegründete patriarchale Klassengesellschaft abgelöst worden sei. F. ENGELS hat die Resultate der Anthropologie seiner Zeit als Belege für einen mutterrechtlichen Urkommunismus am Beginn der menschlichen Gesellschaft gedeutet.

Die M.s-Forschung wurde v.a. von B. MALINOWSKI, W. SCHMIDT, E. RANKE-GRAVES, E. THOMSON, E. FROMM, E. BORNEMANN und H. GÖTTNER-ABENDROTH bis heute weitergeführt. Die Vorstellung eines frühgeschichtlichen M.s gehörte bis vor kurzem zum Allgemeingut der marxistischen Geschichtsschreibung und Ethnologie. Eine Wiederbelebung erfuhr die M.s-Forschung durch die »Neue Frauenbewegung« und feministische Kulturkritik, welche die Rückbesinnung auf matriarchale Traditionen mit der Kritik am patriarchalen Gesellschaftsmodell und dem Entwurf einer herrschaftsfreien Sozialordnung verband. Nach dem gegenwärtigen Stand läßt sich die Annahme eines M.s als generelles Stadium und der menschlichen Familienentwicklung wie als universelle Kulturstufe empirisch allerdings nicht belegen.

Maturitas praecox svw. ↑Frühreife.

Mechanismus:

◆ Eine *mechanistisch orientierte Psychologie* wurde v.a. von der Assoziationspsychologie (↑Assoziation) und dem ↑Behaviorismus vertreten.

◆ in der *Verhaltenspsychologie* ↑Auslösemechanismus; ↑auch angeborener gestaltbildender Mechanismus.

Mechanorezeptoren: Sinneszellen, die durch mechanische Reize (Druck, Schwerkräfte, Luft- oder Wasserschwingungen) erregt werden, z.B. die Tastkörperchen und Schmerzpunkte der Haut, die M. für den Gleichgewichts- und Drehsinn sowie für das Hören.

Median ↑Maße der zentralen Tendenz.

Medien ↑neue Medien.

Medienforschung ↑Meinungsforschung.

mediengebundene Kommunikation ↑Kommunikation.

Medikamentenmißbrauch ↑Drogenabhängigkeit.

Mediothek: Organisationseinheit innerhalb einer Schul- oder Bildungseinrichtung, in der audiovisuelle Lehrmittel einschließlich benötigter Geräte aufbewahrt werden.

Meditation: ursprünglich religiös motivierte Versenkungsübung, um mit Hilfe körperlicher Entspannung, Schweigen u.ä. und gleichzeitiger geistiger Anspannung Gelassenheit und innere Ruhe zu erlangen, die individuellen Anliegen auszuschalten, um die gewöhnlichen Erfahrungsgrenzen zu überschreiten und mit der Wirklichkeit, dem Absoluten (Gott) eins zu werden. M. tritt in allen Kulturen, aber in sehr unterschiedlichen Formen auf.

Am bekanntesten sind die Verfahren aus dem *Zen-Buddhismus* sowie aus dem *Hin-*

duismus **(Yoga, Transzendentale M.)**, bei denen der Meditierende in einer bestimmten Körperhaltung (meist *Lotushaltung*) sich ganz auf bestimmte Atembewegungen, ein bestimmtes Klangwort **(Mantra)** oder einen paradoxen Sachverhalt **(Koan)** konzentriert. Dabei können unter entsprechender individueller Anleitung und Übung seelische Ausnahmezustände erreicht werden, die eine bessere Bewältigung innerer Schwierigkeiten (z.B. bei Angst, Konzentrationsmangel) ermöglichen; daher werden M.sverfahren auch in der Psychotherapie verwendet. M. kann aber auch zu Passivität und zur Flucht aus einer als unbefriedigend erlebten Wirklichkeit verleiten.

Medium:

◆ Versuchsperson bei Hypnoseversuchen.

◆ eine der ↑außersinnlichen Wahrnehmung für fähig gehaltene oder speziell bei spiritistischen Sitzungen mit »Geistern« in Verbindung tretende Person (»Mittelsperson«).

Medizinische Psychologie: Sammelbegriff für den die ärztliche Tätigkeit (Arzt-Patient-Beziehung, Rollenidentifikation, Gesprächstechnik) betreffenden Problemkreis aus der Allgemeinen Psychologie und der Persönlichkeitspsychologie.

M-Effekt svw. ↑Magneteffekt.

Megalomanie svw. ↑Größenwahn.

Mehrfachwahlverfahren svw. ↑Multiple-choice-Verfahren.

Meinungsforschung: psychologisches wie soziologisches Forschungsgebiet, das sich mit der *öffentlichen Meinung* – als Verteilung der Einzelmeinungen in einer größeren Gruppe – befaßt und hauptsächlich *Meinungsumfragen* zugrunde legt. Bei diesem als **Demoskopie** bezeichneten Vorgehen beantwortet eine für die jeweilige Fragestellung repräsentative Gruppe von Personen (schriftlich, fernmündlich oder direkt) die gleichen Fragen. Die Antworten werden mit statistischen Methoden ausgewertet, im Zusammenhang mit früheren (oft ähnlichen) Umfragen bzw. Daten interpretiert und – v.a. im kommerziellen Bereich – in die Entwicklung neuer Produkte bzw. deren Absatzstrategie einbezogen.

Wichtige Arbeitsfelder der M. sind ökonomische Untersuchungen wie z.B. die **Marktforschung** (Kauf- und Verbraucherverhalten), die **Medienforschung** (Ermittlung des Publikums der Massenmedien), die **Erforschung sozialer Faktoren** (Studien über Arbeitswelt, Gesundheitswesen, Wohnungsfragen, Bildung) sowie die **politische M.** (Wahlforschung).

Melancholie: durch den Symptomenkomplex der ↑Depression gekennzeichnete psychische Verfassung.

Begriffsgeschichtlich ist zu unterscheiden zwischen der M. als Krankheit und dem *Melancholiker* als Typus, neben dem Sanguiniker, Choleriker und Phlegmatiker eines der traditionellen »vier Temperamente«; daneben gibt es M. als eine von Schmerzlichkeit, Wehmut, Traurigkeit oder Nachdenklichkeit geprägte vorübergehende Gemütsstimmung; auf die Außenwelt bezogen als »melancholische Abendstimmung« o.ä.

Als Äußerungsformen der M. werden z.B. Schwermut, Sorge, Trübsinn, Verdrießlichkeit, Seelenqual, trauriger und gedrückter Geistes- und Gemütszustand, Gefühllosigkeit sowie Selbstmordneigung beschrieben.

In der Antike und im Mittelalter war die M. hauptsächlich ein Krankheitsbegriff. Nach der Krankheitslehre von HIPPOKRATES, der sog. Humoralpathologie, ist Gesundheit das Gleichgewicht von den vier Körpersäften Blut, Schleim, gelbe und schwarze Galle. Eine Vermehrung oder Veränderung der schwarzen Galle führt zu körperlichen und v.a. seelischen Leiden. GALEN erweiterte die Lehre von den Körpersäften dadurch, daß er sie in Zusammenhang mit der von EMPEDOKLES entwickelten Elementenlehre brachte, wobei er speziell die schwarze Galle mit dem Element Erde, den Qualitäten trocken und kalt sowie der Milz kombinierte. Als anfällig galten v.a. der Magen, Gehirn und Herz; diese Lehre blieb bis Ende des 18. Jh. maßgebend. Später wurde die M. Gegenstand der Kunst, im 18. bis 19. Jh. insbesondere der romantischen Literatur.

In Psychologie und Psychiatrie ist der Begriff heute ungebräuchlich und weitgehend durch die Symptomatik der Depression beschrieben.

Melancholiker ↑Temperament.

Menarche: der Zeitraum des ersten Eintritts der ↑Menstruation.

Menopause: das Ausbleiben der ↑Menstruation während der ↑Wechseljahre.

Mensch: als Unterart **Homo sapiens sapiens** der Art Homo sapiens das einzige noch lebende Mitglied der Gattung Mensch (Homo), die zur Klasse der Säugetiere und mit den Halbaffen und Affen zur Ordnung der Primaten gehört. Charakteristisch für den M.en sind sein aufrechter Gang und die Rückbildung des tierischen Haarkleids. Durch sein hochentwickeltes, an Volumen vergrößertes (gegenüber den Vorfahren der Affen) Gehirn und die damit verbundenen Fähigkeiten, zu denken, zu sprechen und seine Umwelt zielgerecht zu verändern, ist der M. das höchstentwickelte Lebewesen der Erde.

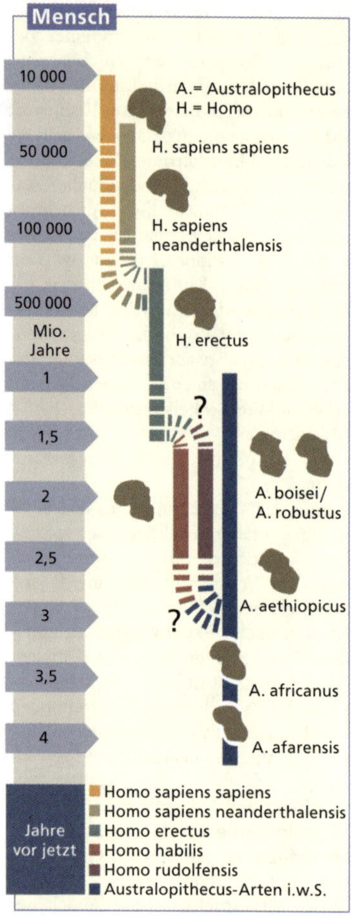

Mensch: Zeitliches Auftreten der verschiedenen Menschen- und Vormenschenarten

Die menschliche Evolutionslinie geht von menschenaffenähnlichen Formen (Propliopithecus und Aegyptopithecus) des frühen Oligozäns (seit rund 38 Mill. Jahren) aus. Aus dem unteren Miozän (vor 17–25 Mill. Jahren) liegen Reste von **Hominoiden,** von gemeinsamen Vorfahren der Hominiden, Menschenaffen und Gibbons, vor, unter denen der Proconsul africanus durch Funde am besten belegt ist. 1994 wurden in Äthiopien die Überreste des *Australopithecus ramidus* (Alter rund 4,4 Mill. Jahre), 1995 Reste eines *Australopithecus anamensis* (Alter rund 4,2 Mill. Jahre), entdeckt. Erste Interpretationen sehen diese beiden Arten als wichtige Zwischenglieder in der Entwicklung zum M.en. Gut belegt ist der zuerst 1973 entdeckte *Australopithecus afarensis* (u.a. »Lucy«), nachweisbar bis vor knapp 3 Mill. Jahren. Um diese Zeit trat auch der *Australopithecus africanus* auf. Funde von Beckenfragmente legen nahe, daß die Australopithecinen sich aufrecht fortbewegt haben. Ihre Schädel waren noch weitgehend affenähnlich und das Schädelvolumen mit gut 500 cm^3 noch relativ klein. Der *Australopithecus aethiopicus* war ein Vorfahre des *Australopithecus boisei*

und des *Australopithecus robustus.* Deren evolutionäre Entwicklung endete jedoch in einer Sackgasse.
Der vor etwa 2–2,5 Mill. Jahren erscheinende *Homo habilis* oder der zur gleichen Zeit erstmals belegte *Homo rudolfensis* werden an den Anfang der Entwicklungslinie gestellt, die zum heutigen M.en geführt hat. *Homo rudolfensis* wird eher in die Nachfolge des Australopithecus afarensis gestellt, der Homo habilis in die Nachfolge des Australopithecus africanus. Dem Homo habilis und Homo rudolfensis wurde erstmals die Herstellung von Steinwerkzeugen zugeschrieben. Die Entwicklungsstadien im einzelnen sind strittig, kein Zweifel besteht jedoch daran, daß zuerst die zweibeinige Körperhaltung und Fortbewegungsweise erworben wurden; erst danach erfolgt die Entfaltung des Gehirns weit über das bei höheren Affen erreichte Maß hinaus. Vor etwa 1,8 Mill. Jahren (oder noch früher) taucht der *Homo erectus* auf, der schon weitgehend die Körpergestalt des heutigen M.en hatte; er war diejenige Art, die sich erstmals über Afrika hinaus nach Asien und Europa ausbreitete; geschickt im Herstellen von Werkzeugen (Faustkeile, Abschläge), entwickelte er die Fähigkeit, Feuer zu machen sowie erfolgreich größere Tiere zu jagen. Vom frühararchaischen Homo erectus ging die Entwicklung über eine spätarchaische Form und einen früharchaischen *Homo sapiens* zum anatomisch modernen Homo sapiens, dessen Schädelbau sich grundsätzlich nicht mehr von dem des heuten lebenden M.en unterscheidet.
Die Frage, ob der heutige M. (Homo sapiens sapiens), der in Afrika (S-Äthiopien, Südafrika) seit etwa 130000 Jahren belegt werden kann, nur in Afrika entstanden ist (»Out-of-Africa«-Theorie oder »Eva kam aus Afrika«) und von hier aus die übrige Erde besiedelt hat (seit 100000 Jahren im Nahen Osten) oder ob er sich auch auf anderen Kontinenten (Europa, Asien) aus Vorgängerformen entwickelt haben könnte, wird noch kontrovers diskutiert. Der nur in Europa und Vorderasien nachweisbare *Homo sapiens neanderthalensis,* der nach dem ersten Fundort im Neandertal bei Düsseldorf benannte Neandertaler, stellt einen isolierten Seitenzweig der Menschheit dar. Man unterscheidet die seit etwa 130000 Jahren nachweisbaren Praeneandertaler der vorletzten Eiszeit und des letzten Interglazials von dem »klassischen« Neandertaler der letzten Eiszeit (seit rd. 80000 Jahren). Noch vor seinem allmählichen Verschwinden in der letzten Eiszeit vor etwa 30000 Jahren erscheinen vor etwa 40000 Jahren auch in W-Europa mit dem *Cro-Magnon-Mensch* typische Vertreter des *Homo sapiens sapiens* mit den Kulturzügen der jüngeren Altsteinzeit.

Menschenbild: eine von bestimmten Tatsachen oder (wissenschaftlichen oder weltanschaulichen) Annahmen ausgehende Vorstellung vom ↑Menschen. Diese Vorstellung kann selbst wiederum grundlegend für Wissenschaften (der Geschichte und Gesellschaft) oder Weltanschauungen werden. Unterschiede etwa in der Deutung des Geschichtsverlaufs, der Einschätzung menschlicher und gesellschaftlicher Entwicklungen und Möglichkeiten lassen sich vielfach auf unterschiedliche M.er zurückführen (optimistisches oder pessimistisches M., Glaube oder Zweifel an die Selbstverwirklichung und Emanzipation des Menschen u.a.). Außerdem unterscheiden sich die wissenschaftlichen oder weltanschaulichen M.er sehr voneinander. So wird beispielsweise ein biologisches M. ganz anders, nämlich weitgehend mit Orientierung auf die naturwissenschaftliche Forschung am Menschen (↑Anthropologie) gezeichnet, als etwa M.er der Philosophie (z.B. humanistisches oder marxistisches M.) oder der Theologie (Mensch als Geschöpf Gottes mit dem »Auftrag«, sich die Erde untertan zu machen).

Menschenführung: absichtsvolle und zielgerichtete Einflußnahme auf das Verhalten anderer Menschen. Diese Einflußnahme kann durch einzelne Personen

M

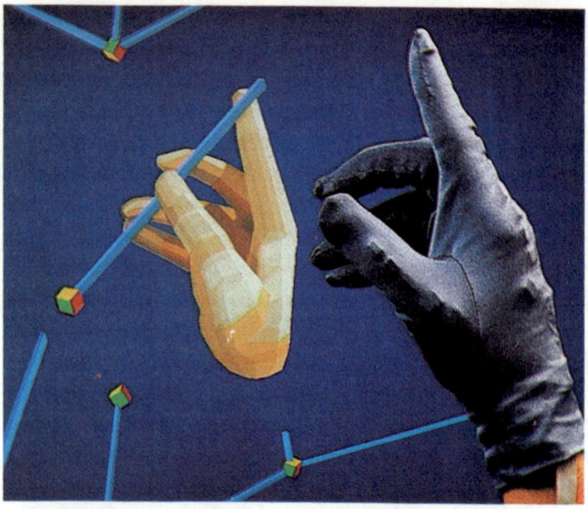

Mensch-Maschine-Kommunikation: Direkte Eingabe von Bewegungen einer Hand in einen Computer (dargestellt auf dem Bildschirm); die erforderlichen Daten stammen von Sensoren, die an den Fingergelenken angebracht sind.

von Geführten und dem jeweiligen Situationszusammenhang.

Menschenkenntnis: im engeren, *wissenschaftlichen* Sinn das durch anthropologisch-psychologische Studien und im praktischen Umgang mit Menschen erworbene Wissen über den Menschen; im weiteren Sinne die meist intuitive (und bestimmten Menschen eigentlich nur zugeschriebene) Fähigkeit, den Charakter anderer Personen richtig zu beurteilen.

Menschenrassen: Aufgrund verschiedenartiger Kombinationen erblicher Merkmale läßt sich die Art Homo sapiens (↑auch Mensch) in eine Anzahl von Kategorien einteilen, die man allgemein als *Rassen* bezeichnet. Die auffälligsten Unterscheidungsmerkmale sind neben der Haut-, Haar- und Augenfarbe (Komplex der Pigmentierung) bestimmte Körper-, Kopf- und Gesichtsformen sowie physiologische Parameter wie z.B. die Wärmeregulation, Blutmerkmale und andere.

Heute werden vier Großrassen unterschieden: die **Europiden** (ursprünglich in Europa, Nordafrika und dem Westteil Asiens lebend), deren auffälligstes Kennzeichen die Pigmentarmut von Haut, Haar und Augen ist, die **Mongoliden** (Zentral-, Süd- und Ostasien), die aus diesen hervorgegangenen **Indianiden** (Nord- und Südamerika) und die ursprünglich auf dem afrikanischen Kontinent südlich der Sahara lebenden **Negriden,** charakterisiert durch extrem starke Pigmentierung. Dazu kommen noch einige Rassengruppen wie die **Australiden** und die afrikanischen und asiatischen **Pygmiden.**

Menschentyp ↑Typologie, ↑Konstitution, ↑Temperament.

menschliche Gebärde ↑Gebärde.

oder durch Gruppen erfolgen und sich auf einzelne Personen wie auf soziale Systeme (Gruppen, Organisationen) beziehen. Das *Führungsgeschehen* ist nach bestimmten Merkmalen charakterisierbar, z.B. aufgaben- (sach-, problem-) oder personenorientiert, kooperativ oder autoritär. In der Realität sind oft nicht die Extreme, sondern gemischte Führungsorientierungen bzw. -stile anzutreffen. Zusammengefaßte Ausdrücke (z.B. problemorientierte, kooperative M.) nennt man auch **Führungsprofile.** Darauf beruht eine Unterscheidung zwischen bürokratischen bzw. mechanischen und organischen Führungsformen. *Bürokratische Führung* ist dabei durch weitgehend zentrale Koordination, geringen Delegationsgrad, Verhaltens- statt Ergebniskontrolle, geringe Beteiligung der Geführten an den Führungsentscheidungen, hohen Formalisierungsgrad, gebundene Kommunikation usw. gekennzeichnet, *organische Führung* dagegen durch die jeweils gegenteiligen Merkmalsausprägungen.

Die *Führungsforschung* beschäftigt sich bes. mit dem Zusammenwirken der Persönlichkeit eines Führers, der Persönlichkeit

Mensch-Maschine-Kommunikation: allg. die Gesamtheit derjenigen Wechselwirkungen zwischen Mensch und Maschine in Mensch-Maschine-Systemen, die für deren bestimmungsgemäßes und fehlerloses Funktionieren erforderlich sind, im besonderen bei Systemen, in denen die elektronische Datenverarbeitung eine wesentliche Rolle spielt oder den ganzen Maschinenkomplex darstellt. Die M.-M.-K. erfolgt über Ein- und Ausgabegeräte oder -vorrichtungen im weitesten Sinne und umfaßt Befehle und Instruktionen des Menschen an die Maschine mittels der Eingabegeräte sowie Meldungen und Anzeigen der Maschine mittels der Ausgabegeräte, die insbes. Auskunft über ihren Zustand und gegebenenfalls durch den Menschen zu ergreifende Maßnahmen geben.

Die Gesamtheit der Geräte und Strukturen eines der M.-M.-K. dienenden Mensch-Maschine-Systems wird als *Benutzeroberfläche* oder *Mensch-Maschine-Schnittstelle* bezeichnet; je nach Auslegung gehört dazu neben Hardware auch Software.

Ziel der Weiterentwicklung und Verbesserung der M.-M.-K., v. a. in Verbindung mit komplexen wissensbasierten Systemen wie großen Datenbanken und Expertensystemen, ist einerseits die Steigerung der Effizienz und des Gebrauchswerts solcher Systeme durch Anpassung oder Angleichung ihrer Strukturen an die menschliche Intelligenz (↑künstliche Intelligenz) und andererseits die Entlastung oder Befreiung der Anwender von der Notwendigkeit, in großem Umfang formales, nicht auf das konkrete Problem bezogenes Wissen zu erlernen.

Menses ↑Menstruation.

Menstruation (Monatsblutung, Regelblutung, Periode, Menses): die bei der geschlechtsreifen Frau regelmäßig etwa alle 29 Tage auftretende, meist 4–6 Tage dauernde Blutung aus der Scheide; dabei wird die oberste Schicht der Gebärmutterschleimhaut durch Enzyme aufgelöst und abgestoßen, wenn sich kein befruchtetes Ei eingenistet hat. Die M. unterliegt den rhythmischen Schwankungen der Geschlechtshormone im **Zyklus (Genitalzyklus)**, der durch Hormone gesteuert wird. Während der ersten Zyklusphase sondert der Hypophysenvorderlappen das *follikelstimulierende Hormon* (FSH) ab. Dieses regt in einem der Eierstöcke ein Ei zur Reifung an. Gleichzeitig veranlassen Östrogene die Gebärmutterschleimhaut zum Wachstum und zur Bildung zarter Drüsenschläuche. Andererseits hemmen Östrogene die Abgabe von FSH durch die Hypophyse und regen diese an, das *luteinisierende Hormon* (LH) abzusondern. In der nachfolgenden *lutealen Phase* beginnt das Eibläschen (Follikel) unter dem Einfluß von LH im Eierstock *Progesteron* zu bilden. Das Progesteron wiederum veranlaßt die Drüsenschläuche in der Gebärmutterschleimhaut, sich zu vergrößern und mit Sekret zu füllen *(Sekretionsphase);* daneben stimuliert es die Schleimhautzellen, Glykogen zu speichern.

Bei einem bestimmten Gleichgewicht von LH und FSH erfolgt etwa am 14. Tag nach Eintritt der letzten Blutung der Follikelsprung (Eisprung). LH regelt nun die Umbildung des geplatzen Follikels zum *Gelbkörper,* der jetzt vermehrt Progesteron absondert. Dieses hält das Ei auf seinem Weg durch den Eileiter am Leben und erhält die Gebärmutterschleimhaut, die nun vollständig auf die Einnistung des Eies und dessen Ernährung vorbereitet ist. Außerdem verhindert das luteinisierende Hormon weitere Eireifungen.

Ist kein Ei befruchtet, hört die Abgabe von Östrogenen auf; dadurch entfällt die Anregung auf die Hypophyse, LH abzusondern. Der Gelbkörper bildet sich zurück, die Progesteronsekretion nimmt ab, und schließlich wird die degenerierte Gebärmutterschleimhaut blutig abgestoßen.

Während der Sekretionsphase steigt die Körpertemperatur um 0,3 bis 0,6 °C an, Atem- und Herzfrequenz sind erhöht, und die Brüste nehmen an Volumen zu. Häufig treten vor oder während der M. ein allg. Unwohlsein, Kopf-, Brust- oder

M

Menstruation

Der weibliche Zyklus; **a** Eierstockzyklus, **b** Blutspiegel der Östrogene und Gestagene, **c** zyklusbedingte Veränderungen der Gebärmutterschleimhaut, **d** Ausstrich des Scheidenabstriches, **e** Basaltemperatur

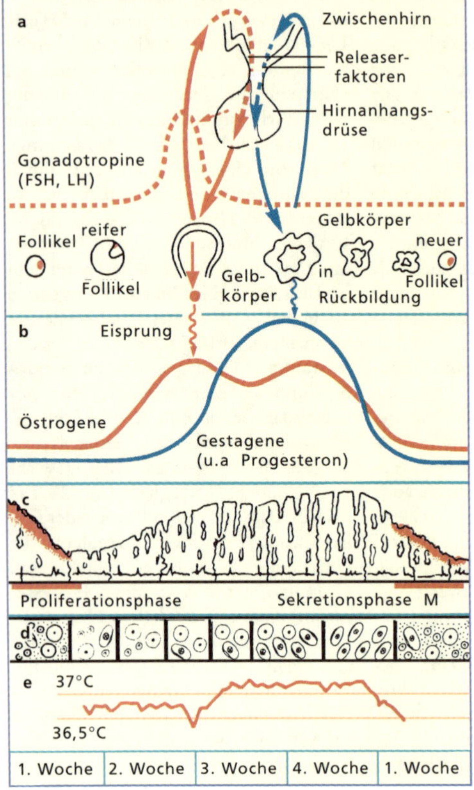

Unterleibsschmerzen unterschiedlichen Ausmaßes sowie psychische Beeinträchtigungen (z.B. depressive Stimmung) auf, die zusammenfassend als **prämenstruelles Syndrom** bezeichnet werden, dessen Entstehung noch nicht hinlänglich geklärt ist.

Die erste M.sblutung **(Menarche)** erfolgt meist zwischen dem 12. und 14. Lebensjahr, die letzte Blutung um das 50. Lebensjahr herum. Das Aufhören der Regelblutung in den Wechseljahren nennt man **Menopause.**

Kulturgeschichtlich ist der Glaube an die Unreinheit der Frau zur Zeit ihrer M. weit verbreitet. In vielen Kulturen fürchteten die Männer das M.sblut, da eine Berührung mit ihm den Ausgang der Jagd oder eines Krieges nachteilig beeinflussen sollte. Neuere, insbes. feministische Studien haben ergeben, daß die M. als sichtbares Zeichen für die Fähigkeit der Frau, Leben zu empfangen und zu gebären, in zahlreichen außereuropäischen Kulturen auch als Ausdruck der Überlegenheit der Frau über den Mann gilt. Viele M.sbräuche (z.B. Isolierung in »M.shütten«), die den Kontakt mit menstruierenden Frauen verhindern sollten, werden allerdings als ausgeprägter Geschlechtsantagonismus gedeutet. – Nach der kirchlichen Lehrmeinung des Mittelalters erinnert die M. an den Sündenfall Evas; dies bestärkte die zum Teil noch heute herrschende Vorstellung von der »Unreinheit« der Frau, deren Blut einmal im Monat gereinigt werden müsse.

Mental health ↑seelische Gesundheit.

Mental-health-Bewegung ↑Gemeindepsychiatrie.

Mental set ↑Einstellung.

Mentizid svw. ↑Gehirnwäsche.

Merkfähigkeit ↑Gedächtnis.

Merkmal: Bez. für eine sichtbare oder meßbare physische bzw. psychische Eigenschaft (körperliche oder physiologische oder charakterliche oder Verhaltenseigenschaft) von Individuen, Gruppen, Gemeinschaften, Organisationen usw.; z.B. Haar- oder Augenfarbe, Höhe des Blutzuckerspiegels, Erlebensdisposition.

Merkwelt/Wirkwelt ↑Funktionskreis.

Meskalin ↑Drogen.

Mesmerismus: die von dem dt. Arzt F. MESMER aufgestellte Lehre vom »animalischen Magnetismus« und die darauf beruhenden Heilpraktiken (»Heilmagnetismus«). MESMER glaubte, seine Heilerfolge durch Übertragung magnetischer Energie erzielt zu haben. Tatsächlich aber beruhten diese (zweifellos vorhandenen) Erfolge hauptsächlich auf Suggestion bzw. Hypnose.

mesomorpher Typ ↑Konstitution.

Messen: die Zuordnung von Zahlen zu irgendwelchen interessierenden Merkmalen von Objekten (oder Subjekten), so daß bestimmte Beziehungen zwischen den Zahlen auch Beziehungen zwischen Merkmalen der Objekte bzw. Subjekte entsprechen. – ↑auch Skala.

Metagedächtnis: das Wissen eines Menschen über die allg. Regelhaftigkeiten seines Gedächtnisses und dessen Besonderheiten.

Metakognition: M.en sind ↑Kognitionen zweiter Ordnung, also Wissen *über* Wissen oder Kognitionen *über* kognitive Prozesse.

In entwicklungspsychologischen Studien konnte gezeigt werden, daß die Fähigkeit zur Kontrolle der geistigen Verfassung sowie zur Steuerung kognitiver Bemühungen individuelle Verläufe haben.

Metakommunikation: die Kommunikation *über* die ↑Kommunikation. Dem gesprochenen inhaltlichen Teil einer Kommunikation steht die M. als nichtverbaler Beziehungsanteil gegenüber, bei dem der Sprechende (etwa durch Gesten oder Mimik) dem Empfänger mitteilt, wie er die Information verstanden wissen möchte. Die beiden Anteile müssen einander nicht entsprechen, z.B. wenn eine Mutter ihrem Kind mit dem Seufzer »Also gut...« das Spielen erlaubt, dazu aber den Kopf schüttelt.

Metapsychik svw. ↑Parapsychologie.

Metapsychologie:

◆ von S. FREUD in Anlehnung an den Ausdruck Metaphysik gewählte Bezeichnung für die rein theoretische Dimension der von ihm gemeinsam mit S. BREUER begründeten Lehre (↑Psychoanalyse). Nach FREUD besteht die wissenschaftliche Hauptaufgabe der M. in der Entwicklung begrifflicher Modelle (beispielsweise des ↑psychischen Apparats) und Theorien (Triebtheorie und Verdrängungstheorie) und der Berichtigung metaphysischer Konstruktionen, soweit diese (wie etwa die auch in moderne Religionen hineinreichende mythologische Weltauffassung) in Wirklichkeit der Psychologie des Unbewußten zuzurechnen sind.

◆ svw. ↑Parapsychologie.

Meterotropismus ↑Wetterfühligkeit.

methodischer Individualismus ↑Individualismus.

Midlife-crisis: Bez. für eine (angeblich v.a. bei Männern auftretende) krisenhafte Phase in der Mitte des Lebens, in welcher die betreffende Person ihr bisheriges Leben kritisch überdenkt.

Miene: in einer bestimmten Situation bestimmte Gefühle ausdrückendes Aussehen des Gesichts; Gesichtsausdruck. – ↑auch Mimik.

Mienenspiel: das Sichwiderspiegeln von Gedanken, Gefühlen in der ↑Mimik.

Migräne: anfallsweise auftretende halbseitige Kopfschmerzen, die meist in den frühen Morgenstunden einsetzen, stunden- oder tagelang anhalten und häufig mit Erbrechen, Augenflimmern und Sehstörungen einhergehen. Die Anfallshäufigkeit kann von einigen wenigen im Jahr bis zu fast täglichen Anfällen schwanken. Neueren Studien zufolge könnte die M. von nervalen, durch den Neurotransmitter Serotonin ausgelösten Reaktionen herrühren, doch werden auch psychische Belastungen, klimatische Einflüsse sowie Genußmittel und Medikamente als Ursachen diskutiert.

M

Frauen erkranken häufiger an M. als Männer. Die ersten Symptome treten meist zwischen dem 10. und 30. Lebensjahr auf. Der oft pochende und bohrende Kopfschmerz ist jedoch nur bei etwa zwei Drittel der Betroffenen streng halbseitig. Er beginnt im allg. in der Stirn-Schläfen-Gegend und breitet sich dann auf die ganze Schädelhälfte aus; Licht und Lärm verstärken die Beschwerden. Häufig treten andere Störungen des vegetativen Nervensystems wie Schwitzen, Herzklopfen und Bauchkrämpfe, gelegentlich zudem Taubheitserscheinungen im Gesicht und an den Armen hinzu; desgleichen kommen Lähmungen, Sprachstörungen sowie Krämpfe an Mund und Händen vor. Die nervösen Ausfallserscheinungen bilden sich in der Regel binnen weniger Stunden zurück.

Die *Behandlung* der M. zielt v.a. darauf ab, die anfallsauslösenden Faktoren durch vorbeugend oder akut verabreichte Schmerzmittel zu beseitigen; in manchen Fällen wird die Symptomatik (langfristig) auch durch psychotherapeutische Maßnahmen gebessert.

Migräne: Dieses Bild zeigt eindrucksvoll, wie Schmerzen sein können (George Gruikshank, 1835).

Mikrosoziologie: Teilbereich der Soziologie, in dem kleinste soziologische Gebilde untersucht werden.

Mildeeffekt ↑Beurteilungsfehler.

Milgram-Experiment ↑Gehorsam.

Milieu: die Gesamtheit der natürlichen, künstlichen und sozialen Lebensumstände (Umgebung, Umwelt) eines Individuums oder einer Gruppe. Das **psychische M.** umfaßt die gängigen Sitten, Bräuche, Gewohnheiten und Verhaltensweisen (die einem Kind oder Jugendlichen z.B. in seiner sozialen Gruppe vermittelt werden); es ist weitgehend spezifisch für das entsprechende **materielle M.:** Wird etwa der Aufstieg in eine höhere Sozialschicht angestrebt, so ist die Anpassung an deren Verhaltensnormen meist schon vorher erfolgt.

Milieuanalyse: Erforschung der materiellen und sozialen Lebensumstände eines Individuums oder einer Gruppe, in der Regel ergänzend zu einer psychologisch-psychopathologischen Analyse. Eine M. wird meist dann vorgenommen, wenn bestimmte Symptome und/oder Verhaltensweisen vorwiegend negativen Umwelteinflüssen zugeschrieben werden. – ↑auch Milieutherapie.

Milieuforschung: mit Methoden der vergleichenden Statistik, Völkerkunde, Verhaltens- und Zwillingsforschung sowie anderer wissenschaftlicher Teildisziplinen arbeitende Forschungsrichtung, die den Einfluß untersucht, den Umwelt und Umgebung auf die Entwicklung eines Menschen haben.

Milieuschaden: veraltende Bez. für eine psychische Schädigung, die auf ungünstige Einflüsse durch das ↑Milieu zurückzuführen ist.

milieutheoretischer Optimismus: eine grundlegende Position in den Diskussionen um die ↑Anlage-Umwelt-Problematik. Der milieutheoretische O. geht davon aus, daß psychische Merkmale und Verhaltensweisen im wesentlichen als *durch die Umwelt bedingt* (als Resultate von Lernvorgängen) anzusehen sind. Demgegenüber schreibt der **milieutheoretische Pessimismus** dem Umwelt- und Erfahrungskomplex nur *geringe Wirksamkeit* zu, da er ererbte *Anlagen* letztlich für ausschlaggebend hält.

milieutheoretischer Pessimismus ↑milieutheoretischer Optimismus.

Milieutheorie (Environmentalismus): dem ↑Nativismus entgegengesetzte entwicklungstheoretische Auffassung, die besagt, daß das Verhalten eines Individuums in erster Linie nicht anlagebedingt, sondern milieubedingt und somit Ergebnis eines Lernprozesses ist *(milieutheoretischer Optimismus)*. Die M. wurde bes. vom Behaviorismus vertreten. Als psychologische Lehrmeinung wird sie mehr und mehr zugunsten des ↑Konvergenzprinzips aufgegeben.

Milieutherapie: Sammelbez. für (vorwiegend psychotherapeutisch ausgerichtete) Verfahren, mit deren Hilfe ein Klient oder Patient durch Veränderung seines materiellen, sozialen und geistigen Milieus, z. B. durch aktive Beteiligung an der Gestaltung seines Arbeitsplatzes und seiner Freizeit, positiv beeinflußt und zu sozialkommunikativen Verhaltensweisen angeregt werden soll. Die M. geht vom ↑Behaviorismus und der damit verbundenen Annahme aus, die *individuelle Verhaltensentwicklung* lasse sich durch eine geeignete Auswahl von *Umwelteinflüssen* in entscheidendem Maße (mit)bestimmen.

Militärpsychologie (Wehrpsychologie): Teilgebiet der Angewandten Psychologie, das sich mit den psychischen Voraussetzungen bzw. Bewältigungsstrategien für Kriegführung und Wehrdienst sowie der Eignung von Anwärtern für bestimmte militärische Laufbahnen oder Funktionen befaßt.

Mimik: Mienenspiel, Wechsel im Ausdruck des Gesichts und in den Gebärden als Nachahmung fremden oder als Ausdruck eigenen Erlebens. In vielen Kulturen ist »lebhafte M.« verpönt und wird deshalb gänzlich unterdrückt oder nur beherrscht und gezielt eingesetzt. – ↑auch Gebärde, ↑Lächeln.

Mimikry: Schutzmöglichkeit bestimmter Tiere, indem sie sich der Gestalt oder Farbe solcher Tiere anpassen, die von ihren Feinden gefürchtet werden bzw. sich auf irgendeine Art gegen Feinde schützen können.

Im übertragenen Sinne (als *Rang-M.*) beim Menschen das Vorzeigen von Symbolen eines höheren Ranges zur Aufwer-

Mimik: Fototafeln aus Darwins Buch »The Expressions of the Emotions in Man and Animals«

M

Mimikry: Ungenießbarer Chrysippusfalter (links) und genießbarer Nachahmer (rechts)

tung der eigenen Person (teure Autos oder Uhren, elegante Kleidung u.a.).

Minderheiten (Minoritäten): M. sind Bevölkerungsgruppen, die sich von der *Mehrheit (Majorität)* durch bestimmte erkennbare Merkmale (z.B. Rasse, Religionszugehörigkeit, Moral, Hautfarbe, körperliche oder geistige Abweichung, Nationalität, politische Einstellung, soziale Funktion) unterscheiden und oft (hauptsächlich aufgrund sozialer Vorurteile) diskriminiert werden. Die negative Beurteilung und Behandlung von M. ist gekennzeichnet durch die Neigung zu starren, festgelegten, oft mit Feindseligkeiten verbundenen Einstellungen, Bewertungs- und Verhaltensmustern (sog. Stereotypen), wobei den M. »typische« Eigenschaften zugeschrieben werden, die nicht notwendig mit deren tatsächlichen Verhaltensweisen übereinzustimmen brauchen und die sich selbst bei widersprechender Erfahrung schwer korrigieren lassen (z.B. »Gastarbeiter sind dreckig«, »Zigeuner stehlen«, »Neger sind abergläubisch, faul und stinken«, »Juden sind gewinnsüchtig«).

Die Diskriminierung von M., die bis zu deren systematischer Ausrottung führen kann (z.B. der Juden, der Sinti bzw. Roma, der Homosexuellen und anderer M. im nationalsozialistisch beherrschten Deutschland), hat sowohl eine verstärkte Integration und soziale Kontrolle innerhalb der M. als auch eine Desintegration der M. in der Gesamtgesellschaft zur Folge: Zum Schutz gegen Benachteiligung und Verachtung schließen sich viele M. zu sog. Randgruppen zusammen, betonen ihre Besonderheiten und entwickeln unter Umständen eine eigene Sitten- und Wertordnung (sog. Subkultur), durch die sie sich gegen die »etablierte« Gesellschaft abgrenzen.

Stereotype und Vorurteile über M. können wiederum zur Stabilisierung des sozialen Selbstwertgefühls von Angehörigen anderer Gruppen beitragen, indem sie durch Diskriminierung von M. den Wert der eigenen Gruppe (und damit der eigenen Person) erhöhen. Gleichzeitig wird ein gesellschaftlich gebilligter Aggressionsabbau ermöglicht. Die Ablenkung des Aggressionspotentials (der individuellen Triebspannung) nach außen auf Minoritätsgruppen, häufig durch ein primitives Freund-Feind-Denken unterstützt, garantiert daher die Erhaltung des Gruppengleichgewichts der Majorität.

Die Problematik der M. ist unterschiedlich: So können gesellschaftliche Spannungen und Konflikte entstehen, weil der Schutz der Eigenständigkeit, der Besonderheiten und Eigenarten von M. nicht mehr gewährleistet ist (z.B. in Gebieten mit ethnischen, sprachlichen oder religiösen M.), und weil es schwierig ist, die Gleichberechtigung und damit die Aufhebung der Benachteiligung von M. gegenüber der herrschenden Mehrheit zu verwirklichen. In den demokratischen Staaten werden M. durch die in der Verfassung verankerten Menschenrechte besonders geschützt, doch konnte bisher keine weltweite Übereinkunft zum Schutz von Minderheiten geschaffen werden. – ↑auch Vorurteil.

Minderwertigkeitsgefühl (Insuffizienzgefühl): Gefühl tiefgehender Unzulänglichkeit und Unterlegenheit in körperlicher, geistiger, seelischer oder sozialer Hinsicht, nach A. ADLER (↑Individualpsychologie) eine Folge der Kindheitsentwicklung (Erleben der Kleinheit, Unbeholfenheit gegenüber den Erwachsenen und Fehlerziehung in Form von Verwöhnung oder Überforderung). Nach ADLER entwickelt der Mensch unbewußte kompensatorische, d.h. ausgleichende Strebungen, um z.B. durch übertriebenes Leistungs- und Geltungsbedürfnis sein M. zu verdecken. Die M.e und die entsprechenden Reaktionen darauf nennt ADLER den **Minderwertigkeitskomplex.**

Minderwertigkeitskomplex ↑Minderwertigkeitsgefühl.

Minoritäten svw. ↑Minderheiten.

Misandrie: krankhafte Abneigung von Frauen gegenüber Männern (sog. Männerhaß).

Misanthropie: krankhafte Abneigung gegen andere Menschen (sog. Menschenhaß). – ↑auch Misandrie, Misogynie.

Misogynie:

◆ in der *Medizin* und *Psychologie* krankhafte Abneigung von Männern gegenüber Frauen (sog. Frauenhaß).

◆ *bildungssprachlich* Frauen entgegengebrachte Verachtung, Geringschätzung; Frauenfeindlichkeit.

Mißerfolg: Liegt die individuelle ↑Leistung hinsichtlich eines selbstgesteckten Ziels unter dem erwarteten Niveau (↑Anspruchsniveau), spricht man von Mißerfolg. Furcht vor M. (z.B. Beschämung, Gespött, Strafe der Eltern, schlechte Zensuren) kann u.U. sogar eine stärkere Motivation sein als der Wunsch, ↑Erfolg zu haben oder eine gute Leistung zu erbringen; sie kann den einzelnen aber auch davon abhalten, bestimmte Aktivitäten überhaupt in Angriff zu nehmen.

Mißmut (Verdrossenheit): Als M. wird eine seelische Stimmung bezeichnet, die sowohl von der (augenblicklichen) körperlichen und geistigen Verfassung geprägt als auch von Umwelteinflüssen bestimmt sein kann; sie geht mit Langeweile, kreativer Armut, Gereiztheit und weitgehender Humorlosigkeit einher. Nach P. LERSCH zählt M. zu den sog. Lebensgrundstimmungen (wie Heiterkeit oder Traurigkeit).

Mitbewegungen:

◆ in der *Physiologie* (zusätzliche) Bewegungen, die bestimmte Bewegungsabläufe begleiten, z.B. das Pendeln der Arme beim Gehen. – ↑auch Magneteffekt.

◆ in der *Pathophysiologie* unwillkürliche Bewegungen durch die Mitinnervation gleicher oder benachbarter anderer Muskeln, z.B. das unwillkürliche Schließen der Faust einer gelähmten Hand beim Schließen der Faust der gesunden Hand; kommt bei Störungen der Pyramidenbahn oder bei Kleinhirnerkrankungen vor.

◆ in der *Psychologie* Erscheinungen im Sinne des ↑Carpenter-Effekts.

Mittelwerte ↑Maße der zentralen Tendenz.

mittlerer Quartilsabstand ↑Abweichung.

Mneme ↑Engramm.

Mnemonik svw. ↑Mnemotechnik.

Mnemotechnik (Gedächtniskunst, Mnemonik): Bezeichnung für die Benutzung sachfremder Lernhilfen zur leichteren Einprägung unterschiedlicher Lerninhalte: Merkverse (»Eselsbrücken«), Regeln, Reime (»3-3-3, bei Issos Keilerei«), bildliche oder graphische Darstellungen usw. Die im Mittelalter recht verbreitete M. ist vom sinnerfassenden Lernen heute weitgehend verdrängt worden, mitunter auch in spielerischen Formen noch in Gebrauch.

mnestische Störungen svw. ↑Gedächtnisstörungen.

Modalperson (Modalpersönlichkeit): sozialpsychologische Bez. für einen Persönlichkeitstyp, der aufgrund gleicher soziokultureller Umweltverhältnisse bzw. -einflüsse häufig bis regelmäßig in einem bestimmten Volk oder Kulturkreis auftritt.

Modalwert (Modus) ↑ Maße der zentralen Tendenz.

Modellernen ↑Imitationslernen.

Modellpsychose ↑Psychosen.

M

Modus ↑Maße der zentralen Tendenz.

Mondsucht: bes. in hellen Mondnächten auftretendes ↑Schlafwandeln.

Mongolismus ↑Down-Syndrom.

Monogamie: dauerhafte bis lebenslange Bindung an nur einen Geschlechtspartner. Bei Tieren ist die M. von Vertretern aller Wirbeltierklassen sowie vereinzelt auch von Wirbellosen (z.B. einigen Krebs-Arten) bekannt; recht verbreitet ist sie bei den Vögeln. Bei Säugetieren ist die M. dagegen vergleichsweise selten; unter höheren nicht-menschlichen Primaten kommt sie fast nur bei den Gibbons vor. – ↑Polygamie.

Monomanie (Einzelwahn, Partialwahn): eine bestimmte Form der ↑Manie mit zwanghafter Steigerung einer bestimmten Handlungsweise bzw. mit Vorherrschen einer bestimmten fixen Idee unter Ausschaltung der normalen Denkabläufe; z.B. Kleptomanie (Stehlsucht), Megalomanie (Größenwahn) oder Pyromanie (Brandstiftungstrieb).

Monophasie: bei bestimmten Formen der ↑Aphasie sowie gelegentlich bei ↑Psychosen auftretende Sprachstörung mit Beschränkung des Wortschatzes auf ein einzelnes Wort oder einen einzigen Satz.

monosynaptischer Reflex ↑Reflex.

Monotonie: Gleichförmigkeit, Eintönigkeit, Einsilbigkeit (etwa Sprechen ohne Änderung des Tonfalls); im übertragenen Sinn auch Bez. für den Umstand, sich in einer Umwelt bzw. Situation zu befinden, die keine oder nur wenig Abwechslung aufweist, wobei es leicht zu einer verringerten ↑Aufmerksamkeit bzw. (physischen und psychischen) Wachheit kommt. – ↑auch Ermüdung.

Moral: Bez. für die der gesellschaftlichen Praxis zugrundeliegenden, als verbindlich akzeptierten und weitgehend eingehaltenen sittlichen Normen bzw. Normensysteme. Die Lehre vom richtigen Verhalten bzw. verantwortlichen Handeln (unter Berücksichtigung der dahinterstehenden Gesinnung bzw. der damit erzielten Wirkung) wird als **Ethik** bezeichnet; sie beschreibt u.a. die Spannung zwischen den allg. Normen bzw. Werthaltungen und -gesetzlichkeiten und den bes. Handlungen der Menschen.

moralische Entwicklung: Die Entwicklung von Einstellungen, kognitiven Kompetenzen und Verhaltensweisen, die mit der Moralität von Kindern und Jugendlichen zu tun haben, nehmen in der psychologischen und erziehungswissenschaftlichen Forschung breiten Raum ein. Die gegenwärtig wohl einflußreichste Theorie der m.n E. ist diejenige von L. KOHLBERG, die ihrerseits in der Tradition der Untersuchungen von J. PIAGET (↑Denkentwicklung) über das moralische Urteil beim Kind steht. In der Theorie KOHLBERGS wird die *moralische Entwicklung* als eine *Abfolge von Stufen* bestimmter typischer und unterscheidbarer Orientierungen gesehen, die zu einer Sequenz von drei Urteilsebenen (mit je zwei Stufen) führen, wenn Kinder und Jugendliche über mögliche moralische Konflikte urteilen sollen:

Die erste dieser Ebenen heißt *vorkonventionelle Ebene.* Das moralische Urteil der Kinder hängt auf dieser Stufe von den konkreten Folgen des Handelns ab (z.B. von Strafe und Belohnung). Der vorkonventionellen folgt die *konventionelle Ebene.* Als Maßstab für moralische Urteile dienen hier soziale Erwartungen. Die letzte Ebene heißt *nachkonventionelle oder Prinzipienebene.* Hier wird u.a. erkannt, daß das gerade akzeptierte System moralischer Standards nicht unwandelbar ist; es wird nun verstanden als Gesellschaftsvertrag, der prinzipiell zwischen den Beteiligten zu vereinbaren ist und daher auch geändert werden kann. Schließlich wird als angemessen erkannt, daß moralische Urteile nach allg. *Prinzipien der Fairneß* getroffen werden sollten.

Moralismus:

◆ Haltung, die Moral als verbindliche Grundlage des zwischenmenschlichen Verhaltens anerkennt.

◆ übertreibende Beurteilung der Moral als alleiniger Maßstab für das zwischenmenschliche Verhalten.

Moralitätsprinzip: nach S. FREUD (↑Psychoanalyse) das an den Grundsätzen der Ethik (↑auch Moral) orientierte und vom ↑Über-Ich beanspruchte Prinzip des Verhaltens oder Handelns (im Unterschied zum Lustprinzip und zum ↑Realitätsprinzip).

Morphium ↑Drogen.

Mortalität: in der medizinischen Statistik verwendete Bez. für das Verhältnis der Zahl der Todesfälle zur Zahl der statistisch berücksichtigten Personen.

Motilität: Gesamtheit der nicht bewußt gesteuerten Bewegungen des menschlichen Körpers und seiner Organe. – ↑auch Motorik.

Motiv: Beweggrund, Antrieb, Ursache, Zweck, Leitgedanke oder Bestimmungsgrund des menschlichen Verhaltens, bes. hinsichtlich Ablauf, Ziel und Intensität des Handelns. Analog dem hierbei zu befriedigenden Bedürfnis wird zwischen einem **primären** (ungelernten, biogenen oder konativen) und **sekundären** (gelernten, soziogenen oder kognitiven) **M.** unterschieden. Beim Menschen gibt es allerdings kaum ein primäres M., das nicht sekundär überlagert ist. – Die *Motivationspsychologie* versucht ein Erklärungsmodell für zielgerichtetes Verhalten zu erarbeiten. Sie geht von der Frage aus, warum sich Individuen jeweils so und nicht anders verhalten. Hintergrund ist die Beobachtung, daß verschiedene Individuen in der gleichen Situation verschieden reagieren können und andererseits dasselbe Individuum in verschiedenen Situationen gleich reagieren kann. Sie bezeichnet in diesem Zusammenhang alle einer zielgerichteten Handlung vorauslaufenden, situationsübergreifenden und zeitlich stabilen individuellen Besonderheiten als M.e, wenn sie durch situative Besonderheiten auszulösen bzw. zur Wirksamkeit zu bringen sind.

Motivation: im psychologischen Sinne die aus beobachtbarem Verhalten erschlossene Handlungsbereitschaft, ein Bedürfnis zu befriedigen (z.B. Hunger oder Durst) oder ein Ziel, das der Organismus anstrebt, zu erreichen. Die M. bestimmt gemeinsam mit äußeren Reizen, Wahrnehmungs- und Lernvorgängen sowie gewissen Fähigkeiten oder Voraussetzungen das menschliche Verhalten und ist daher als Produkt einer *Wechselwirkung* zwischen *personspezifischen* und *situationsspezifischen Merkmalen* aufzufassen.

Die zur Erklärung und Systematisierung von M.sprozessen entwickelten *Theorien* lassen sich folgenden Hauptgruppen zuordnen:

1. **Instinkt- und Triebmodelle:** Die Entstehung und Steuerung von Verhalten beruht auf internen (angeborenen) Instinkten oder Trieben des Organismus. Nach Ansicht bedeutender Verhaltensforscher (z.B. K. LORENZ, N. TINBERGEN) sind diese Verhaltensmuster durch Lernprozesse praktisch nicht veränderbar. Vertreter der Tiefenpsychologie (z.B. S. FREUD) sehen das menschliche Verhalten von bestimmten Trieben (Selbsterhaltungs-, Sexual-, Aggressions-, Machttrieb) aktiviert und gesteuert.

2. **Antriebs- und Anreizmodelle:** Frühen Lerntheoretikern (insbesonders C. L. HULL) zufolge resultiert Verhaltensaktivierung aus einem allg. Antrieb, der sich aus physiologischen Einzeltrieben wie Hunger oder Durst zusammensetzt, sowie einem vom Zielobjekt (Nahrung, Wasser) ausgehenden Anreiz.

3. **Psychophysiologische Aktivierungsmodelle:** Diese (z.B. von D. B. LINDSLEY oder D. O. HEBB entworfenen) Modelle beziehen Erkenntnisse aus der Erforschung des Nervensystems ein und vertreten die Auffassung, der Organismus strebe ein mittleres Aktivierungsniveau an, das sich auch auf ein bestimmtes Verhalten wie Lernen oder Leistung am positivsten auswirke.

4. **Kognitive Modelle:** Diese (beispielsweise von K. LEWIN, J. W. ATKINSON oder H. HECKHAUSEN vertretenen) neueren M.stheorien räumen kognitiven Prozessen (z.B. gedankliche Vorwegnahme von Handlungsergebnissen, Situationsinterpretation, Vergleich bereits er-

M

reichter mit angestrebten Handlungszielen) eine entscheidende Rolle im motivationalen Geschehen ein.

Zusammenfassend ist festzuhalten, daß die frühen M.stheorien eher *mechanisch* (trieb- und reizgeleitet) orientiert waren, während die jüngeren *kognitiven* Ansätze das Individuum in einer aktiveren (letztlich von eigenen Entscheidungsvorgängen getragenen) Rolle sehen.

Motivationspsychologie ↑Motiv.

motivieren:

◆ zu einer bestimmten Verhaltensweise bzw. Handlung bewegen. Jemand ist motiviert, wenn er den (inneren) Antrieb oder die (äußere) Anregung zu spezifischem Handeln besitzt.

◆ durch die Darlegung von ↑Motiven erklären; begründen.

Motivschwund: Bez. für die (völkerpsychologische) Erscheinung, daß individuelle menschliche Motive durch gesellschaftlich vorgegebene Institutionen (Sitten, Bräuche) ersetzt werden können.

Motorik:

◆ Gesamtheit der *aktiven,* vom Gehirn aus gesteuerten, koordinierten Bewegungen des menschlichen Körpers.

◆ Lehre von den Funktionen der Bewegung des menschlichen Körpers und seiner Organe.

Unterschieden werden: **Grob-M.** (allg. Körper- und Gliederstärke, Bewegungskoordination sowie Reaktionsschnelligkeit und allg. Reaktionsvermögen) und **Fein-M.** (Fingergeschicklichkeit, Mimik), ferner des öfteren *Willkür-M.* (alle willkürlich und aktiv ausführbaren Abläufe), *Unwillkür-M.* (willentlich nicht beeinflußbare Körperbewegungen, etwa Reflexe) sowie *Senso-* oder *Psycho-M.* (enge Koordination von Sensorik bzw. Motorik und psychischen Vorgängen, z.B. bei Komplexhandlungen wie dem Fahrradfahren oder bei gestörten Bewegungsabläufen).

Die *motorische Entwicklung* des Kindes steht in engem Zusammenhang mit der Ausbildung bedeutender geistig-seelischer Funktionen wie etwa der Wahrnehmung, der Sprache, dem Denken und Fühlen; sie nimmt bei fast allen Kindern, auch bei behinderten oder von Behinderung bedrohten Kindern, denselben Ablauf, jedoch in unterschiedlicher Geschwindigkeit.

motorisch: die ↑Motorik betreffend, auf ihr beruhend, ihr dienend.

motorische Einstellung: Bez. für die Erscheinung, daß sich die motorische Innervation auf bestimmte zu erwartende körperliche Tätigkeiten einstellt. Wird z.B. mit der linken Hand ein leichtes und mit der rechten ein etwa doppelt so schweres Gewicht mehrmals gehoben und wird anschließend dies mit gleich schweren Gewichten wiederholt, scheint das Gewicht in der rechten Hand leichter zu sein als das (nunmehr gleich schwere) in der linken. Für die rechte Hand hatte sich also eine m.E. auf das erwartete hohe Gewicht gebildet und hatte damit zur entsprechenden Innervation geführt; dies war bei der anderen Hand nicht der Fall.

motorische Nerven ↑Nervensystem.

motorischer Typ (kinästhetischer Typ): Bezeichnung für einen Menschentyp, der sich vorwiegend solche Geschehnisse merkt, die mit Bewegungsabläufen gekoppelt sind. – ↑auch akustischer Typ, akustomotorischer Typ.

motorische Tests: psychologische Tests zur Bestimmung der individuellen Motorik (u.a. Koordination, Geschicklichkeit, Schnelligkeit, Ausdauer, Kraft), insbes. des diesbezüglichen Entwicklungsstandes bei Kindern.

Müdigkeit ↑Ermüdung.

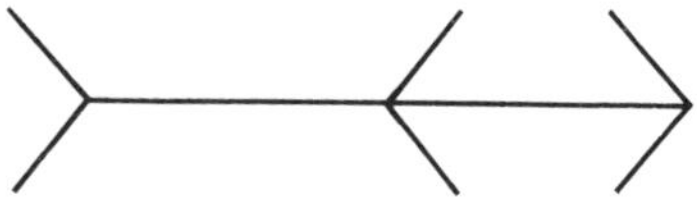

Müller-Lyersche-Täuschung

Müller-Lyersche-Täuschung: eine ↑optische Täuschung, bei der zwei objektiv gleich lange Strecken durch »störende« Linien anderer Richtung subjektiv ungleich lang erscheinen.

Mund: Drei von insgesamt 16 simulierten Lippenpositionen des Mundes, die nötig sind, um die englische Sprache lippensynchron optisch wiederzugeben.

Multiple-choice-Verfahren: schriftliches Prüfungsverfahren, bei dem für jede Frage mehrere Lösungen angegeben sind, von denen in der Regel nur eine zutrifft, die dann anzukreuzen ist.

multiple Regressionsanalyse ↑Regressionsanalyse.

Mund: Nicht nur durch seine wesentliche Beteiligung am Vorgang des ↑Sprechens steht der menschliche M. an hervorragender Stelle im Dienst sozialer Kommunikation und Information. Als »Geschmacksgruß« z.B. zählt der M.kuß (und andere Formen des ↑Kusses) zu den wichtigsten Grußformen des Menschen (↑auch Grüßen). Außerdem hat der M. überaus auffällige Signal- und Auslösewirkung, speziell im sexuellen Bereich. Die Lippen signalisieren durch Form, Farbe und Feuchtigkeit (nicht selten künstlich betont und korrigiert) Angebot oder Wunsch. Zum Lächeln geöffnete Lippen drücken Freundlichkeit aus oder beschwichtigen Aggressionen. Darüber hinaus dienen die Lippen u.a. als Ausdrucksorgane der Sprache. Besonders aber für den individuellen Gesichtsausdruck (↑Mimik) ist die Haltung der Lippen außerordentlich kennzeichnend. Die Hautfalten und -furchen in der Umgebung des M.es stehen hierbei in enger Korrelation zur Beweglichkeit der Lippen. Oft genügt allein die Form der M.spalte mit mehr oder weniger gesenkten oder gehobenen M.winkeln, um eine seelische Gestimmtheit deutlich zu charakterisieren.

Münzökonomie (Token-Ökonomie, Münzverstärkungssystem): ein Verfahren der Verhaltenstherapie, bei dem unerwünschtes Verhalten beseitigt wird, indem man erwünschte Verhaltensweisen nach vorher vereinbarten Regeln systematisch mit **Token** (das sind Punkte, Münzen oder Chips als »Verstärker« für ein solches Verhalten) belohnt, die man dann gegen andere »Verstärker« (z.B. einen Kinobesuch) eintauschen kann. Unerwünschtes Verhalten wird dagegen durch Einzug von Token bestraft. Die Gabe dieser externen Verstärker soll allmählich durch interne Verstärker wie Selbstlob und zunehmende Selbstkontrolle des Verhaltens ersetzt werden. M.n werden v.a. in der Schule zur Steigerung der Aufmerksamkeit und Leistungsmotivation, zur Behandlung von kindlichen Verhaltensauffälligkeiten und bei seelisch stark beeinträchtigten Patienten in psychiatrischen Krankenhäusern eingesetzt.

Musikpsychologie: Richtung in der Psychologie und Musikwissenschaft, welche die psychischen Faktoren musikalischen Verhaltens und Erlebens untersucht. Im Rahmen der Musikpädagogik befaßt sich die M. v.a. mit der Erfassung musikalischer Begabung und mit der Anwendung lernpsychologischer Erkenntnisse bei der Entwicklung von Lehrplänen.

Musiktherapie: Form ergänzender ↑Psychotherapie, die als passives Musikhören oder aktives Musizieren zur posi-

M

tiven Beeinflussung psychischer Störungen (insbes. bei geistig behinderten Menschen) zur Entspannung, Beruhigung sowie zur Stärkung kreativer Fähigkeiten, des Selbstwertgefühls und der Förderung nonverbaler Kommunikation (meist mit Hilfe des ORFFschen Instrumentariums) eingesetzt wird.

Muskelsinn: das Vermögen, über bes. Sinnesorgane (↑Propriorezeptoren) Veränderungen in der eigenen Muskulatur und im Muskelzustand (Kontraktion, Dehnung) wahrzunehmen.

Muster:

- ↑Pattern.
- ↑Verhaltensmuster.

Mutazismus svw. ↑Mutismus.

Mutismus (Mutazismus): Bez. für seelisch bedingtes Nichtsprechen trotz völliger Funktionsfähigkeit der Sprechorgane und der Sprechmotorik. M. tritt als Folge von Gehörlosigkeit (Taubstummheit) oder von Hirnverletzungen, aber auch als psychotisches oder neurotisches Begleitsymptom auf. Bei Kindern ist M. häufig Ausdruck mangelnder emotionaler Zuwendung und bedarf im allg. der Psychotherapie.

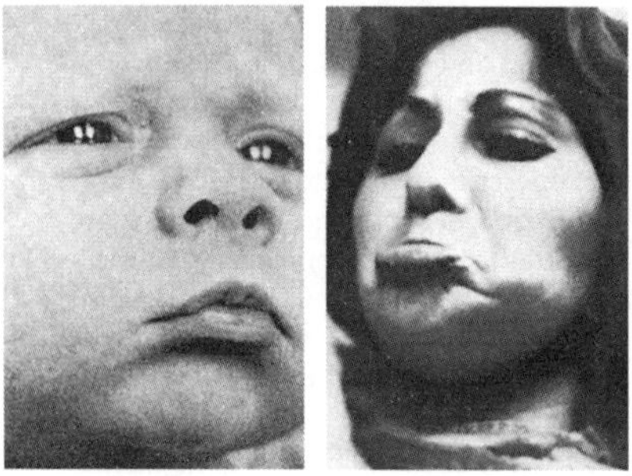

Nachahmung: Ein Säugling imitiert die Mimik der Mutter

Mutterbindung ↑Eltern-Kind-Beziehung.

Mutterrecht ↑Matriarchat.

Myelinscheide ↑Nervenzelle.

Mystik: Form der Religiosität oder der religiösen Anschauung, bei der durch Versenkung, Hingabe, Askese o.ä. eine persönlich erfahrbare Verbindung mit einer Gottheit oder dem Göttlichen gesucht wird, bis hin zu einer ekstatischen »Vereinigung«. – ↑auch Ekstase.

Mystizismus: häufig abwertend gebrauchte Bez. für eine schwärmerische, auf Vorstellungen der ↑Mystik beruhende, nicht rational begründete Einstellung oder Weltanschauung.

N

Nachahmung (Imitation): beim Menschen Bez. für die bewußte oder unbewußte Aneignung von bestimmten Zügen oder Verhaltensweisen (Aussehen, Ausdrucksformen, Bewegungen, Handlungen) eines realen oder symbolischen Vorbildes aufgrund von realen oder (durch Filme, Fernsehen bzw. Video) übertragenen Beobachtungen sowie mündlichen oder schriftlichen Überlieferungen. Die *Formen* der N. reichen von der rein mechanischen Wiederholung bis zur szenischen Nachgestaltung, etwa im Spiel.

Im *Kindesalter* spielen N.sprozesse eine bes. Rolle beim Spracherwerb, dem Erlernen von Handlungsvollzügen sowie der Übernahme von Verhaltensweisen, die für die jeweilige Kultur oder soziale Gruppe spezifisch sind, wodurch es zur sozialen Eingliederung kommt.

Nachahmungslernen svw. ↑Imitationslernen.

Nachbilder ↑Nacheffekt, ↑Kontrast.

Nacheffekt: die Erscheinung, daß nach Aufhören eines (längerdauernden) Sinnesreizes eine Empfindung auftritt, die den tatsächlichen Gegebenheiten nicht entspricht. Ein solcher N. ist z.B. das farbige **Nachbild:** Wenn man einen möglichst reinfarbigen Gegenstand etwa 30 Sekunden lang anblickt und dann auf eine nicht zu helle Fläche schaut, sieht man den Gegenstand darauf in der Komplementärfarbe. – ↑auch Abklingen.

Nachtklinik ↑Psychiatrie.

nächtliches Aufschrecken (Pavor nocturnus): v.a. bei jüngeren Kindern vorkommendes plötzliches Hochschrekken aus dem Schlaf, das mit Schreien, Atemnot oder Schweißausbrüchen, seltener mit Einnässen, verbunden sein kann. N. A. beruht oft auf starken – meist unbewußten – Ängsten des Kindes, z.B. infolge sexuellen Mißbrauchs oder des Miterlebens elterlicher Sorgen bzw. Auseinandersetzungen, kann aber auch von abendlichen, vom Kind allein nicht verarbeitbaren Fernsehsendungen herrühren.

Narzißmus: »Narziß« von Caravaggio (Rom, Galleria Nazionale d'Arte Antica)

Nachtwandeln svw. ↑Schlafwandeln.

Nägelbeißen (Onychophagie): N. tritt v.a. bei Kindern und Jugendlichen als Ausdruck einer momentanen Verlegenheit oder aber als Ausdruck einer Verhaltensauffälligkeit auf, der nach tiefenpsychologischem Verständnis unterdrückte aggressive Tendenzen gegenüber strengen Eltern, Einengung der Bewegungsfreiheit (aufgrund überängstlicher Eltern oder auch beengten Wohnraums) oder die Versagung oraler Wünsche zugrunde liegen; die psychische Erregung wird dabei über das N. abgeführt.

Therapeutisch werden psychoanalytisch wie auch verhaltensmodifikatorisch orientierte Verfahren angewandt.

Nahraum svw. ↑Greifraum.

Nahsinne: Bez. für die Sinnesorgane zur Wahrnehmung von Reizen aus naheliegenden Reizquellen (z.B. Geschmack und Hautsinne), im Unterschied zu den ↑Fernsinnen.

Narkomanie: krankhaftes Verlangen nach Schlaf- oder Betäubungsmitteln. – ↑auch Drogenabhängigkeit.

Narkotikum (Mz.: Narkotika):

- Narkosemittel.
- schmerzlinderndes Mittel, dessen Mißbrauch zur Abhängigkeit führen kann. – ↑auch Drogenabhängigkeit.

Narzißmus: psychoanalytischer Begriff für das Verliebtsein in sich selbst *(Selbstliebe),* in Anlehnung an die griechische Sage von dem Jüngling Narcissus, der sich in sein Spiegelbild verliebte. Jeder Mensch durchlebt narzißtische Zustände, so als Kleinkind, das seine sexuelle Energie (↑Libido) ganz auf sich selbst richtet *(primärer N.)* und dabei für das spätere Selbstwertgefühl bedeutsame kreative Kräfte entwickelt.

Der *sekundäre N.* ist im Gegensatz dazu die vorübergehende Zurücknahme der Libido von äußeren Objekten auf sich selbst, z.B. nach enttäuschter Liebe (Zustand der ↑Regression), aber auch die im ↑Ich-Ideal zu findende dauerhafte Selbstliebe des Menschen.

Ungenügende narzißtische Bestätigung des Kindes durch die Eltern, indem diese ihr Kind nur akzeptieren, wenn es ihren Vorstellungen und Wünschen entspricht (z.B. wenn es stellvertretend für sie hohe Leistungen erbringen soll), kann zu schwerwiegenden psychischen Störungen führen.

narzißtische Neurose ↑Neurosen.

Nativismus: erkenntnistheoretische Position, derzufolge bestimmte menschliche Fähigkeiten, Verhaltensweisen oder Vorstellungen (etwa Raum- und Zeitvor-

N

stellungen) angeboren und Lern- oder Erfahrungseinflüsse zu verneinen sind. Der N. vertritt einen milieutheoretischen Pessimismus. – ↑auch milieutheoretischer Optimismus.

naturwissenschaftliche Psychologie: psychologische Fachrichtung, in der die Anwendung naturwissenschaftlicher Methoden zu Überschneidungen mit nichtnaturwissenschaftlichen Teilbereichen führt. – Die streng nach naturwissenschaftlichen Prinzipien arbeitende Psychologie, mit exakten, systematisch entwickelten Methoden und unter umfangreicher Anwendung von Experiment und Statistik, wird meist als ↑Objektive Psychologie bezeichnet. Eine weitere wichtige Disziplin der nach naturwissenschaftlichen Prinzipien arbeitenden Psychologie ist die Physiologische Psychologie, u.a. mit den Teilbereichen ↑Neuropsychologie und ↑Psychophysik.

Neandertaler ↑Mensch.

Necker-Würfel: Eine optische ↑Inversion läßt sich bes. gut mit der perspektivischen Strichzeichnung eines Würfels demonstrieren: Der Würfel wird (als Kippfigur) bald in der Aufsicht, bald in der Untersicht gesehen.

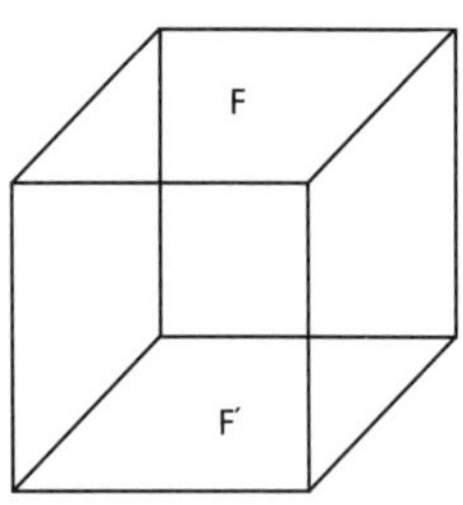

Necker-Würfel: Abwechselnd erscheint F vor oder hinter F′

Need: Bez. für die Gesamtheit der auf die Umwelt bezogenen psychischen Spannungslagen, die auf Antrieben, Bedürfnissen, Wünschen usw. beruhen.

negative Phase ↑positive Phase.

negativer Transfer ↑Transfer.

negative Übung: verhaltenstherapeutische Technik, die auf der Annahme beruht, daß mehrmaliges bewußtes und gezieltes Wiederholen eines störenden »Verhaltensmusters« (z.B. bestimmte Sprachstörungen) nach und nach ein sog. reaktives Hemmungspotential erzeugt und dadurch zum allmählichen Verschwinden dieser Störung führt.

Negativismus:
◆ ablehnende Haltung oder negative Einstellung als Grundhaltung; meist als Trotzverhalten in bestimmten Entwicklungsphasen (z.B. Trotzalter) auftretend.
◆ Widerstand psychisch Kranker sowohl gegen äußere Anregungen als auch gegen innere Antriebe (Antriebsanomalie z.B. bei Schizophrenen).

Neid: spezielle Mißgunst, die sich vornehmlich auf diejenigen Güter oder Vorzüge materiell bzw. sozial und/oder geistig etwa gleichgestellter Mitmenschen richtet, die der Neider (im Unterschied zum Mißgünstigen) zwar nicht besitzt, die jedoch im Bereich des für ihn Erreichbaren liegen. Beispiel: Ein Arbeiter beneidet den Kollegen, der einen besseren Job hat (und sich dadurch auch mehr leisten kann) als er; er beneidet aber nicht den Industriellen.

Neigung: Vorliebe für bestimmte Tätigkeiten, Lebensformen oder Berufe aufgrund einer dementsprechenden Einstellung zu ihnen bzw. einer entsprechenden Ausrichtung der Interessen und Triebe, wobei die N. die erforderliche Eignung oft nicht einschließt.

Nekrophilie: perverse Neigung zum Geschlechtsverkehr mit Toten; in einem allgemeineren Sinne auch die Vorliebe für tote Objekte, Leichen, Verwesendes.

Neobehaviorismus ↑Behaviorismus.

Neopsychoanalyse ↑Psychoanalyse.

nerval: das ↑Nervensystem bzw. die Nerventätigkeit betreffend oder durch die Nervenfunktion bewirkt.

nervaler Tonus ↑Tonus.

Nerven: Bez. für die zu Bündeln vereinigten Nervenfasern. – ↑Nervenzelle, ↑Nervensystem.

Nervenarzt: umgangssprachliche Bez. des Facharztes für Neurologie und Psychiatrie.

Nervenchirurgie ↑Neurochirurgie.

Nervenentzündung (Neuritis): entzündliche, schmerzhafte Erkrankung eines oder mehrerer Hirn- bzw. Körpernerven mit anatomisch nachweisbaren Veränderungen des Nervengewebes. Folgeerscheinungen sind Lähmungen der Körpermuskulatur (u. U. verbunden mit Muskelschwund), subjektive Reizerscheinungen wie Mißempfindungen (Parästhesien) oder Schmerzen sowie objektivierbare Störungen der Empfindungsqualitäten bzw. der Nervenleitgeschwindigkeiten. Je nach Umfang der Erkrankung werden Mono- bzw. Polyneuritiden unterschieden (Befall eines oder mehrerer Nerven).

Nervenfaser ↑Nervenzelle.

Nervengewebe: aus dem äußeren Keimblatt (Ektoderm) hervorgegangenes System miteinander über Axone (Nervenfortsätze, -fasern) verknüpfter Nervenzellen (Ganglienzellen), einschließlich der sie stützenden, schützenden und ernährenden Gliazellen sowie der Schwannschen Zellen, die als Markscheide (Schwannsche Scheide) eine elektrische Isolation der Axone bewirken. N. bildet in seiner Gesamtheit das ↑Nervensystem der vielzelligen Tiere und des Menschen.

Nervenkrankheiten: Als Gegenstand der ↑Neurologie umfassen die N. insbesondere die entzündlichen und degenerativen Erkrankungen, Neubildungen (Geschwülste) und Verletzungen des zentralen und peripheren Nervensystems (Gehirnentzündung, Gehirnerschütterung, Gehirntumor, Gehirnverletzun-

Nervensystem

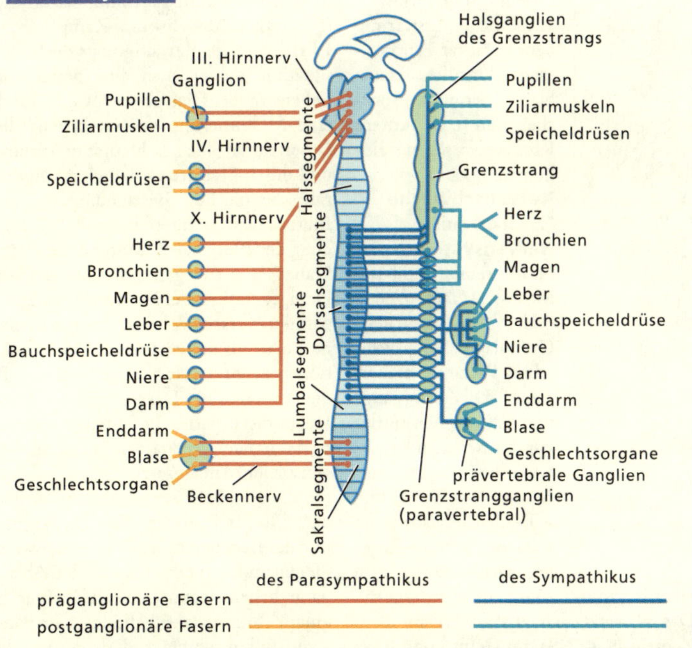

N

gen, Krampf, Lähmung, Nervenentzündung, Neuralgie, Erkrankungen des Rückenmarks u.a.). Im weiteren, allerdings eher umgangssprachlichen Verständnis werden auch seelische Erkrankungen, etwa ↑Psychosen, zu den N. gerechnet.

Nervenkrise: volkstümliche Bez. für eine Phase der seelischen Erschütterung in einer (subjektiv) als kritisch empfundenen Situation oder Lebenszeitspanne (z.B. ↑Midlife-crisis) oder auf ein als stark belastend empfundenes Erlebnis (z.B. Tod eines nahen Verwandten, schwerer Unfall).

Nervenleiden svw. ↑Neuropathie.

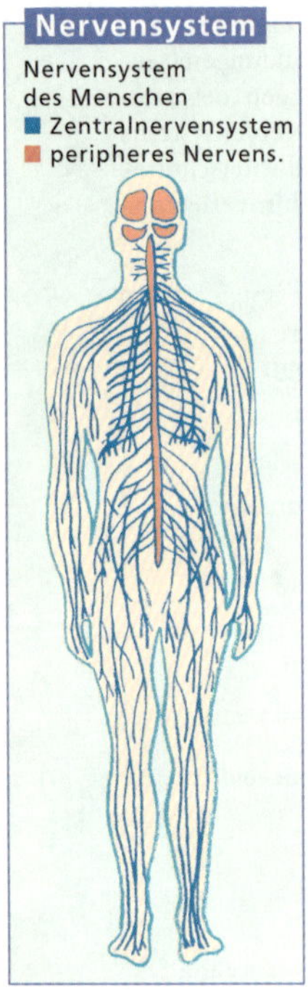

Nervensystem: Schematische Darstellung des Sympathikus und des Parasympathikus

Nervenleitung ↑Erregungsleitung.

Nervenphysiologie ↑Neurophysiologie.

Nervenschock: durch starke Erregung (z.B. heftiges Erschrecken) hervorgerufener *psychischer Schock,* der mit Orientierungsverlust, körperlicher Erstarrung oder starker motorischer Unruhe, Hautblässe, Schweißausbrüchen und u.U. akutem Kreislaufversagen einhergehen kann.

Nervenschwäche ↑Neurasthenie.

Nervensystem: Das N. mit seinen rund 100 Mrd. ↑Nervenzellen bildet die stoffliche Grundlage aller psychischen Prozesse, steuert die Lebensvorgänge und ist der Vermittler zur Umwelt, indem es Sinnesmeldungen aufnimmt, auswertet und z.T. speichert sowie als Reizantwort eine Reaktion nach außen in Form eines bestimmten Verhaltens ermöglicht. Das N. setzt sich zusammen aus dem **Zentral-N. (ZNS)** mit Gehirn und Rückenmark und dem **peripheren N.** mit den vom ZNS wegleitenden *efferenten (motorischen) Nervenbahnen,* die die Muskeln und Drüsen versorgen, und den zum ZNS hinleitenden *afferenten (sensorischen) Nervenbahnen,* die von den Sinnes- und inneren Organen herkommen. Nach funktionellen Gesichtspunkten gliedert man das N. noch in ein vegetatives und ein animales N., obwohl beide in einem engen anatomisch-physiologischen Zusammenhang stehen:

Während das **animale N. (somatische N.)** der Regelung der Beziehungen des Organismus zur Außenwelt dient, steuert das **vegetative N. (Eingeweide-N.)** mit seinem sympathischen und seinem parasympathischen Anteil die inneren Lebensfunktionen wie Atmung, Verdauung, Stoffwechsel, Drüsensekretion. Dabei bewirkt das **sympathische N. (Sympathikus)** allg. eine Leistungssteigerung bzw. eine augenblickliche Höchstleistung des Gesamtorganismus, wie erhöhte Aktivität, Abwehr- und Kampfbereitschaft, schnelle Bewältigung von Streßsituationen oder auch eine gesteigerte Lebensfreude. Dies geschieht u.a. durch eine Mobilisierung des Glykogens der Leber, durch eine beschleunigte Atmung und durch Steigerung der Herztätigkeit mit zusätzlicher Beschleunigung der Blutzirkulation über eine allg. Verengung der Blutgefäße, während die Herzkranzgefäße dagegen erweitert werden. Demgegenüber werden durch den Sympathikus verschiedene für das momentane Bedürfnis unbedeutende Organfunktionen in ihrer Aktivität gehemmt, z.B. die Peristaltik des Darms.

Der **parasympathische** Anteil **(Parasympathikus)** des vegetativen N.s ist als Gegenspieler (Antagonist) des Sympathikus für das allg. Stoffwechselsystem zuständig, d.h. für Prozesse, die dem Aufbau und der Regeneration der Körpergewebe dienen und somit ihren optimalen Ablauf dann haben, wenn sich der Körper in einem Ruhezustand befindet. Der Parasympathikus schränkt deshalb u.a. die

Atmungsaktivität ein, etwa durch Verringerung der Weite der Atemwege, verlangsamt die Herztätigkeit und fördert andererseits u.a. die Tätigkeit des Darms und der Verdauungsdrüsen, außerdem den Aufbau von Glykogen in der Leber.

Zwischen den gegenpoligen Impulsen der beiden Anteile des vegetativen N.s stellt sich ein an die jeweilige Umweltsituation angepaßtes Gleichgewicht ein. Störungen dieses Gleichgewichts ergeben die sog. *vegetative Dystonie.*

Nervenzelle (Ganglienzelle, Neuron): Grundlage aller psychischen und physischen Leistungen sind die N.n, aus denen sich das Nervengewebe bzw. Nervensystem aufbaut. Eine N. besteht aus dem eigentlichen Zellkörper und unterschiedlich vielen Nervenfortsätzen; den meist nahe am Zellkörper stark verzweigten, relativ kurzen **Dendriten,** die Erregungen dem Zellkörper zuführen, und einem einzelnen längeren bis sehr langen **Axon** (Neuriten), der die Erregung vom Zellkörper aus weiterleitet. Das Axon kann sich schließlich stark aufspalten und endet mit kleinen Endköpfchen, die jeweils mit der Membran einer nachfolgenden Zelle eine **Synapse** bilden. An den ↑Synapsen findet die Erregungsübertragung zu einem Dendriten oder dem Zellkörper einer anderen N. bzw. zu Muskel- oder Drüsenzellen statt. Eine N. kann über bis zu 10000 Synapsen mit anderen Zellen in Verbindung stehen.

An den Membranen der N. läßt sich im nicht-angeregten Zustand ein **Ruhepotential** *(Membranpotential)* messen. Eine Reizung der Zelle löst ein **Aktionspotential** aus, das sich entlang der Membran fortpflanzt und so die Erregung weiterleitet (↑Erregungsleitung).

Zellkörper, Dendriten und das Axon sind von einem Isoliergewebe, den *Glia-Zellen,* umgeben. Die besonders schnell leitenden Axone der Wirbeltiere sind von speziellen Myelin-reichen Glia-Zellen *(Schwannsche Zellen)* umwickelt. Diese Hülle, die sog. **Markscheide (Myelinscheide, Schwannsche Scheide),** bildet zusammen mit dem Axon die eigentliche **Nervenfaser.** Die Markscheiden sind alle 1-2 mm von Einschnürungen, den *Ranvierschen-Schnürringen,* unterbrochen. Die Erregungsleitung erfolgt nur an den Schnürringen, d.h., die Aktionspotentiale springen von einem Schnürring zum nächsten *(saltatorische Erregungsleitung),* und ist dadurch sehr viel schneller als an Axonen ohne Markscheide.

Nervenzelle

Nervenzelle mit markhaltigem Axon (**D** Dendriten; **ZK** Zellkörper mit Kern; **A** Axon; **R-S** Ranvierscher-Schnürring; **M** Markscheide; **S** Schwannsche Zelle; **N** Nervenfaser mit Axon und Markscheide, **E** Endverzweigung des Axons mit synaptischen Nervenendigungen)

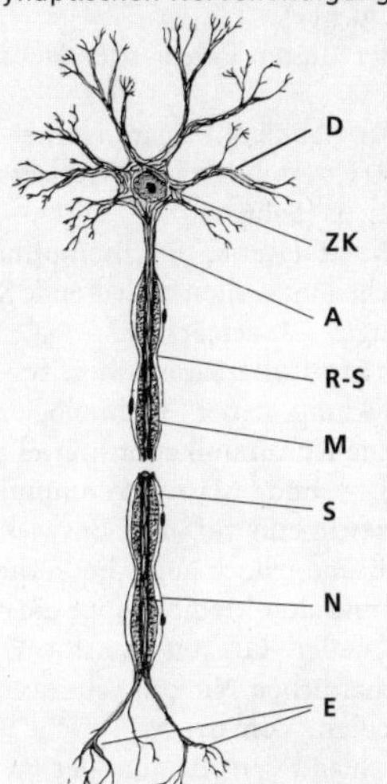

Bei der Geburt eines Kindes liegt die Zahl der N.n fest (z.B. rund 25 Mrd. im Gehirn, davon etwa 14 Mrd. in der Großhirnrinde). Da N.n sich nicht mehr teilen können, werden zerstörte N.n auch nicht wieder ersetzt. Nur intakte Zellkörper können nach Durchtrennung ihrer Nervenfaser diese neu ausbilden.

Nervenzusammenbruch: umgangssprachliche Bez. für eine allg. nervöse Erschöpfung; Versagensreaktion auf körperliche, seelische oder geistige Überbeanspruchung.

nervöses Herz svw. ↑Herzneurose.

Nervosität:

◆ Zustand psychischer Spannung und damit erhöhter Reizbarkeit (»Überempfindlichkeit«).

◆ in der älteren Psychiatrie ↑Neurasthenie.

Nervus (Abk.: N.): anatomischer Name für Nerv, z.B. N. facialis (Gesichtsnerv), N. opticus (Sehnerv).

Netzhaut (Retina): lichtempfindliche, die Lichtsinneszellen enthaltende Schicht des Auges. – ↑auch Sehen.

neue Medien: Sammelbez. für durch Entwicklung neuer Technologien entstandene Kommunikationsmittel zur Individual- und Massenkommunikation. Kennzeichnend für den Entwicklungsprozeß sind jedoch auch die Vernetzung neuer und alter Medien sowie die Ausbildung neuer Organisationsformen zur wirtschaftlichen Nutzung alter und neuer Medien. Von n.n M. spricht man in Deutschland seit Beginn der siebziger Jahre, wobei dafür auch Begriffe wie *neue Informations-* und *Kommunikationstechniken* oder *Telematik* gebräuchlich sind.

Als n. M. wurden zunächst die technisch neuartigen Medien wie Telex, Teletex (Bürofernschreiber), Bildschirm-Videotext, Videorecorder, Telefax, Bildplatte, Bildtelefon, Kabel- und Satellitenrundfunk bzw. -fernsehen bezeichnet. Dies sind technische Neu- oder Weiterentwicklungen, v.a. bedingt durch elektronisch leistungsfähigere, schnellere und flächendeckende (globale) Übertragungs-, Wiedergabe- und Speichereinrichtungen, insbes. durch Digitalisierung von Information, computergestützte Steuerung des Übertragungsprozesses und Vernetzung von Medien und Nutzern. Dabei unterscheidet man Medien zur direkten, zugleich wechselweise möglichen Kommunikation zwischen zwei Personen, z.B. Bildtelefon oder Telefax (Individualkommunikation), und zur indirekten, einseitigen Kommunikation, z.B. durch Kabel- oder Satellitenfernsehen. Diese technischen Neuerungen führen aber auch zur Kombination bzw. Vernetzung mehrerer Medien: So zählt Videotext, das Abrufen von Texten (Nachrichten, Wettervorhersagen, Sportmeldungen u.a.) über den Bildschirm des alten Mediums Fernsehen, ebenso zu den n.n M. wie der Videorecorder, der Aufnahme, Speicherung und Wiedergabe von Inhalten des Mediums Fernsehen leistet. Zusätzlich ergeben sich aus der Vernetzung der Nutzer neue Kommunikationswege, etwa die elektronische Zusammenschaltung von Teilnehmern an beliebigen Orten als Videokonferenz oder für die Büro- und Wissenschaftskommunikation. Schließlich werden auch die durch privatwirtschaftliche Nutzung der neuen technischen und organisatorischen Möglichkeiten entstandenen privaten Hörfunk- und Fernsehsender als n. M. bezeichnet, die neben den bisherigen Medien zusätzliche Programme anbieten.

In den letzten Jahren gewinnt das *Internet* zunehmend an Bedeutung. Über den Dienst *Word Wide Web (WWW)* ist – unterstützt durch eine graphische Benutzeroberfläche – der Austausch von Texten, Bildern sowie Audio- und Videosequenzen zwischen Computern möglich.

Die n.n M. haben große medienpolitische, medienrechtliche, ökonomische und soziale Veränderungen bewirkt: Die Abgrenzungen und Unterscheidungsmerkmale zwischen den einzelnen Medien verwischen sich immer stärker, wodurch die medienrechtliche Diskussion und die für einzelne Medien z.B. in Deutschland bisher äußerst unterschiedlich gehandhabten Regelungen zunehmend schwierig werden und eine Neuverteilung der Bund-Länder-Kompetenzen erfordern. Die *ökonomischen* Auswirkungen der n.n M. intensivieren den »Megatrend zur Mediengesellschaft« und formen somit den Bereich Information und Kommunikation zum größten

Dienstleistungssektor. Die *sozialen* Auswirkungen der n.n M. auf Freizeit, Bildung, Beruf, Arbeitsplatz, Verkehr und die Privatsphäre des einzelnen (Datenschutz) werden als bes. gravierend angesehen, da ihre Konsequenzen aufgrund des ebenso umfassenden wie raschen Wandels noch gar nicht absehbar sind.

Neugeborenes ↑Kindheit.

Neugierverhalten (Neugier, exploratives Verhalten): wichtiges Bedürfnis nach gerichtetem, zielstrebigem Aufsuchen von Neuem in bekannter Umgebung. Es regt zu äußerem und innerem Probehandeln an mit dem Ziel, im Ernstfall zweckmäßig zu handeln. Beim N. werden dazu bes. bei Tieren einzelne, oft nur aus kurzen Bewegungsabläufen bestehende ↑Erbkoordinationen zu größeren zusammenhängenden Verhaltensweisen kombiniert. N. ist wahrscheinlich ererbt (Trieb zur Exploration) und eng mit dem Spieltrieb verzahnt. Bei vielen Tieren erlischt das N. mit der Geschlechtsreife.

Da N. befriedigt, ist es eine Quelle seelischer Energie. Wird kindliches N. nicht unterdrückt, sondern gefördert, kann es später Grundlage zu Informationsbedürfnis, Wissensdrang, Forschung und schöpferischer Tätigkeit (↑Kreativität) werden.

neural: die Nerven betreffend, vom ↑Nervensystem ausgehend.

Neuralgie: Bez. für anfallsweise auftretende Schmerzen im Bereich sensibler Nerven, wobei im Unterschied zur ↑Nervenentzündung weder anatomische Veränderungen noch Funktionsausfälle nachweisbar sind.

neuralgisch:

◆ in der *Medizin* auf einer Neuralgie beruhend, auf eine Neuralgie hindeutend, für sie charakteristisch.

◆ *bildungssprachlich* bes. empfindlich, anfällig für Störungen.

Neurasthenie (Nervenschwäche, Beard-Syndrom): von dem amerikanischen Neurologen G. M. Beard erstmals beschriebener Symptomenkomplex: reizbare Schwäche, Überempfindlichkeit der Sinnesorgane und Übererregbarkeit der Rückenmarksfunktionen. Im neueren medizinisch-psychiatrischen Sprachgebrauch spricht man von *asthenischer Reaktion* bzw. von *Erschöpfungsreaktion* nach physischer und psychischer Überanstrengung.

Auslösende Momente sind überwiegend situative, gesellschaftliche und wirtschaftliche Faktoren, weniger dagegen charakteristische Besonderheiten. N. äußert sich oft nach einer erbrachten Leistung aufgrund mangelnder Motivation (z.B. innerer Widerspruch, Bewußtsein der Sinnlosigkeit) in lustloser Verstimmtheit, reizbarer Erschöpfung, Unfähigkeit zur Entspannung sowie häufig in diffusen körperlichen Beschwerden (z.B. Herzklopfen, Herzschmerzen, »weiche Knie«, allg. Schwächegefühl, Schwindel, Verdauungsbeschwerden mit Verstopfung oder Durchfall, Kopfdruck, Schwitzen). Ein krankhafter Organbefund ist nicht zu erheben.

Therapeutisch steht zunächst eine Aussprache im Vordergrund, die eine gezielte Aufdeckung der Konfliktsituation anstrebt; u. U. ist eine Umstellung der Lebensführung erforderlich. Medikamentös können Tranquillantien (z.B. Benzodiazepinderivate) zur ersten Beruhigung, zu Schlaf und Erholung verhelfen.

Neurit ↑Nervenzelle.

Neuritis svw. ↑Nervenentzündung.

Neuroanatomie ↑Neurobiologie.

Neurobiologie: Disziplin der Biologie, die Struktur und Funktionsweise sowie die phylogenetische und ontogenetische Entwicklung von Nervenzellen und Nervensystemen untersucht. Teilgebiete der N. sind u. a. die **Neuroanatomie,** die sich mit Entstehung, Differenzierung und feingeweblichem Aufbau des Nervensystems befaßt, die **Neurochemie,** die die chemischen Vorgänge der Aufnahme, Übertragung, Speicherung und Verarbeitung von Informationen im Nervensystem untersucht, und die **Neuroimmunologie,** die sowohl Immunreaktionen

N

im Nervensystem als auch nervöse Einflüsse auf das Immunsystem untersucht. Die N. bezieht u.a. Erkenntnisse der Elektrophysiologie, der Sinnesphysiologie und der Kybernetik ein. – ↑auch Neurophysiologie, ↑Psychoneuroimmunologie.

Neurochemie ↑Neurobiologie.

Neurochirurgie (Nervenchirurgie): neurologisches Spezialgebiet, das operative Eingriffe am zentralen und peripheren Nervensystem (Gehirn und Rückenmark, einschließlich ihrer Hüllen und Gefäße, Körpernerven) umfaßt. – ↑auch Psychochirurgie.

neurogen: von einem Nerv, einer Nervenzelle oder vom Nervensystem ausgehend.

Neurohormone: von Nervenzellen, v.a. des Hypothalamus, abgesonderte Hormone: *Adiuretin* (Vasopressin) und *Oxytozin* werden über Nervenbahnen in den Hypophysen-Hinterlappen transportiert und bei Bedarf in den Blutkreislauf abgegeben; die *Freisetzungs-* oder *Releaser-Hormone* gelangen über Nervenbahnen und dann über den Pfortaderkreislauf des Hypothalamus-Hypophysen-Systems in den Hypophysen-Vorderlappen; sie steuern die Ausschüttung und Produktion von Schilddrüsen-, Geschlechts-, Wachstums- und Nebennieren-Hormonen. – ↑endokrine Drüsen.

Neuroimmunologie ↑Neurobiologie.

Neurolepsie: Dämpfung bzw. Minderung einer psychischen Spannung durch Verabreichung entsprechender Medikamente (bes. von ↑Neuroleptika).

Neuroleptika (Neuroplegika, Psycholeptika): zur Gruppe der Psychopharmaka gehörende antriebsdämpfende Medikamente (Beruhigungsmittel), die sich gegen Erregung, Ängste, Wahnideen und Sinnestäuschungen richten, das Bewußtsein und die Kritikfähigkeit des Patienten nur in relativ geringem Maße beeinträchtigen und bei schweren psychischen Störungen (v.a. bei ↑Psychosen) eingesetzt werden. Die Einnahme von N. sollte nur unter regelmäßiger Blutbildkontrolle erfolgen, da insbes. bei Langzeiteinnahme z.T. gravierende Nebenwirkungen (Parkinsonsche Krankheit, Entwicklung von Allergien) auftreten.

Neurolinguistik: Teildisziplin der Linguistik, die sich mit der Repräsentation der menschlichen Sprachfähigkeit und der menschlichen Sprache(n) im Gehirn (speziell der Großhirnrinde) befaßt. Untersuchungsgegenstände sind Aufnahme- und Sprachproduktionsprozesse sowie die Speicherung sprachlicher Einheiten und der Zugriff auf diese.

Während die N. anfangs v.a. sprachliche Ausfallserscheinungen bei hirngeschädigten Patienten analysierte, konzentriert sich die Forschung heute eher darauf, anhand von Daten aus Sprachverständnis- und Sprachproduktionsexperimenten an unbeeinträchtigten Menschen sowie an Beobachtungen zum Spracherwerb mit Hilfe von Computersimulationen die Prozesse nachzubilden, die der menschlichen Sprachfähigkeit zugrundeliegen.

Neurologe: Kurzbez. des Facharztes für Neurologie.

Neurologie: ursprünglich Bez. für die Lehre vom Bau und von der Funktion der Nervenzellen und des Nervensystems; heute im dt. Sprachraum überwiegend Bez. für das Fachgebiet der Medizin, das sich außer mit den organischen Erkrankungen des zentralen und peripheren Nervensystems (Gehirn, Rükkenmark, Körpernerven, einschließlich Hüllen und Gefäße; ↑Nervenkrankheiten) mit den innervationsbedingten Krankheiten der Skelettmuskulatur sowie mit zerebralen Anfallsleiden (z.B. Epilepsie) befaßt. Das Fachgebiet ist in der Praxis oft kombiniert mit der ↑Psychiatrie.

Neuron svw. ↑Nervenzelle.

neuronale Netze: Bez. für Rechnerarchitekturen bzw. Rechnernetzarchitekturen, deren Struktur und Funktion sich an den Nervennetzen lebender Organismen orientiert. Das Ziel solcher Architekturen ist es, bei der elektronischen

Informationsverarbeitung ähnliche Leistungsfähigkeit zu erreichen wie die natürlichen Systeme, bes. bei Problemstellungen wie Mustererkennung und Lernfähigkeit, für die sich sequentiell arbeitende Rechner als nicht zweckmäßig erwiesen haben.
Beim gegenwärtigen Entwicklungsstand ist es nicht möglich zu beurteilen, inwieweit das angestrebte Ziel zu erreichen ist. Nahezu völlig unbeantwortet ist die Frage, wie bzw. ob die Fähigkeit des Gehirns, mit Inhalten oder Bedeutungen umzugehen, mit Hilfe n.r N. erreicht werden kann.

Neuronentheorie ↑Gehirn.

Neuropathie (Nervenleiden): starke Neigung zu Funktionsstörungen des vegetativen Nervensystems ohne krankhaften körperlichen bzw. Organbefund. Die Beschwerden sind vielseitig und manifestieren sich an verschiedenen Organen: z.B. Herz (Herzjagen), Magen-Darm-Kanal (»Reizmagen«, Erbrechen, »Kloßgefühl« im Hals mit Schluckstörungen, hartnäckiger Durchfall oder Verstopfung), an ableitenden Harnwegen (häufiger Harndrang, nächtliches Einnässen, v.a. bei Kindern). Oft treten auch Störungen der Sexualfunktionen (Frigidität, vorzeitiger Samenerguß, Impotenz) oder vasomotorische Fehlregulationen (z.B. migräneartige Kopfschmerzen, kalte Füße, Händekribbeln) auf.
Die Beschwerden körperlicher Art sind meist verbunden mit psychischen Fehlhaltungen (Gefühlsüberschwang, Affektlabilität, Neigung zu depressiven Verstimmungen), abnormer Erschöpfbarkeit, Schlafstörungen und inadäquaten Reaktionen auf körperliche oder psychische Belastungen. Nach Schätzungen gehen in mehr als 30% aller Fälle körperliche Beschwerden auf neuropathologische Ursachen zurück, wenn organische Erkrankungen auszuschließen sind. Als Heilmaßnahme kommt u. U. eine psychotherapeutische Behandlung in Frage.

Neuropathologie: die Lehre von den Erkrankungen des zentralen und peripheren Nervensystems; Teilgebiet der Pathologie.

Neurophysiologie (Nervenphysiologie): Fachrichtung der Physiologie, die die Funktion des Nervensystems und seiner Teile untersucht und beschreibt, v.a. die Funktionen des Gehirns und die Erregungsleitung in den Nervenzellen sowie die Beeinflussung nervaler Prozesse z.B. durch chemische Substanzen (Arzneimittel, Drogen u.a.).

Neuroplegika ↑Neuroleptika.

Neuropsychologie: ein Teilgebiet der (physiologischen) Psychologie, das die neurophysiologischen Grundlagen der psychischen Phänomene erforscht und die Zusammenhänge zwischen diesen Phänomenen und der nervösen Struktur untersucht, etwa die Wirkung von Psychopharmaka oder von elektrischen Nerven- und Gehirnreizungen (hauptsächlich im Tierversuch).

Neurosen: Sammelbegriff für eine Vielzahl von psychischen Störungen mit unterschiedlichen Erscheinungsformen und Ursachen, der durch psychologische Richtungen (v.a. Psychoanalyse, Lerntheorien) und deren N.theorien uneinheitlich festgelegt wird.
Allgemein ausgedrückt, sind N. störende, länger andauernde psychische Einstellungen oder Verhaltensgewohnheiten (z.B. Hemmung, Furcht, Unsicherheit, Depression) ohne nachweisbare organische Ursache, die im Verlauf der menschlichen Entwicklung durch bestimmte Erfahrungen (länger anhaltende Lernprozesse oder einschneidende Erlebnisse) entstehen, den Betroffenen *(Neurotikern)* unverständlich bleiben und von ihnen nicht ausreichend kontrolliert werden können. Im Ggs. zu ↑Psychosen haben die Betroffenen immer noch ein (zumindest vages) Bewußtsein von der Störung, unter der sie leiden; ein Zerfall psychischer Funktionen (z.B. des Denkens, der Wahrnehmung) tritt nicht auf.
Erstmals wurde der Begriff N. von dem Arzt W. Cullen gebraucht zur Bez. aller nichtentzündlichen Nervenkrank-

heiten im weitesten Sinn, also auch organisch bedingter Krankheiten, wie z.B. der Epilepsie. Erst durch S. Freud wurde der Begriff so bestimmt, wie er heute in der Psychoanalyse noch gültig ist. Danach handelt es sich bei der Neurose um eine seelisch bedingte Störung, die zurückgeht auf meist unbewußte innere Konflikte zwischen verschiedenen Anteilen der Persönlichkeit, die in der Kindheit wurzeln. Kindliche Triebwünsche (z.B. Abhängigkeits- oder Feindseligkeitswünsche) können wegen starker Bedrohungen nicht ausgelebt werden, sondern werden durch andere Persönlichkeitsanteile abgewehrt und ins Unbewußte verdrängt. Durch verschiedene innere ↑Abwehrmechanismen werden sie am Zurückkehren ins Bewußtsein gehindert. Daraus ergibt sich das **neurotische Symptom** (neurotisches Erscheinungsbild). Eine Patientin z.B. fühlt sich von offen herumliegenden Messern bedroht und muß diese deshalb zwanghaft beseitigen *(Zwangs-N.),* während sie unbewußt Mordphantasien gegen ihre Mutter hat. Da diese nicht bewußtseinsfähig sind, muß sie den Mordimpuls auf eine andere Person verschieben bzw. auf sich selbst richten.

Die auf S. Freud zurückgehende Einteilung der N. in *Aktualneurosen* (verursacht durch einen aktuellen Konflikt) und *Neuropsychosen* (auch *Abwehrneurosen* oder *Psychoneurosen* genannt, die auf einen frühkindlichen Abwehrkonflikt zurückgeführt werden), hat sich freilich ebensowenig durchsetzen können wie Freuds spätere begriffliche Unterteilung der Psycho-N. in *Übertragungsneurosen* (Hysterie, Zwänge, Phobien) und nicht auf das Übertragungsgeschehen zurückgehende, sondern rein ichbezogene *narzißtische Neurosen.*

Heute unterscheidet man in der Regel nur die **Organneurosen** bzw. **psychosomatischen Störungen** (↑Psychosomatik) mit ihren körperlichen Symptomen von den **Psychoneurosen,** die entweder bestimmte auffällige Leidenszeichen aufweisen (sog. Symptomneurosen) wie Phobien, Hysterie oder Zwangsneurosen, sich jedoch auch in unterschiedlichen charakterlichen Veränderungen (beispielsweise Hemmungen, Kontaktstörungen, Selbstunsicherheit, depressive Verstimmung) bemerkbar machen können (sog. *Charakterneurosen* bzw. *neurotische Strukturen* oder *Persönlichkeitsstörungen*). Die Abgrenzungen sind allerdings schwierig und umstritten. Einzelne N. werden auch nach ihren Ursachen benannt, so die auf unsachgemäße ärztliche bzw. psychotherapeutische Behandlung zurückgehende **iatrogene Neurose** oder die durch außerfamiliäre, gesellschaftliche Einflüsse bewirkte **soziale Neurose.** Die Lerntheorien bzw. die daraus abgeleitete Verhaltenstherapie fassen neurotische Symptome, im Unterschied zur ↑Psychoanalyse, als *gelernte Verhaltensweisen* auf, die grundsätzlich in jeder Lebensphase durch die üblichen Lernprozesse erworben werden können und nur dadurch neurotischen Charakter erlangen, weil sie in der Umgebung des Betroffenen störend wirken. Meist wird der Begriff N. gänzlich vermieden, da er keine exakten Informationen über Erscheinungsbild, Ursache, Verlauf und Behandlung der jeweiligen psychischen Störung beinhaltet; statt dessen sucht man bestimmte Störungsformen möglichst genau zu definieren und zu erfassen.

neurosensorisch: einen an der Sinneswahrnehmung beteiligten Nerv betreffend, sich auf einen sensiblen Nerv beziehend.

neurotisch:

- im Zusammenhang mit einer ↑Neurose stehend, erfolgend; durch eine Neurose bedingt.
- an einer ↑Neurose leidend(-er Mensch).

neurotische Depression ↑Depression.

neurotisches Symptom ↑Neurosen.

Neurotransmitter (Transmitter): in den Endigungen der Nervenzellen gebildete Substanzen, die bei der Erregungsübertragung an den Synapsen freigesetzt werden: Acetylcholin, Adrenalin, Noradrenalin, Serotonin, Dopamin, Glutaminsäure, Asparaginsäure, Glycin und γ-Aminobuttersäure (GABA). Als N. wirken auch einige Verbindungen, die aus kurzen Ketten von Aminosäuren aufgebaut sind, die *Neuropeptide.* Zu ihnen gehören die Endorphine und Enkephaline, die allerdings oft nur einen modulierenden Einfluß bei der Erregungsübertragung haben.

Die Wirkung vieler Gifte und Drogen beruht auf der Reaktion dieser Stoffe mit den Rezeptoren der N. an der postsynaptischen Membran.

New Age: Begriff, der allgemein bekannt wurde als 1. die zentrale Botschaft einer im letzten Drittel des 20. Jh. in den USA aufgekommenen weltanschaulichen Bewegung, 2. die Bez. dieser Bewegung selbst, in der sich in lockerer Form Gruppen, Strömungen, Traditionen und Inhalte höchst unterschiedlicher Herkunft zusammenfinden und 3. die Umschreibung für das religiöse »feeling« dieses »N.-A.-Syndroms«, das sich in vielen diffusen und vagen Tendenzen und Grundanliegen gegenwärtigen Lebensgefühls, über diese Bewegung im engeren Sinne hinaus, wiederfindet: die Sehnsucht nach Überwindung der Krise des modernen, technologischen Zeitalters durch Wiedergewinnung der Einheit der Menschheit und der Einheit des Menschen mit der Natur auf der Grundlage eines epochal »neuen« Denkens und eines »neuen Bewußtseins«.

In der Esoterik, aus der die N.-A.-Bewegung einen beträchtlichen Teil ihrer weltanschaulichen Bestände bezieht, gilt N. A. als das »Zeitalter des Wassermanns«, das den 2000jährigen Zyklus des »Fischezeitalters« ablöst. Über den genauen Beginn gibt es unterschiedliche Auffassungen, doch wird allgemein die sich vollziehende »Bewußtseinsrevolution« ausgangs des 20. Jh. als dessen Ausdruck angesehen, v. a. auch die Tatsache, daß das esoterische »Geheimwissen« der Vergangenheit nun öffentlich und allgemein zugänglich wird. Damit leben Vorstellungen auf, die im Okkultismus des 19. und beginnenden 20. Jh. besonders bei Vertretern der anglo-indischen Theosophischen Gesellschaft entwickelt wurden; die N.-A.-Bewegung ist auch als eine Neuauflage dieses Versuchs zu verstehen.

nichtdirektive Psychotherapie svw. ↑Gesprächspsychotherapie.

nichtverbale Kommunikation: Begriff, der insbes. nichtverbale Verhaltens- und Interaktionselemente (z. B. Körperkontakt, -bewegungen, -haltung, Gesten, Gesichtsausdruck, Mimik, Sprechweise, Stimme, äußere Erscheinung, Tonfall, Sitzposition u. a. Formen der sog. *Körpersprache*) zusammenfaßt. Ihm liegt die Annahme zugrunde, daß alles Verhalten in zwischenmenschlichen Situationen einen Mitteilungscharakter hat. In Kommunikationsmodellen nichtverbaler Mitteilungen werden für die Rezeption verschiedene Übertragungskanäle herangezogen wie auditive, taktile, visuelle, olfaktorische und thermale Kanäle (Multikanalmodell). Die Kommunikationspartner müssen daher eine große Informationsmenge verarbeiten, um erfolgreich kommunizieren zu können.

Die n. K. kann wie jede Kommunikation unter vier Aspekten analysiert werden: 1. Der *Vermittlungsaspekt* betrachtet die Informationsvermittlung unter dem Gesichtspunkt der Medien, der situativen Organisation u. ä. 2. Der *Inhaltsaspekt* untersucht, was kommuniziert wurde. 3. Der *Beziehungsaspekt* definiert die psychosoziale Beziehung zwischen Sender und Empfänger. 4. Der *störfaktorielle Aspekt* untersucht jegliche kommunikativen Störungen und deren Ursachen. – ↑auch Kommunikation.

nichtverbale Tests ↑sprachfreie Tests.

Nihilismus:

◆ *philosophische* Anschauung von der Nichtigkeit, Sinnlosigkeit alles Bestehenden.

◆ *weltanschauliche* Haltung, die alle positiven Zielsetzungen, Ideale und Werte ablehnt.

Niveautests: Bei der Verwendung von Tests in der pädagogischen oder psycho-

N

logischen Diagnostik, mit denen Leistungen in einem bestimmten Bereich (z.B. Intelligenz) gemessen werden sollen, ist es oftmals entweder sachlich geboten oder doch praktisch zweckmäßig, eine Zeitbegrenzung für die Bearbeitung der gestellten Aufgaben vorzunehmen. Ist diese Zeitgrenze so bemessen, daß alle Probanden genügend Zeit haben, die Testaufgaben gründlichst zu bearbeiten, und würde sich das relative Abschneiden eines Testbearbeiters auch nicht mehr ändern, wenn er noch mehr Zeit zur Verfügung hätte, spricht man von einem **Nurpower-Test (Power-Test)** oder Niveautest. Ein solcher Test erfaßt über das Leistungsniveau nur die Leistungsgüte, nicht aber gleichzeitig auch die *Leistungsgeschwindigkeit.*

Ein **Speed-power-Test,** der gleichzeitig die Leistungsgeschwindigkeit und die Leistungsgüte erfaßt, ist so konstruiert, daß jeder Proband innerhalb der zur Verfügung stehenden Testzeit gerade so viele Aufgaben bearbeiten und richtig lösen kann, wie er auch ohne Zeitbegrenzung bei einer gründlichen Bearbeitung aller Items in dieser Zeit lösen würde.

Weitere Testarten sind der mit sehr leichten und sehr vielen Aufgaben operierende **Bearbeitungs-speed-Test**, bei dem verschiedene Bearbeiter unterschiedlich weit kommen, und der **Genauigkeits-speed-Test**. Bei letzterem müssen alle Probanden unter Zeitbegrenzung gleichviele Aufgaben bearbeiten, die so gehalten sind, daß sie ohne zeitliche Beschränkung von allen korrekt gelöst werden könnten.

Noema:
- Gegenstand des Denkens; Gedanke.
- in der *Philosophie* Inhalt eines Gedankens (im Unterschied zum *Vorgang* des Denkens).

Noesis:
- geistige Tätigkeit; das Denken.
- in der *Phänomenologie* Denk*vorgang,* im Unterschied zum *Inhalt* eines Gedankens.

Noetik: Lehre vom Denken, vom Erkennen geistiger Gegenstände.

Noktambulismus svw. ↑Schlafwandeln.

Nominalskala: eine Form der ↑Skala.

nonparametrische Methoden ↑Statistik.

noogene Neurose ↑Logotherapie.

Noopsyche: die geistige (intellektuelle) »Schicht« der Psyche, im Unterschied zur ↑Thymopsyche.

Noradrenalin: Diese Substanz wird im Nebennierenmark, dem Stammhirn und an den Endigungen von efferenten sympathischen Nerven gebildet. N. wirkt als Hormon verengend auf die peripheren Blutgefäße und steigernd auf den Blutdruck. Als ein ↑Neurotransmitter des sympathischen Nervensystems vermindert N. als Antagonist des Adrenalin die Herz- und damit die Pulsfrequenz.

normal: nicht krankhaft (im körperlichen wie auch im psychischen bzw. psychosomatischen Sinn). – ↑auch seelische Gesundheit, ↑Normen.

Normalverteilung ↑Verteilung.

Normen: Bei der Bewertung von Einstellungen, kognitiven Kompetenzen oder Verhaltensweisen treten deshalb oft Schwierigkeiten auf, weil unterschiedliche Bewerter (Erzieher, Eltern, Lehrer, Ausbilder) voneinander abweichende Begriffe von »normal« bei ihren Urteilen zugrunde legen. Ein erstes Verständnis dessen, was **normal** bedeutet, wird durch den **statistischen Normbegriff** nahegelegt. Bei diesem Normbegriff wird **Normalität** mit durchschnittlicher Häufigkeit gleichgesetzt: Normal ist, was häufig vorkommt, also im Durchschnitt zu erwarten ist. Im Sinne solcher statistischer N. wäre z.B. auch Karies normal, wenn sie nur in der interessierenden Bevölkerungsgruppe häufig genug vorkommt.

Der **Idealnorm** liegt dagegen ein anderes Verständnis von Normalität zugrunde. Sie legt einen idealen Zustand fest, dessen Erreichung in manchen Fällen als möglich, stets aber als wünschenswert gilt. In vielen sozialen Systemen dienen Idealnormen der Steuerung des Verhaltens der diesen Systemen angehörigen Indivi-

O

duen. Typische Beispiele für Idealnormen sind Schönheitsideale.
Nach dem Kriterium einer **funktionalen Norm** gelten demgegenüber alle Bedürfnisse und Zielsetzungen eines Individuums als angemessen, wenn sie dessen Bedürfnissen und Zielsetzungen entsprechen. So mögen z.B. nach den Kriterien der statistischen Norm oder der Idealnorm einer konservativen Sexualethik homosexuelle Beziehungen zwischen zwei Menschen als »anormal« gelten; aus der Perspektive der Beteiligten können sie aber durchaus befriedigend und damit funktional sein.
Den sehr allg. Vorstellungen einer statistischen Norm, einer Idealnorm und einer funktionalen Norm entsprechen in gewisser Weise spezielle *Normvorstellungen* hinsichtlich der *Beurteilung von Kindern und Jugendlichen,* bes. aber ihre Leistungen im vorschulischen, außerschulischen und schulischen Bereich. In diesem Zusammenhang wird von **sozialen Bezugsnormen** gesprochen, wenn die entsprechenden Erwartungswerte in bezug auf den Durchschnitt der Leistungsverteilung einer Bezugsgruppe definiert werden. In der Regel handelt es sich dabei um die *Durchschnittsleistung* einer konkreten Schulklasse oder Lerngruppe, der ein Schüler angehört.
Demgegenüber stellen **sachliche Bezugsnormen** in der Sache liegende Kriterien dar und lassen eine Beurteilung weitgehend unabhängig von der Zugehörigkeit eines Kindes oder Jugendlichen zu einer bestimmten Vergleichsgruppe zu. So kann die Frage, ob ein Schüler ein konkretes Lehrziel erreicht hat, ohne Bezugnahme auf die Leistungen seiner Klassenkameraden allein durch die Orientierung an entsprechenden sachlichen Kriterien beantwortet werden.
Testverfahren, die anhand sozialer Bezugs-N. über die relative Position eines Probanden innerhalb einer Bezugsgruppe informieren, heißen *normorientiert.* Demgegenüber werden an einer sachlichen Bezugsnorm – einem Kriterium – orientierte Tests als *kriteriumsorientiert* bezeichnet. Neben sozialen und sachlichen Bezugsnormen spielen in der Pädagogik noch *individuelle Bezugs-N.* eine wichtige Rolle. In ihrem Falle werden die Leistungen eines Schülers im Längsschnitt betrachtet und mit seinen früheren Leistungen verglichen.

Normierung: in der ↑Testkonstruktion svw. ↑Standardisierung.

normorientierte Tests ↑Tests.

Nosologie: Lehre von den Krankheiten; systematische Beschreibung und Einordnung der Krankheiten.

Nosomanie (Pathomanie): kaum noch gebräuchliche Bez. für den Wahn, trotz negativer Befunde an einer schweren körperlichen Erkrankung zu leiden. – ↑Hypochondrie.

Nosophobie (Pathophobie): unbegründete Furcht, krank zu sein oder zu werden. – ↑auch Hypochondrie.

Notfallfunktion (Emergency function): Bez. für psychophysische Aktivitätssteigerung durch reflektorische Ausschüttung von ↑Adrenalin bei plötzlich auftretender Belastung. – ↑auch Streß.

Nullhypothese ↑Hypothese.

Nürnberger Trichter: Auf G. P. HARSDÖRFFER zurückgehende Bez. für eine auf das rein Gedächtnismäßige ausgerichtete Lehrmethode, mit der man auch dem Dümmsten Wissen vermitteln können soll.

Nur-power-Test ↑Niveautests.

Nymphomanie (Andromanie, Hysteromanie): früher als »Mannstollheit« bezeichnetes gesteigertes sexuelles Verlangen der Frau; der Begriff sollte heute allenfalls dann verwendet werden, wenn dem sexuellen Verlangen schwere psychische Störungen zugrunde liegen.

O

Oberflächensensibilität ↑Sensibilität.

Oberschicht: in einem hierarchisch strukturierten Gesellschaftssystem diejenige (zumeist relativ kleine) Bevölke-

O

rungsgruppe, die in quantitativ und qualitativ bes. ausgeprägter Form die für sozialen Status maßgebenden Merkmale (Besitz, Einkommen, Macht, Einfluß) auf sich vereinigt, z.B. die Führungskräfte aus Wirtschaft, Politik und Militär; führende Persönlichkeiten des Kultur- und Geisteslebens. – ↑auch Schichtung.

Objektbesetzung (Objektlibido): nach S. FREUD die Ausrichtung der sexuellen Energie (Libido) auf Objekte (Personen und Gegenstände), im Unterschied zur libidinösen Besetzung des eigenen Körpers oder des eigenen Ichs. Beispiel für eine (frühe) O. ist die enge Bindung des Kindes an die Mutter. Nach Eintritt der Geschlechtsreife wird im allg. der gegengeschlechtliche Partner zum Libido-Objekt. – ↑auch Libido.

Objekterkennung: Wahrnehmungsvorgang, bei dem vom Objekt ausgehende Reize mit bereits bekannten – also im Gedächtnis gespeicherten – Merkmalen verglichen werden, bis das Objekt schließlich erkannt wird. – ↑auch Wahrnehmung, ↑Wahrnehmungspsychologie.

Objektion: das Verlegen von Erlebnisqualitäten auf Dinge und Sachverhalte (z.B. »das Zimmer ist freundlich«). Nach N. K. ACH ist ein »Entlastungstrieb« Ursache für die O., die das Ich von der Beschäftigung mit dem jeweiligen Objekt entlasten und für andersartige Aufgaben freimachen soll.

objektive Beurteilungsverfahren: allg. solche Beurteilungsverfahren (z.B. psychologische Tests), die dem Gütekriterium der ↑Objektivität genügen. – Ggs.: subjektive Beurteilungsverfahren.

Objektive Psychologie: Bez. für psychologische Richtungen, die unter Verzicht auf introspektiv gewonnene Aussagen nur objektive Methoden (z.B. Verhaltensbeobachtung oder physiologische Meßwerte) als wissenschaftlich brauchbar anerkennen. Die Forderung nach Objektivität in der Psychologie wurde bereits um die Jahrhundertwende u.a. von J. J. VON UEXKÜLL, W. M. BECHTEREW und I. P. PAWLOW erhoben. Die Objektivisten waren Vorläufer der Behavioristen. – ↑Behaviorismus.

objektive Tests:

◆ Psychologische Tests sind in dem Maße objektiv, wie sie dem Gütekriterium der ↑Objektivität genügen.

◆ Persönlichkeitstests gelten als objektiv, wenn diese Verfahren nicht nur wie die subjektiven Persönlichkeitstests standardisiert und objektiv in der Durchführung, Auswertung und Interpretation sind, sondern darüberhinaus das ihnen zugrundeliegende Prinzip dem Probanden (Patient oder Klient) verborgen bleibt. Damit soll erreicht werden, daß das Testergebnis nicht durch vorsätzliche Täuschung verfälscht werden kann.

Objektivität: In der Psychologie spricht man von Objektivität (etwa einer Diagnose oder eines Untersuchungsergebnisses), wenn die Durchführung, Auswertung und Interpretation der notwendigen Erhebungen unabhängig von der oder den verantwortlichen Person(en) zu den gleichen Resultaten führen. Demzufolge ist zwischen **Durchführungs-, Auswertungs-** und **Interpretations-O.** zu unterscheiden. – ↑auch Tests.

Objektlibido ↑Objektbesetzung.

Objektpermanenz: Im Verlauf der intellektuellen Entwicklung wird von kleinen Kindern auf der Stufe der sensomotorischen Intelligenz die Überzeugung erworben, daß Objekte auch dann noch weiter existieren, wenn sie aus dem Blickfeld geraten sind. Mit Fragen der O. und ihrer Bedeutung für die kognitive Entwicklung hat sich bes. der Schweizer Psychologe J. PIAGET beschäftigt. – ↑auch Denkentwicklung.

Objektpsychologie: Anwendung psychologischer Erkenntnisse auf die Gestaltung von Objekten, z.B. Maschinen, Fahrzeugen, Anzeigegeräten usw. – ↑Human engineering.

Objektwahl: die nach S. FREUD (↑Psychoanalyse) gegen Ende des ersten Lebensjahrs beginnende gefühlsbetonte Zuwendung des Kindes zu Liebesobjekten seiner Umwelt **(infantile O.),** wobei es seine Gefühle den Menschen zuwendet, die ihm wegen ihrer Fürsorge angenehm sind, und diejenigen meidet, die Furcht und Unlust hervorrufen. Spätere Bindungen eines Menschen (Freundschaften, Liebesbeziehungen) werden wesentlich von diesen frühen Bindungen an »Objekte« (Vater, Mutter, Geschwister) bestimmt. Beim **Anlehnungstyp der O.** wird das Liebesobjekt hauptsächlich nach dem Vorbild der Eltern gewählt (z.B. bei der Wahl der fürsorglichen Frau, des schützenden Mannes), während bei der **narzißtischen O.** die eigene Person als Vorbild dient (man liebt Personen, die so sind, wie man selbst ist, war oder sein möchte).

Obsession:
- svw. Zwangsvorstellung. – ↑Zwang.
- veraltete Bez. für ↑Besessenheit.

Od: von dem dt. Chemiker und Naturphilosophen C. L. von Reichenbach begründete, dem ↑Mesmerismus ähnliche Lehre von einer das Leben lenkenden, angeblich von allen Menschen ausstrahlenden »Naturkraft«, für die bestimmte Personen besonders empfindlich sein sollen.

ödipale Phase ↑phallische Phase.

Ödipuskomplex: von S. Freud in die Psychoanalyse eingeführte Bez. (in Anlehnung an die griechische Sage des Königs Ödipus): Unter Ö. versteht man im engeren Sinne die bei Kindern hauptsächlich in der ödipalen Phase (↑phallische Phase) entstehenden Liebesgefühle und sexuellen Wünsche dem gegengeschlechtlichen Elternteil gegenüber (z.B. das Verlangen des Knaben, die Mutter ganz für sich in Besitz zu nehmen), wobei der gleichgeschlechtliche Elternteil als übermächtiger störender Rivale erscheint, der diese sexuellen Regungen mit Kastration (↑Kastrationskomplex) zu bestrafen droht. Im weiteren Sinn ist der Ö. die Bez. für die Gesamtheit der Liebes- und Haßbeziehungen des Kindes seinen Eltern gegenüber. Aus Angst vor der Bestrafung und Kastration erfolgt beim Jungen die Verdrängung der verbotenen sexuellen Neigungen und die Identifizierung mit dem Vater, dessen Moral- und Wertvorstellungen übernommen werden und das Über-Ich bzw. Gewissen formen. Mit der Verdrängung wird die phallische Phase beendet und die Latenzperiode eingeleitet. Die Wiederbelebung des Ö.es in der Pubertät wird in der Regel durch die Wahl von Freunden und Partnern überwunden.

Analog dem Ö. drückt der **Elektrakomplex** des Mädchens den Wunsch aus, ein Kind vom Vater zu haben, bei gleichzeitiger Abneigung gegen die Mutter. Dieser Wunsch hält sich oft bis in die Pubertät und verliert sich erst durch die Ablösung des sexuellen Interesses am Vater und die Identifizierung mit der Mutter. Freud sah in der unzureichenden Bewältigung des Ö.es die wichtigste Ursache für die Entstehung späterer Persönlichkeitsstörungen und Neurosen. Von vielen neueren Tiefenpsychologen wird Freuds Vorstellung der kindlichen ödipalen Entwicklung nicht mehr uneingeschränkt geteilt. Für sie ist der Ö. eine Erscheinung aus einer Zeit, in der das Sexuelle stark tabuisiert und Kinder unzureichend oder verspätet aufgeklärt wurden.

Ohnmacht: v.a. infolge verminderter Hirndurchblutung auftretender plötzlicher Bewußtseinsverlust (beispielsweise bei Blutdruckabfall), dem Schwindelgefühle, »Schwarzwerden vor den Augen« oder Übelkeit vorangehen können.

Ohr ↑Hören.

Okkultismus: Sammelbez. für Lehren und Praktiken, die auf sog. außersinnlicher Wahrnehmung beruhen bzw. Erscheinungen betreffen, die durch Naturgesetze nicht erklärbar sind.

Zum O. zählen Wahrnehmungen des Hellsehens, der Bewegung von Gegenständen ohne physische Ursache (Psychokinese), das Phänomen des Schwebens (Levitation), die Entstehung neuer körperlicher Gebilde (Materialisation) sowie alle durch Medien vermittelten parapsychologischen Erscheinungen. Dem

O

Begriff O. werden meist Astrologie, Wahrsagen, Spiritismus, Magie, Spuk und dergleichen untergeordnet.

O. beruht zum einen auf dem Glauben an die Übermacht menschlicher Seelenkräfte gegenüber den Naturgesetzen und an die Existenz von Geistern (↑Animismus), zum anderen nimmt er eine Beseeltheit der Natur an und rechnet schließlich mit der Möglichkeit einer Korrespondenz der menschlichen Seele mit der beseelten Natur.

ökologische Validität: eine Form der ↑Validität.

ökonomischer Menschentyp ↑Typologie.

Ökopsychologie svw. ↑Umweltpsychologie.

olfaktorisch: den Geruchssinn, den Riechnerv betreffend.

Oligophrenie: eine auf erblicher Grundlage entstandene oder im frühen Kindesalter erworbene ↑geistige Behinderung (veraltet als *Schwachsinn* bezeichnet).

Onanie ↑Masturbation.

oneiroid: traumartig, mit Bewußtseinstrübung einhergehend; o.e Zustände treten bei bestimmten psychischen Erkrankungen (z.B. bei Psychosen) auf.

Oneirologie svw. Traumdeutung. – ↑Traum.

Onomatolalie: begrifflich nicht immer eindeutig von der ↑Onomatomanie abgegrenzter krankhafter Zwang, (bestimmte) Wörter ständig zu wiederholen. Die Neigung zum Gebrauch obszöner Wörter oder Redewendungen (meist aus dem analen Bereich, etwa: »Leck mich am Arsch!«) wird als **Koprolalie** bezeichnet.

Onomatomanie: meist als zwangsneurotisches Symptom zu wertender (der Angstabwehr dienender) Drang, sich an bestimmte einzelne Wörter, Namen oder Begriffe zu erinnern, oder die Angst vor dem Aussprechen des jeweiligen Wortes. – ↑auch Onomatolalie.

Ontogenese: die gesamte Entwicklung eines *Einzelwesens* von der Eizelle über die Keimesentwicklung, das Heranwachsen zur Fortpflanzungsfähigkeit, das Altern bis zum Tod. – ↑auch Phylogenese.

Onychophagie svw. ↑Nägelbeißen.

operante Konditionierung ↑Konditionierung.

Operation: Bestimmte geistige Handlungen, die in aktuellen Situationen durch zunächst spezifische Anlässe ausgelöst werden, verfestigen sich allmählich durch Wiederholung in ähnlichen Situationen. Die Handlungen werden *flüssiger,* laufen *leichter* und *adäquater* ab. Nach und nach werden sie verallgemeinert, d.h., sie lösen sich von ihrem konkreten Inhalt ab und werden auf andere Inhalte und Situationen übertragen. Das Ergebnis eines solchen Vorganges wird (geistige) O. genannt. – Ohne Anspruch auf Vollständigkeit lassen sich unterscheiden:

1. Das *Zergliedern* eines Gegenstandes in seine Teile, das *Ausgliedern* von Teilen aus dem Gegenstand und das *Zusammenfügen* solcher Teile zu einem Ganzen (Erfassen der Beziehung von Teil und Ganzem); 2. das *Erfassen der Beziehung von Ding und Eigenschaft;* 3. das *Erfassen von Unterschieden* zwischen Vergleichsobjekten hinsichtlich bestimmter Eigenschaften und das *Erfassen von Gemeinsamkeiten* (Differenzieren und Generalisieren – Vergleichen); 4. das *Ordnen;* 5. das *Abstrahieren* (Erfassen von wesentlichen Merkmalen und das Vernachlässigen der unwesentlichen); 6. das Erfassen der einer Reihe von Gegenständen oder Erscheinungen gemeinsamen und gleichzeitig wesentlichen Merkmale und das Bilden von Klassen *(Verallgemeinern);* 7. das Zuordnen von Objekten zu einer Klasse und das In-Beziehung-Setzen von Klassen zueinander *(Klassifizieren);* 8. das Übertragen und Anwenden des Allgemeinen auf das Besondere und Einzelne *(Konkretisieren).*

Es gelang in verschiedenen Untersuchungen, durch geeignete schulische Maßnahmen im Unterricht Kinder hinsichtlich dieser O.en so zu fördern, daß ein deutlicher Zuwachs ihrer kognitiven Kompetenz nachweisbar war.

In der Theorie der kognitiven Entwicklung von J. PIAGET (↑Denkentwicklung) sind O.en gleichfalls verinnerlichte Handlungen, von denen zusätzlich noch gefordert wird, daß sie *reversibel* (umkehrbar) geworden sein müßten. Ferner ist bei PIAGET der Gesichtspunkt wichtig, daß sich diese verinnerlichten und reversiblen Handlungen in Systemen organisieren.

Nach einem Definitionsversuch von H. AEBLI ist eine O. eine effektive, vorgestellte (innere) oder in ein Zeichensystem übersetzte (z. B. in der Mathematik) abstrakte Handlung. Obwohl sich AEBLI als Schüler PIAGETS versteht, betont er, daß in dieser Definition nichts über die Beweglichkeit und Systemhaftigkeit von O.en gesagt wird. In dieser Hinsicht habe PIAGET die Anforderungen an den Begriff einer O. zu hoch angesetzt.

operationale Definition ↑Operationalisierung.

Operationalisierung: Die O. eines Begriffs (z. B. »Aggression« bei einer psychologischen Untersuchung) oder einer Fähigkeit wird durch **operationale Definitionen** vorgenommen, d. h. solche Begriffsbestimmungen, in welche die Entstehungsbedingungen eines Phänomens mit eingehen. Beispielsweise gehört zur operationalen Definition eines Lehrziels die Angabe der Bedingungen, unter denen das angestrebte Endverhalten eines Lernenden geäußert werden muß; im Idealfall läßt sich somit eindeutig feststellen, wann das operationalisierte Lehrziel erreicht ist.

Operationalismus: eine aus der Physik stammende wissenschaftstheoretische Doktrin, nach der alle Begriffe oder begriffliche Beziehungen im Rahmen einer Theorie nur dann als sinnvoll anerkannt werden, wenn bei ihrer Definition die Verfahren *(Operationen)* mit angegeben werden, unter denen die jeweiligen Sachverhalte oder Vorgänge beobachtet bzw. hergestellt werden können.

Der strikte *Operationalist* argumentiert so: Ein Begriff ist nur dann wissenschaftlich oder zumindest wissenschaftlich anwendbar zu nennen, wenn er in meßbaren Kategorien erfaßt werden kann, und das auch nur im Hinblick auf den Grad seiner Operationalisierung. In diesem Sinne wird etwa »Intelligenz« als das aufgefaßt, was ein (entsprechend konstruierter) Intelligenztest mißt; bei dieser Betrachtungsweise können Bedeutungsinhalte verlorengehen.

operatives Denken: Bez. für solche geistigen Prozesse, bei denen die beteiligten Operationen als verinnerlichte und reversible Handlungen flüssig und beweglich in einem System vernetzt ablaufen. Das operative Denken, das Rück- und Umwege sowie Kontrollen und Zusammensetzungen ermöglicht, entwikkelt sich etwa vom 7. Lebensjahr an auf der *konkreten* und ab dem 12. Lebensjahr auf der *formallogischen* Ebene. – ↑Denkentwicklung.

Die bewegliche Erfassung von Zusammenhängen durch o. D. kommt nicht etwa durch ein ursprünglich isoliertes Verständnis der einzelnen Glieder des jeweiligen Beziehungsgefüges zustande. Ein entsprechendes *operatives Lernen* ist vielmehr nur soweit erfolgreich, wie es von Anfang an auf die Erfassung der eigentlichen Zusammenhänge gerichtet wird.

Zur *operativen Methode* gehört daneben das operative Durcharbeiten und das operative Üben. – ↑Übung.

Opero-Tropismus ↑Tropismus.

Opiate ↑Drogen.

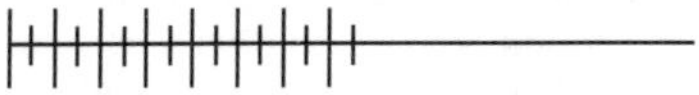

Oppel-Täuschung

Oppel-Täuschung: geometrisch-optische Täuschung, bei der unterteilte Strecken länger erscheinen als gleich lange nicht unterteilte.

optische Täuschungen: Die den objektiven Gegebenheiten widersprechenden Gesichtswahrnehmungen, insbes. bei geometrischen Konfigurationen **(geo-**

optische Täuschungen

Die unterbrochenen Linien scheinen spiralförmig angeordnet zu sein, tatsächlich aber sind es konzentrische Kreise.

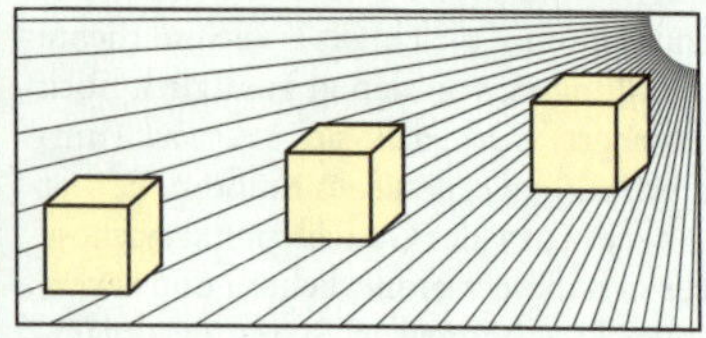

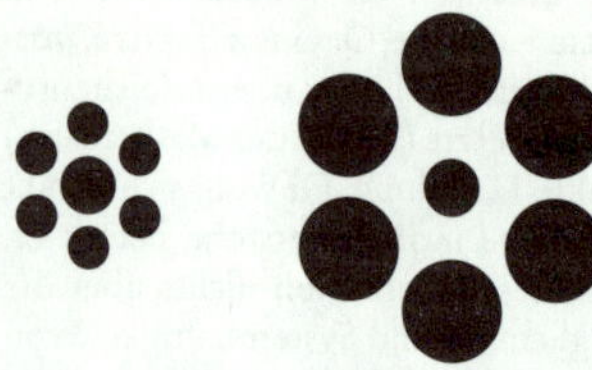

Der linke Würfel (Abb. oben) scheint kleiner als der rechte zu sein; der innere Kreis rechts (Abb. unten) scheint kleiner zu sein als der innere Kreis links

metrisch-o. T.), beruhen physiologisch auf der Bau- und Funktionsweise des (menschlichen) Auges, psychologisch auf einer Fehldeutung bzw. einem Schätzfehler bei Erfassung des Wahrgenommenen. Als weitere Ursachen können, bes. bei perspektivischen Täuschungen, Lernerfahrungen oder das Phänomen der Größenkonstanz (↑Konstanzphänomene) auftreten.

Insbesondere die Gestaltpsychologie widmete sich der experimentellen Untersuchung von o.n T. und benutzte sie als Musterbeispiele für allg. Gesetze der Wahrnehmung. Als Begründer der wissenschaftlichen Erforschung o.r T. gilt der Physiker J. J. Oppel (↑auch Oppel-Täuschung; bekannte andere Beispiele sind: ↑Hering-Täuschung, ↑Müller-Lyersche-Täuschung, ↑Poggendorff-Täuschung).– ↑auch Bewegungstäuschung, ↑Kontrast.

orale Phase (orale Stufe): der ↑Psychoanalyse zufolge die erste frühkindliche Entwicklungsphase, die von der Geburt bis zum Ende des ersten Lebensjahres dauert. Die o. Ph. ist durch Akte des Inbesitznehmens, Einverleibens gekennzeichnet. Die frühkindliche sexuelle Energie (Libido) richtet sich dabei auf den oralen Bereich (Mundhöhle, Lippen). Lustgewinn wird in der früheren oralen Phase, der sog. **oral-rezeptiven Phase,** durch Saugen und Lutschen, in der späteren sog. **oral-aggressiven** oder **oral-sadistischen Phase** (ab dem 6. Lebensmonat) v.a. durch Beißen erreicht. Da das Kind in der frühen oralen Phase noch nicht die ganze Person wahrnehmen kann, reagiert es nur auf Teilobjekte, z.B. die Mutterbrust. Erst ab dem 6. Monat wird eine Mutterbindung zur Pflegeperson aufgebaut. In der oralen Phase entwickeln sich so wichtige Fähigkeiten wie Wahrnehmung und Unterscheidung von Selbst und Nichtselbst sowie lebensbestimmende Grundhaltungen wie Urvertrauen, Urmißtrauen, Trennungstoleranz und Trennungsempfindlichkeit. Fehlentwicklungen in dieser frühen Kindheitsstufe können u. U. zu schweren psychischen Störungen führen.

Ordinalskala ↑Skala.

Organempfindungen: Bez. für die von inneren Organen bedingten bzw. in diese hineinverlegten Empfindungen, wie Hunger, Durst, Übelkeit oder Schmerz.

Organisationspsychologie: moderne psychologische Disziplin, die sich mit dem Verhalten von Individuen oder von Gruppen in arbeitsteiligen Organisationen befaßt. Die Funktionsweise von *Organisationen* wird von der O. als Wechselwirkung zwischen Arbeitsorganisation (Programme, Techniken usw.) und -struktur (Autoritätssystem, Kommunikation usw.) einerseits und den Bedingungen arbeitender Menschen (Fähigkeiten, Kenntnisse, Motivationen, Einstellungen, Verhaltensstile usw.) andererseits betrachtet.

organische Führung ↑Menschenführung.

organische Psychosen ↑Psychosen.

organisches Psychosyndrom: Sammelbez. für psychische Störungen, denen organische Hirnschädigungen (z.B. Hirntumoren, Vergiftungen, Infektionen, endokrine Erkrankungen) zugrunde liegen. Ein o.P. äußert sich in Denk-, Gedächtnis- und Antriebsstörungen sowie in Störungen der Orientierung, bei etlichen Betroffenen auch in einem Intelligenz- und/oder Persönlichkeitsabbau. – ↑auch Demenz.

Organneurosen ↑Neurosen.

Orgasmus: Höhepunkt (sog. **Klimax**) der sexuellen Lust mit nachfolgendem Gefühl einer bes. angenehmen Entspannung (»Befriedigung«). Der O. ist ein vielschichtiger Komplex physischer, physiologischer und psychischer Komponenten mit erheblichen Geschlechtsunterschieden. Beim Mann ist der O. mit der Ejakulation synchronisiert (vor der Pubertät erfolgt kein Samenerguß). Der weibliche O. ist im wesentlichen gekennzeichnet durch mehrere (meist 5 bis 10) rhythmische Kontraktionen der Scheiden- und Gebärmuttermuskulatur. Beim Mann bedarf es im Anschluß an den O. einer längeren Regenerationsphase, ehe der O. wiederholt werden kann, während zahlreiche Frauen bereits während der Rückbildungsphase (↑sexueller Reaktionszyklus) über das Potential zu einem neuen Höhepunkt verfügen. Außerdem ist es möglich, daß bei der Frau mehrere Orgasmen kurz hintereinander erfolgen und unmerklich ineinander übergehen. Darüber hinaus sind Frauen fähig, den O. über eine relativ lange Zeit (von etwa 20 bis mehr als 60 Sekunden) aufrechtzuerhalten.

Vielfach wird zwischen einem **Vaginal-O.,** der sich auf den ↑Geschlechtsverkehr bezieht, und einem (durch bevorzugte Reizung der Klitoris erreichbaren) **Klitoral-O.** unterschieden; diese Unterscheidung ist jedoch nach den Erkenntnissen der Sexualwissenschaft nicht haltbar. – ↑Sexualität.

Begleitet wird der O. in der Regel von einer Anspannung fast der gesamten Körpermuskulatur, von einer erhöhten Durchblutung verschiedener Organe und Körperregionen (bes. im Becken- und Genitalbereich) und von einer deutlichen Erhöhung der Puls- und Atemfrequenz. Durch die starke Erregung kann es sogar zu einer kurzfristigen Bewußtseinstrübung kommen.

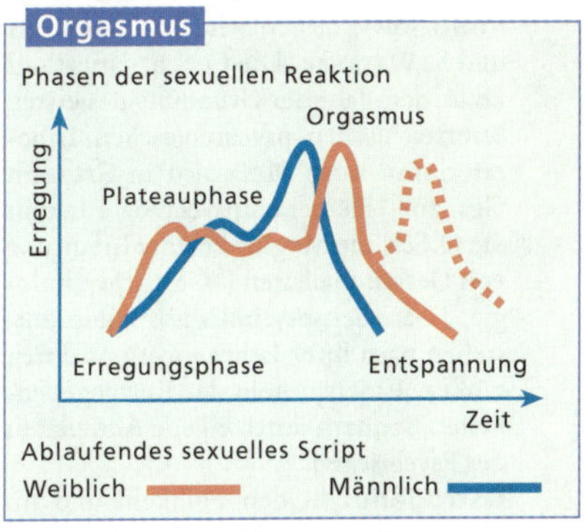

Die *O.intensität* hängt u.a. außer von der unterschiedlichen genitalen Ausstattung entscheidend von der psychischen Veranlagung und Einstellung der Betreffenden

O

ab, des weiteren von der angestauten sexuellen Antriebsenergie sowie von der äußeren Stimulierung genitaler und extragenitaler Bereiche des Körpers und schließlich bes. auch vom Grad der (steuernden, fördernden und hemmenden) seelisch-geistigen Beteiligung.

Orientierungsgrundlage: die Gesamtheit aller Handlungsbedingungen, auf die sich der Lernende (bewußt oder unbewußt) bei der Aneignung neuer Kenntnisse oder ↑geistiger Operationen einstellt. Die O. muß, um effektiv zu sein, den schon vorhandenen Kenntnissen und Fertigkeiten des Lernenden angepaßt sein.

Orientierungsreaktion: Hinwendung in eine bestimmte Richtung oder Bewegung mit bestimmter Richtung. Beispiele: Beibehalten der Flugrichtung bei Zugvögeln, Wenden des Kopfes in Richtung eines Geräusches, richtende und ausbalancierende Bewegungen, die Gänse vollführen, um ein aus dem Nest gerolltes Ei mit Hilfe des Schnabels wieder ins Nest zurückzuholen.

Österreichische Schule (Grazer Schule): Bez. für eine psychologische Richtung, die Ende des 19. Jh. F. BRENTANO gründete. Als deren Hauptvertreter gelten C. VON EHRENFELS und A. MEINONG sowie dessen Schüler V. BENUSSI und S. WITASEK. Die Ö. Sch. datiert seit 1894, dem Jahr der Gründung des ersten österreichischen psychologischen Laboratoriums durch MEINONG in Graz. Im Ggs. zur ↑Elementenpsychologie betont die Ö. Sch. die Möglichkeit der Erfahrung von Gestaltqualitäten (↑Gestaltpsychologie, ↑Ganzheitspsychologie). Diese entstehen nach ihrer Lehre nicht nur durch bloßes Widerspiegeln der Reizgegebenheiten, sondern durch eigene Aktivitäten des Psychischen.

Östrogene: in den Follikeln und im ↑Gelbkörper sowie in den Nebennierenrinden gebildete Sexualhormone, die v. a. die Entwicklung der weiblichen Geschlechtsmerkmale beeinflussen. Bei geschlechtsreifen Frauen bewirken sie das Wachstum der Gebärmutterschleimhaut (↑Menstruation) und die Aufrechterhaltung der Schwangerschaft.

Output ↑Informationstheorie.

Overachievement: erwartungswidrig gutes Abschneiden in einem bestimmten Leistungsbereich. Als *Overachievers* werden beispielsweise solche Schüler bezeichnet, die im Verhältnis zu ihrer mit einem Intelligenztest festgestellten Intelligenz entgegen der Erwartung weit bessere Schulleistungen zeigen, als man hätte annehmen können. Im Ggs. zu den Overachievers sind *Underachievers* solche Schüler, welche erwartungswidrig schlechte Schulleistungen aufweisen.

Overprotection svw. ↑Überbehütung.

Overt-behavior: Begriff aus der Theorie des ↑Behaviorismus, der sich auf das direkt beobachtbare Verhalten, wie z. B. Minenspiel, Gestik, Lautäußerungen, bezieht. – Ggs. ↑Covert-behavior.

P

Paarassoziationen: In der Experimentellen Lernpsychologie häufig angewandte Methode, bei der aus Paaren von Silben oder Silben-Wort-Kombinationen die Zusammengehörigkeit gelernt werden soll. Geprüft wird die Lernleistung (komplexe Lernleistung) dadurch, daß auf Darbietung des ersten Elements das dazugehörige zweite wiedergegeben werden muß.

Paartherapie ↑Partnertherapie.

Pädagogik ↑Erziehungswissenschaft.

Pädagogische Psychologie: Teilgebiet der ↑Angewandten Psychologie; beschäftigt sich mit der Erforschung von Problemen, welche aus Erziehungssituationen im außerschulischen und schulischen Bereich erwachsen. Im angloamerikan. Sprachraum spricht man deshalb auch von **Erziehungspsychologie** *(educational psychology).* Die Anfänge der P.n P. als einer eigenständigen wissenschaftlichen Disziplin sind in Deutschland durch Arbeiten von E. MEUMANN, A. FISCHER

und W. A. Lay zu Beginn des 20. Jh. markiert.
Die P. P. stützt sich auf Erkenntnisse der Allgemeinen und der Differentiellen Psychologie, der Entwicklungspsychologie, der Sozialpsychologie und der Lernpsychologie und bemüht sich innerhalb ihres Arbeitsbereichs, Gesetzmäßigkeiten und Bedingungen von Erziehungs- und Unterrichtsprozessen zu erhellen. Folglich ist das zentrale Anliegen der P.n P. die Erforschung des menschlichen Lernens inner- und außerhalb schulischer Einrichtungen unter Berücksichtigung kognitiver, sozial-affektiver und motorischer Aspekte.

Päderastie (Knabenliebe): Form der Homosexualität eines erwachsenen Mannes, dessen Sexualempfinden bes. auf männliche Jugendliche gerichtet ist. Die P. war v.a. bei den alten Griechen, den Galliern, Etruskern und Römern verbreitet und zeitweise auch offiziell erlaubt.

Pädologie: Bez. für den Entwurf einer *Lehre vom Kind* als Gesamtwesenlehre, die (veränderliche) physiologische und psychologische sowie philosophisch-anthropologische Entwicklungsaspekte berücksichtigt und dem jeweiligen Wissenschaftsstand entsprechend darstellt.

Pädophilie: sexuelle Neigung Erwachsener zu Kindern oder Jugendlichen beiderlei Geschlechts.

Paläopsychologie:

- Psychologie des prähistorischen Menschen, die von archäologischen Funden wie etwa Zeichnungen, Skulpturen, Gebrauchsgegenständen usw. ausgeht.
- Psychologie der sog. archaischen Rudimente der Seele. – ↑Archetypus.

Palimnese:

- fälschliches Sicherinnern an gar nicht stattgefundene Ereignisse.
- Sicherinnern an Geschehnisse oder Dinge, die dem Gedächtnis bereits entschwunden waren.

Paneluntersuchung: in der empirischen Sozialforschung Bez. für Vorgehensweisen, bei denen nach einem Stichprobeverfahren eine Teilgruppe aus der jeweils interessierenden Population ausgewählt und dann zu mindestens zwei Zeitpunkten hinsichtlich derselben Merkmale (z.B. Einstellung gegenüber Behinderten, Meinung zu politischen Sachverhalten) mit demselben oder einem vergleichbaren Erhebungsinstrument (z.B. Fragebogen) untersucht wird. P.en dienen meist der Erfassung etwaiger Meinungs- bzw. Einstellungsänderungen und der Analyse sozialen Wandels.

Panik: heftiger Schrecken und starke Angst, die ein Individuum oder eine Gruppe von Menschen bei realer Gefahr (z.B. Erdbeben, Ausbruch eines Brandes, Schußwechsel) befallen und unkontrollierte Fluchtreaktionen auslösen. – Von der durch tatsächliche Gefahren ausgelösten P. zu unterscheiden sind **P.anfälle,** mit den gleichen Empfindungen verbundene, jedoch ohne äußeren Anlaß auftretende, psychisch bedingte Angstattacken, die den Betroffenen regelrecht »überschwemmen« können und psychotherapeutischer Behandlung bedürfen, z.T. unter anfänglicher Begleitung dämpfender Medikamente.

Panphobie (Pantophobie): die Stimmungslage, in der allen Geschehnissen und Dingen gegenüber Furcht empfunden wird. – ↑auch Phobien.

Pansexualismus: von den frühen Gegnern der ↑Psychoanalyse oft S. Freud fälschlich unterstellte Behauptung, *allem* menschlichen Handeln lägen unbewußte sexuelle Wünsche zugrunde.

Pantophobie svw. ↑Panphobie.

Papier- und Bleistifttest: psychologisches Testverfahren, bei dessen Durchführung lediglich Papier und Bleistift gebraucht werden.

para-: Vorsilbe u.a. mit der Bedeutung »von der Norm abweichend, fehlerhaft«; z.B. Paraphasie.

Paracusis loci ↑Parakusie.

paradoxe Intention: Bez. für eine von V. E. Frankl entwickelte psychotherapeutische Technik zur Überwindung von Angst- und Zwangszuständen, indem der Klient sich in der entsprechenden Situa-

P

tion gerade das wünscht und vorstellt, was er sonst vermeiden möchte. So überwand nach FRANKL z.B. eine Studentin ihre Angst, in Prüfungssituationen zu zittern, nachdem sie sich vorgenommen hatte, vor dem Professor bewußt zu zittern. – ↑auch Logotherapie.

Paragraphie: Schreibstörung mit Verwechslung von Buchstaben *(literale P.)* oder von Wörtern *(verbale P.);* die P. gehört zur ↑Agraphie bzw. ↑Aphasie.

Parakinese: Störung in der Koordination einzelner Muskeln, die zu unharmonischen Bewegungsabläufen führt.

Parakusie: Störung der akustischen Wahrnehmung, etwa bei organischen Veränderungen des Mittel- oder Innenohrs. Von **Paracusis loci** spricht man, wenn bei einseitiger bzw. auf beiden Seiten ungleichmäßig ausgebildeter Schwerhörigkeit die Schallrichtung nicht oder falsch lokalisiert wird.

Paralalie: im weiteren Sinn Sammelbez. für ↑Sprachstörungen, bei denen es zu Lautverwechslungen und -entstellungen kommt; im engeren Sinn gleichbedeutend mit ↑Stammeln.

Paralexie: Lesestörung, bei der die gelesenen Wörter mit anderen verwechselt werden. – ↑auch Alexie, ↑Aphasie.

Paralgesie: Störung der Schmerzempfindung, bei der Schmerzreize nur als Prickeln oder sogar als angenehm empfunden werden.

Parallelgruppen (parallelisierte Gruppen): **Parallelisieren** bedeutet in der experimentellen Psychologie die Organisation von zwei oder mehr Stichproben aus einer Grundgesamtheit (Population), die hinsichtlich eines oder mehrerer Kontrollmerkmale so zusammengestellt sind, daß sich aus den jeweiligen Gruppen Paarlinge (bei drei Gruppen sog. Tripel usw.) bilden lassen, die sich bei dem (bzw. den) Kontrollmerkmal(en) nicht (oder zumindest praktisch nicht) unterscheiden. Solche Stichproben heißen **Parallelstichproben** oder Parallelgruppen. Beispielsweise könnte ein Psychologe ein Experiment durchführen wollen, bei dem er zwei verschiedene Unterrichtsmethoden für das Erlernen der Bruchrechnung vergleichen will. Falsch wäre es, wenn er nun einfach zwei Schulklassen nähme und die eine Klasse nach der einen Methode und die andere Klasse nach der anderen Methode unterrichtete. Es könnte nämlich sein, daß sich die erste Klasse aus intelligenteren Schülern zusammensetzt als die andere Klasse. Erzielten nun die Schüler der ersten Klasse einen größeren Lernerfolg, wäre hierfür u. U. nicht die verwendete Unterrichtsmethode, sondern die höhere Intelligenz der Schüler ursächlich. Man benötigt also Kontrolltechniken, um derartige Fehlerquellen in den Griff zu bekommen. Eine solche Kontrolltechnik wäre, die Schüler nach einem Zufallsverfahren (z.B. mittels Los) auf zwei Gruppen aufzuteilen, die dann nach den beiden Methoden unterrichtet werden *(Randomisierung).* Sie bewirkt, daß sich die randomisierten Gruppen nicht mehr systematisch, sondern höchstens noch zufallsbedingt unterscheiden.

Parallelismus:

◆ (psychophysischer P.): Bez. für die Hypothese, daß zwischen der physiologischen Tätigkeit des Gehirns und dem verstandesmäßigen (kognitiven) Geschehen eine Beziehung bestehe, die als parallel anzusehen sei (ohne gegenseitiges Kausalverhältnis). – ↑auch Leib-Seele-Problem.

◆ (psychoneuraler P.): Bez. für die Hypothese, daß jedem bewußten Vorgang eine bestimmte Gehirnaktivität entspreche. – ↑Isomorphie.

Paralleltests (Äquivalenztests): Tests, die aus Aufgaben desselben Typs mit den gleichen oder zumindest vergleichbaren Itemkennwerten (↑Testkonstruktion) bestehen wie ein anderer Test und deshalb auch im Austausch mit diesem durchgeführt werden können. Genaugenommen handelt es sich bei P. um zwei oder mehr gleichwertige Formen ein und desselben Tests, weshalb man auch von *Parallelformen* eines Tests spricht. Sie wer-

den konventionell mit Großbuchstaben (z.B. Form A, Form B) bezeichnet.
P. haben große praktische Bedeutung, insbes. wegen folgender Vorzüge: 1. Derselbe Test kann an ein und demselben Probanden (Versuchsperson, Klient, Patient usw.) wiederholt werden, ohne daß Erinnerungseinflüsse, die sich auf spezielle Aufgaben beziehen, wirksam werden können; da die Items verschieden sind und sich lediglich hinsichtlich ihrer statistischen Kennwerte entsprechen. 2. Bei der Testvorgabe in Gruppen kann Abschreiben verhindert werden, wenn Probanden, die nebeneinander sitzen, jeweils eine andere Parallelform des Tests bearbeiten.

Paramimie: unangemessener mimischer Ausdruck von Emotionen; Mißverhältnis zwischen Mienenspiel und tatsächlich vorhandenen Gefühlen oder Affekten.

Paramnesie: Erinnerungstäuschung. – ↑Gedächtnisstörungen.

Paranoia ↑Wahn.

Paraphasie: leichte Sprachstörung (↑Aphasie) mit Versprechen, Vertauschung oder Verstümmelung von Wörtern bzw. Lauten.

Paraphonie: bei der Stimmbildung auftretende Nebengeräusche (z.B. beim Sprechen gehörloser Menschen).

Paraphrasie: seelisch bedingte Sprachstörung, bei der einzelne Wörter oder ganze Sätze fehlerhaft gebraucht werden.

Paraphysik: Teilgebiet der ↑Parapsychologie, das physische, Naturgesetzen scheinbar widersprechende Vorgänge untersucht. – ↑auch Psychokinese.

Parapsychologie (Metapsychologie, Metapsychik): Lehre von den okkulten Erscheinungen (↑Psiphänomene), zu denen neben den sog. mentalen (↑außersinnliche Wahrnehmung) die sog. physischen paranormalen Phänomene wie Tele- oder Psychokinese, Materialisation, Spuk und Levitation zählen. Die P. versucht, solche Phänomene methodisch und experimentell zu erfassen. Dies geschieht u. a. durch quantitative statistische Versuche oder durch Sammlung von Einzelfällen, bei denen die Möglichkeit von physikalischen Einflüssen, Zufällen, Täuschungen oder subjektiven Deutungen ausgeschlossen wird.
Welche Bedeutung parapsychologische Phänomene für die Psychologie besitzen, ist bislang ungeklärt. Eindeutige experimentelle Beweise stehen noch aus. Zum traditionellen Themenbereich der P. gehören religiöse Wunder, okkulte Überlieferungen, Hexerei, Magie usw. Die ersten Versuche, solche übernatürlichen Phänomene mit wissenschaftlichen Methoden exakt zu untersuchen, gehen auf das Gründungsjahr der amerikan. »Society for Psychical Research« (1882) zurück. Seit 1950 besteht in Freiburg im Breisgau ein eigenes Institut für Grenzgebiete der Psychologie und Psychohygiene; es wurde von H. Bender aufgebaut, dem es in jahrzehntelangen Bemühungen gelang, die P. als akademisches Lehrfach zu etablieren.

Parasomnien ↑Schlafstörungen.

Parästhesie: anomale Körperempfindung (z.B. Taubheit der Glieder).

Parasympathikus (parasympathisches Nervensystem) ↑Nervensystem.

Parataxie: verzerrte Einschätzung einer Person, speziell des Partners, durch Idealisierung oder Projektion subjektiver Erwartungen und falscher Vorstellungen auf diese Person; dies führt oft zu unangepaßtem Verhalten (insbes. der emotionalen Reaktionen) in zwischenmenschlichen Beziehungen.

Parathymie: eine Störung des Gefühlslebens, die bes. als Gefühlsumkehrung auftritt; z.B. Lachen in einer Trauersituation, Freude statt Zorn.

Pareidolie: im weiteren Sinne Bez. für eine Sinnestäuschung, bei der tatsächlich vorhandene Gegenstände subjektiv verändert wahrgenommen und zu einer neuen Erscheinung umgeformt werden; im Ggs. zur ↑Halluzination. Von der Illusion ist die P. dadurch unterschieden, daß sie nicht vom Affekt getragen wird und auch bei erhöhter Anspannung der Auf-

P

merksamkeit nicht verschwindet. Im engeren Sinn bedeutet die P. die Wahrnehmung von Gestalten, wie sie z.B. in Klecksbildern von Formdeutetests gesehen werden können.

Parkinson-Krankheit (Parkinsonsche Krankheit): Nach dem engl. Arzt J. PARKINSON benannte, umgangssprachlich oft als »Schüttellähmung« bezeichnete Erkrankung des Gehirns, die ein starkes Zittern (bes. der Hände) bei gleichzeitiger Muskelstarre auslöst.

Partialkorrelation ↑Korrelation.

Partialtriebe: nach S. FREUD (↑Psychoanalyse) die verschiedenen Komponenten des Sexualtriebs, die in der frühkindlichen (»prägenitalen«) Entwicklung nacheinander in Erscheinung treten und an entsprechende erogene Zonen gebunden sind. Zu den P.n rechnen der orale, anale und phallische Partialtrieb und, hiermit verknüpft, voyeuristische, exhibitionistische, sadistische und masochistische Tendenzen.

Partialwahn ↑Monomanie.

Partnertherapie (Paartherapie): Unter P. versteht man die gemeinsame Aussprache, Beratung und gegebenenfalls Psychotherapie von Partnern, v.a. Ehepartnern **(Eheberatung),** die unter gegenseitigen Konflikten leiden. Bei der häufig auch als Gruppentherapie (zusammen mit anderen Paaren) durchgeführten P. werden Partnerschaftskrisen als Störung einer Beziehung verstanden, an der beide Partner trotz z.T. erheblicher Konflikte festhalten. Beziehungskonflikte können z.B. durch aktuelle Belastungen und/oder ungünstige soziale Lernprozesse bedingt sein oder von der schwierigen Lebensgeschichte eines Partners (oder auch beider Partner) bestimmt werden, etwa von einer unzulänglichen bzw. strengen Sexualerziehung, fehlender positiver emotionaler Zuwendung in der Kindheit oder mangelndem Vermögen zum »konstruktiven Streiten«.

Die teilweise recht unterschiedlichen Formen der P. bedienen sich meist psychoanalytischer und transaktionsanalytischer sowie kommunikations-, gesprächs- und verhaltenstherapeutischer Methoden, jeweils mit dem Ziel, unbewußte bzw. verdrängte seelische Vorgänge aufzudecken, die Selbstwahrnehmung und das gegenseitige Verständnis zu verbessern und partnerschaftliches Verhalten zu fördern. Darüber hinaus wird versucht, Ängste, Zwänge und andere psychische Hemmungen bzw. Beeinträchtigungen aufzulösen und die Voraussetzungen für das (paarspezifische) Höchstmaß beiderseitiger Offenheit und Bedürfnisbefriedigung zu schaffen. – ↑auch Familientherapie.

Passivität: Während der gesunde Lebensrhythmus aus einem Wechsel von P. und Aktivität besteht (eine andauernde ↑Aktivität ist rein physiologisch gar nicht möglich), kann ein Übermaß an P. Ausdruck einer Krankheit sein. Häufig handelt es sich um einen aufgrund längerer körperlicher und/oder seelischer Anspannung eingetretenen Erschöpfungszustand, der mit depressiven Stimmungslagen verbunden ist, oder auch um organische Schäden. Die häufig hierbei anzutreffende Antriebsarmut ist u.a. bedingt durch innere Konflikte, Frustrationen, mangelnde Motivation sowie überstarke (an sich selbst oder von außen gesetzte) Leistungsansprüche, gegen deren Überforderung sich der einzelne wehrt, indem er (u.U. jede) Leistung verweigert.

Pastoralpsychologie ↑Religionspsychologie.

Patellarsehnenreflex (Kniesehnenreflex, Patellarreflex): reflektorische Streckbewegung des Unterschenkels, wenn bei entspannter Haltung des Beins ein Schlag mit dem Reflexhammer gegen die Patellarsehne des vierköpfigen Schenkelstreckers unterhalb der Kniescheibe geführt wird. Der P. fehlt z.B. bei Rückenmarksschwindsucht und Nervenentzündungen; übernormal ausgeprägt ist er bei Pyramidenbahnerkrankungen.

Pathogenese: die Entstehung und Entwicklung einer (körperlichen und/oder seelischen) Krankheit.

Pathognomie (Pathognomik, Pathognostik): Lehre von den charakteristischen Kennzeichen (Symptomen) einer Krankheit sowie von der Krankheitserkennung aus diesen Kennzeichen; in älterer Bedeutung auch die Lehre vom Erkennen psychischer (insbes. emotionaler und affektiver) Zustände aus den Ausdrucksbewegungen des Gesichts und des übrigen Körpers.

Pathographie: Beschreibung der Lebensgeschichte eines Menschen unter bes. Berücksichtigung der aufgetretenen Krankheiten und ihrer Einflüsse auf die Entwicklung des Betreffenden.

Pathologie: Lehre von den Krankheiten, bes. von ihrer Entstehung und den durch sie hervorgerufenen organisch-anatomischen Veränderungen. – Neuartige Betrachtungsweisen entwickelten die **soziale P.** mit der Untersuchung der Zusammenhänge zwischen Krankheit und gesellschaftlichen Rahmenbedingungen sowie die **anthropologische** und die **psychosomatische Medizin,** die neben den »objektiven« pathologischen Befunden das subjektive Befinden des Kranken berücksichtigen.

Patriarchat (griech. »Vaterherrschaft«): vieldeutiger Begriff, der sowohl eine durch die Vorherrschaft des Vaters oder Ältesten in einer Verwandtengruppe bestimmte Sozialstruktur als auch die Männerherrschaft bzw. Vorrangstellung des Mannes allgemein in Gesellschaft, Politik, Familie und Kultur zusammenfassend bezeichnet.

Allgemeinere Verbreitung hat der Begriff P. als Bez. für die jahrtausendelang ungebrochene wirtschaftliche, rechtliche und kulturelle Männerherrschaft bzw. Männerdominanz durch die neue Frauenbewegung und die feministische Wissenschaft erlangt. Häufig gilt dabei als Gegenbegriff zum P. das ↑Matriarchat, das als mythisch oder real vorgestellte Urform der Vergesellschaftung dem P. vorausgegangen sein soll.

Das Interesse an dem Ursprung und den Entstehungsbedingungen patriarchaler Strukturen ist in der neueren Ethnologie und Kulturwissenschaft zurückgetreten hinter das Interesse an den vielfältigen Erscheinungsformen und Funktionsweisen der hierarchischen, die Männer begünstigenden Geschlechterdifferenzierungen. Die Verankerung männlicher Vorherrschaft in patriarchalen Familien- und Stammesverbänden war mit einer zunehmenden Differenzierung der Geschlechterbeziehung nach Aufgabenbereichen und Fähigkeiten und mit einer

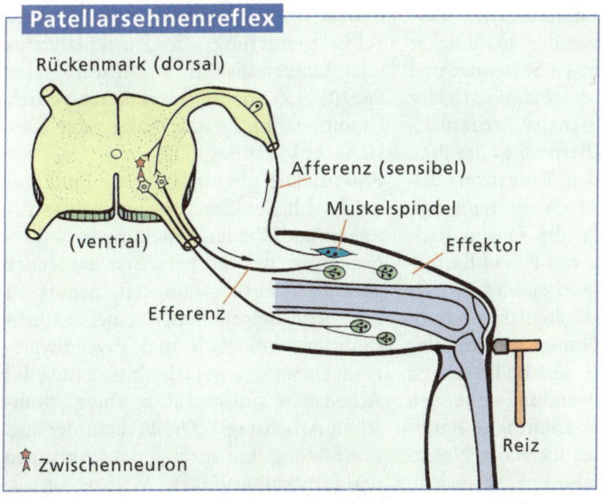

Patellarsehnenreflex: Schemadarstellung des Ablaufs des monomsynaptischen Eigenreflexes; das Zwischenneuron (rot) hemmt gleichzeitig mit der Erregung des Streckers den Beuger

generellen Aufwertung des männlichen Prinzips (Höherbewertung von männlichem Zeugungsvermögen, Körperkraft, Intelligenz und Kulturleistung) verbunden. Außerdem wurden allmählich mächtige Muttergottheiten durch Vatergottheiten und weibliche Kultträger durch männliche verdrängt.

In der Gegenwart hat das patriarchale Leitbild sowohl seine ökonomisch-sozialen Grundlagen wie auch seine ideologische Legitimation weitgehend eingebüßt. Gesellschaftliche Individualisierungstendenzen, die auch auf Ehe und Familie übergreifen, sowie die zunehmende Berufstätigkeit und materielle Unabhängigkeit der Frau vom Mann haben die personengebundene Autorität des Mannes als Ernährer, Beschützer und Erzieher in der Familie nachhaltig erschüttert.

Vor allem in den 1970er Jahren wurde P. als politischer Begriff internationalisiert und in der feministischen Wissenschaft analytisch eingesetzt. Seither bestimmt er einen Großteil des Programms der Frauenbewegung, die die hierarchische Ordnung der Geschlechterverhältnisse innerhalb und außerhalb der Familie weltweit überwinden will. Richtungweisend wurden die Arbeiten von K. Millett, S. Firestone, J. Mitchell und M. Janssen-Jurreit, in denen insbes. der Zusammenhang von ökonomischer Entwicklung und wachsender männlicher Kontrolle der weiblichen Sexualität und Generativität sowie die Frage nach der Überwindung patriarchaler Strukturen im Hinblick auf die »Befreiung« der Frau problematisiert wurden. Kontrovers diskutiert werden innerhalb der feministischen Bewegung u.a. die Fragen nach dem Zusammenhang von P. und Kapitalismus, nach dem möglichen Einfluß psychogenetischer und biologischer Faktoren auf die Entstehung patriarchaler Strukturen und nach den Bedingungen der mit dem P. in Verbindung stehenden Entwicklung einer »männlichen« Rationalität, die ihren Ausdruck v.a. in Naturwissenschaft und Technik, aber auch in typisch »patriarchalisch« gegliederten Einrichtungen wie Militär, Kirche, Justiz und Wissenschaftsbetrieb gefunden hat. Charakteristisch für die aktuelle P.s-Diskussion und P.s-Forschung ist auch auf feministischer Seite die zunehmende Skepsis gegenüber der Tauglichkeit eines globalen P.s-Konzepts, das der strukturellen Differenz zwischen patriarchaler Herrschaft in vormodernen Gesellschaften einerseits und männlicher Vorherrschaft in den gesellschaftlich bedeutsamen Bereichen der Industriegesellschaften andererseits zu wenig Rechnung trägt.

Pattern: In den *Sozial-* und *Verhaltenswissenschaften* wird mit P. eine soziale Grundstruktur oder gegliederte Anordnung, ein bestimmtes (ritualisiertes oder institutionalisiertes) ↑Verhaltensmuster, ein Denkmodell oder ein aus bestimmten, immer wiederkehrenden Elementen zusammengefügtes Ablaufschema (z.B. Verhaltensprogramm oder Testvorlage) bezeichnet.

Pattern-variables: von dem amerikan. Soziologen T. Parsons für eine allg. Theorie sozialen Handelns entwickeltes Typisierungsschema, das folgende Bewertungs- und Orientierungsalternativen definiert, mit denen jede mögliche Interaktionssituation analysiert werden kann: 1. Affektivität oder affektive Neutralität, 2. Kollektivorientierung oder Selbstorientierung, 3. Partikularismus oder Universalismus, 4. Diffusität oder Spezifität, 5. soziale Anerkennung durch (traditionelle) Zuschreibung oder (tatsächliche) Leistung.

Pause: Die physiopsychische Funktion der P., d.h. der Unterbrechung einer Tätigkeit zur Wiederherstellung bzw. Verbesserung der körperlichen und/oder geistigen Leistungsfähigkeit, gehört zu den Schlüsselproblemen einer natürlichen, psychologisch und psychohygienisch einwandfreien Rhythmisierung des Arbeitstags (insbes. auch eines schulischen Arbeitstags). Die P. dient der sog. Entmüdung und speziell dem Abfangen der Ermüdungsspitzen. Wichtig ist v.a.

der richtige und zeitgerechte Wechsel von Anspannung und Entspannung. – ↑auch Ermüdung, ↑Erholung.

Pavor nocturnus svw. ↑nächtliches Aufschrecken.

Pb: Abk. für ↑**Pro**b**and.

Peer-group (Gleichaltrigengruppe): v. a. in der Jugendsoziologie verwendete Bez. für außerfamiliäre Gruppen etwa gleichaltriger Kinder und Jugendlicher. Den P.-g.s kommt eine wichtige Funktion während der Ablösung von der Familie und die Orientierung in größeren sozialen Bezügen zu. Häufig ein Abbild hierarchischer Strukturen der Erwachsenenwelt bzw. der gesellschaftlichen Realität, als deren Gegenpol sich P.-g.s empfinden, bilden sie für die Mitglieder eine altersspezifische Subkultur.

Heute werden P.-g.s meist als Kleingruppen (im Wohn- oder Schulbereich, in der Jugendverbandsarbeit oder als Bande), zum anderen als Sammelbegriff für alle Mitglieder bestimmter jugendlicher Teilkulturen (z. B. »Punker«, »Rocker«, »Skinheads«) oder Altersklassen ohne zwangsläufigen persönlichen Kontakt verstanden.

Die insbes. von der Jugendbewegung vertretene und von führenden Pädagogen lange Zeit gestützte Annahme, P.-g.s stellten eine *jugendspezifische* Erscheinung dar, ist durch neuere Forschungen zu einer »Kinderkultur« und dem Stellenwert kindlicher (z. T. schon vorschulischer) P.-g.s für die Entwicklung von Selbständigkeit, Ich-Identität und die Übernahme sozialer Rollen relativiert worden. Auch die oft geäußerte Ansicht, dem Elternhaus und der Schule komme im Jugendalter eine vergleichsweise unbedeutende Sozialisationsfunktion zu, konnte empirisch nur bedingt belegt werden.

Als *informelle Gruppen* nehmen P.-g.s einen wichtigen Rang hinsichtlich der Anerkennung, Vereinbarung und Befolgung sozialer Regeln und Normen ein. Den pädagogisch positiven, nicht von Erwachsenen aufgezwungenen oder gelenkten Möglichkeiten der Selbstfindung und des gemeinschaftlichen Handelns stehen jedoch auch *negative P.-g.-Phänomene* wie die Gefahr der Verleitung zu Drogen- oder (übermäßigem) Alkoholkonsum (↑Drogenabhängigkeit), zu Delinquenz (↑Jugendkriminalität) und die Ausbildung eines nur durch die Werte bzw. Normen der P.-g. bestimmten Über-Ichs entgegen.

Penisneid: Begriff aus der Theorie S. FREUDS (↑Psychoanalyse) zur Beschreibung einer (angeblichen) Empfindung junger Mädchen in einem Stadium ihrer Sexualentwicklung, in dem das »Fehlen« des Penis als Benachteiligung erlebt werde. Die klassische Psychoanalyse sieht im P. die wichtigste Erscheinung in der weiblichen Sexualentwicklung, die sich später im Wunsch, den Penis beim Geschlechtsakt in sich aufzunehmen, oder in dem Wunsch nach einem Kind als Penisersatz äußere.

Kritisiert wird (u. a. vom feministisch orientierten Zweig der Psychoanalyse), daß der Begriff P. die – gesellschaftlich bedingte – unterschiedliche Bewertung der Geschlechter (männliche Dominanz, weibliche Minderwertigkeit) gewissermaßen als naturgegebenes Phänomen darstellte.

Performanz (Performance):

◆ *allg.* Bez. für Handlung, Ausführung oder Erfüllung.

◆ bei *psychologischen Tests* Bez. für die Leistung in Handlungstests (z. B. beim Nachlegen vorgegebener Figuren); im Unterschied zur Leistung in verbalen Tests. Als **Performance Tests** werden hauptsächlich die nichtverbalen Intelligenztests bezeichnet.

◆ In der *Sprachpsychologie* beschreiben P.modelle die Faktoren, die den aktuellen Sprachgebrauch festlegen (u. a. Wissen, Motivation, Erwartung, Interesse, psychische Verfassung von Sprecher und Hörer oder die aktuellen Bedingungen der Sprechsituation wie Ort, Zeit, Umgebung, Kommunikationsmittel).

peripheres Nervensystem ↑Nervensystem.

P

Peristase: auf die Entwicklung des Organismus einwirkende Umwelt. – ↑auch Anlage-Umwelt-Problematik.

Person: wertfreie Bez. für den individuellen Eigenschaftskomplex eines Menschen, seine Anlagen, Interessen, Lebensführung usw. In der Auseinandersetzung mit den realen Umweltbedingungen, zu denen die P. (wahrnehmend und handelnd) in Beziehung steht, findet sie sich als realen Bezugspunkt und selbstbestimmendes Wesen. Die in diesem Entwicklungsprozeß gewonnenen Einsichten, Erfahrungen und Haltungen können jedoch stets wieder in Frage gestellt oder überformt werden. – ↑auch Persönlichkeit.

Persona: nach der Analytischen Psychologie C. G. Jungs die äußere Einstellung und Haltung eines Menschen, die durch das Zusammenwirken seiner wahren Absichten und seines Bedürfnisses, sich an die Umgebung anzupassen, zustande kommt und sich von seiner inneren individuellen Einstellung, dem Animus bzw. der ↑Anima, unterscheidet.

Personalberater: ein meist selbständiger Unternehmensberater, der sich auf die Beratung in personalwirtschaftlichen Fragen, v.a. der Suche und Auswahl, neuerdings aber auch der Personalfreistellung von Führungskräften der Wirtschaft (Rekrutierung, Herstellung von Kontakten, *Headhunting*) spezialisiert.

Personalbeurteilung: zentrales Instrument des Personalwesens, das die Leistungsbeurteilung sowie die Eignungs- und Entwicklungsbeurteilung umfaßt. Während in der Leistungsbeurteilung vergangenheitsbezogen die Ist-Leistung einer Person überprüft wird, soll mit Hilfe der Eignungs- und Entwicklungsbeurteilung das Entwicklungspotential einer Person im Hinblick auf eine zukünftige Aufgabenstellung erfaßt werden. Die in der P. eingesetzten summarischen und analytischen Methoden richten sich nach deren unterschiedlicher Zielbestimmung (Gehalts- und Lohnfindung, innerbetrieblicher Bildungsbedarf, Laufbahnplanung). Beim summarischen Beurteilungsverfahren wird die Person über einen Gesamteindruck meist in Form eines freien Kurzgutachtens bewertet, während das Gesamturteil bei analytischer Vorgehensweise aus bewerteten Einzelmerkmalen über vorgegebene Eigenschaftskataloge, Rangreihen oder Einstufungen gebildet wird.

Personalentwicklung: Sammelbez. für die Maßnahmen der Aus-, Fort- und Weiterbildung in Unternehmen und Verwaltungen. Die P. hat zur Aufgabe, den Mitarbeitern im Rahmen ihrer Entwicklungsfähigkeit (↑Personalbeurteilung) Qualifikationen zur erfolgreichen Bewältigung ihrer derzeitigen oder zukünftigen Aufgaben zu vermitteln.

Personalisation ↑Sozialisation.

Personalität: das Wesen einer Person ausmachende Eigenschaften. – ↑auch Persönlichkeit.

personenzentrierte Therapie svw. ↑Gesprächspsychotherapie.

persönliche Gleichung: Bez. für individuell typische und für ein Individuum im Mittel relativ konstante Abweichungen (»Fehler«) bei psychologischen Tests, insbes. bei Wahrnehmungs-, Leistungs-, Reaktions- und Beurteilungsaufgaben. Der Begriff weist auf die von dem dt. Astronomen und Mathematiker F. W. Bessel 1876 erstmals berichtete Tatsache hin, daß zwei gleich geschulte Beobachter in ihren Reaktionszeiten derart voneinander abweichen können, daß sie auf die Dauer und im Ausmaß etwa gleichen persönlichen Fehlerquellen unterliegen.

persönliches Unbewußtes: Bez. C. G. Jungs (↑Analytische Psychologie) für das auf individuelle Erfahrungen zurückgehende Unbewußte; z.B. alles Verdrängte oder Vergessene, im Unterschied zum überpersönlichen, vererbten ↑kollektiven Unbewußten. – ↑auch Individuation.

Persönlichkeit: Der Begriff P. hat besonders in der Psychologie den früher üblichen Begriff Charakter weitgehend

Persönlichkeit: Nach einem von H. J. Eysenck entwickelten Fragebogen wird die Persönlichkeit nach den Dimensionen extravertiert – introvertiert – stabil und labil beschrieben.

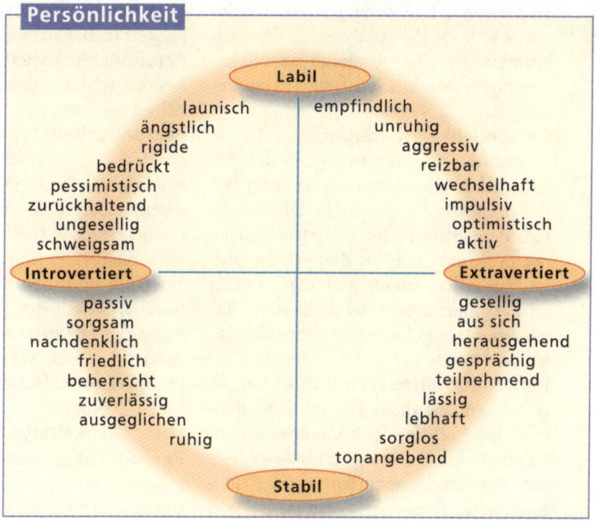

ersetzt. Dort dient er, ohne daß Wertungen vorgenommen werden, als umfassende Bezeichnung für die Beschreibung und Erklärung des einzigartigen und individuellen Musters von Eigenschaften eines Menschen, die relativ überdauernd dessen Verhalten bestimmen **(Eigenschaftstheorien).**

Die P. wird auch als das System individueller Erwartungen und Bewertungen aufgefaßt, die ein Mensch im Hinblick auf die Konsequenzen von eigenen Handlungen oder Ereignissen entwickelt hat, um in konkreten Situationen sich dann entsprechend zu verhalten. Diese Auffassung entspricht den **Wechselwirkungstheorien** der P., die sich aus der Kritik an den Eigenschaftstheorien entwickelt haben.

Persönlichkeitsabbau ↑Wesensveränderung.

Persönlichkeitsdiagnostik: Verfahren der Persönlichkeitsforschung, bei dem es v.a. um Aufschlüsse über die individuelle Ausstattung eines Menschen mit Fähigkeiten oder Begabungen, Temperamentsanlagen, Motivation, Interessen, Strebungen, werthaften Einstellungen und Haltungen sowie Anpassungs- und Prägeformen im Umgang mit der (dinglichen und personalen) Umwelt geht.

Persönlichkeitsforschung: umfassende Bezeichnung für verschiedene Wissenschaftsdisziplinen und Forschungseinrichtungen wie Behaviorismus, Humanethologie, Entwicklungspsychologie, Differentielle Psychologie und Persönlichkeitspsychologie, die sich rational und empirisch (das heißt unter Ausschluß ethischer und weltanschaulicher Annahmen) mit dem menschlichen Verhalten befassen.

Zu unterscheiden sind qualitative von quantitativen Methoden: Die *qualitativen Methoden* verfolgen das Ziel einer »Wesenserfahrung«, vor allem durch Personenbeschreibungen, phänomenologische Analysen, tiefenpsychologische Betrachtungen und biographische Technik. Bei den *quantitativen Methoden* wird die Persönlichkeitsanalyse auf die Erfassung meßbarer Aspekte der Person mit psychometrischen Untersuchungstechniken

P

ausgerichtet. Die bedeutsamste statistische Methode zur Analyse der Wechselbeziehungen einer größeren Anzahl beobachteter Merkmale ist die ↑Faktorenanalyse.

Persönlichkeitspädagogik: Als P. wird eine Strömung innerhalb der Reformpädagogik bezeichnet, die in der *Persönlichkeit des Pädagogen* (Erzieher, Lehrer) den Hauptfaktor für das Gelingen der Erziehung sah. Als Ziel galt die Entwicklung der Kinder und Jugendlichen zu Persönlichkeiten, weshalb starre Erziehungs- und Unterrichtsmethoden abgelehnt wurden.

Persönlichkeitspsychologie: verhaltenswissenschaftliche Disziplin, die individuelles Verhalten (im Unterschied zur Charakterkunde, an deren Stelle sie heute weitgehend gemeinsam mit der ↑Differentiellen Psychologie getreten ist) vorwiegend quantitativ untersucht. Die der anzuwendenden statistischen Technik (↑Faktorenanalyse) zugrundeliegenden empirischen Daten werden im wesentlichen durch Fragebogen, Test und Experiment ermittelt.

Bei persönlichkeitspsychologischen Analysen unterscheidet man etwa zehn (bis sechzehn) Faktoren (z.B. Aktivität/Passivität, emotionale Stabilität/Labilität, Extraversion/Introversion). Ziel der Bemühungen ist v.a. eine umfassende rationale **Persönlichkeitstheorie** als logisch strukturiertes und einheitliches System von Sätzen über die Regeln, nach denen individuelles Verhalten aus seinen Bedingungen von Anlage und Umwelt erfolgt.

Persönlichkeitsspaltung: laienhafter, im wissenschaftlichen Bereich zunehmend ungebräuchlicher Ausdruck für die im Rahmen einer ↑Schizophrenie auftretenden Erscheinungen eines (vorübergehenden) Zerfalls der Persönlichkeit.

Persönlichkeitsstörungen: in der amerikan. Psychiatrie Bez. für Entwicklungsstörungen der Persönlichkeit *(Personality disorders).* Der Begriff P. umfaßt krankhafte (z.B. hirnorganische und schizophrene) Wesensänderungen und nicht-krankhafte Störungen der Persönlichkeit (z.B. Charakterneurosen).

Persönlichkeitstests ↑Tests.

Persönlichkeitstheorie ↑Persönlichkeitspsychologie.

Persönlichkeitstypen: eine umfassende Bez. für typische bzw. als typisch beschriebene und gekennzeichnete Erscheinungsformen der Persönlichkeit, mit denen die in fließenden Übergängen vorhandenen Persönlichkeitsvariationen eingeteilt und klassifiziert werden können, etwa nach ihrem äußeren Erscheinungsbild (Körperbautypen; ↑Konstitution) oder nach verschiedenen Verhaltensmerkmalen (z.B. ↑Temperament). – ↑auch Typologie.

Persönlichkeitstypologie ↑Typologie.

Persönlichkeitsveränderung ↑Wesensveränderung.

perspektivische Täuschung: eine optische Täuschung, bei der in perspektivischen Darstellungen (zusammenlaufende Linien) in der Abbildung tatsächlich gleich große Figuren als unterschiedlich groß gesehen werden.

perspektivische Täuschung: Das Mädchen im Hintergrund erscheint größer als der Junge

Persuasionstherapie: psychotherapeutische Methode, bei der der Therapeut im Gespräch mit dem Patienten mit Hilfe von Überredung, Zureden und Belehren versucht, bei diesem Verständnis für die Zusammenhänge seiner Schwierigkeiten zu wecken.

P

Perversion: ursprünglich religiöser Begriff für Ketzerei, der im Laufe des 19. Jh. zur Kennzeichnung »falschen« oder vermeintlich schädlichen Sexualverhaltens angewendet wurde und auch in der heutigen Umgangssprache meist noch stark wertend benutzt wird. Sexualmedizin und Sexualpsychologie bewerten eine solche Einstellung als wissenschaftlich unhaltbar, weil sie ein von Natur aus »richtiges« Sexualverhalten voraussetze. Bei der Einstufung und Behandlung sexueller Strörungen wurde der Begriff der sexuellen P. deshalb auf spezielle, suchtähnliche Sexualpraktiken begrenzt, *ohne* deren Ausübung keine sexuelle Befriedigung bzw. kein Orgasmus erlangt werden kann. In diesem Sinne werden z.B. männliche wie weibliche Homosexualität heute nicht mehr als P. bewertet. Als P.en gelten u.a. ↑Exhibitionismus, ↑Fetischismus, ↑Masochismus, ↑Nekrophilie, ↑Pädophilie, ↑Sadismus, ↑Sodomie und ↑Voyeurismus.
Nach psychoanalytischer Auffassung sind P.en Entwicklungsstörungen, durch die das Individuum auf frühkindliche ↑Partialtriebe zurückgeworfen und fixiert wird. – ↑auch Regression.

Perzentile (Prozentränge): Die Position, die ein Individuum innerhalb einer Bezugsgruppe hinsichtlich eines beliebigen Merkmals einnimmt, läßt sich durch den Prozentsatz von Mitgliedern dieser Gruppe angeben, die im Hinblick auf eben jenes Merkmal von diesem Individuum übertroffen werden oder höchstens als gleich einzustufen sind. Die Aussage »Die Leistung von X entspricht dem Prozentrang 80« bedeutet dann, daß nur 20 Prozent der Bezugsgruppe besser als X abgeschnitten haben. Sind Tests in dieser Weise normiert, spricht man von *Prozentrangnormen.*

Perzeptibilität:
- Wahrnehmbarkeit, Faßlichkeit.
- Wahrnehmungsfähigkeit.

Perzeption:
- in der *Sinnesphysiologie* die Wahrnehmung von Reizen, welche durch die Sinneszellen oder durch die Sinnesorgane aufgenommen werden (z.B. Helligkeit von Licht).
- in der *Psychologie* allg. Bez. für den Vorgang der sinnlichen Wahrnehmung eines Gegenstandes ohne bewußtes Erfassen und Identifizieren des Wahrgenommenen (z.B. bei flüchtigem Hinsehen). – ↑auch Apperzeption.

Perzeptionalismus: von T. Reid begründete und von E. J. Hamilton entwickelte philosophische Lehre, nach der im bloßen Akt der ↑Perzeption ein unmittelbares und wahrhaftes Bewußtsein einer äußeren Wirklichkeit erlangt wird. Dabei wird nicht die Unfehlbarkeit des menschlichen Wahrnehmungsvermögens behauptet, jedoch dessen Vertrauenswürdigkeit und Zuverlässigkeit, da »alles Denken und Wissen seinen Ursprung in der Perzeption ... der Dinge hat, denen die Seele unmittelbar verwandt ist«.

perzipieren:
- (sinnlich) wahrnehmen.
- durch Sinneszellen, -organe Reize aufnehmen.

Peters-Prinzip ↑Gedächtnis.

Petit mal ↑Epilepsie.

Pfadanalysen ↑Kausalanalysen.

phallische Phase (ödipale Phase): psychoanalytische Bez. für die dritte Stufe der kindlichen Libidoentwicklung zwischen dem 3. und 7. Lebensjahr im Anschluß an die ↑anale Phase. In der ph.n Ph. wird sexueller Lustgewinn v.a. durch die Reizung des männlichen Gliedes (Phallus) bzw. des weiblichen Kitzlers (Klitoris) erreicht. Dabei herrschen sexuelle Empfindungen gegenüber dem gegengeschlechtlichen Elternteil vor **(inzestuöse Triebregungen).** Der dabei auftretende ↑Ödipuskomplex muß durch Verdrängung überwunden werden, was zur Ausbildung des Gewissens bzw. Über-Ichs und des Ich-Ideals führt. So leitet die ph. Ph. in die ↑Latenzphase über.

Phän: deutlich in Erscheinung tretendes (Erb-)Merkmal eines Lebewesens, das mit anderen zusammen den ↑Phänotyp ausbildet.

P

Phänogenese: die Ausdifferenzierung der erblichen Merkmale eines Individuums im Verlauf seiner ontogenetischen Entwicklung durch die Wechselwirkungen von Anlage und Umwelt. – ↑auch Anlage-Umwelt-Problematik.

Phänomenologie: Lehre, die von der »Anschauung« der Gegenstände oder Sachverhalte ausgeht bzw. eine geistig-intuitive »Wesensschau« (an Stelle rationaler Erkenntnis) vertritt.

phänomenologische Psychologie: uneinheitlich verwendete Bez. für Richtungen im Grenzgebiet zwischen Philosophie und Psychologie. Von ph.r P. wird im deutschsprachigen Raum insbesondere dann gesprochen, wenn auf Ansätze von E. Husserl Bezug genommen wird und, an diesen anknüpfend, Analysen von Bewußtseinsstrukturen bzw. Strukturen des bewußten Erlebens vorgenommen werden. Dabei wird die Methode der Reduktion, dem Absehen von den unwesentlichen Merkmalen und der Herausstellung des Wesens angewandt. Dieses Vorgehen darf allerdings nicht mit der Methode der ↑Selbstexploration (↑Introspektion) verwechselt werden.

Phänomotiv: von W. Stern eingeführte Bez. für das ↑Motiv, das ein Individuum als in seinem Bewußtsein erscheinend oder vorfindbar angibt und mit dem es seine Handlungen begründet und rechtfertigt. Den Gegenbegriff bildet das **Genomotiv** (»erzeugendes« Motiv), das oft den tatsächlichen Grund für eine Handlung darstellt, meist aber nicht bewußt wird.

Phänotyp (Phänotypus, Erscheinungsbild): die Gesamtheit aller äußeren und inneren Strukturen und Funktionen, d.h. aller Merkmale eines Lebewesens, die das Ergebnis des Zusammenwirkens von ↑Genotyp und Umwelt sind. Der Ph. ist durch wechselnde Außeneinflüsse stetigen Veränderungen unterworfen.

Phantasie: die Fähigkeit, sich abwesende Gegenstände, Personen, Situationen u.a. in Form von Vorstellungen zu vergegenwärtigen (sog. **Einbildungskraft**). In der *Psychologie* wird als Ph. sowohl die abgewandelte Erinnerung von früher Wahrgenommenem als auch die Assoziation früherer Wahrnehmungsbestandteile zu neuen Gebilden sowie die Neuproduktion vorgestellter Denkinhalte bezeichnet. Ph. ist um so realitätsgebundener, je mehr sie sich an materiellen Gegebenheiten orientiert. Sie wird zur *Phantastik* (bzw. zu autistischem Denken), je unkontrollierter sie sich Einbildungen hingibt.

Ph. als spezifisch menschliche Fähigkeit ist bei allen Wahrnehmungen, Handlungen und Plänen beteiligt; v.a. produktives Denken und ↑Kreativität sind ohne sie nicht denkbar. – Beispielhaft sind die Ph.spiele und Märchen-Ph.n der Kinder, die Personenideale und Lebensplan-Ph.n von Jugendlichen sowie (grundsätzlich) alle psychischen Entwürfe in jedem Alter. Besonders groß ist der Ph.anteil an Träumen und Tagträumen. Abstufungen, Formen und (individuelle) Ausprägungen der Ph. werden u.a. durch sog. Ph.tests ermittelt.

Phantasie-Spiel ↑Spiel.

Phantasma: Sinnestäuschung, Trugbild.

Phantomgefühl: Personen mit amputiertem Arm oder Bein haben manchmal Empfindungen, die sich auf die abgetrennte Gliedmaße beziehen und vom Betroffenen meist sehr genau lokalisiert werden, etwa »Mein rechter großer Zeh juckt auf der rechten Seite«, obwohl der Zeh nicht mehr existiert.

pharmakologische Psychologie svw. ↑Psychopharmakologie.

Pharmakopsychologie svw. ↑Psychopharmakologie.

Phasen: ein in der *Anthropologie* und *Psychologie* verwendeter Ordnungsbegriff zur Einteilung des Lebenslaufs, demzufolge sich die körperlichen Entwicklungserscheinungen und die Entwicklung des Erlebens und Verhaltens in einer Aufeinanderfolge verschiedener Phasen oder Stufen vollziehen, die in zwar nicht vollkommen gleicher, doch stets ähnlicher und nicht umkehrbarer Reihenfolge bei allen Individuen auftreten. Entwicklungstheorien, welche sich des Ordnungsbegriffs der Phase bedienen, heißen **Ph.lehren.**

Philosophische Psychologie: Bis zur Etablierung der ↑Psychologie als eigenständige Wissenschaft war die Psychologie ein Teilbereich der Philosophie, ihre Lösung von der Philosophie fand erst in der zweiten Hälfte des 19. Jh. statt. Unter der verhältnismäßig neuen Bezeichnung Ph. P. werden heute zwei verschiedene Bereiche verstanden: Zum einen handelt es sich im Rahmen der Philosophischen Anthropologie um den Aspekt der Grundbedingungen der menschlichen Existenz als eines der Fundamente der Psychologie, zum anderen geht es hauptsächlich im angloamerikanischen Sprachraum um die Analyse der Begriffe, mit denen die Alltagssprache oder die Fachsprache Probleme der Psychologie beschreibt und erklärt (z. B. »Person«, »Motiv«, »Rationalität«).

Phi-Phänomen: von M. Wertheimer eingeführte Bez. für eine bestimmte Bewegungstäuschung, bei der eine im Abstand von 0,02 Sekunden dargebotene Senkrechte und Waagrechte simultan als rechter Winkel gesehen werden.

Phlegma: Charakteristikum des **Phlegmatikers** (↑Temperament); im übertragenen Sinn (geistige) Trägheit, Schwerfälligkeit, Langsamkeit; auch Gleichgültigkeit bzw. Teilnahmslosigkeit (↑Apathie) oder »Dickfelligkeit«.

Phlegmatiker ↑Temperament, ↑Phlegma.

Phobien: seelische Störungen mit unangebrachter Furcht vor bestimmten Situationen oder Gegenständen, welche die Lebensmöglichkeiten des Betreffenden z. T. erheblich einschränken. Entsprechend den furchtauslösenden Reizen spricht man von **Agoraphobie** (Angst vor großen, weiten Plätzen), **Klaustrophobie** (Angst vor geschlossenen Räumen, Supermärkten, Fahrstühlen), **Erythrophobie** (Errötungsangst) und **Tierphobien** (Furcht vor Hunden, Spinnen, Mäusen u. a.).

Die Psychoanalyse wertet Ph. als unbewußte Konflikte. Danach werden angsterregende sexuelle Wünsche und Phantasien verdrängt und mit Hilfe von Abwehrmechanismen auf neutrale Gegenstände bezogen. *Lerntheorien* erklären die Entstehung von Ph. dagegen durch klassische und ihre Aufrechterhaltung durch operante ↑Konditionierung. Neuere Forschungen sehen als Ursache von Ph. archaische Ängste, die tief im kollektiven Unbewußten vergraben sind; Phobiker könnten diese Urängste im Ggs. zu psychisch Gesunden nicht verlernen.

Phobien

Phobien können durch Konditionierung entstehen; hier am Beispiel von ängstigendem Gong und einer Maus dargestellt.

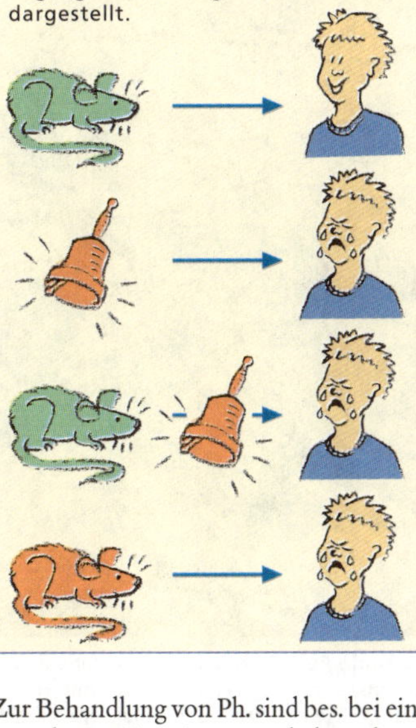

Zur Behandlung von Ph. sind bes. bei eingrenzbaren Situationen verhaltenstherapeutische Maßnahmen (z. B. ↑Desensibilisierung, ↑Reizüberflutung) am erfolgreichsten. Soziale Ph. lassen sich durch ↑Selbstsicherheitstraining und ↑Gruppentherapie ändern. – ↑auch Angst.

P

phobische Neurosen: im engeren Sinn svw. ↑Phobie; manchmal auch in Abhebung von den monosymptomatischen, d.h. an relativ klar bestimmbare Reize gekoppelten Phobien die Betonung des neurotischen, irrationalen und äußerst widerstandsfähigen Charakters der Ängste.

photopisches Sehen svw. ↑Tagessehen. – ↑auch Sehen.

Phrenokardie svw. ↑Herzneurose.

Phrenologie: von J. K. SPURZHEIM eingeführte Bez. für eine von dem dt. Mediziner F. J. GALL begründete (heute überholte) Lehre (»Kranioskopie«), nach der charakterliche und intellektuelle Dispositionen eines Menschen bereits an der Form seines Kopfes bzw. Schädels durch Rückschlüsse auf die darunterliegenden Rindenfelder des Großhirns zu erkennen seien (↑Lokalisationslehre).

Phrenologie: Eine englische Karikatur aus dem frühen 19. Jahrhundert zeigt einen Phrenologen, der charakterliche und geistige Eigenschaften aus der individuellen Gestalt des Schädels ableitet.

Phylogenese: die stammesgeschichtliche Entwicklung der Lebewesen mit Entstehung ihrer Arten. – ↑Ontogenese.

phylogenetisch, phyletisch: die Abstammung, die Stammesgeschichte betreffend.

Physiognomie: die äußere Erscheinung, insbesondere der Gesichtsausdruck eines Menschen (oder Tiers). Früher wurde vielfach versucht, von der Ph. auf psychische Merkmale, insbesondere den Charakter eines Menschen zu schließen. – ↑Physiognomik.

Physiognomik: Dieses Teilgebiet der Ausdruckspsychologie bzw. Charakterkunde untersuchte die Zusammenhänge zwischen der äußeren Erscheinung, d.h. den allg. körperlichen Merkmalen eines Menschen wie Körperhaltung, Mimik usw. (↑Physiognomie), und seiner inneren Wesensart, d.h. seinen psychischen Eigenschaften. Heute hat man sich von den nur auf Vermutungen beruhenden Aussagen früherer Zeit gelöst und untersucht nur noch Zusammenhänge mit statistischen Methoden (v.a. über Korrelationsberechnungen). Doch selbst solchen Untersuchungen wird wissenschaftlich mit großer Zurückhaltung und Skepsis begegnet. – ↑Konstitution.

Physiologie: Wissenschaft und Lehre von den Lebensvorgängen. Die Ph., speziell die Neuro- und Sinnesphysiologie, ist in vieler Hinsicht eng mit der Psychologie verknüpft. Zahlreiche psychische Prozesse bzw. psychologische Sachverhalte wären ohne physiologische Kenntnisse unverständlich. – Eine eigene physiologische (und damit biologische) Disziplin ist die ↑Verhaltensphysiologie, die zugleich ein spezielles Teilgebiet der vergleichenden ↑Verhaltensforschung (Ethologie) ist. – ↑auch Neuropsychologie, ↑Wahrnehmungspsychologie.

physiologische Frühgeburt: Verglichen mit den nichtmenschlichen Primaten (und auch anderen Säugetieren), müßte der Geburtstermin des menschlichen Neugeborenen etwa 12 Monate später liegen. Grund dafür ist die begrenzte Dehnungsfähigkeit des weiblichen Beckens während der Geburt, das einen noch größeren Kopf des Kindes nicht durchlassen könnte. Daß der Mensch aber sein erstes Lebensjahr (sozusagen als *extra-uterines Kleinkindjahr*) außerhalb des Mutterleibs verbringt, ist für seine spezifische Ontogenese außerordentlich wichtig, da in diesem Jahr schon wesentliche menschliche Charakteristika und Verhaltensweisen (wie Wortsprache, aufrechte Körperhaltung u.a.) erworben werden.

Physiologische Psychologie ↑Psychophysiologie.

physiologische Uhr ↑zirkadiane Rhythmik.

Picksche Krankheit: nach dem tschechischen Psychiater A. PICK (1892) benannte, erblich bedingte, umschriebene Schrumpfung (Atrophie) entwicklungsgeschichtlich junger Rindengebiete des Stirn- oder Schläfenlappens mit Persönlichkeitsveränderungen und ↑Demenz.

Placebo: vorrangig in Kontrollstudien (↑Blindversuch) eingesetztes unwirksames Medikament, das einem echten Medikament in Aussehen und Geschmack gleicht.

Plastizität:

◆ Fähigkeit eines Organismus, sich an veränderte Umweltbedingungen anzupassen.

◆ in den *Sozialwissenschaften* Bez. für die behauptete Eigenschaft der menschlichen Persönlichkeit, nicht nur von biologischen Anlagen und natürlichen Reifungsprozessen, sondern in hohem Maß auch durch Einflüsse und Erfahrungen aus der sozialen Umwelt (↑Milieutheorie) geformt zu werden.

Plateaubildung: Beim Erwerb komplexer psychischer Fähigkeiten (z.B. Spracherwerb) und beim Üben motorischer Fertigkeiten (z.B. Klavierspielen, Maschinenschreiben, Tennisspielen) beobachtet man oft nach einer bestimmten Übungszeit einen Lernstillstand trotz fortgesetzten Übens und intensiver Anstrengung. Eine weitere Steigerung scheint zunächst nicht mehr möglich, bis dann plötzlich in der »Lernkurve« ein um so steilerer Anstieg erfolgt, der auf unbemerkt ablaufende Prozesse während der P.sphase hinweist.

Obwohl die P. sehr häufig auftritt, kann man nicht stets damit rechnen, daß nach langem, erfolglosen Üben eines Lernstoffs eine weitere Steigerung eintreten wird; der Lernstillstand kann auch ein Hinweis auf die Leistungsgrenzen des jeweiligen Individuums sein, weshalb hier ein Motivationsverlust in Betracht zu ziehen ist.

Plateauphase ↑sexueller Reaktionszyklus.

Platzangst svw. ↑Agoraphobie.

Poggendorff-Täuschung

Poggendorff-Täuschung: Form geometrisch-optischer Täuschungen: Wird eine Gerade von einem Parallelenband oder mehreren in einem schrägen Winkel gekreuzt und dadurch unterbrochen, so scheinen die Teile der Geraden gegeneinander versetzt zu verlaufen.

Polarität: Bez. für die Eigenschaft vieler psychologisch relevanter Sachverhalte, sich an zwei entgegengesetzten Polen lokalisieren und registrieren zu lassen. Ein Beispiel ist die Gefühlspolarität »Lust gegen Unlust«.

Polaritätsprofil (semantisches Differential): ein von C. G. OSGOOD entwickeltes Verfahren der empirischen Sozialforschung zur Bestimmung der Bedeutung bestimmter Objekte für bestimmte Personengruppen. Insbesondere dient das P. der Erforschung von Stereotypen und Einstellungen. Die Versuchspersonen werden gebeten, die jeweiligen Begriffe zusammen mit anderen Konzepten zwischen mehreren (zumeist 24) Adjektivpaaren (z.B. heiter – traurig, interessant – langweilig, triebhaft – keusch) so einzuordnen, daß die gemachten Angaben auf einer zwischen den polaren Adjektiven existierenden meist siebenstelligen Skala lokalisiert werden können. Die weitere Auswertung erfolgt dann entweder graphisch oder statistisch.

politische Meinungsforschung ↑Meinungsforschung.

Politische Psychologie: Teilgebiet der Psychologie, das die Anwendung wissenschaftlicher Forschungsmethoden und -ergebnisse auf politische Fragestellungen bzw. Geschehnisse untersucht. Wesentliche Forschungsaspekte der P.n P. sind motivationale und interaktionelle sowie Internalisierungs-, Sozialisations- und Entscheidungsprozesse bei Gruppen und Individuen. Die P. P. leistet wichtige Beiträge zur ↑Meinungsforschung, zur Vorurteilsforschung und zur Friedens- bzw. Konfliktforschung.

Poltern: Störung des Sprechflusses (↑Sprachstörungen) mit überstürztem Sprechen, Artikulationsstörungen und Auslassung, Vertauschung oder Verstümmelung von Lautgebilden. P. kann organisch, aber auch durch Umwelterfahrungen bedingt sein und auf therapeutischem Wege (↑Sprachtherapie) behoben werden.

Polygamie: Form der Partnerbeziehung, bei der ein Geschlechtspartner zugleich mit mehreren Partnern des anderen Geschlechts verbunden ist. – Ggs. ↑Monogamie.

Polygraph: allgemein eine Vorrichtung zur gleichzeitigen Messung und Registrierung mehrerer psychophysiologisch wichtiger Funktionen, z.B. Veränderung des galvanischen Hautwiderstandes oder Ableitungen der Hirnströme. Von großem Vorteil ist, daß P.en ein fortlaufendes Beobachtungsprotokoll liefern.

Polygraph

Registrierung von Atmung, galvanischem Hautwiderstand (rot) und Blutdruck (von oben nach unten) bei einer Versuchsperson, der an den gekennzeichneten Stellen sie betreffende Fragen gestellt wurden.

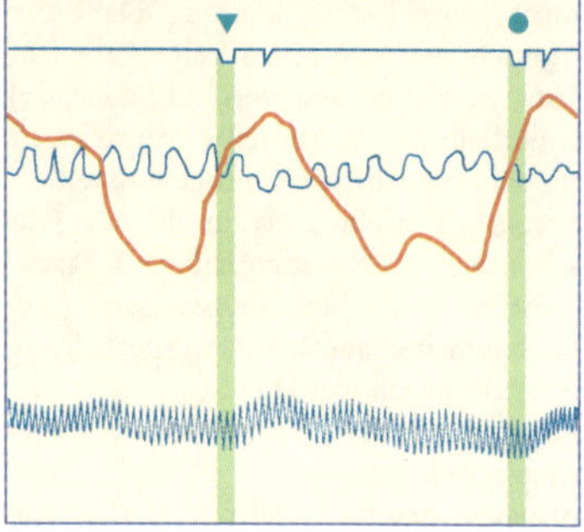

polysynaptischer Reflex ↑Reflex.

Population: die Grundgesamtheit einer ↑Stichprobe.

Pornographie: ursprünglich die Beschreibung von Leben und Sitten der Prostituierten und ihrer Kunden (»Freier«), im Laufe der Jahrhunderte zum Begriff für die Darstellung sexueller Akte überhaupt verallgemeinert. Obwohl die in der P. abgebildeten Phantasien überwiegend zeitloser Natur sind, gewann die P. erst im Zusammenhang mit der modernen, westlichen Gesellschaft Bedeutung. Im Unterschied zu eindeutig sexuellen Darstellungen früherer Epochen und anderer Kulturen steht bei der P. die Absicht der sexuellen Reizwirkung im Vordergrund. Seit dem 19. Jh. hat sich die P. zu einer Massenware entwickelt, die in der heutigen Konsumgesellschaft zum festen Bestandteil der allg. Freizeit- und Unterhaltungs-»Kultur« geworden ist. Die Wirkung von P., die Methoden ihrer Herstellung und Verbreitung wie die Art ihres »Konsums« wurden maßgeblich durch die Entwicklung der neuen Informationssysteme und Reproduktionstechniken bestimmt. Durch die zunehmende Verlagerung auf visuelle Massenmedien ist solcherart vermittelte P. während der letzten 20 Jahre in nahezu allen westlichen Industrienationen zu einem bedeutsamen Phänomen des gesellschaftlichen Austauschs über Sexualität geworden.

Die Tatsache, daß P. mit wachsender Verbreitung zum Gegenstand sexualpolitischer Debatten, wissenschaftlicher Kontroversen, öffentlicher Kampagnen und zivil- wie strafrechtlicher Sanktionen wurde, verweist auf das grundlegende Problem, daß P. häufig das Bild einer mit voyeuristischen, exhibitionistischen und aggressiven Elementen durchsetzten »unfriedlichen Sexualität« vermittelt und gegen die geltenden ethischen und ästhetischen Normen verstößt, zugleich aber, wie ihr massenhafter Konsum zeigt, vorhandene Bedürfnisse breiter Bevölkerungsschichten anspricht und damit etwas über die tatsächlichen Verhältnisse und (vorwiegend männlichen) Vorstellungsmuster in der Gesellschaft aussagt. Das Verbreiten, Abbilden oder Darstellen von P. (in Schrift, mittels Bild- und Tonträgern, in Abbildungen und anderen Darstellungen, beispielsweise auf CD-ROM) kann in bestimmten Fällen nach § 184 StGB bestraft werden, ebenso ihre öffentliche Ankündigung sowie die Ein- und Ausfuhr zu verbotenen Zwecken. Als Strafrahmen für alle vom Gesetz erfaßten Fälle der P. sieht das Gesetz eine Freiheitsstrafe bis zu einem Jahr oder eine Geldstrafe vor, wenn die pornographischen Schriften (bzw. Medien) den sexuellen Mißbrauch von *Kindern* zum Gegenstand haben, dagegen eine Freiheitsstrafe von 3 Monaten bis zu 5 Jahren (Strafrechtsänderungsgesetz vom 23. 7. 1993 zur Bekämpfung der Kinder-P.); ferner werden der Besitz kinderpornographischer Darstellungen und die Besitzverschaffung mit Freiheitsstrafen bis zu einem Jahr oder mit einer Geldstrafe bedroht. Erwachsene sollen nicht gegen ihren Willen von P.-Darstellungen Kenntnis nehmen müssen (eine Straftat begeht u. a., wer pornographische Werke an einen anderen gelangen läßt, ohne hierzu aufgefordert worden zu sein; strafbar ist die Vorführung pornographischer Darstellungen in öffentlichen Filmvorführungen gegen ein Entgelt, das ganz oder überwiegend für die Vorführung verlangt wird). Die Darstellungsträger der P. unterliegen gegebenenfalls der Einziehung und Unbrauchbarmachung, im Falle kinderpornographischer Darstellungen ist ihre Einziehung zwingend vorgeschrieben. Als extreme Form der P. erfaßt das Strafrecht auch die »harte P.« als sexuelle Darstellung, die Gewalttätigkeiten, den sexuellen Mißbrauch von Kindern oder sexuelle Handlungen von Menschen mit Tieren zum Gegenstand hat. In der BR Deutschland waren die Änderungen der Strafvorschriften zur P. zunächst umstritten und zwischen 1970 und 1973 Thema heftiger politischer Debatten. Durch das 4. Strafreformgesetz 1975 wurden schließlich die Differenzierung in »einfache« und »harte« P. und die begrenzte Freigabe der einfachen P. für Erwachsene beschlossen.

Nach neueren Schätzungen gibt es in Deutschland z. Z. etwa 80 Produktionsfirmen, die sich mit der Herstellung von Erotika und P. beschäftigen, und 93 000 Verkaufsstellen, die pornographisches Material anbieten. Speziell für den Vertrieb von P. gibt es etwa 850 Pornoshops, an die 5 000 Videotheken, 2 000 andere Videoverleiher und etwa 100 Versandhäuser. P. wird auch über elektronische Medien, wie z.B. das Internet und Mailboxen verbreitet. Pro Jahr werden etwa 1 300 Videofilme pornographischen Inhalts mit ca. 2,2 Mill. legal hergestellten Vervielfältigungsstücken auf dem Markt

P

angeboten. Schätzungen des Gesamtumsatzes der P.-Branche schwanken zwischen 750 Mill. und 2 Mrd. DM, die Gesamtzahl der Beschäftigten wird mit 20000 bis 30000 beziffert.

Das Thema P. im Zusammenhang mit der Erniedrigung von Frauen, von Gewalt gegen Frauen und Kindesmißbrauch wurde in den 1980er Jahren v.a. von feministischen Autorinnen (C. McKinnon, A. Dworkin) und Sprecherinnen der Frauenbewegung zunächst in den USA und seit Ende 1987 auch in der BR Deutschland in die öffentliche Diskussion eingebracht. Feministischer Annahme zufolge ist »P. die *Theorie,* Vergewaltigung die *Praxis«* (S. Brownmiller), »P. die Kriegserklärung gegen Frauen« (A. Schwarzer) oder – ob sie gewaltdurchsetzte Inhalte aufweist oder nicht – eine primäre Ursache oder zumindest eine wichtige Voraussetzung sexueller Gewalt, Nötigung und extremer Frauenfeindlichkeit sowie Indiz für eine »Pornographisierung der gesamten Geschlechterverhältnisse« (Schwarzer).

Im Gegensatz zu dieser These, P. sei ein objektives und reales Abbild der Geschlechterverhältnisse in unserer Gesellschaft, heben psychoanalytisch wie sexual- und sozialwissenschaftlich orientierte Forschungsansätze hervor, daß gerade die Standard-P. in verschlüsselter Form weit verbreitete sexuelle Phantasien von Männern enthält, die von dem tatsächlich praktizierten Sexualverhalten der Konsumenten weit entfernt sind. Nach neuesten repräsentativen Umfragen zum Konsum von Erotika und P. in Deutschland nimmt nur eine Minderheit von P.-Konsumenten pornographische Darstellungen als Realitätsausschnitt wahr und verwendet sie als direkte »Handlungsanweisung«.

Obwohl der P. von verschiedenster Seite vielfältige negative Auswirkungen wie die Zunahme von sexueller Gewalt und Aggression, Frauenfeindlichkeit oder Anstöße zu perversen und risikoreichen Sexualpraktiken zugeschrieben werden, läßt sich nach dem gegenwärtigen Stand der Forschung ein direkter, ursächlicher Zusammenhang zwischen sexueller und nichtsexueller Aggression von Männern und ihrem P.-Konsum nicht nachweisen. Jüngste Forschungsergebnisse zeigen, daß gewaltdurchsetzte sexuelle Reize nur auf jene Männer eine bes. Wirkung ausüben, die bereits ein sexistisches, feindseliges Frauenbild haben und eine allg. Tendenz zur sozialen Aggression aufweisen. Nicht auszuschließen ist allerdings, daß ein fortgesetzter Konsum aggressiver P. zur Verfestigung bereits ausgeprägter frauenfeindlicher Einstellungen oder sexuell aggressiver Dispositionen beitragen kann. Auch innerhalb der Frauenbewegung wird das Phänomen P. unterschiedlich bewertet. Etliche Wissenschaftlerinnen und Publizistinnen bescheinigen den Vertreterinnen der Bewegung »Frauen gegen P.« eine verengte Sicht weiblicher wie männlicher Sexualität bzw. eine biologistische Deutung der Geschlechtsunterschiede im Sinne eines Täter-Opfer-Schemas. Andere Kritikerinnen sehen in einer von und für Frauen produzierten P. eine Entfaltungschance eigener Art. Nach sexual- wie sozialwissenschaftlichen Deutungen ist P. nicht als *Ursache,* sondern als *Symptom* bestehender sexueller Deformationen und geschlechtsspezifischer Rollenmuster sowie Gewalt und Aggression in der sozialen Realität wie in den Massenmedien zu bewerten. – ↑auch Prostitution, ↑Sexismus, ↑Sexualität, ↑sexueller Mißbrauch.

Position: Wie der Begriff ↑Status bezeichnet P. in den Sozialwissenschaften die durch bestimmte Funktionen und Aufgaben beschriebene *Stellung* eines Individuums im sozialen Beziehungs- und Interaktionsgefüge einer Gesellschaft (z.B. Leitender Angestellter, Abteilungs- oder Gruppenleiter). Je nachdem, ob P.en aufgrund eigener Leistungen oder Handlungen eingenommen werden können, unterscheidet man zwischen *zugeschriebenen* (z.B. Mann, Frau) und *erworbenen* P.en (z.B. Beamter des einfachen oder höheren Dienstes, ungelernter Arbeiter, Facharbeiter). Die unterschiedliche Bewertung sozialer P.en, die an ihre Inhaber gestellten Anforderungen und Erwartungen sowie die für deren Erfüllung gewährten Vergütungen bzw. Privilegien bestimmen das jeweilige Ansehen. – ↑Prestige.

Positionseffekt: in der Lernpsychologie die Auswirkung der Anordnung von Lernmaterial auf die Leichtigkeit bzw. Schwierigkeit seiner Aneignung. Beim seriellen Lernen werden z.B. von etlichen Silben die jeweils ersten und letzten besser gelernt als die in der Mitte befindlichen.

positive Phase: eine von C. BÜHLER im Rahmen ihrer psychologischen Entwicklungslehre eingeführte Bez. für einen ersten Unterabschnitt der weiblichen Vorpubertät, der von einer positiven Lebenszuwendung geprägt sein soll. Dem zweiten Unterabschnitt ordnete BÜHLER hingegen v.a. negative Merkmale (verstärkte Lebensabwendung) zu. Ihren Annahmen zufolge äußert sich der Übergang vom späten Kindesalter zum pubertierenden Mädchen zunächst in einer gewissen Lockerheit und Unruhe des Verhaltens, z.B. in häufigem Gekicher und Getuschel sowie in gesteigerter Erregbarkeit und Unsicherheit; dann kommt es zu einem plötzlichen Umschwung, bei dem aus dem zuvor lebensbejahenden, aufgeschlossenen Kind recht unvermittelt ein starken Stimmungsschwankungen unterworfenes, umtriebiges und selten zufrieden wirkendes Mädchen wird.

positiver Transfer ↑Transfer.

Postdormitium ↑Schlaf.

posthypnotische Phänomene: Bez. für Erscheinungen, wie sie im Anschluß und als Folge einer Hypnose auftreten; z.B. Ausführung von unter Hypnose erhaltenen Aufträgen *(posthypnotische Suggestion)* oder Ausfall der Erinnerung für Erlebnisse unter der Hypnose auf Anweisung des Hypnotiseurs *(posthypnotische Amnesie).*

Pot: aus dem engl.-amerikan. stammender Jargon für Marihuana, seltener für Haschisch. – ↑Drogen.

Potenz:

- allgemein svw. Fähigkeit, Leistungsvermögen.
- (Potentia): im sexuellen Bereich die Zeugungsfähigkeit (*Potentia generandi;* ↑Fertilität) oder das Vermögen des Mannes, den ↑Geschlechtsverkehr auszuüben (*Potentia coeundi;* insbes. die Fähigkeit zur Peniserektion; *Potentia erigendi*). Darüber hinaus gilt als P. auch die Fähigkeit, zum ↑Orgasmus zu gelangen.

Die Empfängnisfähigkeit der Frau wird als *Potentia concipiendi* bezeichnet. – ↑auch Impotenz.

Power-Test ↑Niveautests.

PR: Abk. für ↑**P**ublic **R**elations.

Prädisposition: erblich vorgegebene Tendenz (Veranlagung) zur Entwicklung in eine bestimmte Richtung oder zur Ausprägung bestimmter Merkmale; auch die innere Bereitschaft, sich bestimmten Überzeugungen anzuschließen oder bestimmte Handlungsweisen zu übernehmen.

Prädormitium ↑Schlaf.

prägenitale Phase: auf S. FREUD (↑Psychoanalyse) zurückgehende Sammelbez. für die drei Stufen der kindlichen Libidoentwicklung vom 1. bis etwa zum 7. Lebensjahr, die entsprechend der Vorherrschaft bestimmter sexueller Lustquellen (Mundbereich, After und Geschlechtsorgane) *orale, anale* und *phallische* Phase genannt werden und dem reifen sexuellen Stadium der genitalen Phase vorangehen.

Prägnanzprinzip ↑Gestaltgesetze.

Prägung: Tieren sind bestimmte Instinkthandlungen angeboren. Für einige dieser Handlungen ist jedoch der Auslöser nicht angeboren, sondern muß in einem bestimmten Zeitraum (sensible Phase) erlernt werden. Dieser Vorgang heißt P. und ist auch beim Menschen nachgewiesen. Er ist *unwiderruflich,* kann also nicht rückgängig gemacht werden *(Irreversibilität der P.).* Ist die sensible

P

Prägung:
Die Schneegänse sind in ihren ersten Lebenstagen auf K. Lorenz als Mutter geprägt worden.

Phase verstrichen, kann die P. nicht nachgeholt werden. Das Ergebnis einer P. wird auch **Disposition** genannt.

praktische Intelligenz ↑theoretische Intelligenz.

Praktische Psychologie: Der Begriff P. P. ist gleichbedeutend im weiteren Sinne mit dem Begriff ↑Angewandte Psychologie. Im engeren Sinne beschreibt er die Psychologie des alltäglichen Lebens im Umgang der Menschen untereinander. Er meint dann Alltagstheorien und Alltagswissen im Unterschied zur wissenschaftlichen Psychologie.

prämorbide Persönlichkeit (Primärpersönlichkeit): das Persönlichkeitsgefüge, wie es *vor* persönlichkeitsverändernden Prozessen (etwa psychischen Erkrankungen) vorhanden war.

Pränatale Psychologie: Zweig der Entwicklungspsychologie, der sich mit der Erforschung seelischer Vorgänge, Reaktionen und Inhalte vor, während und unmittelbar nach der Geburt befaßt. Die P. P. nimmt an, daß seelisches Leben nicht erst nach der Geburt einsetzt, sondern daß bereits im Mutterleib vielfältige Erfahrungen das Verhalten und die weitere Entwicklung und Entfaltung der Persönlichkeit beeinflussen. Sie bezieht daher die psychischen und psychosomatischen Faktoren, die über die Mutter als primäre Umwelt auf den Fötus einwirken, in ihre Forschungen ein.

präödipale Phase: in der psychoanalytischen Theorie verwendete Bez. für den Lebensabschnitt, der vor dem ↑Ödipuskomplex liegt. In der p.n Ph. überwiegt für Kinder beider Geschlechter die Anhänglichkeit an die Mutter, während die Bedeutung des Vaters noch nicht erkannt wird.

präsuizidales Syndrom ↑Selbsttötung.

Prävention: alle vorbeugenden Maßnahmen, die das Auftreten von psychischen Störungen (bei Einzelpersonen, der Bevölkerung in einer Region oder ganzen Bevölkerungsgruppen) durch Förderung der seelischen Gesundheit verhindern *(primäre P.)*, die Krankheitsdauer und die Folgeschäden für psychisch Kranke und deren Umgebung durch frühzeitiges Erfassen und Behandeln der Störung eindämmen *(sekundäre P.)* sowie die Folgen oder zusätzlichen Schäden nach Auftreten einer psychischen Erkrankung durch Rehabilitationsmaßnahmen auszugleichen versuchen *(tertiäre P.)*.

Oft wird P. nur im Sinne *primärer P.* aufgefaßt. Deren wichtigste Bemühungen sind der Ausbau gemeindenaher psychotherapeutischer Dienste (z.B. von Kriseninterventionszentren, Beratungsstellen für Lebensplanung, Ehe, Familie, Erziehung usw.), die im Umfeld der potentiell Betroffenen arbeiten. Dazu kommen die Anleitung der Bevölkerung zur

Bewältigung von Problemsituationen durch spezielle Trainingskurse (z.B. Elterntraining) oder psychohygienische Aufklärungskampagnen (Elternbriefe, Drogenfaltblätter u.ä.).

Prestige: Bez. für das im Unterschied zur Autorität rational kaum begründbare Ansehen (Wertschätzung, Geltung), das bestimmte Personen oder Gruppen (auch Institutionen) aufgrund ihrer Leistung, ihres Ranges bzw. ihrer sozialen ↑Position, ihrer Kompetenz bei anderen Personen bzw. Gruppen oder in der Öffentlichkeit genießen **(Sozial-P.)**. In der Regel hat das P. meinungsbildenden und damit verhaltensbestimmenden Einfluß zur Folge.

primäre Kreisreaktion ↑Kreisreaktion.

primäre Prävention ↑Prävention.

primärer Narzißmus ↑Narzißmus.

primäres Lallen ↑Lallen.

Primärfähigkeiten ↑Intelligenz.

Primärgruppen: Bez. für meist kleine Gruppen, die (im Unterschied zu Sekundärgruppen) auf engen persönlich-emotionalen Beziehungen, tieferreichenden gemeinsamen Zielsetzungen und regelmäßigen Kontakten der Gruppenmitglieder beruhen. Beispiele für P. sind Familien, Freundesgruppen und Wohngemeinschaften.

Primärpersönlichkeit ↑prämorbide Persönlichkeit.

Primärprozeß ↑Primärvorgang.

Primärtherapie (Urschreitherapie): eine auf den amerikan. Psychologen A. JANOV zurückgehende Form der Psychotherapie, bei der die Patienten belastende Kindheitserlebnisse (Urschmerzen, Urerlebnisse) neu durchleben und die empfundenen Schmerzen und Gefühle keineswegs nur als Schrei (Urschrei), sondern auch als Zorn, Wut, Trauer usw. ausdrücken sollen, um wieder Zugang zu den durch das neurotische Verhalten unterdrückten Bedürfnissen und Gefühlen zu bekommen.

Primärtriebe: Bez. für die beim Menschen phylogenetisch angelegten und damit ererbten psychischen Antriebe, die den erlernten, kulturellen (insbes. sozialethischen und ästhetischen) **Sekundärtrieben** gegenüberstehen und, nach psychoanalytischer Auffassung, zur Vermeidung des neurotisierenden Triebkonflikts eine produktive Synthese mit diesen erfordern.

Primärvarianten ↑Konstitution.

Primärvorgang (Primärprozeß): psychoanalytische Bez. für die Funktionsweise des unbewußten Seelenlebens. Alle Gedanken, Gefühle und Handlungen, die vom ↑Es ausgehen, folgen hiernach dem *Lustprinzip,* d.h. dem Streben nach Lust und dem Vermeiden von Unlust. Im Ggs. dazu steht der **Sekundärvorgang,** der die Funktionsweise aller vom ↑Ich ausgehenden bewußten oder vorbewußten Gedanken usw. beschreibt. Diese sind an der Wirklichkeit ausgerichtet, also am *Realitätsprinzip* orientiert, oder vom ↑Über-Ich diktiert. Während der P. für das Denken und Handeln in der frühen Kindheit allein wirksam ist, tritt er beim Erwachsenen nur noch bei getrübtem Bewußtsein auf, z.B. in Träumen und Phantasien.

Primary mental abilities svw. Primärfähigkeiten. – ↑Intelligenz.

Primaten (Herrentiere): Ordnung bezüglich der Gehirnentwicklung hochstehender, ansonsten jedoch wenig spezialisierter Säugetiere, die in den Unterordnungen Affen und Halbaffen zusammengefaßt sind. Zu den rund 170 Arten der Primaten gehört auch der ↑Mensch.

Von bes. anthropologischem und psychologischem Interesse sind die **Menschenaffen** (Schimpanse, Bonobo, Gorilla und Orang-Utan), da sie die nächsten tierischen Verwandten des Menschen sind. Der Mensch stammt zwar nicht von ihnen ab, hat aber mit ihnen gemeinsame Vorfahren. Ihr relativ hochentwickeltes Gehirn befähigt sie in gewisser Weise auch schon zur Lösung von Denkaufgaben und zum Werkzeuggebrauch.

Die geistig höchstentwickelten Menschenaffen sind der Schimpanse und der

P

nah verwandte Bonobo (Zwergschimpanse). Sie können selbst relativ komplizierte Aufgaben offensichtlich allein durch Nachdenken lösen und sind trotz ihres anatomisch gering entwickelten Stimmapparats in begrenztem Umfang in der Lage, Wörter und deren Bedeutung zu erlernen. Außerdem sind sie fähig, Werkzeuge nicht nur zum Nahrungserwerb oder zur Abwehr von Feinden zu gebrauchen sondern diese auch selbst »herzustellen«, etwa durch Entfernen störender Zweige und Blätter von einem Ast, um ihn dann zum »Termitenfang« zu verwenden.

Primitivreaktion: Das Großhirn kontrolliert und hemmt die entwicklungsgeschichtlich älteren (primitiveren) Teile des Gehirns. Bei bes. starken ↑Affekten kann diese Kontrolle kurzzeitig verlorengehen. Die dann erfolgenden Handlungen nennt man P.en; sie entziehen sich (als sog. **Kurzschlußhandlungen**) weitgehend der Bewußtseinskontrolle und können vom Handelnden somit nicht immer verantwortet werden.

proaktive Hemmung ↑Gedächtnishemmungen.

probabilistische Hypothese: auf E. Brunswik zurückgehende Auffassung, der zufolge auf bestimmte Reize bestimmte Reaktionen nicht mit Sicherheit bzw. Notwendigkeit, sondern nur mit einer gewissen Wahrscheinlichkeit erfolgen.

probabilistische Testtheorie ↑Testtheorie.

Proband (Abk.: Pb.): Versuchsperson, mit der eine psychologische Untersuchung, z.B. ein Test oder ein psychologisches Experiment, durchgeführt wird.

Probehandeln: Einige Schulen der Denkpsychologie, z.B. die Genfer Schule, interpretieren Denken als geistiges P., das sich im Laufe einer allmählichen Ablösung vom tatsächlichen aktuellen Handeln entwickelt. – ↑auch Denken, ↑Denkentwicklung.

Problem: Ein P. unterscheidet sich von einer einfachen Aufgabe dadurch, daß der Bearbeiter *kein Standardverfahren* zu dessen Bewältigung kennt. Die Lösung eines P.s ist also immer mit einem *schöpferischen* Moment verbunden und wird daher dem produktiven Denken zugeordnet.

Problemkäfig: Dieser von E. L. Thorndike eingeführte und von B. F. Skinner weiterentwickelte Käfig (**Skinner-Kasten, Skinner-Box**) dient der Erforschung des Lern- und eventuellen Denkverhaltens bei Tieren. Das Tier muß z.B. im P. mehrere Hebel nach einem

Problemkäfig

Die Ratte lernt, bei Aufleuchten des Lichts den Hebel zu drücken und wird danach mit Futter belohnt

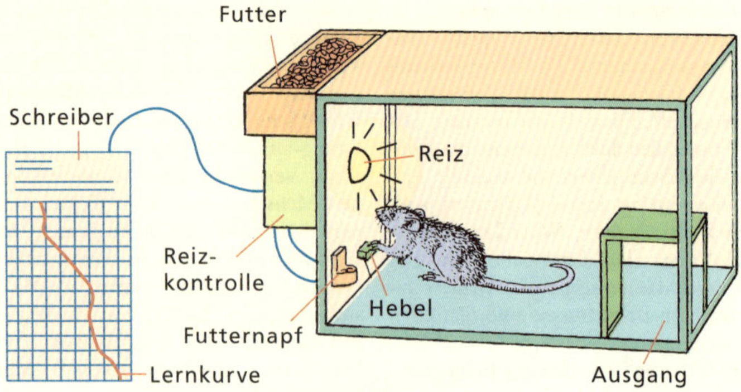

bestimmten Lichtsignal in genau festgelegter Reihenfolge drücken, um dafür Futter zu erhalten.

Problemlösen: das Auffinden eines vorher nicht bekannten Weges von einem gegebenen Anfangszustand zu einem gewünschten, mehr oder weniger bekannten Endzustand. Im Unterschied zum *reproduktiven* Denken, der Anwendung von Gelerntem oder Erfahrungswissen auf eine bestimmte Situation, handelt es sich bei der Hervorbringung neuer Lösungen um einen *kreativen Prozeß.* Probleme können gelöst werden etwa durch das Auffinden eines Schemas, das verschiedene Elemente zueinander in Beziehung setzt, durch Strukturierung (Vorwärts- und Rückwärtsplanung), durch Neuanordnung gegebener Elemente oder durch Umstrukturierung einer Gestalt (das Gegebene in einem anderen Zusammenhang »sehen«).

Als Stadien des P.s wurden u.a. die *Vorbereitung* (ein Problem formulieren und Informationen sammeln), die *Inkubation* (eine Zeitspanne ohne Lösung, oft auch ohne direkte Beschäftigung mit dem Problem), die oft plötzlich erkannte *Lösung* (↑Aha-Erlebnis) und ihre nachträgliche systematische *Ausarbeitung* (Verifikation) unterschieden. Modelle des P.s dienen auch als Vorbilder für die Computersimulation, etwa im Rahmen der Forschungen zur ↑künstlichen Intelligenz.

Produktionstheorie: eine von der Österreichischen Schule vertretene psychologische Theorie, nach welcher die Wahrnehmung einer »Gestalt« auf aktive geistige Produktivität des Wahrnehmenden zurückzuführen ist.

produktives Denken svw. ↑schöpferisches Denken.

Profilmethode (Profilanalyse): Vorgehen bei der Auswertung und Interpretation einiger psychologischer Tests. Beispielsweise war die theoretisch begründete und empirisch belegte Auffassung von einer Mehrdimensionalität der ↑Intelligenz Anlaß, den globalen Intelligenzquotienten als einen Gesamtwert für die intellektuelle Leistungsfähigkeit in eine Anzahl voneinander mehr oder weniger unabhängiger Meßwerte aufzuspalten. Sie werden nach einem Vorschlag des russischen Psychiaters G. ROSSOLIMO (1911) häufig in Profilform dargestellt. Durch eine graphische oder statistische Auswertung sollen spezifische Stärken bzw. Schwächen eines Probanden sichtbar werden. Nicht selten meint man auch, für bestimmte Personengruppen typische Profilverläufe nachweisen zu können. Durch den Vergleich eines *individuellen* Profils mit dem typischen Profil einer bestimmten Berufsgruppe erhofft man sich dann z.B. Entscheidungshilfen bei der Berufsberatung.

Oftmals wird eine solche Möglichkeit für einzelne Tests bestritten, obwohl diese entsprechenden Anspruch erheben. Als Begründung wird meist angeführt, daß die durch den jeweiligen Test erfaßten Teilbereiche (z.B. die durch seine Untertests ermittelten Meßwerte) gar keine voneinander im Sinne der ↑Faktorenanalyse relativ unabhängigen Teilfähigkeiten darstellten, sondern vielmehr alle mehr oder weniger die gleiche Dimension repräsentieren; damit ist aber eine P. kaum noch zu rechtfertigen. Deutschsprachige Testverfahren, die den Anspruch einer P. erheben, sind z.B. der analytische Intelligenztest von R. MEILI, der Intelligenz-Struktur-Test von R. AMTHAUER und die ↑Hamburg-Wechsler-Intelligenztests.

Prognose: allg. eine wissenschaftlich fundierte Voraussage von Entwicklungen, Zuständen oder Ereignissen, die zu einem späteren Zeitpunkt eintreten sollen. Unter *theoretischen* Aspekten dienen Prognosen in der Psychologie der Prüfung bestimmter Theorien über menschliches oder tierisches Verhalten oder Erleben. In der *Angewandten Psychologie* werden sie v.a. zur Vorhersage des Schul-, Studien- oder Berufserfolgs getroffen.

programmierter Unterricht (programmierte Instruktion): Selbstunterricht, der ohne unmittelbare Mitwirkung

P

eines Lehrers nach einem objektivierten Lehrprogramm (↑Lehrmaschine, Buch, Medien wie Computer, Videorecorder u.a.) Lehrstoffe in *kleinsten Lehrabschnitten* darbietet und dem Lernenden eine *umgehende Erfolgskontrolle* über seine Lernfortschritte ermöglicht. Das *Lernprogramm* besteht aus logisch geordneten, aufeinander aufbauenden Lerneinheiten, die den Schüler zu aktiver Mitarbeit animieren, ihn über fortlaufende Rückmeldung (Feedback) korrigieren und durch die sofortige Belohnung »richtigen« Verhaltens zur Fortsetzung des Lernens motivieren; dabei bestimmt der Lernende das Bearbeitungstempo selbst.

progressive Paralyse: psychische Erkrankung im Spätstadium der Geschlechtskrankheit Syphilis (Lues) als Folge einer bakteriellen Hirnschädigung, die 5 bis 20 Jahre nach der (unbehandelten) Ansteckung auftritt. Nach ersten Anzeichen wie Gedächtnisstörungen und auffälligen Persönlichkeitsveränderungen (Enthemmung) folgen Sprachstörungen sowie vorübergehende oder bleibende Lähmungen und Anfallsleiden. Unbehandelt tritt nach einigen Jahren fortschreitenden geistigen Abbaus der Tod ein.

Projektion:

◆ (Externalisation): das Hinausverlegen von Empfindungen, Gefühlen, Wünschen, Interessen oder Erwartungen in die Außenwelt. Auf der Annahme dieser Möglichkeit basieren die für diagnostische Zwecke entwickelten ↑projektiven Tests.

◆ speziell in der ↑Psychoanalyse schon von S. Freud verwendete Bez. zur Beschreibung der pathologischen (insbes. bei Paranoia vorkommenden) Abwehrmechanismen, bei denen eigene unerträgliche Vorstellungen, Gefühle oder Wünsche (unbewußt) anderen Personen oder Dingen zugeschrieben werden. So verlagern nach dieser Auffassung z.B. Kinder, die unentwegt »petzen«, in Wirklichkeit ihren eigenen Wunsch, Verbotenes zu tun, auf andere Kinder. Häufig werden auch gegensätzliche Wesenszüge des eigenen Selbst auf andere projiziert, um eigene Anomalien als normal erscheinen zu lassen, etwa wenn ein asketischer Mönch die Welt voller Lüstlinge sieht oder ein ausgesprochen geiziger Ehemann seine Ehefrau dauernd als Verschwenderin beschimpft. Die P. kann zwar zu einer Verringerung der individuellen Ängste beitragen, löst jedoch die zugrundeliegenden Konflikte nicht.

Projektionsfelder ↑Rindenfelder.

projektive Tests: Bez. für psychologische Testverfahren, die vom Mechanismus der »Projektion« ausgehen. Die Testperson »projiziert« bestimmte eigene Persönlichkeitsmerkmale, (unbewußte) Probleme, Bedürfnisse, Ängste u.a. in die Deutungen und Gestaltungen »hinein«, die sie bei dem jeweiligen Test vornehmen soll. Bei den p.n T. wird dem Probanden unstrukturiertes und vieldeutiges Material – z.B. Klecksbilder (sog. *Rorschach-Test*), Farben, Spielzeugfiguren (im sog. Szenotest) – vorgelegt, das er nach eigenen Vorstellungen beschreiben, interpretieren, gestalten und arrangieren soll. Die Resultate werden dann vom Diagnostiker (meist dem Testleiter oder einem Psychotherapeuten) als Ausdruck von Persönlichkeitsanteilen des Probanden gewertet und, anders als bei den standardisierten (angeblich »objektiven«) Tests, nicht mit Bezugsnormen verglichen, sondern (subjektiv) gedeutet.

Die p.n T. genügen nicht den von der modernen Testtheorie zugrunde gelegten Testgütekriterien der ↑Objektivität, ↑Reliabilität und ↑Validität.

Prompts: Lernhilfen, die im Rahmen eines Lernprogramms (↑programmierter Unterricht) den Schülern oder Lernenden die Erarbeitung der vorgegebenen Antworten erleichtern sollen.

Propaganda: Sammelbezeichnung für alle Versuche, mit Hilfe von ↑Indoktrination und dem Einsatz von Massenmedien (Film, Funk, Fernsehen, Presse) bestimmte Auffassungen (speziell ↑Ideologien), zu verbreiten bzw. durchzusetzen.

Besonders totalitäre Systeme versuchen, durch derartige Strategien der »Fremdsteuerung des Menschen« politisches Einverständnis der Massen herbeizuführen (so das Propagandaministerium während des Nationalsozialismus). Die beabsichtigte totale Wirkung von P. bleibt jedoch dadurch begrenzt, daß jedes Individuum durch die Eigeninteressen, den jeweiligen Lebenszusammenhängen und die persönliche Lebenserfahrung in seiner Aufnahmehaltung bzw. Aufnahmebereitschaft vorgeprägt ist.

Prophylaxe ↑Psychoprophylaxe.

Proportional-Skala ↑Skala.

Propriorezeptoren (Propriozeptoren): bes. Sinnesorgane (Mechanorezeptoren), die nicht Reize von außerhalb des Körpers, sondern Veränderungen in ihm selbst, d.h. körpereigene Reize, registrieren (wie die jeweilige Körperhaltung bzw. -lage) und in Form eines Eigenreflexes (Rückkopplungsvorgang) beantworten. Sie liegen im Bewegungsapparat, d.h. in den Muskeln (als Muskelspindeln) und Sehnen (als Sehnenspindeln), und reagieren auf Änderungen in deren Dehnungszustand.

Propriozeption ↑Sensibilität.

Prostitution: eine Form des sexuellen Verkehrs, bei der eine Person gegen materielle Entlohnung ihren Körper anderen Personen zu deren sexueller Befriedigung anbietet. Neben der am weitesten verbreiteten weiblich-heterosexuellen gibt es die männlich-heterosexuelle, die homosexuelle, lesbische und transvestitische Prostitution. Die Beziehung zwischen Kunden (»Freiern«) und Prostituierten ist meist unverbindlich und ohne emotionale Bindung. Trotz sozialer Billigung oder Duldung stellt die P. in der Regel eine gesellschaftlich geächtete Form des Sexualverkehrs dar, wobei im allg. die Prostituierten, selten die Kunden, Objekt teils strafender, teils reglementierender Eingriffe sind.

Propaganda: Der Reichstag der NSDAP 1935 in Nürnberg, einer der Höhepunkte nationalsozialistischer Propaganda. Die Teilnehmer dieser Großkundgebung sollten von der überwältigenden Größe der Nation und dem Erlebnis der unverbrüchlichen Volksgemeinschaft durchdrungen werden.

Die Ausübung der P. als solche ist in Deutschland nicht strafbar, unterliegt aber bestimmten Verboten, beispielsweise, wenn sie geeignet ist, einzelne Personen oder die Allgemeinheit zu belästigen; *strafbar* ist die die Jugend gefährdende P., z.B. im Umkreis von Schulen.

In der P.sdiskussion dominierten lange Zeit die im 19. Jh. entstandenen biologisch-medizinischen, psychologischen und milieutheoretischen Erklärungsansätze. Anhänger des extremen biologischen Determinismus führten P. und prostitutives Verhalten auf erblich-degenerative oder körperlich-seelische Entartung zurück, während psychologische Theorien die P. aus geschlechtspsychologischen Differenzen (polygame Veranlagung) herleiteten. Milieutheoretiker er-

P

klärten die P. als Folge von Armut. Heute wird häufig eine vermittelnde Theorie vertreten, derzufolge P. aus dem Zusammenwirken verschiedener Faktoren resultiert: materielle Not, instabile familiäre Verhältnisse, Deprivationen wie sexueller Mißbrauch in der Kindheit, beschädigte Selbstbilder, ein gestörtes Verhältnis zur eigenen Sexualität sowie eine Neigung zu schnellverdientem Geld.

Prostitution: Brassaï, La belle de nuit, Photographie, 1933

Im Unterschied zur These vom überzeitlichen Charakter der P. (»ältestes Gewerbe der Welt«) wird in neueren sozialwissenschaftlichen Theorien betont, daß P. ein historisches Phänomen ist, dessen Entstehung an die Existenz sozialer Macht- und Schichtungsverhältnisse gebunden ist. Gegenüber der entwicklungsgeschichtlichen Lehre heben andere sozialwissenschaftliche Ansätze den strukturellen Funktions- und Normzusammenhang der P. mit einer Gesellschaftsverfassung hervor, welche durch die patriarchalisch-monogame Eheform geprägt ist.

Die Zunahme der P. nach 1945 in den europäischen Industriegesellschaften beruhte anfänglich im wesentlichen auf der allg. wirtschaftlichen Notlage; die »Überlebens-P.« gehörte zum Alltag etlicher Frauen. Im Zuge der Motorisierungswelle entwickelte sich die *Auto-P.* zu einer lukrativen Form der Prostitution. Wirtschaftlicher Aufschwung, verändertes Konsumverhalten und eine gewandelte Einstellung zur Sexualität (sexuelle Revolution) führten seit Mitte der sechziger Jahre im Gegenzug zum Massenbetrieb der Großbordelle (Eros-Center) sowie zur *Luxus-* und *Exklusiv-P.* mit Call-Girls, Hostessen, Modellen und Masseusen, die in Appartmenthäusern, Saunen und Privatclubs arbeiteten und in der Presse für ihre Dienste warben.

Die in den siebziger Jahren einsetzende allgemeine Wirtschaftsrezession wirkte sich auch auf den P.s-Markt aus und begünstigte neue Erscheinungsformen (Peep-Show, Telefon-Sex, Spezial-Service, Trend zu perversen Sexualpraktiken). Der zunehmende, weitgehend von international operierenden Zuhälterbanden organisierte »Import« von Frauen und Mädchen aus der Dritten Welt entwickelte sich zu einem gewinnträchtigen Geschäft. Mittlerweile ist Deutschland eines der Hauptzielländer des internationalen Frauenhandels.

Wachsender Druck (P. zur Finanzierung einer Drogenabhängigkeit) und die Angst der Kunden (»Freier«) vor einer HIV-Infektion (↑AIDS) haben viele Prostituierte in materielle Not gebracht. Infolge verschärfter staatlicher Kontrollen nimmt der Trend zur heimlichen P. zu. Die Tatsache, daß P. in Deutschland nicht als schutz- und anerkennungswürdiges Gewerbe gilt, Prostituierte zwar steuer-, nicht jedoch sozialversicherungspflichtig sind, in städtische Randbezirke abgedrängt, in Bordellen ghettoisiert und häufig in enger Kooperation von Polizei, Bordellwirt(inn)en und Zuhältern kontrolliert bzw. überwacht werden, hat in den letzten Jahren zur Bildung von Pro-

P

stituierten-Selbsthilfegruppen (wie z.B. »Hydra« in Berlin, »HWG« [»Huren wehren sich gemeinsam«] in Frankfurt am Main) geführt, die in verstärktem Maße das Thema P. in die öffentliche Diskussion tragen.

Zu den vergleichsweise neuen Formen der P. zählt der sich weltweit ausbreitende P.s- und **Sextourismus.** Er beruht im wesentlichen auf einem enormen sozialen und wirtschaftlichen Gefälle zwischen Dritter und sog. Erster Welt, dem Massentourismus westlicher Industriegesellschaften und v.a. Frauen und Kinder betreffenden Verelendungsprozessen, wobei auch die Gastgeberländer wegen der Deviseneinnahmen mehr oder weniger verdeckt mit sexuellen Attraktionen werben.

Eine starke Zunahme im Zusammenhang mit dem Sextourismus ist bei der **Kinder-P.** zu beobachten. Die Zahl der minderjährigen Prostituierten zwischen 8 und 16 Jahren wird für Thailand auf 100000 geschätzt, für die Philippinen und Taiwan auf je 20000, für Sri Lanka auf 10000. Auch in Westafrika und Lateinamerika müssen Kinder als Prostituierte in Bordellen, auf der Straße und in Hotels arbeiten. Bevorzugte Reiseziele für homosexuelle und pädophile Touristen sind die Philippinen, Sri Lanka und Thailand, in jüngster Zeit auch Brasilien. In den letzten Jahren haben P. und Sextourismus durch AIDS eine neue Dimension erhalten, u.a. die Nachfrage nach unberührten Mädchen erhöht und so die Kinder-P. verstärkt. In den meisten asiatischen und lateinamerikanischen Reiseländern wurde AIDS durch Soldaten und Touristen erst eingeschleppt. Durch den anhaltenden Sextourismus zählen diese Länder zu den für die Verbreitung des HIV-Virus am stärksten betroffenen Gebieten.

Prozentrangnormen ↑Perzentile.

Prozeß: Bez. für einen auf neurophysiologischer Grundlage sich vollziehenden Verlauf oder Vorgang (z.B. der Wahrnehmung, des Lernens oder Denkens).

Prostitution: Prostituierte auf dem Autostrich in Frankfurt

Die Auffassung, daß alle psychischen Phänomene als Prozesse *(Prozeßcharakter des Psychischen)* zu verstehen seien, wird speziell von der Entwicklungs- und Persönlichkeitspsychologie vertreten.

Prozeßdiagnostik: Bei der Suche nach Bedingungen für das Gelingen oder Mißlingen von Erziehungsprozessen, speziell auch von Lehr-lern-Prozessen, war man in der einschlägigen Forschung lange Zeit besonders daran interessiert, über die Zeit hinweg *relativ konstante Merkmale* bei Kindern oder Jugendlichen (also stabile Persönlichkeitseigenschaften) zu identifizieren und ihr Zusammenwirken zu erklären. Als typisches Beispiel kann die Testintelligenz gelten, die lange Zeit eher die Aufmerksamkeit von Psychologen und Erziehungswissenschaftlern auf sich zog als ein vergleichsweises variables Merkmal wie etwa die Motivation. Diese oft auch als **Eigenschaftsdiagnostik** bezeichnete Richtung hat in der zurückliegenden Zeit im Bereich der Pädagogik zunehmend an Attraktivität verloren, weil sie nur wenig unmittelbar für die konkrete Förderung von Kindern und

Jugendlichen nützliche Ergebnisse vorweisen konnte.

Prüfungsangst (Examensangst): Die Angst vor einer Prüfung ist häufig deshalb anzutreffen, weil vom Ergebnis der Prüfung in der Regel weitreichende (insbesondere soziale) Konsequenzen abhängen und die Prüfungen selten beliebig wiederholbar sind. Darüber hinaus sind Prüfungen unvertraute Situationen und stellen meist einseitige Abhängigkeitsverhältnisse zwischen Prüfer und Prüfling dar.

Überdurchschnittliche P. tritt auf, wenn entweder eine ungünstige Art der Prüfungsorganisation (z.B. große Stoffülle in einer nicht wiederholbaren Prüfung, Undurchschaubarkeit der Beurteilungskriterien) gegeben ist oder wenn sog. disponierte Merkmale des Prüflings (meist neurotische Angstbereitschaft, seltener dagegen mangelnde Vorbereitung) vorliegen oder wenn beides zusammenkommt.

P. kann zu anhaltenden vegetativen Störungen, zu Konzentrationsunfähigkeit (bis zu totaler intellektueller Blockade) vor oder während der Prüfung führen. Oft versuchen auch Prüflinge, den Examenstermin immer wieder zu verschieben.

Eine Verminderung der P. ist erreichbar über die Gestaltung der Prüfung selbst (z.B. Überschaubarkeit der Fragenkataloge, Wiederholbarkeit der Prüfung), durch Einübung von Lerntechniken oder durch Prüfungsrollenspiele (unter Klassenkameraden oder Studienkollegen) und, wenn nötig, auch durch eine therapeutische Verarbeitung nichtprüfungsbedingter neurotischer Konflikte.

Pseudodebilität ↑Retardation.

Pseudologie: krankhafter Drang zu lügen. Häufig werden dabei märchenähnliche »Erlebnisse« erfunden und vom Erzähler zeitweilig selbst für wahr gehalten *(Pseudologica phantastica).* Die P. kommt meist im Zusammenhang mit übersteigerter Phantasie und starkem Geltungsbedürfnis vor.

Pseudoneurose (Scheinneurose): Bez. für psychische Zustände, die oft als Neurosen verkannt werden, in Wirklichkeit aber organisch bedingt sind (z.B. durch Arteriosklerose oder progressive Paralyse) und daher mit entsprechenden Medikamenten behandelt werden müssen.

Psifunktion: Bez. für eine von allen natürlichen Funktionen unterschiedene parapsychologische Funktion, die zur Erklärung psychischer und psychophysischer Wechselwirkungen zwischen Subjekt und Objekt angenommen wird, wenn keine sensorische bzw. sensomotorische Vermittlung festzustellen ist. – ↑auch Parapsychologie.

Psiphänomene: Oberbegriff für okkulte Erscheinungen (↑Okkultismus), z.B. ↑außersinnliche Wahrnehmungen, ↑Psychokinese. – ↑auch Psifunktion, ↑Parapsychologie.

psych-: Wortbildungselement. – ↑psycho-.

Psychagogik:

◆ ↑Kinder-und-Jugendlichen-Psychotherapie.

◆ Bez. für den Inhalt eines 1950 im Land Berlin staatlich geregelten Bildungsganges zum Psychagogen, der nach einer »kleinen Psychoanalyse« (vierjährige Weiterbildung im Anschluß an ein Pädagogikstudium mit ↑Lehranalyse und praktisch-therapeutischer Ausbildung) zunächst verhaltensauffällige Kinder und Jugendliche betreute. Aus diesem Bildungsgang entwickelte sich dann das Berufsbild des analytischen Kinder-und-Jugendlichen-Psychotherapeuten, für das an derzeit insgesamt zwölf psychoanalytischen Instituten in Deutschland ein geregelter und von den Krankenkassen anerkannter Weiterbildungsgang besteht.

Psychalgie: Bez. für Schmerzzustände (v.a. Kopf-, Brust- und Herzschmerzen), die nicht organisch begründet sind.

Psychasthenie: veraltete Bez. für konstitutionell (körperlich) bedingte seelische Kraftlosigkeit, mit Gefühlen der Unvollkommenheit, Ängsten, Zwangsbefürchtungen und depressiven Verstimmungen. Heute versteht man unter P. geringe seelische Belastbarkeit und Antriebsschwäche.

psychästhetische Proportion: nach E. KRETSCHMER das Verhältnis von Reizbarkeit und Überempfindlichkeit einerseits sowie Stumpfheit und Gleichgültigkeit andererseits, wie es für das Temperament des Schizothymen charakteristisch sein soll. – ↑auch Konstitution.

psychästhetisches Zentrum ↑Körperfühlsphäre.

Psyche: in der Psychologie Bez. für die Gesamtheit aller bewußten und unbewußten Erlebens- und Verhaltensweisen. Oftmals wird der Begriff P. als Bez. für die **Seele** im weitesten Sinn im Ggs. zum materiellen Körper *(Soma)* gebraucht. In diesem Sinne wird ein Dualismus, das sog. Leib-Seele-Problem, behauptet oder doch zumindest nahegelegt.

psychedelisch:

- das Bewußtsein verändernd; einen euphorischen, tranceartigen Gemütszustand hervorrufend.
- in einem (bes. durch Rauschmittel hervorgerufenen) euphorischen, tranceartigen Gemütszustand befindlich.

psychedelische Kunst: Bez. für Tendenzen in der Kunst seit etwa 1964, die auf bewußtseinserweiternde Wirkungen gerichtet waren und teils unter Drogeneinfluß Erlebnisräume und halluzinatorische Zustände bildnerisch darstellten.

Psychiater: umgangssprachlich Bez. für den Facharzt für Psychiatrie.

Psychiatrie: Teilgebiet der Medizin, das sich mit der Diagnose und Behandlung gravierender psychischer Störungen (↑Psychosen, ↑Neurosen u.a. seelische Krankheiten) befaßt.

Spezielle Ziele verfolgen die verschiedenen Teilbereiche bzw. Arbeitsfelder, zu denen v.a. Psychopathologie, Experimentelle und Klinische P., Forensische P. (als Teil der Rechtsmedizin), Kinder-und-Jugend-P., Sozialpsychiatrie sowie die Pharmakopsychiatrie (als Teil der Psychopharmakologie) gehören. In Verbindung mit der Neurologie bildet die P. das ärztliche Fachgebiet der *Nervenheilkunde* und schließt dabei Erkrankungen des zentralen, peripheren und vegetativen Nervensystems ein.

Die Ausbildung zum **Psychiater** (Arzt für P.) erfordert eine vierjährige Weiterbildungszeit nach der ärztlichen Approbation (drei Jahre psychiatrische, ein Jahr neurologische Praxis); zusätzliche Spezialkenntnisse sind für den *Nervenarzt* (Arzt für Neurologie und P.) sowie den *Arzt für Kinder-und-Jugend-Psychiatrie* erforderlich.

Die psychiatrische *Diagnostik* stützt sich auf die in Gespräch und Beobachtung gewonnene Erfassung der Symptomatik (das klinische Erscheinungsbild) und die objektiven (Labor-)Befunde zu Anamnese, Verhalten und körperlichen Störungen. Zur Steigerung der Verläßlichkeit (↑Reliabilität) der Diagnose wurden spezielle methodische Kriterien erstellt, die in Form sogenannter Diagnosemanuale (Handbücher) international anerkannt sind. Zur Sicherung der Gültigkeit (↑Validität) von Diagnosen festgelegte Aspek-

psychedelische Kunst: Isaac Abrams, Cosmic Orchid, 1967 (Privatbesitz)

te sind v.a. der Zusammenhang typischer Symptome, der charakteristische Verlauf von Erkrankungen, das Vorliegen einer erblichen Belastung, das Ansprechen auf bestimmte Therapieverfahren und die Beziehung zu körperlichen Befunden. Kritiker sehen in der heutigen psychiatrischen Diagnostik ein einseitig medizinisch orientiertes Verfahren, das statt von der Lebenswirklichkeit des Patienten vorrangig von einzelnen Symptomen ausgehe und das Therapeut-Patient-Verhältnis vernachlässige.

Die *Behandlung* umfaßt v.a. die Pharmakotherapie, aber auch Methoden der Psychotherapie sowie der allg. Rehabilitation und wird, je nach Schwere des Krankheitsbildes, stationär oder halbstationär in einer psychiatrischen Klinik oder ambulant durchgeführt. Auf den Stationen der Kliniken werden vorwiegend psycho-, sozio- und pharmakotherapeutische Maßnahmen, Mal-, Musik-, Beschäftigungs- und Arbeitstherapie durchgeführt; eine reine »Verwahrung« von Patienten ist heute äußerst selten. Etwa 10% der Erkrankten werden stationär behandelt, zum geringeren Anteil auf geschlossenen Stationen. Wesentlichen Stellenwert nimmt auch die psychosoziale Wiedereingliederung nach einer akuten Phase (»Episode«) sowie die in den letzten Jahren erheblich ausgeweitete Einbeziehung der Angehörigen ein.

Die gesellschaftliche Bedeutung der P. hat in den letzten Jahrzehnten aufgrund einer wachsenden Zahl Therapiebedürftiger zugenommen (gesellschaftlicher Leistungsdruck, Suchtproblematik). Kritik erfährt die P. hauptsächlich wegen ihrer teils geringen Wirksamkeit bei den mit einer hohen Rückfallquote belasteten Suchtpatienten (»Drehtür-P.«) sowie wegen der angeblich bescheidenen Fortschritte bei der Ursachenforschung, die bei den in geschlossenen Abteilungen untergebrachten Dauerpatienten lediglich einen Ersatz früherer Zwangsmaßnahmen durch ruhigstellende Psychopharmaka (»chemische Zwangsjacke«) bewirkt habe. Reformbestrebungen seit den sechziger und siebziger Jahren richten sich zumeist auf die Verminderung der Patientenzahlen an den großen psychiatrischen Landeskliniken und die Schaffung von Behandlungsmöglichkeiten an wohnortnahen Allgemeinkrankenhäusern.

Die Bez. P. wurde erstmals 1808 von J. C. REIL geprägt. 1811 wurde J. C. HEINROTH auf den ersten, in Leipzig eingerichteten psychiatrischen Lehrstuhl berufen; im gleichen Jahr erfolgte die Gründung des ersten psychiatrischen Krankenhauses in Dresden.

Die wissenschaftliche Erforschung der Ursachen psychiatrischer Erkrankungen ist seit dem 19. Jh. durch zwei widerstreitende, bis heute fortwirkende Richtungen gekennzeichnet. Die *Psychiker* führten alle Erscheinungen (Symptome) auf Erkrankungen der Seele selbst als Folge übermäßiger Emotionen, von Sünde oder moralischer Schuld zurück und betrachteten alle körperlichen Veränderungen als Auswirkung. Die *Somatiker* sahen in körperlichen Veränderungen (v.a. Hirnerkrankungen) die alleinige Ursache. Bestimmend für die Vorherrschaft der somatischen Auffassung war die Lehre von W. GRIESINGER, der sich auch für eine »offene P.« einsetzte. E. BLEULER verschaffte Anfang des 20. Jh. der von seelischen Ursachen ausgehenden Psychoanalyse Eingang in die P., deren zunächst gestiegener Einfluß seit etwa Mitte der siebziger Jahre jedoch abgeebbt ist, nicht zuletzt aufgrund der zunehmend gezielten Behandlung psychiatrischer Erkrankungen durch moderne Psychopharmaka.

Wesentliche Schritte zu einer wirksamen Behandlung waren das von J. WAGNER VON JAUREGG 1917 durch Impfmalaria hervorgerufene Heilfieber, die von H. SIMON in den zwanziger Jahren eingeführte Arbeitstherapie, die in den dreißiger Jahren erprobten Formen der Schockbehandlung (↑Elektrokrampftherapie) und die 1935 von A. C. MONIZ EGAS begründete Methode der Lobotomie (↑Psychochirurgie). Diese Verfahren wurden durch die Einführung der Psychopharmaka in den fünfziger Jahren weitgehend abgelöst. Fortschritte in den Bereichen der Biochemie, Genetik, Neurophysiologie und der bildgebenden Verfahren (Computer- und Kernspintomographie) führten zu einer als *biologische Psychiatrie* bezeichneten Verstärkung der somatischen Ursachenforschung, die sich v.a. auf den Einfluß von Hirnstoffwechselstörungen und genetischen Risikofaktoren richtet.

psychiatrische Chirurgie svw. ↑Psychochirurgie.

psychiatrische Klassifikation ↑Klassifikationssysteme psychischer Störungen.

psychiatrische Klinik: Krankenhaus zur Behandlung psychisch Kranker. Neben den Einrichtungen zur stationären Betreuung in offenen oder geschlossenen Abteilungen bieten die halbstationären Tages- und Nachtkliniken eine gestufte, individuelle Rehabilitation. In der **Tagesklinik** halten sich die Patienten für einen begrenzten Zeitraum tagsüber zur Behandlung auf, den Abend und die Nacht verbringen sie im gewohnten häuslichen Milieu; in der **Nachtklinik** werden berufstätige Patienten abends und am Wochenende betreut.

psychisch: die Psyche betreffend, seelisch.

psychische Ansteckung svw. ↑psychische Infektion.

psychische Epidemien: Bez. für Verhaltensweisen, die sich v.a. aufgrund ↑psychischer Infektion und Suggestion ähnlich wie die Infektionskrankheiten ausbreiten; z.B. ekstatische Riten und Exzesse bei Naturvölkern oder die Kinderkreuzzüge des Mittelalters, die Hexenprozesse des Mittelalters und der frühen Neuzeit sowie die Judenverfolgungen der Neuzeit.

psychische Gesundheit svw. ↑seelische Gesundheit.

psychische Infektion (psychische Ansteckung): Bez. für ein sich ähnlich wie Infektionskrankheiten ausbreitendes, z.T. hysterisch übersteigertes Verhalten. Die p.I. wird gefördert durch innere Bereitschaft, starke Gefühlsbetonung und Suggestion und bezieht sich oft auf relativ primitive Vorkommnisse. Werbung bzw. Propaganda können eine p.I. auslösen, z.B. Rassismus, politischer oder religiöser Fanatismus, das Sichereifern für eine Ideologie, aber auch Modetrends.

psychische Krankheiten ↑seelische Krankheiten.

psychischer Apparat: von S. FREUD (↑Psychoanalyse) entwickelte Modellannahme über die Strukturierung des Seelenlebens in drei funktional miteinander verbundene Schichten: ↑Es, ↑Ich und ↑Über-Ich.

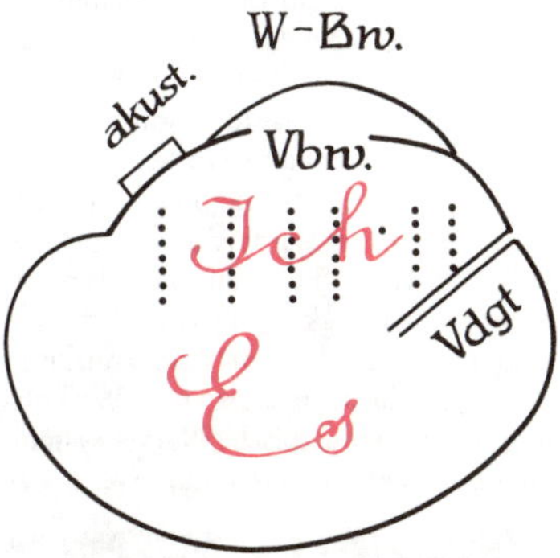

psychischer Apparat: Modell Sigmund Freuds; W-Bw. Wahrnehmungsbewußtsein, Vbw. das Vorbewußte, Vdgt das Verdrängte als Anteil des Es

psychische Sättigung: Eintönige Reize (Aufgaben, Handlungen) oder immer wiederkehrende Reize bewirken ein Nachlassen des Interesses, schließlich sogar eine Unempfindlichkeit gegenüber diesen Reizen; p.S. bedeutet nicht unbedingt ↑Ermüdung.

psychisches Trauma: Bez. für eine psychische oder nervöse Schädigung aufgrund seelischer Belastungen, die einmalig oder andauernd derart auf einen Menschen einwirken, daß sie nicht mehr bewältigt werden können und eine anhal-

P

tende Störung des seelischen Gleichgewichts bewirken. Solche Traumen können durch plötzliche, erschreckend wirkende Ereignisse, aber auch durch ungelöste innere Konflikte ausgelöst werden. In frühkindlichen Traumen sah S. FREUD (↑Psychoanalyse) ursprünglich die Ursache für Neurosen.

psycho- (gelegentlich: psych-): in zusammengesetzten und abgeleiteten Fremdwörtern mit der Bedeutung »Seele, Seelenleben; Gemüt; Verhalten«; z.B. Psychoanalyse, Psychose.

Psychoanaleptika (Energetika, Psychostimulanzien, psychomotorische Stimulanzien, Psychotonika): Substanzen mit vorwiegend erregender Wirkung auf die Psyche, die im Unterschied zu den Antidepressiva nicht für die Behandlung von Psychosen geeignet sind. Zu den P. gehören v.a. die Weckamine Amphetamin und Methylamphetamin. Beide Substanzen haben neben Effekten auf das zentrale Nervensystem (Steigerung des Antriebs sowie rezeptiver und kognitiver Leistungen, Verringerung bzw. Beseitigung von Müdigkeit) als chemisch verwandte Moleküle von Adrenalin und Noradrenalin auch erregende Wirkungen auf das sympathische Nervensystem. Sie können zu Toleranz und psychischer Abhängigkeit führen. – ↑auch Drogenabhängigkeit, ↑Sucht.

Psychoanalyse: Bez. für die von S. FREUD begründete Theorie und (Forschungs- wie Behandlungs-)Methode der Tiefenpsychologie zur Erklärung des seelischen Geschehens und zur Entstehung und Behebung psychischer Störungen. Die Bezeichnung »Analyse« wurde von FREUD bereits 1894 verwendet; der Ausdruck P. erscheint erstmals 1896.

Die psychoanalytische Theorielehre ist durch folgende *Hauptthesen* gekennzeichnet: Das seelische Geschehen ist stets individuell und durch vorangegangene Prozesse bestimmt; entscheidende Verhaltensantriebe bleiben meist unbewußt aufgrund bestimmter Abwehrmechanismen, kommen aber dennoch in Handlungen, Gedanken, Träumen und Phantasien zum Ausdruck. Im Individuum sind zwei **Haupttriebe** wirksam, der Sexualtrieb (↑Libido) und der Destruktionstrieb. Nach S. FREUD folgen psychische Prozesse dem Lustprinzip (↑Lust) und können unbewußt, vorbewußt oder bewußt sein; ihre Basis ist der **psychische Apparat,** der sich in die drei Strukturen (»Schichten«) des Es, Ich und Über-Ich gliedert.

Als *Behandlungsmethode* befaßt sich die P. v.a. mit der Aufdeckung und Bewußt-

Psychoanalyse: Sigmund Freud, der Begründer der Psychoanalyse, im Arbeitszimmer seiner Wiener Wohnung in der Berggasse 19

machung unbewußter psychischer Vorgänge mittels freier Assoziationen des Klienten und psychoanalytischer Deutung seiner Träume, Fehlleistungen und neurotischen Symptome (↑Neurosen) durch den Psychoanalytiker.

Der Therapeut soll nach FREUD im Idealfall mit »gleichschwebender Aufmerksamkeit«, d.h. frei von Vorurteilen bzw. eigenen Zielvorstellungen und persönlichen Neigungen, zuhören und schrittweise die unbewußten Wünsche und Phantasien, die sich hinter den Mitteilungen des Klienten verbergen, erhellen (deuten). Dabei führt nicht die bloße verbale Übersetzung von Unbewußtem in Bewußtes zu therapeutischen Konsequenzen; wesentlich ist neben dem intellektuellen v.a. das emotional-affektive Durcharbeiten der im Laufe der Analysestunden entstandenen engen wechselseitigen Beziehung zwischen Klient und Analytiker. Diese Beziehung ist gekennzeichnet durch positive und negative *Übertragungen* (etwa Wiederbelebung zärtlicher oder feindseliger Gefühle, unbewußter Phantasien, Ängste und Konflikte) auf den Therapeuten sowie durch die Vorgänge der *Gegenübertragung* (Einfluß des Klienten auf die unbewußten Gefühle und Reaktionen des Analytikers) und die emotionalen Widerstände (Hindernisse) auf beiden Seiten für die Erhellung der Symptome und die analytische Arbeit.

Von S. FREUDS »orthodoxer« P. abweichend, begründeten seine beiden wohl bedeutendsten Schüler A. ADLER (↑Individualpsychologie) und C. G. JUNG (↑Analytische Psychologie) eigene tiefenpsychologische Schulen. Ferner entwickelten vor allem E. FROMM, K. HORNEY und in Deutschland H. SCHULTZ-HENCKE die **Neopsychoanalyse** mit stärkerer Gewichtung sozialer Einflüsse.

Des weiteren wurden, neben der klassischen Langzeitanalyse (drei bis fünf Wochenstunden, Herbeiführung und Durcharbeiten der Übergangsneurose), neue Behandlungsformen wie die (auf 20 bis 30 Stunden und zentrale Problematiken beschränkte) **Fokalanalyse** (M. BALINT), die Schicksalsanalyse (L. SZONDI), die dynamische Psychotherapie (A. DÜHRSSEN) sowie unterschiedliche kindertherapeutische Ansätze (insbes. A. FREUD, M. KLEIN, D. WINNICOTT) und zahlreiche Formen der Familien- und Gruppentherapie entwickelt.

Psychoanalytiker (Analytiker): der die ↑Psychoanalyse ausübende ↑Psychotherapeut.

Psychobiologie (Biologische Psychologie):
◆ psychologische Richtung, die Verhalten und Verhaltensstörungen als Ausdruck körperlicher und seelischer Vorgänge betrachtet, die als Einheit gesehen werden.
◆ von H. JUNGWITZ begründete medizinisch-psychologische Lehre, deren Grundlage Erkenntnistheorie und Biologie sind. Sie will auf der Basis einer metaphysikfreien, realistischen Anschauung Neurosentherapie (»Erkenntnistherapie«) betreiben.
◆ svw. ↑Psychophysiologie.

Psychochirurgie (psychiatrische Chirurgie): Fachgebiet der operativen Medizin, das sich mit chirurgischen Eingriffen am Gehirn befaßt, welche die psychischen Erkrankungen oder Störungen des Verhaltens verbessern oder beheben sollen.

Die P., die 1935 mit der Durchführung einer ersten ↑Lobotomie durch den späteren Nobelpreisträger A. C. MONIZ EGAS einsetzte, ist heute wieder sehr umstritten und wird weitgehend durch eine medikamentöse Behandlung ersetzt. – ↑auch Psychiatrie.

Psychodiagnostik (Diagnostische Psychologie, psychologische Diagnostik): Gesamtheit der Vorgehensweisen zur Registrierung, Analyse und Interpretation psychischer Sachverhalte (Erlebens- und Verhaltensweisen) bei Personen oder Personengruppen zum Zweck der Beratung, Zuweisung zu bestimmten therapeutischen Maßnahmen, Begutachtung, Beurteilung o.ä.

P

Unter Rückgriff auf wissenschaftlich begründbare Methoden wird im Rahmen der P. versucht, einzelnen Individuen oder Gruppen von Individuen (aber auch Institutionen) Entscheidungshilfen für die verfolgten Ziele an die Hand zu geben. Zu dem umfangreichen methodischen Inventar der P. gehören u.a. die Anamnese, die Verhaltensbeobachtung und Verhaltensanalyse, die Exploration sowie psychologische Testverfahren.

Psychodrama: von J. L. Moreno begründetes Verfahren der tiefenpsychologischen Gruppentherapie, bei dem die Patienten ihre Konflikte durch spontanes Spiel und improvisierte Übernahme wechselnder Rollen schauspielerisch ausdrücken. Dem Patienten soll so die Dynamik des sozialen Beziehungsgefüges einsichtig werden, in das er eingebettet und von dem er in seinem Befinden und seiner Entwicklung abhängig ist. Das Durchleben, die Abreaktion (Katharsis) und ein Bewußtwerden der Konflikte sollen helfen, Einstellungen und Verhaltensweisen sowie konflikthafte Faktoren der eigenen Lebenswelt zu verändern. Das P. wird heute auch in anderen Bereichen, etwa in der Personalschulung oder in Selbsterfahrungsgruppen und als ergänzende Therapie in Kliniken angewendet.

Psychodynamik: Auffassung der Psychoanalyse, daß die einzelnen Persönlichkeitsanteile des psychischen Apparats (Ich, Es, Über-Ich) in Spannung zueinander stehen und sich gegenseitig beeinflussen, woraus sich psychische Erscheinungen wie Verdrängung, Fehlleistungen oder Angst erklären.

Psychodysleptika: svw. Halluzinogene. – ↑Drogen.

Psychoendokrinologie: Forschungsrichtung, die die Wirkung endokriner Funktionen (meist Drüsen mit innerer Sekretion) auf psychische Prozesse und damit letztlich auf das Verhalten untersucht.

psychogalvanische Reaktion (galvanische Hautreaktion, hautgalvanische Reaktion; Abk.: PGR): Absinken des elektrischen Leitungswiderstands der Haut aufgrund erhöhter Schweißsekretion; gilt als Indikator für emotionale und affektive Reaktionen und wird z.B. beim ↑Lügendetektor ausgenutzt.

psychogen: seelisch bedingt.

psychogene Eßstörungen: Sammelbez. für Störungen der Nahrungsaufnahme oder der Beibehaltung des Körpergewichts, für die sich keine organische Ursache finden läßt und die z.T. ineinander übergehen. Zu den p.n E. zählen v.a. die Magersucht (↑Anorexie) sowie die Eß-Brech-Sucht (↑Bulimia nervosa).

Psychogramm: im weiteren Sinne Ergebnis der Psychographie; im engeren Sinn die graphische Darstellung von Eigenschaften und Fähigkeiten einer Persönlichkeit.

Psychographie ↑Differentielle Psychologie.

Psychohygiene (seelische Hygiene): Aufgabenbereich der Angewandten Psychologie, der sich auf die Erhaltung und Förderung der seelischen und geistigen Gesundheit erstreckt. Die Aufgabe der P. besteht im wesentlichen in der Feststellung der Ursachen seelischer Krankheiten (z.B. Vererbung, soziale, kulturelle Gegebenheiten) und in der möglichst frühzeitigen Erfassung psychischer Störungen, um schlimmeren Sekundärfolgen vorzubeugen. Die Aufklärung der Öffentlichkeit über die Entstehung und Bewältigung solcher Störungen sowie den Umgang mit Betroffenen (z.B. mit Triebverbrechern, Süchtigen) in Form eines speziellen Trainings, Tagungen, durch Broschüren sowie Kampagnen in Funk und Fernsehen sind weitere Aufgaben der Psychohygiene.

Psychokinese: Bez. für einen physikalisch nicht erklärbaren unmittelbaren Einfluß von Menschen auf materielle Geschehnisse.

Psycholepsie: von P. Janet geprägter Begriff für das bei Psychasthenie und Schizophrenie auftretende plötzliche kurzfristige Absinken der psychischen

Spannung; auch Bez. für kurze Bewußtseinsunterbrechungen (z.B. epileptische Absence).

Psycholeptika ↑Neuroleptika.

Psycholexie: Bez. für die *qualitative* Erfassung und Bewertung psychischer Vorgänge, im Unterschied zur ↑Psychometrie.

Psycholinguistik: Wissenschaft von den psychischen Vorgängen beim Erlernen und Gebrauch der Sprache.

Psychologe/Psychologin ↑Diplom-Psychologe/Diplom-Psychologin.

Psychologie: die Wissenschaft von den Formen und Gesetzmäßigkeiten des Erlebens und Verhaltens, bezogen auf Individuen und Gruppen. Methodisch dominiert in der wissenschaftlichen P. heute das empirisch-quantitative Grundverständnis (Paradigma).

Psychologische Fragen bzw. Aspekte werden in einem breiten Spektrum des menschlichen (und tierischen) Lebens gestellt und untersucht. Daher haben manche Fachgebiete der P. (etwa Neuropsychologie und Tiefenpsychologie) kaum noch eine gemeinsame Sprache und Methodik. Inhaltlich ist zwischen *Grundlagenfächern,* deren Aufgabe die Erforschung der psychischen Erscheinungen mit dem Ziel ihrer Beschreibung oder Erklärung ist, und *Anwendungsfächern* (angewandte P.), in denen es um die praktische Anwendung der gewonnenen Erkenntnisse in den verschiedenen Bereichen des menschlichen Lebens geht, zu unterscheiden. Zu den *Grundlagenfächern* gehören unter anderem: ↑Allgemeine Psychologie, Lernpsychologie (↑Lernen), Gedächtnisforschung (↑Gedächtnis), ↑Wahrnehmungspsychologie, Kognitionspsychologie (↑Denken), Motivationspsychologie (↑Motivation), ↑Psychophysiologie, ↑Entwicklungspsychologie, ↑Persönlichkeitsforschung, ↑Differentielle Psychologie, ↑Psychodiagnostik, ↑Sozialpsychologie, ↑Religionspsychologie und ↑Völkerpsychologie. Auf die Analyse des Psychischen (d.h. dessen Zergliederung und Erforschung) sind somit recht unterschiedliche Fachbereiche der P. spezialisiert. Die Breite des Spektrums birgt die Gefahr, die Integration in ein Gesamtbild aus dem Auge zu verlieren. Gegenwärtig versuchen jedoch Forscher aus nichtbenachbarten Fachgebieten im Rahmen neuer Forschungsbereiche (etwa kognitive Neuropsychologie oder soziale Psychophysiologie) traditionelle Abgrenzungen zu durchbrechen, was zu einem breiten, integrierbaren Verständnis des menschlichen Erlebens und Verhaltens wesentlich beitragen kann.

Die *Anwendungsfächer* bauen auf den Forschungsansätzen und -methoden der Grundlagenfächer auf und entwickeln ihrerseits Methoden zur Beschreibung (Diagnose) und Veränderung (Intervention) des menschlichen Verhaltens und Erlebens im Rahmen ihrer jeweiligen Zielsetzung. Zu den Anwendungsfächern gehören unter anderem: ↑Klinische Psychologie, ↑Arbeitspsychologie, ↑Forensische Psychologie, ↑Pädagogische Psychologie, ↑Werbepsychologie und ↑Wirtschaftspsychologie.

Zusammen mit dem Gegenstand definieren die Methoden die P. als Wissenschaft. Psychologisch-wissenschaftliche Erkenntnis wird durch Beobachtungen gewonnen, aus denen heraus Theorien und Hypothesen aufgestellt, im Experiment oder einer kontrollierten empirischen Untersuchung geprüft und anhand der Ergebnisse weiterentwickelt, verändert oder verworfen werden. Auch für die P. gelten die wissenschaftlichen Kriterien der Bedingungskontrolle, Standardisierung, Repräsentativität und Unabhängigkeit von speziellen Untersuchungsbedingungen, d.h., die Ergebnisse sollen z.B. unabhängig vom Untersucher wiederholbar und verallgemeinerbar sein. Zur Untersuchung von einfacheren Prozessen und Fragestellungen, die sich nicht auf den Menschen beschränken, wie z.B. in der Lern- und Gedächtnisforschung, werden aus ökonomischen und ethischen Gründen Tierversuche durchgeführt, bevor

P

die Gültigkeit der Resultate für den Menschen geprüft wird. Meist sind dies Gruppenuntersuchungen, doch wird auch streng kontrollierte systematische Einzelfallforschung betrieben.
Die Methoden zur Messung *(Quantifizierung)* der experimentellen oder empirischen Beobachtungen richten sich nach der Fragestellung und reichen von hirnelektrischen Ableitungen über Reaktionszeit- und Leistungsmessungen bis zu Verhaltenstests, Urteilsskalen zur Selbstbewertung (Fragebogen) oder Beurteilung durch geschulte Beobachter. Je weniger konkret der zu quantifizierende Parameter (z.B. »emotionale Wärme« in der Gesprächspsychotherapie) ist, desto notwendiger sind die Kontrolle von Störfaktoren durch den Versuchsplan sowie begleitende Kontrollmessungen. Die statistischen Methoden dienen der Prüfung, ob die quantifizierten Untersuchungsergebnisse die theoretischen Erwartungen stützen, ob die ermittelten Gruppenunterschiede, Merkmalszusammenhänge oder Wechselwirkungen zufallsbedingt sind oder aber systematisch abweichen sowie der Strukturierung und Ordnung großer Datenmengen. *Qualitative* Methoden sind in der wissenschaftlichen P. in den Hintergrund getreten.
Das *Universitätsstudium* der P. dauert 9 (Mindestzeit), in der Regel jedoch 12 bis 13 Semester. Sowohl das Studium der Grundlagen und Methoden als auch das der Anwendungsgebiete ist wegen der raschen Veränderungen des jeweiligen Methodenrepertoires wissenschaftlich (und weniger praktisch) orientiert, um die Diplom-Psychologen zu befähigen, neue methodische Entwicklungen und Anforderungen kritisch analysieren und sich ihnen anpassen zu können.
Bis zum 19. Jh. war die P. als »Lehre von der Seele« Teilgebiet der Philosophie. Diese Lehre hat ihren Ursprung in der Antike, besonders bei den Griechen (u.a. THALES VON MILET, ANAXIMANDER, ANAXIMENES, DEMOKRIT, EPIKUR, LUKREZ, PLATON und ARISTOTELES). Vom frühen 19. Jh. an verselbständigte sich die P. zu einer eigenen Disziplin unter gleichzeitiger Aufsplitterung in methodisch und thematisch unterscheidbare Schulrichtungen bzw. Unterdisziplinen. Die Begründung der P. als einer naturkundlichen Disziplin ist das Werk von J. F. HERBART (»Lehrbuch zur P.«, 1816), G. T. FECHNER (»Elemente der Psychophysik«, 1860) und W. WUNDT (»Grundzüge der physiologischen P.«, 1893). HERBART war bestrebt, die P. zu einer experimentierenden, sogar mathematisierten Disziplin umzugestalten; FECHNER versuchte, eine Brücke zu den zeitgenössischen Naturwissenschaften zu schlagen; WUNDT erhob mit der Gründung des ersten psychologischen Laboratoriums in Leipzig (1879) die P. endgültig in den Rang einer experimentellen Disziplin. – Neben dieser naturwissenschaftlichen P. blieb eine weiterhin phänomenologische Richtung bestehen, mit Namen wie W. DILTHEY, F. BRENTANO, H. EBBINGHAUS, L. KLAGES und K. JASPERS, die vom Erleben in der Selbstbeobachtung ausgingen. – Die ↑Gestaltpsychologie war begründet in der Abwehr der zergliedernden Sinnespsychologie WUNDTS u.a. und betonte die ursprüngliche Einheitlichkeit jedes psychischen Prozesses, der aus diffuser Ganzheitlichkeit zur differenzierten Gestalt aufsteige. Die wichtigsten Begründer waren M. WERTHEIMER, F. KRUEGER und W. KÖHLER. – Der ↑Behaviorismus entstand durch I. P. PAWLOW in Rußland und J. B. WATSON in den USA. Beide lehnten jede Art von Selbstbeobachtung des Psychischen ab. Für diese Richtung der P. gab es keine »Seele«, sondern ausschließlich reaktives Verhalten, das experimentell zu untersuchen und mit statistischen Mitteln zu sichern ist. – Zunächst abseits von der »Schulpsychologie« entwickelte sich als erste Tiefenpsychologie die ↑Psychoanalyse S. FREUDS. – Die Entwicklungspsychologie verdankt ihre Entstehung der Übernahme des Evolutionsgedankens C. DARWINS für die kindliche

Entwicklung durch W. F. PREYER in seinem Initialwerk »Über die Seele des Kindes« (1882). – Erstmals seit THEOPHRAST in der Antike kam im 20. Jh. wieder eine Persönlichkeits-P. auf, zunächst als »Charakterologie« (O. WEININGER), »Trieblehre« (W. MCDOUGALL) und Ausdruckskunde (L. KLAGES), später als »Typologie« (E. KRETSCHMER) und Differentielle P. (W. STERN). – Die Sozialpsychologie begann mit ihren Randgebieten Massen-P. (G. LEBON), Tiergruppen (T.-SCHJELDERUP-EBBE), Gruppenspiele (J. L. MORENO) und Industriegruppen (E. MAYO), ehe K. LEWIN sie Mitte der dreißiger Jahre zu einer »Gruppendynamik« erweiterte. – Bevor die Angewandte P. durch H. MÜNSTERBERG als »Psychotechnik« (1914) geschaffen wurde, arbeiteten A. BINET und T. SIMON eine diagnostische Schul-P. aus. Bereits 1907 begründete L. WITMER in Philadelphia mit der Zeitschrift »Clinical Psychology« ein weiteres Gebiet der Angewandten P., die Klinische Psychologie. – Das bahnbrechende Werk »The principles of psychology« (1890) von W. JAMES mit seiner Auffassung vom »Strom des Bewußtseins« fand erst spät Aufnahme in die psychologische Theoriebildung. JAMES stellte darin die Erkenntnistätigkeit als »ein Mittel eines Lebenszweckes« dar. Erst im Laufe des 20. Jh. entwickelten sich aus einer »pragmatischen Theorie« die kognitive P. und die Psychokybernetik (u.a. K. BÜHLER, J. PIAGET). – In der Zeit des Nationalsozialismus ging, u.a. bedingt durch die Emigration bedeutender Psychologen und dem damit verbundenen Verschwinden einiger Fachrichtungen (etwa der Gestaltpsychologie), die führende Rolle der dt. auf die amerikan. P. über. Nach dem Zweiten Weltkrieg begann in Deutschland mit Unterstützung ausländischer (v.a. amerikan.) Wissenschaftler ein allmählicher Neuaufbau von Forschung, Lehre und Praxis.

psychologisch:
- die Psychologie betreffend.
- auf der Psychologie beruhend, mit den Mitteln der Psychologie ausgeführt.

psychologische Diagnostik svw. ↑Psychodiagnostik.

psychologische Didaktik: Sammelbez. für Versuche, die Erkenntnisse psychologischer Forschung – insbes. der Lernpsychologie – auf die Theorie des Lernens und Lehrens anzuwenden. – ↑auch Lerntheorien.

psychologische Kriegsführung: planvoller Einsatz von Mitteln, Methoden und Techniken der Publizistik und Kommunikationswissenschaft, um Meinungen, Einstellungen und Verhaltensweisen gegnerischer, neutraler oder befreundeter Gruppen zu beeinflussen und um bestimmte politische, wirtschaftliche oder propagandistische Ziele zu erreichen. Im engeren Sinne gehören zur p.n K. alle Maßnahmen kommunikativer Beeinflussung des Kriegsgegners, seiner Streitkräfte und seiner Zivilbevölkerung zur Erreichung taktischer oder strategischer Ziele.

Die p. K. ist keineswegs ein Phänomen dieses Jahrhunderts. Bereits 1741 setzte Österreich in der Schlacht bei Mollwitz Flugblätter und Zeitungsmeldungen gegen die Preußen ein. Wirkungsvolle Flugblattkampagnen sind aus dem amerikan. Unabhängigkeitskrieg bekannt. Im Ersten Weltkrieg spielte die p. K. erstmals eine große Rolle, wobei Methoden und Inhalte allerdings noch vergleichsweise einfach waren. Von den dort gewonnenen Erfahrungen ausgehend, beschäftigte man sich im Dritten Reich in Deutschland mit Plänen zum »Einsatz geistiger Führungsmittel« im Kriegsfall. 1940 wurde diese Bez. für einen Bericht des amerikan. *Committee for National Morale* über die dt. Kriegspropaganda mit »psychological welfare« übersetzt und seit 1942 von den Alliierten für kriegspropagandistische Einrichtungen und Maßnahmen benutzt. Im Zeichen des kalten Krieges gewann die p. K. auch außerhalb militärischer Auseinandersetzungen an Bedeutung.

P

psychologische Ökologie svw. ↑Umweltpsychologie.

psychologische Tests ↑Tests.

Psychologismus: kritische Bez. für eine philosophische Theorie, nach der die Psychologie die Grundlage aller wissenschaftlichen Disziplinen sei, da die Gegenstände und Sachverhalte, um die sich die verschiedenen Wissenschaften bemühen, ja von der menschlichen Erkenntnistätigkeit abhängig seien, diese ihrerseits aber zum Gebiet der Psychologie gehört.
Oftmals wird der Begriff P. auch benutzt, um eine Überbewertung der Psychologie ganz allgemein zum Ausdruck zu bringen.

Psychometrie:
◆ Sammelbez. für alle quantifizierbaren Methoden bei der Registrierung psychischer Sachverhalte; v.a. im Experiment, bei psychologischen Tests und in der Psychophysik angewandt.
◆ in der *Parapsychologie* Bezeichnung für die (angebliche) außersinnliche Fähigkeit, durch Kontakt mit einem Gegenstand (z.B. Betasten) Aussagen über dessen Besitzer machen zu können.

Psychomotorik ↑Motorik.

psychomotorische Anfälle: anfallsweise auftretende, meist kurzdauernde Phasen von Bewußtseinstrübung mit Bewegungsautomatismen und vegetativen Symptomen bei einer Schläfenlappenverletzung.

psychomotorische Tests: Untersuchungsverfahren zur Erfassung von Koordinationsprozessen, die die Wahrnehmung und den motorischen Vollzug von Handlungen betreffen, z.B. Auge-Hand-Koordination.

psychoneuraler Parallelismus ↑Parallelismus.

Psychoneuroimmunologie: Forschungsbereich innerhalb der Psychosomatik, der die Wechselwirkungen zwischen dem psychischen Erleben und Verhalten, dem Nervensystem und dem Immunsystem untersucht. Grundlagen sind der Nachweis vielfältiger anatomischer und physiologischer Verbindungen zwischen Teilen des Nervensystems und des Immunsystems sowie Fortschritte in der Erforschung des Einflusses von psychischen Reizen oder belastenden Ereignissen auf die Immunabwehr und/oder die Infektionshäufigkeit. Ungelöste Probleme sind u.a. die theoretischen Erklärungsmodelle für die Art des Zusammenhangs zwischen psychischen und neuroimmunologischen Prozessen (»Geist-Körper-Problem«) sowie die mögliche (psycho-)therapeutische Bedeutung der Befunde.

Psychoneurose ↑Neurosen.

Psychopathia sexualis: Titel des 1886 erstmals erschienenen Hauptwerks des deutschen Psychiaters R. Freiherr von Krafft-Ebing, dem erste bedeutende Forschungen auf dem Gebiet der Sexualpathologie und Kriminalpsychologie zu verdanken sind. Das Werk erlebte schon bald nach Erscheinen hohe Auflagen. Es enthält eine Beschreibung und Klassifizierung der gängigsten Formen des normalen und abartigen sexuellen Verhaltens sowie die Einführung einer Reihe neuer Begriffe (z.B. Sadismus, Masochismus).

Psychopathie: Persönlichkeitsstörung, angeborene oder im Lebensverlauf eingetretene Normabweichung im Verhalten und Erleben (nicht in der Intelligenz), unter der der Betroffene und/oder die Mitmenschen leiden.
Bislang besteht in der Psychiatrie keine einheitliche Klassifikation: nach dem Vorherrschen bestimmter Charaktereigenschaften werden v.a. thymopathische, zwanghafte, hysterische, asthenische oder soziopathische (antisoziale) Störungen unterschieden. Der negativ wertende Begriff des **Psychopathen** wird heute meist durch den der **abnormen Persönlichkeit** ersetzt; im angloamerikanischen Bereich ist die Bezeichnung »psychopathic personality« auf die antisoziale P. beschränkt.

Psychopathologie: Teilbereich der Psychiatrie, der sich mit der Erkennung und Beschreibung krankhafter Erlebnis- und Erfahrungsweisen (z.B. Halluzinationen, Wahnvorstellungen und Depressivität) beschäftigt. Im Unterschied zur biologischen Psychiatrie und zur Psychoanalyse zielt die P. weder auf eine Erforschung der (körperlichen oder seelischen) Ursachen noch auf eine bestimmte Krankheitslehre, sondern auf eine möglichst objektive Symptombeschreibung, die sie über die Analyse der vom Patienten erlebten Phänomene und die Interpretation seiner Äußerungen zu gewinnen sucht.

Psychopharmaka: Arzneimittel, die die Erregungsübertragung zwischen Nervenzellen des zentralen und des vegetativen Nervensystems beeinflussen. Sie erzeugen für eine begrenzte Zeit Verhaltens- und Erlebensänderungen und werden zur Besserung oder Behebung psychischer Störungen eingesetzt. Nach ihrer Wirkung unterscheidet man ↑Neuroleptika und ↑Antidepressiva, im weiteren Sinne auch ↑Stimulanzien und ↑Tranquilizer.

Psychopharmakologie: interdisziplinäre Wissenschaft, die sich in enger Zusammenarbeit von Psychiatern, Pharmakologen, Biochemikern, Physiologen und Psychologen mit der Wirkung von ↑Psychopharmaka auf das Erleben, Befinden und Verhalten beschäftigt; tierexperimentelle Ergebnisse können dabei wesentliche Anhaltspunkte liefern. Während sich die **Pharmakopsychologie** v.a. auf die Beeinflussung normaler physischer Funktionen richtet, untersucht die **Pharmakopsychiatrie** die Auswirkung von Psychopharmaka auf seelische Stö-

Psychopharmaka

Klassifizierung der Psychopharmaka

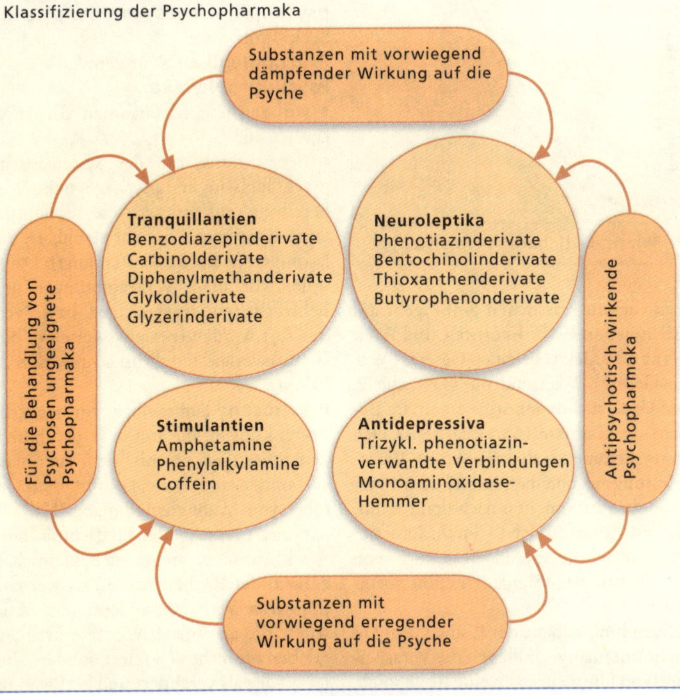

rungen, aber auch die psychischen Nebenwirkungen anderer Medikamente sowie die Aspekte der Medikamentenabhängigkeit (Sucht).

Psychophysik: Teilgebiet der physiologischen Psychologie. Die P. beschäftigt sich speziell mit den Beziehungen zwischen der Intensität und Qualität physikalischer Reize und der Reizwahrnehmung bzw. -beurteilung. Sie versucht, diese Beziehungen auch mathematisch zu formulieren. – ↑Potenzgesetz.

Psychophysik

Abhängigkeit einer beobachteten Reaktion von der Reizstärke (rot) und die gleiche Abhängigkeit (blau) nach dem Fechner-Gesetz vorausgesagt

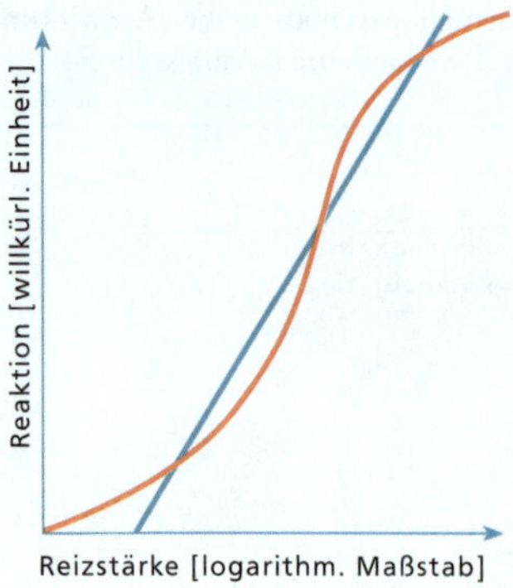

P. in diesem klassischen Sinne geht auf Arbeiten von G. T. Fechner und E. H. Weber zurück (↑Fechner-Gesetz, ↑Weber-Gesetz). Während die klassische P. ihre Untersuchungen auf elementare Bereiche beschränkte, führt man heute auch Untersuchungen zu komplexen Wahrnehmungsgegebenheiten und damit verwandten Phänomenen nach den methodischen Ansätzen der P. durch. In neuerer Zeit wurde die P. wesentlich von der Theorie der ↑Signaldetektion beeinflußt.

Anwendungsgebiete der P. sind vor allem Zusammenhänge, in denen die Verarbeitung von Umweltreizen eine Rolle spielt, z. B. Gestaltung von Arbeitsabläufen, Entwicklungen techn. Geräte, Messung von Lärmintensität und -belästigung.

Psychophysiologie (Physiologische Psychologie): Teilgebiet der Psychologie, das sich mit den physiologischen, biochemischen und bioelektrischen Grundlagen psychischer Vorgänge befaßt. Die P. geht davon aus, daß Verhalten, Wahrnehmung, Bedürfnisse, Lernen, Gedächtnis, Gefühle, Aktivierung und zirkadiane Rhythmen ebenso wie Störungen dieser Prozesse in Wechselwirkung zu den basalen physiologischen Vorgängen des Organismus stehen. Die P. hat mehrere Teil- und Nachbargebiete, u. a. Sinnesphysiologie, Psychophysik, Psychopharmakologie, Psychoendokrinologie, Neuropsychologie und medizinische Psychologie.

psychophysischer Parallelismus ↑Parallelismus.

psychophysisches Problem ↑Leib-Seele-Problem.

Psychoplegika ↑Neuroleptika.

Psychoprophylaxe:

- vorbeugende Maßnahmen der ↑Psychohygiene.
- Bezeichnung für die systematische psychologische und psychagogische Vorbereitung auf unerwartete Ereignisse, Streßsituationen oder auf absehbare Belastungen (z. B. eine Entbindung). Dabei sollen vor allem Verkrampfungen und Fehlverhalten ausgeschaltet bzw. vermindert werden (beispielsweise um den Geburtsverlauf möglichst schmerzfrei zu halten).

Psychosen: Sammelbez. für seelische Erkrankungen, die mit z. T. tiefgreifenden Störungen psychischer Funktionen verbunden sind. Dabei kommt es im Gefolge von Wahnvorstellungen, Halluzinationen und schweren Gedächtnis- oder Affektstörungen meist zu Fehleinschätzungen der Realität und zu schwer einfühlbaren Verhaltensänderungen. Menschen, die an einer Psychose erkranken, erleben oft nicht sich selbst, sondern ihre *Umgebung* als verändert und verfügen im akuten Stadium über keine oder eine nur im Ansatz vorhandene Krankheitseinsicht.

Wenngleich in der Psychiatrie bis heute unterschiedliche Definitionen des Psychose-Begriffs existieren, besteht jedoch Übereinstimmung hinsichtlich folgender *Einteilung:* 1. **Exogene** (symptomatische oder organische) **P.** haben eine organische, oft körperlich nachweisbare Ursache (z.B. schwere Kopfverletzungen, Infektionskrankheiten oder Stoffwechselstörungen); 2. **Endogene** (funktionelle oder körperlich nicht begründbare) **P.** haben offenbar keinen, zumindest mit den gegenwärtigen Methoden nicht nachweisbaren körperlichen Ursprung und sind von den exogenen P. nicht immer zuverlässig zu unterscheiden; 3. **Experimentelle** oder **Modell-P.** sind durch den Konsum psychotroper Substanzen (Ecstasy, LSD, Mescalin) hervorgerufene und in der Regel restlos ausheilende (»remittierende«) Psychosen.

Etwa seit der Mitte der achtziger Jahre wird vor allem in der Kinder-und-Jugendlichen-Psychotherapie vermehrt das Konzept einer im »Grenzbereich« zwischen Neurose und Psychose liegenden sogenannte **Borderline-Störung** diskutiert, die vorwiegend durch eine Frustrierung frühkindlicher Selbständigkeitsstrebungen, Störungen der Realitätswahrnehmung sowie eine mangelhafte Ausbildung der Ich-Identität gekennzeichnet sein soll. Sie tritt angeblich bei Kindern zunehmend häufiger auf und bedarf einer (meist langfristigen) Psychotherapie.

Psychosomatik: Ganzheitlich ausgerichtete, des öfteren auch als *psychosomatische Medizin* bezeichnete Disziplin im Grenzbereich zwischen Medizin und Psychologie, die sich hauptsächlich mit den Wechselwirkungen zwischen Körper und Seele (z.B. beim Phänomen ↑Streß) befaßt. Psychosomatischer Auffassung zufolge sind zahlreiche Erkrankungen nicht als rein körperliches Geschehen zu werten, sondern auch als Ausdruck unbewußter oder unausgetragener seelischer Konflikte.

Psychosomatische Ansätze lassen sich in nahezu allen Epochen der Medizin bzw. Psychotherapie nachweisen; so entwickelten schon früh griechische Ärzte (speziell die Hippokratiker) interessante Vorstellungen über den Zusammenhang zwischen ↑Temperament und körperlichem Befinden. Die Bezeichnung »psychisch-somatisch« wurde erstmals 1818 von dem deutschen Arzt J. C. A. HEINROTH verwendet, einem sogenannten Psychiker in der Medizin der Romantik, der Krankheit weitgehend als Folge eines sündigen Lebenswandels ansah. Die sogenannten Somatiker bedienten sich dagegen des Begriffs »somatisch-psychisch«, um damit auf die ihrer Ansicht nach körperliche (Mit-)Bedingtheit seelischer Erkrankungen hinzuweisen. Erst im 20. Jh. erreichte die P. jedoch ihren gegenwärtigen Rang, vorbereitet durch die wegweisenden Arbeiten von I. P. PAWLOW (↑Konditionierung), W. B. CANNON (Hormonausschüttung bei Notfallreaktionen) und F. ALEXANDER sowie durch die Entwicklung der ↑Psychoanalyse. Heute versteht sich die P. teilweise als Gegenbewegung zu einer rein naturwissenschaftlich-apparativ ausgerichteten »materialistischen« Medizin, wobei sie der Persönlichkeit und dem sozialen Umfeld des Patienten große Bedeutung für dessen Erkrankung (und Heilung) zumißt.

Zu den **psychosomatischen** bzw. **psychophysiologischen Störungen** zählen v.a. solche Krankheiten, bei denen emotionale Beeinträchtigungen zu dauerhaften, dem Betroffenen oft nicht bewußten Konflikten führen, die dann über das vegetative Nervensystem körperliche Symptome bei bestimmten Organen oder in Organsystemen hervorrufen. Als typische psychosomatische Erkrankungen gelten z.B. (gutartige) Magen- und Darmgeschwüre, Bronchialasthma, Allergien, Herz- und Kreislaufbeschwerden ohne nachweisbare körperliche Ursache sowie zahlreiche Fälle von Kopfschmerzen bzw. Migräne.

Psychosomatisch Erkrankte waren in der Regel schweren Belastungen oder tiefgreifenden Ängsten ausgesetzt. Starke Abhängigkeitswünsche, eingeschränkte Wahrnehmung eigener Gefühle und Konflikte sowie depressive Persönlichkeitszüge scheinen für sie (als Einzelsymptom oder insgesamt) kennzeichnend. Offenbar müssen jedoch ererbte oder früh erworbene körperliche Veranlagungen (Dispositionen) hinzukommen, da nur bestimmte Personen unter gleichen psychischen und sozialen Bedingungen psychosomatisch erkranken.

Eine rein medizinische, gegebenenfalls auch Psychopharmaka und/oder Kuren einschließende Behandlung bringt bei solchen Störungen meist nur vorübergehende Beschwerdefreiheit und sollte daher stets mit psychotherapeutischen Maßnahmen einhergehen, insbesondere um Rückfälle zu vermeiden.

psychosomatische Störungen ↑Psychosomatik.

psychosozial: Begriff zur Kennzeichnung der Bedingtheit psychischer Faktoren (z.B. Denken, Lernen, Verhalten) durch soziale Gegebenheiten (Sprache, Kultur, Gesellschaft).

Psychosyndrom ↑organisches Psychosyndrom.

Psychotechnik: heute nur noch wenig gebräuchliche allgemeine Bezeichnung für die Anwendung psychologischer Erkenntnisse und Vorgehensweisen in praktischen Bereichen. – Der Begriff wurde 1902 von W. STERN geprägt. Als industrielle P. gilt sie als ein Vorstadium der ↑Arbeitspsychologie.

Psychoterror: Bezeichnung für eine (insbesondere politische) Strategie, die versucht, den Gegner oder jemand anderen durch Verunsicherung oder Bedrohung so weit einzuschüchtern, daß er hilflos, zermürbt, handlungs- bzw. reaktionsunfähig wird und damit widerstandslos die Realisierung fremder Interessen und Herrschaftsansprüche geschehen läßt; oft auch als Methode der ↑Gehirnwäsche angesehen.

Psychotherapeut/Psychotherapeutin: die Psychotherapie anwendende, meist durch ein abgeschlossenes Psychologie- oder Medizinstudium sowie eine nachfolgende Weiterbildung entsprechend qualifizierte Person.

Psychotherapie: die Anwendung geplanter und strukturierter psychologischer Behandlungsverfahren zur Heilung oder Linderung bestimmter, vom Patienten als krankhaft erlebter Störungen im Bereich der Wahrnehmung, des Verhaltens, der Erlebnisverarbeitung, der sozialen Beziehungen oder der Körperfunktionen, sofern diese Störungen vom Patienten nicht willentlich steuerbar sind und aus der Sicht des therapeutischen Experten auf seelische Krisen oder auf krankhaft veränderte seelische Strukturen zurückgeführt werden können, d.h. »psychogen« sind. Dabei arbeitet der Psychotherapeut mit einem Patienten (Einzeltherapie), mit mehreren Patienten (Gruppentherapie) oder mit Paaren oder Familien. Gelegentlich wird er durch Kotherapeuten unterstützt oder bildet, wie beispielsweise in der stationären Psychotherapie, mit anderen ein therapeutisches Team.

Die Kommunikation zwischen Patient und Therapeut stützt sich auf sprachliche oder nichtsprachliche Ausdrucksmittel (z.B. körperliche Bewegung oder bildnerische Gestaltung). Unverzichtbare Voraussetzung für die Durchführung einer seriösen P. ist das Einvernehmen zwischen Patient und Therapeut über die Behandlungsbedürftigkeit, die Art des Vorgehens und das Therapieziel. Die Behandlungsbedürftigkeit entspringt dem Vorliegen von Leidenszuständen, bei denen z.B. persönliche, zwischenmenschliche und psychosoziale Probleme, beeinträchtigende Emotionen (unüberwindliche Angst, Depression, Haß) oder unangemessene, d.h. dauerhafte, jedoch ineffektive oder langfristig nachteilige Verhaltensweisen, Vermeidungs- und Be-

P

Psychotherapie

Die wichtigsten gegenwärtigen Therapieformen

1. Einteilung nach der theoretischen und methodischen Orientierung

Psychoanalyse und von ihr stark beeinflußte tiefenpsychologische Therapieformen:

Psychoanalyse (S. Freud)
Analytische Therapie (C. G. Jung)
Individualtherapie (A. Adler)
Schicksalsanalyse (L. Szondi)
Neopsychoanalyse
(E. Fromm, H. Schultz-Hencke, S. Sullivan, Karen Horney u. a.)
Analytische Spieltherapie

Existentiell-humanistische Therapieformen:

Bioenergetik
(W. Reich, A. Lowen)
Daseinsanalyse
(L. Binswanger, R. May)
Existenzanalyse/Logotherapie
(V. E. Frankl)
Gesprächspsychotherapie
(C. Rogers)
Gestalttherapie
(F. Perls)
Nichtdirektive Spieltherapie
(V. Axline)
Primärtherapie (A. Janov)
Transaktionsanalyse (E. Berne)

Lern- und kommunikationstheoretisch orientierte Therapieformen:

Verhaltenstherapieformen
Kommunikationstherapie
Rational-emotive Therapie
(A. Ellis)
Biofeedback

2. Einteilung nach dem therapeutischen Umfeld

Einzelpsychotherapie
Partnertherapie
Gruppentherapie
Familientherapie
Milieutherapie, Sozialtherapie

3. Einteilung nach besonderen Techniken

Suggestive Therapieformen:

Hypnotherapie
Persuasionstherapie

Entspannungstechniken, Körpertherapien:

Atemtherapie
Autogenes Training
Bewegungstherapie
Bioenergetik
Heileurythmie
Meditationsformen
Tanztherapie
Yoga

Gestaltungs- und werktherapeutische Methoden:

Arbeitstherapie
Beschäftigungstherapie
Maltherapie
Musiktherapie
Werktherapie

Medizinische Techniken:

Pharmakotherapie
Elektrokrampftherapie

wältigungsversuche (Zwänge; suchthafte Abhängigkeit von Alkohol, Drogen, Spielen oder Personen) eine wesentliche Rolle spielen.

Therapieziel ist es, Symptome zu beseitigen bzw. zu verbessern oder die Persönlichkeit umzustrukturieren. Letzteres zielt je nach angewandtem Therapieverfahren darauf ab, die verborgenen oder verdrängten Persönlichkeitsanteile bewußt zu machen, unerledigte Konflikte und Traumen aufzuarbeiten, neue Erlebnismöglichkeiten zu eröffnen (speziell Emotionalität und Kreativität freizusetzen), neue Verhaltensweisen zu erlernen (insbesondere Strategien der Konfliktlösung) und unausweichliche Belastungen (z.B. Krankheiten oder der Tod eines Familienangehörigen) zu bewältigen.

Allen Therapien gemeinsam ist die systematische und kontinuierliche Gestaltung der Therapeut-Patient-Beziehung durch die Vorgaben der äußeren Behandlungssituation *(Setting)* und durch die Interventionen des Therapeuten. Zur professionellen Grundeinstellung des Therapeuten gehört sein wohlwollend akzeptierendes, nicht wertendes Interesse gegenüber dem Patienten und sein Versuch, sich in den Patienten einzufühlen.

P

Von seiten des Patienten wird Motivation erwartet, sich mit dem eigenen »Leidensdruck« auseinanderzusetzen, an sich zu arbeiten und Verantwortung für sich selbst zu übernehmen.

Wissenschaftlich arbeitende Psychotherapeuten versuchen, sich mit Theorien der gesunden Persönlichkeit, der Krankheitsentstehung, der Behandlungstechnik und des Therapieprozesses vertraut zu machen, und sind fortlaufend bemüht, diese Hypothesen und deren therapeutische Umsetzung wissenschaftlich zu überprüfen. Von den heute praktizierten P.-Formen kommt jedoch nur eine kleine Anzahl diesem wissenschaftlichen Ideal nahe. Dennoch hat sich in den letzten beiden Jahrzehnten eine intensive P.-Forschung etabliert, die zunächst die Wirksamkeit von P. untersuchte, während heute der psychotherapeutische Veränderungsprozeß im Mittelpunkt steht, wie auch die Fragen nach definierbaren Kriterien von P. und nach Gemeinsamkeiten der Vielzahl psychotherapeutischer Ansätze.

Bei den meisten gegenwärtig bekannten P.-Verfahren handelt es sich um Abwandlungen und Mischungen einiger Grundformen, die stark an die Person des Erstbeschreibers gebunden bleiben. Nur für wenige Verfahren existieren formale Ausbildungsgänge und wissenschaftliche Überprüfungen. Für die Ausbildung der Ärzte in P. sind die Richtlinien der Ärztekammern maßgebend, für Diplom-Psychologen wird in Deutschland eine gesetzliche Regelung (Psychotherapeutengesetz) angestrebt. In der kassenärztlichen Versorgung in Deutschland sind derzeit nur psychoanalytisch begründete, verhaltenstherapeutische und (auto)suggestive Verfahren in der Behandlung seelischer Krankheiten bzw. Störungen abrechnungsfähig.

Folgende P.-Richtungen lassen sich abgrenzen: 1. *analytisch-tiefenpsychologische Methoden,* die innere Konflikte bewußt machen und darüber eine Veränderung der Persönlichkeitsstruktur anstreben (z.B. ↑Psychoanalyse, ↑Analytische Psychologie, ↑Individualpsychologie); 2. *existentiell-humanistische Methoden* mit gleicher Zielsetzung, jedoch anderem therapeutischen Vorgehen (z.B. ↑Gesprächspsychotherapie, ↑Gestalttherapie); 3. *verhaltensmodifizierende Methoden,* die auf lerntheoretischen Annahmen beruhen und positives (erwünschtes) Verhalten verstärken bzw. negatives (unerwünschtes, weil beeinträchtigendes) Verhalten »löschen« (↑Verhaltenstherapie); 4. *Körpertherapien,* die von einer engen Wechselbeziehung zwischen Körper und Seele ausgehen und v.a. körperliche Verspannungen abzubauen suchen (z.B. ↑Autogenes Training, ↑Bioenergetik, ↑Bewegungstherapien, ↑Rebirthing); 5. *Mischverfahren* (z.B. ↑Psychodrama, ↑Transaktionsanalyse); 6. *kreativ-gestalterische Methoden* (z.B. ↑Beschäftigungstherapie, Mal-, Musik- oder Werktherapie; 7. *gruppentherapeutische Methoden* (z.B. ↑Familientherapie, ↑Milieutherapie, ↑Sozialtherapie).

Die wichtigste Frage der P.-Forschung, welches Verfahren für welchen Patienten mit welchem Leiden am besten geeignet ist, läßt sich gegenwärtig weder umfassend noch befriedigend beantworten. Die Wahl des therapeutischen Verfahrens ist außerdem eingeschränkt, da jeder Institution (Klinik, Praxis) und jedem Therapeuten nur ein beschränktes Repertoire an therapeutischen Methoden zur Verfügung steht. In der Praxis ist es bei bestimmten Krankheitsbildern problematisch zu klären, ob eine psychotherapeutische oder eine psychiatrisch-psychopharmakologische Behandlung notwendig ist.

Für die meisten wissenschaftlich überprüften psychotherapeutischen Verfahren lassen sich in etwa zwei Drittel der Fälle globale Therapieerfolge nachweisen. Als Erfolgskriterien gelten, neben dem Wegfall körperlicher oder psychischer Symptomatik, vor allem Umstrukturierungen des Erlebens, Denkens und Fühlens, wie sie in größerer Selbstakzeptanz, Lebenszufriedenheit und sozialer Kompetenz zum Ausdruck kommen. Ein möglicher Mißerfolg einer Therapie liegt in dem Risiko eines frühzeitigen Abbruchs der Behandlung (der in der Regel vom Patienten und in der Anfangsphase erfolgt). In diesen Fällen ist dann meist keine tragfähige therapeutische Beziehung (»Arbeitsbündnis«) zustande gekommen. Als Mißerfolg ist eine Therapie auch dann zu werten, wenn es im Rahmen der therapeutischen Beziehung nicht gelingt, dem Patienten den als Ziel und Abschluß der gemeinsamen Arbeit angestrebten Schritt in eine neue Mündigkeit zu ermöglichen, wozu auch die Lösung aus der Bindung an den Therapeuten oder die Therapie selbst gehört.

psychotisch:
- ◆ zum Erscheinungsbild einer Psychose gehörend.
- ◆ an einer ↑Psychose leidend.

Psychotomimetika: Halluzinogene. ↑auch Drogen, ↑Drogenabhängigkeit.

Psychotonika ↑Psychoanaleptika.

psychotrop: auf die Psyche einwirkend, psychische Prozesse beeinflussend.

psychovegetativ: die Psyche und das vegetative Nervensystem betreffend; auf einer von abnormen seelischen Vorgängen ausgelösten Fehlreaktion des vegetativen Nervensystems beruhend (von organisch nicht faßbaren Krankheitssymptomen gesagt).

puberaler Wachstumsschub ↑Pubertät.

pubertär:
- ◆ mit der ↑Pubertät zusammenhängend; für die Pubertät typisch.
- ◆ in der Pubertät befindlich.

Pubertas praecox: vorzeitiger Eintritt der Geschlechtsreife.

Pubertät: im dt. Sprachgebrauch die oft mit dem ↑Jugendalter gleichgesetzte Entwicklungsphase zwischen ↑Kindheit und Erwachsenenalter. Beginn und Ende der körperlichen, v.a. durch die Erlangung der Geschlechtsreife charakterisierten P. liegen in Mitteleuropa heute bei Mädchen etwa zwischen dem 10./11. und 17./18., bei Jungen etwa zwischen dem 12./13. und 19./20. Lebensjahr. Neben den körperlichen vollziehen sich in der P. auch entscheidende geistig-seelische Veränderungen, insbesondere eine grundlegende Strukturierung der Persönlichkeit (↑Identität), die Ablösung vom Elternhaus sowie die (außerfamiliäre) soziale Orientierung.

Der eigentlichen P. geht die **Vor-P.** voraus, eine Phase der Belebung kindlicher (vorrangig trotziger) Impulse und Verhaltensweisen. Die **physische P.** wird durch das Erreichen eines bestimmten Reifegrades des Hypothalamus ausgelöst. Dies bewirkt verschiedene hormonelle Umstellungen, welche die Ausbildung der sekundären Geschlechtsmerkmale, die Ausreifung zur Fortpflanzungsfähigkeit sowie ein erhebliches, mit Verschiebungen der körperlichen Proportionen verbundenes Längenwachstum **(puberaler Wachstumsschub)** bewirken; vor allem nimmt die relative Kopfhöhe ab, die relative Beinlänge dagegen zu. Proportionsunterschiede zeichnen sich besonders zwischen den Geschlechtern ab (starke Zunahme der Schulterbreite bei Jungen, der Hüftbreite bei Mädchen). Den Beginn der physischen P. markiert bei Mädchen das Auftreten der ersten Menstruation (Menarche), bei Jungen der ersten Ejakulation oder Pollution.

Im Zusammenhang mit der physischen P. erfolgen auch *psychische Reifeprozesse,* die jedoch nicht notwendigerweise parallel zur körperlichen Entwicklung verlaufen. Im Vordergrund stehen dabei die mit der Ausreifung der genitalen Sexualität (Übernahme der Geschlechtsrolle) einhergehenden Konflikte, die Bewältigung von Gefühlen der Aggressivität, des Trotzes und der Selbstunsicherheit, wachsendes Autonomiestreben, das Erkennen veränderter (Trieb)ansprüche seitens der Umwelt sowie erste berufsbezogene Entscheidungen. Im Verhalten der Jugendlichen zeigen sich diese Entwicklungsprozesse häufiger als Stimmungslabilität, gefühlsmäßige Zerrissenheit oder in Form von Protesthaltungen der Umgebung (vor allem der Erwachsenenwelt) gegenüber.

Ein dritter wesentlicher Bereich der P.sentwicklung ist die *soziale Reifung,* die mit Abschluß der körperlichen und sexuellen Veränderungen zunehmend Einfluß gewinnt. In dieser Phase lösen sich die Jugendlichen charakteristischerweise von der eigenen Familie durch die Übernahme sozialer Rollen, insbesondere im Rahmen von ↑Peer-groups, ab, setzen sich mit den Normen und Wertmaßstäben der Gesellschaft auseinander und gehen in immer stärkerem Maße selbstbestimmte persönliche Bindungen und Beziehungen ein.

Die mit fortschreitender P. wachsenden sozialen wie persönlichen (vor allem sexuellen) Anforderungen können erhebliche psychische und/oder psychosomatische Störungen wie etwa die Pubertätsmagersucht (↑Anorexie) oder das Ausweichen auf vermeintlich spannungsreduzierende Mittel (↑Drogen) bewirken, denen häufiger mit einer gezielten ↑Kinder-und-Jugendlichen-Psychotherapie zu begegnen ist.

Pubertätsmagersucht ↑Anorexie.

Pubeszenz: Bez. für den Beginn der Geschlechtsreifung, d.h. den Eintritt in die ↑Pubertät.

Public Relations (Abk.: PR): Bezeichnung für die Pflege der Beziehungen zwischen einem Auftragsgeber und einer für ihn wichtigen Öffentlichkeit. Durch PR wird versucht (meist unter Berufung auf sichtbare Leistungen), in der Öffentlichkeit ein Klima des Einverständnisses und Vertrauens zu schaffen, das den Unternehmen oder Organisationen förderlich ist; PR werden nicht nur von Unternehmen sondern auch von Verbänden (Lobby), Behörden (Presse- und Öffentlichkeitsarbeit) und Parteien (Vertrauensarbeit) betrieben.

Begriff und Methoden der PR sind nicht fest umrissen. Im Gegensatz zur Werbung sind PR nicht unmittelbar am Verkauf von Gütern oder Dienstleistungen interessiert, sondern setzen vielmehr sogar außerhalb des ökonomischen Bereichs an, beispielsweise durch die Förderung kultureller, wissenschaftlicher oder künstlerischer Interessenten (Sponsoring). Von der ↑Propaganda sind PR abzugrenzen, da sie weder versuchen jemanden zu überreden noch gar einen Druck auszuüben.

Den PR entsprechen bei Unternehmen und Organisationen im Innenverhältnis die ↑Human Relations.

pueril: kindlich; im Kindesalter vorkommend, dafür typisch.

Pulfrich-Effekt: ein von dem deutschen Optiker C. PULFRICH beschriebenes Scheinbewegungsphänomen: Ein in der Ebene pendelnder Gegenstand wird bei ungleicher Beleuchtungsstärke der beiden beobachtenden Augen (verdunkelndes Glas vor einem Auge) als in einer Ellipse kreisend wahrgenommen. Als Erklärung wird eine Verzögerung der Wahrnehmungen des dunkel adaptierten Auges angenommen, durch welche bei der Verschmelzung der Bilder beider Augen eine scheinbare Querkomponente der Bewegung entstehen soll.

Pupillometrie: Messung und Aufzeichnung **(Pupillographie)** der Pupillenweite und ihrer Veränderung mit einem speziellen Meßgerät, dem **Pupillometer.** Die P. dient vor allem zur Erforschung psychischer Vorgänge, die unabhängig von der jeweils herrschenden Helligkeit eine Pupillenreaktion bewirken. Vorgänge im Gefühlsbereich (z.B. Freude, Lust, Angst) oder erhöhte Aufmerksamkeit (über eine Sympathikuserregung und Adrenalinausschüttung) führen zu einer Pupillenerweiterung, andere psychische Einflüsse, sogenannte psychedelische, bewirken dagegen eine Verengung. Die P. hilft auch dabei, die Wirkung beispielsweise von Anzeigen oder Plakaten zu testen und so die Werbung attraktiver zu gestalten; außerdem kann mittels P. die Wirkung von Drogen festgestellt werden.

Q

Purkinje-Phänomen: erstmals von J. E. VON PURKINJE 1825 beschriebene Erscheinung der optischen Wahrnehmung: Zwei verschiedenfarbige, im hellen Licht gleich hell erscheinende Flächen zeigen bei Betrachtung in der Dämmerung eine unterschiedliche Helligkeit. Das P.-Ph. beruht auf der unterschiedlichen spektralen Empfindlichkeit der Zapfen und Stäbchen in der Netzhaut des Auges: Die dem Farbensehen bei Tage dienenden Zapfen haben ihr Empfindlichkeitsoptimum bei Gelb, d.h. in einem Wellenlängenbereich um 560 nm, die farbenuntüchtigen, dem Dämmerungssehen dienenden Stäbchen dagegen im Bereich um 500 nm, was dem Grün entspricht.

Purkinje-Phänomen

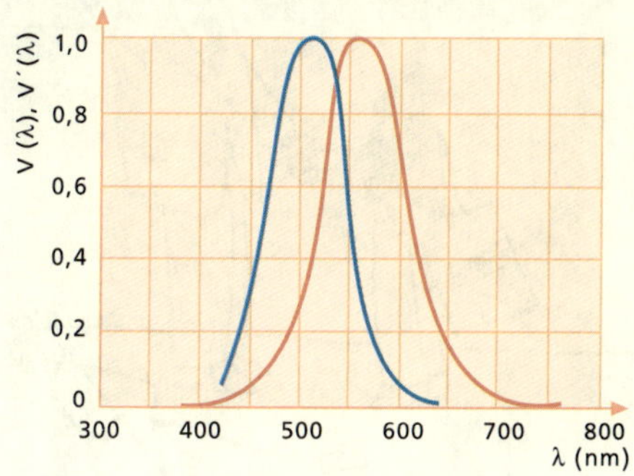

Pygmalioneffekt (Rosenthal-Effekt): nach einer 1968 von R. ROSENTHAL und L. JACOBSON veröffentlichten, methodisch wie interpretativ wiederholt kritisierten Untersuchung benannter Effekt der ↑Self-fulfilling prophecy im Bereich der Lehrer-Schüler-Interaktionen. Der P. soll darin bestehen, daß sich Merkmale bzw. Verhaltensweisen eines Schülers in Abhängigkeit von Erwartungen, Einstellungen, Überzeugungen und Vorurteilen des Lehrers gegenüber dem Schüler und nicht aufgrund eines bestimmten diagnosegeleiteten Vorgehens verändern.

pyknischer Typ ↑Konstitution.

Pyromanie: krankhafter Trieb, Brände zu legen (und sich beim Anblick des Feuers besonders sexuell zu erregen).

Q

Q-Sortierung: Bez. für ein Schätzverfahren, das v.a. zum Vergleich zwischen Selbst- und Idealbildern von Klienten nach einer psychotherapeutischen Behandlung herangezogen wird: Der Klient erhält eine größere Anzahl mit bestimmten Aussagen versehener Kärtchen, die er so sortieren soll, wie die Aussagen seiner Meinung nach einen bestimmten Sachverhalt oder eine bestimmte Person (in der Regel die eigene) charakterisieren. Die Kärtchen müssen also Kategorien zugeordnet werden (beispielsweise in Kategorie 1 die am wenigsten, in Kategorie 9 die am ehesten zutreffenden Aussagen). Um die vorgegebene Skala voll auszunutzen, wird der Betreffende des öfteren angewiesen, bei der Sortierung eine bestimmte Verteilung (meist eine Normalverteilung) anzustreben.

Qualifikation:

◆ durch Ausbildung, Erfahrung o.ä. erworbene Befähigung zu einer bestimmten (beruflichen) Tätigkeit.

◆ Voraussetzung für eine Befähigung für eine bestimmte (berufliche) Tätigkeit (in Form von Zeugnissen, Testergebnissen, Nachweisen u.ä.).

Quantifikation: die Erfassung von Sachverhalten mittels Zahlen, die durch Messungen im weitesten Sinne zustande kommen. So wird beispielsweise die Schulleistung durch Zensuren quantifiziert. Im neuzeitlichen, eher naturwissenschaftlich orientierten Wissenschaftsverständnis ist die Qu. ein wichtiger

Q

»Die Schule soll dich nur vorbereiten; den Schritt ins Leben mußt du nun selber tun.«

Qualifikation

Schritt zur Verwissenschaftlichung eines Gebietes.

Querschnittuntersuchung: Im Unterschied zur ↑Längsschnittuntersuchung werden bei einer Qu. Stichproben aus verschiedenen Altersgruppen mit demselben oder einem vergleichbaren Meßinstrument untersucht, die Merkmale der untersuchten Personen also nur zu einem *bestimmten* Zeitpunkt erfaßt (↑Kohorte). Nimmt man an, daß die Untersuchten unter verschiedenen Sozialisationsbedingungen heranwuchsen, so sagen die in einer Qu. gewonnenen Ergebnisse u. U. nichts über die Entwicklung eines interessierenden Merkmals (z.B. der Leistungsmotivation) aus, sondern spiegeln vielleicht eher den Einfluß der unterschiedlichen Sozialisation wider.

Querulant: mißtrauische, oft übertrieben rechtsempfindsame Persönlichkeit, die tatsächlichen oder vermeintlichen Ungerechtigkeiten in starrköpfiger, unverhältnismäßiger Weise (z.T. mit tätlichen Angriffen) und nicht selten auch unter Inkaufnahme persönlicher Nachteile entgegentritt.

Quotaverfahren: Bei statistischen Erhebungen (insbes. in der empirischen Sozialforschung) wird eine gezielte Auswahl des zu befragenden Personenkreises nach bestimmten Merkmalen (z.B. Alter, Beruf) getroffen, die in der ausgewählten Gruppe ebenso häufig wie in der jeweiligen Grundgesamtheit (etwa der Bevölkerung eines Landes) auftreten sollen. Voraussetzung für die Anwendung dieses Verfahrens ist die Kenntnis, *wie* diese Merkmale in der Grundgesamtheit verteilt sind.

Quotenstichprobe ↑Stichprobe.

R

Randkontrast (Grenzkontrast) ↑Kontrast.

Randneurose: von J. H. SCHULTZ 1919 geprägter Begriff für eine seelische Fehlentwicklung, die nicht den Kern, sondern gleichsam nur Randbereiche der Persönlichkeit erfassen und, beispielsweise über falsche Schlafgewohnheiten und die daraus resultierende Schlaflosigkeit, zur Neurose führen soll.

Randomisierung: in der empirischen Sozialforschung Bez. für die Herstellung einer Zufallsfolge von Bedingungen oder

R

Reizen oder für die zufällige Aufteilung von Versuchspersonen zu den einzelnen Gruppen in einem Experiment (↑Parallelgruppen). Es handelt sich also bei der R. um eine Kontrolltechnik.

Rang-Mimikry ↑Mimikry, ↑Rangordnung.

Rangordnung:

◆ *allg.* die Einstufung von Personen oder Sachen in einer auf- oder absteigenden Reihenfolge hinsichtlich eines Merkmals. In sozialen Hierarchien bestimmt die R. Verhaltensrechte und -pflichten über- und untergeordneten Ranginhabern gegenüber.

◆ in der *Verhaltensforschung* die soziale Hierarchie in einer Tiergesellschaft, in der jedes Tier auf seinem Rangplatz eine bestimmte Funktion erfüllt. Bei Säugetieren und Vögeln ist sie am stärksten ausgeprägt; die Gruppenmitglieder kennen sich untereinander individuell. Die an der Spitze der Gruppe rangierenden Tiere genießen gewisse Vorrechte (z.B. bei der Nahrungsaufnahme und bei der Paarung), haben aber auch Pflichten (z.B. als Anführer oder Wächter). Das ranghöchste Tier wird als *Alphatier,* das rangniedrigste als *Omegatier* bezeichnet. Eine R. bildet sich über R.skämpfe aus, die meist ritualisiert sind (Kommentkämpfe); die hierdurch entstehende R. wird dabei sowohl von den übergeordneten als auch von den untergeordneten Gruppenmitgliedern durch angriffshemmende Signale (Beschwichtigungsgebärden) aufrechterhalten, so daß offene Auseinandersetzungen selten vorkommen. Gleichwohl kann ein rangniedrigeres Tier durch die Provokation von R.skämpfen (die es gewinnen muß) oder auch durch Verbündung mit Ranghöheren in der R. aufsteigen.

Rangordnung: Die unterschiedlich hohe Stellung in der sozialen Rangfolge zweier Personen wird hier anhand der unterschiedlichen Symbole des sozialen Status verdeutlicht.

Es gibt 1. R.en mit häufigem Rangwechsel (z.B. bei Rindern), 2. weitgehend starre R.en (z.B. Hackordnung der Hühner) und 3. R.en, in denen ein Despot absolut dominiert (z.B. bei Affen). Eine R. kann linear sein, d.h., A. dominiert über B und B über C, sie kann aber auch komplizierte Dreiecksverhältnisse aufweisen, wenn z.B. C wiederum über A dominiert, und sie kann sich ändern, wenn der jeweilige Verhaltenskreis wechselt.

Rang-Skala ↑Skala.

Rangstreben: psychischer Antrieb, unter Ausnutzung eventueller geistiger oder körperlicher Überlegenheit innerhalb der Rangfolge einer Gruppe eine möglichst hohe Stellung zu erlangen.

Ranschburg-Hemmung: ein 1905 von dem Ungarn P. RANSCHBURG aufgrund von experimentellen Untersuchungen postuliertes Phänomen, welches sich auf Gedächtnishemmungen beim Angebot gleichartiger Lerninhalte (z.B. Zahlen- bzw. Wortreihen) durch einen Mangel an gestaltlicher Durchgliederung bezieht (Ähnlichkeitshemmung).

Rapid-eye-movement-Phase (Abk.: REM-Phase) ↑Schlaf.

R

Rapport: in der *Psychologie* bzw. *Medizin* intensiver psychischer Kontakt zwischen zwei Personen, bes. zwischen Hypnotiseur und Hypnotisiertem, Psychoanalytiker und Patient bzw. Arzt und Patient.

Raptus: plötzliche, aus einem Zustand der Ruhe heraus auftretende heftige Erregung mit gewaltsamen Handlungen, z.B. wenn ein depressiver Mensch, der zuvor tagelang fast regungslos im Bett gelegen hat, plötzlich aufspringt und sich aus dem Fenster stürzt.

Rasse ↑Menschenrassen.

Rassenpsychologie: Teilgebiet der Psychologie (und Anthropologie), das sich mit den seelisch-geistigen Unterschieden zwischen den Menschenrassen befaßt. Die Frage, inwieweit diese zweifellos vorhandenen psychischen Rassenunterschiede erblich (genetisch) bedingt sind oder ihre Ursache in nichtgenetischen Faktoren haben, ist noch weitgehend unbeantwortet. Bevor sie nicht befriedigend geklärt ist, muß man allen rassenpsychologischen Ergebnissen (und daraus abgeleiteten kulturanthropologischen Folgerungen) größte Zurückhaltung und Skepsis entgegenbringen.

Rating: Bez. für ein subjektives Schätz- oder Beurteilungsverfahren, bei dem ein oder mehrere Beurteiler **(Rater)** bestimmte Situationen, Persönlichkeits- oder andere Merkmale (in der Psychiatrie z.B. psychopathologisch bedeutsame Symptome) bezüglich Vorhandensein, Qualität oder Ausprägungsgrad anhand vorgegebener Kategorien einschätzen sollen; dabei bilden die Kategorien eine **Rating-Skala.**

rational-emotive Therapie (Abk.: RET): Diese auf den amerikanischen Psychologen A. ELLIS zurückgehende Form der kognitiven Verhaltenstherapie beruht auf der Annahme, daß ein Großteil gestörten Verhaltens eine Folge dessen ist, was Menschen innerlich zu sich selbst sagen bzw. irrtümlich von sich glauben. Die RET zielt direkt darauf ab, diese irrationalen Denkgewohnheiten und unrealistischen Ziele von Klienten (z.B. die Devise »Ich muß von allen geliebt werden«) durch vielfältige Methoden aufzudecken und zu verändern.

Rationalisierung: v.a. in der *Psychoanalyse* gebrauchte tiefenpsychologische Bez. für die verstandesmäßige Rechtfertigung bzw. Erklärung einer Handlung, eines Gefühls oder Gedankens, deren eigentliche Ursache unbewußt ist oder ihrer belastenden Qualität wegen nicht ins Bewußtsein vordringen darf. Beispiel: Ein Drogenabhängiger versucht seine Sucht dadurch zu rechtfertigen, daß sie eine Form des Protestes gegen die bürgerliche Gesellschaft darstelle.

Rationalität: auf Einsicht gegründetes Verhalten.

Ratio-Skala ↑Skala.

Rauchen: das Einsaugen des Rauchs glimmender Pflanzenteile in die Mundhöhle, meist verbunden mit dem Transport des Rauchs durch zusätzliches Einatmen über die Atemwege in die Lunge (Inhalieren). Am meisten verbreitet ist das R. von Tabak in Form von Zigaretten, in geringerem Umfang in Form von Zigarillos, Zigarren oder in Pfeifen; auch manche Rauschmittel (z.B. Haschisch) werden durch R. aufgenommen.

Eine wesentliche Rolle bei der Grundlegung des Gewohnheits-R.s bei Heranwachsenden wird der Nachahmung des elterlichen Verhaltens, der mittelbaren sozialen Umwelt sowie dem Einfluß der Medien und der Werbung beigemessen. Erste, meist vorübergehende Kontakte mit dem Zigaretten-R., bei denen Neugierde und Mutproben in der Gruppe eine Rolle spielen, finden meist im Alter zwischen 10 und 12 Jahren statt; die Einstellung zum R. entwickelt sich häufig in der Pubertät, wo es als Hilfsmittel zur Überwindung von Selbstunsicherheit und bei der Absicht, dem anderen Geschlecht zu imponieren, später auch zur Meisterung von Prüfungs- und Streßsituationen dienen soll. Eine verstärkte Disposition zum R. besteht offenbar auch bei Suchtgefährdeten, die hierin ebenfalls oft ein Mittel zur Konfliktbewältigung suchen. Die für die Motive von Rauchern ausschlaggebenden psychotropen Wirkungen des Nikotins beruhen auf einem zunächst anregenden, in höheren Dosen beruhigenden und muskelentspannenden Einfluß, der Hunger- und Angstgefühle sowie Aggressionen mindert. Während zu Beginn psychische Momente für das R. entscheidend sind, werden diese zunehmend von einer pharmakologischen Abhängigkeit vom Nikotin abgelöst, wobei typische Auslösesituationen (Fahrt zur Arbeit, Telefonieren, nach dem Essen) bedeutsam sind.

Der Zigarettenverbrauch stieg in Deutschland seit der Jahrhundertwende um etwa das Zehnfache an und lag 1994 bei täglich ca. 375 Mill. Fabrikzigaretten. Diese Zunahme fand ungeachtet der Tatsache statt, daß die ursächliche Verknüpfung zwischen Lungenkrebs und R. bereits 1935 in der medizinischen Forschung entdeckt und ebenso wie die gefäßschädigende Wirkung des R.s zunehmend allgemein bekannt wurde. Die Gründe hierfür werden außer in den gesellschaftlichen Konventionen und der Schwierigkeit der Raucherentwöhnung auch im Einfluß der nach Schätzungen jährlich in Deutschland mit einem Aufwand von 500 Mill. DM betriebenen direkten Werbung der Tabakindustrie gesehen, die das R. mit positiven Assoziationen wie Freiheit, Abenteuer, Prestige, Selbstsicherheit, Erfolg, Geselligkeit und allg. Lustgewinn verknüpft. Die Einnahmen des Bundes aus der Tabaksteuer lagen 1994 bei etwa 20 Mrd. DM. Experten schätzen den volkswirtschaftlichen Schaden, der durch Krankheit und vorzeitigen Tod infolge des R.s verursacht wird, auf jährlich mindestens 100 Mrd. DM.

Erst seit Ende der 1980er Jahre zeichnet sich eine Stagnation im Zigarettenkonsum und ein Rückgang der Zahl der Raucher ab. Teilweise verbunden mit einem stärkeren Umweltbewußtsein, verändert sich auch bei Jugendlichen die Einstellung gegenüber dem Rauchen. Allerdings ist der tägliche Konsum bei Rauchern gestiegen: 1985 rauchten 65% der männlichen und 43% der weiblichen Raucher mehr als 20 Zigaretten pro Tag. Etwa ein Drittel der erwachsenen Bevölkerung in Deutschland gehört zu den Rauchern; in der Altersgruppe zwischen 20 und 40 Jahren raucht etwa die Hälfte der Männer und ein Drittel der Frauen.

Das R. stellt v.a. in den westlichen Industrienationen die wichtigste vermeidbare Einzelursache für das Eintreten von Krankheiten, Invalidität und vorzeitigem Tod dar und übertrifft dabei den Alkoholmißbrauch; nach Schätzungen der Weltgesundheitsorganisation WHO sterben jährlich weltweit 2,7 Mill. Menschen an den Folgen des R.s, in den EU-Ländern etwa 440000. Die Häufigkeit der Erkrankungen ist direkt abhängig von der Menge der täglich gerauchten Zigaretten, dem Zeitraum, über den hinweg geraucht wird, vom Lebensalter, in dem mit dem R. begonnen wird, von der Inhalationstiefe sowie vom Nikotin- und Teergehalt im Rauch.

Von den gesundheitsschädigenden Wirkungen einzelner Inhaltsstoffe sind am besten die des Nikotins, des Kohlenmonoxids und der Teerbestandteile bekannt; sie sind für einen großen Teil der Herzinfarkte und anderer Gefäßkrankheiten sowie für etwa 30–40% aller Krebserkrankungen in den westlichen Industrienationen verantwortlich. Insgesamt vermindert jahrelanges R. von mehr als 20 Zigaretten pro Tag die Lebenserwartung um bis zu 12 Jahre. R. in der Schwangerschaft bewirkt durch Übertritt von Kohlenmonoxid und Nikotin in den kindlichen Kreislauf Sauerstoffmangel mit der Folge einer mangelhaften Entwicklung, so daß Kinder von Raucherinnen ein durchschnittlich um 300 Gramm verringertes Geburtsgewicht aufweisen; zugleich ist das Risiko von Fehl- und Frühgeburten sowie angeborenen Mißbildungen erhöht.

Passivrauchen: Das unfreiwillige Einatmen des mit krebserregenden Substan-

Rauchen: Motive einer Aktionsbroschüre gegen das Rauchen von der Bundeszentrale für gesundheitliche Aufklärung

zen stark angereicherten Nebenstromrauchs und des vom Raucher ausgeatmeten Hauptstromrauchs erhöht die Gefahr von Herzschädigungen und von Lungenkrebs. Epidemiologischen Studien zufolge haben Partner von starken Rauchern ein um etwa 30% erhöhtes Risiko; bes. gefährdet sind Herz- und Kreislaufgeschädigte, Asthmakranke und Allergiker. Dies gilt auch für Säuglinge und Kleinkinder, bei denen sich der Nikotinabbau stark verzögert, da deren Leber noch nicht voll entwickelt ist. Sie sind in erhöhtem Maße anfällig für Entzündungen und Infektionen der Atemwege; die Wirkung der durch die Muttermilch von Raucherinnen in hoher Konzentration aufgenommenen Nikotinabbauprodukte auf das Kind ist noch nicht geklärt.

Eine Minderung der gesundheitlichen Risiken des R.s wurde durch die Entwicklung der Filterzigarette, in neuerer Zeit durch »leichte Zigaretten« mit vermindertem Nikotin-, Teer- und Kohlenmonoxidgehalt im Rauch angestrebt. Eine Ausfilterung *aller* Schadstoffe ist allerdings nicht möglich; für Gase wie Kohlenmonoxid ist der Filter unwirksam. Durch den erhöhten Zugwiderstand und die verminderte Sauerstoffzufuhr ist der Kohlenmonoxidgehalt höher als bei filterlosen Zigaretttten. Ein geringerer Nikotingehalt führt bei abhängigen Rauchern zu einer Kompensation oder Überkompensation durch tiefere Inhalation, erhöhte Zugzahl und/oder vermehrtes R., so daß epidemiologische Untersuchungen zu dem Ergebnis einer unveränder hohen oder sogar höheren Schädlichkeit gelangen.

Die wachsende Erkenntnis der Gesundheitsgefährdung durch das R. hat auch zu öffentlichen Maßnahmen zur gesundheitlichen Aufklärung geführt; nach der Tabak-Verordnung muß auf Werbeanzeigen und Verpackungen ein Hinweis auf die gesundheitliche Gefährdung und auf den Nikotin- und Kondensatgehalt angebracht werden. Hierüber kam es 1989 auch zu einer Vereinbarung für die EG-Länder. Für die folgenden Jahre ist eine Senkung der Kondensate im Rauch vorgesehen; ein Verbot jeglicher Werbung wurde empfohlen. Zum anderen wurden gesetzliche Verordnungen zum Schutz von Nichtrauchern und v.a. von Jugendlichen erlassen. In öffentlichen Bereichen wird das R. durch Verbote oder Schaffung von Zonen mit Rauchverbot eingeschränkt; einige Fluggesellschaften führten ein generelles Verbot insbes. auf Inlandsstrecken ein.

Kritiker halten diese Maßnahmen zum Nichtraucherschutz, etwa in Vergleich zu den USA, wo u.a. ein generelles Rauchverbot auf Inlandsflügen besteht, noch für unzureichend. Viele Raucher sehen in derartigen Regelungen eine Einschränkung ihrer freien Persönlichkeitsentfaltung, was auch als Rechtsproblematik erkannt wird. Gegenstand wiederholter Diskussionen ist auch eine Erhöhung der Beiträge v.a. der Krankenversicherung für Raucher im Sinne einer Beteiligung an den durch das R. hervorgerufenen Krankheitskosten.

Die *Raucherentwöhnung* ist mit ähnlichen Schwierigkeiten verbunden wie bei anderen Formen von Drogenabhängigkeit und führt in der Übergangszeit zu Entzugserscheinungen wie Nervosität, Reizbarkeit, Unlust oder Müdigkeit. Zur Unterstützung der Entwöhnung gibt es Medikamente wie Geschmacksvergällungs- und Nikotinersatzmittel; einen wesentlichen Beitrag leisten auch Selbsthilfegruppen, die von Volkshochschulen und Krankenkassen durchgeführten Trainingsprogramme, die Bundeszentrale für gesundheitliche Aufklärung, die Landesarbeitsgemeinschaften, -zentralen oder -vereinigungen für Gesundheitserziehung, die örtlichen Gesundheitsämter sowie spezielle Vereinigungen wie der Ärztliche Arbeitskreis Rauchen und Gesundheit.

Rausch: übersteigerter Gefühlszustand aufgrund erregender Erlebnisse (auch durch Reizeinflüsse wie rhythmische Musik) oder durch bestimmte chemische Stoffe (z.B. Alkohol oder andere ↑Drogen) erzeugter psychischer Zustand. Abhängig vom verwendeten R.mittel, kann der R. in der Art seiner emotionalen Auswirkung unterschiedlich verlaufen. So können etwa Alkohol und R.gifte eine gehobene Stimmung und das Gefühl des Wohlbefindens auslösen, denen nach Abklingen der R.mittelwirkung Niedergeschlagenheit und das Gefühl der Unlust folgen, die ihrerseits wieder das Verlangen nach R.mitteln wecken. – ↑auch Drogenabhängigkeit.

Rauschmittel svw. ↑Drogen.

Reafferenz svw. ↑Feedback.

Reaktanz: der aus einer (tatsächlichen oder vorweggenommenen) Beschränkung des Verhaltensspielraums bzw. der Handlungsalternativen resultierende Widerstand oder der Zustand der Erregung, der sich jeder weiteren Einengung widersetzt und auf Rückgewinnung des verlorenen Handlungsspielraums abzielt.

Reaktion ↑Reiz und Reaktion.

Reaktionsbildung: ein Abwehrmechanismus des Ich, der bei Zwangsneurosen vorkommt. Bei der R. werden Verhaltensweisen entwickelt, die dem ursprünglichen, verdrängten Triebwunsch des Es völlig entgegengesetzt sind und in stark übersteigerter Form auftreten; z.B. wird eine ursprüngliche Lust am Schmutz durch übertriebene Sauberkeit, ein nicht eingestandener Haß gegen eine Person durch übertriebene Zärtlichkeit ersetzt. Die R. ist Folge eines strengen Über-Ich, dem die bloße Verdrängung unangenehmer Triebregungen nicht genügt; diese müssen darüber hinaus in sozial anerkannte Verhaltensweisen umgekehrt werden.

Reaktionsnorm: die genetisch festgelegten bzw. durch die spezifische Reaktionsbereitschaft begrenzten Möglichkeiten für einen Verhaltensablauf; nur innerhalb dieser durch die Reaktionsnorm gesetzten Grenzen können Umwelteinflüsse wirksam werden und das Geschehen bestimmen.

Reaktionspotential: ein von C. L. HULL in dessen Lerntheorie eingeführtes Maß für die zur Auflösung einer bestimmten Reaktion erforderliche Reizstärke.

Reaktionszeit: die Zeitspanne, die zwischen Reiz und Reaktion vergeht. Sie entspricht der sog. **Schrecksekunde** und beträgt bei Sehreizen (z.B. Aufleuchten einer Lampe) und der darauffolgenden Reaktion (z.B. Bewegen eines Hebels) 0,15–0,3 Sekunden. Die R. ist individuell sehr unterschiedlich und vom Aufmerksamkeits- bzw. Ermüdungsgrad, aber auch von dem angesprochenen Sinnesor-

R

gan (Auge, Gehör usw.), dem Erfolgsorgan (bei Bewegungsreaktionen die Muskulatur), der Versuchsanordnung und der Schwierigkeit der Aufgabe abhängig. Die leicht zu messende R. ist eine wichtige Meßgröße in der Psychometrie.

reaktiv: als Reaktion auf einen Reiz auftretend; rückwirkend.

reaktive Depression ↑Depression.

reaktive Hemmung: von C. L. HULL angenommene veränderliche Größe, die die Bereitschaft für ein bestimmtes Verhalten oder die Häufigkeit, mit der ein solches Verhalten wiederholt werden kann, mindert: Je mehr Energie für das Verhalten aufgebracht werden muß, je öfter es wiederholt wurde und je kürzer die seit der letzten Wiederholung verstrichene Zeit ist, desto größer ist die reaktive Hemmung.

Realangst: nach S. FREUD (↑Psychoanalyse) die Angst vor den äußeren Gegebenheiten, die für das Individuum eine tatsächliche *(reale)* Bedrohung darstellen (im Unterschied zur psychosozial bedingten *neurotischen* Angst). Bei intaktem Selbsterhaltungstrieb entwickelt der einzelne angesichts einer als solcher erkannten *wirklichen* Gefahr R. mit Fluchttendenzen.

Realitätsprinzip: Nach S. FREUD (↑Psychoanalyse) beherrscht das R. gemeinsam mit dem Lustprinzip das psychische Geschehen. In dem Maße, in dem sich das R. durchsetzt, suchen die Triebe nicht mehr auf dem kürzesten Wege nach Befriedigung. Der Mensch macht sich vielmehr zunehmend mit der Realität sowie mit deren die unmittelbare Triebabfuhr hemmenden Gegebenheiten vertraut und schiebt Befriedigungen auf, unterdrückt sie ganz oder wandelt sie um.

Realnorm: eine Bez., die synonym zum Begriff der statistischen ↑Norm gebraucht wird und das üblicherweise Vorkommende, Häufige, Durchschnittliche benennt.

Reanimation: Wiederbelebung erloschener Lebensfunktionen durch künstliche Beatmung, Herzmassage o. ä.

Rebirthing: ein von L. ORR Mitte der 1970er Jahre in den USA begründetes (wissenschaftlich bisher kaum erforschtes) psychotherapeutisches Verfahren im Rahmen der humanistischen Therapien (↑Psychotherapie), das mittels spezieller Atemtechniken auf das Wiedererleben früherer Erfahrungen im Sinne des Abbaus psychischer Spannungen bzw. Konflikte zielt.

Rechenschwäche (Dyskalkulie): erhebliche Reduzierung der Rechenfähigkeit bei einem ansonsten durchschnittlichen Intelligenz- und Schulleistungsniveau.

Rechtsextremismus ↑Extremismus.

Rechtshändigkeit ↑Seitigkeit.

Rechtspsychologie:

◆ wissenschaftliche Disziplin, die sich mit den psychologischen Grundlagen und Bedingungen von Rechtsauffassung und -handhabung befaßt, insbesondere mit den Zusammenhängen zwischen der sog. Willensfreiheit und dem Sinn bzw. der Wirkung der Bestrafung.

◆ ↑Forensische Psychologie.

Redundanz: in der ↑Informationstheorie Bez. für das Vorhandensein von weglaßbaren Elementen in einer Nachricht, die keine zusätzliche Information liefern, sondern lediglich die beabsichtigte Grundinformation stützen.

Reflex: unbewußte, genau festgelegte, wenig störanfällige Reaktion auf bestimmte äußere oder innere Reize, wobei die Reaktion zwischen Sinnesorgan, Zentralnervensystem und Erfolgsorgan über vorgegebene Bahnen (angeborene Schaltungen der Nervenzellen), d. h. über den **R.bogen**, gesteuert wird. Die Reizantwort liegt daher fest und muß nicht erst durch eine Entscheidung des Gehirns gefunden werden. Die Reaktion erfolgt daher sehr schnell und entlastet das Bewußtsein.

Bei **Eigen-R.en** liegen die Sinnesorgane im Erfolgsorgan. Eigen-R.e ermüden nur wenig, bestehen aus nur einer Muskelzuckung und werden in der Regel über nur eine Synapse geschaltet **(monosyn-**

Reflex

Schema eines Eigenreflexes

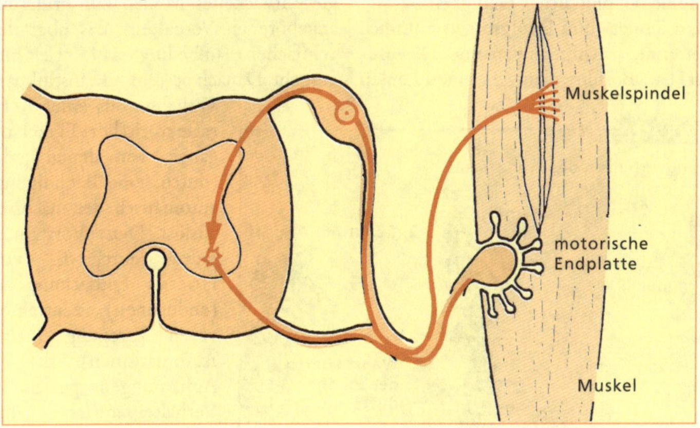

Schema eines Fremdreflexes

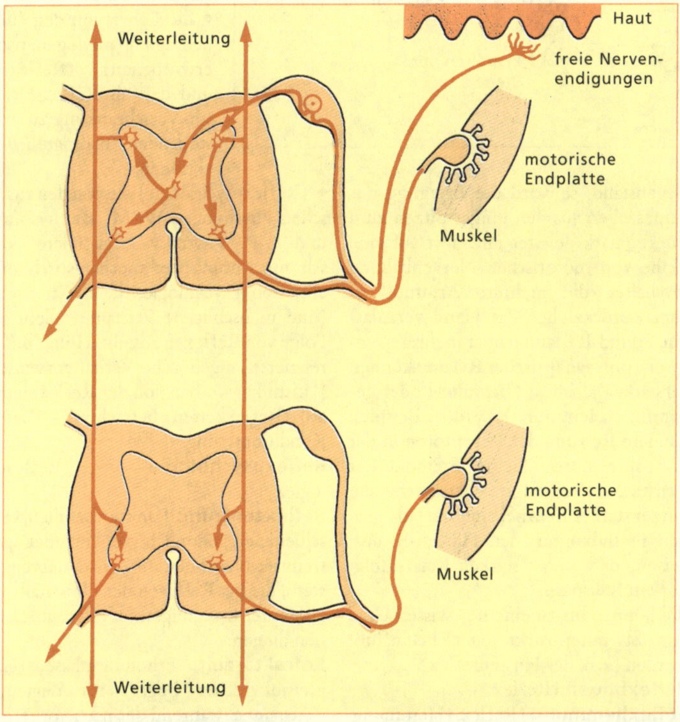

R

aptischer R.). Beispiele sind der ↑Patellarsehnenreflex und die Verengung der Pupille bei plötzlicher Helligkeit.
Sind Sinnes- und Erfolgsorgan räumlich getrennt, spricht man von einem **Fremd-Reflex.** Berührt man z.B. einen heißen

Reflexkette

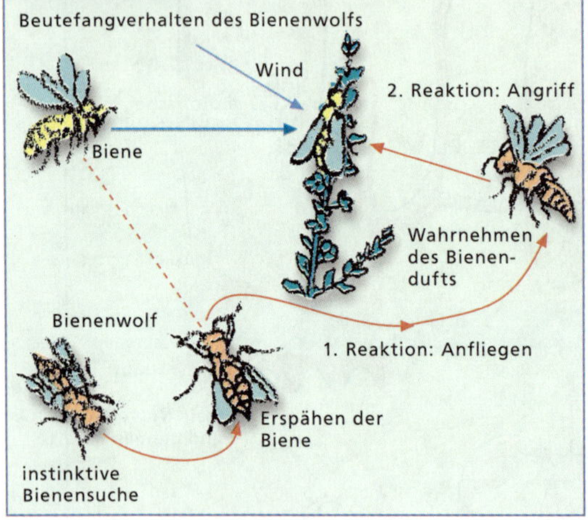

Gegenstand, so wird die Erregung der Sinneszellen aus den Fingerspitzen zum Rückenmark geleitet und dort auf eine Reihe von motorischen Nervenbahnen geschaltet, die mehrere Armmuskeln zum Zurückziehen der Hand veranlassen. Fremd-R.e laufen über mehrere Synapsen **(polysynaptischer R.)** und können verstärkt (gebahnt; ↑Bahnung) oder gehemmt (↑Hemmung) werden. Beispiel: Längere Reizung der Rezeptoren in der Luftröhre durch kleine Fremdkörper (schwacher Reiz) löst, ebenso wie ein kurzer starker Reiz bei einem relativ großen Fremdkörper, den Husten-R. aus; bei einem weniger starken Reiz erfolgt nur ein Räuspern.
R.e können bis zu einem gewissen Grad bewußt unterdrückt oder beeinflußt werden (z.B. der Hustenreflex).

Reflexbogen ↑Reflex.

Reflexhemmung ↑Reflex, ↑Hemmung.

Reflexivität ↑kognitive Stile.

Reflexkette: innerhalb der ↑Reflexologie entwickeltes Modell zur Erklärung angeborenen Verhaltens, das über den »einfachen« (unbedingten) ↑Reflex hinausgeht. Danach besteht z.B. instinktives Verhalten aus einer Kette reflektorischer Einzelvorgänge, von denen jeder (durch seine Beendigung) automatisch den nächsten auslöst. Diese Vorstellung wurde durch E. VON HOLSTS Entdeckung der (endogenen) zentralnervösen Erregung (↑auch Automatismen), die zu Anhäufungen spezifischer Verhaltensantriebe führt, widerlegt.

Reflexologie:
- die Lehre von den (unbedingten, phylogenetisch erworbenen) ↑Reflexen und den als Reflex-Dressur-Verschränkung zu verstehenden ↑bedingten Reaktionen.
- (Reflexpsychologie) die von den russischen Physiologen W. M. BECHTEREW und I. P. PAWLOW begründete Forschungsrichtung der mechanistisch orientierten Psychologie, die das tierische (und menschliche) Verhalten allein als Folge von Reflexen ansieht. Höher differenzierte, angeborene Verhaltensweisen (↑Instinkt) werden von der Reflexologie als ↑Reflexketten betrachtet. – ↑auch Konditionierung.

Reflexpsychologie svw. ↑Reflexologie.

Reflexzentrum: Funktionseinheit verschiedener, räumlich voneinander getrennter Neuronen im Zentralnervensystem, die bei Reflexen der Umschaltung afferenter Erregungen auf efferente Bahnen dienen.

Refraktärzeit: Erholungsphase; reizphysiologischer Begriff für diejenige Zeitspanne, während der nach vorhergehender Reizung auf eine erneute Reizung keine Erregungsbildung (und daher keine Reaktion) erfolgt.

Regelkreis ↑Kybernetik.

Regel-Spiel ↑Spiel.

Regression: allg. das Zurückgehen auf frühere Entwicklungsstufen; auch im Sinne von Rückbildung, z.B. als Abbau von geistigen Fähigkeiten mit zunehmendem Alter.

In der ↑Psychoanalyse ist R. die Bez. für einen ↑Abwehrmechanismus des Ich, wenn nach schweren Versagungen und Enttäuschungen plötzlich entwicklungsmäßig frühere kindliche Verhaltensweisen wieder auftreten, z.B. übermäßiges Essen bei Liebeskummer als Rückfall in die kindlichen sexuellen Wünsche der oralen Phase. Die R. setzt voraus, daß wichtige Triebwünsche in einer früheren Entwicklungsphase nicht ausreichend befriedigt wurden. – ↑Fixierung.

Von diesen neurotischen Formen der R. sind kreative, gutartige Formen zu unterscheiden, die etwa beim Künstler bewußt eingesetzt werden, wenn er seine Verstandeskontrolle ausblendet, um dem bildhaften Phantasieerleben freien Lauf zu lassen.

Regressionsanalyse: die statistische Technik zur Vorhersage der Werte einer abhängigen Variable (z.B. Schulleistungen) aus der Kenntnis von Meßwerten bei einer (z.B. mit Hilfe eines Tests erfaßter Intelligenz) oder mehreren unabhängigen Variablen (z.B. Testintelligenz *und* Ängstlichkeit). Im ersten Fall spricht man von *einfacher R.,* bei mehreren unabhängigen Variablen von einer *multiplen Regressionsanalyse.* – ↑auch Statistik.

Rehabilitation (Wiedereingliederung, Wiederherstellung): Sammelbez. für alle Maßnahmen, die darauf abzielen, körperliche, geistige oder psychische Behinderungen oder soziale Isolierung (z.B. aufgrund von Krankheit, Inhaftierung, Drogenabhängigkeit, Unfallschädigung) bzw. deren Folgen zu beseitigen oder zu mindern und die Betroffenen möglichst dauerhaft in die Gesellschaft (wieder) einzugliedern. Die Betroffenen sollen befähigt werden, an den allg. gesellschaftlichen Prozessen (Arbeit, Wohnen, Interaktion, Kommunikation usw.) sinnvoll teilzunehmen.

Die R., die sich auf alle Behinderungen unabhängig von ihrer Entstehungsursache bezieht (auf Berufskrankheiten und Unfallfolgen ebenso wie auf angeborene Leiden, allg. Krankheiten oder Kriegsfolgeschäden), erfolgt in einer Vielzahl öffentlicher und privater Einrichtungen, die z.T. auf bestimmte Behinderungsarten spezialisiert sind (z.B. Berufsförderungswerk, Landesgehörlosenschule, Blindenanstalt, Heimsonderschulen).

Nach der jeweiligen Zielsetzung unterscheidet man: *medizinische R.* (z.B. ärztliche Behandlung und Versorgung, Beseitigung aller Gebrechen, Kuren, Wiederherstellung der Lebenstüchtigkeit); *berufliche R.* (z.B. Erwerb von Kenntnissen und Fähigkeiten für einen Beruf oder einen neuen bzw. anderen Beruf durch Ausbildung, Fortbildung und Umschulung, Arbeitsvermittlung, lebensgerechte Ausstattung des Arbeitsplatzes); *soziale R.* (z.B. finanzielle Beihilfen, Wohnungsbeschaffung, Steuererleichterungen).

Zu den Maßnahmen der *psychischen R.* zählen v.a. Gruppen- und Verhaltenstherapie, Beschäftigungstherapie, gestufte Übergangseinrichtungen zwischen Klinik und Normalumwelt (z.B. Tages- und Nachtkliniken, Patientenklubs) und die Schaffung günstiger Umweltbedingungen, wenn eine volle Wiedereingliederung nicht möglich ist (therapeutische Gemeinschaft, Wohnheime, Werkstätten für Behinderte).

In der R. bemühen sich verschiedene Fachleute (Ärzte, Psychologen, Heilpädagogen, Soziologen, Sozialarbeiter, Therapeuten, Berufsberater), die Behinderten in allen ihren Belangen gemeinsam zu betreuen, wobei eine bloße Optimierung ihrer Funktionstüchtigkeit immer mehr zugunsten einer umfassenden Förderung der Gesamtpersönlichkeit in allen ihren Aspekten (soziale, psychische, bio-

R

logische) aufgegeben wird. Die wichtigsten darüber hinausgehenden strukturellen Maßnahmen sind: Vermeidung langfristiger rein bewahrender Hospitalisierung durch Schaffung gemeindenaher R.szentren; vorbeugende Maßnahmen der Gesundheits- und Sozialpolitik durch verbesserte Früherkennung (Ausbau der genetischen Beratung), Frühbehandlung und Frühförderung; gemeinsame Förderung Behinderter und Nichtbehinderter auf dem Bildungssektor zur Verbesserung der beruflichen und sozialen Integration; Maßnahmen des Gesetzgebers (z.B. Schwerbehindertengesetz, R.sangleichungsgesetz); verstärkte Anstrengungen für die Aus- und Fortbildung von R.sfachkräften sowie für den Ausbau der R.sforschung (Diagnose, Prognose und Verbesserung des R.serfolgs); Sorge für Toleranz gegenüber den Behinderten durch entsprechende Öffentlichkeitsarbeit.

Von den z. Z. rund 4 Mill. Behinderten in Deutschland sind nahezu 3 Mill. als Schwerbehinderte anerkannt. – ↑auch Sozialpsychiatrie.

Reifung:

◆ Verhaltensänderungen im Hinblick auf einen bestimmten Endzustand **(Reife)** im Verlauf der menschlichen Individualentwicklung, die von genetischen Faktoren bestimmt (gesteuert) werden und nicht auf Umwelteinflüsse zurückzuführen sind. Die ↑Entwicklungspsychologie untersucht, in welchem Umfang diese erblichen Anlagen und die Umweltbedingungen (v.a. das Lernen) Einfluß auf die menschliche Entwicklung nehmen. – ↑auch Anlage-Umwelt-Problematik.

◆ (Geschlechtsreifung) Entwicklungsphase der ↑Pubertät. – ↑auch Geschlechtsreife.

Reinforcement svw. ↑Verstärkung.

Reinkarnation ↑Seelenwanderung.

Reinlichkeitserziehung svw. ↑Sauberkeitserziehung.

Reiz ↑Reiz und Reaktion.

Reizbarkeit svw. ↑Erregbarkeit.

Reizleitung svw. ↑Erregungsleitung.

Reizschwelle ↑Reiz und Reaktion.

Reizsummation: Wenn ein einzelner Reiz nicht ausreicht, eine Empfindung oder eine Reaktion (z.B. einen Reflex oder eine Instinkthandlung) in Gang zu bringen, dann kann die wiederholte Reizung derselben Rezeptoren oder eine Reizeinwirkung über einen längeren Zeitraum hinweg den betreffenden Vorgang doch noch auslösen. – ↑Schlüsselreize können sich in ihrer Wirkung sogar gegenseitig verstärken (sog. **Reizsummenphänomen**).

Die Möglichkeit der R. wird v.a. werbe- bzw. reklamepsychologisch genutzt, da man sich von der immer wiederkehrenden Darbietung eines Warenzeichens (z.B. auf Reklametafeln in den Stadien) Einfluß auf den Verkaufserfolg verspricht.

Reizüberflutung: Videowand auf der Internationalen Funkausstellung in Berlin

Reizüberflutung:

◆ Überfülle an Eindrücken, die durch die tägliche Wahrnehmungsflut, insbes. durch die Massenkommunikationsmittel auf den einzelnen einwirken. Normalerweise können solche Einflüsse durch selektive (auswählende) Wahrnehmung verarbeitet werden. Eine Überforderung durch Reize kann aber auch diese Fähigkeit beeinträchtigen, zu einer Abstumpfung führen oder sogar Affektstörungen bewirken.

◆ In der *Verhaltenstherapie* (als **Überflutungstherapie** oder **Flooding**) ist die R. eine Methode v.a. zur Behandlung von Phobien, bei der die angstauslösenden Reize dem Klienten derart gehäuft dargeboten werden (jedoch ohne Auftreten der erwarteten Folgen), daß er die unrealistische Angst vor diesen Reizen verliert.

Reiz und Reaktion: Ein *Reiz* bezeichnet jeden Vorgang oder jede Erscheinung innerhalb *(Innenreiz)* oder außerhalb *(Außenreiz)* eines Organismus, die seine Sinnesorgane erregen. Unterschieden werden optische, mechanische, thermische, elektrische, chemische und akustische Reize. Die Antwort auf diese Reize bezeichnet man als *Reaktion.* Um eine Reaktion auszulösen, muß der Reiz eine bestimmte Stärke aufweisen. Ein zu schwacher Reiz überschreitet die *Reizschwelle* nicht und wird daher nicht wahrgenommen; außerdem muß zwischen den Reizgrößen zweier aufeinanderfolgender Reize eine bestimmte Differenz bestehen, damit ein Unterschied wahrgenommen wird (Unterschiedsfeststellung). Durch ↑Reizsummation können mehrere unterschwellige Reize dennoch eine Reaktion auslösen. Zu starke (überschwellige) Reize, die das Anpassungsvermögen des Sinnesorgans überschreiten, lösen Schmerz aus (*Schmerzschwelle;* z.B. zu lautes Geräusch). Die Reizschwelle ist nicht gleichbleibend, sie variiert mit inneren und äußeren Faktoren. Ein Reiz, für den ein Sinnesorgan eigens geschaffen ist, wird *adäquater Reiz* genannt. Energiereiche fremde Reize können auch eine dem Sinnesorgan entsprechende Empfindung auslösen; solch ein *inadäquater Reiz* ist z.B. ein Schlag auf das Auge, der »Sterne« sehen läßt. – Beim *aversiven Reiz* handelt es sich um einen als unangenehm empfundenen Reiz, dem das Individuum auszuweichen sucht. – ↑Konditionierung, ↑Lerntheorien, ↑Reflex, ↑Verhaltenstherapie.

Reizverarbeitung: physiopsychischer Gesamtvorgang von der Aktivierung eines Rezeptors bis zur Auslösung der Empfindung oder Reaktion. – ↑auch Perzeption.

Reizwort: akustisch oder optisch dargebotenes Wort, auf das eine Versuchsperson in einer bestimmten Weise reagieren soll. In den Assoziationsexperimenten von C. G. JUNG (↑Assoziation) wurde beispielsweise von den Versuchspersonen verlangt, auf das R. hin möglichst schnell mit jenem Wort zu antworten, das ihnen als erstes einfiel.

Reklamepsychologie svw. ↑Werbepsychologie.

Rekonstruktionsmethode: ein von E. NEUMANN entwickeltes Verfahren zur Untersuchung des Gedächtnisses, bei dem in einer bestimmten Reihenfolge Daten gelernt und später in veränderter Anordnung wieder dargeboten werden. Aufgabe ist es, die ursprüngliche Reihenfolge wiederherzustellen. Die Anzahl richtig lokalisierter Daten dient als Maß für die Gedächtnisleistung.

Relaxation: Entspannung, Lockerung, Erschlaffung, v.a. in bezug auf die Muskulatur. Wegen ihrer streßabbauenden und seelisch stabilisierenden Wirkung hat die bewußte Herbeiführung einer R. (↑auch Entspannung) als **R.smethode** *(R.stherapie)* breite Anwendung in der Psychotherapie gefunden (insbes. zur Behandlung psychosomatischer Erkrankungen). Zu den entsprechenden Verfahren zählen v.a. Autogenes Training, Yoga, Meditations- und Biofeedbackmethoden sowie die Verabreichung ruhigstellender und entspannender Psychopharmaka (z.B. Tranquilizer).

Reliabilität: die Zuverlässigkeit von Messungen. Speziell gilt die R. neben ↑Objektivität und ↑Validität als ein Hauptgütekriterium von Testverfahren. Die R. gibt an, wie genau ein Test ein bestimmtes Merkmal mißt, ungeachtet dessen, was das Meßinstrument zu messen beansprucht. Zur Quantifizierung der R. eines Tests existieren verschiedene Maße,

R

denen auch verschiedene Vorgehensweisen bei der empirischen Ermittlung der Zuverlässigkeit entsprechen.
Als wichtige traditionelle Methoden der R.sbestimmung im Rahmen der klassischen Testtheorie gelten die Testhalbierungsmethode, die Bestimmung der internen Konsistenz eines Tests, die Testwiederholungsmethode (Retestmethode) und die Paralleltestmethode, wobei die Paralleltests entweder zum gleichen Zeitpunkt oder aber mit einem dazwischenliegenden Zeitintervall vorgegeben werden können. Bei der **Testhalbierungsmethode** wird der Test in zwei gleichwertige Aufgabenhälften geteilt; dann wird die R. des halben Tests über einen Korrelationskoeffizienten berechnet und daraus die Zuverlässigkeit des Gesamttests bestimmt. Die **Konsistenzanalyse** ihrerseits stellt eine Verallgemeinerung dieses Verfahrens dar. Als Maß für die interne Konsistenz erhält man einen Konsistenzkoeffizienten, der einem Korrelationskoeffizienten vergleichbar ist. Die übrigen genannten Methoden quantifizieren die R. entweder zwischen den bei der wiederholten Vorgabe des Tests **(Retestmethode)** ermittelten Meßwerten oder aber zwischen den Meßwerten der beiden parallelen Testformen **(Paralleltestmethode)**.

Reliabilitätskoeffizient (Zuverlässigkeitskoeffizient): Maß für die Höhe der ↑Reliabilität eines ↑Tests. Bei R.en handelt es sich in der Regel um Korrelationskoeffizienten. – ↑Korrelation.

Religionspsychologie: Wissenschaft, die religiöse Erscheinungen mit Hilfe psychologischer Begriffe, Erfahrungen und Fragestellungen untersucht. Bis heute ist umstritten, ob die R. in der Theologie, Psychologie oder Religionswissenschaft ihren Platz hat. Psychologische Überlegungen im weitesten Sinne hat es in den Reflexionen über Religion, ihrer Verteidigung und Kritik seit Beginn der Überlieferungen gegeben, z.B. bei TERTULLIAN, AUGUSTINUS, T. VON AVILA, L. FEUERBACH und S. KIERKEGAARD. Die R. im engeren Sinn beginnt im 19.Jh. mit den Untersuchungen von E. D. STARBUCK zur religiösen Sozialisation mittels Fragebogen, mit W. JAMES, der die »Urbilder« aller religiösen Erfahrungen und Handlungen, die der »Durchschnittsgläubige« nur nachvollziehe, in den religiösen »Genies« aufsuchen wollte, und mit J. H. LEUBA, der die Bedeutung der Religion für individuelle und soziale Entwicklungen auch in nichtchristlichen Kulturen herausarbeitete.
In Deutschland wurden diese amerikanischen Ansätze zuerst von Theologen aufgenommen. G. WOBBERMIN wollte »die verschiedenartigen Ausdrucksformen des religiösen Bewußtseins unter dem Gesichtspunkt des Wahrheitsinteresses psychologisch analysieren, um so ihre spezifisch religiösen Motive und Tendenzen zu erfassen«. Dagegen schloß W. STÄHLIN die Wahrheitsfrage strikt aus, um den Weg für eine empirische Wissenschaft zu ebnen. In den zwanziger Jahren führte dieser Ansatz zu vielen empirischen Untersuchungen der religiösen Einstellungen verschiedener Bevölkerungs- und Berufsgruppen. Die experimentelle Methode wurde von W. TRILLHAAS kritisiert, da sich ein »originäres religiöses Erlebnis« nicht durch einen Versuchsleiter »auslösen« lasse, statt dessen wurde ein an W. DILTHEY, E. HUSSERL und E. SPRANGER anknüpfendes »verstehendes« oder »geisteswissenschaftliches« Verfahren empfohlen. S. FREUD und andere Psychoanalytiker trugen Grundlegendes zum Verständnis religiöser Kulte und Mythen durch einen Vergleich mit psychologisch beschreibbaren und in der Psychoanalyse aufklärbaren Träumen bei. In der Analytischen Psychologie C. G. JUNGS erfolgte eine weitgehende Gleichsetzung von »religiös« und »psychisch«.
Nach dem Zweiten Weltkrieg sind mehrere systematische Zusammenfassungen vorgelegt worden. Weitergeführt haben insbes. die Untersuchungen von A. VERGOTE zur Bedeutung der Vater- und

Mutterimago für das Gottesbild und die Anwendung der Rollenpsychologie auf religiöses Verhalten von H. Sundén. Die neuere R. betont, daß eine wissenschaftliche R. im eigentlichen Sinn nur mit empirischen Methoden und theoretischer Durchdringung des Erforschten zu relevanten Ergebnissen gelangen könne. Dabei sei zu berücksichtigen, daß religiöses Verhalten nicht nur eine Ausdrucksform der Psyche darstelle, sondern daß die Religion an der Gestaltung der psychischen Instanzen (z.B. des Gewissens) mitbeteiligt sei.

religiöser Menschentyp ↑Typologie.

Reminiszenz:

◆ das Wiederauftreten von Gedächtnisinhalten ohne äußeren (z.B. assoziierter Reiz) oder inneren (z.B. willentliches Erinnern) Anlaß bzw. deren Eingehen in eine Handlung, ohne daß sich der Handelnde dessen bewußt wird.

◆ die Verbesserung der Reproduktionsleistungen nach einer Ruhepause, die bei sprachlichem Lernstoff meist kurz, bei sog. motorischem Lernstoff eher länger ist.

Remission: Bez. für das Abklingen oder vorübergehende Nachlassen von Krankheitssymptomen, z.B. der Rückgang des Fiebers. Unter **Spontanremission** wird eine ohne therapeutische Maßnahmen eintretende (plötzliche) Heilung verstanden.

REM-Phase: Abk. für **R**apid-**e**ye-**m**ovement-Phase. – ↑Schlaf.

Repräsentativerhebung: Bei empirischen Untersuchungen (z.B. bei Umfragen zu den Fernsehgewohnheiten von Kindern) können in aller Regel nicht sämtliche Angehörigen der betreffenden Personengruppe (= *Grundgesamtheit* oder *Population*), sondern nur ein Teil davon untersucht (d.h. befragt) werden. Diese Teilgruppe bildet eine Stichprobe der Grundgesamtheit. Um verläßliche Informationen über die Population aufgrund der Stichprobe zu erhalten, muß deren Auswahl so erfolgen, daß sie für die Grundgesamtheit *repräsentativ* ist. Wenn dies aufgrund bestimmter Kriterien der Fall ist, spricht man von einer repräsentativen Erhebung oder Repräsentativerhebung.

Repression:

◆ in der *Psychoanalyse* die (unbewußte) Verdrängung eigener Wünsche und Bedürfnisse durch das Individuum; gelegentlich auch die Bez. für eine (bewußte) Zurückdrängung bestimmter Motive.

◆ in der *Gesellschaftskritik* der Kritischen Theorie (v.a. von H. Marcuse) und der Neuen Linken wurde der Begriff R. in den 1960er Jahren, in Anknüpfung an die marxistische Denktradition und die Psychoanalyse, im Sinne einer allg. politischen Unterdrückung auf jegliche Einschränkung bzw. Behinderung der Persönlichkeitsentfaltung sowie der individuellen Freiheit als Gegenbegriff zur Emanzipation angewendet. Dieser Annahme zufolge kann die R. ganzer Bevölkerungsteile mit Hilfe gesellschaftlicher oder staatlicher Sanktionen (gegebenenfalls mittels polizeilicher oder militärischer Gewalt) oder durch subtile Manipulation (u.a. durch Massenmedien) erfolgen und den einzelnen an der Entfaltung seiner Möglichkeiten hindern.

Residuum: Bez. für das weitere Fortbestehen z.B. einer Gedächtnisspur (↑Engramm) oder einer körperlichen und/ oder kognitiven Schädigung (als Dauerfolge einer Krankheit).

Resistenz: Widerstandsfähigkeit eines Organismus gegenüber äußeren Einwirkungen.

Response: im weiteren Sinne Bez. für ein durch bestimmte Reize bewirktes Verhalten (z.B. ↑bedingte Reaktion); im engeren Sinne Bezeichnung für die durch einen bestimmten Einfluß hervorgerufene Antworttendenz (etwa die Jasagetendenz), die das Ergebnis eines psychologischen Tests verfälscht.

Ressentiment:

◆ auf Vorurteilen, Unterlegenheitsgefühlen, Neid o.ä. beruhende (emotionale) Abneigung, die den Betreffenden selbst oft nicht bewußt ist.

R

◆ im Wiedererleben verstärktes negatives Gefühl (z.B. Haß nach einer Kränkung oder Zurücksetzung); heimlicher Groll.

RET: Abk. für ↑**R**ational-**e**motive **T**herapie.

Retardation (Retardierung, Entwicklungsverzögerung):

◆ *allg.* Verzögerung, Verlangsamung eines Ablaufs, einer Entwicklung.

◆ ungenaue Bez. für die Verzögerung der geistigen und psychischen Gesamtentwicklung von Kindern im Sinne leichter, nicht notwendigerweise bleibender ↑geistiger Behinderung. Die Ursachen sind körperliche Schädigungen (Hirn- oder Stoffwechselerkrankungen), Mangelernährung oder ungünstige familiäre bzw. soziale Verhältnisse. In den letztgenannten Fällen liegen jedoch keine echten (bleibenden) geistigen Beeinträchtigungen, sondern Entwicklungshemmungen aufgrund äußerer Ursachen vor, die auch als *Pseudodebilität* bezeichnet werden.

Retention:

◆ die Fähigkeit des Gedächtnisses, Erlerntes und Erlebtes zu behalten bzw. sich daran zu erinnern.

◆ das Andauern nicht verarbeiteter Erlebnisse (sog. unbewältigte Vergangenheit).

◆ die (negative) Charaktereigenschaft, sich nur unzureichend äußern zu können oder eine nur mangelhafte Hingabefähigkeit zu besitzen.

Retestmethode ↑Reliabilität.

Retina svw. ↑Netzhaut.

retroaktive Hemmung ↑Gedächtnishemmungen.

retroaktive Suggestion ↑Suggestion.

Reversibilität ↑Denkentwicklung.

Reversion:

◆ in der *Wahrnehmungspsychologie* das »Zurückspringen« eines betrachteten Gegenstandes in die Ausgangslage der Betrachtung; bezogen auf R.sfiguren bzw. Inversionsfiguren, z.B. ↑Necker-Würfel, ↑Schröder-Treppe. – ↑auch Figur-Grund-Verhältnis, ↑Inversion.

◆ in der *Psychoanalyse* Bez. für einen Abwehrmechanismus des Ich als Rückwendung der aus dem Es stammenden, objektgerichteten Triebimpulse gegen sich selbst (z.B. »sekundärer« Narzißmus als R. des Geschlechtstriebs).

Reward (Belohnung): svw. ↑Lohn und Strafe.

Rezeptionsorgane ↑Sinnesorgane.

Rezeptivität: vom Leistungsvermögen der Sinnesorgane abhängige Aufnahmefähigkeit (Wahrnehmungsfähigkeit) eines Lebewesens.

Rezeptor: Sinneszelle oder Endigung einer Nervenzelle, die bestimmte Reize in Nervenerregungen umwandelt und zum Zentralnervensystem weitermeldet.

Rhinolalie: näselndes Sprechen. – ↑Sprachstörungen.

Rhythmik (Periodik): Bei allen Pflanzen und Tieren wie auch beim Menschen werden von einem autonomen (endogenen) rhythmischen Mechanismus außer Stoffwechselprozessen und Wachstumsleistungen auch bestimmte andere Vorgänge zeitlich gesteuert. Zu den beim Menschen regelmäßig wiederkehrenden Abläufen zählen der Herzschlag, die Atemfrequenz und die Zeitspanne der Menstruation. Einen vergleichsweise hohen Stellenwert erlangte in den letzten Jahren die Erforschung der ↑zirkadianen Rhythmik wie auch des Einflusses spezifischer »Zeitgeber« auf bestimmte Stoffwechselprozesse. Die Berücksichtigung der biologischen Rhythmik scheint vorrangig in der Medizin von Bedeutung. Einige Medikamente entfalten in einer besonders empfindlichen Phase der biologischen Rhythmik stärkere Wirkung, was z.B. für die Behandlung von ernsteren psychischen Erkrankungen in Form der Anwendung sog. Depot- bzw. Retard-Präparate genutzt wird, die ihre Wirkung erst mit deutlicher, z.T. mehrtägiger Verzögerung freisetzen.

Ribonukleinsäure (Abk.: RNS): vielfach hergestellte Kopie des im Kern aller Zellen gelegenen und in der ↑Desoxyribonukleinsäure (DNS) lokalisierten

Bauplans eines Individuums. Sie dient als Matrize für die Synthese neuer Proteine.

Richtungsdisposition: bes. in der Charakterkunde häufig verwendete Bez. für zielstrebig gerichtete Veranlagungen und Antriebe wie Drang, Sucht, Wunsch, Wille, Neigung, Interesse.

Riechen (Geruchssinn, olfaktorischer Sinn): durch niedrige Reizschwellen ausgezeichneter, bei höheren Tieren und beim Menschen in Nasenorganen lokalisierter Fernsinn, der mit Hilfe bes. *Geruchsorgane* als chemischer Sinn die Wahrnehmung von Geruchsstoffen ermöglicht.

Die *Geruchssinneszellen* sind stets primäre Sinneszellen. Sie liegen bei Wirbellosen mehr oder minder über den ganzen Körper verstreut oder treten an bestimmten Stellen gehäuft auf. Spinnen und Krebse tragen sie an den Extremitäten, Insekten vorwiegend an den Antennen. Bei den Wirbeltieren sind die Geruchssinneszellen der Riechschleimhaut stets in einem als Nase bezeichneten Organ vorn am Kopf vereinigt. Bei den auf dem Land lebenden Wirbeltieren dient die durch die Nase aufgenommene Luft nicht nur zur Geruchswahrnehmung, sondern v.a. auch der Atmung (Sauerstoffaufnahme).

Die Geruchsreize werden bei Wirbeltieren (einschließlich Mensch) über paarige Geruchsnerven dem Gehirn zugeleitet. Mit Hilfe des Geruchssinns erkennen Tiere Nahrung, Artgenossen und Feinde. Auch zur Orientierung und (z.B. beim Sozialverhalten staatenbildender Insekten) zur gegenseitigen Verständigung (z.B. durch Duftmarken, Duftstraßen) ist der Geruchssinn bedeutend. Bei den meisten Wirbellosen, die nur eine Art Chemorezeptoren besitzen, läßt sich der Geruchssinn nicht einwandfrei oder überhaupt nicht vom Geschmackssinn trennen.

Tiere mit relativ schwachem Geruchssinn (z.B. Affen, Robben, Fledermäuse, Vögel, Reptilien, Amphibien) sowie der Mensch werden als *Mikrosmaten* von den *Makrosmaten* (mit bes. gutem Geruchssinn, z.B. Insektenfresser, Nagetiere, Raubtiere, viele Huftiere) unterschieden. Ohne Geruchssinn *(Anosmaten)* sind z.B. die Wale. Die Riechzellen des (sonst mikrosmaten) Menschen können für manche Stoffe (etwa Moschus oder Vanille) ebenfalls sehr empfindlich sein. Bei Frauen ist die Riechschwelle kurz vor und während der Menstruation erniedrigt.

Mehrere Typen von Rezeptoren sind notwendig, um verschiedene Düfte zu unterscheiden. Eine Vielfalt komplexer Duftqualitäten kann durch das Zusammenwirken nur weniger Rezeptoren unterschieden werden. Der Mensch kann mehrere tausend Düfte unterscheiden. Der Geruchssinn spielt bei ihm v.a. bei der Kontrolle von Speisen und Geträn-

Riechen

Menschliches Riechepithel; 1 Schleimfilm, 2a-e Riechzelle (2a Riechhärchen, 2b Riechkolben, 2c peripherer Zellfortsatz, 2d Zellkörper der Sinneszelle mit Zellkern, 2e Riechfädchen, gehen in die Riechnerven über), 3 Stützzellen, 4 Basalzellen, 5 Basalmembran, 6 Bindegewebe

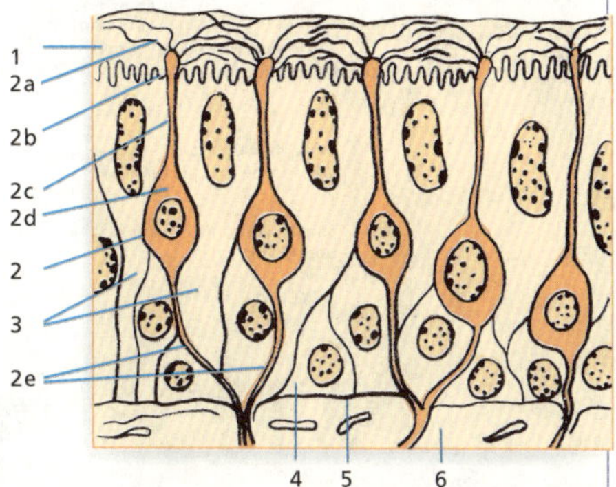

Rindenfelder

Rindenfelder des Menschen. In dem rechteckig eingerahmten Feld liegen die sensorischen und motorischen Projektionsfelder

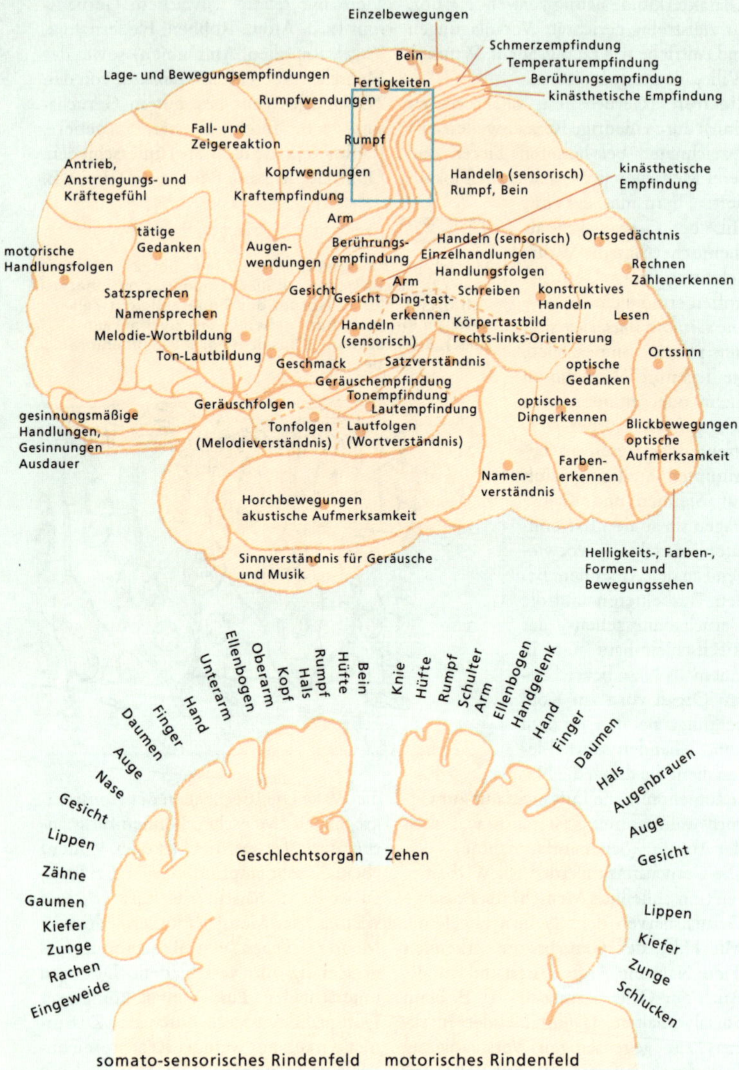

Diese Schemazeichnung zeigt einen kleinen Teil der funktionalen Architektur des menschlichen Gehirns. Gewisse Teile der Großhirnrinde sind gesetzmäßig Körperteilen zugeordnet. Links sind die sensorischen, rechts die motorischen Felder gezeigt.

ken eine Rolle, daneben auch im Geschlechtsleben; ferner ist er geeignet, schädigende Stoffe zu signalisieren. Bei Dauerreizung durch einen bestimmten Geruchsstoff unterliegt der Geruchssinn einer ausgeprägten Adaptation, d.h., die Geruchsempfindung erlischt, ohne jedoch die Empfindlichkeit für andere Stoffe zu beeinflussen. Bemerkenswert ist außerdem, daß derselbe Stoff je nach Konzentration ganz verschiedene Geruchsempfindungen hervorrufen kann. Beispielsweise kann das bei höherer Konzentration übelriechende Skatol bei starker Verdünnung Jasminduft sehr ähnlich werden.

Am bekanntesten sind die folgenden sechs *Geruchskategorien:* würzig (z.B. Ingwer, Pfeffer), blumig (Jasmin), fruchtig (Fruchtäther, z.B. des Apfels), harzig (Räucherharz), faulig (Schwefelwasserstoff) und brenzlig (Teer).

Rigidität: starres Festhalten an bestimmten Einstellungen, Gewohnheiten und Lösungsmustern ohne Anpassungsleistung an veränderte äußere Bedingungen (etwa im psychologischen Experiment).

Rindenfelder (Großhirnfelder): rund zweihundert eng begrenzte Bereiche der Großhirnrinde, denen in der extremen Lokalisationstheorie genau beschreibbare Funktionen zugeordnet werden; sie wurden aufgrund von Ausfallserscheinungen bei Gehirnverletzungen, später auch durch elektrische Reizung bestimmter Gehirnbereiche, die im Verlauf von Gehirnoperationen freigelegt worden sind, bestimmt.

Motorische R. sind genau beschreibbar und steuern bestimmte Bewegungsvorgänge (z.B. das ↑Broca-Zentrum). Auch die *sensorischen R. (Projektionsfelder)* lassen sich lokalisieren (z.B. liegt das Hörfeld im Schläfenlappen, das Sehzentrum im Hinterhauptslappen). *Assoziationsfelder* verknüpfen Informationen aus verschiedenen Rindenbezirken miteinander, *Suppressorfelder* wirken hemmend, *Erregungsfelder* erregen bestimmte andere Bereiche. Diese genauen Lokalisationen sind jedoch schon für die zuletzt genannten Felder nur schwer möglich; Hirnfunktionen, wie z.B. ↑Denken oder ↑Gedächtnis sind großflächig verteilt und beteiligen viele R., lassen sich also gar nicht auf eine bestimmte Stelle der Hirnrinde begrenzen.

Risikoverhalten: Handeln oder Zögern in Situationen der Unbestimmtheit bzw. Ungewißheit, bes. im Hinblick auf die möglichen negativen Folgen beim Versagen. R. spielt v.a. bei motivations- und persönlichkeitspsychologischen Untersuchungen eine Rolle.

Ritualisierung: nach J. S. Huxley ein ursprünglich zweckhaftes Verhalten, das sich derart verselbständigt hat oder abgewandelt bzw. übertrieben wird, daß es bei Artgenossen als ↑Auslöser ein bestimmtes Verhalten in Gang setzt. Beispiel: Manche Spinnenweibchen sind so aggressiv, daß eine Begattung unmöglich wird. Die Männchen »beschäftigen« daher die Weibchen in Form eines als Futtergabe mitgebrachten Insekts. Bei einigen Spinnenarten ist dieses Verhalten ritualisiert: Das Männchen bringt ein bereits ausgesaugtes, als Nahrung ungeeignetes Insekt zur Beschwichtigung mit, das vom Weibchen dann bald fallengelassen wird.

RNS: Abk. für ↑**R**ibo**n**ukleinsäure.

Rohwert: der Punktwert, den ein Proband beispielsweise bei einem psychologischen Test als zahlenmäßigen Ausdruck seines Abschneidens zunächst zugeordnet bekommt. In der Regel werden diese Originalwerte dann zur besseren Vergleichbarkeit aber so transformiert (d.h. umgewandelt), daß der transformierte Wert innerhalb einer Normalverteilung (↑Abweichung) liegt.

Rolle:

◆ die Summe von Erwartungen an das soziale Verhalten eines Menschen, der eine bestimmte soziale Position innehat.
◆ ein gesellschaftlich bereitgestelltes Verhaltensmuster, das erlernt und von einer Person in einer bestimmten Siutation

gewählt und ausgeführt werden kann bzw. werden muß. Neben der Nähe zu alltagssprachlichen Wendungen (»eine R. spielen«, »aus der R. fallen«), die bereits darauf hinweisen, daß im R.nspiel sowohl ein anthropologisches Vermögen als auch eine sozial definierte Fähigkeit angesprochen werden und daß der einzelne nur bedingt frei über Formen und Verhaltensweisen im gesellschaftlichen Zusammenhang entscheiden kann, gibt es zwei weitere wichtige Motive für die weite Verbreitung, die der R.nbegriff v.a. seit den 1950er Jahren, von den USA ausgehend, gewonnen hat. Zum einen bietet die Analyse von Verhalten mit Hilfe des R.nkonzepts die Möglichkeit, soziales Verhalten empirisch zu untersuchen. Zum anderen ermöglicht der R.nbegriff als »Elementarkategorie« der soziologischen Theoriebildung die Erforschung der sozialen Bedingungen, ohne daß auf vor- oder außerwissenschaftliche, metaphysische Voraussetzungen zurückgegriffen werden muß.

Die R.nsoziologie hat ein umfangreiches begriffliches Instrumentarium zur Erfassung unterschiedlicher R.nerwartungen entwickelt. Dabei ist zunächst zu berücksichtigen, daß die den einzelnen R.n zugrundeliegenden Verhaltensmuster weder angeboren sind noch den Individuen zur freien Auswahl zur Verfügung stehen; sie werden vielmehr im Prozeß der Sozialisation gelernt. Den Lebensphasen der Kindheit und Jugend sowie der Familie kommen als Vermittlungsinstanzen von R.nbildern besondere Aufgaben und wissenschaftliche Beachtung zu.

Zunächst wird das Individuum in der primären Sozialisation mit R.nerwartungen konfrontiert, die sich auf Merkmale beziehen, die ihm zugeteilt sind und denen es sich nicht entziehen kann. Zu diesen *Primär-R.n* gehören Verhaltenserwartungen, die sich z.B. auf Alter, Geschlecht, Familienzusammenhang oder Schichtzugehörigkeit beziehen; dem stehen *erworbene* oder *Sekundär-R.n* (z.B. Berufs-R.n) gegenüber, deren Auswahl und Erfüllung stärker von den Entscheidungen der Individuen selbst abhängen. In diesem Zusammenhang wird zwischen *fundamentalen R.n,* den vom Individuum notwendigerweise zu erfüllenden Erwartungen (Familien-, Berufs-, Geschlechts-R.n), und *peripheren R.n* (z.B. in der Freizeit) unterschieden. Alle R.n einer Person können als *R.n-Satz* (R. K. Merton) oder *R.n-Konfiguration* (E. K. Scheuch), die einzelnen Erwartungen an eine R. als deren *Elemente* bezeichnet werden. Widerstreitende Erwartungen an unterschiedliche R.n eines Menschen (z.B. Hausfrau und Mutter) werden dann als *Inter-Rollenkonflikt,* widerstreitende Elemente einer R. (z.B. unterschiedliche Erwartungen von Eltern und Schülern an das Verhalten der Lehrerin) als *Intra-Rollenkonflikt* bezeichnet. Dabei hat die wachsende soziale Differenzierung moderner Gesellschaften auch bezüglich der R. zu vervielfachten Mustern und Erwartungen geführt, so daß die einzelnen gegenüber den vielgestaltigen Anforderungen nur auf der Basis einer gewissen R.n-Distanz oder durch selektiven Umgang mit den unterschiedlichen Erwartungen angemessen handeln können.

Für die Entstehung des R.n-Konzepts zeichnen zwei sozialwissenschaftliche Denktraditionen verantwortlich: zum einen die der strukturfunktionalen Theorie (T. Parsons): Danach sind soziale Systeme durch die Verteilung von R.n, die mit Hilfe von Sozialisationsinstanzen, Internalisierung und Sanktionen den Individuen übertragen bzw. von ihnen eingefordert werden, bestrebt, die Funktionsfähigkeit der jeweiligen Gesellschaft sicherzustellen. Zum anderen der symbolische Interaktionismus, der im Anschluß an G. H. Mead einen eher deskriptiven (beschreibenden) R.nbegriff vertritt. Danach werden R.n zwischen Individuen in einem Interaktionszusammenhang ausgehandelt und im Prozeß der Sozialisation erlernt. So lernen Kinder geschlechtsspezifisches und kulturspezifisches Verhalten, das sie auch als Erwachsene ausführen können, in vielen Gesellschaften im Rahmen der Familie. Während hier R.nlernen auch als »Leiden an der Gesellschaft« in Erscheinung treten kann, sieht die philosophische und soziologische Anthropologie in der Fähigkeit zum R.nspiel einen Hinweis auf die grundlegend gesellschaftlich geprägte »Natur« des Menschen und darüber hinaus die Chance, daß der Mensch im Spiel der R. zu sich selbst, also auch zur Selbsterkenntnis, gelangen könne.

Rollenverhalten ↑Rolle.

Rorschach-Test: ↑Formdeutetests.

Rosenthal-Effekt svw. ↑Pygmalioneffekt.

Rückbildungsphase svw. ↑sexueller Reaktionszyklus.

Rückkopplung svw. ↑Feedback.

Rückmeldung svw. ↑Feedback.

rückwirkende Hemmung (retroaktive Hemmung): ↑Gedächtnishemmungen.

Ruhepotential (Membranpotential): elektrische Potentialdifferenz an einer biologischen Grenzfläche (Membran) einer (nicht erregten) Nerven-, Drüsen- oder Muskelzelle. Zwischen innen und außen liegt aufgrund unterschiedlicher Ionenkonzentrationen (innen befinden sich bevorzugt Kalium-, außen Chlorid-Ionen) meist ein R. von −70 mV vor. – ↑Erregungsleitung, ↑Aktionspotential.

Ruheverhalten: ein triebbedingtes Verhalten von Tieren. Es beinhaltet die artspezifischen Besonderheiten, die mit der Ruheperiodik, den Vorbereitungen zur Ruhe und den Ruhehaltungen zusammenhängen.

S

Sadismus: nach D. A. F. DE SADE benannte sexuelle Perversion, bei der das Hauptmerkmal das Zufügen von körperlichem oder psychischem Leid ist, um über diese Handlungen selbst sexuelle Befriedigung zu erlangen; im weiteren Sinne auch die als identitätsstiftend und lustvoll erlebte gezielte Zufügung von Gewalt, im Ggs. zum ↑Masochismus. Psychoanalytische Theorien deuten sadistische Praktiken entweder als Regressionen auf die anale Phase der frühkindlichen Entwicklung oder/und als Versuche der Identitätsstabilisierung über sexualisierte Herrschaftsbeziehungen, in denen die sadistisch handelnde Person mit dem leidenden Objekt identifiziert ist. – ↑auch Sadomasochismus.

Sadomasochismus (Kurzbildung aus Sadismus und Masochismus): sexuelle Perversion, bei der sich die Lust, einer anderen Person Schmerzen zuzufügen (↑Sadismus), mit der Lust verbindet, selbst Schmerzen zugefügt zu bekommen (↑Masochismus).

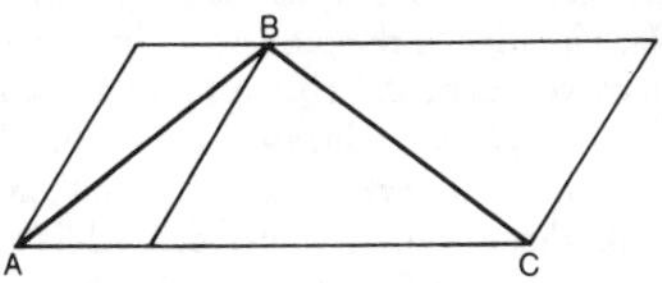

Sander-Figur

Sander-Figur: eine geometrisch-optische Täuschung *(Sander-Täuschung),* bei der zwei gleich lange Seiten eines Dreiecks unterschiedlich lang zu sein scheinen, wenn das Dreieck in ein Parallelogramm eingebettet wird. – ↑optische Täuschungen.

Sanguiniker ↑Temperament.

Sapphismus svw. ↑lesbische Liebe. – ↑Homosexualität.

Sättigung: Eintönig und häufig wiederholte gleichförmige Tätigkeiten werden als langweilig empfunden (»man hat sie satt«, sie »hängen einem zum Halse heraus«), u. U. abgelehnt und sind demzufolge dann auch wenig effektiv.

Obwohl die S. oft mit dem Gefühl der Ermüdung verbunden ist, sind S. und Ermüdung nicht identisch. Geht man nämlich beim Vorliegen einer S. zu anderen Aktivitäten über, ist die betreffende Person (nahezu) wieder voll leistungsfähig und aufmerksam. Beim Vorliegen einer Ermüdung ist dies jedoch nicht der Fall.

S

Sauberkeitserziehung (Reinlichkeitserziehung): Anleitung eines Kindes zur allmählichen Übernahme der selbständigen Kontrolle seiner körperlichen Ausscheidungsfunktionen. Die Beherrschung der Blasen- und Darmregulierung stellt für das Kind den erstmaligen längeren Aufschub von Bedürfnisbefriedigungen dar und wird von der Entwicklungspsychologie wie von der Psychoanalyse als kritische Phase für die kindliche Persönlichkeitsstrukturierung begriffen. So werden u.a. später auftretende Ängste, Zwangsneurosen, trotzige und pedantische Verhaltensweisen sowie befremdliche oder gestörte Einstellungen zur Sexualität mit falscher, zu früher oder zu strenger S. in Zusammenhang gebracht. Nach heutigen Erkenntnissen sollte die S. nicht vor dem 2. Lebensjahr und auch dann möglichst schrittweise begonnen werden. *Voraussetzungen* dafür sind die willkürliche Beherrschung der Schließmuskeln (Ausreifung entsprechender Nervenbahnen), die Fähigkeit des Kindes zur Unterscheidung von Körperempfindungen, sein Wunsch nach größerer Selbständigkeit sowie sicheres und zugleich flexibles Verhalten der Bezugsperson(en) dem Kind gegenüber.

Säugling ↑Kindheit.

Säuglingsentwicklung: eine frühe Stufe der ↑Eltern-Kind-Beziehung.

Scenotest svw. ↑Szenotest.

Schädellehre: Lehre vom anatomischen Bau **(Kraniologie)** und vom Messen **(Kraniometrie)** des menschlichen Schädels. – Ein bes. umstrittener und widerlegter Teil der Sch. ist die sog. *Kranioskopie.* – ↑Phrenologie.

Scham: selbstbewertende unangenehme Emotion, die sich durch spezifische physiologische (Erröten oder Erblassen, Steigerung der Pulsfrequenz) und bestimmte Verhaltensmerkmale (Vermeidung von Blickkontakt, Abwendung des Gesichtes, Verkleinerung des Körperumfanges) auszeichnet. Innerlich wird ein Versagen vor einer Idealnorm oder vor den Normen einer bedeutsamen sozialen Gruppe in Form eines peinlichen Gewahrwerdens der Andersartigkeit bzw.

Sauberkeitserziehung

Minderwertigkeit der eigenen Person erlebt. Entwicklungspsychologisch knüpft die Sch.reaktion an die Vermeidung des Blickkontaktes mit wichtigen Personen zur Regulierung von Erregung an, wie bei der sexuellen Scham.

Sch. ist für die Selbsterkenntnis und Identitätsbewegung in bezug auf Gruppen und Kulturzugehörigkeit von erheblicher Bedeutung. Ein Ausgleich des mit der Beschämung verbundenen Gesichtsverlustes erfolgt durch individuelle Entwicklungsprozesse, bedarf aber oft auch großer kollektiver wie eigener Anstrengungen, die in Form von Ritualen (z.B. Duelle) oder Psychotherapien stattfinden können. Das Fehlen oder ein Übermaß von Sch.gefühlen wertet die Psychoanalyse meist als sog. narzißtische Störungen, die sich als Abwehr der Sch. etwa durch permanent höhnisches Verhalten, Anmaßung und Verachtung bzw. Überheblichkeit äußern.

Schatten: Sammelbez. C. G. Jungs (↑Analytische Psychologie) für die verdrängten, unbewußten, nicht in das Ich aufgenommenen Anlagen und Triebanteile des Menschen.

Schätzung ↑Rating.

Scheinbewegung: Bewegungswahrnehmung bei ruhenden Objekten, eine ↑Bewegungstäuschung.

Scheinneurose svw. ↑Pseudoneurose.

Schema:

◆ (kognitives Schema) Erwartenshaltung oder Einstellung, die Handeln und Denken unbewußt in ganz bestimmter Weise beeinflußt bzw. alles unter einem bestimmten Blickwinkel geschehen läßt. Beispiel sind die unterschiedlichen Antworten einer Hausfrau, eines Autofahrers oder eines Pfarrers auf die Frage nach einem bestimmten Weg.

◆ (assimilierendes Schema) Bez. für die Gesichtspunkte, nach denen neu erworbenes Wissen widerspruchsfrei bereits Bekanntem zugeordnet wird.

◆ (Auslöseschema) Gruppe von Merkmalen, die angeborenes Verhalten auslösen (↑Auslöser, ↑Schlüsselreiz). Ein bes. bekanntes Beispiel ist das ↑Kindchenschema.

◆ (soziales Schema) ↑Verhaltensmuster. – ↑auch Pattern.

Schicht ↑Schichtung.

Schichtenauswahl ↑Stichprobe.

Schichtenlehre (Schichtentheorie): genetische Persönlichkeitstheorie, die davon ausgeht, daß die Psyche in mehrere »Schichten« gegliedert sei. Eine der bekanntesten Theorien zur Sch. ist das Modell von S. Freud (↑Psychoanalyse), vertreten durch Es–Ich–Über-Ich.

Schichtneurose: heute kaum noch verwendete Bez. für neurotische Störungen, die sich in tieferen Persönlichkeitsschichten als die ↑Randneurosen lokalisieren lassen sollen und meist körperliche Symptome nach sich ziehen.

Schichtung: Mit der Zugehörigkeit zu einer **sozialen Schicht** sind typische Verhaltens-, Entscheidungs-, Denk- und Sprechgewohnheiten der Menschen verknüpft, die in der Regel auch eine vergleichbare sozioökonomische Biographie verbindet (z.B. Bildungs- und Erziehungschance, Berufswahl und Berufskarriere, Arbeitsbedingungen, sozialer Einfluß, Macht und Herrschaft oder Abhängigkeit). Die Frage, welche sozialen Merkmale für die Sch. besonders bedeutsam sind, ist umstritten. Unumstritten ist jedoch, daß sich die Bedeutung sozialer Merkmale für die Sch. im Laufe des sozialen Wandels ändert. Dabei unterscheidet man zwischen objektiven und subjektiven Merkmalen, wobei die *objektiven Kriterien* Positionsmerkmale sind, die entweder zugewiesen (z.B. Herkunft, Geschlecht, Hautfarbe), da vom einzelnen nicht änderbar, oder erworben (z.B. Bildungsstand, Beruf, Arbeitssituation, Einfluß, Autorität, Einkommen, Vermögen) sind. Auf erworbene Positionsmerkmale kann der einzelne zumindest teilweise Einfluß nehmen. Hierbei darf jedoch der Einfluß der zugewiesenen Positionen auf den Erwerb anderer Positionsmerkmale während der Sozialisation nicht unterschätzt werden.

Im Ggs. zur Stände- und zur Kastengesellschaft, die beide überwiegend geschlossene Systeme darstellen, haben in einer Sch.sgesellschaft die erworbenen Positionsmerkmale bei der gesellschaftlichen Wertung ein größeres Gewicht. Von daher gesehen sind die sozialen Schichten offener und die Möglichkeiten sozialer Mobilität größer. *Subjektive Kriterien* der Schichtzugehörigkeit des einzelnen sind insbes. das soziale Prestige, in dem die Wertschätzung anderer für bestimmte Positionen zum Ausdruck kommt, sowie die Selbsteinschätzung. – ↑Oberschicht, ↑Unterschicht.

Schicksalsanalyse: von dem Psychotherapeuten L. Szondi begründete tiefenpsychologische Heilmethode, die den gesamten Lebenslauf eines Klienten unter Einschluß seiner Familie, Freundschaften, Partnerschaften, seines Berufs und seiner Krankheiten berücksichtigt. Die Sch. nimmt an, daß ein Großteil der persönlichen Lebensumstände durch das »familiäre Unbewußte« ausgewählt und gelenkt wird. Durch die Sch. wird der unbewußte Lebensplan deutlich, der das ganze Leben bestimmt.

schizoaffektive Störung ↑Depression.

Schizophrenie: zu den endogenen ↑Psychosen gehörende schwere psychische Erkrankung, die durch tiefgreifende, bei den einzelnen Formen unterschiedlich ausgeprägte Störungen gekennzeichnet ist. Die Benennung wurde 1911 von E. Bleuler eingeführt, der darunter die von E. Kraepelin als *Dementia praecox* bezeichnete Gruppe von Erkrankungen zusammenfaßte. Die S. kommt weltweit vor; in den westlichen Industriestaaten sind, über den gesamten Lebenszeitraum hinweg gesehen, etwa 1% der Bevölkerung betroffen.

Symptome: Zu Beginn der S. treten oft uncharakteristische Empfindungen wie Angst, Ratlosigkeit und das Gefühl einer unheimlichen Wandlung der Umwelt auf. In der akuten Phase sind folgende Veränderungen kennzeichnend: 1. formale und inhaltliche Denkstörungen wie Zerfahrenheit (Lockerung bis Aufhebung logischer Zusammenhänge sowie Sprunghaftigkeit der Gedanken), Gedankenabbrüche, sinnlose Wortaneinanderreihungen und -neubildungen *(Neologismen)* sowie Wahnideen; 2. Erlebnis- und Wahrnehmungsstörungen, bei denen die Gedanken als der eigenen Kontrolle entzogen erlebt werden (»Spaltungsirresein«) und Halluzinationen auftreten, v.a. in Form von Stimmen, die das eigene Denken und Handeln kommentieren bzw. Anweisungen erteilen, und bei denen die Wahrnehmungsqualität verändert sein kann (Fremdheit des eigenen Körpers, verzerrte Größenwahrnehmung); 3. motorische Störungen in Form abnormer Bewegungen und Grimassen, überschießender Aktivität oder regungslosen Verharrens in ungewöhnlicher Haltung; 4. Störungen der Affektivität, die sich in einer apathischen Verflachung oder in unangemessenen affektiven Reaktionen (Trauer bei Erhalt einer freudigen Nachricht), labiler Gereiztheit und Ambivalenz (gleichzeitiges Bestehen negativer und positiver Emotionen) äußern können; 5. Störungen des Sozialverhaltens und des Realitätskontaktes in Gestalt von Zurückgezogenheit, Ablehnung der Umwelt, Autismus und Verlust des Unterscheidungsvermögens zwischen Vorstellung und Realität.

Formen: Entsprechend dem Vorherrschen einzelner Symptome werden verschiedene Typen der S. unterschieden: Die *paranoide S.* ist v.a. durch Wahnvorstellungen und Halluzinationen gekennzeichnet, die *hebephrene S.* **(Hebephrenie)** durch Störungen von Gedankenabläufen, Affekten und Antrieb, die *katatone S.* **(Katatonie)** durch motorische Störungen, Zurückgezogenheit und Vernachlässigung des Äußeren; des weiteren werden unterschieden die *postschizophrene Depression,* der *schizophrene Residualzustand* (schizophrene Anzeichen nach psychotischer Episode) und die *schizoaffektive Psychose* (gleichzeitige Ausprägung schizophrener

Symptome und affektiver Störungen). Nicht in diese Kategorien einordenbare Formen werden unter der Bez. *undifferenzierte S.* zusammengefaßt. Als *Schizophrenia simplex* wurden früher schleichende Veränderungen ohne abnorme Erlebnisweisen bezeichnet.

Der *Verlauf* der S. ist in etwa einem Drittel der Fälle chronisch mit bleibenden Defekten; bei je einem weiteren Drittel tritt die Krankheit in akuten, wiederkehrenden »Schüben« oder als akute Episode mit nachfolgender Heilung auf. Der Häufigkeitsgipfel liegt im dritten Lebensjahrzehnt; persönliche Konflikte können auslösend wirken. Kinder mit einem schizophrenen Elternteil haben ein erhöhtes Erkrankungsrisiko, bei eineiigen Zwillingen beträgt die Wahrscheinlichkeit, daß *beide* Kinder betroffen sind, etwa 50%.

Die *Ursachen* der S. sind unbekannt; galt sie früher als hirnorganische Erkrankung, wird heute ein Zusammenwirken von erblicher Belastung und Umweltfaktoren vermutet; physiologische Studien richten sich auf Stoffwechselvorgänge im Bereich von Frontalhirn und limbischem System, wobei v.a. von einer Beteiligung des Neurotransmitters *Dopamin* ausgegangen wird.

Die *Behandlung* mit modernen Neuroleptika ermöglicht bes. im akuten Stadium meist eine relativ rasche Besserung der Symptome; im weiteren Verlauf sind neben der medikamentösen Vorbeugung unterstützende psychotherapeutische Maßnahmen sowie berufliche und soziale Rehabilitation erforderlich.

schizothymer Typ ↑Konstitution.

Schlaf: ein sowohl beim Menschen als auch bei den meisten Tieren auftretender Zustand mit Herabsetzung bzw. Aufhebung des Bewußtseins und der Aktivität. Die seit der Antike vorherrschende Sichtweise des S.s als *passivem* Phänomen kennzeichnete bis Anfang dieses Jahrhunderts die wissenschaftliche Beschäftigung mit dem Thema. Erst durch die Entwicklung des ↑Elektroenzephalogramms (EEG) durch den Jenaer Psychiater H. BERGER (1929) wurde es möglich, den Funktionszustand des Gehirns während des S.s zu objektivieren, bald darauf auch systematisch auftretenden EEG-Veränderungen unterschiedliche S.-Tiefen und -Stadien zuzuordnen.

Die moderne S.-Forschung setzt mit der Entdeckung des REM-S.s (1953) ein. Unter **REM-Schlaf** (engl.: **R**apid-**e**ye-**m**ovements, »schnelle Augenbewegungen«) versteht man ein S.-Stadium, das durch schnelle Augenbewegungen, erhöhte vegetative Aktivität (Herzfrequenz, Atmung), Erektionen und lebhaftes Träumen charakterisiert ist. In der Folge konnte S. als ein Zustand der regelhaften Abfolge von Non-REM-S. (S.-Stadien 1, 2, 3, 4) und REM-S. bestimmt werden. Ein Non-REM-REM-Zyklus dauert 90 bis 120 Minuten, je nach S.-Dauer werden beim gesunden Erwachsenen vier bis fünf Zyklen pro Nacht durchlaufen. Im ersten Drittel der Nacht dominieren die Tiefschlafstadien, während gegen Ende der Nacht die REM-Phasen immer länger werden. Beim gesunden Erwachsenen nehmen Tief-S. und REM-S. jeweils etwa 20 bis 25% der gesamten S.-Zeit ein. Während aus dem REM-S. gefühlsbetonte bildhafte Träume erinnert werden, ist das Erleben im Non-REM-S. eher an den Kognitionen des Wachlebens orientiert. Die Weckschwelle ist in den leichten Schlafstadien 1 und 2 am niedrigsten, im Tiefschlaf und REM-S. dagegen vergleichbar hoch.

Beim menschlichen Säugling findet man ein S.-Muster mit mehreren S.-Phasen, die etwa alle vier Stunden durch Wachphasen unterbrochen werden. Die S.-Dauer liegt bei 16 Stunden, im S. selbst herrschen zu mehr als 50% REM-Phasen vor. Mit fortschreitender Entwicklung konsolidiert sich der Nacht-S., und die Tagschlafepisoden verschwinden allmählich. Die S.-Dauer pendelt sich ab der Pubertät im Mittel bei sieben bis acht Stunden ein, doch variiert das individuelle S.-Bedürfnis zwischen vier und zehn

S

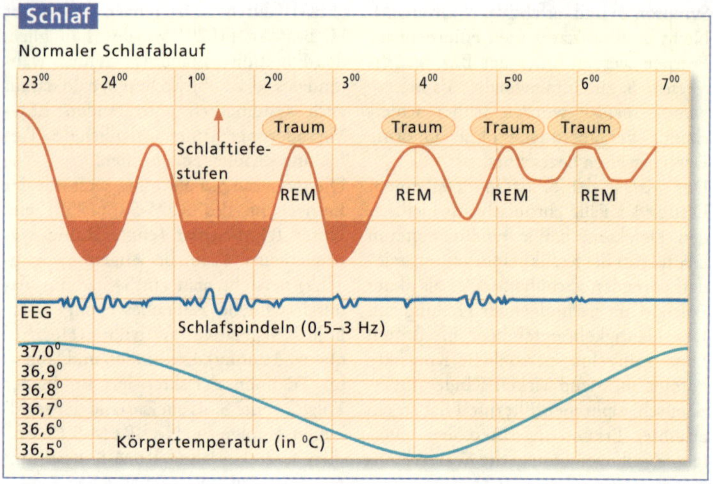

Stunden, ohne daß diese Extremwerte als krankhaft anzusehen wären.
Der REM-S. ist der entwicklungsgeschichtlich jüngere S.-Zustand. Er kann bei allen Säugetieren und in rudimentärer Form bei Vögeln nachgewiesen werden. Hypothesen zufolge hat der REM-S. die Herausbildung kortikaler Hirnareale gefördert. Darüber hinaus liegt die evolutionäre Bedeutung des S.s in der Möglichkeit, durch einen Zustand reduzierter Aktivität Energie zu sparen.
Der **Schlaf-Wach-Rhythmus** ist in das Zusammenspiel verschiedener biologischer Rhythmen eingebettet. Hormonelle Sekretion, Körpertemperatur, vegetative Funktionen wie Herz- und Atmungstätigkeit, aber auch psychische Funktionen wie die Reaktionszeit unterliegen einem zirkadianen (etwa 23–25 Stunden) Rhythmus mit einem Minimum und Maximum im Laufe des 24-Stunden-Tages. Während des S.s treten charakteristische Änderungen ein; so sinkt die Körpertemperatur, und gegen Morgen steigt die Corticolsekretion. Eine Beeinträchtigung der ursprünglichen Phasenbeziehungen kann ↑Schlafstörungen bewirken. Die Übergangsphase vom Wachen zum S.-Zustand wird als **Prädormitium** (fortschreitende körperliche Entspannung, Verlangsamung der Hirnströme, Einschlafbilder), der Übergang zwischen S. und Wachen (lebhafte Träume, Halbschlafhalluzinationen) als **Postdormitium** bezeichnet.
Zwar gilt unbestritten, daß S. die durch den Wachzustand hervorgerufene Ermüdung beseitigt, eine weiterreichende wissenschaftlich befriedigende Erklärung zur Funktion des S.s ist bisher jedoch nicht gelungen. Im Ggs. zu früheren Auffassungen ist der S. nicht nur ein passiver, sondern auch ein aktiver Zustand: so steigt der Glucosestoffwechsel des Gehirns während des REM-S.s über das Niveau des Wachzustands an. Der Nachweis einer einzigen S.-Substanz steht bis heute aus. Experimentell konnte nachgewiesen werden, daß die verschiedenen S.-Stadien durch Wechselwirkungen zwischen Neurotransmittern (etwa Noradrenalin, Serotonin, Acetylcholin) vornehmlich im Hirnstamm reguliert werden. Des weiteren sind übergeordnete Hirnareale im Hypothalamus und Thalamus an der Schlaf-Wach-Regulation beteiligt.

In vielen Religionen wird der S. im Zusammenhang mit dem Tod gesehen; z.B. war in der griechischen Mythologie der Gott Hypnos Bruder des Thanatos (»Bruder des Todes«), er brachte Menschen und Tieren den Schlaf. In Stammesreligionen wird häufig angenommen, im S. könne die Seele den Menschen verlassen. Andererseits gilt der S. am heiligen Ort als Zustand, der Heilung ermöglicht oder in dem sich die Gottheit (im Traum) offenbaren kann. In Ägypten tauchte der Mensch im S. in das Urgewässer *Nun*, um sich dort zu regenerieren; dort konnte er auch Verstorbenen und Göttern begegnen. S.-Enthaltung gehört in den Religionen zu den Mitteln der Askese und zur Vorbereitung bes. kultischer oder sakraler Handlungen.

Schlafmittel (Hypnotika) ↑Drogen.

Schlafmittelmißbrauch ↑Drogenabhängigkeit.

Schlafstörungen: Sammelbez. für Störungen des dem jeweiligen Lebensalter entsprechenden Schlafverhaltens. S. werden unterteilt in Insomnien, Hypersomnien, Störungen des Schlaf-Wach-Rhythmus und Parasomnien.

Unter **Insomnien** werden Störungen verstanden, die mit Einschlaf- und Durchschlafproblemen oder auch unerholsamem Schlaf einhergehen. Insomnie kann primär oder die Folge organischer oder psychischer Erkrankungen sein. Bei der primären Insomnie ist die psychotherapeutische und/oder (allenfalls kurzzeitige) medikamentöse Behandlung die Methode der Wahl, während bei organischen oder psychischen Leiden die Behandlung der Grunderkrankung im Vordergrund steht. – Bei der **Hypersomnie** (auch **Schlafsucht**) handelt es sich um Störungen, bei denen vermehrtes Schlafbedürfnis, Einschlafneigung und z.T. erhebliche Tagesmüdigkeit auftreten. Ursachen: Vergiftungen, Tumoren, Entzündungen v.a. des Stammhirns. Auch hier gilt es, zunächst das Grundleiden zu behandeln. – **Störungen des Schlaf-Wach-Rhythmus** sind Störungen des individuellen Rhythmus zwischen Schlaf- und Wachperioden, oft hervorgerufen durch Schichtarbeit oder Zeitzonenflüge (»Jetlag«), aber auch durch schwere psychiatrische Erkrankungen und altersbedingte Abbauprozesse. Behandlung: Vermeidung von Schichtarbeit, verlängerte Ruhezeiten oder (Pharmako-)Therapie der psychiatrischen Erkrankung. – Zu den **Parasomnien** zählen v.a. im Kindes- und Jugendalter auftretende S. wie ↑nächtliches Aufschrecken, ↑Alpträume, ↑Schlafwandeln und nächtliches ↑Einnässen, die als S. in der Regel nicht behandlungsbedürftig sind, sich im Laufe einer psychotherapeutischen Bearbeitung des jeweiligen psychischen Konflikts meist verlieren und nur in schweren Fällen medikamentös therapiert werden sollten.

Schlafsucht ↑Schlafstörungen.

Schlaf-Wach-Rhythmus ↑Schlaf, ↑Schlafstörungen.

Schlafwandeln (Somnambulie, Somnambulismus, Nachtwandeln, Noktambulismus): Ausführen von ganzen und z.T. aufeinander abgestimmten Handlungsfolgen wie Aufstehen, Ankleiden, Umherlaufen während des Schlafs (als *Mondsucht,* **Lunatismus,** bei Vollmond), an die der Betroffene sich hinterher nicht mehr erinnern kann. Sch. wird im wesentlichen auf eine gestörte Weckreaktion als Folge von zeitgleich abgestimmten Schlaf- und Wachzuständen zurückgeführt und kommt u.a. in Verbindung mit neurotischen Einsamkeitsängsten und Geborgenheitswünschen deutlich häufiger bei Kindern und Jugendlichen als bei Erwachsenen vor.

Schlafzentrum: anatomisch und funktionell nicht einheitliches Steuerungssystem für den Schlaf-Wach-Rhythmus in der ↑Formatio reticularis (↑auch aufsteigendes retikuläres Aktivierungssystem) und im mittleren Thalamus.

Schlaganfall (Apoplexie, Gehirnschlag, Schlagfluß): in der Regel plötzlich und anfallsartig auftretende Mangeldurchblutung meist eng begrenzter Gehirnbereiche durch Gefäßverschluß, Blutdruck-

S

Schlüsselreiz

Der rote Fleck an der unteren Schnabelspitze bei Silbermöwen sowie die Attrappe (der Stab mit der roten Spitze) wirken auf die Küken als Schlüsselreiz: sie picken danach und werden daraufhin von den Eltern gefüttert

abfall, Platzen eines Blutgefäßes oder Herzversagen, wodurch schwere Funktionsstörungen des Gehirns ausgelöst werden oder gar der Tod eintritt (15% aller Todesfälle in Deutschland). In der Regel bewirkt der Sch. eine plötzliche halbseitige Lähmung (Arm, Gesicht, Bein) ohne vorherige Erkrankung, die manchmal von Bewußtlosigkeit begleitet ist, aus der etwa ein Fünftel aller vom Sch. Betroffenen nicht mehr erwachen. Wird ein Sch. überlebt, geht die Beinlähmung schneller zurück als die Armlähmung, doch sind die Schäden gewöhnlich nicht mehr vollständig zu beheben. Bluthochdruck, Arterienverkalkung (Arteriosklerose), Übergewicht und andere Risikofaktoren (z.B. Rauchen) begünstigen das Auftreten eines Schlaganfalls.

Schlüsselreiz: spezifischer Reiz, der über einen ↑Auslösemechanismus wirkt und eine artspezifische, ganz bestimmte ↑Instinkthandlung auslöst. Beispiel: Der Buttersäuregeruch aus dem Schweiß eines Säugetiers ist für eine über diesem sich befindende Zecke Sch., um sich fallenzulassen. ↑Attrappenversuche dienen der Feststellung des jeweiligen Schlüsselreizes. Dabei zeigt sich, daß oft sehr einfache Merkmale Sch.e sind.

Sch.e können auch ein Verhalten hemmen: Die Unterwerfungsgeste eines im Kampf unterlegenen Wolfs löst die Tötungshemmung aus; der Angreifer kann nicht mehr zubeißen. Ist die Handlungsbereitschaft groß, genügt ein schwacher Sch., bei geringer innerer Bereitschaft muß der Sch. dagegen stark sein, oder es summieren sich mehrere schwache Reize und lösen dann das Verhalten aus. Besteht keine Handlungsbereitschaft (ist das innere Reservoir »leer«), so kann kein noch so großer Sch. das Verhalten in Gang setzen.

Sch.e, die der Verständigung innerhalb der eigenen Art oder den sozialen Bedürfnissen, die zwischen verschiedenen Arten bestehen, nennt man ↑Auslöser.

Schmecken (Geschmackssinn): auf gelöste Substanzen (Geschmacksstoffe) ansprechender chemischer Nahsinn, der bei höheren Tieren auf der Zunge, bei manchen Insekten (Stubenfliege) an den Endgliedern des vorderen Beinpaars

Schmecken

Verteilung der Geschmackssinneszellen für süß, salzig, sauer und bitter auf der menschlichen Zunge

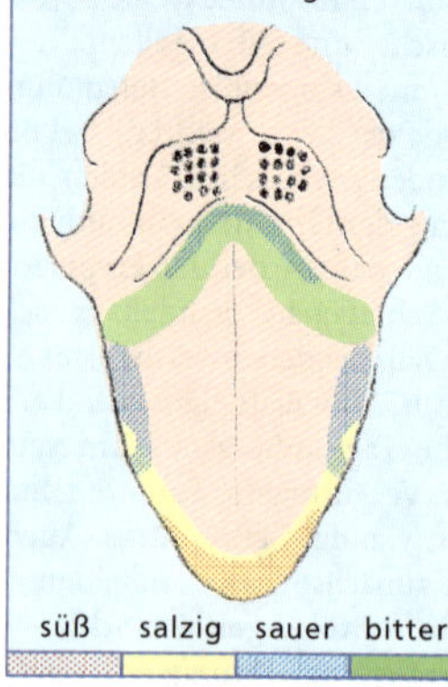

liegt. Menschen unterscheiden nur »süß« (hauptsächlich an der Zungenspitze), »sauer« (am mittleren Zungenrand), »bitter« (am Zungengrund) und »salzig« (vorderer Zungenrand). Alle besonders beim Essen zusätzlich auftretenden »Geschmacksempfindungen« sind in Wahrheit Empfindungen der Nase. Deshalb schmeckt bei einem Schnupfen jedes Essen fad.

Schmerz: eine spezifische Empfindung, die mit der Meldung an das Zentralnervensystem über Schäden am Körper (Verletzung, Verbrennung, Verätzung, elektrischer Stromschlag, Zerrung, Quetschung, Entzündung) verbunden ist. Ihre erste Wahrnehmung in Form eines »hellen, schneidenden« Sch.es löst Schutzreaktionen aus (Flucht, Zurückschrecken). Damit der Schaden nicht vergessen wird, bleiben Sch.empfindungen als »dumpfer«, schlecht zu ortender »zweiter« Sch. oft lange Zeit bestehen und führen zu Schonhaltungen.

An Sch. gewöhnt man sich kaum (fehlende Adaptation). Besonders bei Oberflächenverletzungen stimmen auslösender und empfundener Ort überein *(lokalisierter Sch.)*; Schäden an inneren Organen verursachen oft Sch.en an völlig anderen Orten (z.B. verursachen Durchblutungsstörungen des Herzmuskels Schmerzen im Bereich des linken Oberarms; *projizierter Schmerz*) oder strahlen in andere Körperbereiche aus. Sch.en an inneren Organen sind von starker Unlust bzw. einem Krankheitsgefühl begleitet und lösen oft Reaktionen des vegetativen Nervensystems aus (z.B. Blutdruckabfall, Übelkeit).

Freie Nervenendigungen, die in der Haut (sog. **Sch.punkte**) und in vielen Organen zu finden sind, bilden die Rezeptoren für Schmerz.

Von welcher Stärke an Reize als Sch. empfunden werden **(Sch.schwelle)**, scheint von der inneren Einstellung zur jeweiligen Sch.ursache oder zu Sch. ganz allgemein abhängig zu sein und ist individuell, aber auch von Kultur zu Kultur sehr unterschiedlich und hängt ferner von der Erziehung ab. Ist ein Mensch auf eine bestimmte Tätigkeit stark konzentriert, so kann die Sch.wahrnehmung völlig fehlen, hat er vor den Folgen des Sch.es Angst, können diese schwinden (Patienten verlassen oft das Wartezimmer des Zahnarztes, weil der Sch. »verflogen« ist).

Die Sch.empfindung kann aus physiologischen Gründen (↑Refraktärzeit bei der Erregungsleitung) einen bestimmten Wert nicht übersteigen. Sehr starke Sch.meldungen über viele Nervenbahnen (z.B. bei einem schweren Unfall) verursachen u. U. einen völligen Ausfall jeder Sch.empfindung (beim Schock).

Als Neurotransmitter in den Sch.leitungsbahnen kommen die Neuropeptide Somatostatin und Substanz P in Frage, als Modulatoren die Endorphine und Enkephaline.

Schmerz

Klassifizierung des Schmerzes

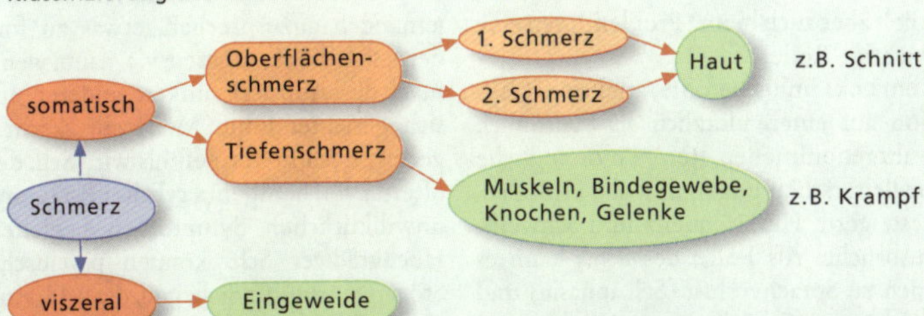

S

Ob Tiere allesamt Sch.en zu empfinden vermögen, ist noch nicht geklärt. Bienen z.B. saugen »ungerührt« weiter Nektar, auch wenn ihnen der Hinterleib mit scharfer Klinge abgetrennt wird.

Schmerzmittel ↑Drogen.

Schmerzpunkte ↑Schmerz.

Schmerzschwelle ↑Schmerz. – ↑auch Reiz und Reaktion.

Schnüffelstoffe ↑Drogen.

Schock:

◆ (Kreislaufschock) Äußerst starke äußere oder innere Reize (z.B. Schmerz, schwere Verletzungen, großer Blutverlust oder akutes Herzversagen) veranlassen das vegetative Nervensystem, alle peripheren Blutgefäße plötzlich zu erweitern. Die im Körper vorhandene Blutmenge reicht dann nicht mehr aus, alle Gefäße zu füllen; das Gehirn wird schlecht durchblutet, das Gesicht wird blaß (»weiße Nase«), Schweiß bricht aus, das Bewußtsein ist getrübt oder geht verloren, der Puls ist kaum noch fühlbar. In diesem Zustand des Sch.s ist Flachlagerung möglichst mit tiefer gelagertem Kopf erforderlich. Sch.kranke dürfen keine Narkose bekommen.

Als Folge eines Sch.s können wegen der mangelhaften Gehirndurchblutung Gehirnschäden und auch der Tod eintreten.

◆ ↑Nervenschock.

schöpferisches Denken (produktives Denken): Neu- oder Umorganisation von Wahrnehmungen, Erfahrungen und Vorstellungen, wobei eine grundsätzlich neue Einsicht entsteht. Das sch. D. ist ein wichtiger Bestandteil der ↑Kreativität, spielt aber auch beim ↑Problemlösen eine wichtige Rolle.

Schreck: unlustbetonte, affektive Reaktion auf einen plötzlich als bedrohlich wahrgenommenen Reiz. Physiologische Begleiterscheinungen sind u.a. Erblassen, gesteigerte Herzfrequenz und Schweißausbrüche. Als Folge des Sch.s kann es auch zu Sprachverlust (Sch.aphasie) und Lähmung (Sch.lähmung; ↑Kataplexie) kommen.

Schrecklähmung:

◆ ↑Kataplexie.

◆ bei manchen Tieren (v.a. Insekten) vorkommende, durch einen plötzlichen Reiz (z.B. Erschütterung, Berührung) ausgelöste Bewegungslosigkeit.

Schrecksekunde ↑Reaktionszeit.

Schreibwaage (Schriftwaage): Registriergerät zur Messung und Aufzeichnung des beim Schreibvorgang wechselnden Drucks auf die Schreibunterlage. Die Sch. wird zu graphologischen und graphometrischen sowie psychodiagnostischen Zwecken herangezogen. – ↑auch Graphologie, ↑Graphometrie.

Schriftpsychologie ↑Graphologie, ↑Graphometrie.

Schriftwaage svw. ↑Schreibwaage.

Schröder-Treppe: Kippfigur, die eine geometrisch-optische Täuschung bewirkt: Eine Zeichnung kann von schräg oben als Ansicht einer Treppe oder von

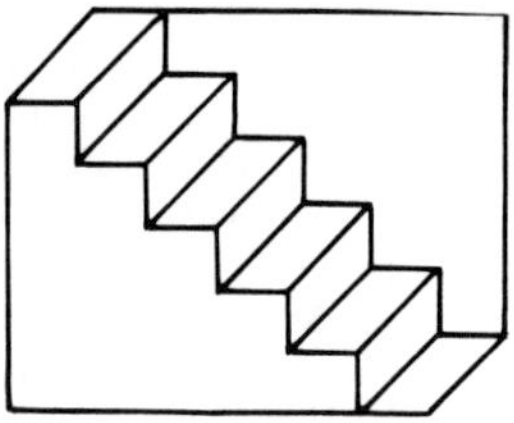

Schröder-Treppe

schräg unten als Mauerüberhang gesehen werden; bei längerer Betrachtung springt die Figur mehrfach um. – ↑Inversion, ↑auch Reversion.

Schüchternheit: soziale Hemmung, jemanden anzusprechen, etwas zu fordern, sich durchzusetzen, v.a. dann, wenn man die Aufmerksamkeit anderer auf sich gerichtet fühlt. Meist ein Zeichen geringen Selbstwertgefühls wird Sch. des öfteren von heftiger nervlicher Erregung, unwillkürlichen Symptomen begleitet. Hochgradiger Sch. können psychische Störungen zugrunde liegen, die u.U. eine psychotherapeutische Behandlung erfordern.

Schulangst: Angstreaktionen, die im Zusammenhang mit der Schule auftreten, werden als Sch. bezeichnet. Die Sch. wird vornehmlich als schulbezogene **Leistungsangst** verstanden, wobei sich allerdings Schüler auch im Ausprägungsgrad der überdauernden Tendenz unterscheiden, in leistungsthematischen Situationen mit Angst zu reagieren.

Vermutlich wird diese Ängstlichkeit im Laufe der schulischen Sozialisation erworben. Als mögliche Erklärung gilt ein oft mit elterlichem Prestige-, Status- und Anspruchsdenken verbundener hoher schulischer Leistungsdruck, der permanenten Schulstreß bewirkt. Dieser **Schulstreß** wiederum beeinträchtigt zusätzlich die Leistung und setzt damit einen regelrechten Teufelskreis in Gang. Daneben treten vielfach auch noch *psychosomatische Störungen* wie Nervosität, Unwohlsein, Konzentrations- und Schlafstörungen, erhöhte Anfälligkeit für verschiedene Krankheiten (z.B. Bronchialasthma), Einnässen, depressive Grundstimmung oder erhöhte Aggressivität auf.

Die individuelle Behandlung der Sch. sollte durch verhaltenstherapeutische, tiefenpsychologische oder andere in der klinischen Psychologie bewährte Verfahren erfolgen. Dabei ist v.a. wichtig, durch geeignete Maßnahmen möglichst schon die Entstehung einer Sch. zu verhindern (Primärprävention).

Da schulische Versagensängste oft auch von den Bedingungen in der Familie des Schülers (z.B. überzogene Erwartungen an das Kind) abhängen, müssen diese in präventive Maßnahmen einbezogen werden.

Schuld (Schuldgefühl): subjektive, bewußte oder unbewußte Überzeugung, einer Person Unrecht getan oder gegen ein Gesetz oder Gebot verstoßen zu haben; im weiteren Sinne ein von der Empfindung persönlicher Unwürdigkeit und Minderwertigkeit bestimmter unklarer Gefühlszustand. Die psychoanalytische Theorie lokalisiert die für Sch.gefühle verantwortliche Instanz im Über-Ich.

Schuldfähigkeit svw. ↑Zurechnungsfähigkeit.

Schuleingangstests: Tests, von deren Ergebnis (zumindest teilweise) Entscheidungen über die Aufnahme in eine bestimmte Schulart oder die Zulassung zu einem bestimmten Bildungsgang abhängig gemacht werden oder die bei entsprechenden Beratungsanlässen eine gewisse Rolle spielen. Typische Beispiele sind Tests zur Prüfung der ↑Schulfähigkeit oder Hochschuleingangstests.

Sch. sind aus politischen wie sachlichen Gründen umstritten, da z.B. die Zahl der Einschulungs-Fehlentscheidungen bei Verwendung von Sch. größer ist, als wenn *alle* Kinder im entsprechenden Alter eingeschult werden.

Schulfähigkeit: allg. die Fähigkeit, dem Bildungsgang einer Schule folgen zu können. In der Regel meint man mit Sch. die **Grundschulfähigkeit**. Allerdings gibt es auch den Begriff **Sonderschulfähigkeit,** wenn aufgrund bestimmter Kriterien von einem Kind angenommen werden muß, daß es zwar nicht die Grundschule bewältigen, jedoch dem Bildungsgang einer Förderschule (beispielsweise für geistig Behinderte) folgen können wird.

Die Grundschulfähigkeit umfaßt u.a. die Bereitschaft und Fähigkeit zur Übernahme von Aufgaben, das Unterscheidenkönnen von Spiel und Arbeit, die Einordnung in die Schulklasse als Arbeitsgemeinschaft, eine zielstrebige und ausdauernde Arbeitsweise, Unabhängigkeit von ständiger familiärer Betreuung und einen angemessenen kognitiven Entwicklungsstand.

Neben diesen psychischen Aspekten der Grundschulfähigkeit müssen auch bestimmte körperliche Voraussetzungen erfüllt sein, weil ein Schulanfänger ja auch den physischen Anforderungen der Schule gewachsen sein muß.

Der Terminus Sch. hat in jüngerer Zeit den Begriff **Schulreife** ersetzt. Während man früher »schulunreife« Kinder im Hinblick auf eine »Nachreifung« ohne zwischenzeitliche Förderung einfach vom Schulbesuch zurückstellte, wird heute davon ausgegangen, daß gezielte Maßnahmen sehr wohl die psychische Entwicklung positiv beeinflussen können, wobei den *Lernprozessen* eine deutlich größere Bedeutung als den *Reifungsprozessen* zugeschrieben wird.

Schulkind ↑Kindheit.

Schulleistungstests ↑Schultests.

Schulpsychologie: Bereich der Angewandten Psychologie, in dessen Aufgabenfeld u.a. die fachkundige Beratung von Schülern, Eltern und Lehrern in allen psychologischen Fragen gehört, die im engeren oder weiteren Sinne im Zusammenhang mit der Schule auftreten. Hierzu zählen insbes. alle Probleme, die mit auftretenden Lern- und Leistungsstörungen, mit der Schullaufbahnberatung sowie der Konfliktbewältigung zusammenhängen.

Zu den Aufgaben der Sch. kann ferner die systemorientierte Beratung der Schule als Institution treten, um im Sinne einer primären Prävention das Auftreten bestimmter Schwierigkeiten zu verhindern oder deren Auswirkungen zu mildern oder zu beseitigen (z.B. bei der Schulangst).

Schulreife ↑Schulfähigkeit.

Schulreifetests: Tests zur Erfassung der Schulreife bei Einschulungsuntersuchungen. Nachdem v.a. seit Ende der sechziger Jahre das Konstrukt »Schulreife« durch den Begriff »Schulfähigkeit« verdrängt wurde, spricht man heute statt von Sch. von **Einschulungs-** oder von **Schulfähigkeitstests.**

Schulstreß ↑Schulangst.

Schultests: Bez. für Testverfahren, die im schulischen Bereich angewendet werden. *Schulfähigkeitstests* sollen der Ermittlung der Schulfähigkeit dienen (etwa bei vorzeitiger Einschulung). *Normorientierte Schulleistungstests* werden zur Feststellung des Lernerfolgs in einem bestimmten Schulfach relativ zum Abschneiden einer Vergleichsgruppe empfohlen. Bei *kriteriumsorientierten Schulleistungstests* wird, unabhängig vom Ergebnis anderer Schüler, die individuelle Schulleistung im Vergleich zu einem bestimmten Kriterium (z.B. den Lehrzielen eines Mathematiklehrganges) bewertet. Von *informellen Schulleistungstests* schließlich wird gesprochen, wenn Lehrer für die Anforderungen ihres Unterrichts (mit wesentlich geringerem methodischem Aufwand) eigene Tests konstruieren. Solche informellen Tests tragen u.U. dazu bei, daß sich die curriculare Planung verbessert und daß viele traditionelle Kursarbeiten und mündliche Prüfungen durch eine objektivere Methode ersetzt werden.

Schüttellähmung ↑Parkinson-Krankheit.

Schwachsinn ↑geistige Behinderung, ↑Oligophrenie.

Schwannsche Scheide ↑Nervenzelle.

Schwannsche Zelle ↑Nervenzelle.

Schweigepflicht: für Ärzte, Psychologen, Psychotherapeuten und Angehörige von Beratungsstellen (z.B. Ehe-, Drogenberater) geltende rechtlich verankerte Verpflichtung, über Auskünfte von Patienten bzw. Klienten (Geheimnisse), die ihnen in Ausübung ihres Berufes anvertraut wurden, Stillschweigen zu bewahren. Die unbefugte Offenbarung von derartigen Geheimnissen ist strafbar; man kann aber, z.B. zur Verhinderung schwerer Straftaten, vorübergehend von der Sch. entbunden werden.

Schwelle: in der Sinnesphysiologie und -psychologie svw. Reizschwelle. – ↑Reiz und Reaktion.

Schweresinn svw. ↑Gleichgewichtssinn.

Schwermut: durch Traurigkeit, Mutlosigkeit, innere Leere u.ä. gekennzeichneter lähmender Gemütszustand. – ↑auch Melancholie.

Schwierigkeitsindex: Maß für die Schwierigkeit einer Aufgabe (↑Item) in einem psychologischen Test. Im einfachsten Fall erfolgt die Bewertung der Aufgabe nur nach »richtig« oder »falsch« bzw. »ja/nein«, und zwar ohne Ratemöglichkeit und ohne Zeitbegrenzung in der Testvorgabe. Definitionsgemäß bezeichnet der Sch. die Anzahl jener Probanden, die eine bestimmte Aufgabe richtig beantwortet bzw. eine bestimmte Frage bejaht haben, dividiert durch die Zahl *aller* Probanden; die erhaltene Bruchzahl wird dann mit 100 multipliziert. Die resultierenden Aufgabenkennwerte können Werte zwischen 0 und 100 annehmen. Werte, die nahe bei 0 liegen, zeigen an, daß die Aufgabe sehr schwierig ist bzw. daß nur wenige Probanden die entsprechende Frage bejaht haben. Liegen die Werte nahe bei 100, ist die Aufgabe sehr leicht gewesen bzw. haben viele Probanden die Frage bejaht. Werte um 50 kennzeichnen Items mit einer mittleren Schwierigkeit. – ↑Testkonstruktion, ↑Testtheorie.

Schwindelgefühl (Vertigo): nicht selten mit Schweißausbrüchen, Übelkeit, Herzklopfen und Erbrechen verbundenes Gefühl des gestörten Körpergleichgewichts. Sch. ist ein charakteristisches Zeichen bei verschiedenen organischen Störungen wie Erkrankungen des Ohrlabyrinths, Kreislaufschwäche, niedrigem Blutdruck oder Hirnerkrankungen infolge Verletzung oder Vergiftung, tritt aber auch bei Angstzuständen (z.B. als ↑Höhenangst) auf.

schwul:
- (von Männern) homosexuell veranlagt, empfindend.
- für einen Homosexuellen charakteristisch, zu ihm gehörend; auf (männlicher) ↑Homosexualität beruhend.
- für (männliche) Homosexuelle bestimmt, geschaffen.

Schwundtechnik: dt. Bezeichnung für Fading-out. – ↑Ausblenden.

Screening ↑Siebung.

sechster Sinn: umgangssprachliche Bez. für die angebliche Fähigkeit zu ↑außersinnlicher Wahrnehmung.

Sedativa: Beruhigungsmittel. – ↑Drogen.

Sedierung: seelische Ruhigstellung erregter Personen, meist durch Verabreichung von Beruhigungsmitteln in Form von Tabletten, intramuskulärer oder intravenöser Injektion.

Seekrankheit ↑Kinetose.

Seele: Der Glaube an eine S. ist weltweit verbreitet. Die sublimste Form der S.nvorstellung ist die *Ich-* oder *Ego-S.*, die als Geist, Wille und Gemüt eines Menschen verstanden und gewöhnlich im Kopf oder im Herzen lokalisiert gedacht wird. ARISTOTELES stellte die S. als belebendes Prinzip des Menschen heraus; sie war für ihn die Grundlage aller Empfindungen. R. DESCARTES sah Leib und S. rein dualistisch: gegenüber dem nur materiellen Leib war für ihn die S. Denkkraft und Bewußtsein. D. HUME beschrieb die S. als substanzloses »Bündel von Bewußtseinsinhalten«. – Neben dem Glauben an die Menschen-S. besteht derjenige an eine *Weltseele.* Er findet sich im Platonismus und Neuplatonismus sowie in verschiedenen Richtungen des Pantheismus.

Als Träger (Substrat) psychischer Vorgänge und Erscheinungen war die S. bis zum 19. Jh. Gegenstand der Psychologie als Teilgebiet der Philosophie. Mit der Entwicklung der Psychologie zur eigenständigen wissenschaftlichen Disziplin, die sich naturwissenschaftlicher Methoden bedient, wurden Fragen nach der (substantiellen) Natur der S. als empirisch nicht entscheidbar aufgegeben. Bereits W. WUNDT versuchte deshalb, mit seiner ↑Aktualitätstheorie die Substantialitätstheorie zu überwinden. Heute wird die Bez. S. als wissenschaftlicher Begriff kaum noch verwendet. – ↑auch Psychologie, ↑Leib-Seele-Problem.

Seelenblindheit ↑Agnosie.

Seelentaubheit ↑Agnosie.

Seelenwanderung: die Vorstellung, daß die Seelen eine Reihe von Wiederverkörperungen (Reinkarnationen), d.h. Kreisläufe von Geburt, Tod, Wiedergeburt und viele Existenzen in Tieren, Menschen, manchmal auch Göttern durchlaufen, bis sie zu ihrem endgültigen Ziel der Befreiung gelangen. Es gibt auch die Vorstellung, daß die Seelen, etwa nach dem Rechtsspruch eines Totenrichters, im Jenseits stufenweise einen Läute-

S

rungsweg durchlaufen oder in ein Seelenkollektiv eingehen, das in einem himmlischen Paradies oder Höllenreich, oberhalb oder unterhalb der Erde, gedacht ist, bevor sie sich später neu verkörpern. Einfachste Vorformen stellen die schon in sehr frühen Kulturstufen – in Analogie des Weges des Verstorbenen zur Grabstätte sowie der dabei vorgenommenen Riten – nachweisbaren Vorstellungen von Wanderungen und Reisen der Seelen zu ihrem endgültigen Aufenthaltsort dar, bei denen sie Gefahren, aber auch neuen Bewährungschancen für eine Läuterung ausgesetzt sind; vergleichbare Motive wirken noch in christlichen Auffassungen von einem Zwischenstadium zwischen Tod und Auferstehung (Fegefeuer) nach.

Der Glaube an eine S. findet sich ansatzweise schon im Totemismus, dessen Spuren auch in der ägyptischen Religion nachwirken, sowie in druidischen Lehren der keltischen Religion. Über die Orphik (eine religiös-philosophische Geheimlehre der Antike) fand die Vorstellung einer S. Eingang in die griechische und hellenistische Kultur. Im Hinduismus ist der Kreislauf der Geburten *(Samsara)* ein langer Läuterungsweg, bei dem die individuelle Seele unzählige Existenzen durchläuft und der unter der Ordnung des Karma-Gesetzes, der Vergeltungskausalität guter und böser Taten, steht; der Befreiung (Eingehen ins Nirvana) sollen verschiedene Heilswege dienen. Auch der Buddhismus strebt eine Überwindung des vom Karma-Gesetz bestimmten leidvollen Kreislaufs der Existenzen an, der ohne Anfang ist. Ursache des Kreislaufes sind die Leidenschaften (Begehren) und Taten der Wesen. Grundlage der Wiedergeburten ist aber nicht eine personale Identität, ein »Ich« oder eine »Seele«, sondern ein im Zusammenwirken der Daseinsfaktoren geformter Komplex psychischer und geistiger Energien, wobei nach buddhistischer Auffassung die Wiedergeburt als Höllenwesen, Tier, Gespenst, Mensch oder als Gott möglich ist. Während im Hinayana-Buddhismus das Ziel in der individuellen Vollendung und Befreiung gesehen wird, vertritt der Mahayana-Buddhismus das Bodhisattva-Ideal helfender und heilender Hinwendung des Vollendeten zu allen Wesen. Im Jainismus ist der Weg der Erlösung, der in einer Verhinderung der Ansammlung neuen Karmas besteht, eng mit einem Mönchsleben verbunden.

Im 19. und 20. Jh. fand der Gedanke der S. über die asiatischen Länder hinausgehend unter Einbeziehung indischer Überlieferungen Verbreitung durch Spiritismus, Theosophie, Anthroposophie und Esoterik. Heute finden sich ähnliche Anschauungen in Teilen der New-Age-Bewegung und bei etlichen neuen Religionen, häufig mit dem Anspruch, das Phänomen wissenschaftlich beweisen zu können: durch Erinnerung an frühere Existenzen (Déjà-vu-Erlebnisse) und angebliche »Rückführungen« mit Hilfe von Techniken wie der Hypnose.

seelische Gesundheit (physische Gesundheit, Mental health): Um eine rein negative Bestimmung der s.n G. im Sinne von »Fehlen seelischer Störungen und Konflikte« zu vermeiden, versucht man mit Hilfe von Fragebögen herauszufinden, welche Elemente die s. G. ausmachen. Dabei wird s. G. weniger als überdauerndes eindimensionales Persönlichkeitsmerkmal aufgefaßt; denn die optimale Bewältigung verschiedener Lebenssituationen setzt recht unterschiedliche, möglicherweise sogar nicht miteinander zu vereinbarende menschliche Fähigkeiten voraus. S. G. in diesem Sinne ist die Befähigung, mit Konflikten konstruktiv umgehen und über wirkungsvolle Verhaltensweisen in konkreten Lebenssituationen verfügen zu können.

seelische Hygiene svw. ↑Psychohygiene.

seelische Krankheiten (psychische Krankheiten): Sammelbez. für psychisch, körperlich oder durch unbekannte Ursachen hervorgerufene Abweichungen des Verhaltens und Erlebens. Nach der von

E. Kraepelin begründeten, von K. Bonhoeffer, K. Schneider u.a. erweiterten Systematik werden zwei Hauptgruppen unterschieden: 1. die endogenen und die durch organische Schädigungen und Krankheitsprozesse hervorgerufenen exogenen ↑Psychosen und 2. seelische Reaktionen und Entwicklungsstörungen wie ↑Neurosen, Psychopathien, sexuelle Verhaltensabweichungen, Sucht und psychosomatische Erkrankungen. Der früher für die s.n K. ebenfalls verwendete Begriff »Gemütskrankheiten« bezieht sich im engeren Sinn auf die bipolaren (»manisch-depressiven«) Psychosen und die verschiedenen Formen der ↑Depression. Die heute üblichen Klassifikationssysteme orientieren sich an körperlichen Ursachen, Erscheinungsbild und Verlauf der jeweiligen psychischen Störungen.

seelisches Gleichgewicht: In Anlehnung an den physiologischen Grundvorgang, nach dem alle Organismen gegenüber den sich verändernden Lebensumständen die Tendenz zeigen, das von ihnen erreichte Gleichgewicht zu erhalten oder wiederherzustellen *(Homöostase)*, wird mit seelischem Gleichgewicht der Zustand relativer seelischer Ausgeglichenheit im normalen Lebenslauf bezeichnet, der bei Störung des Gleichgewichts in Krisensituationen durch psychologische Regelungsprozesse und neu erworbene Bewältigungsfähigkeiten wieder angestrebt wird.

Segmenttäuschung

Segmenttäuschung: geometrisch-optische Täuschung, bei der zwei tatsächlich gleich große Kreisabschnitte, die übereinander angeordnet sind, unterschiedlich groß erscheinen. – ↑optische Täuschungen.

Sehen: eine Leistung des Lichtsinns. Dieser zeichnet sich durch die Fähigkeit aus, daß sich Organismen mit Hilfe der meist im Kopf lokalisierten Lichtsinnesorgane (Augen) in der Umwelt orientieren können.

Die **Augen** *des Menschen* können elektromagnetische Schwingungen im Wellenlängenbereich von 400–700 nm als Licht wahrnehmen. Auf der lichtempfindlichen *Netzhaut* (Retina) des Auges entwirft der aus Hornhaut, Augenkammerwasser, Linse und Glaskörper bestehende lichtbrechende Apparat *(dioptrischer Apparat)* ein auf dem Kopf stehendes, seitenverkehrtes Bild. Dieses wird durch die Lichtsinneszellen *(Sehzellen)*, die als zentral angeordnete *Zapfen* (für Tages- und Farbensehen) und als lichtempfindlichere *Stäbchen* (für das Dämmerungssehen) in der Netzhaut liegen, mit Hilfe von Farbstoffen (*Sehpurpur*, Rhodopsin) in Nervenimpulse umgewandelt. Noch in der Netzhaut findet über nervöse Querverknüpfungen eine Informationsverarbeitung statt. Über den *Sehnerv* werden die Nervenimpulse zum *Sehzentrum* der Großhirnrinde weitergeleitet, wo die Sehwahrnehmung erfolgt.

Die Menge des einfallenden Lichts kann von der *Regenbogenhaut* (Iris) durch Verkleinern oder Vergrößern der *Pupille* und durch Vorgänge innerhalb der Netzhaut gesteuert werden *(Adaptation)*.

Die scharfe Einstellung des Auges auf verschiedene Entfernungen erfolgt durch Veränderung der Linsenkrümmung *(Akkommodation)*. Auf der Netzhaut ist der Ort des schärfsten Sehens die *Sehgrube*, die ausschließlich Zapfen trägt. Sie liegt im sog. *gelben Fleck*. An der Austrittsstelle des Sehnervs, dem *blinden Fleck*, ist kein Sehen möglich.

Bis auf die durchsichtige *Hornhaut* (Cornea) vorn wird der Augapfel von einer derben *Lederhaut* (Sclera) umhüllt. Zwischen ihr und der Netzhaut befindet sich die gut durchblutete *Aderhaut* (Chorioidea), die eine pigmentreiche Bindegewebslage besitzt.

Sehfeld svw. ↑Gesichtsfeld.

Sehtäuschungen ↑optische Täuschungen.

Sehen

Querschnitt durch den menschlichen Augapfel

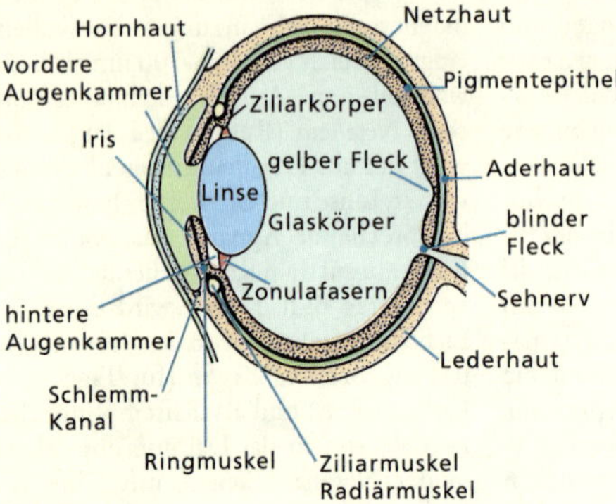

Seitigkeit (Lateralität): der bevorzugte Gebrauch von Organen (z.B. Rechtsäugigkeit) oder Gliedmaßen einer Körperseite (**Händigkeit;** insbes. Rechts- bzw. Linkshändigkeit).

Am meisten diskutiert wird die **Linkshändigkeit (Sinistralität),** die bei etwa 10% aller Menschen vorkommt. Sie ist bei diesen z.B. beim Tennisspiel, Schreiben, Zeichnen und Winken zu beobachten. Ob Linkshändigkeit angeboren ist, ist umstritten. Zwischen Geburt und viertem Lebensjahr schwankt die S. mehrmals von »linkshändig« über »beidhändig« zu »rechtshändig« und zurück. Erst mit etwa 8 Jahren ist die Links- bzw. Rechtshändigkeit weitgehend festgelegt. Rechtshändigkeit soll Linkshändern nicht aufgezwungen werden (»Gib das schöne Händchen!«), weil die Unterdrückung der Händigkeit zu psychischen und (psychisch bedingten) körperlichen Störungen führen kann (z.B. Stottern). So wird für den Erstschreibunterricht empfohlen, bei Linkshändern den behutsamen Versuch zu unternehmen, sie allmählich an das Schreiben mit der rechten Hand zu gewöhnen, da unser Schriftsystem auf Rechtshändigkeit angelegt ist. Gelingt dies aber nicht ohne Mißerfolgserlebnisse, sollte linkshändiges Schreiben gefördert werden.

sekundäre Kreisreaktion ↑Kreisreaktion.

sekundäre Prävention ↑Prävention.

sekundärer Narzißmus ↑Narzißmus.

sekundäres Lallen ↑Lallen.

Sekundärfaktoren: Oft ist es sachlich geboten, bei der ↑Faktorenanalyse die sich ergebenden Faktoren so zu bestimmen, daß sie ihrerseits miteinander korrelieren. Dies legt nahe, nun die zunächst gewonnenen Faktoren – sie werden Faktoren erster Ordnung oder *Primärfaktoren* genannt – ihrerseits erneut einer Faktorenanalyse zu unterziehen. Die jetzt sich ergebenden Faktoren heißen Faktoren zweiter Ordnung oder *Sekundärfaktoren.* Analog wären auch Faktoren noch höherer Ordnung bestimmbar.

S. spielen in der Persönlichkeitspsychologie und in Theorien über die Struktur der Intelligenz eine wichtige Rolle.

Sekundärgruppen: Sammelbez. für all jene Gruppen, deren Mitglieder (im Unterschied zu Primärgruppen) nur durch bestimmte gemeinsame Interessen eher oberflächlich miteinander verbunden sind. Bei S. handelt es sich meist um rational organisierte soziale Gebilde (z.B. Schulklassen, Jugendgruppen, Firmenbelegschaften oder auch Volksgruppen).

Sekundärtriebe ↑Primärtriebe.

Sekundärvarianten ↑Konstitution.

Sekundärvorgang ↑Primärvorgang.

Selbst: von W. JAMES und G. H. MEAD in die *Sozialpsychologie* eingeführter Begriff für einen zentralen Bereich der ↑Persönlichkeit, der das seiner selbst bewußt werdende (Selbstbewußtsein) und gleichzeitig sich selbst zum Objekt werdende Subjekt bezeichnet. Sie unterscheiden am S. einen Subjektaspekt (Ich) vom Objektaspekt (Mich); letzteres reicht vom Körpergefühl *(materielles S.)* über soziale Stellung und Rolle *(soziales S.)* bis zu Wertvorstellungen und Weltanschauungen *(geistiges S.)*. Erst G. W. ALLPORT legte wieder stärkeres Gewicht auf den aktiven Subjektaspekt. Weitere *Selbsttheorien der Persönlichkeit* finden sich bei S. FREUD, wobei das S. als ein Komplex von Steuerungsprozessen aufgefaßt wird. C. G. JUNG sah das S. als Ziel des Individuationsprozesses.

Selbstaktualisierung svw. ↑Selbstverwirklichung.

Selbstbefriedigung: Sammelbez. für alle Formen der erotisch-sexuellen Stimulierung (einschließlich des Erreichens der eigentlichen Befriedigung beim sexuellen Höhepunkt durch den ↑Orgasmus) ohne Beteiligung eines Partners bzw. einer Partnerin. – ↑auch Masturbation.

Selbstbehauptungstraining svw. ↑Selbstsicherheitstraining.

Selbstbeobachtung ↑Beobachtung.

Selbstbewußtsein:

◆ in der *Psychologie* das Überzeugtsein von seinen Fähigkeiten, von seinem Wert als Person, das sich besonders in selbstsicherem Auftreten ausdrückt.

◆ in der *Philosophie* das Bewußtsein (des Menschen) von sich selbst als denkendem Wesen.

Selbsteinschätzung: Einschätzung der eigenen Person im Hinblick auf bestimmte Fähigkeiten, Fehler o.ä.

Selbstentäußerung: gänzliches Zurückstellen der eigenen Bedürfnisse, Wünsche o.ä. zugunsten eines anderen oder einer Sache.

Selbsterfahrungsgruppen: für einen begrenzten Zeitraum bestehende Gruppen vorwiegend stützender und mitunter auch gezielt psychotherapeutischer Funktion, bei denen die Teilnehmer durch Gespräche und bestimmte Gruppenübungen (z.B. Rollenspiele) lernen sollen, ihre eigenen Gefühle, Bedürfnisse, Wünsche und Verhaltensweisen oder die Rückmeldung der anderen Gruppenmitglieder deutlicher wahrzunehmen. S. werden in der Erwachsenenbildung, als Form der Gruppenpsychotherapie sowie in der Aus- bzw. Weiterbildung von Fachkräften der psychosozialen Versorgung (z.B. Psychotherapeuten, Ärzte, Krankenschwestern, Sozialarbeiter und -pädagogen) angeboten.

Selbsterhaltungstrieb: Sammelbez. für das Streben nach Erhaltung des eigenen Körpers, das sich auf Schutzmaßnahmen gegen Kälte, Hitze, Verletzung, Krankheit und Tod, aber auch auf die Beschaffung von Nahrung und Flüssigkeit erstreckt.

Selbstexploration: das Ausmaß, in welchem ein Klient in der Psychotherapie über seine Erlebniswelt, d.h. seine Gefühle, Bewertungen, Ziele und Wünsche spricht, im Bemühen, größere Klarheit über die eigene Persönlichkeit zu gewinnen und bestimmte Veränderungen anzustreben.

Selbstgefühl svw. ↑Selbstwertgefühl.

Selbsthilfegruppen: freiwillige Gruppen bzw. Organisationen von Menschen, die gravierende psychische Konflikte hatten oder noch haben und sich ohne professionell geschulte Kräfte (Psychologen, Ärzte, Sozialarbeiter) gegenseitig zu helfen versuchen. Als wohl bekannteste Selbsthilfegruppe dürfen die **Anonymen Alkoholiker** gelten; in jüngerer Zeit gibt es eine Reihe neuer Gruppierungen, etwa mißhandelter und/oder sexuell mißbrauchter Frauen bzw. Mädchen oder auch »spielsüchtiger« (von Spielautomaten abhängiger) Personen.

Selbsthypnose ↑Hypnose.

Selbst-Image ↑Image.

Selbstkongruenz: Übereinstimmung zwischen den Gefühlen, Gedanken sowie Handlungsabsichten einer Person und ihrem tatsächlichen Verhalten. – ↑auch Echtheit.

Selbstkontrolle (Selbststeuerung, Eigensteuerung): In der Alltagssprache wird S. oft gleichbedeutend mit Willensstärke oder Selbstdisziplin gebraucht. In der behavioristischen Psychologie wird dagegen unter S. weniger eine Persön-

lichkeitseigenschaft, sondern das konkrete Verhalten einer Person in einer bestimmten Situation verstanden. S. ist demnach das mit Hilfe selbsterzeugter Reize ohne (sofortigen) äußeren Druck oder Zwang erfolgende Ausführen einer Handlung *(kontrollierende Handlung),* die mit dem sonst üblichen Problemverhalten unvereinbar ist. S. liegt z.B. vor, wenn jemand auf Situationen, die bei ihm normalerweise unerwünschte Angst oder Streß auslösen, mit Entspannung oder mutmachenden Äußerungen reagiert.
Die S. umfaßt dabei mehrere Vorgänge; die *Selbstbeobachtung* des Verhaltens, die *Selbstbewertung* dessen anhand von Leistungskriterien und die anschließende positive oder negative *Selbstverstärkung.* Besonders im Bereich der Verhaltenstherapie wurden als **Selbstkontrolltechniken** bestimmte Verfahren entwickelt, die auf eine Stärkung der Selbststeuerung des Klienten abzielen. Dazu gehören u.a. die systematische Selbstbeobachtung (z.B. Protokollieren der Häufigkeit bestimmter Verhaltensweisen, einschließlich vorausgehender und nachfolgender Bedingungen), Stimuluskontrolle (z.B. Rauchen nur noch im Stehen), Selbstverstärkung, verdeckte Sensibilisierung (Kopplung von angenehmen Gefühlen mit erwünschten und von unangenehmen Gefühlen mit unerwünschten Verhaltensweisen in der Vorstellung) und Selbstinstruktion. – Selbstkontrolltechniken werden z.B. bei Suchtproblemen oder bei der Streßbewältigung angewandt.

Selbstkonzept: das Bild, das eine Person von sich selbst hat, und dessen Wertung. Ursprüngliche Bedürfnisse des Individuums werden nach C. ROGERS durch die natürliche Körper- und Sinneserfahrung sowie die soziale Umwelt bewertet und bilden das Selbstkonzept. Widersprechende Bewertungen führen zur Inkongruenz zwischen dem S. und den tatsächlichen Erfahrungen des Organismus. Erfahrungen können entweder geleugnet oder verzerrt symbolisiert werden. Beispielsweise kann jemand eindeutig aggressive Gesten äußern und gleichzeitig das S. haben, friedfertig zu handeln, weil seine Umwelt keine Aggressivität duldete. In dieser Inkongruenz sieht ROGERS den Ursprung psychischen Fehlverhaltens. In der Psychotherapie kommt es demnach darauf an, S. und Erfahrungen möglichst zur Deckung zu bringen.

Selbstkonzept

Das Schema der Persönlichkeitsstruktur nach C. Rogers zeigt, daß es darauf ankommt, Selbstkonzept und Erfahrung des Organismus möglichst zur Deckung zu bringen

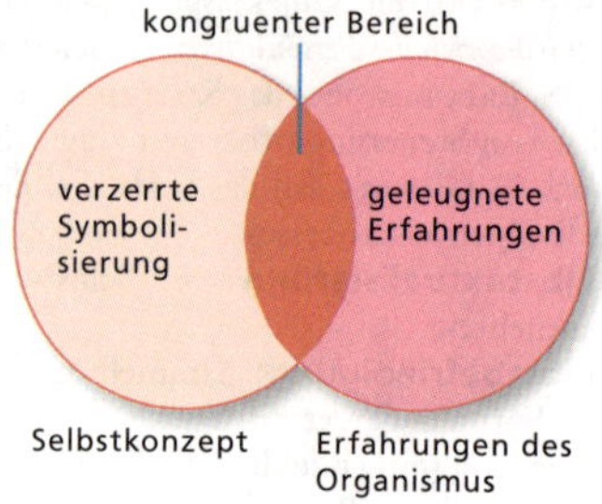

Selbstliebe ↑Narzißmus.

Selbstmord svw. ↑Selbsttötung.

Selbstsicherheitstraining (Selbstbehauptungstraining, Assertivitätstraining): umfassender Begriff für therapeutische Maßnahmen (z.B. Rollenspiele) in der klinischen Psychologie, mit deren Hilfe ein Patient lernen soll, störende Hemmungen und Ängste im Umgang mit Mitmenschen zu überwinden und seine eigenen Bedürfnisse und Interessen besser zur Geltung zu bringen.

Selbststeuerung svw. ↑Selbstkontrolle.

Selbstsucht ↑Egoismus.

Selbsttötung (Selbstmord, Suizid, Freitod): die absichtliche Vernichtung des eigenen Lebens. Anthropologisch gesehen, läßt sich die S. als Ausschöpfung der spezifisch menschlichen Freiheit, psychiatrisch gesehen jedoch als Abschluß einer krankhaften Entwicklung deuten. Tatsächlich wird man die S. immer zugleich als aktive, freie Handlung

und als Ausdruck einer psychischen Krise bzw. einer krankhaften psychischen Einengung auffassen müssen.
Sog. *Bilanzselbstmorde,* die nach eingehender distanzierter Abwägung (meist unter geplantem Ausschluß jeglicher Rettungsmöglichkeiten) geschehen, sind relativ selten. Bei den meisten S.en und S.sversuchen handelt es sich um eine kurzschlußartige Flucht aus einer nicht mehr zu bewältigenden Welt, mit stark affektivem Charakter (oft in momentaner Ausweglosigkeit); häufig werden dabei Rettungsmöglichkeiten offengelassen, so daß die Tat letztlich als seelischer Hilferuf (»Appellcharakter«) verstanden werden kann, was Untersuchungen zufolge auf über 90% aller S.sversuche zutrifft.
10–20% aller *Suizidanten* unternehmen nach erfolgter Rettung weitere, im allg. zunehmend ernstere S.sversuche, zumal wenn sie nach dem in der Regel kurzen Klinikaufenthalt in ihre alten unveränderten Lebensverhältnisse zurückkehren (müssen).
In Deutschland (alte Bundesländer) sterben jährlich zwischen 10000 und 14000 Menschen durch Selbsttötung. Von 1978 (13926) bis 1992 (10109; davon 7033= 69,6% Männer/männliche Jugendliche, 3076=30,4% Frauen/weibliche Jugendliche) ist die Zahl der S.en langsam, aber stetig gefallen; auch bei Kindern und jungen Menschen bis 30 Jahren ist mit 1526 (1992) gegenüber 2615 (1978) S.en ein deutlicher Rückgang zu verzeichnen. Die Zahl der S.sversuche wird um zehn- bis zwanzigmal höher geschätzt. Männer wählen eher sog. *harte S.smethoden* (Erschießen), Frauen eher die sog. *weichen Methoden* (Vergiftungen mit Tabletten/ Medikamenten).
Besonders gefährdet sind junge Erwachsene zwischen 20 und 30 Jahren, an chronischen ↑Psychosen Leidende, alte (oft vereinsamte, sozial isolierte) Menschen sowie Menschen, die bereits einen S.versuch unternommen haben. Dies entspricht der These des frz. Soziologen E. DURKHEIM, wonach S.en bes. bei gesellschaftlicher Anomie auftreten, d.h. dort, wo die Stabilität des sozialen Systems gestört ist und verbindliche Verhaltensnormen für den einzelnen fehlen. Als S.smotive werden von Frauen am häufigsten Liebeskummer sowie Ehe- und Familienkonflikte, von Männern wirtschaftliche und soziale (insbes. berufliche) Schwierigkeiten genannt.
Psychoanalytischer Auffassung zufolge kommt jemand auf S.sgedanken, wenn er einen Menschen verliert, an den er ambivalent (liebend und hassend zugleich) gebunden ist. Die Aggression wird verdrängt, der Haß zum Selbsthaß, der schließlich zur S. führen kann. Nach der neopsychoanalytischen *Narzißmustheorie* sind insbesondere solche Menschen *suizidal* (selbsttötungsgefährdet), deren Selbstwertgefühl elementar gestört ist und die daher in hohem Maße (narzißtisch) kränkbar sind. In den eher flüchtigen oder »klammernden« Beziehungen zu ihren Lebenspartnern programmieren sie die Enttäuschung sozusagen vor. *Lerntheoretisch* kommt es zur S.sgefahr, wenn ein Mensch zu massiv mit ungewohnten Situationen konfrontiert wird, auf die er mit seinem erlernten Verhaltensrepertoire nicht angemessen zu reagieren vermag und folglich keine Bestätigung mehr erhält.
S.en gehen meist eindeutige Signale voraus (z.B. Äußern von S.sgedanken). Der Psychiater E. RINGEL spricht in diesem Zusammenhang von dem **präsuizidalen Syndrom** mit folgenden Phasen: 1. Einengung der Wahrnehmung und Gefühle, Rückzug auf die eigene Person, Empfinden von Ausweglosigkeit; 2. starke, aber ohnmächtige Aggression, Resignation, Ankündigung von S.sabsichten; 3. Flucht in die Phantasie, Sichausmalen der S., konsequente Planung bei äußerlicher Ruhe.
Die beste *Suizidprophylaxe* (Vorbeugung der S.) v.a. nach erfolgtem S.sversuch ist die Herstellung tragfähiger sozialer Beziehungen. Neben Maßnahmen zur Verbesserung der gesellschaftlichen Struktur

kommt dabei gemeindenahen Einrichtungen (Telefonseelsorge) und ambulanten psychotherapeutischen Diensten große Bedeutung zu.

Selbstunterricht (autodidaktisches Lernen): selbständige Wahl von Lernthema, -ziel und -methode unter Verzicht auf Anleitung, Lenkung und Kontrolle durch eine Lehrkraft oder -institution.

Selbstverstärkung ↑Verstärkung.

Selbstvertrauen: Sichverlassen auf die eigenen Fähigkeiten, Stärken und Bewältigungsstrategien angesichts gestellter Aufgaben bzw. auftretender Konflikte.

Selbstverwirklichung (Selbstaktualisierung): Verwirklichung und Ausschöpfung der eigenen Möglichkeiten. Nach C. Rogers hat jeder Mensch nicht nur das Bestreben, physiologische Bedürfnisse wie Hunger und Durst zu befriedigen oder Schmerz abzubauen, sondern auch das grundlegende Bedürfnis, sich schöpferisch zu entfalten, unabhängig zu werden und sich selbst zu regulieren *(S.stendenz).* Dieses von Grund auf gute, von der Umwelt jedoch oft eingeengte und unterdrückte Bedürfnis soll durch die Therapie- oder Gruppenerfahrung (↑Sensitivitätstraining) zur Befriedigung und Entfaltung kommen.

Nach C. G. Jung bedeutet S. das Bewußtwerden der Archetypen und die Integration bisher abgelehnter Eigenschaften in das Selbst im Zuge der ↑Individuation.

Selbstwertgefühl (Selbstgefühl): erlernbares Gefühl für den eigenen Wert, das das soziale Verhalten und die Beziehungen zu anderen Menschen stark beeinflussen kann. Ein geringes oder mangelndes S. **(Minderwertigkeitsgefühl)** kann zu schweren Depressionen und im Extremfall zur Selbsttötung führen.

Hat ein Individuum im Laufe seiner Entwicklung nicht gelernt, sich selbst zu behaupten und eine verläßliche eigene, erwachsene Identität zu erlangen, führt dieses Persönlichkeitsdefizit dazu, daß das Individuum seine eigenen Interessen und Wünsche unterdrückt, sich ängstigt, andere zu verletzen, und versucht, sie versöhnlich zu stimmen, indem extreme **Selbstlosigkeit** demonstriert wird. Spezielle Selbstbehauptungsprogramme der Verhaltenstherapie zielen auf eine ↑Selbstverwirklichung, die zwischen rücksichtsloser Selbstbehauptung und ängstlicher Selbstverleugnung angesiedelt ist.

Selektion svw. ↑Auslese.

Self-destroying prophecy: im Ggs. zur ↑Self-fulfilling prophecy stehende Beobachtung, nach der Ereignisse oder Voraussagen bestimmte Verhaltensweisen oder andere Ereignisse zur Folge haben, wodurch sich die Voraussagen dann *nicht* bewahrheiten.

Self-fulfilling prophecy: die Beobachtung, daß die Wahrscheinlichkeit eines bestimmten Ereignisses oder Verhaltens eines Menschen zunimmt, wenn dies von einer oder mehreren anderen Personen erwartet wird (selbst wenn die ursprüngliche Erwartung falsch oder unwahrscheinlich ist).

Semantik: Teilgebiet der Linguistik, das sich mit den Bedingungen sprachlicher Zeichen und Zeichenfolgen befaßt.

semantische Konditionierung ↑Konditionierung.

semantisches Differential svw. ↑Polaritätsprofil.

semantisches Netz: systematisierte formale Darstellung von Zusammenhängen in komplexen Begriffs- und Aussagesystemen. Diese Darstellung soll v. a. dazu dienen, Modelle des semantischen Gedächtnisses zu entwickeln. Mit **semantischem Gedächtnis** meint man die Struktur und Funktionsweise insbes. der sprachlich vermittelten Gedächtnisinhalte. Nicht selten wird versucht, durch Computersimulation die semantischen Netzwerkmodelle auf ihre Erklärungs- und Voraussagemöglichkeiten hin zu testen.

Semilinguismus ↑Sprachentwicklung.

senile Demenz ↑Demenz.

Sensibilisierung:

◆ in der *Sinnespsychologie* die Erhöhung der Reaktionsbereitschaft auf Reize.

S

◆ in der *Psychologie* die Steigerung der Empfindung sich selbst und äußeren Vorgängen gegenüber.

Sensibilität:
◆ svw. Empfindsamkeit, Feinfühligkeit.
◆ in der *Physiologie* svw. Irritabilität bzw. Reizbarkeit. Man unterscheidet die *Oberflächen-S.* für Berührungs-, Druck-, Schmerz- und Temperaturreize sowie deren Lokalisation auf der Haut von der *Tiefen-S.* **(Propriozeption)** für Empfindungen der Körperlage, der Bewegung, Vibration und Muskelspannung.

sensible Phase: Unter s.n Ph.n werden individuelle Entwicklungsabschnitte verstanden, während deren im Vergleich zu vorangegangenen oder nachfolgenden Phasen spezifische Erfahrungen maximale Wirkung haben.
Für den Bereich der *menschlichen Entwicklung* wird z.B. hinsichtlich des Spracherwerbs die Existenz einer s.n Ph. diskutiert, deren Grenzen allerdings relativ weit auseinanderliegen und vom Beginn und dem Ende bestimmter Reifungsprozesse im Gehirn markiert werden.

sensitiv: feinnervig, leicht reizbar, in hohem Maße empfindsam; medial veranlagt.

sensitiver Beziehungswahn ↑Beziehungswahn.

sensitiver Charakter: Bez. für eine ehrgeizige, selbstkritische, aber innerlich äußerst unsichere und empfindliche Persönlichkeit mit überstarkem Bedürfnis nach Bestätigung und mit Neigung zu Zwängen und zu ↑Beziehungswahn.

Sensitivitätstraining: v.a. in ↑Gruppentherapien angewandte Methode zur Beseitigung von Hemmungen beim Ausdrücken von Gefühlen.

semantisches Netz

Darstellung der zoologischen Kenntnisse eines Probanden als Netzwerk

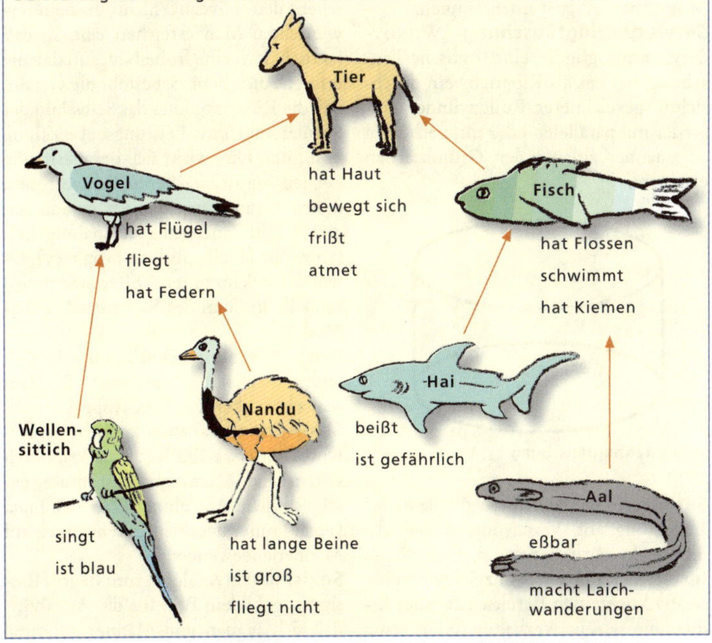

Sensomotorik (Sensumotorik): ↑Motorik.

sensomotorisches Spiel ↑Spiel.

sensorisch svw. ↑afferent.

sensorisches Register (Abk.: SR): ein Bestandteil des Gedächtnisses. – ↑Gedächtnis.

Sensorium:
- Gebiete der Großhirnrinde im Gehirn, in denen Sinnesreize bewußt werden.
- (veraltete) medizinische Bez. für das ↑Bewußtsein.
- bildungssprachliche Bez. für das Empfindungsvermögen, Gespür.

Sensualität: Bez. für das Empfindungsvermögen der ↑Sinnesorgane.

sensuell:
- die Sinne, die Sinnesorgane betreffend; sinnlich wahrnehmbar.
- (bildungssprachlich veraltet) sinnlich.

Sentiment: Empfindung, Gefühl, Gesinnung gegenüber einer Person oder Sache; bisweilen auch gleichbedeutend mit einem Motivziel, an dem bestimmte Motive befriedigt werden können.

Serviettenringtäuschung (WUNDT-Serviettenringfigur): eine ↑optische Täuschung, bei der als Kippfigur ein durchsichtig gezeichneter Rundzylinder entweder mit parallelen oder mit nach vorn aufeinander zulaufenden Grundflächen erscheint.

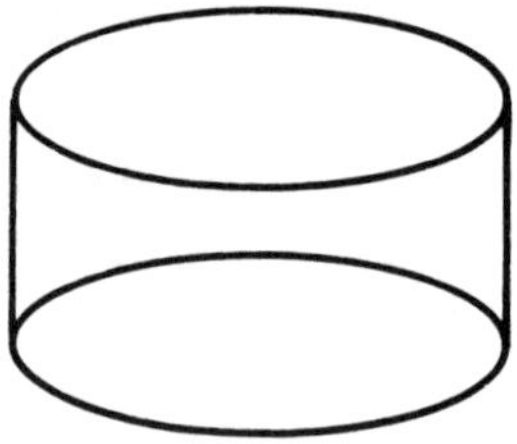

Serviettenringtäuschung

Set: Begriff der Sozialpsychologie in der Bedeutung von Verfassung, Ausgerichtetsein, Erwartungszustand, Einstellung. Im Ggs zu ↑Attitüde kennzeichnet S. eine relativ kurzzeitige Bereitschaft eines Individuums, sein Verhalten oder seine Wahrnehmung in bestimmter Weise zu verändern (z.B. Wahrnehmungs-S., motorischer S.).

Setting: eine Form der äußeren Differenzierung, bei der die Schüler einer Schule nicht wie beim ↑Streaming nach ihrer allg. Leistungsfähigkeit fächerübergreifend in homogene Lerngruppen eingeteilt werden, sondern entsprechend ihren Leistungen in einzelnen Fächern *fachspezifisch* so gruppiert werden, daß homogene Leistungsgruppen entstehen. Im Rahmen dieses Modells ist es also möglich, daß ein Schüler in einem Fach dem leistungsstarken A-Kurs angehört, während er in einem weiteren Fach den leistungsschwächsten C-Kurs besucht.

Mit dem S. ist die Hoffnung verbunden, daß sich so die negativ fixierenden Effekte des Streamings vermeiden lassen. Es zeigen sich aber auch beim S. eine ganze Reihe gravierender *Schwierigkeiten.* So muß z.B. damit gerechnet werden, daß sich die erhoffte Durchlässigkeit zwischen den Niveaus nicht in dem erwünschten Maß erreichen läßt, so daß faktisch doch eine frühe Niveaufixierung erfolgt. Auch beim S. besteht die Gefahr, daß die Kurseinteilung das Selbstbild der Schüler und ihre Leistungsentwicklung bestimmt. Dies wirkt sich bes. nachteilig bei leistungsschwächeren Schülern aus, denen man ja ursprünglich gerade mit dieser Differenzierungsmaßnahme helfen wollte (↑Self-fulfilling prophecy). Eines der bekanntesten Differenzierungsmodelle im Sinn des S.s ist das ↑FEGA-Modell.

Sex: umgangssprachlich für: 1. Geschlechtlichkeit, ↑Sexualität; 2. Geschlechtsverkehr; 3. ↑Sex-Appeal.

Sex-Appeal: das amerikanische Schlagwort (seit etwa 1930) für die v.a. durch körperliche Merkmale bestimmte geschlechtliche Anziehungskraft der Frau, (noch immer deutlich) seltener auch auf Männer angewendet.

Sexismus: in Analogie zum Begriff Rassismus gebildete Bez. für die Annahme, daß sich Frauen und Männer aufgrund ihrer biologischen Unterschiede auch in ihrem Denken und Handeln unterscheiden und verschiedene geistige und seelische Eigenschaften besitzen. S. bildet die ideologische Grundlage für die Diskriminierung und Unterdrückung des weiblichen durch das männliche Geschlecht.

Sextourismus ↑Prostitution.

Sexualerziehung (Geschlechtserziehung): Als grundlegend für eine positive S. werden die Erfahrungen der frühesten Kindheit gewertet. Das spätere sexuelle Verhalten ist weitgehend das Ergebnis frühkindlicher Erziehungs- und Lernprozesse. Emotionale Zuwendung und Hautkontakte schon bei der Nahrungsaufnahme des Säuglings haben ebenso entscheidende Prägekraft für eine gesunde Entfaltung der Sexualität und der Gesamtpersönlichkeit wie der Verzicht der Eltern auf verfrühte Reinlichkeitserziehung und die wahrheitsgemäße, verständliche Beantwortung kindlicher Fragen etwa nach den körperlichen Unterschieden zwischen den Geschlechtern, nach der Herkunft des Neugeborenen, nach der Schwangerschaft oder der Zeugung. Neben biologischen Fragen sollten später auch problematische soziale Themenbereiche (etwa die Stellung des nichtehelichen Kindes oder die Frauenemanzipation) dem Kind in verständlicher Form nahegebracht werden.

Die Einstellung der Eltern zu geschlechtlichen Fragen hat somit ausschlaggebende Bedeutung für die spätere Haltung des Kindes zur Sexualität. Dies gilt insbes. auch für die emotionale Entwicklung, in die die Sexualität eingebettet ist. Die S. in den späteren Lebensjahren baut auf diesen Informationen auf. Schon vor Beginn der Pubertät sollten dem Kind Tatsachen über die bevorstehenden körperlichen Veränderungen und ihre Bedeutung bekannt sein (Menstruation, Pollution u.a.). Auch ist das Kind zu diesem Zeitpunkt schon empfänglich für Informationen über das Verhalten der Geschlechter, über vorehelichen Geschlechtsverkehr, über Masturbation, Petting und Empfängnisverhütung. Darüber hinaus kann man durchaus bereits über verschiedene Sexualtechniken, Fragen abweichenden Sexualverhaltens und schließlich auch über juristische Aspekte des Sexuallebens sprechen.

Eine sachliche, uneingeschränkte und nichtzynische Wissensvermittlung von der ersten kindlichen Frage an sowie Toleranz gegenüber allen Äußerungen

Sexualerziehung

kindlicher und jugendlicher Sexualität sind Voraussetzungen jeder verantwortlichen S. im Elternhaus, auch wenn sich die Eltern bestimmten ethischen Normen verpflichtet fühlen.

Zu der familiären Erziehung tritt die *schulische Unterweisung,* die in Deutschland durch Empfehlungen und Richtlinien der Kultusministerkonferenz zum festen Bestandteil des Schulunterrichts gehört. In Zusammenarbeit mit dem Elternhaus sollen die Schüler ein umfassendes Wissen erwerben, das die Einsicht in Zusammenhänge, das Wertempfinden, die sittliche Entscheidungsfähigkeit und auch das sprachliche Ausdrucksvermögen im sexuellen Bereich ermöglicht. Diese Lernziele, die noch durch kritische Themenstellungen (Normenzwang, schichtspezifisches Sexualverhalten, Sexualität und Herrschaft) zu ergänzen wären, sind nicht an ein bestimmtes Fach gebunden, sondern fallen mit unterschiedlichem Gewicht den bereits bestehenden Schulfächern (v.a. Biologie und Sozialkunde) zu.

Die tiefstgreifenden Meinungsverschiedenheiten in der gegenwärtigen S. liegen v.a. in der Beurteilung des jugendlichen Sexualverhaltens. So werden etwa Belehrungen über bestimmte sexuelle Praktiken bei Jugendlichen wie Masturbation und Petting noch häufig mit Schuld- und Schadenssuggerierungen verknüpft, während die an den Erkenntnissen der Sexualwissenschaft orientierte S. diese Praktiken als unschädliche Einübung sexueller Erlebnisfähigkeit beurteilt.

Sprachliche Probleme der S., sexuelle Normen, Fragen schichtspezifischer sexueller Sozialisation oder die politische Komponente der S. sind Gegenstand einer sich zunehmend entwickelnden Theorie der S. in der ↑Sexualpädagogik. Als Beeinflussung des Heranwachsenden in Richtung auf gesellschaftlich erwünschte Einstellungs- und Verhaltensweisen spielte die S. schon in der Vergangenheit in jeder Gesellschaft eine herausragende Rolle. S. beschränkte sich in unserem Kulturkreis lange Zeit ausschließlich auf die Bekämpfung von Geschlechtskrankheiten, auf die Vermittlung sexualhygienischer Informationen oder auf bloße Charaktererziehung, bei der die Bedürfnisse des Kindes oder Jugendlichen zumeist ignoriert wurden. Die Psychoanalyse und andere Wissenschaftszweige haben in der Vergangenheit aber immer deutlicher belegt, daß die Tabuisierung der Sexualität zu schweren seelischen Störungen führen kann. Die Praxis der überlieferten sexualverneinenden Erziehung hat daher inzwischen in mehreren systematischen Analysen begründete Kritik erfahren.

Sexualhormone (Geschlechtshormone): S. im weiteren Sinne sind sämtliche Hormone, die die Entwicklung und Funktion der Keimdrüsen sowie der Geschlechtsorgane bestimmen und steuern. Sie sind darüber hinaus für die Ausbildung der sekundären männlichen und weiblichen ↑Geschlechtsmerkmale verantwortlich.

Die Produktion der S. unterliegt dem übergeordneten Einfluß der ↑Hypophyse, deren Tätigkeit durch den ↑Hypothalamus gesteuert wird.

S. im engeren Sinne sind die zu den *Steroiden* gehörenden Androgene, Östrogene und Gestagene.

Sexualität (Geschlechtlichkeit): allgemein die Unterscheidung männlicher und weiblicher Individuen aufgrund ihrer Geschlechtsmerkmale sowie die Gesamtheit der Phänomene, die der Rekombination (der Neukombination von Genen) dienen; beim Menschen die Gesamtheit der geschlechtlichen Lebensäußerungen; im engeren Sinne die auf dem *Geschlechtstrieb,* einem auf geschlechtliche Beziehung und Befriedigung zielenden Trieb, beruhenden Lebensäußerungen. Der Begriff S. wurde wissenschaftlich vermutlich zuerst von dem Botaniker A. Henschel in einer Arbeit »Von der S. der Pflanzen« (1820) verwendet und dort ausschließlich unter dem Fortpflanzungsaspekt thematisiert. Die folgende wissenschaftliche Verwendung des Begriffs S. umfaßte dann bald die bis dahin als Trieb, Wollust, Geschlechtslust usw. beschriebenen motivationalen Aspekte der Sexualität. Die gegen Ende des 19. Jh. sich entwickelnde Sexualwissenschaft konzentrierte sich anfangs vorwiegend auf die als abweichend und ungewöhnlich aufgefaßten Erscheinungsformen dieses neuen Feldes. Die Psychiatrie versuchte, das Augenmerk auf das Exotische der sexuellen Phänomene zu richten und diese unter einer psychopathologischen Perspektive zu fassen. Nach der ausschließlich ethisch-moralischen Auffassung, unter der die Kirche sexuelle Erscheinungsformen bewertet hatte, gewann das medizinische Modell in der Folge an Einfluß.

Bei den meisten Organismen beruht S. im wesentlichen auf einem Befruchtungsvorgang, bei dem der Kern einer männlichen Geschlechtszelle mit dem einer weiblichen verschmilzt; diese Geschlechtszellen werden bei Tieren und dem Menschen in geschlechtlich differenzierten Keimdrüsen (Hoden bzw. Eierstock) gebildet. Zur Vereinigung dieser Zellen muß es zur Paarung (Begattung, Geschlechtsverkehr) zwischen Individuen verschiedenen Geschlechts kommen. Während bei phylogenetisch niederen Tierarten das hierzu dienende »Fortpflanzungsverhalten« (↑Sexualverhalten) artspezifisch stereotyp ist, spielt bei höheren Arten die Großhirnsteuerung gegenüber der Hormonsteuerung und damit das Erlernen sexueller Praktiken eine stetig zunehmende Rolle. Die S. wird so variationsreicher; die Tiere werden auch außerhalb der Brunst und bereits vor Eintritt der Geschlechtsreife sexuell aktiv; Selbststimulation und Selbstbefriedigung sowie homosexuelle Handlungen kommen vor (besonders bei den Menschenaffen). In der aufsteigenden Primatenreihe nimmt ferner die Bevorzugung bestimmter Paarungspartner zu. Mit der Höherentwicklung der Tiere wird somit die sinnliche Funktionslust zunehmend wichtiger als das ursprüngliche biologische Ziel, die Fortpflanzung.

Die S. des Menschen schließlich geht noch weit über das hinaus, was mit der Lust und den Aktivitäten in Abhängigkeit vom Funktionieren der Geschlechtsorgane (↑Geschlechtsmerkmale) sowie mit dem Verhalten, das zur Befruchtung führen kann, zusammenhängt. Ihr liegt ein vielschichtiger Komplex biologischer, psychologischer und soziologischer Faktoren zugrunde, die jeweils für eine unmittelbare bzw. intime Begegnung von Angehörigen verschiedener Geschlechter *(Heterosexualität)* bzw. desselben Geschlechts (↑Homosexualität) bedeutsam sind. Dies gilt bes. für deren Gefühle und Bedürfnisse sowie für entsprechende Verhaltensweisen, die den Geschlechts- oder *Sexualtrieb* als hormonal stimulierende (↑Sexualhormone), verhaltensphysiologische Antriebsgrundlage für sexuelle Beziehungen, speziell im Hinblick auf die Befriedigung dieses Triebs, betreffen. Außer von individuellen Erwartungen und Wünschen, Erfahrungen, Vorstellungen und Haltungen wird die menschliche S. wesentlich auch von kulturellen und gesellschaftlichen Verhältnissen, Institutionen und Normen geprägt.

Bereits Säuglinge zeigen Verhaltensweisen, die sich als sexuelle bezeichnen lassen, v. a. in Form masturbationsähnlicher Handlungen. Auch orgasmusähnliche Äußerungen sind beobachtet worden. Allerdings ist nicht zu beurteilen, inwieweit diesem Verhalten ein sexuelles Erleben entspricht. Masturbationen bei Kindern im Alter von 4–5 Jahren sind keine Seltenheit. In diesem Alter spielt auch die Unterscheidung der Geschlechter für die Kinder eine große Rolle. Der Beginn der Pubertät wird bei Mädchen durch die Menarche (erste ↑Menstruation), bei Jungen durch die erste Ejakulation definiert und ist nicht nur durch die körperlichen Reifungsvorgänge, sondern auch durch die oft konflikthafte Übernahme der männlichen und weiblichen Rolle geprägt, von J. J. ROUSSEAU als »zweite Ge-

Sexualität: Die Malerin Frida Kahlo hatte Beziehungen zu Männern und zu Frauen. Ihr Bild »Zwei Akte im Wald« entstand 1939.

burt« bezeichnet. In dieser Zeit werden von den meisten Jungen, aber nur von einem Teil der Mädchen erste Masturbationserfahrungen gemacht. Gleichgeschlechtliche Erlebnisse, die später nicht zu einer manifesten homosexuellen Orientierung führen müssen, sind im Jugendalter nicht ungewöhnlich.

Die Frage nach der S. im höheren Alter ist oft mit dem Vorurteil behaftet, ältere Menschen hätten überhaupt kein Sexualleben mehr. Nach einer Studie der amerikan. Duke-Universität (1990) waren rund 60% der befragten älteren Paare zwischen ihrem 60. und 74. Lebensjahr regelmäßig sexuell aktiv; gegen Ende des 7. Lebensjahrzehnts praktizierten noch etwa 30% der Ehepaare regelmäßig Geschlechtsverkehr; diese Ergebnisse galten allerdings nur für verheiratete Paare. Auch K. von Sydow (1992) meint nach einer Auswertung mitteleuropäischer Untersuchungen zur weiblichen S. im mittleren und höheren Erwachsenenalter, diese deuteten darauf hin, »daß mehr als die Hälfte der 50- bis 60jährigen Frauen und etwa 20% der 70jährigen sexuell bzw. koital aktiv sind«; Selbstbefriedigung werde von etwa einem Viertel bis zu einem Drittel aller älteren Frauen praktiziert.

In der *psychologischen Analyse* der S. ist heute noch weitgehend S. Freuds Konzeption (↑Psychoanalyse) bestimmend, derzufolge von Geburt an sexuell getönte Lustempfindungen vorhanden sind. Verschiedene Lustquellen spielen in aufeinanderfolgenden Entwicklungsstadien der ↑Libido jeweils die Hauptrolle und verursachen bei Nichtbefriedigung charakteristische seelische Störungen. Erst mit der Pubertät organisiert sich nach Freud die S. zu einer Einheit mit der Vorrangstellung der Genitalzonen (↑genitale Phase). Sexual- und Persönlichkeitsentwicklung begriff Freud lange Zeit als weitgehend identisch. Der gegengeschlechtliche (unter bestimmten Umständen auch der gleichgeschlechtliche) Elternteil wird vom Kind als gewissermaßen erster Sexualpartner angesehen, woraus sich typische Konflikte (↑Ödipuskomplex, ↑Elektrakomplex), Persönlichkeitsentwicklungen und Vorprägungen für spätere Partnerbeziehungen ergeben können.

Vieles an FREUDS Theorie ist heute umstritten (etwa der ↑Penisneid), manches muß als Irrtum gelten (z.B. die Unterscheidung zwischen einem klitoralen und einem vaginalen Orgasmus); auch dürfte FREUD schicht- und zeitspezifische Geschlechtsrollenerwartungen unterschätzt haben; dennoch ist ihm die Entdeckung und Enttabuisierung der frühkindlichen S. als bleibendes Verdienst anzurechnen.

Neuere psychoanalytische Ansätze haben sich von dem ursprünglichen »hydraulischen« Triebmodell entfernt und gehen eher der Frage nach, welche biographisch begründeten Konflikte und Affekte sich in sexuellen Aktivitäten und Phantasien niederschlagen. Anderen Konzeptionen zufolge werden im gegenwärtigen sexuellen Erleben nicht nur schmerzliche und demütigende Kindheitserfahrungen wieder lebendig, sondern ebenso kindliche Glückszustände, Hochgefühle und symbiotische Verschmelzungserlebnisse. In der sexuellen Erregung und im Orgasmus verdichten sich Gefühle narzißtischer Großartigkeit mit – kurzzeitig wiedererlebbaren – Gefühlen der Auflösung von Ich-Grenzen. Diese sehr weitgefaßten Vorstellungen sexueller Motivation sind von verhaltensbiologischer Seite kritisiert worden, weil sie nicht zwischen unterschiedlichen Qualitäten zwischenmenschlicher Anziehung trennen. In seinem biologisch begründeten Modell unterscheidet N. BISCHOF zwei Komponenten: Die Bindung mit primär vertrauten Partnern bietet Sicherheit, aber wenig Erregung; dagegen kann sich sexuelle Motivation im engeren Sinne nur auf Partner richten, die zunächst fremd sind und erst sekundär vertraut werden.

Sexuelle Störungen lassen sich in drei Kategorien einteilen: Bei *funktionellen Störungen* der S. ist der Geschlechtsverkehr nicht möglich oder die Erlebnisfähigkeit erheblich gemindert. Bei Frauen ist das beim Vaginismus (unwillkürlicher Scheidenkrampf) und bei den erheblich häufigeren Erregungs- und Orgasmusstörungen der Fall. Bei Männern können Erektionsstörungen, vorzeitiger Samenerguß (Ejaculatio praecox) und, seltener, ausbleibender Samenerguß die sexuelle Funktions- und Erlebnisfähigkeit beeinträchtigen. Im weiteren Sinne kann auch eine allg. sexuelle Lustlosigkeit zu den funktionellen Sexualstörungen gerechnet werden. Diese oft psychisch bedingten Störungen sind heute relativ gut psychotherapeutisch behandelbar.

Sexuelle Perversionen sind definiert durch sexuelle Wünsche, die entweder vom genitalen Sexualverkehr abweichen (z.B. Exhibitionismus, Fetischismus, Voyeurismus, Varianten des Sadomasochismus) oder die sich nicht auf einen erwachsenen bzw. menschlichen Partner richten (Pädophilie, Sodomie). Sexuelle Perversionen sind immer psychische Symptombilder. Sie können sehr unterschiedlich in die Gesamtpersönlichkeit integriert sein, d.h. als fremd und bedrohlich empfunden werden, aber auch einen bewußt akzeptierten Teil einer stabilen Persönlichkeit bilden. Die Frage einer Behandlung stellt sich oft erst im Zusammenhang mit strafbaren Handlungen. Psychotherapeutische Verfahren zielen weniger auf die Beseitigung der Symptome als auf die Stabilisierung der Persönlichkeit und den Aufbau alternativer Verhaltensweisen, die das Individuum weniger gefährden. – ↑auch Perversionen.

Sexuelle Identitätsstörungen sind in ihrer ausgeprägtesten Form, der Transsexualität, relativ selten. Transsexuelle Menschen fühlen sich nicht ihrem biologischen, sondern dem anderen Geschlecht zugehörig. Neben der sozialen und juristischen Anerkennung ihres Wunsches erstreben sie meist eine hormonelle und operative Umwandlung ihres körperlichen Geschlechts. Da eine medizinische oder psychotherapeutische Behandlung

S

(im Sinne einer Versöhnung mit dem biologischen Geschlecht) in den meisten Fällen nicht möglich ist, liegt der Schwerpunkt auf einer medizinisch-psychotherapeutischen Begleitung der gewünschten Lebensform.

Sexualkunde: Schulfach, in dem Jugendliche über die Grundlagen und Probleme der (menschlichen) Sexualität unterrichtet werden. Die S. ist ein Teilbereich der Sexualerziehung.

Sexualmerkmale svw. ↑Geschlechtsmerkmale.

Sexualneurose: mit Störungen im Sexualleben zusammenhängende ↑Neurose.

Sexualnorm (sexuelle Norm): umfassender Begriff für die Verbote und Gebote einer Gesellschaft hinsichtlich bestimmter sexueller Verhaltensweisen (z. B. Inzesttabu). – ↑auch Sexualität.

Sexualpädagogik: erziehungswissenschaftliche Teildisziplin der Lehre und Theorie der ↑Sexualerziehung. *Ziel* der S. ist es heute, das Individuum zu einem selbständigen und der Problematik soziosexueller Beziehungen bewußten Sexualverhalten zu erziehen. Die S. bemüht sich um didaktische Konzeptionen für die Sexualität im Elternhaus (Elternbildung), in der Vorschule und Schule sowie in der außerschulischen Jugend- und Erwachsenenbildung. Wichtige didaktische Probleme sind die Tatsachen, daß zum einen die Eltern und Lehrer (oft aufgrund eigener repressiver Sexualerziehung) nicht in der Lage sind, ungehemmt über sexuelle Probleme und Erlebnisse zu sprechen, und daß es zum anderen für die Erzieher schwierig ist, eine angemessene Sprache zu finden, die präzise die Beschaffenheit und Funktion der Geschlechtsmerkmale sowie sexuelle Verhaltensweisen beschreibt und dennoch allzu wissenschaftliche Bezeichnungen vermeidet.

Als fächerübergreifende Disziplin versucht die S. bei der Erarbeitung von Lehrplänen über die biologische Sexualkunde hinaus psychologische, soziologische und anthropologische Aspekte der Sexualität zu berücksichtigen.

Ein wichtiger Aufgabenbereich für die S. ist es gegenwärtig, geeignete Konzepte für die Sexualerziehung von Kindern und Jugendlichen vor dem Hintergrund der AIDS-Problematik zu entwickeln. In diesem Zusammenhang stellt sich die Frage nach einer angemessenen Behandlung dieses Fragenkomplexes im Unterricht. Wichtigstes Ziel des Unterrichts sollte sein, die Schüler zu ermutigen, über AIDS zu reden und dieses Reden zu üben. Methodisch ist deshalb bei der Behandlung der AIDS-Problematik ein Vorgehen zu empfehlen, bei dem die Schüler miteinander ins Gespräch kommen können, also Gruppenarbeit und projektorientierter Unterricht. Eine wichtige Aufgabe der Lehrperson ist es dabei u. a., darauf zu achten, daß beim Reden über AIDS weder von ihr selbst noch von den Schülern Formulierungen benutzt werden, die einem oder einer eventuell Betroffenen in der Klasse zusätzlich Angst machen könnten oder Diskriminierungen und Verurteilungen beinhalten, die jemand aus der Klasse auf sich oder ihm nahestehende Personen beziehen könnte.

Sexualpathologie: wissenschaftliche Disziplin, die sich mit den krankhaften Störungen und pathologischen Erscheinungsformen der menschlichen Sexualität befaßt.

Sexualpsychologie: Teilgebiet der Psychologie, das sich mit den psychischen Vorgängen, dem Erleben und Verhalten im Zusammenhang mit der Sexualität beschäftigt. Wesentliche Forschungsbereiche sind die Entwicklung der kindlichen und jugendlichen Sexualität und die Alterssexualität, die individuellen und geschlechtsspezifischen Unterschiede im Sexualverhalten, Fragen der Partnerwahl bzw. Ehe, die Beziehungen zwischen physiologischen und psychischen Vorgängen im Sexualbereich (z. B. Menstruationszyklus, Klimakterium), Abweichungen im Sexualverhalten und sexuelle Dysfunktionen (Sexualneurosen, Perversionen) sowie die tiefen- und entwicklungspsychologische Bedeutung v.a. der frühkindlichen Sexualität. Des weiteren befaßt sich die S. auch mit den psychologischen Aspekten der Sexualerziehung und -aufklärung im Rahmen der Sexualpädagogik.

Sexualreflexe (Genitalreflexe): Die Erektion des Penis wird vom Zentrum des Erektionsreflexes im Sakralmark über sog. willkürliche Nerven durch mechanische Reizung der in der Eichel liegenden sensiblen Nervenendigungen des Nervus pudendus oder auch schon durch Reizung von Nervenendigungen erogener Zonen ausgelöst. Der Nervus pudendus gehört zu den Spinalnerven und vermittelt auch das Wollustgefühl. Nach einer gewissen Summationszeit während der Reizung kommt es zur Ejakulation. Das Zentrum des Ejakulationsreflexes liegt ebenfalls im Sakralmark (↑Genitalzentren). Efferente Bahnen sind hierbei die Nervenfasern, die die Samenblasen und die an der Samenausschleuderung beteiligten glatten Muskeln erreichen.

Bei den weiblichen S.n gehen die gleichfalls im Nervus pudendus liegenden afferenten Bahnen von den sensiblen Endigungen in der Klitoris und den Schamlippen aus. Im Sakralmark liegt ebenfalls das Zentrum für die Erektion der Klitoris, von dem aus außerdem die Sekretion der Schleimhautdrüsen ausgelöst wird. Ein weiteres Zentrum in diesem Nervenbereich vermittelt die Kontraktionen der Gebärmutter- und Scheidenmuskulatur beim ↑Orgasmus. Vom Nervus pudendus ausgehende sensible Bahnen steigen in den Rückenmarkseitensträngen zu den Zentren des Gehirns.

Über die Gehirnzentren können bei beiden Geschlechtern durch psychische Faktoren die S. gefördert werden (z.B. durch erotische Anblicke oder Vorstellungen) oder gehemmt sein (z.B. durch Tabus oder Angst vor dem Versagen), und zwar so weitgehend, daß der reflektorische Ablauf in den Hintergrund treten kann, wenn nur die effektorischen Bahnen intakt sind.

Sexualstörungen ↑Sexualität.

Sexualtherapie: verschiedene psychotherapeutische Verfahren zur Behandlung psychisch bedingter sexueller Funktionsstörungen (z.B. Impotenz, Frigidität, Vaginismus), die die befriedigende Sexualbeziehung zw. Partnern beeinträchtigen. Zu Beginn des mehrwöchigen Programms müssen sich beide Partner jeglicher sexueller Aktivitäten enthalten. Durch vorher festgelegte aufeinanderfolgende Übungen sollen ohne sexuellen Leistungszwang die Sensibilität für den Körper und für sexuelle Empfindungen wieder aufgebaut, Selbstvertrauen gewonnen und Angst reduziert werden.

Sexualtrieb svw. ↑Geschlechtstrieb.

Sexualverhalten (Fortpflanzungsverhalten): Das artspezifische, der geschlechtlichen Fortpflanzung dienende Verhalten der Geschlechter zueinander umfaßt alle Verhaltensabläufe, die der Herbeiführung der Paarung dienen **(Paarungsverhalten).**

Während bei den meisten Tieren Promiskuität (Bindungslosigkeit der Partner) vorherrscht, kommt es bei vielen Vögeln und Säugetieren zur Bindung an einen oder mehrere Partner über eine Fortpflanzungsperiode hinweg. Die über mehrere Fortpflanzungsperioden dauernde oder lebenslange Bindung an nur einen Partner (↑Monogamie) ist dagegen relativ selten.

Sexualzyklen ↑sexueller Reaktionszyklus.

sexuelle Entwicklung: im engeren Sinne die Entwicklung der Koitus- und Orgasmus- bzw. der Fortpflanzungsfähigkeit (↑Potenz); im weiteren Sinne die Entwicklung der sexuellen Einstellungen, Verhaltens- und Erlebnisweisen. – ↑Sexualität.

sexuelle Norm ↑Sexualnorm.

sexueller Mißbrauch: nach §§ 174 bis 179 StGB mit Freiheitsstrafe bis zu 5 Jahren oder mit Geldstrafe bedrohte Straftaten gegen die sexuelle Selbstbestimmung, insbes. die Vornahme oder Veranlassung sexueller Handlungen an Kindern, Schutzbefohlenen unter 18 Jahren, an Inhaftierten, behördlich Verwahrten oder Kranken in Anstalten sowie Widerstandsunfähigen; im engeren Sinne sind auch die in § 180 *(Förderung sexueller Handlungen Minderjähriger)* und in § 184 *(Verbreitung pornographischer Schriften)* aufgeführten Straftatbestände zum sexuellen Mißbrauch zu rechnen.

In den letzten Jahren hat sich das allg. wie das wissenschaftliche und juristische Interesse in verstärktem Maße auf den sexuellen Mißbrauch von Kindern in der Familie gerichtet. Nach Schätzungen des Bundeskriminalamtes werden in Deutschland jährlich zwischen 250 000 und 300 000 Kinder sexuell mißbraucht, fast ausschließlich Mädchen; angezeigt werden jährlich jedoch nur ungefähr 15 000–16 000 Fälle (1993: 15 430; 1994: 15 096; 1995: 16 013), von denen wiederum nur etwa 10% vor Gericht kommen; in ca. 80% dieser Fälle wurden die Angeklagten auch verurteilt. Mehr als Dreiviertel der Täter sind Familienangehörige (Väter, Stiefväter, Großväter, Onkel, Brüder).

Eine 1992 vom Fachbereich Psychologie der Hamburger Universität an 541 Frauen und 35 Männern durchgeführte Befragung zu traumatischen Kindheitserfahrungen ergab, daß der Täter in 46% der Fälle der leibliche Vater war; 8% der Befragten nannten auch Täterinnen, v. a. die Mutter. Das Spektrum des Mißbrauchs reichte von irritierenden Bemerkungen bis zum Geschlechtsverkehr, wobei zwei Drittel der Befragten »sehr schwere sexuelle Mißhandlungen« angaben, meist in Verbindung mit der Androhung gravierender Sanktionen bis hin zu Morddrohungen bei Bruch des Schweigens.

Häufig werden die Opfer jahrelang mißbraucht, wie eine für 1991 erstellte Statistik des Beratungszentrums »Wildwasser« ausweist, und zwar umso länger, je eher der Mißbrauch begann; 40% der von »Wildwasser« betreuten Mädchen waren noch keine sechs Jahre alt, als sie erstmals sexuelle Gewalt erlebten.

Eine zusätzliche Belastung stellt für die Opfer die Erfahrung dar, daß v. a. die Mutter den Mißbrauch schweigend duldet, so daß die betroffenen Kinder und Jugendlichen den Mißbrauch weder inner- noch außerhalb der Familie anzusprechen wagen und ihm daher oft jahrelang schutzlos ausgesetzt sind.

Nahezu alle Opfer haben neben körperlichen Symptomen (etwa Erkrankungen der Unterleibsorgane, Hauterkrankungen, Eßstörungen und Kopfschmerzen) auch die seelischen Folgen zu verkraften; so leiden sie häufig an Ängsten (beispielsweise die Kontrolle zu verlieren), an Schlafstörungen, mangelnder Selbstsicherheit und Mißtrauen gegenüber allg. sozialen, aber auch intimen Kontakten; etwa 40% der Betroffenen haben im Jugend- oder Erwachsenenalter einen oder mehrere Selbsttötungsversuche unternommen.

Das gewachsene öffentliche Bewußtsein hat, neben einer stärkeren Ausschöpfung des gesetzlichen Strafrahmens, zur Gründung spezieller, vorrangig kommunaler

sexueller Mißbrauch

Polizeilich angezeigte Fälle sexuellen Mißbrauchs von 0–14 Jahre alten Kindern (die tatsächliche Zahl liegt nach Einschätzung von Experten wesentlich höher)

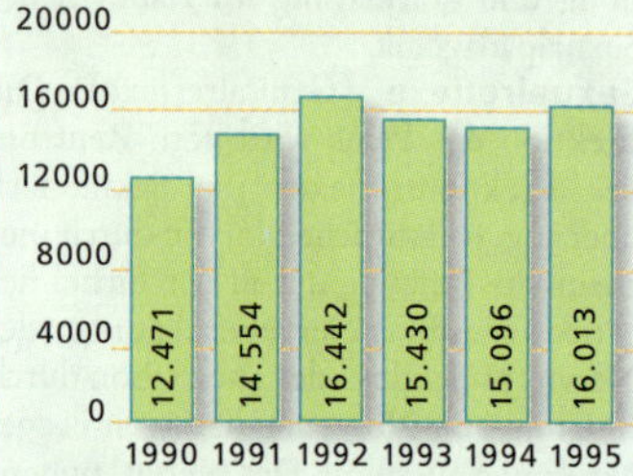

Die Zahlen beziehen sich ab 1991 auf das gesamte Bundesgebiet

Beratungseinrichtungen *(Kobra, Wildwasser, Zartbitter)* geführt, in denen auch Psychologen bzw. Psychotherapeuten zur Verfügung stehen; Organisationen wie der *Deutsche Kinderschutzbund* bemühen sich, flächendeckend konkrete Hilfsangebote zu entwickeln. – ↑auch Pornographie (Kinderpornographie), ↑Prostitution (Kinderprostitution).

sexueller Reaktionszyklus: Die schematische Einteilung der sexuellen Reaktion in vier Phasen geht auf sexualphysiologische Untersuchungen von W. H. MASTERS und V. E. JOHNSON zurück. Durch physische und/oder psychische sexuell-erotische Stimulierung kann die erste Phase **(Erregungsphase)** hervorgerufen werden. Je nachdem, ob der ausgeübte Reiz auf einen empfangs- oder nichtempfangsbereiten Partner trifft, kann diese Phase verschiedene Ausprägungen erhalten. Bei wirksamer sexueller (insbes. genitaler) Reizung geht die Erregungsphase in die **Plateauphase** über, eine (mehr oder weniger) längere – z.T. willkürlich beeinflußbare – Zeitspanne gleichmäßig starker Erregung, in der sich die sexuellen Spannungen bis zu jener Höhe summieren, auf der die **Orgasmusphase** eintritt. Diese Phase läuft weitgehend unwillkürlich, d.h. reflektorisch ab (↑Orgasmus, ↑auch Sexualreflexe). In der auf den Orgasmus folgenden vierten oder **Rückbildungsphase** (auch Refraktär- oder Unempfindlichkeitsphase genannt) klingt die sexuelle Erregung weitgehend ab. Bei Männern erfolgt die Rückkehr zu »normalen« physiologischen Verhältnissen in der Regel sogar relativ schnell, bei Frauen kann dies länger dauern. Zahlreiche Frauen befinden sich nach dem Orgasmus für längere Zeit in einem Zustand, der der Plateauphase entspricht; werden sie in diesem Stadium wieder wirksam stimuliert, so können sie sehr schnell wieder zum Orgasmus gelangen. Nach MASTERS und JOHNSON sind die meisten Frauen zu solchen mehrfachen Orgasmen hintereinander physiologisch in der Lage.

Siebung (Screening):

◆ von R. THURNWALD in Abgrenzung zur Auslese eingeführte Bez. für die erste grobe Sortierung bestimmter Individuen einer heterogenen Bevölkerung nach bestimmten Umweltgegebenheiten (z.B. geographische Vorzugsgebiete, Umweltvarianten), insbesondere für den gesellschaftlichen Auswahlprozeß *(soziale S.)*, mit dem Individuen auf unterschiedliche Schichten, Gruppen bzw. Positionen verteilt werden. Dabei wirken soziale Institutionen wie Familie und Besitz, Schule und Berufsausbildungsstätte als *soziale Siebe*, da sie die Aufstiegschancen des einzelnen determinieren. Nach dieser S. folgen in der Regel weitere Phasen eines stufenweisen Ausleseprozesses.

◆ bei der Testkonstruktion Bez. für die Grobauslese der Testitems.

Signal ↑Auslöser.

Signaldetektion (Signalentdeckung): Aus der Nachrichtentechnik ist das Problem bekannt, daß irgendeine Information, die beispielsweise ein Gesprächspartner beim Telefonieren mitteilen will, nur gestört empfangen werden kann, weil ein Rauschen in der Leitung ist. In der neue-

Signaldetektion: Konzept der Signalwahrnehmung

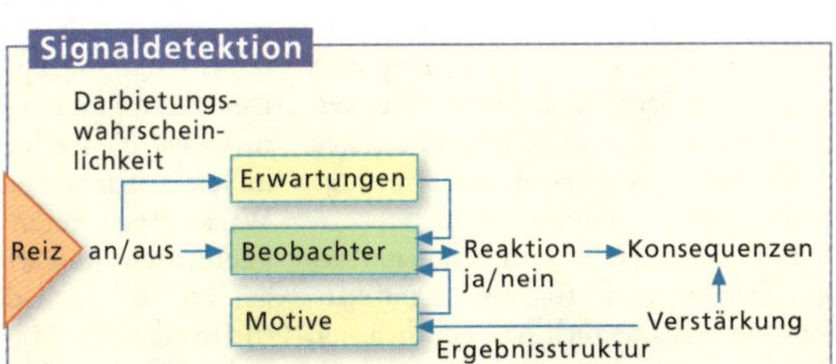

S

ren *Psychophysik* untersucht man Probleme, die dem geschilderten Beispiel sehr ähnlich sind: Ein Beobachter, z. B. am Radarschirm, muß entscheiden, ob er ein Signal geringer Intensität im Kontext anderer Signale oder in Verbindung mit störenden Einflüssen erkannt hat oder nicht. Vier Gruppen möglicher Faktoren, welche solche Entscheidungsprozesse beeinflussen können, spielen in diesem Zusammenhang eine wichtige Rolle: der Informationsgehalt der betreffenden Beobachtung, die Erfahrung des Beobachters, die Aktiviertheit (Wachheit) des Beobachters und die von dem Beobachter mit in Betracht gezogenen Folgen einer eventuellen falschen Entscheidung. Eine solche falsche Entscheidung wäre, fälschlicherweise einen Alarm auszulösen oder zu unterlassen. Der zuletzt angeführte Gesichtspunkt wird *subjektives Entscheidungsrisiko* genannt.

Signalsystem: Nach I. P. PAWLOW besitzen Tiere ein System von erworbenen und erlernten Verknüpfungen zwischen konkreten Umweltreizen *(Signale)* und angeborenen Reaktionen. Der Mensch besitzt auch dieses S., das bei ihm zusätzlich auf Empfindungen und Vorstellungen beruht. Neben diesem »ersten S.« verfügt er aber noch über ein »zweites S.«, bei dem Sprache und Denken eine zweite Widerspiegelung der Wirklichkeit darstellen und mit Reaktionen verknüpft sind.

Signifikanz: Von **statistischer S.** wird gesprochen, wenn aufgrund bestimmter Vereinbarungen (Festlegung des sog. *S.niveaus*) und nach Durchführung einer Untersuchung sowie der damit verbundenen statistischen Berechnungen entschieden wird, daß gewisse empirisch festgestellte Sachverhalte trotz einer verbleibenden Irrtumswahrscheinlichkeit nicht mehr plausibel als zufallsbedingt erklärt werden können.

Von **praktischer S.** wird erst dann gesprochen, wenn die statistisch signifikanten Sachverhalte auch bes. deutlich und damit praxisrelevant ausgeprägt sind.

Simulant: jemand, der (aus unterschiedlichen Gründen) eine Krankheit vortäuscht.

Simulationsexperiment: Bei einem S. wird versucht, die Funktionseigenschaften eines bestimmten Systems oder Prozesses durch ein anderes kybernetisches System nachzuvollziehen und damit zu experimentieren. Als Beispiel können semantische Netzwerkmodelle gelten, die man vielfach mit Hilfe einer Computersimulation überprüft (↑semantisches Netz) hat. S.e sind ökonomischer als Realexperimente, oft auch risikoärmer und ethisch vertretbarer.

Simultankontrast ↑Kontrast.

Sinistralität svw. Linkshändigkeit. – ↑Seitigkeit.

Sinnesfunktionen: S. nennt man die »Aufgaben« der Sinnesorgane im Dienste des Gesamtorganismus (z. B. die Sinneswahrnehmungen wie ↑Sehen, ↑Hören). Die Prüfung der S. ist sowohl in der Medizin als auch in der Psychologie bedeutsam. – ↑Psychophysik.

Sinnesnerven (sensible Nerven, Empfindungsnerven): afferente (sensorische) Nervenstränge, die die Erregungsleitung zwischen Sinnesorganen und Gehirn vermitteln. – ↑auch Nervensystem.

Sinnesorgane (Rezeptionsorgane): Organe, die den Organismus mit Hilfe hochspezialisierter Sinneszellen über die Dinge, Vorgänge und Erscheinungen in seiner Umwelt unterrichten. Dabei werden unterschieden: ↑Mechanorezeptoren (beispielsweise die Tastorgane und die Organe für das ↑Hören), ↑Chemorezeptoren (z. B. die Organe für ↑Riechen und ↑Schmecken), Lichtsinnesorgane (↑Sehen) sowie Kälte- und Wärmerezeptoren (↑Thermorezeptoren).

Der Mensch besitzt keine **Elektrorezeptoren** wie die Fische, die Veränderungen im elektrischen Feld des umgebenden Wassers registrieren können, sowie **Magnetorezeptoren** wie z. B. viele Zugvögel, die sich nach dem jeweiligen Eintrittswinkel der Magnetfeldlinien in die Erdoberfläche richten.

Alle S. wandeln die für sie spezifischen Reize in gleichartige Nervensignale (Aktionspotentiale; ↑Erregungsleitung) um. Erst am auswertenden Ort der Großhirnrinde werden diese Nervenimpulse dann zur jeweiligen Sinnesempfindung (z.B. Licht). Diese läßt sich auch durch elektrische Reizung des entsprechenden Rindenfeldes hervorrufen. Wie Tiere Sinnesreize empfinden, können wir nicht feststellen. Es ist nur möglich, Rückschlüsse aus ihren Reaktionen auf solche Reize zu ziehen.

Sinnespsychologie svw. ↑Wahrnehmungspsychologie.

Sinnesqualitäten: S. sind die Inhalte der sinnlichen Empfindungen von Individuen (subjektiven Organismen) bezüglich der außersubjektiven (objektiven) Umwelt. Inwieweit die subjektiv empfundenen S. als exaktes Abbild der Realität (der objektiven Umwelt) verstanden werden können, ist insbes. in bezug auf die Erkenntnistheorie umstritten.

Sinnesschwelle: untere Grenze der Ansprechbarkeit eines Sinnesorgans, d.h., ein Reiz muß eine bestimmte Stärke aufweisen, um überhaupt wahrgenommen zu werden. – ↑auch Reiz und Reaktion.

Sinnestäuschungen: Sinnesempfindungen, die aufgrund fehlerhafter Verarbeitung äußerer Reize (↑Illusion, ↑optische Täuschungen) oder bei völliger Abwesenheit äußerer Reize (↑Halluzination) auftreten. Die jeweilige Stimmungslage, die Erwartungen, Erfahrungen und Denkprozesse können bes. bei ungewohnten oder unerwarteten Reizen zu S. führen.

Sinneszentren: S. sind bestimmte, räumlich und/oder reizphysiologisch mehr oder weniger scharf voneinander abgrenzbare Bezirke im Zentralnervensystem, die spezifischen Sinneseindrükken zum Zwecke der zentralnervösen Verarbeitung zugeordnet sind. Beim Menschen sind dies die Bereiche der Großhirnrinde, wo sich die bewußte Wahrnehmung und die Speicherung (Engrammbildung) der empfangenen Sinneseindrücke vollziehen. – ↑auch Gehirn, ↑Gedächtnis.

sinnlose Silben: erstmals von H. Ebbinghaus 1885 zur Erforschung des Lernens bzw. des Gedächtnisses verwendete aussprechbare Buchstabenkombinationen (meist Konsonant–Vokal–Konsonant; z.B. »tov«), die möglichst keine Assoziationen mit Wörtern oder Silben der jeweiligen Sprachen nahelegen. – ↑Gedächtnismethoden.

Sinntherapie svw. ↑Logotherapie.

Situationsanalyse: ein Begriff, den K. Duncker bei seinen denkpsychologischen Untersuchungen verwendete. Zus. mit der ↑Zielanalyse ist die S. eine heuristische Methode des Denkens. Eine S. kann in Form einer **Konfliktanalyse** oder in Form einer **Materialanalyse** auftreten. Bei der Konfliktanalyse wird eine gegebene Problemsituation daraufhin untersucht, warum es eigentlich so nicht geht, wie man vielleicht zunächst meinte. Bei der Materialanalyse wird das in der Problemsituation gegebene Material im Hinblick auf seine Bedeutung für eine Problemlösung untersucht.

Skala: In den Erfahrungswissenschaften wie in der Erziehungswissenschaft bedeutet Messen das Zuordnen von Zahlen zu interessierenden Merkmalen von Objekten (oder Subjekten), so daß bestimmte Beziehungen zwischen den Zahlen auch Beziehungen zwischen Merkmalen der Objekte (bzw. Subjekte) entsprechen. Das den Meßvorgängen zugrundeliegende Bezugssystem heißt Skala. Es ist nun möglich, Skalen unterschiedlichen Niveaus zu unterscheiden.

Bei der **Nominal-S.** werden die untersuchten Merkmale einfach klassifiziert. Einer Person männlichen Geschlechts wird beispielsweise die Zahl 0 und einer Person weiblichen Geschlechts die Zahl 1 zugeordnet (man kann auch umgekehrt verfahren).

Da zwischen Zahlen eine Rangordnung besteht, sind bei der **Ordinal-** oder **Raum-S.** zur Abbildung bestimmter empirischer Sachverhalte entsprechende

Ordnungen im interessierenden Bereich durch Zahlen darstellbar. Ein Beispiel aus der Physik ist die Härte-S. von MOHS. Im Bereich der schulischen Leistungsmessung sollten Schulnoten das Niveau von Ordinalskalen haben. Vergleicht man die Eigenschaften einer Nominal-S. und einer Ordinal-S., so wird deutlich, daß bei beiden Skalentypen bestimmte arithmetische Operationen mit den Zahlen nicht sinnvoll sind, beispielsweise die Bildung von Durchschnittswerten (arithmetisches Mittel). Meßtheoretisch ist also die Berechnung von Notendurchschnitten, wie das in der Schule üblich ist, durchaus nicht unproblematisch.

Bei einer **Intervall-S.** hingegen ergeben sich in diesem Zusammenhang keine Bedenken. Eine Intervall-S. unterscheidet sich von einer Ordinal-S. u.a. dadurch, daß jetzt auch die Abstände zwischen den Zahlen einen Sinn bekommen. Gleiche Abstände zwischen den Zahlen bedeuten hier gleiche Unterschiede bei der gemessenen Größe. Beispiele aus der Physik sind die Temperaturskalen. In der Psychologie nimmt man an, daß z.B. die üblichen Intelligenztests das Merkmal Intelligenz auf dem Niveau einer Intervall-S. erfassen. Wegen des willkürlichen Nullpunkts einer Intervall-S. sind aber Feststellungen, die sich auf Verhältnisse beziehen, nicht zulässig. Beispielsweise kann nicht ausgesagt werden, daß ein Proband mit einem IQ von 120 doppelt so intelligent ist wie ein Proband mit einem IQ von 60. Um solche Feststellungen treffen zu können, bedarf es einer sog. **Verhältnis-** oder **Proportional-S. (Ratio-S.).** Eine solche S. besitzt einen empirisch sinnvollen Nullpunkt. Eine Temperatur-S., bei der dieses gegeben ist, liegt mit der Kelvin-S. vor.

Skalierung: die Gesamtheit der Verfahrensweisen zur Messung von Merkmalen. – ↑auch Skala.

Skinner-Box ↑Problemkäfig.

Skopophilie ↑Voyeurismus.

skotopisches Sehen svw. ↑Dämmerungssehen. – ↑Sehen.

Snijders-Oomen-Nichtverbaltests (Abk.: S.O.N.-Tests): eine Reihe sprachfreier Intelligenztests, die sich bes. für die Untersuchung hör- und sprachbehinderter Kinder und Jugendlicher eignen.

Sodomie: der Geschlechtsverkehr von Menschen mit Tieren (↑auch Perversion); wurde in der BR Deutschland bis zur Strafrechtsreform 1969 mit Gefängnis bestraft.

Software: im Unterschied zur ↑Hardware alle *nicht*technisch-physikalischen Funktionsbestandteile einer Datenverarbeitungsanlage (wie Einsatzanweisungen, Programme, Spiele u.a.).

somatisches Nervensystem ↑Nervensystem.

Somatopsychologie: veraltete, heute (bes. bei Krankheiten) durch den Begriff ↑Psychosomatik ersetzte Bez. für die Lehre von den Beziehungen zwischen Körper und Seele. – ↑auch Leib-Seele-Problem.

Somatotoniker: von W. SHELDON eingeführte Bez. für den energischen, aktionsbereiten, bewegungsfreudigen Verhaltenstyp, der in SHELDONS Konstitutionssystem mit dem mesomorphen Körperbautyp korreliert. – ↑auch Konstitution, ↑Viszerotoniker, ↑Zerebrotoniker.

Somnambulie svw. ↑Schlafwandeln.

Somnolenz: zu den Bewußtseinsstörungen zählende Benommenheit, Schläfrigkeit, aus welcher der Patient durch äußere Reize geweckt werden kann.

Sonderpädagogik: Bereich der Erziehungswissenschaft, der sich mit der Erziehung und Bildung von Kindern und Jugendlichen befaßt, die eine bes., über den gewöhnlichen Umfang hinausgehende pädagogische Förderung für ihre Entwicklung benötigen. In diesem Sinne umfaßt die S. nicht nur die Theorie und die Praxis einer **Pädagogik für Behinderte (Behindertenpädagogik),** sondern auch die Erziehung von Kindern und Jugendlichen, die von Behinderung bedroht sind.

Die wichtigsten Teilbereiche der S. sind: Blindenpädagogik, Gehörlosenpädagogik, Geistigbehindertenpädagogik, Körperbehindertenpädagogik, Lernbehindertenpädagogik, Mehrfachbehindertenpädagogik, Schwerhörigenpädagogik, Sehbehindertenpädagogik, Sprachbehindertenpädagogik und Verhaltensgestörtenpädagogik. Wie ein Blick auf diese verschiedenen Teilbereiche zeigt, ist der Begriff S. auch nicht synonym mit dem Begriff *Sonderschulpädagogik,* denn dieser bezeichnet, systematisch gesehen, nur einen Ausschnitt aus dem viel umfassenderen sonderpädagogischen Aufgabenbereich, zu dem beispielsweise auch noch der Bereich der vorschulischen Erziehung sowie der Bereich der außerschulischen und der nachschulischen pädagogischen Betreuung von Menschen mit bes. Erziehungs- und Förderungsbedürfnissen gehören. Der Begriff S. hat den früher weit verbreiteten, aber auch heute teilweise noch gebräuchlichen Begriff **Heilpädagogik** weitgehend ersetzt.

Ein wesentlicher Aspekt der gegenwärtigen kontrovers geführten sonderpädagogischen Diskussion betrifft das *Problem der Integration* von Kindern, Jugendlichen und Erwachsenen, denen (soweit wie irgend möglich) »normales« Leben in ihrer gewohnten Umgebung – also auch möglichst ohne spezielle Versorgung in gesonderten Institutionen (z.B. Sonderschulkindergärten, Sonderschulen) – ermöglicht werden soll. Dies setzt voraus, daß die allg. Kindergärten und die allg. Schulen über ihre jetzige Ausstattung hinaus personell und materiell so ausgestattet werden, daß sie dieser Verantwortung auch gewachsen sein können. Freilich sind daneben vielfach auch noch strukturelle Änderungen unabdingbar.

S.O.N.-Tests: Abk. für ↑**S**nijders-**O**omen-**N**ichtverbaltests.

Sopor: sehr starke Benommenheit, leichte Ohnmacht (Vorstufe des ↑Komas).

Soziabilität:

◆ die (individuelle) Fähigkeit gesellschaftlicher Ein- oder Anpassung eines Menschen.

◆ svw. *Geselligkeit* aufgrund des menschlichen Kontaktbedürfnisses. – ↑Kontakt.

sozial:

◆ das (geregelte) Zusammenleben in Staat und Gesellschaft betreffend; auf die menschliche Gemeinschaft bezogen, zu ihr gehörend.

◆ die Gesellschaft betreffend, insbes. ihre ökonomische und politische Struktur.

◆ dem Gemeinwohl dienend; die zwischenmenschlichen Beziehungen innerhalb der Gemeinschaft regelnd und fördernd.

Sozialanthropologie: Teilgebiet der ↑Anthropologie, das sich mit dem Problem der Beziehungen zwischen verschiedenen Klassen und den Fragen der Vererbung von Eigenschaften innerhalb sozialer Gruppen befaßt.

Sozialarbeit: Betreuung bestimmter Personen oder Gruppen, die aufgrund ihres Alters, ihrer sozialen Stellung, ihres körperlichen oder/und seelischen Befindens der Hilfe bedürfen, sowie die Gesamtheit der Maßnahmen, in diesem Feld Hilfesuchende soweit als möglich zur selbständigen Lebensführung zu befähigen.

Sozialcharakter: Der S. ist derjenige Teil der Persönlichkeit, der nicht durch Anlage bzw. Vererbung, sondern aufgrund der Gleichförmigkeit der Sozialisierungsprozesse innerhalb einer bestimmten sozialen Schicht, Bevölkerungsgruppe oder einer Gesellschaft geprägt wird und sich in für die jeweilige soziale Einheit spezifischen Einstellungen, Wertvorstellungen und Verhaltensweisen ausdrückt.

Sozialdarwinismus ↑Auslese.

soziale Auslese ↑Auslese.

soziale Integration ↑Integration.

soziale Interaktion ↑Interaktion.

soziale Kompetenz: Verfügbarkeit und angemessene Anwendung von motorischen, geistigen und emotionalen Verhaltensweisen, Fähigkeiten, Einstellungen usw. zur effektiven Auseinandersetzung mit konkreten Lebenssituationen. Menschliches Verhalten kann dann als effektiv bezeichnet werden, wenn es dem Individuum kurz- und langfristig ein Maximum an positiven und ein Minimum an negativen Konsequenzen bringt. Die Vermittlung s.r K. ist u.a. ein Hauptziel der ↑Sozialerziehung.

soziale Konflikte ↑Konflikt.

soziale Neurose ↑Neurosen.

soziale Psychiatrie ↑Sozialpsychiatrie.

sozialer Menschentyp ↑Typologie.

sozialer Status ↑Status.

Sozialerziehung: Sammelbez. für alle erzieherischen Maßnahmen, mit denen das Lernen von Kindern und Jugendlichen im sozialen Bereich gefördert werden soll. Das Ziel ist dabei, den Kindern und Jugendlichen zu einer ihrem Entwicklungsstand jeweils angemessenen ↑sozialen Kompetenz zu verhelfen. S. ist eine wichtige Aufgabe der vorschulischen, schulischen und auch der außerschulischen Erziehung, besonders aber der Familienerziehung.

Positive Auswirkungen sozialerzieherischer Bemühungen sind weniger von belehrendem Vorgehen, sondern eher vom direkten sozialen Lernen in entsprechenden Situationen zu erwarten.

soziale Schicht ↑Schichtung.

soziales Handeln ↑Handeln. – ↑auch Interaktion.

soziales Lernen: das Lernen im sozialen Kontakt mit anderen, z.B. durch (modellhafte) Vorbilder *(Lernen am Modell)* oder auch nur mittels Konditionierungsprozessen. Daneben bezeichnet s.L. auch das Erlernen sozial bedeutsamer Verhaltensweisen. – ↑auch soziale Kompetenz.

soziales System: Begriff für ein System von aufeinander bezogenen sozialen Rollen, das das zwischenmenschliche Handeln innerhalb eines bestimmten Rahmens sozialer Verhaltens- und Orientierungsmuster analytisch erfaßt. Konstitutive Merkmale eines sozialen Systems sind die wechselseitige Abhängigkeit (Interdependenz) aller seiner Elemente (z.B. Personen, Institutionen), die Ordnung, Geschlossenheit, Regelmäßigkeit in den Beziehungen der Teile untereinander (Struktur, Integration, Kontinuität) sowie eine deutliche Abgrenzung zur Umwelt, woraus sich geregelte Umweltbeziehungen und die Identität des Systems ergeben. Das umfassendste soziale System ist die Gesellschaft, deren innere Strukturierung sich als Rollengefüge der durch Normen und Erwartungen bestimmten handelnden Subjekte darstellen läßt.

Sozialhygiene: Als Teilgebiet der Hygiene ist die S. die Wissenschaft von den Wechselbeziehungen zwischen dem Gesundheitszustand des Menschen und seiner sozialen Umwelt. Sie umfaßt die Präventiv- und Rehabilitationsmedizin sowie das öffentliche Gesundheitswesen.

sozial-integrativer Erziehungsstil ↑Erziehungsstil.

Sozialisation (Sozialisierung): der Prozeß der stetigen Anpassung eines Individuums (v.a. Kinder und Jugendliche) an die Normen und typischen Verhaltensweisen einer bestimmten Gesellschaft oder Gesellschaftsschicht. Der Begriff S. bezieht sich auf denselben Sachverhalt, der in der Pädagogik traditionellerweise mit dem Terminus **funktionale Erziehung** bezeichnet wird, beschreibt diesen aber treffender und weniger mißverständlich, weil die Gesellschaft als erziehende Instanz benannt wird. Ziel der S. in diesem Sinne ist der Ersatz äußerer Anweisungen durch innere Kontrollen.

Die frühkindliche S. wird auch als **primäre S.** bezeichnet. Die Muster, die das Kind in der Familie **(familiäre S.)** erlernt, beeinflussen in vielfacher Hinsicht auch sein Verhalten in der Schule, werden von dieser aber durchaus auch modifiziert (**schulische** oder **sekundäre S.**). Da S. als ein lebenslanger Prozeß des Lernens und der Anpassung verstanden werden muß, kann schließlich auch im beruflichen Bereich **(berufliche S.)** und darüber hinaus von einer **tertiären S.** gesprochen werden.

Andere Bezeichnungen, die als Ersatz für den Begriff S. vorgeschlagen wurden, sind **Enkulturation** und **Personalisation.**

Als **S.sinstanzen** werden alle gesellschaftlichen Gruppen und Institutionen wie Familie, Schule, berufliche Ausbildungsstätten, Kirche bezeichnet, die S.sprozesse in Gang setzen und beeinflussen und damit bestimmte Normen, Wertvorstellungen und Verhaltensweisen vermitteln.

Sozialmedizin: Teilgebiet der Medizin, das sich mit den durch die Umwelt bedingten Ursachen von Erkrankung, Invalidität und frühem Tod befaßt.

Sozialpädagoge/Sozialpädagogin: im engeren Sinne Absolvent/Absolventin eines Fachhochschulstudiums Sozialpädagogik; im weiteren Sinne Bez. für Fachkräfte, die im Bereich der Sozialpädagogik tätig sind, jedoch unterschiedlich ausgebildet sein können (z.B. an Fachschulen für Sozialpädagogik und in Baden-Württemberg an Berufsakademien). Studiengang und Berufsbez. S. und Sozialarbeiter wurden 1966/67 mit der Errichtung höherer Fachschulen für Sozialpädagogik, die 1971 in Fachhochschulen umgewandelt wurden, eingeführt. Die achtsemestrige Ausbildung an Fachhochschulen integriert zwei fachpraktische Semester. Alternativ schließt sich an sechs Hochschulsemester ein einjähriges Berufspraktikum an. Das Hochschulstudium zum Diplompädagogen der Fachrichtung Sozialpädagogik/Sozialarbeit dauert acht Semester, innerhalb deren verschiedene Praktika abzuleisten sind. Die Ausbildung an Berufsakademien ist von dreijähriger Dauer. Einsatzbereiche von S. sind z.B. Kindergärten, Einrichtungen zur Jugendhilfe u.a. Einrichtungen zur außerschulischen Erziehung und Bildung.

Sozialpädagogik: derjenige Bereich des Sozialwesens, dessen Gegenstand die Theorie und Praxis der außerfamiliären und -schulischen Erziehung und Bildung ist. Die S. hat inhaltlich, v.a. aber in der praktischen Tätigkeit viele Berührungspunkte mit der Sozialarbeit, von der sie sich allerdings insbesondere durch ihre Entstehungsgeschichte unterscheidet. Die S. entstand im 19. Jh. (der Begriff S. wurde 1850 von A. DIESTERWEG geprägt), um den sozialen Veränderungen und nachteiligen Folgen der Industrialisierung (z.B. Landflucht, Veränderung der Familienstruktur), unter denen v.a. Kinder und Jugendliche zu leiden hatten, mit erzieherischen Hilfen wie Kindergärten oder Jünglings- und Gesellenvereinen sowie speziellen inhaltlichen Konzepten (z.B. Kriminalpädagogik) zu begegnen.

Neuere Ansätze fassen S. nicht mehr als Not-, Fürsorge- oder Erziehungshilfe für einen bestimmten bedürftigen Personenkreis (traditionell meist Kinder und Jugendliche) auf, sondern verstehen sie als differenziertes System vorbeugender, beratender, fürsorgerischer und pädagogisch-therapeutischer Angebote mit vorrangig stützender integrativer Funktion. *Ziele* gegenwärtiger S. sind die Förderung eigenständiger Entscheidungen und selbstverantwortlichen Handelns, die Erarbeitung konstruktiver Problem- und Konfliktlösungen, die Bewältigung von Lebensanforderungen und die Integration sozial, gesellschaftlich oder/und persönlich benachteiligter bzw. beeinträchtigter Menschen. Gesellschaftliche Widersprüche sollen jedoch durch die sozialpädagogische Arbeit nicht entschärft, verharmlost oder unterdrückt werden. Vielmehr sollen die »Klienten« die Widersprüchlichkeit und (kommerzielle) Interessengebundenheit gesellschaftlicher Wirklichkeit erkennen und zur Realisierung der eigenen Ideen und Zielvorstellungen befähigt werden.

sozialpädagogische Familienhilfe: in Deutschland praktizierte ambulante Form öffentlicher Erziehungshilfe, die im Umfeld der Heimerziehung (präventiv, alternativ oder als nachgehende Hilfe) durchgeführt wird und auf eine Stärkung familiärer Eigenkräfte und Selbsthilfekompetenzen zielt. Die s.F. entstand vor dem Hintergrund überbelegter Heime, wurde durch alternative Kreise angeregt und erstmals 1969 in freier Trägerschaft in Westberlin, nach Akzeptanz

seitens öffentlicher Stellen (vor allem Jugendämter) ab 1977 auch im übrigen Bundesgebiet angewandt.
Rechtsgrundlagen für die nur mit Zustimmung der jeweiligen Familie durchführbare s. F. sind das Kinder- und Jugendhilfegesetz, das Bundessozialhilfegesetz sowie das Bürgerliche Gesetzbuch. *Hauptanliegen* der s.n F. ist die Unterstützung sozial benachteiligter Familien und alleinerziehender Elternteile, die mit bes. Problemen der Versorgung und Erziehung ihrer Kinder konfrontiert sind und qualifizierte Fremdhilfe benötigen. Dabei handelt es sich häufig um Mütter und Väter, die selbst in schwierigen sozialen Verhältnissen aufgewachsen sind. Erfolgreiche s. F. setzt differenzierte sozialpädagogische und -praktische Kenntnisse und Fähigkeiten sowie hohe psychische Belastbarkeit bei den eingesetzten Familienhelfern voraus. Die bisherigen Erfahrungen belegen die Notwendigkeit festangestellter Familienhelfer, einer bes. strengen Wahrung des Datenschutzes, kontinuierlicher Supervision und regelmäßiger Fortbildung der Fachkräfte.

Sozialprestige ↑Prestige.

Sozialpsychiatrie (soziale Psychiatrie, Soziatrie): Richtung der ↑Psychiatrie. Ausgehend von der Bedeutung familiärer und gesellschaftlicher Faktoren für die Entstehung und Aufrechterhaltung psychischer Störungen, untersucht die S. die Verbreitung (Epidemiologie) dieser Erkrankungen in der Bevölkerung und die sozialen Bedingungen, die die ↑seelische Gesundheit fördern. Die praktischen Ziele der S. sind die Reform der Psychiatrie im Sinne einer ↑Gemeindepsychiatrie. Ziel ist es, längere Klinikaufenthalte durch Schaffung ambulanter Einrichtungen und durch eine rechtzeitige Vorbeugung (↑Prävention, ↑Psychohygiene) zu verhindern und ehemalige Patienten in die Gesellschaft wieder einzugliedern. – ↑Rehabilitation.

Sozialpsychologie: interdisziplinäre Wissenschaft, die sich mit den sozialen Einflüssen (v.a. mit dem Einfluß einer sozialen Gruppe) auf die Entwicklung und das Verhalten eines Individuums sowie den Rückwirkungen dieses Verhaltens (Wechselwirkung) auf die Gesellschaft befaßt.
Wichtige Themen sozialpsychologischer Untersuchungen sind: Intra- und Intergruppenbeziehungen, Sozialisation, soziale Einstellung, Einstellungsänderungen, Vorurteile und Stereotypen, Einfluß der sozialen Umwelt auf die Wahrnehmung, Konformität, Normen und Rollenverhalten, Entstehung von Aggression und Konflikten.

Sozialtherapie (Soziotherapie): im weiteren Sinne jede auf das Sozialverhalten gerichtete Form von Therapie, die über das körperliche und seelisch-geistige Wohlbefinden hinaus auch soziale Störungen, Konflikte und Defizite beheben oder mildern will; im engeren Sinne interdisziplinäres Handlungskonzept, bei dem Angehörige verschiedener Berufsgruppen (etwa Ärzte, Psychologen bzw. Psychotherapeuten und Sozialpädagogen bzw. Sozialarbeiter) v.a. psychisch und/ oder körperlich Kranken, geistig Behinderten, Drogenabhängigen oder -gefährdeten, Nichtseßhaften, Straffälligen oder auch alten Menschen durch Verbesserung ihrer zwischenmenschlichen Beziehungen und ihrer (materiellen) Umgebung (»Milieutherapie«) zu helfen versuchen.

Sozialverhalten (soziales Verhalten): Bez. für das Verhalten von Individuen (Menschen und Tieren), soweit es auf die anderen Gruppenmitglieder bezogen ist und auf deren Impulse oder Reaktionen zielt. S. umfaßt dabei Formen des Zusammenlebens und der Zusammenarbeit ebenso wie konflikthaftes Verhalten. Es wird z.T. erlernt (↑Sozialisation), z.T. unterliegt es instinkthaft gesteuerten Mustern; zumal beim Menschen werden Muster des S.s häufig durch Rituale, sozial organisierte Kommunikationsprozesse und Institutionen sowie über die hierbei wirksamen kulturellen Symbole vermittelt.

Soziodrama ↑Gruppentherapie.

Soziogenese: die Entwicklung eines bestimmten Sachverhaltes (Verhalten, Erlebensweise oder dergleichen) aufgrund *sozialer* Bedingungen (z.B. kognitive Entwicklungsverzögerung bei sozial Benachteiligten), also nicht primär aufgrund *individueller* Eigenarten des Betroffenen.

Soziogramm ↑Soziometrie.

Soziologie: die Wissenschaft vom menschlichen Zusammenleben, von den sozialen Beziehungen und den Formen, Institutionen und sonstigen Funktionszusammenhängen der menschlichen Gesellschaft. Das Erkenntnisinteresse der S. richtet sich auf die zwischenmenschlichen Beziehungen und hier bes. auf die Absichten, Formen und Folgen sozialen Handelns, ferner auf die Erforschung der Interaktionen in und zwischen sozialen Gruppen, Organisationen und Institutionen und sucht hier sowohl die Innenlage der jeweiligen Bezüge (Kleingruppenforschung, Systemtheorie) als auch die Außenlage – Verhältnis zu anderen gesellschaftlichen Teilbereichen und Untergruppen (Konflikt-S., Strukturfunktionalismus) – zu erfassen. Schließlich versucht die S., gesamtgesellschaftliche Zusammenhänge zu erforschen, d.h. die theoretische und empirische Erfassung ganzer Gesellschaften und Gesellschaftsformen (Gesellschaftstheorie, soziologische Grundbegriffe).

Der Begriff S. geht auf den frz. Sozialphilosophen und Soziologen A. Comte zurück. Die S. unterteilt sich in eine *allgemeine S.* (Gesellschaftstheorie, Theorien des sozialen Handelns, soziologische Grundbegriffe, Institutionslehre, soziale Gruppenstrukturen, sozialer Wandel, soziale Mobilität und Sozialstrukturen sowie Fachgeschichte und Methodenlehre) und in eine *spezielle S.* (S. bestimmter gesellschaftlicher Teilbereiche und sozialer Gruppen wie Gemeinde-S., Religions-, Familien-, Medien-, Medizin-, Rechts- und Wirtschafts-S.). Zur akzeptierten Selbstverständlichkeit des Faches gehört die Ausbildung der soziologischen Erkenntnis an Methoden, Selbstverständnis und Maßstäben einer empirischen, auf die Gewinnung von Fakten und Daten gerichteten Wissenschaft und Methodenlehre.

Soziometrie: Sammelbez. für alle Verfahren der empirischen Sozialforschung zur quantitativen Erfassung sozial-emotionaler Beziehungen innerhalb von *beliebigen,* meist aber *kleinen Gruppen.* In diesem Sinne ist die S. v.a. dann eine große Hilfe, wenn z.B. ein Lehrer, Sozialarbeiter, Ausbilder oder sonstwie für eine Gruppe Verantwortlicher sich ein genaueres Bild von den Verhältnissen in dieser Gruppe (Zu- und Abneigungen, Bindungen, Rangordnung usw.) machen möchte.

Soziometrie

Soziogramm einer Gruppe, von denen fünf Mitglieder miteinander in Beziehung stehen

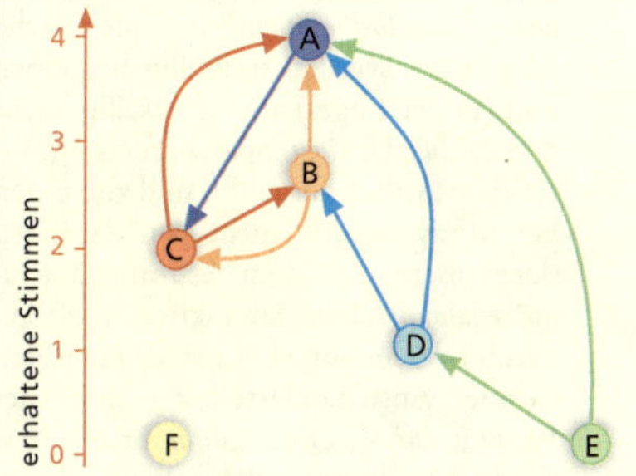

Zur Erfassung von Gruppenbeziehungen eignen sich verschiedene Verfahren, so u.a. die Beobachtung und die mündliche oder schriftliche Befragung. Im Rahmen der **Befragungsmethode** spielt das *Wahlverfahren* nach J. Moreno eine bedeutende Rolle, bei dem den Gruppenmitgliedern Fragestellungen wie z.B. »Neben wem möchtest du sitzen?«, »Mit wem möchtest du (bei einem bestimmten Anlaß) zusammenarbeiten?« oder »Mit wem möchtest du am liebsten in der Freizeit zusammensein?« vorgelegt werden. – Zur Darstellung der gefundenen Beziehungen dient das **Soziogramm.**

S

Soziotherapie svw. ↑Sozialtherapie.

Spätentwicklung: auffällige Verlangsamung der individuellen physischen und/oder psychischen Entwicklung von Kindern und Jugendlichen. – ↑auch Retardation.

Speed: in der Drogenszene Deckname für Anregungs- bzw. Aufputschmittel. – ↑Drogen.

Speed-power-Test ↑Niveautests.

Sperrung ↑Hemmung.

spezifischer Reiz svw. ↑adäquater Reiz.

Spiel: Die vielfältigen Erscheinungsformen, Funktionen, Entstehungsweisen und kulturellen Bedingtheiten menschlichen Sp.s haben eine terminologische Eingrenzung seit jeher erschwert. Hinzu kommt, daß die Grenzen zwischen Sp., Sport und sogar beruflichen Tätigkeiten durchaus fließend sein können.

Folgende *Merkmale* scheinen nach heutigen Erkenntnissen das Sp. zu kennzeichnen: 1. *Selbstbestimmtheit:* Spielerische Aktivitäten werden freiwillig begonnen und (in der Regel) auch freiwillig beendet. 2. *Zweckfreiheit:* Sp.e werden um ihrer selbst willen ausgeübt, sind von innen her motiviert und nicht von Zwängen oder äußeren Zwecken bestimmt. 3. *Realitätserfahrung:* Die Interaktion mit Sp.-partnern oder -objekten stellt eine handelnde Auseinandersetzung mit der Realität dar. 4. *Quasirealität:* Sp.e unterscheiden sich von alltäglichen Lebensvollzügen, haben »Als-ob-Charakter«, bilden aber gleichwohl eine Wirklichkeit für sich. 5. *Ichbeteiligung:* Trotz der Abgehobenheit von der Alltagsrealität haben Sp.e einen stark aktivierenden und emotionalen Einfluß auf die spielende Person. 6. *Aktivierungszirkel:* Charakteristisch für Sp.e ist ein periodischer Wechsel zwischen Spannung (Aktivierung) und Lösung (Entspannung). 7. *Positive Affektqualitäten:* Das Spielen wird vom Individuum als angenehm, spaßig und lustbetont erlebt und ist mit Angst weithin unvereinbar.

Hinsichtlich der *Arten* lassen sich folgende Grundformen von Sp.en unterscheiden und an der kindlichen Entwicklung belegen: 1. **Funktions-Sp.** (auch **sensomotorisches** oder **Übungsspiel** genannt): lustvolle Betätigung sensorischer und motorischer Körperfunktionen (z.B. Greifen, Tasten, Lallen); diese Sp.form dient darüber hinaus offenbar auch der Übung kognitiver Funktionen. 2. **Informations-** oder **Explorations-Sp.:** zunehmend systematisierte Erkundung der objekthaften Umgebung mit Erweiterung der Handlungsmöglichkeiten. 3. **Fiktions-** oder **Symbol-Sp.** (auch als **Illusions-** oder **Phantasie-Sp.** bezeichnet): fiktives Ausführen von Handlungen über Vorstellungstätigkeit, ergänzt durch Prozesse der Verinnerlichung; hierzu gehören auch soziale **Rollenspiele,** die die Übernahme fremder Rollen, gemeinsame Sp.planung sowie Flexibilität erfordern und soziale Kompetenz fördern. 4. **Regel-Sp.:** soziale Sp.e, deren Ausübung die Einhaltung vorgegebener oder zwischen den Sp.partnern vereinbarter, prinzipiell modifizierbarer Regeln verlangt (z.B. Gesellschafts-, Strategie- oder Sportspiele) und die meist Wettbewerbscharakter haben. 5. **Konstruktions-Sp.:** Sp.tätigkeiten, die realitätsbezogene, auf Materialien und Gegenstände gerichtete

Spiel: Das Spiel kann zum Lernen beitragen.

Handlungen beinhalten, zur Herstellung fertiger Produkte führen (Bauwerke, Knet- oder Tonfiguren, Zeichnungen) und damit eine Zwischenstellung zwischen Sp. und Arbeit einnehmen.
Trotz einer Vielfalt von Theorien über die Natur des Sp.s *(Sp.theorien)* wird dem Sp. heute übereinstimmend v.a. in der Entwicklungspsychologie und Pädagogik entscheidende Bedeutung für die emotionale, motorische, kognitive und soziale Entwicklung des Kindes zugeschrieben. Rechtzeitige, gezielte, altersangemessene und zugleich flexible (individualisierte) Sp.angebote fördern die Motivations- und Lernbereitschaft des Kindes, regen es zur aktiven Auseinandersetzung mit der Umwelt an, beugen Deprivationserscheinungen und Entwicklungsverzögerungen vor und werden in der ↑Spieltherapie zur Behebung von Verhaltensauffälligkeiten und neurotischen Entwicklungen eingesetzt. Für Kinder bis zum Alter von sechs oder sieben Jahren stellt das Sp. die wichtigste sinnstiftende Aktivität dar. Bis zu diesem Alter ist das Sp. die fast ausschließliche Möglichkeit, den Entwicklungsstand des Kindes zu ermitteln, es zur Bewältigung von Aufgaben und zu damit verbundenen Lernfortschritten zu veranlassen und den Wissenserwerb in soziale Bezüge einzubetten. Der Sp.förderung kommt damit insbesondere im Bereich der Vorschulerziehung eine herausragende Bedeutung zu.

spielerische Gestaltungsverfahren: zu den ↑projektiven Tests gehörende Gruppe psychodiagnostischer Verfahren, bei denen die Testpersonen mit Hilfe von Spielmaterial ihre individuelle Erlebniswelt gewissermaßen in einer Miniaturwelt darstellen. Dadurch sollen Einblicke in bzw. Rückschlüsse auf Persönlichkeitsstruktur und -dynamik sowie Beziehungsaspekte ermöglicht werden. Das bekannteste sp. G. ist der von G. von Staabs (1964) entwickelte **Szenotest,** der aus biegsamen Puppenfiguren, Tieren, Bausteinen, Symbolfiguren und realen (alltäglichen) Gegenständen besteht.

Spielsucht: im engeren Sinne der ↑Sucht unzutreffender Begriff zur Kennzeichnung einer psychologischen Abhängigkeit vom Spielen an Geldspielautomaten, in Spielcasinos oder dem Wetten auf Pferderennbahnen bzw. in Wettbüros. Angesichts der Schwierigkeiten einer klaren Trennung zwischen normalem und pathologischem Spielen, fehlender »Dosissteigerung« sowie neuerer, die These vom Suchtpotential der Geldspielautomaten widerlegender Untersuchungen (etwa J. Schilling, 1995) sollte besser von »zwanghaftem Spielverhalten« gesprochen werden; Experten ziehen die untere Grenze hierfür bei wöchentlich fünf Stunden entsprechender Beschäftigung und schätzen die Zahl der hiernach als behandlungsbedürftig einzustufenden (vorwiegend männlichen) Spieler für Deutschland auf ca. 70 000. Neben ambulanten und stationären, meist Universitäten zugeordneten Beratungs- und Behandlungseinrichtungen sind in den letzten Jahren zunehmend Selbsthilfegruppen gegründet worden, deren Mitglieder sich nach dem Vorbild der »Anonymen Alkoholiker« von ihrem zwanghaften Spielverhalten zu befreien suchen.

Spieltherapie: als Einzel- oder Gruppentherapie (3–6 Kinder) durchgeführtes Verfahren der Kinder- und Jugendpsychotherapie, das bei ↑Verhaltensauffälligkeiten eingesetzt wird, insbes. wenn diese durch mangelnde oder unangemessene Bewältigung seelischer Belastungen (»Traumata«) oder Konflikte (»neurotische Fehlhaltungen«) bedingt scheinen.

Spiritismus: Glaube an Geister, Beschwörung von Geistern (Verstorbener) bzw. der Kontakt mit ihnen durch ein Medium. – ↑auch Animismus.

Spontanremission ↑Remission.

sporadischer Kretinismus ↑Kretinismus.

Sprachbarriere: Bez. für Hemmungen und Schranken im sprachlichen Bereich, die durch das soziale Umfeld bedingt sind

S

und den gesellschaftlichen Aufstieg des Individuums behindern.

Gängigen soziolinguistischen Theorien zufolge bleiben Angehörige der Unterschicht im Vergleich zur Mittel- und Oberschicht, die frühzeitig sprachliche Symbole verwendet *(semantisches Lernen),* dem *Anschauungslernen* verhaftet und verfügen nur über einen begrenzten Wortschatz und eine unzureichende Ausdrucksfähigkeit. Da Sprache eine grundlegende Voraussetzung für Schulerfolge und Bildungsabschlüsse ist, werden Kinder aus unteren Sozialschichten im Ausbildungsprozeß zunehmend benachteiligt und erleben ihr eingeschränktes Sprachvermögen oft auch als Minderwertigkeit bzw. soziales Ausschlußkriterium.

Sprache: im eigentlichen Sinne die *menschliche* Sprache, die eine so zentrale, komplexe und vielseitige Erscheinung ist, daß sie sich einer einfachen Definition entzieht.

Von der *Psychologie* wird sprachliches Geschehen v.a. unter dem Aspekt individuellen Erlebens und Verhaltens sowie ihrer Bedingungen im Individuum erfaßt. Aufnehmen, gedankliches Verwenden und Produzieren von Sp. werden als spezifische Formen der Wahrnehmung und des erkenntnismäßigen Handelns verstanden, die durch bestimmte Dispositionen ermöglicht werden.

Sprache

Funktionsmodell der Sprache

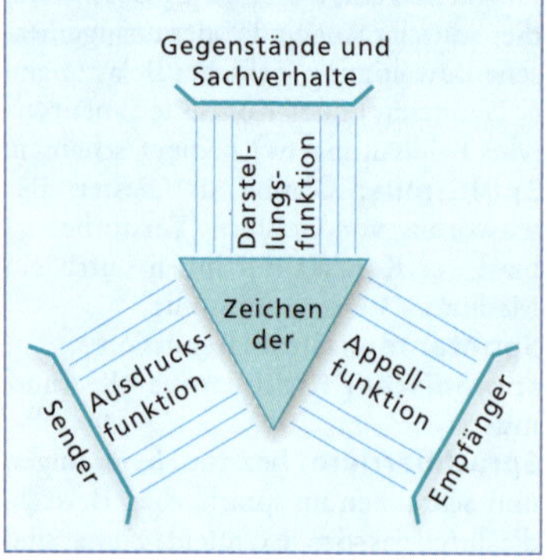

Die *Sprachfähigkeit* des Menschen beruht auf seiner organischen und kognitiven (geistigen) Ausstattung. Die *Sprechorgane* (Lunge, Luftröhre, Kehlkopf, Rachen-, Mund- und Nasenhöhle) sind bei höheren Säugetieren zwar ähnlich ausgebildet, dienen dort allerdings vorrangig Atmung, Nahrungsaufnahme und Wahrnehmung. Nur beim Menschen hat sich im Laufe der Phylogenese eine kognitive Funktion ausgebildet, die die Sprechorgane bei der Produktion strukturierter Lautketten steuert und die Analyse (Dekodierung) der durch das Gehör wahrgenommenen Lautketten ermöglicht.

Zu unterscheiden sind mehrere *Schichten der Sprachfähigkeit:*

1. Der Mensch besitzt eine angeborene artspezifische Fähigkeit, eine Sprache zu erlernen. Nach N. Chomsky wird diese »latente Sprachstruktur« in einer bestimmten Reifungsphase (etwa zwischen dem 1. und 4. Lebensjahr) durch die in der Umgebung gesprochene Sprache realisiert und aktualisiert. Die Leichtigkeit und Geschwindigkeit, mit der unbeeinträchtigte Kinder ihre Muttersprache erwerben, deutet darauf hin, daß alle menschlichen Sp.n einem vorgeprägten Typus angehören.

2. Der Mensch besitzt Kompetenz in einer bestimmten Einzelsprache, d.h., er hat ein System von Einheiten und Regeln übernommen, das Laut und Bedeutung in spezifische Beziehung setzt. Diese Kompetenz befähigt ihn zu kreativem Sprachgebrauch, d.h. zur Bildung und zum Verstehen neuer, vorher nie gehörter Sätze, zur Beurteilung der sprachlichen Korrektheit von Äußerungen sowie zum Erkennen von Mehrdeutigkeiten und Bedeutungsgleichheiten. Im Unterschied zur latenten (»verborgenen«) Sprachstruktur ist diese Kompetenz auch eine umweltbedingte und somit soziale Fähigkeit.

3. Der Mensch besitzt eine kommunikative Kompetenz, d.h. die Fähigkeit, die

Sprache:
Sprachähnliche Kommunikation wurde der Schimpansin Sarah beigebracht: das Tier handelt gemäß der gebenen Anweisung, die von oben nach unten gelesen bedeutet: »Sarah legen Apfel Eimer Banane Teller«. Sarah löste diese Aufgabe und erreichte damit in etwa die Sprachfähigkeit eines zweijährigen Kindes.

Sprache in sozialer Interaktion zur Verwirklichung seiner Absichten situativ angemessen zu verwenden.

Sp.n dienen der menschlichen *Kommunikation,* d.h. der Mitteilung von Gedanken, dem Ausdruck von Gefühlen und der Durchsetzung von Absichten aufgrund ihres Zeichencharakters. Unter dem Einfluß der Sprechakttheorie und der Pragmatik (Lehre vom sprachlichen Handeln) setzte sich die Auffassung durch, daß das Sprechen einer Sprache auch eine Form regelgeleiteten sozialen Handelns darstellt. – ↑auch Sprachentwicklung.

Sprachentwicklung: die Entwicklung der Fähigkeit, die Beziehung sprachlicher Zeichen untereinander richtig zu gebrauchen, damit nichtsprachliche Realitäten zutreffend zum Ausdruck zu bringen und diese Fähigkeit in kommunikativen Situationen angemessen zu verwenden (*syntaktische, semantische* und *pragmatische Dimension* der Sprache).

Damit die Entwicklung der Sprache ohne Beeinträchtigungen erfolgen kann, ist neben intakten peripheren Sprechorganen und einem intakten Gehör die Unversehrtheit bestimmter Teile des Gehirns und des übrigen Nervensystems Voraussetzung. Allgemein unstrittig ist heute, daß für die Entwicklung der Sprache sowohl eine anlagemäßige arteigene Bereitschaft zum Sprechen als auch entsprechende Anregungen durch aus der Umwelt in Gang gesetzte Lernprozesse verantwortlich sind.

Hinsichtlich der *äußeren Merkmale* des Spracherwerbs lassen sich bestimmte Abfolgen bis hin zur Sprache der Erwachsenen bestimmen, wobei es sich allerdings bei der Sprache des Kindes keineswegs um eine verkürzte oder verarmte Erwachsenensprache, sondern um eine eigenständige Leistung handelt. Man kann zunächst von einer *vorsprachlichen Zeit* (dem Zeitraum von der Geburt bis zur Produktion erster konventioneller Sprachsymbole) sprechen, die etwa bis zum 12. Lebensmonat reicht und Leistungen wie die Differenzierung zwi-

S

schen Schreien und Vokalisieren, die Unterscheidungsfähigkeit zwischen Stimmen auf den Dimensionen »freundlich–unfreundlich«, »männlich–weiblich« und »mütterlich–fremd« sowie die Produktion konstanter Lautbedeutungsmuster für ein und denselben Sachverhalt umfaßt. Für die anschließende Zeit der kindlichen Entwicklung sind weitere Stadien zu unterscheiden, die u.a. durch Phänomene wie situationsgebundene Einwortäußerungen, funktional gebundene Zweiwortäußerungen, funktionswortlose oder funktionswortinstabile Mehrwortäußerungen und grammatisch ausgebildete Mehrwortäußerungen grob umrissen werden können.
Zu *Schwierigkeiten* kann es dabei führen, wenn ein Kind gleichzeitig mehreren und nicht deutlich getrennten sprachlichen Umgebungen ausgesetzt ist. Zwar muß es bei einem **Bilinguismus** (Zweisprachigkeit) keineswegs in der Regel zu Interferenzen zwischen den gleichzeitig erworbenen Sprachen kommen, doch ist vielfach ein **Semilinguismus** anzutreffen, bei dem keine der beteiligten Sprachen wirklich kompetent erworben wird. Besonders in späteren Phasen (so etwa des **Spracherwerbs** nach dem Schuleintrittsalter) scheint dies zuzutreffen. Der Erstspracherwerb ist nämlich mit dem Schuleintrittsalter noch keinesfalls abgeschlossen.

Spracherwerb: das erste Stadium der ↑Sprachentwicklung.

sprachfreie Tests (nichtverbale Tests): Bez. für solche Testverfahren, die keine Anforderungen an das mündliche oder schriftliche Sprachverständnis stellen und die somit von den Testbearbeitern keine sprachlichen Äußerungen verlangen. Sp. T. hält man deshalb vielfach für die Untersuchung von Probanden mit entsprechenden Beeinträchtigungen (z.B. gehörlose Kinder, Analphabeten oder Kinder ausländischer Mitbürger) als bes. geeignet. Ein bekanntes Beispiel sind die zur Intelligenzmessung eingesetzten ↑Snijders-Oomen-Nichtverbaltests.

Sprachheilkunde (Logopädie): die Lehre und die Behandlung von Sprachstörungen.

Sprachpsychologie ↑Psycholinguistik. – ↑ auch Sprache.

Sprachscheu ↑Alalie.

Sprachstörungen (Lalopathie): Sammelbez. für alle Beeinträchtigungen der Sprachentwicklung und des Sprachverhaltens. Zu unterscheiden sind:
1. *Störungen der Aussprache und Lautbildung:* Einzelne oder mehrere Laute werden falsch oder gar nicht gebildet. – ↑Alalie, ↑Dysarthrie, ↑Stammeln.
2. *Störungen des Redeflusses:* Die Sprache ist im Regelfall gut verständlich, in bestimmten, meist psychisch belastenden Situationen vermag der Betreffende sie jedoch nicht in der normalen Redeform anzuwenden. – ↑Stottern.
3. *Störungen des Stimmklangs:* Der Klang (↑Aphonie bzw. ↑Dysphonie, ↑Rhinolalie) oder das Volumen der Stimme sind gegenüber der üblichen Sprechweise verändert.
4. *Störungen des Sprachaufbaus und der Sprache allgemein:* Die Sprechfähigkeit bzw. das Sprachverständnis gehen völlig (↑Aphasie, ↑Mutismus) oder teilweise (↑Dysphasie) verloren, es kann zum Verlust der Fähigkeit zu korrekter Satzbildung kommen. – ↑Agrammatismus.

Sprachtests: psychologische Tests, mit deren Hilfe spezifische Aspekte des Sprachverhaltens erfaßt werden sollen.

Sprachtheorie: auf sprachphilosophischen Überlegungen und/oder Ergebnissen der empirischen Sprachwissenschaften (↑Psycholinguistik) beruhende Theorie, deren Gegenstand Grundlagenprobleme der Sprache sind, insbes. das Verhältnis von Sprache und Welt, Sprache und Denken, Sprache und Handeln sowie die Bedingungen der Möglichkeit und Gültigkeit von Verständigung.

Sprachtherapie: Sammelbez. für die nichtorganische Behandlung von Sprachstörungen. Die Sp. umfaßt Maßnahmen zur Sprachanbahnung und -förderung mittels bestimmter Übungen und Techniken, z.T. unter Zuhilfenahme optischer und akustischer Hilfsmittel (Schautafeln, Tonbänder), logopädischer und/oder psychotherapeutischer Methoden, die die Aufdeckung verborgener Konflikte oder die Stärkung des Selbstvertrauens und somit den Abbau der jeweiligen Sprachstörung bezwecken.

Sprachzentrum: Sprachbildung (↑Sprechen) und Sprachverständnis werden durch das Zusammenwirken bestimmter Assoziationsfelder (keine echten, eng umschriebenen Rindenfelder bzw. »Zentren«) v.a. in der Großhirnrinde ermöglicht. Sie liegen bei Rechtshändern in der linken Großhirnhälfte, bei Linkshändern in der rechten. Dabei sorgt das (motorische) *Broca-Zentrum* für Steuerung und Kontrolle der Sprechbewegungen, das (sensorische) *Wernicke-Zentrum* (Spracherinnerungszentrum) für das Verständnis der gesprochenen Sprache und ein *optisches Sp.* für die Fähigkeit zu lesen. Schädigungen im Sp. führen zur Sprachunfähigkeit. – ↑Aphasie.

Sprachtests

Von einem Phantasiewort, z.B. Wad, soll die Pluralform vom Probanden gebildet und somit das Sprachverständnis geprüft werden.

Sprechangst (Logophobie): die Angst, sich zu versprechen. Sp. wird auch als »inneres Stottern« aufgefaßt und kann zu einer allg. Angst vor dem Sprechen führen.

Sprechen (Sprechvorgang): Erzeugung von Laut- und Tonfolgen. Dazu wird eingeatmete Luft durch den Kehlkopf gepreßt. Die Stimmbänder geraten dabei in langsame Schwingungen, wenn sie nur wenig angespannt sind (tiefer Ton), in schnelle Schwingungen bei stärkerer Spannung (hoher Ton). Luftröhre, Nasen- und Rachenraum schwingen durch Resonanzerscheinungen mit und verstärken den Ton. Veränderungen der genannten Räume (durch entsprechende Mund-, Zungen-, Lippenstellung) geben dem Ton Klangfarbe; v.a. mit Zunge und Lippen erzeugte Laute bilden die Vokale. Die geordnete Abfolge der Laute, vom ↑Sprachzentrum des Gehirns gesteuert, nennt man ↑Sprache. Die für die Sprachbildung notwendigen Muskeln, Bänder, Knorpel usw. fehlen den Menschenaffen, weshalb sie eine gesprochene Sprache nicht erlernen können.

Sprechvorgang svw. ↑Sprechen.

Sprechwerkzeuge (Artikulationsorgane): Sammelbez. für alle stimmbildenden Organe zur Laut- und Sprachbildung.

SR: Abk. für **s**ensorisches **R**egister. – ↑Gedächtnis.

Staabs-Test (nach G. VON STAABS): andere Bez. für ↑Szenotest.

Stabilität: Bez. für konstantes, relativ gleichartiges Verhalten eines Individuums trotz Änderungen der äußeren (Umwelt) und/oder inneren (Gefühl, Erleben) Bedingungen. St. steht im Ggs. zur Instabilität oder Labilität. – ↑auch seelisches Gleichgewicht.

Staffeltests: eine Form der ↑Intelligenztests.

Stammeln (Dyslalie): Fehlaussprache von Lauten (v.a. s und r) oder Lautverbindungen durch falsches Sprechen, Auslassen oder Ersetzen des Lautes durch ei-

S

nen anderen. Bis etwa zum 4. Lebensjahr bildet St. ein normales Übergangsstadium in der Sprachentwicklung, bei späterem Auftreten ist Überprüfung, u. U. Korrektur erforderlich. – ↑Sprachtherapie.

Stammhirn: entwicklungsgeschichtlich älterer Teil des ↑Gehirns.

Standardabweichung: ein Maß für die Einheitlichkeit (Homogenität) von Meßwerten. Die St. drückt die *Streuung* der Meßwerte um den arithmetischen Mittelwert aus. – ↑Abweichung.

Standardisierung: ein Begriff, der manchmal synonym mit **Normierung** gebraucht wird. Dabei werden die Rohwerte, die mit Hilfe eines Testverfahrens erzielt worden sind, so umgewandelt, daß ihre Verteilung anschließend bestimmten erwünschten Bedingungen entspricht, die sich auf den Mittelwert und auf die Standardabweichung beziehen. Bei gleicher Verteilungsform *(Normalverteilung)* erleichtert dies, die Messungen unterschiedlicher Rohwertverteilungen zu vergleichen.

Standardmeßfehler: Wenn z.B. ein Proband mehrmals mit einem Intelligenztest untersucht wird, erhält man in der Regel unterschiedliche Ergebnisse. Dies ist durchaus zu erwarten, weil das Meßinstrument Intelligenztest nicht völlig genau und zuverlässig (reliabel) ist. Offen bleibt, welches denn nun der »wahre« Intelligenzquotient ist. Die Intelligenzdiagnostik bewältigt dieses Problem indem bei einer Intelligenzuntersuchung der ermittelte Intelligenzmeßwert als eine Schätzung für den »wahren« Wert betrachtet wird und dann Bereiche um diesen Wert herum bestimmt werden. Innerhalb dieser Werte kann mit einer angebbaren Wahrscheinlichkeit der »wahre« Wert vermutet werden. Diese Bereiche heißen *Vertrauensintervalle* oder *Konfidenzintervalle.* Bei ihrer Bestimmung spielt der St. eines Tests eine große Rolle.

Standardreiz: ein Vergleichsreiz, bei dem beurteilt werden soll, ob er bezüglich anderer Reize verschieden ist.

State-anxiety svw. ↑Zustandsangst.

statische Anpassung ↑Anthropotechnik.

statischer Sinn svw. ↑Gleichgewichtssinn.

Statistik: Für die empirisch arbeitende Psychologie bilden **statistische Methoden** ein außerordentlich wichtiges Hilfsmittel. Eine grobe Einteilung der üblichen statistischen Methoden ist durch die Unterscheidung der beschreibenden St. *(Deskriptiv-St.)* von der schlußfolgernden St. *(Inferenz-St.)* gegeben:

Im Rahmen der **beschreibenden St.** *(Deskriptiv-St.)* ist es möglich, durch die *Berechnung bestimmter Kennziffern* für große Datenmengen eine bessere Übersicht zu gewinnen und so die in dem Datenmaterial enthaltenen Besonderheiten deutlicher zu machen.

Die **schlußfolgernde St.** *(Inferenz-St.)* dient der *Prüfung* statistischer Hypothesen. Sie erfolgt vorwiegend nach einer von J. Neyman und E. S. Pearson entwickelten Konzeption: 1. Man formuliert die zu prüfende Hypothese *(Nullhypothese H_0)* und stellt ihr eine zweite gegenüber *(Alternativhypothese H_1),* welche die Behauptung der ersten negiert. 2. Es werden bestimmte Zusatzannahmen formuliert, die den Einsatz einer mathematischen Prüfgröße mit bekannter Wahrscheinlichkeitsverteilung ermöglichen. 3. Man legt einen *Verwerfungsbereich* fest, dessen Werte von der Prüfgröße im Falle der Richtigkeit der Alternativhypothese mit sehr geringer Wahrscheinlichkeit angenommen werden. Fällt die zu ermittelnde Prüfgröße tatsächlich in diesen Bereich, so verwirft man die Nullhypothese und akzeptiert die Alternativhypothese. Das Ergebnis gilt dann als statistisch signifikant (↑Signifikanz). Fällt hingegen die Prüfgröße nicht in diesen Bereich, so kann man hinsichtlich der untersuchten Hypothesen zunächst keine Entscheidung treffen. 4. Aus den zu untersuchenden Grundgesamtheiten (Populationen) werden Zufallsstichproben gezogen. Nach der Datengewinnung wird die

S

Prüfgröße errechnet und eine Entscheidung über die beiden Hypothesen entweder gefällt oder aber aufgeschoben.
Kann man keine Verteilungsannahmen treffen, muß man auf **verteilungsfreie** oder **nonparametrische Methoden** zurückgreifen. Diese lassen keine Schlüsse über bestimmte Parameter mehr zu, sondern begründen lediglich allg. Aussagen wie etwa über die zentrale Tendenz in den Populationen.
Sowohl bei parametrischen als auch bei nonparametrischen Verfahren erfordert die Prüfung statistischer Hypothesen *Zufallsstichproben* aus den jeweiligen Populationen. Bezieht sich eine Forschungshypothese auf nicht abgegrenzte Populationen, ist die Ziehung einer Zufallsstichprobe prinzipiell aber unmöglich. Darüber hinaus werden auch aus relativ großen Populationen solche Stichproben praktisch nicht gezogen, da dies technisch nicht möglich oder zu aufwendig ist. Deshalb befindet sich die Erziehungswissenschaft in der seltsamen Situation, ständig Prüfverfahren anzuwenden und zu interpretieren, deren Anwendungsvoraussetzungen nicht erfüllt sind. Als ein Ausweg bieten sich **Randomisierungstests** an, für deren Anwendung die Forderung nach Zufallsstichproben entbehrlich ist.

Status (sozialer St.): in den Sozialwissenschaften Bez. für den Grad der Wertschätzung (hoher oder niedriger St.) von sozialen Positionen bzw. Positionsmerkmalen, soweit diese eine soziale Bewertung des einzelnen im Sinne einer Einstufung nach Rang oder Prestige ermöglichen.
Man unterscheidet: *zugeschriebener St.* (durch Geburt erhalten); *übertragener St.* (Ehefrau z.B. erhält St. des Ehemannes, Angestellter hat teil am St. der Firma); *erworbener St.* (durch Anstrengung und Leistung erreicht).
Da die St.zuordnung einer subjektiven Bewertung unterliegt, können (objektiv) soziale Position und St. voneinander abweichen. Daher umgeben sich Personen, die einen besonderen St. anstreben, mit bes. Besitzgegenständen, Titeln usw. *(St.symbolen),* die als sichtbarer Hinweis und äußeres Anzeichen die jeweilige Position erkennen lassen. Die Bedeutung der St.symbole zeigt sich v.a. in Gesellschaften mit unübersichtlichem Positionsgefüge, in denen es schwierig ist, sich seines individuellen Wertes bewußt und sicher zu sein.

Statistik

Säulendiagramm einer medizinischen Untersuchung: die rote Kurve zeigt die entsprechende Normalverteilung

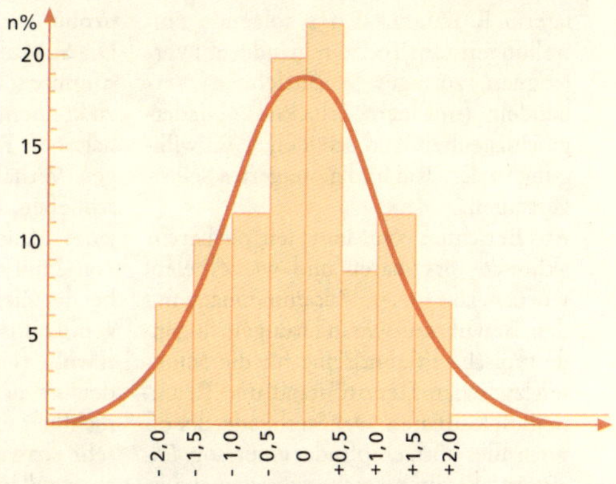

Statusdiagnostik ↑Tests.

Stehltrieb svw. ↑Kleptomanie.

Sterben: die physiologischen und psychischen Vorgänge unmittelbar vor dem ↑Tod bis zu dessen Eintreten. Neuere Möglichkeiten der Medizin (z.B. künstliche Aufrechterhaltung von Kreislauf und Atmung) und damit zusammenhängende Veränderungen (z.B. St. auf der Intensivstation, in anonymen Sterbezimmern, speziellen Sterbekliniken) haben das St. verändert und neue Probleme aufgeworfen, mit denen sich ein spezifischer Forschungszweig, die ↑Thanatologie, befaßt.

Klinische Untersuchungen haben ergeben, daß die meisten Menschen das St. bewußt erleben, wobei mehr als 25% bis kurz vor dem Tod noch voll ansprechbar sind. Bei Patienten mit chronischen Krankheiten (z.B. Krebs) lösen sich in deren Verlauf nach der amerikan. Psychiaterin E. KÜBLER-ROSS folgende Einstellungen zum Tod miteinander ab: Verleugnen, zorniges Sichauflehnen, Verhandeln (mit dem Schicksal), Niedergeschlagenheit und schließlich Einwilligung in den Tod und gesteigertes Selbstvertrauen.

Aus Berichten von Menschen, die bereits »klinisch tot« waren und wiederbelebt wurden, läßt sich im Zusammenhang mit den Bewußtseinsveränderungen folgende typische Erlebnisreihe für die Minuten zwischen Herzstillstand und Reanimation festhalten: Der Sterbende, der oft noch alles hört, empfindet einen sog. *Ich-Austritt.* Er nimmt sich sozusagen außerhalb seines eigenen Körpers als – zunächst aufgeregten, dann ruhigen – Beobachter wahr. Er spürt keinen Schmerz, vielmehr ein angenehmes, wohliges Gefühl. In vielen Fällen empfindet es der Betroffene als störend, daß an seinem Körper Wiederbelebungsversuche gemacht werden. Angst vor dem St. *(Todesangst)* scheint nicht aufzutreten.

Stereotypie: bestimmte, sich nahezu identisch wiederholende, meist ohne Situationsbezug auftretende Bewegungsfolge oder sprachliche Äußerung, wobei die Ablaufgeschwindigkeit durch die jeweilige Affektlage modifiziert sein kann. St. tritt zuweilen bei bestimmten psychotischen Erkrankungsformen oder nach Hirntraumen auf.

Stereotyp im Sinne von stark vereinfachter, generalisierter klischeehafter Kognition bzw. Vorstellung bezeichnet das Bild, das ein Mensch oder eine Gruppe von sich selbst *(Autostereotyp)* bzw. von einem anderen hat *(Heterostereotyp).* – ↑auch Vorurteil.

Stichprobe (Sample): Bei empirischen Untersuchungen ist es häufig unmöglich, alle Individuen oder Institutionen (z.B. Kindergärten), für die man sich hinsichtlich bestimmter Merkmale interessiert, zu untersuchen. Die Menge aller Merkmalsträger wird **Grundgesamtheit** oder auch **Population** genannt. Die untersuchte Teilmenge heißt **Stichprobe.**

Die St. muß eine **Zufalls-St.** sein, um bestimmte statistische Verfahren anwenden zu können; sie ermöglicht es, von den erhaltenen Ergebnissen auf die zugehörigen Verhältnisse in der Population zu schließen. Im einfachsten Fall soll dabei jedes Mitglied der Population dieselbe von Null verschiedene Chance haben, bei der Ziehung der St. in diese zu gelangen. Das ist bei einer sog. **St. aufs Geratewohl** (ein Interviewer befragt jeden, den er gerade erreichen kann) sicher nicht der Fall. Echte Zufalls-St.n sind nur sehr schwer zu realisieren und deshalb auch außerordentlich selten.

Als Alternative verwenden deshalb einschlägige Untersuchungen manchmal **Quoten-St.n**, bei denen Merkmalsträger untersucht werden, deren Zusammensetzung sich wenigstens hinsichtlich einiger Variablen (z.B. Geschlechtszugehörigkeit, Intelligenz) mit den entsprechenden und bekannten Proportionen in der Population deckt und die insofern für repräsentativ gehalten werden dürfen. Dabei ist man aber nie sicher, daß sich solche St.n nicht doch aufgrund anderer, unberücksichtigter Merkmale von der Population stark unterscheiden.

Zufalls-St.n sind prinzipiell nur aus endlichen Populationen zu gewinnen. Dies wirft für die üblicherweise in der Psychologie verwendeten statistischen Methoden schwerwiegende Probleme auf, wenn sich Fragestellungen auf Populationen beziehen, die sich nicht auf ein bestimmtes Raum-Zeit-Gebiet beschränken. – ↑Statistik.

Stigmatisierung: Bezeichnung für die betonte Zuordnung bestimmter von der Gesellschaft bzw. von einer sozialen Gruppe negativ bewerteter Merkmale (beispielsweise »nichtehelich«) zu einem Individuum (z.B. Kind im Kindergarten oder Schüler in der Schule), das damit sozial diskreditiert (»gebrandmarkt«) wird und dem man dann auch im folgenden ablehnend oder zurückhaltend gegenübertritt. Dabei können sich die mit der St. provozierten negativen Erwartungen im Sinne einer sich selbst erfüllenden Prophezeiung (↑Self-fulfilling prophecy) auswirken.

Stimmung:

◆ im Gegensatz zum ↑Affekt länger andauernde Gefühlslage, die dem Handeln und vor allem dem Erleben eine bestimmte Gefühlstönung beimischt (Laune). Die St. ist von der körperlichen und seelischen Gesamtverfassung abhängig und kann durch äußere Umstände unbewußt, aber auch bewußt (Musik!) stark beeinflußt werden. Sie ist unter Umständen auch an der ↑Mimik und an den ↑Gesten erkennbar.

Als *Lebensgrund-St.* bezeichnet man die allg. vorherrschende Stimmung des einzelnen in bezug auf sein Leben. Bei psychischen Erkrankungen oder Arteriosklerose des Gehirns kann es zu sehr starken, unmotivierten St.sschwankungen kommen *(St.slabilität).*

◆ in der *Verhaltensforschung* Bereitschaft, aufgrund der inneren Trieblage ein bestimmtes Verhalten durch den entsprechenden ↑Schlüsselreiz auslösen zu lassen. In Gruppen (von Tieren und Menschen) kann durch *St.sübertragung* diese *Handlungsbereitschaft* gesteigert werden.

Stimulanzien (Energetika): anregende, antriebssteigernde Mittel, die der Müdigkeit entgegenwirken und zur Steigerung der Leistungsfähigkeit beitragen (z.B. Koffein, Weckamine), jedoch zur Abhängigkeit von der regelmäßigen Einnahme dieser Stoffe führen können. – ↑auch Drogenabhängigkeit.

stochastische Testtheorie ↑Testtheorie.

Stottern (Lalophobie): in der Regel psychogene Sprachstörung, bei der trotz intakten Sprechapparats Redebeginn und -fluß krampfartig blockiert sind und Laute, Silben oder Wörter wiederholt werden. St. tritt v.a. person- und situationsabhängig auf und wird durch negative Beachtung verstärkt.

Zwischen dem dritten und etwa dem fünften Lebensjahr ist St. eine normale Erscheinung in der Sprachentwicklung des Kindes.

Strafe ↑Lohn und Strafe.

Strategietraining (strategisches Training): eine Form der ↑Denkerziehung.

Stratton-Versuch: Sehversuch mit umgekehrtem Netzhautbild zum Studium von Wahrnehmungs- und Anpassungsvorgängen: Das auf dem Kopf stehende, seitenverkehrte Bild, das die Augenlinse natürlicherweise auf der Netzhaut entwirft, wird durch eine Umkehrbrille aufgerichtet und seitenrichtig gemacht. Die Versuchsperson, die normalerweise das kopfstehende, seitenverkehrte Bild zentralnervös in ein aufrechtes, seitenrichtiges Bild korrigiert, kann sich zunächst überhaupt nicht orientieren, paßt sich dann aber recht schnell an und sieht alles wieder normal.

Streaming: eine Form der äußeren Differenzierung, bei der die Schüler einer Schule in möglichst homogene Lerngruppen (sog. *streams*) aufgrund ihrer vermuteten Begabung oder ihrer bisherigen Schulleistungen eingeteilt werden. Diese Einteilung erfolgt aber, anders als beim ↑Setting, *fächerübergreifend.*

Das St. wird heute allgemein als *selektierende* und *negativ fixierende* Form der Leistungsdifferenzierung bewertet. Die aufgrund ihrer Herkunft ohnehin manchmal benachteiligten Schüler würden in ihrem oft schon negativ gefärbten Selbstbild geradezu bestärkt, wenn die Machtinstanz Schule ihnen ihre vermeintliche Unzulänglichkeit sozusagen auch noch amtlich bestätige.

S

Strebungen: veralteter Begriff aus der Persönlichkeitspsychologie (A. PFÄNDER, P. LERSCH u.a.) zur Bez. gefühlsbetonter, aber zielgerichteter Antriebserlebnisse. LERSCH rechnete die St. dem ↑endothymen Grund zu.

Streetwork: zumeist in den sozialen Brennpunkten größerer Städte im Rahmen der ↑Jugendhilfe durchgeführte problembezogene und mobile Straßensozialarbeit, die auf bewährten (überwiegend amerikanischen) Konzeptionen beruht. Als Teilbereich der ↑Sozialpädagogik zielt sie darauf ab, gefährdete, delinquente oder spezifischer Hilfen bedürftige Minderjährige zu beraten, zu betreuen und ihnen Hilfen anzubieten oder zu vermitteln.

Die St. umfaßt im wesentlichen folgende Bereiche: 1. *Prävention:* Ermittlung der Bedürfnisse und Schwierigkeiten von Randgruppen sowie Bereitstellung entsprechender Hilfen; 2. *Betreuung:* ambulante und überwiegend mobile sozialpädagogische Betreuung jugendlicher Straßengruppen (z.B. »Rocker« und »Skinheads«) mit dem Ziel, aggressive, nicht selten strafbare Verhaltensweisen durch Beratung, Organisation von Gruppenräumen, gemeinsamen Aktivitäten und anderes abzubauen; 3. *Vermittlung:* Aufnahme besonders gefährdeter Jugendlicher in sozialpädagogische Jugendgruppen oder Jugendwohngemeinschaften, Verhandlung mit Behörden, Kontaktpflege mit (vor allem Drogen- und Erziehungs-)Beratungsstellen sowie Vermittlung von weiterreichenden (etwa schulischen oder beruflichen) Hilfen oder von Therapieplätzen (bei bestehender ↑Drogenabhängigkeit).

Erfolgreiche St. setzt Akzeptanz der Fachkräfte sowohl seitens der Behörden als auch seitens der betroffenen Kinder und Jugendlichen voraus und stellt damit hohe Anforderungen an sozialpädagogisches Fachwissen, Praxiserfahrung, integrative Kompetenz und psychische Belastbarkeit der **Streetworker.**

Strengeeffekt ↑Beurteilungsfehler.

Streß: eine unspezifische Alarmreaktion des Organismus, die bei starken Umweltbelastungen durch schnelles Einsetzen innersekretorischer Leistungen die Reaktions- und Widerstandsfähigkeit des Organismus gewährleistet. Den Begriff St. für dieses generelle Reaktionsmuster des Menschen wie auch der Tiere prägte 1936 der österreichisch-kanadische Biochemiker H. SELYE.

Die Beanspruchungsfaktoren *(Stressoren)* können außer physikalischer oder chemischer Art (z.B. Kälte, Hitze, Lärm, Drogen) auch krankheitsbedingt (z.B. Fieber) oder psychisch bedingt sein (z.B. Hektik, Isolation, Belastungen in der Partnerbeziehung, in Familie, Schule, Berufswelt, v.a. aber starke Angst bzw. Furcht).

Durch den Einfluß der verschiedenen Stressoren kommt es zu einer über den Hypothalamus im Zwischenhirn ausgelösten Überfunktion der Nebennieren. Die Folgen sind vor allem eine erhöhte Aktivität des sympathischen Nervensystems und damit verbunden eine vermehrte Ausschüttung des Neurotransmitters ↑Adrenalin.

Die in evolutionärer Sicht sinnvolle Reaktion des Organismus (sekundenschnelle Vorbereitung auf extreme Körperreaktionen wie Angriff oder Flucht im Augenblick der Bedrohung) gilt in abgeschwächter Form auch heute noch, beispielsweise wenn derartige neurohormonelle Mechanismen auf aktivierende Umweltreize etwa zum Spiel (aber noch nicht zum Kampf) stimulieren und Spannung (aber noch keine Furcht) erzeugen. Diesen positiven, anregenden und abhärtenden St. nennt man **Eustreß.** Ein gewisses Maß an Eustreß ist nicht nur ungefährlich, sondern durchaus angenehm und darüber hinaus leistungs- und lebensnotwendig.

Ein Übermaß an Belastungen und Anforderungen bzw. langandauernder starker St. **(Disstreß)** kann jedoch gesundheitliche Schäden vielfältiger Art verursachen, beispielsweise Magengeschwüre oder

Streß

Auswirkungen von Streß/Überbelastung	kurzfristig	mittel- bis langfristig
auf den Körper	beschleunigter Herzschlag, erhöhter Blutdruck, Ausschüttung von Adrenalin (»Streßhormon«)	allgemeine psychosomatische Beschwerden und Erkrankungen, z. B. Bluthochdruck, koronare Herzkrankheiten, Kopfschmerzen, Magen- oder Darmgeschwüre
auf das Erleben	Anspannung, Frustration, Ärger, Gefühl von Sättigung und Ermüdung	Unzufriedenheit, Enttäuschung, Rückzug aus der Aktivität, Depression
auf das Verhalten individuell	Leistungsschwankungen, Nachlassen der Konzentration, erhöhte Fehlerhäufigkeit, Nachlassen der Reaktionsbereitschaft und der motorischen Leistung	Entwicklung von Suchtsymptomen (Nikotin, Alkohol, Arzneimittel usw.)
auf das soziale Verhalten	eskalierende Konflikte, Streit, Aggression gegen andere, Verschlossenheit, resignativer Rückzug	

Streß: Streß kann kurzfristige Beschwerden zur Folge haben, die sich wieder legen, wenn die Streßsituation nicht mehr besteht. Die Folgen von Streß können die Streßsituation aber auch überdauern, etwa in Form psychischer oder körperlicher Erkrankungen.

Bluthochdruck bis hin zum Herzinfarkt. Da hiervon oft gerade die in einer Leistungsgesellschaft besonders stark beanspruchten und geforderten, meist in leitender Position befindlichen Personen betroffen sind, ist für deren durch St. verursachte gesundheitliche Beeinträchtigungen der Ausdruck der *Managerkrankheit* geprägt worden, von dem aufgrund der Ausweitung des St.begriffs heute allerdings kein Gebrauch mehr gemacht werden sollte.

stroboskopische Erscheinungen: Bezeichnung für optische Wahrnehmungseindrücke, die bei Sehreizen auftreten, welche mit Unterbrechungen erfolgen bzw. dargeboten werden. – ↑auch Bewegungstäuschungen.

Struktur: Nach W. DILTHEY, der den Begriff in die Psychologie einführte, bezeichnet St. das seelisch-geistige Leben als Ganzheit (gegliedertes Gefüge). Der Begriff wurde in der Folgezeit vielfach übernommen, abgewandelt und ausgebaut. So gilt er in der geisteswissenschaftlichen Psychologie als Aufbaugesetz der geistigen Welt (E. SPRANGER), in der Gestaltpsychologie ist er gleichbedeutend mit Gefüge, Aufbaueigenschaften und Tektonik (W. METZGER) und in der Ganzheitspsychologie (besonders in den Bereichen Wahrnehmung, Denken und Persönlichkeit) bezeichnet er ein zu einer Ganzheit zusammengefaßtes Gefüge (F. KRUEGER).

Strukturalismus: Bezeichnung für eine nach dem amerikanischen Psychologen W. JAMES vor allem in den USA herrschende, an der ↑Introspektion orientierte psychologische Strömung, im Unterschied zur gleichzeitig vertretenen Richtung des ↑Funktionalismus.

Stupor: völlige körperliche und geistige Regungslosigkeit, bei der es trotz wachen Bewußtseins des Patienten nicht gelingt, mit ihm in Kontakt zu treten. Ein Stupor kann verschiedene Ursachen haben; meist kommt er im Rahmen psychotischer Erkrankungen, als abnorme Schreck- oder Belastungsreaktion sowie bei organisch (z.B. durch Vergiftungen oder extrem hohes Fieber) bedingten Verwirrtheitszuständen vor.

subjektive Beurteilungsverfahren: Ggs. zu ↑objektive Beurteilungsverfahren.

S

Subjektivität: Oft sind psychische Einstellungen von persönlichen Wertungen (bes. auch von ↑Vorurteilen) bestimmt. Diese Einstellungen, die allein oder maßgeblich vom jeweiligen Subjekt abhängen und für dieses Geltung haben, führen dann zu Aussagen bzw. Urteilen und zu Handlungsorientierungen, die mit den objektiven (tatsächlichen) Verhältnissen kaum noch etwa zu tun haben und somit *subjektiv* sind.

Subkultur: Der Begriff S. wird in der Regel auf die bes. und von den normalen gesellschaftlichen Wertvorstellungen, Verhaltensnormen, Sprachvarianten, Formen des Zusammenlebens und kulturellen Leistungen verschiedenen und oft auch bewußt abgehobenen alternativen Lebensweisen bezogen, die sich oft selbst als soziale Randgruppen sehen und von der breiten Mehrheit der Bevölkerung meist auch so eingeschätzt werden. Solche S.en werden dann zu einer Quelle möglicher sozialer Konflikte, wenn innerhalb oder außerhalb von Institutionen (z.B. Schule) gegenüber den Angehörigen solcher Gruppierungen (z.B. Punks, Skinheads) versucht wird, die gängigen Vorstellungen der breiten Mehrheit durchzusetzen, oder wenn die Angehörigen der S. provozierend ihre Vorstellungen unter Mißachtung anderer Lebensformen demonstrativ ausleben wollen.

Sublimation (Sublimierung): psychoanalytischer Begriff für die Umwandlung sexueller Triebenergie in sozial anerkannte oder zumindest tragbare Formen der Aktivität. S. Freud (↑Psychoanalyse) nahm an, daß jede psychische Energie letztlich auf die Libido zurückgeht, welche jedoch durch den unbewußten Vorgang der S. auf andere, nichtsexuelle Ziele gelenkt werden kann, wenn ihre ursprünglichen (sexuellen) Ziele nicht toleriert werden. Ergebnisse solcher S.en waren für Freud die intellektuelle Arbeit oder die künstlerische Betätigung.

subliminal: unterschwellig, unterhalb der Wahrnehmungs- oder Bewußtseinsschwelle liegend.

Substantialitätstheorie: in der Tradition des Aristoteles von der Scholastik und der späteren »rationalen Psychologie« vertretene Lehre, nach der die ↑Seele eine unkörperliche Substanz ist, deren Manifestationen die seelischen Vorgänge sind. – Ggs. ↑Aktualitätstheorie.

Substitution:

◆ in der *Psychoanalyse* einer der ↑Abwehrmechanismen: Ein Objekt, auf das ursprünglich die psychische Antriebsenergie gerichtet war, wird durch ein anderes ersetzt. – ↑Ersatzobjekt.

◆ bei der *Konditionierung* der Ersatz des unbedingten Reizes durch einen bedingten Reiz. – ↑bedingte Reaktion.

◆ in der *Neurophysiologie* die Übernahme von Funktionen durch unbeschädigte Hirnareale bei hirnorganischen Ausfällen.

Suchautomatismus (Suchbewegungen, Suchverhalten): noch vom Muttertier gesäugten jungen Säugetieren angeborenes Verhalten, durch pendelnde Bewegungen (v.a. des Kopfes) die Brustwarze der Mutter zu suchen. Ist sie gefunden, hören die Suchbewegungen auf, und das Junge saugt. Auch menschliche Säuglinge weisen diesen S. auf, der durch Hunger, aber auch durch Berührungsreize in der Mundgegend ausgelöst wird. – ↑auch Appetenzverhalten.

Sucht: heute zunehmend durch den Begriff der »Abhängigkeit« (insbesondere der ↑Drogenabhängigkeit und der ↑Alkoholkrankheit) ersetzte Bez. für einen Zustand periodischer oder chronischer Vergiftung (Intoxikation), der durch wiederholten Gebrauch einer natürlichen oder synthetischen Droge hervorgerufen wird und psychische, körperliche, pharmakologische und soziale Phänomene zur Folge hat.

Das Wort S. ist seit Jahrhunderten Teil des deutschen Sprachgebrauchs; Volksmund und Wissenschaften verwendeten den Begriff jedoch höchst unterschiedlich. Wurde S. im Mittelalter v.a. im Sinne von Siechtum, Krankheit verstanden und verwendet (Fallsucht, Schwindsucht, Trunksucht), so wurde diese Bezeichnung bald auch auf Charaktereigenschaften ausgedehnt (z.B. Eifersucht, Putzsucht, Prunksucht, Gefallsucht oder Selbstsucht). Im 19. Jh. wandelte sich der Begriff Trunksucht zu einem moralisch negativ besetzten Ausdruck, was möglicherweise dazu beitrug, S. als schuld- oder schicksalhaftes Verhalten zu sehen. In der 2. Hälfte des 19. Jh. wurde der Begriff S. insbesondere durch die Psychiatrie und Psychologie zunehmend medizinisch verstanden und zugleich ausgeweitet, etwa durch die Einbeziehung sogenannter süchtiger Triebentartungen (beispielsweise »Naschsucht«).

Galten die S.- und Abhängigkeitsdefinitionen der Weltgesundheitsorganisation (WHO) über Jahrzehnte einem S.mittel, einer Droge (Rauschgift), so begann Mitte der 1980er Jahre im deutschsprachigen Raum die Diskussion um die sog. neuen, »stoffungebundenen« Süchte (vor allem Spielsucht, Arbeitssucht und die verschiedenen Formen ↑psychogener Eßstörungen, wie z.B. Magersucht). Eine solche quasi »inflationäre« Erweiterung des S.begriffs machte neuerlich klare Definitionen erforderlich. Nach dem gegenwärtigen Erfahrungs- und Kenntnisstand werden die »Süchte« in verschiedenen Kategorien von Abhängigkeiten und Verhaltensstörungen klassifiziert.

S. ist das Ergebnis einer Entwicklung, in der die Droge (das S.mittel), die Persönlichkeit (der Mensch) und die Gesellschaft (das Milieu) die wichtigsten Rollen spielen. Je nach Gewichtung bilden sich verschiedene Erklärungsmodelle. Dieses »Dreieck« (Trias) der Entstehungsursachen der Schweizer Mediziner P. KIELHOLZ und D. LADEWIG (1972) wurde 1982 von dem Norweger H. KOLSTAD durch die Hinzufügung des Faktors »Markt« zum »Viereck der Entstehungsursachen« erweitert. Die vier Faktoren umfassen nun: 1. *Mensch:* prämorbide Persönlichkeit; Heredität (Erblichkeit); frühkindliches Milieu; sexuelle Entwicklung; aktuelle Streßsituation; Erwartungshaltung; 2. *Mittel:* Art der Applikation (Einnahme), Dosis; Dauer; Gewöhnung (Toleranz); individuelle Reaktion; 3. *Milieu:* familiäre Situation; Beruf; Wirtschaftslage; sozialer Status und Mobilität; Gesetzgebung; Religion; 4. *Markt:* Verfügbarkeit; Einstellung zur Droge; Einflüsse von Werbung und Mode; Konsumgewohnheiten.

Sucht

Stoffgebundene Abhängigkeiten	Stoffungebundene Verhaltensstörungen
Illegale Drogen:	Gestörtes Eßverhalten:
Cannabis	Fettsucht
Halluzinogene	Latente Fettsucht
Betäubungsmittel	Eß-Brech-Sucht
(Heroin, Opiate)	Magersucht
Aufputschmittel	Fernsehsucht
(Kokain, Amphetamin)	Spielsucht
Synthetische Drogen	Arbeitssucht
Legale Drogen:	Geltungssucht/Habsucht/
Schnüffelstoffe	Machtsucht
Alkohol	Kaufsucht
Medikamente	Sexsucht
Tabak/Nikotin	andere Störungen

Sucht: Verschiedene Süchte

Das »Suchtentstehungs-Viereck« verdeutlicht, daß es etliche Entwürfe einer leidlich zuverlässigen, in mehrere Klassen unterteilbaren S.-Theorie gibt: 1. Theorien, die von der Beziehung des Menschen *zu sich selbst* ausgehen (z.B. Persönlichkeitsdefizit-Theorie und Bad-habit-Theorie); 2. Theorien, die von der Beziehung des Menschen *zu anderen* ausgehen (z.B. Theorie der sozialen Abweichung und Theorie der psychosozialen Interaktion); 3. Theorien, die von der Beziehung des Menschen *zur Gesellschaft* ausgehen (z.B. Theorie des gesellschaftlichen Einflusses und Lerntheorie des Drogenmißbrauchs); 4. Theorien, die von der natürlichen *Vorbefindlichkeit* des

Menschen ausgehen (z.B. Lustabhängigkeits-Theorie und bio-anthropologische Theorie der S.). Insbesondere die letztgenannte Klasse bezieht sich auf die Großgruppe der stoffgebundenen Süchte. Ihre Entstehung ist an ein S.mittel natürlichen oder künstlichen Ursprungs gebunden. Solche Mittel vermögen im lebenden Organismus eine oder mehrere Funktionen zu ändern, vor allem durch halluzinogene, beruhigende, betäubende oder aufputschende Wirkung auf das Zentralnervensystem.
In Deutschland ist die an ein Mittel gebundene S. im Sinne der Reichsversicherungsordnung eine Krankheit. Das Bundessozialgericht erkannte 1986, daß es sich bei S. um einen »objektiv faßbaren Zustand« des Körpers und des Geistes handelt, »der von der Norm abweicht und der durch eine Heilbehandlung behoben, gelindert oder zumindest vor einer drohenden Verschlimmerung bewahrt werden kann«. S. ist demnach also eine Abhängigkeitserkrankung und kein schuldhaftes Laster »haltloser« und »willensschwacher« Charaktere. Jeder kann süchtig werden, denn es gibt keinen absoluten und schon gar keinen lebenslangen »Schutz« vor der Sucht. Die Behandlung der S. ist unabhängig davon, ob das S.mittel verboten oder erlaubt ist.
Neben persönlichen gesundheitsbeeinträchtigenden Folgen hat S.mittelmißbrauch bzw. -abhängigkeit in der Regel auch soziale Folgen persönlicher und gesamtgesellschaftlicher Natur. So wird in einer marktwirtschaftlich organisierten, konsumorientierten Industriegesellschaft die Entscheidung zum S.mittelkonsum als souveräne Entscheidung über den eigenen Körper begriffen. Sie ist eine Selbstschädigung, die auch der Staat nicht mit Strafe bedroht (der *Konsum* illegaler Drogen ist in Deutschland straflos, nicht jedoch deren *Erwerb* und *Besitz*). Dieser Respekt des Staates vor dem Individuum belastet bei Abhängigkeitserkrankungen jedoch objektiv die gesamte Gesellschaft.
Materiell schlagen immense volkswirtschaftliche Schäden zu Buche. So lagen z.B. in den alten Bundesländern 1990 die Kosten der durch Alkohol verursachten Arbeitsunfälle bei rd. 15 Mrd. DM. Die Schäden durch alkoholbedingte Verkehrsunfälle sowie Unfälle in anderen Bereichen addierten sich auf über 50 Mrd. DM. Die jährlichen Schäden, die sich durch das Genußmittel Tabak ergaben, machten rd. 60 Mrd. DM aus.
In Deutschland wurden 1992, bei einer Bevölkerung von rund 80 Millionen Menschen, über 2 Mill. Alkoholkranke, 800000 Medikamentenmißbraucher, 23 Mill. Tabakkonsumenten (darunter rd. 7 Mill. »süchtige« Raucher), über 2,5 Mill. Cannabiskonsumenten (darunter mindestens 300000 regelmäßige Raucher), 80000–100000 Betäubungsmittelmißbraucher (Heroin und andere Opiate), 30000–60000 Aufputschmittelmißbraucher (Kokain, Amphetamine u.a.) sowie 12000–30000 Mißbraucher verschiedener Lösemittel (sog. Schnüffelsucht) geschätzt. Angesichts der weiten Verbreitung und der vielfältigen, z.T. in der Gesellschaft selbst liegenden Ursachen der S. ist eine »suchtfreie« Gesellschaft utopisch; selbst eine »suchtarme« Gesellschaft dürfte, bei entsprechender Veränderung des Konsumverhaltens und der Konsumerziehung, allenfalls über mehrere Generationen hinweg zu realisieren sein.

Suchverhalten ↑Suchautomatismus, ↑Appetenzverhalten.

Suggestibilität ↑Hypnose.

Suggestion: starke Beeinflussung des Denkens, Fühlens, Wollens oder Handelns unter Umgehung der rationalen Persönlichkeitsanteile (des Beeinflußten). Die *Suggestibilität* (Beeinflußbarkeit) ist erhöht bei willensschwachen, unselbständigen und leichtgläubigen Menschen. Außerdem hängt sie von Alter, Geschlecht und der aktuellen Situation, wie Erregtheit, Angst, Müdigkeit, Drogeneinwirkung, ekstasische, hypnotische Zustände und Massenbeeinflussung, ab.

Zwischen Intelligenz und Suggestibilität besteht entgegen verbreiteter Ansicht kein gesicherter Zusammenhang. Die Suggestibilität kann diagnostisch geprüft werden, z.B. durch Formdeutetests oder mit Hilfe von Placebos.

Die *Suggestivität* des Beeinflussenden (Suggerierenden) steigt, sobald er als der Stärkere, Informiertere, Selbstsicherere, sozial Höherstehende gilt.

Es wird zwischen **Hetero-S.** *(Fremd-S.)* und **Auto-S.** *(Selbst-S.)* unterschieden, wenn auch bei jeder S. beide Komponenten beteiligt sind. Die Hetero-S. spielt bes. eine Rolle bei Werbung, Propaganda, Erziehung und Gruppendynamik. Sie wird z.B. bei der Hypnose oder der Verabreichung von Placebos bewußt eingesetzt. Die Auto-S. hat z.B. beim autogenen Training, der paradoxen Intention und anderen psychotherapeutischen Verfahren ihre Bedeutung.

Die durch S. herbeigeführte Reaktivierung der Erinnerung an früher Erlebtes wird *retroaktive S.* genannt und ist dem bewußten Erinnern weit überlegen.

Suggestivfrage: Frage, die so formuliert ist, daß eine Aussage in ganz bestimmter Richtung naheliegend ist bzw. nahegelegt wird. Beispiel: »Finden Sie nicht auch, daß demnächst Neuwahlen sein sollten?« Bei Meinungsumfragen führen (unbewußt) suggestiv gestellte Fragen zu verzerrten Ergebnissen; daher werden zur Kontrolle gleichbedeutende Fragen in anderer Formulierung gestellt.

Suizid svw. ↑Selbsttötung.

Sukzessivkontrast ↑Kontrast.

Summation: Mehrere aufeinanderfolgende unterschwellige Reize können sich summieren, so daß sie eine Reaktion auslösen. – ↑auch Reiz und Reaktion.

summative Diagnostik ↑Tests.

Summativität (Summenhaftigkeit): Begriff aus der Gestaltpsychologie, dem zufolge das Ganze die Summe seiner Teile ist. Ändert sich mit Ausscheiden auch nur eines einzigen Teils das Ganze, spricht man von *Nichtsummativität (Übersummativität).*

Supervision: Beratung und Beaufsichtigung von Psychotherapeuten während und nach ihrer Ausbildung, bei der konkrete Behandlungsfälle (z.B. anhand von Protokollen oder von Video- bzw. Tonbandaufnahmen) erörtert werden, um methodisch-behandlungstechnische Fehler aufzudecken oder zu klären, inwieweit eigene psychische Konflikte des Therapeuten den Patienten hemmen.

Suppressorfelder ↑Rindenfelder.

Symbol: In der *Tiefenpsychologie* sind S.gehalte im Handeln und Erleben von Individuen untersucht worden. Insbes. S. Freud (↑Psychoanalyse) beschrieb den Verschleierungs- und Abwehrcharakter von S.en. So verbirgt sich z.B. hinter Ladendiebstählen auffallend häufig die aktuelle Versagung libidinöser Wünsche; der Diebstahl hat also symbolischen Charakter und weist auf ganz andere Bedürfnisse und Frustrationen hin. Auch körperliche Leiden können häufig abgewehrte sexuelle Wünsche symbolisieren.

Symbolik: der durch Symbole dargestellte Sinngehalt, die Art der Symbolverwendung.

Symbolisation: in der psychoanalytischen Theorie die Bez. für einen der Abwehrmechanismen, bei dem ein Triebobjekt, auf das sich verbotene Strebungen beziehen, unbewußt ausgetauscht wird gegen ein Symbol, das dadurch denselben Affektwert erhält. Beispiel: Die begehrte bzw. geliebte Person wird durch ihr gehörende Gegenstände ersetzt und die ursprünglich gegenüber der Person bestehenden Gefühle auf diese Gegenstände übertragen.

Symbol-Spiel ↑Spiel.

Sympathie: aufgrund gewisser Übereinstimmung und/oder Ähnlichkeit positive gefühlsmäßige Einstellung zu Menschen, Dingen oder Ideen.

Sympathikus: Teil des vegetativen Nervensystems, der bes. die Eingeweide versorgt. – ↑auch Nervensystem.

S

Symptom: Zeichen, Kennzeichen, Merkmal, das bestimmte Schlußfolgerungen zuläßt. S.e sind z.B. bestimmte Leistungen bzw. Verhaltensweisen, die auf psychische Störungen hinweisen, oder körperliche Veränderungen, die eine bestimmte Erkrankung erkennen lassen.

Synapse

Schematische Darstellung einer chemischen Synapse

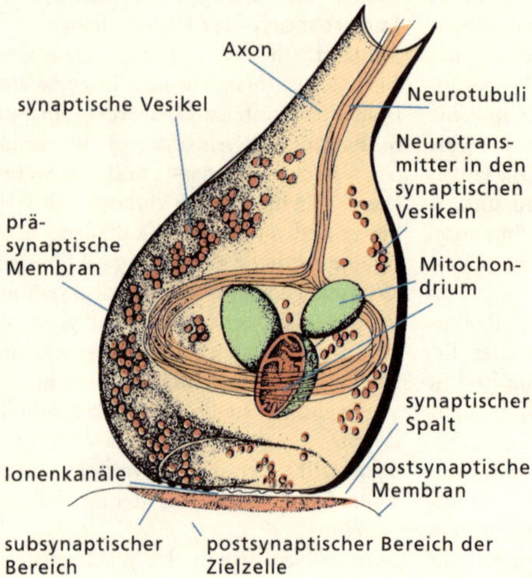

symptomatische Psychosen ↑Psychosen.

Symptombildung: in der *Psychoanalyse* Bez. für die Annahme, daß speziell bei neurotischen Störungen das Verdrängte wiederkehrt und sich in (dem Betroffenen meist unbewußten) spezifischen Symptomen und Handlungen äußert. Werden nach dieser Auffassung – ohne Beachtung dahinterstehender unbewußter Konflikte – lediglich die äußeren Erscheinungen psychotherapeutisch behandelt, so kommt es zu einer *Symptomverschiebung,* d.h., die zuerst aufgetretenen Symptome werden lediglich durch andere ersetzt.

Symptomneurose ↑Neurosen.

Symptomverschiebung ↑Symptombildung.

Synapse: Struktur, welche die in der Regel chemische Erregungsübertragung zwischen einer Nerven- oder Sinneszelle sowie einer weiteren Nervenzelle oder einer Muskelzelle gewährleistet. Die S. besteht aus der *präsynaptischen* Nervenendung (Endbläschen) der einen Zelle und der *postsynaptischen* Membran der anderen Zelle. Der dazwischen liegende enge *synaptische Spalt* wird von ↑Neurotransmittern überbrückt, die aus kleinen Vesikeln der präsynaptischen Zelle freigesetzt werden. Man unterscheidet nach Art der Neurotransmitter *cholinerge S.n* (z.B. Acetylcholin) und *adrenerge S.n* (z.B. Adrenalin).

Synästhesie: Miterregung eines Sinnesorgans durch einen nicht-spezifischen Reiz, z.B. ↑Farbenhören.

Syndrom: Krankheitsbild mit mehreren, gesetzmäßig zusammen auftretenden Symptomen.

systematische Desensibilisierung ↑Desensibilisierung.

Szenotest (Scenotest, Staabs-Test): ein von der Kinderpsychotherapeutin G. von Staabs 1939 entwickeltes Verfahren, bei dem das Kind mit Hilfe von (gemäß Testkonzeption möglichst genormten) biegsamen Figuren sowie Tieren, Bausteinen und ähnlichem Material Szenen frei gestaltet. Dem Test liegt die Auffassung zugrunde, daß das Kind mit der individuellen Gestaltung auf projektive und/oder identifikatorische Weise seine unbewußten Konflikte zum Ausdruck bringt und daß die verwendeten menschlichen Figuren wirkliche Bezugspersonen des Kindes repräsentieren. – ↑auch projektive Tests.

T

TA: Abk. für ↑Transaktionsanalyse.

Tablettenabhängigkeit ↑Drogen, ↑Drogenabhängigkeit.

Tabu: Bez. für ein v.a. bei Naturvölkern zu beobachtendes und allg. respektiertes Verbot, bestimmte Gegenstände (z.B. staatliche oder religiöse Symbole, bestimmte Tiere oder Pflanzen) oder bestimmte Menschen (z.B. verwundete Kriegsgegner, Mörder, Herrscher, Gesandte) anzurühren oder zu verletzen, gewisse Handlungen (z.B sexueller Art) vorzunehmen, bestimmte Örtlichkeiten (z.B. heilige Stätten) zu betreten, über bestimmte Dinge zu reden oder gewisse Namen (z.B. von Königen, Göttern) auszusprechen. Mit dem T. will man v.a. durch übernatürliche Macht bewirktes Unheil vermeiden. Zuwiderhandlungen gegen T.vorschriften, die religiös, magisch oder rituell begründet sein können, sind meist mit schweren Strafen (z.B. Verbannung, Krankheit, Tod) bedroht. Leichte Verstöße können auch etwa durch komplizierte Reinigungszeremonien gesühnt werden.

T.s beziehen sich immer auf zentrale Werte einer Gesellschaft und werden mit der Zeit zu Selbstverständlichkeiten. Während in der Sozialpsychologie T.s als Sonderfälle von Normen aufgefaßt werden, erklärte S. FREUD (↑Psychoanalyse) das Auftreten von T.s mit der Verdrängung attraktiver, doch verbotener Handlungstendenzen.

Der Begriff wird heute hauptsächlich verallgemeinernd für alle jene »verbotenen« Themen, Bereiche und Dinge benutzt, über die »man« nicht spricht oder die »man« nicht tut, deren »Verbot« *(Tabuisierung)* allerdings im allg. weder rational legitimiert noch begründbar ist.

Tabula rasa ↑Empirismus.

Tachistoskop: Apparatur zur Darbietung extrem kurzdauernder optischer Reize zur Prüfung der Aufmerksamkeit und Reaktionsgeschwindigkeit.

Tachykardie: stark beschleunigter Herzschlag (Herzjagen), der nicht selten psychische Ursachen hat.

Tachylalie (Tachyphrasie): überhastetes Sprechtempo. – Ggs. ↑Bradylalie.

Tachyphrasie ↑Tachylalie.

Tachyphylaxie: Erscheinung, daß die Wirkung eines Medikaments bei wiederholter Verabreichung binnen eines kurzen Zeitraumes nachläßt und eine Dosissteigerung erfordert. – ↑Gewöhnung.

Tadel ↑Lob und Tadel.

Tagesklinik ↑Psychiatrie.

Tagesrhythmik (zirkadiane Rhythmik, diurnale Rhythmik): von der physiologischen Uhr gesteuerte und mit dem Tag-Nacht-Rhythmus synchronisierte Aktivitätsunterschiede bei Lebewesen. – ↑auch zirkadiane Rhythmik.

Tagessehen (photopisches Sehen): im Unterschied zum Dämmerungssehen die Fähigkeit des Auges, bei Tageslicht von bestimmten Lichtintensitäten bzw. Leuchtdichten an (beim Menschen: 0,006 cd/m^2) den Sehvorgang (↑Sehen) zu vollziehen. Das T. hängt im wesentlichen von der Funktion, d.h. der Reizschwelle, der Zapfen in der Netzhaut des Auges ab. – ↑auch zirkadiane Rhythmik.

Tagtraum ↑Wachtraum.

Takt:

- in der *Soziologie* zu den wünschenswerten sozialen Gewohnheiten zählende Form des menschlichen Verhaltens; umfaßt konfliktvermeidende Verhaltensmuster der weitestgehenden Rücksichtnahme und Feinfühligkeit gegenüber dem Mitmenschen.
- in der *Pädagogik* Bez. für die Fähigkeit des Erziehers, sich in die Reaktionen von Kindern und Jugendlichen einzufühlen, bei der Wahl pädagogischer Maßnahmen deren jeweilige Wirkung auf den Schüler richtig einzuschätzen und eine gewisse Distanz zum Schüler zu halten, damit sich dieser eigenständig entwickeln kann.

Taktiktraining: Form der ↑Denkerziehung.

taktil: den Tastsinn betreffend, mit Hilfe des Tastsinns (erfolgend).

T

Talent: Anlage zu überdurchschnittlichen geistigen oder körperlichen Fähigkeiten auf einem bestimmten Gebiet. – ↑auch Begabung.

Tanztherapie: Zur T. werden verschiedene körper- und bewegungstherapeutische Verfahren gerechnet, die im Tanz eine der elementarsten menschlichen Ausdrucksformen sehen. Dabei werden Gefühle in spontane Bewegung umgesetzt und dadurch Veränderungen im motorischen und psychischen Bereich ausgelöst. Zur T. zählen Formen der Heileurhythmie und Bewegungstherapie, die Eutonie oder der altchinesische Meditationstanz Tai-Chi.

Tapping-Test: ein psychomotorisches Testverfahren, bei dem der Proband die Aufgabe hat, so schnell wie möglich oder in einem ihm angenehmen Tempo Klopfbewegungen auszuführen oder Tasten niederzudrücken. Eine Abwandlung des Tests ist das *Zieltapping* (Zielpunktieren, Dotting), bei dem bestimmte Zielpunkte (Kreise, Teile von Figuren und dergleichen) unter vorgegebenem oder beliebigem Tempo zu treffen sind. T.-T.s dienen der Feststellung der feinmotorischen Präzision und des persönlichen Tempos (etwa der individuell bevorzugten Arbeitsgeschwindigkeit).

Tastblindheit ↑Agnosie.

Tastraum: der v.a. vom Säugling und Kleinkind ohne Ortsveränderung ertastbare Raum. Die Vielfalt der hier zugänglichen Gegenstände scheint die *sensomotorische Wachheit* (↑Intelligenzentwicklung) zu befördern.

Tastsinn: der in ↑Mechanorezeptoren (↑auch Sinnesorgane) lokalisierte Sinn für Berührungsreize. Die Rezeptoren liegen bei Wirbeltieren und beim Menschen in der Haut (v.a. Lippen, Fingerspitzen und Geschlechtsorgane). Der T. spielt eine bes. große Rolle bei Liebkosungen jeder Art; er wirkt festigend in der Partnerschaft (paarbildend und -bindend) und erhöht die Bereitschaft zum Geschlechtsverkehr (↑Vorspiel). Das Bedürfnis nach zärtlicher Berührung (»Streicheleinheiten«) ist in jedem Lebensalter vorhanden und muß befriedigt werden, wenn es nicht zu Aggressivität oder zu anderen Verhaltensänderungen kommen soll.

Tastsinn

Diese Zeichnung zeigt die simultanen Raumschwellen verschiedener Körperregionen; die x-Achse gibt denjenigen Abstand zweier Zirkelspitzen wieder, bei dem diese beim gleichzeitigen Aufsetzen auf die Haut noch als getrennte Reize wahrgenommen werden. Das unterschiedliche räumliche Auflösungsvermögen verschiedener Hautregionen spiegelt die Innervationsdichte der Sensoren in der Haut.

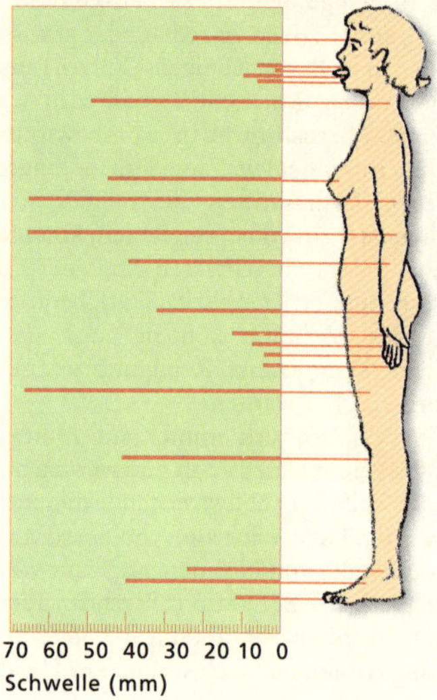

TAT: Abk. für ↑**T**hematischer **A**pperzeptions**t**est.

Tatbestandsdiagnostik: Verfahren der Forensischen Psychologie, um die Beteiligung einer Person an einer Tat festzustellen, indem aus deren psychologischen und physiologischen Reaktionen auf ihr Wissen von der Straftat geschlossen wird. Die T. erfolgt z.B. durch Beobachten der Reaktionen des Verdächtigen auf bestimmte Reizwörter oder durch

Messen der ↑psychogalvanischen Reaktion. Mit dem ↑Lügendetektor oder mit ↑Wahrheitsdrogen ermittelte Aussagen dürfen allerdings in den meisten Staaten (auch in Deutschland) nicht gerichtlich verwertet werden.

Taubheit (Gehörlosigkeit): Die vollständige oder teilweise Unfähigkeit zu hören kann durch organische Schäden des Ohrs (↑Hören), aber auch durch Schäden der Gehirnbereiche, die die Sinnesempfindungen des Ohrs auswerten *(Seelentaubheit),* verursacht sein. Bei angeborener T. ist Sprechenlernen nur schwer möglich, weil die gebildeten Laute nicht kontrolliert werden können. Taub Geborene sind deshalb meist stumm **(taubstumm),** wenn sie auch oft lernen, die Lippenbewegungen beim Sprechen richtig zu deuten (Absehunterricht). – ↑auch Behinderung.

Taubstummensprache: ein spezielles Zeichensystem, mit dem sich taubstumme Menschen untereinander oder mit anderen Menschen verständigen. Zu unterscheiden sind **künstliche Gebärdensprachen,** bei denen man sich durch Hand- und Fingerzeichen verständigt, und **Lautsprachmethoden,** mit deren Hilfe artikuliertes Sprechen durch Absehen vom Munde (»Absehunterricht«) mit dem Ziel geübt werden soll, den Taubstummen seiner Isolation zu entziehen und ihn sozial einzugliedern.

Täuschungen (geometrisch-optische Täuschungen) ↑optische Täuschungen.

Taxonomie:

- als *numerische T.* svw. ↑Clusteranalyse.
- die Herstellung einer Systematik nach festen Regeln. Vielfach werden dabei drei grundlegende Bereiche der taxonomischen Erfassung von Lern- bzw. Lehrzielen unterschieden: der kognitive, der affektive und der psychomotorische Bereich. Ordnungsprinzip für den kognitiven Bereich ist die zunehmende Komplexität geistiger Leistungen, für den affektiven Bereich die zunehmende Internalisierung (Verinnerlichung) und für den psychomotorischen Bereich ebenfalls die zunehmende Komplexität der Leistungen.

Team: Arbeitsgruppe von verschiedenen Fachkräften, die zur Erfüllung bestimmter Aufgaben zusammenwirken. Partnerschaftliches Verhalten, gegenseitige Anerkennung sowie Achtung der fachlichen Qualifikation und persönlichen Integrität, gleichberechtigte Mitbestimmung aller T.mitglieder bei der Diskussion von Methoden, Inhalten und Zielen der Arbeit sind Kennzeichen des Teams. – ↑auch Gruppe.

Team teaching: Unterrichtsform, bei der zwei oder mehrere Lehrer, gegebenenfalls mit Unterstützung durch Hilfskräfte, Unterrichtsstunden bzw. -einheiten oder auch größere Lehrplanabschnitte eines Jahrgangs oder einer Schulstufe gemeinsam planen, vorbereiten, durchführen, auswerten und dieses Vorgehen im Erfolgsfall eventuell wiederholen.

Teamwork: die Arbeit eines ↑Teams. Im Gegensatz zu hierarchisch und autoritär strukturierter Arbeitsorganisation entspricht T. mehr den modernen Demokratievorstellungen und ihrer Verwirklichung in der Arbeitswelt, da es sich als besonders flexibel beim Auftauchen unvorhergesehener Probleme und als besonders aufnahmefähig für Neuerungen erweist.

Teilnahmslosigkeit ↑Apathie.

teilnehmende Beobachtung: ein qualitativer Forschungsansatz.

Telefonseelsorge: psychosoziale Einrichtung, die es Menschen in Lebenskrisen ermöglichen soll, anonym und zu jeder Tages- und Nachtzeit mit einem anderen Menschen ein helfendes Gespräch zu führen. Die meist von öffentlichen oder kirchlichen Institutionen wahrgenommene telefonische Beratung erfolgt in der Regel durch ehrenamtlich tätige, zuvor speziell geschulte Mitarbeiter.

Telekinese: die psychische Beeinflussung externer Materie (z.B. »Tischrükken«) durch angebliche okkulte Kräfte. T. wird im Gegensatz zu sog. mentalen paranormalen Phänomenen (wie Hell-

T

sehen oder Telepathie) zur Gruppe der sog. physisch oder physikalisch paranormalen Phänomene (↑Parapsychologie) gerechnet.

Telencephalon (Telenzephalon, Endhirn): die beiden unter dem Schädelgewölbe liegenden Großhirnhälften. – ↑Gehirn.

Teleologie: Auffassung, nach der Ereignisse oder Entwicklungen durch bestimmte Zwecke oder ideale Endzustände im voraus bestimmt sind und sich darauf zubewegen (im Unterschied zu einer *kausalen* Erklärungsweise).

Telepathie: vermutete Fähigkeit, Gefühle, Gedanken oder Vorstellungen einer anderen Person ohne Vermittlung der Sinne unmittelbar wahrzunehmen (»Gedankenübertragung«).

Teletest: Befragung von Fernsehzuschauern zur Ermittlung der Beliebtheit einer bestimmten Sendung.

Temperament: die für ein Individuum spezifische, relativ konstante Weise des Fühlens, Erlebens, Handelns und Reagierens; auch der spezifische Grad der Antriebsstärke.

Versuche, verschiedene Grundformen des T.s zu beschreiben und mit körperlichen Gegebenheiten in Beziehung zu setzen, gehen bis ins Altertum zurück. So findet sich in der hippokratischen Schrift »Über die Natur des Menschen« die Unterscheidung von *T.stypen* nach dem Vorherrschen bestimmter Körpersäfte (bei Blut: der heitere, lebhafte, gut ansprechbare, »leichtblütige« Mensch, der **Sanguiniker;** bei Schleim: der zu starken Affekten neigende, in seinen Gefühlen wechselhafte Mensch, der **Choleriker;** bei gelbem Schleim: der träge, behäbige, schwerfällige Mensch, der **Phlegmatiker;** bei schwarzer Galle: der schwermütige, trübsinnige, zu Traurigkeit neigende Mensch, der **Melancholiker**).

Neuere Versuche, Körperbau und T. aufeinander zu beziehen, finden sich u. a. bei E. Kretschmer, K. Conrad und W. H. Sheldon (↑Konstitution). Da es reine oder ideale T.stypen kaum gibt, erscheinen neuere Versuche der ↑Persönlichkeitspsychologie (H. J. Eysenck, J. P. Guilford), empirisch unabhängige Faktoren des T.s zu finden und beim Individuum die jeweilige Ausprägung dieser Faktoren zu bestimmen, angemessener. Gut belegt ist dies für die Faktoren Introversion und Extraversion. – ↑auch Typologie.

Temperamentstypologie ↑Typologie.

Temperatursinn (Thermorezeption, Thermoperzeption): die Fähigkeit zur Wahrnehmung von Temperaturbereichen oder Temperaturunterschieden bei Wirbeltieren und beim Menschen durch Thermorezeptoren. Sie erfolgt durch die **Kälterezeptoren** (Kältepunkte, Krause-Endkolben) und die **Wärmerezeptoren** (Ruffini-Körperchen), die in der Haut liegen. Dabei gibt es für das Wohlbefinden bestimmte Temperaturbereiche; werden diese unter- oder überschritten und kann der Körper seine Temperatur nicht mehr allein regeln, werden Verhaltensweisen ausgelöst, die die körperliche Selbsthilfe unterstützen (z. B. Sichzusammenkauern, windgeschützte, warme Orte aufsuchen u. ä.).

Tenazität: das Verharren in bestimmten Gefühlen, Vorstellungen oder Einstellungen; die ständige Ausrichtung der Aufmerksamkeit auf einen Gegenstand und so bedingte Nichtansprechbarkeit.

Tendenzverhalten: in der Betriebssoziologie die Anpassung von Betriebsangehörigen an die vom Betrieb erwarteten oder offen festgesetzten Normen, Verhaltensweisen, Rollenbilder usw. (Treuepflicht der Beamten bzw. leitenden Angestellten).

tertiäre Prävention ↑Prävention.

Testbatterie ↑Testsystem.

Testkonstruktion: Sammelbez. für diejenigen wissenschaftlich begründeten Vorgehensweisen, die bei der Planung und Erstellung von ↑Tests erforderlich sind. Diese Vorgehensweisen – insbes. die Berechnung bestimmter Kennwerte – unterscheiden sich allerdings teilweise erheblich, je nachdem, ob es sich bei dem zu konstruierenden Verfahren um einen bezugsgruppenorientierten (normorientierten) oder um einen kriteriumsorientierten (z.B. lehrzielorientierten) Test handelt. Ungeachtet dessen muß die Testanalyse in beiden Fällen letztlich auf die Ermittlung von Informationen gerichtet sein, die befriedigend belegen, daß der Test ausreichend objektiv (↑Objektivität), zuverlässig (↑Reliabilität) und gültig (↑Validität) ist. – ↑auch Testtheorie.

Die *Vorgehensweise* bei der T. umfaßt für normorientierte Verfahren folgende neun Schritte: 1. Festlegung eines vorläufigen Testentwurfs. Dabei müssen in erster Linie Fragen bezüglich des Validitätsbereichs (Was soll der Test erfassen?) und des Geltungsbereichs (Für welchen Personenkreis soll der Test gelten?) des zu erstellenden Verfahrens abgeklärt werden. 2. Festlegung des strukturellen Aufbaus des Tests, Konzipierung der Testanweisung, Bestimmung von Details der Testvorgabe und der Aufgabenbewertung. 3. Konstruktion von Testaufgaben (Testitems). 4. Aufgabenanalyse (Itemanalyse), bei welcher der vorläufige Test (die Testvorform) einer sog. Analysestichprobe (↑Stichprobe) von Personen vorgegeben wird. Dabei verfolgt man einen doppelten Zweck: Zum einen wird angestrebt, die Testvorform möglicherweise im Hinblick auf bessere Kennwerte für die Gütekriterien einer Revision zu unterziehen, zum anderen soll die Verteilung der Rohpunkte daraufhin überprüft werden, ob sie mit der erwarteten Verteilung hinsichtlich ihrer Form und Streuung übereinstimmt. 5. Aufgabenselektion (Itemselektion) bzw. -revision: Eine Verbesserung der Gütekriterien hängt im wesentlichen davon ab, daß in die spätere Endform nur Items gelangen, die im Hinblick auf das Konstruktionsziel geeignete Kennwerte aufweisen. Diese Kennwerte, gewonnen aufgrund der Datenerhebung bei der Analysestichprobe, sind: **Schwierigkeitsindex** eines Items (z.B. bei einem Intelligenztest mit Richtig/falsch-Bewertung die prozentuale Häufigkeit, mit der die Aufgabe richtig beantwortet wurde), seine **Trennschärfe** (Korrelation zwischen der Aufgabenbeantwortung und dem Rohwert des Gesamttests) und eventuell auch der **Validitätskoeffizient** (Korrelation zwischen der Itembeantwortung und dem vorherzusagenden Kriterium). Aufgaben mit unbefriedigenden Kennwerten werden ausgeschieden oder aber verbessert. 6. Analyse der Rohwerteverteilung (s. oben) sowie Vorausschätzung der Reliabilität und eventuell der Validität des Tests. 7. Konzeption der Testendform. 8. Kontrolle der Gütekriterien mit Hilfe einer Kontrollstichprobe. 9. Fällt diese Kontrolle befriedigend aus, werden die Testnormen erstellt (↑Normen). Weitere Ziele im Rahmen der T. können z.B. die Entwicklung von Paralleltests und die Abklärung spezieller Fragen (z.B. der Einfluß eventueller Zeitgrenzen bei der Aufgabenbeantwortung) sein.

Testosteron: männliches Geschlechtshormon. – ↑Androgene.

Testprofil: ↑Testsystem, bei dem die Einzeltests ein Höchstmaß an Eigenständigkeit bewahren; im engeren Sinne Bez. für eine graphische Darstellung der Ergebnisse mehrerer Einzeltests.

Tests:

◆ In der *Statistik* spielen sog. **Signifikanz-T.** eine wichtige Rolle. Mit ihrer Hilfe werden unter Heranziehung bestimmter Prüfgrößen Aussagen darüber gemacht, ob eine statistische Hypothese bei einem bestimmten Signifikanzniveau für einen empirischen Befund noch als verträglich angesehen werden kann oder nicht. – ↑Signifikanz.

◆ In der *psychologischen* und *pädagogischen Diagnostik* sind T.s ein wissenschaftliches Routineverfahren zur Untersuchung eines oder mehrerer empirisch abgrenzbarer Persönlichkeitsmerkmale (z.B. die Fähigkeit eines Schülers, Aufgaben einer bestimmten Aufgabenklasse zu lösen, oder die sprachlichen Fähigkeiten eines Vorschulkindes relativ zu seinen Altersgenossen), wobei oftmals eine quantitative Aussage über den relativen Grad der Merkmalsausprägung angestrebt wird. Neben dem Testverfahren werden auch das Material und der Vorgang des Testens als T. bezeichnet.

Von T. wird verlangt, daß sie bestimmten **Gütekriterien** genügen. Man unterscheidet dabei Haupt- und Nebengütekriterien. Zu den *Hauptgütekriterien* rechnet man die ↑Objektivität, die Zuverlässigkeit (↑Reliabilität) und die Gültigkeit (↑Validität). Als *Nebengütekriterien* können v.a. die Ökonomie eines Tests, seine Nützlichkeit und seine Vergleichbarkeit gelten. Ein Test ist dann *ökonomisch,* wenn er eine möglichst kurze Durchführungszeit und vergleichsweise wenig Material benötigt. Weitere Kennzeichen eines ökonomischen Tests sind einfache Handhabung, Durchführbarkeit als Gruppentest und unkomplizierte Auswertung. Als *nützlich* wird ein Test bezeichnet, wenn er ein Merkmal erfaßt, für dessen Untersuchung ein wissenschaftliches oder praktisches Bedürfnis besteht. Die **Vergleichbarkeit** eines Tests gilt dann als gegeben, wenn ein oder mehrere Paralleltests vorhanden sind oder ähnlich gültige Verfahren zur Verfügung stehen.

Die Bezeichnung Test hat in den letzten Jahren eine gewisse Ausweitung erfahren, so daß mittlerweile z.B. auch Klassenarbeiten in der Schule als T. etikettiert werden. Da insbes. über die Hauptgütekriterien dieser Verfahren in der Regel keine Belege existieren, ist für sie die Bez. »Test« ungerechtfertigt und insofern sogar problematisch, als mit ihr suggeriert werden könnte, es handele sich dabei um nach wiss. Methoden konstruierte diagnostische Instrumente.

Versucht jedoch ein Lehrer, speziell für seine Klasse z.B. zur Überprüfung der Schulleistungen im Fach Mathematik nach den für die ↑Testkonstruktion geltenden wissenschaftlichen Regeln ein geeignetes diagnostisches Verfahren zu konzipieren, so spricht man von einem **informellen Test** (Lehrertest) und grenzt solche Verfahren von sog. **formellen Tests** ab.

Die Verwendung sowohl informeller als auch formeller T. in der pädagogischen Diagnostik dient der Vorbereitung pädagogischer Entscheidungen. Man kann dabei zwischen Zuordnungs- und Modifikationsstrategie unterscheiden. Bei der **Zuordnungsstrategie** wird lediglich eine Messung des jeweiligen Ist-Zustandes vorgenommen, weshalb diese Messung auch als *Statusdiagnostik* oder *summative Diagnostik* bezeichnet wird. Die **Modifikationsstrategie** zielt demgegenüber auf die Feststellung von Veränderungsmöglichkeiten bzw. auf Veränderungen ab, weshalb sie auch *Prozeßdiagnostik* oder *formative Diagnostik* genannt wird.

Mit dieser Problematik verbunden ist die Art der Interpretation von Testergebnissen. So läßt sich z.B. das individuelle Testergebnis eines Kindes oder Jugendlichen in einem intraindividuellen Ver-

gleich mit einem früheren Testergebnis der gleichen Person vergleichen. Weiterhin sind interindividuelle Vergleiche etwa mit dem durchschnittlichen Testergebnis einer Vergleichsgruppe oder mit einem bestimmten sachlichen Kriterium (z.B. »löst von zehn quadratischen Gleichungen mindestens acht richtig«) möglich.

T. können **kriteriumsorientiert** (insbes. lehrzielorientiert) oder **normorientiert** sein. – ↑Normen.

Teilt man T. nach *formalen* Gesichtspunkten ein, so können u.a. sprachliche und sprachfreie, kulturfreie und kulturabhängige T., Papier- und Bleistift-T., apparative T. sowie Materialbearbeitungs-T. und Befragungs-T., Individual- und Gruppen-T., zeitbegrenzte und nicht zeitbegrenzte T. unterschieden werden. Bei der Einteilung nach *inhaltlichen* Gesichtspunkten lassen sich Überschneidungen nicht vermeiden. Im einzelnen kann man unterscheiden: 1. **Leistungs-T.** (z.B. ↑Intelligenztests) und spezielle Funktionsprüfungen (z.B. audiometrische Verfahren); 2. **Persönlichkeits-T.** (z.B. Persönlichkeits-Struktur-T., aber auch Einstellungs- und Interessen-T.).

Einer früher besonders auch bei Laien vorherrschenden Testgläubigkeit folgte in letzter Zeit aus Fachkreisen vielfach Kritik, die sowohl sachlich-theoretische als auch politische Wurzeln hat, wobei sich letztere vielfach auf den Verwendungszusammenhang von Testverfahren bezieht (z.B. Selektion). Insbesondere wird der Einsatz von T. zur Legitimation bestimmter Auswahlentscheidungen im Hinblick auf Bildungs- und Ausbildungsmöglichkeiten kritisiert (Beispiele: Überweisung von Grundschülern an die Schule für Lernbehinderte, Zulassung von Abiturienten zum Medizinstudium).

Testsystem: Man kann Tests u.a. in sog. einfache Tests *(Elementartests),* die als Testwert nur einen einzigen Punktwert liefern (z.B. der Kinder-Angst-Test), und in T.e, die mehr als einen Punktwert liefern, unterteilen. Eine **Testbatterie** ist eine Kombination von Einzeltests, wobei jedoch die Einzeltests ihre Eigenständigkeit verlieren und in den Dienst eines gemeinsamen Ziels – nämlich der Bestimmung eines Persönlichkeitsmerkmals – treten. Als **Testprofil** gilt eine Kombination von mehreren Einzeltests, in der diese Einzeltests ein Höchstmaß an Eigenständigkeit bewahren.

Testtheorie: Bez. für das formale System syntaktischer Basisannahmen und die daraus abgeleiteten Verfahrensvorschriften, an denen sich die Konstruktion psychologischer Tests orientiert. Zwei wichtige Ansätze sind zu unterscheiden: die sog. klassische T. und die sog. stochastische Testtheorie. Die **klassische T.** basiert auf drei Axiomen: Das *Existenzaxiom,* es besagt, daß zu jedem mit einem Test gemessenen Wert einer Person grundsätzlich ein wahrer Wert existiert, der eine Aussage über den Ausprägungs-

T

grad eines über die Zeit konstanten Merkmals zuläßt; das *Fehleraxiom,* es stellt fest, daß jeder Testwert mit einem Meßfehler behaftet ist und dieser der Zufallsverteilung unterliegt und das *Verknüpfungsaxiom,* es besagt, daß jeder mit einem Test erhobene Wert aus einem wahren und einem Fehlerwert zusammengesetzt ist. Aus der T. leiten sich die Voraussetzungen für die Testgütekriterien (↑Testkonstruktion) ab. Nahezu alle praktisch bedeutsamen Tests sind nach diesen Kriterien entwickelt.

Das Attribut »klassisch« erhielt die bislang in Rede stehende Konzeption im Zusammenhang mit der Entwicklung und Anwendung von **probabilistischen** *(stochastischen)* **T.n,** mit denen man die Nachteile (z.B. bei der ↑Veränderungsmessung) überwinden wollte. Die probabilistische T. basiert auf der Annahme, daß die zu erfassenden psychischen Merkmale als »latente Dimensionen« *nicht* mit dem beobachteten Testverhalten gleichgesetzt werden können. So wird auch bei einer genauen Kenntnis des Ausprägungsgrades der zu messenden latenten Eigenschaft und unabhängig von Meßfehlern das Testverhalten im einzelnen *nicht* mit Sicherheit vorausgesagt werden können, weil die Lösungswahrscheinlichkeit eine logistische Funktion der individuellen Fähigkeit einer Person und der Aufgabenschwierigkeit ist.

Thalamus: Der im Zwischenhirn lokalisierte Th. ist das wichtigste Verarbeitungszentrum der allg. Sensibilität (Tasten, Temperaturempfindung, Schmerz, Sehen und Riechen). Er schaltet die sensiblen Bahnen zur Großhirnrinde und steuert Mimik und Gebärden. – ↑auch Hypothalamus.

Thanatologie (Sterbensforschung): Dieses interdisziplinäre Forschungsgebiet befaßt sich mit den Vorgängen beim ↑Sterben und beim ↑Tod. Von medizinischer, psychologischer, philosophischer, theologischer und juristischer Seite werden dabei Fragen wie klinischer Tod, Wiederbelebung, Sterbehilfe, Todeserklärung, Sterbeerlebnisse und Glaube an ein Leben nach dem Tod u.a. behandelt.

Thanatophobie: gesteigerte Angst vor dem Sterben bzw. vor dem Tod.

Thanatostrieb ↑Todestrieb.

Thematischer Apperzeptionstest (Abk.: TAT): Bez. für ein von F. MURRAY entwickeltes, zu den ↑projektiven Tests gehöriges Verfahren zur Ermittlung motivationaler Faktoren. Der TAT besteht aus mehrdeutigen bildlichen Darstellungen, welche die Probanden individuell interpretieren. Die nach festen Regeln erfolgende Auswertung der Testprotokolle soll Einblicke in die Motivationsstruktur der untersuchten Personen ermöglichen.

Thematischer Apperzeptionstest: Zeichnung nach einer Bildkarte aus dem TAT: Das Testbild läßt mehrere Interpretationen durch die Versuchsperson zu.

themenzentrierte Interaktion (Abk.: TZI): eine von der Psychiaterin R. COHN entwickelte Methode gruppenbezogenen Lehrens und Lernens, wobei die jede Gruppeninteraktion bestimmenden Faktoren *Ich* (die Persönlichkeit jedes einzelnen), *Wir* (die Gruppe) und *Es* (das jeweilige Thema als Gegenstand der Gruppenaktivität) angemessen zu berücksichtigen und in einer dynamischen Ausgewogenheit zu halten sind.

Folgende Imperative sollen u.a. hierbei leitend sein: 1. Sprich für dich selbst; 2. sprich Störendes sofort an; 3. begründe deine Fragen und Interessen; 4. charakterisiere andere, indem du betonst, was dir das bedeutet; 5. Nebengespräche stören die Gruppenarbeit; 6. es sollte stets nur eine Person sprechen. In diesen sowie in weiteren Regeln kommt das Ziel einer symmetrischen und ausgewogenen sozial-emotionalen Beziehung zum Ausdruck.

theoretische Intelligenz: wissenschaftlich nicht abgesicherte, dennoch für bestimmte Entscheidungen (z.B. Berufswahl) zur Kennzeichnung von Personen herangezogene Abgrenzung der Intelligenz. Die th.I. soll abstrakte, begriffliche und systematische Denk- und Erkenntnisprozesse umfassen, während die **praktische Intelligenz** auf Konkretes, Gegenständliches und auf das Handeln ausgerichtet sein soll.

theoretischer Menschentyp ↑Typologie.

Therapeut/Therapeutin ↑Psychotherapeut/Psychotherapeutin.

Therapeutenvariablen: im weiteren Sinne alle Merkmale von Psychotherapeuten (wie Alter, Geschlecht, Persönlichkeitsmerkmale), die sich auf den therapeutischen Prozeß auswirken. Im engeren Sinne die Einstellungen bzw. Verhaltensmerkmale von Therapeuten, die in der Gesprächstherapie als notwendig erachtet werden, um konstruktive Veränderungen beim Klienten herbeizuführen. Dazu gehören die positive Wertschätzung bzw. emotionale Wärme für den Klienten, das Vermögen, sich in die seelischen Vorgänge des Klienten hineinzuversetzen, sowie die Echtheit bzw. Selbstkongruenz und das Engagement des Therapeuten. – ↑auch Psychotherapie.

therapeutische Gemeinschaft: von der Sozialpsychiatrie entwickelte Organisationsform des Zusammenlebens von Patienten, Pflegepersonal und Ärzten (gewöhnlich innerhalb eines psychiatrischen Krankenhauses), um ein Klima zu schaffen, bei dem die Behandlungsmethoden effektiver zum Zuge kommen. Eine th.G. umfaßt etwa 20 bis 50 Personen. Die Patienten nehmen, wenn möglich, aktiv an organisatorischen Entscheidungen (z.B. Bestimmung der Hausordnung) sowie therapeutischen Prozeduren (z.B. durch Gruppengespräche, Übernahme von Patenschaften für andere Patienten) teil.
Zu den therapeutischen Veranstaltungen einer th.n G. gehören u.a. tägliche Gruppenzusammenkünfte, Gestaltungs-, Bewegungstherapie sowie Einzelgespräche. Eines der wichtigsten Ziele der th.n G. ist es, dem (psychisch) Kranken nach seiner Heilung die Eingliederung in die Gesellschaft zu erleichtern.

Therapie ↑Psychotherapie.

Therapieziele: Die Ziele der Psychotherapie sind nicht einheitlich, da sie auf unterschiedlichen Theorien der einzelnen Therapierichtungen beruhen. Dementsprechend gibt es auch kein einheitliches Kriterium für den *Therapieerfolg* bzw. *-mißerfolg.* Man unterscheidet die formulierten *expliziten Th.* der verschiedenen Therapierichtungen von den z.T. sogar unbewußten *impliziten Th.n,* die sich aus der tatsächlichen therapeutischen Praxis ergeben und sich mit den expliziten Th.n nicht immer decken (ihnen sogar widersprechen können). Ein ziemlich allgemein gültiges explizites Therapieziel ist die Hilfe zur Selbsthilfe, ein anderes die Hilfe zur Selbstverwirklichung. Sie lassen sich näher beschreiben als Erhöhung der Selbstwahrnehmung und Selbsteinsicht sowie Aneignung von Fähigkeiten zur Selbststeuerung und -kontrolle.
Im Unterschied zu diesen Globalzielen sollen *spezifische Th.* genau beschreibbar und überprüfbar sein. Spezifische Th. hängen ab von der Symptomatik des Klienten, dem Bedingungsgefüge seines Problems, von sozialen und gesellschaftlichen Gegebenheiten (z.B. Normen) sowie den Änderungswünschen des Klien-

T

ten. Sie können sich während des Therapieverlaufs verändern.

Thermoperzeption ↑Temperatursinn.

Thermorezeption ↑Temperatursinn.

Thermorezeptoren: Sinneszellen, die Temperaturunterschiede oder Temperaturbereiche feststellen. – ↑Temperatursinn.

Thetawellen ↑Elektroenzephalogramm.

thymogen: durch Gemütsbewegungen, Affekte entstanden. – Ggs. ↑ideagen.

Thymoleptika (Thymoplegika): Sammelbez. für stimmungsaufhellende Psychopharmaka zur Behandlung von Depressionen.

Thymopathie: Sammelbez. für die verschiedensten Störungen des Gefühlslebens bzw. der Emotionalität, z.B. ↑affektive Störungen.

Thymoplegika ↑Thymoleptika.

Thymopsyche: Begriff aus der Persönlichkeitspsychologie für die gemüthafte Seite des Seelenlebens, im Unterschied zur ↑Noopsyche.

Tic: Bez. für zwangsartige, sich ständig wiederholende unwillkürliche, körperlich oder seelisch ausgelöste Zuckungen, die im Gebiet bestimmter Muskeln oder Muskelgruppen auftreten. T.s treten oft im Bereich der Augen *(Blinzel-, Zwinkertic, Augenrollen, Grimassieren),* des Mundes bzw. der Lippen, der Nase *(Schnüffeltic)* sowie als Räuspern *(Räuspertic)* auf. Am häufigsten kommen sie bei Kindern zwischen 5 und 14 Jahren vor, bei Mädchen seltener als bei Jungen. – T.s verschwinden im allg. auch ohne Behandlung binnen Monaten bis Jahren; halten sie an oder weiten sie sich auf andere Muskelpartien aus, sollten sie, nach Klärung ihrer Ursache, entweder organisch oder psychotherapeutisch behandelt werden.

Tiefeninterview: bes. in der Soziologie angewandtes eingehendes Interview, bei dem der Interviewer versucht, in die tieferen Schichten der Persönlichkeit des Befragten einzudringen.

Tiefenpsychologie: Sammelbez. für diejenigen psychologischen Richtungen, nach deren Auffassung der Schlüssel zum Verständnis des Seelenlebens im ↑Unbewußten liegt. Dem von E. BLEULER geprägten Begriff der T. liegt die Ansicht zugrunde, daß in den unbewußten Prozessen die eigentlichen Triebkräfte liegen, die sich im Erleben, Verhalten und Handeln des Individuums äußern. Zur Deutung des Verhaltens wie auch zur »Erklärung« von Konflikten, Fehlleistungen und psychischen Störungen bzw. Erkrankungen und zu deren Behandlung werden somit die »dahinterliegenden« Motive (z.B. unverarbeitete Erlebnisse, verdrängte Triebe und Bedürfnisse) herangezogen.

Hauptrichtungen der T. sind die ↑Psychoanalyse S. FREUDS und deren Weiterentwicklungen in der *Neopsychoanalyse* (H. SCHULTZ-HENCKE, K. HORNEY, E. FROMM, H. S. SULLIVAN u.a.), die ↑Individualpsychologie, die ↑Analytische Psychologie sowie die ↑Daseinsanalytische Psychologie, die ↑Existenzanalyse und die ↑Schicksalsanalyse. Zu den neueren tiefenpsychologisch orientierten Therapieformen zählen z.B. Bioenergetik, Gestalttherapie, Logotherapie und Transaktionsanalyse. – ↑auch Psychotherapie.

Tiefensensibilität (Propriozeption) ↑Sensibilität.

Tischrücken: in spiritistischen Sitzungen angeblich auftretende Erscheinung, bei der sich ein Tisch auf eine Frage als vermeintliche Antwort eines Geistes bewegt.

Titchener-Täuschung: die von E. B. TITCHENER entwickelte optische Täuschung, bei der ein von *kleineren* Kreisen umgebener Kreis größer erscheint als ein gleich großer Kreis, der von *größeren* Kreisen umgeben ist.

Tod (Exitus): Stillstand der Lebensfunktionen bei Mensch, Tier und Pflanze. Medizinisch gesehen, tritt der Stillstand der Lebensfunktionen zeitlich versetzt ein, mit unterschiedlichen Folgen für den Gesamtorganismus, dessen Schicksal kurzfristig vom Schicksal seiner lebenswichtigen Organe (z.B. Herz, Gehirn)

abhängt, die ihrerseits voneinander nicht unabhängig sind.
Diesem komplexen System entsprechend unterscheidet man verschiedene Arten des Todes: Als **klinischen Tod** bezeichnet man den Zustand in der Zeitspanne von etwa drei Minuten nach einem Herz- und Atemstillstand, während der eine Wiederbelebung noch möglich ist (z.B. durch Herzmassage). Das Absterben einzelner lebenswichtiger Organe *(Partialtod, Organtod)* kann den Untergang anderer Organe und des gesamten Organismus nach sich ziehen (z.B. Hirntod als *zentraler Tod*), wenn keine Maßnahme zum Ersatz der betreffenden Organfunktion getroffen werden kann. Ohne Wiederbelebung geht der klinische Tod in den **biologischen Tod** (endgültiger Tod) über.
In der Phase des klinischen Todes treten zusammen mit physiologischen Veränderungen eigentümliche Bewußtseinsveränderungen auf (↑Sterben). Die Frage, inwieweit mit dem Erlöschen des organischen Lebens auch ein Erliegen seelischer bzw. geistiger Funktionen verbunden ist (z.B. Fragen nach einem Weiterleben der Seele), vermag die Psychologie wissenschaftlich nicht zu beantworten.

Todesangst ↑Sterben.

Todestrieb: nach S. FREUD (↑Psychoanalyse) gemeinsam mit dem sog. ↑Destruktionstrieb die Gegenkraft im Menschen zur lebenserhaltenden ↑Libido. Ziel des nach innen (etwa als Selbsthaß) oder nach außen (etwa als Aggressivität oder Zurückweisung) gerichteten T.s sei die Rückführung des Lebewesens in den anorganischen Zustand (und damit seine Vernichtung). Die normalerweise bestehende Einheit von T. und ↑Lebenstrieb zerfällt nur bei pathologischen (neurotischen) Störungen. FREUDS Begriff des T.s ist einer der umstrittensten Begriffe in seiner Theorielehre.

Token-Ökonomie ↑Münzökonomie.

Toleranz: Unter T. versteht man in erster Linie die Duldsamkeit und die daraus abgeleitete Haltung des verstehenden Hinnehmens gegensätzlicher Auffassungen und andersgearteter Haltungen. Unterschieden werden kann dabei zwischen einer *formalen T.,* die andersgeartete Haltungen lediglich respektiert, und einer *inhaltlichen T.,* die diesen sogar positive Momente zuerkennt.
In Staat und Gesellschaft, besonders in »geschlossenen« Gesellschaftssystemen, hat die T. (allgemein rechtlich wie individuell-ethisch) eine doppelte Schutzfunktion: Sie schützt zum einen das allg. geltende (häufig metaphysisch oder religiös begründete) gesellschaftliche und politische Normen- und Wertesystem vor Infragestellung und Auflösung, indem Wahrheitsansprüche, Normen und Werte einzelner wie auch von Gruppen ohne Diskussion und Auseinandersetzung toleriert werden. Zum anderen bewahrt sie auch die Andersdenkenden, -handelnden oder Andersartigen vor Repression, Diskriminierung und vor psychischem Terror und physischer Ausrottung. Somit ermöglicht T. Humanität und schafft die Voraussetzung für ein friedliches Austragen etwaiger Konflikte.

Tonus: die vom Gehirn mit Hilfe von Rückmeldungen über den Spannungszustand gesteuerte Anspannung der Muskulatur **(Muskeltonus)** oder der (stabile) Zustand gesteigerter Aktivität des Nervensystems **(nervaler T.).** Die ↑Formatio reticularis beeinflußt sowohl den Muskeltonus als auch die Nerventätigkeit.

Topologische Psychologie (Vektorpsychologie): von K. LEWIN entwickelte Theorie zur Erklärung des individuellen Verhaltens, wobei der »Lebensraum« des Individuums als ein unauflöslicher Systemzusammenhang von personeneigenen und aus der Umwelt einwirkenden Bedingungen aufgefaßt und als ein in Regionen (Felder) gegliedertes Konstrukt dargestellt wird (↑Feldtheorie). Das individuelle Verhalten ist in jeder Region des Lebensraums durch (»Vektor«-)Kräfte der Anziehung und Abstoßung in einem

Topologische Psychologie

Schema zum Besitzwunsch eines Kindes nach Schokolade, die unerreichbar hinter einer Schaufensterscheibe liegt

gespannten System bestimmt, welche mit Hilfe der Topologie und Vektormathematik erfaßt werden.

Topophobie: objektiv unbegründete, krankhafte Furcht vor bestimmten Orten. – ↑auch Phobien.

Torschlußpanik: umgangssprachliche Bez. für eine Stimmungslage, die von der Vorstellung beherrscht wird, etwas nicht versäumen zu dürfen, das vermeintlich sehr bald für immer unerreichbar sein werde. Die Betroffenen versuchen dieser »Gefahr« oft durch überstürztes Handeln und unreflektierte Verhaltensweisen entgegenzuwirken.

Totem: bei Naturvölkern (v.a. in Amerika, Melanesien, Polynesien, Australien) ein Objekt oder Wesen (Tier, Pflanze, Naturerscheinung), das als Ahne oder Verwandter eines Menschen, eines Klans oder einer sozialen Gruppe gilt, als Helfer und Beschützer verehrt wird und nicht getötet oder verletzt werden darf. Die Vorstellung einer Verwandtschaft und Schicksalsgemeinschaft zwischen Menschen und T. wird als **Totemismus** bezeichnet, den die Psychoanalyse in Verbindung mit einem vatermörderischen Akt innerhalb der Urfamilie zu erklären versucht.

Tracing-Test: Test zur Prüfung der Feinmotorik, bei dem die vorgegebenen Linien möglichst exakt nachzuziehen sind, wobei die Häufigkeit und das Ausmaß der Abweichungen registriert werden. Der T.-T. dient unter anderem dazu, die Koordinationsfähigkeit bei Handbewegungen festzustellen und die Aufmerksamkeit bzw. die Ermüdung der Testperson zu prüfen.

Tragling: Koalabär als aktiver Tragling, Säugling des Menschen als passiver Tragling

Tragling: von dem dt. Biologen B. HASSENSTEIN eingeführte Bez. für ein Säugetierkind, das zur Beschützung und Pflege darauf angewiesen ist, von seiner Mutter für eine bestimmte Zeitspanne nach seiner Geburt ständig herumgetragen zu werden. Hierbei hält sich das Tierjunge (so bei den Halbaffen und Affen) zusätzlich mit seinen Greiforganen am mütterlichen Fell fest. Der menschliche Säugling ist in dieser Hinsicht ein *ehemaliger* Tragling.

Trainingsgruppe ↑Encountergruppe.

Trait: v.a. in der Persönlichkeitspsychologie verwendete Bez. für eine weitgehend stabil gedachte Charaktereigenschaft oder ein Verhaltensmerkmal einer Person.

Trait-anxiety ↑Eigenschaftsangst. – Ggs. State-anxiety. – ↑Zustandsangst.

Trance: Sammelbez. für eingeengte Bewußtseinszustände mit oftmals erhöhter Suggestibilität wie bei Benommenheit, Schlafwandeln, Hypnose, Ekstase oder meditativer Entrückung. Auffälligste Gemeinsamkeit der verschiedenartigen Trancezustände ist die Veränderung der Aufmerksamkeit und der Reaktionen auf Umwelteinwirkungen.

Tranquilizer: beruhigendes Medikament gegen Depressionen, Angst-, Spannungs- und Erregungszustände. – ↑auch Drogen, ↑Drogenabhängigkeit.

Transaktionsanalyse (Abk.: TA): Dieses von dem amerikan. Psychiater E. BERNE entwickelte Konzept der Einzel- und Gruppen-Psychotherapie faßt menschliches Denken, Handeln und Fühlen als Ausdruck wechselnder **Ich-Zustände** (Eltern-, Erwachsenen-, Kindheits-Ich) auf und führt die zwischenmenschlichen Beziehungen auf *Transaktionen* (Austauschprozesse) zwischen eben diesen Ich-Zuständen zurück. Ziel der TA ist es, typische Transaktionsmuster sowie grundlegende Lebenshaltungen und -pläne aufzudecken und so individuelle, eheliche bzw. partnerschaftliche oder familiäre Veränderungen herbeizuführen.

Transfer (Lernübertragung, Mitlernen): die Übertragung von Einsichten und Fertigkeiten, die in einer bestimmten Lernsituation gewonnen wurden, auf andere, mehr oder minder vergleichbare Situationen.

T.-Leistungen gelten als die wichtigsten Kennzeichen erfolgreicher Lernprozesse und werden in der pädagogischen Praxis sehr häufig als Grundlage für Leistungsbewertungen herangezogen, beispielsweise dann, wenn in einer Mathematikarbeit Aufgaben gestellt werden, die vom gleichen Typ sind wie die im Unterricht behandelten, bei denen aber die Zahlenwerte verändert worden sind. Bei verändertem Aufgabentyp dagegen werden anspruchsvollere T.-Leistungen verlangt. Im ersteren Fall spricht man von *horizontalem* oder *lateralem T.*, im zweiten von *vertikalem Transfer.*

Neben diesen Formen des *positiven T.s,* bei dem die einmal gemachten Erfahrungen dem Bearbeiter ähnliche Aufgabenstellungen erleichtern, kennt man auch den *negativen T.,* der z.B. dann auftritt, wenn man die Regeln der dt. Grammatik ungeprüft auf eine Fremdsprache überträgt.

Transaktionsanalyse

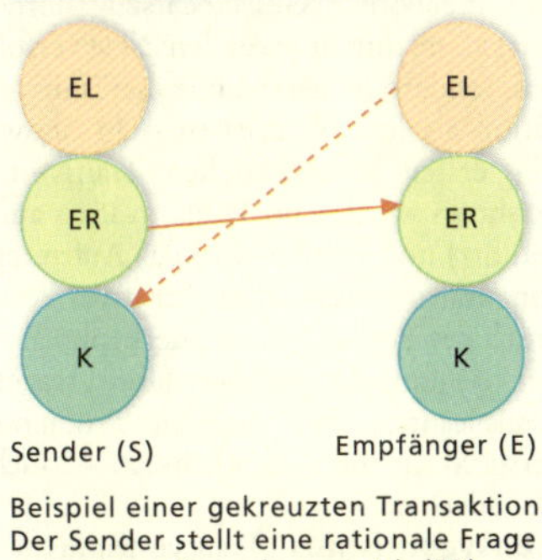

Beispiel einer gekreuzten Transaktion. Der Sender stellt eine rationale Frage von seinem Erwachsenen-Ich (ER) aus an das Erwachsenen-Ich des Empfängers. Dieser reagiert darauf mit einem tadelnden Eltern-Ich (EL) und spricht die Gefühlsebene des Senders, sein Kindheits-Ich (K), an.

T

Transmitter: in der Physiologie und Medizin Bez. für Stoffe oder Substanzen zur Weitergabe bzw. Übertragung von Erregungen im Nervensystem. – ↑auch Neurotransmitter.

transpersonale Psychologie: eine neuere Richtung der Psychologie und Psychotherapie. Wie die ↑Humanistische Psychologie beschäftigt sie sich mit dem Wachstum, einer ganzheitlichen Entwicklung und Selbstverwirklichung der Persönlichkeit. Darüber hinaus finden auch veränderte Bewußtseinszustände, Dimensionen wie spirituelle Erfahrungen, außersinnliche Wahrnehmung, »trans-personale« Erlebniszustände, in denen die Grenzen des eigenen Ich überschritten werden, Berücksichtigung. Als Vertreter der t. P. gelten z.B. C. G. JUNG und K. GRAF DÜRCKHEIM.

Transponierbarkeit ↑Übertragbarkeit.

Transsexualität ↑Geschlechtsumwandlung.

Transvestismus (Transvestitismus): das Bedürfnis, z.T. mittels Kleidung, Schminke und Gestik, die Rolle des anderen Geschlechts einzunehmen. T. tritt überwiegend bei heterosexuell orientierten Männern in Erscheinung, wobei die meisten Transvestiten (im Unterschied zu den Transsexuellen akzeptieren sie ihre angeborene Geschlechtszugehörigkeit) keine primär sexuellen Ziele verfolgen, sondern in erster Linie die Transvestition als lustvoll erleben. – In Shows (die ersten kommerziellen Transvestitenshows wurden im 19.Jh. in Paris aufgeführt) und Filmen wird das Auftreten von Transvestiten oft als kreativer Ausdruck der Persönlichkeit anerkannt. Erst seit Beginn der 1980er Jahre tragen Transvestiten ihre sozialen Probleme verstärkt an die Öffentlichkeit. – ↑auch Geschlechtsumwandlung.

Transvestitismus ↑Transvestismus.

Transzendentale Meditation: aus dem Hinduismus hervorgegangene, von dem indischen Mönch MAHARISCHI MAHESCH JOGI 1958 in Madras gegründete Meditationsbewegung. Die T. M. versteht sich als weltanschaulich neutrale »Wissenschaft der kreativen Intelligenz«. Mit Hilfe einer Meditationssilbe **(Mantra)** sollen die Kräfte schöpferischer Intelligenz und Harmonie im Bewußtsein erschlossen werden, wodurch der alltägliche Streß abgebaut werden und der Meditierende höhere Bewußtseinszustände sowie eine umfassende Steigerung seiner Lebensmöglichkeiten erreichen soll.

Trapeztäuschung: eine ↑optische Täuschung, bei der von zwei übereinander gezeichneten gleichgroßen Trapezen eins kleiner zu sein scheint.

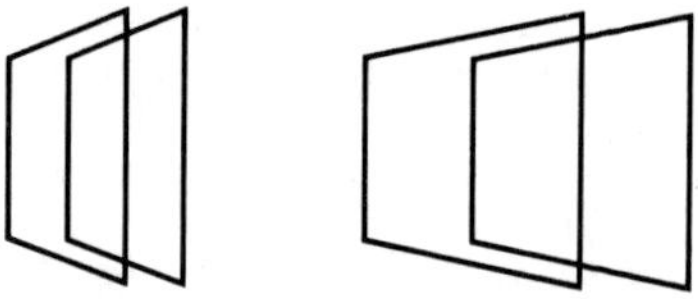

Trapeztäuschung

Trauer: die von oft heftigen psychischen und psychosomatischen Symptomen (Nervosität, Depressionen, Schlaflosigkeit, Kopfschmerzen u.a.) begleitete Reaktion auf den Verlust einer geliebten Person. Auf den Schock (das »Nichtwahrhaben-Wollen«) und die Phasen der Kontrolle über sich selbst (z.B. in Form von Überaktivität) und der Regression (z.B. als »Sich-gehen-Lassen«) folgt normalerweise die erneute Zuwendung zur Umwelt und die realitätsgerechte Bewältigung der Krise.

Den innerpsychischen Vorgang der allmählichen Ablösung von der verlorenen Person nennt man **Trauerarbeit.** Pathologische (abnorme) T. beispielsweise in Form von anhaltender Apathie, Überaktivität, Wahrnehmungsstörungen, Selbstbeschuldigungen oder als verzögerte T.reaktion tritt u.a. dann auf, wenn der Trauernde sich als schuldig am Verlust erlebt; sie kann in anhaltende Depressionen münden.

Trauerarbeit ↑Trauer.

Traum: im engeren Sinne Bez. für Phantasieerlebnisse vorwiegend optischer und

akustischer Art während des Schlafes, die mit vermindertem Bewußtsein einhergehen. Im weiteren Sinne wird mit T. auch Unwirkliches (das vermeintlich für real gehalten wird) oder Ersehntes (Tagtraum, Wunschtraum) bezeichnet.
Neuere Untersuchungen belegen, daß alle Menschen und auch höherentwickelte Tiere träumen. Besonderheiten des T.s (im Unterschied zum Wachbewußtsein) sind: Vorherrschen des Emotionalen, mangelnde Unterscheidung zwischen Umwelt und Ich, unklare Zeit- und Ortsbegriffe, assoziatives Denken und mehr- bzw. vieldeutige, häufig irreale Bilder als T.inhalte. Diese mythen- und märchenähnlichen Erlebnisweisen, die z.T. auch bei psychischen Krankheiten und unter Rauschdrogen auftreten, haben zu aller Zeit nach der Bedeutung von Träumen fragen lassen.
Durch die Entdeckung des REM-Schlafs (↑Schlaf) konnte ein objektives physiologisches Korrelat des T.s nachgewiesen werden. Wichtigste Ergebnisse sind: Jeder Mensch träumt, und zwar mehrmals, in Phasen von 5 bis 40 Minuten. Dabei ist der Schläfer schwer weckbar, obwohl das Hirnstrombild (Elektroenzephalogramm) dem des Wachzustands ähnelt (»paradoxer Schlaf«) und Außenreize (z.B. Weckerläuten) wahrgenommen bzw. in den T. eingebaut werden. Beim T. kommen Augenbewegungen, leichte Muskelspannungen, unregelmäßiges Atmen und sexuelle Erregungen vor, letztere nicht selten auch dann, wenn die Träume keine sexuellen Inhalte haben. Experimentell nachgewiesen wurde ferner, daß am Vortag nur unvollständig aufgenommene Informationsreize im T. vervollständigt (»nachentwickelt«) werden. Mehr als die Hälfte aller Träume enthält Auszüge aus dem Vortag (»Tagesreste«). Gezeigt werden konnte auch, daß Träume vorwiegend optisch-halluzinatorischer Qualität sind. Weniger häufig treten akustische Wahrnehmungen, Körperempfindungen sowie Geruchs- und Geschmackserlebnisse auf. REM-Phasen mit starker Aktivierung des autonomen Nervensystems und vielen Augenbewegungen führen eher zu lebhaften und emotional getönten Träumen. Bei dem am Morgen spontan erinnerten T. handelt es sich um den T. der letzten REM-Phase. Ohne Weckung bzw. spontanes Erwachen werden die meisten Träume vergessen. Lebensalter und Zeitdauer der Träume scheinen in einem bestimmten Verhältnis zu stehen: während Neugeborene einen großen Teil ihrer Schlafzeit träumen, träumt der Erwachsene in einem etwa achtstündigen Nachtschlaf nur noch 20 bis 25% der Schlafzeit.
Das Träumen wird durch chemische Substanzen beeinflußt, z.B. führt die Einnahme bestimmter Schlafmittel, Psychopharmaka wie auch größerer Mengen Alkohol vor dem Schlafengehen zu deutlich verkürzten T.perioden.
Die Deutung erinnerter T.inhalte auf bestimmte Hintergründe **(T.deutung)** ist seit der Antike bekannt; sie wurde bes. von den Babyloniern und Assyrern hoch geschätzt. Im Hellenismus bildete sich eine regelrechte Zukunftsdeutekunst der *T.kundigen.* Während man in der Zeit der Aufklärung den Träumen relativ wenig Beachtung schenkte, entdeckte die Romantik die Beziehung der Träume zum Märchen und zum Unbewußten. Positivisten des 19. Jh. führten Träume auf Körpergeschehen (Leibreize, Hirnsekrete u.a.) zurück.
S. FREUD (»Die Traumdeutung«, 1900) machte den T. zum Hauptbestandteil seiner psychoanalytischen Theorie neurotischer Erkrankungen und die Interpretation des T.s zur »via regia« (Königsweg) für das Verstehen unbewußter Prozesse. Nach FREUD wird der T. durch äußere Sinnesreize und Leibreize angeregt; zudem gehen Erlebnisse des Vortags (Tagesreste) in die Träume ein. Vorrangig sind Träume jedoch von äußeren Reizen unabhängige seelische Produktionen, die Trieb- und Affektzustände, Wünsche und Ängste der Person sowie deren lebensgeschichtlich bedingte Situation dar-

Traum: Eine Reproduktion dieses Gemäldes von Johann Heinrich Füßli »Der Albtraum oder der Nachtmaler«, 1781, hing am Eingang zu S. Freuds Wiener Ordinationszimmer.

stellen. Für FREUD ist der T. der »Hüter des Schlafes«, indem er unbewußten infantil-libidinösen (lustbesetzten) Wünschen in verhüllter Form Ausdruck verschafft. Die »T.arbeit«, die Umformung der triebhaften »T.gedanken« in das Bilderrätsel des »manifesten T.s«, bedient sich zudem bestimmter, von der ↑Psychoanalyse angenommener Mechanismen wie etwa der Verschiebung, Verdichtung und Symbolbildung. Die psychoanalytische T.deutung verwendet die Technik der *freien Assoziation,* wobei der Träumer am Tag in einem entspannten Zustand Einfälle, Gedanken und Assoziationen zu seinem T. wiedergibt. Mit Hilfe dieser Assoziationen soll der »latente T.inhalt« (die unbewußten Wunschregungen) ausfindig gemacht werden.

Schüler FREUDS wie C. G. JUNG und A. ADLER modifizierten die ursprüngliche Theorie. JUNG ging von einer Kontinuität von Wach- und T.-Bewußtsein aus und verstand den T. als unmittelbare Darstellungsart der inneren Wirklichkeit des Träumers. Nach JUNG erfüllt der T. eine homöostatische Funktion (↑Homöostase) der psychischen Selbstregulation durch ergänzende und ausgleichende Mechanismen, die zum Tagesgeschehen des Träumers in Beziehung stehen; fortlaufende Träume (T.serien) bilden oftmals einen Sinnzusammenhang. Die T.symbole sind nach JUNG vielfach Urbilder (↑Archetypen) aus einem kollektiven Unbewußten. Während bei FREUD die T.deutung im wesentlichen kausalreduktiv ist, kennt JUNG darüber hinaus eine »final-progressive« Deutung (T. als Zukunftsentwurf, Selbstdarstellung der Person) und eine überindividuelle Deutung (T. als Spiegel kollektiver Menschheitserfahrungen in Bildern von Geburt und Tod, Reifung, Wandlung, Verhältnis zum anderen Geschlecht u.a.). Den T.motiven vergleichbare oder ähnliche Motive aus Märchen, Mythen und Gleichnissen bezieht JUNG daher in die T.deutung mit ein.

Auch ADLER nahm eine Kontinuität von Wach- und T.-Bewußtsein an; er ging davon aus, daß Tagesreste die für den Träumer wichtigen Themen widerspiegeln. Im Zentrum der ADLERschen T.-Theorie steht der manifeste T.inhalt, der auch in der weiteren psychoanalytischen Theoriebildung in den Vordergrund trat (u.a. bei E. ERIKSON). Die Tiefenpsychologie unterscheidet die *Subjekt-* und die *Objekt-Stufen-Deutung.* Die Subjekt-Stufen-Deutung versteht alle im T. erscheinenden Personen, Szenen und Gefühle als Aspekte der Persönlichkeit des Träumers. Bei der Objekt-Stufen-Deutung werden alle Elemente des T.s als externe Figuren interpretiert. Viele Träume sind, auch ohne Theorie, allein in Verbindung mit den Einfällen des Träumers aus sich selbst heraus verständlich, andere erfordern eine Vertrautheit mit der Symbolik, die lange Erfahrung und eine Kenntnis der Persönlichkeit des Träumers zur Voraussetzung hat.

In neueren Theorien der *psychologisch* orientierten T.-Forschung wird angenommen, daß die Träume bzw. der REM-Schlaf v.a. der Verarbeitung tagsüber aufgenommener Informationen dienen. Dies geschehe durch das Aufgreifen von Tagesresten und deren Verknüpfung mit weiter zurückliegenden, ähnlichen Erlebnissen des Träumers. Diskutiert wird, ob Träume diese Anpassungsfunktion durch kompensatorische (bei belastendem Tagesgeschehen Darstellung *positiver* Gegebenheiten) oder direkt bewältigende (»mastery«, d.h. Aufgreifen *belastender* Ereignisse) T.inhalte erfüllen. Gedächtnisforscher meinen dagegen, daß der T. bzw. der REM-Schlaf dazu diene, tagsüber aufgenommene unnötige Informationen zu löschen. Physiologen wie J. A. HOBSON und R. W. MACCARLEY vertreten die These, daß Träume eine Begleiterscheinung neuronaler Entladungssequenzen des Hirnstamms im REM-Schlaf sind, und verneinen eine eigenständige psychologische Funktion des Traums.

Trauma ↑psychisches Trauma.

Traumdeutung ↑Traum.

Tremor (Zittern): durch rhythmisches Zucken bestimmter Muskeln hervorgerufene rasche Bewegungen einzelner Körperteile (z.B. beim »Kältezittern«). T. tritt auch als Folge mancher Nervenerkrankungen (etwa bei multipler Sklerose), nach chronischem Alkoholmißbrauch sowie bei seelischen Belastungen auf.

Trendanalyse: Bei psycho- oder soziometrischen Untersuchungen stellt sich oft die Frage, ob sich neben eventuellen zufälligen Schwankungen in der Ausprägung des interessierenden Merkmals auch ein stabiler Trend (z.B. die Steigerung einer bestimmten Fähigkeit) feststellen läßt. In diesem Zusammenhang ist die T. eine geeignete statistische Methode, um auf Basis empirischer Befunde Entscheidungshilfen bei der Beantwortung einschlägiger Fragestellungen zu geben.

Trennschärfekoeffizient ↑Testkonstruktion.

Trial-and-error-learning: Versuch-und Irrtums-Lernen. – ↑Lerntheorien.

Trichromasie ↑Farbensehen.

Trieb: seelischer oder körperlich-seelischer Antrieb, der gefühlsmäßig als dranghaft erlebt wird und ohne Vermittlung des Bewußtseins entstehen kann. Triebe lösen Reizsuche sowie gerichtete Handlungsweisen aus, die eine Aufhebung des psychophysischen Spannungszustandes, d.h. eine T.befriedigung, zum Ziel haben. Der Begriff T. wird unterschiedlich weit gefaßt. Im engeren Sinne werden zu den Trieben beim Menschen die angeborenen, körperlich begründeten Bedürfnisse gerechnet (z.B. Nahrungs-, Sexual- und Selbsterhaltungstrieb). Hier bestehen gewisse Parallelen zu Instinkt und Appetenzverhalten beim Tier. Im weiteren Sinne werden auch Motivationen, (emotionale) Bedürfnisse und Interessen als T.verhalten bezeichnet, wenngleich diese stark von geistigen und psychischen Impulsen geprägt sind. Das menschliche T.leben ist stark bildsam: die Gegenstände können gewechselt, T.befriedigung aufgeschoben, T.impulse in gewissen Grenzen vergeistigt (»sublimiert«) oder sekundär verfestigte Gewohnheiten triebhaft besetzt werden (z.B. in der Sucht). Die »Überdeterminierung« der Triebe durch geistig-seelische Motive und die grundsätzliche Mehrdeutigkeit triebbestimmter Handlungen erschweren eine klare Abgrenzung menschlicher Grundtriebe.

S. FREUD (↑Psychoanalyse), der als Begründer der modernen T.lehre gilt, sah zunächst den Sexualtrieb als Grundtrieb an, später einen Lebens- (Libido) und Todestrieb; C. G. JUNG schränkte die Geltung der Libido ein. A. ADLER verstand den Geltungs- und Machttrieb als Hauptantrieb menschlichen Verhaltens. Gegenüber diesen psychoanalytischen (mehr oder weniger »monothematischen«) wurden auch »polythematische« psychologische T.theorien entwickelt, z.B. die *Instinktlehre* von W. MCDOUGALL, der 18 Grundtriebe unterschied.

Psychisch wirksam ist der T. als motivationaler Zustand infolge eines Mangels (Nahrung, Droge, Hormon u.a.) oder einer abweisenden Situation (Kälte, Schmerz, Gefahr u.a.). In der von C. L. HULL formulierten *Lerntheorie* gilt die T.reduzierung als Ziel allen motivierten Verhaltens und als dessen Verstärkung, d.h., jedes Verhalten, das einer T.reduzierung vorausgegangen ist, wird dadurch verstärkt, unabhängig davon, ob es diese selbst bewirkt hat.

Triebbefriedigung ↑Trieb.

Trisomie 21 ↑Down-Syndrom.

Tropenkoller: bei Bewohnern gemäßigter Breiten im tropischen Klima ausgelöster ↑Koller. Als Ursachen werden neben den ungewohnten bioklimatischen Verhältnissen (Hitze, hohe Luftfeuchtigkeit) mangelnde soziale Beziehungen (Isolation) oder fehlende Erlebnisreize angesehen. Zur Auslösung oder Steigerung können u.a. auch Alkoholmißbrauch und Infektionen beitragen.

Tropismus:

◆ in die *Psychologie* von L. SZONDI eingeführter Begriff für die anziehende Kraft zwischen Menschen identischer oder verwandter Triebstrukturen, z.B. bei der Wahl bestimmter Partner in erotischer *(Libido-T.)* oder beruflicher *(Opero-T.)* Hinsicht.

◆ Krümmungsbewegung festsitzender Organismen (Pflanzen, sessile Tiere) zu einer Reizquelle hin *(positiver T.)* oder von ihr weg *(negativer T.)*. Im anglo-amerikan. Bereich Bez. für alle von Außenreizen ausgelösten ↑Orientierungsreaktionen.

Trotzalter: Bez. für den etwa zwischen dem 18. und 30. Monat liegenden Abschnitt in der psychosozialen Entwicklung des Kindes, in dem gehäuft **Trotzreaktionen** (z.B. Aufstampfen, Schreien, Rückzugsverhalten) angesichts von Forderungen oder Anweisungen anderer Personen, insbes. der Eltern, auftreten. Das Kind übt in dieser Phase die neu erworbene Fähigkeit, eigenen Willen zu erleben und diesen auch gegen Widerstände durchzusetzen.

Die neuere Entwicklungspsychologie spricht nicht mehr von zwei Trotzphasen (zwischen dem 3.–5. bzw. dem 12.–15. Lebensjahr), sondern vertritt die Auffassung, Trotzreaktionen könnten sich schon ab etwa anderthalb Jahren zeigen und müßten keineswegs bei *jedem* Kind auftreten. Die ↑Psychoanalyse begreift *Trotzverhalten* zum einen als Begleiterscheinung der analen wie der phallischen Phase innerhalb kindlicher Selbständigkeitsbestrebungen, zum anderen als Reaktion auf belastende familiäre Bedingungen.

Trugwahrnehmung ↑Halluzinationen.

Tunneleffekt (Tunnelbewegung, Tunnelphänomen): eine optische Täuschung; befindet sich z.B. zwischen zwei abwechselnd aufleuchtenden gleichen Lichtpunkten ein Gegenstand, so scheint der Lichtpunkt durch den Gegenstand hindurchzuwandern.

Turkey: im Drogenjargon gebräuchliche Bez. für einen mit qualvollen Entzugserscheinungen einhergehenden Zustand, in den ein (Heroin)abhängiger gerät, wenn er seine Droge (den »Schuß«) nicht bekommt.

Typologie: die Lehre von der Gruppenzuordnung aufgrund einer umfassenden Ganzheit von Merkmalen innerhalb einer Variationsbreite, die einen **Menschentyp** (↑Typus) kennzeichnen. Liegen etliche typencharakteristische Merkmale vor, wird auf das Vorhandensein auch anderer einem bestimmten Typusbild zugehörender Merkmale geschlossen; dies führt bei Nichtüberprüfung der abgeleiteten Annahmen häufig zur unkritischen Stereotypie.

Es lassen sich drei Hauptklassen von T.n unterscheiden: 1. die *Konstitutions-T.n* (↑Konstitution); 2. die *Wahrnehmungs-* und *Erlebnis-T.n,* darunter u.a. die Persönlichkeits-T. von E. JAENSCH (↑Integration) und die Temperaments-T. (↑Temperament); 3. die *geisteswissen-*

schaftlich-weltanschaulichen T.n, z.B. die an W. DILTHEY u.a. anknüpfenden »Lebensformen« von E. SPRANGER, der in bezug auf kulturelle Wertausrichtungen sechs Menschentypen (theoretische, ökonomische, ästhetische, soziale, religiöse und politische Menschen) unterscheidet.

Typus (Typ):

◆ die Summe der physischen und psychischen Merkmale, die einer Gruppe von menschlichen Individuen gemeinsam sind und eine bestimmte Ausprägung darstellen. Reine Typen, die alle diese Merkmale und keine anderen aufweisen, sind (gedachte) Idealfälle *(Idealtypen);* in der Realität gibt es eigentlich nur Mischtypen (↑Konstitution; ↑auch Typologie, ↑Temperament).

◆ die von den als unveränderlich und wesentlich angesehenen Merkmalen einer Sache (eines Gegenstands) oder einer Person ausgehende Gesamtvorstellung dieser Sache oder Person. – ↑Vorstellung.

TZI: Abk. für ↑**t**hemen**z**entrierte **I**nteraktion.

U

Üben ↑Übung.

Überbehütung (Überprotektion, Overprotection): Bez. für eine übertrieben beschützende und mitunter überängstliche erzieherische Haltung, die es dem Kind oder Jugendlichen erheblich erschwert, selbständig zu werden sowie Selbstvertrauen und Durchsetzungsvermögen zu entwickeln.

Ü. als betonte Fürsorglichkeit verdeckt manchmal unbewußt ablehnende oder gar feindselige Einstellungen der betreffenden Erziehungsperson gegenüber dem Kind und tritt in verstärktem Maße bei Eltern tatsächlich oder vermeintlich behinderter Kinder auf.

Überdetermination: auf S. FREUD (↑Psychoanalyse) zurückgehender Ausdruck für die Beobachtung, daß in der Regel mehrere (voneinander unabhängige) Faktoren bei der Entstehung von Träumen, Fehlleistungen oder Neurosen zusammenwirken (und diese somit mehrere Bedeutungen in verdichteter Form enthalten). So kann z.B. ein Traumbild sowohl Elemente der frühen Mutter- bzw. Vater- wie auch der aktuellen Partnerbeziehung enthalten.

Übereinstimmungsvalidität ↑Validität.

Überempfindlichkeit ↑Idiosynkrasie.

Überforderung: Bez. für einen angesichts vorhandener bzw. ausgebildeter Fähigkeiten oder Kenntnisse deutlich überhöhten Anspruch an ein Individuum, bestimmte Aufgaben zu lösen. Eine Ü. (durch Eltern, Lehrer oder auch den Betreffenden selbst) senkt die Wahrscheinlichkeit von Lernerfolgen, bewirkt Frustrations- und Versagenserlebnisse, verringert dadurch die Lernmotivation und kann Leistungs- bzw. psychische Störungen zur Folge haben. – Sind die an ein Individuum gestellten Anforderungen und damit deren Anreizwert gering, spricht man von **Unterforderung.**

Überforderungsreaktion: unbewußte Abwehrreaktion gegen Forderungen oder Aufgaben, die das körperliche oder psychische Leistungsvermögen übersteigen. Ü.en können in unterschiedlicher Form zum Ausdruck kommen, z.B. im Gefühl starker Erschöpfung, in Schlaflosigkeit oder auch in einer psychosomatischen Erkrankung.

Überführbarkeit ↑Übertragbarkeit.

Über-Ich: in der ↑Psychoanalyse jene Instanz (Schicht) des ↑psychischen Apparats, die sich ab etwa dem 3. Lebensjahr aus den verinnerlichten elterlichen Geboten und Verboten sowie gesellschaftlichen Normen herausbildet und die moralischen Werte in der Persönlichkeit repräsentiert. Der psychoanalytischen Auffassung zufolge wehrt das Ü.-I. die vom Individuum wegen ihres ängstigenden oder peinlichen Charakters nicht akzeptierbaren Triebwünsche des ↑Es ab. ›Verstöße‹ gegen das Ü.-I. kommen in Schuld-, Scham- und Minderwertigkeits-

U

gefühlen zum Ausdruck, wenn das Individuum seinem Ich-Ideal nicht gerecht zu werden vermag. Eine zu strenge und starre Ausprägung des Ü.-I.s gilt als eine der Ursachen von ↑Neurosen.

Überkompensation: in der ↑Individualpsychologie Bez. für den ›Ausgleich‹ unbewußter Minderwertigkeitsgefühle (z. B. durch Überheblichkeit oder überzogenes Geltungs-, Leistungs- oder Machtstreben).

Überlernen: Bez. für ein Lernen, das über das Erreichen des vorher festgelegten Lernkriteriums hinausgeht.

übernormaler Schlüsselreiz: ein Reiz, der durch Überbetonung (insbesondere von Größe, Form und Farbe) eine bestimmte Verhaltensweise eher bzw. leichter auslöst als ein normaler (natürlicher) ↑Schlüsselreiz. Gibt man z. B. einer brütenden Silbermöve ein bemaltes Holzei ins Nest, das bedeutend größer ist als ihre eigenen Eier, zieht sie dieses den normalgroßen Eiern vor. Von der Verhaltensforschung wird ein solches großes Ei als *übernormale (supernormale) Attrappe* bezeichnet. – Auch der Mensch ist für übernormale Schlüsselreize sehr empfänglich. Dies wird – bewußt oder unbewußt – in der Werbung (z. B. durch betonte Reizsignale auf der Verpackung), Kosmetik (Benutzung von Lippenstift oder künstlichen Wimpern) und Mode sowie in Kunst und Literatur, Theater und Film (besonders bei den Zeichentrickfilmen) und speziell in der Karikatur (durch überdeutliche Abhebung bestimmter Ausdruckselemente) wirkungsvoll genutzt.

Überprotektion ↑Überbehütung.

Übersättigungstherapie: verhaltenstherapeutische Methode, bei der dem Klienten diejenigen Reize extrem häufig dargeboten werden, die für ihn zwar attraktiv, gleichzeitig jedoch unerwünscht sind. So bekommt z. B. ein Kleptomane vermehrt die Gelegenheit, Gegenstände zu entwenden. Die mehrmalige Wiederholung des Stehlens erzeugt in ihm ein reaktives Hemmungspotential (Ermüdung). Die Beendigung der (Stehl)handlung wirkt dann infolge Entspannung für ihn sogar belohnend, so daß er (zumindest theoretisch) relativ schnell die neue Gewohnheit erwirbt, das störende Verhalten (den Zwang zu stehlen) zu unterlassen.

überschwelliger Reiz ↑Reiz und Reaktion.

Überspanntheit ↑Exaltation.

Übersprunghandlungen (Übersprungbewegungen): Verhaltensweisen, die im Verlauf einer Handlungskette ohne (sinnvollen) Bezug zur Situation auftreten können. Zu Ü. kann es beispielsweise kommen, wenn der normale Ablauf einer ↑Instinkthandlung gestört ist (etwa wenn zwei gegenläufige Impulse, z. B. Angriffs- und Fluchtimpulse, miteinander in Konflikt geraten). Solche meist einer völlig anderen Triebhandlung zugehörigen Ausweichhandlungen (Ersatzhandlungen) sind z. B. das plötzliche Gefiederputzen oder das In-den-Boden-Picken bei kämpfenden Vogelmännchen oder die menschliche Verlegenheitsgeste des Sich-am-Kopf-Kratzens (ohne daß ein Juckreiz vorliegt).

Übersprunghandlungen: die menschliche Übersprunghandlung des Sich-an-den-Kopf-Fassens

Übersummativität ↑Summativität.

Übertragbarkeit (Transponierbarkeit, Überführbarkeit): Bez. der Gestaltpsychologie für die bleibende Erkennbarkeit von Gestalten auch dann, wenn sie in Lage, Größe, Ausgestaltung u.a. verändert werden. – ↑Gestaltqualität.

Übertragung:

◆ (Lernübertragung) ↑Transfer.

◆ unbewußter Vorgang in der Psychotherapie und im Alltagsleben: Gefühle, Einstellungen und Erwartungen, die man gegenüber früheren Bezugspersonen (v.a. den Eltern) hatte, werden nun auf andere Personen übertragen. – ↑auch Psychoanalyse.

überwertige Idee ↑fixe Idee.

Übung: Verfahren zur Aneignung und Verbesserung von Kenntnissen und Fähigkeiten, das durch wiederholtes Vollziehen bestimmter Tätigkeiten gekennzeichnet ist und sich sowohl auf körperliche als auch geistige Tätigkeiten bezieht. Die Ü. dient auch dazu, Fehler zu verringern, Bewegungsabläufe zu automatisieren, neue Verhaltensweisen zu erwerben und die Leistung zu steigern.

Übungsspiel ↑Spiel.

Übungstraining: mehr oder minder globale Trainingsverfahren, in denen versucht wird, die Intelligenz von Kindern und Jugendlichen dadurch positiv zu beeinflussen, daß sich diese allein durch die Beschäftigung mit kognitiven Anforderungen weiterentwickeln, ohne dabei explizit bestimmte Denkstrategien zu lernen. Vielmehr sollen die Kinder und Jugendlichen ihre Strategien selbständig durch Übungen und durch die von neuen Aufgaben ausgehende Herausforderung weiterentwickeln.

Ultrakurzzeitgedächtnis (Abk.: UZG): Teilbereich des Gedächtnisses. – ↑Gedächtnis.

Umfrage ↑Befragung.

Umspringfiguren ↑Figur-Grund-Verhältnis.

Umstimmung: Wechsel von einer Handlungsbereitschaft (Stimmung) zu einer anderen. Bei verhaltensphysiologischen Versuchen gelang es, Tiere durch elektrische Reizung bestimmter Hirnbereiche umzustimmen (z.B. von Droh- und Angriffsstimmung auf Furcht- und Fluchtstimmung).

Umstimmungstherapie: unspezifische Reiztherapie zur Änderung der vegetativen und psychischen Reaktionslage. Alle klimatischen und viele diätische, pharmakologische oder psychotherapeutische Einwirkungen können im Sinne einer U. wirksam sein.

Umstrukturierung: die plötzliche Änderung in der Auffassung einer Situation bei Lernvorgängen, die dann u.U. zu einer lange vergeblich gesuchten Lösung führt. Wird einer Versuchsperson z.B. die Aufgabe gestellt, aus sechs gleichen Streichhölzern vier gleiche gleichschenklige Dreiecke zu bilden, versucht sie in der Regel, die einzelnen Elemente des gegebenen Problems (hier also die Streichhölzer) neu zu organisieren *(umzustrukturieren),* damit nach der Neuorganisation die dann sich ergebende Beziehung der Elemente zueinander im Hinblick auf die Lösung des gegebenen Problems zum gewünschten Ziel führt. Die Gestaltpsychologen sind der Auffassung, daß viele Menschen deshalb beim Lösen von Problemen nicht weiterkommen, weil sie nicht in der Lage sind, ihre Problemlösestrategie flexibel zu ändern. Bei der beschriebenen Streichholzaufgabe besteht eine typische Schwierigkeit darin, daß man auf eine zweidimensionale Lösung des Problems fixiert ist und nicht sofort auf den Gedanken kommt, eine dreidimensionale Lösung anzustreben. Die Lösung besteht nämlich darin, daß man

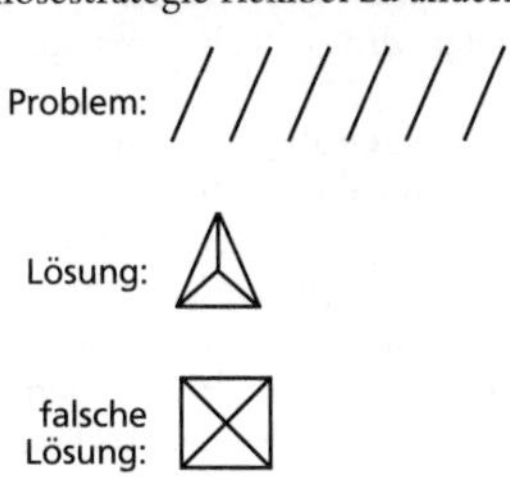

Umstrukturierung: Aus sechs Streichhölzern sollen zwei gleichschenklige Dreiecke gelegt werden.

in einer Ebene ein gleichschenkliges Dreieck aus drei Streichhölzern legt und mit den restlichen drei Streichhölzern über diesem Dreieck (als Grundfläche) eine Pyramide baut. Manchmal bewirkt schon ein kleiner Hinweis, daß Versuchspersonen ihre eingefahrenen Gleise verlassen und dann schnell die Situation neu organisieren können.

Umweghandlung: Ist ein bestimmtes Ziel nicht auf direktem Wege zu erreichen, muß oft ein Umweg eingeschlagen bzw. eine zusätzliche Handlung zwischengeschaltet werden. Eine solche U. praktizieren z.B. Schimpansen, wenn sie Kisten übereinanderstapeln oder Rohre ineinanderschieben, um an eine hochhängende Banane zu gelangen.

Umwelt: nach J. von Uexküll die für eine Tierart lebenswichtige Umgebung (↑Funktionskreis). Allein der Mensch ist nicht an eine bestimmte »natürliche« U. gebunden. Er hat sich dagegen eine eigene Kultur- und Zivilisations-U. geschaffen, in verstärktem Maße unter Ausbeutung und wachsender Zurückdrängung der natürlichen U., deren auch für den Menschen lebenswichtiger Erhalt erst seit etwa Anfang der 1970er Jahre thematisiert und in praktisches Handeln umgesetzt wird. – ↑auch Umweltpsychologie.

Umweltpsychologie (Ökopsychologie): Bez. für die psychologisch-wissenschaftliche Beschäftigung mit Umweltproblemen. Anders als Tiere und Pflanzen ist der Mensch nicht an eine spezifische ↑Umwelt gebunden, sondern paßt (besonders mit Hilfe der Technik) die Umwelt weitgehend seinen eigenen Bedürfnissen an. Dadurch ist er zwar so gut wie unabhängig von den jeweiligen Umwelteinflüssen und vermag in fast jeder Landschaft und fast jedem Klima zu leben, verändert aber zugleich auch durch willkürliche Eingriffe die natürlichen Lebensbedingungen. Wesentliche Themen umweltpsychologischer Forschung sind die nachteiligen Folgen dieser Eingriffe (Störung des ökologischen Gleichgewichts, Umweltverschmutzung), die Wechselwirkung von Mensch und Umwelt (z.B. in der Klimaforschung), die Abgrenzung von Möglichkeiten und Grenzen der Nutzung einer bestimmten Umwelt, bauliche Aspekte (Städtebau, Gestaltung von Wohn-, Arbeits- und Freizeiteinrichtungen) sowie die Auswirkungen von Umweltbelastungen (z.B. in der Lärmforschung).

unabhängige Variablen: Bez. für diejenigen Variablen in empirischen Untersuchungen, deren Variation vermutlich oder auch tatsächlich einen Einfluß auf die Variation der abhängigen Variablen hat. Wird z.B. der Einfluß der Variablen »Vorkenntnisse«, »Ängstlichkeit« und »Intelligenz« auf die schulischen Mathematikleistungen untersucht, so bilden erstere die Einflußgrößen, von denen angenommen wird, daß sie die Variable »Leistung in Mathematik« zumindest teilweise bestimmen. Letztere wird deshalb auch als *abhängige Variable* bezeichnet, während hier Vorkenntnisse, Ängstlichkeit und Intelligenz als *unabhängige Variablen* zu begreifen sind. Dies bedeutet allerdings nicht, daß z.B. die Variable »Intelligenz« immer als unabhängig begriffen werden müßte (z.B. hängt die Intelligenz auch vom Lebensalter ab).

unbedingter Reflex ↑bedingte Reaktion.

unbenanntes Denken: bei noch nicht sprechfähigen Kleinkindern sowie auch manchmal bei gehörlosen Menschen auftretendes Denken ohne begleitende Begriffsbildung. U. D. besteht nur aus Bildern und Sinneswahrnehmungen wie Hören oder Riechen.

Unbewußtes: unterschiedlich definierter Begriff zur Bez. der nicht bewußten Anteile des Psychischen. Zuerst hat G. W. Leibniz, noch vor Einführung des Begriffs »Bewußtsein« durch C. Wolff (1719), bemerkt, »daß auch die merklichen Perzeptionen stufenweise aus solchen entstehen, welche zu schwach sind, um bemerkt zu werden«; er nannte sie »unmerklich«. C. G. Carus (1853) führte den Terminus des »Un-Bewußtseins« in die Psychologie ein. Seit S. FREUD (↑Psychoanalyse) gilt er als Schlüsselbegriff der Tiefenpsychologie. Eine Einigung, wie das Unbewußte zu definieren sei, konnte jedoch nicht erzielt werden.

Gegenwärtig werden (nach H. BENESCH) zehn Bereiche des Unbewußten unterschieden: 1. Das Vorbewußte ist ein Vorläufer des Bewußt-Psychischen, u.a. beim Säugling; FREUD nennt es bewußtseinsfähig, aber momentan noch nicht zur bewußten Verarbeitung geeignet; 2. das Unterbewußte liegt unterhalb der variablen Wahrnehmungsschwelle; 3. das Automatisierte gelingt nach Training beliebig oft ohne die Bewußtseinsbeteiligung hinsichtlich seiner einzelnen Elemente; 4. das Verdrängte bezeichnet bei FREUD das System des Unbewußten, das auf aktivem »Fernhalten vom Bewußtsein« beruht; oft wird der Begriff U. in dieser Bedeutung verwendet; 5. im Traumerleben ist Psychisches, außer bei seltenen »luziden« Träumen, nur nach dem Erwachen bewußtseinsfähig; 6. C. G. JUNG unterscheidet das persönliche Unbewußte im Sinne vom Bewußtsein ausgeschlossener (vergessener oder absichtlich ausgeblendeter) Inhalte der persönlichen Biographie und das kollektive Unbewußte, das ähnlich wie das von L. SZONDI angenommene familiäre Unbewußte ererbter, unbemerkter und außerpersönlicher Gemeinbesitz *(Archetypen)* ist; 7. das intuitiv Erahnte wird von F. NIETZSCHE als Unkenntnis beschrieben, die aber schon untergründige Anhaltspunkte enthält; 8. Ausblendungen von Nebensächlichkeiten geschehen bei höchster Konzentration; 9. unter veränderten Bewußtseinszuständen werden süchtige, hypnoide, meditative, todesnahe, aber auch »Gipfel«-Zustände (z.B. religiöse Ekstasen) zusammengefaßt, die bewußter Vergegenwärtigung nicht zugänglich sind; 10. gestörte Bewußtseinszustände stellen ↑Schlafwandeln, Bewußtseinsunterbrechungen bei Schock bzw. Absencen (reaktive Bewußtlosigkeit) dar.

Underachievement ↑Overachievement.

unerledigte Handlung: Zeigarnik-Effekt. – ↑Gedächtnis.

Unfallpsychologie: Teilgebiet der Angewandten Psychologie, das sich mit der Erforschung der verhaltens- und erlebnismäßigen Ursachen und Folgen von Unfällen (bes. Verkehrs- und Arbeitsunfälle) beschäftigt, um wissenschaftlich begründete Orientierungshilfen für praktische Fragen bereitzustellen. Hierzu gehören insbes. Programme zur Unfallverhütung sowie zur Behandlung psychischer Folgen von Unfällen.

Unterbewußtes: Bez. für seelische Inhalte und Vorgänge, die nur schwach bewußt sind oder unterhalb der Bewußtseinsschwelle liegen und vom (Ober-)Bewußtsein nicht gesteuert werden (z.B. Träume); auch für nicht erinnerte, unbeabsichtigte oder nicht bemerkte Ereignisse und Handlungen, vielfach gleichbedeutend mit ↑Unbewußtes. Der Begriff U. wird auch im Sinne des »Mitbewußten« (H. ROHRACHER), d.h. der dem Bewußtsein prinzipiell zugänglichen, aber nicht gegenwärtigen Inhalte, oder des ↑Vorbewußten (S. FREUD) aufgefaßt.

Unterdrückung:

- im gesellschaftskritischen Sprachgebrauch ↑Repression.
- im Sinne der ↑Psychoanalyse (insbes. bei S. FREUD) die bewußte Beseitigung eines unlustvollen oder unerwünschten Inhalts aus dem Bewußtsein.

Unterforderung ↑Überforderung.

Unterordnungsbereitschaft ↑Gehorsam.

Unterprivilegierung: Zustand der Benachteiligung, in dem sich einzelne Gesellschaftsmitglieder, soziale Gruppen (↑Unterschicht, Randgruppen, ↑Minderheiten) und ganze Gesellschaften (z.B. Entwicklungsländer) befinden und die innerhalb des nationalen oder internationalen Systems der Verteilung von materiellen Gütern, Macht und Einfluß am Rande stehen. Mit der U. ist eine Abhängigkeit von den gesellschaftlich Privilegierten verbunden.

Unterrichtspsychologie (Psychologie des Lehrens): Gebiet der Psychologie, das sich mit der Frage beschäftigt, was hinsichtlich bestimmter Lehrmethoden geschieht oder geschehen müßte, damit bestimmte gewünschte Verhaltensänderungen bei Schülern bewirkt werden können. Hat z.B. ein Schüler im Mathematikunterricht gelernt, wie man quadratische Gleichungen löst, zeigt er jetzt gegenüber derartigen Anforderungen ein anderes Verhalten, als vor dem betreffenden Unterricht. Die Lehrer sollten also wissen, wie Kinder lernen und wie Motivation und andere Voraussetzungen des Lernens beeinflußbar sind.

In den zurückliegenden Jahrzehnten hat sich die wissenschaftliche Psychologie viel nachdrücklicher mit Problemen des Lernens als mit Problemen des Lehrens befaßt. Dies bewirkte, daß wir heute über eine Vielzahl von Lerntheorien verfügen, über Probleme des Lehrens aber weit weniger wissen.

In neuerer Zeit wird (bes. in den USA) die Bez. U. durch die Bez. **Instruktionspsychologie** ersetzt.

Unterschicht: die Summe derjenigen Gesellschaftsmitglieder, die nach Einkommen, Bildung, Sozialprestige und anderen Faktoren den »Sockel« des Gesellschaftsaufbaus darstellen. Die Zuordnung zur U. und deren weitere Differenzierung variieren je nach dem verwendeten Schichtungsmodell. – ↑auch Schichtung.

Unterschiedsschwelle: Bez. für diejenige Wahrnehmungsschwelle, von der an zwei nur wenig verschieden starke Reize vom selben Sinnesorgan nicht mehr als gleich empfunden werden *(relative Reizschwelle).* Im Mittelbereich eines Reizkontinuums gilt (nach dem ↑Weber-Gesetz) als – jeweils konstanter – Schwellenwert derjenige Zuwachswert, der nötig ist, um einen Unterschied zwischen einem Reiz und einem Vergleichsreiz derselben Modalität gerade noch wahrzunehmen. Beim Ohr z.B. hängt die U. von der Lautstärke und der Tonhöhe ab; bei tieferen Tönen genügt eine Änderung von wenigen Hertz, um einen Unterschied herauszuhören; bei sehr hohen Tönen muß der Unterschied schon einige hundert Hertz betragen. Bei jeweils sehr lauten und sehr leisen Tönen ist die U. größer. – ↑auch Fechner-Gesetz.

Urbanisierungsfolgen: Die Zunahme der städtischen Bevölkerung führt zur Anonymität der Bürger untereinander.

unterschwelliger Reiz ↑Reiz und Reaktion.

Unwillkürmotorik ↑Motorik.

Unzurechnungsfähigkeit ↑Zurechnungsfähigkeit.

Urangst:

◆ allg. die menschliche Angst um die körperliche oder seelische Gesundheit oder Existenz (etwa in wirtschaftlicher Hinsicht).

◆ tiefenpsychologischer Begriff, der die ursprüngliche Angst bezeichnet, die nach S. Freud (↑Psychoanalyse) bei der Geburt durch die Trennung von der Mutter entsteht (sog. **Geburtstrauma**). – ↑auch Angst.

Urbanisierungsfolgen: Aufgrund der Industrialisierung führte der Prozeß zunehmender Bevölkerungsverdichtung in städtischen Gebieten *(Verstädterung, Urbanisierung)* bei entsprechendem Rückgang der Bevölkerung in ländlichen Bereichen zu einer starken Polarisierung zwischen privatem und öffentlichem Leben der Bürger, zu Anonymität und einem rationalen Lebenszuschnitt. Typische Folgeerscheinungen städtischen Lebens (wie bestimmte Formen der Asozialität und Kriminalität sowie Subkulturbildung und vielfältige psychosomatische Erkrankungen v. a. bei Jugendlichen mit ihren besonderen Entwicklungsproblemen) werden im Zuge der Urbanisierung für eine ganze Gesellschaft zum allg. gesellschaftlichen Problem.

Urmißtrauen ↑Urvertrauen.

Urschreitherapie ↑Primärtherapie.

Urteilsbildung: Die U. ist ein Denkvorgang, dessen Abschluß mit der Feststellung eines bestimmten Sachverhalts (beispielsweise einer Diagnose) endet. Dabei können zahlreiche sog. Urteilsfehler *(Urteilstendenzen)* die U. beeinflussen und verzerren, u. a. der logische Fehler, der Milde- oder der Strengeeffekt und der ↑Hofeffekt. In der Psychologie interessiert insbesondere der Prozeß der U. unter denkpsychologischen und sozialpsychologischen Gesichtspunkten.

Urvertrauen: von E. H. Erikson (1950) eingeführte Bez. für das Vertrauen, das Kinder in den ersten Lebensmonaten bei positiven familiären Bedingungen, insbesondere ihnen zugewandten Bezugspersonen, gegenüber ihrer Umwelt entwickeln. Psychoanalytischen Annahmen zufolge können negative Faktoren (ungünstiges Sozialmilieu, Scheidung der Eltern, mangelnde emotionale Zuwendung, Mißhandlungen) in einem **Urmißtrauen** resultieren und damit die späteren Beziehungen des Individuums zu seiner sozialen Umwelt stark beeinträchtigen.

UZG: Abk. für **U**ltrakurz**z**eit**g**edächtnis. – ↑Gedächtnis.

V

Vaginismus (Scheidenkrampf): meist beim Geschlechtsverkehr, aber auch bei Einführen des Fingers oder eines Untersuchungsinstrumentes des Arztes auftretende starke Empfindlichkeit des Scheideneingangs, die im allgemeinen psychische Ursachen hat und somit psychotherapeutisch behandelbar ist.

Urvertrauen

Fehlendes Urvertrauen, z.B. aufgrund von Mutterentbehrung, kann unterschiedliche Folgen bezüglich des Individual- und Sozialverhaltens haben

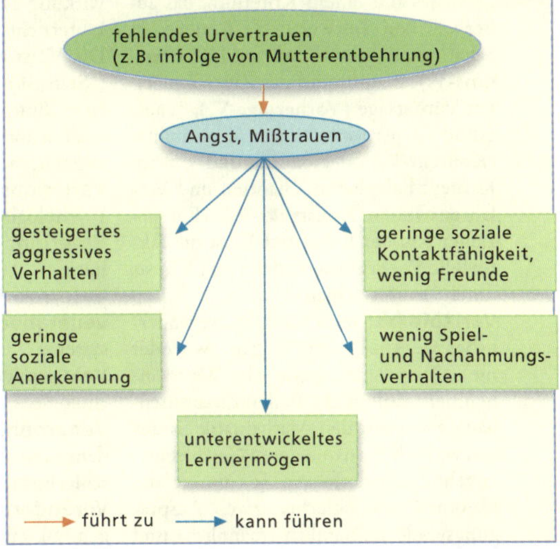

V

Valenz ↑Aufforderungscharakter.

Validierung ↑Validität.

Validität (Gültigkeit):

◆ Bei empirischen psychologischen Untersuchungen wird zwischen der **internen V.** und der **externen V.** unterschieden. Das Problem der internen V. bezieht sich auf die Frage, ob bestimmte ↑unabhängige Variablen tatsächlich einen Unterschied in der ↑abhängigen Variablen bewirkt haben. Demgegenüber wird eine Untersuchung als extern valide bezeichnet, wenn sie so beschaffen ist, daß man von den untersuchten Stichproben von Individuen, Situationen *(ökologische V.)* und Variablen auf die entsprechende Population generalisieren darf, welche durch die jeweils zu prüfenden Hypothesen definiert ist.

◆ Speziell in der ↑Testtheorie ist die V. ein wichtiges Gütekriterium von Meßinstrumenten, ungeachtet deren spezifischer Konzeption. Die V. gibt den Grad der Genauigkeit an, mit dem ein Verfahren das mißt, was es zu messen vorgibt (z.B. ein Persönlichkeitsmerkmal oder eine Verhaltensweise). Die Feststellung der V. (Validierung) geschieht 1. aufgrund der Übereinstimmung des Testergebnisses mit einem Kriterium, das außerhalb von Testwerten (z.B. über ein Schätzurteil) gewonnen wird **(Kriteriums-V.)**, 2. aufgrund des Zutreffens einer Vorhersage **(Vorhersage-V.)**, 3. aufgrund logisch-inhaltlicher Plausibilität **(Kontent-V.)** oder 4. aufgrund von im Kontext belegbaren Theorien und Verfahrensweisen **(Konstrukt-V.)**. - Ein spezieller Fall der Konstrukt-V. ist die **faktorielle V.** (Ermittlung der V. eines Tests durch ↑Faktorenanalyse).

Variable (variables Merkmal, veränderliches Merkmal): Eine V. kann zwei oder mehr Ausprägungsgrade oder Werte annehmen. Will man z.B. den Zusammenhang zwischen den Mathematikleistungen von Schülern und deren Geschlechtszugehörigkeit erfassen, so nimmt das Merkmal »Geschlecht« zwei Ausprägungsgrade an, nämlich »männlich« und »weiblich«. Mißt man die Mathematikleistung mit der in Deutschland üblichen Notenskala, kann diese V. sechs Werte annehmen.
Die V. »Geschlechtszugehörigkeit« heißt bei einer solchen Untersuchung auch **unabhängige V.**, während die Variable »Mathematikleistung« als **abhängige V.** bezeichnet wird.

Varianz: ein statistisches Maß der ↑Abweichung. – ↑auch Varianzanalyse.

Varianzanalyse: Sammelbez. für eine Vielzahl von mathematischen Modellen, bei denen durch eine Zerlegung der Streuungen (↑Abweichung) abhängiger Variablen die Abhängigkeit bestimmter Varianzanteile dieser Veränderlichen entweder von ↑unabhängigen Variablen, die in dem jeweiligen Untersuchungszusammenhang interessieren, oder von deren Wechselwirkung ermittelt werden kann. Eine **Wechselwirkung (Interaktion)** liegt dann vor, wenn der Effekt, der auf eine bestimmte unabhängige Variable zurückzuführen ist, nicht für alle Werte der (oder zumindest einer) anderen unabhängigen Variablen gleich, sondern unterschiedlich ist. In der pädagogischen Forschung interessiert z.B. die ↑Wechselwirkung zwischen Schülermerkmal und Unterrichtsmethode.
Die V. ist ein parametrisches Verfahren (↑Statistik). Es gibt allerdings parameterfreie Entsprechungen, deren Aussagekraft jedoch gegenüber der V. in dem skizzierten Sinn eingeschränkt ist.

Variationsforschung ↑Differentielle Psychologie.

Vaterbindung ↑Eltern-Kind-Beziehung.

Vaterrecht ↑Patriarchat.

vegetatives Nervensystem ↑Nervensystem.

Vektorpsychologie ↑Topologische Psychologie.

Venerophobie: krankhafte Angst vor dem Geschlechtsverkehr (oder vor Geschlechtskrankheiten). – ↑auch Phobien.

Veränderungsmessung: Bei Messungen zu einem bestimmten Zeitpunkt geht man meist davon aus, daß bei einer eventuellen Wiederholung des Meßvorgangs innerhalb der Zuverlässigkeit des Meßinstruments (z.B. eines Tests) gleiche Meßwerte resultieren, sofern ansonsten gleiche Bedingungen gegeben sind. Ist nun aber das Interesse primär auf die Veränderung von Sachverhalten gerichtet, muß man auch von der Veränderung psychischer Merkmale (z.B. der Fähigkeit, Aufgaben einer bestimmten Aufgabenklasse zu lösen) ausgehen. Probleme dieser Art sind Gegenstand der V., die im Rahmen der ↑Prozeßdiagnostik einen großen Stellenwert hat. Anders als die Statusdiagnostik zielt sie nämlich auf die Erfassung von zeit- und situationsvariablen Komponenten psychologischer Merkmale.

Die *klassische Testtheorie* deckt zwar die Ansprüche der Statusdiagnostik (Feststellung des Ist-Zustandes) ab, muß aber im Hinblick auf die Erfassung von Veränderungen erweitert werden. Auch die *probabilistische Testtheorie* machte ursprünglich entsprechende Invarianzvoraussetzungen. Durch die Einführung linearer Nebenbedingungen für die Itemparameter gelingt es aber z.B., Lerneffekte angemessen abzubilden und damit pädagogisch relevante Veränderungen befriedigend zu erfassen.

Veranlagung: meist kurz als *Anlage* bezeichnet. – ↑Anlage-Umwelt-Problematik.

Verantwortlichkeit ↑Zurechnungsfähigkeit.

verbale Konditionierung ↑Konditionierung.

verbale Paragraphie ↑Paragraphie.

verbale Tests: Bez. für Tests, deren Anwendung (im Ggs. zu den ↑sprachfreien Tests) an sprachliche Äußerungen gebunden ist.

Verbalisierung: Bez. für den Vorgang, Gefühle, Gedanken, Vorstellungen u.a. in Worten auszudrücken und damit ins Bewußtsein zu heben.

In der *Gesprächspsychotherapie* versteht man unter V. das Geschehen, bei dem der Therapeut dem Klienten mit konkreten, einfachen Worten dessen persönliche Erlebniswelt (Gefühle, Wünsche, Sehnsüchte) so widerspiegelt, wie er sie einfühlend zu begreifen sucht.

Verdichtung (Kondensation): in der Psychoanalyse ein Mechanismus des Unbewußten, durch den mehrere Assoziationsketten in einer Vorstellung bzw. einem Bild vertreten werden; so kann eine »Sammelperson« im Traum für verschiedene Personen zugleich stehen, etwa für den Vater und einen Lehrer.

Verdrängung: V. ist nach Auffassung der ↑Psychoanalyse der wichtigste Abwehrmechanismus des ↑Ich. Triebwünsche und damit zusammenhängende Vorstellungen, Gedanken oder Erinnerungen, die anderen Forderungen (z.B. des Gewissens) widersprechen und daher nicht akzeptiert werden dürfen, erfahren eine dauerhafte Abdrängung ins Unbewußte. Die V. steht damit im Ggs. zur bewußten Auseinandersetzung und zum entschlossenen Verzicht. Das Verdrängte kommt in Träumen, Fehlleistungen oder in Krankheitssymptomen wieder zum Vorschein und kann den individuellen Verhaltensspielraum in erheblichem Maße beeinflussen. In der psychoanalytischen Therapie wird deshalb versucht, verdrängte psychische Inhalte ins Bewußtsein zu heben und damit einer Durcharbeitung zugänglich zu machen.

Vererbung ↑Anlage-Umwelt-Problematik.

Verfestigung: Bez. für Modifikationsvorgänge des Verhaltens oder Erlebens, die zu mehr oder minder zeitlich überdauernden Festlegungen in diesen Bereichen führen. So können beispielsweise Charaktereigenschaften auch entstehen, wenn sich bestimmte Verhaltens- und Erlebensweisen verfestigen. Eine bes. Art der V. ist die ↑Prägung.

Verfolgungswahn: die krankhafte Vorstellung (bzw. Überzeugung), von anderen Personen oder Mächten beobachtet, überwacht, bedroht oder verfolgt zu werden. V. tritt bei schweren psychi-

V

schen Erkrankungen, insbes. bei ↑Psychosen (dort v.a. bei ↑Schizophrenie), sowie nach Vergiftungen und bei schwerer chronischer Alkoholabhängigkeit (↑Delir) auf, z.T. gemeinsam mit anderen Wahnformen (Halluzinationen, Beziehungswahn).

Vergessen: ein dem Behalten und Erinnern gegenläufiger Vorgang, durch den Wahrgenommenes bzw. Gelerntes nicht mehr oder nur unvollständig reproduziert werden kann. Im allgemeinen gilt: 1. Es wird um so mehr vergessen, je größer der zeitliche Abstand zwischen Einspeicherung und Erinnerung ist; 2. sinnarmes, unwichtiges und umfangreiches Material wird eher vergessen; 3. Art und Anzahl der auf einen Lernvorgang folgenden Eindrücke beeinflussen das Ausmaß des Vergessens.

H. EBBINGHAUS erforschte als erster 1885 systematisch das Vergessen. – ↑auch Gedächtnis.

Vergessenskurve ↑Ersparnismethode.

vergleichende Psychologie: Teilgebiet der Psychologie, das sich mit Übereinstimmungen und Verschiedenheiten tierischen und menschlichen Verhaltens befaßt.

vergleichende Verhaltensforschung ↑Verhaltensforschung.

Verhalten: Sammelbezeichnung für alle Aktivitäten lebender Organismen (Bewegungen, Körperstellungen, Lautäußerungen, chemische und taktile Signale), die wahrnehmbar, meßbar, manchmal auch nur zu erschließen sind; meist aufgefaßt als Reaktion auf bestimmte Reize oder Reizmuster, die auf den Organismus einwirken.

Als **Verhaltenswissenschaften** (engl. *behavioral sciences*) werden jene Wissenschaften bezeichnet, die die Gesetzmäßigkeiten des V.s von Menschen und Tieren erforschen: die Physiologie beschäftigt sich mit elementaren, genetisch festgelegten Lebensäußerungen von Lebewesen, die vergleichende ↑Verhaltensforschung (Ethologie) mit den stammesgeschichtlichen Grundlagen, den Abläufen, Gemeinsamkeiten und Unterschieden von V. (insbes. bei Tieren), die Psychologie mit dem komplexeren, motivierten V. von Individuen und die Soziologie mit dem V. sozialer Systeme und Einrichtungen. Spezifische Teilgebiete der V.serforschung fallen in die Disziplinen Neurologie, V.s-Genetik, Anthropologie, Psychobiologie und Soziobiologie.

Das V. eines Tieres ist meist komplex und läßt sich in Einzelkomponenten gliedern (z.B. beim Jagd-V. einer Katze: »anschleichen«, »lauern«, »zupacken«, »totbeißen«), die ihrerseits nach unterschiedlichen Kriterien zu funktionellen Gruppen (Funktionskreisen) geordnet werden können (so gehören zum Funktionskreis der Fortbewegung bei Wasservögeln »schwimmen«, »laufen«, »fliegen«). Das V. besteht aus ererbten (angeborenen) und erworbenen Anteilen; angeborene Anteile sind die Reflexe, Automatismen und Instinktbewegungen (Erbkoordination). Den übergeordneten, im Zentralnervensystem verankerten Koordinationsmechanismus für die Ordnung und Aufeinanderfolge der verschiedenen V.sweisen bilden die Instinkte. V. wird in der Regel durch bestimmte Umweltreize ausgelöst, wobei jedoch aufgrund eines inneren Auslösemechanismus immer nur wenige Umweltreize beantwortet werden. Je nach Handlungsbereitschaft und Motivation werden Einzelreize jedoch ganz unterschiedlich beantwortet (bei einem Angriff etwa durch Kampf- oder Fluchtverhalten).

In der *Psychologie* ist der V.sbegriff, v.a. in bezug auf den Menschen, dagegen nicht eindeutig definiert. Im klassisch-behavioristischen Sinn gilt nur das »offene« (*overt behavior,* direkt beobachtbare Reiz-Reaktions-Verbindung), das in kleinste Einheiten (z.B. Reflexe) zerlegt werden kann und meßbar ist, als Forschungsgegenstand (↑Behaviorismus). V. ist demnach das, was der Organismus tut oder sagt. Innere Prozesse wie Gedanken, Vorstellungen oder Gefühle sind nur aus offenem V. ableitbar, im behavioristischen

Sinn somit allenfalls als »verdecktes« V. *(covert behavior)* zu bezeichnen. Eine andere Grenzziehung ist die Trennung in »V.« und Handlung bzw. Tätigkeit: Handlungen sind spezielle V.sweisen, thematisch umschreibbar, bedeutsam, bewußt, zielorientiert und absichtsvoll, d.h. motiviert und persönlichkeitsbestimmt. Sie sind gekennzeichnet durch einen zeitlichen Verlauf, ihre Komplexität und die situationsbezogene Aktivität. Mehrere funktional zusammengehörende Handlungen werden (v.a. in der Tradition sozialistischer Psychologen) als Tätigkeit bezeichnet. Sowohl in Handlungen als auch in Tätigkeiten gehen offene (direkt beobachtbare), aber auch innere Prozesse (z.B. Nachdenken, Planen) ein. – ↑Verhaltenstherapie.

Verhaltensanalyse:

◆ Forschungsansatz zur Ermittlung der Abhängigkeiten des Verhaltens von Reizbedingungen. Dabei werden experimentell die Reizbedingungen künstlich geschaffen (und variiert). Die beobachteten Auswirkungen auf das Verhalten bzw. die Verhaltensänderungen werden registriert und ausgewertet.

◆ diagnostisches Verfahren der Verhaltenstherapie: Nach detaillierter Beschreibung des jeweiligen symptomatischen Verhaltens eines Klienten und der Erfassung von Reizbedingungen, die dieses Verhalten unmittelbar beeinflussen, wird ein vorläufiges »funktionales Bedingungsmodell« des Symptoms erstellt, das Anhaltspunkte über die Art des Verhaltens und Hinweise für die Therapieplanung liefert. Die V. bezieht sich aber auch auf Entstehung, Entwicklung und bisherige Selbstkontrolle des »Symptom«verhaltens sowie auf eine eventuelle Änderungsmotivation des Klienten und dessen soziale Beziehungen.

Verhaltensauffälligkeiten: früher meist normativ als ↑Verhaltensstörungen bezeichnete Besonderheiten des Verhaltens insbes. von Kindern und Jugendlichen. Der Terminus V. trägt der Subjektivität von Diagnostikern (z.B. Pädagogen, Ärzte, Psychotherapeuten) sowie deren persönlichen wie beruflichen Bezugssystemen Rechnung und berücksichtigt auch die Situationsspezifität »auffälligen« Verhaltens, das traditionell selbst bei vermeintlicher Offenkundigkeit und »Gestörtheit« nach (verdeckten) Normen bewertet und als »abweichend« und damit therapiebedürftig eingestuft wird. Andere Autoren plädieren demgegenüber für den Begriff V., weil er zum Ausdruck bringe, daß ein Verhalten in einem sozialen Austauschprozeß nicht den Erwartungen des Interaktionspartners entspreche und deshalb als abweichend oder auffällig wahrgenommen werde.

Genaue Zahlen zur Häufigkeit von V. liegen nur für den angelsächsischen Bereich, nicht jedoch für den deutschsprachigen Raum vor. Den ausländischen Ergebnissen und einer neueren dt. Studie zufolge ist von 10–20% verhaltensauffälligen und behandlungsbedürftigen Kindern und Jugendlichen auszugehen. Bei Jungen werden dabei im Vergleich zu Mädchen etwa drei- bis viermal häufiger V. diagnostiziert, in erster Linie wegen des höheren Anteils aggressiver V. bei Jungen.

Folgende bedeutsame *Ansätze* lassen sich bei der *Diagnostik* und *Therapie* von V. unterscheiden: 1. Psychoanalytischer Auffassung zufolge sind V. das Ergebnis mangelnder psychischer Verarbeitung belastender oder konflikthafter frühkindlicher Erlebnisse und/oder Konstellationen und nur durch eine Bewußtmachung (»Aufarbeitung« im psychoanalytischen Sinne) abzubauen. 2. Die lerntheoretisch orientierte ↑Verhaltenstherapie geht von der Annahme aus, daß bestimmte Lernprozesse V. bewirken oder fördern und letztere nur über den Erwerb positiver (»unauffälliger«) Verhaltensweisen »verlernt« werden können, wobei positives wie negatives Verhalten nach denselben Lernprozessen bzw. -gesetzmäßigkeiten entstehen soll. 3. Der **Labeling-approach** sieht die Ursache für V. nicht in individuellen Zuschreibungen, sondern in gestörten oder zumindest auffälligen sozialen Interaktionen, die im Hinblick auf die erfolgreiche und dauerhafte Beseitigung der V. entsprechend zu modifizieren seien; das verhaltensauffällige Individuum wird darüber hinaus nicht als »gestört« etikettiert, sondern sein Verhalten kontextabhängig begriffen.

Das *Spektrum* der V. umfaßt u.a. Eß- und Schlafstörungen, Einnässen, Einkoten, motorische Unruhe, Sprach-, Lern- und Konzentrationsstörungen, verschiedene Ängste (z.B. Ängstlichkeit in bestimmten Situationen, Schulangst), aggressives wie Rückzugsverhalten (↑Autismus) sowie dissoziale bzw. delinquente Verhaltensweisen (z.B. Schulschwänzen, Streunen, sexuelle Verwahrlosung, Betrügereien und Eigentumsdelikte, Drogenabhängigkeit).

Mehr als die Hälfte aller Schüler weist im Laufe ihrer Entwicklung einzelne V. oder Lernbeeinträchtigungen auf, die nach neueren Erkenntnissen durchaus »normal« sind und deren Bewältigung zu einer gelungenen Persönlichkeitsreifung beiträgt. Als *therapiebedürftig* werden nach heutiger Auffassung nur solche V. angesehen, die länger als sechs Monate andauern. Davon zu trennen sind bleibende V., die sich bei körper- oder sinnesbehinderten Kindern als sekundäre Folgen ihrer jeweiligen Behinderung, bei den sog. Lernbehinderten als Folge ihrer mangelnden sozialen Kompetenz und Partizipationsmöglichkeit entwickeln.

Verhaltensforschung (Ethologie): der von K. LORENZ begründete Forschungsbereich der Biologie, der das objektiv beobachtbare ↑Verhalten von Tieren oder Menschen untersucht. Das Verhalten wird hierbei v.a. in der natürlichen Umwelt beobachtet und entweder rein beschreibend dargestellt *(deskriptive V.)* oder mit dem Verhalten anderer Arten verglichen *(vergleichende V., vergleichende Ethologie)*. Werden die Versuchsbedingungen verändert, um Zusammenhänge von Ursachen und Wirkungen aufzuspüren, spricht man von *experimenteller* oder *analytischer V.*, wie sie z.B. die Verhaltensphysiologie praktiziert. Von der *allgemeinen V.* werden bes. die stofflichen Grundlagen des Verhaltens (Nervenzellen, Schaltungen, Sinnesorgane) untersucht, während die *spezielle V.* ein bestimmtes Verhalten (z.B. Brutpflege, Nahrungserwerb, soziales Verhalten, Nestbau, Neugier, Spiel usw.) erforscht. Das Teilgebiet der vergleichenden V., das sich mit dem Menschen, mit dessen angeborenen Verhaltensmustern und ihren Wirkungen befaßt, wird **Humanethologie** genannt.

Verhaltensmodifikation: Oberbegriff für Verhaltensänderungen, v.a. in Pädagogik und Sozialarbeit, soweit sie nach experimentalpsychologisch gesicherten Erkenntnissen der ↑Lerntheorien (z.T. auch anderer Theorien) erfolgen. Die Verhaltensmodifikation bedient sich im wesentlichen derselben theoretischen Ansätze und praktischen Methoden wie die ↑Verhaltenstherapie, stellt gegenüber dieser jedoch den umfassenderen Begriff dar, da sie sich nicht nur auf das klinische Feld bezieht.

Im pädagogischen Bereich ist insbes. die **kooperative V.** verbreitet, die neben den Prinzipien der »klassischen« Verhaltenstherapie Aspekte der Selbstbewertung (Selbstinstruktionen), Kooperation (zwischen Lehrer und Schüler) und der gemeinsamen Erarbeitung von Handlungsstrategien einbezieht. Dabei sollen Fremdverstärkungen durch eigenverantwortliche Selbstbewertung ersetzt, problematische Verhaltensweisen und deren Ursachen kooperativ ermittelt und gemeinsam Strategien zu deren Veränderung und Abbau entwickelt werden, u.a. durch Einsatz von Techniken wie dem ↑Imitationslernen, dem instrumentellen Lernen oder der gezielten ↑Verstärkung, mitunter mit Hilfe von Tokensystemen (↑Münzökonomie), zum Aufbau erwünschten Verhaltens.

Anwendungsbereiche der V. sind Verhaltensauffälligkeiten im Unterricht oder in

Verhaltensmodifikation

Fünf-Schritte-Modell der Selbstbewertung

gemeinsame Zielsetzung	Was sollen wir tun?
Beschreibung der Zielverhaltensweisen als Mittel zur Zielerreichung	Was müssen wir tun, um das Ziel zu erreichen?
Selbstbeobachtung des tatsächlichen Verhaltens	Entspricht das tatsächliche Verhalten dem Zielverhalten?
Selbstbewertung: Vergleich des Zielverhaltens mit dem tatsächlichen Verhalten	Positive Selbstbewertung oder aber kritische Selbstbewertung
abschließende gemeinsame Erfolgsbeurteilung	Haben wir das Ziel erreicht?

der Familie, Leistungs- und Konzentrationsstörungen, Schulangst und motorische Unruhe.

Einwände gegen die V. gelten meist deren angeblich begrenztem Einsatzfeld, ihrer »Oberflächlichkeit« sowie ihrem möglichen und tatsächlichen Mißbrauch. Zahlreiche Untersuchungen belegen allerdings, daß Verfahren der V. unterschiedliches Problemverhalten (z.B. physiologisches, motorisches, affektives oder kognitives Verhalten) erfolgreich zu ändern vermochten.

Verhaltensmuster (Behavior-pattern): Bez. für eine Reihe funktionaler Verhalteinseinheiten, die sich aus analytisch trennbaren kleineren (gleichzeitig oder unmittelbar nacheinander erfolgenden) Verhaltensweisen bzw. -anteilen zusammensetzen. Ein V. ist z.B. das bei Säuglingen und Kleinkindern aufgrund von Schmerz oder lauten Geräuschen beobachtbare »Schreckmuster«, das aus einzelnen typischen unwillkürlichen und z.T. sehr heftigen motorischen und vegetativen Reaktionen besteht.

verhaltensorientierte Lerntheorien ↑Lerntheorien.

Verhaltensphysiologie: von dem deutschen Zoologen E. VON HOLST und dem schweizerischen Neurophysiologen W. R. HESS begründete verhaltenswissenschaftliche Forschungsrichtung zur ursächlichen Untersuchung der Vorgänge, die bestimmten Verhaltensweisen zugrunde liegen (↑Verhaltensforschung). Im Vordergrund stehen hierbei die Untersuchung des Gesamtorganismus in der Auseinandersetzung mit seiner Umwelt und die quantitative (zahlenmäßige) Erfassung bestimmter Verhaltensweisen unter systematisch veränderten Bedingungen am dabei möglichst unbeeinträchtigten Versuchsobjekt.

Verhaltensrepertoire (Verhaltensinventar, Ethogramm) ↑Verhaltensforschung.

Verhaltensstörungen: im wissenschaftlichen Bereich v.a. zwischen 1950 und 1970 benutzte, seitdem zunehmend durch den weniger normorientierten und diskriminierenden Begriff ↑Verhaltensauffälligkeiten ersetzte Bez. für unangemessene, undisziplinierte, bizarre oder nur schwer nachzuvollziehende und von Erwachsenen als »gestört« empfundene

V

Verhaltensweisen von Kindern und Jugendlichen. Gegenüber den lange Zeit gebrauchten, stark negativ wertenden Begriffen »Schwererziehbarkeit« oder »Verwahrlosung« stellte der Terminus V. jedoch bereits einen Schritt in Richtung auf eine weniger abwertende wissenschaftliche Begriffsbildung (und damit Theoriebildung) dar.

Verhaltenstherapie: Sammelbez. für psychotherapeutische Ansätze, die psychische Störungen auf der Basis psychologischer ↑Lerntheorien erklären, experimentell begründete Lernprinzipien einsetzen und sich damit bewußt von dem sog. medizinischen Modell abgrenzen, das ↑Verhaltensauffälligkeiten oder psychische Störungen überwiegend organisch bedingt sieht. Verhaltenstherapeuten heben demgegenüber die Umweltabhängigkeit des jeweiligen Problem- oder Symptomverhaltens hervor und fassen es als Reiz-Reaktions-Gefüge auf. Im strengen Sinne bezieht sich die V. nur auf den klinischen Bereich, während die ↑Verhaltensmodifikation als umfassender Begriff auch Verhaltensänderungen im pädagogischen Bereich einschließt.

Die wichtigsten *Grundsätze* der V. sind: 1. Jedes Verhalten (auch »gestörtes« oder »Fehlverhalten«) ist gelernt und kann daher durch andere Lernprozesse (z.B. Aufbau erwünschten Verhaltens) wieder verändert (verlernt) werden. – 2. Unter »Verhalten« werden alle empirisch erfaßbaren und meßbaren Äußerungen psychischen Geschehens verstanden. – 3. Verhaltenstherapeutische Maßnahmen setzen eine vorherige gründliche Verhaltensanalyse voraus, bei der Häufigkeit, Dauer, Intensität und etwaige Situationsspezifität der »Symptome« und jener Reize ermittelt werden, die diese Verhaltensweisen steuern. Einen besonderen Stellenwert nehmen dabei die *aktuellen Verhaltensweisen* und *Umweltbedingungen* ein, da die V., etwa im Unterschied zur ↑Psychoanalyse, davon ausgeht, daß Entstehung und Aufrechterhaltung bestimmter (problematischer) Verhaltensformen nicht unbedingt nach dem gleichen Muster ablaufen müssen. – 4. Die Effizienz verhaltenstherapeutischer Methoden soll grundsätzlich empirisch überprüfbar sein. Daher sind hierzu eine genaue Verhaltensanalyse, die Aufstellung spezifischer und operationalisierter Therapieziele sowie eine auch für den Klienten klare und eindeutige Behandlungsstrategie erforderlich.

Zu den am häufigsten eingesetzten *Techniken* der V. zählen die verschiedenen Formen der ↑Konditionierung und die systematische Desensibilisierung, Entspannungstechniken, das ↑Imitationslernen, die Aversionstherapie sowie Selbstbehauptungstraining und Rollenspiele.

Neuere Entwicklungen tendieren zur **kognitiven V.**, die motivationalen und kognitiven Prozessen (Gedanken, Gefühle, Einstellungen) wesentliche Bedeutung für das menschliche Verhalten beimißt, Lernvorgänge komplexer und nicht mehr als reine Konditionierungsvorgänge auffaßt und bereits entsprechende kognitive und Selbstkontrolltechniken entwickelt hat. Daneben bestehen (z.B. in der ↑Familientherapie) Ansätze zu einem **sozialen Behaviorismus,** der beim Zustandekommen psychischer Störungen sozialen Faktoren verstärkt Rechnung trägt.

Verhaltenstraining: Einüben von Verhaltensweisen (in kleinen Schritten) nach Techniken der Verhaltenstherapie (z.B. Konditionierung).

Verhaltenswissenschaften ↑Verhalten.

Verhältnisskala ↑Skala.

Verinnerlichung:

◆ im weitesten Sinne die Übernahme bzw. der Prozeß der Aneignung von Werten, Normen, Merkmalen oder Einstellungen anderer Personen zum Zwekke der Angleichung an die äußeren Gegebenheiten. Der Vorgang der V., für den auch die Bez. **Internalisierung** üblich ist, ist v.a. für die kindliche Sozialisation von Bedeutung und nimmt in der Theorie der ↑Psychoanalyse eine wichtige Stellung in der Bildung des ↑Über-Ich ein.

◆ Bez. für einen weitreichenden Rückzug von der Umwelt und die vorrangige Beschäftigung mit der inneren Erlebniswelt. – ↑auch Autismus.

Verkaufspsychologie: ein Zweig der ↑Marktpsychologie, der sich v.a. mit der Wirkung von Waren (aber auch der Warenverpackungen, des Warenumfeldes usw.) auf potentielle Käufer sowie mit der Interaktion (der Wechselbeziehung) zwischen Verkäufer und Käufer befaßt. Neben der grundsätzlichen Erforschung einschlägiger Sachverhalte spielt bes. die Umsetzung der Resultate in der effektiven Gestaltung der Verkaufseinrichtungen eine wichtige Rolle.

Verkehrspsychologie: Teilgebiet der Angewandten Psychologie, das sich mit den Problemen des Straßen-, Schienen-, Wasser- und Luftverkehrs befaßt. Theoretisch interessiert die Verkehrspsychologen v.a. die Beschreibung, Erklärung und die Vorhersage von Sachverhalten des Verkehrswesens. So werden z.B. von der verkehrspsychologischen Grundlagenforschung die Wechselwirkungen zwischen verkehrstechnischen Gegebenheiten bzw. Einrichtungen und psychischen Bereichen (Wahrnehmung, Reaktionsvermögen usw.) untersucht. Die so gewonnenen Erkenntnisse sollen u.a. einer wissenschaftlich begründeten Verbesserung der Verkehrsanlagen und Verkehrsmittel sowie der Ausbildung von Verkehrsteilnehmern dienen.

Verkehrung ins Gegenteil: in der ↑Psychoanalyse ein bes. psychischer Abwehrmechanismus, bei dem für das Individuum gefährliche, peinliche oder als unzulässig empfundene Triebbedürfnisse, Gefühle oder Wünsche in ihr Gegenteil verkehrt werden (z.B. das Bedürfnis, geliebt zu werden).

Vermeidungsreaktion: Weicht man einem unangenehmen Reiz oder Ereignis aus (was genaugenommen eine abgeschwächte Fluchtreaktion darstellt), dann zeigt man eine Vermeidungsreaktion. Je näher das Individuum dem unangenehmen Reiz kommt, desto stärker wird sein Drang zur V. sein. Diese steigende Tendenz bei kleiner werdendem (zeitlichen) Abstand zum unangenehmen Ereignis nennt man *Vermeidungsgradient.* – ↑auch Aversionstherapie.

Vermenschlichung ↑Anthropomorphismus.

Vermögenspsychologie: Bez. für eine im 18. Jh. in Deutschland führende psychologische Richtung. Die V. lehrte, daß sich psychische Sachverhalte (Erleben und Verhalten) auf bestimmte Grundkräfte (*Vermögen* oder *Seelenvermögen* genannt) zurückführen lassen, wobei man sich die Seele als eine substanzartige Gegebenheit dachte. Die Auffassungen der V. wurden vielfach (erfolgreich) bekämpft. Als mögliches Klassifikationsprinzip wirkt ihr Gedankengut z.T. aber noch heute nach, etwa bei der gebräuchlichen Einteilung psychischer Erscheinungen in Denken, Fühlen und Wollen.

Verneinung: nach psychoanalytischer Auffassung ein bes. Abwehrmechanismus, bei dem zuvor verdrängte, bereits ins Bewußtsein gedrungene Inhalte (bzw. entsprechende Deutungen des Analytikers) vom Analysanden bagatellisiert und/oder meist als unrichtig zurückgewiesen werden.

Vernunft: geistiges Vermögen, das nicht nur (wie der ↑Verstand) auf Einsicht und Erkenntnis, sondern darüber hinaus auch auf sinnvolles Verhalten bzw. Handeln gerichtet ist.

Verschiebung:

◆ nach S. FREUD (↑Psychoanalyse) einer bei der Traumarbeit (↑Traum) wirksamer Mechanismus: ein latenter Traumgedanke findet unter Wirkung der unbewußten Zensur Ausdruck in einem ihn nur indirekt repräsentierenden Traumbild, oder es werden Nebenaspekte in den Mittelpunkt gerückt.

◆ der zu den Abwehrmechanismen rechnende Vorgang der ↑Substitution.

V

Verschmelzungsfrequenz ↑Flimmerverschmelzungsfrequenz.
Verschreiben ↑Fehlleistungen.
Versprechen ↑Fehlleistungen.
Verstand: in der *Philosophie* Bez. für bestimmte Erkenntnisfähigkeiten des Menschen, die das Verknüpfen von Elementen zu Zusammenhängen (z.B. logische oder Zweck-Mittel-Beziehungen) betreffen; dabei wird V. sowohl von den prinzipiellen Bedingungen allen Erkennens und Handelns (↑Vernunft) als auch von der sinnlichen Wahrnehmung sowie von ↑Emotion und ↑Willen unterschieden.
Nach ARISTOTELES ist der V. das Vermögen des begrifflichen und schlußfolgernden (diskursiven) Denkens. Die mittelalterliche Philosophie folgt der Unterscheidung des AUGUSTINUS zwischen einer »ratio inferior«, die sich mit den endlichen Dingen befaßt, und einer »ratio superior«, die das Ewige zu erfassen sucht. Objekte des V.es sind Begriff, Urteil und Schluß. Für THOMAS VON AQUIN kommt dem Urteilsvermögen die zentrale Stellung zu; Begriffe sind lediglich als Urteilskomponenten bedeutsam, und Schlüsse sind nur Komplexionen von Urteilen. Das diskursive Denken des V.es ist für den Menschen spezifisch, während die übermenschlichen Geister durch ihren reinen Intellekt intuitiv erkennen, die untermenschlichen Wesen lediglich mit sinnlicher Wahrnehmung ausgestattet sind; demzufolge können Allgemeinbegriffe vom menschlichen V. zwar gebildet werden, jedoch nur durch Abstraktion, nicht durch Intuition. Auch für I. KANT ist der V. das Vermögen der begrifflichen Bestimmung von Inhalten und Urteilen sowie das Vermögen, Gegebenes einheitlich unter Regeln zu bringen (V. als Vermögen der Regelung, im Unterschied zur Vernunft als Vermögen der Prinzipien). Das Prinzip allen V.esgebrauchs ist der Grundsatz der ursprünglichen synthetischen Einheit der ↑Apperzeption. In der neuzeitlichen Philosophie wird v.a. das Verhältnis von V. und Vernunft diskutiert.

Verstandesbildung: das Einüben von Fähigkeiten, die ein Auffassen von Sachverhalten, deren gedankliche Verarbeitung, Beurteilung sowie das Ziehen von Schlußfolgerungen und die Wahl eines dem jeweiligen Sachverhalt angemessenen Verhaltens ermöglichen.
Verstärkung (Bekräftigung, Reinforcement): bei der ↑Konditionierung verwendete Bez. für Verhaltenskonsequenzen, welche die Wahrscheinlichkeit der Wiederholung des betreffenden Verhaltens durch Erfolgserlebnis oder Belohnung **(positive V.)** bzw. durch Abschwächung oder Ausbleiben unangenehmer Reize **(negative V.)** beeinflussen. Zu unterscheiden sind dabei *primäre,* auf ein physiologisches Bedürfnis bezogene *Verstärker* (z.B. Nahrung bei einem hungrigen Organismus) und *sekundäre,* gelernte *Verstärker,* die ehemals neutral waren, aber durch die Kopplung mit einem primären Verstärker selbst Bekräftigungsfunktion erlangt haben (z.B. Geld).
Eine **kontinuierliche V.** liegt vor, wenn während des Konditionierungsvorgangs jedes Mal eine Bekräftigung erfolgt; von einer **intermittierenden V.** spricht man, wenn nur gelegentlich (unregelmäßig) verstärkt wird. Von **Selbst-V.** wird gesprochen, wenn eine lernende Person unabhängig von Fremdverstärkern ist, sich selbst also für ein bestimmtes Verhalten entweder äußerlich (z.B. durch Kauf eines attraktiven Gegenstandes) oder innerlich (z.B. durch gedankliche Vorwegnahme eines Lobes) belohnt. Selbst-V.en können auch durch die Beobachtung ähnlicher Verhaltensmuster bei einem Vorbild erworben werden. – ↑Imitationslernen.
Sowohl in der ↑Verhaltenstherapie als auch bei Erziehungsprozessen findet das Prinzip der V. häufige Anwendung, insbes. beim Aufbau und Erlernen bestimmter erwünschter Verhaltensweisen wie etwa in der Sauberkeitserziehung oder der Entwicklung von Leistungsmotivation.

verstehende Psychologie: eine auf W. DILTHEY zurückgehende psychologische Richtung, die die Auffassung vertritt, daß man zwar Naturerscheinungen durch Heranziehung von Gesetzlichkeiten erklären könne, dies aber im Bereich des Psychischen nicht möglich sei. Hier herrsche (im Ggs. zu den naturwissenschaftlichen Vorgehensweisen) das Verstehen vor. *Verstehen* heißt in diesem Zusammenhang, etwas innerlich nachzuvollziehen (nachleben) bzw. etwas in seinem wesensmäßigen Zusammenhang zu erkennen. Durch die v. P. wird der Gegenstand psychologischer Forschung als ein Gegenstand der Geisteswissenschaften festgelegt. – ↑geisteswissenschaftliche Psychologie.

Die Problematik des Verstehens als einer brauchbaren Methode in den Wissenschaften liegt darin, daß durch das Verstehen letztlich die Wahrheit von Aussagen in durchaus subjektiver Weise behauptet werden muß (↑Objektivität). Das Verständnis eines psychischen Sachverhalts zeigt sich nach dieser Vorgehensweise in einem befriedigenden Überzeugungserlebnis des verstehenden Wissenschaftlers, d.h., es stellt sich bei ihm die Überzeugung ein, daß er bestimmte Zusammenhänge in ihrem Wesen durchschaut hat. Wenn auch andere Wissenschaftler aufgrund ihres Verstehens des selben Sachverhaltes einem solchen Verständnis widersprechen können, bleiben Aussagen, die mit dieser Methode gewonnen wurden, letztlich spekulativ und dogmatisch.

Verstimmung:

◆ leichte, rasch vorübergehende Beeinträchtigung der Gefühlslage (Stimmung) durch ein Erlebnis oder durch körperliche Störungen (etwa vor Einsetzen der Menstruation).

◆ anhaltende, dem krankhaften Bereich zuzuordnende Form von Stimmungsschwankungen ohne erkennbare Ursache, z.B. Reizbarkeit und Aggressivität vor einem epileptischen Anfall oder grundlose Heiterkeit bzw. Niedergeschlagenheit bei bipolaren (»manisch-depressiven«) Erkrankungen.

Versuchsperson (Abk.: Vp): ↑Proband.

Versuchsplanung: Zur empirischen Überprüfung einer Fragestellung bedarf es einer genauen Planung des Vorgehens, die sowohl methodologische (↑auch Experiment) als auch methodisch-statistische (↑Statistik) Aspekte umfaßt. Die Erarbeitung eines solchen **Versuchsplans (Design)** heißt Versuchsplanung.

Versuch-und-Irrtums-Lernen ↑Lerntheorien.

Verteilung: Die Zuteilung von Objekten zu bestimmten Kategorien führt zu einer Verteilung. Ordnet man beispielsweise den Testleistungen von Kindern und Jugendlichen in einem Intelligenztest bestimmte Meßwertkategorien zu (z.B. Intelligenzquotienten), so erhält man eine V., bei der die verschiedenen Werte mit unterschiedlicher Häufigkeit auftreten *(Häufigkeitsverteilung).* Man spricht in diesem Falle von *empirischen* Häufigkeitsverteilungen, die sich manchmal mit theoretischen V.en beschreiben lassen.

Eine häufig zur Beschreibung empirischer V.en herangezogene theoretische V. ist die sog. **Normal-V.**, die – graphisch dargestellt – eine glockenförmige Gestalt aufweist (*Glockenkurve;* ↑Gauß-Verteilung). In der Tat lassen sich z.B. Intelligenztestmeßwerte der beschriebenen Art in aller Regel gut mit der Normal-V. beschreiben. Dies ist allerdings nur dann zulässig, wenn die verwendeten Intelligenztests entsprechend konstruiert sind. Im Rahmen der ↑Testkonstruktion ist bei der Itemanalyse darauf zu achten, daß die V. der sich ergebenden Rohwerte eine glockenförmige Gestalt annimmt. Dies wiederum geschieht überwiegend aus der Annahme heraus, daß das Merkmal Intelligenz normalverteilt ist. Allerdings stellt ein solches Vorgehen – ungeachtet einer gewissen Plausibilität bei Akzeptierung bestimmter populationsgenetischer Modelle – keinen Beweis für die gemachte Voraussetzung dar.

Vexierbild: »Der Rubin-Pokal« von Shiro Naykayama. Fixiert man dieses Autostereogramm hinter der Papierebene, so ist in der Bildmitte ein Pokal zu sehen; schielt man dagegen, so daß der Fixationspunkt vor der Papierebene liegt, sieht man zwei einander zugewandte Köpfe im Profil.

Der Statistiker G. MENGES ist der Ansicht, daß man insgesamt die Bedeutung und den Geltungsbereich der Normal-V. überschätzt hat. Gerade in den Sozialwissenschaften berechtige nichts zu der Annahme, die Phänomene seien normalverteilt. Diese Mahnung ist u.a. in der Pädagogik deshalb relevant, weil z.B. die weitverbreitete Ansicht, Schulleistungen und damit auch Schulnoten folgten der Normal-V. zwangsläufig, eine solche durch keine Fakten belegte Überzeugung darstellt. Entsprechende Zensierungsmodelle sind deshalb äußerst fragwürdig. Es ist darum begrüßenswert, wenn durch die Verwendung lehrzielorientierter ↑Tests alternative Denkmodelle in den Vordergrund rücken. – ↑auch Normen.

vertikaler Transfer ↑Transfer.

Vertrauensintervall (Konfidenzintervall): Bereich, innerhalb dessen mit einer gewissen angebbaren Irrtumswahrscheinlichkeit der wahre Wert eines Populationsparameters (↑Statistik), wie z.B. der Mittelwert einer Populationsverteilung, liegt, wenn man ihn aufgrund von ↑Stichproben schätzt. Die Grenzen des V.s heißen **Konfidenzgrenzen.** In der klassischen Testtheorie bestimmt man das V. für den »wahren« Meßwert (z.B. bei einem Intelligenztest) aufgrund des jeweils beobachteten individuellen Meßwertes mit Hilfe des Standardmeßfehlers.

Verwahrlosung (Dissozialität): Sammelbez. für Zustände der menschlichen Persönlichkeit, denen das Fehlen einer Minimalanpassung an gesellschaftliche Sozial-, Leistungs- und allg. Verhaltensanforderungen gemeinsam ist. V. kann in Verhaltensweisen wie Schulschwänzen, Leistungsverweigerung, Eigentumsdelikten, Drogenmißbrauch, Umherstreunen oder Vernachlässigung der persönlichen Erscheinung und des Wohnraumes zum Ausdruck kommen. Ursachen einer V. sind meist milieubedingte Sozialisationsdefizite und gestörte Familienverhältnisse, die eine soziale Integration erschweren oder verhindern.

Da die Definition von V. von den jeweiligen gesellschaftlichen soziologischen und psychologischen Vorstellungen über »normales« Verhalten abhängt, haftet dem Begriff oft eine starke *Vorurteilsqualität* an.

Verwirrtheit: Zustand geistiger oder seelischer Verstörung.

Vexierbild:
◆ Bild, auf dem eine oder mehrere versteckt eingezeichnete Figuren zu suchen sind.
◆ bildliche Darstellung eines Gegenstandes, dessen seitliche Konturen bei genauerer Betrachtung die Umrisse zweier spiegelbildlich gesehener Figuren ergeben.

Vibrorezeptoren: mechanische Sinnesorgane (Mechanorezeptoren) des *Vibrationssinns,* die die Energie rhythmischer mechanischer Schwingungen relativ niedriger Frequenzen (beim Menschen 50–500 Hz) aufnehmen und sie in Nervenimpulse umsetzen. Diese Schwingungsenergie kann von einem durch das Lebewesen berührten, rhythmisch schwingenden Gegenstand ausgehen oder von einer rhythmischen Strömung des umgebenden Mediums (Luft, Wasser), die von schwingenden Gegenständen im Wahrnehmungsbereich des Lebewesens herrührt.

Vibrorezeptoren

Ansprechbarkeit von zwei unterschiedlichen Mechanorezeptoren in Abhängigkeit von der Vibrationsfrequenz

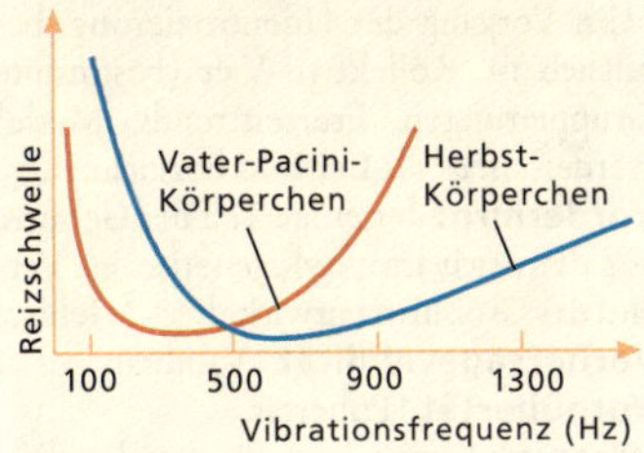

Vigilanz: oft auch mit ↑Aufmerksamkeit gleichgesetzter Zustand erhöhter Reaktionsbereitschaft eines Organismus.

virtuelle Bewegung: in Gedanken vollzogene Bewegung mit Abschätzung des Verlaufs und des dabei zu erwartenden Ausgangs.

virtuelle Realität (engl. virtual reality; Abk.: VR): Bez. für eine mittels Computer simulierte Wirklichkeit oder künstliche Welt **(Cyberspace),** in die Personen mit Hilfe technischer Geräte (elektronische Brille, Lautsprecher, Datenhandschuh u.a.) versetzt und interaktiv eingebunden werden. Die in die Brille auf zwei kleine Bildschirme stereoskopisch eingespielten, dreidimensional erscheinenden Bilder vermitteln dem Beobachter den Eindruck, sich selbst in der Kunstwelt (z.B. Räume, Landschaften, Fahrzeuge) zu befinden. Bewegungen der Person werden sensorisch erfaßt und Bildausschnitt und -perspektive laufend angepaßt. Über den ebenfalls mit aufwendiger Sensortechnik ausgestatteten Datenhandschuh kann der Träger aktiv auf die modellhafte Umwelt einwirken (z.B. einen Gegenstand ergreifen), indem entsprechende Informationen vom Handschuh in das darauf reagierende Simulationssystem eingespeist werden. – Die VR-Technik findet erste Anwendungen bei militärischen und zivilen Fahr- und Flugsimulatoren, ist aber auch für Raumfahrt, Medizin, Architektur und Unterhaltungselektronik interessant. – ↑auch Mensch-Maschine-Kommunikation. Abb. S. 438.

Vision: Halluzination, bei der ein in der Zukunft liegendes Ereignis oder eine außerhalb der räumlichen Wirklichkeit liegende Begebenheit »gesehen« wird. V.en kommen u.a. bei religiös-ekstatischen Erlebnissen (↑Ekstase), unter Hypnose oder im Fieberdelirium sowie in Zuständen herabgesetzten Bewußtseins vor.

visköses Temperament ↑Konstitution.

Visualität: Sammelbez. für die optische Wahrnehmung und Vorstellung; in der Psychodiagnostik auch allg. Bez. für Erfassung und Vorstellung von Raum, Form oder Farbe.

visueller Typ ↑Typologie.

Visus: das Sehen, der Gesichtssinn; die Sehschärfe.

Viszerotoniker: von W. SHELDON (↑Konstitution) eingeführte Bez. für den aufgeschlossenen, toleranten, geselligen und genußfreudigen, im allg. zu Bequemlichkeit bzw. Behaglichkeit neigen-

V

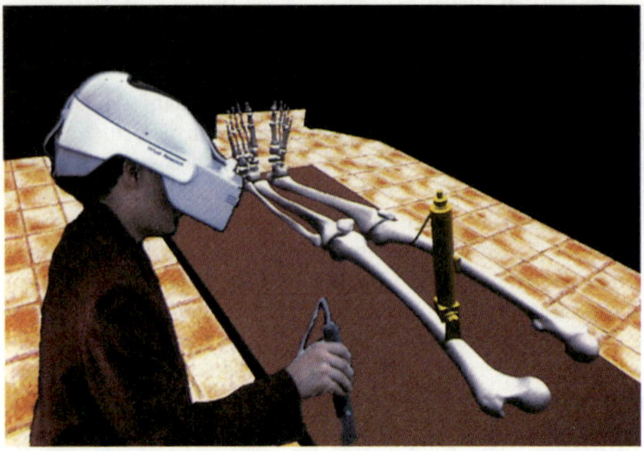

virtuelle Realität: VR-Technik im Dienst der Medizin: Ärzte können operative Eingriffe am »Modell« überprüfen.

den Verhaltenstyp, der in SHELDONS Konstitutionssystem mit dem endomorphen Körperbautyp korreliert.

Vitalgefühl ↑Lebensgefühl.

Vitalität: wohl hauptsächlich erblich festgelegte, aber auch von Umweltbedingungen beeinflußte **Lebenskraft** eines Organismus oder einer Population, die sich in Anpassungsfähigkeit an die Umwelt, in weitgehender Widerstandskraft gegenüber Krankheiten sowie in körperlicher und geistiger Leistungsfähigkeit äußert.

Völkerpsychologie (Ethnopsychologie): psychologische Richtung, innerhalb deren man sich heute bemüht, eine sachliche Beschreibung und Bedingungsanalyse der charakteristischen Erlebnisweisen und Verhaltenseigenarten verschiedener Großgruppen zu leisten. Soweit sich die V. auf die Erforschung der vielfältigen Zusammenhänge von Kultur, Verhalten und Persönlichkeitseigenarten von Menschen bezieht, müssen diese Bestrebungen auch als Gegenstand anderer Disziplinen gesehen werden (so z.B. der Völkerkunde, Anthropologie, Linguistik), mit denen die Psychologie zusammenarbeiten muß.

Voraussage ↑Prognose.

Vorbewußtes (das Vorbewußte):

◆ die Gesamtheit aller latenten (»verborgenen«), reproduzierbaren Gedächtnisinhalte.

◆ nach S. FREUD (↑Psychoanalyse) das zwischen dem Bewußten und dem Unbewußten liegende System des psychischen Apparats, von beiden durch »zensierende« Reizregulatoren (sog. Zensoren) getrennt, die nur das jeweils »Erträgliche« ins Bewußtsein vordringen lassen.

Vorbild: an bestimmte (lebende oder historische) Personen gebundenes konkretes Bild, das einem Individuum (oft Jugendlichen) bei der Verhaltensorientierung, speziell bei der Ausbildung des eigenen ↑Ich-Ideals, in der Regel auch beim Vorgang der ↑Identifizierung, behilflich ist. Kollektive V.er (bestimmte Gruppierungen, Freizeittrends, Mode) werden meist als **Leitbild** bezeichnet.

Vorderhirn: derjenige Teil des Gehirns, aus dem sich im phylogenetischen Verlauf das Großhirn entwickelte. – ↑Gehirn.

Vorhersagevalidität ↑Validität.

Vorpubertät ↑Pubertät.

Vorspiel: Sammelbez. für den die sexuelle Bereitschaft steigernden oder die sexuelle Vereinigung einleitenden Austausch von Zärtlichkeiten zwischen den Partnern.

Vorstellung: anschauliche seelische Inhalte, die Erinnerungsbilder früherer Wahrnehmungen sind oder deren Bestandteile (als Phantasiebilder) neu kombinieren. Eine V. haben meint, sich etwas versinnbildlichen, wörtlich sich etwas vor-stellen, z.B. vor einem »inneren Auge«. Die V. ist im allg. ein Bewußtseinsbild, das einem Wahrnehmungsinhalt möglichst ähnlich abzubilden bestrebt ist und demnach den Versuch des Bewußtseins darstellt, sich die Wirklichkeit mit ihr fremden Mitteln anzueignen.

In der Regel undeutlicher, blasser und weniger detailliert als eine reale Wahrnehmung, ist die V. durch das Wissen gekennzeichnet, daß das Vorgestellte *nicht* real ist (im Unterschied zur ↑Halluzination). Allerdings kann ihre Anschaulichkeit so konkret und deutlich wie eine reale Wahrnehmung sein. V.sinhalte tauchen im Bewußtsein meist nicht isoliert auf, sie werden vielmehr durch Wahrnehmungen ausgelöst oder entstehen im Zusammenhang mit anderen »Bildern«.

Den einzelnen Sinnesgebieten entsprechend, lassen sich optische (visuelle), akustische (auditive), kinästhetische (motorische), taktile und gustatorische (Geschmacks-)V. und gemischte V. unterscheiden.

In der *Psychologie* spielen V.sakte beim Problemlösen und Denken eine Rolle, indem Zeichen oder Begriffe in der V. verbunden, damit anschaulich werden und somit den Rückbezug zur konkreten Wirklichkeit ermöglichen.

In der *Philosophie* werden zum einen der Akt des Vorstellens, zum anderen das Vorgestellte als Gegenstand materieller oder geistiger, singulärer oder genereller Art unterschieden und vom Gedanken und Begriff v.a. durch das Moment der sinnlichen Anschauung abgegrenzt. Im weiteren Sinne ist jeder auf ein intendiertes (reales oder irreales) Objekt bezogene, relativ geschlossene Bewußtseinsinhalt eine Vorstellung.

Theorien über die V. haben in Philosophie (J. Locke, D. Hume, G. W. Leibniz, J. F. Herbart) und Psychologie schon vergleichsweise früh eine wichtige Rolle gespielt, um das geistige Leben als Verarbeitung sinnlicher Erfahrung in seinen Prozessen, Gesetzmäßigkeiten und Ordnungsprinzipien zu erklären.

Vorstellungstyp: Menschentyp, bei dem in der Vorstellung (und auch Wahrnehmung) eine bestimmte Sinnesmodalität vorherrscht. Vorstellungstypen sind z.B. der ↑akustische Typ und der ↑motorische Typ.

Vorurteil: Viele Menschen bleiben starr bei einem vorgefaßten Urteil, ohne dieses an der Realität auf seine Richtigkeit zu überprüfen. Sie halten z.B. jeden Schotten für geizig, jeden Italiener für musikalisch und jeden Deutschen für fleißig. Von der Psychologie wurden insbes. diejenigen V.e untersucht, die politische oder rassische Minderheiten betreffen (z.B. Vorurteile gegenüber Farbigen). Dabei interessierte zum einen das Zustandekommen von V.en im Rahmen der Persönlichkeitsentwicklung und zum anderen die Funktion von V.en bei verschiedenen sozialen Gruppen.

Völkerpsychologie: Titelblatt der Zeitschrift »Völkerpsychologie und Sprachwissenschaft«, die Themen aus Anthropologie, Philologie und Psychologie behandelte.

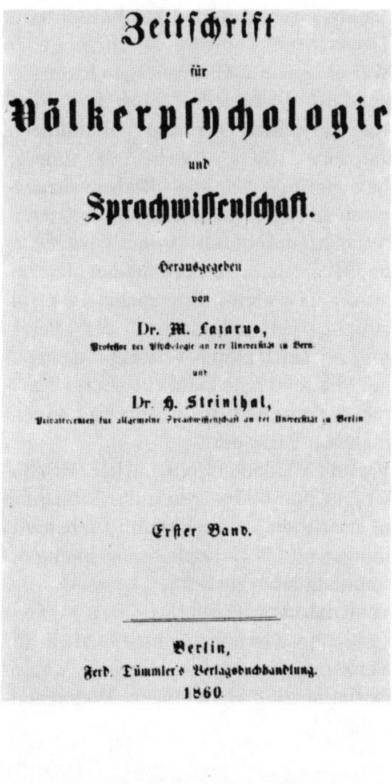
Zeitschrift

für

Völkerpsychologie

und

Sprachwissenschaft.

Herausgegeben

von

Dr. M. Lazarus,

Professor der Psychologie an der Universität zu Bern.

und

Dr. H. Steinthal,

Privatdocenten für allgemeine Sprachwissenschaft an der Universität zu Berlin

Erster Band.

Berlin,

Ferd. Dümmler's Verlagsbuchhandlung.

1860.

V

V.e können auch als sich selbst erfüllende Prophezeiungen wirksam werden. Wer z.B. Juden oder Schwarzen aufgrund seiner V.e ablehnend gegenübertritt, wird mit einiger Wahrscheinlichkeit dann auch im Umgang mit Leuten aus diesem Personenkreis Erfahrungen machen, die ihn in seiner vorgefaßten Meinung bestätigen. Verhängnisvoll kann sich die immer wieder zu beobachtende Erscheinung auswirken, daß ein Individuum, dem man mit einem V. gegenübertritt, dieses V. für sich übernimmt und sein Erleben und Verhalten dann entsprechend ausrichtet.

Voyeurismus (Skopophilie): das v.a. bei Männern auftretende, überwiegende oder ausschließliche Anstreben sexueller Erregung oder Befriedigung durch (zumeist) heimliche Beobachtung körperlicher Nacktheit, Entblößung oder sexueller Handlungen bei anderen. Als alleinige Form der sexuellen Befriedigung gilt der V. als Perversion; ansonsten sind voyeuristische Anteile im Sexualverhalten weit verbreitet. Als Perversion handelt es sich nach S. FREUD (↑Psychoanalyse) um eine mit dem ↑Exhibitionismus eng verbundene, mit Problemen der Geschlechtsidentität und des körperlichen Selbstbilds (Körperschemas) einhergehende Fixierung auf einen isolierten ↑Partialtrieb.

Vp: Abk. für **V**ersuchs**p**erson (↑Proband).

VR: Abk. für ↑**v**irtuelle **R**ealität.

W

Wachsamkeit ↑Vigilanz.

Wachstumsbeschleunigung ↑Akzeleration.

Wächterpunkttheorie ↑Hypnopädie.

Wachtraum (Tagtraum): eine lebhafte Phantasietätigkeit, bei der man sich unwirkliche (meist gewünschte) Erlebnisse in unverhüllter Form vorstellt. Der W. kann positiv lebensgestaltende Wirkung haben, wenn er sich auf zukünftige Ereignisse richtet; bei sehr häufigem Auftreten kann er aber auch Symptom einer psychischen Fehlentwicklung sein.

Wahlforschung ↑Meinungsforschung.

Wahlversuch: Experiment zur Erforschung von psychischen Leistungen (Lernfähigkeit, psychische Leistungsfähigkeit, Abstraktion usw.). Beispiel: Ein Versuchstier wird an das untere Ende eines Y-förmigen Gangs gesetzt. An der Gabelung, dem *Wahlpunkt* (Entscheidungspunkt), muß es sich für den rechten oder linken Gang entscheiden. Durch Belohnung (z.B. Futter) oder Strafe (z.B. leichter elektrischer Schlag) lernt das Tier, eine Richtung zu bevorzugen. – ↑auch Labyrinthversuch.

Wahn: auf krankhafter Grundlage entstandene, durch reale Umwelterfahrungen nicht begründbare, jedoch mit absoluter *subjektiver* Gewißheit erlebte Vorstellung (Wahnvorstellung, Wahnidee), die weder durch andersartige Erlebnisse noch durch logische Argumente korrigierbar ist.

Der Entstehung nach unterscheidet man die aus erschütternden Erlebnissen oder Trugwahrnehmungen hervorgehenden **Wahnideen** und **überwertigen Ideen** (sekundäre Wahnideen; ↑auch fixe Idee) von den **echten** (primären) Wahnideen, die ohne äußere Ursache oder inneren Beweggrund als sog. **Wahnwahrnehmungen** oder **Wahneinfälle** auftreten. Nach ihrem Inhalt lassen sich verschiedene *Wahnformen* unterscheiden (Beziehungs-, Größen-, Eifersuchts-, Verfolgungs-, Versündigungs- oder Verarmungswahn). Durch Verknüpfen einzelner Vorstellungen kann ein ganzes *Wahnsystem* entstehen; in diesem Fall spricht man von **Paranoia.**

W. und W.ideen treten v.a. bei ↑Psychosen auf und bilden sich unter Einnahme neuzeitlicher, zunehmend nebenwirkungsarmer ↑Psychopharmaka häufig erstaunlich rasch zurück.

Wahnsinn: volkstümliche Bez. für Geistes- und Gemütsstörungen, auch für Verwirrtheitszustände, die mit sinnlos erscheinenden Handlungen, Wahnanfällen und v.a. mit Sinnestäuschungen und Trugwahrnehmungen einhergehen.

Wahnvorstellung ↑Wahn.

Wahrheitsdroge (Plauderdroge): volkstümliche Bez. für enthemmende Psychopharmaka, die u.a. die willkürliche Kontrolle des Redeflusses mindern. So entstandene Aussagen dürfen nicht vor Gericht verwendet werden, da nicht sicher festgestellt werden kann, ob sie wirklichen oder nur vorgestellten Begebenheiten entsprechen.

Wahrnehmung: der Prozeß der Informationsgewinnung aus Reizen, die entweder aus der Umwelt *(äußere W.)* oder dem eigenen Körper *(innere W.)* stammen. Die W. läßt sich durch folgende Feststellungen näher charakterisieren: 1. Wir nehmen nur einen kleinen Ausschnitt der physikalischen Signale wahr, leben also in einer von vielen möglichen W.swelten. 2. Selbst diesen wahrgenommenen Ausschnitt der physikalischen Welt bildet unsere W. nicht in gleicher Gestalt ab. 3. Die verhaltenssteuernde Bedeutung (Semantik), die einer W. zukommt, ist aus physikalischen Bedingungen nicht ableitbar.

Es muß davon ausgegangen werden, daß die W.sprozesse eine *Entwicklung* durchlaufen, sich also die W.swelt eines Kindes (je nach Alter) von der W.swelt Erwachsener unterscheidet. Um in der ↑Wahrnehmungsentwicklung gestörte oder von Störungen bedrohte Kinder zu fördern, wurden entsprechende Trainingsprogramme konzipiert. – ↑Wahrnehmungstraining.

Wahrnehmungsentwicklung: Während erwachsene Menschen über ein äußerst differenziertes Wahrnehmungssystem verfügen, welches sie in die Lage versetzt, Informationen aus der Umwelt und aus dem eigenen Körper aufzunehmen und zu verarbeiten, ist diese Fähigkeit bei Kindern – allerdings je nach Alter verschieden – noch weniger gut entwickelt. So fehlt z.B. zumindest im ersten Lebensjahr u.a. noch ein Teil der anatomischen und physiologischen Voraussetzungen für bestimmte Wahrnehmungsleistungen. Allerdings sind schon nach der Geburt einfache Wahrnehmungsfähigkeiten feststellbar (z.B. Schall, Helligkeit, Körperreize).

Aber auch nach der anatomischen und physiologischen Reifung beim älteren Kind unterliegt die Wahrnehmung ständiger Veränderung und Vervollkommnung durch Erfahrungs- und Lerneinflüsse. So verbessert sich z.B. die Fähigkeit, Entfernungen zu schätzen, in den ersten Lebensjahren laufend, bis sie etwa im Alter von 10–12 Jahren den Stand des Erwachsenen erreicht.

Die W. hat unmittelbaren Einfluß auf die Entwicklung anderer Bereiche wie Motivation, Emotionalität und Motorik. Diese wirken wieder auf den Wahrnehmungsprozeß zurück. Ohne die motorischen Aktivitäten des Organismus gibt es keine sensomotorischen Koordinationsleistungen.

Der Zuwachs an sinnlich vermittelter Erfahrung während der kindlichen Entwicklung scheint nicht nur ein quantitativer, sondern auch ein *qualitativer* zu sein. Dies führte z.B. J. S. Bruner dazu, drei aufeinanderfolgende **Stadien der kognitiven Repräsentation** zu unterscheiden: Das Erkennen im ersten, dem sog. *enaktiven Stadium* ist gekennzeichnet durch das handelnde Umgehen mit konkreten Gegenständen der Umwelt. Hier begreift das Kind, was es im ursprünglichen Sinne des Wortes begreift. Später lernt das Kind, selbst wenn es nicht mit Gegenständen hantiert: Mit der Dominanz der Gesichts- und Gehörswahrnehmungen hat es nunmehr das *ikonische Stadium* (bildhaftes Stadium) erreicht. Die ikonische Repräsentation wird bald ergänzt durch das *symbolische Stadium,* das durch die Herausbildung feststehender Begriffe gekennzeichnet ist, die sich von der konkreten ikonischen Repräsentation ablösen lassen und diese überdauern.

Bruners Analyse macht deutlich, daß die W. nicht zu trennen ist von der

W

kognitiven Entwicklung überhaupt. Diese Auffassung hat schon in der Vergangenheit – so z.B. bei der Betonung der Rolle der Anschauung für Lehr-lern-Prozesse – zu wichtigen Impulsen innerhalb der Pädagogik und Didaktik geführt.

Wahrnehmungspsychologie (Sinnespsychologie): Bereich der Allgemeinen Psychologie, der sich damit beschäftigt, Wahrnehmungsleistungen zu beschreiben und zu erklären. Insbes. interessieren die Zusammenhänge zwischen den objektiven (physikalischen) Eigenschaften des wahrzunehmenden Objekts oder Sachverhalts sowie den physiologischen Bedingungen der Wahrnehmung und den dabei feststellbaren psychischen Phänomenen.

Wahrnehmungstäuschung: psychischer Effekt, bei dem subjektiv Wahrgenommenes nicht mit der objektiven (Reiz)gegebenheit übereinstimmt. W.en sind in allen Sinnesbereichen möglich. Am auffälligsten sind die ↑optischen Täuschungen.

Wahrnehmungstraining: Eine enge Beziehung von Wahrnehmungsprozessen und kognitiven Prozessen im engeren Sinne (z.B. Denkprozessen) ist theoretisch zu erwarten und auch empirisch belegt. In Untersuchungen zur Wahrnehmungsleistung von Kindern erhält man in der Regel bedeutsame korrelative Zusammenhänge mit Intelligenztestwerten. Darum liegt die Idee nahe zu versuchen, mit Hilfe von W.sprogrammen kognitives Lernen zu fördern. Dabei ist einerseits an die Vorbeugung von Lernbehinderungen zu denken (z.B. Einsatz von Programmen bei Vorschulkindern und Kindern in den ersten Schuljahren), andererseits an die Möglichkeit einer Reduzierung bestehender Lernbehinderungen oder Lernstörungen, bei denen Wahrnehmungsstörungen ein wesentliches Verursachungsmoment darstellen (bei Lese- und Rechtschreibschwäche). Ein sehr bekannter Ansatz, der die systematische Schulung der *Differenzierungsfähigkeit aller Sinne* zum Ziel hat, wurde von M. Montessori entwickelt (Montessori-Pädagogik).

Nochmals anders konzipiert sind Übungsprogramme, die auf der Grundlage der Theorie über die ↑Denkentwicklung von J. Piaget stehen. Nicht die Entwicklung der Differenzierungsfähigkeit der Wahrnehmung ist hier das Hauptziel, sondern der *Aufbau kognitiver Strukturen,* die ihrerseits die Art und Weise, wie Sachverhalte wahrgenommen werden, beeinflussen.

Waschzwang (Ablutomanie): unbezähmbares neurotisches Bedürfnis, sich ungewöhnlich häufig (u.U. alle fünf Minuten und mit bes. Zeremoniell) – meist die Hände – zu waschen. – ↑auch Zwang.

Weber-Fechner-Gesetz: die oftmals fälschlich benutzte Bez. für die von E. H. Weber und G. T. Fechner beschriebenen Gesetzmäßigkeiten (↑Fechner-Gesetz). – ↑Weber-Gesetz.

Weber-Gesetz: Bez. für eine erstmals von dem Anatomen und Physiologen E. H. Weber beschriebene Beziehung zwischen den Unterschieden hinsichtlich der Reizintensität und der Unterschiedswahrnehmung (bzw. Unterschiedsbeurteilung). Webers Untersuchungen ergaben, daß der eben noch merkliche Unterschied zwischen zwei Gewichten (ΔS) in einem näherungsweise konstanten Verhältnis zu der Größe des Bezugsgewichts (S) steht. Bei Webers eigenen Messungen ergab sich ein Wert für $\Delta S/S$ von 1/40= 0,025. Dies bedeutet, daß beispielsweise Gewichte von 40g und 41g gerade noch voneinander unterschieden werden können.

Webers Arbeiten wurden v.a. von G. T. Fechner aufgegriffen (↑Fechner-Gesetz, ↑auch Psychophysik). Die empirische Überprüfung des W.-G.es ergab, daß es nur annähernde Gültigkeit besitzt. Die beste Annäherung hat es im Mittelbereich eines Reizkontinuums. – ↑Unterschiedsschwelle.

Wechseljahre (Klimakterium, Klimax): die Zeitspanne, in der bei der Frau die Eierstöcke allmählich die Produktion reifer Eizellen einstellen; in diesen Abschnitt, der meist zwischen dem 45. und dem 55. Lebensjahr, selten wesentlich früher oder später liegt, fällt auch das Auftreten der letzten Periodenblutung (**Menopause**; in westlichen Ländern durchschnittlich mit 50 Jahren) und damit das Ende der Fruchtbarkeit. Als letzte Regelblutung wird im allg. jene bezeichnet, auf die innerhalb eines Jahres keine weitere Blutung mehr gefolgt ist.

Der Verlust der Fruchtbarkeit und Blutungsanomalien entweder in Form des mehrmaligen Aussetzens, der zu häufigen, zu starken oder völlig unregelmäßigen Blutung sind die ersten Anzeichen der nachlassenden Eierstockfunktion; diese Unregelmäßigkeiten sind meist harmlos, können jedoch auch von Erkrankungen der Gebärmutter herrühren. Darüber hinaus treten bei etwa 20% der betroffenen Frauen leichtere und vorübergehende, bei rd. 70% sich oft über Jahre hinziehende vegetative und psychische Symptome auf, die u.a. auf Störungen des hormonalen Gleichgewichts zurückzuführen sind. Sie sind durch die mit Wegfall der Follikelreifung versiegende Östrogenproduktion hervorgerufen. Die Symptome können sehr vielfältig sein, da die Östrogene an der Regulation zahlreicher Prozesse im Körper beteiligt sind. Sinkt der Östrogenspiegel unter ein bestimmtes Niveau, wirkt sich das v.a. auf den Hypothalamus aus. – Körperfunktionen wie Temperaturregulation, Schlaf-Wach-Rhythmus und Blutzusammensetzung können nicht mehr genau reguliert werden. Häufige Symptome sind daher Hitzewallungen, Schweißausbrüche, Schlafstörungen, Schwindel, Herzjagen und Müdigkeit. Psychische Symptome wie z.B. Angstzustände, Reizbarkeit, Konzentrationsschwierigkeiten oder Depressionen können zum einen dieser hormonellen Umstellung zugeordnet werden, zum anderen aber auch Ausdruck einer in diesem Alter häufig eintretenden Identitätskrise *(Midlife-crisis)* sein.

Über die vegetativen Symptome hinaus hat die Abnahme der Östrogenproduktion die allmähliche Rückbildung von Gebärmutter, Scheide und Scham (manchmal von Juckreiz begleitet) sowie der Brustdrüsen zur Folge. Die vermehrte (ebenfalls hormonell bedingte) Trockenheit der Scheide kann zur Abnahme des sexuellen Verlangens führen, ebenso wie eine manchmal einige Jahre nach der Menopause eintretende verminderte Produktion des männlichen Geschlechtshormons Testosteron.

Langfristige Wirkungen der abnehmenden Östrogenproduktion sind die Zunahme des Herzinfarktrisikos, da die Schutzwirkung des Östrogens auf die Gefäßwände und sein Einfluß auf den Cholesterinspiegel weitgehend wegfallen sowie eine Osteoporose (der Schwund des festen Knochengewebes und Vergrößerung der Markräume) durch die Entmineralisierung des Skeletts.

Zur Vorbeugung wird oftmals eine kürzerfristige Östrogengabe (in Kombination mit Gestagenen) in den ersten drei bis fünf Jahren der W. und nach der Menopause verabreicht. Nach allg. Lehrmeinung soll eine Hormontherapie über fünf bis sechs Jahre kein erhöhtes Brustkrebsrisiko nach sich ziehen. Längerfristige (mehr als zehnjährige) Hormontherapie wird nur bei Frauen empfohlen, die bes. gefährdet sind, an Osteoporose zu erkranken oder einen Herzinfarkt zu erleiden. Den für die W. typischen Beschwerden kann durch eine natürliche Lebensweise (Vollwertkost, Meidung von Alkohol und Nikotin, regelmäßige, möglichst in frischer Luft ausgeübte körperliche Betätigung) entgegengewirkt werden; zur Bekämpfung der Hitzewallungen und der Durchblutungsstörungen der Extremitäten haben sich Gymnastik, Schwimmen, Wechselduschen und Wechselbäder als hilfreich erwiesen.

In meist nicht so ausgeprägtem Maße sind die W. auch beim Mann zu beobachten *(Klimakterium virile)*, da auch die Produktion des männlichen Geschlechtshormons im Alter langsam abnimmt. Im 5. und 6. Lebensjahrzehnt kommt es, neben dem Abfall der physischen und psychischen Leistungsfähigkeit, zu (individuell unterschiedlichen) Ausfallserscheinungen; es bilden sich, v. a. im Taillenbereich, größere Fettreserven, die Körperbehaarung schwindet, und bei über 50% der über 45jährigen vergrößern sich die Brustdrüsen (Gynäkomastie).

Werbepsychologie: Die Werbepsychologie ist sowohl bei der Entwicklung neuer Werbekonzepte als auch bei der Kontrolle des Werbeerfolgs gefragt, insbesondere, wenn eine neuartige Werbekampagne mit äußerst provokatorischem Charakter wie die des Bekleidungsherstellers Benetton gestartet wird. Diese Anzeige, die den blutverschmierten Kampfanzug eines erschossenen Kroaten zeigt, löste eine große Protestwelle aus. Benetton hingegen wollte das Bild als ein Signal gegen den Krieg verstanden wissen.

Wechselwirkung:
- im *psychophysischen* Sinne ↑Leib-Seele-Problem.
- in der *Soziologie* das Aufeinanderbezogensein sozialen Handelns als eine der Grundvoraussetzungen für soziale Gebilde.
- in der *Statistik* ↑Interaktion.

Weckamine: Medikamente mit aufputschender, appetitzügelnder Wirkung (Aufputschmittel). – ↑Drogen, ↑Stimulanzien.

Weckreaktion ↑Formatio reticularis.

Wehrpsychologie ↑Militärpsychologie.

weiblich: Geschlecht. – ↑auch Geschlechtsunterschiede, ↑Geschlechterrollen, ↑Frau.

Werbepsychologie: ein Teilgebiet der Wirtschaftspsychologie als Disziplin innerhalb der Angewandten Psychologie. Die W. untersucht theoretisch und praktisch die Wirkungsweise von Werbemitteln in der Wirtschaftswerbung, aber auch in der politischen und weltanschaulichen Propaganda. Zentrale Themen sind die wirkungsvollste Werbungsgestaltung (Aufmerksamkeitserregung, geringe Wiederkehr-Ermüdung sowie Motivdynamik, Produktzentrierung, Einprägungseffekte, Handlungsanstoß) und die Einordnung der Werbung in das Gesamtimage der Produkte oder Institutionen (Imageangleichung, Imageverbesserung, Aufbau einer generellen Rufcharakteristik, d. h. Verfahren, Einstellungen zu bilden oder gezielt zu verändern). Methodisch werden Interviewtechniken und Verhaltensregistrierungen (z. B. in Situationen, in denen Versuchspersonen mit verschiedenen Varianten der Werbung konfrontiert werden), Gruppenbefragungen und projektive Tests wie auch experimentelle Verfahren zur retrospektiven (rückblickenden) und prognostischen (voraussagenden) Kontrolle des Werbeerfolgs eingesetzt.

Werkpsychologie: Bez. für heute innerhalb der Psychologie kaum noch unternommene Versuche, aus Werken bedeutender Personen (z. B. der Kunst, Wissenschaft oder Wirtschaft) Rückschlüsse auf deren Persönlichkeit zu ziehen.

Werkstätten für Behinderte (Abk.: WfB): früher auch als **beschützende Werkstätten** bezeichnete Einrichtungen für psychisch oder geistig behinderte Erwachsene, die wegen der Art und/oder des Ausmaßes ihrer Behinderung auf dem allg. Arbeitsmarkt keine oder noch keine Beschäftigung ausüben oder erlangen können.

Die WfB erfüllen umfassende und längerfristige Rehabilitationsaufgaben, so z.B. die Vermittlung angemessener Berufsbildung für behinderte junge Menschen. Sie sind verpflichtet, ihren behinderten Mitarbeitern neben einem sozialrechtlich abgesicherten Arbeitsplatz auch medizinische, psychologische und soziale Betreuung zu bieten (wozu sie infolge Mittel- und Personalknappheit allerdings meist nur im vorgeschriebenen Mindestumfang in der Lage sind).

In Deutschland müssen WfB gemäß Schwerbehindertengesetz von der Bundesanstalt für Arbeit im Einvernehmen mit den überörtlichen Trägern der Sozialhilfe anerkannt sein. Sie werden als eigenständige Tagesstätten oder im Verbund mit stationären Einrichtungen in einer Industriebetrieben möglichst ähnlichen Struktur geführt. Die rund 380 anerkannten WfB verfügen derzeit über knapp 80000 Trainings- und Arbeitsplätze. Nach heutigen Erkenntnissen wären insgesamt deutlich über 100000 Plätze erforderlich.

Werktherapie: Bez. für jede von psychisch kranken Menschen in voll- oder teilstationären (medizinischen) Einrichtungen gruppenweise ausgeübte Tätigkeit, die der sozialen Förderung dienen soll. – ↑Beschäftigungstherapie, ↑Arbeitstherapie.

Wernicke-Zentrum ↑Sprachzentrum.

Wesensveränderung: meist durch fortschreitende Hirnerkrankungen oder Unfälle bedingte allmähliche Veränderung von Persönlichkeits- bzw. Charaktereigenschaften, wobei die intellektuellen Fähigkeiten weitgehend erhalten bleiben können.

Wetterfühligkeit (Meteorotropismus): eine durch den Einfluß des Wettergeschehens (insbesondere Föhn, Gewitter, Witterungsumschläge) bedingte Beeinträchtigung des psychischen und körperlichen Wohlbefindens, z.T. mit Konzentrations-, Leistungs- und Schlafstörungen.

WfB: Abk. für ↑**W**erkstätten **f**ür **B**ehinderte.

Widerstand: in der ↑Psychoanalyse verwendete Bez. für die meist unbewußte Weigerung einer Person, sich während der Psychotherapie bestimmte psychische Inhalte (z.B. verdrängte Wünsche, Schuldgefühle) bewußt zu machen und sich mit ihnen auseinanderzusetzen. Der W. kann auf verschiedene Weise zum Ausdruck kommen, etwa in Form von Kritik am Therapeuten, Versäumen der Therapiestunde, beharrlichem Schweigen oder auch Reden über Belanglosigkeiten.

Wiederholungszwang: von S. FREUD (↑Psychoanalyse) eingeführter Begriff für die zwanghafte, ohne bewußte Erinnerung erfolgende Wiederholung einer früheren traumatischen Situation, die in verkleideter oder symbolischer Form ausgeführt wird, so daß der Betreffende (neurotisch Erkrankte) immer wieder dieselben leidvollen Erfahrungen macht, ohne sich der ursprünglichen traumatischen Szene bewußt zu werden.

Wiener Schule: Bez. für verschiedene Richtungen und Orientierungen der Tiefenpsychologie. Die von S. FREUD begründete Schule (↑Psychoanalyse) wird in dieser Hinsicht auch als *erste* W. Sch., die auf A. ADLER zurückgehende individualpsychologische Variante (↑Individualpsychologie) als *zweite* W. Sch. und die von V. E. FRANKL u.a. vertretene existenzanalytische Richtung (↑Existenzanalyse) als *dritte* W. Sch. bezeichnet. Als W. Sch. gelten des weiteren der von C. BÜHLER organisierte Forscherkreis bedeutender Kinder- und Jugendpsychologen sowie (seit 1942) eine von H. ROHRACHER begründete, streng naturwissen-

W

schaftlich ausgerichtete Schule der experimentellen Psychologie.

wilde Kinder: Schon sehr alte Überlieferungen berichten von w.n K.n, d.h. verlassenen, ausgesetzten oder auch geraubten Kleinkindern, die – z.B. von Wölfen aufgezogen **(Wolfskindern)** – eines Tages unter die Menschen zurückkehrten. Daneben gibt es auch Berichte, nach denen Kleinkinder bewußt unter isolierenden Bedingungen aufgezogen worden seien, wobei diese Maßnahmen zur Entscheidung bestimmter Sachfragen oder aber aus kriminellen Motiven heraus getroffen wurden.

Will z.B. der Mythos von der Gründung Roms mit der Aufzucht von Romulus und Remus durch eine Wöfin noch die wunderbare Abkunft der Helden unterstreichen oder gelten später w.K. als Unheilsboten (z.B. in einer Meldung über ein 1631 bei Southampton aufgefundenes Kind) und als Objekte höfischer Schaulust, so verdanken sie seit der Aufklärung ihre Aufmerksamkeit einem gelehrten Publikum und einer neu entstehenden Öffentlichkeit für anthropologische und pädagogische Fragen. Daß der Mensch nur im Schoße der Gesellschaft den hervorragenden Platz finden kann, der ihm von der Natur zugedacht ist, und ohne Zivilisation eines der schwächsten und unverständigsten Tiere sei, war beispielsweise die Grundauffassung des Arztes und Pädagogen J. ITARD, die er in einem ersten Gutachten über den Wilden von Aveyron (1797 erstmals gesichtet und später dann gefangen) äußerte. ITARD verteidigte seine Meinung auch dann noch gegen alle Einwände, als die Versuche, den Wilden zu bilden, weitgehend fehlgeschlagen waren.

Besondere Beachtung fand seit dem 19.Jh. das Schicksal des gleichfalls isoliert aufgezogenen KASPAR HAUSER. Bezugnehmend auf ihn spricht man von ↑Kaspar-Hauser-Versuchen, wenn man das Verhalten von isoliert aufgezogenen Tieren studieren will.

Wille: In der traditionellen Psychologie wird als W. meist das Vermögen des Menschen bezeichnet, sich bewußt für (oder gegen) eine bestimmte geistige Einstellung oder Verhaltensweise zu entscheiden. Im Unterschied zur Triebhandlung wird als *W.nshandlung* daher die sich verwirklichende psychische Energie **(W.nskraft)** angesehen, die zwar meist mit einem bestimmten Gefühlston verknüpft ist, sich aber vom ↑Drang oder ↑Trieb (↑auch Antrieb) unterscheidet, da sie bewußt und zielgerichtet (absichtlich) abläuft.

Das gemeinsprachliche wertende Begriffspaar *W.nsstärke* und *W.nsschwäche* (↑Labilität) ist psychologisch nicht definierbar; der Stärkegrad des einer bestimmten W.nshandlung zugeordneten W.ns ist nur indirekt mit Frustrationsexperimenten zu bestimmen.

Die neuere Psychologie zieht an Stelle des vorbelasteten Begriffs W. die Bez. ↑Wollen vor. Dadurch wird das Augenmerk mehr auf die einzelnen und unterschiedlichen psychischen Akte und die Ausführungsversuche des Wollens gelenkt und eine metaphysische Debatte um den begriffsbestimmenden Status des W.ns weitgehend vermieden. In den letzten Jahren verlagerte sich die Forschung, die sich mit dem W.n beschäftigt, mehr und mehr auf das Gebiet der ↑Motivation.

Willensfreiheit: das teils behauptete, teils bestrittene Vermögen des Willens, sich Handlungsziele frei zu setzen oder nach bestimmten (z.B. ethischen, religiösen oder ideellen) Normen zu handeln, unabhängig von äußerem oder innerem Zwang bzw. entsprechender Fremdbestimmung.

Willkürhandlung: Bez. für eine gewollte (beabsichtigte) Handlung (im Unterschied etwa zu einer ↑Instinkthandlung), oftmals ohne Rücksicht auf Werte und ↑Normen; gemeinsprachlich auch Bez. für eine ungerechtfertigte (launenhafte) Handlung.

Wirkwelt/Merkwelt ↑Funktionskreis.

Wirtschaftspsychologie: der Angewandten Psychologie zugehörige Disziplin, die das Verhalten des Menschen in der Wirtschaft (als Produzent und Konsument) untersucht. Im Verbund mit Arbeits-, Berufs- und Betriebspsychologie stellt die W. eine *Psychologie* der *Produktion* dar. Demgegenüber reicht ihr Gegenstandsbereich als *Psychologie* der *Konsumtion* von der Markt- und Absatzforschung über die Werbepsychologie und die Verkaufspsychologie bis hin zur Meinungs- und Einstellungsforschung.

Wissen: In der Psychologie (wie auch in der Pädagogik) werden verschiedene Formen des W.s unterschieden: das W. über Sachverhalte *(deklaratives Wissen),* das sich auf einfache Fakten (z.B. »die Katze ist ein Säugetier«), aber auch auf äußerst komplexe und vernetzte Gegebenheiten (z.B. die Funktionsweise der Leber) beziehen kann; das *prozedurale W.* (das Wissen, auf dem Fertigkeiten wie Fahrradfahren oder das Addieren von Zahlen beruhen); das *Regelwissen* (W. über Strategien zur Bewältigung von Problemsituationen); das *metakognitive W.* (die Reflexion über das eigene Wissen und über die eigenen Handlungen). Mit Hilfe von Wissen vermag ein Individuum nicht nur die Welt zu interpretieren, sondern auch gezielt auf seine Umwelt einzuwirken. Einerseits die Folge von Lernprozessen, bildet W. jedoch auch eine Voraussetzung für Lern-, Denk- und Problemlöseprozesse.
Der W.serwerb ist von kognitiven wie auch von motivierenden Faktoren und sozialen Prozessen abhängig.

Wolfskinder ↑wilde Kinder.

Wollen: die Zielgerichtetheit eines bestimmten Denkens oder Handelns. Dem W. liegen – im Unterschied etwa zur Impulsivität und zu einer sich anschließenden unüberlegten Handlung – bewußte Entscheidungen und Entschlüsse zugrunde. – ↑auch Wille.

Wortblindheit: Form der ↑Alexie.

Wortschatztest: Test zur Überprüfung des Wortschatzes eines Probanden, dessen Ergebnis z. T. als Indikator für die Intelligenz der jeweiligen Person gewertet wird. Auch die jüngste Version des ↑Hamburger-Wechsler-Intelligenztests für Kinder (HAWIK-R) enthält einen Wortschatztest.

Wissen

Wundt-Serviettenringfigur ↑Serviettenringtäuschung.

Wunsch: der mit der Vorstellung eines begehrten Objekts verbundene Drang nach dessen Erlangung. – Als **W.denken** wird die Neigung bezeichnet, Beurteilungen und Erwartungen nicht an der (objektiven) Realität, sondern an der (subjektiven) Idealität zu orientieren.

W

Würzburger Schule: eine von O. KÜLPE begründete Richtung der Psychologie, die sich in Forschung und Theorie insbes. mit Denk-, Urteils- und Willensprozessen unter Anwendung der Methoden der Introspektion befaßte. Gegenüber der Assoziationspsychologie (↑Assoziation) wandten die Vertreter der W. Sch. im Hinblick auf die Erklärung von Denkvorgängen ein, daß Assoziationen sich richtungslos nach allen Seiten ausbreiten würden (»man käme vom Hundertsten ins Tausendste«), Denken demgegenüber entsprechend seiner Funktion unter dem Einfluß einer ↑determinierenden Tendenz stünde. Weitere Hauptvertreter der W. Sch. waren N. K. ACH, K. BÜHLER, E. DÜRR, K. MARBE, A. MESSER und O. SELZ.

Y

Yoga: sehr altes Meditationssystem des Hinduismus und Buddhismus mit dem Ziel, die Psyche in einen Zustand der »Bewußtseinsferne« (jenseits weltlicher Belange) zu führen. Dabei bedient sich der **Yogi** (Bekenner des Y.) verschiedener Techniken, z.B. einer bestimmten Körperhaltung, der Beherrschung des Atmungsvorgangs, der geistigen Konzentration, der »Versenkung« des Ichs oder der Enthaltsamkeit (Fasten, Keuschheit). Im Y. gibt es mehrere Schulrichtungen: Der *Hatha-Y.* (Anstrengungs-Y.) betont die körperlichen Übungen, der *Karma-Y.* (Y. der Tat) die sittlichen Werte, der *Radscha-Y.* (Königsweg-Y.) die intuitive Einsicht. Vom religiösen Hintergrund losgelöst, hat Y. heute in der westlichen Zivilisation als Entspannungstechnik eine gewisse Bedeutung erlangt.

Yoga: Hatha-Yoga-Übung

Z

Zählzwang (Arithmomanie): krankhafter Zwang, immer wieder Zählungen vorzunehmen (z.B. von Treppenstufen, Büchern im Regal). Unterbleibt die Zählung, tritt Angst auf. – ↑auch Zwang.

Zeichenerkennung ↑Signaldetektion.

Zeichensprache: eine Sprache, die sich der Hände und Gesten bedient und mit deren Hilfe sich stumme oder weitgehend sprechunfähige Menschen miteinander verständigen können. – ↑auch Fingerzeichensprache, ↑Taubstummensprache.

Zeichentests: den ↑projektiven Tests zugehörige Gruppe psychodiagnostischer Verfahren, die meist bei Kindern und Jugendlichen angewandt werden und bei denen die Testperson bestimmte Motive, Situationen oder Szenen (mitunter im Rahmen entsprechender Vorgaben) zeichnerisch frei gestalten soll. Gegen die Z. müssen erhebliche (statistische) Einwände im Hinblick auf ↑Objektivität, ↑Reliabilität und ↑Validität geltend gemacht werden.

Zeigarnik-Effekt ↑Gedächtnis.

Zeit: In der *Psychologie* steht das **Z.erleben** im Vordergrund: als Erinnerung (Vergangenheit), momentanes Denken und Handeln (Gegenwart) oder als Planung und Erwartung (Zukunft). Die Z. wird nicht als kontinuierlich empfunden. Die kleinste wahrnehmbare *Z.einheit* ist das sog. psychische Moment. Bei der *Z.schätzung* kommt es wesentlich auf das jeweilige Aktivierungsniveau des Organismus an. Eine Niveauerhöhung führt zur Unterschätzung der objektiven (chronometrischen) Zeit, geringe Motivation für aktuelles Geschehen (↑Langeweile) oder hohe Motivation für eine zukünftige Tätigkeit bei augenblicklicher Untätigkeit (Warten) zur Überschätzung.

Z.täuschungen entstehen besonders beim Vergleich von rhythmisierten (»betonten«) und unrhythmisierten (»unbetonten«) Z.strecken, wobei letztere kürzer erscheinen.

Massive *Beeinträchtigungen* des *Z.erlebens* treten häufiger im Zusammenhang mit ↑Psychosen oder physiologischen und psychischen Ausnahmesituationen (z.B. unter Drogeneinfluß) auf.

Zeichentests: Aus der Art, einen Baum zu zeichnen, wird auf bestimmte Eigenschaften geschlossen.

Zen-Meditation: Die Z.-M. ist eine aus dem Buddhismus entstandene Form der Meditation mit dem Ziel, den Zustand der »Erleuchtung« (»satori«) zu erfahren. Die Z.-M. wird in typischer Körperhaltung *(Lotussitz)* bei vertiefter Konzentration auf das Zentrum der psychischen Energie im Unterleib *(Hara)* und kontrolliertem Atem durchgeführt. Nach dem Beherrschen der Atemübungen soll sich der Zen-Schüler unter Anleitung seines Meisters ganz auf paradoxe, unauflösbare Sachverhalte **(Koan)** konzentrieren, wobei es oft zu dramatischen Formen ungewohnter Realitätswahrnehmung kommt.

Zensur:

◆ Bewertungsbez. für (schulische) Leistungen. Z.en sind entweder Ergebnisse von (subjektiven) Schätzurteilen des Lehrers über schriftliche und mündliche Leistungen oder von standardisierten (und damit objektiveren) Schulleistungstests. Die Z.enfestlegung kann *lernzielbezogen* (in bezug auf die Anforderungen) oder *gruppenbezogen* (in bezug auf eine Gruppe, meist die Klasse) erfolgen. Z.en können dem Lehrenden Aufschluß über die Effektivität seiner Unterrichtsarbeit geben und den Lernenden über den Erfolg oder Mißerfolg seiner Leistung informieren *(Kontroll- und Informationsfunktion).* Z.en werden zu Entscheidungen über Versetzung oder Nichtversetzung, Wahl des Ausbildungsweges und Hochschulzulassung herangezogen *(Berechtigungs- und Auslesefunktion).* Mit Z.en kann auch eine bestimmte erzieherische Absicht verbunden sein, z.B. Lob und Tadel *(pädagogische Funktion, Anreiz- und Disziplinierungsfunktion).*

Obwohl gegen die übliche Z.engebung eine Vielzahl methodischer Bedenken erhoben wurde und ihr pädagogischer Wert, nicht zuletzt wegen des mit den Z.en verbundenen psychischen Drucks auf die Schüler, umstritten ist, stellt die Z. doch das wichtigste Beurteilungsinstrument der Lehrer dar. – ↑auch Schulangst.

◆ die Überwachung von Meinungsäußerungen (z.B. in Presse, Film, Hörfunk, Fernsehen, Literatur, Kunst, Theater) durch die in einem politischen Machtbereich herrschende Klasse, Partei oder Staatsführung, um nichtkonforme oder unkontrollierte Meinungsbildung in der Bevölkerung zu verhindern bzw. die Meinung der Bürger in einseitiger Weise zu beeinflussen. In totalitären oder autoritär regierten Staaten ist Z. ein Mittel der Unterdrückung.

◆ in die *Psychoanalyse* von S. FREUD eingeführte Bez. eines traumentstellenden Mechanismus, der als eine Art selektive Schranke verhindert, daß verdrängte Regungen des Es zum Ich gelangen bzw. bewußt werden. In späteren Schriften brachte FREUD die Funktion der Z. mit den Funktionen des Ich und des Über-Ich (Ichzensor = Gewissen) in Zusammenhang.

Zentile: andere Bez. für ↑Perzentile.

zentrale Tendenz: Grundbegriff der ↑Statistik, der durch die ↑Maße der zentralen Tendenz in Zahlen ausgedrückt wird. – ↑auch Abweichung.

Zentralnervensystem (Abk.: ZNS), ↑Nervensystem.

Zentralwert ↑Maße der zentralen Tendenz.

Zentrenlehre ↑Lokalisationslehre.

zerebrale Lähmung: durch Ausfallerscheinungen des Gehirns (Verletzungen, Mangeldurchblutungen) verursachte Bewegungsunfähigkeit der Gliedmaßen, obwohl die Muskulatur und auch die zu- und ableitenden Nervenbahnen intakt sind.

Zerebralisation (Zerebration, Enzephalisation, Kephalisation): die Ausbildung des ↑Gehirns im Lauf der Stammesgeschichte durch Konzentration von Nervenzellen (Neuronen) bzw. Nervengewebe in der vorderen Körperregion im Zusammenhang mit einer Anhäufung von Sinnesorganen an einem immer deutlicher sich ausdifferenzierenden Kopf.

Die Z. betrifft beim Menschen v. a. diejenigen Gebiete des Großhirns, die für die höheren intellektuellen Fähigkeiten von Bedeutung sind, so bes. das Stirnhirn, das allein 30% der Gehirnoberfläche ausmacht. Mit ihren funktionellen Korrelationen ist die Kombination von aufrechter Körperhaltung, Freisetzung der ↑Hand und Z. die Basis der ↑Hominisation. – ↑auch Mensch.

Zerebrotoniker: von W. H. SHELDON als ein regsamer, wenig zu Entspannung, sondern vielmehr zu Reaktionsbereitschaft und Reizbarkeit neigender und zugleich gefühls- und ausdrucksgehemmter, im zwischenmenschlichen Kontakt zurückhaltender und gesellschaftlich schwieriger Verhaltenstyp charakterisiert, der in SHELDONS Konstitutionssystem mit dem ektomorphen Körperbautyp korreliert. – ↑auch Konstitution.

Zerstörungstrieb ↑Destruktionstrieb.

Zeugenaussage ↑Aussagepsychologie.

Zielanalyse: Folge einer ↑Situationsanalyse, mit deren Hilfe die problemlösende Person versucht, eine Antwort auf die Frage »Was ist eigentlich für die Erreichung des Ziels (und was nicht) erforderlich?« zu erlangen. Die Z. kann eine Änderung der Problemsicht nach sich ziehen. – ↑auch Umstrukturierung.

zielerreichendes Lernen (Mastery Learning): Auf B. S. BLOOM zurückgehende Auffassung, der zufolge sich unzureichende Lernergebnisse weitgehend durch die Bedingungen erklären lassen, die derzeit in dem bestehenden Schulsystem vorherrschen. Danach bewirken gleiche Lernzeiten und gleichartiger Unterricht für alle Schüler, daß nur relativ wenige Schüler (nämlich die schnelleren) die Chance haben, die angestrebten Lernziele optimal zu meistern. Die Konzeption des zielerreichenden L.s sieht nun vor, daß zunächst in kürzeren Abständen mit Hilfe lehrzielorientierter Tests die Lerndefizite einzelner Schüler ermittelt werden, die dann durch zusätzliche Unterrichtsangebote oder alternative methodische Varianten ausgeglichen werden, so daß der betreffende Schüler die gleichen Lernvoraussetzungen für die nächste Unterrichtseinheit besitzt wie seine Klassenkameraden.

In der Mehrzahl der bisherigen Vergleichsuntersuchungen wurden mit einem Unterricht nach der Strategie des zielerreichenden L.s signifikant höhere Lernergebnisse erzielt als bei einem konventionellen Unterricht. Die Hypothese, wonach bei der Praktizierung einer Strategie des zielerreichenden L.s eine bedeutende – im Idealfall gegen Null strebende – Verringerung der Streuung der Schulleistungsmeßwerte eintreten soll, konnte nur in wenigen Fällen bestätigt werden. Ungeachtet dessen stellt die Konzeption BLOOMS eine anregende Alternative zu Deutungen schulischen Mißerfolgs dar, welche diesen einseitig mangelnden Fähigkeiten der Schüler zuschreiben.

Zieltapping ↑Tapping-Test.

Zirbeldrüse (Epiphyse): am Zwischenhirn hängende zapfenförmige Ausstülpung, die sich auf das Scheitelauge bei niederen Wirbeltieren zurückführen läßt. Sie schüttet das Hormon *Melatonin* aus, das zusammen mit anderen Hormonen die vorzeitige Geschlechtsreife bei Kindern verhindert. Die Entfernung der Z. bei Kindern führt daher zur geschlechtlichen Frühreife. Möglicherweise regelt sie auch den Tag-Nacht-Rhythmus sowie andere Abfolgen im ↑zirkadianen Rhythmus.

zirkadiane Rhythmik (biologische Uhr, Biorhythmus, Chronobiologie, innere Uhr, physiologische Uhr): etwa 24 Stunden währende (»zirkadiane«), in jüngerer Zeit v.a. beim Menschen untersuchte Form der ↑Rhythmik. Wichtige Tagesrhythmen beim Menschen sind der Schlaf-Wach-Rhythmus, der Aktivitätszyklus und damit eng verbunden Nahrungsaufnahme- und Trinkrhythmus, der Körpertemperaturrhythmus sowie endokrine Rhythmen. Bedingt durch diese sowie andere physiologische Vorgänge, ändert sich im Tagesverlauf auch das allg. Leistungsvermögen.

Als Grundprinzip wird ein rhythmisch arbeitender, autonomer physiologischer Mechanismus auf zellulärer Ebene angenommen, der über sog. äußere und innere »Zeitgeber« arbeitet.

Wie Versuche in völliger Abgeschlossenheit vom natürlichen Wechsel zwischen Hell und Dunkel gezeigt haben, pendelt sich der Mensch unter solchen Bedingungen auf einen anderen, etwa 25stündigen Rhythmus ein, so daß der Organismus die physiologische Uhr selbst steuert und diese dann über äußere Faktoren mit der »Umweltzeit« synchronisiert wird.

Welche »Zeitgeber« die z.R. im einzelnen auf Zellebene regeln, ist noch weitgehend ungeklärt.

Bedeutung hat die z.R. neben Aussagen über allg. Leistungsfähigkeit für die Medizin und für die Neuregulierung der physiologischen Uhr im Zusammenhang mit der durch Transatlantikflüge eintretenden Zeitverschiebung. Abb. S. 452.

Zivilisation ↑Kultur.

ZNS: Abk. für **Z**entral**n**erven**s**ystem. – ↑Nervensystem.

Zöllner-Täuschung: eine optische Täuschung, bei der parallele Linien als nichtparallel erscheinen, wenn sie von schräg verlaufenden Linien gekreuzt werden.

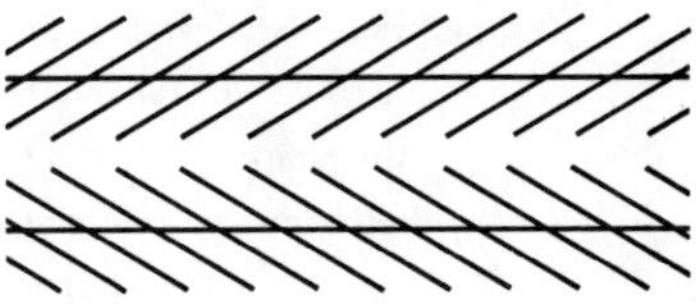

Zone der aktuellen Entwicklung: auf L. S. Wygotskij (↑kulturhistorische Schule) zurückgehende Bez. für den aktuellen Stand in der ↑Entwicklung eines Kindes.

Zone der nächsten Entwicklung: auf L. S. Wygotskij (↑kulturhistorische Schule) zurückgehende Bez. für die Entwicklungsmöglichkeiten, die sich einem Kind aufgrund seines aktuellen Entwicklungsstandes bieten. – ↑auch Entwicklung.

Zoophobie: auf Tiere (z.B. auf Spinnen) bezogene Form der ↑Phobien, die meist mit Hilfe von Methoden der ↑Verhaltenstherapie behandelt wird.

Zuordnungsstrategien: eine Form diagnostischer Entscheidungen. – ↑Tests.

Zurechnungsfähigkeit (Schuldfähigkeit): Die strafrechtliche Verantwortung eines Menschen wird danach beurteilt, ob er in der Lage ist, das eigene Handeln frei zu bestimmen und etwaige Folgen vorauszusehen. Demgemäß werden nach dem dt. Strafgesetz geistig und seelisch Gestörte sowie Personen, die unter Bewußtseinsstörungen strafbare Handlungen begehen, als *zurechnungsunfähig* bzw. nach dem heutigen Sprachgebrauch als *nicht* oder *vermindert schuldfähig* betrachtet. Ebenso sind Kinder unter 12 Jahren nicht und Jugendliche bis 18 Jahre nur bedingt schuldfähig.

Z

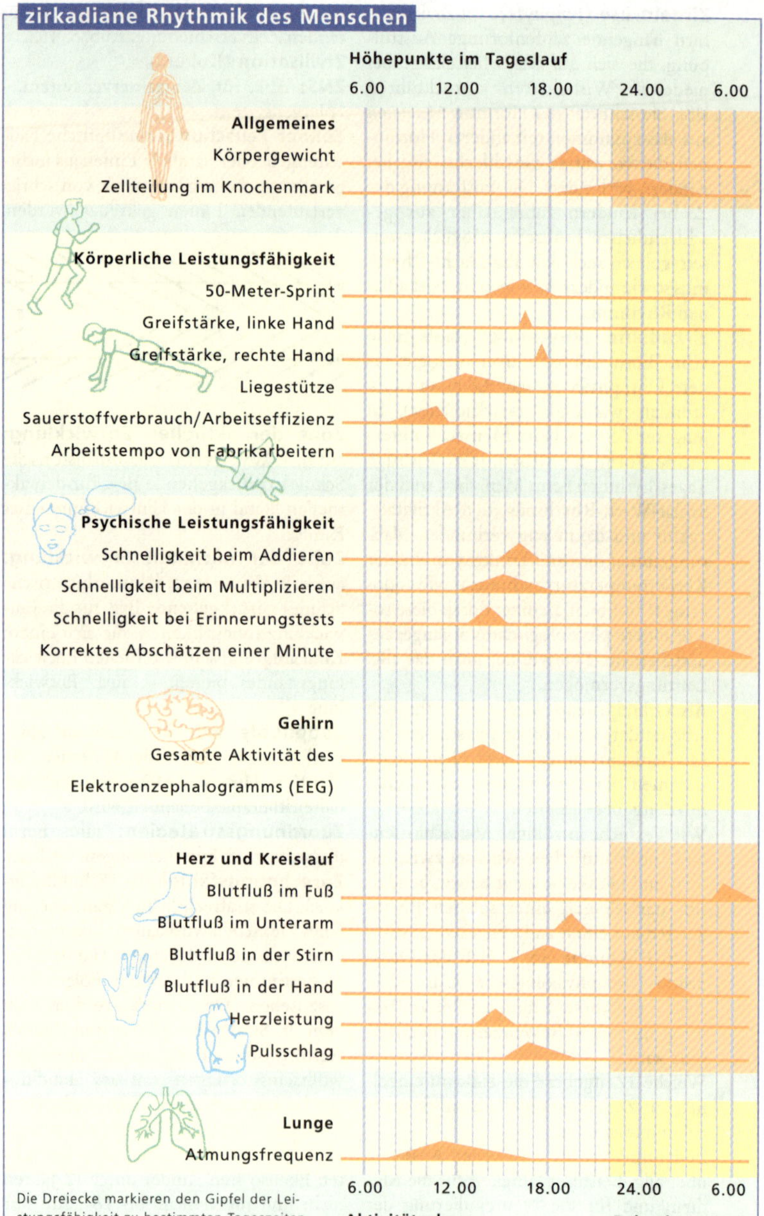

Die Dreiecke markieren den Gipfel der Leistungsfähigkeit zu bestimmten Tageszeiten

Zustandsangst (State-anxiety): im Unterschied zur ↑Eigenschaftsangst eine Angst, die sich auf konkrete Gegebenheiten bezieht und mit diesen wieder verschwindet.

Zuverlässigkeit ↑Reliabilität.

Zuverlässigkeitskoeffizient ↑Reliabilitätskoeffizient.

Zwang:
- jeder äußere Einfluß, der das Denken und Handeln eines Menschen gegen seinen Willen bestimmt oder beherrscht.
- in der *Psychopathologie* Bez. für das immer wiederkehrende Phänomen, von Vorstellungen (*Z.vorstellungen* bzw. *Obsessionen*), Gedanken, Gefühlen oder Impulsen beherrscht zu werden, um (z.T. ritualisierte) *Z.shandlungen* ausführen zu müssen. Solche Zwänge (z.B. Waschzwang, Ordnungszwang, Zählzwang, Geltungszwang) werden von den Betroffenen selbst als unsinnig, fremdartig und v.a. mit ihrem Ich-Ideal nicht vereinbar beurteilt. Es scheint ihnen, als drängten sich die Z.serscheinungen, die trotz bewußter Bekämpfung auftreten und nicht verdrängt werden können, von innen auf. Völlige Übereinstimmung hinsichtlich der Ursachen besteht nicht, doch gilt als sicher, daß bestimmte Umweltbeeinflussungen (z.B. extreme Sauberkeitserziehung, willkürliche Bestrafungen, strenge religiöse Erziehung) eine entscheidende Rolle für die Entstehung von Zwängen spielen. Zwänge (im klinischen Sinne) können sowohl als singuläre psychische Störung (↑Zwangsneurose) wie auch als Begleitsymptom von Neurosen, Psychosen und hirnorganischen Erkrankungen auftreten.

Zwangsneurose: Bez. für die durch Symptome des ↑Zwangs (Zwangsgedanken, -impulse oder/und -handlungen) gekennzeichnete Form einer Neurose mit oft chronischem Verlauf und zusätzlichen Symptomen (v.a. überzogene Gewissenhaftigkeit, übertriebene Schuldgefühle, erhöhte Gefühlsambivalenz sowie schwaches Entscheidungsvermögen).
Nach psychoanalytischer Auffassung sind Z.n auf frühkindliche Konflikte bzw. Beeinflussungen zurückzuführen und beruhen auf unvollständiger Bearbeitung sexuell getönter oder aggressiver Triebregungen.

zweites Gesicht: die nach volkstümlichem Verständnis manchen Menschen zugeschriebene »Gabe«, Personen und Vorgänge außerhalb der zeitlichen und räumlichen Wirklichkeit visionär zu erkennen. – ↑auch Vision.

Zweiwortsätze ↑Einwortsätze.

Zwillingsforschung: spezielles (vorwiegend humangenetisches) Forschungsgebiet, in dem untersucht wird, ob und wieweit Merkmalsunterschiede (in physischer wie auch psychischer Hinsicht) erbbedingt oder auf Umwelteinflüsse zurückzuführen sind. Die Z. wurde von F. Galton (↑Humangenetik) begründet, der v.a. psychische Merkmale untersuchte, da es ihm bes. auf den Nachweis der Erblichkeit von Talent und Charakter ankam. – ↑auch Anlage-Umwelt-Problematik.

Zwischenhirn: der aus ↑Thalamus und ↑Hypothalamus bestehende Teil des Gehirns.

Zwitter ↑Hermaphrodit.

zykloid: die Symptome einer bipolaren (»manisch-depressiven«) Erkrankung in leichterem Grade zeigend (besonders im Grenzbereich zwischen Zyklothymie und Psychose).

Zyklothymie: Bez. in der Typologie E. Kretschmers (↑Konstitution) für das dem pyknomorphen Körperbau zugeordnete Temperament, das zur manisch-depressiven Erkrankung disponieren soll. – ↑auch Manie, ↑Depression.

Adler, Alfred: *Rudolfsheim b. Wien 1870, † Aberdeen 1937; österr. Psychiater und Psychologe, Begründer der Individualpsychologie.

Allport, Gordon Williard: *Montezuma 1897, † Cambridge, Massachusetts, 1967; amerikan. Psychologe, entwarf u. a. einflußreiche Theorien zur Persönlichkeitsforschung.

Aristoteles: *Stagira (östl. Chalkidike) 384 v. Chr., † Chalkis (Euböa) 322 v. Chr.; griech. Philosoph, steht mit seiner Schrift »Über die Seele« am Anfang der abendländ. Psychologie. Er unterschied drei Stufen der Seele, die vegetative (Wachstum), die sensitive (Empfindung) und die intellektuelle (Bewußtsein); im Menschen finden sich alle drei Stufen, in Pflanzen nur die erste, in Tieren die ersten beiden.

Balint, Michael: *Budapest 1896, † London 1970; ungar Arzt und Psychoanalytiker, begründete die Balint-Gruppen.

Bandura, Albert: *Mundare 1925; amerikan. Psychologe kanadischer Herkunft, Beiträge zur Lerntheorie.

Bender, Hans: *Freiburg 1907, † ebd. 1991; dt. Psychologe, Begründer der Parapsychologie in Deutschland als Wissenschaft.

Bettelheim, Bruno: *Wien 1903, † Silver Spring, Maryland, 1990; amerikan. Psychologe österr. Herkunft, Beiträge zur Psychologie und Therapie gestörter (insbes. autistischer) Kinder und der Sozialpsychologie.

Binet, Alfred: *Nizza 1857, † Paris 1911; frz. Psychologe, Beiträge zur Intelligenzforschung, bes. bei Kindern (Binet-Simon-Tests).

Bleuler, Eugen: *Zollikon bei Zürich 1857, † ebd. 1939; schweizer. Psychiater, führte u. a. die Begriffe Schizophrenie und Tiefenpsychologie ein.

Bowlby, John: *1907, † Isle of Skye 1990; brit. Psychiater und Psychoanalytiker, befaßte sich, anknüpfend an R. Spitz, mit der Bedeutung menschlicher Bindung und dem Einfluß früher Mutterentbehrung auf Entwicklung und geistig-seelische Gesundheit des Menschen.

Brentano, Franz: *Marienberg bei Boppard 1838, † Zürich 1917; Philosoph, Vertreter der »Aktpsychologie«.

Breuer, Josef: *Wien 1842, † ebd. 1925; österr. Internist, untersuchte zusammen mit S. Freud den psychologischen Ursprung von Neurosen.

Bühler, Charlotte: *Berlin 1893, † Stuttgart 1974; dt. Psychologin, Beiträge zur Kinder- und Jugendpsychologie, Wegbereiterin der humanistischen Psychologie.

Bühler, Karl: *Meckesheim 1879, † Los Angeles, Kalifornien, 1963; dt. Psychologe, als Vertreter der Würzburger Schule arbeitete er insbes. über die Denk- und Willenspsychologie.

Carus, Carl Gustav: *Leipzig 1879, † Dresden 1869; dt. Arzt, Philosoph, Psychologe und Maler, u. a. Beiträge zur Ausdruckspsychologie (Physionomik), führte als erster den Begriff des Unbewußten in die Psychologie ein.

Charcot, Jean-Martin: *Paris 1825, † Lac de Settons 1893; frz. Neurologe, behandelte hysterische Erkrankungen unter Hypnose.

Darwin, Charles: *Shrewsburg 1809, † Down 1882; brit. Naturforscher, begründete die moderne Evolutionstheorie (Deszendenztheorie).

Descartes, René: *La Haye 1596, † Stockholm 1650; frz. Philosoph, ging davon aus, daß zwischen Leib (Körper) und Seele (Geist) eine substantielle Trennung besteht (Leib-Seele-Problem).

Dilthey, Wilhelm: *Biebrich (heute zu Wiesbaden), † Seis bei Bozen 1911; dt. Philosoph, stützte die Untersuchung psychologischer Phänomene auf mit- und nachvollziehendes Verstehen (Verstehende Psychologie).

Dürckheim, Karlfried Graf: *München 1896, † Todtmoos 1988; dt. Psychologe, Vertreter der transpersonalen Psychologie.

Durkheim, Émile: *Épinal 1858, † Paris 1917; frz. Soziologe, nach seinen

Untersuchungen ist individuelles Handeln wesentlich von den Regeln und Vorstellungen (Normen) des gesellschaftlichen Lebens geprägt und beeinflußt.

Ebbinghaus, Hermann: *Barmen (heute zu Wuppertal) 1850, †Halle/Saale 1909; dt. Psychologe, u.a. erste experimentelle Erforschung von Lernen und Gedächtnis.

Eccles, Sir John Carew: *Melbourne 1903; austral. Physiologe, erforschte Nerven-, Gehirn- und Rückenmarksfunktionen und erkannte die Bedeutung der Ionenströme für die Erregungsübertragung an den Synapsen.

Eysenck, Hans Jürgen: *Berlin 1916; brit. Psychologe dt. Herkunft, v.a. Beiträge zur Persönlichkeitsforschung (z.B. den Eigenschaften der Introversion und Extroversion) und Verhaltenstherapie.

Fechner, Gustav Theodor: *Groß Särchen (bei Hoyerswerda) 1801, †Leipzig 1887; dt. Physiker, Psychologe und Philosoph, begründete die Psychophysik (Fechner-Gesetz).

Fichte, Johann Gottlieb: *Rammenau (bei Bischofswerda) 1762, †Berlin 1814; dt. Philosoph, verstand das Ich nicht als ein »substantielles Ding«, sondern als ein dynamisches Prinzip, das sich in Handlung vollzieht und verwirklicht.

Frankl, Viktor Emil: *Wien 1905; österr. Psychotherapeut, Begründer der Existenzanalyse und Logotherapie.

Freud, Anna: *Wien 1895, †London 1982; brit. Psychoanalytikerin österr. Herkunft, Tochter S. FREUDS, befaßte sich mit der Theorie der Abwehrmechanismen und begründete die Kinderpsychoanalyse.

Freud, Sigmund: *Freiberg, Mähren (heute Příbor) 1856, †London 1939; österr. Arzt und Psychologe, Begründer der Psychoanalyse, beschäftigte sich auch mit der Traumdeutung, der Psychologie des Alltagslebens und der Fehlhandlungen; hatte großen Einfluß auf die Entwicklung der Psychologie und Medizin, aber auch der Anthropologie, Philosophie, Kunst und Literatur.

Fromm, Erich: *Frankfurt 1900, †Muralto bei Locarno 1980; amerikan. Psychoanalytiker und Schriftsteller dt. Herkunft, entwickelte eine psychotherapeutische Methode, die sich vorwiegend auf die Verschmelzung von Psychoanalyse und marxistischer Soziologie stützt, Kritiker von S. FREUD.

Gall, Franz Joseph: *Tiefenbronn bei Pforzheim 1758, †Montrouge 1828; dt. Mediziner, Begründer der Phrenologie.

Galton, Francis: *Birmingham 1822, †London 1911; brit. Naturforscher und Schriftsteller, Vetter von C. DARWIN, begründete die Zwillingsforschung; ging von der Erblichkeit einer Reihe von Begabungen aus, beeinflußte stark die von ihm so benannte Eugenik.

Hegel, Georg Wilhelm Friedrich: *Stuttgart 1770, †Berlin 1831; dt. Philosoph, befaßte sich im Rahmen eines umfassenden philosophischen Systems mit der Entwicklung und den Erscheinungsformen des seelischen und des geistigen Lebens.

Helmholtz, Hermann von: *Potsdam 1821, †Charlottenburg 1894; dt. Mediziner, Physiologe und Physiker, Experimente zur Nerventätigkeit, zur Farbwahrnehmung und zum Sehen und Hören.

Herder, Johann Gottfried: *Mohrungen 1744, †Weimar 1803; dt. Schriftsteller, Philosoph und Theologe, Beiträge zur Eigenart und zu den Erscheinungsformen von Sprache und Kultur sowie zur Anthropologie und Völkerpsychologie.

Hofstätter, Peter Robert: *Wien 1913, †Buxtehude 1994; österr. Psychologe, vertrat eine empirisch und experimentell exakt arbeitende Psychologie.

Hume, David: *Edinburgh 1711, †ebd. 1776; schott. Philosoph, forderte eine streng empirische Psychologie. Der menschliche Geist kann nur die eigenen Vorstellungen erkennen; daher ist das »Ich« nichts anderes als ein Bündel von Vorstellungen.

Husserl, Edmund: *Proßnitz 1859, †Freiburg im Breisgau 1938; dt. Philosoph, Begründer der phänomenologischen Psychologie, entwickelte eine Lehre von der Lebenswelt, die der einfachste Typ der menschlichen Orientierung sei.

Jaensch, Erich Rudolf: *Breslau 1883, †Marburg 1940, dt. Psychologe, entdeckte das eidetische Phänomen (Eidetik) bei Kindern und Jugendlichen.

James, William: *New York, New York 1842, †Chocorua, New Hampshire 1910; amerikan. Philosoph und Psychologe, nahm an, daß alle seelischen Aktivitäten des Menschen, von den Sinnesempfindungen bis zum Selbstbewußtsein, ein einheitliches Kontinuum, einen Bewußtseinsstrom, bilden.

Janet, Pierre: *Paris 1859, †ebd. 1947; frz. Psychologe, beschrieb ausführlich die Hysterie und als erster die Psychasthenie.

Janov, Arthur: *1924; amerikan. Psychologe, begründete die Primärtherapie.

Jaspers, Karl: *Oldenburg 1883, †Basel 1969; dt. Psychiater, Psychologe und Philosoph, arbeitete zur Psychologie der Weltanschauungen und zur Existenzphilosophie.

Jung, Carl Gustav: *Kesswil 1875, †Küsnacht 1961; schweizer. Psychiater, begründete die Analytische Psychologie, neben A. ADLER und S. FREUD einer der drei großen Pioniere der Tiefenpsychologie.

Kinsey, Alfred Charles: *Hoboken, New Jersey 1894, †Bloomington, Indiana 1956; amerikan. Zoologe und Sexualforscher, wurde bekannt durch den »Kinsey-Report« über das menschliche Sexualverhalten.

Klages, Ludwig: *Hannover 1872, †Kilchberg (bei Zürich) 1956; dt. Philosoph und Psychologe, untersuchte die Ausdrucksbewegungen beim Menschen, bes. die Graphologie; der Geist (Intellekt) stört die ursprüngliche Einheit von Leib und Seele.

Klein, Melanie: *Wien 1882, †London 1960; österr. Kinderpsychologin.

Koffka, Kurt: *Berlin 1886, †Northampton 1941; dt.-amerikan. Psychologe, einer der Begründer der Gestaltpsychologie.

Köhler, Wolfgang: *Reval 1887, †Lebanon, New Hampshire 1967; amerikan. Psychologe dt. Herkunft, gehörte zu den Begründern der Gestaltpsychologie, Untersuchungen der Intelligenzleistungen von Schimpansen.

Kraeplin, Emil: *Neustrelitz 1856, †München 1926; dt. Psychiater, Forschungen zu den Psychosen und Einteilung in die Bereiche Schizophrenie und manisch-depressives Irresein.

Krafft-Ebing, Richard von: *Mannheim 1840, †Mariagrün (heute zu Graz) 1902; dt. Psychiater, Forschungen in den Bereichen der Kriminalpsychologie und der Sexualpathologie.

Kretschmer, Ernst: *Wüstenrot (bei Heilbronn) 1888, †Tübingen 1964; dt. Psychiater, begründete die Lehre von den Körperbautypen (Konstitutionstypologie).

Külpe, Oswald: *Kandau 1862, †München 1915; dt. Philosoph und Psychologe, begründete die Würzburger Schule der Denkpsychologie.

Lacan, Jacques: *Paris 1901, †ebd. 1981; frz. Psychiater, Psychoanalytiker und Schriftsteller, faßte die Psychoanalyse als hermeneutische und historische Wissenschaft auf und bemühte sich um eine neue Konzeption der Theorie des Unbewußten.

Laing, Ronald: *Glasgow 1927; brit. Psychiater und Psychoanalytiker, gehört zu den führenden Vertretern der Antipsychiatrie.

Le Bon, Gustave: *Nogent-le-Rotrou 1841, †Paris 1931; frz. Philosoph und Sozialwissenschaftler, begründete die Massenpsychologie.

Leibniz, Gottfried Wilhelm: *Leipzig 1646, †Hannover 1716; dt. Philosoph und Mathematiker, dachte sich die Welt zusammengesetzt aus unzähligen immateriellen, unzerstörbaren, voneinander unabhängigen Kraftzentren, sogen.

Monaden (von griechisch monas »Einheit«); diese sind seelischer Natur.

Lewin, Kurt: *Mogilno bei Gnesen (heute in Polen) 1890, †Newtonville, Massachusetts 1947; amerikan. Psychologe dt. Herkunft, entwickelte die topologische Psychologie.

Locke, John: *Wrington bei Bristol 1632, † Oates 1704; brit. Philosoph und Politiker, nach L. beruhen alle Erkenntnisse auf Sinneseindrücken oder Wahrnehmungen und Verknüpfung dieser Eindrücke durch Assoziation, bei der Geburt ist der menschliche Geist also ein unbeschriebenes Blatt (lat. »tabula rasa«).

Lorenz, Konrad: *Wien 1903, † ebd. 1989; österr. Verhaltensforscher, erforschte die stammesgeschichtliche Entwicklung des angeborenen Verhaltens der Tiere und klärte viele Grundbegriffe der Verhaltensforschung.

Lowen, Alexander: *New York 1910; amerikan. Körpertherapeut, begründete die Bioenergetik.

Marcuse, Herbert: *Berlin 1898, † Starnberg 1979; amerikan. Philosoph dt. Herkunft, verfaßte gesellschaftskritische Schriften, von den Gedanken der Psychoanalyse beeinflußt.

Maslow, Abraham: * New York 1908, † Menlo Park, Kalifornien 1970; amerikan. Psychologe, einer der Begründer der humanistischen Psychologie.

Masters, William Howell: *Cleveland 1915; amerikan. Gynäkologe und Sexologe, gehört zu den Begründern der Sexualforschung.

McDougall, William: *Lancashire 1871, † Durham 1938; brit. Psychologe, versuchte die Antriebe des menschlichen Verhaltens in einen Katalog von Instinkten und daraus abgeleiteten Affekten und Emotionen zu systematisieren (hormische Psychologie).

Mesmer, Franz Anton: *Iznang am Bodensee (heute zu Moos, Konstanz) 1734, † Meersburg 1815; dt. Arzt, begründete den Mesmerismus.

Mitscherlich, Alexander: *München 1908, † Frankfurt/M. 1982; dt. Psychoanalytiker und Schriftsteller, in der Medizin Vertreter der Psychosomatik, verknüpfte gesellschaftskritische Analysen mit psychoanalytischen Gedanken.

Moreno, Jakob Levy: *Bukarest 1892, † Beacon, New York 1974; amerikan. Psychiater rumän. Herkunft, Begründer der Soziometrie und des Psychodramas.

Neumann, Erich: *Berlin 1905, † Tel Aviv 1960; israel. Psychologe dt. Herkunft, Vertreter der Analytischen Psychologie in der Tradition von C. G. JUNG.

Nietzsche, Friedrich: *Röcken (bei Lützen) 1844, † Weimar 1900; dt. Philosoph, sein Werk enthält viele psychologische Gedanken, in denen er die spätere Tiefenpsychologie vorwegnimmt.

Parsons, Talcott: *Colorado Springs, Colorado 1902, † München 1979; amerikan. Soziologe, befaßte sich mit der Ordnung sozialer Systeme und mit den Alternativen menschlicher Orientierung.

Pawlow, Iwan Petrowitsch: *Rjasan 1849, † Leningrad 1936; russ. Physiologe, vertrat eine mechanistische Physiologie (Reflexologie), er führte die Unterscheidung zwischen bedingtem und unbedingtem Reflex ein und erforschte das Lernen durch Konditionierung.

Piaget, Jean: *Neuchâtel 1896, † Genf 1980; schweizer. Psychologe, umfassende Arbeiten zur Entwicklungspsychologie, insbes. zu den Wissenarten des einzelnen Menschen.

Platon: *Athen 427 v. Chr., † ebd. 347 v. Chr.; griech. Philosoph, beschäftigte sich auch mit der Struktur der Seele; Schüler von Sokrates, dessen Aufforderung »Erkenne dich selbst« in vielen modernen Psychotherapien wieder auftaucht.

Reich, Wilhelm: *Dobrzcynica, Galizien 1897, † Lewisburg, Pennsylvania 1957; amerikan. Psychoanalytiker österreichisch-ungar. Herkunft, arbeitete in der Sexualforschung und entwickelte die Orgon-Theorie.

Rogers, Carl Ransom: *Oak Park, Illinois 1902, † La Jolla, Kalifornien 1987;

amerikan. Psychologe und Psychotherapeut, entwickelte die Gesprächstherapie.
Rorschach, Hermann: *Zürich 1884, † Herisau 1922; schweizer. Psychiater, entwickelte den Rorschach-Test zur Persönlichkeitsdeutung.
Rousseau, Jean-Jacques: *Genf 1712, † Ermenonville bei Paris 1778; schweizerisch-frz. Schriftsteller und Philosoph, Verfasser eines der ersten Erziehungsromane (»Émile«), in seiner Autobiographie Meister existenzpsychologischer Selbstbetrachtung.
Sacher-Masoch, Leopold von: *Lemberg 1836, † Lindheim (heute zu Altenstadt) 1895; österr. Schriftsteller, nach ihm ist der Masochismus benannt.
Sade, Donatien Alphonse François Marquis de: *Paris 1740, † Saint-Maurice 1814; frz. Schriftsteller, nach ihm ist der Sadismus benannt.
Schopenhauer, Arthur: *Danzig 1788, † Frankfurt/M. 1860; dt. Philosoph, programmatisches Hauptwerk »Die Welt als Wille und Vorstellung«; das Wesen der Dinge ist nach Schopenhauer der Wille, der sich in den Naturerscheinungen und im Weltgeschehen als unbewußter Drang kundtut; bewußt wird er nur im Menschen.
Schultz, Johannes Heinrich: *Göttingen 1884, † Berlin 1970; dt. Psychiater, begründete das autogene Training.
Schultz-Hencke, Harald: *Berlin 1892, † ebd. 1953; dt. Psychotherapeut, Vertreter der Neopsychoanalyse.
Selye, Hans: *Wien 1907, † Montreal 1982; österr.-kanad. Mediziner, entdeckte das Streß-Phänomen.
Sheldon, William Herbert: *Warwick, Rhode Island 1898, † Cambridge, Massachusetts 1977; amerikan. Arzt und Psychologe, untersuchte ähnlich wie E. Kretschmer die Zusammenhänge zwischen Persönlichkeitseigenschaften und konstitutionellen Merkmalen (Konstitutionstypologie).
Skinner, Burrhus Frederic: *Sushquehanna, Pennsylvania 1904, † Cambridge, Massachusetts 1990; amerikan. Psychologe, einer der wichtigsten Vertreter der (neo-)behavioristischen Psychologie, experimentierte mit Tieren zur Erforschung des Lernens und verwendete dabei einen Problemkäfig (Skinner-Box).
Spearman, Charles Edward: *London 1863, † ebd. 1945; brit. Psychologe, forschte auf dem Gebiet der Denkpsychologie; er entwickelte die Methode der Faktorenanalyse.
Spitz, René Arpad: *Wien 1887, † Denver, Colorado 1974; amerikan. Psychoanalytiker österr.-ungar. Herkunft, sein Hauptinteresse galt der Erforschung der Mutter-Kind-Beziehung.
Stern, William Louis: *Berlin 1871, † Durham, North Carolina 1938; amerikan. Psychologe und Philosoph dt. Herkunft, begründete die Differentielle Psychologie.
Sullivan, Harry Stack: *Norwich, New York 1892, † Paris 1949; amerikan. Psychiater und Psychoanalytiker, nach S. sind Neurosen und Psychosen durch angstbedingte Entwicklungsdefizite verursachte Störungen im zwischenmenschlichen Bereich und im emotionalen Erleben.
Szasz, Thomas Stephen: *Budapest 1920; ungarisch-amerikan. Psychiater und Psychoanalytiker, einer der führenden Vertreter der Antipsychiatrie.
Szondi, Leopold: *Neutra 1893, † Küsnacht 1986; ungar. Arzt und Psychotherapeut, begründete die Schicksalsanalyse, entwickelte den »Szondi-Test« zur Diagnose der menschlichen Triebstrukturen und pathologischen Triebstörungen.
Thomas von Aquin(o): *Burg Roccasecca (bei Aquino) 1224 oder 1225, † Fossanova 1274; italien. Theologe und Philosoph, setzte sich in vielen Stellen seines umfangreichen Werkes mit psychologischen Fragen auseinander; er fragt z.B. ob es eine substantielle Seele gibt, beschreibt das Leib-Seele-Verhältnis und die verschiedenen Stufen der Seele, stellt Fragen über Verstand und Seele, das

Gedächtnis, Gewissen, Antriebe, Wille und Affekte. Die Psychologie des Thomas von Aquin wurde 1879 zur offiziellen Psychologie der katholischen Kirche.

Thorndike, Edward Lee: * Williamsburg, New York 1874, † Montrose, Massachusetts 1949; amerikan. Psychologe, Vorläufer des Behaviorismus, führte das Tierexperiment in die Lernforschung ein (Problemkäfig).

Thurstone, Louis Léon: * Chicago, Illinois 1887, † Chapel Hill, North Carolina 1955; amerikan. Psychologe, bekannt durch seine Beiträge zur Intelligenzforschung.

Watson, John Broadus: * Greenville, South Carolina 1878, † New York 1958; amerikan. Psychologe, Begründer des Behaviorismus, einer der einflußreichsten Schulen des 20. Jahrhunderts.

Watzlawick, Paul: * Villach 1921; österr. Psychotherapeut, sein Interesse gilt der Bedeutung der Kommunikation für die Persönlichkeit, zwischenmenschliche Beziehungen und für die Entstehung seelischer Krankheiten.

Wechsler, David: * Lespedea (Rumänien) 1896, † New York 1981; amerikan. Psychologe rumän. Herkunft, entwickelte den Hamburg-Wechsler-Intelligenztest.

Weizsäcker, Viktor von: * Stuttgart 1886, † Heidelberg 1957; dt. Internist und Neurologe, trat für eine psychosomatische Medizin ein und entwickelte die Lehre vom Gestaltkreis.

Wertheimer, Max: * Prag 1880, † New York 1943; amerikan. Psychologe, Mitbegründer der Gestaltpsychologie.

Winnicott, Donald Woods: * Devon 1896, † London 1971; brit. Kinderarzt und Psychoanalytiker, beschäftigte sich vor allem mit der Mutter-Kind-Beziehung.

Wundt, Wilhelm: * Neckarau (heute zu Mannheim) 1832, † Großbothen bei Leipzig 1920; dt. Philosoph und Psychologe, gründete in Leipzig das erste »Institut für experimentelle Psychologie«, stützte die Psychologie auf Experiment und Introspektion (Selbstbeobachtung), begründete die Völkerpsychologie.

Nachschlagewerke – Lexika und Wörterbücher

Benesch, Hellmuth: dtv-Atlas zur Psychologie, 2 Bde. München [4]1994–95

Benesch, Hellmuth: dtv-Wörterbuch zur klinischen Psychologie, 2 Bde. München 1981

Benesch, Hellmuth: Enzyklopädisches Wörterbuch Klinische Psychologie und Psychotherapie. Neuausg. Weinheim 1995

Bonin, Werner F.: Die großen Psychologen. Von der Seelenkunde zur Verhaltenswissenschaft. Forscher, Therapeuten und Ärzte. Düsseldorf 1983

Dorsch, Friedrich: Psychologisches Wörterbuch. Bern u.a. [12]1994

Fachlexikon der sozialen Arbeit, bearb. v. Günter Dabitz u. Dorith Seuring. Frankfurt am Main u.a. [3]1993

Gehirn und Bewußtsein, Einf. v. Wolf Singer. Heidelberg u.a. 1994

Kleines Lexikon der Parawissenschaften, hg. v. Gerald L. Eberlein. München 1995

Krech, David K. u. Crutchfield, Richard S.: Grundlagen der Psychologie. A.d. Engl., Neuausg. Weinheim 1992

Lexikon der Psychologie, hg. v. Wilhelm Arnold u.a., 3 Bde. Freiburg u.a. [13]1995

Peters, Uwe Henrik: Wörterbuch der Psychiatrie und medizinischen Psychologie. München u.a. [4]1990

Rýzl, Milan: PSI-Experimente, die gelingen. Telepathie, Hellsehen und Psychokinese auf dem Prüfstand. A.d. Amerikan. Genf u.a. [3]1992

Weiterführende Themenbände

Eibl-Eibesfeldt, Irenäus: Grundriß der vergleichenden Verhaltensforschung. München [7]1987

Fortpflanzung. Natur und Kultur im Wechselspiel, hg. v. Eckard Voland. Frankfurt am Main 1992

Greenfield, Patricia Marks: Kinder und neue Medien. Die Wirkungen von Fernsehen, Videospielen und Computern. A.d. Amerikan. München u.a. 1987

Handbuch sexueller Mißbrauch, hg. v. Katharina Rutschky u. Reinhart Wolff. Hamburg 1994

Humangenetik, hg. v. Jan-Diether Murken u. Hartwig Cleve. Stuttgart [6]1996

Meadows, Donella H. u.a.: Die neuen Grenzen des Wachstums. A.d. Amerikan. Neuausg. Reinbek 16.–19. Tsd. 1994

Der Mensch. Anatomie, Physiologie, Ontogenie, hg. v. Karl Sommer. Berlin [11]1990

Miketta, Gaby: Netzwerk Mensch. Den Verbindungen von Körper und Seele auf der Spur. Neuausg. Reinbek 1994

Psychotherapeutische Verfahren, hg. v. Walter Toman u. Rudolf Egg. Darmstadt 1988

Pudel, Volker u. Westenhöfer, Joachim: Ernährungspsychologie. Eine Einführung. Göttingen 1991

Revenstorf, Dirk: Psychotherapeutische Verfahren. Mit Beiträgen v. Fritz Jansen u. Hans Metsch. 4 Bde. Stuttgart u.a. [2-3]1992–95

Schmidtchen, Stefan: Kinderpsychotherapie. Grundlagen, Ziele, Methoden. Stuttgart 1989

Sommer, Manfred: Lebenswelt und Zeitbewußtsein. Frankfurt am Main 1990

Sommer, Volker: Wider die Natur? Homosexualität und Evolution. München 1990

Stern, Daniel N.: Die Lebenserfahrung des Säuglings. A.d. Engl. Stuttgart [4]1994

Sydow, Kirsten von: Die Lust auf Liebe bei älteren Menschen. München, Basel [2]1994

Tausch, Reinhard u. Tausch, Anne-Marie: Gesprächspsychotherapie. Göttingen 1990

Trautner, Hanns M.: Allgemeine Entwicklungspsychologie. Stuttgart 1995

Trautner, Hanns M.: Lehrbuch der Entwicklungspsychologie. 2 Bde. Göttingen [1-2]1991–92
Ulich, Dieter: Einführung in die Psychologie. Stuttgart u.a. [2]1993
Woolley, Benjamin: Die Wirklichkeit der virtuellen Welten. A.d. Engl. Basel 1994
Wottawa, Heinrich u. Hossiep, Rüdiger: Grundlagen psychologischer Diagnostik. Eine Einführung. Göttingen 1987
Wuketits, Franz M.: Die Entdeckung des Verhaltens. Eine Geschichte der Verhaltensforschung. Darmstadt 1995
Zimbardo, Philip G.: Psychologie. Berlin u.a. [6]1995
Zuschlag, Berndt: Mobbing. Schikane am Arbeitsplatz. Göttingen 1994

Einführungen zur Psychologie/ Psychiatrie und deren Teilgebiete

Arbeiten zur Psychologiegeschichte, hg. v. Horst Gundlach. Göttingen 1994
Bierhoff, Hans Werner: Sozialpsychologie. Ein Lehrbuch. Stuttgart [3]1993
Bohnsack, Hanno: Einführung in die Psychiatrie. Ein kurzgefaßtes Lehrbuch für Studierende der Medizin, der Psychologie und anderer psychosozialer Fächer sowie für die Krankenpflege. Stuttgart u.a. 1991
Bräutigam, Walter u.a.: Psychosomatische Medizin. Stuttgart u.a. [5]1992
Bremm, Matthias Heinz: Magersucht und Bulimia. Erscheinungsformen, Ursachen und Therapiemöglichkeiten. Koblenz [2]1988
Bruch, Hilde: Das verhungerte Selbst. Gespräche mit Magersüchtigen. Frankfurt am Main 9.–10. Tsd. 1994
Dahlke, Rüdiger: Krankheit als Sprache der Seele. München [10]1995
Elhardt, Siegfried: Tiefenpsychologie. Eine Einführung. Stuttgart [13]1994
Fend, Helmut: Entwicklungspsychologie der Adoleszenz in der Moderne. 3 Bde. Bern u.a. 1990–94
Fisseni, Hermann-Josef: Lehrbuch der psychologischen Diagnostik. Göttingen 1990
Fisseni, Hermann-Josef: Persönlichkeitspsychologie. Göttingen [2]1991
Frankl, Viktor E.: Mensch vor der Frage nach dem Sinn. München u.a. [10]1995
Groddeck, Georg: Die Natur heilt. Die Entdeckung der Psychosomatik. Neuausg. Frankfurt am Main u.a. 1990
Handbuch der heilpädagogischen Psychologie, hg. v. Jörg Fengler u. Gerd Jansen. Stuttgart u.a. [2]1994
Handbuch der Psychotherapie, hg. v. Raymond J. Corsini u.a. 2 Bde. A.d. Engl. Weinheim u.a. [4]1994
Kebeck, Günther: Wahrnehmung. Theorien, Methoden und Forschungsergebnisse der Wahrnehmungspsychologie. Weinheim u.a. 1994
Kielholz, Paul u. Ladewig, Dieter: Die Drogenabhängigkeit des modernen Menschen. München 1972
Köhler, Thomas: Freuds Psychoanalyse. Eine Einführung. Stuttgart 1995
Koppel, Glenn D.: Wochenendlektüre: Basiswissen Psychotherapie. Göttingen 1994
Lehrbuch der klinischen Kinderpsychologie, hg. v. Franz Petermann. Göttingen [2]1996
Leibold, Gerhard: Eignungs- und Persönlichkeitstests. München 1987
Lück, Helmut H.: Geschichte der Psychologie. Strömungen, Schulen, Entwicklungen. Stuttgart u.a. 1991
Mertens, Wolfgang: Psychoanalyse. Stuttgart u.a. [5]1995
Metzner, Wolfgang u. Thamm, Berndt Georg: Drogen. Hamburg 1989
Meyer, Wulf-Uwe u.a.: Einführung in die Emotionspsychologie. Auf 2 Bde. berechnet. Bern u.a. 1993 ff.
Minuchin, Salvador u. Nichols, Michael: Familie – die Kraft der positiven Bindung. A.d. Amerikan. Neuausg. München 1995

Nickel, Horst: Entwicklungspsychologie des Kindes- und Jugendalters. 2 Bde. Bern u.a. [3-4]1981–82

Peter, Kurt Friedrich: Gesundheit und Krankheit aus ganzheitlicher Sicht. Einführung in die Psychosomatik. Sankt Gallen 1993

Poesie und Therapie. Über die Heilkraft der Sprache, hg. v. Hilarion Petzold u. Ilse Orth. Paderborn [3]1995

Quitmann, Helmut: Humanistische Psychologie. Göttingen [3]1996

Riedel, Ingrid: Farben. In Religion, Gesellschaft, Kunst und Psychotherapie. Stuttgart [12]1995

Schlüsselbegriffe der Psychoanalyse, hg. v. Wolfgang Mertens. Stuttgart 1993

Thamm, Berndt Georg u. Katzung, Walter: Drogen – legal – illegal. Von Kaffee bis Koks, von Alkohol bis Amphetamin. Daten, Fakten, Hintergründe. Hilden [2]1994

Therapie der Magersucht und Bulimie, hg. v. Monika Gerlinghoff u. Herbert Backmund. Weinheim 1995

Treichler, Rudolf: Die Entwicklung der Seele im Lebenslauf. Stufen, Störungen und Erkrankungen des Seelenlebens. Stuttgart [4]1992

Wöbke, Manfred: Rauschmittelmißbrauch. Prävention und Therapie. München 1977

Zocker, Horst: Betrifft: Anonyme Alkoholiker. Selbsthilfe gegen die Sucht. München [2]1991

Bundeseinrichtungen

Bundesministerium Familie, Senioren, Frauen und Jugend
Rochusstr. 8–10
53121 Bonn

Bundesministerium für Gesundheit
Am Probsthof 78
53121 Bonn

Bundeszentrale für gesundheitliche Aufklärung
Ostmerheimer Str. 200
51109 Köln

Dachverbände der Freien Wohlfahrtspflege

Arbeiterwohlfahrt
Oppelner Str. 130
53119 Bonn

Deutscher Caritas-Verband
Karlstr. 40
79104 Freiburg

Deutscher Paritätischer Wohlfahrtsverband
Heinrich-Hoffmann-Str. 3
60528 Frankfurt am Main

Deutsches Rotes Kreuz
Friedrich-Ebert-Allee 71
53113 Bonn

Diakonisches Werk der Evangelischen Kirche in Deutschland
Stafflenbergstr. 76
70184 Stuttgart

Zentralwohlfahrtsstelle der Juden in Deutschland
Hebelstr. 6
60318 Frankfurt am Main

Psychologische Berufsverbände

Berufsverband Deutscher Psychologen
Heilsbachstr. 22
53123 Bonn

Berufsverband Österreichischer Psychologinnen und Psychologen
Garnisongasse 1/22
A-1090 Wien

Schweizerische Gesellschaft für Psychologie
Zürichbergstr. 43
CH-8044 Zürich

Psychologische, psychotherapeutische und psychiatrische Organisationen (Auswahl)

Allgemeine Ärztliche Gesellschaft für Psychotherapie
Friedrich-Lau-Str. 7
40474 Düsseldorf

Dt. Ges. für Analytische Psychologie
Schützenallee 18
14169 Berlin

Deutsche Gesellschaft für Kinder-und-Jugend-Psychiatrie
Hans-Sachs-Str. 6
35039 Marburg

Dt. Gesellschaft für Psychiatrie, Psychotherapie und Nervenheilkunde
Bergische Landstr. 2
40629 Düsseldorf

Deutsche Gesellschaft für Psychoanalyse, Psychotherapie, Psychosomatik und Tiefenpsychologie
Johannisbollwerk 20/III
20459 Hamburg

Deutsche Psychoanalytische Gesellschaft
Nußbaumstr. 7
80336 München

Deutsche Psychoanalytische Vereinigung
Sulzaer Str. 3
14199 Berlin

Dt. Gesellschaft für Psychologie
Hauptstr. 47–51
69117 Heidelberg

Dt. Gesellschaft für Psychotherapeutische Medizin
Marsbruchstr. 179
44287 Dortmund

Dt. Ges. für Verhaltenstherapie
Neckarhalde 55
72070 Tübingen

Gesellschaft für wissenschaftliche Gesprächspsychotherapie
Richard-Wagner-Str. 12
50674 Köln

Jugendorganisationen (Auswahl)

AG der Evangelischen Jugend in der BR Deutschland
Otto-Brenner-Str. 9
30159 Hannover

Bund der Deutschen Katholischen Jugend
Carl-Mertens-Platz 1
40477 Düsseldorf

Bund Deutscher Pfadfinder/ Bund demokratischer Jugend
Baumweg 10
60316 Frankfurt am Main

Bundesarbeitsgemeinschaft der Landesjugendämter
Kennedyufer 2
50679 Köln

Deutscher Bundesjugendring
Haager Weg 44
53127 Bonn

Deutscher Kinderschutzbund
Schiffsgraben 29
30159 Hannover

Deutsches Institut für Vormundchaftswesen
Zähringer Str. 10
69115 Heidelberg

Deutsches Jugendherbergswerk
Bismarckstr. 8
32756 Detmold

Deutsches Jugendinstitut
Freibadstr. 30
81543 München

Deutsche Sportjugend im Deutschen Sportbund
Haus des Sports
Otto-Fleck-Schneise 12
60528 Frankfurt am Main

Deutsche Wanderjugend
Tannenweg 22
71364 Winnenden

DGB-Jugend
Hans-Böckler-Str. 30
40476 Düsseldorf

DLRG-Jugend
Im Niedernfelde 2
31542 Bad Nenndorf

Naturfreundejugend Deutschlands
Haus Humboldstein
53424 Remagen

Ring Deutscher Pfadfinderinnenverbände
Unstrutstr. 10
51371 Leverkusen

Ring Deutscher Pfadfinderverbände
Martinstr. 2
41472 Neuss

Parteijugendorganisationen bei den jeweiligen örtlichen Parteieinrichtungen erfragen

Sonstige

Anonyme Alkoholiker
Ingolstädter Str. 68a
80939 München

Bundeskonferenz für Erziehungsberatung
Amalienstr. 6
90763 Fürth

Bundesvereinigung Lebenshilfe für geistig Behinderte
Raiffeisenstr. 18
35043 Marburg

Deutsche AIDS-Hilfe
Dieffenbachstr. 33
10967 Berlin

Deutsche Gesellschaft für Selbstmordverhütung
Böblinger Str. 24
70178 Stuttgart

Deutsche Hauptstelle gegen die Suchtgefahren
Westring 2
59065 Hamm

Deutsche Zentrale für Volksgesundheitspflege
Münchener Str. 48
60329 Frankfurt am Main

Müttergenesungwerk, Elly-Heuss-Knapp-Stiftung
Deutenbacherstr. 1
97070 Würzburg

Pro Familia (Zentrale)
Stresemannallee 3
60596 Frankfurt am Main

Drogenberatungsstellen i. ö. T.
Erziehungsberatungsstellen i. ö. T.
Frauenhäuser i. ö. T.
Gesundheitsämter, staatliche i. ö. T.
Mütterberatung i. ö. T.
Telefonseelsorge i. ö. T.

---

i. ö. T. = im örtlichen Telefonbuch

Abkürzungen und Bildquellen

Neben den üblichen Abkürzungen wie usw., z.B. oder v. a. werden in diesem Buch folgende Abkürzungen verwendet:

Abb.	Abbildung
Abk.	Abkürzung
allg.	allgemeine
amerikan.	amerikanische, amerikanischer
bes.	besonderes, besondere
Bez.	Bezeichnung
BR	Bundesrepublik
dt.	deutsche, deutscher
ebd.	ebenda
engl.	englische, englischer
frz.	französische, französischer
Ggs.	Gegensatz
im allg.	im allgemeinen
insbes.	insbesondere
Jh.	Jahrhundert
österr.	österreichische, österreichischer
sog.	sogenannte
svw.	soviel wie
z.T.	zum Teil

T. Angermayer, Holzkirchen: *177.* – Archiv für Kunst und Geschichte, Berlin: *370.* – Artothek, J. Hinrichs, Peißenberg: *34.* – Bayer, Leverkusen: *137.* – Presseagentur Becker & Bredel, Saarbrücken: *77.* – F. Becker, Köln: *85.* – Bildarchiv Preußischer Kulturbesitz, Berlin: *115, 170.* – Brassai, Paris: *304.* – Bundeszentrale für Gesundheitliche Aufklärung, Bonn: *330.* – CCC Cartoon-Caricature-Contor, München: *113.* – dpa Bildarchiv, Frankfurt am Main und Stuttgart: *11, 149, 221, 336, 424, 444.* – E. Fischer, Bad Bramstedt: *175.* – Fraunhofer Institut IAO, Stuttgart: *438.* – Galleria Nazionale d'Arte Antica, Rom: *259.* – Goethe-Haus und Frankfurter Goethe-Museum, Freies Deutsches Hochstift, Frankfurt am Main: *416.* – Hamburgisches Museum für Völkerkunde: *238.* – O. Huber, Salzburg: *215.* – H. Kacher (†), Seewiesen: *298.* – Dr. R. Kaschewsky, Sankt Augustin: *238.* – D. Kersten, Hannover: *346.* – H. Kordecki, Fürth im Odenwald: *246.* – Helga Lade Fotoagentur, Frankfurt am Main: *78, 181, 305, 412.* – M. Marcks, Heidelberg: *54, 80, 104, 187, 228, 367, 406, 447.* – Bildagentur Mauritius, Mittenwald: *141, 152, 176, 327, 384, 412, 448.* – Národní Galerie, Prag: *34.* – Tierbilder Okapia, Frankfurt am Main: *30.* – L. Otto, Leipzig: *200.* – Prof. Dr. B. Rensch, Münster: *221.* – Sammlung B. Bischofsberger, Zürich: *307.* – SCALA, Florenz: *259.* – H. Traxler, Frankfurt am Main: *60.* – Ullstein Bilderdienst, Berlin: *118, 310.* – W. Willnat, Belau: *88.* – J. Wolter, Lohmar: *183, 326.* – ZEFA – Zentrale Farbbild Agentur, Düsseldorf: *420.*

Graphiken und Tabellen Bibliographisches Institut & F. A. Brockhaus, Mannheim.